Kapellmann/Schiffers

Vergütung, Nachträge und Behinderungsfolgen
beim Bauvertrag

Band 2: Pauschalvertrag einschließlich Schlüsselfertigbau

Vergütung, Nachträge und Behinderungsfolgen beim Bauvertrag

Rechtliche und baubetriebliche Darstellung der geschuldeten Leistung und Vergütung sowie der Ansprüche des Auftragnehmers aus unklarer Ausschreibung, Mengenänderung, geänderter oder zusätzlicher Leistung und aus Behinderung gemäß VOB/B und BGB

Band 2: Pauschalvertrag einschließlich Schlüsselfertigbau

Von

Prof. Dr. jur. Klaus D. Kapellmann,
Rechtsanwalt in Mönchengladbach
Fachanwalt für Bau- und Architektenrecht
Honorarprofessor an der Rheinisch-Westfälischen
Technischen Hochschule Aachen

und

Universitätsprof. Dr.-Ing. Karl-Heinz Schiffers,
Universität Dortmund

4., neubearbeitete Auflage 2006

Werner Verlag

1. Auflage 1994
2. Auflage 1997
3. Auflage 2000
4. Auflage 2006

Bibliografische Information der Deutschen Bibliothek
Die Deutsche Bibliothek verzeichnet diese Publikation in der Deutschen
Nationalbibliografie; detaillierte bibliografische Daten sind im Internet über
http://dnb.ddb.de abrufbar.

ISBN 3-8041-5163-0

www.wolterskluwer.de
www.werner-verlag.de

Alle Rechte vorbehalten.
Werner – eine Marke von Wolters Kluwer Deutschland GmbH.
© 2007 by Wolters Kluwer Deutschland GmbH, Heddesdorfer Straße 31, 56564 Neuwied.

Das Werk einschließlich aller seiner Teile ist urheberrechtlich geschützt.
Jede Verwertung außerhalb der engen Grenzen des Urheberrechtsgesetzes ist
ohne Zustimmung des Verlages unzulässig und strafbar. Das gilt insbesondere
für Vervielfältigungen, Übersetzungen, Mikroverfilmungen und die
Einspeicherung und Verarbeitung in elektronischen Systemen.

Umschlagkonzeption: Andreas Ruers, futurweiss kommunikationen, Wiesbaden
Satz: Satz-Offizin Hümmer GmbH, Waldbüttelbrunn
Druck: Betz-Druck, Darmstadt

∞ Gedruckt auf säurefreiem, alterungsbeständigem und chlorfreiem Papier

Inhalt

Vorwort zur 4. Auflage	VII
Vorwort zur 1. Auflage	VIII
Inhaltsverzeichnis	XI
Abkürzungsverzeichnis	XLI
Literaturverzeichnis	XLIII
Abbildungsverzeichnis	LIII
Text	1
Projektanhang	593
Inhaltsverzeichnis Projektanhang	595
Projektanhang I (Unterlagen nach Detail-Pauschalvertragsmuster)	597
Projektanhang II (Unterlagen nach Einfachem Global-Pauschalvertragsmuster)	667
Projektanhang III (Unterlagen nach Komplexem Global-Pauschalvertragsmuster)	707
Vergleich der Randnummern	803
Stichwortverzeichnis	805

Vorwort zur 4. Auflage

Die VOB 2006 ist gerade in Kraft getreten; in dem vorliegenden Band 2 haben wir alle Änderungen berücksichtigt. Wie immer sind alle einschlägigen Urteile des Bundesgerichtshofs und alle relevanten Urteile der Instanzgerichte eingearbeitet.

Die von uns entwickelte grundsätzliche Methodik zum Pauschalvertrag hat sich mittlerweile in Rechtsprechung und Lehre vollständig durchgesetzt. Dieser Band 2 erörtert die entsprechende Systematik in allen Details, aber unter einem durchgängigen, einheitlichen Ansatz. Viele Einzelthemen sind neu, z. B. die Änderung des Detailcharakters eines Pauschalvertrages durch eine abschließende Bestätigung, Komplettleistungen zu erbringen, die Erörterung des Global-Pauschalvertrages auf der Basis einer in der Regel teil-funktionalen Leistungsbeschreibung, die Anwendbarkeit der VOB/B auf den Planungsteil des Vertrages, die Bedeutung der „Fortschreibung" der Ausführungsplanung (Lehrter Bahnhof), die Möglichkeit, das Verbot der Auferlegung eines ungewöhnlichen Wagnisses beim öffentlichen Auftraggeber durch Vertragsformulierungen auszuhebeln, die Ausführungsplanung durch den Auftraggeber nach Vertragsschluss oder Einzelheiten zur Abrechnung bei Teilkündigung.
Abbildungen und Anhang sind auf dem neuesten Stand.

Wir danken erneut Frau Katrin Hübscher für die hervorragende Arbeit bei der Erstellung des Manuskripts, dazu auch Frau Petra Tinedo Moreno, schließlich Herrn Dr.-Ing. Thomas Feuerabend, Dortmund, für die Überarbeitung der Abbildungen und Anhänge. Band 1 ist nach der 5. Auflage 2006 zitiert.

Rechtsprechung und Literatur sind auf dem Stand September 2006.

Mönchengladbach/Dortmund, im November 2006

Prof. Dr. Klaus D. Kapellmann   Universitätsprofessor Dr. Karl-Heinz Schiffers

Vorwort zur 1. Auflage

Der Pauschalvertrag hat im Bauwesen eine außerordentliche Bedeutung. Die schlüsselfertige Erstellung von Wohn- und Industriebauten, die betriebsbereite Erstellung von Ingenieurbauwerken, die allumfassende Erstellung durch Projektentwickler oder die entsprechende Teilleistung im Rahmen des Anlagenbaus, das alles sind prägnante Erscheinungen, die heute insbesondere das Bild größerer und großer Bauvorhaben prägen. Zusammen mit den alltäglichen Pauschalverträgen und dem Bauträgerbau werden nach unserer vorsichtigen Schätzung sicherlich mehr als 30 % des Bauvolumens so abgewickelt.

Der geradezu systembedingte Streitpunkt beim „Pauschalbau" ist immer, dass unklar ist, was eigentlich „unter die Pauschale fällt", was also überhaupt Vertragsleistung und was schon Nachtrag ist. Zu dieser Kernfrage und allen anderen Fragen der Leistung und Vergütung beim Pauschalvertrag wollen wir mit dem vorliegenden Band 2 unseres Werkes einen Beitrag leisten.

Um dieses „weite Feld" übersehbar zu machen und allgemein voraussehbare Lösungen anzubieten, haben wir „den Pauschalvertrag" systematisch untersucht; wir haben uns bemüht, durch eine klare Methodik in diesem „weiten Feld" sichere Pfade zu finden. Wir haben zu diesem Zweck auch systematische Bezeichnungen eingeführt („Detail-Pauschalvertrag", Einfacher und Komplexer „Global-Pauschalvertrag", „Komplettheitsklausel" etc.), die Hilfsmittel, nicht Selbstzweck sind.

Der vorliegende Band 2 behandelt alle spezifischen Probleme der Leistung und Vergütung bei annähernd allen vorkommenden Arten von Pauschalvertrag. Soweit bestimmte Problemstellungen für Einheitspreis- und Pauschalvertrag gleichartig sind, haben wir im Interesse einheitlich lesbarer, vollständiger Bearbeitung auch in Band 2 die entsprechende Problematik kurz angesprochen, ansonsten aber zur Vermeidung von Wiederholungen auf Band 1 verwiesen.

Angesichts der vielen Erscheinungsformen der Praxis und der (scheinbaren) generellen Unbestimmbarkeit des „Pauschalen" ist der Versuch, eine zusammenfassende Darstellung mit konkreten Lösungs- und Entscheidungshilfen zu geben, notwendigerweise mit dem Risiko des Unvollkommenen behaftet. Da es aber zu diesem so bedeutsamen Thema bisher keine Gesamtdarstellung gibt, haben wir den Anfang gewagt.

Band 1 „Einheitspreisvertrag" und Band 2 „Pauschalvertrag einschließlich Schlüsselfertigbau" stellen zusammen – so jedenfalls unsere Wunschvorstellung – jetzt eine durchgängige rechtliche und baubetriebliche, alle Bereiche umfassende Darstellung der geschuldeten Leistung, der Vertragsvergütung, der Leistungs- und Vergütungsänderung sowie der zeitlichen und geldlichen Behinderungsfolgen beim Bauvertrag dar. Band 2 schließt auch die Rechtslage beim BGB-Vertrag jeweils ein, weil Pauschalverträge oft ohne Vereinbarung der VOB/B geschlossen werden. Band 1 ist zitiert nach der 2. Auflage 1993.

Hinweise, Anregungen oder Kritik, die auch und gerade aus der Praxis erwünscht sind, nehmen wir gern entgegen.

Wir danken Frau Maria Treccarichi, Mönchengladbach, für die hervorragende Arbeit bei der Erstellung des Manuskripts, weiter auch Frau Alexandra Hofer, Herrn Bernhard Nießen und Herrn Ralf Schweitzer, Dortmund, für die Mitarbeit an Manuskript, Abbildungen und Anhang. Rechtsprechung und Literatur sind auf dem Stand Februar 1994.

Mönchengladbach/Dortmund, Februar 1994

Klaus D. Kapellmann   Karl-Heinz Schiffers

Inhaltsverzeichnis

Teil 1 Strukturen des Pauschalvertrages und Abgrenzung zum Einheitspreisvertrag

Kapitel 1 – Erscheinungsformen des Pauschalvertrages Typologische Einteilung

		Rdn.	Seite
1	Einführung	1	1
2	Vertragstyp „Detail-Pauschalvertrag"		
2.1	Pauschalierung nach vorangegangenem Einheitspreis-Angebot	2–3	2
2.2	Pauschalierung auf Einheitspreis-Basis ohne „Vordersätze"	4	3
2.3	Gemeinsamkeiten	5	3
3	Vertragstyp „Global-Pauschalvertrag"		
3.1	Standardfälle	6–10	5
3.2	Kennzeichen des Global-Pauschalvertrages	11–14	6
4	Teilpauschalen – § 2 Nr. 7 Abs. 2 VOB/B, Teil-Einheitspreisverträge	15–16	8
5	(Prüfbare) Schlussrechnung als Fälligkeitsvoraussetzung beim VOB-Vertrag, Verjährung, Sicherungsrechte des Auftragnehmers	17–18	10

Kapitel 2 – Definition des Pauschalvertrages und Abgrenzung des Detail-Pauschalvertrages zum Einheitspreisvertrag

		Rdn.	Seite
1	Pauschalvertrag als Unterfall des Leistungsvertrages gemäß VOB	19	12
2	Definition des Pauschalvertrages im BGB oder in der VOB?	20–26	12
3	Definitionsinteresse nur für den Grenzbereich zwischen Detail-Pauschalvertrag und Einheitspreisvertrag	27–29	15

			Rdn.	Seite
4	**Strukturen des Einheitspreisvertrages und des Pauschalvertrages – Definition**			
4.1	Struktur des Einheitspreisvertrages		30–31	17
4.2	Struktur des Pauschalvertrages			
	4.2.1 Vergütungssoll		32	19
	4.2.2 Bausoll (Leistungssoll)			
		4.2.2.1 Leistungsbeschrieb (qualitativer Bauinhalt, Bauumstände)	33–40	20
		4.2.2.2 Menge (Leistungsumfang, quantitativer Bauinhalt)		
		4.2.2.2.1 Die Zielsetzung der Parteien	41	26
		4.2.2.2.2 Unveränderliche Menge?	42	26
		4.2.2.2.3 Festlegung von Mengenermittlungskriterien vor Ausführung	43–46	27
		4.2.2.2.4 Mengenermittlungsrisiko oder insoweit Besondere Risikoübernahme des Auftragnehmers als Charakteristikum des Pauschalvertrages	47–52	29
4.3	Zusammenfassende Definition des Pauschalvertrages – in Abgrenzung zum Einheitspreisvertrag		53	33
5	**Anwendung der Definition – Zweifelsfälle der Abgrenzung zwischen Detail-Pauschalvertrag und Einheitspreisvertrag**			
5.1	„Abgerundeter" Preis (Preisnachlässe) = Pauschale?			
	5.1.1 Probleme nur bei unklarem Vertrag		54	34
	5.1.2 „Abrundung" (Preisnachlässe) als entscheidendes Kriterium?		55–60	34
	5.1.3 Gegenkriterium: Verknüpfung der Vergütung mit ausgeführten Mengen		61–63	36
5.2	Der „vorläufige" Pauschalpreis		64–65	39
5.3	„Preislisten-Pauschale" ohne Mengenermittlungsmöglichkeit für den Auftragnehmer = „fixierte Menge" ohne Planvorlage		66–75	40
5.4	Festpreis = Pauschalvertrag?		76–82	46
5.5	Fix und fertige Leistung = Pauschalvertrag?		83–85	48
5.6	Höchstpreis oder Mengengarantie = Pauschalvertrag?		85	49
5.7	Stundenlohnregelungen im Pauschalvertrag		86	49
5.8	Der „Global-Einheitspreisvertrag" – Austauschbarkeit der Ausschreibungsmethode „Einheitspreisvertrag"/„Pauschalvertrag"		87–89	50
6	**Unterschiede bei der Angebotsbearbeitung zwischen Einheitspreisvertrag und Pauschalvertrag: Zeitaufwand für Mengenermittlung, Kostenzuordnung bei Angebotsbearbeitung**		90–97	51
7	**Beweislast bei nicht ausräumbaren Zweifeln zur Abgrenzung Detail-Pauschalvertrag zum Einheitspreisvertrag**			
7.1	Anwendungsbereich		98–99	53
7.2	Beweislast beim BGB-Vertrag			
	7.2.1 Regelfall: Negativbeweis des Auftragnehmers		100–103	54
	7.2.2 Ausnahme vom Negativ-Beweis: Handelsbrauch		104	56
	7.2.3 Ausnahme vom Negativ-Beweis: Einheitspreis als Regelfall im Baurecht?		105–110	57

			Rdn.	Seite
7.3	Beweislast beim VOB-Vertrag.		111–122	59
7.4	Anforderungen an den Negativ-Beweis des Auftragnehmers		123	62
7.5	Beweislast bei nachträglicher Änderung eines schon geschlossenen Vertrages oder nach Baubeginn.		124	63

Teil 2 Das Bausoll beim Detail-Pauschalvertrag

Kapitel 3 – Der Gegenstand der Leistung beim Detail-Pauschalvertrag
Qualitatives Bausoll: Bauinhalt und Bauumstände (Art der Leistung)

1	Systematische Vorbemerkungen – Pauschalvertrag in der VOB			200–201	64
2	Die Bestimmung des qualitativen Bausolls nur durch die Einzelregelungen des Vertrages				
	2.1	Regelungsgehalt der §§ 2 Nr. 1, 2, 7 Abs. 1, 2 VOB/B, § 5 Nr. 1 b VOB/A		202–203	66
	2.2	Leistungsbeschreibung als zentrale Definition des Bausolls.		204–205	67
	2.3	Die differenzierte (detaillierte) Leistungsbeschreibung.			
		2.3.1	Globale Elemente auch in differenzierten Leistungsbeschreibungen?.	206–210	68
		2.3.2	Definition der „detaillierten Leistungsbeschreibung" und Möglichkeiten einer differenzierten (detaillierten) Leistungsbeschreibung	211–220	70
		2.3.3	Die Rechtsprechung zur differenzierten Leistungsbeschreibung	221–236	74
	2.4	Vervollständigung des Bausolls durch nicht erklärtes „Allgemeines Leistungsziel" kraft Rechtsnatur des Pauschalvertrages?.		237	80
	2.5	Änderung des Detail-Charakters durch abschließende Bestätigung, Komplettleistungen zu erbringen?.		238	81
	2.6	Regelungsumfang – Inhalt des qualitativen Bausolls beim Detail-Pauschalvertrag			
		2.6.1	Was geregelt ist, bleibt geregelt	239	82
		2.6.2	Was nicht geregelt ist, ist nicht Vertragsinhalt?	240–241	83
	2.7	Beschränkung des qualitativen Bausolls auf geregelte Details als Ausfluss einer Systemwahl des Auftraggebers – Auslegung des Individualvertrages in Richtung „Allgemeines Leistungsziel" durch Systemwahl „Detail-Pauschalvertrag"?			
		2.7.1	Methodischer Hinweis: Die drei Schritte	242–243	84
		2.7.2	Objektive Auslegung (1. Schritt)		
			2.7.2.1 Allgemeines – Erklärtes Bausoll	244–247	86
			2.7.2.2 Diskrepanz (Widerspruch) zwischen Text und Plänen – „Allgemeines Leistungsziel" in Plänen? – Systemwahl –	248–250	87
			2.7.2.3 Konkrete Anhaltspunkte beachtlich – verbleibende Zweifel	251	88
			2.7.2.4 Zusammenfassung.	252	89

			Rdn.	Seite
2.7.3	\multicolumn{2}{l	}{Prüfungs- und Hinweispflicht des Bieters (2. Schritt) – Systemwahl als Grund für die „Ausschließlichkeit" der Detailregelung – Vollständigkeitsvermutung}		
	2.7.3.1	Allgemeiner Maßstab der Prüfpflicht des Bieters	253–254	89
	2.7.3.2	Vollständigkeitsvermutung der Details kraft Systemwahl beim Detail-Pauschalvertrag, Widerlegung der Vermutung	255–261	91
	2.7.3.3	Beweislast bei auftrag*geber*seitiger Planung	262–263	95
	2.7.3.4	Unaufklärbarkeit durch Beweis: Beweislast bei auftrag*nehmer*seitiger Planung	264	97

2.7.3 Prüfungs- und Hinweispflicht des Bieters (2. Schritt) – Systemwahl als Grund für die „Ausschließlichkeit" der Detailregelung – Vollständigkeitsvermutung
- 2.7.3.1 Allgemeiner Maßstab der Prüfpflicht des Bieters .... 253–254 ... 89
- 2.7.3.2 Vollständigkeitsvermutung der Details kraft Systemwahl beim Detail-Pauschalvertrag, Widerlegung der Vermutung .... 255–261 ... 91
- 2.7.3.3 Beweislast bei auftrag*geber*seitiger Planung .... 262–263 ... 95
- 2.7.3.4 Unaufklärbarkeit durch Beweis: Beweislast bei auftrag*nehmer*seitiger Planung ... 264 ... 97

2.7.4 Folgen des unterlassenen, möglichen Prüfhinweises des Bieters (3. Schritt)
- 2.7.4.1 Grundsätze .... 265–268 ... 98
- 2.7.4.2 Der Bieter hat das unerklärte „Allgemeine Leistungsziel" **positiv** erkannt .... 269 ... 99
- 2.7.4.3 Der Bieter hat das erkennbare „Allgemeine Leistungsziel" **fahrlässig** nicht erkannt – „lückenhafte Ausschreibung"? ... 270 ... 100

2.7.5 Zusammenfassung .... 271 ... 101

2.8 Komplettheitsklausel (Allgemeines Leistungsziel) beim Detail-Pauschalvertrag durch Allgemeine Geschäftsbedingungen unwirksam .... 272–273 ... 102

3 Die Bestimmung des qualitativen Bausolls durch die sonstigen Vertragsbestandteile außerhalb der (jeweiligen) Leistungsbeschreibung im engeren Sinn – Risikozuweisungen –

3.1 Bausoll-Bestimmung durch die Leistungsbeschreibung im weiteren Sinn – Individuell übernommene „Risiken" und „Erschwernisse" .... 274–275 ... 103

3.2 Bestimmung des qualitativen Bausolls durch Besondere Vertragsbedingungen .... 276 ... 104

3.3 Bestimmung des qualitativen Bausolls durch Zusätzliche Vertragsbedingungen .... 277 ... 105

3.4 Bestimmung des qualitativen Bausolls durch Zusätzliche Technische Vertragsbedingungen .... 278 ... 105

3.5 Die Bestimmung des qualitativen Bausolls durch die Allgemeinen Technischen Vertragsbedingungen für Bauleistungen (= VOB/C)
- 3.5.1 VOB/C – Allgemeine Bedeutung .... 279 ... 105
- 3.5.2 Die Einbeziehung „Besonderer Leistungen" in das Bausoll durch Allgemeine Geschäftsbedingungen des Auftraggebers oder individuell .... 280–281 ... 106

3.6 Bestimmung des qualitativen Bausolls durch die Allgemeinen Vertragsbedingungen für die Ausführung von Bauleistungen (VOB/B) sowie gesetzliche Bestimmungen (einschließlich „Baugrundrisiko", Gefahrtragung) .... 282 ... 108

	Rdn.	Seite
3.7 Bestimmung des qualitativen Bausolls durch die gewerbliche Verkehrssitte	283	109
4 Mangelhaft auftraggeberseitig definiertes Bausoll generell (unklare Ausschreibung) – Auslegung, Prüfpflichten des Auftragnehmers	284	110
5 Schlußergebnis: Inhalt des qualitativen Bausolls beim Detail-Pauschalvertrag – Definition Detail-Pauschalvertrag/Einfacher Global-Pauschalvertrag	285	110

Kapitel 4 – Der Gegenstand der Leistung beim Detail-Pauschalvertrag – Quantitatives Bausoll: Menge (Umfang der Leistung)

	Rdn.	Seite
1 Die als Bausoll geschuldete Menge		
1.1 Mengenermittlungsrisiko – Grundsatz	286–287	112
1.2 „Fixierte Menge"? – Mengenauswahl im Vertrag ohne Mengenermittlungsrisiko (Scheinpauschale)	288	113
1.3 Unbeschränktes Mengenrisiko	289	116
2 Der Inhalt des vom Auftragnehmer übernommenen Mengenermittlungsrisikos		
2.1 Der rechtliche Inhalt	290–296	116
2.2 Praktische Hinweise zur Mengenermittlung im Angebotsstadium	297	118
3 Anfechtung von Schreib- und Rechenfehlern		
3.1 Schreib- und Rechenfehler des Auftragnehmers – Anfechtung	298–303	119
3.2 Berücksichtigung von Schreib- und Rechenfehlern des Auftragnehmers auch zugunsten des Auftraggebers	304	120
4 Der Kalkulationsirrtum des Auftragnehmers	305	121
5 Die Änderung der Mengenermittlungskriterien durch den Auftraggeber (angeordnete Mehr- oder Mindermengen)		
5.1 Allgemeine Überlegungen	306–308	121
5.2 „Mengenverrechnungen" – Ausgleich von Mehrmengen durch Minderungen?	309	123
5.3 Sonderfall: Unzumutbare Mengenänderungen ohne Anordnung des Auftraggebers (§ 2 Nr. 7 Abs. 1 Satz 2 VOB/B)	310	123
6 Vom Auftraggeber unrichtig vorgegebene Mengenermittlungskriterien		
6.1 Regelfall	311–320	124
6.2 Ausnahmen	321	127
7 Vom Auftraggeber unrichtig vorgegebene Mengenangaben (falsche „Vordersätze")	322–325	127

Inhaltsverzeichnis

		Rdn.	Seite
8	Ausschluss der Berufung auf Irrtümer durch AGB des Auftraggebers	326	128
9	Sonderfall eines „Mengenproblems": Stundenlohnpositionen im Detail-Pauschalvertrag	327–331	129

Teil 3 Das Bausoll beim Global-Pauschalvertrag

Kapitel 5 – Der Gegenstand der Leistung beim Global-Pauschalvertrag Qualitatives Bausoll: Bauinhalt und Bauumstände (Art der Leistung)

1 Typologie des Global-Pauschalvertrages
  1.1 Besonderes Kennzeichen des Global-Pauschalvertrages und der Struktur der Global-Leistungsverpflichtung – Allgemeine Grundsätze 400–405   132
  1.2 Typus: Einfacher Global-Pauschalvertrag 406–408   136
  1.3 Typus: Komplexer Global-Pauschalvertrag
    1.3.1 Allgemeine Charakterisierung.................. 409   137
    1.3.2 Exkurs: Unternehmeneinsatzformen 410–415   139
    1.3.3 Typische Formen Komplexer Global-Pauschalverträge
      1.3.3.1 Ausschreibung nach Leistungsprogramm, funktionale Ausschreibung 416–418   142
      1.3.3.2 Projektentwicklervertrag 419   143
      1.3.3.3 Bauträgervertrag 420   144
      1.3.3.4 Verträge im Rahmen von BO, BOT-Projekten, „Finanzierungsmodelle" 421   144
      1.3.3.5 Anlagenbauvertrag 422   144
      1.3.3.6 Budgetvertrag 423   144
      1.3.3.7 Construction Management............. 424   145
      1.3.3.8 GMP-Vertrag (cost target) 425   145
  1.4 Schlüsselfertigbau
    1.4.1 Zielsetzung des Auftraggebers.................. 426–428   146
    1.4.2 Rechtliche Struktur........................... 429–438   147
    1.4.3 Schlüsselfertigbau auf Einheitspreisbasis? 439–440   150

2 Planungsleistungen als Gegenstand des „Bausolls" beim Global-Pauschalvertrag
  2.1 Planungsleistungen als selbständige Leistungspflicht? 441–442   151
  2.2 Verschiebung mindestens einzelner Planungsfunktionen vom Auftraggeber auf den Auftragnehmer als *notwendiges* Charakteristikum des Global-Pauschalvertrages.......... 443–446   152
  2.3 Die einzelnen Leistungsphasen der Objektplanung für Gebäude („Architektenleistung") (§ 15 Nr. 1, Nr. 2 HOAI) als Bausoll des Global-Pauschalauftragnehmers
    2.3.1 Grundlagenermittlung – § 15 Nr. 1 HOAI Phase 1   447   154
    2.3.2 Vorplanung – § 15 Nr. 1 HOAI Phase 2 448–450   155

XVI

			Rdn.	Seite
	2.3.3	Entwurfsplanung – § 15 Abs. 1 HOAI Phase 3 – „Entscheidung nach Billigkeit" – Planung unter dem Standard „anerkannter Regeln der Technik"	451–458	157
	2.3.4	Genehmigungsplanung – § 15 Abs. 1 HOAI Phase 4	459–460	161
	2.3.5	Ausführungsplanung – § 15 Nr. 1 HOAI Phase 5	461–462	161
	2.3.6	Vorbereitung der Vergabe, Mitwirkung bei der Vergabe, Objektüberwachung – § 15 Abs. 1 HOAI Phasen 6, 7 und 8	463	162
	2.3.7	Objektbetreuung und Dokumentation – § 15 Abs. 1 HOAI Phase 9	464–465	163
2.4	Die einzelnen Leistungsphasen der Leistungen von Fachplanern (HOAI Teile III–XIII) als Bausoll des Global-Pauschalvertrages			
	2.4.1	Leistungspflichten allgemein	466–469	164
	2.4.2	Leistungspflichten speziell	470	166
2.5	Leistungen der Objektplanung für Ingenieurbauwerke und Verkehrsanlagen (HOAI Teil VII)		471	166
2.6	Auf Planungsleistungen des Global-Pauschalvertrags-Auftragnehmers anzuwendendes Recht			
	2.6.1	VOB/B	472	166
	2.6.2	HOAI	473	169

3 Die Bestimmung des qualitativen Bausolls (Baurealisierung) durch Detailregelungen des Vertrages bei Global-Pauschalverträgen

3.1	Die Bedeutung von Detailregelungen innerhalb von Global-Pauschalverträgen		474–475	170
3.2	Regelungsumfang der (auftraggeberseitigen) Detailregelungen			
	3.2.1	Was bestimmt ist, bleibt so bestimmt	476–481	171
	3.2.2	Was innerhalb des Regelungsumfangs der „Detaillierung" nicht geregelt ist, ist damit auch als nicht zum Bausoll gehörig geregelt (Negativ-Aussage)		
		3.2.2.1 Grundsatz	482	173
		3.2.2.2 Gleiches ist ungleich geregelt = Negativregelung infolge Vergleich mit Regelung	483	174
		3.2.2.3 Regelungsumfang der „Detaillierung" bestimmt durch erkennbaren „Oberbegriff" bzw. „technische Teilregelung" – Negativregelung durch konkludente Regelung – Vergleichsobjekt	485–490	175
3.3	Vereinbarte Nicht-Leistungen		491–492	177
3.4	Vorrang bei widersprüchlicher Detailregelung innerhalb einer Kategorie, z. B. Widerspruch zwischen Text und Plan – Widerspruch Baubeschreibung und Raumbuch – Widerspruch Baugenehmigung zu Text		493–495	178

4 Der Konflikt zwischen detaillierter Leistungsbeschreibung und darüber hinausgehender „Komplettheitsklausel" oder „Schlüsselfertigklausel" in Global-Pauschalverträgen

4.1	Der Zielkonflikt		496–511	179

XVII

			Rdn.	Seite

4.2 Beurteilung der „Komplettheitsklausel" beim *Einfachen* Global-Pauschalvertrag
    4.2.1 Auftraggeberseitige Ausführungsplanung (Detaillierung) liegt bei Vertragsschluss vor oder folgt baubegleitend
        4.2.1.1 Komplettheitsklausel in Allgemeinen Geschäftsbedingungen des Auftraggebers ... 512–514   185
        4.2.1.2 Komplettheitsklausel als Individualvertrag   515–518   188
    4.2.2 Auftragnehmerseitige Ausführungsplanung – Komplettheitsklausel in AGB des Auftraggebers oder im Individualvertrag..............................   519   189

4.3 Beurteilung der „Schlüsselfertigklausel" (Komplettheitsklausel) bei unterschiedlichen Typen des *Komplexen* Global-Pauschalvertrages (typischer Schlüsselfertigvertrag) – **Typ 1**: Detaillierung liegt bei Vertragsschluss vor
    4.3.1 Auftraggeberseitige Ausführungsplanung (Detaillierung) liegt bei Vertragsschluss vor
        4.3.1.1 Schlüsselfertigklausel in Allgemeinen Geschäftsbedingungen des Auftraggebers ... 520–530   190
        4.3.1.2 Schlüsselfertigklausel als Individualvertrag   531   195
    4.3.2 Auftragnehmerseitige Vorarbeit führt zur Detaillierung im Vertrag – Komplettheitsklausel in AGB des Auftraggebers oder im Individualvertrag   532   196

4.4 Beurteilung der „Schlüsselfertigklausel" (Komplettheitsklausel) bei unterschiedlichen Typen des *Komplexen* Global-Pauschalvertrages – **Typ 2**: Auftraggeberseitige Ausführungsplanung wird nach Vertragsabschluss vorgelegt (Beispiel: fast tracking)   533–535   196

4.5 Beurteilung der „Schlüsselfertigklausel" (Komplettheitsklausel) bei unterschiedlichen Typen des *Komplexen* Global-Pauschalvertrages – **Typ 3**: Auftragnehmerseitige teilweise oder vollständige Ausführungsplanung bzw. Vor-, Entwurfs- und Ausführungsplanung.....................   536   198

4.6 Die auftraggeberseitige fehlerhafte Leistungsbeschreibung – Abgrenzung zwischen fehlerhafter und unvollständiger Planung
    4.6.1 Auftraggeberseitige falsche Leistungsbeschreibung (Planung)   537–540   198
    4.6.2 Auftragnehmerseitige falsche Planung   541   200
    4.6.3 Die Abgrenzung zwischen auftraggeberseitiger falscher und auftraggeberseitiger nur unvollständiger Planung.   542–544   200

5 Beweislast im Zusammenhang mit Detaillierungen im Global-Pauschalvertrag   545   202

6 Die Bestimmung des qualitativen Bausolls (Baurealisierung) durch die sonstigen Vertragsbestandteile außerhalb der jeweiligen Leistungsbeschreibung und durch gesetzliche Regelungen – Risikozuweisung, Leistungsabgrenzungen –
    6.1 Qualitatives Bausoll und jeweiliger Vertragsinhalt – individuell übernommene „Risiken" und „Erschwernisse"   546–547   202

			Rdn.	Seite
6.2	Die Bestimmung des qualitativen Bausolls durch Besondere Vertragsbedingungen, Zusätzliche Vertragsbedingungen und Zusätzliche Technische Vertragsbedingungen		548	203
6.3	Die Bestimmung des qualitativen Bausolls durch die Allgemeinen Technischen Vertragsbestimmungen (=VOB/C), „Besondere Leistungen" in AGB-Bestimmungen		549	204
6.4	Die Bestimmung des qualitativen Bausolls durch die Allgemeinen Vertragsbestimmungen für die Ausführung von Bauleistungen (=VOB/B) oder durch gesetzliche Bestimmungen			
	6.4.1	Vereinbarung der VOB/B beim Global-Pauschalvertrag als Regelfall?	550	204
	6.4.2	§ 3 Nr. 2 VOB/B – Abstecken der Hauptachsen, Abstecken der Grenzen des Geländes, das dem Auftragnehmer zur Verfügung gestellt wird, Schaffen der notwendigen Höhenfestpunkte	551	205
	6.4.3	§ 3 Nr. 2 VOB/B Gelände, das dem Auftragnehmer zur Verfügung gestellt wird (z.B. Baugrundrisiko, Risiko der Wasserverhältnisse)		
		6.4.3.1 Grundsatz	552	206
		6.4.3.2 Einfacher Global-Pauschalvertrag oder Komplexer Global-Pauschalvertrag (Schlüsselfertigbau) mit auftraggeberseitiger Ausführungsplanung	553	206
		6.4.3.3 Komplexer Global-Pauschalvertrag: Total-Schlüsselfertig-Vertrag ohne Grundstücksverschaffung	554–565	207
		6.4.3.4 Komplexer Global-Pauschalvertrag: Total-Schlüsselfertig-Vertrag mit Grundstücksverschaffung	566	211
		6.4.3.5 Komplexer Global-Pauschalvertrag: Sonderfall „Verkauf" fertiger Entwurfsplanung durch den Auftragnehmer?	567	211
	6.4.4	§ 4 Nr. 1 Abs. 1 Satz 1 VOB/B – Ordnungs- und Koordinierungspflicht des Auftraggebers?	568	212
	6.4.5	§ 4 Nr. 1 Abs. 1 Satz 2 VOB/B – Beibringung öffentlich-rechtlicher Genehmigungen durch den Auftraggeber?	569	212
	6.4.6	§ 4 Nr. 2 Satz 2 VOB/B – Leistung gemäß „anerkannten Regeln der Technik" und unter Beachtung der gesetzlichen und behördlichen Bestimmungen – Risiko der Veränderung zwischen Vertragsschluss und Abnahme	570–571	213
	6.4.7	§ 4 Nr. 5 VOB/B – Schutz der Leistung vor Winterschäden und Grundwasser	572	214
	6.4.8	§ 4 Nr. 8 VOB/B – Einsatz von Nachunternehmern	573	214
	6.4.9	§ 7 VOB/B – Preisgefahr	574	215
	6.4.10	Das Nachbarrisiko	575	215

			Rdn.	Seite
	6.4.11	Verfahrens- und Entwicklungsrisiken............	576	216
	6.4.12	Leistungsabgrenzungen		
		6.4.12.1 Anschlüsse für Wasser, Gas usw.........	577–580	217
		6.4.12.2 Grundstücksgrenze als Leistungsabgrenzung?..............................	581–582	218
	6.4.13	Außenanlagen, Verkehrsanlagen, Geräte, nutzungsspezifische Anlagen, Möblierung................	583–584	219
	6.4.14	Abnahmebescheinigungen, Gebühren, Ablösekosten, Erschließungskosten?....................	585–592	220
	6.4.15	Errichtungskosten – Betriebskosten.............	593–595	222
	6.4.16	Dokumentation, Übergabe von Unterlagen.......	596–597	223
6.5	Die Bestimmung des qualitativen Bausolls durch die gewerbliche Verkehrssitte			
	6.5.1	Grundsatz...................................	598	224
	6.5.2	Die Definition von Fachausdrücken anhand der DIN 276 als Ausdruck der „gewerblichen Verkehrssitte".....................................	599	224
	6.5.3	Insbesondere Nutzfläche, Wohnfläche, Geschossfläche, Verkaufsfläche, Gewerbefläche – DIN 277, DIN 283, Wohnflächenverordnung, Baunutzungsverordnung..................................	600–607	225
7	Die Bestimmung des qualitativen Bausolls durch globale Leistungselemente – Vervollständigung des „ungeregelten Leistungsinhalts"			
7.1	Global beschriebenes Element als Teil der Vertragsleistung (Bausoll) – BGH „Wasserhaltung I" und „Wasserhaltung II" – Wirksamkeit von „riskanten Verträgen"................		608–609	229
7.2	Vervollständigung des Globalelements durch die „Notwendigkeit der Leistung"			
	7.2.1	Grundsatz...................................	610–612	231
	7.2.2	Erkennbarkeit der Risikozuweisung als Voraussetzung – offene oder verdeckte Risikozuweisung („Besondere Risikoübernahme").................	613–614	233
	7.2.3	Methodenwahl durch den Auftragnehmer........	615	234
	7.2.4	Detailregelungen bleiben maßgeblich............	616	236
	7.2.5	Detaillierung des Globalelements durch Anwendung der VOB/C?.............................	617	236
	7.2.6	Unterlassene, aber gemäß § 9 VOB/A vorgesehene Angaben des öffentlichen Auftraggebers – Schadensersatzansprüche, Vergütungsansprüche des Auftragnehmers		
		7.2.6.1 Regelungen der VOB/A...............	618–619	237
		7.2.6.2 Schadensersatzansprüche des Auftragnehmers aus c.i.c. wegen fehlerhafter Ausschreibung des öffentlichen Auftraggebers oder jedes Auftraggebers wegen zurückgehaltener Informationen?................	620–621	238

				Rdn.	Seite
		7.2.6.3	Richtige Bausoll-Bestimmung beim öffentlichen Auftraggeber durch Auslegung des Vertrages unter Heranziehung von § 9 Nr. 2 VOB/A (BGH „Wasserhaltung II", BGH „Auflockerungsfaktor").	622–623	239
		7.2.6.4	Schadensersatzansprüche gemäß § 823 Abs. 2 BGB wegen Verstoßes gegen Schutzgesetz?.	624	241
		7.2.6.5	Kartellrechtliche Ansprüche	625	241
	7.2.7	Ansprüche gegen den privaten Auftraggeber		626	242
7.3	Die Vervollständigung eines Globalelements durch öffentlich-rechtliche Anforderungen – Bedeutung der Baugenehmigung für das Bausoll				
	7.3.1	Baugenehmigung ist bei Vertragsschluss noch nicht erteilt und nicht Vertragsinhalt		627–631	243
	7.3.2	Zu erteilende Baugenehmigung ist Vertragsinhalt . .		632–633	244
	7.3.3	Baugenehmigung ist bei Vertragsschluss erteilt			
		7.3.3.1	Baugenehmigung ist nicht Vertragsbestandteil	634	245
		7.3.3.2	Baugenehmigung ist Vertragsbestandteil .	635–636	245
	7.3.4	Allgemeine öffentlich-rechtliche Verantwortlichkeit des Auftragnehmers für seine Leistung.		637	246
7.4	Die Vervollständigung eines Globalelements durch funktionale Notwendigkeit.			638–642	246
7.5	Die Vervollständigung eines Globalelements, soweit keine technischen, öffentlich-rechtlichen oder funktionalen Notwendigkeiten bestehen – Bestimmungsrecht des Auftragnehmers				
	7.5.1	Bestimmungsrecht des Auftragnehmers gemäß § 315 BGB		643–645	248
	7.5.2	Billigkeit der Bestimmung des Auftragnehmers. . . .		646–648	250
	7.5.3	Die Bestimmung der Leistung durch den Auftragnehmer als (rechtzeitige) Erklärung gegenüber dem Auftraggeber		649–651	251
	7.5.4	Vom Auftragnehmer dem Auftraggeber eingeräumte Auswahlmöglichkeit („Bemusterung") – Preisgrenzen für Musterauswahl		652	252
7.6	Auswahlentscheidungen des Auftragnehmers entsprechend „mittlerer Art und Güte"?			653	253

8 Missverständlich oder mangelhaft definiertes Bausoll generell (unklare Ausschreibung) – Auslegung, Prüfpflichten des Bieters, Vergütungsfolgen, versteckte Hinweise (OLG Stuttgart, BauR 1992, 639) – 654 253

9 Beweislast – Was fällt „unter die Pauschale"?
   9.1 Auffassung der Rechtsprechung und Literatur 655–658 255
   9.2 Differenzierte Lösung erforderlich 659–666 256

	Rdn.	Seite

Kapitel 6 – Der Gegenstand der Leistung beim Global-Pauschalvertrag Quantitatives Bausoll: Menge (Umfang der Leistung)

		Rdn.	Seite
1	Geltung derselben Grundsätze wie beim Detail-Pauschalvertrag.	667–669	259
2	Globale Mengenermittlungskriterien als zwangsläufige Folge globaler qualitativer Leistungsbeschreibung – „Besondere Risikoübernahme".	670–671	260
3	Überwälzung von Mengenermittlungsrisiken durch „Besonderer Risikoübernahme" in Allgemeinen Geschäftsbedingungen des Auftraggebers auf den Auftragnehmer?	672–673	261

Teil 4 Angebotsbearbeitung und Systematik der Kostenermittlung

Kapitel 7 – Angebotsbearbeitung für den Pauschalvertrag

			Rdn.	Seite
1	Einführung.		700	262
2	Angebotsbearbeitung beim Detail-Pauschalvertrag			
	2.1	Prüf- und Hinweispflicht des Bieters.	702–708	263
	2.2	Tätigkeiten bei der Angebotsbearbeitung für Detail-Pauschalverträge		
		2.2.1 Auflistung aller das Bausoll vorgebenden Unterlagen.	709	265
		2.2.2 Auflistung aller noch bis zur Angebotsabgabe notwendigen Tätigkeiten und Unterlagen.	710	266
		2.2.3 Bestimmung des qualitativen Bausolls.	711–712	266
		2.2.4 Dokumentation von Problempunkten.	713	266
		2.2.5 Auflistung von Vorschlägen für das Angebotsschreiben.	714	266
		2.2.6 Bestimmung des quantitativen Bausolls		
		2.2.6.1 Mengenermittlung und Mengenermittlungskriterien.	715–716	266
		2.2.6.2 Falltypen bezüglich der Vorgaben für das quantitative Bausoll.	717–721	267
		2.2.6.3 Unterschiedliche Kategorisierungen.	722–728	269
		2.2.7 Vorbereitung, Durchführung und Auswertung von Nachunternehmeranfragen.	729–736	271
		2.2.8 Terminplanung und sonstige Arbeitsvorbereitung.	737–739	272
		2.2.9 Kostenermittlung und Preisfestlegung.	740–742	273
		2.2.10 Zusammenstellung der Angebotsunterlagen.	743	274

				Rdn.	Seite

2.3 Beispiele zur Angebotsbearbeitung bei Detail-Pauschalverträgen
- 2.3.1 Grundsätzliches .... 744 — 274
- 2.3.2 Die einzelnen Tätigkeiten
  - 2.3.2.1 Auflistung aller auftraggeberseitig das Bausoll vorgebender Unterlagen .... 745 — 276
  - 2.3.2.2 Auflistung aller noch bis zur Angebotsabgabe notwendigen Tätigkeiten und Unterlagen .... 746–754 — 276
  - 2.3.2.3 Bestimmung des qualitativen Bausolls – Kriterium: Auftraggeberseitige Vorgaben – ..... 755–761 — 279
  - 2.3.2.4 Dokumentation von Problempunkten
    - 2.3.2.4.1 Bieterinterne Klärungsbedürfnisse .... 762 — 281
    - 2.3.2.4.2 Prüf- und Hinweispflichten
      - 2.3.2.4.2.1 Einfache Problempunkte .... 763 — 281
      - 2.3.2.4.2.2 Problempunkte aus der Verpflichtung zur mangelfreien Leistungserstellung .... 764 — 281
      - 2.3.2.4.2.3 Selbstverständliche Leistungen? .. 765–767 — 282
      - 2.3.2.4.2.4 Der Übergang zum Einfachen Global-Pauschalvertrag ... 768–772 — 284
  - 2.3.2.5 Auflistung von Vorschlägen für das Angebotsschreiben .... 773 — 284
  - 2.3.2.6 Bestimmung des quantitativen Bausolls
    - 2.3.2.6.1 Der Umfang der Mengenermittlungstätigkeit in Abhängigkeit von den vorgegebenen Mengenermittlungskriterien .. 774–784 — 284
    - 2.3.2.6.2 Falsche Mengenvorgaben durch den Auftraggeber .... 785–787 — 287
    - 2.3.2.6.3 Mengenrisiken? .... 788–789 — 287
  - 2.3.2.7 Vorbereitung, Durchführung und Auswertung von Nachunternehmeranfragen .... 790–792 — 288
  - 2.3.2.8 Terminplanung und sonstige Arbeitsvorbereitung .... 793–795 — 289
  - 2.3.2.9 Kostenermittlung und Preisfestlegung ... 796–799 — 290
  - 2.3.2.10 Unterlagen .... 800 — 290

2.4 Sonderfälle
- 2.4.1 Änderungsvorschläge, Nebenangebote („Sondervorschläge")
  - 2.4.1.1 Generelles .... 801–802 — 291

XXIII

			Rdn.	Seite
	2.4.1.2	Gesamtheitliche Betrachtung............	803–805	292
	2.4.1.3	Teilpauschalierungen als Sondervorschläge bei Einheitspreisverträgen.............	806–808	293
2.4.2	\multicolumn{2}{l}{Pauschalierung eines Einheitspreisangebotes bei Vertragsabschluss.......................}	809–810	294
2.4.3	\multicolumn{2}{l}{Pauschalierungen eines Einheitspreisvertrages nach Vertragsabschluss}		
	2.4.3.1	Bezogen auf Teilleistungen.............	811	294
	2.4.3.2	Bezogen auf die Gesamtleistung........	812–815	295
2.4.4	\multicolumn{2}{l}{Vereinbarung von Komplettierungsklauseln}		
	2.4.4.1	Bieter hat schon vorab geplant..........	816	295
	2.4.4.2	Auftraggeber plant...................	817–823	295

3 Angebotsbearbeitung beim Global-Pauschalvertrag

3.1 Vertragscheck, Prüf- und Hinweispflichten............... — 824 — 297
3.2 Angebotsbearbeitung beim Einfachen Global-Pauschalvertrag
    3.2.1 Grundsätzliches............................ — 825–826 — 297
    3.2.2 Zusätzliche Tätigkeiten gegenüber dem Detail-Pauschalvertrag............................... — 827–830 — 299
3.3 Beispiele
    3.3.1 Vorbemerkungen............................ — 831 — 300
    3.3.2 Fallgruppe 1: Globalelement schon bei Ausschreibung............................... — 832–836 — 300
    3.3.3 Fallgruppe 2: Globalelement erst im Nachhinein .. — 837–838 — 301
3.4 Sonderfälle
    3.4.1 Detail-Pauschalvertrag oder Einfacher Global-Pauschalvertrag?............................... — 839 — 302
    3.4.2 Änderungsvorschläge, Nebenangebote („Sondervorschläge")............................... — 840 — 302
    3.4.3 Nachträgliche Pauschalierung eines schon geschlossenen Einheitspreisvertrages.................. — 841–843 — 302
3.5 Angebotsbearbeitung beim Komplexen Global-Pauschalvertrag
    3.5.1 Vorab: Kostenermittlungsmethoden für Hochbauten
        3.5.1.1 Ausgangspunkt...................... — 844 — 303
        3.5.1.2 Kostenermittlungen gemäß HOAI und DIN 276 (Fassung 1993)............. — 845–849 — 303
        3.5.1.3 Die einzelnen Kostenermittlungsmethoden
            3.5.1.3.1 Eindimensionale Kostenermittlungsmethoden......... — 850–851 — 307
            3.5.1.3.2 Gebäudeorientierte Kostenermittlungsmethoden
                3.5.1.3.2.1 Bauteile (Grobelemente) als Kostenverursacher...... — 852 — 308
                3.5.1.3.2.2 Bauelemente..... — 853–854 — 309

			Rdn.	Seite
	3.5.1.3.3	Ausführungsorientierte Kostengliederungen und -ermittlungsmethoden	855	311
	3.5.1.3.4	Unterteilung nach sonstigen Gliederungsmerkmalen	856–857	312
3.5.2	Tätigkeiten bei der Angebotsbearbeitung			
	3.5.2.1	Auflistung aller das Bausoll vorgebenden Unterlagen (Checkliste Schlüsselfertig-Bau)	858	313
	3.5.2.2	Auflistung aller noch bis zur Angebotsabgabe zu erbringenden Tätigkeiten und Unterlagen	859	314
	3.5.2.3	Die Bestimmung des qualitativen Bausolls	860–863	314
	3.5.2.4	Dokumentation von Problempunkten	864–865	319
	3.5.2.5	Auflistung von Vorschlägen für das Angebotsschreiben	866	320
	3.5.2.6	Bestimmung des quantitativen Bausolls	867–869	320
	3.5.2.7	Vorbereitung, Durchführung und Auswertung von Nachunternehmeranfragen	870	322
	3.5.2.8	Terminplanung und sonstige Arbeitsvorbereitung	871	323
	3.5.2.9	Kostenermittlung und Preisfestlegung		
		3.3.2.9.1 Grundsätze	872–874	324
		3.3.2.9.2 GU-Zuschlag	875	326
	3.5.2.10	Zusammenstellung der Angebotsunterlagen	876	327
3.6	Beispiel zur Angebotsbearbeitung beim Komplexen Global-Pauschalvertrag			
3.6.1	Grundsätzliches		877	327
3.6.2	Die einzelnen Tätigkeiten			
	3.6.2.1	Auflistung aller auftraggeberseitig das Bausoll vorgebenden Unterlagen	878	327
	3.6.2.2	Auflistung aller noch bis zur Angebotsabgabe notwendigen Tätigkeiten und Unterlagen	879–880	327
	3.6.2.3	Die Bestimmung des qualitativen Bausolls	881–882	329
	3.6.2.4	Dokumentation von Problempunkten		
		3.6.2.4.1 Grundsätzliches	883	330
		3.6.2.4.2 Inhaltskontrolle der Auftraggeberunterlagen		
		3.6.2.4.2.1 Frage a: Was ist bislang nicht ausdrücklich geregelt?	884–888	330
		3.6.2.4.2.2 Frage b: Gibt es Fehler in den Unterlagen?	889	331
		3.6.2.4.2.3 Frage c: Gibt es Widersprüche oder potentielle Unstimmigkeiten?	890	332

			Rdn.	Seite
3.6.2.4.3	Klärung potentieller Schnittstellenprobleme			
	3.6.2.4.3.1	Frage a: Schnittstellen in einem Bauelement als solchem?........	891	332
	3.6.2.4.3.2	Frage b: Schnittstellen zwischen Bauelementen und/oder Leistungsbereichen?..	892–895	333
3.6.2.4.4	Klärung potentieller Terminprobleme			
	3.6.2.4.4.1	Frage a: Aus der Planung?........	896	334
	3.6.2.4.4.2	Frage b: Aus dem Bauablauf?......	897	334
	3.6.2.4.4.3	Frage c: Aus äußeren Umständen?..	898	334
3.6.2.4.5	Zielrichtung: Kostenminimierung.....................		899–900	334
3.6.2.4.6	Zielrichtung: Vermeidung von potentiellen Konflikten mit dem Auftraggeber..........		901	335
3.6.2.4.7	Zielrichtung: Vermeidung von potenziellen Mängelhaftungsproblemen...............		902	335
3.6.2.4.8	Zielrichtung: Vermeidung von potentiellen Terminproblemen		903	335
3.6.2.4.9	Zielrichtung: Formulierung für NU-Verträge...........		904	335
3.6.2.5	Auflistung der Vorschläge für das Angebotsschreiben......................		905	335
3.6.2.6	Bestimmung des quantitativen Bausolls..		906–907	335
3.6.2.7	Vorbereitung, Durchführung und Auswertung von Nachunternehmeranfragen....		908	336
3.6.2.8	Terminplanung und sonstige Arbeitsvorbereitung.......................		909–910	337
3.6.2.9	Kostenermittlung und Preisfestlegung...		911	338
3.6.2.10	Angebot.......................		912	338
3.7	Sonderfälle			
3.7.1	Änderungsvorschläge, Nebenangebote („Sondervorschläge")...................		913	338
3.7.2	Bildung von Teilpauschalen....................		914	338
3.7.3	Herausnahme von Teilleistungen aus der Pauschalierung.......................		915	338
3.8	Angebotsbearbeitung beim Bauträger..................		916	339

			Rdn.	Seite

Teil 5 Vergütungsansprüche des Auftragnehmers wegen geänderter oder zusätzlicher Leistungen

Kapitel 8 – Allgemeine Anspruchsvoraussetzungen für die Vergütung angeordneter oder nicht angeordneter modifizierte Leistungen – Methodik –

1 Rechtsgrundlagen beim VOB-Vertrag
  1.1 Befugnis des Auftraggebers zur Anordnung geänderter oder zusätzlicher Leistungen 1000   340
  1.2 Vergütungsfolgen:
    1.2.1 Entwicklung der VOB-Regelung zum Pauschalvertrag 1001   341
    1.2.2 Fehlerhafte Systematik des § 2 Nr. 7 VOB/B 1002   342

2 Rechtsgrundlagen beim BGB-Vertrag
  2.1 Befugnis des Auftraggebers zur Anordnung geänderter oder zusätzlicher Leistungen 1003–1007   343
  2.2 Vergütungsfolgen 1008   346
  2.3 Keine Ankündigungspflicht analog § 2 Nr. 6 VOB/B bei angeordneten zusätzlichen Leistungen beim BGB-Vertrag . 1009   346

3 Bauist-Bausoll-Abweichung als Anspruchsvoraussetzung für die Vergütung sowohl angeordneter wie nicht angeordneter geänderter oder zusätzlicher Leistungen
  3.1 Richtige Bausoll-Bestimmung als methodischer Ausgangspunkt 1010   347
  3.2 Der methodische Ansatzpunkt des Bundesgerichtshofs 1011–1016   347

4 Die besondere Brisanz der Bausoll-Feststellung beim Pauschalvertrag
  4.1 Die methodische Problemstellung 1017–1018   351
  4.2 Verhaltensempfehlungen für Auftragnehmer und Auftraggeber bei strittigem Bausoll – Leistungsverweigerungsrecht, Kündigungsmöglichkeiten? 1019   352

5 Inhalt und Grenzen der Befugnis des Auftraggebers beim VOB-Vertrag, geänderte oder zusätzliche (bauinhaltliche oder bauumstandsbezogene) Leistungen anzuordnen – allgemeine Grundsätze
  5.1 Angeordnete geänderte Leistungen, § 1 Nr. 3 VOB/B 1020   354
  5.2 Angeordnete zusätzliche Leistungen, § 1 Nr. 4 VOB/B 1021–1023   355
  5.3 Einschränkungen des Änderungsrechts des Auftraggebers beim Bauträgervertrag 1024   356

6 Generell: Zusätzliche Vergütung nur für geänderte oder zusätzliche Leistungen aus dem Risikobereich des Auftraggebers 1025–1028   357

		Rdn.	Seite

**Kapitel 9 Angeordnete geänderte oder zusätzliche Leistungen
– Speziell: Planungsebene – (Komplexer Global-Pauschalvertrag)**

1 Besonderheiten hinsichtlich der Änderungsbefugnis des Auftraggebers 1029–1030 359

2 Hinweis: Nicht angeordnete geänderte oder zusätzliche Leistungen – Planungsebene............................... 1031 360

3 Befugnis des Auftraggebers zur Änderungsanordnung – die einzelnen Leistungsphasen (Objektplanung)
   3.1 Grundlagenermittlung 1032 360
   3.2 Vorplanung.. 1033–1037 360
   3.3 Entwurf 1038–1042 363
   3.4 Genehmigungsplanung............................... 1043–1045 365
   3.5 Ausführungsplanung – Änderung, Fortschreibung........ 1046–1049 365
   3.6 Vorbereitung der Vergabe, Mitwirkung bei der Vergabe, Objektüberwachung................................. 1050–1051 368

4 Planungssoll und Befugnis des Auftraggebers zu Änderungsanordnungen – die einzelnen Leistungsphasen (Sonderfachleute) 1052 368

5 Die Vergütungsfolgen bei Änderungen auf der Ebene der Architekten- und Ingenieurleistungen (Planung) 1053 368

**Kapitel 10 Angeordnete geänderte und zusätzliche Leistungen
– Speziell: Ausführungsebene –
(§ 2 Nr. 5, Nr. 6 VOB/B, BGB-Regelung)**

1 Die Notwendigkeit der Unterscheidung zwischen geänderter und zusätzlicher Leistung (§ 2 Nr. 5 VOB/B und § 2 Nr. 6 VOB/B) beim VOB-Vertrag –
Keine Notwendigkeit der Unterscheidung beim BGB-Vertrag 1054–1056 369

2 Bauumstände: Geänderte Leistung, § 2 Nr. 7 Abs. 2 VOB/B i. V. m. § 2 Nr. 5 VOB/B
(insbesondere zeitliche Anordnungen)...................... 1057–1061 370

3 Bauinhalt: Geänderte oder zusätzliche Leistungen, § 2 Nr. 7 Abs. 2 VOB/B i. V. m. § 2 Nr. 5 oder § 2 Nr. 6 VOB/B, Spezialität von § 2 Nr. 6 VOB/B
   3.1 Grundsatz 1062 372
   3.2 Abgrenzung von § 2 Nr. 5 VOB/B und § 2 Nr. 6 VOB/B – „Regeln"
      3.2.1 Definitionen, Spezialität von § 2 Nr. 6 VOB/B zu § 2 Nr. 5 VOB/B........................... 1063 372
      3.2.2 „Regel a" – Bauinhaltsdefinition ändert sich qualitativ nicht – dann kein § 2 Nr. 5 VOB/B
         3.2.2.1 „Erschwernisse" 1064–1065 374

			Rdn.	Seite
	3.2.2.2	Überschreitung von das Bausoll bildenden Durchschnittsanforderungen (Standards entsprechend „0"-Abschnitten der VOB/C)	1066–1069	375
	3.2.2.3	Vertraglich zulässige Konkretisierung der Entwurfsplanung in der Ausführungsplanung des Auftraggebers keine Änderung .	1070–1068	376
	3.2.2.4	Die Grenze auftraggeberseitiger Auswahlbefugnis bei Auswahlschuldverhältnissen	1072	377
	3.2.2.5	Das Bausoll bei Mischpositionen.	1073	378
	3.2.2.6	Angeordnete Mengenmehrung	1074–1081	378
3.2.3	„Regel b" – Die Leistung ist „völlig neuartig", dann kein § 2 Nr. 5, sondern § 2 Nr. 6 VOB/B			
	3.2.3.1	Bisher im Vertrag auch nicht in anderer Menge vorgesehene Leistung.	1082	381
	3.2.3.2	Sonderfall: Zusätzliche, nicht geänderte Leistung infolge archäologischen Fundes – §§ 4 Nr. 9, 2 Nr. 6 VOB/B	1083	382
3.2.4	„Regel c" – Die modifizierte Leistung enthält keinen unmittelbar praktisch verwertbaren Anhaltspunkt mehr für die Preisermittlung der neuen Leistung – dann nicht § 2 Nr. 5, sondern § 2 Nr. 6 VOB/B.		1084	383

4 Anordnung oder Forderung der neuen Leistung durch den Auftraggeber als Voraussetzung des § 2 Nr. 5 und des § 2 Nr. 6 VOB/B

4.1	Anordnung = eindeutig „Befolgung heischende" Leistungsaufforderung des Auftraggebers	1085–1087	384
4.2	Bloße Anordnung entscheidend, nicht rechtliche Einordnung oder Rechtsfolgenerklärung durch den Auftraggeber; irrtümliche Anordnung des Auftraggebers	1088–1089	385
4.3	Anordnung dem Risikobereich des Auftraggebers zurechenbar („aus dem Risikobereich des Auftraggebers").	1090	386
4.4	Die ausdrückliche Anordnung.	1091	386
4.5	Die konkludente Anordnung – Versteckte Anordnungen	1092–1094	387
4.6	Die stillschweigende Anordnung.	1095	387
4.7	Anordnung auf zusätzliche Leistung trotz fehlender Erklärung des Auftraggebers, weil die Leistung aus dem Inhalt des Vertrages „notwendig" ist?	1096–1097	388
4.8	Anordnung wirksam – Vertretungsmacht vorhanden?	1098	389
4.9	Anordnung wirksam – vertraglich vereinbarte Schriftform beachtet?	1099	390
4.10	Leistungsverweigerungsrecht des Auftragnehmers bei unwirksamer Anordnung	1100	390

5 Das Ankündigungserfordernis für den Vergütungsanspruch aus § 2 Nr. 7 Abs. 2, § 2 Nr. 6 VOB/B bei zusätzlicher Leistung – Ankündigungserfordernis § 2 Nr. 5 VOB/B – BGB-Vertrag?

5.1	Beurteilung des Ankündigungserfordernisses als Anspruchsvoraussetzung und Rechtsgültigkeit der Vorschrift	1101	390

			Rdn.	Seite
5.2	Ausnahmen vom Ankündigungserfordernis		1102–1106	391
5.3	Keine nachträgliche Berufung auf Ankündigungserfordernis bei Anerkenntnis des Auftraggebers dem Grunde nach		1107	392
5.4	Vertragsklausel zur Einführung eines Ankündigungserfordernisses bei § 2 Nr. 5 VOB/B zulässig?		1108	393
5.5	Kein Ankündigungserfordernis für zusätzliche Leistungen beim BGB-Vertrag		1109	393

6 „Erhebliche Veränderung des Leistungsinhalts, Leistung im wesentlichen Umfang anders" als zusätzliche Anspruchsvoraussetzung bei § 2 Nr. 5 oder § 2 Nr. 6 VOB/B beim Pauschalvertrag?

			Rdn.	Seite
6.1	Checkliste: Anspruchsvoraussetzungen für Vergütung geänderter oder zusätzlicher Leistungen – Keine „Wesentlichkeitsvoraussetzung" in § 2 Nr. 7 Abs. 2 VOB/B		1110	393
6.2	Fehlerhafte Einführung eines zusätzlichen Erfordernisses „erhebliche Veränderung" durch einzelne OLGs in unrichtiger Anknüpfung an durch VOB/B-Änderung überholte frühere Rechtsprechung des Bundesgerichtshofs		1111–1120	394
6.3	Begründungsversuche für „Erheblichkeitsgrenze" jedenfalls bei geänderten Leistungen; keine „Preismanövriermasse"		1121–1124	399

7 Antrag, Einigung auf den neuen Preis, Schriftform, Leistungsverweigerungsrechte des Auftragnehmers, Anspruch auf Sicherheitsleistung

			Rdn.	Seite
7.1	Antrag, Einigung auf den neuen Preis		1128–1129	402
7.2	Leistungsverweigerungsrecht des Auftragnehmers bei unterbliebener Preisvereinbarung vor Ausführung		1130–1135	402
7.3	Vereinbarte Schriftform – mündliche Anordnungen trotz vereinbarter Schriftform – Folge fehlender Schriftform			
	7.3.1	Vereinbarte Schriftform	1136	404
	7.3.2	Abänderung zulässiger Schriftform durch mündliche Anordnung des Auftraggebers?	1137	404
	7.3.3	Abänderung der Schriftform durch mündliche Anordnung eines Bevollmächtigten?	1138	404
	7.3.4	Folge fehlender, wirksam vereinbarter Schriftform	1139–1140	405
	7.3.5	Leistungsverweigerungsrecht des Auftragnehmers bei mündlicher Anordnung oder mündlicher Preisvereinbarung trotz vereinbarter Schriftform	1141	406
7.4	Anspruch des Auftragnehmers auf Sicherheitsleistung für zusätzliche und geänderte Leistungen gemäß § 648 a BGB		1142–1144	406
7.5	Der „Antrag" als Voraussetzung des Vergütungsanspruchs		1145	407

8 Methoden der Neuberechnung der Vergütung

			Rdn.	Seite
8.1	Allgemeine Überlegungen – Grundlagen der Preisermittlung, Verlustkalkulation –		1146–1148	408
8.2	Der bisherige Preis als Basis der Neuberechnung – Ermittlung des Vertragspreisniveaus			
	8.2.1	Grundsätze	1149–1154	409

				Rdn.	Seite
	8.2.2	Detail-Pauschalvertrag			
		8.2.2.1	Leistungsverzeichnis bzw. Kostenermittlung mit korrekten Vordersätzen		
			8.2.2.1.1 Idealfall: Kostenermittlung liegt vor	1155	413
			8.2.2.1.2 Kostenermittlung fehlt, „Einheitspreise" sind ausgewiesen.	1156–1158	413
			8.2.2.1.3 Unaufgegliederter Pauschalpreis	1159	413
		8.2.2.2	Leistungsverzeichnis bzw. Kostenermittlung mit falschen Vordersätzen		
			8.2.2.2.1 Angebotsbearbeitung mit falschen Mengen	1160–1163	414
			8.2.2.2.2 Angebotsbearbeitung auf der Basis der tatsächlich auszuführenden Mengen	1164	414
			8.2.2.2.3 Es gibt nur den Pauschalpreis	1165	414
		8.2.2.3	Leistungsverzeichnis ohne Vordersatz	1166	415
		8.2.2.4	Es gibt kein auftraggeberseitiges Leistungsverzeichnis, jedoch Ausführungspläne.....	1169–1172	415
		8.2.2.5	„Unechte" Preisnachlässe..............	1173	415
	8.2.3	Einfacher Global-Pauschalvertrag................		1174–1175	416
	8.2.4	Komplexer Global-Pauschalvertrag			
		8.2.4.1	Grundsätzliches......................	1176	416
		8.2.4.2	Das Vertragspreisniveau von in den Angebotsbearbeitungsunterlagen ausgewiesenen Teilleistungen.....................	1177	416
		8.2.4.3	Sonderfall: Marktpreise	1178	417
		8.2.4.4	Problematik: Wägungsanteile..........	1179	417
		8.2.4.5	Noch problematischer: Zahlungsplan....	1180-1181	418
		8.2.4.6	Unaufgegliederter Pauschalpreis		
			8.2.4.6.1 Teilpauschale	1182	420
			8.2.4.6.2 Gesamtpauschale...........	1183	420
	8.2.5	Nachgereichte Preis- und Kostenermittlung		1184	420
	8.2.6	Verweigerte Vorlage einer vorhandenen Preis- und Kostenermittlung		1185	421
	8.2.7	Ermittlung in Mischfällen		1186	421
	8.2.8	Zusammenfassung: Ermittlung der Preiselemente		1187	422
8.3	Ausnahmen von der Bindung an den alten Preis				
	8.3.1	Grundsätzliches.............................		1188	422
	8.3.2	Irrtumsanfechtung...........................		1189	422
	8.3.3	Änderung der Lohn-, Material- und sonstigen Beschaffungskosten		1190–1192	422
	8.3.4	Unsorgfältige Planung		1193	423
	8.3.5	Ausmaß der Mehrleistungen sprengt jeden äquivalenten Rahmen.............................		1194	424
	8.3.6	Einschränkungen der Ausnahmen..............		1195–1199	424
8.4	Die Ermittlung der neuen Vergütung für die modifizierten Leistungen				
	8.4.1	Grundsätzliches.............................		1200	426
	8.4.2	Ermittlungsmethodik		1201–1206	426

			Rdn.	Seite
8.5	Spezialproblematik: Nachunternehmereinsatz			
	8.5.1	Grundsätzliches...............................	1207	427
	8.5.2	Differenzierung nach der Art der Kostenaufgliederung im Angebotsstadium		
		8.5.2.1 Leistungen, die der Hauptunternehmer nicht erstellen kann		
		8.5.2.1.1 Pauschaler Ansatz für Nachunternehmerleistungen......	1208–1209	429
		8.5.2.1.2 Aufgegliederte Ansätze für Nachunternehmerkosten in der Angebotskalkulation....	1210	429
		8.5.2.2 Leistungen, die der Hauptunternehmer selbst erstellen kann		
		8.5.2.2.1 Kostenermittlung weist Nachunternehmereinsatz aus.....	1211	430
		8.5.2.2.2 Kalkulation für Eigenleistung	1212	430
		8.5.2.3 Zusammenfassung...................	1213	430
	8.5.3	Architekten- und Ingenieurleistungen..........	1214–1218	430
8.6	Leistungen ohne besondere Angaben zur „Erbringung durch wen".....................................		1219	433
8.7	Neuer Preis zu entwickeln als Pauschale? – Schätzungen? –..		1220–1221	434
8.8	Zeitpunkt der Vereinbarung des neuen Preises..........		1222	434
8.9	Bindung an Nachlässe und Skonti....................		1223	435
8.10	Sonderfall: Einheitspreisliste für modifizierte Leistungen		1224	435

9 Verursachung...   1225–1227   437

10 Darlegungslast, Beweisführung und Beweisbarkeit
- 10.1 Grundsatz 1228–1229   439
- 10.2 Der konkrete Nachweis zu Ursache und Mehrvergütung – Behandlung des **GU-Zuschlags**
  - 10.2.1 Ausgangsbasis 1230   439
  - 10.2.2 Die Schritte zur Ermittlung der Mehrvergütung – Checkliste –.............................. 1231–1233   440
  - 10.2.3 Behandlung des **GU-Zuschlags**................ 1234   440

11 Fälligkeit, Abschlagszahlungen, Verjährung, prüfbare Schlussrechnung, Wirkung der Schlußrechnung.................   1235–1239   441

12 Ausschluss des Anspruches des Auftragnehmers aus § 2 Nr. 5, § 2 Nr. 6 VOB/B i. V. m. § 7 Abs. 2 VOB/B durch Allgemeine Geschäftsbedingungen des Auftraggebers 1240–1241   442

Kapitel 11 – Angeordnete zusätzliche Leistungen: Zeichnungen und Berechnungen – § 2 Nr. 9 VOB/B

1 Anwendbarkeit beim Pauschalvertrag..................   1242–1243   443

2 Einzelheiten   1244   444

Rdn. Seite

Kapitel 12 – Einverständlich geänderte oder zusätzliche Leistungen

1 Standardfälle.. 1245–1246 445

2 Sonderfall: „Sonderwünsche" beim Bauträgervertrag........ 1247–1250 445

Kapitel 13 – Nicht angeordnete geänderte oder zusätzliche Leistungen – § 2 Nr. 8 VOB/B, §§ 677 ff. BGB, § 812 BGB –

1 VOB-Vertrag: § 2 Nr. 8 VOB/B
   1.1 Anwendbarkeit beim Pauschalvertrag................. 1251 447
   1.2 Unterschiede zwischen § 2 Nr. 8 Abs. 2 VOB/B und § 2 Nr. 8 Abs. 3 VOB/B, §§ 677 ff. BGB (GoA)............. 1252 447
   1.3 Leistung ohne Auftrag oder unter eigenmächtiger Abweichung vom Vertrag..................................... 1253 448
   1.4 Die Vergütung trotz fehlender Anordnung, § 2 Nr. 8 Abs. 2 VOB/B
      1.4.1 Das nachträgliche Anerkenntnis, § 2 Nr. 8 Abs. 2 Satz 1 VOB/B............................... 1254 449
      1.4.2 „Geschäftsführung ohne Auftrag", § 2 Nr. 8 Abs. 2 Satz 2 VOB/B............................... 1255 449
      1.4.3 Folge: Vergütung, Sicherungsanspruch des Auftragnehmers.. 1256 449
   1.5 Die Vergütung trotz fehlender Anordnung, § 2 Nr. 8 Abs. 3 VOB/B, §§ 677 BGB
      1.5.1 Tatbestandsvoraussetzungen................... 1257 450
      1.5.2 Rechtsfolge Aufwendungsersatz................ 1258 450

2 Ansprüche aus ungerechtfertigter Bereicherung, falls § 2 Nr. 8 Abs. 2, Abs. 3 VOB/B keinen Vergütungsanspruch begründet. 1259–1260 451

Kapitel 14 – Sonderfall: Ansprüche auf zusätzliche Vergütung wegen Anordnung des Auftraggebers ohne Abweichung des Bauist vom Bausoll: § 4 Nr. 1 Abs. 4 Satz 2 VOB/B

1 Grundsatz... 1261 453

2 Begriff der Anordnung................................. 1262 454

3 Anmeldung von Bedenken als Anspruchsvoraussetzung...... 1263 454

4 Vergütungsfolge....................................... 1264 454

	Rdn.	Seite

Kapitel 15 – Fallbeispiele zur Ermittlung der Vergütung für modifizierte Leistungen

		Rdn.	Seite
1	Einführung	1265	456
2	Vergütungsermittlung für modfizierte Leistungen beim Detail-Pauschalvertrag		
	2.1 Grundsätzliches	1266	456
	2.2 Ausgangspunkt Vertragsleistungen		
	2.2.1 Vertragsunterlagen	1267	457
	2.2.2 Ermittlung des Vertragspreisniveaus	1268–1272	457
	2.2.3 Ermittlung der Vergütung der modifizierten Leistung	1273–1278	459
3	Vergütungsermittlung für modifizierte Leistungen beim Einfachen Global-Pauschalvertrag		
	3.1 Grundsätzliches	1279	461
	3.2 Ermittlung des Vertragspreisniveaus	1280–1283	461
	3.2 Ermittlung der Vergütung der modifizierten Leistung	1284	462
4	Vergütungsermittlung für modifizierte Leistungen beim Komplexen Global-Pauschalvertrag		
	4.1 Grundsätzliches	1285	463
	4.2 Ausgangspunkt Vertragsleistung		
	4.2.1 Vertragsunterlagen	1286	464
	4.2.2 Ermittlung des Vertragspreisnivaus	1287–1293	464
	4.2 Ermittlung der Vergütung der modifizierten Leistung	1294–1298	466

Teil 6 Vergütungsansprüche des Auftragnehmers bei verringerten oder entfallenen Leistungen

Kapitel 16 – Allgemeine Rechtsgrundlagen, Methodik

		Rdn.	Seite
1	Rechtsgrundlagen beim VOB-Vertrag	1300	467
2	Rechtsgrundlagen beim BGB-Vertrag	1301	468
3	„Umgekehrte" Soll-Ist-Abweichung als allgemeine Voraussetzung für Vergütungsänderungen infolge entfallener Leistung.	1302–1303	469

Kapitel 17 – Entfallene Leistungen aufgrund auftraggeberseitiger Anordnung – Selbstübernahme (§ 2 Nr. 4 VOB/B), Kündigung und Teilkündigung (§ 8 VOB/B, § 649 BGB)

		Rdn.	Seite
1	Abgrenzung Selbstübernahme (§ 2 Nr. 4 VOB/B)/Teilkündigung (§ 8 Nr. 1 VOB/B)	1304–1311	471
2	Teilkündigung gemäß § 8 Nr. 1 VOB/B		
	2.1 Voraussetzungen der Teilkündigung: Technisch abtrennbare Teilleistung	1312–1314	474
	2.2 Kündigung von Teilmengen	1315	475
	2.3 „Erhebliche Veränderung des Leistungsinhalts, Leistung im wesentlichen anders" als zusätzliche Voraussetzung für Teilkündigungen bzw. Selbstübernahmen gemäß § 2 Nr. 4, § 8 Nr. 1 VOB/B, § 649 BGB?	1316	475

			Rdn.	Seite
2.4	Vertraglicher Ausschluss der freien Teilkündigung		1317	476
3	„Voll"-Kündigung und Teilkündigung		1318	476
4	Die Erklärung der Kündigung = Anordnung des Auftraggebers		1319–1321	477
5	Umdeutung einer auftraggeberseitigen unwirksamen Kündigung aus wichtigem Grund in eine (wirksame) freie Kündigung des Auftraggebers?		1322–1323	478
6	Die Auswirkungen der unterschiedlichen Kündigungen des Auftraggebers (bzw. der Selbstübernahme des Auftraggebers) auf die Höhe der Vergütung			
	6.1	Methodische Grundlagen – Unterschiedliche Kündigungsfolgen bei Kündigung des Auftraggebers aus wichtigem, von ihm nicht zu vertretendem Grund einerseits und bei „freier Kündigung" des Auftraggebers andererseits –	1324–1325	481
	6.2	Erster Schritt: Die Abgrenzung der ausgeführten von den gekündigten Teilleistungen		
		6.2.1 Regelfall „Aufmaß" gemäß § 8 Nr. 6 VOB/B	1326	483
		6.2.2 Ausnahmefall: Leistungsstandfeststellung ohne „Aufmaß"	1327	484
		6.2.3 Anspruch des Auftragnehmers auf gemeinsames „Aufmaß"	1328	485
		6.2.4 Die Kosten des „Aufmaßes"	1329	485
		6.2.5 Sonderfall Global-Pauschalvertrag: Leistungsfeststellung bei Planungsleistungen	1330	486
	6.3	Zweiter Schritt: Alternative 1: Die vergütungsmäßige Bewertung der ausgeführten Teilleistungen bei Kündigung aus wichtigem Grund (oder bei „freier" Kündigung in Verfolgung des „Umweges")		
		6.3.1 Einführung	1331	487
		6.3.2 Einheitspreisverträge	1332	487
		6.3.3 Detail-Pauschalvertrag und Einfacher Global-Pauschalvertrag (differenzierte Ermittlung der Pauschalvergütung)	1333	488
		6.3.4 Global-Pauschalvertrag (undifferenzierte Pauschalvergütung) – Teilbereich Bauleistungen		
		6.3.4.1 Scheinlösungen		
		6.3.4.1.1 „Minderung" des Pauschalpreises im Wege einer Verhältnisrechnung?	1334	488
		6.3.4.1.2 Ausschreibung der Restleistung auf Einheitspreisbasis?	1335	491
		6.3.4.1.3 Ableitung aus vereinbartem Zahlungsplan?	1336	491
		6.3.4.2 Richtige Lösung – Konkrete Feststellung der erbrachten Bauleistungen		
		6.3.4.2.1 Der richtige Bewertungsansatz – „Einheitspreis" laut Auftragskalkulation	1337–1347	492

			Rdn.	Seite
	6.3.4.2.2	Die konkrete Ermittlung der Vergütung der erstellten Leistungen................	1348–1349	495
	6.3.4.2.3	Sonderfall: Noch nicht eingebaute Teile...............	1350	496
	6.3.4.2.4	Sonderfall: Einheitspreisliste für „Minderleistungen"......	1351	496
6.3.5	Komplexer Global-Pauschalvertrag – Teilbereich Planungsleistungen..........................		1352	497

6.4 Zweiter Schritt, Alternative 2: Die Ermittlung der ersparten Kosten für die entfallene Leistung bei freier Kündigung durch den Auftraggeber

			Rdn.	Seite
6.4.1	Methodische Vorüberlegungen – Eine Abrechnung oder zwei Abrechnungen (?) – „direkter Weg" oder „Umweg"			
	6.4.1.1	Ansatzpunkt § 649 BGB...............	1353–1355	498
	6.4.1.2	Mehrwertsteuer.....................	1356	500
	6.4.1.3	§ 8 Nr. 6 VOB/B	1357	502
6.4.2	Feststellung der Leistungen, die für den gekündigten Teil auszuführen gewesen wären.............		1358	503
6.4.3	Feststellung der Vergütung für den nicht ausgeführten Teil der Leistung?.........................		1359	503
6.4.4	Ermittlung der entfallenen Kosten (Aufwendungen) für den nicht ausgeführten Teil der Leistung – Bauleistungen			
	6.4.4.1	Methodische Grundlagen; gleichartige Berechnungsmethodik für Mengenminderung gem. § 2 Nr. 3, Leistungsminderung gemäß § 2 Nr. 5, § 2 Nr. 8, § 2 Nr. 4, § 8 Nr. 1 VOB/B	1360–1366	503
	6.4.4.2	Die praktische Durchführung bei hinterlegter Kostenermittlung		
		6.4.4.2.1 Grundsätzliches............	1367	508
		6.4.4.2.2 Kalkulierter Gewinn........	1368	508
		6.4.4.2.3 Exkurs: Kalkulierter Verlust..	1369–1371	508
		6.4.4.2.4 Wagnis	1372	512
		6.4.4.2.5 Allgemeine Geschäftskosten .	1373	513
		6.4.4.2.6 Baustellengemeinkosten.....	1374–1375	513
		6.4.4.2.7 Entfallene Direkte Kosten (Einzelkosten der Teilleistungen).....................	1376–1380	513
	6.4.4.3	„Echte Nachlässe"...................	1381	516
	6.4.4.4	Die praktische Durchführung in anderen Fällen	1382	516
6.4.5	Ermittlung der entfallenen Kosten (Aufwendungen) für den nicht ausgeführten Teil der Leistung – Planungsleistungen beim Global-Pauschalvertrag		1383	517
6.4.6	Die Kürzung der Vergütung für den kündigungsbedingt nicht ausgeführten Teil der Leistung bei „freier Kündigung" um anderweitigen Erwerb		1384–1388	518

	Rdn.	Seite
6.5 Hinweise zur Berechnung der Vergütung bei freier Kündigung mit doppelter Berechnung („Umweg")	1389	520
7 Darlegungs- und Beweislast	1390–1394	521
8 Prüffähigkeit der Rechnung	1394–1395	523
9 Teilklagen, Teilabtretungen bei § 649 Satz 2 BGB	1396	524
10 Abnahme, Schlussrechnung, Prüfbarkeit, Fälligkeit, Abschlagszahlungen	1397–1401	524
11 Regelung der Kündigungsvoraussetzungen und -folgen in Allgemeinen Geschäftsbedingungen		
11.1 Allgemeine Geschäftsbedingungen des Auftragnehmers	1402–1403	525
11.2 Allgemeine Geschäftsbedingungen des Auftraggebers	1404	526
12 Sonderfall: Kündigung des Auftragnehmers (§ 9 VOB/B)	1405–1406	526

Kapitel 18 – Einverständlich entfallene oder verringerte Leistungen

	Rdn.	Seite
1 Inhalt und Form der Aufhebungsvereinbarung	1407–1409	528
2 Vergütungsfolgen	1410–1412	528
3 Sonderfall: „Eigenleistungen" beim Bauträgervertrag	1413	530

Kapitel 19 – Entfallene Leistungen ohne Anordnung (= Kündigung) des Auftraggebers

	Rdn.	Seite
1 Grundsatz	1414	531
2 Mindermengen	1415	531
3 Entfallene Bauleistungen, technische Verfahrensleistungen oder Planungsleistungen	1416–1418	532

Kapitel 20 – Beispiele zur Ermittlung der Vergütung bei Kündigung

	Rdn.	Seite
1 Kündigung aus wichtigem Grund		
1.1 Detail-Pauschalvertrag	1419–1428	535
1.2 Komplexer Global-Pauschalvertrag	1429–1434	539
2 Freie Kündigung		
2.1 Berechnung der Vergütung über den „Umweg" beim Detail-Pauschalvertrag	1435–1438	542
2.2 Berechnung der Vergütung über den „direkten Weg" beim Komplexen Global-Pauschalvertrag	1439–1443	547

| | Rdn. | Seite |

Teil 7 Störung der Geschäftsgrundlage

Kapitel 21 – § 2 Nr. 7 Abs. 1 Satz 1, 2, 3 VOB/B, § 242 BGB

1 Anpassung der Vergütung wegen „Störung der Geschäftsgrundlage" als allgemein geltender Rechtsgrundsatz
   1.1 § 2 Nr. 7 Abs. 1 Satz 1 VOB/B – BGB-Regelung......... 1500 552
   1.2 § 2 Nr. 7 Abs. 1 Satz 2 VOB/B, § 313 BGB
       – „Unzumutbarkeit" – 1501–1503 553
   1.3 Allgemeine Maßstäbe zur Bestimmung des Risikorahmens dem Grunde nach
       1.3.1 Der vertraglich zum Ausdruck gekommene Wille, unter allen Umständen am Vertrag festzuhalten ... 1504 555
       1.3.2 Die Erkennbarkeit des ungewöhnlichen Risikos... 1505–1506 556
       1.3.3 Gesetzliche oder ausdrückliche vertragliche Risikozuweisung beachtlich 1507 557
       1.3.4 Spezialkenntnisse in Sonderfällen bei der Ermittlung des Risikorahmens beachtlich 1508 557
       1.3.5 Verursachung durch eine Vertragspartei als Kriterium 1509–1510 558
       1.3.6 Bedeutung der Prüfzeit und der Prüfmöglichkeiten des Auftragnehmers 1511 559

2 Unzumutbare Änderung der Kosten ohne gleichzeitige Leistungsänderung als typischer Anwendungsbereich? 1512 559

3 Unzumutbare Leistungsänderung mit unzumutbaren Auswirkungen auf die Pauschalvergütung als typischer Anwendungsbereich
   3.1 „Mengenänderungen"
       3.1.1 Mengenermittlungsrisiko des Auftragnehmers als Kennzeichen des Pauschalvertrages 1513 560
       3.1.2 Unzumutbarkeit beim Total-Unternehmer? 1514 561
       3.1.3 „Störung der Geschäftsgrundlage" bei „Schein-Mengenpauschalen"? 1515 561
       3.1.4 Ungewöhnliche Mengenentwicklung bei Mengenvorgabe durch auftraggeberseitige „Vordersätze" und Mengenermittlungsparameter 1516–1519 562
       3.1.5 Ungewöhnliche Mengenentwicklung bei Verträgen ohne Mengenangabe oder ohne auftraggeberseitige Mengenermittlungsparameter
             – „Besondere Risikoübernahme" des Auftragnehmers 1520–1522 564
   3.2 Verfahrensänderungen 1523–1524 565

4 Alle Spezialregelungen sind vorrangig – Praktische Bedeutung der Störung der Geschäftsgrundlage beim Pauschalvertrag ... 1525–1527 566

			Rdn.	Seite

5	Allgemeine Maßstäbe – Größenordnung der Kostenüberschreitung oder -unterschreitung			
	5.1	Abweichung, bezogen auf Gesamtvergütung oder bezogen auf „Positionen"?	1528–1532	567
	5.2	20 %-Grenze?	1533–1534	569
	5.3	Selbstbehalt des Anspruchsberechtigten	1535	570
6	Methodische Ermittlung des Anpassungsbetrages – neue Pauschale?		1536–1539	571
7	„Verlangen" der Anpassung, Beweislast		1540	572
8	Kündigungsmöglichkeit bei zu Unrecht verweigerter Preisanpassung wegen Störung der Geschäftsgrundlage		1541	572

Teil 8 Behinderungen des Auftragnehmers

Kapitel 22 – Behinderung und zeitliche wie geldliche Behinderungsfolgen

1	Grundsatz: Keine wesentlichen rechtlichen Besonderheiten gegenüber dem Einheitspreisvertrag			1600	573
2	VOB-Vertrag				
	2.1	Wortlaut § 6 VOB/B		1601	574
	2.2	Mitwirkungspflichten des Auftraggebers		1602–1605	575
	2.3	Anzeige oder Offenkundigkeit		1606	576
	2.4	Zeitliche Folgen		1607	576
	2.5	Speziell: Zeitliche und finanzielle Folgen geänderter und zusätzlicher Leistungen		1608	577
	2.6	Finanzielle Folgen			
		2.6.1	Verschulden des Auftraggebers bei Verletzung der Mitwirkungspflicht – Haftung für Erfüllungsgehilfen (Vorunternehmerhaftung) –	1609	577
		2.6.2	Ursachennachweis	1610	578
		2.6.3	Schadensnachweis (Einheitspreisliste, abstrakte oder normale Schadensberechnung), Schadenshöhe, Mehrwertsteuer	1611–1613	579
	2.7	Konkurrenz zwischen § 6 Nr. 6 Satz 1 VOB/B, § 2 Nr. 5 VOB/B, § 6 Nr. 6 Satz 2 VOB/B mit § 642 BGB		1614	580
	2.8	Checkliste		1615	580
3	BGB-Vertrag				
	3.1	Wortlaut des § 642 BGB		1616	582
	3.2	Mitwirkungshandlungen des Auftraggebers		1617	582
	3.3	Anzeige der Behinderung nicht erforderlich		1618	582
	3.4	Kein Verschulden des Auftraggebers erforderlich		1619	582
	3.5	Entschädigung, Mehrwertsteuer		1620	583

	Rdn.	Seite
4 Ausschluss der Ansprüche durch Allgemeine Geschäftsbedingungen..	1621	583
Kapitel 23 – Die Unterbrechung der Leistung	1622	584

Kapitel 24 – Fallbeispiele

	Rdn.	Seite
1 Einfacher Detail-Pauschalvertrag		
1.1 Behinderung..	1623	585
1.2 Abrechnung nach § 6 Nr. 5 VOB/B...................	1624	585
2 Einfacher Global-Pauschalvertrag........................	1625	585
3 Komplexer Global-Pauschalvertrag		
3.1 Behinderung		
3.1.1 Sachverhalt................................	1626	585
3.1.2 Dokumentation der Behinderung und Bauzeitverlängerung..................................	1627	585
3.1.3 Nachweis der Behinderungsfolgen		
3.1.3.1 Zeitliche Folgen.....................	1628–1630	587
3.1.3.2 Finanzielle Folgen...................	1631–1636	587
3.2 Beschleunigung.....................................	1637–1641	590
3.3 Abrechnung nach § 6 Nr. 5 VOB/B...................	1642	592

Abkürzungsverzeichnis

a. A.	anderer Ansicht
a. a. O.	am angegebenen Ort
AG	Auftraggeber
AGB	Allgemeine Geschäftsbedingungen
AGB-Gesetz	Gesetz zur Regelung des Rechts der Allgemeinen Geschäftsbedingungen
AN	Auftragnehmer
ARH-Tabelle	s. Literaturverzeichnis
AT	Arbeitstage
ATV	Allgemeine Technische Vertragsbedingungen (= VOB/C)
AVB	Allgemeine Vertragsbedingungen
BAS	Bauarbeitsschlüssel
BauR	Baurecht, Zeitschrift für das gesamte öffentliche und zivile Baurecht
Bauwirtschaft	Bauwirtschaft, Zeitschrift
BB	Der Betriebsberater, Zeitschrift
Betrieb	Der Betrieb, Zeitschrift
BGB	Bürgerliches Gesetzbuch
BGH	Bundesgerichtshof
BGHZ	Entscheidungen des Bundesgerichtshofes in Zivilsachen
BVB	Besondere Vertragsbedingungen
c. i. c.	culpa in contrahendo (Verschulden bei Vertragsschluss)
DAB	Deutsches Architektenblatt
Das Recht	Das Recht, Zeitschrift
DIN	Norm des Deutschen Instituts für Normung e.V.
EP-Vertrag	Einheitspreisvertrag
EuGH	Europäischer Gerichtshof
EWiR	Entscheidungen zum Wirtschaftsrecht
Fn.	Fußnote
GemO	Gemeindeordnung
GWB	Gesetz gegen Wettbewerbsbeschränkungen
HOAI	Honorarordnung für Architekten und Ingenieure
IBR	Immobilien- & Baurecht, Zeitschrift
i. E.	im Ergebnis
LM	Lindenmaier/Möhring (Nachschlagewerk des Bundesgerichtshofs)
MDR	Monatsschrift für Deutsches Recht
m. w. N.	mit weiteren Nachweisen
NJW	Neue Juristische Wochenschrift
NJW-RR	Neue Juristische Wochenschrift, NJW-Rechtsprechungsreport Zivilrecht
NZBau	Neue Zeitschrift für Baurecht und Vergaberecht
OLG	Oberlandesgericht
OLG Report Düsseldorf	OLG Report Düsseldorf, Zeitschrift
Pos.	Position
Rdn.	Randnummer

Abkürzungsverzeichnis

RGZ	Entscheidungen des Reichsgerichts in Zivilsachen
S.	Seite
s.	siehe
Schäfer/Finnern	Schäfer/Finnern, Rechtsprechung der Bauausführung
Schäfer/Finnern/Hochstein	Schäfer/Finnern/Hochstein, Rechtsprechung zum privaten Baurecht
SF	Schlüsselfertig
u. E.	unseres Erachtens
Versicherungsrecht	Versicherungsrecht, Zeitschrift
vgl.	vergleiche
VOB	Verdingungsordnung für Bauleistungen
WiB	WiB Wirtschaftsrechtliche Beratung, Zeitschrift
WM	Wertpapiermitteilungen, Teil IV, Zeitschrift
WuM	Wohnungswirtschaft und Mietrecht, Zeitschrift
WuW	Wirtschaft und Wettbewerb, Zeitschrift
ZfBR	Zeitschrift für deutsches und internationales Baurecht
ZIP	Zeitschrift für Wirtschaftsrecht
ZMR	Zeitschrift für Miet- und Raumrecht
ZPO	Zivilprozeßordnung
ZVB	Zusätzliche Vertragsbedingungen

Literaturverzeichnis

Acker/Garcia-Scholz:	Möglichkeiten und Grenzen der Verwendung von Leistungsbestimmungsklauseln nach § 315 BGB in Pauschalpreisverträgen, BauR 2002, 550
Anwaltskommentar BGB:	Band 2, Teilband 2 (Herausgeber: Dauner-Lieb/Langen), Bonn, 2005
Armbrüster/Bickert:	Unzulängliche Mitwirkung des Auftragnehmers beim Bau- und Architektenvertrag, NZBau 2006, 153
Bamberger/Roth:	Kommentar zum BGB, Band 2, München 2003
Basty:	Der Bauträgervertrag 5. Aufl., München 2005
Bauer:	Risiken der Komplettheit, der Ortskenntnisse und der technischen Ungewißheit bei Anlagenverträgen, in: Bau- und Anlagenverträge, Heidelberger Kolloquium für Technologie und Recht, 1993, Band 4, S. 171 ff., Heidelberg 1984
Baukostenberatungsdienst (BKB) der Architektenkammer Baden-Württemberg:	Baukosten-Handbuch, Anwenderhandbuch für Kostenermittlungen nach DIN 276 und HOAI unter Verwendung fremder bzw. eigener Daten und/oder des BKB, 5. Auflage 1986
Baumbach/ Albers/Hartmann:	Zivilprozeßordnung, 64. Auflage, München 2006
Baumgärtel:	Grundlegende Probleme der Beweislast im Baurecht, ZfBR 1989, S. 231 ff.
Baumgärtel:	Handbuch der Beweislast im Privatrecht, Band 1, 2. Auflage, Köln, Berlin, Bonn, München 1991
Beck'scher VOB-Kommentar Teil B:	VOB/B, München 1997
Beck'scher VOB-Kommentar Teil C:	VOB/C, München 2003
Blank:	Die Wohnflächenberechnung nach neuem Recht, ZfIR 2004, 320
Blecken/Gralla:	Neue Wettbewerbsmodelle im Deutschen Baumarkt, Modernisierungserfordernisse der VOB/A, Kapellmann/Vygen Jahrbuch Baurecht 1998, S. 251 ff., Düsseldorf 1998
Bönker:	Der Architekt als Baujurist – Haftung für genehmigungsfähige Planung, NZBau 2003, 80
Brandt:	Kreditwirtschaftliche Aspekte des Vergaberechts, WM 1999, 2525
Brandt:	Zum Leistungsumfang beim schlüsselfertigen Bauen nach Baubeschreibung in bezug auf technisch notwendige, aber nicht ausdrücklich vereinbarte Teilleistungen, insbesondere bei der Nachbesserung, BauR 1982, S. 524 ff.
Brückl:	Die Minderung des Architektenhonorars bei der Nichterbringung von Teilleistungen, NZBau 2006, 491

Literaturverzeichnis

Brüssel:	Baubetrieb von A bis Z, 4. Auflage 2002, Düsseldorf
Bücker:	Construction Management, Aachen 2005
Bühl:	Grenzen der Hinweispflicht des Bieters, BauR 1992, S. 26 ff.
Bühring:	Der Generalunternehmer als Projektmanager und Garant für die Vertragserfüllung bei komplexen Bauvorhaben, in: Projektmanagement beim Bauen, VDI-Berichte 932, Düsseldorf 1992
Bunjes/Geist:	Umsatzsteuergesetz, Kommentar, 7. Aufl. München 2003
Busse:	Zum Vergütungsrisiko des Generalunternehmers bei funktionaler Leistungsbeschreibung in Pauschalverträgen mit privaten Auftraggebern außerhalb von Verbraucherverträgen, Festschrift für Jagenburg, München 2002, 77
Cadez:	Ein Mix aus Chancen und Risiken, Bauwirtschaft 2000, Heft 1, 20
Daub/Piel/Soergel:	Kommentar zur VOB/A, Wiesbaden/Berlin 1981
Daub/Piel/Soergel/ Steffani:	Kommentar zur VOB/B, Wiesbaden/Berlin 1976
Dölle:	Kosten der Rechnungsstellung nach freier Kündigung eines Pauschalvertrages, Festschrift für Werner, München 2005, 169
Dornbusch/Plum	Die „freie" Teil-Kündigung – noch Klärungsbedarf aus baubetrieblicher Sicht, Jahrbuch BauR 2000, S. 160
Drees/Wieland:	Untersuchungen und Ermittlung der Grundlagen für Elementkataloge, in: Elementkatalog für Planung, Ausschreibung, Kostenplanung und Kosten-Nutzen-Untersuchungen auf der Grundlage des StLB, Teil A. Schriftenreihe Bau- und Wohnungsforschung, Heft 04.05, Herausgeber: Bundesminister für Raumordnung, Bauwesen und Städtebau, Stuttgart/Bonn 1979, S. 7–40
Enders:	VOB/B und BGB-Bauvertrag im Rechtsvergleich unter besonderer Berücksichtigung des Vergütungsrechts, Baurechtliche Schriften, Band 7, Düsseldorf 1986
Englert/Grauvogl/ Maurer:	Handbuch des Baugrund- und Tiefbaurechts, 3. Auflage, Düsseldorf 2004
Erman: (zitiert mit Bearbeiter)	Handkommentar zum Bürgerlichen Gesetzbuch, Band 1, 11. Auflage, Münster 2004
Eschenbruch:	Construction Management, NZBau 2001, 585
Eschenburg/Glowacki	Funktionale Leistungsbeschreibung – Vorgaben an Generalunternehmer, in: Eisenbahningenieur Kalender 1998, 323 ff.
Festge:	Die anerkannten Regeln der Technik – ihre Bedeutung für den vertraglichen Leistungsumfang, die vertragliche Vergütung und die Gewährleistung, BauR 1990, S. 323 ff.
Fickert/Fieseler:	Baunutzungsverordnung, 10. Auflage, Stuttgart 2002
Franz/Kaminsky:	Änderung der Ausführungsplanung bei Großbauvorhaben vom bauausführenden Auftragnehmer einzukalkulieren? BauR 2005, 1208
Freiberger	Baurechtshandbuch, 2. Aufl., Freiberg 2003
Gauch:	Der Werkvertrag (Schweiz), 4. Aufl. 1996, Zürich
Gelder, van:	Der Anspruch nach § 649 Satz 2 BGB bei Verlustgeschäften und seine Geltendmachung im Prozeß, NJW 1975, S. 189 ff.
Glatzel/Hofmann/ Frikell:	Unwirksame Bauvertragsklauseln nach dem AGB-Gesetz, 10. Auflage, München 2003

Gralla:	Neue Wettbewerbs- und Vertragsformen für die deutsche Bauwirtschaft, Dortmund 1999
Graul:	Kosten von Hochbauten: Kosten, Flächen, Rauminhalte nach DIN 276, DIN 277, DIN 283, DIN 18 960, Berlin/Köln 1982
Grimme:	Die Vergütung beim Werkvertrag, Berlin 1987
Grünhoff:	Die Konzeption des GMP-Vertrages – Mediation und value engineering, NZBau 2000, 313
Grziwotz/Koeble:	Handbuch Bauträgerrecht, München 2004
Hamann:	Qualitätssicherung durch Vertrags-Management, in: Projektmanagement beim Bau, VDI-Berichte 932, Düsseldorf 1992
Hansen/Nitschke/ Brock:	Bauträgerrecht, Neuwied 2006
Hasenbein:	Massenermittlung mit System, Köln 1992
Hasselmann/ Koopmann:	Kostenermittlung und -kontrollen nach DIN 276 – Erhöhung der Kostensicherheit durch EDV-Einsatz, in: Festschrift für Pfarr, S. 77 ff., Berlin 1987
Hautkappe:	Unternehmereinsatzformen im Industrieanlagenbau, Heidelberg 1986
Heidland:	Welche Änderungen ergeben sich für den Bauvertrag durch die Insolvenzordnung im Verhältnis zur bisherigen Rechtslage? Wie ist der Wortlaut der VOB Teil A und B zu ändern?' BauR 1998, 643
Heiermann/Riedl/ Rusam:	Handkommentar zur VOB/B, 10. Auflage, Wiesbaden und Berlin 2003
Heine:	Qualitative und quantitative Verfahren der Preisbildung, Kostenkontrolle und Kostensteuerung beim Generalunternehmen, Wuppertal 1995
Heyers:	Die rechtlich spezifische individuelle Repräsentanz im Pauschalvertrag, besonders in Bausachen, BauR 1983, S. 297 ff.
Hutzelmeyer/Greulich:	Baukostenplanung mit Gebäudeelementen, Köln 1983
Ingenstau/Korbion:	VOB Teile A und B, Kommentar, 15. Auflage, München 2004
Immenga/Mestmäcker/ Dannecker:	GWB, Kommentar zum Kartellgesetz, 3. Auflage, München 2001
Jagenburg:	Stand der Technik gestern, heute, morgen? Der für die anerkannten Regeln der Technik maßgebliche Zeitpunkt, Festschrift für Korbion, S. 179 ff., Düsseldorf 1986
Jochem:	HOAI, Gesamtkommentar zur Honorarordnung für Architekten und Ingenieure, 3. Auflage, Wiesbaden und Berlin 1991
Kapellmann:	Die Berechnung der Vergütung nach Kündigung des Bau- oder Architektenvertrages durch den Auftraggeber, Kapellmann/Vygen, Jahrbuch Baurecht 1998, 35
Kapellmann:	„In sich abgeschlossen Teile der Leistung gem. VOB/B", Festschrift für Thode, München 2005, 29
Kapellmann:	Ein Construction Management Vertragsmodell, NZBau 2001, 592
Kapellmann:	Baugrundrisiko und „Systemrisiko", Kapellmann/Vygen, Jahrbuch Baurecht 1999, 3
Kapellmann:	§ 645 BGB und die Behinderungshaftung für Vorunternehmer – Ein anderer Lösungsansatz, BauR 1992, S. 402 ff.

Kapellmann:	Rechtliche Voraussetzungen für die Ansprüche des Auftragnehmers bei Abweichungen vom Bauvertrag, in: Ansprüche des Bauunternehmers bei Abweichungen vom Bauvertrag, S. 11 ff., 2. Auflage, Düsseldorf 1993
Kapellmann:	Bausoll, Erschwernisse und Vergütungsnachträge beim Spezialtiefbau, Festschrift für Bauer, S. 385 ff., Düsseldorf 1993
Kapellmann:	Struktur des Pauschalvertrages, Festschrift für Soergel, S. 99 ff., Stamsried 1993
Kapellmann:	Schlüsselfertiges Bauen, 2. Aufl., München 2004
Kapellmann:	Der BGH und die Konsoltraggerüste – Bausollbestimmung durch die VOB/C oder die konkreten Verhältnisse? NJW 2005, 182
Kapellmann/Langen:	Einführung in die VOB/B, 15. Auflage 2006
Kapellmann/Messerschmidt:	VOB Teil A und B, VergVO, 2. Aufl., München 2006
Kapellmann/Schiffers:	Vergütung, Nachträge und Behinderungsfolgen beim Bauvertrag, Band 1: Einheitspreisvertrag, 5. Auflage, Neuwied 2006
Kapellmann/Ziegler:	Störfallkataloge bei Bauverträgen im Tunnelbau mit Schildvortrieb, NZBau 2005, 65
Kiesel:	Das Gesetz zur Beschleunigung fälliger Zahlungen, NJW 2000, 1673
Klärner/Schwörer:	Qualitätssicherung im Schlüsselfertigbau – Schwerpunkt Bauausführung, Wiesbaden 1992
Kleine-Möller:	Leistung und Gegenleistung bei einem Pauschalvertrag, in: Seminar Pauschalvertrag und schlüsselfertiges Bauen, Wiesbaden und Berlin 1991
Kleine-Möller/Merl	Handbuch des privaten Baurechts, 3. Auflage, München 2005
Klenk:	Steckengebliebene Werkleistungen im Umsatzsteuerrecht im Fall des § 649 BGB, BauR 2000, 638
Kniffka:	Rechtliche Probleme des Generalunternehmers, in: Seminar ARGE/Generalunternehmer/Subunternehmer, S. 46 ff., Wiesbaden und Berlin 1992
Kniffka:	Die neuere Rechtsprechung des Bundesgerichtshofs zur Abrechnung nach Kündigung des Bauvertrags, Jahrbuch Baurecht 2000, S. 1
Kniffka:	Onlinekommentar zum BGB, Stand 10.04.2006
Kniffka/Koeble:	Kompendium des Baurechts, 2. Aufl., München 2004
Kohler:	Werkmangel und Bestellerverantwortung, NJW 1993, S. 417 ff.
Korbion/Locher/Sienz:	AGB- und Bauerrichtungsverträge, 4. Auflage, Neuwied 2006
Korbion/Mantscheff/Vygen:	Honorarordnung für Architekten und Ingenieure (HOAI), 6. Auflage, München 2004
Kroppen:	Pauschalpreis und Vertragsbruch, in: Pauschalpreisprobleme, Bauwesenversicherung und Baupreisrecht, Wiesbaden und Berlin 1977
Kuhne/Mitschein:	Berechnung der „ersparten Kosten", Bauwirtschaft 1999, Heft 12, S. 35
Lange:	Baugrundhaftung und Baugrundrisiko, Düsseldorf 1997
Langen/Schiffers:	Bauplanung und Bauausführung, München 2005

Leifert:	Die Kostenplanung als integrativer Bestandteil des Planungsprozesses von Bauvorhaben, Diss. 1990, Dortmund
Leinemann:	VOB/B-Kommentar, 2. Aufl., Köln/Berlin/München, 2005
Liepe:	Nachtragsbeauftragung lediglich dem Grunde nach? BauR 2003, 320
Locher, H.:	Das private Baurecht, 7. Auflage, München 2005
Locher, U.:	Die Rechnung im Werkvertragsrecht, Baurechtliche Schriften, Band 19, Düsseldorf 1990
Locher/Koeble:	Baubetreuungs- und Bauträgerrecht, 4. Auflage, Düsseldorf 1985
Locher/Koeble/Frik:	Kommentar zur HOAI, 9. Auflage, Düsseldorf 1996
Löffelmann/ Fleischmann:	Architektenrecht, 4. Auflage, Düsseldorf 2000
Lotz:	Der Begriff „schlüsselfertig" im Anlagenbau, BB 1996, S. 544
Mantscheff/Helbig:	Einführung in die Baubetriebslehre Teil 2, 5. Auflage, München 2004
Marbach:	Vergütungsansprüche aus Nachträgen – ihre Geltendmachung und Abwehr, ZfBR 1989, S. 2 ff.
Markus:	§ 6 S. 2 BGB: Die Anrechnung der tatsächlich ersparten Aufwendungen auf die kalkulierten Kosten, NZBau 2005, 417
Markus:	VOB/B Novelle 2006 – Keine Anordnungsbefugnis des Auftraggebers zur Bauzeit, NZBau 2006, 537
Markus:	Ansprüche des Auftragnehmers nach wirksamer Zuschlagserteilung bei unklarer Leistungsbeschreibung des Auftraggebers, Kapellmann/Vygen, Jahrbuch 2004, 1 = BauR 2004, 180
Markus/Kaiser/ Kapellmann:	AGB-Handbuch Bauvertragsklauseln, München 2004
Mauer:	Besonderheiten der Gewährleistungshaftung des Bauträgers, Festschrift für Korbion, S. 301 ff., Düsseldorf 1985
Meissner:	Leistungsumfang und Gewährleistung des Auftragnehmers beim Pauschalvertrag, in: Seminar Pauschalvertrag und schlüsselfertiges Bauen, Wiesbaden und Berlin 1991
Mestmäcker/Bremer:	Die koordinierte Sperre im deutschen und europäischen Recht der öffentlichen Aufträge, Beilage 19, BB 1995
Mettenheim, von:	Beweislast für Vereinbarung eines geringeren Werklohns, NJW 1984, S. 776 ff.
Mittag:	Aktuelle Baupreise mit Lohnanteilen, Augsburg 1998
Moeser:	Der Generalunternehmervertrag mit einer GMP-Preisabrede, ZfBR 1997, 113
Michaelis des Vasconcellos:	Muß der Anlagenbauer alles wissen? NZBau 2000, 361
Miernik:	Die Anwendbarkeit der VOB/B auf Planungsleistungen des Bauunternehmers, NZBau 2004, 409
Motzke:	Leistungsänderungen und Zusatzleistungen beim Pauschalvertrag, in: Seminar Vergütungsansprüche aus Nachträgen – ihre Geltendmachung und Abwehr, Wiesbaden und Berlin 1989
Motzke:	Planungsänderungen und ihre Auswirkungen auf die Honorierung, BauR 1994, S. 570

Literaturverzeichnis

Motzke/Wolff:	Praxis der HOAI, 3. Auflage, München 2004
Münchener Kommentar: (zitiert mit Bearbeiter)	Bürgerliches Gesetzbuch, Band 1, 4. Auflage, München 2001; Band 2a, 4. Aufl., München 2003, Band 3, 4. Aufl., München 2004, Band 4, 4. Aufl., München 2005
Münchener Prozess–formularhandbuch:	Band 2, Privates Baurecht, 2. Aufl., München 2003
Nehm u. a. (BKB):	Gebäudekosten 1995, Stuttgart 1995
Neuenfeld/Baden/ Dohna/Groscurt:	Handbuch des Architektenrechts, Band 2, 3. Auflage, Loseblattsammlung, Stand April 2002
Nicklisch:	Rechtliche Risikozuordnung bei Bau- und Anlagenverträgen, in: Bau- und Anlagenverträge, Heidelberger Kolloquium Technologie und Recht, 1983, Band 4, S. 101 ff., Heidelberg 1984
Nicklisch:	Vertragsstufenklauseln und Risikozuordnung beim Tunnel- und Stollenbau, Beilage 20, S. 6 ff. zu BB 1991
Nicklisch:	BOT Projekte: Vertragsstrukturen, Risikoverteilung und Streitbeilegung, BB 1998, 2
Nicklisch/Weick:	Verdingungsordnung für Bauleistungen, Teil B, 3. Aufl., München 2001
Niemöller:	Welche Änderungen ergeben sich für den Bauvertrag durch die Insolvenzordnung im Verhältnis zur bisherigen Rechtslage? Wie ist der Wortlaut der VOB Teil A und B zu ändern? BauR 1998, 643
Oberhauser:	Kann sich der bewusst mit dem AGB-Gesetz kalkulierende Kunde auf die Unwirksamkeit einer formularmäßigen Klausel berufen? BauR 2002, 15
Oberhauser:	Die Bedeutung von § 9 VOB/A für das Bauvertragsrecht – dargestellt am Bauen im Bestand, BauR 2003, 1110
Olesen:	Bauleistungen und Baupreise für schlüsselfertige Wohnhausbauten, Berlin 1997
Olshausen:	Planung und Steuerung als Grundlage für einen zusätzlichen Vergütungsanspruch bei gestörtem Bauablauf, Festschrift für Korbion, Düsseldorf 1986, S. 323 ff.
Palandt: (zitiert mit Bearbeiter)	Bürgerliches Gesetzbuch, 65. Auflage, München 2006
Petzschmann:	Probleme von Leistungsänderungen bei Pauschalverträgen im Schlüsselfertigbau und daraus resultierende Vergütungsansprüche für den Generalunternehmer, Cottbus 1995 (Eigenverlag)
Pause:	Bauträgerkauf und Baumodelle, 4. Aufl., München 2004
Pfarr/Hasselmann/Will:	Bauherrnleistungen und die §§ 15 und 31 der HOAI, Essen 1983
Pfarr/Koopmann/Rüste:	Was kosten Planungsleistungen?, Berlin 1989
Piel:	Inhaltskontrolle auch gegenüber Besonderen Vertragsbedingungen im förmlichen Vergabeverfahren nach der VOB/A, Festschrift für Locher, S. 209 ff., Düsseldorf 1990
Planck: (zitiert mit Bearbeiter)	Kommentar zum Bürgerlichen Gesetzbuch, Band 1, 2. Hälfte, Recht der Schuldverhältnisse (Besonderer Teil), 4. Auflage, Berlin und Leipzig 1928
Plückebaum/Malitzky	Umsatzsteuergesetz, Lose-Blattsammlung
Prader:	Technische Risiken beim Tunnel- und Stollenbau, Beilage 20, S. 2 ff., zu BB 1991

Putzier:	Die VOB/C, Abschnitt 4, im Vergütungsgefüge der VOB/B, BauR 1993, 399
Putzier:	Der unvermutete Mehraufwand für die Herstellung des Bauwerks, Düsseldorf 1997
Putzier:	Der Pauschalpreisvertrag, Köln, Berlin, Bonn, 2. Aufl., München, 2005
Quack:	Einige Probleme der Vergütungsabrechnung nach § 649, Festschrift für von Craushaar, Düsseldorf 1997, 309
Quack:	Projektsteuerer, ein Berufsbild ohne Rechtsgrundlage, BauR 1995, 27
Rau/Dürrwächter	Umsatzsteuergesetz, Lose-Blattsammlung
Reimann/Schliepkorte:	Die Zulässigkeit der Auftragssperre durch öffentliche Auftraggeber wegen Kartellabsprachen bei der Vergabe von Bauleistungen, ZfBR 1992, S. 251 ff.
Reister:	Nachträge beim Bauvertrag, Neuwied 2004
RGRK, Das Bürgerliche Gesetzbuch: (zitiert mit Bearbeiter)	Band II, 4. Teil, 12. Auflage, Berlin 1978
Riedl:	Vergütungsregelung nach VOB unter besonderer Berücksichtigung der Rechtsprechung, ZfBR 1980, S. 1 ff.
Roquette:	Vollständigkeitsklauseln: Abwälzung des Risikos unvollständiger oder unstreitiger Leistungsbeschreibungen auf den Auftragnehmer, NZBau 2001, 61
Roquette/Paul:	Pauschal ist Pauschal, BauR 2004, 736
Ruf:	Kostenplanung im Hochbau, DIN 276, Ausgabe Juni 1993, DAB 1993, S. 1500 ff.
Schaub:	Der Konsortialvertrag, Heidelberg 1991
Schiffers:	Baubetriebliche und durchführungstechnische Aspekte zur Abrechnung der Vergütung nach auftraggeberseitiger freier Kündigung von Bauverträgen, Festschrift für Mantscheff, S. 171 ff., München 2000
Schiffers:	Zur Ermittlung der Vergütung nach auftraggeberseitiger freier Kündigung von Planungsverträgen, Festschrift für Bleckem, S. 273 ff., Dortmund 2000
Schmidt:	Fallstricke der Baubeschreibung, ZfIR 2004, 405
Schmidt:	Zur unberechtigten Kündigung aus wichtigem Grund beim Werkvertrag, NJW 1995, 1313
Schumacher:	Die Vergütung im Bauwerkvertrag (Schweiz), Freiburg/Schweiz 1998
Siegel/Wonneberg:	Bau- und Betriebskosten von Büro- und Verwaltungsbauten, Wiesbaden, Berlin, 2. Auflage 1979
Sommer:	Kostensteuerung von Hochbauten, Wiesbaden und Berlin 1983
Sommer:	Projektmanagement im Hochbau, Stuttgart 1994
Specht/Buchholz:	Technische Bearbeitung: Mehrvergütung bei Planungsleistungen für den bauausführenden Unternehmer bei Großbauvorhaben, BauR 2006, 18
Staudinger: (zitiert mit Bearbeiter)	Kommentar zum Bürgerlichen Gesetzbuch, Band zitiert jeweils nach Erscheinungsjahr
Tempel:	Ist die VOB/B nach zeitgemäß? NZBau 2002, 465

XLIX

Thode:	Änderungen beim Pauschalvertrag und ihre Auswirkungen auf den Pauschalpreis – Probleme der gerichtlichen Praxis –, in: Seminar Pauschalvertrag und schlüsselfertiges Bauen, S. 33 ff., Wiesbaden und Berlin 1991
Thode:	Nachträge wegen gestörten Bauablaufs im VOB-Vertrag – Eine kritische Bestandsaufnahme, ZfBR 2004, 214
Virneburg:	Wann kann der Auftragnehmer die Arbeit wegen verweigerter Nachträge einstellen? Risiken einer Verweigerungsstrategie, ZfBR 2004, 419
Voelckner:	Baupreise Neubau, Dachau 1990
Vogel/Vogel:	Wird § 2 Nr. 7 Abs. 1 Satz 2–3 VOB/B dogmatisch richtig verstanden? – Einige Anmerkungen zur Anpassung der Pauschalvergütung –, BauR 1997, 556
Vogelheim:	Die Behandlung von Sonderwünschen beim Bauträgervertrag BauR 1999, S. 117
von Rintelen:	Vergütungsanspruch des Architekten im Falle der sogenannten freien Kündigung des Architektenvertrages – Zulässigkeit seiner Pauschalierung durch AGB, BauR 1998, 603
Vygen:	Bauvertragsrecht nach VOB und BGB, 3. Auflage, Wiesbaden und Berlin 1997
Vygen:	Der Vergütungsanspruch des Unternehmers bei Projektierungsarbeiten und Ingenieurleistungen im Rahmen der Angebotsabgabe, Festschrift für Korbion, S. 439 ff., Düsseldorf 1986
Vygen:	Leistungsänderungen und Zusatzleistungen beim Pauschalvertrag, Festschrift für Locher, S. 263 ff., Düsseldorf 1990
Vygen:	Der Pauschalvertrag – Abgrenzungsfragen zu anderen Vertragstypen im Baugewerbe, ZfBR 1979, S. 133 ff.
Vygen:	Der Vergütungsanspruch beim Pauschalvertrag, BauR 1979, S. 375 ff.
Vygen:	Behinderungen des Bauablaufs und ihre Auswirkungen auf den Vergütungsanspruch des Auftragnehmers, BauR 1983, S. 414 ff.
Vygen/Schubert/Lang:	Bauverzögerung und Leistungsänderung, 4. Auflage, Wiesbaden und Berlin 2002
Wendler:	Haftung und Haftungsbegrenzung im internationalen Anlagengeschäft und ihre Auswirkungen auf den Subunternehmer, in: Der Subunternehmer bei Bau- und Anlagenverträgen im In- und Auslandsgeschäft, Heidelberger Kolloquium Technologie und Recht 1985, Heidelberg 1986, S. 47 ff.
Werner/Pastor:	Der Bauprozeß, 11. Auflage, München u.a. 2005
v. Westphalen: (zitiert mit Bearbeiter)	Vertragsrecht und AGB-Klauselwerke, Loseblattsammlung, München
Weyer:	Vermeintliche und wirkliche Kleinigkeiten bei der werkvertraglichen Gewährleistung, dargestellt am Beispiel zu geringer Wohnfläche, Festschrift für Jagenburg, München, 2002, 1043
Wieser:	Der Anspruch auf Vertragsanpassung wegen Störung der Geschäftsgrundlage, JZ 2004, 654
Wettke:	Die Haftung des Auftraggebers bei lückenhafter Leistungsbeschreibung, BauR 1989, S. 292 ff.
Wolf/Horn/Lindacher:	AGB-Gesetz, 4. Auflage, München 1999

Zielemann:	Vergütung, Zahlung und Sicherheitsleistung nach VOB, 2. Auflage 1995, Stuttgart, München, Hannover 1990
Zielemann:	Detaillierte Leistungsbeschreibung, Risikoübernahme und deren Grenzen beim Pauschalvertrag, Festschrift für Soergel, S. 301 ff., Stamsried 1993

Abbildungsverzeichnis

Abb.-Nr.		Rdn.	Seite
1	Ausschreibung und Angebot einer Position über abgehängte Decken nach Einheitspreisvertragsmuster	1	2
2	Ausschreibung und Angebot über Dachabdichtungsarbeiten nach Pauschalvertragsmuster	5	4
3	Variierende Angebote zu ein und derselben Ausschreibung nach Einheitspreisvertragsmuster über abgehängte Decken	27	16
4	Elemente des Einheitspreisvertrags	31	18
5	Elemente des Detail-Pauschalvertrags	39	24
6	Elemente des Global-Pauschalvertrags	40	25
7	Ausschnitt aus einem „pauschal" ohne Mengenermittlungskriterien vergebenen Auftrag über Wärmedämmarbeiten	64	40
8	Pauschalvertragstypen	401	133
9	Charakterisierung der verschiedenen Erscheinungsformen von Komplexen Global-Pauschalvertragsleistungen	409	138
10 a	Vorgaben für das Bausoll beim Detail-Pauschalvertrag	702	263
10 b	Bestandteile der Angebotsbearbeitung beim Detail-Pauschalvertrag	713	266
11	Parameter bezüglich der Ausbildung von Detail-Pauschalverträgen	719	268
12	Zuordnung von Beispielen zu unterschiedlichen Leistungsumfängen bei Detail-Pauschalverträgen	744	275
13	Zuordnung von Unterlagen aus dem Projektanhang bzw. von Abb. 2 zu unterschiedlich umfangreichen Leistungsbeschreibungen von Dachabdichtungsarbeiten	744	275
14	Zuordnung von Unterlagen aus dem Projektanhang I zu unterschiedlichen Mengenermittlungskriterien und Beispielen	753	278
15	Vorgaben für das Bausoll beim Global-Pauschalvertrag	826	298
16	Gegenüberstellung von Leistungsphasen, Kostenermittlungsmethoden und Kostengliederungsmöglichkeiten gemäß HOAI und DIN 276	845	304
17	Der Zusammenhang der ausführungs- und gebäudeorientiert vorgegebenen (Einzel-)Bestandteile eines Bauwerks	847	306
18	Die Einteilung des Bauwerks in Grobelemente (Bauteilen) und deren Aufspaltung in Bauelemente	853	309
19	Die Zuordnung der Bauelemente zu den Grobelementen	853	310
20	Beispiel zur Ermittlung eines Inklusivpreises aus dem Angebot für Dachabdichtungsarbeiten aus Anhang I, B, Unterlage 10/92	855	312
21	Checkliste zur Angebotsbearbeitung beim Komplexen Global-Pauschalvertrag	861	315
22	Möglichkeiten der Baubeschreibung durch Texte, Zeichnungen und Sonstiges	862	317
23	Gliederung der Hauptkostenblöcke bei Schlüsselfertigbauprojekten	874	325
24	Zielrichtungen bei der Angebotsbearbeitung für Schlüsselfertigbauprojekte	879	328

Abbildungsverzeichnis

Abb.-Nr.		Rdn.	Seite
25	Die Methodik der Ermittlung des Vertragspreisniveaus und des neuen Preises für modifizierte Leistungen beim Pauschalvertrag	1151	410
26	Aus unterschiedlichen Quellen (bzw. mit unterschiedlichen Ansätzen) ermittelte Wägungsanteile für ein Bauvorhaben (Beispiel aus Anhang III)	1179	418
27	Die Ermittlung der Vergütungsanteile der Objektplanungsleistungen eines Schlüsselfertig-Bau-Auftragnehmers je nach Umfang des übernommenen Planungsumfangs	1216	432
28 a	Zusätzlich zu erstellendes Untergeschoss (Schnitt)	1267	457
28 b	Zusätzlich zu erstellendes Untergeschoss (Grundriss)	1270	458
29 a	Zusätzliche Leistung „viertelgewendelte Treppe" – Feststellung des Vertragspreisniveaus bei einem Detail-Pauschalvertrag, dessen Angebotskalkulation den Pauschalbetrag korrekt ausweist	1272	459
29 b	Zusätzliche Leistung „viertelgewendelte Treppe" – Ermittlung der Vergütung der modifzierten Leistung bei einem Detail-Pauschalvertrag	1276	460
30 a	Zusätzliche Leistung „viertelgewendelte Treppe" – Feststellung des Vertragspreisniveaus bei einem Einfachen Global-Pauschalvertrag, in dessen Angebotskalkulation Positionen fehlen	1282	462
30 b	Zusätzliche Leistung „viertelgewendelte Treppe" – Ermittlung der Vergütung der modifizierten Leistung bei einem Einfachen Global-Pauschalvertrag	1282	463
31	Zusätzliche Leistung „Untergeschoss" – Feststellung des Vertragspreisniveaus und Ermittlung der Vergütung der modifizierten Leistung bei einem Komplexen Global-Pauschalvertrag	1290	465
32	Auswirkung einer freien Kündigung bei Verlustkalkuation	1370	510
33 a	Schlussblatt der Vergütungsermittlung bei Kündigung aus wichtigem Grund bei einem Detail-Pauschalvertrag	1418	534
33 b	Zusammenstellung der erbrachten Bauleistungen (Ausschnitt)	1420	535
33 c	Ermittlung der Direkten Kosten der erbrachten Bausollleistungen (Ausschnitt)	1421	536
33 d	Ermittlung der Soll-Baustellengemeinkosten für den Leistungsstand bei Kündigung	1423	537
33 e	Ermittlung der Vergütung der erbrachten beauftragten Nachtragsleistungen	1427	538
34	Ermittlung der Vergutung bei Kündigung aus wichtigem Grund bei einem Komplexen Global-Pauschalvertrag	1430	540
35 a	Schlussblatt der Vergütungsermittlung über den „Umweg" bei freier Kündigung beim Detail-Pauschalvertrag	1437	543
35 b	Ermittlung der Vergütung der gekündigten Teilleistungen des Bausolls	1437	544
35 c	Ermittlung der Vergütung des kündigungsbedingt entfallenden Einsatzes des Baustellenapparats	1437	545
35 d	Ermittlung der Vergütung der gekündigten beauftragten Nachtragsleistungen bei freier Kündigung	1438	546
36 a	Schlussblatt der Vergütungsermittlung über den „direkten Weg" bei einem Komplexen Global-Pauschalvertrag	1439	547
36 b	Kündigungsbedingt ersparte Kosten für nicht ausgeführte Leitpositionen	1440	548

Abb.-Nr.		Rdn.	Seite
36 c	Kündigungsbedingt ersparte Baustellengemeinkosten..........	1441	549
36 d	Ersparte Kosten aus vorab getätigter Teilkündigung...........	1442	550
36 e	Vergütung der erbrachten Nachtragsleistungen...............	1442	550
36 f	Ermittlung der Vergütung der gekündigten beauftragten Nachtragsleistungen.......................................	1444	551
37	Behinderungsbedingt modifizierter Soll-Ablaufplan (TP-Soll')..	1627	586
38	Ermittlung der Entschädigung für Behinderung und Bauzeitverlängerung (Teile 1 und 2)................................	1632	588
39	Beschleunigter Soll-Ablaufplan...........................	1639	591
40	Ermittlung der Beschleunigungskosten.....................	1641	592

Teil 1
Strukturen des Pauschalvertrages und Abgrenzung zum Einheitspreisvertrag

Kapitel 1
Erscheinungsformen des Pauschalvertrages – Typologische Einteilung

1 Einführung

„Pauschal" ist das Gegenteil von differenziert. Sprachlich hat pauschalieren etwas mit „zusammenfassen, ungenau erfassen, abrunden" zu tun. Wenn beim Bauen Pauschalverträge auftauchen, deckt der Begriff „Pauschalvertrag" offensichtlich nicht nur ein einziges Erscheinungsbild, sondern die unterschiedlichsten Erscheinungsformen, so z. B.

- den als Einheitspreisvertrag konzipierten Vertrag mit differenzierter Leistungsbeschreibung, nämlich mit Leistungsverzeichnis, Vordersätzen und Ausführungszeichnungen, dessen Vergütung dann nachträglich „pauschaliert" wird,
- Verträge über „pauschale" Teilleistungen, z. B. bei einem Einheitspreisvertrag über einen Rohbau, bei dem aber die Teilleistung „Baugelände herrichten" vom Auftraggeber pauschaliert ausgeschrieben und vom Bieter mit 8 400,– € angeboten worden ist (vgl. Band 1, Anhang C, Unterlage n),
- undifferenzierte Pauschalen über komplette Gewerke (Leistungsbereiche), z. B. „Komplette Dachabdichtung einschließlich Wärmedämmung",
- Schlüsselfertig-Pauschalen, also die „schlüsselfertige" Herstellung kompletter Einheiten, beispielsweise „1 Hochschultrakt, 15 000 000,– €, 10 Seiten Baubeschreibung, Entwurfsplanung 1:100 beigefügt",
- den „garantierten Maximumpreis", eine Unterart des Schlüsselfertigbauens,
- den Totalunternehmer-Pauschalvertrag, also „Ein SB-Warenhaus nach eigener Planung des Auftragnehmers und schlüsselfertiger Ausführung 20 Mio. €", wobei diese Planung schon Entwurfsplanung sein muss,
- den Vertrag des „Projektentwicklers" (Developer), der ein eigenes Objekt beibringt,
- auch den Vertrag eines Bauträgers.

Dazwischen und darüber hinaus lassen sich viele weitere Typen finden, die Typen vermengen sich, die Übergänge sind fließend. Mit einem Wort: Das Erscheinungsbild ist „uneinheitlich".

Wie sollen in diesem Meer des Unbestimmten allgemeingültige Aussagen möglich sein?

Dessenungeachtet werden tagtäglich Probleme des Pauschalvertrages gelöst und müssen auch lösbar sein. Vieles wird hier allerdings, sofern nicht gerade gerichtliche Streitfälle

> **6.801 m²** OWAcoustic-Bandrasterdecke (Systemblatt 18) oder gleichwertig nach Hersteller-Verlegerichtlinien einschließlich Gerüstgestellung einbauen; Abhängung der UK Plattendecke ca. 450 mm unter UK Rohdecke; Verwendung von bauaufsichtlich geprüften Metalldübeln unter Beachtung von DIN 18168 und DIN 4102; lichte Höhe im fertigen Zustand 2,60 m bzw. 2,75 m über Fertigfußboden; Feuerwiderstandsklasse F30. Eingeschlossen sind die Wand- und Fassadenanschlüsse passend zur Decke aus verzinkten L-Profilen, Sichtfläche weiß, Maße 50/25-0,7 mm sowie das Montieren von bauseits gestellten Leuchten. Der Abstand der Befestigung muß den gültigen Prüfzeugnissen entsprechen.
>
> | **Einheitspreis je m²:** | 40,00 EUR |
> |---|---|
> | **Summe (zuzüglich MwSt):** | 272.040,00 EUR |

Abbildung 1 Ausschreibung und Angebot über abgehängte Decken nach Einheitspreisvertragsmuster

entstehen, auf der Basis „unbestimmter Erkenntnis" im Wege des Kompromisses (und der Macht) entschieden. Aber auch Gerichte tun sich außerordentlich schwer, festen Boden zu gewinnen, zumal die Regelung der VOB/B sich praktisch nur in einer einzigen Nummer eines aus 10 Nummern bestehenden Paragraphen findet, nämlich in § 2 Nr. 7 VOB/B.

Folglich muss es Aufgabe praxisorientierter Wissenschaft sein, Lotse in diesem Meer zu sein. Die Aufgabenstellung ist mithin alles andere als einfach, der Lösungsweg voller Klippen:

Wir müssen für **alle** Erscheinungsformen des Pauschalvertrages prüfen, was „unter die Pauschale fällt", wie Änderungen und Zusatzleistungen zu definieren, festzustellen und abzuwickeln sind und ob und wie bei ihnen und ebenso bei Behinderungen der Rückgriff auf den Preis und/oder die Kalkulation des ursprünglichen Pauschalvertrages möglich ist.

Um zu sachgerechten, an den **konkreten** Fallgestaltungen orientierten und dem **Vertragswillen** der **Parteien** Rechnung tragenden Ergebnissen zu kommen, ist es deshalb unabdingbar, **die Fülle der unterschiedlichen Erscheinungsbilder des Pauschalvertrages jedenfalls in Grundtypen aufzuzeigen,** um dann prüfen zu können, ob sie gegebenenfalls gleich oder unterschiedlich behandelt werden können und wie ihre Substanz zu bestimmen ist.

Wir gehen für die Erörterung nachfolgend immer davon aus, dass die Vertragsparteien die Geltung der **VOB/B vereinbart** haben, wobei dies für die eigentlichen Bauleistungen unproblematisch ist, nicht jedoch für vom Auftragnehmer zu erbringende Planungsleistungen (dazu unten Rdn. 472).

Wir werden aber **auch BGB-Verträge** in die Erörterung einbeziehen, soweit Unterschiede bestehen.

2 Vertragstyp „Detail-Pauschalvertrag"

2.1 Pauschalierung nach vorangegangenem Einheitspreis-Angebot

Wir haben schon mit einem Satz festgestellt, dass es Pauschalverträge mit **genauer (differenzierter) Leistungsbeschreibung** und solche mit **ungenauer (undifferenzierter) Leistungsbeschreibung** gibt. Natürlich gibt es **auch bei Einheitspreisverträgen** zu einzelnen Leistungen genaue oder ungenaue Leistungsbeschriebe, aber beim Pauschalvertrag sind undifferenzierte („pauschale") Leistungsbeschreibungen viel häufiger. Jedenfalls ist festzuhalten, dass bei Pauschalverträgen die **Vergütung stets „pauschal"** festgelegt ist, dagegen die **Leistungsseite je nach Einzelfall** insgesamt, zum Teil oder auch nicht „pauschal" definiert ist.

Der einfachste Fall der **Pauschalierung mit detaillierter Leistungsbeschreibung** ist der, dass der Bieter ein **Angebot** über ein bestimmtes Gewerk **auf der Basis einer Ausschreibung nach Einheitspreisen** (positionsweise und mit Vordersätzen, d. h. Mengenangaben) macht und die Parteien dann **erst bei der** endgültigen **Vergabe den Preis auf der Basis von Ausführungsplänen pauschalieren.**

Das Angebot sieht z. B. wie in **Abb. 1**, S. 2 aus.
Der Auftraggeber verlangt 12 020,– € „Nachlass", man einigt sich auf „pauschal 260 000,– €".[1)]

2.2 Pauschalierung auf Einheitspreis-Basis ohne „Vordersätze"

Ganz gleich, ob die auszuführende **Menge** wie im vorigen Beispiel vom Auftraggeber als Vordersatz genannt wird oder nicht, sie muss sich aus auftraggeberseitigen **Unterlagen eindeutig ergeben,** etwa bei dem **Vertragstext** gemäß **Abb. 2**, S. 4.

Hier ist die Leistungsmenge zwar nicht benannt, aber eindeutig aus dem benannten Plan zu ermitteln.

2.3 Gemeinsamkeiten

Beiden Beispielen ist eines gemeinsam: Es handelt sich offensichtlich um eine **Vergütungspauschalierung.**

Es ist aber **nichts** darüber **gesagt,** ob sich die Pauschalvergütung bei gegenüber den Vertragsunterlagen **geänderten Mengen** ihrerseits **ändert.** Die **Mengenangaben** des Auftraggebers – ob in Form von Vordersätzen oder ohne – sind anhand von Plänen nachvollziehbar bzw. überprüfbar.
Die **Mengen** sind in beiden Fällen **bestimmt** bzw. **bestimmbar.**

Die **Leistungsbeschreibung** ist eindeutig und detailliert, sie stammt ebenfalls vom Auftraggeber.

[1)] Zu der Frage, ob das überhaupt ein Pauschalvertrag ist oder nur ein Einheitspreisvertrag mit prozentualem Nachlass, vgl. näher unten Rdn. 24 ff., 53; näher zum Detail-Pauschalvertrag unten Rdn. 200 ff.

> Dachabdichtung aus Bitumenbahnen auf Wärmedämmschicht (Polystyrol-Hartschaum Typ PS 20 SE in Platten mit Stufenfalz, einseitig kaschiert, Dicke im Mittel 160 mm, Wärmeleitfähigkeitsgruppe 040) im Gefälle von 2 % zur Dachentwässerung, auf Dampfsperre (Bitumenschweißbahn G 200 S 4), einschließlich je einer vollflächig verschweißten Lage G 200 S4 und PYE PV200 S5 beschiefert (als Abschlussschicht) für die der beiliegenden Skizze (Unterlage I, A, 3/07) aufgeführten Flachdächer.
>
> Einbau je einer Lichtkuppel 1000/1000 über den Treppenhäusern mit Öffnungssteuerung und Eindichtung der Dachdurchdringungen (Dacheinläufe, Entlüftungsrohre, siehe Unterlage I, A 3/07).
>
> **Pauschalpreis (zuzüglich MwSt.):**   330.000,00 EUR

Abbildung 2   Ausschreibung und Angebot über Dachabdichtungsarbeiten nach Pauschalvertragsmuster

Mit einem Wort: Das sind die Idealfälle, die **§ 5 Nr. 1 b VOB/A** vor Augen hat, wie näher unter Rdn. 24 zu erörtern.

Kennzeichnend für diese Beispielsfälle ist ein **eindeutiger und detaillierter Leistungsbeschrieb** (und ergänzend eine eindeutige Leistungsmenge).

Auch wenn im Beispielsfall der Dachabdeckung aus **Abb. 2** deren zugehörige Menge nicht unmittelbar aus beigefügten Ausführungsplänen zu ermitteln wäre, sondern nur aus ungefähren Angaben in einem Ausschreibungstext, würde der Leistungsumfang dennoch klar bleiben. Die Dachflächen würde man, wenn unmittelbar aus den Ausschreibungsunterlagen keine weitere Klärung (z. B. durch Einsicht in Pläne oder Prüfung in der Örtlichkeit) erfolgen würde, vor Ausführung zwar vielleicht nicht genau kennen, aber man könnte sie jedenfalls definieren, nämlich „für die beiden Bauwerke A und B der Fakultät Bauwesen", so dass die Menge (noch) vor Vertragsschluss anhand der vorliegenden Pläne ermittelt werden kann.

Die **Art der Leistung (Leistungsbeschrieb)** ist also **eindeutig**, die auszuführende Menge, **der Umfang der Leistung**, ist durch die Leistungsbeschreibung (hier konkret: die Ausführungspläne) bestimmt oder bestimmbar. Pauschal ist **nur** die Vergütung.

Wir werden diesen Vertragstyp mit detaillierter Leistungsdefinition künftig

Detail-Pauschalvertrag

nennen (vgl. dazu Fn. 3, S. 7).

Bei ihm steht ausreichend differenziert fest, **was** (siehe **Leistungsbeschrieb**) gebaut werden muss, außerdem entweder **genau** oder jedenfalls annähernd, **wieviel** gebaut werden muss. **Auf der Leistungsseite** bestehen also auf den ersten Blick **keine Unterschiede zum Einheitspreis-Vertrag**, vom Problem der falschen bieterseitigen Mengenermittlung abgesehen. Tatsächlich bestehen die entscheidenden strukturellen Unterschiede auch nicht zwischen Einheitspreisvertrag und Pauschalvertrag, sondern zwischen Verträgen mit detaillierter Leistungsdefinition (Einheitspreisvertrag, Detail-Pauschalvertrag) und Verträgen mit globaler Leistungsdefinition (Global-Pauschalvertrag). Der „Detail-Pauschalvertrag" enthält in der Leistungsbeschreibung keinerlei „globale" Elemente. Die Vergütungsseite enthält nur einen bestimmten Betrag, die Pauschale.

3 Vertragstyp „Global-Pauschalvertrag"

3.1 Standardfälle

Ein Fachunternehmen bietet folgende Leistung an, der Auftraggeber hat keine eigenen Pläne bereitgestellt:

Textvariante I:

„1 Stück 3-Kammer-Klärgrube für 8 Personen, Typ 120 B, 12 000 l Inhalt, Gewicht 9,1 t, Durchmesser 2500 mm, liefern, an Ort und Stelle einbauen einschließlich Erdarbeiten sowie Stemmarbeiten innerhalb der betonierten Hoffläche (Boden wird in bauseits zur Verfügung zu stellenden Containern gelagert)

pauschal 10 000,– €

plus Mehrwertsteuer."

Üblich ist eine Einbautiefe von 3,5 m. Bei der Ausführung stellt sich jedoch heraus, dass wegen der vorgefundenen Bodenverhältnisse auf 5 m Tiefe geschachtet werden muss; Nach Angabe des Unternehmers fallen deshalb 9,6 m^3 Aushub mehr an. Dafür verlangt er zusätzliche Vergütung.

Auf den ersten Blick fällt auf, dass die Leistungsbeschreibung die **Ausschachtungstiefe** überhaupt nicht erwähnt. Die Leistung ist also **insoweit** nicht bestimmt beschrieben. Das gilt allerdings nur, wenn man annimmt, eine Leistung sei nur dann bestimmt beschrieben, wenn **alle** Details und alle Umstände festgelegt seien. Offensichtlich ist das nicht zwingend: Zwischen den Parteien wird es keinen Streit darüber geben, was geschuldet ist, nämlich eine Klärgrube einer bestimmten Spezifikation, komplett und funktionstüchtig.

Die konkrete, vertraglich vereinbarte Leistung ist hier also nicht in Einzelangaben, sondern zum Teil (nur) als Ganzes beschrieben und zum Vertragsinhalt gemacht.

Bei einer nicht detaillierten Leistungsbeschreibung sind dennoch detaillierte Festlegungen nicht entbehrlich; was im Einzelnen zu bauen ist, muss spätestens bei der Ausführung (von wem auch immer) festgelegt werden. Solange wie hier außer Zweifel steht, dass wegen der technischen Notwendigkeit auf 5 m Tiefe zu schachten ist, ist es kein Problem, objektiv die fehlenden Einzelheiten festzulegen (nämlich: Ausschachten auf die **notwendige** Tiefe). Das sagt nichts über eine mögliche zusätzliche Vergütung.[2]

---

[2] Zu allen Fragen, insbesondere dazu, ob in diesem Fall zusätzliche Vergütung geschuldet wird, vgl. unten Rdn. 476 ff. und Rdn. 537 ff.

Wer bestimmt aber die Ausführungsdetails, wenn – als Beispiel gestattet – eine insgesamt von den Produktionskosten billigere Ausführung der Anlage zu höheren Wartungskosten führen würde und umgekehrt folglich eine teurere Anlage die Wartungskosten verringern würde?

Wer **bestimmt** überhaupt den „**Standard**", und wer trägt „das Risiko der Unbestimmtheit"?

Würde es eine **Rolle spielen**, wenn in einem vor Angebotsabgabe vom **Auftraggeber überreichten Plan** die Einbautiefe mit 3,5 m angegeben worden wäre?

Die **Probleme** resultieren daraus, dass der qualitative Leistungsinhalt, also die **Leistungsbeschreibung**, nicht detailgenau, sondern relativ „**global**" ist.

7 Eine solche Pauschalierung auf der Leistungsseite kennzeichnet folglich den Vertragstyp „Global-Pauschalvertrag", wobei es selbstverständlich ist, dass der „**Globalisierung**" der **Leistungsbeschreibung keine Grenzen** gesetzt sind.

Das lässt sich leicht an unserem Beispiel demonstrieren, indem man die **Leistungsbeschreibung immer mehr „verkümmern"** lässt:

Textvariante II:

„1 Stück 3-Kammer-Klärgrube für 8 Personen, 12 000 l Inhalt, Gewicht 9,1 t, Durchmesser 2500 mm liefern und an Ort und Stelle einbauen einschließlich Erdarbeiten sowie Stemmarbeiten innerhalb der betonierten Hoffläche (Boden wird in bauseits zur Verfügung zu stellenden Containern gelagert) pauschal 10 000,- € plus Mehrwertsteuer." In dieser Leistungsbeschreibung fehlt gegenüber der Textvariante I (nur) die Typenbezeichnung „120 B".

8 Textvariante III:

Im nächsten Schritt könnte der Text auch lauten:

„1 Stück 3-Kammer-Klärgrube 12 000 l, Durchmesser 2500 mm liefern und einbauen, pauschal 10 000,- € plus Mehrwertsteuer."

9 Textvariante IV:

In einem letzten Schritt könnte die Leistungsbeschreibung zu folgender Fassung verkürzt werden:

„1 Stück 3-Kammer-Klärgrube fachgerecht liefern und einbauen, pauschal 10 000,- € plus Mehrwertsteuer."

Bei dieser **fortschreitenden Reduzierung des Textes der Leistungsbeschreibung** wird es immer schwieriger, den vereinbarten und geschuldeten Leistungsinhalt ohne weiteres zu bestimmen und z. B. bei der letzten Formulierung die banale Frage zu beantworten, ob auch eine Klärgrube mit 10 000 l Fassungsvermögen noch vertragsgerecht ist oder nicht.

10 Überträgt man diese Gesichtspunkte nicht nur auf Teilobjekte wie die Kläranlage oder ganze Gewerke bzw. Lose wie „die Erdarbeiten", sondern auf komplette Bauobjekte, so landet man beim **Bau nach Funktions- oder Leistungsprogramm**.

3.2 Kennzeichen des Global-Pauschalvertrages

11 Der Auftraggeber sagt immer weniger im Detail darüber aus, was er haben will; er reduziert seine Leistungsbeschreibung auf immer generellere Aussagen; die Leistungsseite des

Vertrags wird immer weniger detailliert, immer globaler, „immer pauschaler". Zur Unterscheidung von dem vorher erwähnten „Detail-Pauschalvertrag" nennen wir diesen Typus

„Global-Pauschalvertrag".

Damit soll der Schwerpunkt dieses Vertragstyps betont werden, nämlich die in unterschiedlichen Bandbreiten vorkommende Pauschalierung des Bausolls, die „globale" Beschreibung von Art und Umfang der Leistung.

Wie bei allen unseren Begriffsprägungen soll Prägnanz **sowohl** für Juristen **wie** für Bauingenieure erzielt werden (vgl. auch Rdn. 208).

Wir stellen **„Detail-Pauschalvertrag"** und **„Global-Pauschalvertrag"** als **Typen einander gegenüber** (vgl. auch Rdn. 13). **Diese Begriffe** sind nicht Selbstzweck, sie sollen der Problemverdeutlichung dienen; sie sind nicht optimal, weil immer noch zu grob, aber wir hoffen, dass die Begriffe jedenfalls plastisch sind; sie haben sich in der Praxis vollständig eingebürgert.[3]

Wir differenzieren den Begriff „Global-Pauschalvertrag" später noch in Einfache Global-Pauschalverträge und Komplexe Global-Pauschalverträge (s. Rdn. 406 ff., 409 ff.).

Eine **„Globalisierung"** der Leistungsseite als solche ist im Prinzip in **keiner Weise davon abhängig**, dass auf der Vergütungsseite für die Gesamtleistung eine Pauschalsumme vereinbart wird und so ein Pauschalvertrag geschlossen wird.

Es ist ohne weiteres möglich, als Leistungsbeschreibung einzusetzen „Einrichtung einer Pantry Küche" und dann einen **„Einheitspreis"** von 12 000,- € **pro Stück** zu vereinbaren und diesen Einheitspreis sodann in ein Angebot für 52 Wohnungen einzubetten, so dass der **Vordersatz** jetzt lautet: 52 Stück.

In Wirklichkeit steckt in diesem Global-Einheitspreisvertrag ein verkappter „Global-Pauschalvertrag", nämlich durch die globale Leistungsbestimmung „1 Stück Pantry einrichten". Das Beispiel lässt sich beliebig variieren – Einzelheiten dazu Rdn. 87 ff.

Das heißt: Es gibt **auf der Leistungsseite auch beim Einheitspreisvertrag die unterschiedlichsten Formen nicht-detaillierter, globaler, „pauschaler"** und damit im Ergebnis möglicherweise ungenauer **Leistungsbeschreibungen**. Standardbeispiel hierfür sind Leistungen, die in der verbalen Leistungsbeschreibung nicht aufgeführt sind, jedoch aus

12

---

[3] Wir haben die Begriffe bereits 1991 vorgestellt, vgl. Kapellmann, Rechtliche Voraussetzungen, S. 11, 26 und Festschrift Soergel, S. 99 ff. Ähnlich hat Motzke, Seminar Vergütungsansprüche, S. 111 ff. zwischen „einseitiger Pauschalierung" und „beidseitiger Pauschalierung" differenziert. Auch das trifft aus unserer Sicht durchaus den Kern der Sache, wir wollen uns aber dieser Formulierung deshalb nicht bedienen, weil auch die „einseitige Pauschalierung" (also der „Detail-Pauschalvertrag" unserer Terminologie) als Begriff nach unserer Meinung immer noch nicht genau genug paßt, denn auch diese „einseitige Pauschalierung" ist in Wirklichkeit eine beidseitige Pauschalierung, nämlich hinsichtlich Vergütung und (im Ergebnis) hinsichtlich der auszuführenden Menge (Rdn. 42 ff.). Motzke hatte dieses Problem gesehen, er differenziert weiter zwischen „absolutem Idealtyp", „relativem Idealtyp" und „Praxis-Pauschalvertrag" (S. 116 ff., 119 ff.). Von der Intention her sind wir mit Motzke völlig einig. Man muss sich für Schlagwörter entscheiden, um deutlich zu machen, dass **Pauschalvertrag nicht Pauschalvertrag ist**. Motzke hat unsere Vorschläge zur Terminologie übernommen (vgl. z. B. Beck'scher VOB-Kommentar, Vor § 6 VOB/B, Rdn. 81 ff.).
Unsere Formulierungen haben Eingang in Wissenschaft und Praxis gefunden, vgl. z. B. Werner/Pastor, Bauprozess, Rdn. 1179; Vygen, Bauvertragsrecht, Rdn. 755; Schulze-Hagen, Kurzanm. zu OLG Düsseldorf IBR 1995, 503, Locher, Das private Baurecht, Rdn. 299.
Die scharfe Trennung der beiden „Typen" betont ebenso zutreffend Thode, Änderungen beim Pauschalvertrag, in: Seminar Pauschalvertrag und schlüsselfertiges Bauen, S. 33 ff., 35, 36.

den der Ausschreibung beigefügten Unterlagen (versteckt?) ersichtlich sind. In Band 1 haben wir einen solchen Fall behandelt.[4]

13 Uns interessiert für dieses Buch aber nur die **Kombination** von „**Leistungspauschalierung**" *und* **pauschaler Vergütung**.

Das heißt: **Der Vertrag,** bei dem auf der **Leistungsseite** die Leistung vom Auftraggeber nicht detaillierter definiert ist, bei der also der Leistungsinhalt zwangsläufig noch durch weitere Planung ergänzt werden muss, bei dem somit die **Leistungsseite** (also die Leistungsbeschreibung) globalisiert ist

und

bei dem auf der **Vergütungsseite** ein Pauschalbetrag steht (also nur ein Gesamtpreis), ist nach unserer Benennung ein

Global-Pauschalvertrag.

14 Der „Detail-Pauschalvertrag" ist der Idealtyp des § 5 Nr. 1 b VOB/A, nämlich der Vertrag mit detailliertem Leistungsbeschrieb und bekanntem Leistungsumfang. Der „Global-Pauschalvertrag" ist der Vertrag, bei dem der Leistungs**beschrieb** selbst – in unterschiedlichem Maß – und deshalb auch der Leistungs**umfang** pauschal, also gerade nicht detailliert, sind. Natürlich haben die beiden Schlagwörter „Detail-Pauschalvertrag" und „Global-Pauschalvertrag" keinen Erkenntniswert an sich. Sie sind aber praktisch, um die **beiden Pole des Haupttypus „Pauschalvertrag"** zu kennzeichnen und insbesondere auf Anhieb deutlich zu machen, dass ein **Pauschalvertrag keineswegs zwingend mit einer ungenauen, „pauschalen" Leistungsbeschreibung zusammenhängen muss.**[5]

Selbstverständlich gibt es innerhalb **dieser beiden Vertragstypen wieder unterschiedlichste Varianten** und zwischen den Vertragstypen eine Fülle gleitender Übergänge; gerade darüber handelt auch dieses Buch. Uns geht es lediglich darum, begriffliche Hilfsmittel zu entwickeln, die der Verdeutlichung und der Klärung dienen und als Kürzel für bestimmte Aussagen-Zusammenfassungen dienen können. **Der Detail-Pauschalvertrag grenzt an den Einheitspreisvertrag; er ist von ihm auf der Leistungsseite oft nicht zu unterscheiden, beider Kennzeichen ist die auftraggeberseitige detaillierte Leistungsbeschreibung** (dazu Rdn. 27–29, 54 ff.).

Dann folgen fließende Übergänge von einer etwas „abgespeckten" Detail-Leistungsbeschreibung über die verschiedensten Stufen des (Einfachen) Global-Pauschalvertrages zum Schlüsselfertigbau und schließlich zum Bau eines (Teil-) Bauwerks nach Leistungsprogramm (Komplexer Global-Pauschalvertrag).

4 Teilpauschalen – § 2 Nr. 7 Abs. 3 VOB/B, Teil-Einheitspreisverträge

15 Vereinbarungen über pauschale Vergütung kommen auch häufig nicht als selbständige Verträge, sondern **innerhalb von Einheitspreisverträgen** vor. In Band 1, Anhang A, Unterlage a 1.1 führen wir ein Leistungsverzeichnis für einen Einheitspreisvertrag auf, in dem z. B. für den Leistungsbereich 002 die Pos. 1 pauschaliert worden ist (z. B. „Baugelände abräumen").

---

[4] Vgl. Band 1, Rdn. 319, 320: Die Schalungsposition für Wände enthält keine Aussagen über die Herstellung von Türöffnungen; aus den Angebotsplänen sind die Türen ersichtlich.
Zum Thema „Pauschalposition" beim EP-Vertrag weiter hier Rdn. 207, 208.
Zur „Austauschbarkeit" der Ausschreibungsmethoden insoweit näher Rdn. 87 ff.

[5] Einzelheiten dazu sogleich unter Rdn. 33 ff.

Solche Fallgestaltungen sind in der Praxis geradezu typisch, ebenfalls etwa die Zusammenfassung der Baustelleneinrichtungsvergütung in einer Pauschalposition.

Hintergrund ist, dass es wünschenswert ist, Teilbereiche oder den Gesamtblock der „Baustellengemeinkosten"[6] nicht als Zulage oder Umlage auf die Positionen der Teilleistungen zu verteilen,[7] sondern im Interesse der Klarheit gesondert auszuweisen. Während aber die auftraggeberseitige Leistungsbeschreibung beim Einheitspreisvertrag die den Bauinhalt ausmachenden Leistungen als solche aufgrund auftraggeberseitiger Planung einigermaßen genau beschreiben kann, kann der Auftraggeber die vom Bieter beabsichtigte Baustelleneinrichtung nur schwer kennen und deshalb auch kaum nach „Menge oder Stück" ausschreiben, ganz abgesehen davon, dass es ratsam sein kann, die konkrete Baustelleneinrichtung, die Verfahrenstechnik usw. dem Wettbewerb der Bieter zu unterstellen. Deshalb soll der Bieter gemäß „pauschaler Vorgabe" eine vollständige Baustelleneinrichtung (für eine durch den Bauvertrag begrenzte Zeit) anbieten – also für diese Teilleistung der typische Fall des „Global-Pauschalvertrages".

Der Auftraggeber hat also oft ein Interesse daran, in ansonsten nach Einheitspreisen aufgebauten Verträgen **solche** Teilleistungen pauschal zu vergeben, deren Art und Umfang er **selbst nicht richtig** beurteilen kann und bei denen er folglich „Vollständigkeitsrisiken" oder das Risiko unerwarteter Verhältnisse auf den Bieter abwälzen will.[8]

Auftraggeber pauschalieren im Gegensatz zu der sinnvollen Pauschalierung von Baustellengemeinkosten oft auch gern **gerade** solche Leistungen, die sich nach der Intention und hehren Regel des § 5 Nr. 1 b VOB/A[9] für die Pauschalierung **nicht** eignen, also z. B. Abbrucharbeiten, Aushubarbeiten oder Wasserhaltungsarbeiten. Daran wird deutlich, dass die **Wahl zwischen Einheitspreisvertrag und Pauschalvertrag** insbesondere ein **Mittel der Risikozuwendung und der Risikoüberwälzung** ist, wobei gegen offene Risikozuweisung und offene Risikoübernahmen ja auch nichts einzuwenden ist; **kritisch sind versteckte Risikoüberwälzungen**.

Teilpauschalen gibt es in jeder Form. Man kann z. B. in einen Rohbauvertrag auch das Fachlos „Abdichtungsarbeiten" aufnehmen und diese Leistung in jeder beliebigen Form pauschalieren, dazu wieder auch die unterschiedlichsten Angaben machen, z. B. Pläne vorlegen oder auch nur verbale Beschreibungen, schließlich auch nur ein Leistungsprogramm: „Komplette Außenabdichtung" pauschal.
Man kann auch z. B. ein Gewerk für eine Pauschalsumme, ein anderes nach Einheitspreisen ausschreiben.
Welche Teile der Leistung jeweils Gegenstand dieser Teilpauschale sind, ist jeweils aus den Leistungsdefinitionen des Vertrages selbständig zu ermitteln.
Natürlich können auch mehrere Teilpauschalen vorkommen, z. B. für Erdaushub und für Grünanlagen.

Umgekehrt kann auch **in einem selbständigen Pauschalvertrag** ein Teilbereich enthalten sein, der nach **Einheitspreisen** abzurechnen ist. Typisches Beispiel ist, dass beim Rohbau-Pauschalvertrag der **Stahlverbrauch** nach Kilogramm (vgl. Rdn. 62) abgerechnet wird; weitere Beispiele behandeln wir u. a. unter Rdn. 288 (Teil-Einheitspreisverträge).

Aus allem wird schon jetzt deutlich, dass für die Unterscheidung zwischen Pauschalvertrag und Einheitspreisvertrag **nicht** auf Gesamtvertragswerke oder **Gesamtbezeichnun-**

---

[6] Zum Begriff „Baustellengemeinkosten" s. Band 1, Rdn. 11 bis 13.
[7] Vgl. Band 1, Anhang A, Unterlage a 1.1, LB 000.
[8] Sofern Baustellengemeinkosten nicht gesondert als Teilleistungen im Leistungsverzeichnis aufgeführt sind, handelt es sich trotz allem implizit um eine Pauschalierung, da der Auftragnehmer so oder so Baustellengemeinkosten haben wird und diese Kosten in die Gesamtkosten der Herstellung einzubeziehen sind.
[9] Vgl. Rdn. 24.

gen oder überhaupt auf **begriffliche Unterscheidungen** abzustellen ist, sondern auf den jeweils konkret von den Parteien angesprochenen und geregelten Bereich[10] und dass insoweit auch jeder Bereich für sich nach seinen eigenen Regeln zu behandeln ist. Letztlich kann auch eine Pauschale in einer anderen „Pauschale" versteckt sein.[11]

16 Soweit **§ 2 Nr. 7 Abs. 3 VOB/B** deshalb regelt, dass Abs. 1 (also die Gesamtregelung zum Pauschalpreis) auch für **Teilpauschalen** gilt, wenn nichts anderes vereinbart ist, so wird damit eine Selbstverständlichkeit ausgesprochen. Es fällt schwer, überhaupt für die Einschränkung „soweit nichts anderes vereinbart ist" Anwendungsbeispiele zu finden; die Literatur benennt bezeichnenderweise keine.

5 (Prüfbare) Schlussrechnung als Fälligkeitsvoraussetzung beim VOB-Vertrag, Verjährung, Sicherungsrechte des Auftragnehmers

17 Bei einem vertragsgemäß abgewickelten Pauschalvertrag ohne Änderungen oder Zusatzleistungen ist naturgemäß keine Abrechnung gemäß Abschnitt 5 DIN 18 299 erforderlich, weil die Pauschalsumme feststeht und nicht von den ausgeführten Mengen abhängt. Dagegen ist jedenfalls beim **VOB/B-Vertrag** eine förmliche Schlussrechnung auch beim Pauschalvertrag gemäß § 16 Nr. 3 VOB/B Fälligkeitsvoraussetzung der Schlusszahlung; die Forderung wird dann auch erst 2 Monate nach Zugang der Schlussrechnung fällig.[12] Ob beim **BGB-Vertrag** eine förmliche Rechnung Fälligkeitsvoraussetzung ist, ist lebhaft umstritten.[13] Jedenfalls beim vertragsgemäß abgewickelten Pauschalvertrag ist sie es nicht.

Die Verjährung der Werklohnforderung des Auftragnehmers beginnt mit dem 1. Januar des Jahres, in dessen Vorjahr die Forderung fällig geworden ist.

Beispiel beim VOB-Vertrag: Zugang der Schlussrechnung 15.11.2004, Abnahme 1.12.2004, Ablauf der 2-Monats-Frist gemäß § 16 Nr. 3 Abs. 1 Satz 1 VOB/B 15.1.2005 = Fälligkeit. Verjährungsbeginn folglich: 1.1.**2006**.

Beispiel beim BGB-Vertrag: Fertigstellung der Leistung und Abnahme 15.11.2004, Zugang der Rechnung über unveränderte Pauschalsumme am 10.1.2005. Die Forderung ist schon am 15.11.2004 fällig geworden, die Verjährung beginnt am 1.1.**2005**.

Die Verjährungsfrist beträgt 3 Jahre, § 195 BGB.

Der Anspruch kann geltend gemacht werden, solange beim VOB/B-Vertrag der Auftraggeber noch keine Abschlusszahlungen auf die Schlussrechnung geleistet hat;[14] danach ist der Anspruch ausgeschlossen, sofern nicht der Auftragnehmer fristgerecht einen Vorbe-

---

[10] Zur Unterscheidung im Einzelnen unten Rdn. 27 ff., 53 ff. Zustimmend zu dieser Definition der Teilpauschalen z. B. Beck'scher VOB-Kommentar/Motzke, Teil B vor § 6, Rdn. 83.
[11] Vgl. Band 1, Anhang A, Unterlage a 1.1, Leistungsbereich 002, Pos. 6.
[12] BGH BauR 1989, 87. In einem Ausnahmefall (völliges, vom Auftragnehmer mitverursachtes Durcheinander hinsichtlich geleisteter Abschlagszahlungen) verlangt OLG Köln NJW-RR 1990, 1171 auch die Angabe der geleisteten Abschlagszahlungen.
Zur generellen Entbehrlichkeit des Aufmaßes beim Pauschalvertrag sowie dazu, dass bei unveränderter Leistung die Schlussrechnung durch bloße Betragsangabe „**prüfbar**" ist, vgl. näher Rdn. 41.
Zu Aufmaß und Schlussrechnung bei **Kündigung** und **Teil-Kündigung** s. unten Rdn. 1328 ff., 1369 ff.
[13] Ablehnend BGHZ 79, 176.
[14] BGH NJW 1988, 910.

halt gemäß § 16 VOB/B erklärt hat und diesen (gegebenenfalls) begründet hat, allerdings vorausgesetzt, dass die VOB/B uneingeschränkt vereinbart war; andernfalls verstößt § 16 Nr. 3 Abs. 2 VOB/B gegen § 307 BGB und ist unwirksam, folglich kann also dann die Ausschlusswirkung nicht eintreten.[15]

Auch beim Schlüsselfertigbau, beim Totalunternehmer und -übernehmer, beim Projektentwickler und Bauträger wird die aus Planungsleistung und Bauleistung resultierende Werklohnforderung dennoch **einheitlich** zu diesem einen Datum fällig und verjährt folglich auch einheitlich; eine Aufspaltung in Planungsvergütung und Ausführungsvergütung erfolgt wegen der Einheitlichkeit des Vertragswerks nicht.[16]

Die Fälle zusätzlicher oder entfallender Leistungen und insoweit die Behandlung in der Schlussrechnung erörtern wir unter Rdn. 1029 ff., 1300 ff.

Unabhängig von der Fälligkeit einer Werklohnforderung kann der Auftragnehmer **jederzeit** für den noch nicht bezahlten Teil seiner Leistung vom Auftraggeber **Sicherheit** nach § 648 a BGB verlangen, ausgenommen, es handelt sich um einen öffentlichen Auftraggeber, ein öffentlich-rechtliches Sondervermögen (z. B. derzeit noch Bundesbahn) oder um eine natürliche Person als Bauherrn eines Einfamilienhauses mit oder ohne Einliegerwohnung; wird allerdings dieses Einfamilienhaus durch einen zur Verfügung über die Finanzierungsmittel des Bauherrn ermächtigten Baubetreuer betreut, besteht wieder der Sicherungsanspruch. Der Auftragnehmer kann dieses Recht ohne Ankündigung unmittelbar nach Vertragsschluss, aber auch jederzeit später ausüben. Zur Konkretisierung der Höhe der Werklohnforderung und damit der Höhe der Sicherheitsleistung genügt normalerweise der bloße Hinweis auf die Pauschalsumme. Wegen weiterer Einzelheiten verweisen wir auf Rdn. 1142.

Die Vorschrift des § 648 a BGB ist zwingend.

---

[15] Einzelheiten dazu BGH BauR 1998, 614. Zur Frage, ob die VOB/B seit dem 1.1.2002 nicht uneingeschränkt der AGB-Kontrolle unterworfen ist siehe Band 1, Rdn. 103.
[16] Zur Einheitlichkeit des Vertragswerks näher unten Rdn. 441, 442.
Zu den Begriffen Totalunternehmer, Totalübernehmer, Projektentwickler und Bauträger vgl. Rdn. 410 ff.

Kapitel 2
Definition des Pauschalvertrages und Abgrenzung des Detail-Pauschalvertrages zum Einheitspreisvertrag

1 Pauschalvertrag als Unterfall des Leistungsvertrages gemäß VOB

19 „Ist als Vergütung der Leistung eine Pauschalsumme vereinbart, so bleibt die Vergütung unverändert" – das ist der Text des § 2 Nr. 7 Abs. 1 Satz 1 VOB/B.

Die **VOB** kennt drei Bauvertragstypen oder, genauer formuliert, drei Vergütungs-Ermittlungstypen, wie sich insbesondere aus § 5 VOB/A ergibt. Das sind

Leistungsvertrag
Stundenlohnvertrag
Selbstkostenerstattungsvertrag

Der **Leistungsvertrag** verknüpft die Vergütung mit dem Bauerfolg, nämlich der realisierten Bauleistung, wie es für den Werkvertrag kennzeichnend ist. Bezahlt wird also – wiederum nur typisierend – nicht die Mühe, sondern der Erfolg.

Der **Leistungsvertrag** hat zwei **Untergruppen,** nämlich den

Einheitspreisvertrag
und den
Pauschalvertrag (§ 5 Nr. 1 VOB/A)

Beim **Stundenlohnvertrag** ist entscheidende Ermittlungsgrundlage für die Vergütung nicht die Bauleistung als solche, sondern die unabhängig von dem Erfolg anfallenden Lohnstunden, bewertet mit vertraglichen Stundensätzen.

Der (seltene) **Selbstkostenerstattungsvertrag** knüpft die Vergütung an die Ist-Kosten des Unternehmens.

Zurück zum Ausgangspunkt: Einheitspreisvertrag und Pauschalvertrag sind Unterfälle des Leistungsvertrages. Daraus folgt ganz selbstverständlich und noch ohne Einzelheiten: Auch wenn als Vergütung der Leistung eine Pauschalsumme vereinbart ist und „die Vergütung unverändert bleibt", heißt das jedenfalls nicht, dass die „unveränderte Vergütung" unabhängig von der jeweiligen Leistung sei – oder anders ausgedrückt: **Leistungsänderungen** können grundsätzlich und selbstverständlich auch zu **Pauschalpreisänderungen** führen – wobei die Frage nur ist, wann.

2 Definition des Pauschalvertrages im BGB oder in der VOB?

20 Das Bürgerliche Gesetzbuch (BGB) kennt im Werkvertragsrecht kein spezielles Bauvertragsrecht; erst recht trifft es – anders als die VOB – keine Unterscheidung zwischen Pauschalvertrag und Einheitspreisvertrag. § 631 BGB sagt nur: „Durch den Werkvertrag wird der Unternehmer zur Herstellung des versprochenen Werkes, der Besteller zur Entrichtung der vereinbarten Vergütung verpflichtet."

Wenn für einen **Bauvertrag die VOB/B** als Rechtsgrundlage gelten soll, muss das zwischen den Parteien des Bauvertrages **vereinbart** werden, die VOB gilt nicht automatisch.[17] **Ist sie nicht vereinbart, gilt BGB.** Natürlich wird auch (zwangsläufig) bei einem dem BGB unterliegenden Bauvertrag die Vergütung entweder pauschal oder nach Einheitspreisen mit zugehörigen Leistungsmengen erfolgen, aber das BGB regelt diese Typisierung nicht, die VOB/B vielleicht doch, woraus sich die schöne Streitfrage ergibt, ob der Einheitspreisvertrag oder der Pauschalvertrag die „Regel" ist, was wiederum Konsequenzen für die Frage hat, ob der Auftraggeber im Streit über „Einheitspreisvertrag oder Pauschalvertrag" beweisen muss, dass er einen Pauschalvertrag vereinbart oder der Auftragnehmer beweisen muss, dass er keinen Pauschalvertrag vereinbart hat.[18]

Die **VOB/A und die VOB/B** nennen den Begriff „Pauschalsumme" oder „Pauschalvertrag" an insgesamt 5 Stellen. 21

§ 2 Nr. 2 VOB/B lautet:
„Die Vergütung wird nach den vertraglichen Einheitspreisen und den tatsächlich ausgeführten Leistungen berechnet, wenn keine andere Berechnungsart (z. B. durch Pauschalsumme, nach Stundenlohnsätzen, nach Selbstkosten) vereinbart ist."

Jedenfalls für Bauverträge, für die die **Geltung der VOB/B** vereinbart ist, gilt damit angesichts des Wortlauts unzweifelhaft der Grundsatz: Die „Berechnungsart" **Pauschalsumme** muss **besonders vereinbart** sein. Ist sie nicht besonders vereinbart (und ist keine andere „Berechnungsart" vereinbart, z. B. Stundenlohn), so wird gemäß VOB/B die Berechnungsart „vertragliche Einheitspreise · tatsächlich ausgeführte Leistungen" (genauer: Mengen), der Einheitspreisvertrag, angewandt. Der **Einheitspreisvertrag** ist deshalb nach der **Konzeption der VOB/A** vielleicht eher die **Regel** (?), der Pauschalvertrag eher die Ausnahme;[19] für größere Objekte ist **in Wirklichkeit heute der Pauschalvertrag weit in der Mehrheit**.

Was das Kennzeichen dieser Vereinbarung „durch Pauschalsumme" ist, sagt § 2 Nr. 2 VOB/B nicht.

Falls eine Vergütung „durch Pauschalsumme" vereinbart ist, regelt § 2 Nr. 7 VOB/B, wann von der **Pauschalsumme abgewichen** werden darf: 22

7.
(1)
„Ist als Vergütung der Leistung eine Pauschalsumme vereinbart, so bleibt die Vergütung unverändert. Weicht jedoch die ausgeführte Leistung von der vertraglich vorgesehenen Leistung so erheblich ab, dass ein Festhalten an der Pauschalsumme nicht zumutbar ist (§ 313 BGB), so ist auf Verlangen ein Ausgleich unter Berücksichtigung der Mehr- oder Minderkosten zu gewähren. Für die Bemessung des Ausgleiches ist von den Grundlagen der Preisermittlung auszugehen.
(2)
Die Regelungen der Nrn. 4, 5 und 6 gelten auch bei der Vereinbarung einer Pauschalsumme.
(3)
Wenn nichts anderes vereinbart ist, gelten die Absätze 1 und 2 auch für Pauschalsummen, die für Teile der Leistung vereinbart sind; Nr. 3 Abs. 4 bleibt unberührt."

---
[17] Im Rechtssinn enthält die VOB/B „Allgemeine Geschäftsbedingungen", die nur durch Vereinbarung Vertragsinhalt werden können, näher dazu Band 1, Rdn. 103.
[18] Dazu im Einzelnen unten Rdn. 98 ff.
[19] Zu den Schlussfolgerungen für die Beweislast bei der Frage, ob ein Pauschalvertrag vereinbart ist, s. unten Rdn. 75 ff., 98 ff.

Die Vorschrift ist schwer verständlich und unglücklich aufgebaut. **Der für Leistungsmodifikationen wesentliche Satz war in früheren Fassungen der VOB/B als letzter Satz in Abs. 1 versteckt:** „Die Nummern 4, 5 und 6 bleiben unberührt." In der VOB/B 2006 ist das klarer formuliert, indem der Text jetzt in einem eigenen Absatz steht: „Die Regelungen der Nr. 4, Nr. 5 und Nr. 6 VOB/B gelten auch beim Pauschalvertrag." Das sind die Bestimmungen, die die Änderungen des Bauentwurfs, die Zusatzleistung und den Selbsteintritt des Auftraggebers sowie die daraus resultierenden Vergütungsänderungen behandeln. Mit einem Wort: § 2 Nr. 7 Abs. 2 VOB/B sagt zwar, wann die Pauschale nicht mehr gilt, aber nicht, wann sie gilt oder was sie umfasst, enthält also keine Definition der „Vergütungsermittlungsart" Pauschalsumme oder Pauschalvertrag. Mit dem Regelungsgehalt des § 2 Nr. 7 VOB/B werden wir uns dennoch ausführlich zu befassen haben.

23 **§ 2 Nr. 3 VOB/B** regelt in den Nr. 1 bis 3, wann Mehr- oder Mindermengen beim Einheitspreisvertrag zu einer Korrektur dieses Einheitspreises führen.

§ 2 Nr. 3 Abs. 4 VOB/B lautet sodann:
„Sind von der unter einem Einheitspreis erfassten Leistung oder Teilleistung andere Leistungen abhängig, für die eine Pauschalsumme vereinbart ist, so kann mit der Änderung des Einheitspreises auch eine angemessene Änderung der Pauschalsumme gefordert werden."

Die Vorschrift behandelt also einen sehr speziellen Fall, nämlich die Auswirkung von Änderungen eines Einheitspreises infolge Mengenänderungen auf **abhängige** Pauschalen.[20]

24 Die **VOB/A,** also die Vergabe-Bestimmung für die öffentliche Hand, enthält in § 5 Nr. 1 Anweisungen an den öffentlichen Auftraggeber, welche der in § 2 Nr. 2 VOB/B erwähnten Vertragstypen er wählen soll.

§ 5 Nr. 1 VOB/A lautet im Zusammenhang:
„Bauleistungen sollen so vergeben werden, dass die Vergütung nach Leistung bemessen wird (Leistungsvertrag), und zwar:

...

b) in geeigneten Fällen für eine Pauschalsumme, wenn die Leistung nach Ausführungsart und Umfang genau bestimmt ist und mit einer Änderung bei der Ausführung nicht zu rechnen ist (Pauschalvertrag)."

Beim Wort „pauschal" denkt mancher unwillkürlich an in gewissem Sinne Undefiniertes und bezieht das (nur) auf die Leistungsseite, aber **§ 5 Nr. 1 b VOB/A** regelt das genaue Gegenteil: Pauschalverträge sollen danach **nur** für solche Fälle geeignet sein, in denen die **Leistung** nach **Ausführungsart** und **Umfang** (vorab) **genau** bestimmt ist. Pauschal ist da also (nur noch?) die Vergütungssumme, diese ist allerdings präzise und klar festgelegt.

Leider hält sich gerade die öffentliche Hand nicht immer an ihre eigenen Vergabe-Bestimmungen und vereinbart gelegentlich auch dann Pauschalsummen, wenn dafür der Fall

---

[20] Das ist folglich ein (unproblematisches) Thema des Einheitspreisvertrages, vgl. Band 1, Rdn. 659.

„nicht geeignet" ist, wenn also die Leistung nach Ausführungsart und/oder Umfang gerade nicht genau bestimmt ist.[21]

Offensichtlich gibt es also (selbst bei der öffentlichen Hand) ungeachtet der Empfehlung des § 5 Nr. 1 b VOB/A unterschiedliche Arten von Pauschalverträgen, solche mit **genauer Leistungsbeschreibung** (einschließlich Leistungsmenge) und solche mit **ungenauer Leistungsbeschreibung** – oder in unserer Terminologie: **Detail**-Pauschalverträge und **Global**-Pauschalverträge.

Auch die „ungeeigneten Fälle", die in der Praxis der privaten Auftraggeber übrigens eher die Mehrheit bilden, existieren, auch und gerade solche Pauschalverträge bedürfen also der Untersuchung; die von uns zu entwickelnden Regeln müssen **alle Typen** erfassen **oder je nach Typ** differenzieren – schon deshalb hilft § 5 Nr. 1 b VOB/A allein nicht weiter.

Endlich bestimmt **§ 23 Nr. 3 Abs. 2 VOB/A** bei Vergabe durch die öffentliche Hand: 25

„Bei Vergabe für eine Pauschalsumme gilt diese ohne Rücksicht auf etwa angegebene Einzelpreise."

Zusammenfassend gibt die **VOB** für die **Definition** der „Berechnungsart" Pauschalsumme und/oder **des Begriffs Pauschalvertrag** wenig her. § 5 Nr. 1 b VOB/A regelt nur, wann die öffentliche Hand bei ihrer Vergabe diesen Vertragstyp „als geeignet" wählen soll, aber wir müssen alle in der Realität vorkommenden Erscheinungsbilder des Pauschalvertrages behandeln, die „geeigneten" und die „ungeeigneten". 26

3 Definitionsinteresse nur für den Grenzbereich zwischen Detail-Pauschalvertrag und Einheitspreisvertrag

Wir haben festgestellt (Rdn. 2 ff.), dass es ein breites Spektrum unterschiedlicher Pauschalverträge gibt, wobei eine **grobe Unterscheidung** möglich ist in „Detail-Pauschalverträge", also Verträge mit differenzierter Leistungsbeschreibung, und „Global-Pauschalverträge", also Verträge mit (mehr oder minder) undifferenzierter Leistungsbeschreibung. 27

---

[21] Bezeichnend die (immer noch notwendige und richtige) Stellungnahme der obersten Baubehörde im Bayerischen Staatsministerium des Innern, 13. VOB-Informationsgespräch vom 30. 11. 1989 Nr. 5 (zitiert nach Rundschreiben R 2-24/90 des Bayerischen Bauindustrieverbandes e. V., München vom 5. 3. 1990): „Nach § 5 Nr. 1 b VOB/A darf eine Pauschalierung nur vereinbart werden, wenn die Leistung nach Ausführungsart und Umfang genau bestimmt ist und mit einer Änderung bei der Ausführung nicht zu rechnen ist. Diese Voraussetzung liegt aber bei der **Wasserhaltung** nicht vor, da stets mit Schwankungen des Grundwasserspiegels und damit der anfallenden Wassermenge zu rechnen ist. Dies gilt auch, wenn der Bieter von sich aus eine Pauschalierung vorsieht abweichend von den Verdingungsunterlagen in einem Nebenangebot. Im übrigen bedeutet eine Pauschalierung keine Wirtschaftlichkeitsgarantie, da sich wegen § 2 Nr. 7 Abs. 1 Satz 2 und 4 VOB/B auch ein Pauschalpreis ändern kann."
Der Bundesgerichtshof hat dieses Risiko in der Entscheidung „**Wasserhaltung I**" allein dem Auftragnehmer aufgebürdet, vgl. BGH BauR 1992, 759 = NJW-RR 1992, 1146. In der Entscheidung „**Wasserhaltung II**" (BGH BauR 1994, 236) hat der Bundesgerichtshof dazu jedoch richtig und methodisch überzeugend dieses Risiko eingeschränkt, ebenso in der Entscheidung BGH „Auflockerungsfaktor" BauR 1997, 466. Einzelheiten dazu unten **Rdn. 608 ff.**
Zur Frage, ob eine VOB-widrige Pauschalierung der öffentlichen Hand in den Vergabeunterlagen zu Ansprüchen des Auftragnehmers führen kann, vgl. unten Rdn. 618 ff. Die vergaberechtlichen Folgen einer solchen Ausschreibung behandeln wir **nicht**.

a) 6.801 m²	b) 6.801 m²	c) 6.801 m²
OWAcoustic-Bandrasterdecke (Systemblatt 18) oder gleichwertig nach Hersteller-Verlegerichtlinien einschließlich Gerüstgestellung einbauen; Abhängung der UK Plattendecke ca. 450 mm unter UK Rohdecke; Verwendung von bauaufsichtlich geprüften Metalldübeln unter Beachtung von DIN 18168 und DIN 4102; lichte Höhe im fertigen Zustand 2,60 m bzw. 2,75 m über Fertigfußboden. Feuerwiderstandsklasse F30. Eingeschlossen sind die Wand- und Fassadenanschlüsse passend zur Decke aus verzinkten L-Profilen, Sichtfläche weiß, sowie das Montieren und Umkoffern von bauseits gestellten Leuchten. Der Abstand der Befestigung muss den gültigen Prüfzeugnissen entsprechen.	OWAcoustic-Bandrasterdecke (Systemblatt 18) oder gleichwertig nach Hersteller-Verlegerichtlinien einschließlich Gerüstgestellung einbauen; Abhängung der UK Plattendecke ca. 450 mm unter UK Rohdecke; Verwendung von bauaufsichtlich geprüften Metalldübeln unter Beachtung von DIN 18168 und DIN 4102; lichte Höhe im fertigen Zustand 2,60 m bzw. 2,75 m über Fertigfußboden. Feuerwiderstandsklasse F30. Eingeschlossen sind die Wand- und Fassadenanschlüsse passend zur Decke aus verzinkten L-Profilen, Sichtfläche weiß, sowie das Montieren und Umkoffern von bauseits gestellten Leuchten. Der Abstand der Befestigung muss den gültigen Prüfzeugnissen entsprechen.	OWAcoustic-Bandrasterdecke (Systemblatt 18) oder gleichwertig nach Hersteller-Verlegerichtlinien einschließlich Gerüstgestellung einbauen; Abhängung der UK Plattendecke ca. 450 mm unter UK Rohdecke; Verwendung von bauaufsichtlich geprüften Metalldübeln unter Beachtung von DIN 18168 und DIN 4102; lichte Höhe im fertigen Zustand 2,60 m bzw. 2,75 m über Fertigfußboden. Feuerwiderstandsklasse F30. Eingeschlossen sind die Wand- und Fassadenanschlüsse passend zur Decke aus verzinkten L-Profilen, Sichtfläche weiß, sowie das Montieren und Umkoffern von bauseits gestellten Leuchten. Der Abstand der Befestigung muss den gültigen Prüfzeugnissen entsprechen.
Einheitspreis je m²: 40,00 EUR	Einheitspreis je m²: 40,00 EUR	
Summe: 272.040,00 EUR zuzüglich MWSt.	**Summe:** 260.000,00 EUR **pauschal** zuzüglich MWSt. → maßgebend ist die ausgeführte Menge	**Summe:** 260.000,00 EUR

Abbildung 3 Variierende Angebote zu ein und derselben Ausschreibung nach Einheitspreisvertragsmuster über abgehängte Decken

Wir haben weiter festgestellt (Rdn. 18 ff.), dass es in der VOB – und vom Typcharakter her allgemein im Baurecht – drei Vertragsgruppen gibt, nämlich Stundenlohnverträge, Selbstkostenerstattungsverträge und Leistungsverträge, letztere mit den beiden Untergruppen Einheitspreisvertrag und Pauschalvertrag.

Einen konkreten Vertrag zur Beurteilung seiner Rechtsfolgen in eine dieser 3 Kategorien einzuordnen, bereitet hinsichtlich der drei Hauptgruppen keinerlei Schwierigkeiten:

Ein **Stundenlohnvertrag** ist leichtestens zu erkennen; die Berechnung der Vergütung ausschließlich nach geleisteten Arbeitsstunden ist unverkennbar vereinbart und muss auch gemäß § 2 Nr. 10 VOB/B so deutlich vereinbart sein.

Ebenso ist ein **Selbstkostenerstattungsvertrag** unverkennbar, weil er auf den tatsächlichen Aufwand des Auftragnehmers abstellt.

Endlich ist natürlich prinzipiell ein **Leistungsvertrag (Einheitspreisvertrag, Pauschalvertrag) als solcher** leicht zu erkennen, nämlich in der eindeutigen Unterscheidung zu den beiden anderen Gruppen, nämlich dass nunmehr nach Leistung bezahlt wird.

Schwierig kann es dagegen (nur) **im Grenzbereich** der beiden Untergruppen des Leistungsvertrages, also zwischen **Einheitspreisvertrag und Pauschalvertrag,** werden. **28**

Auch dabei gilt wieder: Solange der Vertrag Begriffe wie „Pauschale" oder „Festpreis"[22] nicht verwendet und solange er völlig eindeutig nach (Leistungs-)Menge und Einheitspreis eine nach Abschluss der Ausführung festzustellende Vergütung regelt, bestehen keine Probleme. Das ist eben ein Einheitspreisvertrag. Ebenso gibt es natürlich umgekehrt **keine Probleme, sobald** die Leistungsseite beim Pauschalvertrag ihrerseits **global beschrieben ist** und eine Pauschalsumme als Vergütung vereinbart ist, etwa beim typischen „Schlüsselfertigbau". **Kritisch** ist folglich nur die **Grauzone zwischen dem Detail-Pauschalvertrag und dem Einheitspreisvertrag.**

Wenn die Vertragsparteien wie in unserem Beispiel aus Rdn. 3 ein LV mit Vordersätzen verwenden, nach Einheitspreisen angeboten wird und die Angebotssumme von 272 040,- € auf einen Vertragspreis von 260 000,- € „pauschal" reduziert wird, ist schwer zu beurteilen, ob das **schon Pauschalvertrag** oder **noch Einheitspreisvertrag**, also nur Schein-Pauschalierung ist (vgl. **Abb. 3**, S. 16).

Das bedeutet: Die **Elemente**, die allgemein **den Pauschalvertrag erst zum Pauschalvertrag** machen, lassen sich **nur** in Abgrenzung zum Einheitspreisvertrag bestimmen, nur in Verneinung der kennzeichnenden Elemente des Einheitspreisvertrages,[23] zumal gemäß § 2 Nr. 2 VOB/B im VOB-Vertrag der Einheitspreisvertrag vielleicht eher die Regel (?) ist.[24]

Gleichzeitig heißt das, dass für den Pauschalvertrag nur definiert werden muss, was jedenfalls als **„Minimum"** erforderlich ist, **um** einen Bauvertrag schon als **Pauschalvertrag (im Gegensatz zum Einheitspreisvertrag) zu definieren.** Aus dem „Wesen" des Pauschalvertrages lässt sich das allerdings nicht beantworten,[25] denn – abgesehen von dem ohnehin vagen Ausgangspunkt – eine Klärung des „Wesens" des Pauschalvertrages aus dessen „Wesen" heraus ist eine Definition ex definitione, also fruchtlos. **29**

Maßgebend ist vielmehr, welche Elemente des Einheitspreisvertrages die Parteien **nicht** vereinbaren wollen, wenn sie ihrer Vereinbarung die Bezeichnung **„Pauschalvertrag"** geben und welche **konkreten Folgen** sie umgekehrt vereinbaren **wollen**, wenn sie **„pauschalieren".**

4 Strukturen des Einheitspreisvertrages und des Pauschalvertrages – Definition –

4.1 Struktur des Einheitspreisvertrages

Die Frage, **welche Elemente** bei **Einheitspreisvertrag** und **Pauschalvertrag** unterschiedlich sind, lässt sich am besten an Varianten des Beispiels aus Rdn. 3 belegen und setzt die **Erörterung der Struktur des Einheitspreisvertrages** voraus. **30**

Wir erörtern drei solche Varianten gemäß näherer Bezeichnung in **Abb. 3** unter Rdn. 54, 63 und 71.

---

[22] Dazu im Einzelnen unten Rdn. 76 ff.
[23] Insoweit deshalb zutreffend Brandt, BauR 1982, 524, 525.
[24] Zu den möglichen Folgen für die Beweislast s. unten Rdn. 98 ff.
[25] So aber (allerdings nur im Ausgangspunkt) BGH VersR 1965, 803, 804; Schaub, Der Konsortialvertrag, S. 159 lehnt diese Entscheidung aus dem „Wesen" des Pauschalvertrages heraus ab (!), die Einzelpositionen (!) des Leistungsverzeichnisses würden aus dem Wesen heraus ihre Bedeutung verlieren. Davon kann aber gar keine Rede sein, vgl. Rdn. 33 ff. und unten Rdn. 205.

Vertragliche Festlegung	Bausoll		Vergütungssoll	
Einzelangabe:	Leistungs-beschreibung	LV-Menge (Vordersatz)	Vordersatz x Einheitspreis	
Beinhaltet pro Position:	Qualitativer Bauinhalt und Bauumstände	Quantitativer Bauinhalt	= Gesamtbetrag pro Position	
Gesamtangabe:	Leistungsbeschreibung durch LV, Pläne etc.		Auftragssumme = Σ Positionsgesamtbeträge	
Gültigkeit:	fixiert	vorläufig	vorläufig	fixiert
Ausführung / Abrechnung	**Bauist**		**Vergütungsist**	
Pro Position:	vertragsgemäß erstellte Teilleistung	vertragsgemäß erstellte Menge	ausgeführte Menge	x Einheitspreis
Insgesamt:	vertragsgemäß erstellte Gesamtleistung		Schlussrechnungsbetrag = Σ Positionsgesamtbeträge	
Gültigkeit:	fixiert	fixiert	fixiert	fixiert

Abbildung 4   Elemente des Einheitspreisvertrags

31   Die **Elemente des Einheitspreisvertrages** sind entsprechend § 5 Nr. 1 a VOB/A, § 2 Nr. 2 VOB/B – aufgegliedert in (durch Ordnungszahlen gekennzeichnete) Teilleistungen – **Leistungsbeschrieb,** Mengenangabe **(Vordersatz), Einheitspreis** und **vorläufige Gesamtsumme** der Vergütung (Auftragssumme) (vgl. **Abb. 4**).

Die **Leistungsbeschreibung** bestimmt den **Bauinhalt** und gegebenenfalls die **Bauumstände,** somit die „Ausführung**sart** der Leistung" im Sinne von § 5 Nr. 1 b VOB/A.
Die Mengenangabe **(Vordersatz)** bestimmt den voraussichtlichen **Umfang** der jeweiligen Teilleistung.
Beides zusammen bestimmt das **Bausoll.**

Der **Einheitspreis** dient der Bestimmung des **Vergütungssolls** zum Zeitpunkt des Vertragsschlusses und außerdem des künftigen Werklohns. Der endgültige Werklohn pro Teilleistung entsteht aus der Multiplikation der Einheitspreise mit den (vertragsgemäß) ausgeführten Mengen (Abgerechnete Menge).

Das **Schema** des Einheitspreisvertrages haben wir in **Abb. 4** dargestellt.

Die „**Mengen**" sind zum Zeitpunkt des Vertragsabschlusses vorläufig, weil pro Position die derzeitige „Vertragsmenge" (= Vordersatz) nicht die zukünftige Abrechnungsmenge sein muss; abgerechnet wird nicht nach vereinbarter, sondern nach (vertragsgemäß) ausgeführter Menge.

Abweichungen zwischen Vordersätzen und Abrechnungsmengen ergeben sich (nur) dann, wenn die Mengen des Leistungsverzeichnisses (aus welchen Gründen auch immer) nicht die tatsächlich auszuführenden Mengen wiedergeben; andere Möglichkeiten gibt es nicht.

Wird nämlich für eine Teilleistung tatsächlich eine andere Menge als laut Vordersatz nicht infolge unrichtiger Ermittlung, sondern infolge einer nachträglichen Anordnung des Auftraggebers ausgeführt, ist die **daraus** resultierende Vergütungsänderung nicht Spezifikum des Einheitspreisvertrages, sondern Folge einer **zusätzlichen,** vom bisherigen Vertragsinhalt nicht erfassten Leistung. Sie ist als Zusatzleistung zu vergüten, nämlich als **angeordnete** Mengenmehrung gemäß § 2 Nr. 6 VOB/B.[26]

Da beim Einheitspreisvertrag die Mengenangaben zum Zeitpunkt des Vertragsabschlusses vertragstypisch vorläufig sind, kann die endgültige Vergütung (Schlussrechnungsbetrag) vom Vergütungssoll (Vordersatz · Einheitspreis) abweichen.

Dagegen ist zum Zeitpunkt des Vertragsabschlusses das Element „Leistungsbeschrieb" fixiert. Ob mehr oder weniger Menge abgerechnet wird, ändert nichts am qualitativen Leistungsbeschrieb, sondern nur am Bauumfang. Anordnungen des Auftraggebers, die zu einer Änderung des „Leistungsbeschriebs" führen, begründen Vergütungsansprüche gemäß § 2 Nr. 5 oder § 2 Nr. 6 VOB/B; solche Bauinhalts- oder Bauumstandsmodifikationen sind also auch für den Typ Einheitspreisvertrag nicht spezifisch.

Das jeweilige Element „Einheitspreis" ist grundsätzlich fixiert.
Ausnahme: Gehen „auf die vorgefundenen Verhältnisse zurückzuführende" Mengenveränderungen über ± 10 % hinaus, kann dies gemäß § 2 Nr. 3 VOB/B zu einer Erhöhung oder Verminderung des Einheitspreises führen. Das ist als Korrektiv zu der im Stadium des Vertragsschlusses noch unbekannten Abrechnungsmenge gedacht.

4.2 Struktur des Pauschalvertrages

4.2.1 Vergütungssoll

Was also wollen die Parteien beim Pauschalvertrag anders machen? Ganz einfach vorab: Sie wollen die zu zahlende (Gesamt-)**Vergütung,** also den Schlussrechnungsbetrag, vor Ausführung **endgültig** festlegen. Wie sie das erreichen können und welche Schlussfolgerungen für die Leistungsseite daraus zu ziehen sind, werden wir sogleich erörtern.

32

Für die **Vergütungsseite** ist jedenfalls die Schlussfolgerung einfach und unbestreitbar: Während beim Einheitspreisvertrag die endgültige (Gesamt-)Vergütung vor Ausführung nicht feststeht, wollen die Parteien beim Pauschalvertrag, dass die (Gesamt-)Vergütung von Anfang an feststeht, sich also gerade nicht ändert. Das **Vergütungssoll** beim Pauschalvertrag ist **fixiert** und ist identisch mit dem Vergütungsist. Nichts anderes bringt § 2 Nr. 7 Abs. 1 Satz 1 VOB/B zum Ausdruck: „Ist als Vergütung der Leistung eine Pauschalsumme vereinbart, so bleibt die Vergütung unverändert." Diese Regelung hat eigentlich nur deklaratorischen Charakter.[27]

Da die Vergütung beim Pauschalvertrag bei Vertragsabschluss schon feststeht, ist es **nicht erforderlich, einzelnen „Vergütungsermittlungsfaktoren",** nämlich Menge (Vorder-

---

[26] Dazu Band 1, Rdn. 514 ff., 792 ff. und unten Rdn. 1074 ff.
[27] Sie ist allerdings mißverständlich, da aus ihr herausgelesen werden könnte, dass eine Bezahlung von modifizierten Leistungen **nur** unter den Umständen in Betracht käme, die in Satz 2, Satz 3 sowie Abs. 2 genannt sind. Unter diesem Aspekt (der z. B. auf den Ausschluss von Ansprüchen aus ungerechtfertigter Bereicherung herausliefe) ist die Vorschrift unwirksam, jedenfalls dann, wenn die VOB/B nicht ohne Abweichungen vereinbart ist, dazu näher unten Rdn. 1500 und oben Fn. 15.

satz) und/oder **Einheitspreis** als solchen noch eine rechtlich **selbständige Bedeutung zu geben.** Die einmal vereinbarte Vergütung, die Vergütungspauschale, bleibt fixiert, gleichgültig, ob der Auftragnehmer die Pauschalsumme aufgrund sorgfältiger Mengenermittlung und Kalkulation errechnet hat, ob er sie geschätzt hat oder ob er sie buchstäblich nur geraten hat. Bei unverändertem Bauinhalt und unveränderten Bauumständen gibt es also beim Pauschalvertrag in keiner Weise methodisch einen „Einheitspreis" als Anknüpfungspunkt zur Vergütungsermittlung.

4.2.2 Bausoll (Leistungssoll)

4.2.2.1 Leistungsbeschrieb (qualitativer Bauinhalt, Bauumstände)

33   Nun zur **Leistungsseite** des Pauschalvertrages, **zum Bausoll.**

Wir beschäftigen uns beispielhaft mit dem qualitativen **Bauinhalt,** für Bauumstände gilt nichts anderes.[28] In allen Varianten des **Beispiels** aus Rdn. 30 (**Abb. 3,** S. 16) ist der qualitative Bauinhalt derselbe: „Bandrasterdecke OWA 18 oder gleichwertig... aus Mineralfaserplatten usw. ... einschließlich Abhängkonstruktion."

Ob „**pauschal**" **bezahlt wird** oder ob die Vergütung nach Menge und Einheitspreis berechnet wird, wieviel überhaupt bezahlt wird, hat **nichts** damit zu tun, **welche Art von Leistung erstellt werden soll.**

Ebensowenig wollen die Parteien nicht **allein** durch die Vereinbarung der Vergütungsmethodik „Pauschale" irgend etwas dazu sagen, was etwa jetzt – plötzlich und ohne weitere Angaben – zusätzlich zur Leistung gehören solle, also ohne ausdrücklich in dem Text des Leistungsbeschriebs genannt zu sein.

34   Der **Leistungsbeschrieb,** der **qualitative Aspekt** des Bauinhalts (und der Bauumstände), **bleibt also auch beim Pauschalvertrag völlig unverändert. Allein die Festlegung einer bestimmten Vergütungsmethodik ändert folglich nichts** an der geschuldeten Leistung; in keiner Weise qualifiziert allein die Vereinbarung der Pauschalvergütung den qualitativen Bauinhalt nach dem Willen der Parteien um. Aus dem „Wesen" des Pauschalvertrages folgt dazu nichts, schon gar nichts Gegenteiliges. Oder anders ausgedrückt:

Die Leistungsbeschreibung bleibt beim Pauschalvertrag genauso wie sie war, genauso detailliert oder genauso global, genauso umfassend oder genauso speziell.

Mit der Festlegung der Vergütungsmodalität allein treffen die Parteien noch keine Aussage dazu, dass jetzt etwa **derselbe** Leistungsbeschrieb auf einmal umfassender werde als vorher bei einer anderen Vergütungsregelung. Natürlich **können** die Parteien mit der Pauschalierungsabrede auch den **Leistungsumfang** verändern, insbesondere erweitern: Sie können über die bloße Pauschalierung hinaus **ergänzende** Abreden treffen, z. B. individuell dahin, dass **jetzt** auch Besondere Leistungen ohne besondere Erwähnung im Leistungsbeschrieb doch Vertragsleistung sind und nicht gesondert vergütet werden. Aber solange sie den Leistungsbeschrieb nicht ändern oder ergänzen, gilt:
Die Pauschalierung der Vergütung bedeutet allein noch in keiner Weise, dass der Leistungsbeschrieb plötzlich unscharfe Konturen erhielte oder enthält.
Die Pauschalierung der Vergütung hat somit keineswegs zwingend irgendeine Pauschalierung des Leistungsbeschriebs zur Folge.

---

[28] Der qualitative **Bauinhalt** bestimmt, **was** vertraglich gebaut werden soll, die **Bauumstände** bestimmen, **wie** vertraglich gebaut werden soll (z. B. in welcher Zeit, unter Benutzung welcher Zufahrt). Der quantitative Bauinhalt bestimmt, wieviel vertraglich gebaut werden soll.
Alles zusammen ist die vertraglich geschuldete Leistung, das **Bausoll.** Einzelheiten Band 1, Rdn. 4, 100, in diesem Band Rdn. 201 ff., 286 ff., 400 ff., 667 ff.

Maßgeblich bleibt ausschließlich der durch den Vertrag bestimmte Leistungsinhalt. Er wird eben nur durch den Vertrag bestimmt und durch nichts anderes; dabei wird die Leistungsseite des Vertrages durch die Leistungsbeschreibung im weiteren Sinn (dazu Band 1, Rdn. 178) bestimmt, die Vergütungsseite durch die Vergütungsfestlegung und die Vergütungsmodalität, hier die „Pauschale".

Also hat die **bloße Pauschalierung** der Vergütung **keinen außerhalb der Preispauschalierung liegenden Erklärungsinhalt.** „Pauschalvergütung" sagt nicht zwingend aus, dass die Parteien die Zulässigkeit unvergüteter Bauinhaltsänderungen im Vertrag regeln wollen, „Pauschalvergütung" sagt als Minimum **nur**, dass für eine **bauinhaltlich** durch den Vertrag schon definierte Leistung die **Ist-Vergütung** und **nicht nach Ausführung fixiert wird**; der Vergleich der Beispiele aus Rdn. 30 (**Abb. 3**, S. 16) von a zu c macht deutlich, dass die Leistungsseite völlig unverändert geblieben ist. Qualitative **Bauinhaltsänderungen** wären **Modifizierungen** und nur **deshalb** Anlass zu geänderter Vergütung. 35

Es gibt somit keinen Anlass, gewissermaßen aus dem Mythos „Pauschale" zu schließen, über den auf der Leistungsseite festgelegten vertraglichen Bauinhalt hinaus werde wegen der Wahl der Vergütungsmethodik „Pauschale" plötzlich die Leistungsseite erweitert – unerklärbar und der Art nach unbestimmbar.

Maßgebend ist und bleibt ausschließlich die konkrete, jeweils vereinbarte bauinhaltliche Leistung, **nicht** aber und nicht ohne weiteres irgendein (dubioses) **Leistungsziel**, das die vereinbarte Bauleistung (automatisch?) erweitert, vervollständigt, ergänzt oder näher bestimmt. Element des Pauschalvertrages ist deshalb nicht zwingend eine Pauschalierung des Bauinhalts; der **Leistungsbeschrieb wird durch die Pauschalierung der Vergütung nicht erweitert.**[29] Ganz abgesehen davon wäre auch gar nicht festzustellen, welches Leistungsziel denn zur Vervollständigung des Leistungsbeschriebes heranzuziehen wäre. Ist ein **Leistungsziel** im Vertrag nicht erwähnt und auch nicht einmal durch Auslegung feststellbar, kann es nicht bestimmt werden. Ist es erwähnt, gehört es natürlich zum Leistungsbeschrieb und ist **nur wegen seiner Einbeziehung in den Vertrag maßgebend**, also wiederum völlig unabhängig von der Frage, wie die Vergütungsseite geregelt ist, ob sie also pauschal festgelegt ist oder ob sie nach Menge und Einheitspreis berechnet wird.

Die Pauschalierung der Vergütung führt also keineswegs notwendigerweise zu irgendeiner Pauschalierung des Leistungsinhalts: Ist der Leistungsinhalt durch ein normales **Leistungsverzeichnis** und z. B. durch Pläne **definiert**, hat der Auftragnehmer nur **das dort Geregelte** zu leisten und nichts mehr.[30]

Nur dann, wenn dies in aller Trennschärfe deutlich wird, kann man dem „Wesen" des Pauschalvertrages gerecht werden. Das verlangt Konsequenz: Man kann **nicht gleichzeitig** akzeptieren, dass eine Leistungsbeschreibung per **Leistungsverzeichnis** wie beim Einheitspreisvertrag maßgebend ist und im selben Atemzug postulieren, aus dem

---

[29] Zutreffend Motzke, Seminar Vergütungsansprüche, S. 116, 118; im Ergebnis ebenso die Rechtsprechung, z. B. BGH BauR 1972, 118, OLG Düsseldorf BauR 1989, 483, 484 (vgl. näher Fn. 30, Rdn. 221 ff.), anscheinend auch Brandt, BauR 1982, 554, 555; näher dazu insgesamt im Rahmen der Erörterung des Bausolls beim Detail-Pauschalvertrag unten Rdn. 201 ff., insbesondere 240, 241.

[30] So mit Recht die wenigen, aber eindeutigen Urteile des Bundesgerichtshofs und der Oberlandesgerichte, insbesondere BGH a. a. O., OLG Düsseldorf a. a. O. **Vollständige Darstellung** dieser Rechtsprechung unten Rdn. 221–236. Einzelheiten **zur Bedeutung der Detaillierung beim Detail-Pauschalvertrag** unten Rdn. 237–273, beim Global-Pauschalvertrag Rdn. 474 ff., 616. Zutreffend Nicklisch/Weick, VOB/B § 2 Rdn. 78, Einl. §§ 4–13, Rdn. 28; Motzke, a. a. O.; Thode, Seminar Pauschalvertrag und schlüsselfertiges Bauen, S. 33 ff.; Kleine-Möller, Seminar Pauschalvertrag und schlüsselfertiges Bauen, S. 69, 73, 74; Heiermann/Riedl/Rusam, VOB/B § 2 Rdn. 144 b; Schliemann, in: Leinemann, VOB/B, § 2 Rdn. 284.

„Wesen" des Pauschalvertrages folge, dass ein **Leistungsziel** den Leistungsinhalt über die Leistungsbeschreibung hinaus bestimme.[31]

Alle **Definitionsversuche,** die in der Pauschalierung des Vergütungssolls **gleichzeitig** auch eine **notwendige** Pauschalierung des Bausolls, nämlich der „Art der Bauleistung" im Sinne von § 5 Nr. 1 b VOB/A, des Leistungsbeschriebs, des **Bauinhalts** und der Bauumstände unter einer Einbeziehung einer in ihren Konturen völlig unbestimmbaren „Vollständigkeitsgarantie" kraft **Leistungsziel** sehen, **treffen nicht.**

Die Annahme, das Charakteristikum des Pauschalvertrages bestehe darin, dass die Parteien **immer** einen herzustellenden Erfolg **im Ganzen**, das geschuldete **Werk als Ergebnis,** die „**Gesamtleistung**" vereinbaren, findet in der Strukturanalyse und in der Prüfung des Parteiwillens **keine Stütze.**[32] Unser Beispiel zeigt es: Hier ist keine zusätzliche Leistung (nämlich als „Gesamtleistung" über den bisher vereinbarten Leistungsbeschrieb hinaus) vereinbart und auch nicht zu erkennen; zu einer solchen Zusatzinterpretation bestünde kein Sachanlaß. Folglich ist es gerade **nicht grundsätzliche Struktur** des Pauschalpreises (?), die **Vergütung von den Einzelheiten** der bei Vertragsschluss festgelegten zu erbringenden Leistungen **zu lösen.**[33]

36 Die Annahme, die Vereinbarung einer Pauschalvergütung führe zwingend auch zu einer Pauschalierung des Bauinhalts, des Leistungsbeschriebs, findet zudem in der **VOB** nicht nur keine Stütze, sondern **widerspricht** ihr klar.

§ 5 Nr. 1 b VOB/A fordert, Bauleistungen nur dann für eine Pauschalsumme zu vergeben, „wenn die Leistung nach **Ausführungsart** (= Bauinhalt und Bauumstände) und Umfang **genau** bestimmt ist und mit einer Änderung bei der Ausführung nicht zu rechnen ist". Die VOB/A würde also einen Pauschalvertrag postulieren, den es so – nämlich mit **genau** beschriebener Ausführungsart – gar nicht gäbe.

Das Argument, in § 2 Nr. 7 Abs. 1 Satz 1 VOB/B werde die „Leistung als Ganzes" der Pauschalsumme gegenübergestellt, ist unzutreffend.[34] Der Text lautet: „Ist als Vergütung der Leistung eine Pauschalsumme vereinbart, so bleibt die Vergütung unverändert."
Im Text steht nichts von einer Leistung „als Ganzes". Außerdem definiert sich die Leistung gemäß § 1 Nr. 1 Satz 1 VOB/B gerade durch den Vertrag, und zwar die Leistungsseite des Vertrages, denn „die auszuführende Leistung wird nach Art und Umfang durch den Vertrag bestimmt" – die Übereinstimmung mit § 5 Nr. 1 b VOB/A ist nicht zufällig.

---

[31] Mit Recht hat Thode, a.a.O., S. 35, 36 die damalige Widersprüchlichkeit von Aussagen im Schrifttum und die fehlende Differenzierung der von uns Detail-Pauschalvertrag und Global-Pauschalvertrag genannten Typen hervorgehoben.
Widersprüchlich z. B. Meissner, Seminar Pauschalvertrag und schlüsselfertiges Bauen, S. 9, 11, 13.

[32] Unrichtig aus den genannten Gründen deshalb Kroppen, Pauschalpreis und Vertragsbruch, S. 5; Schaub, Der Konsortialvertrag, S. 144; Vygen, ZfBR 1979, 133, 135; Mauer, Festschrift Korbion, S. 301, 308 ff., soweit er allgemein postuliert, dass die vereinbarte Vergütung über den in § 2 Nr. 1 VOB/B „umrissenen" Vertragsinhalt hinaus den für den Gesamterfolg (?) tatsächlich erforderlichen Leistungsumfang umschließt; die konkrete Schlussfolgerung für den Bauträgervertrag ist richtig, weil dort der „Gesamterfolg" gerade Vertragsinhalt ist (näher unten Rdn. 418). Unzutreffend insbesondere Heyers, BauR 1983, 297, 301–304; kennzeichnend das Zitat auf S. 306: „Wird die Pauschalierung auf der Leistungsseite verbaliter völlig und in der Sache über die genau beschriebene Mengenbezogenheit hinaus verneint, so kann das strukturelle Element der Reflexion der Leistungsseite (?) im Preiskonglomerat gedanklich nicht ausreichend zur Darstellung gelangen (?). Darüber hinaus verschließt die zu enge Anlehnung an festbleibende Einheitspreise (?) den Blick auf den spezifischen Innenbereich des gewollten Preiskonglomerats" (Wir ergänzen: Wer sagt, dass die Parteien ein „Preiskonglomerat" und nicht nur eine Preispauschalierung wollen?). Mindestens missverständlich auch Ingenstau/Korbion/Keldungs, VOB/B § 2 Nr. 2 Rdn. 8.

[33] Zutreffend Motzke, S. 131.

[34] Heyers, a.a.O., 304.

Dass ein „Erfolg" geschuldet wird, ist das Charakteristikum eines jeden Werkvertrages und nicht nur des Pauschalvertrages.

Dem **Leistungsziel** kommt deshalb eine **„Bedeutung (nur) in solchen Fällen zu, in denen es an klaren Leistungsbeschreibungen fehlt** oder **über die Leistungsbeschreibung hinaus deutliche Anhaltspunkte dafür vorhanden sind,** dass das Leistungsziel maßgeblich über Inhalt (und Umfang) der Leistung für den vereinbarten Preis entscheiden soll".[35]

Es ist auch **nicht Charakteristikum** des Pauschalvertrages, dass der „Angebotsbearbeiter" wenigstens zu prüfen habe, ob die Einzelleistung alle technischen Ausführungsdetails umfasse.[36] Das muss der „Angebotsbearbeiter" beim Einheitspreisvertrag auch. In unserem Beispiel „abgehängte Decke" muss der Bieter immer „kalkulieren", dass er eine Abhängekonstruktion zu liefern und diese zu montieren hat, dass er darunter seine Mineralfaserplatten zu montieren hat, dass er bestimmte Befestigungsmittel zu verwenden hat, wie die Befestigungsmittel beschaffen sein dürfen usw. All das hat nichts mit der Frage zu tun, ob die Leistung nach Einheitspreis oder Pauschale vergütet wird; der „Angebotsbearbeiter" weiß oft vorab nicht, welche Vergütungsregelung bei der Vertragsverhandlung endgültig vereinbart wird. 37

Ob eine **unabsichtlich unvollständige** Leistungsbeschreibung mit Leistungsverzeichnis durch die Heranziehung eines „Leistungsziels" ausgefüllt oder ausgelegt werden kann, ist sicher eine wesentliche Frage (vgl. Rdn. 253 ff.), aber nicht an dieser Stelle: Wir behandeln **hier** gerade die vollständige Leistungsbeschreibung mit Leistungsverzeichnis und Plänen und kommen zu dem **Ergebnis,** dass es in keiner **Weise** Charakteristikum des Pauschalvertrages ist, von der Pauschalierung der Vergütung zwingend auf eine Pauschalierung der „Ausführungsart der Leistung" (Bauinhalt und Bauumstände) schließen zu müssen.

Mit diesem Ergebnis befinden wir uns in Übereinstimmung mit der Rechtsprechung des Bundesgerichtshofs: „Der Pauschalpreis, der **aufgrund eines nach Einheitspreisen abgegebenen Angebots** gebildet worden ist, knüpft **an im Einzelnen bestimmte Arbeiten an.** Es kann nicht ohne weiteres angenommen werden, dass er für jede Leistung gelten soll, die der vorgesehenen schon in ihrem Wertvolumen gleichkommt."[37] 38

---

[35] Motzke, a.a.O., S. 118. Einzelheiten dazu im Zusammenhang mit der Erörterung des Bausolls beim Detail-Pauschalvertrag unten Rdn. 225, 228–265, beim Global-Pauschalvertrag unten Rdn. 474 ff., 616.
[36] In diesem speziellen Punkt unzutreffend Motzke, a.a.O., S. 116.
[37] BGH BauR 1972, 118 = Schäfer/Finnern Z 2.301 Bl. 42, 44; ebenso die in anderem Zusammenhang noch ausführlich zu erörternde Grundsatzentscheidung BGH BauR 1984, 395, 396 unten, 397 (vgl. Rdn. 231) sowie OLG Düsseldorf BauR 1989, 483, 484 (vgl. auch Fn. 30 und Rdn. 235 ff.): „Die Beklagte hat nicht vorgetragen, worauf sie die Behauptung stützt, die Zeugen könnten gleichwohl bekunden, es sei von der Zielsetzung her bei Vertragsschluss **trotz der genauen Festlegung** der Tiefe der Rohrgräben im Leistungsverzeichnis **um die Verlegung** der Fernleitungen **schlechthin** gegangen ohne Rücksicht darauf, in welcher Tiefe dazu Rohrgräben ausgehoben werden mussten. Die Klägerin hatte hier **keine komplette Leistung** ohne Rücksicht auf den tatsächlichen Arbeitsumfang angeboten, sondern ihr Angebot aufgrund eines detaillierten Leistungsverzeichnisses gemacht ... (Nur) für im Vertrag, d.h. im **Leistungsverzeichnis,** nicht vorgesehene, aber gleichwohl geforderte Leistungen steht der Klägerin nach § 2 Nr. 6 Abs. 1 VOB/B eine besondere Vergütung zu ..."
Einzelheiten zur detaillierten Leistungsbeschreibung allgemein unten Rdn. 201 ff., beim Detail-Pauschalvertrag sodann Rdn. 236–273, beim Global-Pauschalvertrag Rdn. 474 ff., 616.

Vertragliche Festlegung	Bausoll		Vergütungssoll
Einzelangabe:	Leistungsbeschreibung	Mengenermittlungskriterien	Pauschalpreis = Auftragssumme
Beinhaltet pro Position:	Qualitative Angaben zum Bauinhalt und zu den Bauumständen	Quantitative Vorgaben für den Bauinhalt (bzw. Bauumfang)	
Gesamtangabe:	Leistungsbeschreibung durch LV, Pläne etc.		
Gültigkeit:	fixiert		fixiert

Ausführung / Abrechnung	Bauist	Vergütungsist
Insgesamt:	Erstellte Bauleistung insgesamt	Pauschalpreis = Schlussrechnungsbetrag
Gültigkeit:	fixiert	fixiert

Abbildung 5   Elemente des Detail-Pauschalvertrags

39 Zusammenfassend gilt: **Es gibt** Pauschalverträge, bei denen „die Art der Bauausführung" **(Bauinhalt und Bauumstände) genau und vollständig festgelegt** ist und die **keine** Ergänzung wegen irgendeines Leistungsziels allein durch die Vereinbarung der Pauschalvergütung erfahren – **Typ „Detail-Pauschalvertrag"**; die Ergänzung der zu erbringenden Leistung im Hinblick auf ein im Vertrag nicht genanntes Leistungsziel würde zu geänderten oder zusätzlichen Leistungen und damit zu Vergütungsansprüchen gemäß § 2 Nr. 7 Abs. 2, § 2 Nr. 5 und Nr. 6 VOB/B führen.

Das Schema des Detail-Pauschalvertrages ist zusammengefasst in **Abb. 5**.

Natürlich **gibt es auch** Pauschalverträge, in denen die Leistung nicht genau und/oder vollständig festgelegt ist und in denen das Leistungsziel durchaus zur näheren Bestimmung der Leistung herangezogen werden kann – **Typ „Global-Pauschalvertrag"**. Das Schema des Global-Pauschalvertrages ist zusammengestellt in **Abb. 6, S. 25**.

Da es aber eben **auch** den Typ **„Detail-Pauschalvertrag"** gibt, ist die **Pauschalierung der „Art der Leistung" nicht generelles Charakteristikum eines jeden Pauschalvertrages.** Folglich schließt die genaue Leistungsbeschreibung mit Leistungsverzeichnis und Plänen die Annahme eines Pauschalvertrages nicht aus.

Die Anknüpfung an die Leistungsbeschreibung ist in diesem Zusammenhang überhaupt ungeeignet, irgendeine Definitionsaussage zum Pauschalvertrag zu machen. Wenn beispielsweise Vygen als kennzeichnend ausführt, durch „den vereinbarten Pauschalpreis würden alle Leistungen abgegolten, die im Vertrag **vorgesehen** sind und die zur ordnungsgemäßen Erstellung der **geschuldeten** Werkleistung notwendig (und als notwendig

Vertragliche Festlegung	Bausoll		Vergütungssoll
Einzelangabe:	Leistungsbeschreibung	Mengenermittlungskriterien	Pauschalpreis = Auftragssumme
beinhaltet:	Nicht alle qualitativen Angaben zum Bauinhalt und zu den Bauumständen	(Einige) quantitative Vorgaben für den Bauinhalt (bzw. Bauumfang)	
Gesamtangabe:	Leistungsbeschreibung durch LV, Pläne etc.		
Gültigkeit:	fixiert, aber (gegebenenfalls	(global) fixiert, aber nicht für alle	fixiert
Ausführung / Abrechnung	**Bauist**		**Vergütungsist**
Insgesamt:	Erstellte Bauleistung insgesamt		Pauschalpreis = Schlussrechnungsbetrag
Gültigkeit:	fixiert		fixiert

Abbildung 6   Elemente des Global-Pauschalvertrags

vorhersehbar) sind",[38)] so passt das haargenau auch auf den Einheitspreisvertrag. Durch die vereinbarten Einheitspreise (multipliziert mit den ausgeführten Mengen) werden alle Leistungen abgegolten, die **im Vertrag vorgesehen** sind – wenn sie nämlich nicht vorgesehen wären, würden sie weder durch einen bisher vereinbarten Pauschalpreis noch durch bisher vereinbarte Einheitspreise abgegolten; es handelte sich dann nämlich um Zusatzleistungen gemäß § 2 Nr. 6 VOB/B. Sowohl beim Pauschalvertrag wie beim Einheitspreisvertrag sind **alle zur ordnungsgemäßen** Erstellung der **geschuldeten Werkleistung** notwendigen Leistungen zu erbringen – geschuldet wird die **in der Leistungsbeschreibung definierte** Leistung; diese ganz konkrete Leistung ist nicht teilweise, sondern vollständig (also mit allen notwendigen Einzelheiten) zu erbringen, dazu auch ordnungsgemäß, sonst wäre sie nämlich mangelhaft. Man kann eben keinen Gegensatz zwischen abgegoltenen Leistungen und geschuldeten Leistungen als Unterscheidungsmerkmal finden.

Darüber hinaus gilt:

Der Leistungsbeschrieb ist **beim Pauschalvertrag** ganz genauso wie beim Einheitspreisvertrag eine **durch den Vertrag** einmal festgelegte, **vor der Ausführung** feststehende **fixierte** Größe. Natürlich ist der vertragliche Bauinhalt bei Global-Pauschalverträgen oft schwierig oder sehr schwierig zu bestimmen. Aber er ist „fixiert". Modifikationen führen zu Ansprüchen aus § 2 Nr. 5 oder § 2 Nr. 6 VOB/B. Ergebnis: Der Pauschalvertrag **kann** sehr wohl eine ganz klare, ganz detailliert bestimmte Definition der geschuldeten Bauleistung enthalten (Typ Detail-Pauschalvertrag), ohne irgendwelche zusätzlichen und vom entsprechenden Einheitspreisvertrag abweichenden Leistungsinhalte für den Auftragnehmer.

[38)] Bauvertragsrecht, Rdn. 755.

4.2.2.2 Menge (Leistungsumfang, quantitativer Bauinhalt)

4.2.2.2.1 Die Zielsetzung der Parteien

41 Die **zweite Komponente** des **„Bausolls"** neben dem Leistungsbeschrieb (qualitativer Bauinhalt, Bauumstände) ist die **Leistungsmenge**. Die Leistung – so der Wunsch der VOB/A – ist „nach Art und **Umfang"** (§ 5 Nr. 1 b VOB/A) festzulegen. Ob Pauschalvertrag oder nicht, es versteht sich von selbst, dass eine Regelung nicht nur darüber zu treffen ist, **was** qualitativ gebaut wird, sondern auch, **wieviel davon**. Oder anders formuliert: Es ist ein Unterschied, ob im Beispielsfall der Rdn. 4, **Abb. 2**, S. 3 die Dachabdichtung für ein oder zwei gleich große Bauwerke erstellt werden soll.

Was also **wollen** die **Parteien** hinsichtlich der Menge, wenn sie einen Pauschalvertrag schließen? Die Antwort ist schlicht: Sie wollen jedenfalls **nicht** wie beim Einheitspreisvertrag die Vergütungsvereinbarung **von späteren Feststellungen zur ausgeführten Menge abhängig machen,** also die Schlussrechnungssumme erst nach Ausführung kennen. Im Gegenteil: Sie wollen die Vergütung unabhängig von der auszuführenden Menge schon bei Vertragsabschluss fixieren, **ohne dass sie** dabei auf eine wie auch immer geartete **Mengenbestimmung** ganz **verzichten** wollen und **können**.

In einem vorerst banalen Sinn hängt die **Vergütungsvereinbarung nicht von der tatsächlich ausgeführten Menge** ab, aber die Vergütung ist keineswegs mengenunabhängig, wie sogleich zu zeigen ist.

Auf jeden Fall hängt folglich die Pauschalvergütung bei unveränderter Leistung auch nicht von „prüfbaren" Abrechnungsunterlagen im Sinne des § 14 VOB/B ab; § 14 VOB/B (Abrechnung) erwähnt übrigens gar nicht, dass er für vertragsgemäß abgewickelte Pauschalverträge nicht gilt. Am Rande: Umgekehrt erfordert auch die Abrechnung eines Pauschalvertrages die Erstellung und den Zugang einer **Schlussrechnung** als Fälligkeitsvoraussetzung. Einzelheiten haben wir dazu unter Rdn. 17 schon erörtert.

4.2.2.2.2 Unveränderliche Menge?

42 Mit diesen Überlegungen ist noch nicht viel gewonnen. Wenn die Parteien keine bestimmte Menge festlegen oder genauer: wenn die Vergütung unabhängig von der tatsächlich ausgeführten Menge sein soll oder noch genauer: wenn irgendeine Mengenermittlung für die Abrechnung weder geregelt noch erforderlich ist, wenn es also für die Vereinbarung einer Pauschal**vergütung** nicht auf die Feststellung der ausgeführten Menge ankommt, heißt das aber jedenfalls: Vordergründiges Unterscheidungsmerkmal eines jeden Pauschalvertrages gegenüber einem Einheitspreisvertrag ist die **Loslösung** der **Vergütungsvereinbarung von** der tatsächlich ausgeführten Menge.

Dass eine Leistungsmenge z. B. anhand fertiger Ausführungspläne **vor** Ausführung schon eindeutig ermittelt wird bzw. ermittelt werden kann, ist allerdings eine andere Sache und nichts Besonderes. Wenn beim Einheitspreisvertrag Ausführungspläne schon bei Vertragsschluss vorliegen, ist im Ergebnis auch hier die endgültige Abrechnungssumme schon vorweg feststellbar, nämlich durch **Abrechnung (u. a. Mengenermittlung) anhand dieser Pläne**. Die für Bauarbeiten jeder Art geltende Norm DIN 18 299 schreibt unter Abschnitt 5 vor: „Die Leistung ist aus Zeichnungen zu ermitteln, soweit die ausgeführte Leistung diesen Zeichnungen entspricht."

Aber: Die Mengenermittlung („Aufmaß") nach Zeichnungen setzt voraus, dass Zeichnungen überhaupt vorhanden sind. Sind sie es nicht, „ist die Leistung aufzumessen" – so wiederum DIN 18 299 Abschnitt 5.

Beim Pauschalvertrag ist es aber keineswegs zwingend, dass überhaupt oder zum Zeitpunkt des Vertragsschlusses vom Auftraggeber gestellte Zeichnungen maßgebend sein sollen. Die Parteien des Pauschalvertrages können den Umfang der Leistung auch durch andere Kriterien (Parameter) festlegen, z. B. durch verbale Beschreibungen, sofern anhand von ihnen der Umfang der Leistung nachvollziehbar ist.

Wenn aber die „fixierte" Pauschalvergütung von der tatsächlich ausgeführten Menge losgelöst bleiben soll, stellt sich den Parteien sogleich die Frage: Wie wird dann überhaupt festgelegt, welche Menge gebaut werden soll – und ist eine Mengenfestlegung insoweit überhaupt nötig?

4.2.2.2.2.3 Festlegung von Mengenermittlungskriterien vor Ausführung

Wenn die Parteien schon im voraus die Vergütung fixieren wollen und diese Vergütung unabhängig von ausgeführten Mengen sein soll, stehen sie vor dem Problem, dass sie schon vor Vertragsschluss nicht nur fixieren, **was** gebaut werden soll (qualitativer Leistungsinhalt = Art der Leistung), sondern auch, **wieviel** gebaut werden soll (quantitativer Leistungsinhalt = Leistungsumfang). Das hat a priori noch nichts mit der Unterscheidung zwischen Detail-Pauschalvertrag und Global-Pauschalvertrag zu tun. Auch beim noch so globalen Vertrag legen die Parteien (wenn auch eben nur global!) Leistungsart **und** Leistungsumfang fest. 43

Wenn sie aber fixieren sollen, wieviel gebaut werden soll, ohne dass nach tatsächlichem Maß, Stück oder Gewicht abgerechnet werden soll, **muss** der Auftraggeber dem Auftragnehmer in anderer Weise deutlich machen, (was und) wieviel er für diese Preise überhaupt gebaut haben will. Wenn er ihm nicht (explizite) Mengen angeben will, muss er ihm wenigstens mitteilen, was erstellt sein muss, damit **die auszuführende Leistung fertig ist.** Das heißt: Der Auftraggeber muss **Kriterien** (Parameter) dafür vorgeben, wann nach gemeinschaftlichem Verständnis die Leistung fertiggestellt (und damit abnahmereif) ist. Ohne Anknüpfung an solche Kriterien oder Parameter funktioniert der Pauschalvertrag nicht: Wann ist sonst die Dachabdichtung „fertig"? Man könnte genauso formulieren: **Der Auftraggeber muss Kriterien, Eckdaten festlegen, anhand derer die Fertigstellung der Leistung zu bestimmen ist.** Übrigens könnte auch der Auftraggeber vom Auftragnehmer einverständlich vorgegebene Parameter insoweit übernehmen.

Diese Fertigstellungskriterien (Parameter) **bestimmen den Umfang der Leistung.** Daraus **folgt als erstes:** 44

Diese **Mengenermittlungskriterien** (Parameter) als solche sind beim Pauschalvertrag ebenso **endgültig** fixiert, wie die Leistungsbeschreibung fixiert ist.[39]

Ändert der Auftraggeber seine **Kriterien,** so verlangt er **mehr** Leistung mit der Folge zusätzlicher Vergütung nach § 2 Nr. 6 VOB/B[40] oder **weniger** Leistung mit der Folge einer eingeschränkten Vergütungsverringerung gemäß § 2 Nr. 4 oder § 8 Nr. 1 VOB/B;[41] Besonderheiten des Pauschalvertrages sind das nicht.

Wie der Auftraggeber im Einzelnen die **Mengenermittlungskriterien** angibt, kann ganz unterschiedlich sein.

Typisch für den Detail-Pauschalvertrag ist es, dass der Auftraggeber beispielsweise die Ausführungsplanung zum Vertragsgegenstand macht oder dass er sonstige eindeutige

---

[39] Siehe oben Rdn. 33 ff., 40, zum Detail-Pauschalvertrag unten Rdn. 286 ff., zum Global-Pauschalvertrag Rdn. 667 ff.
[40] Siehe unten Rdn. 1076.
[41] Siehe unten Rdn. 1300 ff.

Kriterien vorgibt, z. B. durch topographische Angaben; zu erwähnen ist etwa das „Dachabdichtungs-Beispiel" in Rdn. 4.

Kennzeichnend für den Global-Pauschalvertrag ist es, dass eine nichtdetaillierte Leistungsbeschreibung im allgemeinen auch zu einer nichtdetaillierten Bestimmung von Mengenkriterien führt. Aber selbst für den Schlüsselfertigbau nach Leistungsprogramm versteht es sich, dass der Wunsch des Auftraggebers, ein Stockwerk zusätzlich zu bauen oder einen zweiten Parkplatz anzulegen, nicht von dem bisherigen vertraglichen Leistungsumfang gedeckt wird.[42]

45 Demzufolge ist hier genauso wie bei der qualitativen Leistungsbeschreibung **unzutreffend,** dass der beim Pauschalvertrag vereinbarte **Leistungsumfang** per definitionen, d. h. **notwendigerweise „pauschal"** sei und nach irgendeinem Leistungsziel aufzufüllen sei.[43] Im Gegenteil: **Den VOB-typischen,** nämlich den **Detail-Pauschalvertrag** nach § 5 Nr. 1 b VOB/A, gäbe es dann gar nicht. Die Bauleistungen sollen nach ihnen vom öffentlichen Auftraggeber nur dann als Pauschalvertrag vergeben werden, wenn die Leistung „nach Ausführungsart und **Umfang genau** bestimmt ist und mit einer Änderung bei der Ausführung nicht zu rechnen ist." Die Leistung muss „nach Umfang genau bestimmt sein" – das kann sie nur, wenn feststehende Kriterien für den Leistungsumfang existieren. Da die Vergütung von der (ausgeführten) Menge losgelöst sein soll und muss, um überhaupt zum Pauschalvertrag zu führen, kann allerdings auch eine noch so präzise Mengenangabe **allein** nicht ausreichen, um überhaupt von einem Pauschalvertrag sprechen zu können;[44] notwendig ist **immer** die Angabe von Parametern zur Bestimmung des Umfangs der Leistung. Wenn insoweit das Vergabehandbuch des Bundes für die Leistungsbeschreibung mit Leistungsverzeichnis bestimmt, dass auftraggeberseitig die „Mengen vollständig und **genau** ermittelt sein müssen",[45] so gilt das auch für den Detail-Pauschalvertrag; eine solche konkrete auftraggeberseitige Mengenermittlung verringert das nachfolgend zu erörternde Auftragnehmerrisiko, aber eine Mengenermittlung **allein** ohne Angabe von Mengenermittlungskriterien reicht nicht für die Annahme eines Pauschalvertrages aus.

Im Gegenteil: **Wenn** in die Betrachtung nicht einbezogen wird, was geschieht, wenn sich **entgegen** aller Vermutungen oder Bemühungen die Mengen „aufgrund vorgefundener Verhältnisse" doch verändern, behandelt man einen möglichen, aber nicht häufigen Fall, oder genauer: einen Zufall, nämlich das **exakte** Übereinstimmen von vorausermittelten und tatsächlich ausgeführten Mengen. Allerdings brauchte man gerade für diesen Fall

---

[42] Wenn nicht andere Vertragsregelungen einen Einbezug doch erzwingen, z. B. „Schaffung aller notwendigen Parkplatzflächen". Auch das ist dann aber ein Mengenkriterium: Nicht notwendige Parkplätze sind zusätzliche Leistungen gemäß § 2 Nr. 6 VOB/B. Einzelheiten dazu unten Rdn. 667 ff.

[43] Unzutreffend deshalb Vygen, BauR 1979, 375, 376 sowie Festschrift Locher, S. 263, 264, 265; Heyers, BauR 1983, 297, 303, 304; Schaub, Konsortialvertrag Seite 144; vgl. auch in diesem Band oben Rdn. 33 ff. Wenn man „Leistungsziel" als „Kriterien der Mengenermittlung" verstehen könnte, gäbe es keine Unterschiede; das wird aber durch den „Pauschalierungsgedanken" in den Ausführungen der vorgenannten Autoren verhindert.

[44] Dazu näher unten Rdn. 66, 288, 1075.

[45] Vergabehandbuch für die Durchführung von Bauaufgaben des Bundes im Zuständigkeitsbereich der Finanzbauverwaltungen, Stand Februar 2006 Nr. 1.4 zu § 5 VOB/A.

keinen Vertragstyp „Pauschalvertrag"; [46] zum **Pauschalvertrag** gehört nämlich zwingend wenigstens die Möglichkeit der Abweichung zwischen dem vorab Ermittelten und dem tatsächlich Ausgeführten an Menge, also ein Risiko, das **Mengenermittlungsrisiko**. Genau gibt es in diesem Fall nur in einem semantischen Sinn den Unterschied zwischen Pauschalvertrag und Einheitspreisvertrag. Das Abhängen von 10 × 10 m² = 100 m² Decke von Raum 21 ist dasselbe wie „pauschal: Abhängen des Raums 21"; der Raum hat eben 100 m² Fläche.

Der „Umfang der Leistung" kann im Sinne von § 5 Nr. 1 b VOB/A ganz genau bestimmt sein – z. B. durch Ausführungspläne –, ohne dass überhaupt und explizit eine Menge nach Maß, Stück oder dergleichen genannt ist. In diesem Zusammenhang muss noch einmal betont werden, dass wir hier nur **ein** Thema des Pauschalvertrages erörtern, nämlich **hier** seine Abgrenzung zum Einheitspreisvertrag und damit als Definition, was „**mindestens**" beim Pauschalvertrag vereinbart sein muss, um ihn (in Abgrenzung zum Einheitspreisvertrag) **schon** zum Pauschalvertrag zu machen.

Der Vollständigkeit halber müssen wir erwähnen, dass beim Global-Pauschalvertrag mindestens theoretisch die Möglichkeit besteht, dass der Leistungsumfang auch nicht anhand noch so pauschaler Kriterien festzustellen ist, sondern dass sich der Auftragnehmer insoweit einem nachträglichen Leistungsbestimmungsrecht des Auftraggebers unterwirft: „Ob 4 oder 5 Geschosse gebaut werden, bleibt offen. Gleichgültig wie der Bauherr sich entscheidet, der Pauschalpreis bleibt unverändert." Das ist ein Leistungsbestimmungsrecht des Auftraggebers; ein solcher Vertrag hat in dieser krassen, im Ergebnis auf eine geradezu willkürliche Bestimmung von Bauleistung und Bauumfang bezogenen Form wenig Sinn: Der Auftragnehmer müßte das Risiko der Erstellung des 5. Geschosses von Anfang an einkalkulieren, der Auftraggeber hätte durch eine solche Regelung des Leistungsumfangs keinen vernünftigen Preisvorteil. Das Beispiel soll auch nur der Verdeutlichung dienen; in Wirklichkeit kommen solche Risikozuweisungen viel häufiger in versteckter Form vor, was ihre Beurteilung dann schwierig macht.[47] Für unsere Diskussion ist aber eine Vertiefung entbehrlich: Dass das ein sehr pauschaler Pauschalvertrag ist, liegt auf der Hand. Wir erörtern aber gerade die Grenzziehung zwischen Detail-Pauschalvertrag und Einheitspreisvertrag.

46

4.2.2.2.4 Mengenermittlungsrisiko oder insoweit Besondere Risikoübernahme des Auftragnehmers als Charakteristikum des Pauschalvertrages

Da die Parteien beim Pauschalvertrag die Vergütung von der zahlenmäßigen Festlegung des auszuführenden Leistungsumfangs trennen wollen, gleichzeitig aber der Auftraggeber **Mengenermittlungskriterien vorgeben muss**, um die Vertragsleistung **überhaupt bestimmbar** zu machen, heißt das zwingend, dass die **(vorab ermittelten) Mengen selbst** überhaupt **nicht Vertragskriterium** sind. Für den Auftraggeber sind sie also „gleich-

47

---

[46] So absolut zutreffend Motzke, Seminar Nachträge, S. 111, 126; aus demselben Grund war aber die (zwischenzeitlich aufgegebene, vgl. Fn. 3) Unterscheidung von Motzke (S. 115–122) zwischen „absolutem Idealtyp" (Detail-Pauschalvertrag, bei dem keine Mengenänderungen vorkommen) und „relativem Idealtyp" (Detail-Pauschalvertrag, bei dem es doch zu Mengenänderungen kommt) nicht fruchtbar; dass sich der Leistungsumfang ändern **kann**, setzt sogar § 5 Nr. 1 b VOB/A selbst voraus. Wenn **sicher** ist, dass die im Vertrag genannte „Menge" leistungsbestimmenden Charakter hat und kein Risiko des Auftragnehmers besteht, handelt es sich folglich insoweit auch nicht mehr um einen Pauschalvertrag, s. unten Rdn. 66, 288, 1075.

[47] Dazu näher unten Rdn. 637.

gültig".[48] Für den Auftragnehmer können sie (intern) nicht gleichgültig sein, denn er muss schließlich wissen, wieviel er zu bauen hat, um darauf aufbauend Kosten ermitteln zu können und zu wissen, welchen Pauschalpreis er anbietet. Also muss er voraussichtliche Mengen kennen oder wenigstens schätzen können. Er wird also aus den vom Auftraggeber vorgegebenen Mengenermittlungskriterien seinerseits (intern) auszuführende Mengen eigenverantwortlich **ermitteln**, d. h. feststellen oder schätzen. Dies ist aber ganz allein seine Sache, oder anders ausgedrückt: **Der Auftragnehmer trägt beim Pauschalvertrag zwingend das Mengenermittlungsrisiko.** Für die **Definition** können wir uns damit begnügen; bei der Erörterung von Ansprüchen aus „Mengenabweichungen" werden wir das näher zu untersuchen haben, z. B. den Einfluss von Irrtümern oder die Grenzen des übernommenen Risikos.[49]

Das Ziel hier speziell des Auftraggebers beim Pauschalvertrag ist klar: Er will, nachdem er seine Wünsche formuliert hat – oder sie sich vom Auftragnehmer vorformulieren lassen –, mit der weiteren „Ausarbeitung" nichts mehr zu tun haben. Er will also die Mengenermittlung, oft auch damit Ermittlung der notwendigen Arbeitsmethode und der speziellen Technik, auf den Auftragnehmer abwälzen. Arbeiten, die er selbst sonst durch seinen Architekten erstellen ließe, lässt er jetzt vom Auftragnehmer erstellen. Es ist also – in noch zu erörternden „Zumutbarkeitsgrenzen" – Sache des Auftragnehmers, aus den vom Auftraggeber gegebenen oder gebilligten Kriterien (Parametern) schon bei Vertragsabschluss vor Bauausführung verbindlich zu schließen, wieviel zu bauen ist. Der Auftraggeber will schließlich die Vertragsvergütung endgültig vor Baubeginn vereinbaren.

Der Kernsatz zur Definition lautet deshalb: Es ist angesichts dieser Willensübereinstimmung der Parteien **allein Sache des Auftragnehmers**, aus den **vorgegebenen Mengenermittlungskriterien** den **Umfang der Leistung** zu ermitteln.

Wir können das problemlos in Übereinstimmung mit dem Bundesgerichtshof etwas anders formulieren: „**Beim Pauschalvertrag** trägt der Auftragnehmer (**nur**) das **Risiko etwaiger Fehlberechnungen.**"[50]

Einen Pauschalvertrag ohne **dieses** Risiko gibt es nicht – diese Formulierung wird mit Recht oft übernommen.[51]

Entscheidend ist aber nicht nur diese Feststellung, sondern der „davor" liegende, notwendige Inhalt der Aussage: Nur gemäß den **vorgegebenen Mengenermittlungskriterien** trägt der Auftragnehmer das Mengenermittlungsrisiko.

---

[48] Wenn man derzeit davon absieht, dass (auftragnehmerintern dokumentierte) „Mengen" und „Einheitspreise" wichtig werden, um die „Grundlagen der Preisermittlung" bei Berechnung der Vergütung geänderter oder zusätzlicher Leistungen zu dokumentieren; dazu näher unten Rdn. 1146 ff.
Daub/Piel/Soergel/Steffani, VOB/B Erl. 2.217 und Erl. 2.134 sagen mit Recht: „Jede Mengenermittlung wird überflüssig" – aber nur für den Auftraggeber.
Wie Auftragnehmer wirklich Pauschalverträge kalkulieren, erörtern wir unter Rdn. 700 ff.

[49] Im Einzelnen dazu unten Rdn. 298 ff., zum gewöhnlichen Risiko (Wagnis) und zum ungewöhnlichen Risiko Rdn. 621 ff. und unten Rdn. 1405 ff.

[50] BGH VersR 1965, 803, 804. Das ist die einleitende Formulierung; der BGH hatte den Fall zu behandeln, dass der Architekt des Auftraggebers ein LV mit falsch errechneten Mengen erstellt und zur Grundlage eines Pauschalvertrages gemacht hatte; dazu, nämlich zum Irrtum über die Mengen, näher unten Rdn. 289–297, 1527 ff. In dieser Entscheidung sowie in BGH BauR 1972, 118, 119 (dazu Einzelheiten Rdn. 219, 220) heißt es, mit dem Abschluss des Pauschalvertrages sei **stets** „ein gewisses Risiko" verbunden. Das ist theoretisch absolut richtig.

[51] Siehe Fn. 50 und Ingenstau/Korbion/Keldungs, VOB/B § 2 Nr. 7 Rdn. 5; Seminar Vergütung, 111, 120; Kroppen, Pauschalpreisprobleme, 5, 8; Grimme, Die Vergütung beim Werkvertrag, S. 187. Sehr wohl gibt es Pauschalverträge **nur** mit **diesem** Risiko, nämlich Detail-Pauschalverträge (s. unten Rdn. 200 ff.).

Gleichzeitig trägt der Auftraggeber das Risiko, dass er dem Auftragnehmer im Ergebnis die Mengenermittlung (kalkulatorisch) überlassen hat. Weder Mehr- noch Mindermengen werden vergütet, sofern der Auftraggeber sie nicht nach Vertragsschluss angeordnet hat.

Weil hier begrifflich nicht scharf genug getrennt wird, gibt es oft Formulierungen, die nicht eigentlich unrichtig sind, aber den **Kern der Sache nicht treffen**. Eine davon ist, die **Mengen** würden beim Pauschalvertrag generell **pauschaliert**.[52] Das verführt zu dem schon erörterten (vgl. oben Rdn. 45) verfehlten Schluss, in der „Bestimmung der Mengen" müsse ein unerklärtes Leistungsziel eine Rolle spielen. Tatsache ist: Die Mengen werden beim Pauschalvertrag nicht pauschaliert, sie sind so überhaupt nicht Vertragsgegenstand. Es gibt keine Vordersätze, sie sind also auch kein „Vergütungs-Ermittlungs-" bzw. „Preisbildungselement".[53] Im formalen Sinn ist es für die Vergütungsermittlung gleichgültig, welche Mengen ausgeführt werden. Ein Element „Menge" hätte schon deshalb keinen nachvollziehbaren Sinn, weil „Menge" nur aussagekräftig wäre in Verbindung mit einem Preis pro Mengeneinheit (also m^2, Stück usw.); das wäre aber ein Einheitspreis und Einheitspreisvertrag. Da es aber keine Einheitspreise gibt, würde das Element „Menge" für die Vergütungsermittlung ins Leere laufen.[54] Deswegen schadet es umgekehrt begrifflich auch nicht, wenn Mengen ermittelt oder angegeben sind, vorausgesetzt, es ist klar, dass diese Mengen keine Vertragsrelevanz haben und es bei dem Mengenermittlungsrisiko des Auftragnehmers bleibt. 48

Schon jetzt wollen wir aber erwähnen, dass es durchaus empfehlenswert sein kann und erprobter Praxis entspricht, „Einheitspreise" und „Positionen mit Leistungsbeschrieb" zu bilden, um bei späteren Änderungen oder Zusatzaufträgen die Basis der Preisermittlung leichter nachweisen zu können; Voraussetzung ist dann aber, dass in anderer geeigneter Form eindeutig klargestellt wird, dass es sich um einen Pauschalvertrag handelt.

Ebenso wie die Formulierung, die „Menge werde pauschaliert", ist die Formulierung **unscharf**, der Auftragnehmer trage beim Pauschalvertrag notwendigerweise ein **Mengen- oder Massenrisiko**.[55] Da es gar keine Vordersätze gibt, gibt es auch keinen Anknüpfungspunkt für ein „echtes" Mengenrisiko. Vor allem aber verstellt diese Formulierung den Blick dafür, dass sich das „Mengenrisiko" nicht unbestimmt ausbreiten, genauer: ausweiten kann, sondern nur **innerhalb der vorgegebenen Mengenermittlungskriterien**. 49

Deshalb trägt der Auftragnehmer auch **nicht notwendigerweise** – es geht nur um die Definition! – beim Pauschalvertrag irgendein Mengenrisiko. Der Umfang der Flachdachabdichtung für 2 Bauwerke laut beigefügtem Plan ist bestimmt, ein objektives Mengenrisiko ist nicht vorhanden. Im Gegenteil: Verändert der Auftraggeber die Mengenermittlungskriterien, so greift er per Anordnung in den Vertrag ein; das führt zu zusätzlichen Vergütungsansprüchen aus § 2 Nr. 6 VOB/B. **Der Auftragnehmer trägt nur** – um es zu wiederholen – **das Risiko der Ermittlung der Mengen, die sich aus dem im Plan doku-

---

[52] Fundstellen s. Fn. 43, unten Rdn. 287.
[53] Zutreffend Ingenstau/Korbion/Keldungs, VOB/B § 2 Nr. 7 Rdn. 2; vgl. auch Daub/Piel/Soergel/Steffani, VOB/B Erl. 2.134.
  Nur als Hinweis: Natürlich ist im **kalkulatorischen** Sinn die Menge ein Preisbildungselement.
[54] Es ist auch keineswegs zwingend, dass ein Pauschalpreis aus der **Summe** der Gesamtpreise der einzelnen Positionen eines Angebots ermittelt wird, so aber Brandt, BauR 1982, 524, 525; Zielemann, Vergütung und Zahlung nach VOB, Rdn. 130. Das kann im Einzelfall für die **interne** Kalkulation des Auftragnehmers gelten.
[55] Motzke, Seminar Vergütung, 119, 120, 129; Zielemann, Vergütung und Zahlung nach VOB, Rdn. 132, 328; Schaub, Der Konsortialvertrag, S. 146; Thode, Änderungen beim Pauschalvertrag, in: Seminar Pauschalvertrag und schlüsselfertiges Bauen, S. 33 ff.
  Das Risiko liegt außerdem bei Mindermengen genauso beim Auftraggeber, vgl. Rdn. 47, 287. Zutreffend Leupertz, in: Anwaltskommentar, Anhang zu §§ 631-651, Rdn. 43.

mentierten Umfang der Arbeiten ergeben, er trägt das **Mengenermittlungsrisiko** – ein Risiko, das umgekehrt auch der Auftraggeber hat und das ihn „bindet". Natürlich kann der Auftragnehmer sich auch individuell auf unprüfbare Mengen einlassen, das ist ein echtes Mengenrisiko (vgl. auch unten Rdn. 287).

50 Schließlich liegt in einem **Pauschalvertrag** nicht notwendigerweise eine **Massengarantie** (Mengengarantie).[56] Einmal ist nicht klar, wer denn wem welche Menge garantieren soll. Soll der Auftragnehmer, obwohl der Pauschalvertrag beispielsweise gar keine Mengenaussage enthält, die Nicht-Aussage garantieren? Soll die Garantie den Inhalt haben, dass auch Veränderungen „ohne Rücksicht auf Verschulden (?)" des Auftraggebers immer zu Lasten des Auftragnehmers gehen, und warum? Zwar gibt es durchaus Mengengarantien, aber sie sind keineswegs zwingend mit einem Pauschalvertrag verbunden; die VOB/A empfiehlt dem öffentlichen Auftraggeber z. B. in § 9 Nr. 17, bei Ausschreibung nach Leistungsprogramm, bei der der Auftragnehmer ja selbst plant, eine solche Mengengarantie zu verlangen, ohne dass die Ausschreibung nach Leistungsprogramm zwingend zum Pauschalvertrag führen muss.[57]

51 Endlich ist in diesem (definitorischen) Zusammenhang auch das Argument **nicht glücklich, aus der VOB/B selbst** sei ersichtlich, dass der Auftragnehmer ein **Mengenrisiko** trage; § 2 Nr. 3 VOB/B, der beim Einheitspreisvertrag dieses Mengenrisiko eingrenze, sei in § 2 Nr. 7 Abs. 2 VOB/B nicht erwähnt, während die §§ 2 Nr. 4, 5 und 6 VOB/B ausdrücklich genannt seien.[58] Indes trägt § 2 Nr. 3 VOB/B beim Einheitspreisvertrag gerade der Tatsache Rechnung, dass dort die Vergütung in Anknüpfung an die **voraussichtliche** Menge als Einheitspreis im voraus, als Abrechnungsbetrag aber erst im nachhinein ermittelt wird. § 2 Nr. 3 VOB/B will verhindern, dass große Mengenveränderungen auf der Basis unangemessener Einheitspreise abgewickelt werden. Deshalb schafft er Regeln für eine Einheitspreisveränderung. Natürlich gibt es beim Einheitspreisvertrag keine „Massentoleranz" (Mengentoleranz);[59] abgerechnet wird immer nach ausgeführter Menge, nur gegebenenfalls mit veränderten Einheitspreisen. Beim Pauschalvertrag gibt es keinen Einheitspreis und keine für die Vergütung maßgebliche unmittelbare Menge; § 2 Nr. 3 VOB/B paßt deshalb auf den Pauschalvertrag überhaupt nicht,[60] so dass daraus keine Schlüsse hinsichtlich eines zu tragenden Mengenrisikos gezogen werden können.

Ob aus § 2 Nr. 3 VOB/B Schlüsse hinsichtlich des **Umfangs** des Mengenermittlungsrisikos zu ziehen sind, wird im Rahmen der Diskussion der Störung der Geschäftsgrundlage im Zusammenhang mit Mengenabweichungen noch gesondert zu klären sein.[61]

52 In Bezug auf den Umfang der Leistung bleibt es also dabei: **Der Auftraggeber gibt Mengenermittlungskriterien vor. Der Auftragnehmer trägt (nur) das Mengenermittlungsrisiko.** Genau das ist folglich auch das (Mindest-) Unterscheidungsmerkmal zwischen Einheitspreisvertrag und (Detail-) Pauschalvertrag. Der Auftraggeber hat dabei eine **Systemwahl** getroffen: Er wünscht und akzeptiert, dass im voraus ein Preis nach vom Auftragnehmer verantwortlich ermittelten (oder geprüften) Mengen gebildet wird und nimmt als notwendige Folge auch für sich ein systemimmanentes Risiko in Kauf: Ist nämlich die tatsächlich auszuführende Menge **geringer** als die vorab vom Auftragnehmer ermittelte, so muss trotzdem der Auftraggeber den vollen Pauschalpreis zahlen.

---

[56] So Brandt, BauR 1982, 524, 525.
[57] Vgl. auch Daub/Piel/Soergel/Steffani, VOB/B Erl. 2.127. Zur Bedeutung einer Mengengarantie vgl. unten Rdn. 86.
[58] Vygen, Festschrift Locher, S. 263, 264; Nicklisch/Weick, VOB/B § 2 Rdn. 77, 80.
[59] Sehr mißverständlich insoweit Schaub, Der Konsortialvertrag, S. 159.
[60] Siehe auch Kapellmann, in: Kapellmann/Messerschmidt, VOB/B §2, Rdn. 233.
[61] Dazu ausführlich unten Rdn. 1518.

4.3 Zusammenfassende Definition des Pauschalvertrages – in Abgrenzung zum Einheitspreisvertrag

Unsere Überlegungen erlauben uns somit eine zusammenfassende Aussage zur Definition des Pauschalvertrages: 53

– Es ist für den Pauschalvertrag **nicht kennzeichnend**, dass der **Leistungsbeschrieb** in irgendeiner Form unbestimmt ist; es gibt auch keinen Grundsatz, dass der Leistungsinhalt durch außervertragliche „Ganzheitsüberlegungen" ergänzt werden könnte (s. oben Rdn. 33 ff., 40). Natürlich kann der Leistungsbeschrieb global sein, das ist das Kennzeichen des Global-Pauschalvertrages, aber nicht das Kennzeichen des „Oberbegriffs" Pauschalvertrag. Der Leistungsbeschrieb als solcher ist bei jedem Typ von Pauschalvertrag fixiert.

– Es ist für den Pauschalvertrag jeden Typs **kennzeichnend** und **in Unterscheidung zum Einheitspreisvertrag also zwingend**, dass der **Auftragnehmer** ein **Mengenermittlungsrisiko** trägt, das sich allerdings auch als Risiko des Auftraggebers auswirkt. Die auszuführenden Mengen müssen anhand (auftraggeberseitiger) **Mengenermittlungskriterien** feststellbar, schätzbar oder prüfbar sein (s. oben Rdn. 41 ff.). Eine Ausnahme gilt für vom Auftragnehmer bewußt und ausdrücklich übernommene unüberprüfbare Mengenrisiken (eine Form der „Besonderen Risikoübernahme"). Die Mengenermittlungskriterien sind fixiert, die vor Festlegung des Pauschalpreises „intern" ermittelte Menge ist vertraglich nicht fixiert.

– Die **Vergütung ist immer fixiert**; Änderungsmöglichkeiten der Vergütung aufgrund von (nachträglichen) Anordnungen des Auftraggebers, die zu geänderten oder zusätzlichen Leistungen und zu einer modifizierten Vergütung führen, bleiben bei dieser grundsätzlichen Definition dabei ebenso außer acht wie Änderungsmöglichkeiten aufgrund „Störung der Geschäftsgrundlage". Die **Vergütung des Bausolls ist losgelöst von den tatsächlich hierfür ausgeführten Mengen**.

Wir dürfen noch einmal wiederholen, dass damit nur definiert ist, was als **Minimum** nach dem Parteiwillen vereinbart sein muss, um **noch** (oder schon) den Vertrag einen Pauschalvertrag nennen zu können und nicht einen Einheitspreisvertrag. **Diese** Abgrenzung wird sich folglich immer nur abspielen zwischen einem Detail-Pauschalvertrag und einem Einheitspreisvertrag. Dass Global-Pauschalverträge einen globalen Leistungsbeschrieb haben (in den unterschiedlichsten Abstufungen) und/oder dass Global-Pauschalverträge auch globale Mengenermittlungskriterien haben können, dass deshalb also gar keine Unterscheidungsprobleme zum Einheitspreisvertrag auftreten können, versteht sich. Strukturell ändert das aber nichts.

Die definitorisch gewonnenen Erkenntnisse müssen jetzt auf die **praktischen Fälle der Abgrenzung** zwischen Detail-Pauschalvertrag und Einheitspreisvertrag angewandt werden.

5 Anwendung der Definition – Zweifelsfälle der Abgrenzung zwischen Detail-Pauschalvertrag und Einheitspreisvertrag

5.1 „Abgerundeter" Preis (Preisnachlässe) = Pauschale?

5.1.1 Probleme nur bei unklarem Vertrag

54 Bevor wir uns sogleich mit der praktischen Abgrenzung zwischen Detail-Pauschalvertrag und Einheitspreisvertrag befassen, ist ein kurzer Blick auf die **Notwendigkeit einer solchen Grenzziehung** sinnvoll: Ist ein Vertrag Pauschalvertrag, braucht der Auftragnehmer keine Mengenermittlung („Aufmaß") als Fälligkeitsvoraussetzung durchzuführen und keine prüfbare Abrechnung; es genügt die Vorlage der Schlussrechnung mit dem Ausweis der vereinbarten Pauschalsumme. Auch wenn sich die Mengen – ohne Eingriffe des Auftraggebers in das Bausoll – anders darstellen als vom Auftragnehmer im Angebotsstadium aus den Mengenermittlungskriterien abgeleitet, ändert das nichts: Der Auftragnehmer trägt positiv wie negativ das Mengenermittlungsrisiko, es gibt – von den „unerwartbaren Abweichungen abgesehen"[62] – keine zusätzliche Vergütung, aber auch keine Vergütungskürzung. Die präzise Feststellung des von den Parteien gewollten Vertragstyps kann also im Einzelfall schwerwiegende Bedeutung haben.

Es versteht sich von selbst, dass Abgrenzungsprobleme nur auftauchen, **wenn die Vertragsvereinbarungen unklar** oder **widersprüchlich** sind. Wenn gemäß Rdn. 30 im Beispiel a von Abb. 3 6 801 m^2 Bandrasterdecke zum Einheitspreis von 40,- €/m^2 und einer ausgeworfenen Summe von 272 040,- € plus Mehrwertsteuer einzubauen sind, gibt es an der Natur eines Einheitspreisvertrages nichts zu diskutieren.

Wenn im Beispiel b dieselben 6 801 m^2 mit einem Einheitspreis von 40,- €, aber einer ausgewiesenen Summe „260 000,- € **pauschal** plus Mehrwertsteuer" und dem **Zusatz** „maßgebend ist die ausgeführte Menge" ausgeworfen sind, sieht die Sache auf Anhieb sehr viel anders aus. Offensichtlich ist ein Angebotsblankett vorgelegt worden, offensichtlich hat der Bieter wunschgemäß Einheitspreise eingesetzt – sie existieren ja noch mit scheinbar oder wirklich 40,- € pro m^2 (reduziert um ca. 4,4 % „Nachlass" für die Pauschale) –, aber ebenso offensichtlich haben die Parteien die Gesamtvergütung nicht mehr aus der Multiplikation Einheitspreis mal voraussichtlicher Menge gebildet, sie haben den errechneten Gesamtpreis von 272 040,- € „abgerundet" auf „pauschal 260 000,- €". Welche Bedeutung eine solche Vergütungsregelung hat **und** was demgegenüber der Zusatz „maßgebend ist die ausgeführte Menge" besagt, sind die Kernfragen dieses Komplexes.

5.1.2 „Abrundung" (Preisnachlässe) als entscheidendes Kriterium?

55 **Grundsätzlich** besagt eine „**Abrundung**" allein noch nichts darüber, ob die Parteien nur einen Preisnachlaß vereinbart haben oder ob sie einen Pauschalvertrag schließen wollten. Begrifflich verlangt der Pauschalvertrag auf der Vergütungsseite nur eine **fixierte** Vergütung, die Pauschalsumme, keineswegs eine „runde" Summe. Selbstverständlich kann eine Pauschalsumme bis auf den Cent ausgeworfen sein, z. B. bei einem Detail-Pauschalvertrag, ohne dass dies bei entsprechend klarer Parteivereinbarung einen Pauschalvertrag ausschlösse.[63]

---

[62] Dazu, d. h. zum Mengenermittlungsrisiko im Einzelnen und zur Störung der Geschäftsgrundlage (§ 2 Nr. 7 Abs. 1 Satz 2 VOB/B) s. unten Rdn. 286, 1524 ff.

[63] Beispiel: BGH NZBau 2004, 150; BGH NZBau 2001, 496. Zutreffend auch Heyers, BauR 1983, 299, 301. Vgl. als Beispiel weiter BGH BauR 1995, 237, Einzelheiten Rdn. 234.

Also sind **Auslegungs**kriterien zu suchen – und dafür ist wieder auf die Definition des Pauschalvertrages zurückzugreifen (Rdn. 52): Nur wenn die Auslegung ergibt, dass die Parteien eine **fixierte Vergütung unabhängig von tatsächlich ausgeführten Mengen** vereinbaren wollten **und** wenn dem Auftragnehmer ein **Mengenermittlungsrisiko** auferlegt ist, haben sie einen Pauschalvertrag vereinbart.

Demzufolge ist die Totalität aller Vertragsunterlagen (zu diesem Begriff Band 1, Rdn. 173) darauf zu untersuchen, welche Anhaltspunkte sich für die eine oder andere Alternative ergeben.

Um es vorweg noch einmal zu verdeutlichen: Ein Leistungsverzeichnis und im Vertrag benannte Mengen sind kein deutliches Auslegungskriterium gegen einen Pauschalvertrag,[64] sie sind sogar der „Idealtyp" des Detail-Pauschalvertrages gemäß § 5 Nr. 1 b VOB/B. Abgrenzungsprobleme treten überhaupt nur im Verhältnis Detail-Pauschalvertrag zu Einheitspreisvertrag auf; dass ein Schlüsselfertigvertrag ohne Leistungsverzeichnis mit 8 Seiten Baubeschreibung und einem Pauschalpreis von 3,2 Mio. € plus Mehrwertsteuer kein Einheitspreisvertrag ist, wird niemand diskutieren – obwohl derselbe Vertrag Elemente eines Einheitspreisvertrages haben kann.

56

Die „Abrundung" als solche ist bei einem Vertrag mit Leistungsverzeichnis und ausgewiesenen Mengen jedenfalls dann kein Indiz, wenn der **„Vereinfachungscharakter"** der „Abrundung" offensichtlich ist, wenn also ohnehin in der „Abrundung" **kein** ernsthaftes **Preiszugeständnis** des Auftragnehmers liegt, wobei die Betonung ganz auf „Vereinfachung" liegt.[65] Bei Abrundungen von Cent auf Euro oder auch auf Zehner, bei nicht ganz kleinen Aufträgen auch auf volle 100,- € spricht das allein nicht für einen Pauschalvertrag. Selbst die Hinzufügung des Wortes „pauschal" würde in solchen Fällen **allein** insoweit nicht ausreichen, um einen echten Pauschalvertrag anzunehmen.[66]

57

Nun sind Preisnachlässe in einer Angebotsverhandlung auch in anderen Größen keineswegs selten, beispielsweise – je nach Markt, Konjunktur und Vergabesituation – von 3% oder 5% oder auch mehr. Wenn die Parteien diesen „Nachlass" nicht in Prozent ausdrücken oder wenigstens als Nachlass in € auf Einheitspreise ausdrücklich kennzeichnen, wird es kritisch. Wenn bei einem kleinen Auftrag die nach Angebots-Einheitspreisen ermittelte Summe von 17.100,- € kommentarlos auf „16 000,- €" als „Abrundung" (?) festgelegt würde, kann man von einer schlichten Vereinfachung, d. h. von der Abrundung als Vereinfachung, beim besten Willen nicht mehr sprechen; dasselbe würde ungeachtet eines anderen Prozentsatzes dann gelten, wenn eine nach Angebots-Einheitspreisen ermittelte Endsumme von 5 423 122,- € zuzüglich Mehrwertsteuer kommentarlos auf 5 300 000,- € zuzüglich Mehrwertsteuer pauschal festgeschrieben würde.

58

Sobald also die „Abrundung" gleichzeitig ein **nennenswerter** „**Preisnachlass**" ist, spricht manches für die Annahme, dass ein echter Pauschalvertrag gewollt sein könnte; „nennenswert" lässt sich dabei nicht abstrakt prozentual definieren; 1% Nachlass ist in diesem Sinne aber auf jeden Fall schon „nennenswert"; „nennenswert" lässt sich aber auch durch die absolute Größenordnung schon bestimmen; eine Reduzierung um 560 000,- € ist immer „nennenswert", selbst dann, wenn dies bei einem großen Auftrag vielleicht nur 0,4 % ausmacht.

---

[64] Wie hier Heyers, a. a. O.
[65] Kroppen, Pauschalpreisprobleme, S. 5.
[66] Vygen, ZfBR 1979, 133, 135.

59 Dennoch bringt **allein** auch eine **nennenswerte „Abrundung"** noch **nicht** den ausschlaggebenden Anhaltspunkt für die Annahme einer **Pauschalierung**.[67] Mit der **„Abrundung" ist nämlich allein noch nichts darüber** ausgesagt, ob es bei dem „abgerundeten" Preis **losgelöst** von einer sich aus einer falschen Mengenermittlung oder den Umständen ergebenden Mengenmehrung oder -minderung bleiben soll oder ob die Abrundung doch nichts anderes ist als ein Nachlass. Die Behauptung, ein Einheitspreisvertrag könne nur dann noch angenommen werden, wenn mit diesem Nachlass gleichzeitig auch eine Vereinbarung verbunden sei, wie der Nachlass bei Mengenveränderungen „fortgeschrieben" werde,[68] ist allerdings nicht richtig: dabei wird die Frage, **ob** (nur) ein Preisnachlaß vereinbart ist, verwechselt mit der Frage, **welcher** Preisnachlaß behandelt ist. Selbst wenn also die zweite Frage noch so unklar bliebe, wäre damit die erste nicht plötzlich verneint. Im übrigen würde eine Auslegung hier auch zu akzeptablen Ergebnissen führen: Der Nachlass lässt sich in Prozente umrechnen; da beiden Parteien bekannt ist, dass – wenn nicht eben doch ein Pauschalvertrag vereinbart sein soll – die endgültigen Abrechnungsmengen (die tatsächlich ausgeführte Menge) und somit auch die endgültige Abrechnungssumme erst nach Ausführung feststehen, wird auch der endgültige „Nachlass" erst summenmäßig nach Ausführung feststehen, wobei gemeint ist, in Prozent von der Abrechnungssumme. Auch hier haben die Parteien lediglich nur „vereinfacht", es sich nämlich geschenkt, im Stadium der Vertragsformulierung die Umsetzung in Prozent noch zu vollziehen.

60 Zurück zur eigentlichen Streitfrage und zu diesen weiteren Kriterien: Um aus der nennenswerten „Abrundung" gleichzeitig auf einen Pauschalvertrag schließen zu können, müssen weitere Auslegungskriterien hinzutreten. Während bei Miniatur-Preiskorrekturen das Wort „pauschal" keinen entscheidenden Erkenntniswert hat,[69] gilt bei **nennenswerten** Korrekturen das Gegenteil: Da in der **„nennenswerten"** Abrundung (?) eigentlich schon ein wenn auch nicht entscheidender Anhaltspunkt für eine Pauschalierung liegt, bringt irgendein zweiter nennenswerter Anhaltspunkt, z. B. die bei entsprechendem Vertragswillen gewissermaßen folgerichtige Verwendung des Ausdrucks „pauschal", das Übergewicht hin zur Auslegung eben als Pauschalvertrag trotz der Benutzung von Einheitspreisen und Vordersätzen. Denn wer nennenswerte (erhebliche) Preiskorrekturen vereinbart, also nicht bloße „Gefälligkeitsabrundungen", und dann dazu deklariert, dass der „neue" Preis jetzt „pauschal" sein soll, muss sich an dieser Erklärung festhalten lassen. Man wird davon ausgehen dürfen, dass Baufachleute den Begriff „pauschal" in einem **solchen** Zusammenhang so verwenden, wie er nach Verkehrssitte und Sprachgebrauch der VOB/B zu verstehen ist.

5.1.3 Gegenkriterium: Verknüpfung der Vergütung mit ausgeführten Mengen

61 **Voraussetzung** ist aber **immer**, dass sich aus dem Vertrag nicht umgekehrt doch Anhaltspunkte **dagegen** gewinnen lassen, dass die Parteien den „Pauschalpreis" wirklich von den ausgeführten Mengen lösen wollten. Selbst wenn also erheblich „abgerundet" ist und ausdrücklich von einer „Pauschalierung" gesprochen wird, handelt es sich in Wirklichkeit **dann** um einen **Einheitspreisvertrag, wenn die Verknüpfung von ausgeführter Menge und Abrechnungssumme beibehalten bleiben soll.** Typisches Beispiel ist der Zusatz: „Abrechnung nach Aufmaß".[70] Objektiv ist das ein Widerspruch – „Pauschalierung"

---

[67] Anderer Meinung, aber unzutreffend Daub/Piel/Soergel, VOB/A Erl. 5.22 Unterziffern 2 und 3; Daub/Piel/Soergel/Steffani, VOB/B Erl. 2.127; wie hier Heyers, BauR 1983, 299, 301; nicht sehr differenziert OLG Hamburg BB 1970, 688.
[68] Daub/Piel/Soergel/Steffani, VOB/B Erl. 2.127.
Zur Differenzierung zwischen „echtem Nachlass" und „unechtem Nachlass" (= Preisvereinbarung wegen Leistungsminderung) siehe Band 1, Rdn. 1042 ff.
[69] Vgl. Rdn. 57 und Fn. 64.
[70] Zutreffend Vygen, ZfBR 1979, 133, 135.

und „Abrechnung nach Aufmaß" schließen sich aus. Aber einmal liegt nahe, dass die Parteien gar nichts Widersprüchliches vereinbart haben, sondern die Pauschalierung **dann** nur ein verfehlter Ausdruck der versäumten Umrechnung des Nachlasses in Prozent war und natürlich nach dem Willen beider Parteien nach vertragsgemäß ausgeführten Mengen abgerechnet werden sollte – wozu sonst die Vereinbarung „Abrechnung nach Aufmaß"? Zum anderen gilt, wie erwähnt: Die erhebliche Abrundung ist ein Indiz, der Ausdruck „Pauschalierung" das zweite, und zwar das für den Übergang zur Annahme des Pauschalvertrages entscheidende Indiz. Wenn – ganz formal betrachtet – das zweite Indiz durch ein Gegenindiz „neutralisiert" wird, reicht das erste Indiz allein („Abrundung") für die Annahme eines Pauschalvertrages nicht aus; daran ändern auch bekräftigende Formulierungen wie „absoluter Pauschalpreis" oder dergleichen nichts.[71] Das gilt selbst dann, wenn nur in Allgemeinen Geschäftsbedingungen Regelungen über ein Aufmaß enthalten sind: Bleibt es bei diesen Allgemeinen Geschäftsbedingungen, so haben die Parteien diese Anhaltspunkte für das Aufmaß und damit für einen Einheitspreisvertrag nicht eindeutig ausgeschlossen; dann reicht das Indiz „erhebliche Abrundung" allein für einen Pauschalvertrag nicht aus.

Es mag theoretisch den Fall geben, dass beide Parteien auch beim Pauschalvertrag eine Bestandsaufnahme, also ein Aufmaß wünschen; dann muss aber eindeutig klargestellt sein, dass dies nur dokumentierenden Charakter hat, und ausdrücklich geklärt sein, dass damit der Charakter des Vertrages als Pauschalvertrag nicht berührt sein soll, von dem Aufmaß also nicht die Vergütung abhängen soll.

Was gilt für folgende häufiger bei der Vergabe angewandte Praxis **„Ausschreibungsleistungsverzeichnis"** und **„Auftragsleistungsverzeichnis"**? 62

Ungeachtet noch nicht abgeschlossener Ausführungsplanung wird zum Zwecke der Preisanfrage für die Ausschreibung ein (Ausschreibungs-)Leistungsverzeichnis mit einer Vielzahl von Positionen und zugehörigen geschätzten Mengen aufgestellt. Der Ausschreibende weiß, dass diese Ausschreibung noch nicht die später tatsächlich zu erstellenden Leistungen präzise wiedergibt.

Der Bieter trägt in dieses Leistungsverzeichnis die Einheitspreise seines Angebots ein; der Auftraggeber akzeptiert sie und macht außerdem die zum Vergabezeitpunkt vorliegenden (zwischenzeitlich gegenüber dem Ausschreibungsstadium weiterentwickelten) Ausführungspläne zum Vertragsbestandteil. Die sich aus diesen aktuellen Ausführungsplänen neu ergebenden Mengen werden von Auftraggeber- und Auftragnehmerseite gemeinsam ermittelt und den entsprechenden Positionen des Leistungsverzeichnisses (nunmehr als Auftrags-LV bezeichnet) zugeordnet.

Die Auftragssumme ergibt sich wie folgt: Pro Position des Auftragsleistungsverzeichnisses wird der Einheitspreis mit der neu ermittelten Positionsmenge des Auftrags-LV multipliziert (Positionsgesamtpreis); die Summe aller Positionsgesamtpreise wird als Pauschale vereinbart, dies jedoch mit folgender Maßgabe: „Mehr- oder Minderkosten (!) werden abgerechnet gemäß dem Ausführungszustand (,**as built**')".

Gebaut wird nach z. T. gegenüber dem Status zum Zeitpunkt der Vergabe vervollständigten oder geänderten Ausführungsplänen, d. h., es ergeben sich z. T. Mehr- oder Minderkosten, da sich aus den endgültigen Ausführungsplänen teilweise andere Mengen als im Auftrags-LV aufgeführt ergeben.

Sofern die im Auftrags-LV aufgeführten Mengen nicht mehr geprüft werden (Begründung: Sie sind ja vorab – wie gemäß § 14 Nr. 2 VOB/B bei „normaler" Abrechnung **nach** der Leistungserstellung – nach den Vorgaben von Abschnitt 5 DIN 18 299 aus den für die Ausführung vorgesehenen Zeichnungen [= Pläne] ermittelt worden), so gibt es zwei Wege, um die Mehr- oder Minderkosten, also die Vergütungsmodifikation – zu er-

---

[71] Anderer Ansicht ohne Begründung Ingenstau/Korbion/Keldungs VOB/B § 2 Nr. 2 Rdn. 9.

mitteln:
a) Es wird Plan für Plan nachvollzogen („Bauinhalts-Soll-Ist-Vergleich"), ob und welche Abweichungen zwischen der Fassung „Vergabestadium" und der Fassung „Tatsächliche Ausführung" vorliegen, also ob Mehr- oder Mindermengen angefallen sind.
b) Man rechnet einfach wie folgt ab: Tatsächlich ausgeführte Menge pro Position, multipliziert mit dem zugehörigen Einheitspreis des Auftrags-LV.

Zu a) Hätte man Methodik a tatsächlich wählen wollen, so hätte man nicht von Mehr- oder Minderkosten gegenüber dem Auftrags-LV sprechen dürfen, sondern hätte allein die Ausführungspläne des Vertragsstadiums zum Vertragsinhalt machen müssen. Außerdem hätte man dann nicht gemeinsam die Mengen des Auftrags-LV wie bei einer Abrechnung nach Abschnitt 5 DIN 18 299 zu ermitteln brauchen. In einem solchen Fall hätte man einen ganz normalen Detail-Pauschalvertrag geschlossen, und zwar mit den Ausführungsplänen des Vergabestadiums als Mengenermittlungskriterium und mit entsprechendem Mengenermittlungsrisiko. In einem solchen Fall hätte sich die Mehr- bzw. Mindervergütung aus den zusätzlichen bzw. nicht mehr in den endgültigen Ausführungsplänen enthaltenen Leistungen ergeben, also gemäß § 2 Nr. 6 bzw. § 2 Nr. 4 und § 8 Nr. 1 VOB/B.

Zu b) Im vorliegenden Fall sind jedoch die gemäß den aktuellen Ausführungsplänen erwarteten „tatsächlich auszuführenden Mengen" „VOB/B- und VOB/C-gerecht" gemeinsam ermittelt und in das Auftrags-LV übernommen worden. Die vereinbarte Vergütung ist aus diesen Mengen – multipliziert mit den zugehörigen Einheitspreisen – ermittelt und als „Pauschale" vereinbart worden.
Wenn nun aber später nach anderen als bei Vertragsschluss vorgelegten Ausführungsplänen gebaut worden ist – ganz gleich, ob wegen der im Vertragsstadium vorliegenden damaligen „Unvollständigkeit" der Ausführungspläne oder wegen „Änderungen" – und wenn doch die endgültigen Ausführungspläne einen anderen Leistungsumfang enthalten als im Auftrags-LV aufgeführt, so kann und soll die vereinbarte „Pauschale" für die Vergütung nicht mehr maßgebend sein, weil der sich in ihr widerspiegelnde Leistungsumfang ein anderer als der tatsächlich ausgeführte ist.
Deshalb wird die endgültige Vergütung korrekterweise auf der Basis einer (gemeinsamen) Ermittlung der Mengen anhand der endgültigen Ausführungspläne und mit Hilfe der Einheitspreise des Auftrags-LV berechnet.

Die vertraglich so vereinbarte Klausel („Mehr- oder Minderkosten werden abgerechnet gemäß Ausführungsstand") differenziert **nicht** danach, ob die Mengenveränderungen „aus den vorgefundenen Umständen" resultieren oder ob sie die Folge von Anforderungen des Auftraggebers (in Form der Änderung der Ausführungsplanung) sind. In einem solchen Fall ist – wie schon festgestellt – die „Pauschalierung gemäß Auftrags-LV" nichts anderes als der Versuch einer Vorwegnahme der ansonsten nach Leistungserstellung durchgeführten, für die Abrechnung notwendigen Feststellungen, die gemäß § 14 Nr. 2 VOB/B „möglichst gemeinsam vorzunehmen sind".
Da **jede** Mengenänderung – gleich aus welchem Grund – im Ergebnis zur **Mehr- bzw. Mindervergütung** führt, ist im konkreten Fall die Vergütung **nicht** unabhängig von der ausgeführten Menge, auch wenn – letztlich nur „theoretisch" – auf das Auftrags-LV Bezug genommen wird.
Bei solchen Mengenänderungen ist, was vom Auftraggeber oft nicht bedacht wird, aber § 2 Nr. 3 VOB/B entweder direkt anzuwenden oder jedenfalls als Berechnungsmethode innerhalb von § 2 Nr. 6 VOB/B bei „angeordneten Mehrmengen", so dass am Schluss auf Verlangen des Auftragnehmers eine umfangreiche Ausgleichsberechnung erfolgen muss. Sind dabei die mit Einheitspreisen bewerteten Mengenminderungen per Saldo höher als die Mengenmehrungen, wird der Auftraggeber die unangenehme Überraschung erleben,

Der „vorläufige" Pauschalpreis　　　　　　　　　　　　　　　　　　　　　　　　Rdn. 63, 64

für die per Saldo ermittelte Gesamtbewertung (Abrechnungssumme) dann, wenn sie kleiner als die Auftragssumme des Auftrags-LV ist, doch Deckungsanteile für entfallende Mengen zahlen zu müssen.[72]

Der Auftraggeber kann versuchen, diese Konsequenzen zu vermeiden, indem er in seinen Allgemeinen Geschäftsbedingungen die Anwendung des § 2 Nr. 3 VOB/B ausschließt. Nach der Rechtsprechung des Bundesgerichtshofs ist das möglich, aber keineswegs ein probates Heilmittel, denn der Ausschluss **ändert gerade nichts daran,** dass in Fällen unvollständiger Planung analog Ansprüche zu § 2 Nr. 3 VOB/B auf der Basis des Verschuldens bei Vertragsschluss unbestrittenermaßen möglich bleiben.[73] Strukturell ähnelt diese Methode der „Preislisten-Pauschale", die wir unter Rdn. 66 ff. näher beschreiben.

Ein **Indiz gegen einen Pauschalvertrag** ist auch in anderen Klauseln enthalten, die individuell oder in AGB auf die Vereinbarung eines Einheitspreises hindeuten. Als Beispiele: „Endgültige **Abrechnung** nach den **Einheitspreisen** des Angebots."
Oder:
„**Spezifizierte Abrechnung** in 3 Exemplaren nach Vorschrift des Auftraggebers als Fälligkeitsvoraussetzung."
Oder für den Betonstahl:
„Abrechnung nach **Stahllisten**."

Soweit solche Formulierungen in Pauschalverträgen vorkommen, handelt es sich insoweit um Teil-Einheitspreisverträge im Pauschalvertrag.

Dagegen ist die Formulierung: „Zusatzleistungen werden nach den Einheitspreisen des Angebots abgerechnet" kein Argument gegen einen Pauschalvertrag; die Klausel gibt vielmehr die Rechtslage wieder, die im Grundsatz beim Detail-Pauschalvertrag gilt – Einzelheiten unten Rdn. 1064.

Umgekehrt würde ein Text wie etwa „Änderungen am **Umfang** der Arbeiten werden nach Einheitspreisen abgerechnet" zumindest für wesentliche Fallgestaltungen das Gegenteil dessen regeln, was charakteristisch für den Pauschalvertrag ist, nämlich das Mengenermittlungsrisiko des Auftragnehmers und die daraus folgende **Möglichkeit** von Mengenänderungen ohne Preisänderungen. Diese Klausel würde also trotz der Formulierung „pauschaliert 5 300 000,– €" zum Einheitspreisvertrag führen.[74]

Demzufolge ist unser Beispiel b aus Rdn. 30 als Einheitspreisvertrag zu qualifizieren: Zwar ist die Abrundung um 12 040,– € von 272 040,– € auf 260 000,– € nennenswert, der Preis soll auch „pauschal" sein, aber „maßgebend" soll „die **ausgeführte** Menge" sein; letzteres gibt bei der Auslegung den Ausschlag.

63

5.2 Der „vorläufige" Pauschalpreis

Gelegentlich taucht die Formulierung auf: „**Vorläufiger Pauschalpreis**". Das kann – je nach Fallgestaltung und Vergabeunterlagen – in unterschiedlichem Sinn verstanden werden:

64

---

[72] Zur Erstattung der entfallenen Deckungsanteile hinsichtlich der Mindermengen im Rahmen von § 2 Nr. 3 VOB/B näher Bd. 1, Rdn. 532 ff. Zu den „angeordneten Mehrmengen" unten Rdn. 307 ff., 691 ff.
[73] BGH BauR 1993, 723; Einzelheiten Bd. 1, Rdn. 663 ff.
[74] Ebenso Vygen, ZfBR 1979, 133, 135.

a)
Einmal können die Parteien sich schon über alle Berechnungsfaktoren und die Berechnungsmethode völlig einig sein; sie können z. B. vereinbart haben, den tatsächlichen Umfang der zu erbringenden Leistungen gemeinsam zu ermitteln, indem die für die Mengenermittlung erforderlichen Maße der anstehenden Teilleistungen aus den vorliegenden Ausführungsplänen entnommen werden, zur Bewertung der Mengen auf die im Leistungsverzeichnis eingetragenen Einheitspreise zurückgegriffen und durch Summation der Positionsgesamtpreise die endgültige Pauschalsumme bestimmt wird.
Auf diesem Wege kann ein vorher zunächst nicht oder nur auf sehr unsicherer Basis „vorläufiger Pauschalpreis" objektiv berechnet werden. [75]

b)
Die Parteien können aber auch den Vergütungstyp „Pauschalvertrag" bereits endgültig ausgewählt haben, aber über Einzelheiten oder die Höhe insgesamt einen Verhandlungsvorbehalt gemacht haben. Eine erhoffte, dann aber scheiternde Einigung würde zum Dissens führen, bezöge sich die fehlende Einigung auf das „Ob" der Leistung.

65 Zusammenfassend wird sich durch Auslegung normalerweise in derartigen Fällen ein eindeutiges Ergebnis erzielen lassen. In Extremfällen wären Beweislastüberlegungen notwendig: dies erörtern wir gesondert unter Rdn. 76 ff.

Eine Vergabe mit nachträglichem Auftrags-Leistungsverzeichnis haben wir unter Rdn. 62 behandelt.

5.3 „Preislisten-Pauschale" ohne Mengenermittlungsmöglichkeit für den Auftragnehmer – „fixierte Menge" ohne Planvorlage

66 Bei einem Kraftwerk sind Wärmedämmarbeiten gemäß **Abb. 7**, S. 41 ausgeschrieben.

In dieser Form sind alle Wärmedämmarbeiten beschrieben, unterschieden nach äußeren Rohrdurchmessern, Dämmdicke und dergleichen. Der Vertrag endet:

„Gesamtsumme	2 330 425,– €
minus 12% Nachlass	279 651,– €
Gesamtpauschalfestpreis	2 050 774,– €

Die Pauschalpreise beinhalten sämtliche Mehrmassen."

Es gibt keine Ausführungspläne und (noch) keine brauchbaren Anhaltspunkte in der Örtlichkeit für die auszuführenden Mengen. Die LV-Mengen (Vordersätze) stammen vom Auftraggeber.

Nach Ausführung stellt sich heraus, dass sich in allen Positionen Abweichungen der tatsächlich ausgeführten Mengen von den Vordersätzen ergeben, z. B. in der zitierten Position Glattrohrarbeit R = 1400 eine tatsächliche Rohrlänge von 170 m statt, wie ausgeschrieben, 103 m.

Die Frage ist: Handelt es sich um einen Pauschalvertrag? Wenn ja, so gilt: Mehrmengen, die sich aufgrund vorgefundener Verhältnisse innerhalb der vorgesehenen Mengenermittlungskriterien ergeben, werden nicht vergütet, ebenso Mindermengen nicht erstattet. Angeordnete Mehrmengen, d. h. Mehrmengen, die sich aus vom Auftraggeber geänderten

---

[75] OLG Düsseldorf BauR 1982, 169;
OLG Köln IBR 1994, 456 (=BauR 1994, 803 L) behandelt einen Pauschalvertrag „unter Vorbehalt der noch zu erfolgenden Massenüberprüfung durch den Auftragnehmer" mit der Klausel, dass bei Abweichung von mehr als 5 % bei den Massen ein neuer Pauschalpreis zu vereinbaren ist.

"Preislisten-Pauschale" Rdn. 66

> Das Kraftwerk W. Block 9 wird auf dem Gelände des bestehenden Kraftwerks W. errichtet. Das Bauvorhaben besteht aus Maschinen und Schalthaus, Kesselumschließung, E-Filtergebäude, Rauchgasentschwefelungsanlage und Nebengebäuden.
>
> **Montagebeginn:** 02.11.
> **Montageende:** 30.04.
>
> Folgende Wärmedämmarbeiten sind zu erbringen:

Wärmedämmarbeit		Außen-Ø des Rohres	Dämm-dicke	Bezugsgrößen			Dämmfläche		Einzel-preis	Gesamt-preis
				Rohr-länge	Anzahl		pro Bezugs-einheit	ins-gesamt		
Radius		mm	mm	m	St.		m²/Einh.	m²	€/m²	€
1400	Glattrohrarbeit	LBA 324 535 °C	280	103	-		2,78	286,3	69,75	19.969,43
	Formarbeit für Bogen				12		8,04	93,5	83,25	8.033,63
	Armaturenklappen				2		11,40	22,8	94,00	2.143,20
	Flanschklappen				-		-	-	-	-
	Formarbeit für Bogen				-		-	3,0	83,25	249,75
2000	Glattrohrarbeit	LBA 453 535 °C	320	53	-		3,43	181,8	72,50	13.180,50
	Formarbeit für Bogen				4		13,72	54,9	86,25	4.735,13
	Armaturenklappen				1		13,50	13,5	97,50	1.316,25
	Flanschklappen				-		-	-	-	-
	Formarbeit für Bogen				-		-	1,0	86,25	86,25
305	Glattrohrarbeit	LBA 76,1 535 °C	180	6	-		1,37	8,2	53,25	436,65
	Formarbeit für Bogen				3		1,13	3,4	63,75	216,75
	Armaturenklappen				1		3,20	3,2	75,25	240,80
	Flanschklappen				1		1,30	1,6	67,25	107,60
	Formarbeit für Bogen				-		-	-	-	-
4000	Glattrohrarbeit	LBA 870 535 °C	320	23	-		4,74	109,0	72,50	7.902,50
	Formarbeit für Bogen				1		35,40	35,4	86,25	3.053,25
	Armaturenklappen				2		-	-	-	-
	Flanschklappen				-		-	-	-	-
	Formarbeit für Bogen				-		-	-	86,25	86,25

Abbildung 7 Ausschnitt aus einem „pauschal" ohne Mengenermittlungskriterien vergebenen Auftrag über Wärmedämmarbeiten

Mengenermittlungskriterien ergeben (Planänderungen – z. B. sollen nunmehr 2 Flachdächer statt eines Flachdachs abgedichtet werden), werden gemäß § 2 Nr. 6 VOB/B vergütet – Einzelheiten dazu später unter Rdn. 1074 ff.

Handelte es sich dagegen um einen Einheitspreisvertrag, so werden schlicht die vertragsgemäß ausgeführten Mengen abgerechnet, wobei gegebenenfalls Preiskorrekturen bei mehr als 10% Mengenabweichung gemäß § 2 Nr. 3 VOB/B in Betracht kommen.

Würde im konkreten Fall die ausgeführte Leistung nach Aufmaß abgerechnet, ergäbe sich eine Mehrforderung von ca. 620 000,- € ohne Mehrwertsteuer für den Gesamtauftrag.

67 Wenden wir unsere soeben erarbeiteten Kriterien an:
Der Vertrag ist nach Leistungsverzeichnis und Vordersätzen abgefasst; das spricht aber nicht gegen einen Pauschalvertrag (oben Rdn. 55). Die ursprüngliche Summe ist **nennenswert**, nämlich um 12%, reduziert worden; das ist aber nur **ein** Indiz für einen Pauschalvertrag (oben Rdn. 58). Die Parteien haben klargestellt, dass sie nicht nur Nachlass, sondern Pauschalierung wollen; die Formulierung ist das **zweite** Indiz für einen Pauschalvertrag. Der insoweit offenbar durchaus vorsichtige Kraftwerksbetreiber hat dafür ein beeindruckendes Wortungetüm gewählt: „Gesamtpauschalfestpreis". Es fehlt eigentlich nur noch: „Absoluter, garantierter Totalgesamtpauschalfest- und Fixpreis". An Deutlichkeit fehlt es jedenfalls nicht; der Pauschalpreis umfasst ja auch „alle Mehrmassen." Also Pauschalvertrag?

Wenden wir unsere eigene Definition weiter an (Rdn. 52): Die Vergütung muss durch **einen** Betrag fixiert gewollt sein, sie muss als losgelöst von den ausgeführten Mengen gewollt sein. Das ist sie.

Der Auftragnehmer muss ein **Mengenermittlungsrisiko** tragen; die auszuführenden Mengen müssen aus **Mengenermittlungskriterien** (z. B. Ausführungsplänen) ermittelbar, schätzbar oder prüfbar sein. Wie ist es damit? Verbinden wir beide Kriterien und fragen noch anders: Die Vergütung muss beim Pauschalvertrag, wie erörtert, von der vertragsgemäß ausgeführten Menge losgelöst sein; also muss es Kriterien geben, die es dennoch überhaupt erlauben, festzustellen, welche Leistung vereinbart ist und bei welchem erbrachten Umfang die Leistung fertiggestellt ist, wobei die Kriterien wegen der Loslösung des Preises von der ausgeführten Menge nicht in Maßen oder Stückzahlen bestehen dürfen. Oder noch einmal anders ausgedrückt: Der Bieter trägt das Risiko seiner eigenen Fehlberechnungen oder Fehlschätzungen der Mengen (s. oben Rdn. 46). **Berechnungen** setzen **Berechnungsgrundlagen** voraus; die Feststellung der **Fertigstellung** setzt **Fertigstellungskriterien** voraus. Der Bieter muss folglich wenigstens die **Möglichkeit** haben, sein eigenes Risiko zu überprüfen und anhand festgelegter Kriterien zu ermitteln, wann die Vertragsleistung vollendet ist. Dazu benötigt er **zwingend** Kriterien außerhalb der Vordersätze, z. B. Ausführungspläne, Ortsbesichtigungen, Baubeschreibungen, Funktionsangaben oder was auch immer. Dabei geht es in **diesem** Zusammenhang nicht um die Grenzen des übernommenen Risikos – und damit um die Störung der Geschäftsgrundlage, s. unten Rdn. 1500 ff. –; es geht um die Grundbedingung: Wenn der Auftraggeber dem Auftragnehmer nicht die geringste Möglichkeit einräumt, die angegebenen Vordersätze zu prüfen, überbürdet dieser ihm kein wie auch immer geartetes Prüf-, Kalkulations- und eben Ermittlungsrisiko, er versucht vielmehr, ihm per Pauschalierung ein Zufallsrisiko aufzuerlegen.

Nun brauchte der Bieter sich darauf nicht einzulassen, aber das ist kein Argument im Rahmen der Vertragstypisierung. Aber selbst wenn: Wann ist denn die „Glattrohrarbeit $R = 1400$" fertig? Dann, wenn die Leistungskriterien (Fertigstellungskriterien) erfüllt sind – also, wenn 103 m Rohrlänge dieses Typs erstellt sind. Das lässt sich **nur** durch örtliches Aufmaß feststellen (zur Erinnerung: Es gab keine Pläne bei Vertragsschluss!). Weiter: Wie stellt denn der Auftragnehmer fest, welche Mengenänderung sich „aus den Verhältnissen" heraus ergibt und welche als Planänderung (wobei letztere als **angeordnete** Mengenmehrung zu vergüten ist), wenn bei Vertragsschluss gar kein Plan da ist?[76] Interne, nicht ausgehändigte (oder vielleicht später erstellte) Unterlagen des Auftraggebers spielen insoweit nie eine Rolle; Vertragsinhalt wird nur das, was **beiden Parteien** zum Vertragsschluss bekannt und in den Vertrag einbezogen ist oder was **jedenfalls** für einen Auftragnehmer erkennbar ist.[77] Wenn im Angebot solche „Vordersätze" ohne Prüfungsmöglichkeit stehen, wird man je nach Einzelfall verlangen können, dass der Bieter beim Auftraggeber die relevanten Mengenermittlungsparameter, z. B. Ausführungspläne, „**herausverlangt**" – d. h., der Bieter muss sich um Mengenermittlungsparameter bemühen –, aber in unserem Beispiel hat der Auftraggeber keine oder händigt sie nicht aus.[78] Abgesehen davon öffnet ein solches Vorgehen des Auftraggebers beliebigen Manipulationen Tür und Tor.

Eine Reihe **einfacherer Beispiele** zur Mengenbenennung im Vertrag als verbindliches Bausoll behandeln wir unter Rdn. 288 („**Schein-Pauschalen**").[79]

Entscheidend ist, dass die **Abgrenzung zwischen Zusatzleistung** (nicht im Vertrag vorgesehener Leistung, so § 2 Nr. 6 VOB/B) und der **im Vertrag vorgesehenen Leistung**, also die vom Auftragnehmer zu tragende Mengenmehrung, **möglich bleiben muss**. Wenn der Auftraggeber den „Umfang der Leistung" (§ 5 Nr. 1b VOB/B) statt durch Ermittlungs**parameter** (Ermittlungs**kriterien**) seinerseits durch eine genaue Bestimmung, eine eigene Mengenermittlung, genauer: ein Ermittlungsergebnis, kurz: den „Vordersatz" (= Positionsmenge) als **einzige** Angabe für den Umfang der betreffenden Teilleistung (= Position) – also die „Quantität" der jeweils „im Vertrag vorgesehenen Leistung" definiert, also **selbst** darauf verzichtet, dem Auftragnehmer Mengenermittlungskriterien vorzugeben –, so muss sich der Auftraggeber auch daran festhalten lassen. Dann gibt es keine Spielräume zwischen Parametern, dann gibt es nur noch den Parameter „Vordersatz"; sein Betrag steht für den Umfang der jeweiligen Vertrags-Teilleistung. Die so zahlenmäßig festgestellte Menge **ist** die (mengenmäßige) Vertragsleistung. Der Auftraggeber hat gewissermaßen den Pauschalvertrag ad absurdum geführt.

68

Wenn folglich der Auftragnehmer im Fall „Wärmedämmarbeiten" 103 m „Glattrohrarbeit (R = 1400) 280 mm dicke Wärmedämmung" montiert hat, hat er die vertraglich vereinbarte Teilleistung ausgeführt; dann kann er – bezogen auf die reine Vertragsleistung – mit der Erstellung der betreffenden Teilleistung aufhören. Jeder Meter des zusätzlich gedämmten Rohres (R = 1400) ist „Mehrmenge", entweder bei Anordnung des Auftragge-

---

[76] Wir haben das grundsätzliche Problem schon in Band 1, Rdn. 792 angesprochen; beim Einheitspreisvertrag ist das aber kein wirkliches Problem, weil bei **angeordneten**, reinen Mengenmehrungen kein Ankündigungserfordernis trotz § 2 Nr. 6 VOB/B besteht und die Berechnung, sofern die 10%-Grenze des § 2 Nr. 3 nach oben überschritten wird, auch bei auf § 2 Nr. 6 VOB/B gestützten Ansprüchen genauso wie bei § 2 Nr. 3 VOB/B laufen muss. Näher dazu Band 1, Rdn. 922.
Zur Behandlung angeordneter Mengenmehrungen beim Pauschalvertrag Einzelheiten unten Rdn. 1074 ff.
[77] Siehe dazu näher unten Rdn. 253 ff., 613, 614.
[78] Vgl. OLG Karlsruhe IBR 1994, 49, Revision vom BGH nicht angenommen. Zu dieser Notwendigkeit als Voraussetzung der Einschränkung des Mengenermittlungsrisikos auch Rdn. 291: Bieter **können** auftraggeberseitige Mengenermittlungen **ohne** die Vorlage der Ausführungsplanung nicht nachvollziehen, zutreffend Vergabeüberwachungsausschuss des Bundes „Reichstag-Technik 1" vom 1. 7. 1997, WuW 1998, Verg. 17, 20.
[79] Zutreffend dazu Leupertz, in: Anwaltskommentar, Anhang zu §§ 631-651: Vertragstypen, Rdn. 45.

bers im Sinne von § 2 Nr. 6 VOB/B (gegebenenfalls auch konkludent stillschweigend angeordnet) als Zusatzleistung, äußerstenfalls über § 2 Nr. 8 Abs. 2 Satz 1, Abs. 3 VOB, zu vergüten.

Der Gedanke, dass „natürlich" **alle** vorhandenen Rohre (R = 1400) zu isolieren seien, führt für die Definition des Umfangs der Vertrags-Teilleistung nicht weiter. Die „Notwendigkeit" einer kompletten Isolierung aller Rohre (R = 1400) ist für sich allein kein verwertbares Mengenermittlungskriterium. Ohne weitere Angaben weiß kein Auftragnehmer, wieviel Rohre (R = 1400) überhaupt zu isolieren sind – der Auftraggeber vielleicht zum Zeitpunkt der Auftragerteilung an die Isolierfirma auch nicht, z. B., weil noch keine fertige Planung vorliegt. Abgesehen davon ergäbe sich aus der „Notwendigkeit der Dämmung aller Rohre (R = 1400)" auch nur, dass die über die Isolierung von 103 m Rohr (R = 1400) hinausgehende weitere Leistung „für die Erfüllung des Vertrages notwendig" im Sinne von § 2 Nr. 8 Abs. 2 Satz 1 VOB/B wäre, was ja gerade das Kriterium für eine zusätzliche Vergütung bei fehlender Anordnung des Auftraggebers ist, aber nicht „Mengenermittlungskriterium". Wäre das Argument richtig, gäbe es beim Pauschalvertrag keine Ansprüche wegen Mengenmehrungen aus § 2 Nr. 8 Abs. 2 Satz 1 VOB/B (dazu Rdn. 1251).

Der Auftragnehmer erhält also im konkreten Fall „Wärmedämmarbeiten" über den vermeintlichen „Gesamtfestpreis" hinaus eine zusätzliche Vergütung, insgesamt 620 000,- €, weil es sich in Wirklichkeit um einen **Einheitspreisvertrag** handelt und deshalb **nach ausgeführten** Mengen abgerechnet wird (dazu auch Rdn. 322, 316).

69 Allein in dem Wort „Pauschalvertrag" liegt somit auch nicht etwa eine Risikoübernahme in der Form, dass **wenigstens** ein zwar durch keinerlei Mengenermittlungsmöglichkeiten gedecktes, aber doch „irgendwie" zu bestimmendes Risiko gedeckt wäre: Mindestens vielleicht 10 000,- € „Risiko" oder mindestens 1% oder mindestens „irgend etwas". Allein die völlige Unbestimmbarkeit zeigt, dass diese Überlegung nicht richtig sein kann. Es gibt keinen „Freiraum", sondern nur definierbare Risiken beim Pauschalvertrag.

Hinzu kommt, dass nach richtiger, später im Zusammenhang zu begründender Auffassung gerade auch bei Zusatzleistungen nicht erst ein spürbares oder ein erhebliches oder auch ein gewichtiges Ausmaß erreicht sein muss, ehe ein Anspruch auf zusätzliche Vergütung entsteht, weil dies dem „Wesen" des Pauschalvertrages entspreche, es genügt vielmehr die zusätzliche Leistung, die Abweichung, um **grundsätzlich** den Anspruch auf Zusatzvergütung auszulösen.[80]

Zusammengefasst: Wenn Mengenangaben als Auftraggeber**entscheidung** Vertragsinhalt sind, wenn sich die auszuführende Menge (Umfang der auszuführenden Vertrags-Teilleistung) in keiner Weise durch Mengenermittlungskriterien feststellen lässt (etwa Pläne, Objektbeschreibung), wenn der Auftragnehmer auch vertraglich nicht im Rahmen „Besonderer Risikoübernahme" Mengen jeden Umfangs schuldet, ist die **konkrete Mengenbenennung selbst Vertragsinhalt,** also Bausoll.

Dann ist der Vertrag kein Pauschalvertrag mehr, sondern – da eine Mengenveränderung sogleich zur Vergütungsveränderung führt – **in Wirklichkeit ein (verkappter) Einheitspreisvertrag.** Die „richtige" Benennung hat dabei fast nur theoretischen Charakter, entscheidend ist die richtige materielle Einordnung: Bei der oben besprochenen Konstellation trägt der Auftragnehmer kein Mengenermittlungsrisiko, **jede** auftraggeberseitige Mengenveränderung löst dann Vergütungsansprüche gemäß § 2 Nr. 7 Abs. 2 i. V. m. § 2 Nr. 6 VOB/B aus.

---

[80] Einzelheiten unten Rdn. 1110 ff.

Weitere Beispiele zum Thema „**Scheinpauschale**" (verkappter Einheitspreisvertrag) behandeln wir in Rdn. 288 beim Detail-Pauschalvertrag noch unter mehr definitorischen Gesichtspunkten; das gesamte Thema „angeordnete Mengenmehrung" behandeln wir unter Rdn. 1074 ff.

Der Hintergrund einer Vertragspolitik des Auftraggebers wie im Beispielsfall „Wärmedämmungsarbeiten" ist – wenn man ihm im Einzelfall nicht Unkorrektheit unterstellen will – ganz einfach, dass er möglichst früh bindende Preisvereinbarungen mit einem Bieter treffen und Risiken durch den Pauschalpreis ausschließen will, obwohl er selbst die zu vergebende Leistung in ihrem Umfang und damit die Mengenrisiken gar nicht kennt. 70

Wer aber eine Leistung durch keinerlei Kriterien außer dem Vordersatz vom Umfang her definiert, also keine Pläne beifügt, keine Beschreibung beigibt, also überhaupt keine aussagefähige Substanz vorweisen kann, der lässt sich in Wirklichkeit ein Angebot in Form einer **Preisliste** machen, gewissermaßen einen Katalog mit Preisen. Wer aber nur Preislisten will, der verlangt auch keine konkret gesamtleistungsbezogenen Angebote; ein solcher Auftraggeber kann dann nicht anschließend die Preisliste doch zur Grundlage einer Pauschalierung für eine konkrete Gesamtleistung machen, ohne selbst zu konkretisieren.

Obwohl wir hier nur die Abgrenzung Detailpauschalvertrag/Einheitspreisvertrag behandeln, kann sich ausnahmsweise dieses Problem auch bei Global-Pauschalverträgen (also insbesondere beim Schlüsselfertigbau) stellen, nämlich so, dass innerhalb des Global-Pauschalvertrages doch wieder ein „Vertragsteil" (z. B. ein Gewerk) als Detail-Pauschalvertrag auftaucht. 71

Ob der Globalcharakter des gesamten Vertrages die Beurteilung der Detail-Pauschalierung eines bestimmten Bereiches bei vergleichbarer Fallgestaltung hindert, werden wir gesondert unter Rdn. 474 ff. erörtern.

Es bleibt noch das Beispiel c aus **Abb. 3** Rdn. 28 zu lösen: 6801 m² Bandrasterdecken zu 260 000,- € pauschal zuzüglich Mehrwertsteuer. Da jede Angabe über das Objekt fehlt, keine Ortsbesichtigung möglich ist, keine Pläne (trotz Nachfrage) vorgelegt werden oder an angegebener Stelle eingesehen werden können, handelt es sich um einen verkappten Einheitspreisvertrag, also einen Schein-Pauschalvertrag. Es ist im übrigen nur ein sprachliches Problem, ob wir diesen Vertrag dann Schein-Pauschale, Pauschalvertrag mit Vordersatz anstatt Mengenermittlungskriterien oder (verkappten) Einheitspreisvertrag nennen. Wir sind für klare Terminologie: Das sind Einheitspreisverträge. 72

In einer Fallgestaltung wie im Beispiel von **Abb. 7**, S. 41 wird ein (verkappter) Einheitspreisvertrag allerdings **nur sehr selten** in Betracht kommen. Man muss alle Vertragsumstände aufklären: Normalerweise wird der Vertrag verhandelt, Anhaltspunkte werden übermittelt, wenigstens Teilkriterien sind vorhanden, das Gesamtobjekt ist bekannt. So nackt und bloß wie beim Fall „Wärmedämmarbeiten" stellen sich normalerweise Unterlagen und Vertragsverhandlungen nur selten dar.

Obwohl es so gut wie nie vorkommen wird, sei wenigstens erwähnt, dass im Rahmen der Vertragsfreiheit ein Auftragnehmer **individuell** natürlich jedes beliebige **Risiko** übernehmen kann, auch ein völlig unbekanntes, auch ein unsinniges. Dann müsste der Vertrag sinngemäß lauten: „Auftraggeber, verlange was du willst für 100 000,- €, ich baue dir alles." Da wir uns aber mit der Baupraxis beschäftigen und mit dem normalen Marktverhalten, erörtern wir ein solches Thema nicht weiter. 73

74 In aller Regel werden sich die behandelten Fälle durch Auslegung vorhandener Vertragsunterlagen eindeutig lösen lassen. In Extremfällen wäre die Beweislast ausschlaggebend, die wir unter Rdn. 98 ff. erörtern.

75 Jedenfalls lässt sich aber selbst dann, wenn man **in einer solchen „Patt-Situation"** aus Beweislastgründen ausnahmsweise doch einen Pauschalvertrag bejahte, mit guten Gründen ein **Anspruch des Auftragnehmers gegen den Auftraggeber auf zusätzliche Vergütung oder aus „Verschulden bei Vertragsschluss"** bejahen, was dem zahlenmäßigen Ergebnis unserer Lösung gleichkäme; wir erörtern das an anderer Stelle im Zusammenhang.[81]

5.4 Festpreis = Pauschalvertrag?

76 In dem Wunsch, jede Vergütungsänderungsmöglichkeit für den Auftragnehmer auszuschließen, pflegen Auftraggeber gern noch Verstärkungsformen zu verwenden, also nicht nur „Pauschalpreis", sondern „Gesamtpauschalpreis" oder „Pauschalfestpreis" oder „garantierter Pauschalfestpreis" oder noch sicherer der „Gesamtpauschalfestpreis" unserer Wärmedämmarbeiten aus Rdn. 67, der trotz der Wortgewalt seines Namens ein Einheitspreisvertrag war. Ebenso findet man häufig „Höchstpreis", „garantiert fix und fertige Leistung" und dergleichen mehr. Läßt sich allein aus solchen Begriffen schließen, ob die Parteien einen Pauschalvertrag oder einen Einheitspreisvertrag gewollt haben – wenn ja, welchen?

Vorweg: All die schönen Formulierungen tragen meistens mehr zur Verwirrung als zur Klärung bei.

77 Zurück zum Festpreis:
Führt allein die Verwendung des Begriffes „Festpreis" zum Pauschalvertrag?

„Festpreis" besagt, dass ein Preis sich während der vertragsgerechten Ausführungszeit nicht ändert, also, dass er nach Vertragsschluss trotz dann möglicherweise ändernder Kosteneinflüsse (Lohnerhöhung, Materialpreissteigerung) unverändert bleibt.
Gerade das ist aber **sowohl** beim Einheitspreisvertrag **wie** beim Pauschalvertrag eine rechtliche **Selbstverständlichkeit:** Die einmal vereinbarten Einheitspreise ändern sich auch für eine noch so lange, vertragsgemäße Bauzeit und vertragsgemäße Leistung nicht mehr, auch wenn in dieser Zeit z. B. mehrere Lohnerhöhungen eintreten. Genausowenig ändert sich ein Pauschalpreis.

Wenn also die Parteien beim Bauvertrag **keine besondere** Regelung treffen (nämlich Lohngleitklauseln, Materialgleitklauseln), vereinbaren sie automatisch und immer „Festpreise".[82] Grundsätzlich ist also die Vereinbarung von „Festpreisen" a priori überflüssig, die vereinbarten Preise sind ohnehin fest. Der Ausdruck „Festpreis" hat also grundsätzlich keine selbständige Bedeutung.

78 Dass der Auftragnehmer das Risiko z. B. von Lohn- und Materialpreiserhöhungen während der Bauzeit trägt, dass also die Preise „fest" sind, ist folglich der Normalfall; nur ganz ausnahmsweise kann der Auftragnehmer auch während der vertraglich vorgesehenen Ausführungszeit jedenfalls Materialpreiserhöhungen oder überhaupt Kostenerhö-

---

[81] Siehe dazu näher unten Rdn. 270.
[82] Festpreis und Gleitklausel schließen sich ihrerseits auch nicht aus; z.B. „Festpreis, solange Lohnerhöhungen nicht über 5% hinausgehen", vgl. BGH BauR 1974, 347, 348. Würden allerdings einerseits Festpreis, andererseits Gleitklausel gleichzeitig vereinbart, so wäre das ein Widerspruch; die „individuellere", speziellere Vereinbarung geht dann vor.

hungen dann beim Auftraggeber geltend machen, wenn diese Erhöhungen so exorbitant und für jedermann unvorhersehbar sind, dass die **„Geschäftsgrundlage"** der bisherigen Vertragsvergütung entfällt.[83]

Theoretisch ist denkbar, dass mit der Vereinbarung eines „Festpreises" auch die nur theoretische Möglichkeit des Auftragnehmers, sich in Ausnahmefällen auf die Störung der „Geschäftsgrundlage" berufen zu können, ausgeschlossen werden soll, dass also der Auftragnehmer an seinen vereinbarten Preis „um jeden Preis, koste es was es wolle" gebunden sein soll. Ob man einer Festpreis-Vereinbarung diese extreme Bedeutung zumessen kann, lässt sich nur im Einzelfall entscheiden, spielt aber für die Unterscheidung zwischen Einheitspreisvertrag und Detail-Pauschalvertrag keinerlei Rolle.[84]

Im Einzelfall ist es auch möglich, aus einem „Festpreis" in Verbindung mit dem Wort „Garantie" zu schließen, dass bestimmte **Drittkosten,** die an sich der Auftragnehmer gar nicht zu tragen hätte, laut Zusage des Auftragnehmers nicht anfallen bzw. dem Auftraggeber nicht in Rechnung gestellt werden. Auch das setzt klare Vereinbarungen voraus, die wiederum von der Vereinbarung eines Einheitspreises oder Pauschalpreises unabhängig sind.[85]

79

Um zum Hauptthema zurückzukehren: Da der Ausdruck „Festpreis" keinen eigenständigen Aussagegehalt hat, taugt er grundsätzlich auch nicht als Unterscheidungskriterium zwischen Einheitspreisvertrag und Pauschalvertrag.[86]

80

Deshalb heißt es bezeichnenderweise auch etwa in den ZVB-FLN (Telekom) zu § 2 VOB/B zutreffend, wenn auch überflüssig: „2.1.1 Die vereinbarten Einheits- **und** Pauschalpreise sowie die Verrechnungssätze für Stundenlohnarbeiten sind Festpreise, soweit nichts anderes vereinbart ist."

Dennoch wird man den Ausdruck „Festpreis" als eines von vielen Auslegungskriterien nicht ganz ignorieren dürfen. Formal scheinen die Parteien mit einer solchen Formulierung nur etwas Selbstverständliches regeln zu wollen, dass nämlich die Preise (Einheitspreis oder Pauschalpreis) während der vertraglichen Ausführungszeit unverändert bleiben. Dennoch will der Auftraggeber im Einzelfall doch vielleicht mehr ausdrücken als nur eine „Angstklausel". Von Bedeutung sind diese Überlegungen jedoch nur dann, wenn an der Natur des Vertrages als Einheitspreisvertrag oder Pauschalvertrag ernsthafte Zweifel bestehen. Wenn ein sonnenklarer Schlüsselfertig-Pauschalvertrag auch noch als Festpreisvertrag bezeichnet wird, hat das keinen zusätzlichen Erkenntniswert.

81

---

[83] Was nur zu bejahen ist, wenn das „zur Vermeidung eines untragbaren, mit Recht und Gerechtigkeit nicht zu vereinbarenden und damit der betroffenen Partei nicht zumutbaren Ergebnisses unabweichlich erscheint", so BGH WM 1979, 322, 323 zur Bindung des Heizölhändlers an den Kontraktpreis in der Ölkrise 1973. Zu diesem extrem seltenen Fall beim Pauschalvertrag vgl. näher Rdn. 1523 mit weiterem Beispiel „Stahlpreise 2004".

[84] Normalerweise wird man einer Festpreis-Vereinbarung nicht den generellen Ausschluss der Berufung auf Störung der Geschäftsgrundlage beimessen können. Nach Ingenstau/Korbion/Keldungs, VOB/A § 15 Rdn. 9 lässt aber ein Festpreis nur in Ausnahmefällen den Rückgriff auf die Störung der Geschäftsgrundlage zu; soweit der „Störung der Geschäftsgrundlage nur wegen einer Veränderung von Preiselementen (z. B. Materialpreis) in Betracht käme, ist dem zuzustimmen (vgl. unten Rdn. 1523), ansonsten nicht (vgl. Rdn. 1504).

[85] Einen Pauschalpreis mit **„Festpreis"** und **„Garantie"** und ein daraus resultierendes selbständiges Garantieversprechen im Einzelfall behandelt BGH BauR 1974, 347. Die Entscheidung hat für die Auslegung von **„garantierten** Maximumpreisen" Bedeutung. Näher zu dieser Vertragsform Kapellmann, in: Kapellmann/Messerschmidt, VOB/B § 2, Rdn. 251.

[86] Festpreise beim Einheitspreisvertrag behandelt z. B. die Entscheidung BGH BauR 1979, 245 = WM 1979, 582.

Wenn aber zusammen mit anderen Kriterien geschlossen werden kann, dass der Preis deshalb „fest" sein soll, weil er unabhängig von ausgeführten Mengen sein soll, handelt es sich tatsächlich um einen Pauschalvertrag. Gibt es solche zusätzlichen Anhaltspunkte nicht, bleibt es aber dabei, dass der Begriff „Festpreis" allein weder für noch gegen einen Pauschalvertrag spricht. Selbst Gerichtsurteile verwenden aber gelegentlich den Begriff „Festpreis" synonym mit „Pauschalpreis".[87] Das darf man aber ohne Kenntnis des konkreten Sachverhalts nicht falsch bewerten: Vielleicht war es angesichts der sonstigen Vertragsunterlagen völlig selbstverständlich, dass der Festpreis ein Pauschalpreis war. Häufigkeitserwägungen, die ohnehin von zweifelhaftem Wert wären, helfen schließlich auch nicht weiter, zumal sie sich auch widersprechen: Es gibt Meinungen, der Begriff „Festpreis" finde sich häufiger beim Einheitspreisvertrag; das Gegenteil ist aber richtig: Tatsächlich taucht der Begriff typischerweise beim Schlüsselfertigbau auf, also beim Pauschalvertrag, und zwar offensichtlich deshalb, um angesichts unbestimmter Leistungsbeschreibung dennoch keinen Zweifel daran aufkommen zu lassen, dass der Pauschalpreis „auf jeden Fall" **fest** bleiben soll. Jedenfalls meinen Parteien, wenn sie Festpreis sagen, durchaus oft „Pauschalpreis" statt „Einheitspreis".

82 Wenn der Auftrag**nehmer** in seinen **Allgemeinen Geschäftsbedingungen** versucht, den grundsätzlichen Festpreischarakter jeder Art von vereinbarter Vergütungsregelung zu durchbrechen, ist eine solche Regelung wegen Verstoß gegen §§ 307, 309 Nr. 1 BGB **unwirksam** so z. B. die Klausel: „Die Preise sind freibleibend. Bei einer Steigerung von Material- und Rohstoffpreisen, Löhnen und Gehältern, Herstellungs- und Transportkosten ist der Lieferer berechtigt, die vom Tag der Lieferung an gültigen Preise zu berechnen."[88]

Ist eine Preiserhöhung für **bestimmte** Zeiträume vertraglich vorbehalten, so kann der Auftragnehmer ab diesem Zeitpunkt nicht willkürlich oder marktüblich oder nach billigem Ermessen Zuschläge verlangen, sondern nur analog § 2 Nr. 5 oder § 2 Nr. 6 VOB/B auf der Basis seiner bisherigen Kalkulation und nachgewiesener Kostensteigerungen.[89]

Wird vom Auftrag**nehmer** in Allgemeinen Geschäftsbedingungen ein Festpreis vereinbart, der nur für einen bestimmten **Baubeginn** gelten soll, während bei verändertem Baubeginn die neue Preisliste des Auftragnehmers gültig sein soll, führt das zur Ungültigkeit wegen Verstoßes gegen § 307 BGB, weil diese Klausel keine Begrenzung auf effektive Mehrkosten enthält.[90]

5.5 Fix und fertige Leistung = Pauschalvertrag?

83 Was gilt, wenn Parteien wie durchaus häufig regeln, dass eine teils näher in einem LV beschriebene, teils vielleicht auch nur global definierte Leistung als „fix und fertige Leistung" zu erstellen sei? Für sich allein ist diese Klausel zu unklar, um einen Vertrag als Pauschalvertrag im Gegensatz zum Einheitspreisvertrag zu charakterisieren; die Einzelfälle sind viel zu unterschiedlich, um zu generalisierender Bewertung zu kommen.[91]

---

[87] Zum Beispiel BGH BauR 1981, 744; OLG Hamm NJW 1986, 199; OLG Hamburg BB 1970, 688.
[88] BGH BauR 1985, 192; Markus, in: Markus/Kaiser/Kapellmann, AGB-Handbuch Bauvertragsklauseln, Rdn. 272; Heiermann/Riedl/Rusam, VOB/B § 2 Rdn. 35b; abweichend aber wohl OLG Düsseldorf Betrieb 1982, 537.
[89] OLG Düsseldorf BauR 1983, 473; Zielemann, Vergütung, Rdn. 180.
[90] BGH BauR 1985, 573 = BGHZ 94, 335.
[91] Im Ergebnis zutreffend Riedl, ZfBR 1980, 1, 3. Riedl zitiert als Beleg BGH, Schäfer/Finnern Z 2.301 Bl. 35ff. (teilweise abgedruckt in BauR 1971, 124 = BGHZ 55, 198). Dort war die Klausel aber gar nicht vereinbart; es ging um die Frage, ob der Auftragnehmer beim Pauschalvertrag nicht **grundsätzlich** eine „fix und fertige Leistung" schuldet; dazu näher Rdn. 84.

Es ist ohne weiteres möglich, dass die Klausel bei einem Einheitspreisvertrag nur sichern soll[92], dass alle zur Herstellung beispielsweise einer Heizungsanlage notwendigen Arbeiten auch im vertraglichen Leistungsumfang enthalten sind, dass also nicht weitere Leistungen berechnet werden als per Leistungsbeschrieb ausgewiesen, ohne dass damit insgesamt der Charakter des Einheitspreisvertrages in Frage gestellt würde. Einen solchen Einheitspreisvertrag mit „fix und fertig"-Klausel hatte beispielsweise das OLG Köln zu behandeln.[93]

Natürlich kann die Klausel auch bekräftigend gerade z. B. den Schlüsselfertigcharakter eines Pauschalvertrages betonen. Aber für sich allein betrachtet gibt sie für die Unterscheidung zwischen Pauschalvertrag und Einheitspreisvertrag eben nichts her.

Eine andere Frage ist es, ob ein **Auftragnehmer** nicht gerade wegen des „**Pauschalcharakters**" des Pauschalvertrages grundsätzlich eine „fix und fertige" Leistung schuldet, ohne dass die Klausel „fix und fertig" überhaupt vereinbart wäre. Das ist eine Frage nach dem Leistungsinhalt eines Pauschalvertrages. Wir haben schon den Typ „**Detail-Pauschalvertrag**" behandelt; für ihn ist ja geradezu kennzeichnend, dass der Auftragnehmer keineswegs eine „pauschale" Leistung schuldet, also a priori gerade nicht eine wie auch immer beschriebene „fix und fertige" Leistung.[94]

84

Im Gegenteil: Beim Detail-Pauschalvertrag ist eine Regelung, mit der der **Auftraggeber** in **Allgemeinen Geschäftsbedingungen** trotz unvollständiger Pläne eine fix und fertige Leistung zum unveränderten Pauschalpreis verlangt, sogar **unwirksam**[95].

5.6 Höchstpreis oder Mengengarantie = Pauschalvertrag?

Höchstpreisklauseln kommen in vielfältiger Weise vor. Sie sind ebenfalls für sich allein nicht geeignet, einen Vertrag als Pauschalvertrag zu qualifizieren, denn gerade auch bei Einheitspreisverträgen gibt es Höchstpreisklauseln.[96]

85

Auch eine Mengengarantie kann es sowohl beim Einheitspreisvertrag wie beim Pauschalvertrag geben, so dass diese Formulierung allein nichts über die Rechtsnatur des Vertrages aussagt.[97]

5.7 Stundenlohnregelungen im Pauschalvertrag

Wenn Parteien einen nach Einheitspreismuster angebotenen Vertrag in der Verhandlung pauschalieren, passiert es ihnen oft, dass sie in dem Vertrag enthaltene Stundenlohnrege-

86

---

[92] Ihre Gültigkeit unterstellt, dazu Rdn. 84.
[93] OLG Köln Schäfer/Finnern/Hochstein § 2 Nr. 1 VOB/B Nr. 1 = BauR 1991, 615.
  Ob die „fix und fertig"-Klausel beim **Einheitspreisvertrag** wirklich (zulässigerweise) als „Komplettheitsklausel" zur Vervollständigung der Leistung ohne gesonderte Bezahlung der vervollständigten Leistung führt, haben wir anhand dieser Entscheidung im Einzelnen in Band 1, Rdn. 135 erörtert.
[94] Siehe oben Rdn. 2, 33 ff. Ausdrücklich wie hier BGH Schäfer/Finnern Z 2.301 Bl. 35, 37 = BauR 1971, 124 = BGHZ 55, 198; Einzelheiten unten Rdn. 238 ff.
[95] Näher Rdn. 272.
[96] Zum Einheitspreisvertrag mit Höchstpreis**garantie** (= limitierte Vergütungssumme bei Nebenangebot) Heiermann/Riedl/Rusam, VOB/A § 5 Rdn. 19; dazu OLG Frankfurt NJW-RR 1989, 20 zur Gültigkeit wegen überraschender AGB-Klausel.
[97] Zum Einheitspreisvertrag mit Mengengarantie vgl. z. B. Daub/Piel/Soergel/Steffani, VOB/B Erl. 2.127; s. auch oben Rdn. 49.

lungen übersehen, die nach der Pauschalierung ihren Sinn verlieren. Ist nur ein Stundenlohn für den Bedarfsfall angegeben, ohne dass eine konkrete Leistung benannt ist, wird die Abrede einfach gegenstandslos.

Ist ein Stundenkontingent – z. B. 50 Stunden – für wahrscheinlich anfallende Stundenarbeiten angegeben, so ändert sich auch nichts: Eine konkrete Leistung ist dadurch nicht angesprochen, der Gesamtbetrag für die mit Vordersatz benannten Stundenlohnarbeiten ist im Pauschalpreis aufgegangen. Da kein konkretes und gesondertes Teil-Bausoll für die Stundenlohnarbeiten benannt oder zu ermitteln ist, kommt auch keine Bausoll-Bauist-Abweichung in Betracht, also auch kein Nachtrag, egal, wieviel Stunden ausgeführt werden.[98]

Ist dagegen eine konkrete Leistung als in Stundenlohn zu vergüten ausgewiesen, so lässt sich auch eine Bausoll-Bauist-Abweichung feststellen, dafür kommt ein Nachtrag oder eine Kürzung des Werklohns in Betracht.

5.8 Der „Global-Einheitspreisvertrag" – Austauschbarkeit der Ausschreibungsmethode „Einheitspreisvertrag" / „Pauschalvertrag"?

87 Wir werden noch näher erörtern – in Rdn. 208, 212 ff. –, dass es beim Einheitspreisvertrag nicht unbedingtes Kennzeichen einer präzisen Leistungsbeschreibung ist, dass die Gesamtleistung in möglichst viele Ordnungszahlen (Positionen) unterteilt ist; auch eine Unterteilung der Gesamtleistung in relativ wenige Ordnungszahlen erlaubt eine einwandfreie Ausschreibung und Abrechnung.

Schließlich können beim Einheitspreisvertrag die Positionen so global gewählt werden bzw. so ungewöhnliche Teilleistungen als Bezugsgröße ausgesucht werden, dass der Sinn gerade der Ausschreibungsmethode „Einheitspreisvertrag" verlorengeht und der Leistungsvertragstyp „Einheitspreisvertrag" letztlich als bloße Formalität übrigbleibt.

Das ist etwa der Fall, wenn unter einer Ordnungszahl in Wirklichkeit Vielfältiges „untergebracht" ist, z. B.
a) eben durch einen nur globalen Leistungsbeschrieb,
b) durch Zusammenfassung vieler und verschiedener Teilleistungen („Mega-Misch-Position"),
c) durch Vorgabe einer ungewöhnlichen „Teilleistung" (z. B. m^3 umbauter Raum eines Verwaltungsgebäudes bei vorliegender Planung).[99]

88 Die Variante a, dass der Leistungsbeschrieb für eine Ordnungszahl so umfassend, so unbestimmt, so „global" ist, dass trotz der „Einkleidung" in einen Einheitspreisvertrag die Charakteristik der globalen Leistungsbeschreibung nicht zu übersehen ist, haben wir in Rdn. 12 schon als Beispiel kennengelernt: 52 Stück Pantry-Küchen.
Wieviele Kochplatten hat der Herd? Gehört ein Backofen dazu? Wie groß ist der Kühlschrank? Ist ein Schwadenabzug einzubauen? Es handelt sich auf der Leistungsseite um einen reduzierenden globalen „Beschrieb"; auf der Vergütungsseite ist trotzdem „nach Stück" abzurechnen – also Einheitspreisvertrag.
Anders ausgedrückt: Wäre nur eine Pantry-Küche auszuführen, wäre das ein Globalpauschalvertrag; soll nun deshalb, weil – zumindest vom Prinzip her – dieser Vertrag 52mal zur Anwendung kommt, aus einem Globalpauschal- ein Einheitspreisvertrag werden?

---

[98] Zutreffend OLG Düsseldorf IBR 2005, 413, Nichtzulassungsbeschwerde vom BGH zurückgewiesen.

[99] Ebenso Leupertz, in: Anwaltskommentar, Anhang zu §§ 629-651: Vertragstypen, Rdn. 80.

Die Antwort haben wir schon gegeben:[100] Dieser „Global-Einheitspreisvertrag" ist ein verkappter Global-Pauschalvertrag.

Entsprechendes gilt für Variante c, wenn z. B. auf der Basis der Entwurfsplanung ausgeschrieben und verfahren wird, wenn also noch keine ausführungsreife Planung vorliegt.

Die Variante b, dass verschiedene benannte Teilleistungen ungleichen Inhalts als eine „Abrechnungsgesamtheit" – eben eine Pauschale – im Rahmen eines Einheitspreisvertrages ausgeschrieben und beauftragt werden, beinhaltet im Ergebnis eine Teilpauschale – ob als Detail- oder Global-Pauschale, hängt davon ab, wie detailliert der Beschrieb ist und ob Mengenermittlungskriterien vorliegen. 89

Eine solche Teilpauschale kann ohne weiteres Element eines umfassenden Einheitspreisvertrags(-systems) sein. Hierzu verweisen wir auf Pos. 6 aus Leistungsbereich 002 in Anhang A, Band 1.

Zur Lösung sind auch die allgemeinen Überlegungen zu Mischpositionen (vgl. Band 1, Rdn. 859) hilfreich.

Bei fertiggestellter Planung stellt sich Variante b anders als vorab dar, denn wenn die Leistungsbeschreibung durch Pläne, Leistungsabgrenzung und -beschreibung klar und deutlich ist, spielt es für den Leistungsinhalt keine Rolle, ob nach m^3 BRI oder pauschal abgerechnet wird; dies gilt auch für den Fall, dass nach m^3-Beton und m^2-Schalung abgerechnet wird. Beide Ausschreibungstypen sind bei fertiggestellter Planung austauschbar.

Auch derartige Fälle bedürfen der methodischen Einordnung. Wenn der Preis sich nach **ausgeführten** m^3 oder m^2 richtet, handelt es sich um **(„Global"-) Einheitspreisverträge**. Wenn also z. B. die Pläne maßgebend und richtig sind, das vorab ausgerechnete Volumen im textlichen Leistungsbeschrieb in m^3 aber falsch ist, wird nach ausgeführter Menge abgerechnet. Würde es sich um einen Pauschalvertrag handeln, würde bei genau derselben Fallgestaltung die vertragliche Pauschalvergütung unverändert bleiben.[101]

6 Unterschiede bei der Angebotsbearbeitung zwischen Einheitspreisvertrag und Pauschalvertrag: Zeitaufwand für Mengenermittlung, Kostenzuordnung bei Angebotsbearbeitung

Die bei der Angebotsbearbeitung anfallenden praktischen Unterschiede zwischen den verschiedenen Leistungsvertragstypen und ihren einzelnen Ausbildungen beziehen sich auf 90

a) den Zeitaufwand für die Mengenermittlung für die Ausschreibung

und

b) die Kostenzuordnung bei der Angebotsbearbeitung

Zu a 91
Beim Einheitspreisvertrag betreibt der Auftraggeber in der Regel relativ wenig Aufwand bei der Mengenermittlung für das Leistungsverzeichnis, da ja im nachhinein nach Leistungserstellung noch eine genaue Mengenermittlung im Rahmen der Abrechnung durchgeführt wird.

---

[100] Vgl. Rdn. 69, siehe auch Rdn. 288.
[101] Siehe unten Rdn. 290 ff.

Der Bieter ermittelt bei Einheitspreisverträgen im Angebotsstadium – wenn überhaupt – nur dann Mengen, wenn

1) die Vordersätze der Hauptpositionen fraglich sind und deshalb die Gefahr einer falschen Zuordnung von Deckungsanteilen besteht (vgl. Band 1, Rdn. 226).[102]

2) verschiedene Teilleistungen und/oder Arbeitsgänge – für die jeweils unterschiedliche Kostenerfassungswerte vorliegen – jeweils unter einer Ordnungszahl (=Position) zusammengefasst worden sind, so dass für die Durchführung der Kalkulation die jeweiligen Teilmengen („innere Mengen") der Teilleistungen und/oder Arbeitsvorgänge ermittelt werden müssen (vgl. unten Rdn. 212 ff.).

92 Sofern dagegen ein Detail-Pauschalvertrag geschlossen werden soll, ist auf jeden Fall eine Mengenermittlung (zumindest im Rahmen einer Mengenüberprüfung) durch den Bieter erforderlich, und zwar unter folgenden Aspekten:

1)
Werden im Angebotsstadium weniger Mengen ermittelt als tatsächlich auszuführen sind, so ergibt sich letztlich ein zu niedriger Angebotspreis; eine der „Gefahren" davon kann sein, dass wegen des „unbewußt niedrigen" Angebotspreises der Auftragserhalt wahrscheinlicher wird, dann aber mit der Zusatzfolge, dass wegen der „übersehenen Mengen" höhere Kosten als kalkuliert auftreten werden.

2)
Werden dagegen im Angebotsstadium größere Mengen ermittelt, als tatsächlich auszuführen sind, so besteht die Gefahr, dass wegen des „unbewusst hohen" Angebotspreises der Auftrag verloren geht.

Eine wenigstens in etwa in sich stimmige Mengenermittlung im Angebotsstadium ist deshalb unbedingte Voraussetzung dafür, bei Detail-Pauschalverträgen einerseits Aufträge zu erhalten und sie andererseits auch kostendeckend abwickeln zu können.

93 Dieser logischen Notwendigkeit einer in sich stimmigen Mengenermittlung im Angebotsstadium stehen andererseits deren Kosten gegenüber. Die Mengenermittlung im Angebotsstadium entspricht in ihrer Bedeutung – nicht aber in ihrem Umfang – der beim Einheitspreisvertrag stattfindenden Abrechnung nach der Leistungserstellung. Beim Einheitspreisvertrag steht aber den Kosten der Abrechnung der Ertrag aus einem Auftrag gegenüber; bei der Angebotsbearbeitung für eine Pauschalsumme ist es dagegen offen, ob auch ein Auftrag wird, d. h., die Mengenermittlung im Angebotsstadium erfolgt ohne finanzielle Gegenleistungen an den Auftragnehmer, obwohl sie ihm – dem Auftraggeber – zu erhöhter Kostensicherheit verhilft.

94 Unter diesen Aspekten, insbesondere aber wegen der aus der zumeist unter Zeitdruck stattfindenden Angebotsbearbeitung und der sich daraus ergebenden zusätzlichen Mengenermittlungsrisiken, ist es nicht abwegig, als Bieter einen Risikozuschlag (!) – statt eines Preisnachlasses – bei Pauschalierungen anzusetzen.

95 Zu b
Die Kostenzuordnung im Angebotsstadium ist in der Regel beim Einheitspreisvertrag aufwendiger als beim Detail-Pauschalvertrag, weil sowohl die Einzelkosten der Teilleistungen als auch die Zuschläge möglichst verursachungsgerecht den einzelnen Ordnungszahlen (= Positionen) zuzuordnen sind.

---

[102] Dies gilt insbesondere für den Fall, dass durch vertragliche Vereinbarung § 2 Nr. 3 VOB/B außer Kraft gesetzt worden ist; zur Zulässigkeit dieser Vereinbarung siehe Band 1, Rdn. 662 ff.

Beim Detail-Pauschalvertrag (und überhaupt beim Pauschalvertrag) braucht der Bieter – insbesondere, wenn der Auftraggeber kein Leistungsverzeichnis zur Ausfüllung vorgegeben hat – diese Zuordnung nicht vorzunehmen. Maßgebend sind ja für Auftragserhalt und Vergütung nur die zum Pauschalpreis führenden Gesamtkosten.

Somit hängt es jeweils von der Art der Kostenermittlung und der Art der unternehmerseitigen Abspeicherung der Kostenerfassungswerte ab, ob eine Globalisierung der Leistungsbeschreibung (z. B. in wenige System- oder Leitpositionen oder sogar ohne Positionen) für den Bieter zu einer Vereinfachung bei der Kostenermittlung führt oder nicht. Für den detailliert alle Kosten ermittelnden und zuordnenden Bieter ist eine detaillierte Ausschreibung mit vielen Ordnungszahlen eine Hilfe, nicht aber für den seine Kosten mit Hilfe von (wenigen) Kennzahlen ermittelnden Bieter. Für den letzteren ist es deshalb nicht einmal eine Erschwerung, wenn er ohne nähere Detaillierung „ein Stück Gebäude" durch LV-Positionen anbieten soll; die Hauptsache ist, er weiß inhaltlich, was er anbieten soll. **96**

A priori kann zusammenfassend oft nicht genau gesagt werden, wo – gesetzt durch den reinen Leistungsbeschrieb – die Grenze zwischen einem Einheitspreisvertrag und einem Detail-Pauschalvertrag liegt. Für den Fall, dass nach Vertragsschluss keine Bauinhaltsmodifikationen auftreten, spielt es auch keine Rolle, wie ausgeschrieben und wie tief die Kostenermittlung detailliert worden ist. **97**

Dagegen spielt es aus der Sicht des Bieters eine erhebliche Rolle, ob er beim Detail-Pauschalvertrag ein Mengenermittlungsrisiko eingehen soll oder ob er beim Einheitspreisvertrag im nachhinein die tatsächlich ausgeführten Mengen abrechnen kann – und sei es mit relativ wenigen System- oder Leitpositionen. In der Regel kann man sagen, dass Unternehmen mit abrechnungskompetentem Personal lieber Abrechnungsaufträge abwickeln, als das Mengenermittlungsrisiko bei Pauschalaufträgen zu übernehmen.

7 Beweislast bei nicht ausräumbaren Zweifeln zur Abgrenzung Detail-Pauschalvertrag zum Einheitspreisvertrag

7.1 Anwendungsbereich

Was gilt, wenn alle Auslegungskriterien keine eindeutige Antwort auf die Frage geben, ob der Vertrag der Parteien ein Detail-Pauschalvertrag oder ein Einheitspreisvertrag ist? **98**

Als Beispiel:

Der **Auftragnehmer** behauptet, eine **Abrechnung nach Einheitspreisen sei vereinbart,** und legt eine entsprechende Schlussrechnung, der **Auftraggeber** behauptet, es sei ein **Pauschalvertrag über einen niedrigeren Betrag** vereinbart; unstreitig sind ca. 0,9% vom ursprünglichen Angebot abgerundet (vgl. oben Rdn. 53 ff.).

Ein solcher Streit ist im Normalfall nur möglich, wenn eine mündliche Vereinbarung getroffen worden ist. Als weitere, wenn auch seltene Anwendungsmöglichkeit kommt in Betracht: Die Parteien haben schriftliche Vertragsunterlagen, die aber in sich so widersprüchlich sind, dass selbst eine Auslegung kein vernünftiges Ergebnis für die eine oder andere Seite ergibt. So behauptet z. B. der Auftraggeber, gewollt sei jedenfalls eine zu einem niedrigeren Betrag führende Pauschale; das sind die unter Rdn. 54 ff., 66 ff. behandelten Fälle. Allerdings müssen das schon ganz außergewöhnliche Fallkonstellationen sein, weil normalerweise die Auslegung in solchen Fällen zu einem befriedigenden Ergebnis führt.

Wir behandeln also insgesamt **nur** die Frage, **ob** der Auftraggeber beweisen muss, **dass** ein **Pauschalvertrag** über eine niedrigere Summe geschlossen worden ist, oder **ob** der Auftragnehmer beweisen muss, dass dieser behauptete **Pauschalvertrag nicht** geschlossen worden ist; das ist also nur die Frage, ob überhaupt ein Pauschalvertrag oder ob ein Einheitspreisvertrag geschlossen worden ist. Dagegen erörtern wir **hier nicht, was** bei vereinbartem Pauschalvertrag „**unter die Pauschale fällt**", wer also die Beweislast zum Bausoll des Pauschalvertrages hat; das ist ein gesondert behandeltes Thema.[103]

99 Die (objektive) Beweislast regelt, was gilt, **wenn ein Beweis nicht erbracht wird**, wenn also weder die Behauptung des Auftraggebers noch die Behauptung des Auftragnehmers bewiesen werden kann, wenn also ein Fall des „non liquet" eintritt. Die Beweislast regelt, zu welchen Lasten die Nichtbeweisbarkeit geht. Die Darlegungslast regelt, ob der Kläger im Prozess überhaupt genug vorgetragen hat, um seine Forderung als in sich schlüssig erscheinen zu lassen.

7.2 Beweislast beim BGB-Vertrag

7.2.1 Regelfall: Negativbeweis des Auftragnehmers

100 Obwohl wir uns vordringlich mit dem VOB-Vertrag befassen, ist es zum Verständnis der Argumentation unausweichlich, zuerst die Rechtslage für den Fall zu erörtern, dass die Parteien die Geltung der VOB/B gerade nicht vereinbart haben, dass also normales Werkvertragsrecht nach BGB gilt. Sodann erweist es sich als nützlich, an einem einfachen Beispiel alle Varianten der Argumentation zu verdeutlichen. Vorab der völlig unbestrittene **Grundsatz**: Wer eine bestimmte Vergütung verlangt, muss grundsätzlich Anspruchsgrund und Anspruchshöhe beweisen, also die konkrete vertragliche Vereinbarung.[104]

101 Das einleitende Beispiel:
Der Auftraggeber schließt mit dem Auftragnehmer einen Vertrag über den Bau einer Heizungsanlage. Ein Preis wird nicht vereinbart. Der Auftragnehmer rechnet 51 000,- € ab und sagt, das sei der marktübliche Preis. Der Auftraggeber hält dem entgegen, der marktübliche Preis sei 40 000,- €.
Der Auftragnehmer braucht einen Vertragsschluss nicht zu beweisen, dieser ist unstreitig. Dass gerade 51 000,- € der marktübliche Preis seien, ist bestritten. Also muss der Auftragnehmer das beweisen. Mißlingt ihm der Beweis, erhält er nur den bewiesenen, geringeren üblichen Preis, gegebenenfalls nur 40 000,- €, die der Auftraggeber zugestanden hat.

102 Die erste Variante:
Der Auftragnehmer verlangt wieder 51 000,- € als marktüblichen Preis, der Auftraggeber wendet in Einzelheiten ein, es sei aber ein Preis von 40 000,- € vereinbart, und zwar als Pauschalsumme; die Argumentation würde aber auch nicht anders sein, wenn er den Abschluss eines Einheitspreisvertrages behaupten würde.

Hier ist **§ 632 Abs. 2 BGB** zu prüfen: „Ist die **Höhe** der **Vergütung nicht bestimmt**, so ist bei dem Bestehen einer Taxe die taxmäßige Vergütung, in Ermangelung einer Taxe die **übliche Vergütung** als vereinbart anzusehen."

---

[103] Dazu ausführlich unten Rdn. 655 ff. Zum Begriff Bausoll s. Band 1, Rdn. 100.
[104] Zur Darlegungs- und Beweislast insoweit allgemein Ingenstau/Korbion/Keldungs, VOB/B § 2 „Einzelne Problemfelder" Rdn. 12.

Der Auftragnehmer verlangt „übliche Vergütung". Gemäß § 632 Abs. 2 BGB erhält er übliche Vergütung **nur** dann, wenn die **Höhe** der Vergütung **nicht** bestimmt ist. Also muss der Auftragnehmer als anspruchsbegründende Tatsache für seinen Anspruch auf Zahlung der **üblichen** Vergütung behaupten und beweisen, **dass** die Höhe der Vergütung **nicht bestimmt** ist. Nur wenn sie nämlich nachgewiesenermaßen nicht bestimmt (vereinbart) ist, hat der Auftragnehmer Anspruch auf „übliche Vergütung". Mißlingt dem Auftragnehmer der Beweis, dass eine bestimmte Vergütung nicht vereinbart sei, erhält der Auftragnehmer eben keine übliche Vergütung, sondern nur die (zugestandene) bestimmte Vergütung von 40 000,- €.

§ 632 Abs. 2 BGB fingiert eine Einigung der Parteien auf die übliche Vergütung **nur** für den Fall, dass sich die Parteien **nicht** auf einen individuellen, bestimmten Preis geeinigt haben; die **Nicht-Vereinbarung muss also feststehen**. Ist es gerade streitig, ob die Parteien eine bestimmte Vereinbarung getroffen haben oder nicht, so muss der Auftragnehmer den Negativ-Beweis führen. Mißlingt ihm der vom **Gesetz** auferlegte **Negativ-Beweis**, ist seine Behauptung nicht bewiesen, er hat die Beweislast. Gerade weil er den Beweis der Nicht-Vereinbarung nicht geführt hat, aber die Beweislast trägt, geht die Folge der Nichterweislichkeit zu seinen Lasten – oder umgekehrt: Zugunsten des Auftraggebers gilt deshalb (quasi als bewiesen), dass 40 000,- € vereinbart sind.

Der Auftragnehmer muss also die Behauptung des Auftraggebers widerlegen, es sei ein bestimmter Preis vereinbart. Diese Pflicht zum Negativ-Beweis folgt **eindeutig** aus dem **Gesetzeswortlaut**.[105]

Das nächste Beispiel: 103
Der Auftragnehmer behauptet jetzt, die Vergütung von 51 000,- € sei vereinbart. Der Auftraggeber behauptet, 40 000,- € seien vereinbart. Bei § 632 Abs. 2 BGB haben wir gesehen: Wenn die Höhe der Vergütung **nicht** vereinbart ist, fingiert das Gesetz, eine übliche Vereinbarung sei vereinbart. Behauptet der Auftraggeber, es sei doch eine bestimmte Vergütung vereinbart, muss der Auftragnehmer das widerlegen. Das heißt, schon dann, wenn nach Behauptung des Auftraggebers gar keine bestimmte Höhe vereinbart ist, muss der Auftragnehmer die Behauptung des Auftraggebers, es sei eine bestimmte niedrigere Vergütung vereinbart, widerlegen. **Erst recht** muss der Auftragnehmer, der selbst eine **bestimmte** Höhe behauptet, die behauptete niedrigere Vergütung **widerlegen** und seine eigene Behauptung beweisen. Dabei ist gleichgültig, **wie** der Auftraggeber die niedrigere Vereinbarung behauptet, ob als Pauschale, als Abrechnungssumme eines Einheitspreisvertrages, als Ergebnis einer Stundenlohnabrechnung oder als Selbstkostenerstattung. Umgekehrt ist es auch gleichgültig, wie der Auftragnehmer seinen Anspruch begründet, ob als Abrechnungssumme eines Einheitspreisvertrages, ob als Pauschale, aber ganz speziell für unser Thema noch einmal auf den Punkt gebracht: Behauptet der Auftragnehmer eine bestimmte Vergütung auf Einheitspreisbasis, so muss er die Behauptung des Auftraggebers widerlegen, **es sei eine niedrigere Pauschalsumme vereinbart**.

Führt die Beweiserhebung zu keinem eindeutigen Ergebnis, erhält der Auftragnehmer aus Beweislastgründen nur die vom Auftraggeber behauptete Pauschalsumme, hier 40 000,- €.

---

[105] Das ist seit Jahrzehnten ständige Rechtsprechung und ganz herrschende Lehre, Nachweise s. Fn. 106. Speziell aber zu dem genannten Argument besonders klar Baumgärtel, Handbuch der Beweislast, Band 1, § 632 Rdn. 10, 13, 16.

Dieses Ergebnis ist in der Rechtsprechung seit vielen Jahrzehnten unbestritten und findet die Zustimmung der juristischen Lehre; dieses Ergebnis ist richtig.[106]

7.2.2 Ausnahme vom Negativ-Beweis: Handelsbrauch

104 Eine neue Variante:

Der Auftragnehmer verlangt 51 000,- € mit der Begründung, zwar sei keine Vergütungshöhe vereinbart, aber für diese Heizungsanlage sei ein Preis von 51 000,- € „Handelsbrauch". Der Auftraggeber wendet wieder ein, es sei ein Pauschalpreis von 40 000,- € vereinbart.

Wir benötigen dieses natürlich an der Realität vorbeizielende Beispiel für die weitere Argumentation, wie sich sogleich unter Rdn. 105 erschließen wird.

Zur Lösung erinnern wir uns: Wer als Auftragnehmer die übliche Vergütung verlangt, muss gemäß § 632 Abs. 2 BGB die Behauptung des Auftraggebers widerlegen, es sei eine bestimmte niedrigere Vergütung getroffen worden. Der Grund: § 632 Abs. 2 BGB setzt voraus, dass die Parteien sich **nicht** über die Höhe der Vergütung geeinigt haben. Das Gesetz geht – so mit Recht der Bundesgerichtshof – „in § 632 BGB davon aus, dass die Parteien natürlich im allgemeinen die Höhe des Entgelts festlegen werden. Dieser der Vorschrift des § 632 Abs. 2 BGB zugrundeliegende Ausgangspunkt entfällt aber, wenn in einem bestimmten Geschäftszweig ein **Handelsbrauch** über die Höhe der **Vergütung** besteht (Wir ergänzen: z. B. bei Waren-Handelsmäklern). Es liegt im Wesen des Handelsbrauches, dass er **ohne weiteres Vertragsinhalt** ist; die **Höhe der Vergütung ist durch ihn von vornherein bestimmt**. Einer Vereinbarung bedarf es nicht, und eine **solche Vereinbarung** wird auch im **allgemeinen nicht mehr getroffen** und ihr Abschluss von keinem der Vertragsteile erwartet. Wer die Vereinbarung einer anderen als der dem Handelsbrauch entsprechenden Vergütung behauptet, macht **deshalb** eine **Ausnahme** von der als **regelmäßig** vereinbart anzusehenden Vergütung geltend und muss diese **Abweichung** von der **Regel** beweisen."[107]

Das ist also die Ausnahme zur Regel: Wenn der Auftragnehmer eine Vergütungshöhe laut Handelsbrauch behauptet, muss er **ausnahmsweise nicht** die Behauptung des Auftraggebers **widerlegen,** es sei ein niedrigerer, bestimmter Preis vereinbart. **Hier** trägt also der Auftraggeber die Beweislast, und zwar mit Recht: Durch den Handelsbrauch steht die Höhe der Vergütung schon gewissermaßen allgemeinverbindlich von Anfang an fest; die sehr seltene Ausnahme müßte folglich der Auftraggeber beweisen.

---

[106] Aus der Rechtsprechung z. B.: BGH BauR 1975, 281; BauR 1980, 84; BauR 1981, 388; BauR 1983, 366; NJW-RR 1988, 983; ZfBR 1992, 174 = MDR 1992, 1028 mit Anm. Baumgärtel; OLG Nürnberg NZBau 2002, 669; OLG Düsseldorf OLG Report 2001, 36; OLG Frankfurt NJW-RR 1988, 209.
Aus der Literatur z. B.: Palandt/Sprau, BGB § 632 Rdn. 18; Baumbach/Hartmann, ZPO, Anhang § 286 Rdn. 227; Staudinger/Peters, BGB § 632 Rdn. 119 ff.; Erman/Schwenker, BGB § 632 Rdn. 19; Baumgärtel a. a. O.; Grimme, Die Vergütung beim Werkvertrag, S. 133 ff. Unzutreffend deshalb von Mettenheim, NJW 1984, 776.
Die unzutreffende gegenteilige Auffassung von Korbion/Keldungs behandeln wir unter Rdn. 105 ff.

[107] So BGH BB 1957, 799 = Schäfer/Finnern Z 2.300 Bl. 4, 6.

Würde also in unserem Beispiel trotz Beweisaufnahme ungeklärt bleiben, ob es zu einer Vereinbarung über pauschal 40 000,- € gekommen ist, wäre der Auftraggeber beweisfällig geblieben, der Auftragnehmer erhielte 51 000,- €.[108]

7.2.3 Ausnahme vom Negativ-Beweis: Einheitspreis als Regelfall im Baurecht?

Aus dieser Rechtsprechung zog Korbion und zieht heute Keldungs einen interessanten Schluss: **Dasselbe wie für den Handelsbrauch** müsse bei jedem **Bauvertrag** – also **auch beim BGB-Bauvertrag – dann** gelten, wenn sich aus „allgemein anerkannten betriebswirtschaftlichen" Gründen eine Erkenntnis ergeben habe, die „am ehesten dem rechtlichen Grundsatz der Wahrung des Gleichgewichts von Leistung und Gegenleistung" entspreche, die folglich **als Regelfall** zu behandeln sei. Beim **Bauvertrag** im allgemeinen habe sich als diese Erkenntnis – gestützt auch auf die Regelungen der VOB/B – ergeben, dass Einheitspreise die **Regel** seien, Pauschalverträge die **Ausnahme**. Wie beim Handelsbrauch müsse deshalb der, der den Standard bestreite und die Ausnahme behaupte (wer also den Einheitspreisvertrag bestreite und die Pauschale behaupte), dies beweisen.[109]

105

Zum Beispiel der Rdn. 102 zurück: Wenn der Auftragnehmer auf Einheitspreisbasis 51 000,- € verlangt, der Auftraggeber aber eine Pauschalvereinbarung über 40 000,- € behauptet, muss laut Korbion/Keldungs nicht der Auftragnehmer die Behauptung des Auftraggebers widerlegen – so aber beim BGB-Vertrag die einhellige Meinung –, sondern der Auftraggeber muss beweisen, dass ein Pauschalvertrag vereinbart sei. Läßt sich das nicht beweisen, bleibt er beweisfällig; also ist jetzt davon auszugehen, dass auf Einheitspreisbasis abzurechnen ist – allerdings mehr nicht. Gewonnen ist damit noch nicht viel: Jetzt muss – nach unbestrittener Auffassung – der Auftragnehmer die Höhe seiner Preisbehauptung, also gewissermaßen jetzt die einzelnen Einheitspreise und natürlich die Mengen, beweisen.

Diese Beweislastverteilung (beim BGB-Vertrag) mit dem Einheitspreisvertrag als „Regel" überzeugt aus einer Reihe von Gründen nicht.

106

Vorab stimmt die Prämisse nicht: **Keineswegs** dient der Einheitspreisvertrag gewissermaßen exklusiv der Wahrung des Gleichgewichts von Leistung und Gegenleistung, wie sich wiederum aus zwei ganz unterschiedlichen Überlegungen ergibt:
Einmal sieht gerade die als Leitbild hier angesprochene VOB vor, dass im Normalfall ein Pauschalvertrag überhaupt nur dann abgeschlossen werden soll, wenn dieses Gleichgewicht gerade gewahrt ist; das ist die ausdrückliche Regelung des § 5 Nr. 1 b VOB/A, wonach in **geeigneten** Fällen der Abschluss eines Pauschalvertrages empfohlen ist, vorausgesetzt, Art und Umfang der Leistung sind **genau** bestimmt, und eine Veränderung der Verhältnisse ist nicht zu erwarten. Die VOB behandelt überhaupt **nur** den Detail-Pauschalvertrag, wie § 5 VOB/A zweifelsfrei erweist und was sich auch bei richtigem Verständnis des § 2 Nr. 7 VOB/B zeigen wird. **Gerade** der Detail-Pauschalvertrag ist aber ausgewogen und „kaufmännisch" bestimmt kein Ausnahmefall.
Vor allem aber – und dies als entscheidende zweite Begründung – stellen Korbion/Keldungs damit ja gerade allen Auftragnehmern, die überhaupt Pauschalverträge schließen, ein betriebswirtschaftliches Armutszeugnis aus. Denn sie alle müßten ja **typischerweise** an fehlendem Gleichgewicht von Bauleistung und Vergütung kranken, oder

---

[108] Nochmals nur zur Klarstellung: Das Beispiel dient der Verdeutlichung der nachfolgenden Darlegungen unter Rdn. 105 ff. Im konkreten Fall brauchte der Auftraggeber nur zu bestreiten, dass es einen solchen Handelsbrauch „zum Preis der Heizung" gäbe. Diesen Beweis kann natürlich der Auftraggeber nicht führen, denn natürlich gibt es einen solchen Handelsbrauch nicht. Also müßte jetzt der Auftragnehmer wieder die Behauptung des Auftraggebers widerlegen; bliebe es insoweit bei dem genannten „Unentschieden", würde der Auftraggeber gewinnen, es wären 40 000,- € zu zahlen.

[109] Ingenstau/Korbion/Keldungs, VOB/B § 2, „Einzelne Problemfelder" Rdn. 15. Einige andere Autoren ziehen diese Schlussfolgerung nicht für den BGB-Vertrag, sondern **nur** für den VOB-Vertrag, s. dazu Fn. 113.

schlichter formuliert: Ganze Branchen, z. B. der Schlüsselfertigbau, müssten zwangsweise Pauschalverträge schließen und stets Verluste machen. Da aber alle diese Auftragnehmer sehr freiwillig Pauschalverträge schließen, sie zum Teil sogar suchen, außerdem keineswegs alle kurz vor dem Ruin stehen, darf der Schluss erlaubt sein, dass sie selbst das Gleichgewicht wohl zu wahren wissen.

Eine betriebswirtschaftliche Erkenntnis genereller Art gegen den Pauschalvertrag existiert nicht.

Darüber hinaus ist die bloße Tatsache, dass vielleicht zahlenmäßig mehr Einheitspreisverträge geschlossen werden als Pauschalverträge, schon deshalb kein durchschlagendes Argument, weil es auf einen Vergleich der Auftragssummen ankäme: Da schneiden die „Pauschalen" gerade bei den großen Bauvorhaben bestimmt besser ab.

107 Abgesehen davon ließe sich aber ein angebliches statistisches Übergewicht des risikoloseren von zwei Leistungsvertragstypen als angebliche Regel überhaupt nicht mit dem Regel/Ausnahmeverhältnis beim Handelsbrauch vergleichen. Tatsächlich behaupten Korbion/Keldungs auch nicht das Vorliegen eines Handelsbrauchs,[110] aber die Verhältnisse müßten ja wenigstens vergleichbar sein; das heißt: Die Abrechnung nach Einheitspreisen (welchen?) müßte **ohne weiteres** Vertragsinhalt sein;[111] das ist beim BGB-Bauvertrag durch nichts belegbar und selbst beim VOB-Vertrag nur so, wenn nichts anderes vereinbart ist.

Außerdem müßte eine Vereinbarung zwischen den Parteien über die **Wahl** von Einheitspreisvertrag oder Pauschalvertrag gar nicht zu treffen sein, da **überflüssig**; keine der Parteien müßte eine besondere Regelung insoweit auch nur **erwarten**. Auch das **passt** überhaupt **nicht**: Selbstverständlich ist der Regelfall umgekehrt, dass nämlich die Parteien gerade festlegen, ob nach Einheitspreis oder Pauschale abgerechnet werden soll.

108 Selbst für einen Prima-facie-Beweis (Beweis des ersten Anscheins) reichen die behaupteten „statistisch-betriebswirtschaftlichen" Daten nicht. Ein Anscheinsbeweis setzt voraus, dass es typische Geschehensabläufe gibt, die eine Beweiswahrscheinlichkeit vermitteln. Solche typischen Geschehensabläufe gibt es aber hier gerade nicht. Unzählige kleine Aufträge werden pauschal abgerechnet, ebenso werden Großobjekte im Schlüsselfertigbau pauschal abgerechnet. Eine wie auch immer geartete Regel – gewissermaßen eine Voraussage darüber, was Parteien allgemein tun würden – gibt es nicht.

109 Und nicht zuletzt: Der **gesetzliche** Regelfall ist das genaue Gegenteil, denn der Werkvertrag nach der Vorstellung des **BGB** ist ein **Pauschalvertrag**.[112]

110 Es bleibt deshalb beim BGB-Vertrag bei der allgemeinen Regel: Behauptet der Auftraggeber eine niedrigere Pauschalvergütung, muss der Auftragnehmer diese Behauptung widerlegen. Bleibt der Beweis unentschieden, gilt die vom Auftraggeber behauptete niedrigere Pauschalvergütung.

Das gilt **auch** dann, wenn die Parteien unstreitig zunächst konkrete Einheitspreise vereinbart haben, der Auftraggeber aber behauptet, die Parteien hätten sich **nachträglich** auf eine niedrigere Pauschale geeinigt.[113]

---

[110] So aber Vygen, ZfBR 1979, 133, 135.
[111] Vgl. BGH, a. a. O.
[112] Zutreffend Quack, BauR 1995, 27, 30.
[113] OLG Frankfurt NJW-RR 1997, 276.

7.3 Beweislast beim VOB-Vertrag

Selbst wenn aber beim BGB-Bauvertrag der Negativ-Beweis des Auftragnehmers gilt, soll aber jedenfalls beim **VOB-Vertrag** – so das Argument eines Teils der Literatur – aus der VOB selbst folgen, dass dort die **Beweislast umgekehrt** sei: Weil **jedenfalls die VOB/B** den Einheitspreisvertrag als **Regel** ansehe, müsse **hier** der Auftraggeber seine Behauptung beweisen, es sei eine niedrigere Pauschale vereinbart.[114] Das folgere aus **§ 2 Nr. 2 VOB/B:** „Die Vergütung wird nach den vertraglichen Einheitspreisen und den tatsächlich ausgeführten Leistungen berechnet, wenn keine andere Berechnungsart (z. B. durch Pauschalsumme, nach Stundenlohnsätzen, nach Selbstkosten) vereinbart ist." Außerdem gebe § 5 VOB/A den Hinweis, es solle „in der Regel zu Einheitspreisen (Einheitspreisvertrag) vergeben werden".

111

Vorab ist eines klar: Da die allgemeinen Regel-/Ausnahme-Überlegungen nicht ziehen, wie oben zum BGB-Vertrag in den Rdn. 100 bis 110 erörtert, helfen die Argumente zum VOB-Vertrag nur weiter, wenn die VOB/B eine Beweislastregel enthält, genauer: Wenn in Allgemeinen Geschäftsbedingungen, nämlich der VOB/B, eine Vertragsregelung wirksam vereinbart ist, die die gesetzliche Beweisregel des § 632 Abs. 2 BGB umkehrt.

112

§ 5 VOB/A scheidet als Argumentationsbasis schon deshalb aus: Die VOB/A wird überhaupt nicht Vertragsinhalt, kann also auch keine Vertragsregel zur Beweislast enthalten, sie ist nur Vergabevorschrift für die öffentliche Hand. Im übrigen wäre es problematisch, das gesamte Vergabeverhalten aller Baubeteiligten in der Wirtschaft an einer Vorschrift zu messen, die nur dem öffentlich-rechtlichen Auftraggeber Weisungen gibt. Abgesehen davon soll gemäß § 5 VOB/A der öffentliche Auftraggeber zwar „in aller Regel" zu Einheitspreisen vergeben, aber die Vergabe zu Pauschalpreisen ist nicht ein Ausnahmefall, sie wird im Gegenteil empfohlen „in geeigneten Fällen". Bedenkt man weiter, dass private Auftraggeber besonders gern „in ungeeigneten Fällen" den Pauschalvertrag wählen und öffentliche Auftraggeber zumindest auch nicht selten – siehe oben Rdn. 24 mit Fn. 21 –, verschieben sich die Akzente weiter, so dass eine allgemeine, für den Regelungsgehalt der VOB/B gültige Schlussfolgerung gar nicht möglich ist.

113

Aus **§ 2 Nr. 2 VOB/B** lässt sich schon deshalb **kein Schluss** auf eine vertragliche Beweislastumkehr ziehen, weil die Vorschrift selbst mißglückt ist und bei normal-kritischer Betrachtung eine in sich widersprüchliche Aussage enthält: Wenn eine Vergütung nach den **vertraglichen** Einheitspreisen und den tatsächlich ausgeführten Leistungen berechnet **wird**, so **haben** die Parteien **vertraglich** Abrechnung nach der Berechnungsart „Einheitspreisvertrag" vereinbart. Dann ist der folgende Satz der Vorschrift unverständlich: „... wenn keine andere Berechnungsart (z. B. nach Pauschalsumme) vereinbart ist." Wenn vertraglich Abrechnung nach Einheitspreis vereinbart ist, ist ein Einheitspreisver-

114

---

[114] So für die VOB natürlich erst recht Ingenstau/Korbion/Keldungs, VOB/B § 2 „Einzelne Problemfelder" Rdn. 20.
Nur für den **VOB-Vertrag** ebenso Nicklisch/Weick, VOB/B § 2 Rdn. 28; Kiesel, VOB/B § 2 Rdn. 4; Vygen, Bauvertragsrecht, Rdn. 750; Baumgärtel; Handbuch der Beweislast, Bd. 1, § 2 VOB/B, Rdn. 3 (Anhang nach § 651).
Auch für VOB-Verträge dagegen **ablehnend** ausdrücklich **BGH** BauR 1981, 388 = WM 1981, 742 = NJW 1981, 1442 (zu dieser Entscheidung hinsichtlich der „Erheblichkeit" bei geänderten oder zusätzlichen Leistungen unten Rdn. 1117), bestätigt von BGH BauR 1992, 505, ständige Rechtsprechung; weiter Leinemann/Schoofs, VOB/B §2, Rdn. 8; Leupertz, in: Anwaltskommentar, Anhang zu §§ 631–651 Rdn. 36; Zielemann, Vergütung und Zahlung nach VOB/B, Rdn. 153; Daub/Piel/Soergel, VOB/A Erl. 5.29 (differenziert aber Daub/Piel/Soergel/Steffani, VOB/B Erl. 2.49); alle Autoren aus Fn. 106 mit Ausnahme von Baumgärtel.
Unentschieden Heiermann/Riedl/Rusam, VOB/B § 2 Rdn. 68a.

trag vereinbart, außer es ist kein Einheitspreis vereinbart – so die krause Aussage von § 2 Nr. 2 VOB/B. Aus einer solchen missglückten Regelung Beweislastregeln in Abänderung des Gesetzes abzuleiten, ist a priori nicht möglich.

Wenn der Vergleich gestattet ist: § 2 Nr. 2 VOB/B enthält im Hauptsatz Äpfel, im Nebensatz Birnen.

115 Vermutlich haben die Verfasser der VOB/B zwei Aussagen gleichzeitig in den Hauptsatz „pressen" wollen. Eine davon steht auf der falschen Beziehungsebene zum Nebensatz. Richtig sollte der Text wohl lauten:

Aussage 1:
„Beim Einheitspreisvertrag wird die Vergütung nach den vereinbarten Einheitspreisen und den tatsächlich ausgeführten Mengen abgerechnet."

Aussage 2:
„Haben die Parteien über die Art der Abrechnung (Einheitspreis, Pauschalsumme, Stundenlohn, Selbstkosten) keine Vereinbarung getroffen, so gilt die Vergütung nach Einheitspreisen als vereinbart."

Ganz am Rande: Nach welchen Einheitspreisen wird eigentlich abgerechnet, wenn gar keine vereinbart sind – offenbar nach üblichen, wobei wir dazu auf Rdn. 120 verweisen dürfen.

116 Der BGH versteht **§ 2 Nr. 2 VOB/B** mit gutem Willen so, wie wir versucht haben, den Text zu erläutern und sagt dann: Die Aussage 1 (Abrechnung nach vereinbartem Einheitspreis und ausgeführten Mengen) regelt nur, welche Leistungen durch die **vereinbarten** Preise abgegolten sind,[115] nämlich die **ausgeführten** Mengen. Demgegenüber meinen Korbion/Keldungs und Weick,[116] so hätte (dieser Teil des) § 2 Nr. 2 VOB/B gar keinen Sinn; dass bei Einheitspreisen genau so abgerechnet werde, sei selbstverständlich.

Dass gerade **so** beim Einheitspreisvertrag abgerechnet wird, ist zwar naheliegend, aber nicht selbstverständlich. Es ist im Gegenteil zu begrüßen, dass die VOB/B wenigstens im Ergebnis den Einheitspreisvertrag definiert, was sie ja beim Pauschalvertrag leider unterlässt. Es ist nämlich nicht selbstverständlich, dass die Vergütung sich allein aus den ausgeführten Mengen und den vereinbarten Einheitspreisen ergibt.

Es **könnte** genausogut verbindlich wie folgt abgerechnet werden:
Die in den dem Vertrag zugrundeliegenden Zeichnungen aufgeführten Leistungen werden mit den vereinbarten Einheitspreisen abgerechnet (vgl. DIN 18 299, Abschnitt 5). Diejenigen Leistungen, die nicht in den zum Zeitpunkt des Vertragsschlusses vorliegenden Zeichnungen enthalten sind, werden nach Marktpreisen (also üblichen Einheitspreisen) oder aufgrund von noch neu zu ermittelnden (zu kalkulierenden) Preisen abgerechnet. Mengen, die entgegen den Vertragszeichnungen später doch nicht auszuführen sind, könnten trotzdem vergütet werden – schließlich hat der Auftraggeber die Ausführungsplanung erstellt oder erstellen lassen. Ähnliche Überlegungen liegen ja auch der unterschiedlichen Behandlung von Minder- und Mehrmengen in § 2 Nr. 3 VOB/B zugrunde.[117]

---

[115] BGH BauR 1981, 388, 389, vgl. Fn. 113.
[116] Jeweils a. a. O.
[117] Einzelheiten Band 1, Rdn. 556.

Gerade Juristen wissen, auf welche Ideen findige Leute kommen können, wenn ein Begriff nicht definiert ist.[118]

Also hat Aussage 1 mindestens als Klarstellung einen vernünftigen Sinn. Mit Beweislast hat die Aussage nichts zu tun.

Aussage 2 (Abrechnung nach Einheitspreis, wenn keine andere Abrechnungsart vereinbart) bestimmt laut BGH,[119] dass hinsichtlich der Berechnungsart eine Vereinbarung der Parteien Vorrang habe. Das ist in der Tat selbstverständlich und auch gar nicht die von Korbion und Weick mit Recht anders gelesene Aussage. Die Aussage 2 lautet vielmehr, dass dann, wenn eine Berechnungsart **nicht** vereinbart ist, die Abrechnung nach Einheitspreis als vereinbart gilt. Vorab ist **diese** Aussage nicht selbstverständlich. Genausogut könnte die VOB/B regeln, dass der Unternehmer, der die im eigenen Interesse zu treffende klare Regelung der Abrechnungsart unterlässt, nur nach Selbstkosten bezahlt wird.

Wir wollen keineswegs behaupten, dass eine Abrechnung nach Selbstkosten immer billiger für den Auftragnehmer wäre, aber jedenfalls wäre eine solche Regelung der VOB **möglich**. Ebenso wären andere Regelungen denkbar.

Auch hier stellt deshalb die VOB/B sinnvoll klar.

Daraus folgt aber nun nicht die behauptete Beweislastumkehr – eher im Gegenteil: Mit der Klärung, dass nach der Methode „Einheitspreisvertrag" abgerechnet wird, ist praktisch nichts gewonnen. Nach welchen Einheitspreisen, wie hoch? Antwort wie erwähnt: Nach marktüblichen – vereinbarte gibt es ja nicht, denn sonst griffe die Fiktion nicht ein. Also enthält Aussage 2 **dieselbe** Beweislastregel wie § 632 Abs. 2 BGB: Wenn die Höhe der Vergütung (so BGB) oder die Art der Vergütung (so VOB/B) **nicht** vereinbart ist, gilt die übliche Höhe (so BGB) bzw. jedenfalls die übliche Berechnungsart (Einheitspreis, so VOB/B) als vereinbart.

Beides gilt also nur, wenn entweder die Höhe oder beim VOB-Vertrag die Berechnungsart der Vergütung **nicht** vereinbart ist. Behauptet der Auftraggeber, es sei doch eine Berechnungsart vereinbart (nämlich Pauschale), so muss jetzt der Auftragnehmer beweisen, dass die Berechnungsart Pauschale **nicht** vereinbart ist und die behauptete Abrechnungsart „Einheitspreise" vereinbart ist – ganz genau, wie der Auftragnehmer die Pauschalpreisbehauptung auch bei § 632 BGB widerlegen muss.[120]

Der **BGH stellt deshalb insgesamt mit vollem Recht fest**, dass § 2 Nr. 2 VOB/B nicht entnommen werden kann, dass sich die Vergütung auch dann nach Einheitspreisen richten solle, wenn der Auftraggeber eine andere Abrechnungsart behauptet und der Auftragnehmer die von ihm behauptete Vergütungsmethodik „Einheitspreisvertrag" nicht beweisen kann.

Im Übrigen gilt: Vergütungsmethodik (Berechnungsart) und Vergütungshöhe sind natürlich zwei unterschiedliche Sachverhalte, aber sie hängen doch untrennbar zusammen. Wenn der Auftragnehmer behauptet, es seien gemäß vereinbartem Einheitspreisvertrag 51 000,– € ab-

---

[118] Wer es nicht glaubt, lese die Anmerkung bei Schäfer/Finnern zu einem Urteil des Kammergerichts (Z 2.302 Bl. 6 ff., Bl. 9 R): Dort kommt der Kommentator (fehlerhaft) zu der Ansicht, im damals führenden Kommentar von Hereth/Ludwig/Naschold zur VOB/B werde der Standpunkt vertreten, auch bei der Vergabe nach Einheitspreisen sei die **Angebots**endsumme maßgebend, da die Abrechnung nach Einheitspreisen nur ein technisches Hilfsmittel für die Vergütungs-Vereinbarung darstelle – dies, obwohl es damals schon § 2 Nr. 2 VOB/B gab.

[119] A. a. O.

[120] Einzelheiten oben Rdn. 100 ff.

zurechnen, der Auftraggeber aber eine vereinbarte Pauschalsumme von 40 000,- € behauptet, soll – wenn nichts bewiesen wird – laut der Mindermeinung von Korbion/Keldungs feststehen, dass nach Pauschale vergütet wird. Die Höhe sei aber noch nicht geklärt; also müsste jetzt der Auftragnehmer vortragen, wie sich die 51 000,- € der Höhe nach ergäben – aber wie soll er das, wenn er jetzt infolge der Beweislast seinen Preis auf der Grundlage einer Pauschale ermitteln müßte, die er selbst bestreitet? Wie soll er etwas darlegen, was nach seiner Behauptung überhaupt nicht existiert? Also wird (gewissermaßen hinter dem Rücken) auch die Vergütungshöhe entgegen der formalen Lehrmeinung doch gleich mitgeregelt; es gilt übliche Vergütungshöhe. Auch hier ist deshalb dem BGH[121] uneingeschränkt **zuzustimmen**: „Wer den Abschluss eines **Einheitspreisvertrages** bestreitet, bestreitet damit **auch**, dass die behaupteten Einheitspreise ihrer Höhe nach vereinbart worden seien. Läßt sich aber die Frage, **welche Berechnungsart** vereinbart worden ist, nicht durch eine Beweisaufnahme klären, sind hinreichende Feststellungen über eine Vereinbarung **zur Höhe** der einzelnen Einheitspreise kaum möglich. Alsdann müßte doch eine Abrechnung nach den ‚üblichen' oder ‚angemessenen' Einheitspreisen erfolgen. Der Auftragnehmer würde in einem solchen Fall auf diese Weise auch entgegen einer Pauschalpreisbehauptung des Auftraggebers die übliche Vergütung im Sinne des § 632 Abs. 2 BGB durchsetzen können. Hätte er jedoch sogleich nur die übliche Vergütung verlangt, wäre er nach der eingangs dargestellten und weithin anerkannten Beweislastregel beweisfällig und auf den vom Auftraggeber niedriger angegebenen Pauschalpreis beschränkt geblieben. Das ist nicht miteinander vereinbar. **Berechnungsart** und **Höhe** der Vergütung sind vielmehr zu sehr miteinander verknüpft, als dass es sinnvoll wäre, die Beweislast bei jener anders zu verteilen als bei dieser."

121   Ganz am Rande: Eine in der VOB/B enthaltene, also vertragliche **Beweislastumkehr** wäre **unwirksam** wegen Verstoßes gegen § 309 Nr. 12 BGB, sofern der **Auftragnehmer** ausnahmsweise **Verwender** der VOB/B ist.[122]

122   Zusammengefasst: Die **Beweislast** ist bei **BGB-Vertrag und VOB-Vertrag dieselbe**: Wenn der Auftraggeber eine niedrigere Pauschale behauptet, muss der Auftragnehmer die Behauptung widerlegen, also einen **Negativ-Beweis** führen.

7.4 Anforderungen an den Negativ-Beweis des Auftragnehmers

123   Wenn der Auftragnehmer beweisen muss, was **nicht** vereinbart ist – dass also entgegen der Behauptung des Auftraggebers **kein** Pauschalvertrag vereinbart ist –, wird er dann vor ein unlösbares Problem gestellt, wenn man den zu führenden Negativ-Beweis formal-logisch betrachtet: Wenn das Angebotsblankett am 4. Mai eingegangen ist und die Pauschalpreisabrede mündlich getroffen sein soll, müsste der Auftragnehmer beweisen, dass eine solche mündliche Abrede weder am 5. Mai noch am 6. Mai noch am 7. Mai (usw.) verlängert, mindestens bis zum Beginn der Bauarbeiten **nicht** getroffen worden ist. Die Anzahl der Nicht-Möglichkeiten ist unendlich.

Eine solche formal-logische Betrachtung ist aber unangebracht: Der Auftraggeber muss ja wissen, wann und wie mit wem die Pauschalvereinbarung geschlossen worden sein soll. Folglich verlangen Rechtsprechung und Lehre einhellig mit vollem Recht vom Auftraggeber, dass er seine Behauptung genau substantiiert, also genau vorträgt, zwischen wem, bei welcher Gelegenheit, in welcher Form und wann die behauptete Vereinbarung geschlossen

---

[121] A. a. O., vgl. Fn. 113.
[122] Nicklisch/Weick, VOB/B § 2 Rdn. 28.

worden sein soll – gegen eine so konkretisierte Behauptung kann jetzt auch der Auftragnehmer einen Negativ-Beweis führen, d. h. die Unrichtigkeit **dieser** Behauptung beweisen.[123]

Die schlichte Behauptung des Auftraggebers, es sei ein Pauschalvertrag geschlossen, ohne dass er dessen Inhalt, insbesondere also die vereinbarte Pauschalsumme, vortragen würde, wäre ohnehin unerheblich: Behauptet der Auftragnehmer, es seien 51 000,- € auf EP-Basis zu zahlen und wendet der Auftraggeber ein, es sei ein Pauschalvertrag geschlossen, so schließt das ja nicht aus, dass 51 000,- € (dann eben als Pauschalsumme) zu zahlen seien. Über diese Behauptung brauchte also gar kein Beweis erhoben zu werden.

Bei der Beweiswürdigung darf und muss berücksichtigt werden, wie „sinnvoll und wahrscheinlich" die angebliche Pauschalpreisvereinbarung ist; eine „widerspruchsvolle, in sich unstimmige Darlegung genügt nicht".[124] In der Prozesspraxis ist in kleinen Fällen z. B. die Behauptung eines Auftraggebers (erstaunlicherweise) typisch, zwar sei ein Vertrag mit Einheitspreisen unterzeichnet worden, aber bei **derselben** Gelegenheit sei abweichend mündlich ein niedrigerer Pauschalpreis vereinbart worden. Die bloße Behauptung – ohne dass sie durch Beweismittel, z. B. Zeugen, gestützt würde – ändert nichts daran, dass ein Negativ-Beweis von seiten des Auftragnehmers als geführt anzusehen ist: Dass bei Unterzeichnung einer Vertragsurkunde gleichzeitig das Gegenteil ihres Inhalts vereinbart worden sei, ist äußerst unwahrscheinlich.

Zusammengefasst dürfen an den Negativ-Beweis **keine unerfüllbaren Anforderungen** gestellt werden.

7.5 Beweislast bei nachträglicher Änderung eines schon geschlossenen Vertrages oder nach Baubeginn

Ist es unstreitig, dass die Vertragsparteien ursprünglich eine vereinbarte Vergütungsmethodik (auch der Höhe nach) getroffen haben oder ist eine solche Vereinbarung jedenfalls bewiesen, so muss der, der eine nachträgliche Abänderung dieser geschlossenen (bzw. jedenfalls bewiesenen) Vereinbarung behauptet, diese nachträgliche Abänderung beweisen. Der Auftraggeber muss also die nachträgliche Herabsetzung der Vergütung, der Auftragnehmer die nachträgliche Heraufsetzung der Vergütung beweisen.[125]

124

Auch dann, wenn keine oder noch keine Vereinbarung getroffen war, aber nennenswerte Arbeiten im Zeitpunkt der vom Auftraggeber behaupteten Pauschalierung schon ausgeführt waren, muss nicht der Auftragnehmer die Pauschalierungsvereinbarung beweisen, sondern der Auftraggeber; er hat nämlich, gerade weil ein Vertrag schon mindestens stillschweigend geschlossen, aber keine Vereinbarung zur Höhe getroffen war, die Fiktion des § 632 Abs. 2 BGB gegen sich, nach der „die übliche Höhe der Vergütung als vereinbart gilt".[126]

---

[123] Allgemeine Meinung, z. B. BGH BB 1957, 799 = Schäfer/Finnern Z 2.300 Bl. 4; BGH BauR 1983, 366; BGH BauR 1992, 505; OLG Frankfurt MDR 1979, 756; Palandt/Sprau, BGB § 632 Rdn. 18; Baumgärtel, Handbuch der Beweislast, Band 1, § 632 Rdn. 16.
[124] BGH BauR 1992, 505.
[125] BGH BauR 1983, 366, 368; allgemeine Meinung.
[126] OLG Hamm NJW 1986, 199; zustimmend Palandt/Sprau, BGB, § 632 Rdn. 11; Baumbach/Hartmann, ZPO, Anhang § 286 Rdn. 227; Ingenstau/Korbion/Keldungs, VOB/B a. a. O.; Grimme, Die Vergütung beim Werkvertrag, S. 138; zweifelnd Werner/Pastor, Bauprozess, Rdn. 1180.

Teil 2
Das Bausoll beim Detail-Pauschalvertrag

Kapitel 3
Der Gegenstand der Leistung beim Detail-Pauschalvertrag Qualitatives Bausoll: Bauinhalt und Bauumstände (Art der Leistung)

1 Systematische Vorbemerkungen – Pauschalvertrag in der VOB

200 Für unsere weiteren Erörterungen sind die nachfolgenden Bestimmungen der VOB/B und VOB/A maßgeblich:

VOB/B
§ 1
1.
Die auszuführende Leistung wird nach Art und Umfang durch den Vertrag bestimmt. Als Bestandteil des Vertrages gelten auch die Allgemeinen Technischen Vertragsbedingungen für Bauleistungen.

...

§ 2
1.
Durch die vereinbarten Preise werden alle Leistungen abgegolten, die nach der Leistungsbeschreibung, den Besonderen Vertragsbedingungen, den Zusätzlichen Vertragsbedingungen, den Zusätzlichen Technischen Vertragsbedingungen, den Allgemeinen Technischen Vertragsbedingungen für Bauleistungen und der gewerblichen Verkehrssitte zur vertraglichen Leistung gehören.

2.
Die Vergütung wird nach den vertraglichen Einheitspreisen und den tatsächlich ausgeführten Leistungen berechnet, wenn keine andere Berechnungsart (z. B. durch Pauschalsumme, nach Stundenlohnsätzen, nach Selbstkosten) vereinbart ist.

3.
...

4.
Werden im Vertrag ausbedungene Leistungen des Auftragnehmers vom Auftraggeber selbst übernommen (z. B. Lieferung von Bau-, Bauhilfs- und Betriebsstoffen), so gilt, wenn nichts anderes vereinbart ist, § 8 Nr. 1 Abs. 2 entsprechend.

5.
Werden durch Änderung des Bauentwurfs oder andere Anordnungen des Auftraggebers die Grundlagen des Preises für eine im Vertrag vorgesehene Leistung geändert,

so ist ein neuer Preis unter Berücksichtigung der Mehr- oder Minderkosten zu vereinbaren. Die Vereinbarung soll vor der Ausführung getroffen werden.

6. (1)
Wird eine im Vertrag nicht vorgesehene Leistung gefordert, so hat der Auftragnehmer Anspruch auf besondere Vergütung. Er muss jedoch den Anspruch dem Auftraggeber ankündigen, bevor er mit der Ausführung der Leistung beginnt.

(2)
Die Vergütung bestimmt sich nach den Grundlagen der Preisermittlung für die vertragliche Leistung und den besonderen Kosten der geforderten Leistung. Sie ist möglichst vor Beginn der Ausführung zu vereinbaren.

7. (1)
Ist als Vergütung der Leistung eine Pauschalsumme vereinbart, so bleibt die Vergütung unverändert. Weicht jedoch die ausgeführte Leistung von der vertraglich vorgesehenen Leistung so erheblich ab, dass ein Festhalten an der Pauschalsumme nicht zumutbar ist (§ 313 BGB), so ist auf Verlangen ein Ausgleich unter Berücksichtigung der Mehr- oder Minderkosten zu gewähren. Für die Bemessung des Ausgleichs ist von den Grundlagen der Preisermittlung auszugehen.
(2)
Die Regelungen der Nrn. 4, 5 und 6 gelten auch bei der Vereinbarung einer Pauschalsumme.
(3)
Wenn nichts anderes vereinbart ist, gelten die Absätze 1 und 2 auch für Pauschalsummen, die für Teile der Leistung vereinbart sind; Nr. 3 Abs. 4 bleibt unberührt.

VOB/A (Abschnitt 1)
§ 5
1.
Bauleistungen sollen so vergeben werden, dass die Vergütung nach Leistung bemessen wird (Leistungsvertrag), und zwar:

a) ...

b) in geeigneten Fällen für eine Pauschalsumme, wenn die Leistung nach Ausführungsart und Umfang genau bestimmt ist und mit einer Änderung bei der Ausführung nicht zu rechnen ist (Pauschalvertrag).

Als Detail-Pauschalvertrag haben wir den Typus des Pauschalvertrages bezeichnet, in dem die **Leistungs**seite „im Detail" bestimmt ist, bei dem also die **Leistungsbeschreibung differenziert und detailliert** ist; Prototyp ist der Pauschalvertrag, dem ein Angebot auf der Basis von detailliert – durch Text und/oder Pläne – beschriebenen Einzelleistungen zusammen mit Mengenermittlungsparametern (z.B. Plänen) zugrunde liegt.[200]

201

Was ist bei dem Pauschalvertragstyp

Detail-Pauschalvertrag

die **vertraglich geschuldete** Leistung, was **fällt** also bei ihm (noch) „**unter die Pauschale**" und was nicht mehr?

Zu prüfen ist, was bei **diesem** Vertragstyp die geschuldete vertragliche Leistung des Auftragnehmers ist, das **Bausoll**;[201] wir beantworten also die Frage, welchen Bauinhalt der Auftraggeber vertragsgemäß zu erstellen hat und unter welchen vertraglichen Bauum-

---

[200] Zum Begriff Detail-Pauschalvertrag Einzelheiten schon oben Rdn. 2 ff. und weiter nachfolgend Rdn. 202 ff.
[201] Zum Begriff Bausoll s. Band 1, Rdn. 100.

ständen dies zu geschehen hat, **was** er also vertragsgemäß zu bauen hat und unter welchen vertraglich zugesagten **Umständen, wie** er also bauen darf. In der Terminologie von § 5 Nr. 1 b VOB/A gehören sie (auch) zur **Ausführungsart. Die Bauumstände** sagen etwas dazu aus, unter welchen vertragsgemäßen Umständen diese Leistung erbracht werden darf. Wäre die Baustelle bei Umbauarbeiten im laufenden Geschäft z. B. nur nachts zugänglich, gehörte das zu den Bauumständen.[202]

Wir erörtern in diesem Kapitel noch **nicht, wieviel** der Auftragnehmer vertragsgerecht leisten muss, ob er also 6 900 m² Bandrasterplatten statt „ausgeschriebener" 6 801 m² Bandrasterplatten zum selben Pauschalpreis bauen muss oder nicht. Im Sinne von § 5 Nr. 1 b VOB/A betrifft das den **Umfang** der Leistung, d. h. die Frage, welche **Menge** beim (Detail-)Pauschalvertrag zum vereinbarten Pauschalpreis zu erbringen ist.[203]

2 Die Bestimmung des qualitativen Bausolls nur durch die *Einzelregelungen* des Vertrages

2.1 Regelungsgehalt der §§ 2 Nr. 1, 2, 7 Abs. 1 VOB/B, § 5 Nr. 1 b VOB/A

202 Gemäß § 1 Nr. 1 VOB/B wird die auszuführende Leistung durch den **Vertrag** bestimmt.

Durch die vereinbarten Preise werden gemäß **§ 2 Nr. 1 VOB/B „alle Leistungen abgegolten,** die nach der **Leistungsbeschreibung** ... zur vertraglichen Leistung" gehören.

§ 2 Nr. 1 VOB/B gilt zweifelsfrei sowohl für Einheitspreisverträge wie für Pauschalverträge.

Nach der Vergabeanweisung der VOB/A an den öffentlichen Auftraggeber soll „für eine Pauschalsumme" nur dann vergeben werden, wenn die **Leistung nach Ausführungsart** und Umfang **genau bestimmt** ist, so § 5 Nr. 1 b VOB/A.

Beim Detail-Pauschalvertrag enthält der Vertrag **die** Leistungsbeschreibung, die § 5 Nr. 1 b VOB/A eindeutig im Auge hat, also eine **genaue** Leistungsbeschreibung. **Diese Leistungsbeschreibung** bestimmt folglich, welche Leistungen durch die vereinbarte Pauschalsumme abgegolten sind (§ 2 Nr. 1 VOB/B) – und natürlich **umgekehrt auch,** welche Leistungen durch die vereinbarte Pauschalsumme nicht abgegolten werden, nämlich die, die in der genannten genauen Leistungsbeschreibung **nicht** enthalten sind.

Für die vertraglich geschuldeten, so genau definierten Leistungen gilt § 2 Nr. 7 Abs. 1 Satz 1 VOB/B:

„Ist als Vergütung der **Leistung** (nämlich der durch die genannte Leistungsbeschreibung beschriebenen Leistung) eine Pauschalsumme vereinbart, so bleibt die Vergütung unverändert."

Als „Leistung" ist eindeutig die „vertraglich vorgesehene" Leistung gemeint, wie es § 2 Nr. 7 Abs. 1 Satz 2 VOB/B ja auch ausdrücklich erwähnt.

Oder anders ausgedrückt und nach dem Wortlaut und dem Sinnzusammenhang der VOB/B sowie der Abstimmung von VOB/A und VOB/B aufeinander unzweideutig: **Wenn** die Vertragsleistung „nach Ausführungsart" **genau bestimmt** ist – und dies geschieht z. B. durch ein entsprechend genaues Leistungsverzeichnis und/oder Ausführungspläne –, dann bleibt die Pauschalsumme unverändert für **diese** Leistungen; **diese**

---

[202] Näher zu den Begriffen Bauinhalt und Bauumstände Band 1, Rdn. 2; s. auch oben Fn. 28.
[203] Dazu später unten Rdn. 286 ff.

Leistungsbeschreibung als zentrale Definition des Bausolls

Leistungsbeschreibung bestimmt, dass **diese** Leistungen in dem durch die Mengenermittlungskriterien bestimmbaren Umfang abgegolten sind – und nur diese, keine anderen, keine geänderten, keine zusätzlichen. Im Gegenteil: § 2 Nr. 7 Abs. 2 VOB/B sagt ausdrücklich: **Alle Vorschriften des § 2 VOB/B, die sich auf vom Auftraggeber angeordnete geänderte, zusätzliche oder verringerte Leistungen beziehen** und die alle ihrerseits Auswirkungen auf die Vergütung haben, **bleiben unberührt**, gelten also auch beim Pauschalvertrag, nämlich **§ 2 Nr. 4, Nr. 5 und Nr. 6.**

§ 2 Nr. 7 Abs. 1 Nr. 1 VOB/B enthält deshalb **keinerlei Aussage** dazu, dass durch die bloße Bezeichnung als Pauschalsumme **etwas anderes** oder **etwas zusätzliches vergütet werde als in der spezifischen**, in § 5 Nr. 1 b VOB/A vorgesehenen Leistungsbeschreibung enthalten.[204] Wie aus der Zusammensicht offensichtlich wird, baut die VOB/B in § 2 Nr. 7 auf § 5 Nr. 1 b VOB/A auf. Die VOB/B regelt für den Pauschalvertrag im Ergebnis deshalb überhaupt nur den „VOB/A-konformen" Pauschalvertrag, nämlich den Detail-Pauschalvertrag des § 5 Nr. 1 b VOB/A. Zusammengefasst: **Abgegolten durch die Pauschalsumme beim Detail-Pauschalvertrag ist das,** aber auch **nur das** als Leistung, was als **differenzierte Beschreibung** in dieser **Leistungsbeschreibung** (einschließlich der Mengenermittlungskriterien) erfasst ist.

Ist die Leistungsbeschreibung somit detailliert, ist genau das abgegolten; ist sie global, ist nur global festgestellt, was abgegolten ist, also bedarf die Leistungsbeschreibung der Vervollständigung; das ist ein Global-Pauschalvertrag.

All dies muss vertieft werden.

2.2 Leistungsbeschreibung als zentrale Definition des Bausolls

Die **Leistungsbeschreibung** (einschließlich der Mengenermittlungskriterien) ist also auch beim Pauschalvertrag der **zentrale Begriff** zum Verständnis des geschuldeten Bausolls. Der Begriff „Leistungsbeschreibung" ist sehr anschaulich. Die Leistungsbeschreibung „beschreibt", **welche Leistung der Auftragnehmer vertraglich schuldet** – das Bausoll.

Allerdings wird die Vertragsleistung nicht **nur** durch die Leistungsbeschreibung definiert, sondern darüber hinaus – so § 2 Nr. 1 VOB/B – auch durch die Besonderen Vertragsbedingungen, die Zusätzlichen Vertragsbedingungen, die Zusätzlichen Technischen Vertragsbedingungen (also insgesamt die Geschäftsbedingungen, die Vertragsinhalt sind), weiter durch die Allgemeinen Technischen Vertragsbedingungen für Bauleistungen (das ist die VOB/C) und durch die gewerbliche Verkehrssitte, endlich natürlich – entsprechende Vereinbarung vorausgesetzt – durch die VOB/B selbst und überhaupt durch **alle** Vertragsbestandteile, durch eine „**Totalität**" **aller Vertragsunterlagen**; sie bilden die **Leistungsbeschreibung im weiteren Sinne**. Folglich werden wir alle diese Bestimmungen noch darauf zu erörtern haben, welche Bedeutung sie für die Feststellung des **Bausolls** beim Detail-Pauschalvertrag haben.[205] Natürlich wird aber das **Bausoll zuerst einmal durch den konkreten Vertrag bestimmt,** insbesondere durch **dessen Leistungsbeschrei-**

---

[204] So auch zutreffend die Grundsatzentscheidung „Schlüsselfertigbau", BGH BauR 1984, 395; Einzelheiten Rdn. 232 ff.

[205] Dazu unten Rdn. 274 ff. Zur zentralen Bedeutung der Leistungsbeschreibung auch beim Pauschalvertrag **insoweit** zutreffend OLG Koblenz BauR 1997, 143, 144. Zu dieser Entscheidung ansonsten jedoch Rdn. 493, Fn. 498 und Rdn. 530, Fn. 552.
Zu den Begriffen „Totalität aller Vertragsunterlagen" und „Leistungsbeschreibung im weiteren Sinne" Einzelheiten Band 1, Rdn. 178.

bung. Um also zu wissen, welche konkrete Leistung der Auftragnehmer schuldet, muss immer die Leistungsbeschreibung des Vertrages als erstes geprüft werden.

Ist die Leistungsbeschreibung global, d. h. in Teilbereichen oder in wesentlichen Einzelheiten nicht bis ins Einzelne konkretisiert, so handelt es sich um einen Global-Pauschalvertrag, Prototyp Schlüsselfertigbau. Ist die Leistungsbeschreibung dagegen detailliert, handelt es sich um einen Detail-Pauschalvertrag, den wir in diesem Kapitel behandeln; Zwischenformen gibt es reichlich, auch diese werden wir „einzuordnen" haben.[206]

205 Für beide Typen, aber insbesondere also auch für den Global-Pauschalvertrag, gilt jedenfalls, dass die **Leistungsbeschreibung** die **Leistung bestimmt.** Deshalb ist es **unrichtig**, dass durch den Abschluss „eines Pauschalvertrages eine Leistungsbeschreibung (und/oder ein Leistungsverzeichnis) in den Bereich einer bloßen **Kalkulationsgrundlage** zurückgestuft wird, weil sie für die endgültige Abrechnung keine rechtliche Bedeutung mehr hat".[207] Ganz im Gegenteil: Die Leistungsbeschreibung macht es erst möglich, die geschuldete Bauleistung, das Bausoll, zu bestimmen und die zugehörigen Kosten zu kalkulieren. Schließlich müssen beide Vertragsparteien irgendwo ihr Wissen herbeziehen, was für die Pauschalsumme als Gegenleistung überhaupt zu erbringen ist. Die geschuldete Leistung selbst ist per Leistungsbeschreibung unmittelbarer Gegenstand der Vertragsregelung.

2.3 Die differenzierte (detaillierte) Leistungsbeschreibung

2.3.1 Globale Elemente auch in differenzierten Leistungsbeschreibungen?

206 Wir kehren zu unserem Beispiel aus Rdn. 3 zurück.

Der Vertrag der Parteien hat gemäß **Abb. 3 b** S. 16 (Rdn. 28) zum Gegenstand:

„6801 m² OWA-coustic Bandrasterdecke OWA18 oder gleichwertig ... einbauen
Einheitspreis je m²: 40,– €
Summe: pauschal 260 000,– € zuzüglich Mehrwertsteuer"

207 Diese Beschreibung für Leistungen eines einzelnen Gewerks ist differenziert, „genau" (?), sie enthält alle notwendigen Angaben. Die Rasterung der Decken ist klar (Systemblatt 18). Würde der Auftraggeber eine andere Rasterung anordnen, wäre das vom bisherigen Bausoll nicht gedeckt, es wäre vergütungspflichtige Anordnung einer geänderten Leistung, § 2 Nr. 7 Abs. 2, § 2 Nr. 5 VOB/B.
Die Qualität der Platte ist eindeutig beschrieben, nämlich OWA coustic oder gleichwertig.
Es ist geregelt, dass der Auftragnehmer die Platte zu montieren hat, dass er weiter auch die Abhängung zu liefern und anzubringen hat.

208 Nicht definiert ist allerdings im Detail, welche Abhängkonstruktion anzubringen ist. Insoweit enthält auch diese differenzierte Leistungsbeschreibung, die klar und konkret erscheint, eine geringfügige „globale" Regelung. Aber das ist völlig normal und völlig belanglos: Bei jeder Leistungsbeschreibung, auch bei einer differenzierten, auch bei einer „perfekten" Leistungsbeschreibung für einen Einheitspreisvertrag, sind unausgesproche-

---

[206] Zur Einordnung s. vor allem Rdn. 285, 474 ff.
[207] So aber Meissner, Leistungsumfang und Gewährleistungspflicht des Auftragnehmers beim Pauschalvertrag, in: Seminar Pauschalvertrag und schlüsselfertiges Bauen, S. 9 ff. Gegenteilig und wie hier auch BGH Schäfer/Finnern Z 2.301 Bl. 42 ff. = BauR 1972, 118; näher dazu Rdn. 229.

Die differenzierte (detaillierte) Leistungsbeschreibung   Rdn. 209

ne, selbstverständliche „Globalisierungen"[208] sinnvoll. Ohne sie würde „eine Perfektion der Darstellung der Leistungsdifferenzierung nötig, die im Bauwesen sprachlich und technisch nicht zu bewältigen ist".[209]

Solche „Globalisierungen" im kleinen sind strukturell nichts anderes als die „Globalisierung" bei „pauschalen" Leistungsbeschreibungen im großen, also z. B. beim Schlüsselfertigbau, dem typischen Global-Pauschalvertrag. Es gibt geradezu auch „Global-Einheitspreisverträge" – vgl. oben Rdn. 87.

Die „kleinen" (Alltags-)Globalisierungen bereiten nur deshalb **keine Probleme,** weil sie mit **allseitigem** Einverständnis und **objektivierbar** zu präzisieren sind; sie sind letztlich nur Sprachkürzel.

Sie lassen sich präzisieren

- zuerst einmal mit Hilfe von unausgesprochenen Selbstverständlichkeiten – dass z. B. die Abhängkonstruktion ihrerseits an der Decke befestigt werden muss, braucht wirklich nicht erwähnt zu werden, ebensowenig, dass der Auftragnehmer sein Werkzeug mitbringen muss –,
- durch das Erfordernis mangelfreier Arbeit – die Montage muss so erfolgen, dass die abgehängte Decke nicht wackelt –,
- durch zahlreiche spezielle Fachregeln, hier z. B. die DIN 18 340 (gemäß 3.3.7 dieser DIN sind Anschlüsse an angrenzende Bauteile bei Mineralfaser- und Metalldeckenkonstruktionen mit einem einfach rechtwinklig abgekanteten sichtbaren Wandwinkel aus Metall auszubilden, der in den Ecken stumpf zu stoßen ist, wenn in der Leistungsbeschreibung nichts anderes vorgeschrieben ist),
- allgemein durch die anerkannten Regeln der Technik.

Soweit

- mehrere Ausführungsmöglichkeiten bestehen – Fabrikat und System der Abhängkonstruktion nach DIN EN 13 964 sind z. B. nicht benannt –, hat damit der Auftraggeber unausgesprochen dem Auftragnehmer die **Wahl** zwischen mehreren geeigneten Systemen gelassen.

Mit einem Wort: Unter Hinzuziehung einfacher Auslegungshilfen, über die sofort fachlich Einigung zu erzielen ist und für die **objektivierbar allgemeines** Einverständnis besteht, ist diese Leistungsbeschreibung ungeachtet ihrer kleinen „globalen" Elemente doch ganz eindeutig.

Wenn dagegen beim **Schlüsselfertigbau** die Baubeschreibung für ein Bürogebäude als einzige Aussage festhält: „Fensterbänke", ist damit nicht gesagt, wie breit und aus welchem Material sie sind; wenn dieselbe Baubeschreibung keine Türen erwähnt, heißt das nicht, dass das Haus keine Türen zu haben braucht – es ist aber auch nicht gesagt, wie die Türen beschaffen sind. 209

Diese globalen Elemente lassen sich **nicht „ohne weiteres",** nicht kurzerhand objektivierbar füllen, aber nur deshalb nicht, weil es für diese Fragestellungen (Globalisierungen) keine (keine jedenfalls sofort und für jedermann) selbstverständlichen Auslegungskriterien und Auslegungsergebnisse gibt.

---

[208] Heyers, BauR 1983, 297, 303 nennt diese Globalisierung „Repräsentanz".
Der Ausdruck „Globalisierung" ist sprachlich natürlich fremd; einfacher wäre z. B. „Verallgemeinerung". Wir verwenden den Ausdruck „Globalisierung" aber deshalb, weil er zu dem Begriff „Global-Pauschalvertrag" passt und damit sehr deutlich macht, um welches allgemeine Problem es geht. Ebenso i. E. Kleine-Möller/Merl, § 10 Rdn. 51. Weiter auch dazu Rdn. 476.

[209] Zutreffend Heyers, a. a. O., 304. Übrigens gilt das nicht nur für das Bauwesen; in allen Bereichen sind „selbstverständliche Verkürzungen" unvermeidlich.

Bei der Mini-Globalisierung unserer detaillierten Leistungsbeschreibung für die abgehängten Decken ist, um es zu wiederholen, diese Vervollständigung deshalb möglich, weil es dazu objektivierbare, allgemein einsichtige und „selbstverständliche" Auslegungskriterien und Auslegungsergebnisse gibt, gewissermaßen eine „klare Instanz der allgemeinen Meinung aller Fachleute".

Heyers[210] meint dazu, beim Einheitspreisvertrag seien Globalisierungen („Repräsentanz") wesensmäßig (?) auf eine Detailebene ausgerichtet. Beim Pauschalvertrag sei dagegen die „spezifische Gesamtrepräsentanz" (?) (Gesamt-Globalisierung) ein stets notwendiges Element des pauschalen Vertrages.

Die erste Feststellung ist zwar richtig, der Schluss daraus auf die Pauschalvertragsebene aber nicht nachzuvollziehen. Die Aussage im übrigen ist ohnehin nicht richtig, denn der Detail-Pauschalvertrag enthält gerade keinerlei „allgemeine" Ergänzung des Bausolls über das durch die genaue Leistungsbeschreibung beschriebene Bausoll hinaus (welche auch?); bei ihm gibt es gerade keine „Gesamtrepräsentanz".[211]

210 Globale Elemente in differenzierten Leistungsbeschreibungen gibt es auch, wenn die Leistung als solche zwar differenziert beschrieben ist, jedoch nicht in eine Vielzahl von Positionen zergliedert ist, sondern statt dessen durch wenige, Teilleistungen zusammenfassende (Leit-) Positionen beschrieben wird. Das ist bezüglich der Benennung der qualitativen Anforderungen (Bausoll) fast kein Unterschied zu differenzierten Beschreibungen durch eine Vielzahl von Einzelpositionen. Der Unterschied liegt einzig und allein darin, dass nunmehr für quantitative Ermittlungen, für die Kostenzuordnung und für die Abrechnung nur noch wenige „Ordnungszahlen" (= „Positionen") vorgegeben sind, hierzu mehr unter Rdn. 212.

2.3.2 Definition der „detaillierten Leistungsbeschreibung" und Möglichkeiten einer differenzierten (detaillierten) Leistungsbeschreibung

211 Die „Art der Ausführung" (§ 5 Nr. 1 VOB/A) in Form von Bauinhalt und Bauumständen lässt sich **differenziert** vorgeben z. B. durch eine Leistungsbeschreibung mit **Leistungsverzeichnis**,[212] also eine in Teilleistungen zerlegte und durch „Ordnungszahlen" (=„Positionen") gegliederte Auflistung und Beschreibung der verlangten Leistung(en), aber auch durch vollständige Ausführungspläne (vgl. Rdn. 216). Wird beim Pauschalvertrag die Leistung so differenziert (nämlich wie in § 5 Nr. 1 b VOB/A verlangt) beschrieben, handelt es sich eben (nur) um einen

Detail-Pauschalvertrag.

Der Auftragnehmer hat genau das zu leisten, was in dieser Leistungsbeschreibung, nämlich im differenzierten Leistungsverzeichnis (und in zugehörigen Plänen), enthalten ist – nicht mehr, nicht weniger, nichts anderes.

Die Aufteilung in Teilleistungen bzw. **Positionen** hat allerdings – anders als beim Einheitspreisvertrag – für die Vergütung **keine selbständige Bedeutung**, z. B. als Aufteilung in Abrechnungseinheiten, mehr. Beim Pauschalvertrag wird die Vergütung nicht positionsweise

Menge • Einheitspreis

---

[210] A. a. O.
[211] Dazu im Einzelnen schon oben Rdn. 33 ff. und genauer unten Rdn. 240.
[212] Ingenstau/Korbion/Keldungs, VOB/A § 5 Rdn. 9, 10; Daub/Piel/Soergel, VOB/A Erl. 5.31.

berechnet, sondern nur als eine einzige Pauschalsumme ausgewiesen; die Aufteilung in Teilleistungen (Positionen) ist beim Pauschalvertrag also nur Hilfsmittel, die geschuldete Leistung „näher zu bestimmen",[213] oder besser ausgedrückt: eindeutig zu bestimmen.

Offensichtlich ist jedenfalls: Bei **dieser Methode der Leistungsbeschreibung** gibt es – abgesehen von den Mengenermittlungsparametern für die Mengenermittlung – für das geschuldete **Bausoll keinen Unterschied zwischen Detail-Pauschalvertrag und Einheitspreisvertrag.** Die Regelung zum Einheitspreisvertrag werden wir also entweder vollständig oder jedenfalls modifiziert übernehmen können.

Greifen wir die Darlegungen aus Rdn. 210 auf, so ist festzuhalten, dass es ganz in der Hand des Ausschreibenden liegt – und zwar sowohl beim Einheitspreisvertrag als auch beim Detail-Pauschalvertrag –, in wieviele unterschiedliche „Ordnungszahlen" die Vertragsleistung zergliedert wird; beim Detail-Pauschalvertrag ist die Unterteilung sogar gar nicht notwendig. 212

Hierzu ein Beispiel:
Sofern bei der Ausschreibung einer Dachabdichtung mit Bitumenbahnen (durch wen auch immer – ob „normaler" Auftraggeber oder Schlüsselfertigbau-Unternehmer) für jede Schicht eine eigene Ordnungszahl gebildet wird, so ist das eine in viele Teilleistungen (und somit beim Einheitspreisvertrag in „Vergütungsberechnungspositionen") zerlegte Gesamtleistung (vgl. Anhang I, A, Unterlage 7/90, Pos. 1 ff.).
Es geht jedoch nichts an Informationen verloren, wenn der Auftraggeber alle Lagen der Dachdichtung aus Bitumenbahnen in einer einzigen „Ordnungszahl" (= Position) wie folgt zusammenfasst:
Komplette Dachabdichtung mit Bitumenbahnen auf Gefälledämmung (mindest-D = 160 mm) aus Polystyrol-Hartschaumplatten herstellen.
Voraussetzung wäre, dass durch die „anerkannten Regeln der Technik" (hier: DIN 18338) Art und Anzahl der Bahnen definiert sind oder dass der Auftragnehmer unter mehreren technischen Möglichkeiten die Wahl haben soll. Abrechnungstechnisch wäre eine einzige Ordnungszahl sogar eine Vereinfachung.
Eine solche Ausschreibung mit Hilfe einer (System- oder Leit-) Position, also einer Position, die alle anstehenden Leistungen eines (Gewerke- oder Arbeits-) Paketes zusammenfaßt, bereitet dem fachkundigen Bieter keine Probleme bei der Angebotsbearbeitung. Er addiert einfach die Einzelkosten der Einzelelemente, die in der Abrechnungsposition zusammengefasst sind (hier: die einzelnen Dachabdichtungsschichten) zu einem (Gesamt-) Einheitspreis pro Abrechnungsposition.

Die Angelegenheit wird komplizierter, wenn nicht nur die einzelnen Schichten der Dachabdichtung, sondern auch die sonstigen Dachabdichtungsarbeiten (z. B. Pos. 6 ff. aus Anhang I, A, Unterlage 7/90) statt durch einzelne Teilleistungen mit gesonderten Ordnungszahlen nunmehr durch Einschluss in die Leistungsbeschreibung der (System- oder Leit-) Position ausgeschrieben werden (vgl. **Abb. 2**, S. 4). Hierzu gehört z. B. die Eindichtung von Dachabläufen, die in der Regel unter einer eigenen Ordnungszahl ausgeschrieben werden. 213

Wenn diese und andere Leistungen im Rahmen einer (System- oder Leit-) Position (z. B. **Abb. 2**, S. 4) miterfasst werden, geht bezüglich des qualitativen Bausolls immer noch keine Information verloren. Etwas anderes gilt dagegen für die **Kostenzuordnung!**

Sofern es nämlich eine eigene Ordnungszahl für Dachabläufe gibt, können die Kosten für sie auf die entsprechende Abrechnungseinheit – „Stückzahl" – bezogen werden. 214

---

[213] Zu diesem zentralen Begriff aus einer Entscheidung des BGH näher unten Rdn. 232.

Sind dagegen die Kosten für die Dachabläufe auf die Abrechnungseinheit m² (der Leitposition) Dachabdichtung zu beziehen und in deren (Gesamt-) Einheitspreis einzurechnen, so können Probleme bei der Kostenzuordnung entstehen.

Nunmehr ist nämlich eine Umrechnung von Stück Dachabläufen auf m² Dachabdichtung wie folgt durchzuführen:

Auf 1 m² Dachfläche kommen ? Stück Dachablauf.

Dies ist dann unproblematisch, wenn aussagefähige Pläne vorliegen oder wenn der Ausschreibende sonstige ausreichende Angaben zum Bestandteil seiner Ausschreibung macht. Dann kann ein Dachdecker eigene Erfahrungswerte oder Normbestimmungen (hier: DIN 1986, Teil 100) pro m² Dachabdichtung und pro Stück Dachablauf ansetzen bzw. sie sich analytisch über Bezugspreise und über Arbeitsaufwandswerte ermitteln; er kann seine Kalkulation verursachungsgerecht durchführen.

215 Erfahrene Handwerker, Schlüsselfertig-Auftragnehmer und allgemein zugängliche Kostendateien benutzen außerdem nicht selten Erfahrungswerte für die Einheitskosten von (System- bzw. Leit-)Positionen (also z. B. Kostenwerte pro m² Dachabdichtung einschließlich Dachentwässerung).[214]

Die Kostenermittlung mit System- oder Leitpositionen ist letztlich genau diejenige Methode, mit der Architekten und Schlüsselfertig-Auftragnehmer in frühen Phasen Kosten ermitteln bzw. allein verursachungsnah Kosten ermitteln können. Basis sind dazu die (Grob-)Erfahrungswerte aus früheren Bauobjekten (vgl. **Abb. 20, S. 312**).

216 Zusammenfassend ist festzuhalten, dass es **verschiedene Stufen der Differenzierung des Leistungsinhalts** durch Ordnungszahlen gibt, was zu unterschiedlichen Kostenzuordnungen und „Einheitspreisen" – bei Leitpositionen zu „Inklusivpreisen" – führt. All das wirkt sich aber auf den Detail-Pauschalvertrag als solchen bei klarer Leistungsvorgabe nicht aus, da bei ihm so oder so nur ein einziger Preis, nämlich der Pauschalpreis, zu vereinbaren ist. Aus diesem Grunde kann die oben dargestellte Komprimierung der qualitativen Bausoll-Angaben auf eine (oder wenige) Position(en) so weit getrieben werden, dass der Ausschreibende sich darauf beschränkt,

- durch (Vor-)Entwurfspläne die geometrischen Vorgaben (z. B. Anhang I, A, Unterlage 3/07)

und

- durch eine „Leistungsvorgabe" (vgl. **Abb. 2, S. 4**)

das Auszuschreibende zu „charakterisieren".

Für die Leistungsvorgabe reicht es dabei aus, dass z. B. eine „Dachabdichtung mit Bitumenbahnen auf Gefälledämmung" vorgegeben wird, d. h., es sind alle „Schichten" anzubieten und bei Auftragserhalt auszuführen, die gemäß den anerkannten Regeln der Technik (u. a. also der entsprechenden DIN 18338) mindestens zur Funktionserfüllung der benannten Dachabdichtung erforderlich sind.

---

[214] Vgl. **Abb. 20, S. 312**
Vgl. weiter Elementemethode Rdn. 853 ff.
Vgl. auch Blecken, Mengenermittlungs- und Preisbestimmungsmethode, S. 150 ff. Blecken stellt auch ein Verfahren für eine rechnergestützte, schnelle Mengen- und Kostenbestimmung für Gebäudeelemente, Leitpositionen und ihre Komponenten vor.

Die differenzierte (detaillierte) Leistungsbeschreibung

Zur eindeutigen qualitativen Bestimmung der Leistung reicht es auch aus, wenn

- **in ausreichender Zahl (möglichst Ausführungs-)Pläne vorliegen**, aus denen sich die Einzelbestandteile des Gesamtleistungsumfanges zweifelsfrei ergeben (z. B. liegen für ein Musterhaus Pläne vor, für die anderen Häuser ergeben sich die entstehenden Leistungen analog),
- oder wenn andere Objekte als (eindeutige) Bezugsbasis dienen.[215]

Modelle reichen in der Regel nur dann als Vorgabe für Detail-Pauschalverträge, wenn abgegrenzte Leistungen (z. B. Musterzellen für Sanitärräume) anstehen.

Als **Ergebnis** lässt sich festhalten: 217

Wenn eine Leistungsbeschreibung **genau** ist, sind die Kriterien des Detail-Pauschalvertrages erfüllt. **Beim Detail-Pauschalvertrag ist nur das Leistungsinhalt, was im Einzelnen beschrieben bzw. geklärt ist;** davon abweichende oder darüber hinausgehende Leistungen lösen als geänderte oder zusätzliche Leistungen Ansprüche auf Vergütung gemäß § 2 Nr. 7 Abs. 2, § 2 Nr. 5, 6 VOB/B aus.

Eine Leistungsbeschreibung ist genau (in dem hier interessierenden Sinn), wenn sie die Vertragsleistung komplett und ausreichend differenziert beschreibt, wenn insbesondere die Form der Ausschreibung gemäß Einheitspreisvertrag (einschließlich der zugehörigen Pläne) gewählt wird.[216]

Der Terminologie der HOAI folgend, hat also der **Auftraggeber** vorab die Funktion „Ausführungsplanung" (§ 15 Abs. 1 Nr. 5) selbst (durch seinen Architekten) wahrgenommen oder wahrnehmen lassen, damit darauf aufbauend die „Vorbereitung der Vergabe" (§ 15 Abs. 1 Nr. 6 HOAI) erfolgen konnte.

In der Praxis hat sich dagegen aus vielerlei Gründen (leider?) häufig folgende Verfahrensweise von Auftraggebern eingebürgert: 218

- vorab Entwurfsplanung (Leistungsphase 3)
- dann Ausschreibung (Leistungsphase 6)
- erst dann Ausführungsplanung (Leistungsphase 5)

Hierauf aufbauend hat sich sowohl bei herkömmlichen Planungen als auch für Schlüsselfertigbau-Auftraggeber folgende Verfahrensweise als „rationell" erwiesen: 219

Der potentielle Auftragnehmer erhält für ein Gewerk ein Leistungsverzeichnis und bietet im Rahmen eines Einheitspreisvertrages an. Nach Angebotsabgabe bekommt er (einige) Pläne, um nunmehr überprüfen zu können, ob alle für seinen Leistungsumfang (z. B. Gewerk Dachabdichtung) notwendigen Leistungen in seinem Angebot enthalten sind, damit ein Pauschalpreis vereinbart werden kann.

Anders ausgedrückt: Es soll ein Einfacher Global-Pauschalvertrag abgeschlossen werden.[217]

Ohne schon jetzt auf die Problematik des Einfachen Global-Pauschalvertrages einzugehen, warnen wir schon an dieser Stelle vor der Illusion, dass durch differenzierte Positionsbildung im Leistungsverzeichnis und akribische Mengenermittlung eine inhaltliche Absicherung des Bausolls so erfolgen kann, dass die Vereinbarung einer Komplettierungsklausel zu keiner negativen Überraschung führt.

---

[215] Vgl. auch zur Detaillierung innerhalb von Schlüsselfertigverträgen (Komplexer Global-Pauschalvertrag) Rdn. 474 ff., darin auch Beschreibung durch „Vergleichsobjekt", Rdn. 488.

[216] Zur **Vollständigkeitsvermutung** bei genauer Leistungsbeschreibung s. Rdn. 255. Zum Fall auftrag**nehmer**seitiger Planung vgl. Rdn. 264.

[217] Zum Begriff unten Rdn. 406–408.

220 Unser Rat für solche Fälle ist (vgl. Rdn. 216), sich generell nicht zu sehr auf die (Schein-)Genauigkeit eines Leistungsverzeichnisses und der zugehörigen „Vordersätze" zu verlassen, sondern durch Einbeziehung von

- (Ausführungs-)Plänen,
- Baubeschreibung

Zusatzfestlegungen und plausible Kontrollmöglichkeiten zu schaffen.

Dieser Rat gilt sowohl für Auftraggeber wie für potentielle Auftragnehmer. Es ist zwar verständlich, dass die Auftraggeber möglichst wenig Planungsaufwand betreiben bzw. vergüten und möglichst wenig Risiko übernehmen wollen; die Frage ist aber, ob sie sich auf diese Weise

a) nicht zu teure Angebote von fachkundigen Bietern

oder

b) preiswerte Angebote von fachunkundigen bzw. existenzbedrohten Bietern, die jedes Risiko eingehen, einholen.

Die auftraggeberseitige Hoffnung darauf, dass gewisse Bieter nicht in der Lage sind, unvollständige Leistungsbeschreibungen als solche zu erkennen, sich aber andererseits durch eine Komplettierungsklausel zur vollständigen Leistungserbringung verpflichten, ist trügerisch.

2.3.3 Die Rechtsprechung zur differenzierten Leistungsbeschreibung

221 Mit unserer Aussage „Bei differenzierter Leistungsbeschreibung ist (auch) beim Pauschalvertrag nur das Leistungsinhalt (Bausoll), was so näher bestimmt ist" befinden wir uns im Ergebnis im Einklang mit der über 30 Jahre kontinuierlichen **Rechtsprechung** des **Bundesgerichtshofs.**

Der erste BGH-Fall: Ein Auftragnehmer vereinbart mit dem Auftraggeber für den Rohbau (einschließlich Innenputz) einen Pauschalfestpreis, verlangt aber dann für zusätzliche Leistungen Mehrvergütung. Der Bundesgerichtshof zitiert in seiner Entscheidung vom 14. 1. 1971[218] die Ansicht des Berufungsgerichts; „dieses entnimmt dem Auftragsschreiben, den Vorbemerkungen sowie den Zeugenaussagen, dass die Klägerin (Auftragnehmerin) zum Pauschalpreis ... alle im Angebot **aufgeführten** und die nicht darin enthaltenen, aber aus den Bauunterlagen (Zeichnungen) zur Zeit des Vertragsschlusses ersichtlichen Kanal-, Mauer-, Innenputz-, Beton- und Stahlbetonarbeiten einschließlich der notwendigen Nebenarbeiten auszuführen hatte. **Besonders** zu vergütende Mehrleistungen sind demnach ... alle Arbeiten, die **weder im Angebot enthalten** noch zur Zeit des Vertragsschlusses aus den Bauunterlagen ersichtlich waren."
Dazu entscheidet der Bundesgerichtshof: „Diese Auslegung wird dem Wesen eines **Pauschalvertrages gerecht.** Ein Bauunternehmer wird sich nur dann verpflichten, ein Gebäude zu einem festen Preis zu errichten, wenn er den Umfang und die Ausführungsart [Anmerkung: Das ist ein indirektes Zitat des § 5 Nr. 1 b VOB/A!] genau kennt und wenn er mit Abweichungen hiervon nicht zu rechnen braucht. Alle nicht **vorher festgelegten Leistungen** werden daher im Zweifelsfall mit dem Pauschalpreis **nicht abgegolten** sein."
Hinzu komme, so der Bundesgerichtshof, dass im Auftragsschreiben hier vermerkt sei, dass **nur** (die ebenfalls in Auftrag gegebenen) „erforderlichen Erd-, Abbruch- und Unterfangungsarbeiten" im Angebot **nicht vollständig** erfasst, gleichzeitig aber im Pauschalpreis enthalten seien. Die Folgerung des Oberlandesgerichts hieraus, „dass die Par-

---

[218] Schäfer/Finnern Z 2.301 Bl. 35 ff. = WM 1971, 449 = BGHZ 55, 198 = BauR 1971, 124 (stark gekürzt). Zu dieser Entscheidung im Hinblick auch auf unwesentliche zusätzliche Leistungen s. unten Rdn. 1115.

Die differenzierte (detaillierte) Leistungsbeschreibung   Rdn. 222–227

teien hinsichtlich **aller übrigen aufgeführten Arbeiten** [Anmerkung: also Rohbau einschließlich Innenputz] eine solche gänzliche Loslösung vom Angebot und dessen Unterlagen **nicht gewollt** hätten, diese vielmehr nur insoweit mit dem Pauschalpreis abgegolten sein sollten, **als sie aus dem Angebot** und dessen Unterlagen **ersichtlich** waren, ist rechtlich nicht zu beanstanden". Eine entsprechende Ergänzung im Auftragsschreiben zeige auch „den **Willen der Parteien, die von der Klägerin geschuldeten Leistungen möglichst genau festzulegen,** was übrigens schon aus dem **umfangreichen,** vom Architekten der Beklagten aufgestellten **Leistungsverzeichnis zu ersehen** sei, das der Klägerin als Angebotsgrundlage gedient hat".

Diese Entscheidung enthält geradezu komprimiert eine Fülle richtiger, wesentlicher Aussagen. Sie behandelt in dem eben nur kurz zitierten Sachverhalt auch einen Global-Pauschalvertrag,[219] sie enthält Anmerkungen zur Beweislast,[220] vor allem aber enthält sie Kernaussagen zum Detail-Pauschalvertrag. 222

Ihre einleitende Bemerkung, ein Bauunternehmer werde sich nur dann verpflichten, wenn er den Umfang und die Ausführungsart genau kenne und wenn er nicht mit Abweichungen zu rechnen brauche, ist die einzige Schwachstelle: Indem der Bundesgerichtshof § 5 Nr. 1 b VOB/A zitiert, ohne die Vorschrift zu erwähnen, mißt er dieser Vergabevorschrift offenbar empirischen Richtigkeitscharakter bei – zu Unrecht: Wozu ein Unternehmer „an Risiko" bereit ist, lässt sich gar nicht abstrakt feststellen oder voraussagen. Aber richtig ist: An ihren Taten sollt ihr sie erkennen – oder prosaischer: Wer als Auftraggeber Details vereinbart, will **normalerweise** auch Details regeln – und regelt deshalb dadurch auch das, was er nicht regelt –, denn sonst wäre die Regelung keine gewollte Detailregelung.[221] 223

Also: Wenn ein vom Auftraggeber vorgegebenes Angebot mit konkretem Leistungsverzeichnis Vertragsinhalt ist, wenn dieses Angebot „nach Positionen" demgemäß aufgebaut ist, wenn es also eine gesamte Leistung in Teilleistungen zerlegt (wenn es mit einem Wort **aufgebaut ist wie bei einem Einheitspreisvertrag**), dann sind nur die insoweit festgelegten Leistungen Bausoll des Vertrages. Der Auftraggeber hat in solchen Fällen die Funktion „Detailfestlegung" übernommen und umgesetzt. Daher trägt er auch die **Funktionsverantwortung** (s. auch Rdn. 506, 254). 224

Wie erwähnt,[222] wird die Detaillierung insbesondere durch Pläne erzielt, vorausgesetzt, die Pläne selbst sind aussagekräftig, also ausreichend differenziert, und vorausgesetzt, die Pläne sind als Bausoll (= Leistungsinhalt) vereinbart. 225

Nur das also, was aus den detaillierten Unterlagen **ersichtlich (erkennbar)** ist, ist vereinbart.[223] 226

In einer wenig späteren **zweiten Entscheidung** vom 16. 12. 1971[224] behandelte der Bundesgerichtshof erneut einen Pauschalvertrag. Ein Bauunternehmer hatte die Erd-, Mauer-, Putz-, Estrich-, Isolierungs-, Beton- und Zimmerarbeiten für 24 Einfamilienhäuser auf der Grundlage eines Leistungsverzeichnisses und von Einheitspreisen angeboten, die Parteien hatten sich auf 17 500,– DM Pauschalpreis pro Haus geeinigt. Für ca. 100 000,– DM 227

---

[219] In Auftrag waren nämlich, wie kurz erwähnt, auch pauschal „alle **erforderlichen** (also **nicht** näher bezeichneten) Erd-, Abbruch- und Unterfangungsarbeiten", näher dazu Rdn. 613.
[220] Zur Frage, wen die Beweislast hinsichtlich des Leistungsinhalts beim Pauschalvertrag trifft, vgl. unten zum Detail-Pauschalvertrag Rdn. 262, 255–261, zum Global-Pauschalvertrag Rdn. 655 ff.
[221] Aus der Detailregelung folgt **immer diese Vollständigkeitsvermutung** als Kern des Detail-Pauschalvertrages, sofern die **Details vom Auftraggeber** herrühren, vgl. Rdn. 254 ff.
[222] Vgl. oben Rdn. 216.
[223] Zur „Erkennbarkeit der Detaillierung" als Kriterium vgl. unten im Einzelnen u. a. Rdn. 253 ff.
[224] Schäfer/Finnern Z 2.301 Bl. 42 ff. = BauR 1972, 118. Soweit die Entscheidung für modifizierte Leistungen auf **erhebliche** Veränderungen des Leistungsinhalts abstellt, ist sie überholt, Einzelheiten dazu unten Rdn. 1112 ff.

wurden insgesamt Leistungen einverständlich vom Bauunternehmer nicht erbracht, für ca. 70 000,– DM kamen im Angebot nicht aufgeführte Leistungen hinzu. Der Bundesgerichtshof hält eine Einzelberechnung der Vergütung für erforderlich und entscheidet: „Der Pauschalpreis, der **aufgrund eines nach Einheitspreisen abgegebenen Angebots** gebildet worden ist, knüpft an im Einzelnen **bestimmte** Arbeiten an. Es kann nicht ohne weiteres angenommen werden, dass er für **jede** Leistung gelten soll, die der vorgesehenen schon in ihrem Wertvolumen gleichkommt."

228 Die im **Einzelnen bestimmte Leistung** ist also **allein** das **Bausoll**, und zwar **nur in ihrer konkreten Ausprägung.** Keineswegs ist die Leistungsbeschreibung gewissermaßen ein genereller, aber nicht im Detail maßgebender Bewertungsmaßstab, keineswegs nur ein Stück „pauschale Leistung", keineswegs ist die konkrete Leistungsbeschreibung nur allgemeine Kalkulationsbasis.[225]

229 Der Bundesgerichtshof zitiert in diesem Zusammenhang auch frühere Entscheidungen und hält fest, der Pauschalvertrag enthalte stets ein gewisses Risiko,[226] nämlich ein Mengenermittlungsrisiko, aber der Detail-Pauschalvertrag enthalte **nur** dieses Risiko.

230 Die Bausoll-Bestimmung erfolgt somit aufgrund der im **einzelnen bestimmten Leistungen** und ist **insoweit** objektiv so risikolos oder so risikoreich wie beim Einheitspreisvertrag, das Mengenermittlungsrisiko ist ja nur ein subjektives Risiko.

231 Die **dritte Entscheidung des Bundesgerichtshofs** stammt vom 23. 3. 1972[227] und behandelt folgenden Fall:
Zur Herstellung einer Straße wird ein detailliertes Leistungsverzeichnis vom Auftraggeber vorgelegt, dann aber wird pauschal vergeben. Das ist also ein Detail-Pauschalvertrag. Der Auftragnehmer des Falles muss wegen stark wasserhaltigen Bodens tiefer ausschachten als zu erwarten. Der Bundesgerichtshof erörtert, ob Vergütungsansprüche für die Mehrleistungen bestehen, und sagt: „Die Parteien haben in dem Vertrag die Werkleistungen nicht etwa **nur** durch die Angabe über die Fläche und Decke der herzustellenden Straße gekennzeichnet [Anmerkung: Das wäre eine globale **Leistungsbeschreibung,** also Global-Pauschalvertrag]. Sie haben vielmehr auch die **Ausführungsart** und zugleich die **Bautiefe** insbesondere durch die Angaben über die anzulegenden verschiedenen Schichten **näher bestimmt.** Diese Bestimmung ergibt sich aus den einzelnen **Positionen** des nach dem LV aufgestellten Angebots... Hiernach mag zwar der Kläger verpflichtet gewesen sein, zu dem Pauschalpreis auch nicht vorgesehene, aber zur Herstellung der Straße **in der vereinbarten Größe und Ausführungsart** erforderliche Mehr- und Nebenleistungen zu erbringen. Jedoch ist dem Vertrag **keine Verpflichtung** zu zusätzlichen Arbeiten zu entnehmen, durch die die Straße vergrößert oder in der Ausführungsart, insbesondere durch tieferen Bau und durch vermehrte Schichten, erweitert wurde."
Das heißt:
Die Leistungspflicht war – durch Angaben im Leistungsverzeichnis – **näher bestimmt.** Hätte der Bauherr **zur Bautiefe nichts** gesagt, aber individuell eine vollständige Straße verlangt, hätte der Auftragnehmer **keinen** Vergütungsanspruch gehabt, denn dann wäre es insoweit kein Detail-Pauschalvertrag, sondern ein Global-Pauschalvertrag gewesen.

---

[225] Vgl. dazu oben Rdn. 203, Einzelheiten unten Rdn. 253 ff.
[226] Vgl. oben Rdn. 41 ff. und unten Rdn. 286 ff. Die zitierte Entscheidung BGH VersR 1965, 803 behandelt **nur** das Mengenermittlungsrisiko (zu dieser Entscheidung näher unten Rdn. 290, 1503); die weiter zitierte Entscheidung Schäfer/Finnern Z 2.311 Bl. 5 „Sonderfarben" behandelt ein Auslegungsproblem (Auswahlschuldverhältnis), das nicht pauschalvertragsspezifisch ist; s. zu dieser Entscheidung Band 1, Rdn. 849 ff. sowie unten Rdn. 1072.
[227] BGH Schäfer/Finnern Z 2.301 Bl. 46, 47. Zu dieser Entscheidung hinsichtlich „unwesentlicher" Zusatzleistungen s. auch unten Rdn. 1113.

Die differenzierte (detaillierte) Leistungsbeschreibung   Rdn. 232

Es gibt eine **vierte, einschlägige** Entscheidung des **Bundesgerichtshofs "Schlüsselfertigbau"** vom 22. 3. 1984;[228] diese Entscheidung enthält wesentliche Aussagen zum Global-Pauschalvertrag,[229] dessenungeachtet enthält sie Entscheidungsgründe, die auch für den Detail-Pauschalvertrag und für den Pauschalvertrag überhaupt Kernaussagen enthalten.   232

Eine Bauherrengemeinschaft erteilt dem Auftragnehmer den Auftrag, eine Eigentumswohnanlage schlüsselfertig zum Festpreis von 2 346 500,– DM zu errichten. In der Bau- und Leistungsbeschreibung des Architekten des Auftraggebers ist eine Kellerabdichtung gegen nichtdrückendes Wasser vorgesehen; eine alternativ ausgeschriebene Abdichtung, die auch gegen drückendes Wasser geschützt hätte, streicht die Auftraggeberin vor Vertragsschluss.

Nach Fertigstellung stellt sich heraus, dass die gewählte Abdichtung keinen Schutz gegen das vorhandene drückende Schichtenwasser bietet. Die Auftraggeberin verlangt von dem Auftragnehmer die kostenlose Erstellung einer Abdichtung gegen drückendes Wasser u. a. mit der Begründung, der Auftragnehmer habe ein schlüsselfertiges Objekt geschuldet, nach dem Vertrag seien auch „nicht vorgesehene, aber erforderliche Leistungen" zu erbringen.

Diese Entscheidung behandelt die für den Schlüsselfertigbau entscheidende Frage, ob generell oder durch entsprechende Vertragsklauseln eine „Vollständigkeit der Leistung" geschuldet wird,[230] ob beim Pauschalvertrag dieselben Gewährleistungsregeln gelten wie beim Einheitspreisvertrag, insbesondere über Vollständigkeitsklauseln das Planverschulden des auftraggeberseitigen Architekten ausgehebelt werden kann,[231] ob es den Einwand von Sowiesokosten im Zusammenhang mit Mängeln beim Pauschalvertrag gibt,[232] welche Folge die einverständliche „Abmagerung" der Leistung vor Vertragsschluss hat,[233] sie behandelt schließlich – was mit unseren Themen nichts zu tun hat – im Rahmen der Gewährleistung die Zuschusspflicht des Auftraggebers, aber sie enthält vor allem **auch eine Aussage,** die für **jeden** Pauschalvertrag Gültigkeit hat, also sowohl für Detail-Pauschalvertrag wie für Global-Pauschalvertrag:

„Der Umfang[234] der vom Pauschalpreis abgegoltenen Leistung (§ 2 Abs. 1 VOB/B) wurde hier nämlich nicht allein durch das Ziel, ein schlüsselfertiges Bauwerk zu errichten, sondern durch weitere **Vorgaben** der Beklagten bestimmt. So gehörte nach § 2 Nr. 2 des Vertrages insbesondere die **Bau- und Leistungsbeschreibung** zu den ausdrücklich vereinbarten Vertragsbestandteilen. Eine Druckwasser-Isolierung [Abdichtung gegen drückendes Wasser, die Verf.] war darin nicht vorgesehen ... Des weiteren richtete sich der Leistungsumfang nach den Kostengruppen der DIN 276 ‚mit Ausnahme von Leistungen gemäß Anlage II'; in Anlage II (zum Vertrag) war die Kostengruppe ‚besondere Baukonstruktion' gemäß der damaligen Fassung von DIN 276 Nr. 3.5.1 vom Vertragsinhalt ausgeschlossen. Damit gehörten u. a. Drainage und wasserdruckhaltende Isolierung (Ab-

---

[228] BauR 1984, 395 = ZfBR 1984, 73 = WM 1984, 774. Hinsichtlich „unerheblicher Zusatzleistungen" vgl. zu dieser Entscheidung auch Rdn. 1118; s. weiter BGH BauR 1995, 237, dazu Rdn. 1119.
[229] Vgl. näher zum Schlüsselfertigbau Rdn. 426 ff.
[230] Siehe dazu im Einzelnen Rdn. 426 ff, 520 ff.
[231] Siehe dazu im Einzelnen Rdn. 529 ff.
[232] Siehe dazu im Einzelnen Rdn. 529.
[233] Siehe dazu im Einzelnen Rdn. 529.
[234] Der BGH differenziert übrigens Umfang (Menge) und Ausführungsart (Leistungsinhalt) nicht, er hat aber die Formulierungen verwandt i. S. v. § 5 Nr. 1 b VOB/A. Es handelt sich hier nicht um eine Mengenvermehrung (Umfang), sondern um eine nicht vorgesehene zusätzliche Leistung (Art). Selbst diese hervorragende Entscheidung ist also in ihrer Ausdrucksweise „unscharf".

dichtung) (Nr. 3.5.1.5 – DIN 18 336)[235] **nicht** zum Leistungsinhalt ... Etwas anderes folgt auch nicht aus § 2 Nr. 7 Abs. 1 Satz 1 VOB/B, wonach die Vergütung unverändert bleibt, wenn eine Pauschalsumme vereinbart ist. Danach werden nur **solche Erschwernisse und Mehrungen nicht berücksichtigt, die sich im Rahmen des vertraglichen Leistungsumfanges halten. Haben die Parteien die geschuldete Leistung – wie hier – durch Angaben im Leistungsverzeichnis ‚näher bestimmt', so werden später geforderte Zusatzarbeiten von dem Pauschalpreis nicht erfasst.** Diese sind vielmehr gemäß § 2 Nr. 7 Abs. 2 i. V. m. § 2 Nr. 6 VOB/B gesondert zu vergüten."

233 Ist also eine Leistung im Vertrag **„näher bestimmt"**, so ist das **entscheidend.** Was „näher bestimmt" ist, ist so, wie es bestimmt ist, Vertragsinhalt; also ist nicht mehr als das näher Bestimmte und nichts anderes als das näher Bestimmte zu bauen. Nur das, was als Leistungsinhalt nicht näher bestimmt ist, lässt Spielraum für Ergänzungsüberlegungen „aus dem Wesen des Pauschalvertrages" – wobei die Entscheidung deutlich macht, dass gerade die nähere Bestimmung diesen Spielraum ausschließt.

Damit wird eine zentrale Aussage zum Pauschalvertrag deutlich, die wir in unserer ganzen Darstellung als die Kernthese herauszuarbeiten versuchen: Alles, was wir für den Detail-Pauschalvertrag als entscheidend beurteilen, gilt unverändert auch für den Bereich des Global-Pauschalvertrages, soweit er seinerseits Detail-Elemente enthält. Beim Global-Pauschalvertrag ist deshalb zuerst immer die „Puppe in der Puppe" zu suchen, also festzustellen, ob und was im Globalbereich noch oder schon zum Detail-Bereich gehört. Wir gehen noch weiter: Auch im **Globalen** bleibt das maßgebend, was jedenfalls „global näher bestimmt" ist.[236]

Diese Entscheidung zum Schlüsselfertigbau enthält somit die Grundaussage zum Pauschalvertrag überhaupt und folglich auch die Aussage zum Teil-Pauschalvertrag (dazu Rdn. 474 ff.).

234 Sehr deutlich ist schließlich die **fünfte Entscheidung des Bundesgerichtshofs**, ein Urteil vom 15. 12. 1994:[237]

Die Parteien haben einen Pauschalvertrag auf der Basis eines Einheitspreisangebots mit Leistungsverzeichnis zum Preis von 2 648 552,65 DM (!) abgeschlossen. Der Bundesgerichtshof zitiert im Urteil seine frühere „Schlüsselfertigbau-Entscheidung" (vgl. Rdn. 235): „Haben die Parteien die geschuldete Leistung im Leistungsverzeichnis näher bestimmt, so werden später geforderte Zusatzleistungen vom Pauschalpreis nicht erfasst."

Mit diesem Argument hält der Bundesgerichtshof sodann u. a. folgende bauinhaltlichen Soll-Ist-Abweichungen für **vergütungspflichtig,** und zwar jeweils einzeln als zusätzliche Leistung gemäß § 2 Nr. 7 Abs. 2 i. V. m. § 2 Nr. 6 VOB/B:

- Angeordnete Mengenmehrung wegen zusätzlichem Vollwärmeschutz (421,2 m^2).
- Herstellung der Tiefgaragenrampe auf einer Schalung statt – wie im LV vorgesehen – auf aufzufüllendem Beton (3 075,18 DM);
- Nachmauern und Isolieren von Brüstungen (**6 Facharbeiterstunden**) oder Herstellen einer Sicherheitsabdeckung von **3 Lohnstunden** (!) (da **nach** Abschluss der Pauschalverträge ein Stundenlohnauftrag erteilt worden sei – was laut BGH selbst dann zur Mehrvergütung führe, wenn die Leistung eigentlich schon in einer „Position" des Pauschalvertrages-Leistungsverzeichnisses enthalten gewesen sei: Die Parteien könnten eine solche ggf. zusätzliche Vergütung jederzeit nachträglich auch dann vereinbaren, wenn darauf eigentlich kein Rechtsanspruch bestanden hätte).

---

[235] Nr. 3.5.1.5 der DIN 276; die Abdichtung gegen drückendes Wasser ist Gegenstand der DIN 18 336 – die Verf.
[236] Siehe unten Rdn. 474 ff. Zustimmend Leinemann, VOB/B § 2 Rdn. 277, 278.
[237] BGH BauR 1995, 237

Die differenzierte (detaillierte) Leistungsbeschreibung

Rdn. 235

Der Bundesgerichtshof bewertet also systemgerecht **auch die kleinste Abweichung** vom „näher Bestimmten" als **Soll-Ist-Abweichung** und billigt **mit völligem Recht** selbst für Mini-Zusatzarbeiten **Mehrvergütung zu** – ohne irgendeine „Erheblichkeitsprüfung" (dazu Rdn. 1110 ff.).

Die so dargestellte, aus wenigen, aber eindeutigen Entscheidungen bestehende Rechtsprechung des Bundesgerichtshofs wird in den veröffentlichten oberlandesgerichtlichen Entscheidungen zu diesem Thema unterstützt. 235

In einem Pauschalvertrag sind – so ein Fall des OLG Düsseldorf[238] – in den Positionen 1.1 bis 1.6 des als Vertragsinhalt vereinbarten Leistungsverzeichnisses Rohrgräben nach DIN 18 300 „**ohne Verbau**" mit einer einheitlichen **Tiefe bis 1,20 m** und unterschiedlichen Grabensohlenbreiten von 0,80 m bis 2,20 m in einer Länge von 5230 m aufgeführt, in den Positionen 1.7 bis 1.12 Rohrgräben mit einer **Tiefe bis zu 1,40 m**, in den Positionen 1.13 und 1.14 Suchgräben und in den Positionen 1.15 bis 1.22 Rohrgräben „einschließlich Verbau" nach DIN 18 303 in unterschiedlichen Tiefen und Breiten. Rohrgräben **bis zu 2 m Aushubtiefe ohne Verbau** sind im LV nicht vorgesehen, genau solche Gräben werden aber (zusätzlich) bei der Bauausführung notwendig, der Auftragnehmer hebt sie auch auf Anordnung des Auftraggebers aus.

Im Vertrag heißt es u. a.: „Alle Arbeiten sind in Übereinstimmung mit den Beschreibungen des LV's auszuführen. Der Pauschalpreis **deckt alle Arbeiten** ab, um die vorgesehene erdverlegte Fernleitungstrasse auszuführen."

Vorweg stellt das OLG Düsseldorf mit Recht fest, dass letztgenannte Klausel schon deshalb nichts zum geschuldeten Leistungsinhalt sagt, weil sie in sich widersprüchlich ist,[239] sie drückt eigentlich nur einen frommen Wunsch des Auftraggebers aus.

Dem Auftragnehmer steht Anspruch auf zusätzliche Vergütung gemäß § 2 Nr. 7 Abs. 1 Satz 2 a. F. i. V. m. § 2 Nr. 6 VOB/B zu, denn: „Haben die Parteien die pauschalierte Leistung durch **Angaben im Leistungsverzeichnis näher bestimmt**, so werden später geforderte Zusatzarbeiten von dem Pauschalpreis nicht erfasst. Diese sind ... gesondert zu vergüten. Die Klägerin hatte hier keine komplette Leistung ohne Rücksicht auf ihren tatsächlichen Arbeitsumfang angeboten, sondern ihr Angebot aufgrund eines detaillierten **Leistungsverzeichnisses** gemacht ... Rohrgräben **bis zu 2 m Aushubtiefe ohne Verbau** sind im Leistungsverzeichnis **nicht** vorgesehen. Es handelt sich **deshalb** insoweit – anders als etwa bei Überschreitung der veranschlagten Längen – **um vertraglich nicht vorgesehene Leistungen.**"

Die wörtliche Anlehnung an den Bundesgerichtshof mit der Formulierung „im Leistungsverzeichnis näher bestimmt"[240] ist eindeutig, wobei ja eigentlich hier wie bei dem BGH-Urteil entscheidend ist, was in dem detaillierten Leistungsverzeichnis **nicht** enthalten ist. Anders ausgedrückt: Das spezielle Leistungsverzeichnis geht der allgemeinen Vertragsklausel vor.

---

[238] BauR 1989, 483, 484, s. schon oben Rdn. 38, weiter unten Rdn. 256, 257, 478, 479. Das OLG geht (ohne weitere Erläuterung) **zutreffend** davon aus, dass **dann, wenn die Ausschachtungstiefe Inhalt** des Leistungsbeschriebs **der „Position"** ist, damit gerade auch die Ausschachtungstiefe zum Bausoll gehört (vgl. näher Band 1, Rdn. 808). Ändert sich also die Tiefe, so ist das nicht bloße Mengenmehrung (die evtl. unter das Mengenermittlungsrisiko des Auftragnehmers beim Pauschalvertrag fiele, vgl. unten Rdn. 290 ff.), sondern zusätzliche Leistung gemäß § 2 Nr. 7 Abs. 2, § 2 Nr. 6 VOB/B (vgl. unten Rdn. 1078 und Band 1 Rdn. 808, 809, insbesondere Fn. 912, 914). Deshalb unrichtig Busse, Festschrift Jagenburg, S. 77, 87-90.

[239] A.a.O. 483, 484. Ohnehin würde **ein konkretes LV gegenüber einer pauschal gefassten Leistungsbeschreibungsklausel immer Vorrang haben**, dazu näher unten Rdn. 474 ff. und OLG Düsseldorf BauR 1991, 747.

[240] Siehe BGH „Schlüsselfertigbau" BauR 1984, 395, oben Rdn. 232. Thode, Seminar Schlüsselfertigbau, S. 33, 40 wirft zu Unrecht dem Oberlandesgericht vor, es verkenne die Beweislast; zu dieser Frage unten Rdn. 253, vgl. auch Rdn. 478 (Rohrtrasse).

In zwei weiteren Entscheidungen hat das OLG Düsseldorf bestätigt, dass beim Pauschalvertrag nicht in „unbeschränktem Umfang" zu leisten ist, sondern – falls vorhanden – entsprechend der **speziellen** Leistungsbeschreibung und den (vereinbarten) Ausführungsplänen.[241]

Das OLG Jena hat zutreffend entschieden, dass ein „detailreich aufgestelltes Leistungsverzeichnis als Leistungsbeschreibung allen anderen Vertragsbestandteilen und -grundlagen vorgeht, so auch den Vorbemerkungen in Ausführungsunterlagen sowie einer etwaigen Baugenehmigung".[242]

236 Die **einhellige Lehre** teilt die Auffassung, sie kommt gerade deshalb mit Recht zu dem Ergebnis, eine gegenteilige „Komplettheitsklausel" beim Detail-Pauschalvertrag in Allgemeinen Geschäftsbedingungen des Auftraggebers sei unwirksam gemäß § 307 BGB, weil sie die Funktionsverantwortung des Auftraggebers in ihr Gegenteil verkehre – Einzelheiten dazu Rdn. 272.

2.4 Vervollständigung des Bausolls durch nicht erklärtes „Allgemeines Leistungsziel" kraft Rechtsnatur des Pauschalvertrages?

237 Als weiteres **Zwischenergebnis** können wir festhalten:

Beim Detail-Pauschalvertrag ist die Leistungsbeschreibung detailliert, z. B. in Form eines detaillierten Leistungsverzeichnisses mit Plänen. **Nur das, was im Detail geregelt ist, ist Leistungsinhalt.**[243] Wir befinden uns damit im vollen **Einklang mit der Rechtsprechung,** wie wir soeben festgestellt haben: Der Pauschalpreis, der „aufgrund eines nach Einheitspreisen abgegebenen Angebotes gebildet ist, knüpft an diese im Einzelnen **bestimmten** Arbeiten an".[244] „Haben die Parteien die geschuldete Leistung (auch nur) **näher bestimmt,** so sind später geforderte, darüber hinausgehende Arbeiten Zusatzarbeiten und gesondert vergütungspflichtig."[245] Der Leistungsinhalt wird also **ausschließlich** danach bestimmt, was im Einzelnen geregelt ist. Das im Detail Geregelte wird **nicht „vervollständigt"** durch eine zusätzliche Bestimmung des Leistungsinhalts infolge eines **allgemeinen,** „zum Wesen des Pauschalvertrages" gehörenden **Leistungsziels.** Das war allerdings Literaturmeinung, zusammengefasst in der These, jeder Pauschalvertrag enthalte notwendigerweise eine Leistungspauschalierung in der Art, dass auch nicht im Vertrag erwähnte Detail-Elemente zu leisten seien, wenn sie für das „Leistungsziel" notwendig seien.[246]

Für welches Leistungsziel? Was ist Leistungsziel **außerhalb** des Vertrages? Woher soll das **spezifische** Ziel bekannt sein? Ist ein Leistungsziel (d. h. eine Aussage dazu, welche Leistung in Gesamtheit und ohne Rücksicht auf beschriebene Einzelleistungen) im

---

[241] a) OLG Düsseldorf BauR 1991, 747. Das Oberlandesgericht bezieht sich mit Recht auf die Entscheidung BGH WM 1971, 449 = BauR 1971, 124 (vgl. Rdn. 213); es hätte vor allem auch noch die von Sachverhalt her **fast identische Entscheidung BGH Schäfer/Finnern Z 2.301 Bl. 46 (vgl. Rdn. 231)** heranziehen können.
b) OLG Düsseldorf OLG-Report Düsseldorf 1995, S. 2 (= BauR 1995, 286), insoweit rechtskräftig.

[242] OLG Jena IBR 2004, 410; Nichtzulassungsbeschwerde vom BGH zurückgewiesen; dazu auch Rdn. 255, 478 mit Fn. 488.

[243] Dazu grundsätzlich oben Rdn. 33 ff. und in Einzelheiten unten Rdn. 255 ff.

[244] BGH Schäfer/Finnern Z 2.301 Bl. 42 ff. = BauR 1972, 118; Einzelheiten Rdn. 229, 230.

[245] BGH „Schlüsselfertigbau" BauR 1984, 395; OLG Düsseldorf BauR 1989, 483, 484; BauR 1991, 747; OLG Hamm BauR 1991, 756, 758; Einzelheiten oben Rdn. 232–236.

[246] So z. B. Heyers, BauR 1983, 297, 301 bis 304. Vollständige Nachweise in Fn. 32. Zum „Notwendigkeitsargument" speziell schon oben Rdn. 39 am Ende und in Einzelheiten unten Rdn. 241, 512 ff., 520 ff.

Vertrag **nicht genannt** und auch nicht durch Auslegung zu ermitteln,[247] so ist es eben vertraglich vereinbart. Also gibt es beim Detail-Pauschalvertrag schon deshalb keine weitere Leistungsverpflichtung des Auftragnehmers; was nicht als Leistungsgegenstand (§ 2 Nr. 1 VOB/B) vereinbart ist, braucht auch nicht für den vereinbarten Pauschalpreis gebaut zu werden. **Ist** im Vertrag ein Leistungsziel **genannt** oder ist es durch Auslegung zu ermitteln, so ist es nur **deshalb** Vertragsinhalt (= Bausoll), **weil** es genannt ist.[248]
Wir haben diese Frage bei der Abgrenzung von Einheitspreisvertrag und Pauschalvertrag schon ausführlich sowie bei der allgemeinen Definition des Pauschalvertrages in allen Einzelheiten behandelt, – vgl. oben Rdn. 33–40 – darauf dürfen wir verweisen. Nur noch zur Abrundung: Diese Aussage wird am schlagendsten deutlich, wenn man den einfachsten Fall nimmt, nämlich

- Angebot mit Positionen und Einheitspreisen,

- Ausführungspläne (Mengenermittlungsparameter)

sowie

- Mengen gemäß auftraggeberseitigem LV,

- in der Auftragsverhandlung Einigung auf Pauschale.

Durch welchen „Qualitätssprung" soll sich da plötzlich ein anderes „Leistungsziel" einschleichen als beim ursprünglich konzipierten Einheitspreisvertrag?
Die geschuldete Leistung, das Bausoll (qualitativer Bauinhalt und Bauumstände, ohne die Menge), bleibt absolut unverändert, nur das Vergütungssoll wird unterschiedlich geregelt: Einmal wird es pauschaliert, einmal hängt es (beim Einheitspreisvertrag) von vertragsgemäß tatsächlich ausgeführten Mengen ab.

Es wird deutlich: **Auf der Leistungsseite gibt es zwischen Detail-Pauschalvertrag und Einheitspreisvertrag keine Unterschiede** – bezogen auf das Bausoll zu qualitativem Bauinhalt und Bauumständen, also bezogen auf die **Art der Ausführung** (§ 5 Nr. 1 b VOB/A); der Unterschied liegt auf der Vergütungsseite und nur im Mengenermittlungsrisiko des Auftragnehmers beim Pauschalvertrag.
In der neuen Lehre wird die entsprechende These deshalb mit Recht von niemandem vertreten.

2.5 Änderung des Detail-Charakters durch abschließende Bestätigung, Komplettleistungen zu erbringen?

Es kommt häufig vor, dass der Auftraggeber eine detailliert beschriebene Leistung der Anfrage zugrundelegt, z. B. ein detailliertes Leistungsverzeichnis, und die Parteien dann in den Vertragsverhandlungen festlegen, „die komplette Leistung" werde zu einem Pauschalpreis erbracht.
Solange die Vereinbarung so zustande kommt, wie geschildert, ist im Zweifel **nicht** davon auszugehen, dass die Maßgeblichkeit der Detailregelung in Frage gestellt wird; gemeint ist vielmehr, dass die **detailliert vereinbarte** Leistung „komplett zum Pauschalpreis" ausgeführt wird; die detaillierte Leistungsvereinbarung mutiert also nicht zur teil-funktiona-

238

---

[247] Es gibt Fälle, in denen das „Leistungsziel" nicht expressis verbis genannt ist, aber durch Auslegung zu ermitteln ist, vgl. dazu näher Rdn. 242 ff.
[248] Zu der Frage, ob pauschale Leistungsziel-Bestimmungen in Allgemeinen Geschäftsbedingungen zulässig sind, vgl. unten zum Detail-Pauschalvertrag Rdn. 272, zum Einfachen Global-Pauschalvertrag Rdn. 512 ff., zum Komplexen Global-Pauschalvertrag Rdn. 520 ff.

len Leistungsbeschreibung, der Detailpauschalvertrag nicht zum Globalpauschalvertrag.[249)]

Aber die Parteien können auch die durch z. B. eine Ausschreibung per Leistungsverzeichnis ursprünglich festgelegte Detaillierung nachträglich, also z. B. in den Vertragsverhandlungen, verbindlich aufheben und **individuell** – nicht per AGB-Klausel – in Abweichung vom bisherigen Verhandlungsstand regeln, dass die Leistung doch nicht nur detailliert, sondern (zumindest zum Teil auch) funktional beschrieben ist und **deshalb** der Auftragnehmer jetzt doch wirksam eine Vollständigkeitsverpflichtung übernimmt, z. B., wenn die Partei „nach langen Verhandlungen" das detaillierte Leistungsverzeichnis als Vertragsgrundlage „aufgeben" und die „Technik der Leistungsbeschreibung" ändern, indem sie jetzt das Risiko der Vollständigkeit erörtert und konkret auf den Auftragnehmer verlegen.[250)]

Aber: **Im Zweifel** – das heißt: bei Auslegungszweifeln – bleibt es bei dem Detailcharakter, ohne für den Bieter verbindliche zusätzliche Vertragserklärung bleibt es beim Detailpauschalvertrag (s. auch Rdn. 255).

2.6 Regelungsumfang – Inhalt des qualitativen Bausolls beim Detail-Pauschalvertrag

2.6.1 Was geregelt ist, bleibt geregelt

239 Wir haben jetzt wiederholt festgestellt, dass im Falle der „differenzierten" Leistungsbeschreibung nur das Geregelte Vertragsinhalt ist, das Ungeregelte nicht – erste Feststellung –; wir werden das an anderer Stelle auch noch ergänzend begründen (Rdn. 257, 258). Die zweite Frage ist sodann, wie weit der Regelungsbereich im Einzelnen reicht, was also „mitgeregelt" ist und was nicht (dazu Rdn. 240, 241).

Unsere erste Feststellung lautet also: **Alles, was näher bestimmt ist, bleibt so bestimmt.** Wir werden diese ständige BGH-Formulierung (vgl. oben Rdn. 231, 232) beibehalten. Dasselbe gilt beim Einfachen Global-Pauschalvertrag, s. Rdn. 406 ff. und im Prinzip beim Komplexen Global-Pauschalvertrag, Rdn. 474 ff. Das heißt: Vertragsinhalt ist als erstes, dass einzig und allein die konkret beschriebenen Leistungen auch so und nicht anders auszuführen sind und folglich so und nicht anders Bausoll sind.

Diese Aussage lässt sich noch treffen, ohne irgendwelche Überlegungen dazu zu machen, ob zusätzlich, also über **dieses Bausoll** hinaus, noch mehr zu leisten ist, ob also aus der Tatsache einer Detailregelung schon der Ausschluss von „Zusatz"-Leistungen im Bausoll folgt, ebenso unabhängig von der Frage, ob die Leistungsbeschreibung global, programmatisch, unvollständig, lückenhaft oder was auch immer ist. In den expressis verbis geregelten Bereichen – und der Detail-Pauschalvertrag besteht **nur** aus solchen (Leistungs-)Bereichen – ist die Detailregelung jedenfalls vorhanden, die Frage nach einer Lücke stellt sich hier nicht, weil wir hier eine Lückenausfüllung nicht diskutieren können, sondern gerade „vollständig gefüllte" Leistungsbeschreibungen. Die Detailregelung ist allein und nur so und nicht anders maßgebend.

Eine Aussage kann man deshalb immer machen: **Geregelt bleibt geregelt.** Diese Aussage hat weit über den Detail-Pauschalvertrag hinaus **allgemeine Gültigkeit**; was im Kleinen geregelt ist, bleibt so, was im Großen geregelt ist, bleibt aber auch so.

[249)] Zutreffend OLG Celle IBR 2003, 231, Revision vom BGH nicht angenommen, mit Kurzanm. Eschenbruch. Siehe auch Leinemann, VOB/B § 2 Rdn. 282. Zu einer ähnlichen Auslegung auch BGH NZBau 2004, 324.

[250)] So BGH, BauR 1997, 464; KG IBR 2003, 343, Revision vom BGH nicht angenommen, mit Kurzanm. Schulze-Hagen.

Wenn die Leistungsbeschreibung vorsieht, dass OWA-coustic Bandrasterdecken OWA18 zu erstellen sind, folgt weder aus einem „Leistungsziel" noch aus einer vereinbarten Funktion noch aus irgendwelchen anderen Kriterien, dass Decken anderer Art zu montieren seien, von einer möglichen Mängelfreiheit vorerst abgesehen.[251]

Unsere Aussage stimmt deshalb sowohl für den Detail-Pauschalvertrag wie für den Global-Pauschalvertrag.

Unsere Feststellung wäre allerdings dann falsch, **wenn** die **konkrete Regelung**, also beispielsweise ein dem Vertrag beigefügtes Leistungsverzeichnis, nicht **leistungsbestimmenden**, sondern nur **leistungsinterpretierenden** Charakter hätte. Laut Mauer[252] habe beim Bauträgervertrag eine Auflistung von Einzelheiten in Bauplänen und Baubeschreibung **im Zusammenhang** mit der geschuldeten funktionstüchtigen Einheit (z. B. „Einfamilienhaus") zwar interpretierenden Charakter, wie der Gesamterfolg erreicht werden soll, könne aber nicht **einschränkend** im Sinne **abschließender** Aufzählung der geschuldeten Einzelleistungen verstanden werden.

Diese Schlussfolgerung ist richtig, wie im Zusammenhang mit der **vielleicht** zu verneinenden „Vollständigkeitsvermutung" eines detaillierten Leistungsverzeichnisses beim **Schlüsselfertigbau**, also beim komplexen Global-Pauschalvertrag mit auftrag**geber**seitigen Planung, zu erörtern ist,[253] die Ausgangsformulierung allgemein ist aber mißverständlich, wenn nicht falsch. Der Bauträger-Erwerber würde es kaum akzeptieren, wenn die Baubeschreibung „Türen Meranti furniert" vorsähe und der Bauträger dann „Türen Limba" liefert. Die Detail**regelungen** dienen nicht der Interpretation des Leistungserfolges, was ja auch eine (gleichwertige) Auswechslungsbefugnis des Bauträgers einschlösse, sie definieren in **ihren genannten Teilbereichen** vielmehr genau die geschuldete Leistung. Sie interpretieren also gerade nicht, sie bestimmen. Sie bestimmen aber möglicherweise nicht allein die geschuldete **Gesamtleistung**.

2.6.2 Was nicht geregelt ist, ist nicht Vertragsinhalt?

Wenn allerdings die gewonnene Aussage „Was **geregelt** ist, **bleibt so** geregelt" auch richtig ist, so erfasst sie doch nur einen Teil der Problematik, und zwar den unproblematischen Teil.

Der **kritische** Teil unserer zweiten Feststellung lautet vielmehr weiter: „Was **im Detail geregelt** ist, bleibt geregelt, was damit **nicht geregelt ist**, ist deshalb **auch nicht Vertragsinhalt**" – so der Detail-Pauschalvertrag.

Für den Detail-Pauschalvertrag ist folglich zu fragen, warum die Regelung des Bausolls über ihre genannte Detaillierung hinaus „vollständig" ist oder als vollständig gilt und damit negativ „zusätzliche" Leistungen aus dem Bausoll ausschließt – oder positiv ausgedrückt: ob die festgelegten Detailleistungen nicht doch durch allgemeine Leistungsziele ergänzt werden können.

Wählt man eine Vollständigkeit der Leistungsbeschreibung und des Leistungsverzeichnisses „kraft Sachnotwendigkeit" als Basis für den Schluss auf den Leistungsinhalt insgesamt, kommt man in gefährliches Fahrwasser. Bezeichnend ist die scheinbar einleuchtende Definition von Kleine-Möller:[254] „Die Leistungsbeschreibung ist **dann** vollständig,

---

[251] Zur **mängelbehafteten** auftraggeberseitigen **Planung** s. unten Rdn. 537 ff.
[252] Festschrift Korbion, S. 301, 312; ihm folgend Nicklisch/Weick, VOB/B § 2 Rdn. 78.
[253] Vgl. Rdn. 520 ff.; der Bauträgervertrag ist sogar Total-Schlüsselfertigbau-Vertrag, bei dem das erst recht gilt (s. Rdn. 421).
[254] Seminar Pauschalvertrag und schlüsselfertiges Bauen, S. 69, 74; vgl. auch Rdn. 251. Siehe auch unten Rdn. 513 zum Global-Pauschalvertrag sowie Rdn. 1097 zum „Heizregister-Fall".

wenn sie alle Hauptleistungen berücksichtigt, die **erforderlich** sind, um den **vereinbarten Leistungserfolg** zu erzielen."

Demnach hinge die Vollständigkeit überhaupt nicht von irgendeiner noch so genauen Detaillierung ab, sondern davon, ob mit dieser Detaillierung ein „vereinbarter" Leistungserfolg erreicht wird. Oder anders ausgedrückt: Es käme allein darauf an, ob über die Detaillierung hinaus ein „Leistungserfolg" vereinbart ist. Und noch genauer: Nur **wenn** der Vertrag den „vereinbarten" **Leistungserfolg** benennt, wäre ein Schluss von der Detaillierung auf die „erforderliche" Vollständigkeit möglich.

Der Satz ist richtig, aber nicht problemlösend: Definiert wird damit gerade ein individueller Einfacher **Global**-Pauschalvertrag, denn die Vollständigkeit der detaillierten Leistungsbeschreibung folgt nicht aus der Tatsache der Detaillierung, sondern aus einem **übergeordneten** Nicht-Detail, einem allgemeinen, aber **vereinbarten** Leistungsziel. Diese Definition führt deshalb in den kritischen Grenzfällen nicht weiter: Die Frage ist doch gerade, wie der Fall zu behandeln ist, dass die Parteien **im Vertrag** gerade **kein** allgemeines Leistungsziel vereinbart haben. Und umgekehrt: Die Leistungsbeschreibung mit vereinbartem Leistungserfolg würde auch dann die Vollständigkeitsaussage enthalten, wenn gar nichts detailliert beschrieben wäre – zu bauen wären dann **alle** für den vereinbarten Erfolg erforderlichen Leistungen, detailliert oder nicht. Der Auftragnehmer hätte dann lediglich, soweit nicht detailliert, die Wahl unter mehreren Ausführungsmöglichkeiten, das **vereinbarte** Leistungsziel zu erreichen (dazu näher unten Rdn. 667 ff.). Bei Detaillierung hat er diese Wahl gerade nicht („geregelt bleibt geregelt"), so dass diese Definition letztlich sogar die Detaillierung, auf die es gerade ankommt, gar nicht einbezieht.

Wenn die Parteien sich über das Leistungsziel einig sind, ist eine Leistungsbeschreibung sicherlich (ausreichend) „genau", die alle Hauptleistungen umfasst, die erforderlich sind, um diesen Leistungserfolg (Leistungsziel) zu erreichen, d. h., die nach Art **und** Umfang, Bauzeit usw. in ausreichend differenzierte Teilleistungen bzw. Teilmengen zerlegt ist.[255]
Aber **wenn** die Parteien das alles getan haben, stellt sich unser Problem überhaupt **nicht**: Dann gibt es keine Auslegungsprobleme, ob „**Mehr**" als im Detail geregelt zu leisten, da „alles" geregelt ist. Der Schluss, dass dann, wenn die Leistung detailliert ohne die Benennung eines Allgemeinen Leistungsziels beschrieben ist, **nur das Beschriebene Bausoll ist,** also Leistungs**inhalt** des Auftragnehmers der Art nach (qualitativer Bauinhalt, Bauumstände),[256] dass also der Auftragnehmer nicht über das detailliert Beschriebene hinaus „zusätzliche" Leistungen zu erbringen hat, muss also **anders begründet** werden, nämlich durch Heranziehung allgemeiner Auslegungsgrundsätze (Rdn. 254–263).

2.7 Beschränkung des qualitativen Bausolls auf geregelte Details als Ausfluss einer Systemwahl des Auftraggebers – Auslegung des Individualvertrages in Richtung „Allgemeines Leistungsziel" durch Systemwahl „Detail-Pauschalvertrag"?

2.7.1 Methodischer Hinweis: Die drei Schritte

242 Streitigkeiten über das Bausoll – hier nur darüber, ob ein Allgemeines Leistungsziel vereinbart ist – entstehen nur dann, wenn die Vertragsparteien den Vertragsinhalt unterschiedlich verstehen oder interpretieren. Sind sie sich einig, zählt das allein, selbst wenn „objektive Dritte" den Vertragsinhalt für noch so unklar halten. Sind die Vertragsparteien sich dagegen uneinig, ist jedenfalls für sie der Leistungsinhalt mangelhaft definiert, was

---

[255] Vgl. Daub/Piel/Soergel, VOB/A Erl. 5.25.
[256] Wir wiederholen: Das Bausoll **dem Umfang nach,** d. h. die zu **leistende Menge,** behandeln wir gesondert, nämlich unter Rdn. 286 ff.

nicht heißt, dass der Vertragsinhalt auch für „objektive Dritte" mißverständlich bzw. unklar sein muss – was aber natürlich sein kann.
In diesen Fällen unterschiedlichen Vertragsverständnisses – hier aber **nur** zur Frage, ob **ohne** ausdrückliche Benennung eines **Allgemeinen Leistungsziels** im Pauschalvertrag nur das Detaillierte Vertragsinhalt ist oder ob eine „Vervollständigungsverpflichtung" besteht, – hilft nur eine **Auslegung** des Vertrages. Folglich ist es vorab notwendig, den Gang einer solchen Auslegung zu bestimmen, die richtigen Auslegungsmethoden anzuwenden und die richtigen konkreten Auslegungskriterien zu finden.

Die Prüfung vollzieht sich dabei in **drei Schritten:**
1. Im **ersten Schritt** wird „objektiv" geprüft, wie mißverständliche oder unklare Erklärungen „richtig" auszulegen sind, wobei die vom Auftraggeber gestellten Formulierungen im Angebotsblankett nach dem Empfängerhorizont der Bieter darauf zu prüfen sind, was Vertragsinhalt ist. „Unklar" wäre, ob der Vertrag ein Allgemeines Leistungsziel enthält, also mehr an Leistung, als die Detaillierung an Regelung enthält. Führt die Auslegung dazu, dass die Auffassung des Auftraggebers als „richtig" bestätigt wird, es gebe ein solches globales Leistungsziel im Vertrag, scheiden Ansprüche des Bieters (Auftragnehmers) aus, von seltenen Ansprüchen aus Verschulden bei Vertragsschluss abgesehen. Zweifel gehen zu Lasten des Auftraggebers.
2. **Zweiter Schritt:** Führt die (objektive) Auslegung dazu, dass die Auffassung des Bieters, also des späteren Auftragnehmers, als „richtig" bestätigt wird – also ein solches globales Leistungsziel **nicht** Vertragsinhalt ist –, so ist der Fall noch nicht zu Ende. Der Auftragnehmer hat noch nicht „automatisch" Vergütungsansprüche für Vervollständigungsleistungen: In diesem zweiten Schritt ist noch zu **prüfen**, ob ein durchschnittlicher Bieter nicht dennoch die „Mangelhaftigkeit" der Ausschreibung – das „verkappte" globale Leistungsziel – erkannt hat oder hätte erkennen können; diesen **zweiten Schritt innerhalb der Auslegung** behandeln wir wegen seiner besonderen Bedeutung unter einem eigenen Stichwort, nämlich unter „Prüfpflicht".
Konnte der Bieter das angebliche globale Leistungsziel in der Ausschreibung **nicht** erkennen, hat er für die Vervollständigungsleistung Vergütungsansprüche.
3. **Dritter Schritt:** Konnte der Bieter die „Mängel" der Ausschreibung – das „verkappte" globale Leistungsziel – erkennen, so ist in einem **dritten Schritt** zu klären, **welche Folgen** der zwar **mögliche,** aber **unterlassene** Aufklärungshinweis des Bieters hat.

Diese drei Schritte erörtern wir nachfolgend im Einzelnen.[257]

Auf Anhieb wird ersichtlich, dass sich entsprechend auch mehrere Frageebenen ergeben. 243

a)
Was ist „objektive Auslegung"?

b)
Was ist Voraussetzung der „**Erkennbarkeit**", welche Aufmerksamkeit kann bei einem Angebotsblankett, aufgestellt nach dem Schema des Detail-Pauschalvertrages, vom Bieter dahin verlangt werden, dass er **trotz der Detaillierung** noch nach einem **nicht greifbar erklärten,** zusätzlichen „Allgemeinen Leistungsziel" sucht? Wie ist die „Prüfpflicht" anzusetzen?

c)
Unterstellt, der Bieter hätte ein nicht ausdrücklich erklärtes „Allgemeines Leistungsziel" erkennen müssen: Welche konkreten Folgen hat der mögliche, aber unterlassene Hinweis beim Detail-Pauschalvertrag?

---
[257] Zur grundsätzlichen Methodik verweisen wir auf Band 1, und zwar zu Schritt 1 dort auf Rdn. 175–184 ff., zu Schritt 2 auf Rdn. 185–241 und zu Schritt 3 auf Rdn. 242–274.

d)
Gibt es in diesem Zusammenhang jeweils eine Beweislast; wenn ja: Wer muss was beweisen?

2.7.2 Objektive Auslegung (1. Schritt)

2.7.2.1 Allgemeines – Erklärtes Bausoll

244 Im ersten Schritt der Auslegung ist zu prüfen, ob sich nicht ohne weiteres für einen „objektiven Dritten" ein klarer Vertragsinhalt (**mit** Allgemeinem Leistungsziel oder **ohne**) feststellen lässt.

Dabei sind rechtlich abgesicherte Auslegungsmethoden anzuwenden. Typische einfache Auslegungsgrundsätze sind z. B., dass das speziell Geregelte dem allgemein Geregelten vorgeht (zur Rangfolgeklausel Band 1, Rdn. 178) oder dass im Verkehr übliche Bezeichnungen auch so zu verstehen sind und nicht nach dem „Privatverständnis" eines der Vertragsbeteiligten (zur Bedeutung von DIN-Normen in diesem Zusammenhang allgemein Band 1, Rdn. 177).

245 **Eine** objektive Auslegungsüberlegung scheidet von vornherein **aus: Allein aus der Tatsache, dass ein Pauschalvertrag vereinbart ist, folgert nicht, dass irgend etwas „Pauschales" auf der Leistungsseite als vereinbart gilt.** Wir haben das schon ausführlich erörtert.[258]

246 Um festzustellen, ob **angesichts der detaillierten Vertragsunterlagen noch über die Detaillierung hinausgehende Allgemeine Leistungsziele** Vertragsinhalt sind, ist an sich von einem einfachen Ausgangspunkt bei der Auslegung auszugehen: Das Bausoll ist Teil der vertraglichen Vereinbarung; der Auftragnehmer hat das zu leisten, was **vereinbart** ist, und zwar deshalb, weil es vereinbart ist.

Also ist festzustellen, was die Parteien **einverständlich** als geschuldete Leistung festgelegt haben. Dabei kommt es nicht darauf an, was die eine oder andere Vertragspartei (gewissermaßen im Innern) gewollt hat, **maßgeblich** ist, was sie **erklärt** (vertraglich formuliert) hat. Die Leistungspflicht des Auftragnehmers muss deshalb „**aus dem Vertrag zu entnehmen sein**",[259] ein „Besonderes Risiko" muss im Wege **offener Risikozuweisung** (dazu Rdn. 613) in den Vertragsunterlagen enthalten sein.

Aus dem Vertrag ist auf erste Sicht das zu entnehmen, was **wörtlich** und klar darin genannt ist, der **Wortlaut** darf im Regelfall weder erweiternd noch einengend ausgelegt werden.[260] Sind Einzelleistungen genannt, so sind sie Vertragsinhalt. Ist darüber hinaus nichts gesagt, so ist eben auf erste Sicht darüber hinaus auch nichts vereinbart.

247 Da es darauf ankommt, was der Auftraggeber durch seine Auftragsunterlagen (Angebotsblankett) **erklärt** hat, spielt **keine Rolle, was der Auftraggeber sich gedacht oder gewünscht** hat, **ohne** es gleichzeitig seinem Gegenüber (dem Bieter) zu erklären. Dabei kommt es darauf an, wie die Erklärung des Auftraggebers im Angebotsblankett aus der

---

[258] Vgl. oben Rdn. 33–40 sowie Rdn. 237.
[259] So zutreffend BGH Schäfer/Finnern Z 2.301 Bl. 46, näher dazu oben Rdn. 231.
[260] Der **Wortlaut** ist maßgebend, BGH „Auflockerungsfaktor" BauR 1997, 466; BGH „Sonderfarben" 1. Entscheidung BauR 1993, 595, BGH „Wasserhaltung II" BauR 1994, 236, BGH BauR 1994, 625; Kniffka, in: Kniffka/Koeble, Kompendium des Baurechts, Teil 5, Rdn. 88. Ausführlich Band 1, Rdn. 175, 176.

Sicht der Erklärungsempfänger zu verstehen ist. Maßgebend ist für die Auslegung der Erklärung der **Empfängerhorizont.**²⁶¹⁾ Nur das, was den Erklärungsempfängern (also den Bietern) ersichtlich und verständlich ist, ist maßgebend. Also spielen z. B. **Pläne, die nicht beigefügt sind oder auf deren konkrete Einsichtsmöglichkeit** nicht verwiesen wird, für die Vertragsauslegung keine Rolle. Natürlich hat der Bieter Prüfpflichten, dazu Rdn. 253 ff.

Übrigens kann es auch ganz allgemein zu Widersprüchen hinsichtlich unterschiedlicher **Teilleistungen ("Positionen")**, zu Unklarheiten eines Begriffsverständnisses, zur **Lückenhaftigkeit** einer in den Vertragsunterlagen geregelten „Position" kommen. Das sind aber allgemeine Probleme mangelhaft definierter Ausschreibung, die für den Einheitspreisvertrag wie für den Pauschalvertrag **gleichermaßen gelten;** wir dürfen zu **diesem allgemeinen Problem** deshalb einmal auf unsere Darlegungen in Band 1 verweisen,²⁶²⁾ sodann zum Detail-Pauschalvertrag auf Rdn. 284. Uns interessiert **hier** nur, ob Hinweise auf ein **"Allgemeines Leistungsziel"** klar sind oder nicht.

2.7.2.2 Diskrepanz *(Widerspruch)* zwischen *Text und Plänen* – „Allgemeines Leistungsziel" in Plänen?
– Systemwahl –

Ein Problem gewinnt allerdings beim Pauschalvertrag auch zur Frage eines einbezogenen Allgemeinen Leistungsziels an Bedeutung, nämlich die **Diskrepanz zwischen Text und Plänen.** Bezogen auf unsere spezielle Frage: Kann die objektive **Auslegung** dazu führen, trotz eines (detaillierten) Leistungsverzeichnisses oder einer anderen schriftlichen Leistungsvorgabe und -abgrenzung den Schluss zuzulassen, dass aus **beigefügten** Plänen ersichtliche zusätzliche, aber nicht im Leistungsbeschreibungstext genannte Leistungen zum Pauschalpreis auszuführen sind? **248**

Da es nur um die Frage der **Vollständigkeits-Ergänzung** des Textes durch Pläne beim **Detail-Pauschalvertrag** und nicht um das allgemeine Problem des inhaltlichen Widerspruches zwischen Text und Plänen geht – wobei aber natürlich vertragliche Rangfolgeregeln im Vertrag maßgeblich bleiben: 1.3 der ZVB des Bundes regelte z. B. früher den Vorrang des Textes, dazu auch Rdn. 493 –, lässt sich diese Spezialfrage hier klar beantworten: Hat der **Auftraggeber** (durch seinen Objektplaner bzw. durch seine Sonderfachleute) die **Unterlagen** des Angebotsblanketts, insbesondere also beigefügte Pläne, **selbst erstellt,** so hat **er** aus den Plänen heraus verbal in Form des Leistungsverzeichnisses oder einer anderen schriftlichen Leistungsvorgabe und -abgrenzung in Erfüllung seiner Systemverantwortung die diesem Auftrag zugeordneten, „abgefragten" Leistungen des Bieters definiert. **Die Pläne dienen** (bei vorhandener schriftlicher Leistungsvorgabe) **insoweit der Verdeutlichung, aber nicht einer unerklärten Vervollständigung** des **249**

---

²⁶¹⁾ Einzelheiten dazu Band 1, Rdn. 183, 184, 185 ff., s. hier auch Rdn. 253. Maßgeblich ist der **Empfängerhorizont** der durchschnittlichen Bieter, nicht eines einzelnen Bieters, so deutlich BGH „Sonderfarben" 1. Entscheidung und BGH „Wasserhaltung II", s. Fn. 260.
²⁶²⁾ Vgl. Fn. 257.

Textes.²⁶³⁾ Es gibt dann keine objektiven Anhaltspunkte dafür, dass der Auftraggeber mehr Leistung verlangt, als er selbst **konkret formuliert.** Wir kommen also bei der Diskrepanz von Text und Plan gar nicht mehr zum zweiten Schritt der Prüfung, ob ein doch anderslautender „Vervollständigungswille" des Auftraggebers für den Auftragnehmer erkennbar wäre und diesen zu Hinweisen hätte veranlassen müssen. Dennoch werden wir – gewissermaßen vorsorglich – auch diese Fragestellung noch erörtern.²⁶⁴⁾

250 **Hat dagegen der Auftragnehmer selbst die Planung erstellt** und daraus ein detailliertes Leistungsverzeichnis oder eine andere schriftliche Leistungsvorgabe und -abgrenzung entwickelt, sieht die Sache anders aus: Hier liefert nicht der Auftraggeber die Unterlagen für das Angebotsblankett, sondern der Auftragnehmer. Er ist nicht nur ausführend, sondern auch konzipierend, planend tätig.

Dadurch verändert sich zwar der objektive Erklärungsinhalt der Leistungsvorgabe nicht; nach wie vor kann man als „objektiver Beobachter" nicht gesichert schließen, über den detaillierten Text hinaus sei auch ein weitergehender Inhalt der Pläne Bausoll. Aber eines ist jetzt **hier** anders: **Der Bieter wird,** je nach formuliertem **Planungsziel** des Auftraggebers, **Anlass haben,** seinerseits den Auftraggeber darauf **hinzuweisen,** dass seine im Angebot benannten Teilleistungen aus den Plänen ersichtliche Leistungen nicht umfassen, vorausgesetzt, die aus den Plänen zu ersehenden Leistungen und das dem Auftragnehmer vom Auftraggeber vorgegebene Planungsziel stimmen überein. Das ist ein spezielles Problem des zweiten Schrittes der Auslegung, der Hinweispflicht; wir werden es deshalb dort getrennt erörtern.²⁶⁵⁾

2.7.2.3 Konkrete Anhaltspunkte beachtlich

251 Ebenso versteht es sich von selbst, dass umgekehrt konkrete Anhaltspunkte für ein „Allgemeines Leistungsziel", die im Vertrag genannt sind, vom Auftragnehmer nicht ignoriert werden dürfen.

In vielen Pauschalverträgen **sind** mit unterschiedlichsten Abstufungen mehr oder weniger deutlich Allgemeine Leistungsziele „angedeutet"; ja der Begriff „schlüsselfertig" enthält geradezu ein (ganz) globales Leistungsziel (Funktionsfähigkeit, Benutzbarkeit usw.).²⁶⁶⁾ Auch in den kompliziertesten Fällen lässt sich – dies im Vorgriff – aber vom „Detail zum

---

²⁶³⁾ BGH Schäfer/Finnern Z 2.301 Bl. 35 ff. = BauR 1971, 124 = WM 1971, 449 = BGHZ 55, 198 (Einzelheiten zu dieser Entscheidung oben Rdn. 221) entscheidet treffend, dass trotz Pauschalvertrag über „fix und fertige Rohbauarbeiten" selbst kleinste Zusatzleistungen (729,95 DM) vergütet werden müssen, wenn sie sich aus den vom Architekten des **Auftraggebers** geprüften, **Vertragsinhalt** gewordenen **Ausführungsplänen** nicht ergeben; ebenso BGH BauR 1995, 237, 238. Wenn Pläne „zur Erläuterung" beigefügt sind, können sie allerdings bei Lücken der textlichen Leistungsbeschreibung diese verdeutlichend ausfüllen (konkretisieren), OLG Celle IBR 2003, 233.
Meissner, Seminar Pauschalvertrag und schlüsselfertiges Bauen, S. 9, 13 bejaht auch beim Global-Pauschalvertrag den Vorrang des Textes vor den Plänen, soweit es um die Vollständigkeit geht; diesen Widerspruch zwischen Text und Plan beim Global-Pauschalvertrag mit auftraggeberseitiger Planung behandeln wir unter Rdn. 493, 520 ff, beim Einheitspreisvertrag Bd. 1, Rdn. 180–182, 201-205.

²⁶⁴⁾ Siehe unten Rdn. 253 ff.

²⁶⁵⁾ Vgl. unten Rdn. 262.

²⁶⁶⁾ Dazu im Einzelnen unten Rdn. 426 ff.
Als Vorgriff: **Individuelle** Komplettheitsklauseln beim Einfachen Global-Pauschalvertrag (s. Rdn. 515) und beim Komplexen Global-Pauschalvertrag (s. Rdn. 531) sind wirksam (unten Rdn. 512 ff.). In **Allgemeinen Geschäftsbedingungen** des Auftraggebers enthaltene Komplettheitsklauseln sind unwirksam beim Einfachen Global-Pauschalvertrag (unten Rdn. 512 ff.), wirksam beim Komplexen Global-Pauschalvertrag (unten Rdn. 500 ff.), allerdings nur in eingeschränkter Auslegung.

Globalen" differenzieren, und auch da gilt: Was nicht vereinbart ist, ist nicht Vertragsinhalt; auch das globalste Leistungsziel muss ja seinerseits – ausdrücklich, konkludent oder stillschweigend – **vereinbart** sein.

Übrigens: Strukturell besteht gegenüber dem Einheitspreisvertrag in allen unseren Fällen gar kein Unterschied: Auch Leistungsbeschreibungen beim Einheitspreisvertrag können „unklar" sein. Viele undetaillierte Punkte der Leistungsbeschreibung sind auch gegebenenfalls beim Einheitspreisvertrag objektivierbar und notwendigerweise aufzufüllen.[267]

2.7.2.4 Zusammenfassung

Die „objektive Auslegung" wird es selten ermöglichen, ungeachtet solcher detaillierter Unterlagen, die auch **Vertragsgrundlage für einen Einheitspreisvertrag sein könnten**, doch zu schließen, ein nicht klar aus den Vertragsunterlagen zu entnehmendes „allgemeines Leistungsziel" begründe eine Pflicht zur „Vervollständigung" der Leistung.

Endet also die „objektive Auslegung" in diesem Sinne zugunsten des Auftragnehmers, so ist die Anordnung des Auftraggebers an den Auftragnehmer, doch die Leistung zu vervollständigen (im Hinblick auf das Allgemeine Leistungsziel), **Anordnung zu zusätzlichen Leistungen** im Sinne von § 2 Nr. 7 Abs. 2 i. V. m. § 2 Nr. 6 VOB/B mit entsprechender Vergütungsfolge.

Ohne Anordnung des Auftraggebers vervollständigte Leistungen können Vergütungsansprüche gemäß § 2 Nr. 8 VOB/B begründen.

Endet die Auslegung **zu Lasten des Auftragnehmers**, so kann das nur passieren, wenn die Vertragsunterlagen im Ergebnis vielleicht nicht für diesen Bieter, aber doch für einen „neutralen Dritten" (Bieter mit durchschnittlich gehöriger Aufmerksamkeit) **klar** und **eindeutig** waren. Selbst in diesem Fall kommen unter besonderen Umständen noch Schadensersatzansprüche des Bieters gegen den Auftraggeber wegen schuldhaft mangelhafter Ausschreibung in Betracht.[268]

Verbleiben Zweifel, so müssen die Prüfpflichten gemäß Schritt 2 untersucht werden (Rdn. 253 ff.).[269]

Dennoch bleibt dann zu prüfen (2. Schritt), ob nicht der Auftragnehmer ein wenn auch noch so schlecht angedeutetes Vervollständigungsverlangen des Auftraggebers hätte wenigstens als „Zweifel" vor Vertragsabschluss **erkennen können** und müssen und ob er nicht demzufolge hätte nachfragen müssen; das erörtern wir sogleich.

2.7.3 Prüfungs- und Hinweispflicht des Bieters (2. Schritt) – Systemwahl als Grund für die „Ausschließlichkeit" der Detailregelung – Vollständigkeitsvermutung

2.7.3.1 Allgemeiner Maßstab der Prüfpflicht des Bieters

Der Bieter darf allerdings, wenn die objektive Auslegung (1. Schritt) zu seinen Gunsten ausgeht, wenn also beim Detail-Pauschalvertrag auch durch Auslegung **keine Vervollständigung** durch ein **nicht erklärtes Leistungsziel** gefunden wird, dennoch nicht sofort

---

[267] Näher Rdn. 12, 87, 208, 212.
[268] Vgl. zu diesem allgemeinen, mit dem Einheitspreisvertrag völlig identischen Problem Band 1, Rdn. 244.
[269] Besteht dennoch immer noch Unklarheit, ist zu prüfen, zu wessen Lasten diese unaufklärbare Unklarheit geht, dazu Rdn. 263 ff.
Zum speziellen Problem der Unvollständigkeit des Detail-Pauschalvertrag durch **Komplettheitsklauseln** s. unten Rdn. 512 ff.

annehmen, der zusätzliche Vergütungsanspruch für Anordnung zur Erreichung des allgemeinen Leistungsziels sei gesichert. Selbst wenn die Erklärung des Auftraggebers im objektiven Sinne des Auftragnehmers ausgefallen ist oder wenn die Unklarheitenregel des AGB-Rechts dem Auftragnehmer zugute kommt, ist der Auftragnehmer immer noch verpflichtet, nach Treu und Glauben **alle** für ihn **erkennbaren** Umstände mit gehöriger **Aufmerksamkeit zu prüfen,** ob sich nicht doch ernsthafte **Anhaltspunkte** für eine vom Auftraggeber gewollte „Vervollständigung" ergeben.

Die Beurteilung der **Erkennbarkeit** und damit der Prüfpflicht im allgemeinen – 2. Schritt der Erörterung – ist oft nicht einfach. Hier jedoch, nämlich bei der konkreten Fragestellung, ob **Anhaltspunkte für eine (unerklärte) Vervollständigung** in Richtung „Allgemeines Leistungsziel" sprechen, lässt sich die Prüfpflicht des Bieters klar und leicht beurteilen.

Wenn wir vom häufigsten Fall des Detail-Pauschalvertrages ausgehen, so hat der Auftraggeber durch seinen Architekten oder Sonderfachmann eine Entwurfsplanung und (oft zum Teil schon) eine Ausführungsplanung erstellt und auf dieser Grundlage dem Bieter i.d.R. Vertragsunterlagen **in Form eines nach Teilleistungen gegliederten Leistungsverzeichnisses vorgelegt, also aufgrund eines Einheitspreisvertrag-Schemas.** In der Auftragsverhandlung wird dann die Vergütung pauschaliert.

In dem Angebotsblankett liegt die Aufforderung des Auftraggebers, ihm durch den Bieter ein Angebot **genau auf der Grundlage des Blanketts** zu machen. Diese Willenserklärung des Auftraggebers fließt in das Angebot des Auftragnehmers an den Auftraggeber ein. Bei der Aufforderung in Form des Angebotsblanketts bestimmt sich der Inhalt dieser Aufforderung gegenüber dem Bieter **nicht** danach, **was der Auftraggeber gewollt** hat – z. B. als Leistungsziel gewollt hat –, sondern danach, was er für den Bieter **erkennbar erklärt** hat. Genauer: **Maßgebend** ist, wie Bieter bei **durchschnittlicher Sorgfalt** als Empfänger diese Willenserklärung verstehen durften. Oder wie unter Rdn. 240, 253 schon erörtert und formuliert: Der Erklärungsinhalt des Angebotsblanketts bestimmt sich nach dem **Empfängerhorizont** der Bieter.[270] Es ist nochmals festzuhalten, dass wir an dieser Stelle nicht jede mögliche Form der Unklarheit oder Lückenhaftigkeit von Angebotsunterlagen behandeln, sondern **ausschließlich** die **spezielle Frage,** ob irgendein Auslegungsgrundsatz die **Vervollständigung** eines detaillierten Leistungsverzeichnisses um **ein nicht genanntes,** bestenfalls angedeutetes „Allgemeines Leistungsziel" ermöglicht, **inwieweit** also insoweit Prüfpflichten des Bieters bestehen.

Als **ernsthafte Möglichkeit** kommt insoweit praktisch nur in Betracht, dass einem Leistungsverzeichnis **Pläne** beigefügt sind, die **mehr Leistungsinhalt** erkennen lassen, **als aus dem Text** ersichtlich ist; objektiv folgt daraus, wie gerade oben unter Rdn. 247 erörtert, allerdings **kein „Allgemeines Leistungsziel"** im Wege der Auslegung über den erklärten Text hinaus.

Da es auf den Empfängerhorizont von Auftragnehmern auch für die Beurteilung von Prüfpflichten und Hinweispflichten als Teil der Auslegung ankommt, ist es entscheidend, was als vom Auftraggeber erklärter Leistungsinhalt gerade auch in **diesem** Zusammenhang für den Auftragnehmer dennoch erkennbar ist. Nur die Erkennbarkeit ist das **maßgebende Kriterium:**[271] Wenn der Auftraggeber seinen Leistungswunsch nicht so artikuliert, dass sein gewünschter Vertragspartner, der Bieter, ihn **erkennen** kann, hat der Auf-

---

[270] BGH „Sonderfarben" 1. Entscheidung, BauR 1993, 595; BGH „Wasserhaltung II" BauR 1994, 236.
[271] Unzutreffend deshalb Vygen, Festschrift Locher, S. 263 ff., 283. Wie hier z. B. OLG Stuttgart BauR 1992, 639, 640 (dazu aber Rdn. 678), Englert/Grauvogel/Maurer, Handbuch Baugrund, Rdn. 398, 399; Einzelheiten Band 1, Rdn. 210.

traggeber eben nicht genug erklärt – nicht Erklärtes wird nicht Vertragsinhalt. Es bleibt dann dabei: **Der Text geht vor**, wie schon in Rdn. 249 hervorgehoben.

Maßstab für das **Erkennen-Können** von Anhaltspunkten für ein verkapptes Allgemeines Leistungsziel ist überhaupt die ordentliche **Aufmerksamkeit eines** Durchschnittsbieters **im Angebotsstadium**. Wir haben in Band 1 Rdn. 210 diese Frage im Zusammenhang mit allgemein mangelhaft definierten Ausschreibungen schon in allen Einzelheiten erörtert: Der maßgebliche Zeitpunkt ist beim privaten Auftraggeber der Vertragsschluss, beim öffentlichen Auftraggeber die Herausgabe der Angebotsunterlagen im Rahmen öffentlicher Ausschreibung (Band 1 Rdn. 152, 153). 254

Allgemein gelten folgende Grundsätze:
Planung und Ausschreibung sind, wenn nichts anderes vereinbart ist, Sache des Auftraggebers (nachstehend Rdn. 256), maßgebend ist das vom **Auftraggeber gewählte Leistungsbeschreibungssystem (Bd. 1 Rdn. 187). Die Leistungsbeschreibung muss immer richtig** (Bd. 1 Rdn. 188) und beim System „detaillierte Leistungsbeschreibung" auch **vollständig** (Bd. 1 Rdn. 188) sein. Der Auftraggeber muss beim System „detaillierte Leistungsbeschreibung" im Angebotsblankett die notwendigen Angaben „in rechter Weise und an geeigneter Stelle" im Leistungsverzeichnis machen, und zwar vollständige Angaben. Wie sich unmißverständlich aus § 9 Nr. 12 Satz 2 VOB/A ergibt, muss der Auftraggeber, der **Pläne** zum Vertragsinhalt machen will, sie an der richtigen Stelle und in der richtigen Weise, also eindeutig und in einem konkreten Bezug mitteilen. Die Prüfpflicht des Bieters geht nicht so weit, aus einer Fülle unbekannter und nicht konkret in bezug genommener Zeichnungen Details herauszusuchen, die der Auftraggeber seinerseits leichtestens im Text benennen könnte (Band 1 Rdn. 197, 198).

Der **Bieter** muss ohnehin die Planung **nicht speziell auf Unvollständigkeiten** untersuchen (Band 1 Rdn. 209). Der Bieter ist **nicht zu eigenen** Untersuchungen oder **Berechnungen** verpflichtet (Band 1 Rdn. 219).[272]

Hat der Auftraggeber spezialisierte Fachberater eingeschaltet (z. B. Beton-Technologieberater), kann sich der Bieter auf Ausschreibungstexte erst recht verlassen und braucht nicht Dinge zu finden, die selbst der Fachberater nicht gemerkt hat (Band 1 Rdn. 210).

Die „Schwierigkeit des Objekts" erfordert eine entsprechend qualifizierte Leistungsbeschreibung und ist kein Grund, dem Bieter eine gesteigerte Prüfungspflicht zuzuschieben (Band 1, Rdn. 216). Die Prüfpflicht des Bieters hängt nicht von der Unternehmensgröße ab (Band 1 Rdn. 211).

2.7.3.2 Vollständigkeitsvermutung der Details kraft Systemwahl beim Detail-Pauschalvertrag, Widerlegung der Vermutung

Diese **allgemeinen** Feststellungen zur Prüfpflicht ermöglichen auch bei der hier allein interessierenden Frage, ob bei **vorliegender Detaillierung** ein Allgemeines Lösungsziel doch noch „angedeutet" ist und der Bieter dies „prüfen und finden" muss, eine eindeutige Antwort: 255

Es ist, wie erwähnt, Pflicht des Auftraggebers, die gewünschte Leistung bei „detaillierter Leistungsbeschreibung" richtig und vollständig zu beschreiben. Eine vom **Auftraggeber** vorgegebene **detaillierte Leistungsbeschreibung** muss **alle notwendigen technischen Angaben** enthalten, um die verlangte Beschaffenheit der Leistung zu kennzeichnen; für

---

[272] Zu allem insoweit zutreffend auch OLG Stuttgart BauR 1992, 639 ff., zu der Entscheidung ansonsten s. Rdn. 654.

den Vertrag gilt deshalb eine **Vollständigkeitsvermutung**[273] mit der Folge: Was nicht geregelt ist, ist auch nicht Bausoll.

Wenn der **Auftraggeber** für seine Leistungsbeschreibung das System „Leistungsverzeichnis" (Einheitspreisvertrags-Ausschreibung) wählt, d. h., wenn **er** die verlangte Leistung in Teilleistungen zerlegt, Positionen bildet, drückt **er** aus, dass **er** seine Planungsidee im Detail umgesetzt hat. Mangels Kenntnis der **konkreten** Planungsidee (z. B. eines allgemeinen Leistungsziels) kann der Bieter von sich aus die Leistung kaum vervollständigen.

Bedenkt man weiter vor allem, dass die **Detail-Pauschalvereinbarung** oft erst **in der Vertragsverhandlung geschlossen wird** und folglich der Bieter auf das Angebotsblankett **nach Einheitspreisvertrags-Schema** folgerichtig ein Einheitspreis-Vertragsangebot unterbreitet hat, so gelten für die Leistungsseite dieses Angebots auch Einheitspreisvertrags-Grundsätze. Eine Vervollständigung der Leistung durch ein **unerklärtes** Leistungsziel wäre beim Einheitspreisvertrag äußerst unwahrscheinlich und würde auch der Leistungsbeschreibungsmethode drastisch widersprechen. Eine Art „**Qualitätssprung**" zur **Leistungsvervollständigung** nur durch den Wechsel vom Vergütungsmodus Einheitspreis zum Vergütungsmodus Pauschalpreis **gibt es ohne** zusätzliche, **für den Bieter verständliche Vertragserklärung nicht.**[274] Also: Was nicht im Detail geregelt ist, muss auch nicht gebaut werden.

256 Mit der **Wahl der Leistungsbeschreibungsmethode** „Leistungsverzeichnis" („**Systemwahl**") hat der **Auftraggeber** – und nur das ist für den Auftragnehmer **erkennbar** – **selbst** die Verantwortung dafür übernommen, dass er in dieser Methode richtig, nämlich vollständig („systemimmanent") ausschreibt; er hat (auch) die Ausführungsplanung – wenn er korrekt gemäß HOAI ausschreibt – schon erstellt und seinem Angebotsblankett jedenfalls so weit zugrunde gelegt, dass ein solches Angebot überhaupt detailliert erstellbar war. Für diese Form der Planung und Erstellung der Vergabeunterlagen muss der Auftraggeber auch die **finanzielle** Verantwortung tragen. Er trägt **das Risiko seiner eigenen Planung**, also das **Vollständigkeitsrisiko**, das ihm im übrigen im Innenverhältnis ja auch seine eingeschalteten (Objektplaner und) Sonderfachleute **abnehmen**, die ihrerseits für die richtige Planung bezahlt werden. Dieses finanzielle Risiko, Planungsrisiko und damit Vollständigkeitsrisiko kann nicht **unerklärt** auf den Auftragnehmer überwälzt werden.[275] Nur diese klare Trennung der Verantwortungsebenen ermöglicht sachgerechte und ökonomisch richtige Verantwortungszuweisungen.

Wer als Auftraggeber eine bestimmte Ausschachtungstiefe **plant** und in einer LV-Position festlegt, kann nicht sagen, er habe auch andere Tiefen „mit"-ausgeschrieben.[276]

Wer beim äußerst umfangreichen Vertrag zur Herstellung von Baugruben und Rohbauleistungen beim **Lehrter Bahnhof** Berlin als Auftraggeber regelt, dass der Auftragnehmer

---

[273] BGH VersR 1966, 488; BGH Schäfer/Finnern Z 2.301 Bl. 35 ff. = BauR 1971, 124 (näher Fn. 263); OLG Jena IBR 2004, 410; OLG Brandenburg, IBR 2003, 57 mit Kurzanm. Weyer; Zur Vollständigkeit weiter: Vygen/Schubert/Lang, Bauverzögerung, Rdn 59; Roquette, NZBau 2001, 57, 58; Kniffka/Koeble, Kompendium des Baurechts, Teil 5, Rdn. 103; Kapellmann, Jahrbuch Baurecht 1999, 3 ff; Markus, Jahrbuch Baurecht 2004, 1 ff = BauR 2004, 180; Band 1, Rdn. 188 mit weiteren Einzelheiten.

[274] Vgl. oben Rdn. 33 bis 35; ebenso Kleine-Möller, Seminar Pauschalvertrag und schlüsselfertiges Bauen, S. 69, 74, 75 näher Rdn. 238.

[275] Zutreffend deshalb Meissner, Seminar Pauschalvertrag und schlüsselfertiges Bauen, S. 9, 12, 13 und Vygen, Festschrift Locher, S. 263 ff., 281, 284. Siehe auch oben Rdn. 248, 249 sowie 255 und Fn. 273.

[276] Unmißverständlich und richtig BGH Schäfer/Finnern Z 2.301 Bl. 46, 47 (s. oben Rdn. 231); ebenso eindeutig BGH Schäfer/Finnern Z 2.301 Bl. 35 ff. (näher oben Fn. 263); weiter OLG Düsseldorf BauR 1989, 483, 484 (s. oben Rdn. 235); weitere Nachweise Rdn. 235 mit Fn. 238, Rdn. 229, 259 sowie Rdn. 478, 479. Weitere Beispiele Band 1 Rdn. 188 und Fn. 242

die für die Bauaufsicht erforderlichen statischen Berechnungen und konstruktiven Bearbeitungen zu erbringen hat, regelt damit nicht, dass der Auftraggeber auch Setzungsberechnungen gemäß § 91 Abs. 2 Nr. 5 HOAI (geotechnische Berechnung) erstellen muss; zumindest ist das unklar, die Unklarheit geht **zu Lasten des Auftraggebers**.[277]

Also: **Weil der Auftraggeber die Methode „Detail-Leistungsbeschreibung" gewählt hat** („Systemwahl"), ist für den **Auftragnehmer gar kein Anlass** zur „detektivischen" **Prüfung, ob doch irgendwo ein Gesamt-Leistungsziel versteckt sein könnte** (Band 1, Rdn. 188, 215, 728). Zu prüfen ist also lediglich, ob der Auftragnehmer diese Form der Leistungsbeschreibung „nach Einheitspreisvertrags-Grundsätzen" gewählt hat.

Thode kritisiert diese mit der Rechtsprechung des Bundesgerichtshofs übereinstimmende Abgrenzung zu Unrecht mit dem Hinweis, die Anknüpfung an die Planungsverantwortung „löse nicht das **Problem der erkennbar unvollständigen Leistungsbeschreibung**",[278] also das Problem **offener** Risikozuweisung.
Auch Thode geht davon aus, dass ein detailliertes Leistungsverzeichnis generell[279] eine **Vermutung der Vollständigkeit** für sich hat. Diese Überlegung bei detaillierter Leistungsbeschreibung durch den Auftraggeber auf der Basis **auftraggeberseitiger Planung ist zutreffend**; sie gehört – so mit Recht Thode – in den Bereich der Auslegung, gegebenenfalls der Beweislastüberlegungen (s. Rdn. 255, 260, 264). Zur Begründung dieser zutreffenden Ausgangsüberlegung gibt es aber nur **ein Argument**: **Wegen** der vom **Auftraggeber gewählten Leistungsbeschreibungssystematik**, also der Wahl der Methode „Detail-Leistungsbeschreibung", insbesondere positionsweise gemäß EP-Vertragsmuster, ist es nicht nur die Regel, dass der **Auftraggeber** (bzw. sein **Erfüllungsgehilfe**) selbst die Richtigkeit kontrolliert, es ist auch **sein** Risikobereich. **Er** plant bzw. lässt planen, deshalb **muss** er **richtig** ausschreiben (vgl. § 9 VOB/A) und **systemfolgerichtig (Rdn. 255).** Er muss die gewählte Leistungsbeschreibungsmethode beibehalten und gegen sich gelten lassen; das gehört zur **„inneren Schlüssigkeit seiner Ausschreibung"** (näher Band 1, Rdn. 207).
Zudem – und das stimmt mit allgemeinen Auslegungsgrundsätzen völlig überein – hat jedenfalls eine solche Vertragsurkunde ohnehin wie jede normale Urkunde in ihrem möglichen Regelungsbereich die Vermutung der Vollständigkeit für sich.[280]
Gerade wenn man also (mit Recht) bei auftraggeberseitiger Planung eine Vollständigkeitsvermutung postuliert, gibt es als Begründung dafür nur die Planverantwortlichkeit des Auftraggebers, der das Blankett selbst verfasst hat.

Außerdem lassen sich gerade bei dieser klaren Abgrenzung auch klare Aussagen dazu treffen, wie hinsichtlich eines Allgemeinen Leistungsziels unvollständige Pauschalverträge zu behandeln sind und welche Folgen es hat, wenn der Bieter trotz erkannter „Unvollständigkeit" den Auftraggeber nicht hinweist:

257

---

[277] KG BauR 2003, 1902. Siehe aber auch Rdn. 1049, Fn. 1093.
Weitere Beispiele Rdn. 477, 481, 493-495.
[278] Seminar Pauschalvertrag und schlüsselfertiges Bauen, S. 33, 42. Tatsächlich kommt Thode zu dieser fehlerhaften Festlegung dadurch, dass er dieses Unvollständigkeitsrisiko unter Verkennung der Systemverantwortlichkeit immer dem Auftragnehmer zuweist, dazu unten Rdn. 520 ff.
[279] Tatsächlich gilt für den Detail-Pauschalvertrag der noch zu erörternde Satz, dass Leistungsanforderungen über das Vereinbarte hinaus vom Auftraggeber zu **beweisen** sind, vgl. dazu unten Rdn. 262. Für den Global-Pauschalvertrag gilt der Satz formal auch, dass nämlich der Auftraggeber beweisen muss, wenn er Leistungen über das vereinbarte Global-Element hinaus verlangt; die Ausfüllung des Globalelements muss aber der Auftragnehmer beweisen. Einzelheiten unten Rdn. 679 ff.
[280] Allgemein Palandt/Heinrichs, § 125 Rdn. 15; speziell zutreffend Meissner, a. a. O., S. 14.

258 Hat der Auftraggeber differenziert ausgeschrieben, bleibt es bei dem, was der Auftraggeber damit „näher bestimmt hat";[281] bei „detaillierter" Leistungsbeschreibung kann der Bieter im Normalfall nicht erkennen, dass der Auftraggeber unerklärt mehr will als er sagt. Also bestimmt sich das Bausoll entsprechend dem Empfängerhorizont des Auftragnehmers **ohne** den Vollständigkeitswunsch des Auftraggebers. **Bausoll**, also geschuldeter (qualitativer) Bauinhalt und geschuldete Bauumstände, ist **nur** das **detailliert Erklärte**. Also lässt sich **dieses** Problem der erkannten **„Lückenhaftigkeit" beim Detail-Pauschalvertrag mit auftraggeberseitiger Planung eindeutig lösen**: Will der Auftraggeber die Lücke füllen, will er ein „Mehr", verlangt er eine zusätzliche Leistung; je nach Anordnung hat der Auftragnehmer dann Vergütungsansprüche aus § 2 Nr. 7 Abs. 2 i. V. m. § 2 Nr. 6 VOB/B oder nach § 2 Nr. 8 VOB/B.[282]

259 Selbst dann, **wenn** ausnahmsweise die **Vollständigkeitsvermutung** (Rdn. 255) durch den Auftraggeber **widerlegt** sein sollte, folgt aus der dann feststehenden „Unvollständigkeit" eines Leistungsverzeichnisses (= Regelungslücke) **keineswegs** zwingend, der Auftragnehmer müsse unter allen Umständen jetzt das Bausoll **auf seine Kosten** vervollständigen. Wir werden diesen „3. Schritt", also die Frage nach den Folgen eines unterlassenen Hinweises bei möglicher Erkennbarkeit der Unvollständigkeit, sogleich gesondert erörtern unter Rdn. 265 ff. Thode berücksichtigt das konsequenterweise von seinem Ausgangspunkt her **nicht**; darin zeigt sich gewissermaßen im Fokus das Problem: Ohne Zweifel muss man die Verpflichtung zum „Erfolg" im Rahmen des Werkvertrags ernst nehmen, aber dieses Risiko bezieht sich nur auf die Ordnungsmäßigkeit und Vollständigkeit der Herstellung der **vereinbarten (vertraglichen)** Leistung.[283] Zuerst muss also geklärt werden, was vereinbart ist. Hinsichtlich des **Vereinbarten** schuldet der Auftragnehmer einen Erfolg.

260 Die **Vollständigkeitsvermutung** ist somit vorab in erster Linie ein **Auslegungskriterium**, nicht nur Beweislastregel. Um es zu wiederholen: Die Frage, ob ein Detail-Pauschalvertrag über ein „Allgemeines Leistungsziel" vervollständigt werden kann oder ob gegebenenfalls der Auftragnehmer wenigstens Anhaltspunkte für eine Ergänzungsbedürftigkeit erkennen kann (Prüfpflicht), wird **primär** im Wege der **Auslegung** entschieden, nicht über Beweislastüberlegungen, wie Thode zutreffend festhält.[284]
Aber als Auslegungskriterium hat die Vollständigkeits**vermutung** natürlich **entscheidende Bedeutung**: Wenn der Widerstreit der (Auslegungs-) Argumente (nicht der Beweise!) unentschieden bleibt, zieht der Auftraggeber den kürzeren.

261 Wie jede tatsächliche **Vermutung** kann auch die Vollständigkeitsvermutung (gegen ein Allgemeines Leistungsziel) beim Detail-Pauschalvertrag **widerlegt** werden.

Einfaches und in der Praxis gängiges Beispiel: Der Auftraggeber behauptet durch Zeugenbeweis, dass ungeachtet einer schriftlichen Detaillierung ohne Allgemeines Leistungsziel doch mündlich ein solches Leistungsziel, also eine „Komplettheitsklausel", vereinbart worden sei. Natürlich ist dieser Beweis möglich und zulässig, und wenn der Beweis gelingt, ist eben bewiesen, dass entgegen der Vermutung etwas Abweichendes vereinbart war (siehe auch Rdn. 262–264).

---

[281] Vgl. BGH „Schlüsselfertigbau" BauR 1984, 395, s. Fn. 228 und 249.
[282] Zur Anwendbarkeit von § 2 Nr. 8 VOB/B beim Pauschalvertrag näher unten Rdn. 1251.
[283] Näher Kapellmann NJW 2005, 182.
[284] A. a. O., S. 40.

2.7.3.3 Beweislast bei auftrag*geber*seitiger Planung

Tritt der Auftraggeber „gegen die Vollständigkeitsvermutung" z.B. durch Zeugen (s. Rdn. 261) Beweis an, so bleibt die Frage zu entscheiden, wie zu urteilen ist, wenn dem Auftraggeber der Beweis mißlingt. Wer muss beweisen, dass (**entgegen** der Vollständigkeitsvermutung) doch ein „Allgemeines Leistungsziel" vereinbart ist, **wer trägt (beim Detail-Pauschalvertrag)** die **Beweislast** dafür, was „**unter die Pauschale fällt**"? **262**

Beim **Detail**-Pauschalvertrag ist die Antwort einfach: Hier **ist** durch die objektive Auslegung im 1. Schritt „bewiesen", d. h. geklärt, dass der **Auftragnehmer nur** die detailliert beschriebene Leistung **schuldet**. Es steht infolge dieser Auslegung **fest**, dass ein „Allgemeines Leistungsziel" von **diesem** Vertrag **nicht** umfasst ist. Das bedeutet: Alles, was zu leisten ist, ist detailliert beschrieben; entgegen der Vollständigkeitsvermutung wächst der Leistungsinhalt nicht.

Wenn der Auftragnehmer zusätzliche Vergütung für eine zusätzliche Leistung per vom Auftraggeber fälschlicherweise behaupteten Allgemeinen Leistungsziel fordert, so steht fest, dass diese Leistung tatsächlich zusätzlich ist – das ist gar **nicht beweisbedürftig.** Der Auftragnehmer muss **nur** die allgemeinen, weiteren Voraussetzungen von § 2 Nr. 7 Abs. 2, § 2 Nr. 6 VOB/B beweisen (also z. B. Ankündigung, Veränderung der Preisgrundlagen) oder von § 2 Nr. 8 VOB/B.

Soweit streitig ist, ob trotz „objektiver Auslegung" zu Lasten des Auftraggebers der Auftragnehmer entsprechende Anhaltspunkte hätte erkennen **können** und Hinweise hätte geben müssen, behauptet der **Auftraggeber** eine **ihm** günstige Tatsache, nämlich Ausschlussgesichtspunkte gegen einen als zusätzliche Vergütung für zusätzliche Leistung grundsätzlich bestehenden Anspruch. **Diese** ihm günstige Tatsache hat ohnehin der Auftraggeber zu beweisen.
Hinzu kommt aber noch, dass der Auftraggeber insoweit – und auch schon auf der Stufe der objektiven Auslegung – die Vollständigkeitsvermutung der Detail-Vertragsurkunde gegen sich hat. Da die **Vollständigkeitsvermutung** den **Regeltatbestand ausdrückt**, die Unvollständigkeit also die Ausnahme ist, muss der Auftraggeber die Ausnahme, d. h. also, das verkappte Allgemeine Leistungsziel trotz Detaillierung, **beweisen;** hier hat allerdings die Vollständigkeitsvermutung vorab besondere Bedeutung für die **gerichtliche Beweiswürdigung**. Der Richter ist selbstverständlich befugt, allgemeine Wahrscheinlichkeitsüberlegungen in seine Beweiswürdigung einzubeziehen und demgemäß die per Beweis zu überspringende Latte der entsprechenden Vollständigkeitsvermutung der Detaillierungs-Urkunde hochzuhängen.[285]

Für den Fall vollständiger Leistungsbeschreibung bejaht auch Thode[286] diese Beweislastverteilung. Im Falle vollständiger Leistungsbeschreibung beim Detail-Pauschalvertrag besteht das Problem **aber** überhaupt nicht: **Wenn** die Leistungsbeschreibung vollständig **ist**, stellt sich die Frage nach der erkennbaren Unvollständigkeit (in bezug auf ein verkapptes Allgemeines Leistungsziel) nicht.

Hier geht es allein um die Frage, was gilt, wenn der Auftraggeber behauptet, ein **Allgemeines** Leistungsziel sei entgegen dem Anschein der Urkunde vereinbart, wenn er also gerade nicht Vollständigkeit, sondern die Vervollständigungsbedürftigkeit, somit **die Unvollständigkeit** der Urkunde, behauptet, wenn es also um eine nur nach Meinung des Auftraggebers (scheinbar) vollständige Leistungsbeschreibung geht.

---

[285] Vgl. dazu auch Staudinger/Peters, BGB § 632, Rdn. 119 ff. sowie OLG Brandenburg IBR 2003, 57.
[286] Thode, a.a.O., S. 41, ihm folgend Heiermann/Riedl/Rusam, VOB/B § 2 Nr. 147

Aber dann und **gerade dann zieht die Vollständigkeitsvermutung;** bei objektiv vollständigem Vertrag ist die Vermutung sowieso gegenstandslos.

Nur wenn der Auftraggeber versucht, die Vollständigkeitsvermutung zu widerlegen und dieser Beweis mißlingt, stellt sich die Frage nach der Beweislast. Dann trifft den **Auftraggeber** aus den angeführten Gründen – Regel/Ausnahmecharakter – die Beweislast.[287]

Zweifel hinsichtlich eines Allgemeinen Leistungsziels gehen dann also beim Detail-Pauschalvertrag zu Lasten des Auftraggebers.

Diese Schlussfolgerungen **stimmen uneingeschränkt mit der Rechtsprechung des Bundesgerichtshofs überein.** Der Bundesgerichtshof hat in seinem Urteil vom 14. 1. 1971[288] wörtlich festgehalten: „Ein Unternehmer wird sich nur dann verpflichten, ein Gebäude zu einem festen Preis zu errichten, wenn er den Umfang und die **Ausführungsart** der von ihm geforderten Leistung genau kennt und wenn er mit Abweichungen hiervon nicht zu rechnen braucht. Alle nicht vorher **festgelegten** Leistungen werden daher im **Zweifelsfall** mit dem Pauschalpreis nicht abgegolten sein…" Der Entscheidungszusammenhang belegt, dass der Bundesgerichtshof insoweit den **detailliert** geregelten Teil einer Leistungsbeschreibung behandelt.

Das heißt: Vorher festgelegte (genau bekannte) Leistungen, die Leistungen des **Detail-Pauschalvertrages**, sind mit dem Pauschalpreis abgegolten. **Was festgelegt ist, ist (nur) aus dem Vertrag selbst zu entnehmen.**[289] Nicht im Vertrag festgelegte Leistungen sind beim **Detail-Pauschalvertrag im Zweifelsfall** – d. h. also, wenn es unklar ist, ob sie „unter die Pauschale fallen" oder nicht – **nicht** abgegolten. Also ist das die **Regel. Wer die Ausnahme behauptet, muss sie beweisen.** So ist auch die Rechtsprechung, die wir in allen Einzelheiten zitiert haben, zu verstehen. Welchen Sinn hätte es, wenn einerseits nur das Vertragsinhalt wäre, was „näher bestimmt ist",[290] wenn es aber „im Zweifelsfall" gleichgültig wäre, was näher bestimmt ist? Zutreffend hat der Bundesgerichtshof in der Grundsatzentscheidung vom 22. 3. 1984 entschieden: „Haben die Parteien die geschuldete Leistung durch Angaben im Leistungsverzeichnis **näher bestimmt,** so werden später geforderte Zusatzarbeiten vom Pauschalpreis nicht erfasst."[291]

263 Thode[292] will aus der zitierten Formulierung des Bundesgerichtshofs nur den Schluss ziehen, dass „im Zweifelsfall nur die Vermutung für die abschließende Beschreibung der Leistungen in einem **vollständigen** Leistungsverzeichnis" spreche. Tatsächlich kann die Verordnung nur innerhalb des angestrebten „Regelungsumfangs" gelten (s. unten Rdn. 485 ff. zum Global-Pauschalvertrag). Würde man „Vollständigkeit" wörtlich nehmen, würde man dem Bundesgerichtshof eine inhaltsleere Aussage unterstellen, denn ein vollständiges Leistungsverzeichnis ist definitionsgemäß immer abschließend, so dass sich die Frage nach der Beweislast gar nicht stellt, wie schon oben (Rdn. 233, 254) erörtert. Im

---

[287] BGH „Bauträger" NZBau 2001, 132; Kniffka in: Kniffka/Koeble, Kompendium des Baurechts, Teil 5, Rdn. 82, 92, 103; Vygen, Bauvertragsrecht, Rdn. 846; Ingenstau/Korbion/Kratzenberg, VOB/A § 8 Rdn. 91; Werner/Pastor, Bauprozess, Rdn. 1131; Nicklisch/Weick, VOB/B § 2 Rdn. 85; Markus, Jahrbuch Baurecht 2004, 3, 17 = BauR 2004, 180; Oberhauser, Baurecht 2002, 1110; Band 1, Rdn. 232.

[288] Schäfer/Finnern Z 2.301 Bl. 35 ff. = BauR 1971, 124, s. ausführlich oben Rdn. 221–226.

[289] BGH Schäfer/Finnern Z 2.301 Bl. 46 (Einzelheiten dazu oben Rdn. 231); s. auch oben Rdn. 246 – weiter dazu BGH BauR 1995, 237 (dazu oben Rdn. 237).

[290] BauR 1984, 395, s. oben Rdn. 232, 233.

[291] A. a. O.

[292] A. a. O. Dazu auch Rdn. 266 ff.

Ergebnis kritisiert Thode[293] zu Unrecht die Entscheidung des OLG Düsseldorf vom 30. 11. 1988[294]: Das Oberlandesgericht hat präzise und zutreffend entschieden, dass es **beim Detail-Pauschalvertrag** Sache des Auftraggebers ist, ein über die Detaillierung hinausgehendes, nicht erklärtes Leistungsziel zu vereinbaren und diese Vereinbarung zu behaupten und zu beweisen. Wenn sie bewiesen ist, ist im übrigen noch zu prüfen, ob sie – sofern in AGB des Auftraggebers enthalten – gültig ist (dazu unten Rdn. 512).

Deshalb ist auch eine neuere Entscheidung des OLG Düsseldorf vom 26.9.1997 richtig.[295] Wenn ein Generalunternehmer eine Leistung mündlich vereinbart „ohne Abbruch der Fassade", so enthält ein später geschlossener schriftlicher Vertrag ohne weitere Spezifizierung diese Abbruchleistung **nicht** als Bausoll; der Auftraggeber muss die Behauptung beweisen, diese Leistung „Abbruch" sei doch vom schriftlichen Vertrag erfasst.

Die **Vollständigkeitsvermutung** gilt natürlich nur „**innerhalb** des von der Detaillierung umfassten Bereiches". Beim Detail-Pauschalvertrag gibt es aber gar keinen nichtdetailliert (global) geregelten Bereich. Beim Globalvertrag ist dagegen zur Beweislastverteilung erforderlich, vorab die Frage zu klären, **wer** zu beweisen hat, was zum **Detailbereich** und was zum **Globalbereich** gehört, weil dafür eigene Beweisregeln gelten.[296]

2.7.3.4 Unaufklärbarkeit durch Beweis: Beweislast bei auftragnehmerseitiger Planung

Aus der Detaillierung darf auf Vollständigkeit geschlossen werden, **wenn** der Auftraggeber die (**Ausführungs-**) Planung erstellt (hat), weil er damit das planerische und finanzielle Vollständigkeitsrisiko trägt.[297]

264

Plant der **Auftragnehmer** dagegen **selbst die Ausführung** (z. B. eine Heizungsanlage) **und hat er aus dieser Planung selbst** die Leistungsdetaillierung **entwickelt und in Angebotsform vorgelegt,** so verkehren sich die Fronten:
Wenn bei Zweifeln auszulegen ist, so ist **jetzt** nicht der Empfängerhorizont des Bieters für die Beurteilung des Bausolls maßgebend, sondern der **Empfängerhorizont des Auftraggebers**. Zum Vergleich: In dem vorangegangenen Szenarium hatte der Auftraggeber geplant. Hat der Auftraggeber geplant, so erklärt er sich durch das Angebotsblankett, er muss sich dem Bieter verständlich machen. Hat umgekehrt – wie jetzt – der **Auftragnehmer** selbst geplant, so erklärt er sich durch das Angebot gegenüber dem Auftraggeber (ein Angebotsblankett des Auftraggebers existiert nicht); hier muss der Auftragnehmer sich also jetzt **dem Auftraggeber erklären und verständlich machen**. Also **trägt jetzt** der **Auftragnehmer** die **Planungsverantwortlichkeit**.
Das gilt auch dann, wenn der Auftraggeber keine Ausführungsplanung vorlegt, der Auftragnehmer (Bieter) eine eigene Ausführungsplanung nicht ausdrücklich vorlegt, aber gleichwohl ein Angebot auf eine technisch einwandfreie entsprechende Leistung.
Folglich gibt es bei auftragnehmerseitiger Ausführungsplanung keine Vermutung mehr, dass die Detailregelung auch „automatisch" komplett ist und über sie hinaus nichts geschuldet werde. Entgegen Vygen[298] folgt daraus aber nicht ohne weiteres eine Umkehr der Beweislast zu Lasten des Auftragnehmers. Da eine **Vollständigkeitspflicht** nur aus

---

[293] A. a. O., S. 41, 42.
[294] BauR 1989, 483, Einzelheiten dazu oben Rdn. 235 mit Fn. 238, Rdn. 256, unten Rdn. 478, 479: Die Ausschachtungstiefe ist **als geregeltes Detail** Teil der Leistungsbeschreibung, s. Band 1, Rdn. 795 mit Fn. 835.
[295] OLG Düsseldorf NJW-RR 1998, 597.
[296] Für den Einfachen **Global-Pauschalvertrag** s. unten Rdn. 663 ff., für den Komplexen **Global-Pauschalvertrag** s. unten Rdn. 665. Zusammenfassung aller Beweislastregelungen unter Rdn. 655 ff.
[297] Siehe oben Rdn. 248, 253, 263, unten Rdn. 657, 658.
[298] Festschrift Locher, S. 263 ff., 284.

dem **Planungsauftrag** folgen kann, muss der **Auftraggeber beweisen,** welchen **Planungsauftrag** er dem Auftragnehmer erteilt hat, also hier z. B. den Auftrag zur Projektierung einer kompletten Heizungsanlage.
Dieser Beweis wird in der Vielzahl der Fälle allerdings ganz unproblematisch sein.

Steht dieser Planauftrag des Auftraggebers an den Auftragnehmer fest, ergibt sich daraus: Der Auftragnehmer hat durch Vorlage seiner Leistungsbeschreibung nach Empfängerhorizont des Auftraggebers die Vorstellung erweckt, er biete alle Leistungen an, die er im Rahmen seiner Planung ausgearbeitet habe und die zur Umsetzung diese Planung in Bauleistungen **notwendig** seien. **Dann** sind die insoweit **notwendigen** Leistungen kraft Planungsauftrages Bausoll, nämlich Leistungspflicht des Auftragnehmers laut Vertrag – das ist gleichzeitig eine wesentliche Aussage zur Lösung entscheidender Probleme beim Global-Pauschalvertrag, insbesondere beim Schlüsselfertigbau. Der Auftragnehmer kann nicht seine unvollständige Planung auf den Auftraggeber abwälzen. Er muss bauen, was er **richtigerweise** zu planen hatte.[299]

In einem solchen Fall muss also der **Auftragnehmer** beweisen, dass die Leistung, deren zusätzliche Vergütung er verlangt, über seinen Planungsauftrag hinaus zusätzlich ist – dass er also **vertragsgerecht** in Form der Detaillierung vollständig geplant hat, ansonsten er keine Vergütung erhält.

Der Auftragnehmer erhält keine „Sowiesokosten" – wir verweisen auf das insoweit identische Problem beim (Komplexen) Global-Pauschalvertrag (Rdn. 519, 533).

2.7.4 Folgen des unterlassenen, möglichen Prüfhinweises des Bieters (3. Schritt)

2.7.4.1 *Grundsätze*

265 Wir müssen noch eine für den auftraggeberseitig geplanten Detail-Pauschalvertrag äußerst **seltene,** aber immerhin mögliche und als Grundsatzproblem bedeutsame Frage beantworten:

Wie ist die Rechtslage, wenn die objektive Auslegung zwar bestätigt, dass **kein Allgemeines Leistungsziel** über die Einzelangaben hinaus vereinbart ist, **Anhaltspunkte** für einen solchen immerhin diskutablen „Vollständigkeitswunsch" des Auftraggebers aber **erkennbar** gewesen wären. **Welche Folgen** hat es, wenn der Auftragnehmer einen **möglichen Hinweis** an den Auftraggeber **auf eine erkennbare Unklarheit** unterlässt?

Nur als Wiederholung: Ist das über die Detaillierung hinausgehende, vom Auftraggeber gewünschte, aber nicht klar erklärte **Leistungsziel** für den angesprochenen Bieter **nicht erkennbar,** so ist Vertragsinhalt (hier: qualitatives Bausoll) nur das Leistungsverzeichnis oder die anderen schriftlichen Leistungsvorgaben und -abgrenzungen gemäß Verständnis des Bieters, also die Leistungsbeschreibung ohne zusätzliches „Allgemeines Leistungsziel" (2. Schritt der Auslegung).[300] Konkret heißt das: Die Auslegung des Vertrages hat im Ergebnis die Auffassung des Auftragnehmers bestätigt. Eine dennoch vom Auftraggeber angeordnete, auf seinem mangelhaft erklärten Vollständigkeitswunsch beruhende Vervollständigung der Leistung ist, als zusätzliche Leistung nach § 2 Nr. 6 VOB/B, ohne Anordnung nach § 2 Nr. 8 VOB/B zu vergüten, äußerstenfalls nach Bereicherungsgrundsätzen auszugleichen.[301]

---
[299] Zur Pflicht, die Leistung zu erbringen, die sich bei **richtiger** Planung ergeben hätte, vgl. Rdn. 519, 532, 554.
[300] Siehe oben Rdn. 253 ff.; weiter Kleine-Möller, Leistung und Gegenleistung beim Pauschalvertrag, in: Seminar Pauschalvertrag und schlüsselfertiges Bauen, S. 69, 74; Thode, a. a. O., S. 39.
[301] Zum letzteren unten Rdn. 1259.

266 War dagegen ein über die Detaillierung hinausgehender „Allgemeiner Leistungswunsch" – eine komplette Heizung – des Auftraggebers für den Auftragnehmer wenigstens **erkennbar**, so soll – unabhängig davon, ob der Bieter und Auftragnehmer das angestrebte Leistungsziel tatsächlich erkannt **hat** – das vertragliche Risiko laut Thode „nach der Rechtsprechung des Bundesgerichtshofs alle für das vertragliche Leistungsziel erforderlichen Leistungen umfassen, die der Auftragnehmer anhand vollständiger Unterlagen hätte ermitteln **können**".[302] Kurz darauf heißt es bei Thode, entscheidend für die Frage, ob der Auftragnehmer in Fällen unvollständiger Leistungsbeschreibung die „ergänzende Leistung" schulde und bezahlt bekomme, sei, ob der Auftragnehmer die Lückenhaftigkeit der Leistungsbeschreibung **erkannt** und **bewußt** (vorsätzlich!) in Kauf genommen **habe**.[303]
Eine von beiden Annahmen kann nur richtig sein, nämlich **entweder** „erkennen können" **oder** „erkannt haben" – wobei die jeweiligen Rechtsfolgen noch zu erörtern sind.

267 Vorab noch einmal:[304] **Wenn** es ein **vertragliches** Leistungsziel gibt, stellt sich unsere Frage gar nicht; unsere Frage lautet vielmehr, **ob** sich durch Auslegung ein vertragliches „Allgemeines Leistungsziel" ergibt, das **nicht** vom Auftraggeber erklärt ist, das aber der Auftragnehmer hätte erkennen können bzw. das er erkannt hat.

268 Die Problemstellung ist also so:

Die objektive Auslegung (Schritt 1) bestätigt, dass der Vertrag über die Detaillierung hinaus keine (deutliche) „Vollständigkeitsklausel" enthält.
Dann wäre eigentlich das Bausoll klar, zusätzliche Leistungen brauchte der Bieter nämlich nur gegen zusätzliche Vergütung zu errichten.
Es ist aber im Einzelfall möglich, dass sich aus dem Vertrag wenigstens Anhaltspunkte dafür ergeben könnten, dass der Auftraggeber doch einen „Vollständigkeitswunsch" gehabt hat.
Wenn der Bieter **diese** Anhaltspunkte nicht erkennen konnte („Prüfpflicht", Schritt 2), bleibt es dabei, dass das Bausoll – jetzt nach Vertragsschluss – nach wie vor für den Bieter klar ist und der Vervollständigungswunsch vom Auftraggeber nur als Zusatzleistung verlangt werden kann, also gegen Bezahlung. Hätte der Bieter dagegen vor Vertragsabschluss diese Anhaltspunkte für eine Unklarheit wenigstens erkennen **können**, so hätte er darauf hinweisen müssen.

Welche Folge hat es – **Schritt 3** der Prüfung –, wenn der Bieter diesen **Hinweis unterlassen hat?**

Zur Antwort können wir nachfolgend auf die Grundsatzüberlegungen von Band 1 zurückgreifen.

2.7.4.2 Der Bieter hat das unerklärte „Allgemeine Leistungsziel" *positiv* erkannt

269 Hätte der Bieter den verkappten „Vollständigkeitswunsch" des Auftraggebers nicht nur erkennen können, sondern **hat er ihn erkannt,** aber nichts gesagt, so hat er im Ergebnis mit erkannter eventueller Vervollständigungsverpflichtung angeboten. Dann hat der Auftraggeber zwar mangelhaft ausgeschrieben, aber der Bieter **hat** diese Unvollständigkeit **erkannt** und in Kenntnis der Vervollständigungsnotwendigkeit seinen Preis angeboten; damit **hat** er in Wirklichkeit auch das vom Auftraggeber verlangte Bausoll seinen Vertragserklärungen zugrunde gelegt – seiner „Angebotspolitik" –, wenn er auch vielleicht

---

[302] Thode, a. a. O., S. 37, 38.
[303] A. a. O., S. 39.
[304] Siehe oben Rdn. 241.

die heimliche Vorstellung gehabt hat, später per Nachtrag mehr Vergütung verlangen zu können.

Ein Bieter, der die Vervollständigungsnotwendigkeit **positiv erkennt**, das Problem aber nicht anspricht, hat keine zusätzlichen Vergütungsansprüche; er handelt **„frivol"**,[305] nämlich vorsätzlich.

Der **Auftraggeber muss beweisen**, dass der Bieter frivol gehandelt hat, also den „Vollständigkeitswunsch" positiv erkannt hat. An diesen vom Auftraggeber zu führenden Beweis sind **strenge Anforderungen** zu stellen; allerdings können sich im Einzelfall unter Umständen aus dem Gesamtsachverhalt insoweit auch Schlüsse zu Lasten des Auftragnehmers ergeben.

Es ist allerdings wie in Band 1 auch hier noch einmal deutlich darauf hinzuweisen, dass diese der Sache nach notwendigen Überlegungen **nicht dazu mißbraucht werden dürfen,** schwierige, umfangreiche oder rechtlich komplizierte Sachverhalte als Instanzgericht dadurch „zu vereinfachen", also einfach jede Problematik dadurch zu lösen, dass dem Bieter **unterstellt** wird, er habe „ins Blaue hinein" kalkuliert, das Problem (das verkappte Allgemeine Leistungsziel) also positiv erkannt, aber nicht reagiert:

Was der **Ausschreibende nach monatelangen Vorbereitungen selbst nicht merkt** oder nur mangelhaft ausdrückt, muss der normale **Bieter** unter normalen Umständen in kurzer Angebotsfrist **erst recht nicht merken**. Die Frage des „Erkennenkönnens" haben wir unter anderem Aspekt (Schritt 2, Rdn. 253 ff.) schon behandelt; keinesfalls ist der allgemeine Schluss zulässig, dass dann, wenn ein Bieter ein Problem vielleicht hätte erkennen können, er es damit auch automatisch positiv erkannt hat.

Ohnehin sind **gerade beim Pauschalvertrag die Fälle nicht ungewöhnlich,** in denen die **Auftraggeber „frivoler" sind als die Bieter,** dass also die Auftraggeber bewusst in der Leistungsbeschreibung Fallen stellen, in die der Bieter hineintappen soll (dazu beim Global-Pauschalvertrag Rdn. 509, 561, 621).

2.7.4.3 Der Bieter hat das erkennbare „Allgemeine Leistungsziel" fahrlässig nicht erkannt – „lückenhafte Ausschreibung"?

270 Hätte der Bieter die Unklarheit (verkappter Vervollständigungswunsch des Auftraggebers) erkennen **können**, hat er sie **aber** lediglich übersehen, also **fahrlässig nicht bemerkt** und demzufolge mangels Kenntnis auch eine Nachfrage fahrlässig unterlassen, so gilt: In diesem Fall muss der Auftraggeber, wenn er das „Allgemeine Leistungsziel" verwirklichen will, die zusätzliche Leistung auch anordnen, dann ist Bausoll nur die ausdrücklich beauftragte (Detail-) Leistung; der Bieter hat trotz seiner Fahrlässigkeit Anspruch auf Vertragsvergütung (§ 2 Nr. 6 VOB/B) ohne Anordnung aus § 2 Nr. 8 VOB/B; vergleichbar ist das mit den „Sowiesokosten" bei der Mängelbeseitigung. Allerdings kann der Auftraggeber mit Schadensersatzansprüchen aufrechnen bzw. verrechnen, die sich daraus ergeben, dass **jetzt** Kosten entstehen, die bei rechtzeitigem Hinweis des Bieters nicht entstanden wären. Wegen der Einzelheiten dürfen wir auf die ausführliche Darstellung in Band 1 verweisen und zur Begründung lediglich wenige Sätze wiederholen: **Primär** hat der Auftraggeber seine Pflicht zur richtigen Leistungsbeschreibung verletzt. Würde sein Fehler noch dadurch prämiert, dass er die in den Vertragsunterlagen vergessene Leistung jetzt „umsonst" bekäme, gäbe es bald nur noch lückenhafte Leistungsbeschreibungen.

---

[305] BGH „Frivoler Bieter" BauR 1988, 338, Einzelheiten Band 1, Rdn. 251 – 254, vgl. auch BGH „Wasserhaltung I" BauR 1992, 759 = NJW-RR 1992, 1046, weiter auch zum Global-Pauschalvertrag Rdn. 509, 529. Siehe auch Rdn. 561, 653.

Der Auftragnehmer erhält also zusätzliche Vergütung.[306] Der Bieter hat **sekundär** nicht ordentlich geprüft: Den zusätzlichen Schaden, der **daraus** folgt, nämlich aus der verspäteten Klärung des Sachverhalts, muss er selbst tragen.

Unter Umständen kommt auch eine Quotierung (§ 254 BGB) in Betracht.

Der Bundesgerichtshof hatte vor rund 20 Jahren noch Ansprüche verneint. Wenn ein Bieter ein „**erkennbar lückenhaftes Leistungsverzeichnis**" hinnehme und nicht Zweifelsfragen kläre, habe er keine Ansprüche auf zusätzliche Vergütung.[307] Der Bundesgerichtshof hat diese Erläuterungsfigur früher ausschließlich verwendet, um bei Global-Pauschalverträgen das Leistungssoll zu bestimmen, aber nicht bei Einheitspreisverträgen und nicht bei Detail-Pauschalverträgen. Das hing damit zusammen, dass der Bundesgerichtshof früher die Systematik von Global-Pauschalverträgen nicht präzisiert hatte und meinte, sie wären gewissermaßen verunglückte Verträge, bei denen noch etwas fehle, bei denen nämlich „Lücken der Leistungsbeschreibung" vorhanden seien, was gewissermaßen krankhaft sei. Dass bei einem Global-Pauschalvertrag, d. h. einem Vertrag auf der Basis einer funktionalen Leistungsbeschreibung, die Leistung nicht in jedem Detail beschrieben ist, ist aber keine Lücke, sondern gerade das System der funktionalen Leistungsbeschreibung; die Bauleistung muss durch vorangehende Leistungen der Ausführungsplanung des **Auftragnehmers** erarbeitet und damit „vervollständigt" werden. Das hat mit Lücken nichts zu tun. Das sieht der BGH seit langem genauso und hat seit der Entscheidung „Wasserhaltung I" BauR 1992, 759 die Rechtsfigur „Lückenhaftigkeit" nie mehr verwendet und den Begriff aufgegeben.[308] Der BGH verweist in derartigen Fällen seit 1992 **zutreffend** darauf, dass solche Fälle durch Auslegung der Leistungsbeschreibung zu lösen sind. Zweifel bei der Auslegung gehen zu Lasten des Auftraggebers.

2.7.5 Zusammenfassung

Bei einem Detail-Pauschalvertrag, bei dem die Frage nach einem unerklärten „Allgemeinen Leistungsziel" diskutiert wird, wird die objektive Auslegung im Normalfall ergeben, dass nur das detailliert Beschriebene anzubieten ist, also Bausoll ist. Dafür spricht eine Vermutung. Diese Vermutung kann der Auftraggeber widerlegen, verbleibende Zweifel gehen aber zu seinen Lasten.

Hätte der Bieter bei durchschnittlicher Sorgfalt Anhaltspunkte für den „Vollständigkeitswunsch" des Auftraggebers finden können, hat er sie aber fahrlässig nicht erkannt, muss der Auftraggeber die zur Vervollständigung gewünschte Leistung anordnen und bezahlen, der Auftragnehmer hat sich aber die durch die verspätete Problemerörterung nachträglich angefallenen zusätzlichen Kosten (z. B. die der Umplanung) von seiner Vergütung abziehen zu lassen.

---

[306] Ebenso OLG Koblenz NZBau 2001, 633 = BauR 2001, 1442, Revision vom BGH nicht angenommen; Vygen, Festschrift Locher, S. 263 ff., 285; Bühl, BauR 1992, 26, 33; Wettke, BauR 1989, 292, 298; Staudinger/Peters, BGB, § 632, Rdn. 28, 29; von Craushaar, Festschrift Locher, S. 9 ff., 15, 16; Kleine-Möller/Merl/Oelmaier, § 5 Rdn. 158; Werner/Pastor, Bauprozess, Rdn. 1131; Markus, Jahrbuch Baurecht 2004, 1 = BauR 2004, 180; Roquette NZBau 2001, 61; Oberhauser, BauR 2003, 1110; Band 1, Rdn. 245, 248, 256.
[307] BGH BauR 1987, 684
[308] Vgl. z. B. BGH „Wasserhaltung II" BauR 1994, 236; BGH „Auflockerungsfaktor" BauR 1997, 426. Dazu näher auch Fn. 306 und Rdn. 404.

2.8 Komplettheitsklausel (Allgemeines Leistungsziel) beim Detail-Pauschalvertrag durch Allgemeine Geschäftsbedingungen unwirksam

272 Es liegt auf der Hand, dass ein Auftraggeber die (von ihm selbst geplante und) gewünschte Leistung zwar gern „bis ins Detail" beschreibt, also die Systemwahl „Detail-Pauschalvertrag" trifft, dass er aber gleichzeitig **bestrebt** ist, das aus dieser Systemwahl für ihn folgende **Risiko**, nämlich die **mögliche Unvollständigkeit** der Detailregelungen zur Erreichung des gewünschten Leistungsziels, auf den Bieter **abzuwälzen.**

Der Auftraggeber kann das Ziel „Vollständigkeit der Detailregelungen" wirksam durch **konkrete** Formulierungen im Leistungsverzeichnis bzw. in anderen schriftlichen Leistungsvorgaben oder durch **konkrete** Angabe des **konkreten** Leistungsziels in Allgemeinen Geschäftsbedingungen erreichen.
Solche Klauseln sind nach unserer Meinung zulässig, weil sie kein unbestimmtes, unkalkulierbares „Allgemeines Leistungsziel" vorgeben, sondern die verlangte Leistung erkennbar benennen – der Bieter kann also sein Risiko ersehen und selbstverantwortlich beurteilen.

Beim Detail-Pauschalvertrag verstoßen solche Komplettheitsklauseln in **Allgemeinen Geschäftsbedingungen** gegen § 307 BGB und sind deshalb **unwirksam**, weil sie als allgemeine „**Komplettheitsklausel**" ohne nähere **Konkretisierung** der Leistung oder **versteckt** dem Auftragnehmer das Risiko auferlegen, über eine detaillierte Leistungsbeschreibung hinaus ohne zusätzliche Vergütung **unbestimmte** Leistungen erbringen zu müssen, die sich als notwendig oder nützlich oder sinnvoll darstellen.[309]

Im Individualvertrag ist eine solche Klausel differenziert zu sehen, vgl. Rdn. 275.

Nur der Vollständigkeit halber: Beim **Komplexen** Global-Pauschalvertrag, also z. B. beim Schlüsselfertigbau, ist eine Komplettheitsklausel auch in Allgemeinen Geschäftsbedingungen des Auftraggebers wirksam, allerdings nur mit bestimmten, eng begrenzten Folgen.[310]

273 Ob „Besondere Leistungen" im Sinne des jeweiligen Abschnitts 5 der VOB/C durch Allgemeine Geschäftsbedingungen ohne besondere Vergütung zum Vertragsgegenstand gemacht werden können, behandeln wir gesondert unter Rdn. 280.

---

[309] Die Rechtslage ist identisch mit der beim **Einfachen** Global-Pauschalvertrag (zum Begriff Rdn. 285, 406); wir erörtern die Einzelheiten dort, s. Rdn. 512 ff., insbesondere auch den Fall, dass der Auftrag**nehmer** die Detailplanung geliefert hat (Rdn. 519).
[310] Näher Rdn. 519 ff.

3 Die Bestimmung des qualitativen Bausolls durch die sonstigen Vertragsbestandteile außerhalb der (jeweiligen) Leistungsbeschreibung im engeren Sinn
– Risikozuweisungen –

3.1 Bausoll-Bestimmung durch die Leistungsbeschreibung im weiteren Sinn
– Individuell übernommene „Risiken" und „Erschwernisse"

Die vom Auftragnehmer geschuldete Leistung, das Bausoll, bestimmt sich selbstverständlich nicht nur durch den begrenzten Text eines Leistungsverzeichnisses (und der Pläne), sondern durch die „Totalität" aller Vertragsbestandteile, durch den Inhalt der Leistungsbeschreibung im **weiteren** Sinn (oben Rdn. 204). 274

„Die auszuführende Leistung wird nach Art und Umfang durch den Vertrag bestimmt."

§ 2 Nr. 1 VOB/B sagt

„Durch die vereinbarten Preise werden alle Leistungen abgegolten, die nach der Leistungsbeschreibung, den Besonderen Vertragsbedingungen, den Zusätzlichen Vertragsbedingungen, den Zusätzlichen Technischen Vertragsbedingungen, den Allgemeinen Technischen Vertragsbedingungen für Bauleistungen und der gewerblichen Verkehrssitte zur vertraglichen Leistung gehören."

Für den Fall, dass sich einzelne Vertragsbestandteile widersprechen, gelten gemäß der Rangfolge in § 1 Nr. 2 VOB/B

a) die Leistungsbeschreibung,

b) die Besonderen Vertragsbedingungen,

c) etwaige Zusätzliche Vertragsbedingungen,

d) etwaige Zusätzliche Technische Vertragsbedingungen,

e) die Allgemeinen Technischen Vertragsbedingungen für Bauleistungen = VOB/C,

f) die Allgemeinen Vertragsbedingungen für die Ausführung von Bauleistungen = VOB/B.

Damit ist vollständig aufgeführt, welche Vorschriften alle zur Findung des Bausolls beitragen und in welcher Reihenfolge sie gelten.

Maßgebend ist also der konkrete Vertrag selbst, eingeschlossen die **Leistungsbeschreibung,** die ihrerseits wiederum besteht aus **gleichrangig** geltender **Baubeschreibung, Leistungsverzeichnis** und (zumindest für den Leistungsumfang) zu berücksichtigenden **Plänen, aber auch eingeschlossen alle** anderen Vertragsbestandteile. Zu der allgemeinen Frage, welche Bestandteile **Vorrang** haben, verweisen wir auf Band 1 Rdn. 178. 275

Die Frage, ob sich der Text eines eventuellen Leistungsverzeichnisses oder einer Baubeschreibung durch Pläne ergänzen lässt, soweit es beim Detail-Pauschalvertrag darum geht, den „Vollständigkeitsschluss" zu ziehen, haben wir bereits beantwortet (vgl. oben Rdn. 247–251): Wenn der Auftraggeber selbst die Unterlagen des Angebotsblanketts erstellt hat, dienen die Pläne (beim Detail-Pauschalvertrag) – in qualitativer Hinsicht – bei vorliegendem Leistungsverzeichnis nur der Verdeutlichung, aber nicht einer unerklärten Vervollständigung des Textes. Bei Nichtvorliegen eines Leistungsverzeichnisses dienen die Pläne (beim Detail-Pauschalvertrag) als Leistungsvorgabe – natürlich innerhalb der Leistungsabgrenzung des Vertrags.

Den Parteien steht es selbstverständlich frei, **individuell** in ihrem Vertrag beliebige Vervollständigungen und Risikoübernahmen auszuhandeln, was weder mit der Einordnung eines Vertrages als Detail-Pauschalvertrag noch überhaupt etwas mit dem Vertragstyp Pauschalvertrag zu tun hat.

Die Parteien können sich auch, wie gerade unter Rdn. 272 erwähnt, **individuell** auf die ungewöhnlichsten „Vervollständigungsrisiken" einlassen. Sie können z. B. wirksam individuell regeln, dass ein beigefügtes Bodengutachten nur Anhaltspunkt ist und der Auftragnehmer trotzdem das volle Risiko einer Bodenkontamination trägt. Sie können **individuell** vereinbaren, dass Auflagen einer noch gar nicht erteilten Baugenehmigung zum unveränderten Pauschalpreis vom Auftragnehmer zu bewältigen sind. Aber das alles kann nur klar und individuell geregelt werden, **nicht in Allgemeinen Geschäftsbedingungen.** Nur zur Verdeutlichung: Wir behandeln **hier nur den Detail-Pauschalvertrag;** für Global-Pauschalverträge (insbesondere den Schlüsselfertigbau) gelten andere Regeln.

Das gilt genauso für die Bauumstände: Hier kann jedes erhebliche Risiko individuell überwälzt werden, wenn es nur klar ist. Zum Beispiel können die Parteien vereinbaren, dass auch dann keine Verteuerung eintritt, wenn aus Verkehrsgründen nur Arbeiten zur Nachtzeit gestattet werden.

Auch für solche **individuellen** Risikoübernahmen gibt es jedenfalls hinsichtlich der Komplettheit der Leistung Grenzen – dazu Rdn. 516–518.

Insgesamt besagt das alles nur, dass der individuelle Vertrag Vorrang hat und in jedem Einzelfall in allen Einzelheiten zu prüfen ist. Zusammengenommen ist das gegenüber dem Einheitspreisvertrag kein Unterschied, so dass sich weitere Erörterungen erübrigen.

3.2 Bestimmung des qualitativen Bausolls durch Besondere Vertragsbedingungen

276 Die **„Besonderen Vertragsbedingungen"** sind nach der Vorstellung der VOB (vgl. § 10 Nr. 2 Abs. 2 VOB/A) Bedingungen, die die „Allgemeinen Vertragsbedingungen" (= VOB/B) und etwaige Zusätzliche Vertragsbedingungen (vgl. unten Rdn. 277) je nach den Erfordernissen des Einzelfalls ergänzen.

Jedenfalls für den öffentlichen Auftraggeber und nach der Terminologie der VOB/A sollen folglich „Besondere Vertragsbedingungen" die speziellsten Geschäftsbedingungen des Auftraggebers sein, nämlich zugeschnitten auf die Bauleistung dieses speziellen Bauvorhabens (vgl. dazu auch § 10 Nr. 4, § 10 Nr. 2 Abs. 2 VOB/A).

Beim privaten Auftraggeber besagt die Formulierung „Besondere Vertragsbedingungen" nicht unbedingt dasselbe; hier – wie allerdings leider auch beim öffentlichen Auftraggeber – muss der jeweilige Vertrag geprüft werden, ob etwa die „Besonderen Vertragsbedingungen" in Wirklichkeit nicht „Allgemeine Bedingungen" sind.

Selbstverständlich können Besondere Vertragsbedingungen nur dann das Bausoll bestimmen, wenn sie ihrerseits wirksam vereinbart sind.

Sie können im Einzelfall gegen das AGB-Recht verstoßen und unwirksam sein.

Besondere Vertragsbedingungen unterliegen **auf jeden Fall** der Inhaltskontrolle nach AGB-Recht, **soweit** sie (abweichend von den Vorstellungen der VOB/A) für eine Vielzahl von Verträgen vorformuliert und von einer Partei bei Abschluss des Vertrages gestellt werden.[311] Es ist allerdings festzuhalten, dass in der Praxis Besondere Vertragsbedingungen sehr selten ausschließlich die spezielle Eigenart dieses Objekts behandeln; sie enthalten vielmehr oft (und insoweit geradezu wahllos ohne Unterscheidung zu den Zusätzlichen Vertragsbedingungen) allgemeine Regelungen, die keineswegs auf das konkrete

---

[311] Nicklisch/Weick, VOB/B § 1 Rdn. 11.

Einzelobjekt beschränkt sein sollen; solche Klauseln in Besonderen Vertragsbedingungen unterliegen ohnehin der Inhaltskontrolle nach dem AGB-Recht.[312]

Selbst wenn aber Besondere Vertragsbedingungen tatsächlich nur für ein Einzelobjekt formuliert sind, haben sie doch mit den für eine Vielzahl von Objekten formulierten Zusätzlichen Vertragsbedingungen eines gemein: Sie werden vom Auftraggeber vorformuliert, sie lassen dem Auftragnehmer keine Wahl, engen also die Vertragsfreiheit und Dispositionsfreiheit des Auftragnehmers nicht anders ein als Zusätzliche Vertragsbedingungen. Es ist deshalb nicht nur gerechtfertigt, sondern zwingend notwendig, auch die Besonderen Vertragsbedingungen einer Inhaltskontrolle zu unterwerfen; wenn die §§ 305 ff. BGB nicht unmittelbar anwendbar sein sollte, bietet es sich an, eine Inhaltskontrolle nach § 242 BGB auszuüben, die sich dann aber an den Maßstäben des AGB-Rechts orientiert.[313]

3.3 Bestimmung des qualitativen Bausolls durch Zusätzliche Vertragsbedingungen

Nach der Intention der VOB (§ 10 Nr. 2 Abs. 1 VOB/A) sind Zusätzliche Vertragsbedingungen solche die VOB/B ergänzenden (oder abändernden!) Allgemeinen Geschäftsbedingungen, die für eine unbestimmte Vielzahl von Bauverträgen gefertigt sind. 277

Solche Zusätzlichen Vertragsbedingungen unterliegen daher immer der Inhaltskontrolle nach dem AGB-Gesetz; es muss also jeweils geprüft werden, ob die einzelne Klausel wegen Verstoßes gegen das AGB-Gesetz unwirksam ist.

3.4 Bestimmung des qualitativen Bausolls durch Zusätzliche Technische Vertragsbedingungen

Zusätzliche Technische Vertragsbedingungen ergänzen nach der Vorstellung der VOB/A die Allgemeinen Technischen Vertragsbedingungen (vgl. § 10 Nr. 3 VOB/A). Derartige Zusätzliche Technische Vertragsbedingungen dienen also dazu, nach Vorstellung des Auftraggebers **generell** notwendige Ergänzungen zu den Allgemeinen Technischen Vertragsbedingungen (= VOB/C) festzuschreiben. 278

Die Zusätzlichen Technischen Vertragsbedingungen, angewandt nach der Vorstellung der VOB/A, sind die auf der technischen Seite liegende Parallele zu den Zusätzlichen Vertragsbedingungen.

Sie sollen also für eine Vielzahl von Fällen zusätzliche technische Regeln treffen.

Sie unterliegen ebenfalls der Inhaltskontrolle nach dem AGB-Recht.

3.5 Die Bestimmung des qualitativen Bausolls durch die Allgemeinen Technischen Vertragsbedingungen für Bauleistungen (= VOB/C)

3.5.1 VOB/C – Allgemeine Bedeutung

Die „Allgemeinen Technischen Vertragsbedingungen" (= VOB/C, also DIN 18 299 ff.) sind Vertragsbestandteil, wie sich schon aus § 1 Nr. 1 Satz 2 VOB/B ergibt. 279

---

[312] Zutreffend Vygen, Bauvertragsrecht, Rdn. 193.
[313] Zutreffend Piel, Festschrift für Locher, 209, 214.

Abschnitt 0 der jeweiligen DIN-Norm enthält die „Hinweise für das Aufstellen der Leistungsbeschreibung"; diese Hinweise sind von ausschlaggebender Bedeutung bei der Bestimmung des Bausolls im Wege der Auslegung.[314]

In diesem Zusammenhang ist besonders auf Abschnitt 0 der „Allgemeinen Regelungen für Bauarbeiten jeder Art" in der DIN 18 299 hinzuweisen.

Abschnitt 1 enthält allgemeine Bestimmungen, darunter insbesondere zum Geltungsbereich.

Abschnitt 2 nennt die Anforderungen, denen die zu verwendenden Stoffe und Bauteile entsprechen müssen.

Abschnitt 3 legt die technische Ausführung der Leistung fest.

Abschnitt 4 definiert, welche Leistungen **Nebenleistungen** sind und welche Leistungen **Besondere Leistungen** sind.

Nebenleistungen sind nach der Definition in Abschnitt 4.1 der DIN 18 299 solche Leistungen, die „auch ohne Erwähnung im Vertrag zur vertraglichen Leistung gehören".

Nebenleistungen gehören also auch ohne Benennung in der konkreten Leistungsbeschreibung zur Leistungspflicht des Auftragnehmers, sie gehören „automatisch" zum Bausoll.

Es versteht sich von selbst, dass sie dann beim Detail-Pauschalvertrag nicht gesondert vergütet werden.

Besondere Leistungen sind nach der Definition in Abschnitt 4.2 der DIN 18 299 Leistungen, die „nicht Nebenleistungen gemäß Abschnitt 4.1 sind und nur dann zur vertraglichen Leistung gehören, wenn sie in der Leistungsbeschreibung **besonders erwähnt** sind".

Das gilt **auch für den Detail-Pauschalvertrag**.[315]

Die Frage, ob solche Besonderen Leistungen durch Allgemeine Geschäftsbedingungen beim Detail-Pauschalvertrag wirksam vereinbart werden können und also Bausoll werden können, behandeln wir gesondert unter Rdn. 280.

Abschnitt 5 enthält schließlich Vorschriften über die Abrechnung beim Einheitspreis-Vertrag.

Die Allgemeinen Technischen Vertragsbedingungen enthalten also nicht nur technische Hinweise zur Ausführung (insbesondere in Abschnitt 3), sondern auch und gerade in den Abschnitten 4 und 5 eindeutige konkrete Vertragsergänzungen.

Die Allgemeinen Technischen Vertragsbedingungen, also die in der VOB/C enthaltenen DIN-Normen, unterliegen deshalb der **AGB-Kontrolle;** praktisch ergibt sich aber nur in sehr seltenen Fällen daraus ein konkreter Konflikt, wobei dann zumeist nur die Vorschriften der Abschnitte 4 und 5 überhaupt als kritisch in Betracht kommen können.[316]

3.5.2 Die Einbeziehung „Besonderer Leistungen" in das Bausoll durch Allgemeine Geschäftsbedingungen des Auftraggebers oder individuell

280 Wie gerade erwähnt, gehören Besondere Leistungen gemäß Abschnitt 4.2 der DIN 18 299 nicht zur vertraglichen Leistung des Auftragnehmers, also nicht zum Bausoll, wenn sie nicht in der Leistungsbeschreibung **besonders** erwähnt werden.

---

[314] Dazu Einzelheiten Band 1, Rdn. 127, 196, 729 ff.

[315] Beispiel für Gerüste bis 2 m Arbeitshöhe gemäß DIN 18 338: OLG Düsseldorf IBR 1997, 362 mit Kurzanm. Hunger.

[316] BGH „DIN 18332" NZBau 2004, 500 = BauR 2004, 1438. Zur AGB-Kontrolle von Abschnitt 4 vgl. Band 1, Rdn. 131–145; zur AGB-Kontrolle von Abschnitt 5 vgl. Band 1 Rdn. 146.

Besonders erwähnt sind „Besondere Leistungen" dann, wenn sie individuell aufgeführt sind oder wenn sie konkret in einer bestimmten Position genannt sind, wenn also ihre Einbeziehung in die Vertragsleistung ausdrücklich und klar erkennbar ist. Im **individuellen** Vertrag ist auch eine **allgemeine** Einbeziehung Besonderer Leistungen mit Einschränkungen (s. Band 1, Rdn. 135) wirksam.

Wenn aber nur in „Allgemeinen Geschäftsbedingungen", insbesondere also z. B. in Zusätzlichen Vertragsbedingungen, geregelt ist, dass „Besondere Leistungen" auch insoweit in die Vertragsleistung aufgenommen sein sollen, als der Vertrag keine konkrete Regelung enthält, verstößt das beim **Einheitspreisvertrag** gegen § 307 BGB; bekanntestes Beispiel ist die unzulässige Klausel: „Die Herstellung und das Schließen von Durchbrüchen und Schlitzen nach Angabe des Bauleiters sind einzukalulieren."[317]
Gilt beim **Detail-Pauschalvertrag** etwas Abweichendes?
Vorab haben wir geklärt, dass es beim Detail-Pauschalvertrag unzulässig ist, das allgemeine „Komplettierungsrisiko" durch allgemeine Formulierungen in Allgemeinen Geschäftsbedingungen auf den Auftragnehmer abzuwälzen.[318]
Wenn die Überwälzung des „Komplettierungsrisikos" **insgesamt** durch Allgemeine Geschäftsbedingungen auf den Auftragnehmer unzulässig ist, ist auch die Überwälzung des Komplettierungsrisikos **in Teilen** auf den Auftragnehmer in Allgemeinen Geschäftsbedingungen **unzulässig**: Wer dem Auftragnehmer per Allgemeine Geschäftsbedingungen auferlegt, dass (jedenfalls) alle beliebigen, im Einzelnen gar nicht bezeichneten, wann und wie auch immer vorkommenden „**Besonderen Leistungen**" doch zum Bausoll gehören, tut sektoral nichts anderes als der Auftraggeber, der pauschal eine „komplette Leistung" ohne Benennung des konkreten Leistungsziels fordert. Also ist auch beim Detail-Pauschalvertrag die pauschale Einbeziehung Besonderer Leistungen in das Bausoll durch Allgemeine Geschäftsbedingungen des Auftraggebers ein Verstoß gegen § 307 BGB und deshalb **unwirksam**.[319]

Würde übrigens der Auftraggeber eine solche Bedingung, Besondere Leistungen seien im Bausoll enthalten, in **Allgemeine Geschäftsbedingungen** aufnehmen, andererseits der Auftragnehmer aber selbst vereinbarungsgemäß die Planung des Objekts übernehmen müssen und in **diesem** Zusammenhang beim Auftraggeber den Eindruck erwecken, dass tatsächlich die angebotene Leistung komplett ist, kann eine Klausel des Auftraggebers auf Einbeziehung „Besonderer Leistungen" in diesem Sonderfall wirksam sein, wie wir ebenfalls für die „allgemeine Komplettheitsklausel" schon unter Rdn. 264 erörtert haben. Wir wiederholen insoweit: Wenn der Auftragnehmer durch Vorlage seines Leistungsverzeichnisses aufgrund eigener Planung beim Auftraggeber, also in dessen Empfängerhorizont, die Vorstellung erweckt, er biete **alle** Leistungen an, die er im Rahmen einer Planung ausgearbeitet habe und die zur **Erfüllung der Planungsvorgaben** notwendig seien, werden die insoweit zur kompletten eigenen Leistungserstellung **notwendigen** Leistungen kraft Planungsauftrags Bausoll, also Leistungspflicht des Auftragnehmers.

281

---

[317] Zur Klausel OLG München BauR 1987, 554, 556 (Revision vom BGH nicht angenommen), dazu Markus, in: Markus/Kaiser/Kapellmann, AGG-Handbuch Bauvertragsklauseln, Rdn. 245 zu **Einzelheiten** beim Einheitspreisvertrag Band 1, Rdn. 134, 135, beim **Global-Pauschalvertrag** unten Rdn. 549.
[318] Einzelheiten oben Rdn. 272, 273.
[319] Zustimmend v. Westphalen/Motzke, Vertragsrecht und AGB-Klauselwerke, hier: Subunternehmervertrag, Rdn. 103; Beck'scher VOB-Kommentar/Motzke, VOB/C, Syst. III., Rdn. 91; Markus, a.a.O., Rdn. 240.

3.6 Bestimmung des qualitativen Bausolls durch die Allgemeinen Vertragsbedingungen für die Ausführung von Bauleistungen (VOB/B) sowie gesetzliche Bestimmungen (einschließlich „Baugrundrisiko", Gefahrtragung)

282 Das Bausoll wird, sofern die VOB/B vereinbart ist, auch durch die dort genannten einzelnen Leistungspflichten des Auftragnehmers (bzw. Auftraggebers) bestimmt, darüber hinaus durch gesetzliche Regelungen.

Da der „Detail-Pauschalvertrag" strukturell dem Einheitspreisvertrag sehr nahe ist, ergeben sich insoweit keine Besonderheiten gegenüber dem Einheitspreisvertrag. Wir dürfen deshalb auf die ausführliche Darstellung in Band 1, Rdn. 118–155 verweisen. Nur zusammenfassend wollen wir zur Verdeutlichung des Themas die wesentlichen Punkte anführen.

Zur Erläuterung vorweg: Beim Global-Pauschalvertrag ist dasselbe Thema wesentlich differenzierter zu beurteilen, und zwar deshalb, weil selbst dann, wenn im Einzelfall die VOB/B vereinbart ist, sich aus der speziellen Vertragsnatur Fragen dazu ergeben, ob Einzelpflichten der VOB/B nicht durch den Vertragstypus abbedungen sind; dieses Thema behandeln wir in diesem Band unter Rdn. 551 ff.

Vertragspflicht des Auftragnehmers auch beim Detail-Pauschalvertrag bei Zugrundelegung der VOB/B ist z. B. gemäß **§ 2 Nr. 9 VOB/B,** dann Zeichnungen oder Berechnungen beizubringen, soweit das nach dem Vertrag, den Technischen Vorschriften oder der gewerblichen Verkehrssitte vom Auftragnehmer zu leisten ist (Einzelheiten unten Rdn. 1243 ff.).

§ 3 Nr. 2 VOB/B enthält indirekt einen Hinweis darauf, dass der Auftraggeber ein Gelände zur Verfügung stellt; das ist allerdings keine brauchbare Aussage zur Verteilung des **Grundstücksbeschaffenheitsrisikos.** Wegen des Fehlens einer Spezialregelung der VOB/B muss man insoweit auf das BGB zurückgreifen. Dieses regelt in § 645 BGB, dass die mangelfreie Beschaffenheit eines vom Auftraggeber gelieferten **Stoffs** im Regelfall Risiko des Auftraggebers ist. „Stoff" im Sinne dieser Vorschrift ist auch das vom Auftraggeber gestellte **Grundstück** und ebenso eine vom Auftraggeber gestellte **Teil-Bauleistung,** auf der der Auftragnehmer mit seinem Werk aufbaut.
Sehr verallgemeinert lässt sich deshalb sagen, dass die mangelfreie Beschaffenheit der Boden- und Wasserverhältnisse, speziell des **Baugrundes,** jedenfalls dann Risiko des Auftraggebers ist, wenn nichts anderes geregelt ist, ebenso auch das **Kontaminationsrisiko.** Diese Risikoverteilung gilt auch für vom Auftraggeber gestellte **Baubehelfe** oder **Werkzeuge.** Allerdings ist diese Aussage zu generell; richtigerweise kommt es darauf an, welche Aussagen des Auftraggebers im Vertrag bezüglich des „Beschaffenheitssolls" gemacht werden und welche Leistungspflichten des Auftragnehmers sich daraus ergeben.
Wir haben dieses Thema in allen Einzelheiten in Band 1, Rdn. 707 ff. behandelt und können darauf verweisen.
Als eben sehr allgemein gehaltener, aber im Grundsatz richtiger Merksatz lässt sich jedenfalls festhalten, dass aus einer mangelhaften Grundstücksbeschaffenheit resultierende Risiken, **wenn nichts anderes vereinbart ist,** Risiken des Auftraggebers sind, deren Bewältigung also nicht Leistungspflicht des Auftragnehmers ist.[320]

Gemäß § 4 Nr. 1 Abs. 1 Satz 1 VOB/B hat der Auftraggeber für die Aufrechterhaltung der allgemeinen Ordnung auf der Baustelle zu sorgen und das Zusammenwirken der verschiedenen Unternehmer zu regeln. Das ist beim Detail-Pauschalvertrag eindeutige Vertragspflicht des Auftraggebers.

---

[320] Nochmals: Zum **Global-Pauschal**vertrag vgl. unten Rdn. 552, 608 ff.
Für vom Auftraggeber gestellte **Werkzeuge** oder **Baubehelfe** gilt dasselbe, vgl. Fn. 584.
Zum archäologischen Fund und dessen Folgen s. unten Rdn. 1083.

Gemäß § 4 Abs. 1 Satz 2 VOB/B ist es (beim Detail-Pauschalvertrag) Vertragspflicht des Auftraggebers, die nötigen öffentlich-rechtlichen Genehmigungen beizubringen, in erster Linie also die Baugenehmigung.

Bausoll des Auftragnehmers ist es gemäß § 4 Nr. 2 Satz 2 VOB/B, seine Leistung „**gemäß den anerkannten Regeln der Technik**" und unter Beachtung der gesetzlichen und behördlichen Bestimmungen zu erbringen. Wie das **Risiko der Veränderung** dieser Bestimmungen in der Zeit zwischen Vertragsschluss und Abnahme zu bewältigen ist, erörtern wir unter Rdn. 524 ff. für den Global-Pauschalvertrag, diese speziellen Überlegungen gelten **auch** für den Detail-Pauschalvertrag.

§ 4 Nr. 5 VOB/B regelt, dass der Auftragnehmer die von ihm ausgeführten Leistungen bis zur Abnahme vor Beschädigung und Diebstahl zu schützen hat und nur auf **Verlangen** des Auftraggebers verpflichtet ist, sie vor Winterschäden und Grundwasser zu schützen, ferner Schnee und Eis zu beseitigen. Im letzteren Falle erhält der Auftraggeber Vergütung nach § 2 Nr. 6 VOB/B, wenn ihm die entsprechende Verpflichtung nicht nach dem Vertrag obliegt.

Schließlich regelt § 7 VOB/B die **Preisgefahr.**
Bei Leistungen, die vor der Abnahme durch höhere Gewalt, Krieg, Aufruhr oder andere unabwendbare, vom Auftragnehmer nicht zu vertretende Umstände beschädigt oder zerstört werden, kann der Auftragnehmer Abrechnung der ausgeführten Leistungen nach den Vertragspreisen sowie gemäß § 6 Nr. 5 VOB/B auch Ersatz der Kosten, die hinsichtlich der noch nicht erstellten Leistung bereits entstanden sind und nicht in den Vertragspreisen der beschädigten oder zerstörten Leistung enthalten sind, verlangen.

Für die Neuerrichtung bzw. Wiederherstellung der beschädigten oder zerstörten Leistungsteile kann der Auftragnehmer eine erneute Vergütung gemäß § 2 Nr. 6 VOB/B verlangen.[321]

Darüber hinaus gibt es **weitere Einzelpflichten**, die aber selbstverständlich sind: Der Auftragnehmer muss z. B. gemäß **§ 4 Nr. 6 VOB/B** Stoffe oder Bauteile, die dem Vertrag oder den Proben nicht entsprechen, auf eigene Kosten von der Baustelle entfernen; er muss gemäß **§ 4 Nr. 7 VOB/B** auf eigene Kosten schon während der Ausführung als mangelhaft erkannte Leistungen durch mangelfreie ersetzen, auch nach der Abnahme bleibt er im Rahmen der Gewährleistung zur kostenlosen Nachbesserung bei Werkmängeln verpflichtet.

Nach **§ 14 VOB/B** muss der Auftragnehmer die zum Nachweis von Art und Umfang der Leistung erforderlichen Mengenberechnungen, Zeichnungen und andere Belege beifügen, kann also für deren Stellung keine Vergütung verlangen. Dasselbe regelt **§ 16 VOB/B** im Zusammenhang mit den Zahlungen.

3.7 Bestimmung des qualitativen Bausolls durch die gewerbliche Verkehrssitte

Das Bausoll wird schließlich auch noch durch die „gewerbliche Verkehrssitte" bestimmt, wie es § 2 Nr. 1 VOB/B formuliert. Das bedeutet, dass „auch **die** Leistungen durch den Preis mitabgegolten sind, welche nach der Auffassung der betreffenden Fachkreise am Ort der Leistung als mit zur Bauleistung gehörig zu betrachten sind".[322]

Diese Vorschrift hat nur in Randbereichen Bedeutung; insbesondere bedeutet sie nicht etwa, dass der Auftragnehmer Leistungen erbringen muss, die gar nicht Teil der sonstigen Vertragsunterlagen sind; auch beim Pauschalvertrag ist die „gewerbliche Verkehrssitte" kein Komplettierungsinstrument.

Letztendlich bedeutet die Vorschrift nur, dass Selbstverständlichkeiten mit ausgeführt werden müssen; in geringfügigen Randbereichen ist die Vorschrift letztlich nichts anderes

---
[321] Einzelheiten Bd. 1, Rdn. 150, 711-713; BGHZ 61, 144 = BauR 1973, 317.
[322] Ingenstau/Korbion/Keldungs, VOB/B § 2 Nr. 1 Rdn. 13. Einzelheiten Band 1, Rdn. 147.

als eine Auslegungshilfe, die auf das „Durchschnittsverständnis der beteiligten Verkehrskreise" abstellt. Zur Anwendbarkeit der DIN 276 als Auslegungshilfe in diesem Zusammenhang verweisen wir auf Rdn. 598 ff.

4 Mangelhaft auftraggeberseitig definiertes Bausoll *generell* (unklare Leistungsbeschreibung) – Auslegung, Prüfpflichten des Auftragnehmers

284 Unter Rdn. 242 ff. haben wir den sehr spezifischen Fall besprochen, ob ein im Einzelnen nicht benannter „**Vervollständigungswunsch**" des Auftraggebers (Allgemeines Leistungsziel) zur Ergänzung des Detail-Pauschalvertrages über das detailliert Beschriebene hinaus führen kann; wir haben dabei die drei Schritte der objektiven Auslegung, der Prüf- und Hinweispflicht des Bieters sowie der Prüfung der Folgen des unterlassenen, aber möglichen Prüfhinweises behandelt. Das alles **bezog** sich einzig und allein auf die **spezielle Frage**, wie bei **unklarer Beschreibung** des Bausolls Klarheit über den Vertragsinhalt hinsichtlich eines unausgesprochenen Allgemeinen **Leistungsziels** gewonnen werden kann. Wir haben insoweit auch den Vorrang des Textes vor den Plänen festgestellt (Rdn. 248–250).

Selbstverständlich ist es aber auch möglich, dass beim Detail-Pauschalvertrag das Bausoll nicht spezifisch hinsichtlich der Komplettheit, sondern **generell** in Einzelinhalten mißverständlich beschrieben ist, dass also der Vertrag in seiner Ganzheit Lücken, Unklarheiten, Widersprüche oder dergleichen enthält. Das Leistungsverzeichnis ist beispielsweise „positionsweise" aufgebaut; „Positionstext" und die in ihm als maßgeblich genannte Zeichnung widersprechen sich aber.

Diese Fragestellung ist beim Detail-Pauschalvertrag **völlig identisch mit der beim Einheitspreisvertrag**; wir verweisen deshalb in vollem Umfang auf unsere Ausführungen in Band 1, Rdn. 156 bis 279.

5 Schlussergebnis: Inhalt des qualitativen Bausolls beim Detail-Pauschalvertrag – Definition Detail-Pauschalvertrag/ Einfacher Global-Pauschalvertrag

285 Beim erörterten **Detail-Pauschalvertrag** bestimmt sich die qualitative Leistungspflicht des Auftragnehmers, also seine Pflicht, zum Pauschalpreis eine Leistung auszuführen, nach dem individuellen Inhalt des Bauvertrages (Leistungsverzeichnis, Baubeschreibung, zum Vertragsinhalt gemachte Pläne), nach evtl. Besonderen Vertragsbedingungen, Zusätzlichen Vertragsbedingungen, Zusätzlichen Technischen Vertragsbedingungen, Allgemeinen Technischen Vertragsbedingungen (VOB/C), Allgemeinen Vertragsbedingungen für die Ausführung von Bauleistungen (VOB/B, sofern vereinbart) und schließlich nach der gewerblichen Verkehrssitte.
Was durch das Leistungsverzeichnis und andere Vertragsunterlagen detailliert geregelt ist, ist maßgeblich; das Geregelte ist Vertragsinhalt, das Nicht-Geregelte ist nicht Vertragsinhalt.

Was folglich „näher bestimmt" ist, regelt negativ mit, dass das Nicht-Bestimmte nicht auszuführen ist. Was als Vertragsinhalt so nicht dokumentiert ist, ist nicht Bausoll (Vertragsinhalt).

Bleibt zweifelhaft, ob über die Detailregelung hinaus vom Auftraggeber ein Allgemeines Leistungsziel zum Vertragsinhalt gemacht worden ist, ist eine objektive Auslegung erforderlich, wobei Prüfpflichten des Auftragnehmers zu berücksichtigen sind. Eine Vollständigkeitsvermutung spricht dabei dafür, dass über das detailliert Geregelte hinaus nichts weiter Vertragsinhalt ist; diese Vollständigkeitsvermutung kann der Auftraggeber widerlegen, Zweifel gehen zu seinen Lasten.

Soweit die Vertragsunterlagen in allgemeinen Punkten unklar, mißverständlich, mangelhaft oder widersprüchlich sind, gelten dieselben Regeln wie beim Einheitspreisvertrag.

Abschließend ist in diesem Zusammenhang auch noch ein **methodischer Hinweis** erforderlich: Wir definieren den Typ „Detail-Pauschalvertrag" ja so, dass die Leistungsseite detailliert geregelt ist, **ohne dass irgendein globales Element** vereinbart ist. Wenn aber doch ein **„Allgemeines Leistungsziel"** – dazu unsere Erörterungen oben Rdn. 237 ff. – **vereinbart** ist, z. B. eine **„Komplettheitsklausel"**, so überwiegen ja auch bei einem solchen Vertragstyp noch ganz entscheidend die differenzierten Leistungsbeschreibungen das globale Leistungselement. Man **könnte diesen Vertrag also durchaus methodisch auch als erweiterten** oder komplexen Detail-Pauschalvertrag bezeichnen.

Wir haben uns aber dafür entschieden, in dem Globalelement „Komplettheit" den **entscheidenden** Systemansatzpunkt zu sehen und nennen deshalb einen Vertrag, der eine detaillierte Leistungsbeschreibung zum Gegenstand hat und als **einziges** globales Element eine „Komplettheitsklausel" für in der Regel **ein** Gewerk (bzw. Leistungsbereich gemäß VOB/C) schon Global-Pauschalvertrag, und zwar – angesichts nur dieses simplen Globalelements – **„Einfacher Global-Pauschalvertrag"** (Einzelheiten Rdn. 406 ff.); im Einzelfall gilt das auch für eine Einheit aus wenigen, eng zusammenhängenden Gewerken (z.B. Türen und Beschlagarbeiten; Erd-, Beton- und Stahlbetonarbeiten als Rohbauarbeiten). Ist die Leistungsbeschreibung ohnehin nicht mehr differenziert, enthält sie also die Detail-Elemente nicht oder nicht umfassend, sondern ist sie in **nennenswerten Teilen** oder **nur noch** „global" (und umfasst sie ein Teil- oder ein Gesamtbauwerk), erfordert sie also Planungskompetenz, nennen wir einen solchen Vertrag **„Komplexer Global-Pauschalvertrag"** (vgl. Rdn. 409 ff.).

Kapitel 4
Der Gegenstand der Leistung beim Detail-Pauschalvertrag
Quantitatives Bausoll: Menge (Umfang der Leistung)

1 Die als Bausoll geschuldete Menge

1.1 Mengenermittlungsrisiko – Grundsatz

286 Der Pauschalvertrag und insoweit natürlich auch der hier allein erörterte **Detail-Pauschalvertrag** legt nicht nur einen Leistungsbeschrieb (nach qualitativem Bauinhalt und evtl. nach Bauumständen) fest, beim Detail-Pauschalvertrag inhaltlich sogar detailliert, er regelt also nicht nur die Vertragsleistung „der Art nach", sondern er regelt auch „die Vertragsleistung **dem Umfang** nach" (§ 5 Nr. 1 b VOB/A). Er regelt also **zwangsläufig** nicht nur, was gebaut werden soll, sondern auch, **wieviel** davon gebaut werden soll (quantitativer Bauinhalt), letzteres allerdings mit Einschränkungen.

Während der qualitative Bauinhalt (die Leistung der Art nach) beim Detail-Pauschalvertrag begriffsnotwendig detailliert bestimmt sein **muss**, gilt das für den Bauinhalt der Menge nach (= Umfang der Leistung) **nicht unmittelbar:** Da die Pauschalvergütung unabhängig davon ist, wieviel Menge explizit benannt wird, sind (im vorherein errechnete) **Mengen** selbst gar **kein Vertragskriterium**. Sie sind für die Bestimmung der Leistungspflicht des Auftragnehmers, also für das Bausoll, „gleichgültig".[323] Auch wenn eine Menge genannt ist, ja selbst dann, wenn das Leistungsverzeichnis „positionsweise" aufgebaut und jeder Position ein „Vordersatz" (Menge) zugeordnet ist, sind solche **Mengen keine begriffsbestimmenden Merkmale des Pauschalvertrages.** Der Pauschalvertrag enthält unmittelbar kein kennzeichnendes Element Menge. Eine Ausnahme gilt dann, wenn die Menge (z. B. im Sinne des Abrufs aus einer Preisliste) verbindlich „ausgewählt" ist, was wir sogleich unter dem Stichwort „Scheinpauschale" (Rdn. 288) erörtern werden.

287 Mittelbar müssen aber die auszuführenden „Mengen" geregelt werden: Selbstverständlich kann **nicht unbestimmt sein** und bleiben, **wieviel** der Auftragnehmer für den Pauschalpreis auszuführen hat, dies schon deshalb nicht, weil sich sonst gar nicht feststellen ließe, ob die Leistung fertiggestellt ist – 2 oder 3 Geschosse?

Die Bestimmung dessen, was er an Mengen gebaut wissen will, gibt der Auftraggeber in anderer Weise vor. Er nennt nämlich im Normalfall Fertigstellungskriterien, d. h., er gibt dem Auftragnehmer Parameter zur Mengenermittlung vor – und da diese „Eckdaten" der (internen) Mengenermittlung für die Angebotsbearbeitung des Auftragnehmers dienen, haben wir sie schon in Rdn. 41 ff. **Mengenermittlungskriterien** genannt.
Anhand dieser Mengenermittlungskriterien ermittelt der Auftragnehmer allgemein beim Pauschalvertrag auf eigenes Risiko die Mengen, die er seiner Kosten- und Preisermittlung zugrunde legt, also die quantitative Dimension „vertraglich vorgesehene Leistung" (§ 2 Nr. 7 Abs. 1 Satz 2 VOB/B). Gleichzeitig legt damit der Auftraggeber durch die von ihm getroffene

---

[323] Einzelheiten dazu oben Rdn. 47, 45.
Zur „angeordneten Mengenmehrung" s. unten Rdn. 307, 308, 1074 ff., zur „angeordneten Mengenminderung" unten Rdn. 1304 ff.
Zum quantitativen Bausoll beim **Global-Pauschal**vertrag s. unten Rdn. 667-673.

Systemwahl „Pauschalvertrag" dieses Mengenermittlungsrisiko in die Hand des Auftragnehmers; damit wird das Fehlerrisiko gleichzeitig auch zum eigenen Risiko des Auftraggebers: Ist nämlich die tatsächlich ausgeführte Menge bei richtigen auftraggeberseitigen Mengen**ermittlungs**kriterien und ohne nachträglichen Eingriff des Auftraggebers kleiner als vom Auftragnehmer im Angebotsstadium ermittelt worden ist, muss der Auftraggeber über den Pauschalpreis dennoch diese „Vorab-Menge" zahlen. Und umgekehrt: Ist die tatsächlich ausgeführte Menge größer als vom Auftragnehmer im Angebotsstadium ermittelt, erhält der Auftragnehmer dennoch über den Pauschalpreis nur Bezahlung der „Vorab-Menge".

Das **„Mengenermittlungsrisiko" trifft** also grundsätzlich **beide Parteien,** schon und insbesondere deshalb ist es akzeptabel.

Es ist schon deshalb nicht richtig, dieses **beide** Seiten treffende Mengenermittlungsrisiko vereinfachend so zu bezeichnen, dass der Auftrag**nehmer** ein Mengenrisiko trage.[324] Wenn der Auftraggeber eine falsche oder ungenaue Mengenermittlung vorlegt und/oder wenn der Auftragnehmer nicht oder nicht richtig die Mengen ermittelt (prüft), so ist die (tatsächlich auszuführende) Menge zwar höher (oder niedriger!) als die bei der Angebotsbearbeitung zugrundegelegte Menge, aber geändert hat sich der quantitative Bauinhalt nicht: Die Bandrasterdecken aller Stockwerke sind und bleiben 6 801 m², wenn sie so aus den Vertragsplänen hervorgingen; dies ist unabhängig davon, ob vorher oder nachher oder nie die Menge rechnerisch richtig ermittelt wurde – immer unveränderte Planung vorausgesetzt.

Allerdings gibt es in einem speziellen Sinne **auch** Fälle von auftragnehmerseitigem Mengenrisiko, nämlich dann, wenn der Auftragnehmer **ein Mengenermittlungsrisiko übernimmt, obwohl er die Menge** aus den auftraggeberseitigen Mengenermittlungsunterlagen **gar nicht oder nicht genau ermitteln kann,** dies erkennt, aber trotzdem das Risiko auf sich nimmt. Wir bezeichnen das als **„Besondere Risikoübernahme".** Beispiel: Ausschachtung bis auf für **Versickerung geeignete Kiesschicht,** obwohl jegliche Aussage zum Boden fehlt – näher beim hier diskutierten Detail-Pauschalvertrag dazu Rdn. 291, beim Global-Pauschalvertrag siehe Rdn. 670.

Individuell ist eine „Besondere Risikoübernahme" zulässig, in Allgemeinen Geschäftsbedingungen nicht ohne weiteres (näher Rdn. 295).

Auch beim Detail-Pauschalvertrag und überhaupt trägt der Auftragnehmer **nur das Risiko, das sich „aus den vorgefundenen Verhältnissen"** ergibt (s. Rdn. 310) – Parallele § 2 Nr. 3 VOB/B –, aber **nicht** das Risiko von Mengenerhöhungen infolge **auftraggeberseitiger Eingriffe** und/oder Anordnungen, also der **Veränderung** der Mengenermittlungs**kriterien.**

1.2 „Fixierte Menge"? – Mengenauswahl im Vertrag ohne Mengenermittlungsrisiko (Scheinpauschale)

Jedenfalls steht für das Bausoll fest: Die (im Angebotsstadium getätigte) Mengenermittlung durch den Auftragnehmer zum Zweck des Abschlusses eines Pauschalvertrages enthält die Übernahme eines Mengenermittlungsrisikos durch den Auftragnehmer, verbunden mit einem gleichzeitigen Vergütungsrisiko des Auftraggebers in dem Fall, wenn der Auftragnehmer mehr Mengen vorab ermittelt und seinem Pauschalpreis zugrunde legt, als im nachhinein tatsächlich zu erstellen sind. Dieses Mengenermittlungsrisiko ist kennzeichnend für jede Art von Pauschalvertrag: Einen Pauschalvertrag ohne **dieses** Risiko gibt es im strengen Sinne nicht.

---

[324] Einzelheiten dazu oben Rdn. 48.

Sehr wohl gibt es sowohl einzeln wie insbesondere innerhalb von Pauschalverträgen strukturelle „Teil-Einheitspreisverträge", genauso wie es innerhalb von Einheitspreisverträgen oft Teil-Pauschalen (z. B. Baustelleneinrichtung) gibt.

Diese **„Teil-Einheitspreisverträge"** innerhalb von Pauschalverträgen, insoweit also **Schein-Pauschalen,** (vgl. Rdn. 67) sind dadurch gekennzeichnet, dass es keine eigene Mengenermittlungsmöglichkeit für den Auftragnehmer gibt, weil der Auftraggeber keine Mengenermittlungskriterien vorgegeben hat, gleichwohl aber die Stückzahl als **Bausoll** (quantitativer Bauinhalt) bestimmt hat und weil sich die so vom Auftraggeber schon endgültig – derzeit – **bestimmte** Stückzahl **nicht** „aus den vorgefundenen Verhältnissen" heraus **ändern kann.**

Der Auftraggeber hat somit eine „Basis-Bestimmung" getroffen; die entsprechende Stückzahl oder Mengenangabe ist schon fixiert als seine **Entscheidung** und nicht als – möglicherweise falsche – bloße Berechnung des Auftraggebers aus dem Vertrag zugrundegelegten (Planungs-) Unterlagen. Wenn der Auftraggeber z. B. im Leistungsverzeichnis entscheidet, dass zu seinem Schlüsselfertigobjekt in den Außenanlagen „4 hochstämmige Rotbuchen, Kronenhöhe über 2,20 m" gehören, so sind Bausoll (Vertragsinhalt) 4 derartige Buchen und nicht mehr, auch nicht weniger. Hier kann keine auftraggeberseitige Mengenermittlung zur Ermittlung eines Pauschalpreises durchgeführt werden, hier wird kein Aufmaß erspart, hier steht **allein** durch die Mengenangabe von Anfang an verbindlich fest, wieviel auf Wunsch des Auftraggebers zu leisten ist.
Man kann das durchaus **auch „Preislisten-Pauschale"** nennen.

Ein Mengen**ermittlungs**risiko des Auftragnehmers **kann** in solchen Fällen jedenfalls **insoweit nicht bestehen.** Folglich kann es hier auch keine Abweichung der tatsächlich auszuführenden Menge von der Vertragsmenge geben – wenn der Auftragnehmer seine 4 Buchen gesetzt hat, hört er auf. Selbst wenn dann noch weitere Buchen „notwendig" wären, hat der Auftraggeber doch festgelegt, wieviel er nur haben will. Der Auftraggeber bestimmt in solchen Fällen die Vertragsinhalt werdende geschuldete Anzahl von Teilleistungen.

Folglich ist hier nicht nur die qualitative „Art der Leistung" näher bestimmt, hier ist auch die **Anzahl** „näher bestimmt" und damit als quantitative (Detail-)Regelung für den Auftragnehmer allein maßgeblich.[325]
Es ist jeweils anhand **aller** Vertragsunterlagen zu bestimmen, ob der Auftraggeber insoweit auch die Mengen als Vertragsinhalt festgelegt hat oder ob eine genannte Menge nur „unverbindlicher Vordersatz" mit Mengenermittlungsmöglichkeit oder Mengenermittlungspflicht des Auftragnehmers ist. Letzteres ist dann zu bejahen, wenn es jedenfalls die Möglichkeit gibt, dass die tatsächliche Ausführungsmenge von der im Pauschalvertrag zahlenmäßig genannten Menge deshalb abweicht, weil eine auf Basis von vorhandenen Planungsunterlagen erstellte Berechnung ungenau sein kann oder weil die Örtlichkeit andere als die benannten Mengen bedingen kann; eine „Scheinpauschale" wird z. B. zu verneinen sein, wenn der Bieter weiß oder aus den Ausschreibungsunterlagen schließen muss, dass es Pläne gibt, die er einsehen kann. Solche aus dem Mengenermittlungsrisiko resultierenden Differenzen muss beim Pauschalvertrag im Prinzip der Auftragnehmer tragen, von der Störung der Geschäftsgrundlage (§ 313 BGB, § 2 Nr. 7 Abs. 1 Satz 2, 3 VOB/B) vorerst abgesehen.

Wenn die Menge sich nicht aus örtlichen Gegebenheiten oder Plänen ergibt und somit auch nicht falsch vom Bieter ermittelt werden kann – weil es eben keine Mengenermittlungskriterien gibt –, **kann** es auch **kein** vom Auftragnehmer zu tragendes **Mengenermittlungsrisiko** geben. Wenn der Auftraggeber vertraglich **entschieden** hat, **dass** zu seinem Objekt 3 Garagen gehören, **kann** sich das (im rechtlichen Sinne) nicht als „Rechen-

---

[325] Dazu oben Rdn. 238 ff. Ebenso i. E. Vygen, BauR 1979, 375, 381. Siehe auch Rdn. 87.

fehler" erweisen, weil nichts durch den Bieter zu berechnen ist oder berechnet werden kann; die Situation kann sich auch nicht durch die örtlichen Verhältnisse ändern.

In solchen Fällen ist also die Vergütung gerade nicht von der Menge losgelöst. Die Menge selbst ist **Fertigstellungskriterium**. Der „Vordersatz" ist dann **alleiniger** Bezugspunkt zur Definition der quantitativen Seite der im Vertrag vorgesehenen Leistung; die nach Zahlen festgestellte Menge (Stückzahl) bestimmt insoweit das quantitative Bausoll.

Zusammengefasst:

Wenn die Menge selbst als Auftraggeber-Entscheidung Vertragsinhalt ist, wenn sich die auszuführende Menge (Umfang) in keiner Weise durch Ermittlungskriterien feststellen lässt, wenn der Auftragnehmer auch nicht im Rahmen „Besonderer Risikoübernahme" Mengen jeden Umfangs schuldet, so ist die auftraggeberseitige **Mengenbestimmung selbst** auch beim „Pauschalvertrag" **Vertragsinhalt.**

Wir zählen einige Beispiele für derartige „Scheinpauschalen" innerhalb von Pauschalverträgen auf:

- 14 Außenzapfstellen (ohne Erwähnung in Plänen)
- 100 Hinweisschilder für Flure 30 cm × 90 cm, dreizeilig beschriftet
- Von den vorhandenen Fenstern erhalten 30 Fenster Rollläden mit Motorantrieb, die übrigen mit Handkurbel
- 1 Kühlzelle ist vorzusehen[326)]
- Mitzuliefern sind 46 Feuerlöscher 10 l

    usw.

    oder:

- Das Objekt ist dreigeschossig.

Verlangt der Auftraggeber bei solchen Mengenbestimmungen eine höhere Stückzahl, so ist das zusätzliche Leistung (in der Regel **angeordnete Mengenmehrung**), die Vergütungsansprüche des Auftragnehmers aus § 2 Nr. 7 Abs. 2, § 2 Nr. 6 VOV/B – nach unserer Auffassung in diesem speziellen Fall auch **ohne** besondere Ankündigungserfordernisse – zur Folge hat, wie in Einzelheiten unter Rdn. 1074 ff., 1102 noch zu erörtern.

Strukturell sind das wegen der direkten Abhängigkeit der (Teil-)Vergütung von der Vertragsinhalt gewordenen Menge und wegen des somit nicht vorliegenden Mengenermittlungsrisikos **Teil-Einheitspreisverträge**, also „Scheinpauschalen". Damit ist nur die formale Struktur gemeint. Vom „normalen" Einheitspreisvertrag unterscheiden sie sich z. B. beim Schlüsselfertigbau dadurch, dass für diese quantifizierten Leistungen keine ausgewiesenen Positions-Einheitspreise gefordert sind, gebildet werden oder greifbar sind. Wie man im übrigen diesen Typus im Grenzbereich zwischen Einheitspreisvertrag und Pauschalvertrag bezeichnet, ist letztlich auch eine müßige Frage.[327)] **Jedenfalls** gibt es hier keinen „Mengenspielraum" zu wessen Lasten auch immer, **jede** vom Auftraggeber angeordnete Mehr-Menge führt zu Mehr-Vergütungsansprüchen gemäß § 2 Nr. 6 VOB/B, da es auch allgemein für Ansprüche aus § 2 Nr. 5 VOB/B bzw. § 2 Nr. 6 VOB/B beim Pauschalvertrag keine „Preismanövrier-Spielräume" gibt; wir verweisen auf die Erörterung

---

[326)] Die angeordnete 2. Kühlzelle ist folglich immer als zusätzliche Leistung zu vergüten, vgl. dazu aber OLG Stuttgart BauR 1992, 639 und dazu Rdn. 654.

[327)] Einen weiteren Fall von Einheitspreisvertrag wegen des Fehlens von Mengenermittlungskriterien haben wir schon oben unter Rdn. 66–70 behandelt („Rohrleitungs-Isolierung im Kraftwerk nach lfd. m"), **Abb. 7**, S. 40.

unter Rdn. 1110 ff; ebenso führt jede angeordnete Minderung zur Rechtsfolge der freien Teilkündigung, § 8 Nr. 1 VOB/B.

1.3 Unbeschränktes Mengenrisiko

289 Es gibt einen dritten Typ von „Mengenrisiko". Das ist das unbeschränkte Risiko des Auftragnehmers aufgrund „Besonderer Risikoübernahme". Wir behandeln es sogleich unter Rdn. 291 ff.

2 Der Inhalt des vom Auftragnehmer übernommenen Mengenermittlungsrisikos; Klausel: 5 % Mehr- oder Minderleistungen gelten als vereinbart

2.1 Typen des Mengenermittlungsrisikos

290 Der Auftragnehmer trägt das Risiko, eigenverantwortlich die für seine Angebotsbearbeitung notwendigen Mengen auf der Basis der vom Auftraggeber vorgegebenen Mengenermittlungskriterien zu ermitteln. Für den Vertragsinhalt, d. h. die Beziehungen zum Auftraggeber, ist es allerdings gleichgültig, ob der Auftragnehmer innerhalb der vorgegebenen Mengen**ermittlungs**grundlagen die Mengen richtig, nachlässig oder auch überhaupt nicht ermittelt. Ob er anhand der auftraggeberseitig vorgegebenen Kriterien gründlich nachprüft oder nicht, ob er richtig oder falsch denkt oder richtig oder falsch rechnet, ob er über den Daumen peilt, schätzt oder überhaupt nicht kalkuliert: Es bleibt gleichgültig. Jeder ist seines eigenen Glückes Schmied: Der Auftragnehmer trägt selbstverständlich das Risiko **eigener** Fehlermittlungen.[328]

291 Es ist sogar – wie schon unter Rdn. 289 erwähnt – nicht einmal erforderlich, dass die vom Auftraggeber vorgegebenen Mengenermittlungskriterien überhaupt eine genaue oder auch nur eine ungefähre Mengenermittlung zulassen. Schreibt der Auftraggeber für den Bau einer Dränage aus: „Ausschachtung bis auf kiesführende Schicht", ohne irgendeine Aussage darüber zu treffen oder irgendeine Ermittlung darüber beizufügen, in welcher Tiefe diese kiesführende Schicht anzutreffen ist, so ist es Sache des Auftragnehmers, selbst zu entscheiden, ob er ein solches besonderes, **unbeschränktes** Mengenrisiko eingeht oder nicht. Tut er das, so muss er zum unveränderten Pauschalpreis ausschachten, gleichgültig, ob er 5 m oder 10 m oder 15 m tief gräbt (**„Besondere Risikoübernahme"**). Eine Grenze ist insoweit erst dann erreicht, wenn beim öffentlichen Auftraggeber die Vertragsauslegung ergibt, dass „ungewöhnliche Wagnisse" gar nicht Vertragsbestandteil sind oder wenn sich das übernommene Risiko als unzumutbar erweist, wenn also die Geschäftsgrundlage entfällt: Letzteres ist der Fall des § 2 Nr. 7 Abs. 1 Satz 2 VOB/B, Einzelheiten zum Ganzen unter Rdn. 646–650 sowie Rdn. 1332.

Man kann übrigens in derartigen Fällen darüber streiten, ob hier überhaupt das Problem richtiger Mengenermittlungskriterien eine Rolle spielt. Richtigerweise handelt es sich in solchen Fällen schon um **Global-Pauschalverträge,** bei denen die auftraggeberseitig unbestimmte Menge zwangsläufige Folge eines globalen quantitativen Leistungsinhalts ist; wir erörtern das deshalb auch beim Global-Pauschalvertrag unter Rdn. 670 ff. näher.

---

[328] BGH VersR 1965, 803, 804; BGH BauR 1972, 118, 119 (Einzelheiten dazu Rdn. 227, 228), s. auch oben Rdn. 47, keine „Störung der Geschäftsgrundlage", s. unten Rdn. 1531.

Wenn scheinbar genaue „Vordersätze" **ohne** bieterseitige Mengenermittlungsmöglichkeit in einem Leistungsverzeichnis auftauchen, ist vom Bieter je nach Einzelfall zu verlangen, dass er vom Auftraggeber die relevanten Mengenermittlungsparameter – z. B. Ausführungspläne – „herausverlangt." Wenn der Auftraggeber allerdings keine Pläne hat oder sie nicht aushändigt **und** es sich nicht um **ein erkennbar** unbeschränktes Mengenrisiko handelt, sind die „Vordersatz-Mengen" maßgebend, das liegt in Wirklichkeit ein Schein-Pauschalvertrag vor, also im Ergebnis ein Einheitspreisvertrag, wie schon unter Rdn. 67 erörtert.[329]

Ein unbestimmbares Mengenrisiko gibt es auch bei „offenen Mengen", d. h. in Fällen, in denen der Auftragnehmer dem Auftraggeber bewußt im Rahmen eines Wahlschuldverhältnisses die Wahl überlässt, welche Menge ausgeführt werden soll. Der Fall ist selten, aber möglich.

Dem Auftragnehmer steht es in allen vorgenannten Fällen frei, für **Risikobegrenzung** zu sorgen: Er könnte vom Auftraggeber Bodenuntersuchungen verlangen, er könnte eine Maximaltiefe anbieten oder eine Maximalmenge („Mengentoleranz"),[330] er könnte einen Preisvorbehalt machen – und er könnte auch wegen des Risikos den Abschluss dieses Pauschalvertrages ablehnen. — 292

Erst recht ist es das eigene Risiko des Auftragnehmers, wenn er sich darauf einlässt, die Leistungsmenge auf der Grundlage unfertiger Pläne und/oder Berechnungen anzubieten, die der Auftraggeber also noch gar nicht fertiggestellt hat; das ist die Parallele zum eben genannten „Wahlschuldverhältnis". Als Fall ist denkbar „Aushub gemäß näherer Weisung eines vom Auftraggeber einzuholenden Gutachtens" – vorkommend z. B. bei Kontaminationsfällen. — 293

Der Auftragnehmer kann sich sogar darauf einlassen, die Menge zum Pauschalpreis auch dann auszuführen, wenn **er selbst** als eigenes Vertrags- oder sogar Bieterrisiko (Angebotsleistung!) **Berechnungen** erstellen lassen muss.[331] Typische Beispiele: eigene **Windlastenberechnung** für Fassade, eigene **Drucklastenberechnung** für U-Bahn-Innenausbau, **eigene Statik u. a. zur Ermittlung der notwendigen Baustahlmenge**, eigene **Bodenuntersuchungen.**

Alle Fälle dieser und der vorangegangenen Randnummern enthalten „**Besondere Risikoübernahmen**" des Auftragnehmers – vgl. weiter dazu Rdn. 304.

In allen diesen Fällen ist allerdings immer zu beachten, dass der Auftragnehmer zwar nicht gehindert ist, derartig weitgehende, erkannte „Besondere" Risiken individuell zu übernehmen (wobei in Fällen der Überschreitung der Zumutbarkeitsgrenze wieder eine Störung der Geschäftsgrundlage in Betracht kommen kann, § 2 Nr. 7 Abs. 1 Satz 2 VOB/B); der Auftraggeber darf aber jedenfalls **beim** hier erörterten **Detail-Pauschalvertrag**, bei dem der Auftragnehmer keine eigenen Planungsaufgaben übernimmt, solche „**Besonderen Risiken**" nicht durch **Allgemeine Geschäftsbedingungen** auf den Auftragnehmer überwälzen. — 294

Das ist nicht nur beim Einheitspreisvertrag, sondern auch beim Detail-Pauschalvertrag – soweit es nicht um nach der Verkehrssitte übliche geringfügige Leistungen geht – ein **Ver-**

---

[329] OLG Karlsruhe IBR 1994, 49; Revision vom BGH nicht angenommen; siehe auch Fn. 78.
[330] Vgl. Daub/Piel/Steffani, VOB/A Erl. 5.23; BGH Schäfer/Finnern Z 2.330 Bl. 11. Vgl. auch Rdn. 671.
[331] Unbestritten, vgl. Ingenstau/Korbion/Keldungs, VOB/B § 2 Nr. 7, Rdn. 5 ff., näher Rdn. 1513. Typischer Fall aus der Rechtsprechung: BGH „Kammerschleuse" BauR 1997, 126; zur Kritik an diese Entscheidung Kapellmann/Ziegler, NZBau 2005, 65, 69.
Den Fall, dass der **Auftraggeber falsche** Mengenermittlungskriterien oder **falsche** „Vordersätze" vorgibt, behandeln wir unter Rdn. 311 ff., 322 ff.

stoß gegen § 307 BGB, der zur Unwirksamkeit der entsprechenden Vertragsregelung führt.[332]

295 Zusammenfassend heißt das, dass der Auftragnehmer das Risiko trägt, Mengen aufgrund eigener fehlerhafter oder unterlassener Prüfung falsch zu ermitteln, und dass er darüber hinaus ein erkennbar individuell ausgehandeltes Mengenrisiko auch ohne zuverlässige Mengenermittlungsmöglichkeiten übernehmen kann und trägt.
Dagegen trägt er – wie schon in Rdn. 288 erwähnt – das Risiko der **Veränderung** der Mengenermittlungs**parameter** durch **auftraggeberseitige Eingriffe nicht**.

296 „Die Klausel in einem auf der Grundlage eines detaillierten Leistungsverzeichnisses mit Mengenangaben geschlossenen Pauschalpreisvertrag, nach der Mehr- und Mindermassen von 5 % als vereinbart gelten, regelt das Mengenrisiko. Sie ist dahin zu verstehen, dass bei einer nicht durch Planänderungen bedingten Mengenabweichung in den einzelnen Positionen, die über 5 % hinaus geht, auf Verlangen ein neuer Preis nach Maßgabe des § 2 Nr. 7 Abs. 1 Sätze 2 und 3 VOB/B gebildet werden muss. Bei der Preisbildung ist das übernommene Mengenrisiko zu berücksichtigen."[333]

2.2 Praktische Hinweise zur Mengenermittlung im Angebotsstadium

297 Wie schon bei der Behandlung des qualitativen Bausolls besprochen worden ist, ist es – insbesondere bei nachträglichen Pauschalierungen aufgrund eines vorliegenden Einheitspreisangebotes – stets ratsam, zusätzlich zu den Plänen und zum Leistungsverzeichnis eine Beschreibung und Abgrenzung des anstehenden Leistungsumfangs zum Vertragsbestandteil zu machen, und zwar unter dem Gesichtspunkt der qualitativen und quantitativen Abgrenzung, da

- ein Leistungsverzeichnis eine Auflistung von Leistungen ist und deshalb zumeist nicht angibt, wo jeweils die einzelne Leistung zu erbringen ist und wo nicht,
- Pläne zumeist unter dem Gesichtspunkt der Gesamtobjektplanung, nicht aber der Abgrenzung der einzelnen Bausolls (z. B. der Leistungen der einzelnen Gewerke) angefertigt werden.

Somit dient eine Gewerke- und/oder Baubeschreibung zuzüglich einer Abgrenzung des vertraglich vereinbarten (Pauschal-)Bausolls der beiderseitigen Risikoabsicherung der Vertragsparteien.

Eine solche Abgrenzungstätigkeit kann u. a. im Rahmen der Mengenermittlung bzw. -überprüfung erfolgen. Deshalb geht es bei der Durchführung der quantitativen Bausoll-Bestimmung ganz und gar nicht um eine „anspruchslose" Mengenermittlung, sondern im Regelfall um ein fachmännisches Durchdringen des anstehenden Bausolls als Ganzes mit folgenden Zielen:

- qualitative Bausoll-Bestimmung

---

[332] Vgl. BGH „ECE Bedingungen" BauR 1997, 1036; Markus, in: Markus/Kaiser/Kapellmann, AGB-Handbuch Bauvertragsklauseln, Rdn. 304; Korbion/Locher/Sienz, AGB-Bauerrichtungsverträge, K, Rdn. 19.
Im Regelfall sind solche Leistungen auch „Besondere Leistungen" gemäß Abschnitt 4 der jeweiligen VOB/C-Norm. Näher auch Rdn. 280.
Zu betonen ist, dass die obigen Überlegungen **nicht** ohne weiteres für den Global-Pauschalvertrag jeder Fassung gelten, weil dort der Auftragnehmer Planungselemente übernimmt, vgl. unten Rdn. 520 ff., 549.
[333] Wörtliches Zitat aus BGH NZBau 2004, 150.

- Überprüfung der Planung auf Fehler und Unvollständigkeiten (vgl. Rdn. 700 ff. Angebotsbearbeitung)
- quantitative Bausoll-Bestimmung.

3 Anfechtung von Schreib- und Rechenfehlern

3.1 Schreib- und Rechenfehler des Auftragnehmers – Anfechtung

Wenn wir gerade ausgeführt haben, dass der Auftragnehmer das Risiko trägt, Mengen aufgrund eigener fehlerhafter oder fehlender Mengenberechnungen falsch zu ermitteln, so bedeutet das, dass er grundsätzlich insoweit Irrtümer selbst tragen muss. Das heißt aber nicht, dass er jeden Irrtum in der Ermittlung des Pauschalpreises selbst tragen muss.

§ 119 Abs. 1 BGB lautet: „Wer bei der Abgabe einer Willenserklärung über deren Inhalt im Irrtum war oder eine Erklärung dieses Inhalts überhaupt nicht abgeben wollte, kann die Erklärung anfechten, wenn anzunehmen ist, dass er sie bei Kenntnis der Sachlage und bei verständiger Würdigung des Falles nicht abgegeben haben würde." § 119 Abs. 1 2. Alternative erfasst den Irrtum in der Erklärungs**handlung**; der Erklärende ver**schreibt** sich, **verrechnet** sich, verspricht sich. **Dieser** Irrtum ist jedenfalls anfechtbar.[334]

Wenn der Bieter einen Pauschalpreis auf der Grundlage eines auftraggeberseitigen Angebotsblanketts mit positionsweisen Mengenangaben, „Einheitspreisen" und eine sichtbar an der ausgerechneten Summe orientierte Pauschalsumme anbietet und dabei in einer „Position" schreibt:

„1000 m^3 Beton C 20/25 • 126,– € = 12 600,– €",

so ist dieser Rechen- bzw. Schreibfehler und damit die Pauschalvergütung anfechtbar. Es gibt keinen Grund, davon beim Pauschalvertrag eine Ausnahme zu machen. Die Anfechtung würde eigentlich zur Nichtigkeit der ganzen Pauschalpreisvereinbarung und damit zur Nichtigkeit des Gesamtvertrages führen. Das entspricht aber im Regelfall weder der Anfechtungserklärung noch dem Parteiwillen. Die hier allein diskutierte Anfechtung ist nach dem Willen des Anfechtenden nur „Teil-Anfechtung", nämlich nur hinsichtlich **einzelner**, von den Parteien gebildeten Einzelpreiselemente („Positionen"). Solange diese Position wertmäßig nicht von ausschlaggebender Bedeutung ist, bleibt der Vertrag im übrigen nach dem anzunehmenden Parteiwillen, auf den es gemäß § 139 BGB ankommt, gültig; an die Stelle des angefochtenen Teilpreises tritt ein analog ermittelter, äußerstenfalls ein „angemessener" Preis. Ohnehin gilt das, wenn die Parteien den Vertrag trotz Anfechtung weiterführen oder der Auftraggeber die Weiterführung verlangt.[335]

Riedl meint, zu beachten sei aber, dass der Auftragnehmer beim Pauschalvertrag bewusst ein Risiko eingehe; soweit dieses Risiko reiche, sei eine Anfechtung wegen Irrtums nicht möglich.[336] Wäre diese Annahme richtig, würde sie bedeuten, dass eine Irrtumsanfechtung wegen Verschreibens oder Verrechnens beim Pauschalvertrag sinnlos und überflüssig wäre. Nur bei „Störung der Geschäftsgrundlage"[337] käme dann eine Korrektur in Betracht, dann

---

[334] Zutreffend BGH BauR 1983, 368; OLG Düsseldorf BauR 1980, 474; Ingenstau/Korbion/Keldungs, VOB/B § 2 Rdn. 141; Locher, Das private Baurecht, Rdn. 188; Heiermann/Riedl/Rusam, VOB/B § 2 Rdn. 22, widersprüchlich dazu § 2 Rdn. 143.

[335] BGH NJW 1969, 1759 f.; OLG Frankfurt BauR 1980, 579; Ingenstau/Korbion/Keldungs, VOB/B § 2 Rdn. 147; Locher, a. a. O., Rdn. 53; Heiermann/Riedl/Rusam, VOB/B § 2 Rdn. 22, 26; Kleine-Möller/Merl, § 10 Rdn. 361.

[336] Heiermann/Riedl/Rusam, VOB/B § 2 Rdn. 22.

[337] § 2 Nr. 7 Abs. 1 Satz 2 VOB/B, dazu unten Rdn. 1500 ff.

aber auch sowieso, nämlich ohne Anfechtung. Indes geht der Bieter oder Auftragnehmer beim Pauschalvertrag ebensowenig wie beim Einheitspreisvertrag „bewußt" das Risiko ein, sich zu verschreiben oder zu verrechnen. Das bewußt übernommene Risiko ist das Risiko inhaltlicher Fehler, aber nicht das Risiko von Mängeln der Erklärungs**handlung**.[338]

300 Die Anfechtung muss gemäß § 121 BGB unverzüglich erfolgen, nachdem der Anfechtungsberechtigte von dem Anfechtungsgrund Kenntnis erlangt hat; die Anfechtung kann gemäß § 122 BGB Schadensersatzansprüche des Anfechtungsempfängers gegenüber dem Anfechtenden auf Ersatz des Vertrauensschadens auslösen.

Beim Pauschalvertrag ist diese Anfechtung erforderlich, weil gerade die (per Verschreiben oder Verrechnen mitbestimmte) Pauschalsumme Vertragsinhalt wird. Beim Einheitspreisvertrag wäre in solchen Fällen eine Anfechtung überflüssig, da die Angebotssumme nicht Vertragsinhalt wird; dort wird positionsweise abgerechnet: tatsächlich ausgeführte Menge • Einheitspreis.

301 Die Anfechtung muss sich auf eine **Erklärung beziehen.** Das heißt: Nur das, was der Anfechtende dem Vertragspartner gegenüber erkennbar überhaupt erklärt hat, kann er auch anfechten. Deshalb muss die Fehlberechnung im Angebot selbst und aus beigefügten Vertragsunterlagen erkennbar sein.[339]

302 Die Anfechtung ist nur dann erfolgreich, wenn anzunehmen ist (§ 119 BGB), dass der Anfechtende die irrtümliche Erklärung bei Kenntnis der Sachlage und verständiger Würdigung des Falles nicht abgegeben hätte. Laut einer schönen Formulierung des Reichsgerichts hat diese Prüfung zu erfolgen nach einem Maßstab „frei von Eigensinn, subjektiven Launen und törichten Anschauungen".[340]

Abstrakt lässt sich kaum bestimmen, wann diese Grenze erreicht ist, aber sicherlich sind minimale, wirtschaftlich unsinnige Preiskorrekturen unbeachtlich und Anfechtungen deshalb ohne Erfolg,[341] wobei hier allerdings nur äußerste Grenzfälle ausscheiden dürfen. Normalerweise weiß der Anfechtende selbst, wie er sich ökonomisch vernünftig zu verhalten gedenkt; er wird normalerweise frei „von törichten Anschauungen" handeln und nicht anfechten, wenn die Anfechtung selbst wirtschaftlicher Unsinn wäre.

303 Demzufolge ist – wie schon unter Rdn. 298 erörtert – eine Korrektur per Anfechtung möglich, wenn das Angebot z. B. einen offensichtlichen Multiplikationsfehler bei der Preisermittlung enthält.[342] Ebenso ist die Korrektur eines **aus den Angebotsunterlagen ersichtlichen Multiplikationsfehlers** (z. B. bei der Berechnung der Bruttodachfläche zweier Gebäude: $2 \cdot 136{,}90 \text{ m} \cdot 10{,}90 \text{ m} = 1492{,}21 \text{ m}^2$ statt $2984{,}42 \text{ m}^2$) zulässig.

3.2 Berücksichtigung von Schreib- und Rechenfehlern des Auftragnehmers auch zugunsten des Auftraggebers

304 Alle vorgenannten Überlegungen gelten auch zugunsten des Auftraggebers, also in den Fällen, in denen der Auftragnehmer sich zu seinen Gunsten erkennbar verrechnet hat. In diesen Fällen hat nämlich der Auftraggeber einen Schadensersatzanspruch aus Verschulden bei Vertragsschluss in der Höhe, in der der Auftragnehmer aufgrund seines Rechen-

---

[338] Zutreffend Ingenstau/Korbion/Keldungs, VOB/B § 2 Rdn. 141.
[339] Ingenstau/Korbion, a. a. O., Rdn. 141; Locher, a. a. O.
[340] RGZ 62, 206.
[341] Ebenso Locher, a. a. O.
[342] So der Fall OLG Düsseldorf BauR 1980, 474.

fehlers „zu hoch" berechnet. Mit diesem Schadensersatzanspruch kann der Auftraggeber gegen den Auftragnehmer aufrechnen.[343]

4 Der Kalkulationsirrtum des Auftragnehmers

Wenn der Erklärende bei der Preisermittlung sich nicht bloß verrechnet, sondern sich „verkalkuliert" (z. B. die Kosten pro Einheit zu niedrig ansetzt, den Bauablauf zu optimistisch plant, infolge methodischer Fehler Mengen anhand der vom Auftraggeber vorgegebenen Mengenermittlungsparameter falsch ermittelt), so ist dieser **interne Kalkulationsirrtum unbeachtlich,** eine Anfechtung ist ausgeschlossen.   305

Anders kann der **externe** Kalkulationsirrtum zu behandeln sein: Der Bieter fügt seiner Kalkulation Vertragsbestandteile bei (z. B. Kalkulationsunterlagen), aus denen der methodische Fehler bei der Mengenermittlung **ersichtlich** ist. In solchen Fällen kann im Einzelfall eine „Anfechtung" oder jedenfalls eine Anpassung in Betracht kommen.[344]

Der Kalkulationsirrtum wird **beim Pauschalvertrag aber so gut wie nie anfechtbar** sein: Der Irrtum spielt sich gerade in dem Bereich ab, für den der Bieter – innerhalb des hier erörterten Mengenermittlungsrisikos – gerade selbst das „Richtigkeitsrisiko" übernommen hat. Bezogen auf unsere spezifische Fragestellung: Wenn der Bieter methodisch eine Mengenberechnung falsch durchführt, wenn er auf unsicherer Tatsachengrundlage kalkuliert, dann realisiert er gerade das Risiko, welches u. a. der Auftraggeber per Pauschalvertrag dem Auftragnehmer überbürdet hat, nämlich das Mengenermittlungsrisiko. Es ist also kaum ein Fall denkbar, in dem der Auftragnehmer dann noch anfechten könnte.[345]

5 Die Änderung der Mengenermittlungskriterien durch den Auftraggeber (angeordnete Mehr- oder Mindermengen)

5.1 Allgemeine Überlegungen

Der Auftragnehmer trägt kein Mengenrisiko bei „Scheinpauschalen" (oben Rdn. 288), er trägt ein fast unbeschränktes Mengenrisiko bei „Besonderen Risikoübernahmen" (s. oben Rdn. 291). Im übrigen trägt der Auftragnehmer das Mengenermittlungsrisiko **nur innerhalb** der vom Auftraggeber vorgegebenen **Mengenermittlungskriterien.** Lautet die Ausschreibung beim Schlüsselfertigbau: „Leichte Zwischenwände aller Geschosse" und zeigt die als Vertragsinhalt beigefügte Entwurfsplanung 1 : 100, dass im 1. Obergeschoss im Bauwerk A nur Zwischenwände in 4 WC-Bereichen vorgesehen sind, so muss der Auftragnehmer (nur) auf eigenes Risiko ermitteln, wieviel m^2 Wand für die im Plan bezeichneten WC-Bereiche zu bauen sind. Ordnet der Auftraggeber nach Vertragsschluss z. B.   306

---

[343] So zutreffend OLG Düsseldorf BauR 1980, 174. Auch der Fall BGH VersR 1965, 803, 804 behandelt in einer der drei strittigen „Positionen" einen offensichtlichen Schreibfehler (185 statt 18,5 m^2); der BGH gibt dem Auftraggeber einen Rückforderungsanspruch, allerdings in der Annahme **beiderseitigen** Irrtums. Zu diesem Urteil ansonsten näher Rdn. 1503 ff., 1509, 1512, 1529.

[344] Der Bundesgerichtshof bejaht „**bei unzumutbaren wirtschaftlichen Auswirkungen**" zwar keine Anfechtung, aber einen Anspruch des Auftragnehmers aus c. i. c., sofern der Auftraggeber den Irrtum kennt (BGH „Kalkulationsirrtum" BauR 1998, 1088), näher **Bd. 1, Rdn. 602.**

[345] Zutreffend BGH BauR 1995, 842 = NJW-RR 1995, 1360. Im Ergebnis ebenso Heiermann/Riedl/Rusam, VOB/B § 2 Rdn. 143.

Zwischenwände für weitere zwei Räume des 1. Obergeschosses von Bauwerk A an, so **ändert** er die vertraglichen **Mengenermittlungskriterien**. Er „plant um" und verlangt durch die Planänderung eine zusätzliche, bisher im Vertrag nicht vorgesehene Leistung. Dazu ist er gemäß § 1 Nr. 4 VOB/B befugt; Äquivalent für dieses Recht des Auftraggebers ist der Anspruch des Auftragnehmers auf zusätzliche Vergütung gemäß **§ 2 Nr. 6, § 2 Nr. 7 Abs. 2 VOB/B**. Das ist ein Fall **angeordneter** Mengenmehrung, der nicht unter das Mengenermittlungsrisiko des Auftragnehmers fällt[346] – geradezu klassisch dazu der BGH: 421,2 m² zusätzliche Menge Vollwärmeschutz auf Anordnung des Auftraggebers.[347])

307 Mengenermittlungskriterien sind also beim Detail-Pauschalvertrag fixiert; die Ergebnisse der Mengenermittlung und somit die in die Angebotsbearbeitung eingehenden Mengen sind natürlich „variabel", denn darin können Fehler stecken. Dagegen ist im Prinzip das Ergebnis der **richtigen** Mengenermittlung anhand der Mengenermittlungskriterien fixiert. Dazu haben wir unter Rdn. 53 schon im Einzelnen Stellung genommen.

Sobald der Auftraggeber die Menger**ermittlungs**kriterien **ändert,** verlangt er entweder

- **mehr** Leistung mit der Folge zusätzlicher Vergütung nach § 2 Nr. 6 VOB/B

oder

- **weniger** Leistung (angeordnete Mengenminderung) mit der Folge einer allerdings eingeschränkten Vergütungsverringerung gemäß § 2 Nr. 4 oder § 8 Nr. 1 VOB/B.

308 Die Kunst besteht beim Detail-Pauschalvertrag oft darin, das Bausoll **richtig dahin zu bestimmen, was die vertraglich vereinbarten Mengenkriterien wirklich sind.** Solche Kriterien können verbal aufgeführt sein, sie können durch als Vertragsinhalt geltende Pläne definiert sein, sie können aus Objektbeschreibungen folgen, sie können topographisch ersichtlich sein. Sie können sich ohne weiteres auch erst aus einer Zusammenschau mehrerer vertraglicher Regelungen ergeben. Beispielsweise können bei einem Tiefbauprojekt als Mengenkriterium herangezogen werden

- die ausgeschriebene Ausbautiefe,

- die Einbauhöhe anderer Materialien,

- die „Üblichkeit im Straßenbau" usw.[348]

Insgesamt bleibt das, was der Auftraggeber als Vertragsinhalte **durch die Mengenkriterien „näher bestimmt" hat,** maßgebend; diese zentrale Formulierung des Bundesgerichtshofs paßt **genauso bei den Mengenermittlungskriterien** wie bei dem Leistungsbeschrieb.[349] Was über die Mengenermittlungskriterien **hinausgeht,** ist **nicht mehr** vertraglich vorgesehene Leistung. Der Auftragnehmer braucht nur das bei der Angebotsbearbeitung zu berücksichtigen, was **innerhalb** der vertraglich vorgegebenen Mengenermittlungskriterien liegt.

---

[346] Zur **angeordneten Mengenmehrung** in allen Einzelheiten (§ 2 Nr. 6 VOB/B) Rdn. 1074 ff.

[347] BGH BauR 1995, 237, 238; Einzelheiten zu dieser Entscheidung oben Rdn. 234.

[348] Fall des OLG Düsseldorf BauR 1991, 219, 221, allerdings Einheitspreisvertrag; vgl. dazu Band 1, Rdn. 809. Wenn der Fall als Pauschalvertrag abgeschlossen wäre, würde sich aus den genannten Kriterien ermitteln lassen, welche Menge geschuldet ist.
Würde jetzt z. B. die Einbauhöhe anderer Materialien vom Auftraggeber nachträglich anders angeordnet, würden sich insgesamt die Mengenermittlungskriterien ändern, daraus resultierende Mehrmengen wären angeordnete Mehrmengen gemäß § 2 Nr. 6 VOB/B i. V. m. § 2 Nr. 7 Abs. 2 VOB/B.

[349] BGH „Schlüsselfertigbau" BauR 1984, 395; BGH BauR 1995, 237, vgl. Rdn. 232, 234 und 238 ff.

Wir behandeln hier also schon Modifikationen des Bausolls, nämlich Änderungen bzw. Zusatzleistungen; dennoch gehört diese Erörterung des Sachzusammenhanges wegen zum Thema „Bestimmung des quantitativen Bau-Solls", weil nur in der Differenzierung klar wird, was zur Vertragsleistung gehört und was nicht.

5.2 „Mengenverrechnungen" – Ausgleich von Mehrmengen durch Mindermengen?

Es versteht sich von selbst, dass diese Aussage nur dann gilt, wenn es überhaupt vom Auftraggeber vorgegebene vertragliche Mengenkriterien gibt. Hat z. B. der Auftragnehmer die Mengenermittlung als unkalkulierbares Risiko oder aufgrund eigener Ermittlungen selbst übernommen (= Besondere Risikoübernahme), sind bei ihm auftretende Irrtümer oder Fehlkalkulationen **unbeachtliche** Motivirrtümer.[350] Wenn es aber vertragliche Mengenermittlungskriterien gibt, sind sie auch definitiv maßgebend, „**Mengenverrechnungen**" mit Minder-/Mehrmengen gibt es nicht.[351]

309

Beispiel: Ein Detail-Pauschalvertrag enthält laut Text und Plänen abgehängte Decken aller Räume, nicht jedoch der Flure. Der – laut Auftraggeberangabe maßgebliche – „Vordersatz" ist 6500 m². Nachträglich ordnet der Auftraggeber zusätzlich noch abgehängte Decken in den Fluren an, Menge 788 m²; der Auftragnehmer kündigt Mehrforderungen an. Bei Ausführung der Arbeiten in den Räumen stellt sich heraus, dass der Auftraggeber sich bei der Mengenermittlung verrechnet und der Auftragnehmer dies nicht gemerkt hat; in den Räumen sind nämlich bei richtiger Ermittlung nur 6000 m² auszuführen. Der Auftraggeber stellt sich auf den Standpunkt, er habe 500 m² „gut" und brauche für den Flur nur noch 288 m² zu bezahlen.

Dies ist unrichtig: Das Bausoll „Mengenermittlungskriterien" hat sich bezüglich des Büros nicht geändert. Fehler des Auftragnehmers bei der Mengenermittlung schaden oder nutzen beiden Vertragspartnern je nach Konstellation (vgl. Rdn. 287): Im Beispiel abgehängte Decken nutzen sie dem Auftragnehmer und schaden dem Auftraggeber. Es gehört zum „Wesen" des Pauschalvertrages, dass subjektive, unterschiedliche Ansichten über Mengen, also vermeintliche „Mengenschwankungen", die jedoch bei gleichbleibenden Mengenermittlungskriterien und ohne Anordnung sich ergeben, nicht zur Änderung des Pauschalpreises führen. Die angeordneten Mengen für die Flure muss der Auftraggeber gemäß § 2 Nr. 7 Abs. 2, § 2 Nr. 6 VOB/B bezahlen.

Am Rande: Wenn die Mengenverringerung nicht auf „unangeordneter" Abweichung beruht, sondern auf einer **Teilkündigung** des Auftraggebers, sieht die Rechtslage anders aus – dazu gesondert Rdn. 1304 ff.

5.3 Sonderfall: Unzumutbare Mengenänderungen ohne Anordnung des Auftraggebers (§ 2 Nr. 7 Abs. 1 Satz 2 VOB/B)

Nur des Sachzusammenhangs halber erwähnen wir schon hier, dass es auch dann, wenn sich angenommene Mengen lediglich „aufgrund der vorgefundenen Verhältnisse" als nicht richtig erweisen („ändern"), **ohne** dass der Auftraggeber die Mengenermittlungsparameter geändert hat, ausnahmsweise Mehrvergütung gemäß § 2 Nr. 7 Abs. 1 Satz 2

310

---
[350] Vgl. oben Rdn. 294. Auch hier kann eine „Störung der Geschäftsgrundlage" in Betracht kommen, siehe dazu unten Rdn. 1500 ff.
[351] Wie hier Schumacher, Vergütung, Rdn. 639 (zum Schweizer Recht).

VOB/B wegen „Störung der Geschäftsgrundlage" geben kann. Diese Fallgestaltung erörtern wir in einem gesonderten Kapitel, Rdn. 1500 ff.

6 Vom Auftraggeber unrichtig vorgegebene Mengenermittlungs*kriterien*

6.1 Regelfall

311 **Wenn der Auftragnehmer** seiner internen Mengenermittlung zur Bildung des Pauschalpreises Menge**nermittlung**skriterien zugrunde legt, die der **Auftraggeber gestellt hat** – also nicht, wenn der Auftragnehmer aufgrund Besonderer Risikoübernahme ein erklärtermaßen unprüfbares Mengenrisiko übernommen hat –, kann er nur dann einen „richtigen" Preis errechnen, wenn die Mengenermittlungskriterien ihrerseits richtig sind, d. h., wenn sie mit dem erklärten Vertragswunsch des Auftraggebers und/oder mit der Realität des Bauobjektes übereinstimmen: Auf falscher Basis kann niemand richtig ermitteln. An auf dieser falschen Basis ermittelte Mengen ist – dies als Grundsatz – der Auftragnehmer nicht gebunden.

312 Wenn beispielsweise der Bieter auf der Basis eines vorgelegten Vertragsplans eine Mengenermittlung durchführt und sich dann bei der Ausführung herausstellt, dass der Planinhalt in sich falsch ist, hat sich nicht das Mengenermittlungsrisiko und schon gar nicht ein Mengenrisiko realisiert.
Richtige Basisdaten beizubringen, ist allein Sache des Auftraggebers (dazu nachfolgend Rdn. 315).

313 Das Beispiel lässt sich beliebig variieren:

Der Auftraggeber legt ein Bodengutachten vor (Bodenrisiko des Auftraggebers!), daraus geht hervor, dass in 12 m Tiefe eine Kiesschicht zu erwarten ist. Auf dieser Basis ermittelt der Auftragnehmer die Aushubmengen und die Zahl der einzubringenden Betonringe für drei Sickerbrunnen. Tatsächlich liegt die Kiesschicht in 18 m Tiefe (zum Global-Pauschalvertrag dazu Rdn. 670).

Der Fall ist anders zu beurteilen, wenn der Auftraggeber keine Angaben zur Lage einer Kiesschicht macht.

314 Oder: Der Auftraggeber schreibt die Innenverkleidung eines U-Bahn-Schachts aus und gibt bei der **Windlastberechnung** den einwirkenden Druck durch den Fahrwind durch falsche Kennzahlen an. Nach Kenntnis der richtigen Druckverhältnisse muss die Zahl der Verankerungen erhöht werden.

Oder weitere Fälle: Die Statik stimmt nicht.

Oder: Die Angaben zu den **Wasser**verhältnissen sind falsch.

Weitere Beispiele haben wir in Rdn. 291 erwähnt.

Das Problem ist immer dasselbe: **Auftraggeberseitige Planangaben sind falsch.**

Für alle diese Fälle gilt: **315**

Der Auftraggeber muss nicht nur allgemein Basisdaten für den Bau benennen, er muss konkret **richtige Daten** nennen.[352] Teilweise folgt das schon aus § 3 **Nr. 1 VOB/B:** „Die für die Ausführung **nötigen** Unterlagen sind dem Auftragnehmer unentgeltlich und rechtzeitig zu übergeben." Folglich „haftet" der Auftraggeber für von ihm beigebrachte falsche Unterlagen. Die genaueren Begründungen variieren: Der Pauschalpreis soll nach den Grundsätzen der culpa in contrahendo (Verschulden bei Vertragsschluss) korrigiert werden können, wenn seine Bildung auf schuldhaft falschen Angaben der Gegenseite beruht.[353]
Oder: Der Auftraggeber soll den Auftragnehmer gemäß § 242 BGB nicht an dem Pauschalpreis festhalten können, wenn der Auftraggeber den Irrtum veranlaßt hat.[354]

Tatsächlich ist die Begründung einfacher: Für die „vertraglich vorgesehene Leistung" **316** (vgl. § 2 Nr. 7 Abs. 1 Satz 2 VOB/B) gilt der Pauschalpreis. Die „vertraglich vorgesehene Leistung", also hier das **quantitative Bausoll**, ergibt sich – wie ausführlich schon erörtert – aus der Totalität der Vertragsunterlagen, hier: aus den vom Auftraggeber gestellten Mengen**ermittlungs**parametern.
Die „pauschalierte" Vertragsmenge ergibt sich **auf der Basis** der vorgegebenen Parameter des Auftraggebers, innerhalb dieser Mengenermittlungskriterien: Wenn der Auftraggeber Pläne für drei Geschosse (ohne Angaben zu einem Untergeschoss) vorlegt, werden die aus **diesen** Plänen zu ermittelnden Mengen Vertragsinhalt. Hat der Auftraggeber das Untergeschoss vergessen oder hat sein Architekt das Untergeschoss vergessen oder ist das Untergeschoss nachträglich notwendig geworden oder ist die Planung „gegen den Willen" des Auftraggebers einfach falsch – immer gilt dasselbe: Die Mengen für das Untergeschoss sind „im Vertrag **nicht** vorgesehene Leistung", d. h. gemäß § 2 Nr. 6 VOB/B zusätzlich zu vergüten, ohne dass überhaupt eine Anfechtung oder ein Rückgriff auf § 242 BGB erforderlich ist. Es handelt sich schlicht um eine **zusätzliche Leistung.**

Ordnet der Auftraggeber sie an, folgt die Vergütungspflicht aus § 2 Nr. 6 VOB/B; ordnet er sie nicht an, ist die Leistung aber notwendig, entspricht sie dem mutmaßlichen Willen des Auftraggebers, und wird ihre Ausführung unverzüglich angezeigt, greift § 2 Nr. 8 Abs. 2 VOB/B ein, ohne Anzeige § 2 Nr. 8 Abs. 3 VOB/B,[355] im übrigen möglicherweise auch § 812 BGB – Ansprüche aus ungerechtfertigter Bereicherung.[356]

Anders ausgedrückt:
Der Auftragnehmer nimmt beim Pauschalvertrag zwangsläufig und systemnotwendig in **Kauf,** dass **Mengenangaben** in einem vom **Auftraggeber beigebrachten Leistungsverzeichnis** falsch sein können,[357] weil er selbst – der Auftragnehmer – das Mengenermittlungsrisiko trägt und folglich die Mengenangaben des Leistungsverzeichnisses (anhand vorgegebener Parameter) **ermitteln bzw. nachkontrollieren** kann und muss (vgl. dazu aber Rdn. **322**), aber der Auftragnehmer nimmt **nur diese** potentiellen eigenen Fehler – die mangelhafte Ermittlung bzw. Kontrolle – in Kauf. Er nimmt **nicht falsche Basisdaten** über Mengenermittlungskriterien in Kauf, denn sonst könnte er **nie** richtige Mengen ermitteln.

---

[352] Einzelheiten hier Rdn. 254 und Bd. 1, Rdn. 188, 219, 727, 728; zur auftrag**geber**seitigen **falschen** Planung vgl. in diesem Band Rdn. 537.
[353] Staudinger/Peters, BGB, § 632 Rdn. 69; Vygen, Bauvertragsrecht, Rdn. 281.
[354] Locher, Das private Baurecht, Rdn. 188; Ingenstau/Korbion/Keldungs, VOB/B § 2 Rdn. 139; vgl. auch BGHZ 46, 268, 273.
[355] Vgl. dazu näher unten Rdn. 1251 ff. Korbion/Keldungs a. a. O. bezeichnet diese Lösung als „zu umständlich"(!) Sie hat den Vorzug, richtig **und** systemgerecht zu sein.
[356] Siehe dazu unten Rdn. 1259.
[357] Allgemeine Formulierung, z. B. LG Köln IBR 1991, 490; Riedl, ZfBR 1980, 1, 3.

Oder mit den Worten des Bundesgerichtshofs ausgedrückt: „Besonders zu vergütende **Mehr**leistungen sind ... alle Arbeiten, die weder im Angebot enthalten noch zur Zeit des Vertragsschlusses aus den Bauunterlagen **ersichtlich** waren ... Nicht vorher festgelegte Leistungen ... werden im Zweifelsfall mit dem Pauschalpreis **nicht** abgegolten sein."[358]

317 Das letztgenannte Zitat macht sofort deutlich, dass die Festlegung bzw. Feststellung der konkreten (detaillierten) Mengenermittlungs*kriterien* (indirekt damit des Leistungsumfangs) methodisch nichts anderes ist als die schon in anderem Zusammenhang erwähnte **Feststellung des Bausolls** hinsichtlich des **quantitativen** Leistungsinhalts. Unsere Überlegungen zum qualitativen Bausoll und insbesondere zur Prüfung eines mißverständlichen oder unklaren Bauinhalts[359] gelten deshalb uneingeschränkt auch zur Klärung eines missverständlichen oder unklaren **quantitativen** Bausolls:

318 Im **1. Schritt** ist zu klären, welchen konkreten Inhalt und welche Aussagekraft die vom Auftraggeber gestellten Mengen**ermittlungs**kriterien haben (objektive Auslegung).

319 Im **2. Schritt** ist zu prüfen, ob der durchschnittlich sorgfältige Auftragnehmer seiner Prüfpflicht nachgekommen ist; diese Prüfpflicht gilt selbstverständlich auch hinsichtlich der Richtigkeit und Aussagekraft der Mengenermittlungskriterien.[360]
Auswerten kann der Auftragnehmer **ohnehin nur Unterlagen, die er entweder konkret einsehen kann oder die konkret beigefügt sind oder auf die er konkret als einsehbar hingewiesen wird;** [361] er muss sich erforderlichenfalls auch danach erkundigen. Wenn ihm nur Ergebnisse eines Bodengutachtens mitgeteilt werden, kann er schon deshalb nicht mehr als diese Ergebnisse „prüfen".
Den Bieter trifft auch beim Detail-Pauschalvertrag keine besondere Pflicht, Mengen**ermittlungs***kriterien* seinerseits auf Richtigkeit zu prüfen (Statik, Planinhalte); er ist überhaupt zu eigenen **Berechnungen** und **Ermittlungen insoweit** nicht verpflichtet.[362] Selbstverständlich hat das nichts mit der Pflicht des Auftragnehmers zu tun, **innerhalb** der Mengenermittlungskriterien die Mengenangaben selbstverantwortlich zu ermitteln bzw. zu prüfen.[363]
Es wird selten vorkommen, dass ein Bieter die Unrichtigkeit der Mengen**ermittlungs***kriterien* überhaupt feststellen kann.

320 Kommt ein solcher Ausnahmefall vor, so ist – wie unter Rdn. 265 ff. eingehend erörtert – im **3. Schritt** zu überlegen, ob der Bieter die fehlerhaften Mengenermittlungskriterien **erkannt hat** – dann war er „frivol", wenn er nicht hingewiesen hat; er hat dann keine zusätzlichen Ansprüche – oder ob er sie fahrlässig hätte erkennen **können,** aber nicht er-

---

[358] BauR 1971, 124; siehe oben Rdn. 221, dazu auch Kleine-Möller/Merl, § 10 Rdn. 370 ff.
[359] Vgl. oben Rdn. 244 (1. Schritt), Rdn. 253 (2. Schritt), Rdn. 265 (3. Schritt).
[360] Zur Prüfpflicht s. oben Rdn. 253 ff. Speziell zur Prüfpflicht hinsichtlich der Mengenermittlungskriterien zutreffend Daub/Piel/Soergel/Steffani, VOB/B Erl. 2.150.
[361] Daub/Piel/Soergel/Steffani, a. a. O.; näher auch oben Rdn. 67, Fn. 77.
[362] Zutreffend OLG Stuttgart BauR 1992, 639 (zu der Entscheidung ansonsten s. Rdn. 654). Der Bieter ist z. B. nicht verpflichtet, eine Statik „vollständig durchzuarbeiten", so zutreffend BGH „Universitätsbibliothek" BauR 1987, 683. Insbesondere ist der Bieter **nicht verpflichtet,** Boden- und/oder Wasseruntersuchungen vorzunehmen, wenn diese Leistung im Vertrag **nicht besonders genannt** ist, so zutreffend BGH Schäfer/Finnern Z 2.414 Bl. 205, 205 R; solche Leistungen sind zu vergütende Besondere Leistungen, vgl. z. B. 4.2.9 der DIN 18 300, Einzelheiten **Band 1, Rdn. 219.**
Zu betonen ist, dass wir hier den **Detail-Pauschalvertrag** behandeln. Beim Global-Pauschalvertrag kann unter Umständen eine Differenzierung notwendig sein, s. unten Rdn. 496 ff.
[363] Vgl. oben im Einzelnen Rdn. 290 ff.

kannt **hat**: Dann hat er zusätzliche Vergütungsansprüche, äußerstenfalls gemindert durch Mitverschulden.[364]

6.2 Ausnahmen

Der Ordnung halber ist noch festzuhalten: Die vorgenannten Überlegungen gelten **nicht**, wenn der Auftragnehmer ein „Mengenermittlungsrisiko" übernommen hat, obwohl er wußte, dass gar keine Mengenermittlungskriterien vorhanden sind. Dadurch hat er tatsächlich ein anderes Risiko übernommen, ein „Mengen-Risiko"; dieses muss er aufgrund **„Besonderer Risikoübernahme"** natürlich selbst tragen,[365] die „Störung der Geschäftsgrundlage ausgenommen". Außerdem gelten die Überlegungen nicht für bloß falsche Vordersätze (Mengenangaben) im LV selbst; diesen Sondersachverhalt erörtern wir nachfolgend unter Rdn. 322. 321

7 Vom Auftraggeber unrichtig vorgegebene Mengenangaben (falsche „Vordersätze")

Das Mengenermittlungsrisiko des Auftragnehmers – das sich auch als Risiko des Auftraggebers auswirken kann! – realisiert sich darin, dass der Auftragnehmer **anhand** der vorgegebenen Mengenermittlungskriterien die „Vordersätze", genauer die voraussichtlich auszuführende Menge, selbst und eigenverantwortlich zu ermitteln hat.[366] 322

Hat der Auftraggeber selbst Mengenangaben – also nicht Mengenermittlungskriterien – im Leistungsverzeichnis vorgegeben (Vordersätze), sind diese aber falsch, so kommt es darauf an, ob der Auftragnehmer dies **erkennen** konnte (z. B. anhand von zugehörigen Plänen) oder ob er trotz fehlender Erkenntnismöglichkeit dennoch das Risiko fehlerhafter Mengenermittlung selbst klar und individuell übernommen hat (Besondere Risikoübernahme) zu letzteren Rdn. 67, 291.

Ist weder das eine noch das andere der Fall und gibt es also **überhaupt** keine Kriterien, nach denen auch nur ansatzweise Mengen ermittelt werden können, fehlt also jeglicher Ansatzpunkt als Berechnungsbasis für die auszuführenden Mengen, fehlen somit „Mengen**ermittlungs**kriterien"; sind aber **trotz** des Fehlens von Mengenermittlungskriterien auftraggeberseitig „Vordersätze" angegeben, so handelt es sich bei dem Vertrag gar nicht um einen Detail-Pauschalvertrag, sondern um einen verkappten Einheitspreisvertrag (Scheinpauschale), wie wir im Einzelnen schon in der Abgrenzung von Einheitspreisvertrag und Detail-Pauschalvertrag erörtert haben.[367] Der Auftraggeber hat dann unüberprüfbar bestimmte Mengen von Leistungen zu einem bestimmten Pauschalpreis eingekauft, gewissermaßen auf der Basis einer „Preisliste"; **jede** Mengenmehrung ist **dann** zusätzliche Leistung.

Manchmal tritt der Fall auf, dass ein Leistungsverzeichnis mit – wie sich später herausstellt – zum Teil zu niedrigen Vordersätzen nach Eingang des (Einheitspreisvertrags-)Angebots als Basis für eine nachträgliche Pauschalierung dient. 323

---
[364] Einzelheiten schon oben Rdn. 265 bis 270.
[365] Vgl. oben Rdn. 299, unten Rdn. 520 ff, 546, 613, 614, 670-673. Zur „Störung der Geschäftsgrundlage" unten Rdn. 1527 ff.
[366] Vgl. oben Rdn. 290 ff., 319.
[367] Vgl. Rdn. 66 ff., 288, 1075 – „Preislisten-Pauschale".

Wenn in solchen Fällen nur ein Teil der Ausführungspläne vorliegt und diese inhaltlich mit entsprechenden Vordersätzen übereinstimmen, so besteht die Gefahr, dass der Bieter (bzw. Auftragnehmer) von falschen Voraussetzungen ausgeht und einer „Pauschalierung auf der Basis der Vordersätze" zustimmt, ohne auf einer zuvorigen Durcharbeitung der noch fehlenden Ausführungspläne zu bestehen – auch das ist ein Fall von für den Auftragnehmer unerkennbar falschen „Vordersätzen".

324 Besonders komplex ist folgendes Beispiel einer Kombination von falscher auftraggeberseitiger Mengenvorgabe und Teilpauschalierung einer Einzelleistung im Rahmen einer einzigen Position.
Ausgeschrieben ist der Deckenüberbau einer Brücke (einschließlich der zugehörigen Schalung) in einer einzigen Position mit ca. 1000 m^3 Beton. Diese Position soll **nach** Vertragsabschluss pauschaliert werden (vgl. dazu auch Rdn. 62). Die Gesamt-Schalungsmenge war aus den Anfrageunterlagen des Auftraggebers ermittelbar und ergab einen Betrag von ca. 2000 m^2. Auf dieser Basis 1 m^3 Beton zuzüglich 2 m^2 Schalung war der Einheitspreis für die Teilleistung 1 m^3 Beton einschließlich Schalung gebildet worden. Bei der nachträglichen Pauschalierung – Pläne unverändert – nach Abschluss des Einheitspreisvertrages stellte sich bei Durcharbeitung der Pläne heraus, dass entgegen dem auftraggeberseitigen „Vordersatz" nur 900 m^3 Beton einzubauen sind, die Schalungsmenge aber unverändert ist. Für den Auftraggeber scheint alles klar zu sein:
Die tatsächlich einzubauende Menge von 900 m^3 Beton soll mit den vertraglich vereinbarten Einheitspreisen zu bewerten sein und zur Pauschale führen.
Tatsächlich ist diese Bewertung aber deshalb nicht richtig, weil sich der **Plan** nicht geändert hat und somit die (vorab **ermittelte**) Schalungsmenge gleichgeblieben ist. Einzig und allein die tatsächlich einzubauende Betonmenge ist geringer als diejenige, die der Auftraggeber als Vordersatz in seinem Leistungsverzeichnis aufgeführt hatte. Im Falle einer nachträglichen Pauschalierung bei Richtigstellung der Betonmenge auf einen verringerten Betrag ist es dann genauso klar, dass nunmehr den Kosten für Lieferung und Einbau von 900 m^3 Beton noch Schalungskosten für 2000 m^2 zuzuordnen sind.

325 In **allen Fällen**, in denen der Auftragnehmer zwar falsche Mengen annimmt, weil er vom Auftraggeber falsche Mengen **im Leistungsverzeichnis** vorgegeben erhält, **diese aber prüfbar** waren, handelt es sich im Ergebnis um einen **beiderseitigen Irrtum**; dieser beiderseitige Irrtum ist eine Untergruppe der „Störung der Geschäftsgrundlage" – Korrekturen sind hier nur unter den Bedingungen des § 2 Nr. 7 Abs. 1 Satz 2 VOB/B möglich.[368] Den Problemkreis „Störung der Geschäftsgrundlage" **einschließlich** dieses Themas behandeln wir gesondert in Rdn. 1500 ff., insbesondere Rdn. **1518**.

8 Ausschluss der Berufung auf Irrtümer durch AGB des Auftraggebers

326 Es ist in Allgemeinen Geschäftsbedingungen nach der zutreffenden Rechtsprechung des Bundesgerichtshofs generell unzulässig, dem Auftragnehmer das Recht zu nehmen, sich auf (zulässige) Irrtumsanfechtung zu berufen oder Ansprüche aus Verschulden bei Vertragsschluss durchzusetzen oder den Grundsatz von § 242 BGB anzuwenden;[369] folglich ist **jede Klausel**, die die Berufung auf derartige Tatbestände verbietet, in Allgemeinen Geschäftsbedingungen **unwirksam**.

---
[368] BGH NZBau 2004, 150.
[369] BGH BauR 1983, 368.

9 Sonderfall eines „Mengenproblems": Stundenlohnpositionen im Detail-Pauschalvertrag

In einem detaillierten Angebots–Leistungsverzeichnis findet sich in der Ausschreibungsphase u. a. folgende Position:
„2 000 h Stundenlohn à 40,00 € = 80 000,00 €".
Die Angebotssumme ist 23 756 300,00 €.
Die Parteien schließen einen Pauschalvertrag über 23 Mio. €.

Somit ergeben sich folgende Fragen: Wie werden Sundenlohnarbeiten vergütet? Werden sie jeweils nach Stundenanfall bezahlt (und mit welchem Stundenlohn), welche Bedeutung hat die Unterschrift oder Nicht-Unterschrift unter Stundenlohnzettel?
Das konkrete geschuldete quantitative Bausoll ist durch Auslegung zu bestimmen. Das ist außerordentlich schwierig, denn der Pauschalvertrag ist Leistungsvertrag, die Leistungen (Bausoll) sind durch Detaillierung bestimmt; der Stundenlohnvertrag ist „Abruf"-Vertrag, ein im Einzelnen bestimmtes Bausoll gibt es bei ihm in der Regel nicht. Beides zusammen – Leistungsvertrag und Stundenlohnvertrag in einem Vertrag – sind unvereinbar.
Um so notwendiger ist es, zu prüfen, ob der Vertragswortlaut so aus sich heraus eine Lösung bietet.

Wenn aus den vertraglichen Unterlagen hervorginge, dass die detailliert beschriebenen Positionen einerseits Pauschalvertragsinhalt wären, die Stundenlohnpositionen andererseits gerade nicht Pauschalvertragsinhalt, wäre das Problem gelöst. Das würde man bejahen können, wenn der Text des Vertrages mit 23 Mio. € Pauschalsumme schlösse und textlich gesondert und darunter eine Stundenlohnposition „2 000 h Stundenlohn à 40,00 € = 80 000,00 €" aufgeführt wäre.
Diese Anordnung zeigte, dass außerhalb des Leistungsumfanges und zusätzlich eine Eventualposition für vorkommende Stundenlohnarbeiten vereinbart ist, die folglich nicht anders zu behandeln wäre wie bei einem Einheitspreisvertrag. Dabei diente der „Vordersatz" von 2 000 Stunden nur der internen Projektkostenerfassung des Auftraggebers, die einzelne zu vergütende Stunde muss aber jeweils auf Anordnung geleistet und dokumentiert werden.
Der Gesamtpreis für die Eventualposition wäre nur die vorweggenommene Stundenlohnvereinbarung im Sinne von § 2 Nr. 10 VOB/B.
Die angeordneten Stunden werden jedoch nur auf Nachweis vergütet.

Das ist aber nicht unser Problem, denn in unserem Beispiel sieht der Vertrag leider anders aus:
Die Stundenlohnposition steht nicht gesondert unter dem Pauschalpreis, sondern ist als eine von vielen Positionen oder als einer von mehreren Titeln im LV enthalten und befindet sich innerhalb der Aufzählungen des vertraglich vereinbarten Leistungsumfangs und oberhalb der Schlusssumme „Pauschalpreis". Es ist deshalb eindeutig, dass die Stundenlohnarbeiten vom Leistungsumfang des Pauschalvertrages erfasst und in die Pauschalvergütung eingeflossen sind.
Dann allerdings stellen sich Probleme:
Da die eigentliche Leistung als solche durch die Positionen des Leistungsverzeichnisses detailliert erfasst ist, ist auch die Vergütung der Leistung einzeln kalkulierbar. Stundenlohnarbeiten stehen aber nur für solche Leistungen an, die nicht schon von der Leistungsbeschreibung erfasst werden. Also könnten sie nur für Leistungen stehen, die – unbenannt – über eine Komplettheitsklausel erfasst würden oder die vom Auftraggeber eigentlich außerhalb des Bausolls, d. h. zusätzlich zu den detailliert aufgeführten Positionen, angeordnet würden. Beides gibt keinen Sinn: Als Komplettheitsleistungen sind unbekannte

„Stundenlohnleistungen", die keiner Teilleistung zugeordnet sind, nicht nachvollziehbar; als zusätzliche Leistungen sind sie es auch nicht, denn wenn die für „2 000 h im Stundenlohn" anstehenden Leistungen schon im Bausoll inbegriffen sind, können sie nicht gleichzeitig zusätzlich, also außerhalb des Bausolls, anzusetzen sein.

Da man notgedrungen der an sich unsinnigen Regelung einen Sinn beimessen muss, könnte dieser etwa lauten, dass der Bieter nicht den ganzen Lohnaufwand für die Teilleistungen in die jeweilige „Position" einkalkuliert hat, sondern einen Teil der Lohnkosten gewissermaßen in einer Sonderposition pauschal zusammengefasst hat. Offensichtlich kollidiert jedoch eine solche Auslegung mit der Realität: Der Vertrag war als Einheitspreisausschreibung konzipiert, die Stundenlohnarbeiten sollten ursprünglich sicher nur dann vergütet werden, wenn sie für zusätzliche Leistungen gleich welcher Art angefallen wären. Der Auftraggeber hat diese Stundenlohnposition bei der Pauschalierung wahrscheinlich einfach übersehen und hätte bei der oben genannten Auslegung dem Auftragnehmer ungewollt einen Sondergewinn von 80 000,00 € zugewandt, denn natürlich hat der Auftragnehmer bei der Einheitspreisausschreibung die jeweiligen Lohnkosten den Leistungspositionen zugeordnet und somit in deren Einheitspreise einkalkuliert.

330 Als akzeptabelste Lösung erscheint es, die „2 000 Stunden" wie eine Mengenangabe ohne Mengenermittlungsparameter anzusehen; da diese Mengenangabe nicht prüfbar ist, ist die nach Zahl festgelegte Menge die Vertragsleistung, das Bausoll. Genau das haben wir schon festgestellt, wenn – statt der Stundenlohnzahlen – ein anderer, nicht nachvollziehbarer Vordersatz genannt ist, z. B. 103 m Rohrlänge, 8 Buchen oder dergleichen. Wir haben diese Verträge als **Schein-Pauschalen** erkannt und bezeichnet.[370] Das Ergebnis ist:
Stundenlohnarbeiten können nur anfallen, wenn es dafür auch Leistungen gibt, die nicht schon von der Leistungsbeschreibung erfasst werden. Im konkreten Fall kann das nur bedeuten, dass der Auftragnehmer Arbeiten, die eigentlich Bausollabweichung sind und die als Nachtrag über § 2 Nr. 5, § 2 Nr. 6 VOB/B zu vergüten wären, „auf Stundenlohnbasis" erbringt. Voraussetzung dafür ist, dass der Auftraggeber solche Stundenlohnarbeiten „abverlangt". Diese Stundenlohnanordnung muss nachgewiesen werden, so dass analog durchaus die Stundenlohnregeln des § 2 Nr. 10 VOB/B und des § 15 VOB/B heranzuziehen sind. Jede angefallene Stunde muss außerdem durch Stundenlohnzettel nachgewiesen werden.

Würde der Auftragnehmer – was unwahrscheinlich ist – auf Anordnung genau 2 000 Stunden erbringen, würde er weder Entgelt einbüßen noch zusätzliches Entgelt erhalten.

Ruft der Auftraggeber per modifizierter Leistung mehr als 2 000 Stunden ab, ist das analog einer **angeordneten Mehrmenge** zu behandeln – wobei kein besonderes Ankündigungserfordernis trotz § 2 Nr. 6 VOB/B besteht –, diese angeordnete Mehrmenge ist also gemäß § 2 Nr. 6 VOB/B wie beim Einheitspreisvertrag zu vergüten.[371]

Fordert der Auftragnehmer weniger ab, so ist das als angeordnete Mindermenge zu behandeln, also wie eine „freie" Teilkündigung.[372] Der Auftragnehmer erhält also den Stundensatz, jedoch gekürzt um die entfallenden ersparten Kosten – § 8 Nr. 1 VOB/B. Da der Lohnaufwand erspart ist, bedeutet das praktisch, dass nur der in der kalkulierten Lohnstunde enthaltene Deckungsanteil, also in der Regel der Anteil für Allgemeine Geschäftskosten, Wagnis und Gewinn, vergütet wird.

---

[370] Näher unter Rdn. 66–68, 288.
[371] Siehe dazu im Einzelnen Rdn. 288, 1074 ff., 1102.
[372] Vgl. Rdn. 1415.

Methodisch vertretbar kann man zu demselben Ergebnis kommen, indem man den Mengenwegfall als Mengenänderung ohne Anordnung ansieht, der analog § 2 Nr. 3 VOB/B zu behandeln ist;[373] eine „Schein-Pauschale" ist ja Einheitspreisvertrag.
Das Ergebnis ist dasselbe, auch hier erhält der Auftragnehmer für die gekündigte Leistung nur Vergütung für fehlende Deckungsanteile für Allgemeine Geschäftskosten, Wagnis und Gewinn.

Voraussetzung für diese Lösung ist, dass – wie nicht anders zu erwarten – in die Stundenlohnposition außer den Lohnkosten und einem Deckungsanteil für Allgemeine Geschäftskosten, Wagnis und Gewinn eben kein anderer Kostenanteil einkalkuliert ist, insbesondere also kein Deckungsanteil für Baustellengemeinkosten.

331

---

[373] Vgl. auch dazu Rdn. 1415 unter Hinweis auf Bd. 1, Rdn. 510, 540-542.

Teil 3
Das Bausoll beim Global-Pauschalvertrag

Kapitel 5
Der Gegenstand der Leistung beim Global-Pauschalvertrag Qualitatives Bausoll: Bauinhalt und Bauumstände (Art der Leistung)

1 Typologie des Global-Pauschalvertrages

400 **1.1 Besonderes Kennzeichen des Global-Pauschalvertrages und der Struktur der Global-Leistungsverpflichtung – Allgemeine Grundsätze**

Wie wir festgestellt haben, ist Kennzeichen des **Detail-Pauschalvertrages,** das qualitative Bausoll **detailliert** vorgegeben ist. Zu leisten ist dann das, was in der Leistungsbeschreibung oder anderweitig nachvollziehbar detailliert geregelt ist, nicht mehr, nicht anders. Es gibt also dort kein über das detailliert Geregelte hinausgehendes Allgemeines Leistungsziel als Vertragsinhalt.[400]

Beim **Global-Pauschalvertrag** sieht es – mindestens für die „globalen", kennzeichnenden Teilbereiche – anders aus: Gerade das Allgemeine Leistungsziel, das **globale Element** der Leistungsbeschreibung, ist **kennzeichnender Vertragsinhalt.**

Selbstverständlich kann es auch beim Global-Pauschalvertrag detaillierte Angaben in der Leistungsbeschreibung geben. Keineswegs bedeutet der Begriff Global-Pauschalvertrag, dass die in ihm aufgeführten Details unbeachtlich wären, ganz im Gegenteil;[401] aber es gibt beim Global-Pauschalvertrag **nicht** wie beim Detail-Pauschalvertrag **nur** detaillierte Angaben, es gibt **auch** (oder nur) erklärte und vereinbarte Allgemeine (globale) Leistungsziele. Der Modellfall ist der Schlüsselfertigbau: Der Auftraggeber soll vertraglich ungeachtet der eher oft nur globalen Leistungsbeschreibung einen „schlüsselfertigen, voll nutzbaren und funktionsfähigen Hochschultrakt" errichten.

401 Wir werden sogleich (vgl. **Abb. 8**, S. 133) unterschiedliche Typen und Grade der Globalisierung beim Pauschalvertrag erörtern, aber als **allgemeingültige Aussage für alle Typen des Global-Pauschalvertrages** ist schon im vorherein festzuhalten:

Jedenfalls ein Teil der **Struktur** ist bei **allen** Typen des **Global-Pauschalvertrages** einheitlich. Das Bausoll definiert der **Auftraggeber (mindestens) auch** durch ein **globales** Element der Leistungsbeschreibung, das darüber hinaus per Definition im Einzelnen **vervollständigungs- bzw. detaillierungsbedürftig** ist – aus auch durch mehr oder weniger

---
[400] Vgl. näher oben Rdn. 33 ff., 202 ff., 253–255, 265, 272 f.
[401] Zur Bedeutung der Detailregelung innerhalb eines Global-Pauschalvertrages im Einzelnen s. unten Rdn. 474 ff. sowie OLG Koblenz BauR 1997, 143, letzteres allerdings mit unzutreffenden Schlussfolgerungen (vgl. Fn. 403).

Detail-Pauschalverträge D-PV	Global-Pauschalverträge G-PV	
Das **qualitative Bausoll** (Art und Umstände der Vertragsleistung) ist bei Vertragsabschluss („detailliert" in seinen Einzelheiten) beschrieben. Das quantitative Bausoll ergibt sich mit Hilfe von Mengenermittlungskriterien	Das **Bausoll** (= Vertragsleistung) ist (zum Teil) nur als Ganzes („global") beschrieben.	
	Der Auftragnehmer hat bezüglich des Bausolls (mindestens) übernommen: Prüfpflicht auf Vollständigkeit durch Individualvereinbarung auf der Basis von Detail-Pauschalvertragsunterlagen. Gilt in der Regel nur für ein Gewerk (Leistungsbereich).	Das Bausoll muss anhand des konkreten Vertrages ermittelt werden können.
aus den Vertragsunterlagen bei (vor) Vertragsabschluss	oder aus den nach EP-Vertragsabschluss vor Ausführung vorgelegten Unterlagen, die dann in Abänderung des EP-Vertrags Gegenstand des nunmehr geschlossenen Detail-Pauschalvertrags werden.	
	Einfacher Global-Pauschalvertrag	**Komplexer Global-Pauschalvertrag**

Abbildung 8   Pauschalvertragstypen

Detailangaben und mehr oder weniger genaue Details. Der Auftraggeber kann zwar knapp einen „funktionstüchtigen Hochschultrakt" als gewünschte Vertragsleistung definieren, aber ob das Gebäude Fensterbänke bekommt oder nicht, wenn ja, aus welchem Material und in welcher Größe, **muss** entschieden werden, nämlich spätestens vor der Bauausführung – ganz gleichgültig (im Augenblick des Vertragsschlusses), von wem und nach welchen Maßstäben zu entscheiden ist. Der Global-Pauschalvertrag beruht insoweit immer auf einer (teil–)**funktionalen** Leistungsbeschreibung. Das bedeutet, dass die exakten Leistungen zum Zeitpunkt des Vertragschlusses in Teilbereichen nicht bekannt und deshalb auch nicht (exakt) kalkulierbar sind. Das ist Risiko des Auftragnehmers; die Wirksamkeit eines Bauvertrages hängt nicht davon ab, dass eine im Vetrag definierte Leistung (exakt) anhand der Bausollfestlegung kalkulierbar ist.[402]

Zweierlei steht jedenfalls somit beim Global-Pauschalvertrag schon bei Vertragsschluss fest:

Durch das globale Element der Leistungsbeschreibung verbleibt zwar einerseits ein im Vertragsabschlusszeitpunkt noch nicht ausgefüllter **Bereich an künftiger Konkretisierung und Detaillierung** (des globalen Elements), der aber im Bauverlauf zwangsläufig vervollständigt werden muss. Andererseits ist die (Gesamt-)Leistung aber auch durch das **globale Element schon definiert;** Leistungspflicht ist insoweit alles, was „als Leistungspflicht aus dem Vertrag zu erkennen ist" – und aus dem Vertrag ist eindeutig zu erkennen, dass „**insgesamt** ein kompletter, funktionstüchtiger Hochschultrakt" geschuldet ist.

---

[402] Zutreffend (insoweit) BGH „Kammerschleuse" BauR 1997, 126; zur vergaberechtlichen Unzulässigkeit beim **öffentlichen** Auftraggeber näher Kapellmann, in: Kapellmann/Messerschmidt VOB/A § 9 Rdn. 23 und zur zivilrechtlichen Einschätzung über § 9 Nr. 2 VOB/A näher Rdn. 622.

402 Auch das **globale Element** der Leistungsbeschreibung enthält also jedenfalls schon **eindeutige Leistungsabgrenzungen, zuerst eine negative:** Wenn ein funktionstüchtiger Hochschultrakt schlüsselfertig gebaut werden soll, so ist damit jedenfalls geklärt, dass keine spezifischen Leistungselemente eines Hotels, eines Lagerhauses, einer Produktionsstätte, eines Ladenlokals usw. geschuldet werden. Insoweit ist also die Globalisierung nichts anderes als eine „Detaillierung" auf höherer Ebene.

403 Aber das globale Element enthält **auch positive** Abgrenzungen, ohne dass wir das jetzt schon im Einzelnen spezifizieren: Geschuldet wird im konkreten Fall auf der Basis der **funktionalen** Leistungsbeschreibung alles, was zur funktionstüchtigen Herstellung des Hochschultrakts erforderlich ist, soweit es nicht einzelvertraglich oder durch die vereinbarte VOB/B bzw. durch das Gesetz Ausnahmen gibt, wobei im Einzelfall fraglich sein kann, ob dieses „alles" ohne Mehrvergütung zu leisten ist. Dieser (globale) Leistungsinhalt ist zum Zeitpunkt des Vertragsabschlusses noch vervollständigungs- bzw. detaillierungsbedürftig, aber **als Globalelement Vertragsinhalt.** Wie die Vervollständigung bzw. Detaillierung zu erfolgen hat, von wem und wie die vereinbarten bzw. bekannten „Leerstellen" zu schließen sind, wird zu erörtern sein. Jedenfalls ist aber – und das ist für die rechtsstrukturelle Problemerfassung entscheidend – die **Leistung nicht etwa** mißverständlich, fehlerhaft, „**lückenhaft**" oder mangelhaft beschrieben, sie ist nur **anders** (als beim Detail-Pauschalvertrag und beim Einheitspreisvertrag) **beschrieben;** der Ausdruck „**funktionelle Leistungsbeschreibung**" oder „**Leistungsbeschreibung mit Leistungsprogramm**" (§ 9 Nr. 15–17 VOB/A) macht das für den weitreichendsten Fall einer nur durch „Grundlagen" (vgl. Leistungsphase 1 HOAI), also ohne konkrete Planung, gekennzeichneten Leistungsvorgabe sehr deutlich: Wenn der Auftraggeber funktional ausschreibt, hat der Auftragnehmer ordnungsgemäß erfüllt, wenn er die **Funktionen** erfüllt (dazu Rdn. 416 ff.).

Auch wenn also das **globale Leistungselement** noch bezüglich seiner Einzelbestandteile detaillierungsbedürftig ist, ändert sich doch nichts daran, dass das Ergebnis der Detaillierung **die Leistungsgesamtheit umfasst** ist, die „**nach der Leistungsbeschreibung zur Vertragsleistung gehört**" (§ 2 Nr. 1 VOB/B) und die damit „**vertraglich vorgesehene Leistung**" im Sinne von § 2 Nr. 7 Satz 1 VOB/B ist. **Wenn** also eine nicht im Einzelnen beschriebene Teilleistung auszuführen ist, die unter das „Allgemeine Leistungsziel" (Global-Beschreibung) zu subsumieren ist (Beispiel beim **individuellen** Einfachen Global-Pauschalvertrag: Komplette Heizung geschuldet, die nicht im Leistungsbeschrieb erwähnte Steuerung der Heizung ist dennoch einzubauen), so hat der Auftragnehmer die zur Vervollständigung notwendige Einzelleistung zu erbringen, **weil** er sie „global" **schon schuldet.**[403]) Der Global-Pauschalvertrag ist also kein den Parteien mißglückter Detail-Pauschalvertrag, im Gegenteil: Die Parteien schaffen gerade durch die **Vereinbarung** des Allgemeinen, des **(globalen)** Leistungsziels, ein „Auffangnetz", das Teil der gesamten **Leistungsbeschreibung** im weiteren Sinn ist. Die Parteien treffen allerdings eine **andere Systemwahl** als beim Detail-Pauschalvertrag oder beim Einheitspreisvertrag. Sie nehmen nicht nur in Kauf, sondern regeln als **Charakteristikum,** dass eben nicht alles detailliert vorab bestimmt ist, sondern dass vielmehr Leistungsziele allgemein (global) festgelegt und erst später im Detail festgelegt werden.

Im Beispielsfall „komplette Heizung" beim **individuellen** Einfachen Global-Pauschalvertrag schuldet also der Auftragnehmer als Vertragsleistung nicht eine Heizung **ohne** Steuerung und hätte im Falle einer auftraggeberseitigen Anordnung einer Steuerung einen Mehrvergütungsanspruch nach § 2 Nr. 6 VOB/B (weil die Steuerung zusätzliche Leistung wäre), müßte sich dann diese Ansprüche aber durch Aufrechnung mit Schadenser-

---

[403]) Er hat aber wegen fehlerhafter auftraggeberseitiger Planung **Anspruch** auf **im Regelfall volle** oder **mindestens teilweise** Vergütung, näher Rdn. 520 ff., insbes. 528, 544. Dies übersieht OLG Koblenz BauR 1997, 143, 145 **völlig.**

satzansprüchen des Auftragnehmers wieder „abnehmen" lassen (was ohnehin nicht richtig ist), weil er den Auftraggeber im Angebotsstadium nicht richtig dahin beraten hätte, dass zu einer Heizung eine Steuerung gehört.[404] Er schuldet beim Einfachen Global-Pauschalvertrag im Gegenteil als **Vertragsleistung (Bausoll)** von Anfang an eine komplette Leistung, also eine komplette Heizungsanlage, und im konkreten Fall komplett einschließlich Steuerung, wenn er auch wegen des Planungsfehlers des Auftraggebers **Mehrvergütung** erhält.[405] Der von Brandt empfohlene Weg über Minimalpflicht, grundsätzlichen Anspruch auf Zusatzleistung, Vernichtung des Anspruches durch Schadensersatzanspruch wegen fehlerhafter Beratung verkennt, dass auch global beschriebene Pflichten primäre Leistungspflichten sind und bleiben und nicht erst durch „Sekundärreparaturen" über Schadensersatzansprüche systematisch richtig erfasst werden können oder müssen. **Es ist im Zivilrecht gang und gäbe, dass eine noch nicht näher bestimmte Leistung schon Vertragsinhalt ist; die §§ 315 ff. BGB regeln gerade diesen Fall.**[406] Die Leistung muss nicht (schon beim Vertragsschluss) bestimmt sein, sie muss **bestimmbar** sein – und das ist sie beim Global-Pauschalvertrag (gerade wegen § 315 BGB) immer.[407]

404 Aus demselben Grund ist auch die Formulierung fehlerhaft und Systemverkennung, bei einem derartigen Vertragstyp sei die **Leistungsbeschreibung „lückenhaft"**.[408] Wenn ein Vertrag eine Lücke hat, so enthält die lückenhafte Stelle „nichts". Beim Global-Pauschalvertrag gibt es eine **solche** Lücke tatsächlich aber gar nicht; das, was „Lücke" zu sein scheint, ist global beschrieben. Die vermeintliche „Leerstelle" ist also durchaus geregelt, aber eben nur global; insoweit ist sie im Rahmen des globalen Oberbegriffs für die praktische Handhabung allerdings **vervollständigungs- bzw. detaillierungsbedürftig**.
Diese **Vervollständigungs- bzw. Detaillierungsnotwendigkeit** ist aber kein Problem des Zufalls oder eines Irrtums, sondern **Folge der Systemwahl** Global-Pauschalvertrag. Wir werden deshalb im Zusammenhang damit von **„Ausfüllung" des Global-Elements** oder von **nachgeholter Detaillierung** sprechen.
Der Bundesgerichtshof hat deshalb mit vollem Recht seit 1992 die Argumentation zur Lückenhaftigkeit eines solchen Vertragstyps nicht mehr verwendet.

405 Da der detaillierte Inhalt des globalen Elements der Leistungsbeschreibung nicht von Anfang an formuliert ist, eben noch nicht ausgefüllt ist, müssen wir **Kriterien dazu entwickeln, von wem und nach welchen Maßstäben diese Vervollständigung bzw. Detaillierung erfolgen darf** (oder muss) und welche Leistungen der Auftragnehmer in diesem Zusammenhang (ohne zusätzliche Vergütung oder ggf. gegen zusätzliche Vergütung) er-

---

[404] So, aber unzutreffend Brandt, BauR 1982, 524, 530. Ingenstau/Korbion/Kratzenberg, VOB/B § 2 Rdn. 332 zitiert zustimmend Brandt, a. a. O. Im konkreten Beispiel von Korbion/Kratzenberg (eigener Planungsfehler!) ist das Ergebnis deshalb richtig, weil der Schlüsselfertig-Auftragnehmer für **eigene** Planungsfehler einstehen muss (vgl. unten Rdn. 458, 532 ff., 554); als allgemeine Aussage treffen die Überlegungen die Struktur des Global-Pauschalvertrages **nicht**. Zur weiteren Definition s. Rdn. 409.

[405] Zu **dieser** Frage näher unten Rdn. 528, 544, 1098. Zur Frage, ob eine **solche Komplettheitsklausel wirksam in AGB** vereinbart werden kann, siehe für den „Einfachen Global-Pauschalvertrag" Rdn. 512 ff., für den „Komplexen Global-Pauschalvertrag" (Schlüsselfertigbau) Rdn. 520 ff.

[406] Zur Anwendung der §§ 315 ff. BGB insbesondere im Rahmen des Schlüsselfertigbaus vgl. näher unten Rdn. 455, 462, insbesondere 643 ff.

[407] Zutreffend BGH „Kammerschleuse" BauR 1997, 126 = IBR 1996, 487 (sowie 488 und 489a); zur Kritik an dieser Entscheidung Kapellmann/Ziegler NZBau 2005, 65, 67.

[408] So aber Thode, Seminar Pauschalvertrag und schlüsselfertiges Bauen, S. 33 ff., 36 zur früheren, nicht mehr verwandten Formulierung des BGH z. B. BauR 1992, 759 = NJW-RR 1992, 1046 „Wasserhaltung I". Anders und richtig BGH „Wasserhaltung II" BauR 1994, 236, auch Putzier, Pauschalpreisvertrag Rdn. 209.
Siehe näher auch oben Rdn. 270.

bringen muss. Nur so lassen sich überhaupt handhabbare und prognostizierbare Aussagen zum Bausoll, also zur vereinbarten Vertragsleistung, machen.

Weiter muss die Frage beantwortet werden, ob eine „unvergütete" Vervollständigungspflicht auch dann besteht, wenn eine vertraglich vereinbarte auftraggeberseitige Vor- oder Entwurfsplanung als Basis des Vertrages (und einer evtl. auftragnehmerseitigen Ausführungsplanung) fehlt oder mangelhaft ist.

Zu diesem Zweck erweist es sich als notwendig, **den** gegenüber dem Detail-Pauschalvertrag **funktional erweiterten Leistungsumfang** des Auftragnehmers **beim Global-Pauschalvertrag** zu erfassen, also zu klären, **welche Leistungsverpflichtungen** der Auftragnehmer zusätzlich zur Bau**erstellung**, nämlich im **planerischen** Bereich hat. Folglich wird auch aus diesen planerischen Leistungen darauf zu schließen sein, welche Bauleistungen **insgesamt** der Auftragnehmer schuldet.[409]

Aber als Charakteristikum des Global-Pauschalvertrages bleibt es dabei: Auch **global beschriebene Elemente** der Leistungsbeschreibung sind von Anfang an Teil der geschuldeten Leistung, sind also Teil des Bausolls – **sofern die Globalklausel** unter Beachtung von **AGB-Recht wirksam** ist, wie zu erörtern (Rdn. 497 ff.).

Die „**Ausfüllung**" solcher Globalelemente erörtern wir unter Rdn. 643 ff.

Sofort wird deutlich: Die „Ausfüllung" von „Globalbeschreibungen" hin zur konkreten Ausführungsentscheidung erfordert Planung. Im Vorgriff: Kennzeichnend für den Unterschied zwischen Detail-Pauschalvertrag und Global-Pauschalvertrag ist die (mindestens im Angebotsstadium zur Leistungserfassung für die Kostenermittlung erforderlich) Verlagerung der Funktion „Planung" auf den Auftragnehmer – Einzelheiten Rdn. 443 ff.

1.2 Typus: Einfacher Global-Pauschalvertrag

406 Ein Pauschalvertrag kann so aussehen, dass alle Leistungen detailliert beschrieben sind und nur die Vergütung pauschal ist. Das ist ein Detail-Pauschalvertrag, den wir unter Rdn. 200 ff im Einzelnen behandelt haben.

Oft wird aber dieser Vertrag mit z. B. einem detaillierten Leistungsverzeichnis und zugehörigen Plänen noch ergänzt um eine „Komplettheitsklausel", die lautet, dass (ungeachtet der auftraggeberseitigen detaillierten Leistungsbeschreibung) eine „**komplette** Heizungsanlage" zu liefern sei. Hier ist also – im Gegensatz zum Detail-Pauschalvertrag – ein Allgemeines Leistungsziel, die Komplettheit der Leistung, **ausdrücklich vereinbart**.

In dieser Komplettheitsklausel steckt ein **globales Element** der Leistungsbeschreibung, nämlich die „verdeckte" Vergabe eines **einfachen Planungselements**: Der Auftragnehmer soll nach Vorstellung des Auftraggebers „nur" ungeachtet der auftraggeberseitigen, der Detailausschreibung zumindest richtigerweise vorausgehenden Ausführungsplanung seinerseits deren Vollständigkeit kontrollieren (planen) und herstellen.

Dass und wann wir einen solchen Vertrag nicht mehr als Detail-Pauschalvertrag bezeichnen, sondern mit Rücksicht auf das Globalelement „Komplettheitsklausel" schon als Global-Pauschalvertrag und dass wir mit Rücksicht auf die lediglich vervollständigende Aufgabe dieses Globalelements für einen in der Regel einzigen „Leistungsbereich" (s. dazu Rdn. 407) den Vertrag als „**Einfachen** Global-Pauschalvertrag" bezeichnen, haben wir schon bei der Erörterung des Detail-Pauschalvertrages[410] festgelegt.

---

[409] Zu den geschuldeten planerischen Leistungen vgl. im Einzelnen unten Rdn. 441, 444 ff.; zu den Folgen dieser Funktionsverschiebung für die Bauleistungen unten Rdn. 474 ff., 643 ff.

[410] Siehe oben Rdn. 285. Vgl. auch Langen/Schiffers, Bauplanung und Bauausführung, Rdn. 146.

Ein solcher **Einfacher Global-Pauschalvertrag** regelt typischerweise **nur ein Gewerk** (bzw. Leistungsbereich gemäß VOB/C, vgl. Fn. 864), die vom Auftragnehmer – im Falle der Gültigkeit dieser Komplettheitsklausel – ggf. zu leistende Planungsarbeit besteht „nur" aus Kontrolle und Ergänzung der im Detail vorgegebenen Leistungen und **jedenfalls nicht aus einer** eigenständigen Planung eines (Teil-) Bauvorhabens.

407

Im Vorgriff: Komplettheitsklauseln in **Einfachen** Global-Pauschalverträgen sind grundsätzlich nur **individuell** wirksam, in **Allgemeinen Geschäftsbedingungen** eines Auftraggebers dagegen **unwirksam**.[411]

Die „**Komplettheitsklausel**" als einfaches Global-Element ist ihrerseits übrigens **nicht zwingend nur mit einem Pauschalvertrag** denkbar. Auch bei einem Einheitspreisvertrag ist die Klausel „Komplette Heizungsanlage" möglich, wobei natürlich Voraussetzung ist, dass dieser Einheitspreisvertrag eine Fülle von Detailangaben erhält, positionsweise und nach ausgeführter Menge abgerechnet wird und die Klausel nur noch der abschließenden Komplettierung dient.

408

Wie ein solcher Fall zu behandeln ist, haben wir in Band 1 unter Rdn. 135 erörtert. Gerade hier wird im übrigen besonders deutlich, dass häufig beim Pauschalvertrag nicht grundlegend neue, sondern nur qualitativ neue Probleme gegenüber dem Einheitspreisvertrag auftauchen. Auch beim Einheitspreisvertrag gibt es globale Leistungselemente, auch dort muss dann das globale Element „vervollständigt werden". Beim Global-Pauschalvertrag ist dieses Globalelement kennzeichnend, während es beim Einheitspreisvertrag die Ausnahme ist.

1.3 Typus: Komplexer Global-Pauschalvertrag

1.3.1 Allgemeine Charakterisierung

Je mehr auftragnehmerseitig zu leistende „Planung" hinter einem vereinbarten Globalelement steht, desto **komplexer** ist dieses Element. Umfaßt ein vereinbartes Globalelement im Pauschalvertrag nicht nur Leistungen eines Gewerks, sondern schon die planerische und ausführungstechnische Kontrolle und Koordination eines teilfertigen oder fertigen Bauwerks – so immer das Globalelement „Schlüsselfertig"[412] – oder erfordert es mangels (mehr oder minder) detaillierter Leistungsvorgaben über nur funktionale Leistungsvorgaben sogar vom Auftragnehmer umfangreiche Aufgaben der Ausführungsplanung oder einer noch weitergehenden Planung, so hat der Auftragnehmer **komplexe** Planungs- und Ausführungsleistungen auszuführen; solche Verträge nennen wir deshalb „**Komplexe Global-Pauschalverträge**". Bei ihnen ist wegen des für den Auftragnehmer unübersehbar komplexen Anforderungsprofils auch eine Komplettheitsvereinbarung („Schlüsselfertigklausel") in Allgemeinen Geschäftsbedingungen wirksam, wenn auch nur mit eingeschränkten Auswirkungen.[413]

409

Beim **Komplexen** Global-Pauschalvertrag sind also einzelne, möglicherweise auch viele oder sogar alle Einzelheiten der Leistungsbeschreibung im Zeitpunkt des Vertragsabschlusses offen. Die Funktion „Planung" ist jedenfalls im Angebotsstadium für die Globalelemente dem Bieter aufgelastet, da er nur durch sie in die Lage versetzt wird, das im Einzelnen preislich zu Bewertende zu erkennen. Im Regelfall wird darüber hinaus teilweise, überwiegend oder ganz die noch ausstehende Planung auf den Auftragnehmer verlagert.

---

[411] Dazu im Einzelnen Rdn. 512 ff.
[412] Dazu Rdn. 430 am Ende.
[413] Dazu im Einzelnen Rdn. 520 ff.

Erste Aktivitäten für Grundstück und Bauobjekt erfolgen durch			
Unternehmer		**Auftraggeber (Bauherr)**	
entwickelt ein Grundstück bis zur Bebaubarkeit und		beauftragt Bauleistung(en) und lässt den Auftragnehmer wie folgt **planen**:	
bietet als **Projektentwickler**	**Bauträger**	teilweise	total
		EINFACHER SF-AUFTRAGNEHMER	**TOTAL SF-AUFTRAGNEHMER**
		GU GÜ	GU GÜ
folgende Leistungen an:	Grundstück oder Grundstücksbeschaffung und im Regelfall die Entwurfs-, ggf. die Genehmigungsplanung	Grundstück und Gebäude	GU = Generalunternehmer führt (mindestens) einen (wesentlichen) Teil der Bauleistungen aus
			GÜ = Generalübernehmer führt keine Bauleistungen selber aus, sondern "kauft" die Bauleistungen ein

Abbildung 9   Charakterisierung der verschiedenen Erscheinungsformen von Komplexen Global-Pauschalvertragsleistungen

Ein **Komplexer Global-Pauschalvertrag kann seine Komplexität unter vielen Aspekten gewinnen, nämlich:**

- Auf der **Funktionsebene „Planung"** können weitgehende Aufgaben, z. B. die Ausführungsplanung, die Entwurfsplanung oder sogar die Vorplanung dem Auftragnehmer übertragen sein, z. B. durch globale Leistungsbeschreibungen oder durch funktionale Leistungsbeschreibungen.

- Auf der **Funktionsebene „Ausführung"** können mehrere Gewerke eines Objekts oder sogar alle Gewerke Gegenstand der Vertragsleistung sein, wobei folglich die Bauleistungen umfassend aus einer Hand zu erbringen sind, was allerdings primär nichts mit der Vergütungspauschalierung zu tun hat.

Die Komplexität erhöht sich häufig dadurch, dass beide Funktionsebenen gleichzeitig umfasst sind – z.B. die Erstellung aller Gewerke aus einer Hand auf der Basis einer kurzen verbalen Baubeschreibung mit nur wenigen Plänen im Maßstab 1 : 200.

Es gibt sogar noch eine

- dritte **Funktionsebene,** die einbezogen werden kann, nämlich die „reine **Bauherrenebene",** also die Ebene, die z. B. von einem Projektsteuerer für den Bauherrn wahrgenommen werden kann, weiter die reine „Risikoebene" des Bauherrn; so ist es z. B. in Form Besonderer Risikoübernahme möglich, dem Auftragnehmer individuell das Baugrundrisiko anzulasten.

Um für diese Vielfalt komplexer Kombinationsmöglichkeiten rechtliche Beurteilungskriterien zu gewinnen, ist es zwingend notwendig, **die jeweils im Einzelnen vertraglich vereinbarte Leistung, das Bausoll, anhand der** *jeweiligen* konkreten „Funktionsverlagerungen" näher zu bestimmen.

Anders ausgedrückt: Wir haben zu prüfen, welche (planerischen) Funktionen

> ein Auftragnehmer über die reine Bauausführung hinaus bei Komplexen Global-Pauschalverträgen übernimmt und welche Folgen das für die Bestimmung des Bausolls hat.

Maßgebendes Kennzeichen eines Komplexen Global-Pauschalvertrages ist also nicht die schlichte Addition mehrerer Gewerksleistungen zu einem Gesamtauftrag, sondern vielmehr die Tatsache, dass im Stadium der Angebotsbearbeitung der Bieter Planungskompetenz benötigt, um das zu Kalkulierende vorab zu konkretisieren, und dass eine Verschiebung von (teilweise erheblichen) Planungsaufgaben vom auftraggeberseitigen Planer auf den Auftragnehmer erfolgt, d. h., das ursprüngliche (teilweise) Fehlen der Detaillierung der Vertragsleistung und die daraus geborene Notwendigkeit planerischer ergänzender Kompetenz auf Unternehmerseite.

Wir verweisen auf **Abb. 9,** S. 138.

1.3.2 Exkurs: Unternehmeneinsatzformen

Ob ein Unternehmer ein Gewerk ausführt oder viele Gewerke oder sogar alle, hat vom theoretischen Ansatz her nichts mit der Frage zu tun, wie die Leistung abgerechnet wird: Alle diese Leistungen können jedenfalls theoretisch auch auf Einheitspreisbasis ausgeschrieben und vergütet werden. 410

Aber sehr häufig sind mit der Kennzeichnung der Unternehmereinsatzform auch (offen oder konkludent) funktionale Leistungszuweisungen verbunden, die bei der Auslegung des jeweiligen Bausolls eine Rolle spielen können; dass z. B. ein „Totalunternehmer" Planungsleistungen erbringt, versteht sich.

Wir werden daher nachfolgend einige gängige Bezeichnungen für Unternehmereinsatzformen kurz erläutern.

Wie sich Unternehmen horizontal organisieren, z.B. als „ARGE" (Arbeitsgemeinschaft) oder als „Konsortium",[414] besagt dagegen für die funktionale Leistungszuweisung wenig.

Nach der richtigen Definition im Vergabehandbuch des Bundes ist **Generalunternehmer** derjenige „Hauptunternehmer, der sämtliche für die Herstellung eines Bauwerks erforderlichen Bauleistungen zu erbringen hat und wesentliche Teile hiervon selbst ausführt" (Nr. 3.1 zu § 8 VOB/A). Der **Generalunternehmer** (GU) erbringt wesentliche Teilleistungen selbst, die übrigen vergibt er an Nachunternehmer. Der Generalunternehmer ist der **alleinige Vertragspartner** des Auftraggebers (Bauherr) für die Bauausführung; nach der Bezeichnung des Vergabehandbuchs des Bundes ist er deshalb auch Hauptunternehmer. Der Hauptunternehmer ist der alleinige Vertragspartner des Auftraggebers; vertragliche Rechtsbeziehungen zwischen Auftraggeber und Nachunternehmern des Hauptunternehmers bestehen nicht. 411

Natürlich gibt es die unterschiedlichsten Vertragsformen. Insbesondere im Auslandsbau wird dem Generalunternehmer oft die Vergabe an solche Nachunternehmer auferlegt, mit denen der Auftraggeber bereits Verträge „vorverhandelt" hat (**„nominated subcontractor",** vgl. auch Rdn. 453). Eine andere Variante ist dadurch charakterisiert, dass sich der Auftraggeber die Vergabe einzeln definierter Leistungen vorbehält (z. B. wegen unmittel-

---

[414] Zur **ARGE** Messerschmidt/Thierau, in: Kapellmann/Messerschmidt, VOB, Anhang zu Teil B, Rdn. 118 ff.; zum **Konsortium** Vetter, ZIP 2000, 1041.

bar zu erwartender technischer Neuerung) und den Generalunternehmer vertraglich bindet, diese Leistungen **später zu einem auszuhandelnden Preis** zwischen Auftraggeber und Drittunternehmer in den Generalunternehmervertrag einzubeziehen, wobei der Drittunternehmer Nachunternehmer wird und der Generalunternehmer dessen Preis mit einem festgelegten Generalunternehmerzuschlag weiterberechnet.

Nochmals: Der Generalunternehmer bündelt „nur" mehrere Ausführungsleistungen, er ist „Kumulativ-Leistungsträger".[415]

412 Der **Generalübernehmer** (GÜ) lässt sich in Abwandlung der Definition des Vergabehandbuchs des Bundes (vgl. Rdn. 411) definieren als „Hauptunternehmer, der sämtliche für die Herstellung eines Bauwerks erforderlichen Bauleistungen zu erbringen hat, davon jedoch selbst keine Teile ausführt". Der **Generalübernehmer** führt also selbst keine Bauleistungen aus, d. h. praktisch, er „kauft" alle Bauleistungen ein. Selbstverständlich ist auch der Generalübernehmer alleiniger Vertragspartner des Auftraggebers (Bauherr), also Hauptunternehmer.

Wenn in einem Bauunternehmen der Schlüsselfertigbau organisatorisch verselbständigt und rechtlich ausgegliedert ist, ist die Leistung dieses ausgegliederten Schlüsselfertig-Auftragnehmers formal schon die Leistung eines Generalübernehmers, auch wenn ein „hauseigener Rohbauer" als Nachunternehmer beauftragt wird.

413 Im **rechtlichen Verhältnis Auftraggeber/Schlüsselfertig-Auftragnehmer ist es gleichgültig,** ob der Schlüsselfertig-Auftragnehmer als **Generalunternehmer** Teilleistungen selbst ausführt und die übrigen Leistungen an Nachunternehmer vergibt, für die er dann gemäß § 278 BGB als seine Erfüllungsgehilfen gegenüber dem Auftraggeber haftet, oder ob der Schlüsselfertig-Auftragnehmer als **Generalübernehmer** selbst keine Teilleistungen erbringt und nur Nachunternehmer einsetzt, für die er **alle** gemäß § 278 BGB gegenüber dem Auftraggeber haftet; der Schlüsselfertig-Auftragnehmer ist immer **Hauptunternehmer.**[416]

Deshalb hat die Differenzierung zwischen Generalunternehmer und Generalübernehmer für die Beurteilung der **Rechtsbeziehung zwischen Auftraggeber und Schlüsselfertig-Auftragnehmer** keine Bedeutung, was allerdings für die Einbeziehungsmöglichkeit der VOB/B streitig ist (s. unten Rdn. 472).

Bei der Vergabe **durch den öffentlichen Auftraggeber** ist allerdings zu berücksichtigen: Die VOB/A mißbilligt die Einschaltung eines Generalübernehmers, weil er die Bauleistungen nicht selbst ausführt. Sie sieht in ihm einen „Makler" für Bauleistungen, der schon deshalb nicht am Vergabeverfahren beteiligt werden darf, weil er entgegen § 8 Nr. 2 Abs. 1 VOB/A sich nicht gewerbsmäßig mit „Bauleistungen der ausgeschriebenen Art befaßt" – also nicht selbst wesentliche Bauleistungen ausführt. Bei Vergaben oberhalb der Schwellenwerte ist diese Einschränkung nicht zulässig.[417]

Wir brauchen uns für unser Thema mit dieser **vergaberechtlichen** Zulässigkeit nicht zu befassen.

Weil für **unser** Thema die Differenzierung zwischen Generalunternehmer und Generalübernehmer ohne Bedeutung ist, werden wir diese Differenzierung in Zukunft auch nicht verwenden, wir werden von Schlüsselfertig-Auftragnehmern sprechen.

---

[415] Formulierung nach Pfarr/Hasselmann/Will, Bauherrenleistung, S. 92 f.
[416] Zu Einzelheiten der vertraglichen Beziehungen der jeweiligen Parteien s. Kapellmann, Schlüsselfertiges Bauen, Rdn. 41 ff., 245 ff.; sehr informativ weiter Kniffka, Seminar ARGE/Generalunternehmer/Subunternehmer, S. 46 ff; vgl. auch Langen/Schiffers, a.a.O., Rdn. 315 ff.
[417] Näher Maimann, in: Kapellmann/Messerschmidt, VOB, § 6 VergabeVO Rdn. 5.

Zur Generalunternehmer- oder Generalübernehmervergabe gehört nicht zwingend auch die Übertragung von Planungsleistungen, obwohl z. B. die Übertragung der Ausführungsplanung beim Schlüsselfertigbau geradezu typisch ist. Ohnehin ist aber natürlich auch die Verlagerung **weiterer,** früher ansetzender **Planungsleistungen** bis hin zur gesamten Planung auf den Auftragnehmer möglich, angefangen unter Umständen bei der Vorentwurfsplanung (Leistungsphase 2 gemäß HOAI) über die Entwurfsplanung (Leistungsphase 3 gemäß HOAI), die Genehmigungsplanung (Leistungsphase 4 gemäß HOAI) und natürlich auch die Ausführungsplanung (Leistungsphase 5 gemäß HOAI). Ein solcher „selbst planender" Auftragnehmer ist nach eingeführter Terminologie **Totalunternehmer,** wenn er wesentliche Leistungen noch selbst erbringt, **Totalübernehmer,** wenn er nur bauen lässt.[418] „**Total**" verdeutlicht, dass dieser **Auftragnehmer** die totale Bauleistung, also nicht nur die Bauausführung, sondern auch die Planung in eigener Verantwortung selbst erstellt und folglich aus einer Hand **eine komplette** (jedenfalls ab Entwurf) **Planung und komplette Bauwerkserstellung** leistet.

414

Eine solche Konstellation gibt es **z. B. bei der funktionalen Ausschreibung** (s. Rdn. 416), weiter insbesondere auch im Anlagenbau.

Selbstverständlich gibt es auch hier in der Praxis unterschiedliche Kombinationen, also „Total"-Vertrag **mit** Objektplanung **und** Ingenieurleistung oder **nur** mit Planung, Ingenieurleistung dagegen auftraggeberseitig usw.

415

Der Verband der Europäischen Bauwirtschaft will insoweit sogar typisierend unterschieden wissen:[419]

- Generalunternehmer „Ausführung"

- Generalunternehmer „Ingenieurleistung und Ausführung"

- Generalunternehmer „Planung und Ingenieurleistung und Ausführung"

Für uns ist es, wie schon unter Rdn. 413 erörtert, im Verhältnis zwischen Auftraggeber und Totalauftragnehmer auch hier rechtlich gleichgültig, ob der Total-Unternehmer seine Leistungen ganz oder teilweise oder gar nicht als Bauleistung selbst erbringt (vgl. zur VOB/B aber Rdn. 472). Wir werden deshalb auch nicht zwischen Total-Unternehmer und Total-Übernehmer unterscheiden.

Während Generalunternehmer- bzw. Generalübernehmerverträge jedenfalls auch auf Einheitspreisbasis abgeschlossen werden können, wenn der Auftrageber die notwendige Ausführungsplanung (und Ausschreibung) vor Vertragsschluss fertiggestellt hat, ist das bei Totalunternehmer- oder Totalübernehmerverträgen praktisch ausgeschlossen; sie sind nahezu immer mit (Global-)Pauschalvergütungen verbunden, weil bei solchen Verträgen die Bauleistung nicht differenziert ausgeschrieben werden kann, da die zugrundeliegende Planung noch nicht vorliegt.

Generalunternehmer- oder Generalübernehmerverträge oder Totalunternehmer- oder Totalübernehmerverträge charakterisieren also „Unternehmereinsatzformen", sie enthalten nicht trennscharf auftraggeberseitige besondere konkrete Aussagen zum materiellen Vertragsinhalt.

---

[418] Für die Vergabe nach VOB/A käme ein Total**über**nehmer erst recht nicht in Betracht, wenn schon der General**über**nehmer ausscheidet, anders aber VOB/A § 9, Nr. 15–17, s. Rdn. 416.
[419] Vgl. Klärner/Schwörer, Qualitätssicherung im Schlüsselfertigen Bauen, S. 18.

1.3.3 Typische Formen Komplexer Global-Pauschalverträge

1.3.3.1 Ausschreibung nach Leistungsprogramm, funktionale Ausschreibung

416 Es ist ganz Sache des (**privaten**) Auftraggebers, wie er die Leistungsziele „seines Vertrages", das **Bausoll**, definiert, also detailliert oder global, durch eigene Planung oder in Akzeptanz auftragnehmerseitiger Planung, nur verbal oder auch durch Pläne.
Es ist eine Selbstverständlichkeit, dass ein (**individueller**) Vertrag keineswegs das Bausoll so definieren muss, dass der Bieter kein Risiko eingeht; rechtliche Wirksamkeitsvoraussetzung ist lediglich, dass das Bausoll „bestimmbar" ist[420], wobei das BGB ausdrücklich sogar in den §§ 315, 316 die nachträgliche Festlegung der Leistung „nach Billigkeit" durch eine der Vertragsparteien genügen lässt. Voraussetzung ist lediglich, dass diese „Besondere Risikozuweisung" offen erfolgt. Soweit die Verwendung des Begriffs „Funktionalität" nur Etikettenschwindel ist wie bei **auftraggeberseitiger detaillierter Leistungsbeschreibung** und **dennoch** in AGB enthaltenen „**Komplettheitsklauseln**", ist eine solche Klausel kritisch.[421]

Für den **öffentlichen** Auftraggeber gilt das nicht; er ist an das Vergabesystem der VOB/A gebunden und damit auch an § 9 VOB/A, der private Auftraggeber dagegen nicht – was nicht heißt, dass § 9 VOB/A bei Verträgen mit privaten Auftraggebern nicht als Auslegungshilfe herangezogen werden kann.[422]

§ 9 VOB/A enthält eine Vierteilung: Die Nummern 1–4 „Allgemeines" gelten für alle Arten von Leistungsbeschreibungen, ebenso die Nummern 5–10 „Technische Spezifikationen" die Nummern 11–14 für „Leistungsbeschreibungen mit Leistungsverzeichnis", i. d. R. also Einheitspreisverträge, die Nummern 15–17 für „**Leistungsbeschreibungen mit Leistungsprogramm**".

Wenn auch § 9 Nr. 15–17 für den privaten Auftraggeber nicht bindend ist, so klärt die Vorschrift doch in Nr. 15 sehr gut, was unter „Leistungsbeschreibung mit Leistungsprogramm", auch „funktionale Ausschreibung" genannt, zu verstehen ist: Das Bausoll umfasst eine eigene (Vor- und) Entwurfsplanung des Bieters (Auftragnehmers) und seine daraus entwickelte Ausführungsplanung und Bauausführung.
Diese „funktionale Ausschreibung" ist also – vgl. § 9 Nr. 15 VOB/A – die „Beschreibung der Bauaufgabe, in der sowohl der Zweck der fertigen Leistung als auch die an sie gestellten technischen, wirtschaftlichen, gestalterischen und funktionsbedingten Anforderungen anzugeben sind", wobei § 9 Nr. 15 VOB/A auch „ggf." ein Musterleistungsverzeichnis mit „offengelassenen Mengenangaben" verlangt – eine ungewöhnliche Forderung, da im Bieterstadium kein Bieter eine fertige Entwurfsplanung und erst recht keine Ausführungsplanung vorlegen kann: Ohne entsprechend Planung aber kein Leistungsverzeichnis, wie grundsätzlich der Honorarablauf mit zuerst § 15 Abs. II Nr. 5 und dann Nr. 6 HOAI verdeutlicht; praktisch ist jedenfalls eine Entwurfsplanung mit Standarddetails bzw. „Rohlingen" der Ausführungsplanung zur Erstellung von Leistungsverzeichnissen erforderlich (vgl. auch Fn. 442).

Der **öffentliche** Auftraggeber muss **auch** bei der funktionalen Ausschreibung die **allgemeinen** Bestimmungen des § 9 Nr. 1–4 VOB/A beachten, er muss also insbesondere z. B. gemäß § 9 Nr. 3 Abs. 3 VOB/A „die für die Ausführung der Leistung wesentlichen Verhältnisse der Baustelle, z. B. Boden- und Wasserverhältnisse, so beschreiben, dass der

---

[420] Deutlich BGH „Kammerschleuse" BauR 1997, 127; BGH „Karrengefängnis" BauR 1997, 464; Kapellmann, Schlüsselfertiges Bauen, Rdn. 19, 20.
[421] Beim Einfachen Global-Pauschalvertrag (zum Begriff Rdn. 406 ff.) ist sie in AGB unwirksam, s. näher Rdn. 512.
Beim Komplexen Global-Pauschalvertrag hat sie als AGB-Klausel sehr eingeschränkte Wirkungen, s. Rdn. 520 ff.
[422] Näher Band 1, Rdn. 191.

Bewerber ihre Auswirkungen auf die bauliche Anlage und die Bauausführung hinreichend beurteilen kann", und er darf dem Bieter kein ungewöhnliches Wagnis aufbürden, § 9 Nr. 2 VOB/A.

Das Vergabehandbuch des Bundes enthält unter Nr. 7 zu § 9 ca. 2 Seiten Hinweise, wie eine solche funktionale Ausschreibung aussehen soll.

Eine funktionale Ausschreibung kann sich auf das **ganze Bauwerk,** aber auch auf funktionale Teil**gesamtheiten** (z. B. Haustechnik) beziehen.

417 Strukturell ist der Vertrag auf der Basis einer funktionalen Ausschreibung ein Totalunternehmer- oder Totalübernehmervertrag, er ist weiterhin immer prototypischer Komplexer Global-Pauschalvertrag.

418 In der oben geschilderten „reinen Form" kommt diese Art der Ausschreibung mit Leistungsprogramm sehr selten vor. Viel häufiger sind Mischformen, in denen der Auftraggeber nicht nur funktionale Vorgaben macht, sondern auch (Teil)-Entwurfsleistungen liefert (z. B. über Planfeststellungsbeschlüsse). Eine der wesentlichen Schwierigkeiten bei der Bestimmung des Bausolls solcher Verträge liegt darin, dass Planungsverantwortlichkeiten ineinanderfließen, dass die Verantwortung für planerische Voraussetzungen (z. B. Genehmigungen Dritter) nicht geklärt ist, dass überhaupt Schnittstellen nicht definiert sind.[423] An der rechtlichen Wirksamkeit solcher Verträge ändert das nichts.

Gerade bei diesen Fallgestaltungen sind abstrakte Aussagen zum Bausoll schwierig; es ist – wie immer – unumgänglich, die Totalität aller Vertragsunterlagen zu prüfen (dazu besonders Bd. 1, Rdn. 104, 181, 707).

1.3.3.2 Projektentwicklervertrag

419 Eine besondere Fallgestaltung ist die **„Projektentwicklung";** man kann auch andere Bezeichnungen wählen (z. B. Developing). Der Projektentwickler macht (häufig) ein Grundstück erst baureif, er besorgt z. B. eine Arrondierung, beschafft „Baurecht" (Bebaubarkeit) in Zusammenarbeit mit einer Gemeinde und leistet mindestens Vorplanungsarbeit.
Entscheidend ist für unsere Problematik, dass der Projektentwickler ein Objekt einschließlich Grundstück komplett vermarktet; oft ist er selbst Grundstückseigentümer, er übereignet es dann zusammen mit Planung und Bauerrichtung. Jedenfalls hat er aber auf die Grundstücksübertragung Einfluss, z. B. unter Ausnutzung eines Bestimmungsrechts zur Annahme bei einem notariellen Kaufangebot.
Wir behandeln unter dem Stichwort „Projektentwickler" in diesem Werk die Fallgestaltung, dass ein Projektentwickler entwickelt **und** das zu erstellende Projekt an einen Erwerber „veräußert". **Diesen Vertrag** zwischen **Projektentwickler** (Auftragnehmer) und **Erwerber (Auftraggeber)** erfassen wir als **Sonderfall des (Komplexen) Global-Pauschalvertrages** auf der Basis eines Totalübernehmervertrages.

Der Vertrag dieses Projektentwicklers mit seinem Generalunternehmer ist im Regelfall ein Komplexer Global-Pauschalvertrag in der Ausprägung des Schlüsselfertigbaus.

Natürlich gibt es Projektentwickler, die „für sich selbst" entwickeln. Für sie gibt es folglich das Außenverhältnis zu einem Auftraggeber nicht, also auch nicht das Thema „Totalübernehmervertrag". Dieser Projektentwickler ist aber natürlich im Verhältnis zu

---

[423] Darstellung einer (teil-) funktionalen Ausschreibung eines Verkehrsgroßprojektes aus der Sicht der Deutschen Bahn AG Eschenburg/Glowacki, Eisenbahn-Ingenieur-Kalender 1998, 323.

„seinem" schlüsselfertig bauenden Generalunternehmer Auftraggeber eines Komplexen Global-Pauschal(werk)vertrages.

Hinzuweisen ist noch darauf, dass bei bestimmten Formen der Projektentwicklung insbesondere für den Zahlungsplan die Bestimmungen der **Makler- und Bauträgerverordnung** zu beachten sind.

1.3.3.3 Bauträgervertrag

420 Der Bauträgervertrag ist gewissermaßen der kleine Bruder des Projektentwicklervertrages. Wir behandeln hier wiederum unter dem Aspekt des (Komplexen) Global-Pauschalvertrages die Ebene zwischen Bauträger und „Käufer", z. B. die Behandlung von „Sonderwünschen" (Rdn. 1247 ff.).

Beim Bauträgervertrag sind für den Zahlungsplan immer die Vorschriften der Makler- und Bauträgerverordnung zu beachten.

1.3.3.4 Verträge im Rahmen von BO, BOT Projekten, „Finanzierungsmodelle"

421 Build-Operate-Transfer Modelle sind hochkomplexe Vertragsformen, in denen Projekte insbesondere unter Gründung von Projektgesellschaften entwickelt, finanziert, betrieben und schließlich übertragen werden (auf einen Konzessionsgeber). In der Projektgesellschaft können sich Private und Staat beteiligen, wobei der Staat Beiträge z. B. durch Enteignungsmöglichkeiten, Genehmigungen und dergleichen beitragen kann.[424] Die Finanzierung erfolgt als Projektfinanzierung, d. h. über Eigenkapital und Fremdkapital aus dem cash flow der Gesellschaft.

Angesichts der oft außerordentlichen Dimensionen der Projekte und der im Vergabestadium noch nicht im Detail bekannten technischen Planungen ist es für die Projektfinanzierung von ausschlaggebender Bedeutung, dass für die Projektrealisierung ein „fester Preis" vereinbart wird. Im Regelfall ist deshalb der Vertrag zwischen Projektgesellschaft und ausführendem (General-) Unternehmer ein hochkomplexer Global-Pauschalvertrag. Zu den sonstigen zahlreichen Finanzierungsmodellen und Realisierungsmöglichkeiten (Leasing, Baukonzession usw.), die ebenfalls alle zum Global-Pauschalvertrag auf irgendeiner Ebene führen, müssen wir auf Spezialliteratur verweisen.[425]

1.3.3.5 Anlagenbauvertrag

422 Der Anlagenbauvertrag zwischen Investor und (General-) Unternehmer zur Realisierung industrieller Großprojekte ist eine komplizierte Mischform. Bei ihm ist die Baudurchführung, also Planung und Bauausführung, die weniger gewichtige und weniger problematische Komponente, bedeutsam sind bei ihm die Aspekte des Komplexen Global-Pauschalvertrages auch für den eigentlichen industriellen Teil. Für den Anlagenbau spielt dabei die Übernahme eines Entwicklungsrisikos eine ausschlaggebende Rolle einschließlich der Wirtschaftlichkeit des Betriebes.[426]

1.3.3.6 Budgetvertrag

423 Objektiv gäbe es für ein Projekt eine Kostenverringerung, wenn schon in der frühesten Phase „Entwurfs- und Systemplaner sowie Designer früh mit den Fertigungsingenieuren

---

[424] Zur Einführung: Nicklisch, BB 1998, 2 mit vielen weiteren Nachweisen.
[425] Sehr guter Überblick bei Brandt, WM 1999, 2525.
[426] Näher Rdn. 576 mit Nachweisen, s. auch Band 1, Rdn. 702, 703.

(der Industrie) zusammenarbeiten, um wirtschaftliche, qualitativ gute und funktionsgerechte Bauwerke zu planen"[427] und später zu errichten.
Demzufolge bietet die Industrie eine Art stufenweise Beauftragung von Planungsphase zu Planungsphase unter (möglicher) Einhaltung vorher festgelegter Budgets an. Der Vertrag wird – wie unter Rdn. 450 näher erörtert – im Erfolgsfall bei einem Komplexen Global-Pauschalvertrag enden.
Was hier als Vorteil aus der Systemzuführung zum frühest möglichen, kostenbeeinflussenden Zeitpunkt offensichtlich ist, verliert dennoch an Charme, wenn man bedenkt, dass diese Lösung im Ergebnis den Preiswettbewerb ausschließt.

1.3.3.7 Construction Management

Die amerikanische Version des unter Rdn. 423 angesprochenen Budgetvertrags ist der Construction Management Vertrag, der in Deutschland an Boden gewinnt. **424**
Es handelt sich um ein zweistufiges Modell: In Phase 1 beauftragt der Auftraggeber einen Architekten mit der Planung bis zum Erlangen der Baugenehmigung. Gleichzeitig beauftragt er den Construction Manager, die Planung unter den Aspekten insbesondere der Fertigungstechnik und -qualität zu „optimieren"; die Vergütung erfolgt regelmäßig auf Zeitbasis. Am Ende der Phase 1 steht die Ausschreibung einer schlüsselfertigen Errichtung durch entweder den Construction Manager oder einen anderen Generalunternehmer. In Phase 2 folgt dann ein Schlüsselfertigvertrag auf Generalunternehmerbasis, heute ganz überwiegend als Pauschalvertrag, nicht als GMP-Vertrag (dazu Rdn. 425). In beiden Phasen erbringt der Construction Manager zusätzliche bestimmte Leistung des Projektmanagements[428].

1.3.3.8 GMP-Vertrag (cost target)

Eine weiterentwickelte Form des Versuchs der möglichst frühen Zusammenführung aller Baubeteiligten – aber eben auch mit dem Risiko der Reduzierung des Preiswettbewerbs – ist der Vertrag mit garantiertem Maximumpreis. Er ist eine Sonderform des Schlüsselfertigen Bauens, also eines Komplexen Global-Pauschalvertrages, bei dem auf der Basis mindestens eines Vorentwurfs und einer Baubeschreibung ein Pauschalpreis als Höchstpreis festgelegt wird und gleichzeitig der Preisanteil für den vom Generalunternehmer selbst errichteten Teil fixiert wird, während (insbesondere) der Preisanteil für von Nachunternehmern auszuführende Leistungen nach Ausführungsplanung durch Vergabe an die Nachunternehmer ermittelt und demgegenüber eventuell „eingesparte" Kosten nach einem vereinbarten Prozentsatz auf Auftraggeber und Generalunternehmer aufgeteilt werden.[429] Der unverkennbare Vorteil ist wie beim Budgetvertrag (Rdn. 423), dass das Produktions-Know-How von Bauunternehmern frühzeitig einfließt und nicht erst in der Ausführungsphase bei weitestgehend schon zementierten Vorgaben. Die auf den ersten Blick bestechende Lösung kann leicht Preisvorteile vortäuschen. Ein zu hoch angesetzter Maximumpreis und falsche, nämlich auch zu hoch angesetzte Nachunternehmerkosten, können eine Ersparnis vorspiegeln, die mit einem „im Wettbewerb erzielten Gesamtpreis" ohne weiteres unterboten worden wäre.[430] **425**

---

[427] Blecken/Gralla, Jahrbuch Baurecht 1998, 251 ff., 257.
[428] Näher Bücker, Construction Managment, mit allen Einzelheiten insbesondere auch zu den amerikanischen Abwicklungsformen; Kapellmann, NZBau 2001, 592; Eschenbruch, NZBau 2001, 585.
[429] Näher Blecken/Gralla, a. a. O. S. 260 ff.; Moeser, ZfBR 1997, 113; Grünhoff, NZBau 2000, 313; Gralla, Neue Wettbewerbs- und Vertragsformen für die deutsche Bauwirtschaft.
[430] Ebenso Blecken/Gralla, a. a. O. S. 262.
Dort auch (S. 363 ff.) weitere Vorschläge, z.B. für einen sogenannten **Systemwettbewerb**; Cadez, Bauwirtschaft 2000, Heft 1, S. 20.

Wenn es schon in der Phase der Vorplanung eine realistische „neutrale" auftraggeberseitige Kostenkontrolle gibt, z. B. über einen Projektsteuerer, ist eine positive Beurteilung erleichtert.

Die Probleme des GMP-Modells liegen nicht in der theoretisch vorteilhaften Gestaltungsüberlegung, sondern in der in der Praxis kaum zu beherrschenden Handlingsproblematik; diese Vertragsform hat sich deshalb am Markt bisher auch nicht durchgesetzt.

1.4 Schlüsselfertigbau

1.4.1 Zielsetzung des Auftraggebers

426 „Schlüsselfertigbau" ist eine in der Vertragspraxis seit Jahrzehnten praktizierte Abwicklungsform, die in ihren unterschiedlichen Ausprägungen gerade in den letzten Jahren außerordentlich an weiterer Bedeutung gewonnen hat und die jedenfalls den Markt größerer und großer Baumaßnahmen mindestens, aber nicht nur der privaten Auftraggebern heute völlig dominiert; bei auch nur einigermaßen wirtschaftlich bedeutenden Projekten ist diese Abwicklung heute bei weitem der Regelfall und nicht mehr der Einheitspreisvertrag.[431]

„Schlüsselfertigbau" ist zweifelsfrei ein „Oberbegriff", der eine Fülle unterschiedlicher Vertragstypen umschließt und dessen Konturen scheinbar verschwimmen. Um klare Erkenntnisse zu ermöglichen, muss man sich sehr genau vor Augen führen, **was die Vertragsparteien erreichen wollen,** wenn sie **einen Vertrag als „schlüsselfertig"** kennzeichnen; die unterschiedlichen Erscheinungsformen sind ebenfalls zu analysieren; aus der Gesamtschau sind dann Anregungen zum „Bausoll" des Schlüsselfertigvertrages zu gewinnen. Die unter Rdn. 416–425 behandelten Vertragsmodelle können alle unter den nachfolgenden Aspekten erfasst werden.

427 Jeder Auftraggeber glaubt, seine Kosten-, Termin- und Qualitätsziele mit dem von ihm gewählten Vertragstyp bestens verwirklichen zu können.

Realisiert der Auftraggeber sein Bauprojekt in der „herkömmlichen" Aufgabenverteilung, also mit vollständiger auftraggeberseitiger Planung und gewerkeweiser Vergabe und Bauausführung, so schafft sich der Auftraggeber eine außerordentliche Zahl von Schnittstellen, bei einem Standardprojekt über 700![432] Dass darin ein ganz erhebliches Kosten-, Termin- und Qualitätsrisiko liegt, bedarf keiner Vertiefung.

Hinzu kommt, dass Architekten jedenfalls für die Überschreitung von Kostenprognosen erst bei Überschreitung von Bandbreiten ab 20 % bis 25 % haften, was unter Kostensicherheits- und Kostenkontrollaspekten indiskutabel ist.[433]

Auftraggeber wollen dieser Problematik oft gerade dadurch entgehen, dass sie möglichst Funktionen mindestens auf der Realisierungsebene zusammenfassen, also das Objekt komplett, nämlich „schlüsselfertig" vergeben und **durch die Vermeidung von Schnittstellen** Kostensicherheit zu gewinnen suchen.

---

[431] Näher Kapellmann, Schlüsselfertiges Bauen, Rdn. 1.
[432] Cadez, Risikowertanalyse, S. 27 ff., Abb. 9 und 10.
[433] Einzelheiten Korbion/Mantscheff/Vygen, HOAI, Einführung, Rdn. 234; bei nicht gewerblichen Bauten wird ein eventueller Schaden auf der Basis des Verkehrswerts, bei gewerblichen Bauten auf der Basis des Ertragswerts ermittelt.

Es ist empirisch gesichert, dass das spezielle Ziel „**Kostensicherheit**" **der** ausschlaggebende **Faktor** für Auftraggeber ist, die Systemwahl „schlüsselfertige Vergabe" zu treffen.[434] Ob diese Überlegungen eines Auftraggebers richtig sind oder ob sich das Ziel Kostensicherheit bei größeren Projekten nicht z. B. auch bei auftraggeberseitiger Planung und Einzelvergabe, z. B. durch Einschaltung eines Projektsteuerers, erzielen lässt, können und brauchen wir für unser Thema nicht zu erörtern.[435]

Selbstverständlich ist es richtig, dass auch ergänzende andere Motive für die Wahl der schlüsselfertigen Vergabe eine Rolle spielen und spielen können, insbesondere Terminsicherheit und Gewährleistung aus einer Hand.

Wir müssen hier nur die beiden Vertragspartnern geläufige Vorstellung des Auftraggebers zur „Kostensicherheit" verdeutlichen. Weil sie beiden Vertragspartnern, Auftraggeber wie Auftragnehmer, bewußt ist, spielt gerade der in der Form „schlüsselfertig" realisierte Wunsch nach Kostensicherheit eine Rolle bei der **Auslegung** des Globalelements „Schlüsselfertig". **428**

Kostensicherheit definieren wir hier unter dem Aspekt der **Bauwerkskosten** im Sinne von DIN 276. Dass auch die **Baunutzungskosten** im Sinne von DIN 18 960 je nach Art der Investition eine projektentscheidende Rolle spielen können, versteht sich von selbst. Es ist aber Sache des Auftraggebers (Bauherr), von **ihm** gewünschte **besondere** Nutzer-Aspekte vertraglich einzubringen, d. h. zu vereinbaren (dazu Rdn. 593 ff.).

Kostensicherheit hinsichtlich der Bauwerkskosten lässt sich im Grundsatz – abgesehen von der Vermeidung bzw. Reduzierung von Fehlern bei Planung, Ausschreibung, Vergabe und Bauleitung – durch Vermeidung bekannter Kostenrisiken erreichen. Diese Kostenrisiken ergeben sich auf mehreren Funktionsebenen, nämlich

- auf der **Ausführungsebene,** z. B. durch den Einsatz vieler unterschiedlicher Leistungserbringer mit entsprechender, vom Auftraggeber zu verantwortender (und von seinem Erfüllungsgehilfen, dem Architekten, zu leistender) Koordinierungsnotwendigkeit;

- auf der **Planungsebene,** d. h. der Ebene der Vor-, Entwurfs- und Ausführungsplanung und der richtigen Ausschreibung. Auf **dieser** Ebene liegt erfahrungsgemäß in der Hauptsache die Verantwortung für Fehler, nicht auf der Ausführungsebene;[436]

- auf der reinen **Auftraggeberebene,** z. B. durch Planänderungen oder verspätete Entscheidungen, unterlassene Projektkontrolle, Beibringungsrisiken (z. B. Beschaffenheit von Grund und Boden).

1.4.2 Rechtliche Struktur

Ein Schlüsselfertigvertrag wird – rechtlich – durch das Zusammenwirken von drei Strukturelementen gekennzeichnet, wovon zwei engstens zusammengehören: **429**

- Element „Leistung aus einer Hand"

- Element „Komplettheit", verkörpert im Begriff „schlüsselfertig" – eine offensichtlich **globale** Leistungsbeschreibung

- Element „Pauschalvergütung"[437]

---

[434] Vgl. Pfarr/Hasselmann/Will, Bauherrenleistungen, S. 92 f. Zu den Schlussfolgerungen insbesondere unten Rdn. 608, 644.
[435] Dazu näher Cadez, a. a. O.
[436] Nach Schätzungen eines Projektsteuerers im Durchschnitt zu 80 %! Vgl. Hamann, Qualitätssicherung durch Vertragsmanagement, VDI-Berichte 932 (1992), S. 185, 192.
[437] Näher zur Struktur Kapellmann, Schlüsselfertiges Bauen, Rdn. 15, 25 ff.

430 Gegenstand des **Schlüsselfertigvertrages** ist in der Regel ein **ganzes Objekt**. Natürlich kann es auch Teil-Schlüsselfertigleistungen geben, aber nur einzelne Gewerke kann man zwar „komplett" vergeben (dazu Einfacher Global-Pauschalvertrag, s. oben Rdn. 406), Schlüsselfertigkeit erfordert dagegen die Beherrschung aller für ein Bauvorhaben anstehenden Kompetenzen – also i.d.R. das Wissen von Planern und Baumanagern.

431 Auf der **Funktionsebene „Ausführung"** werden gegenüber dem Auftraggeber deshalb nicht mehrere „Einzel-Leistungsträger" tätig, die Realisierung erfolgt vielmehr durch einen „**Kumulativ-Leistungsträger**".[438] Damit ist aber **(nur)** die Unternehmer-Einsatzform vorgegeben: Der Schlüsselfertig-Unternehmer ist je nach Vertragsgestaltung entweder

    Generalunternehmer,

    Generalübernehmer,

    Totalunterunternehmer

    oder

    Totalübernehmer (dazu oben Rdn. 410 ff.)

Wir verweisen auf **Abb. 9,** S. 138.

Damit wird das Element „Leistung aus einer Hand" abgedeckt. Organisatorisch ist das ein außerordentlich wichtiges Thema, rechtlich ist aber dieses Element auf der Ebene zum Auftraggeber völlig unproblematisch.

432 Dagegen sind die beiden eng verknüpften Elemente „**schlüsselfertig**" (=Leistungsseite) und „**Pauschalvergütung**" (=Vergütungsseite) von erheblicher rechtlicher Brisanz.

Offensichtlich ist das Element „schlüsselfertig" nichts anderes als ein (Komplexes) **Globalelement** in der Bausoll-Beschreibung eines (Komplexen) Global-Pauschalvertrages. Wie es Globalelemente an sich haben, sind sie als Bausoll nicht einfach und klar zu definieren, sondern komplex. Aber keineswegs ist die Vertragsklausel „Schlüsselfertig" inhaltsleer, im Gegenteil:
Wie der Name plastisch sagt, soll beim **Schlüsselfertigbau** ein **ganzes Objekt** oder ein Teilobjekt so errichtet werden, dass es „nach Drehen des Haustürschlüssels" in Benutzung genommen werden kann. **Daraus folgt, dass der Begriff „schlüsselfertig" zwingend zum Inhalt hat, dass das Objekt nach fachlicher Meinung komplett und funktionsfähig ist.**[439] Im Ingenieurbau kann man plastischer von „betriebsbereiter Erstellung" sprechen. Um dieses Ziel zu erreichen und die oben genannten Risiken zu vermeiden, erfolgen mit der Systemwahl „Schlüsselfertigbau" (betriebsbereiter Bau) zwingend **Funktionsverlagerungen vom Auftraggeber auf den Auftragnehmer.**

---

[438] Formulierung nach Pfarr/Hasselmann/Will, a. a. O.
[439] BGH NZBau 2001, 446 = NJW 2001, 2167; BGH NJW 2001, 1276; BGH „AGB Vielzahl" BauR 1997, 123, 125 f.; BGH „Schlüsselfertigbau" BauR 1984, 396 (Einzelheiten dazu Rdn. 232); OLG Düsseldorf BauR 1996, 396; OLG Hamburg NJW-RR 1989, 529, 530; Ingenstau/Korbion/Oppler, VOB/B § *12* Rdn. 46; Michaelis de Vasconcellos, NZBau 2000, 367.
Dazu auch Lotz, BB 1996, 544, der für den Bereich des Anlagenbaus wie folgt definiert: Im Anlagenbau umfasst der Begriff Schlüsselfertig „grundsätzlich (?) alle Leistungen, die zum Erreichen des geschuldeten Erfolgs nach den Regeln der Technik (Anm.: Das ist zu wenig, s. Rdn. 600) und den örtlichen und sachlichen Gegebenheiten unter wirtschaftlichen Gesichtspunkten vernünftigerweise (?) von einem Fachmann für erforderlich gehalten werden."

Welchen **konkreten** Inhalt der Begriff „schlüsselfertig" hat, hängt von der jeweils **vertraglich** gewählten Intensität der Funktionsverlagerung auf den Auftragnehmer ab: 433

- Schlüsselfertigbau kann sich organisatorisch auf der Ebene totaler Planungsverlagerung abspielen: Vorplanung, jedenfalls Entwurf (und „Genehmigungsplanung") werden vom Auftragnehmer erbracht – also organisatorisch Totalunternehmer- oder Totalübernehmervertrag.

- Oder der Auftraggeber lässt das Design (Entwurf) von seinen Planern leisten und bringt die „Genehmigungsplanung" einschließlich Baugenehmigung bei, überlässt aber die Ausführungsplanung und den Bau einem Auftragnehmer – dies ist die prototypische Form des Schlüsselfertigbaus. Es handelt sich dabei aber dann, wenn der Auftraggeber nach der Vergabe nicht doch noch die restliche (Ausführungs-) Planung erstellt, immer noch um einen Totalüber- oder -unternehmervertrag, da ja der Schlüsselfertig-Unternehmer die Restplanung zu erbringen hat. In der Praxis wird – terminologisch falsch – i.d.R. von Generalunternehmer- oder Generalübernehmervertrag gesprochen. 434

- Oder der Auftraggeber erstellt das Design, schließt auf dieser Basis den Vertrag mit dem Auftragnehmer und erbringt **nach** Vertragsschluss die Ausführungsplanung, kennzeichnet aber den Vertrag dennoch als „schlüsselfertig". Das ist vom System her ein Etikettenschwindel, denn dem Auftragnehmer über die Vertragsvereinbarung „schlüsselfertig" eine Komplettheitsverantwortung zuzuschieben, wenn doch der Auftraggeber selbst später die „komplette" Planung einschließlich der Ausführungsplanung erbringt, ist keine Funktionsverschiebung, sondern eine Funktionsvertuschung; Schumacher hat diese Art der Leistungsbeschreibung treffend als „hybride Leistungsbeschreibung" gekennzeichnet.[440] 435

- Schließlich gibt es noch die Variante, dass der Auftraggeber Entwurfsplanung **und** Ausführungsplanung vor Ausschreibung erstellt, selbst Leistungsverzeichnisse erstellt und dennoch „schlüsselfertig" ausschreibt. 436

Es wird sofort klar, dass generalisierende Aussagen zum Bausoll des „Schlüsselfertigbaus" gar keinen Sinn haben. Erst aus dem konkreten Vertrag ergibt sich unmittelbar bzw. mittelbar das Bausoll. Demzufolge sind wir gezwungen, die einzelnen Planungsstufen und Errichtungsstufen zu untersuchen und jeweils zu klären, ob sie im konkreten Vertrag vereinbart sind oder ob sie, obwohl nicht ausdrücklich genannt, doch zum Bausoll gehören.[441] 437

Zusammenfassend ist es das Kernproblem des „Schlüsselfertigvertrages", das richtige **Bausoll** zu beurteilen, also insbesondere zu klären, inwieweit ggf. geregelte Details maßgebend sind und welchen rechtlichen Gehalt das Globalelement „schlüsselfertig" je nach Funktionsverschiebung im Vertrag hat und ob insoweit auch **„AGB-Regelungen"** wirksam sind (dazu Rdn. 520 ff).

Immer enthält das Globalelement „schlüsselfertig" mindestens die Aufgabe planerischer Kontrolle und der Koordination einer ganzen Gewerkezusammenfassung – und deshalb ist „schlüsselfertig" mehr als die bloße Komplettheit beim „Einzelgewerk", und deshalb 438

---

[440] Schumacher, Vergütung, Rdn. 60, 611 (zum Schweizer Recht); dazu weiter Rdn. 512, 521, 532.
[441] Einzelheiten zur vollständigen Verschiebung der Planungsstufen Rdn. 441 ff., nur zur Verschiebung der Ausführungsplanung sowie zur Schlüsselfertigkeit ohne Verschiebung der Ausführungsplanung (hybride Leistungsbeschreibung) Rdn. 519 ff. sowie Rdn. 440.
Zur Notwendigkeit der genauen Prüfung des konkreten Vertrages zutreffend Michaelis de Vasconcellos, a.a.O.

führt die Verwendung des Elements „Schlüsselfertigbau" nicht nur zum Einfachen Global-Pauschalvertrag (dazu oben Rdn. 406), sondern zu einem **Komplexen** Global-Pauschalvertrag.

1.4.3 Schlüsselfertigbau auf Einheitspreisbasis?

439 Wir haben den Schlüsselfertigbau als Spezialfall des Komplexen Global-Pauschalvertrages definiert.

Tatsächlich ist jedoch z. B. insbesondere von seiten der amerikanischen Streitkräfte in Deutschland Schlüsselfertigbau auf der Basis von Einheitspreisverträgen durchgeführt worden. Dies war möglich, weil die Bauobjekte tatsächlich erst dann ausgeschrieben wurden, nachdem die Ausführungsplanung (Leistungsphase 5) weitgehend abgeschlossen war und der Auftraggeber die Vollständigkeitsverantwortung trug. Das ist eigentlich kein Schlüsselfertigbau, sondern nur Generalunternehmerbau. Ein derartiges Verhaltensmuster ist beim Schlüsselfertigbau für deutsche Verhältnisse untypisch, da hier häufig (vgl. hierzu Rdn. 218 ff.) die in der HOAI vorgegebene Reihenfolge der planerischen Leistungsphasen nicht eingehalten wird, sondern lautet: Ausschreibung und Vergabe (Leistungsphase 6 und 7) **vor** Ausführungsplanung (Leistungsphase 5). Das hat zur Folge, dass zwangsläufig viele Änderungen und somit Nachträge nach der Beauftragung mit Einheitspreisverträgen anfallen,[442] was der (deutsche) Auftraggeber durch „Schlüsselfertigvergabe" auf Pauschalvertragsbasis vermeiden will.

440 Schon deshalb hat der Vorschlag, auch in anderen Fällen Schlüsselfertigbau auf Einheitspreisvertragsbasis durchzuführen, um zu verhindern, dass der Auftragnehmer für die Vereinbarung der Pauschalleistung „erhebliche Wagniszuschläge einkalkuliert", eher utopischen Charakter.[443] Eine Abrechnung auf Einheitspreisbasis wird also bei für Gesamtaufträge „üblichen Verhältnissen" die Ausnahme bleiben, der deutsche Auftraggeber will in der Regel den Zeitverlust nicht hinnehmen, den eine Durchführung der Ausführungsplanung vor der Ausschreibung zur Folge hat.

Eine Ausnahme gilt, wenn statt der Aufgliederung in Gewerke und Teilleistungen gemäß VOB/A § 9 Nr. 11 ff. (VOB/C Abschnitt Nr. 0) globalere Leistungselemente bzw. System- oder Leitpositionen ausgeschrieben werden; dazu verweisen wir auf Rdn. 217 ff. Als Beispiele sind zu nennen:

- m^2 Bodenbelag einer gewissen Qualität einschließlich aller Anschlüsse usw.;
- m^3 Tragwerkskonstruktion aus Beton einschließlich Bewehrung und Schalung.

Das sind jedenfalls dann Einheitspreisverträge, wenn vertraglich nach ausgeführter Menge abgerechnet werden soll, allerdings dann Einheitspreisverträge mit globalen Positionen und den damit verbundenen Problemen der Abgrenzung der Schnittstellen globaler Leistungselemente gegenüber nicht zum Bausoll (Vertragsinhalt) gehörenden Leistungselementen.[444]

Unter den gegebenen Verhältnissen kommen also „Schlüsselfertigverträge" auf Einheitspreisbasis praktisch nicht vor; wohl enthalten viele Schlüsselfertigverträge für einzelne Bereiche Einheitspreisregelungen außerhalb der Pauschalierung (z. B. Stahlliste), oft für ganze Gewerke – wie umgekehrt auch Einheitspreisverträge Teilpauschalen enthalten,

---

[442] Pauschalauftraggeber **können** Mengen ohne die Erstellung von Ausführungsplänen nicht ermitteln, siehe dazu auch Rdn. 67, 281, 416.

[443] So etwa Daub/Piel/Soergel, VOB/A Erl. 5.36. Wir haben unter Rdn. 94 dargelegt, dass ein Risikozuschlag als solcher keine sachliche Begründung hat.

[444] Die **Ausfüllung globaler Elemente** beim Global-Pauschalvertrag behandeln wir unter Rdn. 608 ff.

etwa für die Wasserhaltung. Teilpauschalen haben wir oben schon unter Rdn. 15 bis 17 behandelt.

Im Übrigen wäre ein solcher **Schlüsselfertig**vertrag" auf Einheitspreisbasis ebenfalls Etikettenschwindel, nämlich der Prototyp einer „hybriden Leistungsbeschreibung".[445)]

2 Planungsleistungen als Gegenstand des „Bausolls" beim Global-Pauschalvertrag

2.1 Planungsleistungen als selbständige Leistungspflicht?

Beim Global-Pauschalvertrag muss der Auftragnehmer kennzeichnenderweise im unterschiedlichsten Maß „Planungsleistungen" erbringen. Das gilt jedenfalls für das Angebotsstadium; nur dann, wenn der Bieter die Globalelemente der Leistungsbeschreibung durch „Überschlagsplanung" konkretisiert, hat er qualitative und quantitative Grundlagen für die Kostenermittlung.[446)] Darüber hinaus muss i.d.R. der Schlüsselfertigauftragnehmer bei vielen Vertragsgestaltungen selbst die Ausführungsplanung erstellen; ein Schlüsselfertig-Total-Auftragnehmer muss bei der in § 9 Nr. 15 VOB/A definierten Fassung der Leistungsbeschreibung mit Leistungsprogramm die vollständige Planung, also auch die Vorplanung, jedenfalls aber die Entwurfsplanung, liefern. In allen solchen Fällen schuldet dieser Auftragnehmer natürlich **nicht nur** die Planungsleistungen, sondern **auch die „materielle" Realisierung seiner eigenen Planung,** nämlich die Bauausführung. Daraus schließen Motzke/Wolff,[447)] die Planung werde nur erbracht, um die Werkleistung – körperliches Bauwerk – ausführen zu können, sie sei „Erfüllungsvoraussetzung". Damit sei die Planung gar nicht Gegenstand des Vertrages (?), sondern (nur) Voraussetzung für die Erfüllung der Herstellungsverpflichtung.

Bei der konventionellen Baudurchführung – also Planen gemäß HOAI durch Auftraggeber – schuldet der Auftragnehmer nur Bauleistungen; es ist dann Sache des Auftraggebers, Genehmigungs- und Ausführungsplanung beizubringen, wie beispielsweise § 3 Nr. 1 VOB/B erwähnt; die Rechtslage ist beim BGB-Vertrag nicht anders. Wenn solche Auftraggeberfunktionen hin zum Auftragnehmer „verschoben" werden sollen, bedarf das einer vertraglichen „Zuteilung" entsprechender Leistungspflichten an den Auftragnehmer. Wenn im konkreten Fall die Ausführungsplanung nicht vertragsgemäß Sache des Auftragnehmers wäre, dürfte er mit Recht auf die auftraggeberseitige Ausführungsplanung warten und wäre behindert, wenn er sie mangelhaft, zu spät oder gar nicht erhielte. Die Zuteilung der entsprechenden Planungsleistung im **Vertrag** regelt folglich nicht nur, **was** an Planung zu leisten ist, sondern vor allem auch, **wer** zu planen hat. Die Frage der Planungszuteilung richtig zu entscheiden, wenn nur der Oberbegriff „Total-Auftragnehmer" verwendet wird, ist z. B. eine ausgesprochen schwierige Frage.

Die Planungsleistungen sind allerdings im unmittelbaren Sinne keine „Bauleistung", aber sie sind Teil eines einheitlichen Werkvertrages mit mehreren Leistungsebenen, nämlich Planen *und* Bauen. Deshalb sind **Planungsleistungen des Auftragnehmers beim Global-Pauschalvertrag** sehr wohl **eigenständige Leistungsverpflichtungen,** zumal sie auch Anknüpfungspunkt eigenständiger Planungshaftung sind. Oder mit den

---
[445)] Zum Begriff oben Rdn. 435 mit Fn. 440.
[446)] Langen/Schiffers, Rdn. 143, 1489 ff.
[447)] Praxis der HOAI, S. 113, 114; anders mit Recht BGH BauR 1987, 702, 704 „keine allein bauvorbereitenden Leistungen" (s. auch a. E. dieser Rdn.); zutreffend Meissner, Seminar Pauschalvertag, S. 9, 14, 15.

Worten des Bundesgerichtshofs zur Beurteilung eines Schlüsselfertig-Generalunternehmer-Vertrages:
„Die Architektenleistungen stellen jedoch nicht nur vernachlässigbare unbedeutende Teilleistungen dar. Sie sind vielmehr selbständig zu wertende und eigener Gewährleistung und Verjährung zugängliche Vertragsgegenstände ... Architektenleistungen bleiben auch dann solche Leistungen, wenn sie ... von einem Bauunternehmer übernommen werden. Sie verlieren ihre Eigenart als Planungs- und Statikerleistung nicht dadurch, dass sie von einem Unternehmen erbracht werden, das zugleich das Bauwerk ausführt."[448]

442 Allerdings sind die Planungsleistungen nicht – wie vom Auftraggeber gegenüber einem Architekten – „isoliert" in Auftrag gegeben; sie sind vielmehr Teil eines Gesamtvertrages. Daraus folgt, dass die Leistungsverpflichtung „Planung" auch im Rahmen des Gesamtvertrages zu sehen ist und durch den Gesamtvertrag modifiziert ist. Aus der vom Auftraggeber gewollten und zwischen den Parteien vereinbarten Funktionsverschiebung – also der Aufgabe eigener Planvorgaben seitens des Auftraggebers – ergeben sich auch Schlussfolgerungen über Art und Ausmaß der in concreto geschuldeten Planungsleistungen des Auftragnehmers, so z. B. hinsichtlich der Notwendigkeit einer Vorplanung.[449] Es ist auch insofern nicht richtig, dass die Planung „eine untergeordnete Rolle" spielte,[450] richtig ist, dass sie nicht Einzelleistung ist, sondern Mittel zur Verwirklichung der von diesem Auftragnehmer geschuldeten Gesamtleistung.

Unter diesem einschränkenden Aspekt ist folglich jetzt zu prüfen, **welche Planungsleistungen „funktionsgerecht" Gegenstand** der Verpflichtung des Auftragnehmers beim Global-Pauschalvertrag sind, also das „Bausoll" mitbilden, wenn der jeweilige Vertrag **keine eindeutige Regelung** enthält.

2.2 Verschiebung mindestens einzelner Planungsfunktionen vom Auftraggeber auf den Auftragnehmer als *notwendiges* Charakteristikum des Global-Pauschalvertrages

443 Beim vom Auftraggeber auf der Basis einer fertigen Planung, differenziert ausgeschriebenen Einheitspreisvertrag erbringt der Auftragnehmer ebenso wie beim Detail-Pauschalvertrag (nur) die Bauausführung. Sobald aber der Bauvertrag auch nur **ein** globales Leistungselement enthält, werden dadurch vom Auftraggeber bisher selbst (durch seinen Architekten und/oder seine Fachplaner als Erfüllungsgehilfen) zu leistende Funktionen jedenfalls teilweise auf den Auftragnehmer übertragen.
Die Nachholung der Konkretisierung und Detaillierung des Globalelements, die als „Ausfüllung" (nachgeholte Detaillierung) dieses Globalelements spätestens bei Ausführung zwingend ist, verlangt nämlich jetzt **wenigstens zu einem Teil** Architektenleistun-

---

[448] A. a. O.
Ob auf die **Planungsleistungen** die VOB/B oder die HOAI anwendbar sind, erörtern wir unter Rdn. 472, 473.
Wir bezeichnen diese Leistungen übrigens dennoch auch als „**Bausoll**", weil wir damit die Gesamtheit der vom jeweiligen Auftragnehmer geschuldeten Vertragsleistungen benennen.
Zu den Folgerungen für die Verjährung des Vergütungsanspruches s. schon oben Rdn. 17.
[449] Vgl. unten Rdn. 448.
[450] So Kniffka, Seminar ARGE/Generalunternehmer/Subunternehmer, S. 46 ff., 53 unter Hinweis auf BGH BauR 1989, 95, 96. Der BGH behandelt dort die Frage, ob für einen Architekten, der als Bauträger-Generalunternehmer tätig wird, die Makler- und Bauträgerverordnung gilt und erwähnt insoweit, dass nicht die Planung das Berufsbild prägt, sondern **insoweit** die Planung gegenüber der Erstellung des Hauses (und dem Grundstücksverkauf) eine verhältnismäßig untergeordnete Rolle hat.

Verschiebung einzelner Planungsfunktionen auf den Auftragnehmer   Rdn. 444

gen (und Leistungen der Fachplaner) vom Auftragnehmer: Gemäß § 15 Abs. 1 Nr. 5 HOAI obliegt die **Ausführungsplanung** „an sich" dem Architekten (Objektplaner), nämlich die Durcharbeitung der Entwurfs- und Genehmigungsplanung und die Darstellung der **ausführungsreifen Planungsleistung**. Gemäß Nr. 6 obliegt dem Architekten die **Vorbereitung der Vergabe**, nämlich das Ermitteln von Mengen und das Aufstellen von Leistungsverzeichnissen. Plant der Architekt des Auftraggebers eine Teilleistung in der Ausführungsplanung nicht vollständig und schreibt er die Leistung nicht detailliert aus, verlangt der Auftraggeber aber (wirksam) gleichwohl über ein entsprechend globales Element der Leistungsbeschreibung eine „**komplette Leistung**", so verschiebt dieser Auftraggeber Kontroll- und Ausführungs-Planungsaufgaben auf den Auftragnehmer. Diese **Systemwahl des Auftraggebers** hat für die Frage, wer die „Lücke" zu füllen hat und wie sie zu füllen ist, entscheidende Bedeutung.

Wegen dieser Bedeutung und ihrer Folgen ist eine in **Allgemeinen Geschäftsbedingungen versteckte**, heimliche „Funktionszuschiebung" in Form der **Komplettheitsklausel** beim **Einfachen Global-Pauschalvertrag** (zur Definition oben Rdn. 406) **unwirksam**.[451]

Im **Einfachen** (falls wirksam) oder **Komplexen** (dazu Rdn. 409 ff.) **Global-Pauschalvertrag** bedeuten vereinbarte globale Leistungselemente immer, dass der Auftragnehmer über die Objekt**realisierungs**verpflichtung **hinaus auch** Objekt**planungs**verpflichtungen übernimmt. Dabei ist der Ausdruck „Planungsverpflichtung" im konkreten Fall zwar richtig, aber nicht präzise genug.
Richtiger und umfassender lässt sich diese Funktionsverschiebung dahin definieren, dass der Auftragnehmer Funktionen mitübernimmt, die wenigstens einzelnen Teilbereichen der **Leistungsphase 5** gemäß § 15 Abs. 1 HOAI entsprechen.

444

Die Grundsatzaussage gilt für **jeden Global-Pauschalvertrag:** In der **Funktionsverschiebung durch Übertragung von Planungsleistungen** liegt der **kennzeichnende Unterschied zwischen Global-Pauschalvertrag und Detail-Pauschalvertrag**. Damit ist folglich die Aussage aus Rdn. 405 zu bestätigen: Charakteristisch für einen Global-Pauschalvertrag ist ein (mehr oder minder umfassendes) Globalelement in der Leistungsbeschreibung und daraus folgend eine (teilweise) Funktionsverschiebung von Auftraggeber (Planung) auf Auftragnehmer hinsichtlich Planungsleistungen.

Selbstverständlich kann je nach Einzelfall die Funktionsverschiebung minimal (z. B. beim individuellen Einfachen Global-Pauschalvertrag) oder umfassend (z. B. beim Komplexen Global-Pauschalvertrag, z. B. „Schlüsselfertigbau") sein, also nur kleinste Teilausschnitte der Leistungsphase „Ausführungsplanung" (letztlich möglicherweise nur deren Kontrolle) umfassen oder aber andererseits die ganze Ausführungsplanung, sie kann sogar die Entwurfsplanung einschließen und überhaupt jede Planungsleistung. Unsere grundsätzliche Aussage zur Charakteristik des Einfachen Global-Pauschalvertrages gilt folglich auch für den Komplexen Global-Pauschalvertrag und insbesondere für den Schlüsselfertigbau, nämlich als Mindestaussage: Auch beim Komplexen Global-Pauschalvertrag kann die Funktionsverschiebung sich darauf beschränken, dass einzelne Teile der Ausführungsplanung – im Extremfall nur deren Kontrolle – auf den Auftragnehmer übertragen werden; typischer ist aber – wie sogleich zu erläutern – eine umfassendere Verlagerung.

Nochmals in Anknüpfung an Rnd. 423: Der **Einfache** Global-Pauschalvertrag – zum Begriff oben Rdn. 406 – enthält auf der Leistungsseite lauter geregelte Details und nur ein einziges globales Element, die „Komplettheitsklausel". Diese Zuweisung einer Vollständigkeitsverpflichtung auf den Auftragnehmer, obwohl die detailliert ausgeschriebene, als vollständig zu vermutende Planung vom Auftraggeber stammt, ist in Allgemeinen Ge-

---
[451] Zur Unwirksamkeit der Komplettheitsklausel Rdn. 512 ff.

schäftsbedingungen des Auftraggebers unwirksam, individuell dagegen wirksam.[452] Anders ausgedrückt: **Einfache Global**-Pauschalverträge **gibt es nur aufgrund individueller** Vereinbarung.

Dieselbe Klausel ist beim Komplexen Global-Pauschalvertrag in Allgemeinen Geschäftsbedingungen nicht nur zulässig, die **Komplettheitsklausel** stellt vielmehr geradezu ein **Kernstück des Komplexen Global-Pauschalvertrages (insbesondere des Schlüsselfertigbaus) dar.**[453]

445 **Zusammenfassend** gilt: **Bei jeder Form eines Global-Pauschalvertrages schuldet der Auftragnehmer über Bauleistungen hinaus jedenfalls auch Planungs-Teilleistungen, ohne dass dies ausdrücklich vereinbart zu sein braucht;** genau das ist nämlich **der Unterschied zum Detail-Pauschalvertrag** und die Abweichung vom „Idealbild" des § 5 Abs. 1 b VOB/A.

Da der Auftragnehmer anders als ein Planer nicht **nur** die geistige Leistung „Planung" schuldet, sondern als Pauschalvertrags-Auftragnehmer auch (und insbesondere) eine Bauleistung, hinsichtlich der Vollständigkeit insoweit die **realisierte** Planung in Form der vollständigen Bauleistung, lässt sich der vom Auftragnehmer geschuldete Leistungsinhalt immer noch als „Bausoll" kennzeichnen, wie schon erwähnt.

446 Im Streitfall muss entschieden werden, ob ein Auftragnehmer eine **bestimmte** planerische Einzelleistung schuldet (mit der entsprechenden Folge auch für die Bauleistung). Muß z. B. ein Schlüsselfertig-Auftragnehmer ohne besondere Vereinbarung die Statik oder nur die Schalpläne und die Bewehrungspläne selbst erstellen, oder schuldet sie der Auftraggeber? Ist also – weitergehend – beispielsweise der Auftragnehmer dadurch behindert, dass der Auftraggeber die Bewehrungspläne nicht liefert?
Wir werden nachfolgend **alle Planungsphasen daraufhin untersuchen, inwieweit** sie bei den unterschiedlichen Global-Pauschalvertragstypen „**Bausoll**", also Leistungspflicht des Auftragnehmers sind, **ohne dass ihre Einbeziehung gesondert vertraglich vereinbart ist;** wir werden also prüfen, welche jeweilige Planungsleistung bei welchem jeweiligen Global-Pauschalvertrags-Typ **auch ohne besondere Vertragsregelung** gilt. Dass individualvertraglich beliebige Regelungen möglich sind, versteht sich.

2.3 Die einzelnen Leistungsphasen der Objektplanung für Gebäude („Architektenleistung") (§ 15 Nr. 1, Nr. 2 HOAI) als Bausoll des Global-Pauschalauftragnehmers

2.3.1 Grundlagenermittlung – § 15 Nr. 1 HOAI Phase 1

447 Die Grundlagenermittlung umfasst u. a. als Grundleistung „Klären der Aufgabenstellung, Beraten zum gesamten Leistungsbedarf, Formulierung von Entscheidungshilfen für die Auswahl anderer an der Planung fachlich Beteiligter" und als Besondere Leistung u. a. „Standortanalyse, Betriebsplanung, Aufstellen eines Raumprogramms, Aufstellen eines Funktionsprogramms, Prüfen der Umweltverträglichkeit".

Die Grundlagenermittlung gehört eigentlich zum Aufgabenbereich des Auftraggebers; sie ist erst durch die HOAI 1971 als Leistung im „Vorfeld" in den Rang einer eigenen, vergütungspflichtigen Leistungsphase des Architekten erhoben worden, weil schon im Stadium der Definition von Bauherrenwünschen und Bauherrenmöglichkeiten planerseitige Hilfestellungen erforderlich sein können. Die entsprechenden Leistungen schlagen sich

---
[452] Siehe dazu unten Rdn. 512 ff.
[453] Siehe dazu näher unten Rdn. 520 ff.

zusammenfassend in der Aufgabendefinition nieder, die eigentlich auch beim umfassendsten Global-Pauschalvertrag **nur Sache des Auftraggebers** selbst ist.

Davon gibt es **eine** Ausnahme: Das ist der „Auftragnehmer", der gar nicht nach bekanntem Bauherrenwunsch baut, sondern der selbst ein Grundstück entweder erwirbt oder von dritter Seite beibringt, dieses – soweit erforderlich – im Zusammenwirken mit einer Planungsbehörde planungsrechtlich erschließt, es z. B. arrondiert und nachbarrechtlich sichert sowie erst einen Bebauungsplan durchsetzt, darauf eine eigene Vermarktungskonzeption entwickelt und planerisch vorbereitet oder realisiert und dann dieses Objekt unter Einschaltung eines von ihm beauftragten Generalunternehmers – so der Regelfall – auch baut. Das ist **im großen und ganzen** das Leistungsbild des „**Projektentwicklers**" oder **im kleinen** das Leistungsbild des **Bauträgers**.

Da bei diesen Erscheinungsformen der Unternehmer seine Aufgabenstellung selbst definiert und später ein fertiges Paket „verkauft", bei dem der Erwerber – „Auftraggeber" – auf die Grundlagenkonzeption gar keinen Einfluss hat, stellen sich insoweit auch **keine** spezifischen **Leistungspflichten im Verhältnis zum Auftraggeber**. Man wird lediglich verallgemeinernd schließen dürfen, dass der Projektentwickler wie auch der Bauträger die konzeptionierte Leistung auf jeden Fall selbst in vollem Umfang erstellen muss, ohne dass dies besonderer vertraglicher Vereinbarung bedarf.

Als eigenständige, von ihm selbst zu erbringende Aufgabe spielt die Leistungsphase 1 für den Global-Pauschalvertrags-Auftragnehmer keine große Rolle.

Selbstverständlich lässt sich Gegenteiliges vereinbaren, z. B. durch einen „**Budgetvertrag**", wie unter Rdn. 450 erörtert.

2.3.2 Vorplanung – § 15 Nr. 1 HOAI Phase 2

Die Vorplanung umfasst als Grundleistung u. a. das Aufstellen eines planungsbezogenen Zielkataloges und das Erarbeiten eines Planungskonzepts. **448**

Beurteilungskriterien für das Ergebnis der Vorplanung sind:

a) Erfüllung der vorab in der Leistungsphase 1 bzw. in der Leistungsbeschreibung mit Leistungsprogramm formulierten Funktionsvorgaben (Beleg: zeichnerische Darstellung)
b) eine den auftraggeberseitigen Vorgaben entsprechende bzw. eine zufriedenstellende Form (Beleg: zeichnerische Darstellung – „form follows function")
c) die Einhaltung des vorgegebenen Budgets (Beleg: Kostenschätzung)

Beim **Projektentwickler** und beim **Bauträger** sind die Leistungen zu a und b aus den in Rdn. 447 erläuterten Gründen ohnehin systemimmanent.
Beim sonstigen **Total**-Schlüsselfertig-Vertrag schuldet der Auftragnehmer die „fertige" Planung zur Erlangung der Baugenehmigung, also bis zur Leistungsphase 3. Die Vorplanung ist insoweit nur der Anfangsschritt, der – wie oben schon dargestellt – die Funktionserfüllung und die Formgebung klärt und dokumentiert. Wenn der Auftraggeber die Planung bis zur Entwurfsplanung und deren bauliche Realisierung in die Hand des Auftragnehmers legt, hat er nach unserer Meinung zwar Anspruch auf eine fertige Entwurfsplanung als Auftragnehmerleistung (Phase 3), aber nicht unbedingt auf **gesondert** zu behandelnde oder vorzulegende Vorarbeiten in Form spezieller Vorplanungsleistungen.
Das gilt jedenfalls für solche Fälle, bei denen der Auftraggeber über die Klärung der Grundlagen im Sinne von Leistungsphase 1 hinaus auch weitestgehende geometrische Formvorgaben – also die Planungskonzepte im Sinne von Leistungsphase 2 – vorgege-

ben hat. In solchen Fällen erarbeitet der Auftragnehmer kein Planungskonzept, sondern er konkretisiert es auf der Basis auftraggeberseitiger Vorgaben. Der Auftraggeber darf diese Konkretisierung daraufhin überprüfen, ob seine Vorgaben eingehalten worden sind.

Sofern dagegen der Auftraggeber keine planerischen, sondern nur funktionale Vorgaben formuliert hat, stehen nach der Erstellung des Planungskonzepts zwei Beurteilungen gegebenenfalls an:
1. ob die funktionalen Vorgaben eingehalten worden sind und
2. die der Formgebung

Ersteres steht dem Auftraggeber zu, letzteres dann nicht, wenn der Auftraggeber auf spezielle Vorgaben verzichtet hat.

Der Auftragnehmer darf dann – bei Einhaltung der Funktionsvorgaben – den Formgebungsanteil seines eigenen Planungskonzeptes verwirklichen (dazu siehe unter Rdn. 455 ff.). Der Total-Schlüsselfertig-Auftragnehmer braucht – da er durch keine Formgebungsvorgaben eingeschränkt ist – den Formgebungsanteil seines Planungskonzeptes mit niemandem zu erörtern; anders ausgedrückt: In solchen Fällen ist der formgebende Anteil der Vorplanungstätigkeit vollkommen frei und nicht unmittelbar einer Kontrolle oder einer Vorlagepflicht unterworfener Gegenstand der Leistungspflicht des Auftragnehmers. Der Auftragnehmer schuldet – ganz gleich welcher Fall vorliegt – nie „Varianten", denn entweder gibt es Vorgaben des Auftraggebers oder aber der Auftragnehmer kann seine Formgebungstätigkeit – unter Einhaltung der Funktionsvorgaben – frei entwickeln (näher dazu Rdn. 1033 ff.).

449 Schon gar nicht gehören – ohne besondere Vereinbarung – diejenigen Leistungen zur Pflicht des Total-Schlüsselfertig-Auftragnehmers, die als Besondere Leistung der Phase 2 in § 15 HOAI genannt sind, also z. B. das Aufstellen einer Bauwerks- und Betriebs-Kosten-Nutzen-Analyse.

Einzelvertraglich ist es – um dies hier noch einmal und auch für alle nachfolgenden Planungsphasen zu betonen – selbstverständlich möglich, dem Total-Schlüsselfertig-Auftragnehmer die Pflicht aufzuerlegen, eine selbständige Vorplanung zu fertigen.

450 Als Modell für eine **besondere Art der vereinbarten** Zusammenarbeit zwischen Total-Schlüsselfertig-Auftragnehmer und Auftraggeber in dieser Phase (ohne schon die Beauftragung weiterer Schritte) wird von Auftraggeberseite ein **„Budgetvertrag"** (s. oben Rdn. 424) vorgeschlagen. Damit soll die „Entwicklung und technisch-wirtschaftliche Optimierung des Projekts von Anfang an betrieben werden". Es handelt sich um einen Vertrag, der eine schriftliche Abwicklung nach Leistungsphasen vorsieht, die nach Fertigstellung einzelner Phasen jedoch jederzeit abgebrochen werden kann. Der erste in Auftrag gegebene Schritt beinhaltet die Erarbeitung eines Vorentwurfs bei vorgegebenem Budget (ähnlich „construction management" Vertrag, oben Rdn. 424). Akzeptiert der Auftraggeber den Vorentwurf nicht, so wird die Zusammenarbeit beendet, eine Vergütung gibt es nicht, beide Parteien waren auf eigenes Risiko tätig. Akzeptiert der Auftraggeber den Vorentwurf und wird ein Budget für die weitere Realisierung vereinbart, so erstellt der Auftragnehmer die Entwurfsplanung. Liegen das Ergebnis der Entwurfsplanung und das daraus folgende Angebot für die Bauausführung innerhalb des vorgegebenen Budgets und der Vorgabe des Vorentwurfs, so erhält der Auftragnehmer den weiteren Auftrag. Unterbleibt der Auftrag, so erhält der Auftragnehmer eine vereinbarte Vergütung seiner bisherigen Leistung. Ungeachtet der Bezeichnung „Budgetvertrag" handelt es sich um nichts anderes als eine übliche gestaffelte Beauftragung, die als praktikabler Weg empfehlenswert erscheinen kann,[454] aber über die de facto Bindung zur Ausschaltung des Wettbewerbs führt, was problematisch sein kann.

Eine amerikanische Spielart derselben Grundüberlegung ist der „Construction Management Vertrag" (dazu oben Rdn. 424).

Änderungen der Vorplanung behandeln wir unter Rdn. 1033.

2.3.3 Entwurfsplanung – § 15 Abs. 1 HOAI Phase 3 – „Entscheidung nach Billigkeit" – Planung unter dem Standard „anerkannter Regeln der Technik"

Entwurfsplanung ist gemäß HOAI die „Durcharbeitung des Planungskonzepts ... bis zum vollständigen Entwurf", ihr Ziel ist die Erlangung der Baugenehmigung. 451

Der **Bauträger** muss notgedrungen einen Entwurf erstellen bzw. durch einen von ihm beauftragten Architekten erstellen lassen, um bauen zu können. Aber im Vordergrund seines „gemischten Vertrages" (Kaufrecht, Werkvertragsrecht) stehen gewissermaßen konfektioniert angebotene Grundstücke mit fertigem Haus. Von „Sonderwünschen" abgesehen, die sich auf Einzelheiten der Ausführungsplanung beziehen, greift der Erwerber in den Planungs- und Produktionsprozeß überhaupt nicht ein. Deshalb hat er auch keinen Anspruch auf **Aushändigung** eigenständiger **Unterlagen**, die zur Erlangung der Baugenehmigung erforderlich sind, gegenüber dem Bauträger;[455] er kann sie problemlos bei amtlichen Stellen einsehen.
Wenn er keinen Anspruch auf Einsicht hat, wird man ihm auch keinen vertraglichen Anspruch auf Vorlage der konkreten Entwurfsplanung zugestehen können; er hat die Information, die ihm aus dem notariellen Vertrag und den beigehefteten Plänen bekannt ist (i. d. R. Vorentwurfspläne, die die Funktionserfüllung und die Bauwerksgeometrie (Form) klären), weitere Ansprüche hat er nicht.

Beim **Projektentwickler** sieht die Sache nach unserer Meinung anders aus. Wenn er das Grundstück mitliefert, handelt es sich auch bei diesem Vertrag zwar um einen gemischten Vertrag mit Kaufvertrags- und Werkvertragselementen. Aber diese „Werkvertragselemente" – nämlich Total-Schlüsselfertigbau – haben doch eine andere Qualität als beim „kleinen Bauträgervertrag"; erst recht gilt das, wenn der Projektentwickler das Grundstück gar nicht selbst unmittelbar liefert. Der Projektentwickler gibt einem Investor ein erschlossenes Grundstück, ein Vermarktungskonzept und normalerweise wenigstens eine (Teil-) Entwurfsplanung als Basis der öffentlich-rechtlichen Genehmigungstätigkeit. Diese Entwurfsplanung wird gegenüber dem Auftraggeber dokumentiert, sie ist Gegenstand der beschriebenen vertraglichen Leistung und Basis für (zulässige) Änderungs- und Ergänzungsanordnungen des Auftraggebers. Da solche Anordnungen ohne Kenntnis der Basisdaten gar nicht möglich sind und da ein Projektentwicklungs-Vertrag die Entwurfsplanung als Basis der Bauausführung normalerweise ausdrücklich zum Gegenstand hat, kann es aus unserer Sicht keinem Zweifel unterliegen, dass der **Projektentwickler** (auch ohne besondere vertragliche Vereinbarungen) **eine eigenständige Entwurfsplanung in** 452

---

[454] Einzelheiten aus **Auftraggebersicht** bei Bühring, Der Generalunternehmer als Projektmanager und Garant für die Vertragserfüllung bei komplexen Bauvorhaben, VDI-Berichte 932 (1992), S. 93 ff., 107 f.
Zur **stufenweisen** Beauftragung des Architekten Langen/Schiffers, Bauplanung und Bauausführung, Rdn. 904 ff., s. auch Rdn. 454 am Ende.
[455] Zutreffend insoweit OLG München IBR 1992, 51; OLG Karlsruhe NJW 1975, 694; Hansen/Nitschke/Brock, Bauträgerrecht, Rdn. 128; anderer Ansicht BayObLG IBR 2001, 424 mit weiteren Nachweisen in der Kurzanm. Schmidt; OLG Hamm NJW 1988, 268; Palandt/Heinrichs, BGB, § 242, Rdn. 23; Brych/Pause, Bauträgerkauf und Baumodelle, Rdn. 470; Basty, Bauträgervertrag, Rdn. 419 ff..

vollständiger Form schuldet und diese wie ein Architekt **vorlegen** muss, wobei der Auftragnehmer normalerweise keine andere Wahl hat, als diese vorgegebene Planung auch als Vertragsleistung zu akzeptieren.

Entscheidend ist aber jedenfalls, dass hier der Projektentwickler die Entwurfsplanung nicht als bloße „untergeordnete" Vorleistung erbringt, sondern schon als wesentlichen Teil seiner vertraglichen Gesamtverpflichtung.

453 Beim **normalen Total-Schlüsselfertig-Auftragnehmer** (also z. B. beim Bau nach Leistungsprogramm) ist ebenfalls die Entwurfsplanung selbständige Vertragspflicht des Auftragnehmers. Überhaupt ist der Totalvertrag zu verstehen als die schlichte Kombination von Planungsleistungen (i. d. R. einschließlich der Leistungen von Fachplanern) und von Schlüsselfertig-Bauleistungen.

Gelegentlich kommt es vor, dass der Auftraggeber dem Total-Schlüsselfertig-Auftragnehmer einen Architekten benennt, den dieser als seinen Nachunternehmer für die Planung einsetzen muss („**nominated subcontractor**", vgl. Rdn. 411). Das ändert nichts daran, dass zwischen Auftraggeber und Architekt auch dann keine Rechtsbeziehungen bestehen. Für den Auftragnehmer kann dieser Zwang erhebliche interne Probleme mit sich bringen.

Der Auftraggeber hat gegenüber dem Total-Schlüsselfertig-Auftragnehmer insoweit genauso Ansprüche auf **Planvorlage** wie gegenüber einem Architekten.

454 Schon im Normalfall des vom Auftraggeber beauftragten Architekten liefert dieser ein mangelfreies Teilwerk „Entwurfsplanung" dann, wenn die gefundene Lösung baurechtlich genehmigungsfähig ist, keine technischen Fehler aufweist und der verabschiedeten Vorplanung entspricht. Der Auftraggeber hat nur Anspruch auf eine einzige Fassung der Entwurfsplanung, nämlich der Konkretisierung der vorab in Leistungsphase 2 verabschiedeten Fassung der Vorplanung; der Auftraggeber erhält also nur **einen** Entwurf.[456] Hinsichtlich der eigentlichen Problemlösung und der baulichen Gestaltung hat der Architekt einen weiten Spielraum. So ist es nur in seltensten Ausnahmefällen möglich, einem Architekten den Vertrag **aus wichtigem** Grund deshalb zu kündigen, weil dem Auftraggeber das planerische Ergebnis im Rahmen auftraggeberseitiger Vorgaben schlicht nicht gefällt.[457]

Beim Total-Schlüsselfertig-Vertrag scheidet das – bei Einhaltung der auftraggeberseitigen Vorgaben, vgl. Rdn. 448 – ganz aus. Vorweg wird ein Auftraggeber diese Vertragsform nur wählen, wenn er ein überwiegend zweckorientiertes Objekt errichten will, wenn also gestalterische Ansprüche nicht im Vordergrund stehen. Ein SB-Markt als Total-Schlüsselfertig-Vertrag ist typisch, ein Museum wohl ausgeschlossen. Schon das allein bedeutet, dass der Auftraggeber beim Total-Schlüsselfertig-Vertrag Konzeption und Gestaltung in der Form hinnehmen muss, wie der Auftragnehmer sie entscheidet; Einschränkungen sind gemäß Treu und Glauben (§ 242 BGB) zu machen gerade mit Rücksicht auf die beabsichtigte wirtschaftliche Nutzung des Objekts. Der Auftraggeber kann aus seiner Fachkunde entsprechende Optimierungswünsche vorab frei vorgeben, nach Auftragserteilung nur noch als „Wunsch" einbringen; das entspricht dem normalen Planungsprozeß. Die Planungsentscheidung des Auftragnehmers muss außerdem „billig" im Sinne von § 315 BGB sein (vgl. Rdn. 455). Hinzu kommt aber vor allem, dass dieser **Auftragnehmer zu einem vorher festgelegten** Preis die Planung auch **ausführen** muss. Wenn der Auftraggeber neue Parameter in die Planung einführt, die er **vor** Vertragsschluss nicht zum Ver-

---
[456] Zutreffend Locher/Koeble/Frik, HOAI, § 20 Rdn. 17.
[457] Ein Recht zur Kündigung aus wichtigem Grund hat der Auftraggeber, wenn er die vom Planer erbrachten Teilleistungen nicht verwenden kann oder aus anerkennenswerten Gründen nicht verwerten will, BGH BauR 1997, 1060. Das Recht zur freien Kündigung des Architektenvertrages **mit** Vergütungspflicht gemäß § 649 BGB bleibt unberührt.

tragsgegenstand gemacht hat, würde die Global-Pauschalvergütung im Vorhinein schlechthin unkalkulierbar, jedenfalls träten beachtliche finanzielle Folgen auf.

Wenn ein Auftraggeber die Funktionsverlagerung „Total-Schlüsselfertig-Bau" wählt, überträgt er somit vertraglich die Ausfüllung des vorab nicht oder nur durch Vorentwurfs-Dokumente näher bestimmten komplexen Global-Elements „Entwurfsplanung" dem **Auftragnehmer** in der Form, dass **dieser** auf der Basis der auftraggeberseitigen Vorgaben zu wählen hat.

Die **unbestimmte Leistung „Entwerfen"** soll vom **Auftragnehmer bestimmt** werden; das ist der Fall des § 315 BGB – nämlich Leistungskonkretisierung durch den Vertragspartner. Das heißt: Der Auftragnehmer bestimmt – noch schärfer als ohnehin beim Architektenvertrag – im wörtlichen Sinne die Planungsleistung, **er** hat Entscheidungsspielraum und entscheidet. Bei einem gegenseitigen Vertrag wie dem Werkvertrag regelt allerdings § 316 BGB, dass dann, wenn auf der einen Seite eine bestimmte Leistung, auf der anderen Seite eine unbestimmte Leistung steht, „im Zweifel" der die unbestimmte Leistung bestimmen darf, der sie zu fordern hat, was hier bedeuten würde, dass der Auftraggeber sie bestimmen dürfte. Das gilt aber gerade für den Total-Schlüsselfertig-Bau nicht, hier gibt es „den Zweifel" nicht: Aus den erläuterten Gründen – nämlich den gerade besprochenen Freiräumen der Entwurfsplanung – liegt nämlich in der Vereinbarung eines Total-Schlüsselfertig-Vertrages die zumindest **konkludente Vereinbarung des Bestimmungsrechts durch den Auftragnehmer;** andernfalls könnte der Total-Schlüsselfertig-Auftragnehmer nie einen Pauschalpreis schon zum Vertragszeitpunkt für eine Leistung anbieten, auf deren planerische Voraussetzung er dann selbst nicht den entscheidenden Einfluss hätte.[458]

Außerdem ist nur so die vertragstypische Kombination Planung und Errichten möglich: Da der Auftragnehmer nur **einen** (mangelfreien) Entwurf schuldet (vgl. oben Rdn. 434), ist die Erstellung des Entwurfs anders als beim herkömmlichen Architektenvertrag gleichzeitig auch die damit zwangsläufig in den Händen des Auftragnehmers liegende Bestimmung, dass gerade **so** auch gebaut wird.

Hier zeigt sich schon, wie wichtig die Bausoll-Dokumentation, z. B. als verabschiedeter (Vor-)Entwurf der Auftraggeberseite, für den Total-Schlüsselfertig-Auftragnehmer ist.

Die weitere Leistungsbestimmung selbst erfolgt gemäß § 315 Abs. 2 BGB durch „Erklärung gegenüber dem anderen Teil", hier also durch Erklärung des Auftragnehmers gegenüber dem Auftraggeber, folglich konkret durch die Vorlage der Entwurfsplanung. Schon deshalb versteht es sich von selbst, dass der Total-Schlüsselfertig-Auftragnehmer dem Auftraggeber die Entwurfsplanung vorlegen muss.

Der Auftragnehmer muss die Plan-Leistungsbestimmung **„nach billigem Ermessen"** treffen (§ 315 Abs. 1, Abs. 3 BGB)[459], andernfalls sie unverbindlich ist; sie würde dann durch „Urteil getroffen" – kein sehr praktischer Weg für ein Bauvorhaben. Aber: Was „billig" ist, ist zwar unter Berücksichtigung „der Interessenlage beider Parteien unter Heranziehung des in vergleichbaren Fällen Üblichen zu entscheiden".[460] Aber hier werden ja nur noch äußerste Grenzfälle erfasst: Im Normalfall erfolgt eine Entwurfsplanung auf der Basis einer verabschiedeten Vorplanung und ist deshalb keine „Neu-Planung", sondern beinhaltet (nur) Unterlagen zur Erzielung der Genehmigungsfähigkeit der Vorplanung, und zwar durch Konkretisierung der Vorplanung im Rahmen seiner Durcharbeitung unter Berücksichtigung der – zumeist genehmigungsrechtlichen – Anforderungen und durch Integration der Beiträge der eigenen oder der auftraggeberseitig gestellten Son-

455

---

[458] Um dieses Problem zu vermeiden, sind Vertragsregelungen mit stufenweiser Beauftragung sinnvoll, s. oben Rdn. 450.
[459] Ebenso Leinemann, VOB/B § 2 Rdn. 268.
[460] BGHZ 41, 271; 62, 316.

derfachleute. Kern des Leistungsbestimmungsrechts bei der Entwurfsplanung ist dagegen also die nur durch Vorgaben eingeschränkte Ausübung der dem Objektplaner grundsätzlich zugestandene Konzeptions- und Gestaltungsfreiheit.

Dieser Maßstab muss aus den genannten Gründen für die „Billigkeit" der Planung des Total-Schlüsselfertig-Auftragnehmers äußerst weit gefasst werden.

Zum **gesamten Problem** des § 315 BGB und insbesondere auch zum generellen **Maßstab der „Billigkeit"** werden wir im übrigen noch im Zusammenhang mit der **weiteren Erörterung** der Ausfüllung „globaler Elemente" unter Rdn. 608 ff, 643 ff **Stellung nehmen**.

Der Auftragnehmer muss im übrigen die „Billigkeit" seiner Planung **beweisen**, was übrigens auch ein starkes Argument im Rahmen der allgemeinen Beweislastüberlegungen – dazu Rdn. 679 ff. – ist.

456 „Billigkeit" kann natürlich auf keinen Fall bedeuten, dass der Total-Auftragnehmer Vorgaben des Auftraggebers und/oder öffentlich-rechtliche Vorschriften mißachten dürfte oder nicht gemäß den **„anerkannten Regeln der Technik"** zu leisten hätte.

Gerade zu letzterem ergibt sich ein **Sonderproblem:** Der **Total-Schlüsselfertig-Auftragnehmer verfasst** vor Vertragsschluss sehr oft eine **Leistungsbeschreibung,** die Vertragsinhalt wird. Wenn **er** dort eine Leistung konkret festlegt (z. B. Fassade), die **nicht den „anerkannten Regeln der Technik"** entspricht, schützt ihn die noch so detaillierte „fehlerhafte" Leistungsbeschreibung nicht davor, entgegen dieser Festlegung doch gemäß den „anerkannten Regeln der Technik" leisten zu müssen. Er hätte nämlich den **Auftraggeber darauf hinweisen müssen,** dass die von ihm vorgeschlagene, vereinbarte Leistung nicht den Anforderungen von § 4 Nr. 2 Abs. 1 Satz 2 und § 13 Nr. 1 VOB/B entspricht; das die Leistung „funktioniert", reicht nicht zur Annahme der Mangelfreiheit aus. Die vom Auftrag**nehmer** verfasste Regelung der Leistungsbeschreibung ist nur dann maßgebend, wenn der Auftragnehmer beweist, dass der **aufgeklärte Auftraggeber** die „Minderqualität" in Erkenntnis der richtig beschriebenen Problematik **akzeptiert** hat.[461]

Da der Auftragnehmer eine richtige und vollständige Entwurfsplanung schuldet, kann er sich nicht darauf berufen, etwas „Geringwertigeres" bauen zu dürfen, weil er selbst insoweit mangelhaft geplant hat.[462] Erst recht gibt es dann keine Belastung des Auftraggebers mit **Sowiesokosten** (dazu Rdn. 264, 527, 537).[463]

Abschließend ist festzuhalten, dass die Leistungspflicht des Auftragnehmers in den Fällen, in denen er die Entwurfsplanung (ohne nähere vertragliche Regelung) schuldet, nur sinngemäß § 15 Nr. 1 Phase 3 HOAI zu entnehmen ist. Der Auftragnehmer des Global-Pauschalvertrages schuldet z. B. ohne besondere Vereinbarung keine Kostenberechnung nach DIN 276, was angesichts der Pauschale auch widersinnig wäre.

457 Auftraggeberseitig angeordnete **Änderungen** der Entwurfsplanung behandeln wir im übrigen unter Rdn. 1038–1042.

---

[461] OLG Frankfurt IBR 2005, 421; BGH BauR 1984, 510, 512, 513 (**„rechtsgeschäftliche Risikoübernahme");** Kleine-Möller/Merl, § 12 Rdn. 218, 219. Zum Problem BGH BauR 1995, 538. Vgl. auch OLG Koblenz NJW-RR 1995, 787.

[462] Näher schon oben Rdn. 264, weiter Rdn. 519, 533, 627 ff.

[463] Beispiel: Der Hersteller eines schlüsselfertigen Hauses schuldet eine funktionale Kellerabdichtung. Nur bei eindeutiger Vereinbarung einer bestimmten Ausführungsart könnten dem Verlangen des Bestellers auf Kostenersatz wegen Mängeln Sowieso-Kosten entgegengehalten werden, so OLG Celle BauR 1998, 801. Das ist vom OLG Celle für den Regelfall viel zu milde formuliert: Im Regelfall kann sich der Hersteller doch nicht darauf berufen, er habe eine wasserdurchlässige Isolierung geplant. Nur im völlig theoretischen Fall einer eindeutigen vertraglich individuellen Risikoübernahme durch den Auftraggeber für nur eine bestimmte Ausführungsart könnte etwas anderes gelten.

Beim **Einfachen Global-Pauschalvertrag** (zum Begriff oben Rdn. 406) sowie bei Komplexen Global-Pauschalverträgen, die nicht die Erlangung der Baugenehmigung durch den Auftragnehmer beinhalten, ist die Entwurfsplanung ohne besondere vertragliche Vereinbarung nicht Leistungspflicht des Auftragnehmers.

458

2.3.4 Genehmigungsplanung – § 15 Abs. 1 HOAI Phase 4

Entgegen der Bezeichnung „Genehmigungsplanung" umfasst die Leistungsphase 4 keine eigentlichen Planleistungen, kein „Zeichnen", sondern das Zusammenstellen, Aufstellen und Einreichen der in Phase 3 erarbeiteten Planunterlagen zuzüglich dem Ausfüllen von Baugesuchsunterlagen.

459

Der **Total-Schlüsselfertig-Auftragnehmer** hat die Genehmigungsplanung wie ein Architekt gesondert zu erbringen.

Er trägt das Risiko der **Genehmigungsfähigkeit,** er muss so planen, dass die eingereichten Unterlagen genehmigt werden können und somit nach der in der Regel nachfolgenden Ausführungsplanung gebaut werden kann.[464]
Das ist allerdings nur so zu verstehen, dass die Unterlagen der Genehmigungsplanung sich mit der Planung innerhalb der geltenden bauplanungsrechtlichen Vorschriften bewegen müssen, also z. B. innerhalb eines genehmigten Bebauungsplanes. Ohne besondere Absprache schuldet der **Total-Schlüsselfertig-Auftragnehmer nicht** das Risiko der „Baureifmachung" (**Bebaubarkeit**) in dem Sinne, dass eine bauplanungsrechtliche Zulässigkeit erst erreicht wird. Das dürfte auch dann gelten, wenn ein Auftraggeber einem solchen Auftragnehmer ein Grundstück zur Planung und Bebauung zur Verfügung stellt, dessen öffentlich-rechtliche Bebaubarkeit nach Kenntnis **beider** Parteien zweifelhaft ist. Hier ist der Auftragnehmer allerdings zunächst verpflichtet, schon in einem Vorstadium, z. B. im Rahmen der Vorplanung (vgl. § 15 HOAI Abs. 2 Phase 2 Abs. 6, 7), zuerst die Bebaubarkeit, z. B. durch eine Bauvoranfrage, zu klären. Bei Scheitern entfällt die Geschäftsgrundlage für die Weiterführung des Vertrages. Eine konkrete Beurteilung kann man wieder allerdings nur unter Berücksichtigung der Umstände des Einzelfalles vornehmen.

Wohl schulden **Projektentwickler** und **Bauträger** die „Bebaubarkeit", weil sie ein „erschlossenes Grundstück" (mit)anbieten.

Wer das Risiko trägt, Bauleistungen gemäß Auflagen erbringen zu müssen, die erst aus der Baugenehmigung oder deren Änderung oder Ergänzung resultieren, werden wir gesondert unter Rdn. 651 ff. erörtern.

460

Ob Änderungen der Genehmigungsplanung selbst Zusatzvergütung auslösen, behandeln wir unter Rdn. 1043 ff.

2.3.5 Ausführungsplanung – § 15 Nr. 1 HOAI Phase 5

Dass der **Bauträger** die für die Bauausführung notwendige Ausführungsplanung selbst zu erstellen oder fertigen zu lassen hat, versteht sich von selbst. Er bestimmt, ob und in welchem Umfang er überhaupt Ausführungsplanung betreibt bzw. betreiben lässt; insoweit gibt es auch keinen Anspruch des Auftraggebers auf Aushändigung von Unterla-

461

---
[464] BGH NJW 1999, 212; zur Genehmigungsfähigkeit bei der Vertragspflicht zu Planungs– **und** Bauleistungen, BGH NZBau 2001, 261; zum Ganzen Bönker NZBau 2003, 80. Siehe auch unten Rdn. 523, 527.

gen.[465]) Dies gilt ohnehin für alle Formen des **Total-Schlüsselfertig-Auftragnehmers** (also auch den **Projektentwickler**).

Beim **Schlüsselfertig-Gerneralunternehmer** ist die Ausführungsplanung nur dann Leistungsinhalt, wenn das vereinbart ist. Es ist durchaus nicht selten, wenn auch nicht typisch, dass der Auftraggeber die Ausführungsplanung selbst stellt (dazu Rdn. 520 ff.). Der Schlüsselfertigbauer hat dann das Problem, zwischen zulässiger Weiterentwicklung der Entwurfsplanung in Form der Konkretisierung und ändernder Umplanung durch den Auftraggeber zu unterscheiden. Bei jedem Planeingang steht er vor der Frage, ob noch konkretisiert werden soll oder schon geändert worden ist. Dieses Problem ist ähnlich, aber nicht identisch mit dem des Auftragnehmers beim Einheitspreis-Vertrag[466])

Jedenfalls hat ein Schlüsselfertig-Auftragnehmer dann, wenn der **Auftraggeber** die **Ausführungsplanung** 1 : 50 selbst beistellt, nur die Pflicht zur **Vollständigkeitsprüfung** hinsichtlich dieser Planung.[467]) Hinsichtlich seiner bei jedem Vertragstyp bestehenden Pflicht zur **Werkstattplanung** verweisen wir auf Band 1, Rdn. 1151; die Pflicht zur Werkstattplanung ist jedenfalls kein Charakteristikum für einen Pauschalvertrag.

462 Ähnlich wie bei der Entwurfsplanung stellt sich auch bei der Ausführungsplanung die Frage, wer die Entscheidungen trifft, wenn vertraglich dem Schlüsselfertig-Auftragnehmer die Ausführungsplanung zugewiesen ist. Wer holt in diesen Fällen die inhaltliche Einzelfestlegung, also die Detaillierung nach? Nur kurz: Auch hier gelten – wie bei der Entwurfsplanung erörtert – die Grundsätze des § 315 BGB; der Auftragnehmer, dem gerade diese Funktion zugewiesen ist, entscheidet auch insoweit selbständig „nach billigem Ermessen". Da sich diese Problemstellung aber auf der Bauausführungsebene abspielt, werden wir sie unter Rdn. 643 ff. dort im Gesamtzusammenhang erörtern.

Vom Auftraggeber **angeordnete Änderungen** der Ausführungsplanung behandeln wir unter Rdn. 1046, dabei auch die Frage, ob der Auftragnehmer zu einer vergütungsfreien „Fortschreibung" der Ausführungsplanung verpflichtet ist.

2.3.6 Vorbereitung der Vergabe, Mitwirkung bei der Vergabe, Objektüberwachung – § 15 Abs. 1 HOAI Phasen 6, 7 und 8

463 Kein Auftragnehmer eines Global-Pauschalvertrages hat Pflichten aus den Leistungsphasen 6 bis 8 (Vorbereitung der Vergabe, Mitwirkung bei der Vergabe, Objektüberwachung) gegenüber dem Auftraggeber. Da es beim Schlüsselfertigbau in Form des Generalunternehmervertrages z. B. im Verhältnis zwischen Auftraggeber und Auftragnehmer nur eine Vergabe, nur einen Vertrag gibt, stellen sich die entsprechenden Probleme nicht; dass der Auftragnehmer seinerseits gegenüber seinen Nachunternehmern vielfältige Ausschreibungskoordinierungs- und Überwachungsaufgaben hat, ist richtig, hat aber mit unserer Problemstellung nichts zu tun. Besonders deutlich ist das für die Objektüberwachung: Schließlich kann sich der Schlüsselfertig-Auftragnehmer – im rechtlichen Sinne – nicht selbst überwachen.[468]) Trotzdem findet sich gerade diese Formulierung aus rätselhaften Gründen in vielen Verträgen.

Innerhalb der Leistungsphase „Objektüberwachung" gibt es allerdings eine mögliche Ausnahme. Zum Leistungsbild gemäß HOAI gehört – unabhängig von der Frage, ob die

---

[465]) Zu der Meinung von Rechtsprechung und Literatur vgl. oben Rdn. 451 mit Fn. 455; wie hier Hansen/Nitschke/Brock, Bauträgerrecht, Teil 1, Rdn. 461.
[466]) Zu dieser Problemstellung Einzelheiten in Band 1, Rdn. 862 ff.
[467]) Siehe oben Rdn. 444, unten 520 ff. 526, sowie 643 ff. Das bedeutet nicht, dass der Auftragnehmer die Kosten der Vervollständigung tragen muss, s. Rdn. 528.
[468]) Zutreffend Motzke/Wolff, Praxis der HOAI, S. 115.

Leistungsbilder der HOAI die Vertragspflichten eines Architekten erschöpfend, teilweise oder nicht beschreibt – das Aufstellen und Überwachen eines **Zeitplans**. Auch wenn der Einzelvertrag eine solche Verpflichtung nicht vorsieht, muss der Total-Schlüsselfertig-Auftragnehmer seinem Auftraggeber einen solchen **Zeitplan** erstellen, denn erst er ermöglicht es seinerseits dem Auftraggeber, die Zeitpunkte seiner Mitbestimmungsentscheidungen (z. B. Auswahl) ordnungsgemäß zu planen.

Aus unserer Sicht gilt das nicht nur für den Total-Schlüsselfertig-Auftragnehmer, sondern auch für den Schlüsselfertig-Auftragnehmer, dem nur Planprüfungspflichten oder Teile der Ausführungsplanung übertragen sind.

Insofern hat es auch Sinn, in einem Vertrag zwischen Auftraggeber und Schlüsselfertig-Auftragnehmer als Vertragsleistung Einzelelemente der Objektüberwachung zu vereinbaren, nur nicht die Objektüberwachung als solche. Dass der Schlüsselfertig-Bauer funktionell „im Innenverhältnis" gegenüber seinen Nachunternehmern eine Objektüberwachung benötigt, hat damit nichts zu tun.

2.3.7 Objektbetreuung und Dokumentation – § 15 Abs. 1 HOAI Phase 9

Die Grundleistungen „Objektbegehung, Überwachen der Beseitigung von Mängeln, Mitwirken bei der Freigabe von Sicherheitsleistungen" scheiden naturgemäß im Verhältnis zum Auftraggeber als Leistung des Schlüsselfertig-Auftragnehmers aus.
Kritisch ist, ob die Besondere Leistung „Erstellen von Bestandsplänen" jedenfalls vom Projektentwickler und Total-Schlüsselfertig-Auftragnehmer auch ohne vertragliche Regelung geschuldet wird; von einem Bauträger kann man solche ja erst gesondert zu erstellenden Pläne nicht erwarten.[469)]
Ein Projektentwickler oder Total-Schlüsselfertig-Auftragnehmer übernimmt dagegen eine Art „Vollbetreuung". Er muss – zur Begründung äußerstenfalls als Verpflichtung nach Treu und Glauben gemäß § 242 BGB – zumindest **diejenigen** Unterlagen **erstellen** und liefern, die für das **Funktionieren und Betreiben** des Gebäudes unentbehrlich sind; das ist gerade der Sinn des schlüsselfertigen Bauens in dieser Konzeption. Solange der Schlüsselfertig-Auftragnehmer keine vollständigen Ausführungsunterlagen zu erstellen hat, hat er die Besonderen Leistungen der „**kompletten** Objektplanung" (Phasen 1–9 des § 15 HOAI) nicht zu erbringen. Liegen komplette Ausführungspläne – auch für nachträglich angeordnete Leistungen – vor und ist nach ihnen gebaut worden, so entspricht der Bestand der Ausführungsplanung; insofern erübrigen sich Bestandspläne. Liegen sie nicht vor oder aber ist bei der Bauausführung von den Ausführungsplänen abgewichen worden, müssen **Bestandspläne** erstellt werden, wenn man Dokumente über das Erstellte haben will.
Soll also der Schlüsselfertig-Auftragnehmer ein in jeder Hinsicht, auch und gerade in planerischer Hinsicht, komplettes Werk abliefern, muss er auch solche Leistungen erbringen, ohne die für ein (größeres) Objekt auf Dauer u. a. kein **Facility-Management** – also eine Bewirtschaftung im weiteren Sinne – möglich wäre, ganz abgesehen davon, dass Bestandsunterlagen als Voraussetzung für zukünftige bauliche Veränderungen benötigt werden.
Das gilt sogar ungeachtet der Tatsache, dass Bestandspläne eine Besondere Leistung sind; stillschweigend wird man nämlich die Leistung „komplette Bestandsunterlagen" in einen Vertrag über Projektentwicklung oder Total-Schlüsselfertigbau eingeschlossen sehen müssen.

464

[469)] Selbst Brych/Pause, Bauträgerkauf und Baumodelle, Rdn. 470, billigt nur einen umfassenden Anspruch auf Kopien **vorhandener** Baupläne einschließlich der Installationspläne, Betriebs- und Bedienungsanleitungen zu, so auch Hansen/Nitschke/Brock, Bauträgerrecht, Teil 1, Rdn. 132; vgl. dazu im Übrigen oben Rdn. 451 und Fn. 455.

465 **Installationspläne, Betriebs- und Bedienungsanleitungen** muss jeder Schlüsselfertig-Auftragnehmer in Kopie zur Verfügung stellen, soweit vorhanden, auch dann, wenn die VOB/C dies nicht ohnehin vorsieht, wie in Rdn. 596 noch zu erörtern.
Für den Bauträger, bei dem das kaufvertragliche Element klar überwiegt, gilt das nicht, wobei im Einzelfall bei konkretem Bedarf ein Einsichtsrecht nach § 810 BGB in Betracht kommen kann, sofern nicht die Einsicht in die öffentlichen Bauakten ausreicht.[470]

2.4 Die einzelnen Leistungsphasen der Leistungen von Fachplanern (HOAI Teil III-XIII) als Bausoll des Global-Pauschalvertrages

2.4.1 Leistungspflichten allgemein

466 Über die Objektplanung für Gebäude usw. (Teil II HOAI) hinaus gibt es in der HOAI ergänzende Leistungsbilder für Fachplaner, z. B. Tragwerksplaner, Planer für technische Ausrüstung, für Schallschutz, für Bodenmechanik, für Vermessung. Diese Leistungen werden in der Regel von Ingenieuren erbracht und deshalb in der Praxis oft „Ingenieurleistungen" genannt.

Wenn „Ausführung und Planung" oder „Ausführung, Planung und Ingenieurleistung" (vgl. oben Rdn. 415) ausdrücklich und **im Einzelnen** bezeichnet **Vertragsgegenstand** sind, gibt es **keine Probleme.**

Sagt der Vertrag zu den Ingenieurleistungen **nichts,** so ergibt sich: Als Grundsatz gilt, dass der **Projektentwickler,** der ein „fertiges Objekt" vermarktet, selbst entscheiden muss, welche Vor-Planungsleistungen er erbringt, um dieses komplette Objekt erstellen zu können. Wenn nichts anderes vereinbart ist, muss man bei dieser Fallgestaltung davon ausgehen, dass der Projektentwickler alle, auch die über die Objektplanung hinausgehenden Planungsleistungen, selbst erstellen und beistellen muss.

Dann sind die gesamten Planungsleistungen, also auch diejenigen der Leistungsbilder für Sonderfachleute (Ingenieure), zu erbringen, die im Einzelfall erforderlich sind; ansonsten wäre die Planung nicht komplett.

Sofern die Vergabeform „Ausführung und Ingenieurleistung" lautet, ist gemäß der Definition der Europäischen Bauwirtschaft (vgl. Rdn. 415) für einen auftraggeberseitigen Entwurf ein auftragnehmerseitiges technisches Gesamtkonzept zu entwickeln und auszuführen. Dabei ist abzugrenzen, was zum auftraggeberseitigen Entwurf – immerhin schon Leistungsphase 3 gemäß § 15 HOAI – gehört. Welche Leistungsphasen aus welchen Leistungsbildern müssen schon erbracht worden sein, damit überhaupt ein auftraggeberseitiger Entwurf vorliegen kann?

Entwurfsplanung schließt die Integration der Planungskompetenz der anderen an der Planung Beteiligten ein.

Eine fertige Entwurfsplanung bedarf also z.B. der Aussagen
– des Planers der Technischen Ausrüstung, ob und in welchem Umfang jeweils die Klimatisierung im vorgeplanten Rahmen erforderlich ist (vgl. HOAI § 73 Leistungsphasen 2 und 3) und welche Auswirkungen das auf das Raumprogramm und die lichten Raummaße hat,
– des Tragwerksplaners zur Tragkonstruktion (HOAI § 64 Leistungsphase 2 und 3), damit überhaupt die Gebäude- und Bauteildimensionen in der Entwurfsplanung dokumentiert werden können.

Dem steht nicht entgegen, dass – aus welchem Grund auch immer – manchmal der Objektplaner zuerst einen Entwurf erstellt und danach erst die Fachplaner tätig werden. Das

---
[470] Zur Gesamtproblematik des Einsichtsrechts vgl. oben Rdn. 451 und Fn. 455.

führt letztlich zu einem „basislosen" Entwurf, zu einem „Vor-Entwurf", der dann – naturgemäß, wie bei der „normalen" Vorplanung – der Kooperation mit den Sonderfachleuten bedarf, um als endgültiger „Vor-Entwurf" bestätigt zu werden und um dann die „eigentliche" Entwurfsplanung abrufen zu können.

Deswegen ist auch die Meinung, man könnte eine vorliegende Entwurfsplanung durch Einschaltung von z. B. auftragnehmerseitigen Fachplaner „machbar" machen, absolut gesehen nicht falsch, bedingt aber den schon oben aufgeführten „Rückschritt" auf das Niveau eines „Vor-Entwurfs".

Ein auftraggeberseitig vorgegebener fachgerechter Entwurf schließt dagegen stets schon die zugehörigen Leistungen der Fachplaner ein, zumindest solche der Leistungsphase 2, damit überhaupt eine Dokumentation zur Funktionserfüllung und zur Formgebung vorliegt, also wenigstens die komplette Vorplanung als Voraussetzung der Entwurfsplanung abgeschlossen ist. Andernfalls läge eine noch nicht „abgesicherte" Entwurfsplanung vor. Eine abgeschlossene Entwurfsplanung erfordert dagegen auf jeden Fall die Integration der Ingenieurleistungen der Leistungsphase 3.

Entsprechend ist zu fragen, ob auch ein **Total-Schlüsselfertig-Auftragnehmer,** dem im Vertrag „die **vollständige** Planung" übertragen ist, über die Objektplanung hinaus auch Sonderplanungsleistungen schuldet, beispielsweise und speziell die Tragwerksplanung. Das ist zu **bejahen,** auch wenn der Vertrag insoweit keine Einzelregelungen enthält. Der Total-Schlüsselfertig-Auftragnehmer schuldet **alle** Planungsleistungen, die das Bauvorhaben genehmigungsfähig machen, die seine Funktionserfüllung ermöglichen und die es vollständig machen; dazu gehört u. a. die Tragwerksplanung. Aufgrund kompletter Planung muss der Total-Schlüsselfertig-Auftragnehmer auch komplett bauen. Wenn er das komplexe Globalelement „vollständige Planung" nur eingeschränkt erbringen will, muss er das im Vergabestadium klären und entsprechende vertragliche Ausschlüsse vereinbaren, andernfalls ist er zu voller Leistung verpflichtet. 467

Ist dem Schlüsselfertig-Auftragnehmer **nur die „Ausführungsplanung"** übertragen, ohne dass im Vertrag erwähnt ist, **wer die Schal- und Bewehrungspläne** – eine Leistung der Leistungsphase 5 des Tragwerksplaners – beistellt, so muss aus den genannten Gründen der Schlüsselfertig-Auftragnehmer die Schal- und Bewehrungspläne selbst erstellen, denn er hat die „**vollständige** Ausführungsplanung" übernommen, die zu einem vollständigen und funktionsfähigen Gebäude führen muss. Dass in einem solchen Fall die Ausführungsplanung nur als Objektplanung (Architektenleistung) zu verstehen sein sollte, würde dem erkennbaren Ziel des Auftraggebers widersprechen, Kostensicherheit für das Gesamtobjekt zu haben (vgl. oben Rdn. 428) und außerdem dem Grundgedanken der HOAI – nämlich des phasengleichen und inhaltlich abgestimmten Planungsablaufs über alle Leistungsbilder hinweg (also einschließlich von § 64 Herstellungsphase 5 HOAI) – widersprechen. Entsprechendes gilt für Leistungen der technischen Ausrüstung. 468

Vermessungsleistungen im Sinne der Fortführung des Liegenschaftskatasters hat dagegen nur der Eigentümer auf seine Kosten zu veranlassen, so z. B. § 10 Vermessungs- und Katastergesetz NRW. Nur soweit ein Auftragnehmer auch ein Grundstück überträgt (Bauträger) oder beibringt (Projektentwickler), kann überhaupt eine entsprechende Leistungspflicht diskutiert werden. Aber auch dann gilt, wenn der Vertrag insoweit keine spezielle Regelung enthält, allgemeines Kaufrecht für den Grundstücksteil des Vertrages. Da die Vermessung nicht für die Übereignung erforderlich ist, trägt der Erwerber die Kosten, wie sich aus § 448 Abs. 2 BGB ergibt.[471] 469

---

[471] Münchener Kommentar/Westermann, BGB, § 448 Rdn. 10.
Anders für den Bauträgerkauf AG Beckum NJW-RR 1990, 1241, wenn der Vertrag die Klausel enthält: „Nebenkosten bis zur Fertigstellung trägt der Bauträger."

Die in § 97 b Nr. 2 HOAI aufgeführten weiteren vermessungstechnischen Aufgaben können natürlich dem Auftragnehmer übertragen werden.

Zur Vermessungsleistung „Abstecken der Hauptachsen" (§ 3 Nr. 2 VOB/B) verweisen wir auf Rdn. 551.

2.4.2 Leistungspflichten speziell

470 Welche Pflicht im einzelnen Leistungsbild der Fachplaner und in einzelnen Leistungsphasen der Total-Schlüsselfertig-Auftragnehmer hat, ergibt sich – soweit nichts anderes vereinbart ist – analog zur Objektplanung (Architektenplanung).[472]

Speziell hinsichtlich der Statik besteht auch eine Herausgabepflicht, allerdings nicht beim Bauträger.[473]

2.5 Leistungen der Objektplanung für Ingenieurbauwerke und Verkehrsanlagen (HOAI Teil VII)

471 Objektplanerische Leistungen für spezielle Bauvorhaben fallen nicht unter Teil II HOAI, sondern werden durch Teil VII geregelt. Es handelt sich um Ingenieurbauwerke und Verkehrsanlagen, also um Leistungen, die i. d. R. durch Bauingenieure geplant werden. Solche Leistungen waren bis 1977 nicht gesondert in der HOAI geregelt. Sie entsprechen inhaltlich – abgesehen vom fachtechnischen Hintergrund – im wesentlichen denen der Objektplanung von Gebäuden (HOAI Teil II).

Auch bei ihnen ist zumeist der Einsatz von Fachplaner erforderlich. Für sie gilt dementsprechend das sinngemäß, was wir oben schon unter Rdn. 447 ff. für die Planung von Gebäuden gesagt haben.

2.6 Auf Planungsleistungen des Global-Pauschalvertrags-Auftragnehmers anzuwendendes Recht

2.6.1 VOB/B

472 Global-Pauschalverträge enthalten immer eine Kombination von erforderlicher Planungsleistung und Bauleistung.

Beim **Einfachen Global-Pauschalvertrag** für ein Gewerk (zum Begriff oben Rdn. 406), bei dem individuell lediglich über eine Komplettheitsklausel **ein äußerst eingeschränkter Pflichtenkreis aus dem Gesamtbereich Planung** (nur Planungsprüfpflicht) auch vom Auftragnehmer wahrgenommen wird, lässt sich dieses Planungselement in der Gesamtbetrachtung vernachlässigen, es lässt sich als Nebenpflicht ansehen, so dass auf diesen speziellen Vertrag auch insgesamt die VOB/B anzuwenden ist, soweit vereinbart.[474]

Beim **Komplexen Global-Pauschalvertrag** (zum Begriff oben Rdn. 407) also bei z. B. jeder Form des **Schlüsselfertigbaus**, beim Total-Schlüsselfertig-Vertrag, beim Projektentwickler und erst recht beim Bauträger stehen aber innerhalb des Bausolls Planungsleistungen und Bauleistungen gleichermaßen und durchaus, wenn auch auf unterschiedlichen Ebenen, gleichgewichtig nebeneinander.

---

[472] Dazu oben Rdn. 447 ff.
[473] Siehe oben Rdn. 451 und Fn. 455.
[474] Vgl. auch Quack, Höchstrichterliche Rechtsprechung zum privaten Baurecht 1996, Rdn. 5.

Der Bundesgerichtshof meint aber, die nur auf Bauleistungen zugeschnittene VOB/B passe bei Komplexen Global-Pauschalverträgen auf die Planungsleistungen nicht; wenn also ein Vertrag die Geltung der VOB/B vereinbare, so gelte diese doch nicht für die Planungsleistungen, diese seien allein nach BGB zu beurteilen.[475]
Vorweg muss unumstritten sein, dass es den Parteien freisteht, auch – angeblich – unpassende Regelungen zu vereinbaren. Wenn sie also ausdrücklich vereinbaren, dass die VOB/B auch auf Planungsleistungen anzuwenden sei, so ist das wirksam.[476]

Aber auch wenn sie die ausdrückliche Regelung nicht treffen, ist das Argument, die VOB/B „passe" nicht auf Planungsleistungen, unreflektiert. Es geht nicht um isolierte Planungsleistungen, sondern um einen einheitlichen Vertrag, bei dem Planung und Bauausführung eine Einheit bilden und bei dem beide gleichgestellten Teilleistungen untrennbar, inbesondere durch den Bauablauf, miteinander verwoben sind.[477]

Wir haben deshalb schon in der Vorauflage die Auffassung vertreten, es müsse im Einzelfall geprüft werden, ob die VOB/B auf Planungsleistungen eines solchen einheitlichen Vertrages nicht passe und haben die Anwendbarkeit insbesondere für das Änderungsrecht des Auftraggebers bejaht. Indes ist eine solche Einschränkung nicht erforderlich. Wenn die Anwendbarkeit der VOB/B vereinbart ist, gilt sie auch für die Planungsleistungen des Vertrages, so dass ein einheitliches Regelwerk sowohl für Planen wie für Bauen gilt.

Korbion vertritt die Auffassung, auf den General**übernehmer**vertrag (oder erst recht den Total**übernehmer**vertrag) sei die VOB/B – auch als Ganzes – nicht anwendbar, „ohne hierdurch die durch die Vorschriften des AGB-Gesetzes unwirksamen Regelungen des Teils B (z. B. § 12 Nr. 5, § 13 Nr. 4) zu gefährden, denn die von dem Generalübernehmer gegenüber dem Bauherrn zu erbringenden Leistungen würden von dem Regelungsgehalt der VOB/A, der durch Teil A § 1 bestimmt ist, nicht erfasst".[478] Für unser Thema kann die Gültigkeit kritischer Vorschriften der VOB/B unter Anwendung des AGB-Rechts außer acht bleiben; das ist ein allgemeines Problem, das für die zu beurteilende Anwendbarkeit der VOB/B auf Planungsleistungen überhaupt keine Rolle spielt.

Vorweg: Soweit die VOB/B die Verjährung von Mängelhaftungsansprüchen in § 13 schon nach 4 Jahren eintreten lässt, während das BGB in § 634a n.F. 5 Jahre vorsieht, ist das sowohl praktisch wie rechtsdogmatisch unbedeutend: Praktisch deshalb, weil so gut wie immer der (Haupt-)Auftraggeber (Bauherr) die Vertragsbedingungen stellt und für ihn nachteilige Bedingungen gegen sich gelten lassen muss, diese also keiner AGB-rechtlichen Kontrolle unterliegen. Wenn also der Auftraggeber auch für Planungsleistungen die vierjährige Verjährungsfrist in Kauf nimmt, ist das seine Sache. Stellt dagegen ausnahmsweise der Generalunternehmer dem Auftraggeber die Vertragsbedingungen (Beispiel: Bauträgervertrag), so ist ohnehin die Verkürzung der Verjährungsfrist auf 4 Jahre durch Vereinbarung der VOB/B in vielen Fällen unwirksam. Die VOB/B ist nämlich ihrer Rechtsnatur nach „Allgemeine Geschäftsbedingung"; nach der ausdrücklichen Freistellung in § 309 Nr. 8 b, ff BGB ist die Verkürzung der Verjährungsfrist (jetzt auf 4 Jahre) bei Vereinba-

---

[475] BGH BauR 1996, 544; BGH BauR 1989, 597; BGH BauR 1987, 702; ebenso z.B. Heiermann/Riedl/Rusam, VOB/B § 1 Rdn. 14a.

[476] Vgl. z.B. den Vorschlag eines Mustervertrages für Schlüsselfertiges Bauen bei Kapellmann, Schlüsselfertiges Bauen, Rdn. 208.

[477] Beim typischen Schlüsselfertigbau erstellt der Auftraggeber meistens nicht zuerst die vollständige Ausführungsplanung, sondern einen wesentlichen Teil; er beginnt dann insoweit mit der Ausführung und vervollständigt im weiteren Verlauf die Ausführungsplanung. Zutreffend Miernik NZBau 2004, 409, 415.

[478] Korbion jun. (unter wörtlicher Übernahme von Korbion sen.) in: Ingenstau/Korbion, VOB/B, Anhang 3 zu VOB/B, Rdn. 163, 164. Allerdings soll dennoch für den Bauausführungsteil die Geltung der VOB/B vereinbart werden können.

rung der VOB/B zwar zulässig, das gilt aber nicht für Bauträgerverträge, bei denen es also bei der generellen Verjährungsfrist von 5 Jahren bleibt.[479]

Planungsleistungen sind zwar keine Bauleistungen im Sinne der Überschrift der VOB/B in Verbindung mit § 1 VOB/A. Aber nichts hindert die Parteien daran, die VOB/B auch auf Planungsleistungen anzuwenden, was bei Vereinbarung der VOB/B beim Vertrag mit (teil–)funktionaler Leistungsbeschreibung allein dem „objektiven" Willen der Parteien entspricht. Wenn man die VOB/B nicht anwendet, stellt das notwendige, beim Bauvertrag, auch dem **Schlüsselfertigbau**, selbstverständliche und für **Bauleistungen** von niemandem in Frage gestellte Änderungsrecht das (Haupt–) Auftraggebers ein nicht oder nur mit großen Verrenkungen zu überwindendes Hindernis dar. Wenn man nämlich das Änderungsrecht zulässt, wenn man also dem Hauptauftraggeber (Bauherrn) gegenüber dem Generalunternehmer zwingend Änderungen oder Ergänzungen der Bauleistungen im Rahmen von § 1 Nr. 3, 4 VOB/B oder entsprechend angewandter VOB/B-Regelung beim BGB-Vertrag[480] erlaubt, so tritt ein Problem auf, das die herrschende Meinung einfach ignoriert. Beim Einheitspreisvertrag herkömmlicher Art erbringt der Auftraggeber die Ausführungsplanung. Will er eine Änderung der Bauleistungen erreichen, so kann er diese Änderung zwar anordnen, aber er muss auch die geänderte Ausführungsplanung liefern. Bei der programmatischen (teil-funktionalen oder gar der total-funktionalen) Leistungsbeschreibung erbringt aber zumeist der Generalunternehmer die Ausführungsplanung oder sogar die Entwurfsplanung selbst. Wenn also jetzt der (Haupt-)Auftraggeber eine Änderung der Bauleistung erreichen will und anordnen darf, so **muss** der **Generalunternehmer seine** bisherige Planung ändern und auf der Basis der geänderten Planung dann auch die Bauleistung modifiziert ausführen. Das Änderungsrecht des (Haupt-) Auftraggebers bezüglich der Bauleistung ist also im Regelfall der auftragnehmerseitigen Erbringung von Planungsleistungen beim Schlüsselfertigbau **gar nicht möglich**, ohne dem Auftraggeber ein Änderungsrecht bezüglich der Planung einzuräumen.[481] Gerade dieses Änderungsrecht regelt nun die VOB/B im Wesentlichen sachgerecht, während das BGB schweigt.[482] Dann ist es aber einzig sachgerecht und nicht nur nicht unpassend, sondern im Gegenteil geradezu maßgeschneidert, das Änderungsrecht der VOB/B in § 1 und § 2 auch auf den Planungsteil zu erstrecken. Dafür gibt es auch noch einen weiteren Grund. Während es für Bauleistungen im Bereich Ausführungsplanung im Ergebnis unzweifelhaft ist, dass der Auftraggeber Änderungsrechte wie in der VOB/B haben muss, ist ein solches Änderungsrecht jedenfalls für den Bereich Entwurfsplanung eher zu verneinen, zumindest nur sehr eingeschränkt zu bejahen und dann jedenfalls in seinen Grenzen äußerst zweifelhaft[483]. Aber: Sehr oft reichen die Änderungswünsche des Hauptauftraggebers in Teilbereiche der Entwurfsplanung hinein. Vertraglich schuldet der Generalunternehmer oft auch eine Vervollständigung der Entwurfsplanung. Schon in all diesen kritischen Fällen ist der Umfang des Änderungsrechts des (Haupt-) Auftraggebers hinsicht-

---

[479] Palandt/Heinrichs, BGB, § 309 Rdn. 76, 63. Ob überhaupt die Verjährungsfrist den § 13 VOB/B einer AGB-rechtlichen Inhaltskontrolle standhält, kann deshalb unerörtert bleiben.

[480] Auch wenn für einen Vertrag über Bauleistungen nur BGB gilt, stellt niemand **ernsthaft** das Änderungsrecht des Auftraggebers in Frage. Ein solches Änderungsrecht wird zwar häufiger zuerst einmal – gewissermaßen zur Vermeidung eines dogmatischen Bruchs – verneint, dann aber für Ausnahmefälle zugelassen, wobei alle Fälle Ausnahmefälle sind. So löst der BGH z.B. das Problem, indem er solche (nämlich alle) Ausnahmen nach „Treu und Glauben" zulässt (BGH BauR 1986, 378). Richtigerweise muss man im Wege ergänzender Vertragsauslegung auch beim BGB-Bauvertrag das Änderungssystem der VOB/B in § 1 und § 2 jedenfalls in den entscheidenden Grundzügen anwenden; Einzelheiten dazu Rdn. 1003 bis 1008 mit allen Nachweisen.

[481] Zustimmend Leinemann, VOB/B, § 2 Rdn. 280.

[482] Die in **Fn. 480** erläuterte ergänzende Auslegung des BGB beim Bauvertrag ist nur deshalb notwendig, weil das BGB schweigt.

[483] Näher Rdn. 1039, 454.

lich der Planungsverpflichtung unklar. Durch die Unterstellung der Planungsleistungen unter § 1 Nr. 3, 4 VOB/B wird der Rahmen des Anspruchs sachgerecht definiert. Auch das spricht also für und nicht gegen die Anwendbarkeit VOB/B auf Planungsleistungen.
Dass einzelne Vorschriften der VOB/B auf Planungsleistungen oder genauer: auf einen Vertrag mit teil-funktionaler Leistungsbeschreibung nicht genau passen, schadet nicht. § 3 Nr. 1 VOB/B sieht z.B. vor, dass die für die Ausführung nötigen Unterlagen vom Auftraggeber dem Auftragnehmer unentgeltlich und rechtzeitig zu übergeben sind. Wenn z.B. VOB-konform auf der Basis einer Leistungsbeschreibung mit Leistungsprogramm ausgeschrieben worden ist (§ 9 Nr. 15–17 VOB/A), versteht es sich von selbst, dass der Auftragnehmer die Ausführungsplanung einschließlich der Tragwerksplanung liefern muss und § 3 Nr. 1 VOB/B insoweit durch den vorrangigen Vertrag abbedungen ist. Niemand ist bisher auf den Gedanken gekommen, deshalb sei auf einen solchen Vertrag die VOB/B nicht anwendbar.
Ebenso versteht es sich von selbst, dass der Auftragnehmer bei der Abrechnung eines unveränderten Pauschalvertrages abweichend von § 14 Nr. 1, 2 VOB/B kein Aufmaß schuldet.
Die Regeln der VOB/B sind notwendigerweise möglichst allgemein gefasst; deshalb sind einzelne Regelungen je nach Vertragstyp nicht anwendbar.
Demzufolge würde es für die Anwendbarkeit der VOB/B auf Planungsleistungen innerhalb eines Schlüsselfertigvertrages ohnehin nicht schaden, wenn einzelne Regelung nicht passen sollten.[484]
Zusammenfassend ist deshalb beim Schlüsselfertigvertrag entgegen der herrschenden Lehre die VOB/B, wenn ihre Geltung vertraglich vereinbart ist, auch auf die geschuldeten Planungsleistungen als sachgerechte Regelung anwendbar. Dessen ungeachtet empfiehlt es sich, im Vertrag zwischen (Haupt-) Auftraggeber und Generalunternehmer zu regeln, dass die VOB/B auch für die geschuldeten Planungsleistungen gilt.
Abschließend zeigt übrigens gerade diese Thematik, dass sich leider die Baurechtslehre immer noch gelegentlich auf das unreflektierte Behauptungen angeblicher, aber letztlich nicht überprüfter Notwendigkeiten beschränkt. Dabei müsste die Praxis doch zu denken geben: Bei den Tausenden von Fällen, die wir in unserer Praxis aus dem Bereich des Schlüsselfertigbaus bearbeitet haben, hat selbst dann, wenn im Vertrag für Planungsleistungen die Anwendbarkeit des BGB ausdrücklich vereinbart war, in den praktisch wichtigsten Fällen, nämlich bei Nachtragsproblemen, **keine** der Vertragsbeteiligten **jemals** auch nur zur Sprache gebracht, dass jedenfalls für den Planungsteil statt der (vereinbarten) VOB/B die Regeln des BGB anzuwenden wären und dass das Anordnungsrecht des Auftraggebers dann anders sei als für die Bauleistung.

2.6.2 HOAI

Das zwingende Preisrecht der Honorarordnung für Architekten und Ingenieure (HOAI) ist auf den Planungsteil von Schlüsselfertigverträgen **nicht** anzuwenden. Die Architekten- und Ingenieurleistungen sind nämlich beim Schlüsselfertigbau nicht Gegenstand eines einzelnen Vertrages, sie sind vielmehr integrierender Teil einer Gesamtleistung, die auf der Basis eines einheitlichen Systemansatzes (nämlich total-funktionale oder teil-funktio-

473

---

[484] Umgekehrt passen viele besonders gut, so z.B. die Fristenregelung in § 5 VOB/B, vgl. Langen, in: Kapellmann/Messerschmidt, VOB/B § 5, Rdn. 8.
Erst recht gilt das für das Recht des Auftraggebers, Mängelbeseitigung auch **während** des Baus zu verlangen zu können, § 4 Nr. 7 VOB/B, dazu Kapellmann, Schlüsselfertiges Bauen , Rdn. 202. Ausführlich zur Bejahung der Anwendbarkeit der einzelnen Vorschriften der VOB/B Miernik, NZBau 2004, 409. Das gilt auch dann, wenn das Bauvorhaben schon in Planungsstadium „steckenbleibt", OLG Köln BauR 2000, 310.

nale Leistungsbeschreibung) definiert ist, so dass eine Beurteilung nach berufsspezifischem Recht für einen Teilleistungsbereich unsachgemäß wäre.[485]

Ob im Rahmen der Vergütung von Änderungen oder Zusatzleistungen auf Berechnungsgrundsätze der HOAI zurückgegriffen werden kann, erörtern wir unter Rdn. 1046 ff.

3 Die Bestimmung des qualitativen Bausolls (Baurealisierung) durch Detailregelungen des Vertrages bei Global-Pauschalverträgen

3.1 Die Bedeutung von Detailregelungen innerhalb von Global-Pauschalverträgen

474 Was „detaillierte Leistungsbeschreibung" ist, haben wir – oben Rdn. 206–216 – erörtert. Detailregeln bedeuten, dass das in ihnen Geregelte so gebaut werden muss **und nicht anders**, andernfalls hätten Detailregeln überhaupt keinen Sinn.
Ein globales Element „Komplettheit" (beim Einfachen Global-Pauschalvertrag, s. Rdn. 406) oder „Schlüsselfertigkeit" (beim Komplexen Global-Pauschalvertrag, s. Rdn. 430) kann also nicht zu dem Ergebnis führen, dass das, was im Detail geregelt ist, nicht gilt, und statt des Geregelten etwas anderes zu bauen sei.
Dem **globalen Element kann nur insoweit Bedeutung** zukommen, als es – die Wirksamkeit der vorgelegten Vereinbarung eines solchen Globalelements unterstellt[486] – insoweit ergänzende Funktion hat, als die Detailelemente einen Bereich **nicht oder nicht abschließend** geregelt haben.
Demzufolge ist es unabdingbar, als erstes festzustellen, **welchen Regelungsumfang Detailregelungen** haben, inwieweit sie also einen Bereich abschließend regeln: Regeln sie ihn nämlich **abschließend**, ist für Ergänzungen durch ein Globalelement kein Raum.

475 Offensichtlich ist es deshalb auch bei **jeder Form des Global-Pauschalvertrages** zur Bestimmung des **Bausolls** unabdingbar, **zuerst** die detailliert geregelten Leistungsbestandteile herauszusuchen, also die **Leistungsbeschreibung aufzuspalten** in die differenziert geregelten „Detail-Bereiche" und in die undifferenziert geregelten „Global-Bereiche".
Zu suchen sind also insbesondere die „Details im Globalen": **Die Detailregelungen gehen** – allgemein gesprochen – **der globalen Regelung vor.**

Alle unsere Überlegungen zum Detail-Pauschalvertrag haben deshalb bei jeder Art von Global-Pauschalvertrag unverändert ihre Bedeutung, denn **wenn ein Global-Pauschalvertrag differenzierte Regelungen** enthält, **sind auf diesen Teil die Aussagen zum Detail-Pauschalvertrag anzuwenden.**

---

[485] BGH BauR 1997, 677; OLG Stuttgart NJW-RR 1985, 917; Locher/Koeble/Frik, HOAI, § 1 Rdn. 13; Motzke/Wolff, Praxis der HOAI, S. 114, 115.
Ist ein Generalunternehmer **isoliert** nur mit Planungsleistungen beauftragt, gilt die HOAI, Thüringisches OLG, BauR 2002, 1724. Voraussetzung für die Vergütung ist allerdings, dass die Beauftragung mit Planungsleistungen unzweideutig unabhängig von einem Vertrag über eine künftige Bauleistung geschlossen worden ist und nicht nur der Erläuterung des Angebots diente, s. Kapellmann, Schlüsselfertiges Bauen Rdn. 64.

[486] Zur (Un-)Wirksamkeit der Vereinbarung einer Komplettheitsklausel in Allgemeinen Geschäftsbedingungen des Auftraggebers bei **Einfachen** Global-Pauschalverträgen unten Rdn. 512 ff.
Zur eingeschränkten Wirksamkeit der Klausel „Schlüsselfertigbau", also bei **Komplexen** Global-Pauschalverträgen, in „Allgemeinen Geschäftsbedingungen" unten Rdn. 520 ff.

Folglich besteht ein Einfacher Global-Pauschalvertrag (Leistungsverzeichnis und Pläne mit nur „übergestülpter" Komplettheitsklausel für ein Gewerk s. o. Rdn. 406 ff.) ganz überwiegend aus Detailregelungen (Detailbereiche) und nur zu sehr geringem Rest aus einem Globalbereich.

Bei einem Komplexen Global-Pauschalvertrag kann es – wie erörtert – in unterschiedlichstem Maße teils Detailregelungen, teils Globalbereiche geben, wobei die Detailregelungen folglich nach Detail-Pauschalvertragsregeln zu behandeln sind. Es gibt darüber hinaus bei ihm aber (je nach Typ sogar ausschließlich) Leistungsregelungen, die nur noch nach „Globalregeln" zu beurteilen sind.

Jedenfalls beginnt jede Definition des Bausolls auch beim Global-Pauschalvertrag damit, die differenziert genannten Detailregelungen zu ermitteln.

Welche konkrete Bedeutung und Reichweite diese Detailregelungen beim Global-Pauschalvertrag haben, bedarf demgemäß der ergänzenden Untersuchung.

3.2 Regelungsumfang der (auftraggeberseitigen) Detailregelungen

3.2.1 Was bestimmt ist, bleibt so bestimmt

Für die **Detailregelungen** auch eines Komplexen Global-Pauschalvertrages gilt als erste Aussage dasselbe, was wir für den **nur** aus differenzierten Regelungen bestehenden Detail-Pauschalvertrag schon oben (Rdn. 238) festgestellt haben: **Was im Einzelnen (im Detail) bestimmt ist,** bleibt **so** bestimmt. Während diese Aussage beim Detail-Pauschalvertrag eher selbstverständlich ist, ist ihre Bedeutung beim Global-Pauschalvertrag weitergehend:

Beim Detail-Pauschalvertrag ist ohnehin nur das Vertragsinhalt, was im Einzelnen (im Detail) genannt ist. Beim Global-Pauschalvertrag gibt es aber über die jeweiligen Einzelregelungen (Details) hinaus auch Global-Elemente, so dass eigentlich eine Detailregelung auch durch globale Aussagen überspielt werden könnte.

476

Für die **Detailregelung,** die auf **auftraggeberseitiger Planung**[487] beruht, gilt indes: Indem der Auftraggeber aus der Fülle möglicher Problemlösungen gerade **diese** spezielle Lösung gewählt hat, hat er das Bausoll **so** bestimmt.

Wenn es also für die Abdichtung des Bauwerks mehrere (mangelfreie) Varianten gibt und der Auftraggeber unter der Überschrift „Isolierung" die Ausführungsart „Dichtungsschlämme der Firma ... in 6 mm Stärke" wählt, so ist damit das Bausoll unabhängig von jeder Globalregelung bestimmt. Auch die Vorgabe „Schlüsselfertigbau" ändert daran nichts. **Was näher bestimmt ist, bleibt allein maßgebend,** auch wenn beim Schlüsselfertigbau ein komplettes und funktionierendes Objekt in seiner Gesamtheit geschuldet wird; die geschuldete Funktionalität und Vollständigkeit des Bauwerks bedeuten nicht, dass der Auftraggeber die per Detailregelung im Vertrag einmal getroffene Wahl noch einmal (ohne vergütungspflichtige geänderte oder zusätzliche Leistungen anzuordnen) ändern

477

---

[487] Zu dieser mit der Rechtsprechung des BGH übereinstimmenden Unterscheidung schon oben beim Detail-Pauschalvertrag Rdn. 253, zur **auftragnehmerseitigen** Detailplanung beim Detail-Pauschalvertrag oben Rdn. 264; zur **auftragnehmerseitigen** Detailplanung beim (Komplexen) Global-Pauschalvertrag unten Rdn. 532 ff.

könnte.[488)] **Optimierungswünsche** kann der Auftraggeber also auch **nicht** ohne Kostenfolgen mit der Begründung durchsetzen, die Gebäudefunktion werde mit anderen Mitteln als den ausgeschriebenen und vertraglich vereinbarten Detailregelungen besser erreicht.

478 Dabei ist anhand **aller** Vertragsunterlagen immer zu ermitteln, **was überhaupt „im Detail"** geregelt ist; das Bausoll muss exakt bestimmt werden. Wenn zur Herstellung einer Rohrtrasse – so der schon früher besprochene Fall des OLG Düsseldorf[489)] – in einer Position eines Leistungsverzeichnisses „Rohrgräben nach DIN 18 300 ohne Verbau" mit **einer Tiefe bis 1,20 m** ausgehoben werden, so hat damit der Auftraggeber sich dahin festgelegt, dass für die Erreichung des Leistungsziels gerade diese Tiefe die richtige Tiefe ist; diese Tiefe ist Teil der detaillierten Leistungsbeschreibung.

Stellt sich **nachträglich** heraus, dass ohne Ausschachtung bis auf 1,60 m Tiefe die gewünschte Trasse nicht auszuführen ist, so ändert das nichts daran, dass Bausoll „Tiefe bis 1,20 m" war, dass folglich eine Ausschachtungstiefe bis auf 1,60 m zu einer modifizierten Leistung mit entsprechender Vergütungsfolge führt (s. oben Fn. 238). Die Teilleistungsvorgabe „Tiefe" **ist für das Bausoll** geregelt.

Ganz **genau so** hat der **Bundesgerichtshof diesen Fall** schon früher entschieden: Zur Herstellung einer Straße wird ein Pauschalvertrag geschlossen, in dem auf der Basis eines umfassenden Leistungsverzeichnisses die Ausschachtungstiefe indirekt durch die Angabe über die anzulegenden verschiedenen Schichten geregelt wird. Dann ist die Teilleistungsvorgabe „Bautiefe" (als Detailregelung) näher bestimmt, d. h., eine tiefere Ausschachtung (auf Anordnung des Auftraggebers) ist Zusatzleistung gemäß § 2 Nr. 6, § 2 Nr. 7 Abs. 2 VOB/B.[490)]

479 Etwas anderes würde gelten, wenn der Vertrag die Vereinbarung enthielte „Pauschalpreis für alle **notwendigen Arbeiten** zur Ausführung der Trasse" **und** von Anfang an erkennbar war, dass eine tiefere Ausschachtung als 1,20 m notwendig sein könnte; dann verwirklicht sich für diese notwendige Arbeit in diesem Punkt grundsätzlich die komplexe Global-Verpflichtung des Auftragnehmers, wobei allerdings das Problem der auftraggeberseitigen **falschen** Planung noch einer gesonderten Betrachtung bedarf; wir erörtern es gesondert unter Rdn. 537 ff.

480 Maßgebend ist **jede als Vertragsbestandteil vereinbarte Detailregelung,** auch wenn sie sich nicht unmittelbar aus einem Text erschließt. Hat der Auftragnehmer beispielsweise einen Versickerungsbrunnen zu bauen und steht in einem als Vertragsinhalt beigefügten **Bodengutachten,** dass in 8 m Tiefe eine versickerungsfähige Kiesschicht zu erwarten ist, so ist das die maßgebende Regelung für die Ausbautiefe, wobei man im konkreten Fall darüber streiten kann, ob sie das qualitative oder das quantitative Bausoll (Mengenermittlungskriterium) bestimmt. Jedenfalls ist insoweit die Leistung „näher bestimmt". Trifft der Auftragnehmer die Kiesschicht erst in 12 m Tiefe an, ist die Leistung 4 m Tieferausschachtung **nicht** von einer „Komplettheitsklausel" umfasst, auch dann nicht, wenn die Leistung als solche zur Funktionsfähigkeit des Sickerbrunnens notwendig ist. Die „Not-

---

[488)] Zustimmend Busse, Festschrift Jagenburg, S. 77, 88.
Beispiel: „Leistungsgrundlage" ist ein (auf auftraggeberseitiger Ausarbeitung) beruhendes detailliertes Angebot des Bieters, das bestimmte zusätzliche Kühleinrichtungen nicht enthält. Dann werden diese auch dann nicht Bausoll, wenn der Vertrag die Gesamtleistung „Technische Gebäudeausrüstung" für das Gewerk Lüftung umfasst, so KG BauR 2003, 1904; ebenso OLG Jena IBR 2004, 410, Nichtzulassungsbeschwerde vom BGH zurückgewiesen, s. auch Rdn. 493.

[489)] BauR 1989, 483, 484; Einzelheiten oben Rdn. 235. Die Entscheidung des OLG ist deshalb richtig (a. A. Thode, Seminar Schlüsselfertigbau, S. 33, 40), vgl. dazu auch oben Rdn. 235, 263. Sie liegt außerdem **genau** im Rahmen der Rechtsprechung des Bundesgerichtshofs, s. den nachfolgenden Text und Fn. 485.

[490)] BGH Schäfer/Finnern Z 2.301 Bl. 46, 47, Einzelheiten oben Rdn. 231.

wendigkeit" könnte über das Global-Element **nur den Bereich ausfüllen**, der **nicht** geregelt ist;[491] was geregelt ist, bleibt aber geregelt. **Andernfalls hätten Detailregelungen auch keinen Sinn,** sie würden nämlich „Beliebigkeit" aussagen und für den Vertragsinhalt ohne jede Bedeutung sein – zu liefern wäre nämlich **immer** alles und vollständig und funktional.

Ist demzufolge „**Abbruch**" mit dem Hinweis pauschal ausgeschrieben, die Bodenplatte sei unbewehrt, wird aber dennoch eine bewehrte Bodenplatte vorgefunden, so entsprechen die tatsächlich auszuführenden Leistungen nicht dem Bausoll, sondern sind geänderte oder zusätzliche Leistungen. **481**

Wird pauschal **Asbest-Entsorgung** ausgeschrieben, so heißt das nicht, dass die noch verwendbaren Asbestplatten auf einer Deponie gelagert werden müssen; die Deponielagerung dieser Platten ist dann zusätzliche Leistung.[492]

Werden „**Unterfangungsarbeiten**" pauschal ausgeschrieben, enthält jedoch die Leistungsbeschreibung den Hinweis „Unterfangungsarbeiten sind an der Westseite des Grundstücks erforderlich", so sind **nur** Unterfangungsarbeiten an der Westseite Bausoll; alle weiteren Unterfangungen sind Zusatzleistungen.

Für weitere Beispiele verweisen wir auf Rdn. 256.

Zugunsten des Auftragnehmers dürfen also **alle** Vertragsbestandteile herangezogen werden, um die geregelten „Details" zu finden – genauso wie mit Recht **alle** Vertragsunterlagen herangezogen werden können und müssen (z. B. einschließlich benannter, einsehbarer Pläne), um das vom Auftragnehmer geschuldete Bausoll in seiner vollen Breite zu definieren („**Totalitätsprinzip**", s. **Rdn. 204**).

Hier zeigt sich aber gerade die Funktionsverteilung: Solange der Auftrag*geber* selbst geplant hat und diese Planungsergebnisse umsetzt, indem er detailliert ausschreibt, muss **er** für sie auch einstehen. Davor retten ihn Komplettheitsklauseln gleich welcher Art nicht – **was der Auftrag*geber*** geregelt hat, bleibt so geregelt: Konkrete Regelungen im Vertrag gehen allgemeinen Leistungsbeschreibungen *immer* vor.[493] Also können **Komplettheitsklauseln nur Bedeutung** haben, wenn der Auftraggeber irgendeine regelungsbedürftige Teilleistung **nicht** geregelt hat – dazu näher auch Rdn. 482 ff.

Die Folgen **mangelhafter** auftrag*geber*seitiger Planung behandeln wir unter Rdn. 537 ff.

3.2.2 Was innerhalb des Regelungsumfangs der „Detaillierung" nicht geregelt ist, ist damit auch als nicht zum Bausoll gehörig geregelt (Negativ-Aussage)

3.2.2.1 Grundsatz

Beim Detail-Pauschalvertrag ließ sich eine zweite Aussage vertreten: Was nicht geregelt ist, ist überhaupt nicht Vertragsinhalt. Möglich war das deshalb, weil es in der Leistungsbeschreibung nur differenzierte Regelungen gab und kein vereinbartes globales Leistungsziel. Beim Global-Pauschalvertrag gibt es dagegen globale Leistungselemente, und sei es nur eine Komplettheitsklausel. Also könnte das, was nicht detailliert geregelt ist, **482**

---

[491] Tatsächlich könnte sie das nur als Individualvereinbarung und nur in beschränktem Maße, vgl. unten für den Einfachen Global-Pauschalvertrag Rdn. 515 ff., 519 ff., für den Komplexen Global-Pauschalvertrag Rdn. 531, 532.
[492] OLG Oldenburg, BauR 1993, 229, 230.
[493] BGH BauR 1995, 237; BGH, Schäfer/Finnern Z 2.301 Bl. 46 (Einzelheiten dazu Rdn. 231); BGH „Schlüsselfertigbau" BauR 1984, 395; OLG Düsseldorf BauR 1989, 483, 484; BauR 1991, 747; OLG Hamm, BauR 1991, 756, 758; OLG Oldenburg BauR 1993, 228, 229. Einzelheiten auch oben Rdn. 234, 235, 236.

durchaus doch geregelt sein, nämlich geregelt als zu vervollständigender Teilbereich kraft Globalelement.[494]

Folglich lautet beim **Global-Pauschalvertrag die Fragestellung** anders: Umfaßt die **Detailregelung** nicht nur das, was im Einzelnen positiv geregelt ist, oder regelt sie **dadurch, dass sie etwas nicht regelt, dass es nicht** Bausoll ist, insbesondere also **nicht** durch das Global-Element „**aufgefüllt**" wird? **Auch eine Nicht-Regelung kann ja eine Regelung sein,** nämlich Negativ-Aussage dahin, dass etwas (bewußt) nicht Vertragsbestandteil ist. Grundsätzlich kann eine Nicht-Regelung aber auch bedeuten, dass eine Regelung eben nur fehlt (vergessene Leistung).

Es ist deshalb beim Global-Pauschalvertrag immer zu untersuchen, welchen **Regelungsumfang die geregelten Detail-Bereiche** nach dem Regelungswillen der Parteien haben. **Innerhalb dieses Regelungsumfangs beinhaltet der Global-Pauschalvertrag nichts anderes als ein Detail-Pauschalvertragselement. Innerhalb dieses** Regelungsumfanges gilt: Was nicht geregelt ist, ist nicht Vertragsinhalt, also Negativ-Aussage als Vertragsinhalt. Erst wenn feststeht, dass die kraft Globalelements zu ergänzende Leistung nicht Gegenstand des Regelungsumfangs der Detailbeschreibung ist, kommt eine Ergänzung durch die „Komplettheitsaussage" des Globalelements in Betracht.

Der „Regelung**sumfang**" der Detaillierung hängt – rein abstrakt betrachtet – davon ab, welchen Bereich die Parteien durch die benannten Detailregelungen vollständig regeln **wollten.** Dabei kommt es allerdings nicht auf den inneren Willen einer Vertragspartei, insbesondere des Auftraggebers, an, sondern darauf, wie die eigene Vertragserklärung nach dem Empfängerhorizont des Gegenübers **erkennbar** zu verstehen ist – eine Aussage, die wir bei allen Auslegungen immer wieder finden.[495] Hier wie bei allen „unklaren" Fällen ist es nämlich unabdingbar, durch **Auslegung** den **Umfang** der geregelten Detail-Bereiche festzustellen. Zu den drei methodischen Schritten einer solchen Auslegung bei unklarer Regelung und deren allgemeinen Kriterien dürfen wir auf vorangegangene Überlegungen verweisen.[496]

Für die Auslegung der Frage, wie beim Global-Pauschalvertrag festgestellt werden kann, welchen Regelungsumfang detaillierte Regelungen haben, ob also aus einer Nicht-Regelung auf eine Negativ-Regelung geschlossen werden darf, lassen sich nachfolgend – ungeachtet der Tatsache, dass es auf jeden Einzelvertrag ankommt – allgemeine Aussagen treffen.

Dabei ist immer wieder zu betonen, dass wir **hier** Fälle **auftraggeberseitiger Planung** – jedenfalls für die Detailregelungen, die hier maßgebend sind – behandeln.

3.2.2.2 Gleiches ist ungleich geregelt = Negativregelung infolge Vergleich mit Regelung

483 Jedenfalls in einem Bereich folgt aus der Nichtregelung die Negativregelung: Wenn Gleiches einmal detailliert geregelt ist, ein andermal nicht, spricht die Vermutung dafür, dass der Unterschied nicht Zufall ist, sondern einmal Positiv-Regelung, einmal Negativ-Regelung. Zwingend ist das nicht, weil die Nicht-Regelung auch auf bloßes Vergessen hindeuten könnte. Maßgebend ist aber bei der Auslegung der Vertragserklärungen,

---

[494] Siehe oben Rdn. 240, 241, 244, 253.
[495] Ebenso Kniffka/Koeble, Kompendium, Teil 5 Rdn. 100.
[496] Näher dazu oben Rdn. 253 ff.
   1. Schritt: Möglichst „objektive Auslegung", 2. Schritt: Bei Ergebnis der Auslegung zugunsten des Auftragnehmers: Prüfpflichten des Auftragnehmers, 3. Schritt: Behandlung erkannter oder fahrlässig nicht erkannter „Lücken".
   Einzelheiten oben Rdn. 244 ff. zu einer systematisch anderen Frage, dort nämlich zu der Frage: „Allgemeines Leistungsziel" in einem Pauschalvertrag enthalten, obwohl nicht genannt.
   Vgl. auch zur Behandlung der Komplettheitsklausel beim Einfachen Global-Pauschalvertrag Rdn. 512 ff., beim Komplexen Global-Pauschalvertrag 520 ff.

wie nach dem Empfängerhorizont – hier des Auftragnehmers – die Erklärung zu verstehen ist. Wenn der Auftraggeber zwei gleichartige Sachverhalte einmal inhaltlich regelt, einmal nicht, muss der Auftragnehmer daraus schließen, dass der nichtgeregelte Sachverhalt, obwohl er genauso hätte geregelt werden können wie der geregelte Sachverhalt, eben **bewußt** ungeregelt bleiben soll – also Negativ-Aussage.

Beispiel: Bei einer vom Auftraggeber verfassten Leistungsbeschreibung für ein Schlüsselfertigbauprojekt „Wohn- und Geschäftshaus" heißt es in der Leistungsbeschreibung, dass die Vordächer auf der Vorderseite für Wohnung und Ladenlokal eine bestimmte Stahlkonstruktion haben und auf der Unterseite Alu-Paneele. Das Vordach auf der Rückseite – Anlieferung zum Ladenlokal – wird genauso als Stahlkonstruktion beschrieben, aber ohne den Zusatz „Alu-Paneele auf der Unterseite".
Dann gilt: Wenn der Auftraggeber drei gleichartige Vordachbereiche aus Stahlkonstruktionen vertraglich vereinbart, nur zwei davon „mit Paneelen", so heißt die Aussage zum dritten, dass es „ohne Paneele" geregelt ist und nicht etwa, dass die „Untersicht" ungeregelt ist. Noch einmal: Das ist im Sinne abstrakter Logik nicht zwingend, aber eindeutig unter dem Aspekt der Erkennbarkeit des „Regelungsumfangs" von Aussagen. Hier braucht der Auftragnehmer auch nicht rückzufragen, denn sonst müßte er beim Schlüsselfertigbau mit dem Auftraggeber die Leistungsbeschreibung Wort für Wort durchsprechen und auf ihren Sinngehalt abklopfen. Das ist in der Praxis schlechthin unmöglich. Voraussetzung ist, dass auch ohne „Paneele" die Leistung mangelfrei ist. Nur der Vollständigkeit halber: Sollte der Auftraggeber falsch geplant haben und das Mängel zur Folge haben, steht dem Auftragnehmer Mehrvergütung für die Erlangung der Mängelfreiheit zu (dazu unten Rdn. 537).

Das OLG München hat entschieden,[497] dass dann, wenn im Rahmen einer Baubeschreibung beim Bauvertrag ein **Vordach** nicht aufgeführt ist, dieses Vordach nicht Bausoll ist. Das ist dann richtig, wenn das Vordach nicht zur einer im Rahmen des Schlüsselfertigbaus geschuldeten technisch-kompletten Leistung gehört. Mit unserem Thema hängt diese Entscheidung aber nicht zusammen. Wir behandeln den Fall, dass in der Leistungsbeschreibung nur zwei von drei Vordächern mit „Paneelen" vorgegeben sind.

Das Beispiel „Paneele" lässt sich beliebig erweitern: Wenn der Auftraggeber beim Schlüsselfertigbau für das Erdgeschoss Rolläden ausschreibt, für alle anderen Geschosse aber nicht, ist die Aussage eindeutig. Das gilt erst recht, wenn die **detailliert geregelte** Leistung „**Komfortcharakter**" hat oder über die technisch allgemeine Notwendigkeit hinausgeht: Wenn 4 Reihenhäuser schlüsselfertig ausgeschrieben sind und in der Leistungsbeschreibung für ein Eckhaus die Fluatierung einer Fassade vorgesehen ist, bleibt es bei dieser Regelung auch als Negativ-Regelung für die anderen Fassaden – mit gutem Grund: Der Auftragnehmer kann gar nicht wissen, in welchem Zustand der Auftraggeber die Häuser „weiterverkauft", immer unabhängig von der noch (unten Rdn. 537 ff.) zu behandelnden Frage, ob der Auftragnehmer auch falsche Planungen insoweit ignorieren darf.

Es bleibt also insgesamt dabei: Wenn der Auftraggeber gleichartige Leistungen differenziert ausgeschrieben hat, enthält die Differenzierung auch eine Sachaussage als Negativ-Aussage. Der Auftragnehmer hat insbesondere keine Prüf- oder Hinweispflicht.

3.2.2.3 Regelungsumfang der „Detaillierung" bestimmt durch erkennbaren „Oberbegriff" bzw. „technische Teilregelung" – Negativregelung durch konkludente Regelung – Vergleichsobjekt

Beim **Einfachen Global-Pauschalvertrag**, d. h. dem Vertrag (im Regelfall) für **ein** Gewerk mit Leistungsbeschreibung mit Leistungsverzeichnis und vorliegender auftraggeber-

---
[497] IBR 1995, 336 = BauR 1995, 739 L.

seitiger Planung, jedoch mit Pauschalpreis und übergestülpter „Komplettheitsklausel", ist der vom Auftraggeber umfasste Regelungsbereich der Detaillierung aus Sicht des Auftragnehmers klar: Da nur ein Gewerk betroffen ist und die Leistungen dieses Gewerks vom Auftraggeber durch Ausführungsplanung und Leistungsbeschreibung scheinbar oder wirklich umfassend behandelt sind, ist dem Auftragnehmer „klar", dass der vollständig vom Auftraggeber **geregelte** Bereich auch vollständig detailliert ist – oder anders ausgedrückt: Der Regelungsumfang umfasst insoweit die Leistungen der **ganzen Leistungsbeschreibung,** nicht anders als beim Detail-Pauschalvertrag. Die Komplettheitsklausel läuft regelrecht leer.[498]

486 Beim **Komplexen Global-Pauschalvertrag,** also insbesondere beim Schlüsselfertigbau, ist ohnehin zuerst zu klären, welche Leistungen überhaupt mit Leistungsverzeichnis – oder in sonstiger Weise erkennbar (im Sinne der Ausführungsplanung) durchgeplant – auftraggeberseitig ausgeschrieben sind und damit nach Detail-Pauschalgesichtsgrundsätzen zu behandeln sind und welche Leistungen (infolge fehlender oder noch nicht fertiggestellter Planung) lediglich global geregelt sind. Diese Abgrenzung lässt sich nur aus dem Regelungs-Gesamtzusammenhang entwickeln; dabei kommt es ausschlaggebend wieder darauf an, inwieweit die Leistungen des Leistungsverzeichnis vom **Auftraggeber** „ausgeplant" sind und inwieweit das Leistungsverzeichnis Bereiche mit „eingeplanten" Leistungen enthält und wie diese Bereiche bezeichnet, eingeordnet oder überhaupt benannt sind. Wir behandeln **hier** die Problematik „**innerhalb** eines detailliert geregelten Teilbereichs" eines Global-Pauschalvertrages.
Beispiele machen das am besten deutlich, deshalb ein schon zitierter Fall des Bundesgerichtshofs:[499]
Wenn ein Auftraggeber mit dem Auftragnehmer einen Pauschalvertrag über **Rohbauarbeiten** einschließlich Innenputz auf der Basis eines **differenzierten** Leistungsverzeichnisses schließt, gleichzeitig – aber ohne Leistungsverzeichnis – über die „erforderlichen" Erd-, Abbruch- und Unterfangungsarbeiten, so enthält der Pauschalvertrag für Rohbau und Innenputz einen Detail-Pauschalteil, dagegen für Erd-, Abbruch- und Unterfangungsarbeiten einen komplexen Global-Pauschalteil. Besonders zu „vergüten sind **(beim Rohbau)** deshalb alle Arbeiten, die nicht im LV enthalten noch zur Zeit des Vertragsschlusses aus den Unterlagen (positiv) ersichtlich waren"; sind sie nicht ersichtlich, sind sie auch **nicht Bausoll, ob sie für das Bauwerk notwendig sind oder nicht** – vgl. auch Rdn. 491.

487 Ein anderes Beispiel:
Wenn ein Total-Schlüsselfertigvertrag über die Einrichtung eines Gewerbeparks die auftraggeberseitige Regelung enthält, der beigefügte Mietvertrag des SB-Nutzers sei Vertragsinhalt und wenn dieser eine Baubeschreibung enthält, die auf der einen Seite unter der Überschrift „SB-Anlieferungssituation" 30 Einzelpunkte regelt, darunter 5 Ringe an der Hauswand zum Anbinden von Hunden, aber keine Rampen enthält, so ist auch keine Rampe geschuldet („Negativ-Regelung"), sondern es genügt die niveaugleiche Anfahrt – da hilft auch kein Hinweis auf die Funktion eines SB-Marktes (vgl. auch Rdn. 638 ff.).

488 Oft wird bei Schlüsselfertigverträgen, auch bei Total-Schlüsselfertigverträgen, Bezug auf ein **Vergleichsobjekt** genommen, weil die Parteien es zeitlich nicht geschafft haben, ver-

---

[498] Zur Wirksamkeit der Vereinbarung einer Komplettheitsklausel beim Einfachen Global-Pauschalvertrag in Allgemeinen Geschäftsbedingungen s. Fn. 490.
Zur Auslegung einer Komplettheitsklausel beim Einfachen Global-Pauschalvertrag in individueller Vereinbarung s. Fn. 486.
[499] Fall BGH Schäfer/Finnern Z 2.301 Bl. 35 ff. = BauR 1971, 124 = WM 1971, 449 = BGHZ 55, 98, Einzelheiten oben Rdn. 221. Noch deutlicher BGH Schäfer/Finnern Z 2.301 Bl. 41 ff. = BauR 1972, 118, Einzelheiten oben Rdn. 227.

bal Einzelheiten zu regeln: „Ausstattung wie Gewerbepark Lüneburger Heide, soweit dieser Vertrag nichts anderes regelt." Dann ist die Ausstattung dieses Vergleichsobjekts maßgebend, und zwar nicht nur positiv dahin, wie dort ausgestattet ist, sondern auch negativ dahin, wie dort nicht ausgestattet ist. Enthält allerdings die vertragliche Baubeschreibung detaillierte Aufforderungen, so haben diese – wenn der Vertrag nicht individuell eine gegenteilige Rangfolge vorgibt – Vorrang vor der Bezugnahme auf ein Referenzobjekt.[500]

Die **Detaillierung** kann sich **aus jeder Vertragsgrundlage ergeben** – schönstes Beispiel beim Schlüsselfertigvertrag: „Die Elektroausstattung richtet sich **nach dem Ausführungsplan** des Elektrofachplaners Dipl.-Ing. Müller, der dort eingesehen werden kann." 489
Der Auftragnehmer ist sehr gut beraten, wenn er nicht nur die benannte Ausführungsplanung einsieht, sondern vor Vertragsunterzeichnung einen gegengezeichneten Satz Pläne in seine Vertragsunterlagen aufnimmt und die Pläne bei Vertragsunterzeichnung paraphieren lässt. Was **in diesen Plänen nicht enthalten ist,** ist dann nicht (ohne modifizierte Vergütung) zu bauen.

Im Zweifelsfall kommt es, wie immer bei der Auslegung der Frage, was noch in den Regelungsumfang eines Detailvertrages gehört und was nicht, auf den Regelungswillen des Auftraggebers an, und zwar so, wie er sich als Erklärung **erkennbar** für den Auftragnehmer darstellt; wir verweisen zur Methodik auf die Erörterungen unter Rdn. 253 ff., Rdn. 244 sowie vor allem Rdn. 514. 490

3.3 Vereinbarte Nicht-Leistungen

Eine spezielle Form der Detailregelung ist, ausdrücklich zu vereinbaren, eine (naheliegende) Leistung **nicht** zum Vertragsinhalt zu machen. Die indirekte Form einer solchen Negativ-Vereinbarung haben wir gerade kennengelernt und als konkludente „Nicht-Regelung" im Detail-Bereich[501] erörtert. Natürlich gibt es auch die Möglichkeit, **ausdrückliche** Vereinbarungen darüber zu treffen, was **nicht** Vertragsinhalt ist, z. B.: „Außenanlagen gehören nicht zum vertraglichen Leistungsumfang."(vgl. Rdn. 493). 491
Der schon oft zitierte BGH-Fall „Schlüsselfertigbau"[502] z. B. hätte sich hinsichtlich der Frage, ob eine Abdichtung gegen drückendes Wasser Bausoll war, auch ohne den ergänzenden Rückgriff auf allgemeine Schlüsselfertig-Überlegungen beantworten lassen: Gemäß dem konkreten Bauvertrag richtete sich gemäß auftraggeberseitiger Planung der Leistungsumfang „nach den Kostengruppen der DIN 276 mit Ausnahme von Leistungen gemäß Anlage II". Laut BGH war in „Anlage II zum Vertrag die Kostengruppe ‚Besondere Baukonstruktionen' gemäß DIN 276 Nr. 3.5.1.0 (a. F.) vom Vertragsinhalt **ausgeschlossen.** Damit gehörten u. a. Dränage und wasserdruckhaltende Isolierung (Nr. 3.5.1.5 der DIN 18 336 [richtig: DIN 276, die Verf.]) nicht zum Leistungsinhalt".

Dem Auftragnehmer ist bei der Vereinbarung solcher Leistungsausschlüsse, Leistungsverringerungen oder Leistungskürzungen **größte Vorsicht zu empfehlen.** Es ist insbesondere im Schlüsselfertig-Bau gang und gäbe, bei Auftragsverhandlungen noch einzelne Leistungen zu streichen, um so zu einer Verbilligung zu kommen. Der Auftragnehmer muss derartige vereinbarte „Negativ-Regelungen" absolut **eindeutig dokumentieren,** also in einem ausdrücklichen Protokoll, im gegenseitigen Schriftwechsel oder ähnlich. Sonst passiert es ihm mit durchaus nennenswerter Wahrscheinlichkeit, dass der Auftraggeber zuerst einen 492

---
[500] OLG Celle BauR 2005, 767 (L); Nichtzulassungsbeschwerde vom BGH zurückgewiesen..
[501] Vgl. oben Rdn. 485 ff.
[502] BGH BauR 1984, 395, Einzelheiten oben Rdn. 232.

„Porsche 911" bestellt, sich aus Preisgründen auf einen „VW Golf" besinnt und in der Ausführungsphase mit bedauerlicher Vergeßlichkeit wieder Sportwagenmaßstäbe anlegt.

Ganz wesentlich für den Auftragnehmer ist, dass er für solche Leistungsvereinbarungen, die die an sich geschuldete „Global-Funktionalität" **einschränken,** die also gerade **Ausnahme** zum **globalen** Leistungselement sind, **zweifelsfrei die Darlegungs- und Beweislast** trägt.[503]

3.4 Vorrang bei widersprüchlicher Detailregelung innerhalb einer Kategorie, z.B. Widerspruch zwischen Text und Plan – Widerspruch Baubeschreibung und Raumbuch – Widerspruch Baugenehmigung zu Text

493 Sehr oft stellt sich bei vereinbarter Leistungsbegrenzung oder vereinbartem Leistungsausschluss ein besonderes Problem, nämlich der Widerspruch zwischen Text und Plan, wobei Text und Plan jeweils als Teil der Baubeschreibung eigentlich **gleichrangig** sind, sofern nicht der Vertrag eine **Rangfolgeregelung** enthält. Solche Rangfolgeregelungen sind sehr oft in den Zusätzlichen Vertragsbedingungen öffentlicher Auftraggeber enthalten, so z. B. früher 1.3 der ZVB des Bundes. Danach ging der **Text** vor.[504]

Generell ist dies eigentlich ein Bereich des allgemeinen Themas „unklare Ausschreibung",[505] wir wollen aber des Sachzusammenhangs wegen schon hier für die Bausollabgrenzung festhalten: Wenn **z. B.** ein Vertragsplan eine Leistung enthält, die der Text des Vertrages oder der Text der Baubeschreibung **ausschließt, geht** jedenfalls bei **dieser Art** der negativen textlichen Festlegung der **Text** eindeutig als spezieller, nämlich als auftraggeberseitige Auswahl, **vor.**
Beispiel: Die Baubeschreibung erwähnt in einem **Schlüsselfertig**-Vertrag, dass „Außenanlagen" nicht zum vertraglichen Leistungsumfang des geschuldeten SB-Marktes gehören. In den beigefügten Plänen sind die Außenanlagen dargestellt. In der Pflasterfläche ist eine Scherengitterbühne vorgesehen, die als Hubanlage hochfahren kann, um Paletten von Lastwagen aufnehmen zu können. Der Auftraggeber meint, der Schlüsselfertig-Auftragnehmer schulde einen funktionsfähigen SB-Markt, dazu gehöre auch die im Text der Baubeschreibung nicht erwähnte Scherengitterbühne, die in einem Vertragsplan erwähnt sei.
Diese Rechtsauffassung des Auftraggebers ist falsch. Gemäß DIN 276 Teil 2 Anhang 1 Nr. 5.6.6 a. F. und DIN 276 Tabelle 1 Nr. 539 (Juni 1993) gehören Hub- und Förderanlagen zu den Außenanlagen.[506] Außenanlagen gehören laut Text nicht zum vertraglichen Leistungsumfang. Wenn der Auftraggeber explizit Außenanlagen ausschließt, hat er zwar einen „funktionsfähigen SB-Markt" in Auftrag gegeben, weil das Gegenstand jeder schlüsselfertigen Leistung ist, jedoch einen Markt eben mit Ausnahme der Leistung Außenanlagen und somit folglich auch mit Ausnahme der Leistung Hubanlage. Der Gedanke liegt nahe, dass die Hubanlage im Zuge der Erstellung der Außenanlagen auch von einem Drittunternehmer hergestellt werden soll oder kann. Der Auftragnehmer hat keinen Anlass, diese „Negativ-Erklärung" des Auftraggebers im Text als aufzuklärenden

---

503) Zur Beweislast beim Global-Pauschalvertrag vgl. unten Rdn. 655 ff., 666.
504) Unrichtig deshalb z. B. OLG Koblenz BauR 1997, 143, 145, das diese Vorrangklausel gar nicht gesehen hatte.
Die Entscheidung ist auch in weiterer Hinsicht fehlerhaft, vgl. Rdn. 530, Fn. 552.
Siehe auch Fn. 507.
505) Dazu unten Rdn. 654; für den **Detail-Pauschalvertrag** haben wir das spezielle Problem schon oben unter Rdn. 248–250 erörtert.
506) **Zur Anwendbarkeit der DIN 276 zur Auslegung von Vertragsbegriffen** s. unten Rdn. 603. „Hebebühnen" sind auch erwähnt in Tabelle 1 Nr. 469.

Widerspruch zum Plan anzusehen und mit dem Auftraggeber im Vergabestadium zu erörtern.

Gerade bei einem Global-Pauschalvertrag geht der Text im Zweifel immer den Plänen vor.[507] **Erst recht** geht eine Beschreibung der Leistung „dem Wortlaut nach im Einzelnen" einem Plan, der sich „nicht im Detail am Bauvorhaben orientiert", vor.[508] Zur allgemeinen Frage, welche Bestandteile **innerhalb** der Leistungsbeschreibung Vorrang haben, verweisen wir auf Band 1, Rdn. 179–184.

Die Vereinbarung einer Leistungsminderung, die zu einem **Planungsfehler** führt oder die einen Planungsfehler bestätigt, ist nur Unterfall der **fehlerhaften** Ausführungsplanung beim Global-Pauschalvertrag. Wir behandeln das deshalb im Zusammenhang nachfolgend unter Rdn. 537 ff. **494**

Enthalten **Baubeschreibung** und **Raumbuch** widersprüchliche Angaben, so ist zuerst zu klären, ob der Vertrag eine Rangfolgeregelung hat; die vertraglich als speziell festgelegte Regelung geht vor. Ist nichts geregelt, so ist das Raumbuch als die **speziellere** Regelung maßgebend. Insgesamt gilt der Grundsatz: Ein detailreich ausgeschriebenes Leistungsverzeichnis als Leistungsbeschreibung geht **allen** anderen Vertragsbestandteilen und -grundlagen, also auch Vorbemerkungen oder einer Baugenehmigung, vor.[509] **495**

4 Der Konflikt zwischen detaillierter Leistungsbeschreibung und darüber hinausgehender „Komplettheitsklausel" oder „Schlüsselfertigklausel" in Global-Pauschalverträgen

4.1 Der Zielkonflikt

Wir haben unter Rdn. 474–495 erörtert, welchen Regelungsumfang Detailregelungen innerhalb von Global-Pauschalverträgen erfassen. **496**
Ob Detailregelungen aber alles aus der Sicht des Auftraggebers zu Regelnde erfassen, ist gerade ein Problem.
Wie ist es zu behandeln, wenn der Auftrag**geber** bei der Leistungsbeschreibung eine Teilleistung vergessen hat – oder gibt es über die Detailregelungen hinaus Leistungsverpflichtungen, die der Auftraggeber als nach seiner Meinung selbstverständlich nicht erwähnt hat?
Beim Detail-Pauschalvertrag, der keine Globalelemente innerhalb der Leistungsbeschreibung enthält, haben wir das Problem nach Gesichtspunkten der Systemverantwortlichkeit entschieden:[510] Wer plant (und diese Planung in Detailtexte umsetzt), hat die

---

[507] Ebenso Meissner, Seminar Pauschalvertrag und schlüsselfertiges Bauen, S. 9 ff., 13, 14. Vgl. auch zur entsprechenden Rangfolgeregelung die (Schweizer) SIA-Norm 118 Art. 21 Abs. 1, dazu Gauch, Werkvertrag, Rdn. 312 und Schumacher, Vergütung, Rdn. 121.
Zur Rechtslage beim (entsprechenden) Detail-Pauschalvertrag s. oben Rdn. 249, zum Einheitspreisvertrag ausführlich Bd. 1, Rdn. 180-182, 199-205.
[508] So BGH „Text vor Plänen" NZBau 2003, 149 = BauR 2003, 388; Langen/Schiffers, Bauplanung und Bauausführung, Rdn. 686. Näher Band 1 Rdn. 205.
[509] Zutreffend OLG Jena, IBR 2004, 410; Nichtzulassungsbeschwerde vom BGH zurückgewiesen, s. auch Fn. 487; KG BauR 2003, 1904, s. weiter Rdn. 632.
[510] Generell oben Rdn. 242 ff., zur Systemverantwortlichkeit Rdn. 255 ff.

Vermutung der Richtigkeit und **Vollständigkeit** dieser Leistungsbeschreibung gegen sich:

497 Selbst beim Detail-Pauschalvertrag gilt allerdings bei auftrag**nehmer**seitiger Planung: Hat der Auftrag**nehmer** selbst die Ausführungsplanung erstellt und ist auf ihrer Basis von ihm detailliert die Leistung beschrieben worden, muss er „komplett" das leisten, was Gegenstand seines **Planungsauftrages** war.[511]
Umgekehrt: Bei **auftraggeberseitig** zu leistender Ausführungsplanung muss der Auftragnehmer nur das bauen, was im Detail geregelt ist.

Was also innerhalb des Regelungsumfanges der Detaillierung als Leistung „fehlt", ist nicht Bausoll, also auch nicht gegen die unveränderte Pauschalvergütung auszuführen. Verlangt der Auftraggeber diese Leistung nach Vertragsschluss dennoch, so ist das Anordnung einer zusätzlichen Leistung, der Auftraggeber muss sie zusätzlich bezahlen (§ 2 Nr. 6 i. V. m. § 2 Nr. 7 Abs. 1. S. 4 VOB/B). Konsequenterweise gilt das für jede „fehlende" Leistung, gleichgültig, ob sie notwendig (aber vom Auftraggeber vergessen) ist oder nicht.[512]

Für den Detail-Pauschalvertrag war diese klare Aussage (in Rdn. 240 ff) unproblematisch: Da – bei unserer Definition – der Detail-Pauschalvertrag **nur** aus Detailregelungen besteht, ohne dass ein Allgemeines Leistungsziel (eine „Komplettheitsklausel") vereinbart war, leistete der Auftragnehmer, wenn er gemäß Detailregelungen baute, alles, was er überhaupt vertraglich leisten musste – „mehr" gab es nicht. Ob zusätzlich noch Leistungen für ein „Allgemeines Leistungsziel" notwendig wären, ließe sich gar nicht oder nur mit Mühe feststellen, da „übergeordnete Kriterien", aus denen sich dieser allgemeine Leistungserfolg hätte entnehmen lassen, nicht vereinbart waren.

Als Beispiel noch einmal: Wenn im Rahmen einer Leistungsbeschreibung per Leistungsverzeichnis für eine Heizungsanlage die Heizungs**regelung fehlt,** gehört zum vertraglichen, gegen Pauschalvergütung zu leistenden Leistungsumfang des Detail-Pauschalvertrages die Heizungsregelung eben **nicht.** Am Rande: Vielleicht hat dieser Auftraggeber eine günstigere anderweitige Bezugsquelle und lässt die Regelung von dritter Seite einbauen. Vereinfacht: Beim Detail-Pauschalvertrag kann per definitionem nichts „fehlen".

498 Was aber ist mit **Global**-Pauschalverträgen?
Was gilt, wenn an der Spitze derselben Leistungsbeschreibung der Satz steht: „Zu liefern ist eine **komplette,** voll funktionsfähige Heizungsanlage?" Oder wenn der Text lautet: „Der Auftragnehmer übernimmt gegen die vereinbarte Vergütung **alle Arbeiten**, Lieferungen und Leistungen, die erforderlich sind, das Werk vollständig zu erbringen, selbst wenn sie im Einzelnen in den Angeboten, den Zeichnungen, der Baubeschreibung, der Statik sowie den sonstigen Unterlagen nicht ausdrücklich erwähnt sind. Inbegriffen sind sämtliche notwendigen Nebenarbeiten, die für die vollständige Herstellung des Werkes erforderlich sind, auch die Arbeiten, die sich durch die Zusammenarbeit mit anderen Firmen ergeben."[513] Oder wenn der Auftraggeber trotz detailliertestem Leistungsverzeichnis für ein Gesamtobjekt noch hinzufügt, die Leistung sei „schlüsselfertig" zu erbringen?

---

[511] Näher oben Rdn. 264.
[512] Einzelheiten oben für Detail-Pauschalverträge Rdn. 237–273. Ebenso Meissner, Seminar Schlüsselfertigbau, S. 9, 12 ff.
[513] Das ist beispielhaft eine vom Landgericht Frankfurt im Rahmen einer AGB-Prüfung behandelte und für **unwirksam** erklärte Klausel (vgl. Bunte, Entscheidungssammlung AGB Band 3 § 9 Nr. 17 a), näher Rdn. 512.

Ist die Klausel gültig, so führt sie eine **globale** Leistungsverpflichtung ein und macht aus dem Detail-Pauschalvertrag einen Global-Pauschalvertrag, und zwar dann,

- wenn die „Komplettheit" nur ein Gewerk betrifft, einen Einfachen Global-Pauschalvertrag (s. oben Rdn. 406),

- wenn die „Komplettheit" oder „Schlüsselfertigkeit" ein Teil- oder Gesamtbauwerk insgesamt trifft, einen Komplexen Global-Pauschalvertrag (s. oben Rdn. 409 ff.).

Offensichtlich besteht hier ein tiefgreifender Widerspruch: **499**
Entweder bleibt es dabei, dass nur das innerhalb des detailliert genannten Umfanges Geregelte zu liefern ist – dann läuft die Komplettheitsklausel leer, ihre Vereinbarung wäre inhalts- und sinnlos.
Oder die Komplettheitsklausel zieht – dann ist die Aussage falsch, bei einem auftraggeberseitig geregelten Detail sei der Auftragnehmer entsprechend einem Detail-Pauschalvertrag nur verpflichtet, das zu bauen, was detailliert ausgeschrieben sei.

Entweder gilt unsere Systemwahlüberlegung (oben Rdn. 256 ff., 262.): Wenn der **Auftrag-** **500**
geber selbst die Ausführungsplanung macht, dabei aber auszuplanende Einzelheiten vergißt, muss er auch zu seinem Planungsrisiko stehen. Fehlen somit in der Leistungsbeschreibung Leistungen, ist das sein Fehler und nicht Sache des Auftragnehmers.
Oder es gilt unsere Überlegung: Auch eine global beschriebene Leistung ist vereinbarter Vertragsinhalt, zwar vervollständigungsbedürftig, aber nichtsdestoweniger „schon" Bausoll (vgl. oben Rdn. 403 ff.); dann müßte der Auftragnehmer die Lücken der auftraggeberseitigen Planung auf seine eigene Kappe nehmen, also trüge er plötzlich ein (Mit-)Planungsrisiko, obwohl er bislang nicht geplant hat.

Die **Entscheidung dieses Widerspruches** rührt an die **Substanz des Themas „Global-** **501**
Pauschalvertrag"; sie erfordert die gedankliche Einbeziehung weiterer Regelungsbereiche des Bauvertragsrechts und die Harmonisierung mit ihnen.

Vorweg muss man hinsichtlich in den Vertragstexten nicht enthaltener, z. B. vergessener Leistungen eines noch auf den Punkt bringen: Wenn die Heizungsregelung fehlt, **funktioniert** die Gesamtleistung Heizung nicht. Das Fehlen dieser Teilleistung führt also (scheinbar) zum „Mangel" hinsichtlich der Gesamtleistung – selbstverständlich kann eine Leistung nicht nur mangelhaft sein, wenn eine vorhandene Teilleistung nicht die vertraglich zugesicherten Eigenschaften hat, nicht den anerkannten Regeln der Technik entspricht oder mit Fehlern behaftet ist, die den Wert oder die Tauglichkeit für den gewöhnlichen oder nach dem Vertrag vorausgesetzten Gebrauch aufheben oder mindern (§ 13 Nr. 1 VOB/B), sondern die **Gesamtleistung kann grundsätzlich** auch deshalb „mangelhaft" sein, weil eine **notwendige** Teilleistung **fehlt**; sie **muss es aber nicht** – je nach Leistungspflicht. Oder anders ausgedrückt: Wenn A die Heizung ohne Regelung in Auftrag hat, B ihre Regelung, ist die Leistung von A (nämlich sein geschuldetes Werk) nicht mangelhaft, obwohl nach Erstellung seiner Leistung **die** Heizung nicht funktioniert.

Daraus folgt allerdings eines **vorab**: Sofern die per „Komplettheitsklausel" (Allgemeines Leistungsziel) bezeichnete Gesamtleistung **auch ohne** die im Vertragstext nicht aufgeführte Leistung „**mangelfrei**" ist, nämlich der **vertraglich vereinbarte** Zustand erreicht ist, ist diese Leistung per Globalelement „Komplettheitsklausel" nicht vervollständigungsbedürftig. Die vermisste Leistung ist dann vielleicht nützlich, wünschenswert oder sinnvoll, aber sie ist nicht funktionell notwendig.[514] Wenn die vorhandene Gesamtleis-

---

[514] Im Vorgriff: Auch eine solche Klausel wäre in AGB des Auftraggebers unwirksam, ebenso Leinemann, VOB/B § 2 Rdn. 284.

tung – nur scheinbar eine unkomplette Leistung – mangelfrei ist, ist sie Vertragserfüllung.

502 Das ist insbesondere beim Schlüsselfertigbau wichtig; der Auftragnehmer schuldet dort selbstverständlich eine mangelfreie, den Vertragsvorgaben entsprechend funktionsgerechte Bauleistung, aber mehr nicht. Es mag durchaus z. B. Leistungen geben, die zu einer **Verbesserung der Betriebskosten** führen, aber die Erstellung dieser Leistung ist nicht – sofern nicht das Gegenteil vereinbart ist – Gegenstand der Bauleistungspflicht.[515] Wenn also bei einem Schlüsselfertig-Warenhausobjekt vom Auftraggeber die Heizungs- und Klimatechnik detailliert beschrieben ist, kann nicht über das Globalelement „schlüsselfertig (= „komplett und funktionsgerecht") geschlossen werden, dass eine **nicht beschriebene**, die Nutzungskosten verringernde **Wärmerückgewinnungsanlage** geschuldet ist. Der Auftraggeber muss vielmehr selbst entscheiden, ob er erhöhte Investitionskosten und verringerte Nutzungskosten wünscht oder verringerte Investitionskosten und erhöhte Nutzungskosten – und er hat sich durch die Leistungsbeschreibung entschieden.

503 In (scheinbaren) **Ausnahmefällen** kann die Rechtslage anders zu beurteilen sein: Ein Glasproduktionsbetrieb projektiert ein **„Blockheiz-Kraftwerk"** auf der Basis von zwei Flüssiggasmotoren als Betriebsheizung; dieses Blockheiz-Kraftwerk hat der Auftragnehmer **selbst vorgeschlagen**. Bei dieser Fallgestaltung ist er verpflichtet, über Gestaltung und Verwendbarkeit des Werkes zu beraten, hier ist der Auftragnehmer der eigentliche Fachplaner, der jedenfalls dann, wenn eine neuartige, noch unerprobte Anlage erstellt wird, auch über die Wirtschaftlichkeit zu beraten hat[516] – das liegt ganz auf der Linie der eigenen Systemverantwortlichkeit.

504 Außerdem greift eine Komplettheitsklausel sowieso nicht ein, solange eine bisher fehlende Leistung **nur deshalb „notwendig"** wird, weil sich die Verhaltnisse gegenuber der als Vertragsbasis zugrundegelegten erkennbaren Situation **verändert** haben; daraus resultierende Leistungen sind geänderte oder zusätzliche Leistungen (vgl. Rdn. 571).

505 Von diesen Konstellationen abgesehen, verbleibt es aber bei dem Widerspruch: In der Planung fehlende, aber notwendige Leistungen führen normalerweise zum „Mangel" des Werks, sie sind Fehlplanung. Wenn in einem Raum nur ein Heizkörper vorhanden ist, ist es lediglich eine semantische Frage, ob ein weiterer Heizkörper fehlt oder ob die Heizleistung der vorhandenen Heizkörper zu gering dimensioniert ist. Der einzelne Heizkörper ist „an sich" nicht mangelhaft, sondern nur dann, wenn es – bezogen auf den Raum – keinen zweiten gibt. Die Komplettheitsklausel würde bewirken, dass der Auftragnehmer auf seine Kosten die offenbar infolge falscher Wärmebedarfsberechnung fehlenden, also fehlgeplanten Leistungen ohne Vergütung zu erbringen hätte.

506 Das berührt einen weiteren **Verantwortungszusammenhang**. Zuerst einmal hat der Auftraggeber nämlich, **wenn er** detailliert ausschreibt, die Leistung auch **erschöpfend** zu beschreiben, so dass ein Bieter seine Preise **sicher** und ohne umfangreiche Vorarbeiten ermitteln kann – so § 9 Nr. 1 VOB/A, der **insoweit** allgemeine Leistungsbeschreibungsregeln enthält. Es steht außer Zweifel, dass der Auftraggeber bei dieser **Systemwahl**, dieser Zuteilung und Anordnung von Funktionen, die Leistung „**vollständig** und eindeutig" beschreiben muss; eine vom Auftraggeber vorgelegte Leistungsbeschreibung **mit Leis-**

---

[515] Siehe oben Rdn. 427 unter Hinweis auf den Unterschied zwischen Bauwerkskosten und Baunutzungskosten, näher unten Rdn. 593-595.
[516] BGH „Blockheiz-Kraftwerk" BauR 1987, 681; Heiermann/Riedl/Rusam, VOB/B § 4 Rdn. 50, vgl. zu „Entwicklungsrisiken" unten Rdn. 576, dort auch zu weiteren Beratungspflichten (BGH „Alternative Wärmegewinnung" BauR 1993, 79).

tungsverzeichnis muss **alle** notwendigen technischen Angaben enthalten, um die verlangte Beschaffenheit der Leistung zu kennzeichnen.[517]
Beschreibt der Auftraggeber die Leistung nicht vollständig, obwohl er durch die Systemwahl „auftraggeberseitige Ausführungsplanung und Leistungsbeschreibung" gerade die Pflicht zur erschöpfenden Beschreibung übernommen hat, so braucht der Auftragnehmer nicht davon auszugehen, dass der Auftraggeber seine Pflicht verletzt hat; er wird im Gegenteil das, was ihm als Angebotsblankett vorgelegt worden ist, als vollständig ansehen dürfen.

Wir haben ausführlich in Band 1 sowie für den Detailpauschalvertrag in diesem Band unter Rdn. 242 ff. die Frage erörtert, was grundsätzlich Folge einer solchen mangelhaft definierten Leistungsbeschreibung ist, und fassen nur das Ergebnis hier zusammen: Wenn überhaupt im Rahmen der Auslegung (1. Schritt) dem Bieter und späteren Auftragnehmer aufgrund seiner Prüfpflicht auferlegt wird, er hätte die Lücke erkennen können (2. Schritt), so muss er die Folgen möglicher mangelnder Aufmerksamkeit nur dann selbst tragen, wenn er „frivol" war, also wenn er in positiver Kenntnis einer fehlenden Leistung nur ein Minimum angeboten hat.

War der Bieter und spätere Auftragnehmer dagegen nur fahrlässig, hat er also einfach die Lücke in der Leistungsbeschreibung nicht bemerkt, so muss der Auftraggeber unter dem Gesichtspunkt der „Sowiesokosten" die Folgen seiner Fehlplanung selbst tragen, also die fehlende Leistung bezahlen; der Auftragnehmer muss nur dann den infolge der „späten Aufdeckung" eventuell zusätzlichen Aufwand seinerseits übernehmen.[518]

Eine Komplettheitsklausel würde diese Folge umkehren, und zwar so, dass der Auftragnehmer **immer und allein** die Folgen der Fehlplanung des Auftraggebers zu tragen hätte, also auch die „Sowiesokosten". Die Kenntnis solcher Folgen auftraggeberseitiger mangelhafter Planung würde eine nennenswerte Anzahl von **Auftraggebern** zukünftig dazu veranlassen, unnachweisbar („**frivol**") **unvollständige und mangelhafte Planungen vorzulegen,** weil ja ein Auftraggeber mit einer solchen schlampigen Leistungsbeschreibung noch Geld verdienen könnte[519] – und tatsächlich ist das heute **ein ganz außerordentliches Problem der Praxis.**

Durch eine Komplettheitsklausel würde weiter eine Wertungsdifferenz entstehen: Gemäß § 3 Nr. 1 VOB/B sind die für die Ausführung **nötigen** Unterlagen, d. h. **richtige Unterlagen,** vom Auftraggeber dem Auftragnehmer zu übergeben, wenn nichts Gegenteiliges vereinbart ist. Für diese Verpflichtung, richtige Unterlagen beizustellen, kann es keine Rolle spielen, ob die Ausführungsunterlagen schon in der Ausschreibungsphase, also zusammen mit dem Angebotsblankett, vorgelegt werden – wie bei sorgfältiger Planung richtig –, ob sie vor Beginn der Ausführung oder ob sie erst während der Ausführung geliefert werden.
Eine Komplettheitsklausel würde diese Pflicht außer Kraft setzen.

Selbst das **Haftungssystem** würde geändert: Grundsätzlich haftet der Auftraggeber allein für die Mängel **seiner** Planung. Der Auftragnehmer hat in einer Art Vorprüfung gemäß § 3 Nr. 3 VOB/B die Ausführungsunterlagen – soweit das zur ordnungsgemäßen Vertragserfüllung gehört – auf etwaige Unstimmigkeiten hin zu überprüfen und den Auftrag-

507

508

---

[517] BGH VersR 1966, 488; OLG Celle VersR 1979, 172; OLG Stuttgart BauR 1992, 639 (zu dieser Entscheidung ansonsten s. Rdn. 599); vgl. auch oben Rdn. 255 zum Detail-Pauschalvertrag und Band 1, Rdn 188 zum Einheitspreisvertrag.
[518] Einzelheiten s. Band 1, Rdn. 251 ff., 255 ff. sowie zur Methodik oben Rdn. 244 ff., 253 ff., 265 ff.
[519] Einzelheiten Band 1, Rdn. 256, ebenso Roquette NZBau 2001, 57, 60; Leinemann, VOB/B § 2 Rdn. 284; vgl. für **für den öffentlichen Auftraggeber** dazu Rdn. 564, 623. Zutreffend Vygen, Festschrift Locher, S. 263 ff., S. 283 bis 286; Bühl, BauR 1992, 26, 30; Busse, Festschrift Jagenburg, S. 77, 88.

geber auf Planungsmängel hinzuweisen. Die Verletzung **dieser** Pflicht kann den Auftragnehmer unter Umständen schadensersatzpflichtig machen, führt aber nicht dazu, dass er jetzt die Kosten der Leistungsvervollständigung selbst tragen muss.[520]

509 **Während der Ausführungsphase – nicht schon vorher**[521] – hat ein nur mit der Bauausführung beauftragter Auftragnehmer den Auftraggeber gemäß § 4 Nr. 3 VOB/B auf „Bedenken ... gegen die vorgesehene Art der Ausführung" hinzuweisen; das erstreckt sich grundsätzlich auch auf die Planung und auf die Leistungsbeschreibung.

Aber: Zu prüfen hat der Auftragnehmer gemäß seinem branchenüblichen Wissen. Am geringsten ist sie zu veranschlagen, soweit es um den Planungsbereich geht, mit dem ein Planer befaßt ist, es sei denn, der Auftragnehmer hat bessere Fachkenntnisse als dieser.[522] Der nur mit der Bauausführung beauftragte Auftragnehmer hat also keineswegs die Planung des Auftraggebers uneingeschränkt und losgelöst vom Einzelfall auf Vollständigkeit zu prüfen. Dagegen würde eine Komplettheitsklausel die unbedingte, alleinige Verantwortlichkeit des Auftragnehmers für die Vollständigkeit der Leistung ohne jegliche Differenzierung statuieren.

Selbst wenn aber ein Auftragnehmer seine Prüfpflicht gemäß § 4 Nr. 3 VOB/B (in der Ausführungsphase) vernachlässigt hätte, haftet er deswegen nicht in jedem Fall und schon gar nicht in jedem Fall allein: Verletzt der Auftragnehmer nämlich die Prüfpflicht fahrlässig, so hat er zwar möglicherweise für die mangelhafte Leistung einzustehen, aber er darf sich gegenüber dem Anspruch des Auftraggebers auf dessen mitwirkendes Verschulden berufen, nämlich auf den Planungsfehler des Architekten (oder des Fachplaners), für den der Auftraggeber als sein Erfüllungsgehilfe einzustehen hat.[523] Dabei wird je nach Fall der Planungsfehler des Planers zur stärkeren Haftungsverteilung zu Lasten des Auftraggebers oder sogar zur alleinigen Haftung des Auftraggebers führen.[524]

Nur dann, wenn der **Auftragnehmer mit Sicherheit erkennt,** dass der Planungs**fehler** zu einem Mangel führen muss und trotzdem „**frivol**" schweigt, muss er deshalb den Schaden im Regelfall allein tragen;[525] wenn sich allerdings der Auftraggeber seinerseits der eigenen positiven Kenntnis von der Mangelhaftigkeit der Ausschreibungsplanung verschließt, wenn er **vorhandene** Informationen ignoriert, z. B. den Inhalt eines Bodengutachtens nicht berücksichtigt oder in Kenntnis eines Risikos dennoch **bewußt eine riskantere, billigere Variante** plant, kann er **dem** Auftragnehmer, der seinerseits die Unvollständigkeit mit Sicherheit erkannt hat, dieses Risiko nicht oder jedenfalls nicht voll anlasten.[526]

---

[520] Unbestritten, vgl. Havers in: Kapellmann/Messerschmidt VOB/B § 3 Rdn. 42; Roquette/Paul BauR 2004, 736.
[521] Vgl. Band 1, Rdn. 157; Bühl, BauR 1992, 26, 29; Roquette NZBau 2001, 57, 62; Mertens in: Kapellmann/Messerschmidt VOB/B § 4 Rdn. 64.
[522] Zutreffend Mertens a.a.O. Rdn. 70.
[523] §§ 254, 278 BGB – unbestritten, auch wenn die Schadensersatzvorschrift des § 254 BGB im Nacherfüllungs- bzw. Erfüllungsbereich nur analog anzuwenden ist.
Vgl. auch BGH „Schlüsselfertigbau" BauR 1984, 395, Einzelheiten dazu Rdn. 232.
[524] Z. B. OLG Hamm BauR 1990, 731, 732; OLG Hamm IBR 1991, 485; Weyer in: Kapellmann/Messerschmidt, VOB/B § 13 Rdn. 79; Nicklisch/Weick, VOB/B § 4 Rdn. 68.
[525] BGH „Frivoler Bieter" BauR 1988, 338, Einzelheiten Band 1, Rdn. 251-254; zum Detail-Pauschalvertrag oben Rdn. 269, zum Global-Pauschalvertrag Rdn. 529. S. auch Rdn. 561, 613.
[526] So überzeugend schon BGH „Schlüsselfertigbau" BauR 1984, 395 (Einzelheiten dazu Rdn. 232); OLG Koblenz NZBau 2001, 633 = BauR 2001, 1442, Revision vom BGH nicht angenommen; OLG Stuttgart BauR 1992, 639 (zu dieser Entscheidung ansonsten Rdn. 654); OLG Stuttgart BauR 1997, 855. Markus, Jahrbuch Baurecht 2004, 1 = BauR 2004, 180; Oberhauser BauR 2003, 1110; Roquette NZBau 2001, 57; Langen/Schiffers, Bauplanung und Bauausführung, Rdn. 1431. Siehe auch Rdn. 269, 585, 645. Zum Aspekt der „Sowiesokosten" s. Rdn. 528.

Das paßt übrigens nahtlos zu unseren generellen Aussagen hinsichtlich der Behandlung und Folgen mangelhaft definierter Leistungsbeschreibungen – auch dort haftet der **„frivole Bieter" nur dann allein** und nur deshalb, **weil** er **positiv** die Mangelhaftigkeit erkannt hat und eben „frivol" **geschwiegen** hat; bloße Fahrlässigkeit lässt seinen Vergütungsanspruch mit den erörterten Einschränkungen unberührt.[527]

Während also der Auftragnehmer bei im Laufe der Ausführung erkennbar gewordenen Planungsmängeln dennoch nur unter Berücksichtigung seiner (branchenüblichen) Fachkunde und keineswegs allein (vielmehr eher zum geringeren Teil) haftet, würde die „Vollständigkeitsklausel" die Verhältnisse umkehren und die volle und alleinige Haftung des Auftragnehmers begründen.

Schließlich unterläuft eine Komplettheitsklausel auch § 13 Nr. 3 VOB/B, wonach der Auftraggeber für die Richtigkeit seiner Leistungsbeschreibung haftet, außer wenn der Auftragnehmer die ihm obliegende Mitteilung gemäß § 4 Nr. 3 VOB/B unterlassen hat, wobei wir Grad und Umfang dieser Pflicht erörtert haben. 510

Zusammenfassend ist deutlich geworden, dass beim Widerspruch zwischen auftrag**geberseitiger** Detaillierung der Leistungsbeschreibung und gleichzeitiger Abwälzung der auftraggeberseitigen Planungs- und Systemverantwortung durch eine Komplettheitsklausel auch beim **Global**-Pauschalvertrag in ganz erheblichem Maß die Waage sich für den „Vorrang" der auftraggeberseitigen Detaillierung neigt und schon sehr erhebliche Gesichtspunkte auftreten müssen, um dennoch die Gültigkeit einer solchen Komplettheitsklausel zu bejahen. 511

4.2 Beurteilung der „Komplettheitsklausel" beim *Einfachen* Global-Pauschalvertrag

4.2.1 Auftraggeberseitige Ausführungsplanung (Detaillierung) liegt bei Vertragsschluss vor oder folgt baubegleitend

4.2.1.1 Komplettheitsklausel in Allgemeinen Geschäftsbedingungen des Auftraggebers

Zur Erinnerung: Der Einfache Global-Pauschalvertrag ist ein Vertrag mit detaillierter Leistungsbeschreibung in der Regel für ein **einzelnes Gewerk**, auf den lediglich eine Komplettheitsklausel aufgesetzt ist (näher oben Rdn. 406). 512
Würde übrigens die Klausel bei diesem einen Gewerk nicht als „Komplettheitsklausel" bezeichnet sein, sondern unrichtig als „Schlüsselfertigklausel", so würde sich nichts ändern: Es kommt nicht auf die Formulierung an, sondern auf die konkrete Regelung – genau wie umgekehrt eine „Komplettheitsklausel" bei einem Teil- oder Gesamtbauwerk als „Schlüsselfertigklausel" zu behandeln ist (s. unten Rdn. 520).
Wenn man alle unter Rdn. 505–511 erörterten Wertungen und Risikozuteilungen der VOB/B betrachtet, die im wesentlichen mit den gesetzlichen **Wertungen des BGB** übereinstimmen und wenn man dazu die erläuterten allgemeinen Überlegungen zur funktionsgerechten Systemverantwortlichkeit einbezieht, so wird deutlich:

Die VOB/B trennt
- **die Funktionen, nämlich die**
  - Auftraggeberleistung Planung und
  - die Auftragnehmerleistung Bauausführung, streng
- und teilt nach diesen Funktionsverteilungen sachgerecht Risiken zu:

---

[527] Band 1, Rdn. 251 ff., 255 ff.; zum Detail-Pauschalvertrag in diesem Band Rdn. 269, 270.

Für fehlerhafte Leistungsbeschreibung und Planung bleibt primär der Auftraggeber verantwortlich. Eine (tendenziell geringe) Mitverantwortung des Auftragnehmers kommt nur bei Verschulden in Betracht, eine alleinige Haftung gibt es nur bei vorsätzlich handelndem Auftragnehmer, also einem Handeln des Auftragnehmers an der Grenze des Betruges. Selbst der vorsätzlich handelnde Auftragnehmer haftet aber nicht allein, wenn der Auftraggeber seinerseits „frivol" die Augen verschließt.

Eine **Komplettheitsklausel** beim Einfachen Global-Pauschalvertrag würde das alles „mit einem Satz" umkehren: Der Auftragnehmer soll funktionswidrig fremde Planung kontrollieren und allein und ohne jede Rücksicht für deren Vollständigkeit haften. Mit einem Wort: Strenggenommen wird zu Lasten des Auftragnehmers eine echte Garantiehaftung für die Vollständigkeit begründet; der Auftraggeber würde **sachwidrig** und **einseitig** zu seinem Vorteil Risiken auf den Auftragnehmer verschieben. Oder anders ausgedrückt: Wenn das Leistungsverzeichnis für ein Gewerk zwei Ordner umfasst und eine vollständige auftraggeberseitige Ausführungsplanung vorliegt, ist eine vertragliche Komplettheitsklausel einzig und allein der Versuch, dem Auftragnehmer eine Haftung für eventuell falsches auftraggeberseitiges Handeln zuzuschieben. Schumacher bezeichnet das sehr kennzeichnend als „hybride Leistungsbeschreibung".[528] Der Auftraggeber kann nicht „Vollständigkeit" selbst vorgeben und **gleichzeitig** deren rechtliche Relevanz mit einer globalen Klausel wieder aufheben.[529]

Eine Komplettheitsklausel bei auftraggeberseitiger Planung ist deshalb beim **Einfachen Global-Pauschalvertrag** in **Allgemeinen Geschäftsbedingungen unhaltbar**; sie **verstößt** gegen § 307 BGB–Gesetz und ist nach **praktisch einhelliger Auffassung unwirksam**.[530] Das heißt: In vom Auftraggeber gestellten Allgemeinen Geschäftsbedingungen ist die Klausel schlechthin wirkungslos. Der **Einfache Global-Pauschalvertrag** mit Komplettheitsklausel in **Auftraggeber-AGB** ist deshalb nur ein **Schein-Global-Pauschalvertrag**; er unterscheidet sich ja **nur** durch die Komplettheitsklausel vom Detail-Pauschalvertrag. Da diese aber gerade in vom Auftraggeber gestellten Allgemeinen Geschäftsbedingungen unwirksam ist, wird der **Einfache** Global-Pauschalvertrag, bei dem das Global-Element **nur** in einer vom Auftraggeber gestellten, in AGB enthaltenen Komplettheitsklausel besteht, wegen deren Unwirksamkeit in vollem Umfang behandelt wie ein Detail-Pauschalvertrag. Oder anders ausgedrückt: **Man kann einen Detail-Pauschalvertrag nicht durch bloße Klausel in auftraggeberseitigen Allgemeinen Geschäftsbedingungen ohne konkreten Bezug zum Einfachen Global-Pauschalvertrag machen.** Dies ist **nur durch individuelle Vereinbarung** möglich (dazu Rdn. 515 ff.).

513 Die Unwirksamkeit der Komplettheitsklausel in **Allgemeinen Geschäftsbedingungen** bewirkt somit, dass der so benannte „Einfache Global-Pauschalvertrag" gar kein solcher ist, sondern uneingeschränkt nach den Regeln des Detail-Pauschalvertrages (oben

---

[528] Vergütung, Rdn. 60, 611 (für das Schweizer Recht) und oben Rdn. 439, 521, 532.
[529] Schumacher, a. a. O., Rdn. 503; Busse, Festschrift Jagenburg, S. 77, 88.
[530] BGH „ECE Bedingungen" BauR 1997, 1036 Klausel III, 3; OLG München BauR 1990, 776 L; OLG München NJW-RR 1987, 661; Kleine-Möller/Merl, Handbuch § 2 Rdn. 205; § 4 Rdn. 125; Heiermann/Riedl/ Rusam, VOB/A § 9 Rdn. 6a, 6b; Beck'scher VOB Kommentar/Jagenburg, VOB/B § 2 Nr. 7 Rdn. 134; Ingenstau/Korbion/Keldungs VOB/B § 2 Nr. 7 Rdn. 32; Werner/Pastor, Bauprozess, Rdn. 1196; v. Westphalen/Motzke, Vertragsrecht und AGB-Klauselwerke, hier: Subunternehmervertrag, Rdn. 150; Roquette NZBau 2001, 57, 60; Markus in: Markus/Kaiser/Kapellmann, AGB-Handbuch Bauvertragsklauseln, Rdn. 220–224; Putzier, Pauschalpreisvertrag, Rdn. 249; Gauch, Werkvertrag, Rdn. 908, 1098 (Schweizer Recht); Schumacher, Vergütung, Rdn. 691 i. V. m. Rdn. 502, 628 (Schweizer Recht); Nr. 7 Rdn. 32; LG Mainz IBR 1999, 412 behandelt einen **Komplexen** Global-Pauschalvertrag (dazu Fn 542).

Rdn. 200 ff.) behandelt wird. Deshalb werden selbst dann grundsätzlich notwendige Leistungen **nicht** Bausoll, wenn sei nicht konkret und detailliert im Vertrag genannt sind.[531] Die Formulierung in diesem Zusammenhang, geschuldet seien „alle für den **vereinbarten** Leistungsumfang erforderlichen Leistungen, die der Unternehmer anhand vollständiger Unterlagen hätte ermitteln können",[532] ist generell richtig, in **unserem** Zusammenhang – **Einfacher** Global-Pauschalvertrag – aber irreführend, wenn nicht unrichtig: Zuerst ist zu prüfen, was überhaupt der vertraglich **vereinbarte** Leistungserfolg ist. Wenn nur einzelne „Teilleistungen" im Leistungsbeschrieb aufgeführt sind und mehr nicht, muss der Auftragnehmer auch nur diese „Teilleistungen" erbringen und **„zusätzlich"** nur solche, die allgemein nicht gesondert ausgeschrieben werden müssen, also z. B. **Nebenleistungen** nach VOB/C, die „Ausführung nach dem anerkannten Stand der Technik" usw. Dazu gehören auch „Alltags-Globalisierungen", deren individuelle Auffüllung in einem Leistungsverzeichnis überflüssig wäre.[533]

Zu beurteilen ist aber nur, ob die konkrete **Vertragsleistung vollständig** ist. Ist nur die reine Dachdeckung in Auftrag gegeben, jedoch ohne Dachrinnen, so ist das Dach „insgesamt" nicht funktionsfähig, aber die Vertragsleistung, nämlich Dachdeckung ohne Dachrinnen, ist vollständig und (mangelfrei) – wobei insoweit ohnehin auch in einer Gesamtbetrachtung nichts „fehlen muss": Es ist ja gar nicht klar, ob der Auftraggeber nicht insoweit einen Klempner beauftragen wollte.

Die vom Schlosser errichtete Treppe, bei der der vom Schreiner einzubauende Handlauf fehlt, ist keine mangelhafte Schlosserleistung.

Überhaupt ist festzuhalten, dass ein Leistungsverzeichnis, in dem einzelne Leistungen fehlen, schon aus den oben genannten Gründen keineswegs mangelhaft oder lückenhaft sein muss – das (angeblich) Fehlende kann (gegen Bezahlung) von wem auch immer „nachgeliefert" werden.[534]

Aus denselben Gründen sind Klauseln in **Allgemeinen Geschäftsbedingungen** des Auftraggebers, die dem Auftragnehmer eine **„Besondere Risikoübernahme"** zuschreiben (z. B. Pflicht zu eigener Untersuchung), beim Einfachen Global-Pauschalvertrag unwirksam.

Festzuhalten ist lediglich noch, dass die Unwirksamkeit der Komplettheitsklausel in vom Auftraggeber gestellten Allgemeinen Geschäftsbedingungen beim **Einfachen Global-Pauschalvertrag** nichts daran ändert, dass die **allgemeinen Grundsätze zur Behandlung mangelhaft definierter Leistungsbeschreibungen anwendbar bleiben**,[535] soweit nicht auf verkapptem Weg dadurch die Gültigkeit der gerade unwirksamen AGB-Komplettheitsklausel wieder in vollem Umfang herbeigeführt würde.

Wenn einmal (durch Auslegung, 1. Schritt) feststeht, welchen Regelungsbereich die Detailfestlegungen umfassen, und wenn innerhalb dieser Bereiche eine nach allgemeiner Anschauung „notwendige" Einzelfestlegungen fehlt, so wird diese „Lücke" nicht auf Kosten des Auftragnehmers aufgefüllt, denn das „Füllelement" Komplettheitsklausel ist (beim Detail-Pauschalvertrag und) beim durch eine Komplettheitsklausel in Allgemeinen Geschäftsbedingungen definierten Einfachen Global-Pauschalvertrag gerade unwirksam. Im Einzelfall mag dann zwar festgestellt werden können, dass der Auftragnehmer die (vermeintliche)

---

[531] Richtig Meissner, Seminar Schlüsselfertigbau, S. 9, 12 ff. S. auch oben Rdn. 241 sowie Rdn. 1097, 1098 „Heizregister-Fall".
[532] Thode, Seminar Schlüsselfertigbau, S. 33, 37, 38; vgl. auch Rdn. 241.
[533] Vgl. oben Rdn. 208.
[534] Zutreffend Bühl, BauR 1992, 26 ff.
[535] Zu diesen Schritten Band 1, Rdn. 173 ff. und in diesem Band Detail-Pauschalvertrag Rdn. 242 ff.

„Lücke" auf jeden Fall hätte erkennen können (2. Schritt) – wobei „versteckte Risikozuweisungen" unbeachtlich sind, näher Rdn. 614, 654 –, aber fahrlässiges Nichterkennen schadet dem Auftragnehmer ohnehin nicht: Die „Lückenfüllung" war ja gar nicht sein Vertragsinhalt; die „definierte" Regelungslücke wirkt wie ein ausdrücklich vereinbarter Leistungsverzicht (dazu oben Rdn. 491 ff.).
Aber selbst wenn das im konkreten Fall im ganz besonderen Ausnahmefall anders zu beurteilen ist, brauchte dann der Auftragnehmer die „Lücke" nur als Zusatzleistung gegen Vergütung zu füllen mit dem Vorbehalt, dass er äußerstenfalls die durch die verspätete Entscheidung zusätzlich entstehenden Kosten selbst tragen muss,[536)] der Auftraggeber aber die „Sowiesokosten".

4.2.1.2 Komplettheitsklausel als Individualvertrag

515 Beim Einfachen Global-Pauschalvertrag (i.d.R. nur ein Gewerk mit Komplettheitsklausel, s. oben Rdn. 406) ist eine Komplettheitsklausel in Allgemeinen Geschäftsbedingungen unwirksam, wie gerade erörtert. Dagegen ist dieselbe Klausel zulässig und die Funktionsverteilung hin zur „Nachplanungs- und Vervollständigungspflicht" des Auftragnehmers **trotz** detaillierter Leistungsbeschreibung des Auftraggebers wirksam, sofern sie **individuell** vereinbart wird. Das bleibt zwar eine „hybride" Regelung (s. oben Rdn. 512), aber es gibt keinen Rechtsgrundsatz, der es einer Partei verbietet, **individuell** noch so riskante Verträge abzuschließen;[537)] für öffentliche Auftraggeber gilt das wegen § 9 Nr. 2 VOB/A aber nicht, soweit dadurch ungewöhnliche Wagnisse begründet werden.[538)]
Eine Komplettheitsklausel im individuellen Einfachen Global-Pauschalvertrag ist eine zulässige „Besondere Risikoübernahme", die dazu führt, dass dem Auftragnehmer eine Vollständigkeitsverpflichtung ungeachtet der auftraggeberseitigen Detailvorgaben auferlegt wird.

516 Das bedeutet aber nicht, dass nicht auch bei dieser Fallgestaltung zu prüfen ist, ob die Klausel uneingeschränkt wie eine Garantie wirkt oder ob es Grenzen oder Einschränkungen gibt.
Die „erste Grenze" für die Reichweite einer Komplettheitsklausel beim individuellen Einfachen Global-Pauschalvertrag ist die, dass die Vollständigkeit der Leistung danach zu bewerten ist, was der Auftragnehmer „nach Empfängerhorizont" **als vollständige Leistung** erkennen konnte.
Wenn ein in sich schlüssiges Leistungsverzeichnis und einige wenige Entwurfspläne vorliegen und aus der Ausschreibung keine Besonderheiten erkennbar sind, dann aber bei der nach Auftragserteilung durchgeführten auftraggeberseitigen Ausführungsplanung eine vielgeschossige Auskragkonstruktion mit komplizierter Bewehrungsführung und dem Erfordernis monatelanger Durchstützung mit Gerüsten gefordert wird, ist das nach allgemeinen Auslegungsgrundsätzen im Angebotsstadium „unerkennbar"; dieser Ausschreibungsfehler begründet trotz individueller Komplettheitsklausel kein Bausoll des

---

[536)] Das ist der „3. Schritt" der Behandlung mangelhaft definierter Ausschreibungen, Gedanke der „Sowiesokosten", s. oben Rdn. 270; BGH „Schlüsselfertigbau" BauR 1984, 395 (Einzelheiten dazu Rdn. 232).
So ist auch die generelle Lösung, wenn nicht nur für ein Einzelgewerk trotz auftraggeberseitiger Detaillierung eine Komplettheitsklausel, sondern für eine Gewerkezusammenfassung eine „Schlüsselfertigklausel" vereinbart ist, s. Rdn. 530.
[537)] Zutreffend BGH „Kammerschleuse" BauR 1997, 126; BGH „Karrengefängnis" BauR 1997, 464; Leinemann VOB/B § 2 Rdn. 269, 270.
[538)] Näher unter Rdn. 622.

Auftragnehmers (§ 242 BGB). Eine derartige Inhaltskontrolle der Vertragsbedingungen zum Bausoll unter dem Aspekt des § 242 BGB ist geboten.[539]

Die Grenzen der Vertragsleistung des Auftragnehmers sind wie immer danach zu bestimmen, was für ihn aus den im Angebotsstadium vorhandenen Planungsunterlagen **erkennbar** ist. Es geht nicht an, dass hinter einer detaillierten Leistungsvorgabe (z. B. durch ein Leistungsverzeichnis) nur eine „Leistungsvermutung", nicht aber eine „Leistungsfestlegung" steht.

Dieser Sachverhalt ist bei Leistungsbereichen, die für ihre Ausführung eine detaillierte Ausführungsplanung (z. T. noch mit Werkstattplanung) benötigen und außerdem genehmigungsorientiert sind (z. B. Tragkonstruktionen oder technische Gebäudeausrüstung) anders zu beurteilen als bei herkömmlichen (Ausbau-)Gewerken, bei denen die Überprüfung auf Vollständigkeit anhand der Leistungsbeschreibung (insbesondere einer aussagekräftigen Baubeschreibung) und der Entwurfspläne eher möglich ist.

Weiter bedarf es als „zweite Grenze" noch der Differenzierung zwischen auftraggeberseitig **unvollständiger** Ausführungsplanung und **mangelhafter** (falscher) Ausführungsplanung: Die unvollständig beschriebene Leistung muss der Auftragnehmer aufgrund der individuellen Komplettheitsklausel vervollständigen, die falsche Auftraggeberplanung muss nach wie vor der Auftraggeber verantworten, denn auch bei jeder Art von Pauschalvertrag versteht sich von selbst: „Mehraufwendungen, die auf **falschen** Angaben des Auftraggebers in der Leistungsbeschreibung beruhen, sind durch den vereinbarten Preis **nicht** abgegolten (§ 2 Nr. 1 VOB/B)", sie lösen Mehrvergütungsansprüche des Auftragnehmers gemäß § 2 Nr. 5, 6 oder 8 VOB/B aus.[540]

517

Es ist allerdings nicht rechtlich unmöglich, im Individualvertrag dem Auftragnehmer sogar das Risiko aufzuerlegen, auch dann auf eigene Kosten das Werk vollständig und mängelfrei herzustellen, wenn der Auftraggeber in seiner Ausführungsplanung falsch geplant hat. Eine solche ganz ungewöhnliche, extreme Risikoüberwälzung müßte sich dann allerdings aus der entsprechenden Vertragsklausel völlig klar, absolut unmißverständlich und aus dem Regelungszusammenhang herausgehoben präsentieren: andernfalls ist diese totale Risikoüberwälzung zumindest gemäß § 242 BGB auch im Individualvertrag dahin einzuschränken, dass der Auftragnehmer zwar eine eigene Kontrollpflicht auf Mangelfreiheit und Vollständigkeit übernimmt, andererseits ihm aber der Einwand auftraggeberseitiger Mitverursachung und Mitverschuldens nicht abgeschnitten ist.[541]

518

4.2.2 Auftragnehmerseitige Ausführungsplanung – Komplettheitsklausel in AGB des Auftraggebers oder im Individualvertrag

Es ist auch möglich, dass die **detaillierte** Leistungsbeschreibung für ein Gewerk, die ohne Komplettheitsklausel zum Detail-Pauschalvertrag, mit Komplettheitsklausel zum Einfachen Global-Pauschalvertrag führt, auf die vom Auftrag**nehmer** selbst erarbeitete Ausführungsplanung und/oder Leistungsbeschreibung zurückgeht (Beispiel: Projektierungsarbeiten), dass also der Auftragnehmer – mit oder ohne Vergütung der vorangegangenen planerischen Arbeit – „sich selbst" die detaillierte Leistungsbeschreibung verfasst.

519

---

[539] Vgl. z. B. OLG Oldenburg BauR 1993, 228, 229; Roquette NZBau 2001, 57, 61: „ Sie umfasst nur das, was an unbedingt notwendigen Teilleistungen **erkennbar** vom Auftraggeber verlangt war."
[540] So BGH „Kammerschleuse" BauR 1997, 126, 128.
Dazu beim „**Komplexen** Global-Pauschalvertrag" auch unten Rdn. 525.
[541] So im Ergebnis auch BGH „Schlüsselfertigbau" BauR 1984, 795 (Einzelheiten dazu oben Rdn. 232). Ebenso Roquette a.a.O.

Dann versteht es sich von selbst, dass der Auftragnehmer für die Richtigkeit seiner eigenen Planung und damit auch für die Vollständigkeit seiner Leistung uneingeschränkt einstehen.[542] Folglich bestehen in einem solchen Vertrag gegen eine Komplettheitsklausel beim Einfachen Global-Pauschalvertrag auch in Allgemeinen Geschäftsbedingungen des Auftraggebers keine rechtlichen Bedenken. Die Klausel spricht dann nur das aus, was der Auftragnehmer ohnehin schuldet.

Im Gegenteil: Stellt der **Auftragnehmer** ausnahmsweise **Allgemeine Geschäftsbedingungen** für den Vertrag, verstößt eine Regelung gegen § 307 Abs. 1 Satz 2 BGB-Gesetz und ist folglich unwirksam, die „versteckt" die äußerlich behauptete Komplettheitsklausel einschränkt, z. B. so, dass an sich selbstverständliche Vorleistungen oder Teilleistungen dem **Auftraggeber** „zugeschoben" werden; ganz besonders gilt das für Projektentwickler und Bauträger.[543]

In einem solchen Fall kann der Auftragnehmer auch nicht einwenden, der Auftraggeber müsse die zur Komplettierung erforderlichen Leistungen finanziell als **Sowiesokosten** tragen; damit würde der Auftragnehmer seine Pflicht, zum Pauschalpreis richtig und vollständig zu **planen** und zu bauen, zu Unrecht auf den Auftraggeber verlagern.[544]

4.3 Beurteilung der „Schlüsselfertigklausel" (Komplettheitsklausel) bei unterschiedlichen Typen des *Komplexen* Global-Pauschalvertrages (typischer Schlüsselfertigvertrag) Typ 1: Detaillierung liegt bei Vertragsschluss vor

4.3.1. Auftrag*geber*seitige Ausführungsplanung (Detaillierung) liegt bei Vertragsschluss vor

4.3.1.1 Schlüsselfertigklausel in Allgemeinen Geschäftsbedingungen des Auftraggebers

520 Komplexe Global Pauschalverträge und damit jede Form des **Schlüsselfertigbaues**[545] gibt es in den unterschiedlichsten Erscheinungsformen, angefangen von der Leistungsbeschreibung mit Leistungsprogramm, der reinen funktionalen Ausschreibung, die nur aus Globalelementen besteht, bis zum auftraggeberseitig **detaillierten Leistungsverzeichnis** (einschließlich Ausführungsplänen) mit lediglich **übergestülpter Funktionalität in Form einer** „Schlüsselfertigklausel". Mit letzterem befassen wir uns hier.

Die Fallgestaltung ist zum Verwechseln ähnlich der des „Einfachen Global-Pauschalvertrages mit auftraggeberseitiger Detaillierung" (oben Rdn. 512). Während der Einfache Global-Pauschalvertrag sich aber in der Regel auf **ein** Gewerk bezieht, dazu eine Komplettheitsklausel hat, hat der Komplexe Global-Pauschalvertrag ein teilfertiges oder fertiges Bauwerk, also eine Gewerkezusammenfassung oder ein Bauvorhaben im Ganzen zum Gegenstand, das ungeachtet der auftraggeberseitigen Detaillierung „schlüsselfertig" erstellt werden soll.

---

[542] Dazu schon oben beim Detail-Pauschalvertrag Rdn. 264; diese Überlegungen gelten erst recht beim Einfachen oder Komplexen Global-Pauschalvertrag, so auch aus Sicht eines Auftragnehmers, Bühring, VDI-Berichte 932 (1992), S. 93 ff., 110; dazu unten Rdn. 536, 532 Wie hier OLG Düsseldorf BauR 2004, 506 (die Reichweite der Klausel ist danach zu beurteilen, was der Auftragnehmer nach seinem Empfängerhorizont als Komplettheitsanforderung erkennen konnte); Roquette NZBau 2001, 57, 60.

[543] Vgl. unten Rdn. 580.

[544] Zutreffend BGH BauR 1994, 776; OLG Celle IBR 1995, 414, Revision vom BGH nicht angenommen; OLG Düsseldorf BauR 1994, 762.
Siehe auch Fn. 558.

[545] Zur Definition des Komplexen Global-Pauschalvertrages s. oben Rdn. 409 ff.
Zur Definition des Schlüsselfertigbaues s. oben Rdn. 426 ff.

Dabei wird sofort deutlich, dass die Begriffe „Schlüsselfertigklausel" und „Komplettheitsklausel" bezogen auf den geregelten Inhalt dasselbe aussagen. Wir verwenden sie differenziert und knüpfen an die funktionale Regelung an und **definieren** eine Vollständigkeitsklausel für **ein** Gewerk (gegebenenfalls eng zusammenhängende Gewerke, s. Rdn. 406) als **Komplettheitsklausel** und nennen diesen Vertragstyp „**Einfacher** Global-Pauschalvertrag", wir definieren eine Vollständigkeitsklausel für ein Teil- oder Gesamtbauwerk – als „**Schlüsselfertigklausel**" und nennen diesen Vertrag schon „**Komplexer** Global-Pauschalvertrag" (s. auch oben Rdn. 512); wir verdeutlichen damit, dass eine Vollständigkeitsklausel für nur ein Gewerk eine relativ **einfache** Vervollständigkeitsproblematik zum Gegenstand hat, während eine Vollständigkeitsklausel für eine Gewerkezusammenfassung eine relativ **komplexe**, also eine qualitativ **andere** Vervollständigkeitsproblematik betrifft, (nämlich die eines Objektplaners und/oder eines (oder mehrerer) Fachingenieurs bzw. -ingenieure), was eine unterschiedliche rechtliche Bedeutung der Klauseln rechtfertigt.

Das bedarf der Erläuterung.

Vom Ausgangspunkt her ist es tatsächlich nicht sehr unterschiedlich, ob der Auftraggeber in seinen **Allgemeinen Geschäftsbedingungen** trotz eigener auftraggeberseitiger Detaillierung Komplettheit nur für **ein** Gewerk oder Schlüsselfertigkeit (und damit auch Komplettheit) für eine (teil–)fertige Bauleistung, eine Gewerkezusammenfassung, üblicherweise ein ganzes Objekt, verlangt. **521**

Am Beispiel demonstriert: Das Land Rheinland-Pfalz legt für den Neubau eines Universitätsinstituts eine Leistungsbeschreibung mit Leistungsverzeichnis in 47 Ordnern und eine vollständige Ausführungsplanung vor und verlangt dann vom Auftragnehmer in Allgemeinen Geschäftsbedingungen „schlüsselfertige Errichtung". Das in den Begriff „schlüsselfertig" zwingend eingebettete Element der Funktionsverlagerung (hinsichtlich einzelner, vieler oder aller Planungsleistungen)[546] ist scheinbar nur eine Phrase: Der Auftraggeber gibt die Vollständigkeitselemente selbst vor und will gleichzeitig deren rechtlichen Relevanz mit der globalen „Schlüsselfertigklausel" wieder aufheben; seine Ausschreibungsmethodik ist „hybrid"[547] Oder in den Worten von Vertretern der Deutschen Bahn AG: Damit wird „der Begriff der „funktionalen Ausschreibung" ad absurdum" geführt, der Auftraggeber hätte im Streitfall das Risiko der Vollständigkeit der Leistungsbeschreibung wieder voll zu tragen.[548]

Demzufolge wird die Schlüsselfertigklausel in **dieser** Konstellation des Komplexen Global-Pauschalvertrages, also bei auftraggeberseitiger Detaillierung des Bausolls, allgemein in Allgemeinen Geschäftsbedingungen des Auftraggebers für unwirksam gehalten, wobei einige wenige Gerichte und Autoren unterschiedslos ohne Rücksicht auf auftraggeberseitige Detaillierung oder auftragnehmerseitig zu erbringende Detaillierung jede Schlüsselfertigklausel in Allgemeinen Geschäftsbedingungen undifferenziert für unwirksam **522**

---

[546] Zu dieser kennzeichnenden Funktionsverlagerung näher oben Rdn. 430.
[547] Schumacher, Vergütung, Rdn. 60, 611, 503 (für das Schweizer Recht), oben Rdn. 439, 512, unten Rdn. 532.
[548] Eschenburg/Glowacki, Eisenbahningenieur Kalender 1998, 323, 330.

halten,[549)] während andere die Schlüsselfertigklausel nur bei auftrag**geber**seitiger Detaillierung für unwirksam ansehen, bei auftraggeberseitiger Detaillierung jedoch nicht.[550)]

523 Dass eine Schlüsselfertigklausel ohne jede Rücksicht auf die Funktionszuteilung, also die Planungsverantwortung, **generell** gegen das AGB-Gesetz verstoße, ist **nicht** ernsthaft vertretbar. Wenn – wie bei auftrag**nehmer**seitiger Planung – Schlüsselfertigklausel und Funktionszuteilung zueinander passen, gibt es keinen Grund, eine solche Klausel für unwirksam zu erklären.
Dagegen liegt es nahe, keinen Unterschied zwischen der Komplettheitsklausel nur für ein Gewerk (Einfacher Global-Pauschalvertrag) und der Schlüsselfertigklausel für eine (teil-) fertige Bauleistung, eine Gewerke**zusammenfassung** (Komplexer Global-Pauschalvertrag) zu machen und beide bei auftrag**geber**seitiger Detailplanung als Widerspruch zur Funktionszuteilung für unwirksam zu erklären. Die Klausel „schlüsselfertig" in solchen Fällen zur **uneingeschränkten** Unwirksamkeit zu verdammen, verkennt den tatsächlich gegebenen Unterschied zwischen nur „kompletter Einzelwerkleistung" und „schlüsselfertiger Gesamtobjektleistung".
Komplettheit des Einzelgewerkes verlangen beide Klauseln, aber Schlüsselfertigkeit eines **Gesamtobjektes** ist **mehr als die Addition** kompletter Einzelgewerke – was banal sofort deutlich wird, wenn für die **Funktionstüchtigkeit** des **Gesamt**objektes, auf die es beim Schlüsselfertigbau nach dem Verständnis der Vertragsparteien zweifelsfrei ankommt,[551)] ein (kleines) Teilgewerk fehlt. Schlüsselfertigbau ist nicht nur Komplettierung von Einzelgewerken, sondern das „**unter Kontrolle Bringen" von Schnittstellen** und die **Koordination** zu einem gesamten Ganzen, dazu gehört also zwingend eine **Planungskontrolle** und die **Ausführungskontrolle zwecks Koordination**, also alles schon Teilleistungen der Gesamtfunktion Objektplanung (vgl. § 15 Nr. 2 HOAI Phasen 5, 6, 8) und darüber hinaus auch die Leistungsbilder der Sonderfachleute, so dass **insoweit** doch schon ein Stück der **Funktion** Planung auf den Auftragnehmer verlagert wird.

[549)] Ingenstau/Korbion/Keldungs, VOB/B § 2 Nr. 7 Rdn. 32; Bühl, BauR 1992, 26, 32; 12, 34.
Für **Wirksamkeit** ohne nähere Problemerkenntnis und aus den angeführten Gründen **offensichtlich unrichtig** OLG Koblenz BauR 1997, 143.
Gewissermaßen „umgekehrt" unrichtig LG Mainz IBR 1999, 412: Diese Entscheidung behandelt bei einem Komplexen Global-Pauschalvertrag die Klausel, dass „die **schlüsselfertige** Errichtung des Gebäudes ... nach Maßgabe der Leistungsbeschreibung, Ausführungszeichnungen und sonstigen Bestandteile des Vertrages als **Gesamtbauziel**" erfolgen soll. Sie kommt zu dem seltsamen Ergebnis, dass die Begriffe „schlüsselfertig" und „Gesamtbauziel" *keinerlei* Sinn oder *Bedeutung* haben, nämlich allein die konkreten Ausführungszeichnungen usw. maßgeblich seien und *deshalb* die Klausel wirksam sei. Das Gegenteil ist richtig: Natürlich will der Auftraggeber diesen Begriffen eine über die Details hinausgehende Bedeutung beimessen – und deshalb verstößt die Klausel entweder gegen § 307 BGB und ist unwirksam, oder sie lässt sich, einschränkend ausgelegt, aus anderen Gründen und mit anderen Folgen halten, s. Rdn. 524, und weiter Markus, in: Markus/Kaiser/Kapellmann, AGB-Handbuch Bauvertragsklauseln, Rdn. 230.

[550)] OLG München BauR 1990, 776 L; OLG München NJW-RR 1987, 661; Beck'scher VOB-Kommentar/Jagenburg, VOB/B § 2 Nr. 7 Rdn. 134; Kleine-Möller/Merl, Handbuch, § 2 Rdn. 209, § 4 Rdn. 125; Heiermann/Riedl/Rusam, VOB/A § 9 Rdn. 6b; Werner/Pastor, Bauprozess, Rdn. 1186; v. Westphalen/Motzke, Vertragsrecht und AGB-Klauselwerke, hier: Subunternehmervertrag, Rdn. 100; Roquette, NZBau 2001, 57; Markus, in: Markus/Kaiser/Kapellmann, a.a.O., Rdn. 220; Leinemann/Schuhmann, VOB/B § 2 Rdn. 284; Schuhmann, Handbuch des Anlagenvertrages, S. 70; Gauch, Werkvertrag, Rdn. 908, 1098 (für das Schweizer Recht); Schumacher, Vergütung, Rdn. 691 i. V. m. Rdn. 502 (für das Schweizer Recht).

[551)] BGH „AGB Vielzahl" BauR 1997, 123, 125 f.; BGH „Schlüsselfertigbau" BauR 1984; 386; Einzelheiten oben Rdn. 430.

Weil diese Bedeutung des Begriffs „schlüsselfertig" eindeutig ist, wird der Auftragnehmer durch die „Schlüsselfertigklausel" nicht in die Irre geführt. Dabei gilt es allerdings, die unveränderte Richtigkeit der Überlegung beizubehalten, dass der Auftraggeber nicht einerseits eine Detaillierung vornehmen und sie andererseits durch ein Globalelement wieder außer Kraft setzen kann.

Das führt teilweise abweichend von der herrschenden Auffassung (vgl. Fn. 550) zu folgendem Ergebnis: 524
Die „Schlüsselfertigklausel" ist bei Anwendung auf eine Gewerke**zusammenfassung** in **Allgemeinen Geschäftsbedingungen** eines Auftraggebers, also beim **Komplexen** Global-Pauschalvertrag, **auch dann wirksam**, wenn der Auftrag**geber** eine detaillierte Ausschreibung vorgegeben hat. Sie ist jedoch bei einer derartigen Konstellation in doppelter Hinsicht **einschränkend** auszulegen:

Sie ändert **nichts**

a) an der Verantwortlichkeit des Auftraggebers bei mangelhafter Leistungsbeschreibung, insbesondere Planung (dazu Rdn. 525, 527 ff.)

und

b) sie begründet keine generelle Pflicht des Auftragnehmers, die zur Schlüsselfertigkeit notwendige, aber nicht ausgeschriebene Leistung **ohne zusätzliche Vergütung** zu erbringen (dazu Rdn. 526).

Zu a): „Mehraufwendungen, die auf **falschen** Angaben des Auftraggebers in der Leistungsbeschreibung beruhen, sind durch den vereinbarten Preis nicht abgegolten (§ 2 Nr. 1 VOB/B)" – so der BGH (näher Rdn. 537), sie lösen Mehrvergütungsansprüche des Auftragnehmers gemäß § 2 Nr. 5, 6 oder 8 VOB/B aus – das versteht sich auch von selbst. Problematisch ist die Abgrenzung zwischen mangelhafter Planung des Auftraggebers und unvollständiger Planung. Wir erörtern das Thema **gesondert** (Rdn. **537 ff.**). 525

Zu b): Soweit es um die Pflicht zur Gesamtgewerke**vollständigkeit** geht, überträgt die Klausel dem Auftragnehmer, wie in Rdn. 523 erörtert, nur eine Planungs- und Ausführungs**kontrolle**, etwa im Sinne einer „**Endkontrolle**". In diesem Rahmen hat der Auftragnehmer die Pflicht, alle Ergebnisse der Planung (wie auch später die Leistungen aller Gewerke) **auf Vollständigkeit und** (unter den in Rdn. 527 zu besprechenden Einschränkungen) auf Funktionsfähigkeit in bezug auf das Gesamtobjekt zu kontrollieren und dafür Sorge zu tragen, dass im Rahmen dieser Kontrolle festgestellte, für die **Gesamtfunktion** noch **fehlende** Leistungen erbracht werden, andernfalls könnte der Auftragnehmer die **Schlüsselfertigleistung** nicht vollständig erbringen, was **nicht** heißt: **ohne** zusätzliche Vergütung erbringen, dazu Rdn. 528. 526

Wenn auch der Auftraggeber dem Auftragnehmer die Ausführungsplanung „aus der Hand genommen hat", so nimmt der Auftraggeber doch beim Schlüsselfertigbau damit dem Auftragnehmer **nicht** die übergreifende Kontrolle auf Vollständigkeit der Gewerkezusammenfassung (Gesamtobjekt) und die im **Begriff des Schlüsselfertigen** steckende „Funktionszusage" (vgl. oben Rdn. 426–438) ab.

527 Die Pflicht zur Endkontrolle führt allerdings nur dazu, dass der Auftragnehmer eben beurteilen muss, dass notwendige Teilleistungen fehlen, die die funktionsgerechte Ausführung aller Leistungen des Bausolls erst möglich machen.
Schon das gilt nicht schrankenlos, schließlich hat der Auftraggeber durch seine Fachleute (Objektplaner und Sonderfachleute) ein Werk geplant, das nach der Ausschreibungsmethodik den Schein und die „Vermutung" der Vollständigkeit für sich hat.[552] Zu den **Anforderungen**, die an diese „Endkontrolle" und damit an das „Auffinden" fehlender Leistungen zu stellen sind, darf man auf Überlegungen dazu zurückgreifen, welche Pflichten ein Architekt (Objektplaner) in den entsprechenden Leistungsphasen im Rahmen seiner Koordinationspflichten hätte und wie die Haftungsabgrenzung insoweit beurteilt wird: Der Architekt darf sich grundsätzlich auf eine fachlich richtige und vollständige Bearbeitung durch die **Sonder**fachleute verlassen.[553] So darf sich ein Architekt (Objektplaner) grundsätzlich auf ein Bodengutachten verlassen. Oder: Der Architekt (Objektplaner) haftet z. B. grundsätzlich nicht für die Richtigkeit der Tragwerksplanung, er darf sich vielmehr darauf verlassen, dass der Sonderfachmann ihn auf etwaige Bedenken hinweist, die in konstruktiver Hinsicht gegen die geplante Ausführung sprechen. Der Architekt (Objektplaner) ist also nicht verpflichtet, die Berechnungen des Tragwerksplaners im Einzelnen nachzuprüfen, dazu fehlt ihm auch in der Regel die Kompetenz. Er darf dem Sonderfachmann aber auch nicht „blindlings" vertrauen. Er muss bei **handgreiflichen Fehlern**, die sich ihm aufdrängen müssen, eingreifen. Selbstverständlich muss der Objektplaner überprüfen, ob der Tragwerksplaner von der richtigen örtlichen Situation ausgegangen ist oder ob die von ihm den anderen Planern, also z. B. dem Planer für technische Ausrüstung, ermittelten Vorgaben überhaupt richtig interpretiert sind, also z. B. richtige Pläne zugrunde gelegt sind.[554]

Auch der Schlüsselfertig-Auftragnehmer muss bei auftraggeberseitiger Ausführungsplanung also nur **insoweit** die Vollständigkeit erkennen.[555]

528 Dass der Auftragnehmer diese Unvollständigkeit erkennen muss, bedeutet **nicht**, dass er diese (für ihn im Ausschreibungsstadium noch unerkannte) Unvollständigkeit **auf eigene Kosten**, ohne zusätzliche Vergütung, beheben müßte.
Zur Begründung können wir auf die Überlegungen zurückgreifen, die wir für den annähernd identischen Fall des Detail-Pauschalvertrages für den Fall entwickelt haben, dass der Vertrag **individuell**, aber versteckt ein „**Allgemeines** Leistungsziel", also in der Regel eine Komplettheitsverpflichtung, enthält:
Hat der Auftragnehmer ganz **ausnahmsweise** schon in der Ausschreibungsphase die Unvollständigkeit positiv erkannt, aber nichts gesagt, so hat er mit erkannter Vervollständigkeitsverpflichtung angeboten, er muss deshalb die Vervollständigkeitsleistung auf eigene Kosten erbringen.[556]
Hat der Auftragnehmer die Unvollständigkeit in der Ausschreibungsphase fahrlässig nicht erkannt – wobei im **Regelfall** davon auszugehen ist, dass der Auftragnehmer die Unvollständigkeit in der Ausschreibungsphase **nicht** zu erkennen braucht; § 4 Nr. 3 VOB/B ist in der Ausschreibungsphase nicht anwendbar[557] –, so schadet das nicht: Die fehlende Leistung ist „zusätzliche Leistung", der Auftraggeber muss sie gemäß § 2 Nr. 6

---

[552] Zur entsprechenden Vollständigkeitsvermutung infolge auftraggeberseitiger Systemwahl beim Detail-Pauschalvertrag s. oben Rdn. 255-263.
[553] Allgemeine Meinung z. B. LG Stuttgart BauR 1997, 137.
[554] Vgl. z. B. Locher/Koeble/Frik, HOAI § 15 Rdn. 91 m. w. N. der Rechtsprechung; Zutreffend z.B. OLG Schleswig IBR 1996, 378, Revision vom BGH nicht angenommen: Der Architekt hat die Statik nur auf **Lückenhaftigkeit** zu prüfen.
[555] Im Ergebnis ebenso Leinemann/Schuhmann, VOB/B § 2 Rdn. 290-293.
[556] Näher oben Rdn. 269.
[557] Oben Rdn. 270.

oder bei fehlender Anordnung gemäß § 2 Nr. 8 Abs. 3 VOB/B vergüten. Allerdings muss der Auftragnehmer die Mehrkosten tragen, die aus einem verschuldet verspäteten Hinweis auf die Vervollständigkeitsleistung resultieren.[558]
Dasselbe gilt folglich, wenn der Auftragnehmer während der Ausführungszeit den Hinweis auf die fehlende Vollständigkeit gibt: Die fehlende Leistung ist zusätzliche Leistung und löst Vergütungspflicht aus.
Unterlässt der Auftragnehmer einen gebotenen Vervollständigkeitshinweis und stellt sich eine Unvollständigkeit erst nach Abnahme heraus, so hat der Auftraggeber unmittelbar oder analog einen Gewährleistungsanspruch gegen den Auftragnehmer. Der Auftragnehmer kann dann aber – wie in **allen** angesprochenen Fällen – den Einwand entgegenhalten, der Auftraggeber müsse die „**Sowiesokosten**" tragen, also die Kosten, die dem Auftraggeber von Anfang an als Mehrvergütung entstanden wären, wenn er die fehlende Leistung sofort mit ausgeschrieben hätte.[559]

529 Ob ein Auftragnehmer bei dieser Form des Komplexen Global-Pauschalvertrages trotz auftraggeberseitiger Entwurfs- und Genehmigungsplanung Leistungen kostenfrei erbringen muss, die sich aus einer nachträglichen Baugenehmigung oder aus nachträglichen Auflagen zur Baugenehmigung ergeben, behandeln wir gesondert unter Rdn. 651 ff.

530 **Zusammenfassend** gilt:
Die „Schlüsselfertigklausel" ist beim Komplexen Global-Pauschalvertrag mit auftrag**ge**berseitiger Detaillierung einer (teil-)fertigen Bauleistung, einer Gewerkezusammenfassung, nach herrschender Auffassung in Allgemeinen Geschäftsbedingungen unwirksam – oben Rdn. 520–523 –, nach unserer Auffassung wirksam, aber mit der **sehr eingeschränkten Folge**, dass der Auftragnehmer auf die fehlende Leistung (nur) hinweisen muss und nur den eventuell insoweit entstandenen Schaden aus nicht erfolgtem oder verspätetem Hinweis („Verspätungsschaden") selbst tragen muss.
Auf keinen Fall muss der Auftragnehmer die Vervollständigungskosten als solche ungeachtet der auftraggeberseitigen Detaillierung selbst tragen. Das OLG Koblenz hat als **einzige** Stimme gegenteilig entschieden[560], hat aber die Problemstellung schlicht nicht erkannt und folglich auch keine Begründung geliefert; die überhaupt angezogenen Belegstellen sagen das **Gegenteil** aus. Die Entscheidung ist offensichtlich falsch und völlig vereinzelt.

4.3.1.2 Schlüsselfertigklausel als Individualvertrag

531 Beim Komplexen Global-Pauschalvertrag ist eine Schlüsselfertigklausel für die (teil–) fertige Bauleistung, eine Gewerke**zusammenfassung**, trotz auftraggeberseitiger Detaillierung in Allgemeinen Geschäftsbedingungen des Auftraggebers nur sehr eingeschränkt wirksam, wie unter Rdn. 520 ff. gerade erörtert. Dagegen ist – genauso wie beim Einfachen Global-Pauschalvertrag, s. oben Rdn. 515 – dieselbe Klausel zulässig und die Funktionsverteilung hin zur „Nachplanungs- und Vervollständigungspflicht" des Auftragnehmers wirksam, sofern sie **individuell** vereinbart ist. Das ist eine zulässige „Besondere Risikoübernahme".

---

[558] Vgl. oben Rdn. 270 mit allen Nachweisen in Fn. 306.
[559] BGH „Schlüsselfertigbau" BauR 1986, 395, 397 (Einzelheiten dazu oben Rdn. 232); OLG Hamm BauR 1991, 756, 758; OLG Düsseldorf BauR 1991, 747, 748; Roquette, a.a.O.; siehe insbesondere auch oben Rdn. 270 und auch Rdn. 540.
[560] BauR 1997, 143 ff. Zur herrschenden Meinung Fn. 548, 549. Das OLG hat auch noch die vertraglich vereinbarte Vorrangigkeit des Textes gegenüber Plänen übersehen, s. oben Rdn. 493, Fn. 492.

Auch bei individueller Klausel gibt es aber noch Einschränkungen der Leistungspflicht des Auftraggebers. Sie sind identisch mit denen beim Einfachen Global-Pauschalvertrag, wir dürfen deshalb auf Rdn. 515–518 verweisen.

4.3.2 Auftrag*nehmer*seitige Vorarbeit führt zur Detaillierung im Vertrag – Komplettheitsklausel in AGB des Auftraggebers oder im Individualvertrag

532   Wie für die identische Problematik schon beim Einfachen Global-Pauschalvertrag unter Rdn. 519 erörtert, ist es im (äußerst seltenen) Einzelfall möglich, dass die **detaillierte** Leistungsbeschreibung für eine Gewerke**zusammenfassung**, die mit auftraggeberseitiger Schlüsselfertigklausel zum Komplexen Global-Pauschalvertrag führt, auf eine vom Auftragnehmer selbst erarbeitete Leistungsbeschreibung zurückgeht (Beispiel: Projektierungsarbeiten für alle technischen Gewerke, also Teil-Schlüsselfertigbau), dass eben der Auftragnehmer „sich selbst" die detaillierte Leistungsbeschreibung verfasst.
Dann ist die „Schlüsselfertigklausel" uneingeschränkt zulässig; der Auftragnehmer kann dem Auftraggeber auch nicht „Sowiesokosten" entgegenhalten.
Wegen der Einzelheiten verweisen wir auf Rdn. 519.

Für komplexe Großvorhaben, z. B. beim **Anlagenbau,** sind bei auftragnehmerseitiger Planung – ggf. Entwicklungs- und Konstruktionsplanung – solche **Komplettheitsklauseln** geradezu **bezeichnend,**[561] wobei es ebenso bezeichnend für die spezielle Risikoübernahme oder Risikozuweisung in solchen Verträgen ist, dass es genausogut beim Anlagenbau **Anti-Komplettheitsklauseln** gibt.[562]

Beispiele für die Ausfüllung des Bausolls infolge Komplettheitsklauseln bzw. infolge „funktionaler Notwendigkeit" behandeln wir unter Rdn. 638–642.

4.4 Beurteilung der Schlüsselfertigklausel (Komplettheitsklausel) bei unterschiedlichen Typen des Komplexen Global-Pauschalvertrages – Typ 2: Auftrag*geber*seitige Ausführungsplanung wird *nach* Vertragsabschluss vorgelegt (Beispiel: fast tracking)

533   Wir haben bis jetzt im Rahmen des Komplexen Global-Pauschalvertrages die Fälle „hybrider Leistungsbeschreibung"[563] behandelt, in denen zum Zeitpunkt des Vertragsschlusses eine auftraggeberseitige detaillierte Leistungsbeschreibung für eine Gewerke**zusammenfassung** vorliegt, eine „Schlüsselfertigklausel" vom Auftragnehmer aber dennoch Vollständigkeit verlangt.
Heute ist eine andere Ausschreibungsform „modern" geworden, die gewissermaßen der Höhepunkt an hybridem Verhalten ist:
Der Auftraggeber schreibt relativ global auf der Basis einer Vor- oder Entwurfsplanung aus, vereinbart mit dem Auftragnehmer einen Pauschalvertrag, verlangt in seinen Allge-

---

[561] Zutreffend Schaub, Der Konsortialvertrag, S. 145; Bauer, in: Heidelberger Kolloquium Technologie und Recht 1983, Erscheinungsjahr 1984, 171 175; Wendler, Heidelberger Kolloquium Technologie und Recht 1985, Erscheinungsjahr 1986, 47, 50.
Zum Entwicklungsrisiko in diesen Fällen zutreffend Nicklisch, Heidelberger Kolloquium Technologie und Recht 1983, Erscheinungsjahr 1984, 101, 105, näher unten **Rdn. 576**.
Der Auftragnehmer trägt dieses Risiko uneingeschränkt, er kann sich nicht auf Störung der Geschäftsgrundlage berufen, s. Rdn. 1507.
[562] Schaub, a. a. O.; Bauer, a. a. O., S. 176 f.
[563] Zu diesem Begriff Rdn. 439, 512, 521.

meinen Geschäftsbedingungen schlüsselfertige Erstellung und behält sich selbst die Ausführungsplanung vor, die **nach** Vertragsschluss erstellt und vorgelegt wird.[564]
Dass diese Form des Schlüsselfertigbaus für den Auftragnehmer **außergewöhnliche** Risiken bietet, liegt auf der Hand: Der Auftragnehmer legt sich bei Vertragsschluss auf eine Pauschalvergütung fest, entscheidet aber nicht selbst über die Ausführungseinzelheiten, sondern lernt die auszuführende Leistung erst im Detail nach Auftragserteilung durch die Ausführungsplanung des Auftragnehmers kennen; er geht damit ein nahezu „unkalkulierbares Risiko" ein, aber so offen und unverkennbar, dass an der AGB-rechtlichen Zulässigkeit **dieser** besonderen Risikoübernahme gegenüber einem privaten Auftraggeber keine Zweifel bestehen.
Bei dieser Vertragsgestaltung ist eine Fragestellung von größter Bedeutung, die mit der Gültigkeit der Schlüsselfertigklausel nichts zu tun hat:
Begründet die *nach* Vertragsschluss vorgelegte Ausführungsplanung uneingeschränkt das Bausoll?
Antwort: Das tut sie **nur** insoweit, als sie **Konkretisierung** der einen Vertragsbestandteil bildenden **Entwurfsplanung** ist, dagegen nicht mehr, wenn sie Änderung der Entwurfsplanung ist – sie führt dann zu geänderten oder zusätzlichen Leistungen und zur Mehrvergütung. Dieses Sonderthema behandeln wir unter **Rdn.** 1070 im Gesamtzusammenhang mit geänderten oder zusätzlichen Leistungen **näher**.

Eine solche Fallgestaltung kommt häufig vor bei „**fast tracking** Projekten", ein in den USA entwickelter phasenverschobener Projektablauf, bei dem die Ausführungsplanung in Teilschritten vom Auftraggeber erstellt wird und nach dem ersten Teilschritt schon mit der Bauausführung begonnen wird, die Bauausführung also schon läuft, während noch wesentliche Teile der Ausführungsplanung erbracht werden;[565] bei entsprechender gewerkeweiser Vergabe auf der Basis von Einheitspreisverträgen ist das jedenfalls für die ausführenden Einzelunternehmen keine Besonderheit. Wird dagegen die Bauleistung an einen **Generalunternehmer** auf der Basis eines Global-Pauschalvertrages vergeben, stellt sich das geschilderte Problem: Der Auftragnehmer bildet einen Preis für eine Leistung, die zwar in vielerlei Hinsicht (Entwurfsplanung!) schon festgelegt ist, deren Ausführungsdetails aber nicht durch den Auftragnehmer, sondern durch den Auftraggeber bestimmt werden. Solange sich die auftraggeberseitige Ausführungsplanung als Konkretisierung der Entwurfsplanung darstellt, begründet sie das Bausoll. Ist jedoch das Bausoll einmal festgelegt, führen auftraggeberseitige Änderungsanordnungen zur Bausoll-Bauist-Abweichungen. Daran ändert auch eine Vertragsklausel nichts, wonach der Auftragnehmer die **Fortschreibung** der auftraggeberseitigen **Ausführungsplanung** ohne besondere Vergütung ausführen muss. Unter „Fortschreibung" ist hinsichtlich der **Bauausführung** die Ergänzung einer noch unvollständigen auftraggeberseitigen Ausführungsplanung um **fehlende** Lösungen oder die Einarbeitung der Ausübung noch ausstehender Wahlmöglichkeiten im Rahmen der Konkretisierung der Entwurfsplanung zu verstehen; die Klausel gibt aber kein Recht, „kostenfrei" nachträglich **Änderungen** der einmal festgelegten Ausführungsplanung und erst recht nicht der Ausführung verlangen zu können.[566] Wäre die Klausel im Ausnahmefall doch so zu verstehen, wäre sie in Allgemeinen Geschäftsbedingungen des Auftraggebers unwirksam.

---

[564] Auch diese Form der Ausschreibung ist **noch nicht der Höhepunkt der Entwicklung**. Der Auftraggeber kann mit dem Auftragnehmer auch einen Pauschalpreis vereinbaren für eine Leistung, die erst „durch die **(Entwurfs–)**Planung eines noch zu beauftragenden Architekten (des Auftraggebers) differenziert wird, so OLG Düsseldorf „Peek & Cloppenburg" BauR 2003, 1547, dazu Rdn. 608.

[565] Definition näher und mit Nachweisen aus der amerikanischen Literatur Bücker, Construction Management, S. 41.

[566] Näher zur Fortschreibung der Ausführung**splanung** Rdn. 1048, 1049; zur Fortschreibung der **Ausführung** Band 1 Rdn. 869.

534 Die nach Vertragsschluss vorgelegte Ausführungsplanung erweckt die Vermutung der Richtigkeit und Vollständigkeit – dies darf durch eine globale „Schlüsselfertigklausel" nicht ins Gegenteil verkehrt werden. Es gelten uneingeschränkt die Überlegungen zur auftraggeberseitigen Detaillierung für eine (teil-)fertige Bauleistung durch eine schon **bei** Vertragsschluss vorliegende Ausführungsplanung:
In **Allgemeinen Geschäftsbedingungen** ist eine Schlüsselfertigklausel nach herrschender Meinung unwirksam[567]; nach unserer Meinung wirksam, aber mit stark eingeschränkten Folgen, die **nicht** zur Pflicht des Auftragnehmers führen, notwendige Ergänzungsleistungen ohne Mehrvergütung auszuführen.[568]

535 Im Individualvertrag ist die Schlüsselfertigklausel gültig. Wegen der Einzelheiten und der auch dann noch notwendigen Einschränkungen verweisen wir auf Rdn. 531.

4.5 Beurteilung der Schlüsselfertigklausel (Komplettheitsklausel) bei unterschiedlichen Typen des Komplexen Global-Pauschalvertrages
Typ 3: Auftrag*nehmer*seitige teilweise oder vollständige Ausführungsplanung bzw. Vor-, Entwurfs- und Ausführungsplanung

536 In den Fällen schon bei Vertragsschluss vorliegender auftraggeberseitiger Ausführungsplanung (Rdn. 520 ff.) oder der vom Auftraggeber nach Vertragsschluss vorzulegenden Ausführungsplanung (Rdn. 533) ergab sich der Widerspruch, dass der Auftraggeber detailliert die Leistung beschreibt und damit selbst die Verantwortung der Vollständigkeit begründet, gleichzeitig aber dieses Vollständigkeitsrisiko über die „Schlüsselfertigklausel" auf den Auftragnehmer abwälzen will.
Sobald aber der Vertrag vorsieht, dass der Auftrag**nehmer** wesentliche Teile der Ausführungsplanung oder die ganze Ausführungsplanung erbringen muss und erst recht, wenn er noch weitergehende Planungsverpflichtungen übernimmt hin zur Entwurfsplanung oder sogar Vorplanung – also bei teilweiser oder vollständiger programmatischer („funktionaler") Ausschreibung –, so versteht sich von selbst:
Der Auftrag**nehmer** muss für die Richtigkeit und Vollständigkeit seiner **eigenen** Ausführungsplanung einstehen. Eine Schlüsselfertigklausel, die dem Auftragnehmer hier Vollständigkeit und Funktionsfähigkeit abverlangt [569], spricht also nur aus, was der Auftragnehmer ohnehin schuldet – wobei, falls vorhanden, Detailvorgaben des Auftragnehmers maßgeblich bleiben (oben Rdn. 474 ff.). Bei einer solchen Konstellation ist deshalb eine Schlüsselfertigklausel in **Allgemeinen Geschäftsbedingungen** eines Auftraggebers uneingeschränkt wirksam [570].
Dass sie **auch individuell vertraglich** wirksam ist, versteht sich von selbst.

4.6 Die auftraggeberseitige fehlerhafte Leistungsbeschreibung – Abgrenzung zwischen fehlerhafter und unvollständiger Planung

4.6.1 Auftraggeberseitige falsche Leistungsbeschreibung (Planung)

537 Für **jede** Art des Pauschalvertrages gilt ein Grundsatz, den der Bundesgerichtshof in der Entscheidung „Kammerschleuse", wie folgt formuliert hat: „Mehraufwendungen, die auf

---

[567] Oben Rdn. 520-523
[568] Einzelheiten oben Rdn. 524-530.
[569] Näher oben Rdn. 430.
[570] Zustimmend die herrschende Auffassung, Nachweise Fn. 543.
Unzutreffend deshalb die vereinzelten Meinungen, die **jede** Schlüsselfertigklausel in AGB des Auftraggebers für unzulässig halten, Nachweise Fn. 542.

falschen Angaben des Auftraggebers in der Leistungsbeschreibung beruhen, sind durch den vereinbarten Preis nicht abgegolten (§ 2 Nr. 1 VOB/B)". Wegen solcher Mehrkosten kommen Ansprüche des Auftraggebers auf Nachtragsvergütung gemäß § 2 Nr. 5, 6 oder 8 in Betracht.[571]

Diese Rechtsprechung hat ein anderer Senat des Bundesgerichtshofs im Ergebnis noch einmal bestätigt.[572]

Ein schönes Beispiel hat die VOB-Stelle Niedersachsen entschieden: Der öffentliche Auftraggeber erstellt eine nicht durchführbare Entwurfsplanung für eine Brücke. Bei der vom Auftragnehmer zu erstellenden Ausführungsstatik wird dieser Fehler der Entwurfsplanung festgestellt, die Konstruktionshöhe muss vergrößert werden. Keine Pauschalvergütungsklausel oder Schlüsselfertigklausel schützt den Auftraggeber davor, dass er die volle Mehrvergütung ggf. für die Umplanung und die volle Mehrvergütung für die geänderte Ausführung gemäß § 2 Nr. 5, 6 oder 8 VOB/B zahlen muss.[573]

Bestehen zwischen Tragwerkplanung und Baugenehmigung **Widersprüche**, so ist die Planung des Auftraggebers fehlerhaft; auch wenn der Auftragnehmer vertraglich die Pflicht übernommen hat, die Planung zu vervollständigen, muss er die notwendige Korrekturleistung nur gegen Zusatzvergütung ausführen.[574]

Eine Regelung in **Allgemeinen Geschäftsbedingungen** eines Auftraggebers, wonach der Auftragnehmer ungeachtet mangelhafter (oder verspäteter) auftraggeberseitig beizubringender oder beigebrachter **Planungsunterlagen** alleine haftet, er also formularmäßig die Verantwortung für die Richtigkeit fremder Planung übernimmt, ist **unwirksam**.[575]

Für die erst **während** der Ausführung erkennbare, aber nicht erkannte Mangelhaftigkeit kann unter Umständen eine quotale Mithaftung des Auftragnehmers bei Verletzung seiner Hinweispflicht gemäß § 4 Nr. 3, § 13 Nr. 3 VOB/B in Betracht kommen, wobei allerdings das Planverschulden des Auftraggebers im Regelfall die fehlende Mängelerkenntnis bzw. den Kontrollfehler des Auftragnehmers **ganz** ausschließt oder jedenfalls erheblich überwiegt.[576]

538

Nur dann, wenn der Auftragnehmer im **Angebots**stadium **mit Sicherheit** erkennt, dass der auftraggeberseitige Planungsfehler zu einem Mangel führen muss, und er trotzdem „frivol" schweigt, muss er im Regelfall den Mehraufwand allein tragen.[577]

539

Selbst bei positiver Kenntnis des Auftragnehmers von der Mangelhaftigkeit der Ausschreibung haftet aber der Auftrag**geber** für sein eigenes Verschulden oder das seines Erfüllungsgehilfen gemäß § 254 BGB dann allein oder überwiegend mit, **wenn er vorhandene Informationen zu dem Planungsfehler ignoriert** (und/oder in der Ausschreibung nicht berücksichtigt) **oder riskante Lösungen zur Verbilligung bewußt wählt**. So genau hat der Bundesgerichtshof im Fall Schlüsselfertigbau entschieden: Der Auftragnehmer erkannte, dass die ausgeschriebene „Abdichtung gegen nicht drückendes Wasser" in Wirklichkeit nicht ausreiche; der Auftraggeber musste das aber auch wissen, weil das sich aus einem von ihm eingeholten Bodengutachten ergab, in dem ausdrücklich eine Abdichtung

---

[571] BGH „Kammerschleuse" BauR 1997, 126.
[572] BGH BauR 1999, 37.
[573] VOB-Stelle Niedersachsen, Fall 1049, IBR 1995, 508.
[574] Kapellmann, Schlüsselfertiges Bauen, Rdn. 114.
[575] BGH „ECE Bedingungen" Klausel I Nr. 15 BauR 1997, 1036, 1037; Kleine-Möller/Merl, Handbuch, § 3 Rdn. 41; Wolf/Horn/Lindacher, AGB Gesetz, § 23 Rdn. 85; Roquette, NZBau 2001, 57, 60; vgl. auch OLG Düsseldorf BauR 2004, 506.
[576] Unbestritten, Einzelheiten oben Rdn. 509, Fn. 517.
[577] Näher Band 1, Rdn. 251, in diesem Band schon oben Rdn. 509.

gegen drückendes Wasser empfohlen war; der Auftraggeber ignorierte das aber, er wollte Kosten sparen. Hier haftet der Auftragnehmer **trotz** positiver Kenntnis der Mangelhaftigkeit der Ausschreibung keinesfalls allein, sondern (bestenfalls) mit einem geringen Anteil.[578] Um eine volle Haftungsfreistellung zu erreichen, hätte der Auftraggeber eine entsprechend klare Haftungsfreistellungsvereinbarung treffen müssen.

540 Der Auftrag**geber** muss **bei jeder Fallgestaltung** die Mehrkosten der richtigen Ausführung (= **Sowiesokosten**) übernehmen, die ihm z.B. auch bei sofortigem Einbau einer Abdichtung gegen drückendes Wasser auf entsprechenden Hinweis des Auftragnehmers entstanden wären. **Daran ändert auch der Pauschalvertrag nichts;**[579] die Leistung „Abdichtung gegen drückendes Wasser" ist Zusatzleistung, denn sie war vom Auftragnehmer nie geschuldet, sondern ausdrücklich im Leistungsverzeichnis gestrichen; folglich besteht für die resultierenden **„Sowiesokosten"** Vergütungspflicht gemäß § 2 Nr. 6, § 2 Nr. 7 Abs. 2 VOB/B.

4.6.2 Auftragnehmerseitige falsche Planung

541 Ist vertraglich dem Auftragnehmer die Ausführungsplanung übertragen und ist diese mangelhaft – oder hat der Auftragnehmer sogar die Entwurfsplanung zu liefern und ist sie mangelhaft – und führt sie zu einem fehlerhaften Werk, so ist das selbstverständlich ganz alleine seine Sache.

Eine Alleinhaftung oder Haftungsquote des Auftraggebers kann nur in Ausnahmefällen dann in Betracht kommen, wenn er beispielsweise ihm bekannte Mängelhinweise mißachtet, um Kosten zu sparen und insoweit fehlerhafte Anweisungen gibt.[580]
Von diesem Ausnahmefall abgesehen, **braucht der Auftraggeber in derartigen Fällen jedoch keine Sowiesokosten** zu tragen. Es ist alleinige Aufgabe insbesondere des Total-Auftragnehmers, richtig und vollständig zu planen und auf der Grundlage der eigenen Planung richtig zu bauen und folglich richtig zu kalkulieren und anzubieten. Der Total-Auftragnehmer kann sich nicht über eine eigene Fehlplanung „billig" in einen Wettbewerb einschleichen und nach Auftragserhalt „Sowiesokosten" nachfordern, so hat im Ergebnis auch zutreffend der Bundesgerichtshof entschieden.[581]
Ein Bauträger kann folglich durch eine für eine ordnungsgemäße Funktion unvollständige Baubeschreibung dem Erwerber nicht „Sowiesokosten" für notwendige Ergänzungsleistungen anlasten.[582]

4.6.3 Die Abgrenzung zwischen auftraggeberseitiger falscher und auftraggeberseitiger nur unvollständiger Planung

542 Für **falsche** eigene Planung muss der Auftraggeber immer einstehen; auf **Unvollständigkeit** der Leistung muss der Auftragnehmer beim **Komplexen** Global-Pauschalvertrag jedenfalls hinweisen, wenn eine Schlüsselfertigklausel in Allgemeinen Geschäftsbedingungen des Auftraggebers enthalten ist; bei individueller Vereinbarung der Vollständig-

---

[578] BGH „Schlüsselfertigbau" BauR 1984, 395, 397 (Einzelheiten dazu Rdn. 232); OLG Stuttgart BauR 1992, 639 (zu dieser Entscheidung ansonsten Rdn. 654). Dem BGH folgend die Literatur, z.B. Nicklisch/Weick VOB/B § 4 Rdn. 68, differenzierend Roquette/Paul, BauR 2004, 736. Zum Problem schon oben Rdn. 509, weiter unten Rdn. 541, 561, 621.
[579] BGH, a. a. O., 396; ebenso OLG Hamm BauR 1991, 756, 758; OLG Düsseldorf BauR 1991, 747, 748; OLG Schleswig BauR 2000, 1201.
[580] Siehe Rdn. 509, 529, 525.
[581] BGH BauR 1994, 776 und oben Rdn. 490, 493, vgl. auch Rdn. 519, ebenso OLG Düsseldorf BauR 1994, 762.
[582] Beispielsfälle Rdn. 574, 577, 587.

keitsklausel muss der Auftragnehmer allerdings u.U. auf eigene Kosten vervollständigen.[583)]
Beim **Einfachen** Global-Pauschalvertrag gibt es in Allgemeinen Geschäftsbedingungen des Auftraggebers wegen Unwirksamkeit der Klausel keine Komplettierungspflicht, individuell kann sie vereinbart werden.[584)]

Das ergibt folgende Differenzierung bei **auftraggeber**seitiger Planung:

- Da eine Komplettheitsklausel in Allgemeinen Geschäftsbedingungen eines **Einfachen** Global-Pauschalvertrages unwirksam ist, stellt sich das Problem nicht: Für mangelhafte Planung des Auftraggebers haftet der Auftragnehmer nicht, eine Vervollständigkeitsklausel gibt es gar nicht.

- Da eine Schlüsselfertigklausel in Allgemeinen Geschäftsbedingungen eines **Komplexen** Global-Pauschalvertrages den Auftragnehmer bei Unvollständigkeit nur zum Hinweis verpflichtet, besteht keine Differenzierungsnotwendigkeit zur falschen auftraggeberseitigen Planung: Auch hier ist der Auftragnehmer nur zu einem Hinweis gem. § 4 Nr. 3 VOB/B verpflichtet.

- Bei **individuell** vereinbarter Komplettheitsklausel oder Schlüsselfertigklausel im **Global**-Pauschalvertrag ist der Auftragnehmer allerdings zur kostenfreien Vervollständigung der Leistung, aber nicht zur kostenfreien Korrektur falscher auftraggeberseitigen Planung verpflichtet. Hier besteht also ein Unterschied.

- Derselbe Unterschied besteht auch, wenn die vom Auftraggeber beigebrachte Entwurfsplanung falsch oder unvollständig war, eine Schlüsselfertigklausel vereinbart ist und der Auftragnehmer vertraglich eine **Ausführungsplanung** zu leisten hat. Auch hier muss er eine unvollständige Planung vervollständigen, aber nicht eine mangelhafte Planung auf eigene Kosten korrigieren.

Die Abgrenzung zwischen Vervollständigung oder „nur" Mängelbehebung in den beiden letztgenannten Fällen ist äußerst schwierig. Wenn eine vom Auftraggeber detailliert geplante Heizung nicht funktioniert, weil der Auftraggeber die Planung und Ausschreibung der Regelung vergessen hat, ist die Heizung mangelhaft, **weil** unvollständig. Ist diese Unvollständigkeit Mangelhaftigkeit im erörterten Sinn? Dann würde die ganze Schlüsselfertigdefinition in solchen Fällen nur bei reiner Leistungsbeschreibung mit Leistungsprogramm (funktionaler Ausschreibung) ihren Sinn behalten.
Richtig erscheint es, aus dem Sinn des Begriffes „schlüsselfertig" heraus zu argumentieren: Der Begriff hat den Inhalt, dass das Gesamtwerk vollständig ist und funktioniert. **Vollständigkeit** ist deshalb auf die (funktionale) Gesamtheit der (schlüsselfertigen) Leistung bezogen, Mangelfreiheit der Planung auf die **Mangelfreiheit** des ausgeschriebenen **Gewerkes** (Leistungsbereiches) oder sogar nur Teilgewerkes.[585)]

543

Im Falle **individuell** vereinbarter Komplettheits- oder Schlüsselfertigklausel sowie im Falle auftraggeberseitiger Entwurfs- und auftragnehmerseitiger Ausführungsplanung gilt deshalb: Wenn der Auftraggeber eine Entwurfsplanung für ein Geschäftshaus liefert und darin statische Annahmen für eine bestimmte, geforderte Deckenbelastung eingeflossen sind, so ist die Planung mangelhaft, wenn die Annahmen nicht stimmen – also vergütungspflichtige Zusatzleistung.
Wenn der Auftraggeber im Rahmen eines Schlüsselfertigprojekts eine Heizung im Detail ausgeschrieben hat, ist die Heizung mangelhaft, wenn die Steuerung fehlt, denn

544

---

583) Oben Rdn. 529 ff., 531.
584) Oben Rdn. 512, 515.
585) Zustimmend Roquette NZBau 2001, 57, 61.

ohne Steuerung funktioniert die Heizung nicht – also vergütungspflichtige Zusatzleistung.

Wenn dagegen Beleuchtungskörper geplant sind, die Beleuchtungsmittel aber nicht ausgeschrieben sind, ist die „Gewerke"-Beschreibung mangelfrei, aber zur Funktion des Gebäudes fehlen die Leuchtmittel – also vergütungsfreie Leistung innerhalb des Bausolls.

Wenn ein Gewerk richtig geplant ist, aber Mengenangaben im LV fehlen, so ist die Leistung nicht falsch, sondern nur unvollständig dokumentiert – also vergütungsfreie Leistung innerhalb des Bausolls.

5 Beweislast im Zusammenhang mit Detaillierungen im Global-Pauschalvertrag

545 Wir werden die Frage, was beim Global-Pauschalvertrag „unter die Pauschale fällt" und wer im Zusammenhang mit Detailregelungen z.B. den Regelungsumfang beweisen muss, im Gesamtzusammenhang unter Rdn. 655 ff. erörtern.

6 Die Bestimmung des qualitativen Bausolls (Baurealisierung) durch die sonstigen Vertragsbestandteile außerhalb der jeweiligen Leistungsbeschreibung und durch gesetzliche Regelungen – Risikozuweisung, Leistungsabgrenzungen –

6.1 Qualitatives Bausoll und jeweiliger Vertragsinhalt – individuell übernommene „Risiken" und „Erschwernisse"

546 Wir werden für den Global-Pauschalvertrag nachfolgend wie schon beim Detail-Pauschalvertrag (oben Rdn. 274ff.) alle die Einzelheiten zum qualitativen Bausoll besprechen, die sich aus **weiteren vereinbarten Vertragsbestandteilen außerhalb der eigentlichen Leistungsbeschreibung** ergeben, auch solche, die sich aus der gesetzlichen Risikoverteilung ergeben.

Wir haben insoweit schon die **Planungsleistungen** besprochen, außerdem die Schlussfolgerungen, die aus vertraglichen **Detail**regelungen resultieren.[586]

Wir werden jetzt erörtern, was als qualitatives **Bausoll durch die weiteren Vertragsbestandteile** (oder durch das Gesetz) geregelt ist, also definiert ist, **ohne dass es detailliert vorgegeben ist, insbesondere im Einzeltext erwähnt ist.** Wir wollen dabei möglichst alles klären, was überhaupt positiv oder negativ „geregeltes" Bausoll ist, ehe wir uns dann unter Rdn. 608 ff. dem scheinbar „ungeregelten Bereich", also dem globalen Teil der Leistungsbeschreibung, dem „Globalelement", zuwenden, das den Vertrag erst eigentlich zum Global-Pauschalvertrag macht.

Eine **Checkliste** zu diesem ganzen Thema findet sich in **Abb. 21**, S. 315.

Vorweg versteht es sich von selbst, dass die Vertragsparteien all das, was wir nachfolgend für den nicht detailliert geregelten, also scheinbar ungeregelten Bereich besprechen, durch individuelle vorrangige Vereinbarungen regeln können, d.h. durch „Besondere Risikoübernahme" typischerweise des Auftragnehmers, ausnahmsweise aber

---

[586] Oben Rdn. 411 ff sowie Rdn. 474 ff., 496 ff.

auch des Auftraggebers. Wir werden z.B. feststellen, dass **ohne** abweichende vertragliche Regelung das „Baugrundrisiko" auch beim Global-Pauschalvertrag Sache des Auftraggebers ist, dazu Rdn. 552 ff., aber selbstverständlich können die Parteien wirksam **individuell** etwas Abweichendes vereinbaren. Also: **Wir beschäftigen uns nachfolgend nur mit dem, was dann gilt, wenn die Parteien** *nichts* **Konkretes vereinbart haben.**

Für den Fall, dass sich einzelne Vertragsbestandteile **widersprechen**, gilt bei vereinbarter VOB/B gemäß der Auslegungsregel in § 1 Nr. 2 VOB/B folgende Rangfolge: 547

a) Leistungsbeschreibung,
b) Besondere Vertragsbedingungen,
c) Zusätzliche Vertragsbedingungen,
d) Zusätzliche Technische Vertragsbedingungen,
e) Allgemeine Technische Vertragsbedingungen für Bauleistungen (= VOB/C),
f) Allgemeine Vertragsbedingungen für die Ausführung von Bauleistungen (= VOB/B).

Der Vollständigkeit halber erwähnen wir, dass natürlich ergänzend das Gesetz (BGB) gilt, auch soweit die VOB/B vereinbart ist.
Die Auslegung von Widersprüchen innerhalb einer gleichrangigen Kategorie, also insbesondere den Widerspruch innerhalb der Leistungsbeschreibung zwischen Text und Plan, haben wir schon behandelt.[587]

6.2 Die Bestimmung des qualitativen Bausolls durch Besondere Vertragsbedingungen, Zusätzliche Vertragsbedingungen und Zusätzliche Technische Vertragsbedingungen

Der Vertragsinhalt wird nicht nur durch die Leistungsbeschreibung und durch den individuellen Vertragstext, sondern auch durch vereinbarte **Besondere Vertragsbedingungen**, etwaige **Zusätzliche Vertragsbedingungen** und etwaige **Zusätzliche Technische Vertragsbedingungen** definiert. Zur Begriffsbestimmung und zur grundsätzlichen Anwendbarkeit des AGB-Rechts auf diese Bedingungen dürfen wir auf unsere Ausführungen zum Detail-Pauschalvertrag verweisen.[588]   548

Soweit die einzelne Klausel Leistungszuteilungen betrifft, die von der nachfolgend[589] zu erläuternden „Leistungsverteilung" bzw. Risikoverteilung gemäß VOB/B oder BGB abweichen, ist im Einzelfall jeweils zu prüfen, ob die Klausel nicht gegen AGB-Recht verstößt. Solche Einzelfragen erörtern wir jeweils im Zusammenhang mit dem entsprechenden Risiko bei Diskussionen der VOB/B bzw. des BGB.

---

[587] Oben Rdn. 493–495.
[588] Siehe oben Rdn. 276–280.
[589] Siehe unten Rdn. 529–607.

6.3 Die Bestimmung des qualitativen Bausolls durch die Allgemeinen Technischen Vertragsbestimmungen (= VOB/C), „Besondere Leistungen" in AGB-Bestimmungen

549 Zum Inhalt und zur Bedeutung der VOB/C verweisen wir auf unsere früheren Darlegungen.[590]

Beim Global-Pauschalvertrag bedarf nur eine Frage der gesonderten Prüfung: Ist die Einbeziehung „**Besondere Leistungen**" gemäß VOB/C in das Bausoll auch durch **Allgemeine Geschäftsbedingungen** des Auftraggebers zulässig?

Beim **Detail-Pauschalvertrag** haben wir das verneint, außer bei auftragnehmerseitiger Ausführungsplanung.[591]

Für den **Einfachen Global-Pauschalvertrag** (zum Begriff Rdn. 406) ist das ebenfalls zu verneinen.

Dagegen ist bei allen Formen des **Komplexen Global-Pauschalvertrages** (zum Begriff Rdn. 409) die Gültigkeit einer solchen Klausel eingeschränkt zu bejahen. Es gibt kaum Komplexe Global-Pauschalverträge, bei denen nicht wenigstens die **Ausführungsplanung** für Teilbereiche ganz oder wenigstens als Kontrollfunktion auf den Auftragnehmer übertragen ist; **innerhalb dieser** Teilbereiche schuldet der Auftragnehmer ohnehin eine komplette Leistung; sofern diese komplette Leistung auch „Besondere Leistungen" gemäß VOB/C für die Schlüsselfertigkeit notwendigerweise umfasst, muss der Auftragnehmer sie ohnehin erbringen. Die Klausel ist mithin für alle Bereiche oder Teilbereiche zulässig, die erkennbar global geregelt sind; wenn ein Auftragnehmer „**alle** notwendigen Leistungen" für diesen globalen Bereich schuldet, schuldet er eben auch solche, die als „Besondere Leistungen" im Einzelfall **notwendig** sind. Leistungen werden ja ohnehin erst als Ergänzung einer Leistungsbeschreibung zur „Besonderen Leistung", eben weil sie in der Leistungsbeschreibung nicht enthalten sind. Die Leistungsbeschreibung fußt aber auf der Planung. Wenn der Auftragnehmer aber schon eine Planung (bzw. ihre Kontrolle) schuldet, die alle notwendigen Elemente umfasst, darf bei seiner „internen Leistungsbeschreibung" nichts fehlen.[592]

Ist allerdings ein „Bereich" durch auftrag**geber**seitige Vertragsdetails schon geregelt, bleibt es bei der Vollständigkeitsvermutung dieser Regelung, **insoweit** nicht erwähnte Besondere Leistungen sind zusätzlich vergütungspflichtig.[593]

Nicht notwendige „Besondere Leistungen" kann der Auftraggeber anordnen, sie sind zusätzliche Leistung.

6.4 Die Bestimmung des qualitativen Bausolls durch die Allgemeinen Vertragsbestimmungen für die Ausführung von Bauleistungen (VOB/B) oder durch gesetzliche Bestimmungen

6.4.1 Vereinbarung der VOB/B beim Global-Pauschalvertrag als Regelfall?

550 Beim Einfachen Global-Pauschalvertrag wird die VOB/B sicherlich ebenso häufig vereinbart wie beim Detail-Pauschalvertrag oder wie beim Einheitspreisvertrag.

---

[590] Siehe oben Rdn. 279-281.
[591] Siehe oben Rdn. 280.
[592] Zustimmend v. Westphalen/Motzke, Vertragsrecht und AGB-Klauselwerke, hier: Subunternehmervertrag, Rdn. 103.
[593] Näher oben Rdn. 476-490.

Beim **Komplexen Global-Pauschalvertrag** zeigt die Praxis ein unterschiedliches Bild. Insbesondere im Projektentwickler-Bereich kommen durchaus häufig reine BGB-Verträge vor, aber auch im Schlüsselfertigbau. Allzu gravierende Unterschiede ergeben sich gegenüber VOB/B-Verträgen aber nicht, und zwar schon deshalb nicht, weil die rudimentären Regelungen der VOB/B zum Pauschalvertrag es ohnehin nicht ermöglichen, allein auf dieser Regelungsgrundlage ein geschlossenes Konzept zum Pauschalvertrag zu entwickeln. Notwendigerweise sind die auch hier vorgestellten Überlegungen solche, die auch auf den BGB-Pauschalvertrag passen; Abweichungen werden wir im Einzelfall erörtern, so z. B. zum Thema „geänderte oder zusätzliche Leistungen" unter Rdn. 1003 ff., 1029.

6.4.2 § 3 Nr. 2 VOB/B – Abstecken der Hauptachsen, Abstecken der Grenzen des Geländes, das dem Auftragnehmer zur Verfügung gestellt wird, Schaffen der notwendigen Höhenfestpunkte

Beim **Einfachen Global-Pauschalvertrag**, etwa nur für das Gewerk „Bodenaushub", versteht es sich von selbst, dass die Auftraggeber-Leistungen Abstecken der Hauptachsen, Abstecken der Grenzen des Geländes und Schaffen der notwendigen Höhenfestpunkte auch vom Auftraggeber zu erbringen sind (§ 3 Nr. 2 VOB/B).

551

Beim **Komplexen Global-Pauschalvertrag** ist eine differenzierte Beurteilung angezeigt.

Der Schlüsselfertig-Auftragnehmer hat zumeist – aber nicht zwingend – auch die Ausführungsplanung in Auftrag, der Total-Schlüsselfertig-Auftragnehmer erstellt auch noch die Entwurfsplanung.
Insoweit könnte sich die Frage stellen, ob die Leistung „Abstecken der Hauptachsen" etwas mit Objektplanung (Architektenleistungen) zu tun hat. Das ist aber **nicht** der Fall: Diese Arbeiten führt ein Vermesser (vgl. § 96 ff. HOAI) aus. Wenn folglich nichts Gegenteiliges vereinbart ist, bleibt es beim VOB-Vertrag bei der Regelung des § 3 Nr. 2 VOB/B; auch beim BGB-Vertrag gehört diese Leistung in die „Auftraggeber-Ebene".

Kritisch wird das dann, wenn in welcher Form auch immer die Leistungspflicht des Auftragnehmers auch die Grundstücksbeschaffung und -übereignung einschließt. Beim **Bauträger-Vertrag** unterliegt es keinem Zweifel, dass ein Grundstück mit (zu errichtendem) Haus geschuldet wird; der Bauträger hat folglich auch die Vermessung für die „Hausproduktion" selbst zu leisten. Auch wenn also die VOB als Grundlage für den Realisierungsteil des Bauträgervertrages vereinbart ist, ist § 3 Nr. 2 VOB/B durch den Vertragstypus „Bauträgervertrag" konkludent abbedungen.

Der **Projektentwickler**, der ein komplettes Bauobjekt „vermarktet", schuldet nach unserer Meinung auch ohne besondere Vertragsregelung alle Planungsleistungen, auch die von Sonderfachleuten;[594] dazu gehört auch die Leistung des Sonderfachmanns für Vermessung. Etwas kritisch könnte diese Aufgabenverteilung dann sein, wenn der Projektentwickler nicht selbst das Grundstück übereignet, sondern nur für den Erwerb des Grundstücks von dritter Seite sorgt, wie er es zur Vermeidung von Grunderwerbsteuer und zur Haftungsminderung zu regeln versuchen wird. Die Leistung „Abstecken der Hauptachsen" hat aber nichts mit der Beschaffenheit des Grundstücks zu tun, sondern ist nur „vorbereitende Bauherrenleistung". Gerade in diese Rolle schlüpft aber der Projektentwickler, so dass er auch bei vereinbarter VOB/B infolge konkludenter Vertragsänderung die in Rede stehenden Vermessungsleistungen selbst erbringen muss.

---
[594] Vgl. oben Rdn. 466.

6.4.3 § 3 Nr. 2 VOB/B
Gelände, das dem Auftragnehmer zur Verfügung gestellt wird
(z. B. „Baugrundrisiko", Risiko der Wasserverhältnisse)

6.4.3.1 Grundsatz

552 Die VOB/B enthält nur rudimentär in § 3 Nr. 2 VOB/B einen Hinweis darauf, dass der Auftraggeber „ein Gelände zur Verfügung stellt". Darin liegt keine brauchbare Aussage zur Verteilung des Grundstücksbeschaffenheitsrisikos. Wegen des Fehlens einer Spezialregelung in der VOB/B gilt ergänzend das BGB. Dieses regelt in § 645 BGB für einen abweichenden Sachverhalt, dass die **mangelfreie** Beschaffenheit eines vom Auftraggeber gelieferten **Stoffs** im Regelfall – wenn keine anderweitige vertragliche Regelung getroffen ist – Risiko des Auftraggebers ist. „Stoff" im Sinne dieser Vorschrift ist auch das vom Auftraggeber gestellte **Grundstück** und ebenso eine vom Auftraggeber gestellte Teil-Bauleistung, auf der der Auftragnehmer mit seinem Werk aufbaut. Die **Mangelfreiheit** der **Boden- und Wasserverhältnisse**, speziell des **Baugrundes**, ist also ohne besondere Regelung Risiko des Auftraggebers, ebenso insbesondere auch das **Kontaminationsrisiko**.[595]) Diese Risikoverteilung gilt auch für vom Auftraggeber gestellte **Einbauten in den Boden, die als Baubehelfe** oder **Werkzeuge dem Auftragnehmer dienen.**[596])

Selbstverständlich kann im Wege „Besonderer Risikoübernahme" **individuell** dieses Risiko auf den Auftragnehmer verschoben werden. Außerdem gibt es eine **„Besondere Risikoübernahme"**, nämlich in Form vereinbarter globaler Leistung als **Offene Risikozuweisung**, die dann **möglicherweise** jedes solches Risiko auf den Auftragnehmer abwälzt, also z. B. als Leistungspflicht des Auftragnehmers zur „Wasserhaltung" ohne jede nähere Beschreibung oder Einschränkung.[597])

Was aber gilt, wenn buchstäblich nichts ausdrücklich vereinbart ist?
Dann – dies vorweg als Grundsatz – ist anhand **aller** Vertragsunterlagen zu prüfen, wie das für den Auftragnehmer maßgebliche **Beschaffenheitssoll** ist. Abweichungen davon im Beschaffenheitsist führen zu modifizierten Leistungen und damit ggf. zu **Mehrvergütungs**ansprüchen des Auftragnehmers. **Wegen aller grundsätzlichen Einzelheiten dazu verweisen wir auf Bd. 1, Rdn. 708 ff.** sowie in diesem Band oben auf Rdn. 282. Zu den einzelnen Vertragsformen des Komplexen Global-Pauschalvertrag sind dazu Einzelheiten noch zu vertiefen.

6.4.3.2 Einfacher Global-Pauschalvertrag oder Komplexer Global-Pauschalvertrag (Schlüsselfertigbau) mit auftraggeberseitiger Ausführungsplanung

553 Beim **Einfachen Global-Pauschalvertrag** bleibt es bei der gesetzlichen regelmäßigen Risikozuteilung zu Lasten des Auftraggebers, ebenso beim **Komplexen Global-Pauschalvertrag** mit **auftraggeber**seitiger Ausführungsplanung.

---

[595]) Die grundsätzliche Problematik haben wir in allen Einzelheiten in **Band 1, Rdn. 708 ff.**, behandelt, wir dürfen darauf verweisen.
Zum Detail-Pauschalvertrag s. oben Rdn. 282.
Zur **zwingenden** Pflicht des (öffentlichen) Auftraggebers, je nach Vertragsgestaltung die Bodenverhältnisse richtig zu beschreiben, vgl. Rdn. 618 ff.
Zum Schatzfund s. unten Rdn. 1083.

[596]) Zum Beispiel ein Kanalschacht, auf dem der Auftragnehmer beim Kanalbau mittels des Berstlining-Verfahrens eine Winde installiert, Einzelheiten dazu Kapellmann, Festschrift Bauer, S. 385 ff., 388, 389. Für den **öffentlichen** Auftraggeber gilt allerdings die Einschränkung, dass ein „ungewöhnliches Wagnis" wegen § 9 Nr. 2 VOB/A **nicht** Bausoll wird, dazu Rdn. 622.

[597]) Zum Beispiel BGH „Wasserhaltung I" BauR 1992, 759 = NJW-RR 1992, 1046; Einzelheiten unten Rdn. 609 ff., dazu auch die richtige und überzeugende Entscheidung BGH „Wasserhaltung II" BauR 1994, 236 (s. Rdn. 633).

6.4.3.3 Komplexer Global-Pauschalvertrag: Total-Schlüsselfertig-Vertrag **ohne** Grundstücksverschaffung

Beim **Komplexen Global-Pauschalvertrag** ohne auftraggeberseitige Ausführungsplanung kann die Risikozuweisung – wie gerade unter Rdn. 576 angesprochen – anders sein. So etwa, wenn das Globalelement schlicht lautet: „Wasserhaltung".[598)] Problematisch ist – wenn es keine individuelle vertragliche Vereinbarung gibt – insoweit insbesondere der **Total-Schlüsselfertig-Bau**, also der Vertrag mit auftragnehmerseitiger Entwurfs- **und** Ausführungsplanung. Muß hier der Auftragnehmer z. B. dann, wenn er **kontaminiertes** Erdreich vorfindet, die Entsorgungskosten selbst tragen, weil er ein komplettes Bauwerk aufgrund eigener Entwurfsplanung schuldet? Oder muss er beispielsweise in den vereinbarten Pauschalpreis auf jeden Fall die Kosten einer besonderen Grundwassersicherung einbeziehen?

554

Wir haben die Grundsätze dazu, was gilt, wenn das Beschaffenheitssoll[599)] des Baugrundes nur durch **globale** Angaben oder **überhaupt nicht** durch auftraggeberseitige Angaben definiert ist, ausführlich im Gesamtzusammenhang in **Band 1, Rdn. 742 ff.** behandelt einschließlich der Fragen, was gilt, wenn ein Auftraggeber ungeachtet eines Hinweises z.B. keinen Erkundungsauftrag gibt (s. auch Rdn. 558). Darauf verweisen wir. Wir behandeln lediglich noch einige Ergänzungen unter dem Aspekt „Global-Pauschalvertrag".

Der **Total**-Schlüsselfertig-Auftragnehmer schuldet eine **richtige** und vollständige Bauleistung und dieser vorausgehend eine **richtige** und vollständige Planung – aber auch eben **nicht mehr als richtige Planung.**[600)] Der Total-Schlüsselfertig-Auftragnehmer, der auf einem vom Auftraggeber beigebrachten Grundstück plant und baut, leistet nur eine Kombination von Planungs- und Generalunternehmerleistung. Die Lösung des Problems ist danach zu beurteilen, wie die Aufgabenverteilung bei konventioneller Baudurchführung ist. Keineswegs haftet ein Architekt (Objektplaner) – oder evtl. ein Tragwerksplaner – für nicht erkennbare oder seiner Risikosphäre nicht zugeordnete, von ihm nicht beherrschbare Risiken, also z. B. hinsichtlich des Baugrundes. Architekt (Objektplaner) und überhaupt Planer und damit auch Total-Schlüsselfertig-Auftragnehmer haben im Rahmen der Leistung „Planung" **alle notwendigen** baulichen Leistungen auch hinsichtlich ihrer Voraussetzungen erforderlichenfalls zu erforschen und dann richtig zu planen. Der Total-Schlüsselfertig-Auftragnehmer kann sich nicht darauf berufen, die Teilleistung Bauerrichtung sei deshalb „vollständig", weil er bei seinen Planungsleistungen bestimmte Sachverhalte ausgeschlossen bzw. nicht einbezogen habe, also z. B. das Kontaminierungsrisiko nicht berücksichtigt habe; der Total-Schlüsselfertig-Auftragnehmer muss im Rahmen seiner Bauausführung das vertraglich (ohne Zusatzvergütung) bauen, was er bei ordnungsgemäßer Erkundung und Planung richtigerweise für das Bauvorhaben hätte vorgeben müssen, aber nunmehr unterlassen hat.[601)]

Ausgangspunkt einer Lösung muss also stets die Frage sein, welche **Pflichten** ein **Architekt** (Objektplaner) in bezug auf die Untersuchung von Grund und Boden hat. Ohne Zweifel muss ein Architekt sich jedenfalls dann durch Boden- und Grundwasseruntersuchungen Klarheit über die örtliche Situation verschaffen, wenn aufgrund der **erkennbaren örtlichen Verhältnisse** auch nur die ernsthafte Möglichkeit problematischer Bodenverhältnisse besteht;[602)] z. B. kann er sich ohne Probleme beim staatlichen Amt für Wasser- und Abfall-

555

[598)] Siehe Fn. 594.
[599)] Zum Begriff Band 1, Rdn. 721 ff.
[600)] Zutreffend Meissner, Seminar Pauschalvertrag und schlüsselfertiges Bauen, S. 9 ff., 14.
[601)] Näher oben Rdn. 264, 455, 565.
[602)] Plastisch z. B. OLG Düsseldorf OLG-Report Düsseldorf 1992, 300: Bauarbeiten im Einzugsbereich eines kleinen Flusses.

wirtschaft (Nordrhein-Westfalen) vorher Auskunft über die Grundwasserstände verschaffen. Erforderlichenfalls muss er seinen Auftraggeber veranlassen, ein Gutachten einzuholen. Er muss sich überhaupt über die örtliche Situation einen seriösen Überblick verschaffen, um dann entscheiden zu können, ob Erkundungsmaßnahmen notwendig sind oder nicht.

556 Für Kontaminierungsverdacht bezüglich des Grundstückes kann z. B. eine bestimmte frühere Nutzung des Grundstücks sprechen; aus Lageplänen kann z. B. hervorgehen, dass eine Tankstelle, eine Färberei, chemische Industrie oder dergleichen vorhanden war, was allein schon Anhaltspunkt für Kontaminierung sein muss.

557 Der einfachste und sicherste Weg ist der, dass der Total-Schlüsselfertig-Auftragnehmer seinem (potenziellen) Auftraggeber vor Auftragserteilung empfiehlt, ein Bodengutachten einholen zu lassen. Ohnehin **sollen** (vom privaten Auftraggeber) bzw. müssen (vom öffentlichen Auftraggeber) auch bei funktionaler Leistungsbeschreibung im Rahmen **richtiger** Ausschreibung – vgl. auch Rdn. 518 – „die für die Leistung wesentlichen Boden- und Wasserverhältnisse so beschrieben werden, dass der Bewerber ihre Auswirkungen auf die bauliche Anlage und die Bauausführung hinreichend beurteilen kann" (§ 9 Nr. 3 Abs. 3 VOB/A; DIN 18 299 Abschnitt 0.1.7).
Auf die **Aussagen eines Bodengutachters** in der auftrag**geber**seitigen Ausschreibung darf sich der Bieter dann „als Detailregelung" **verlassen,** wenn nicht handgreifliche Anhaltspunkte für eine Fehlerhaftigkeit sprechen.[603] In solchen Fällen haftet also der Total-Schlüsselfertig-Auftragnehmer, der das Grundstück nicht selbst zu besorgen hat, nicht.

558 Enthält der Vertrag keine ausdrückliche Regelung, ob der Auftragnehmer geotechnische Untersuchungen auf eigene Kosten einzuholen hat und ist die Geltung der VOB/B (und über § 1 Nr. 1 S. 2 VOB/B damit auch die Geltung der VOB/C) vereinbart, so ist kraft der Qualifizierung von geotechnischen Untersuchungen als Besondere Leistung deren Beibringung vertraglich Sache des Auftraggebers.[604] Der Auftragnehmer muss deshalb im Regelfall den Auftraggeber auffordern, eine Bodenuntersuchung zu veranlassen. Deren Ergebnisse werden Beschaffenheitssoll.

559 Lehnt der Auftraggeber die Untersuchung ab, ist der Auftragnehmer berechtigt, lediglich aufgrund allgemein zugänglicher Quellen seine Beurteilung durchzuführen; was dabei nicht erkennbar ist, wird nicht Beschaffenheitssoll.[605]

560 Unterlässt der Auftragnehmer die Aufforderung an den Auftraggeber, holt er aber auch selbst keine Bodenuntersuchung ein, so gilt: Der Auftragnehmer muss alle Anhaltspunkte prüfen und beachten, die eine solche Untersuchung als erforderlich erscheinen lassen.[606] Gibt es keinerlei Anhaltspunkte für die Notwendigkeit einer Bodenuntersuchung, so bestimmt sich das Beschaffenheitssoll wiederum nach der Erkenntnismöglichkeit des Auftragnehmers.
Läßt der Auftragnehmer Anhaltspunkte für die Notwendigkeit einer Bodenuntersuchung unbeachtet, so gilt: Ein tatsächlich eingeholtes Bodengutachten hätte das Beschaffenheitssoll bestimmt (s. oben Rdn. 582). Folglich muss der Auftragnehmer so gestellt werden, als ob eine Bodenuntersuchung durchgeführt worden wäre.
Die Beschaffenheitsfeststellungen, die ein Gutachten aller Voraussicht nach zutage gefördert hätte, bilden das Beschaffenheitssoll, ihre Bewältigung schuldet der Auftragnehmer

---

[603] Vgl. dazu oben Rdn. 477–480, 509, 527 sowie nachfolgend 559 a.E., 617.
   Zum Vertrauen auf die Richtigkeit eines Bodengutachtens und **überhaupt zu Prüfpflichten Band 1, Rdn. 747-757.**
[604] Näher Band 1, Rdn. 736.
[605] Oben Rdn. 555
[606] Oben Rdn. 555 mit Fn. 602.

ohne Mehrvergütung. Befunde, die allerdings auch bei ordnungsgemäßem Gutachten unentdeckt geblieben wären, sind Beschaffenheitsist-Abweichung, wenn im Vertrag nicht auch dieses Risiko individuell dem Auftragnehmer aufgebürdet ist.

Eine Ausnahme gilt wiederum – d.h., der Auftragnehmer hat einen Anspruch wegen seines von ihm zu tragenden Mehraufwandes gegen den Auftraggeber –, wenn der Auftraggeber ihm bekannte Hinweise missachtet, z.B. ein vorhandenes (kritisches) Bodengutachten nicht vorgelegt hat.[607] 561

Enthält der Vertrag keine Regelung, ob der Auftragnehmer Bodenuntersuchungen auf eigene Kosten durchzuführen hat und handelt es sich um einen **BGB-Vertrag**, so muss durch Auslegung des Vertrages geklärt werden, ob angesichts der vereinbarten Planungsleistung auch die Einholung eines Bodengutachtens konkludent mit vereinbart ist. Das ist zu verneinen: Im Regelfall ist die Beschreibung des Baustoffs „Baugrund" Sache des Auftraggebers, wie es auch die DIN 4020 festhält. Sagt er dazu nichts, heißt das konkludent, dass der Baustoff völlig unproblematisch ist. Für die Lösung gelten sinngemäß die Ausführungen in Rdn. 558–560. 562

Der **öffentliche Auftraggeber** ist intern gemäß § 9 Nr. 3 VOB/A verpflichtet, die Bodenverhältnisse richtig und vollständig anzugeben. Der öffentliche Auftraggeber schließt außerdem immer VOB/B-Verträge, so dass über § 1 Nr. 1 S. 2 VOB/B auch immer die VOB/C gilt, in der ausdrücklich geregelt ist, dass der Auftraggeber eine Pflicht zu Bodenuntersuchungen hat. Auch eine Ausschreibung mit Leistungsprogramm (funktionale Ausschreibung) entbindet den öffentlichen Auftraggeber nicht von dieser Beschreibungspflicht, wie sich zweifelsfrei aus der systematischen Stellung von § 9 Nr. 3 VOB/A und aus § 9 Nr. 15 Abs. 1 VOB/A 2006 ergibt und wie es der Bund zutreffend in Abschnitt 7.2.2 des Vergabehandbuches zu § 9 VOB/A bestätigt. Es gelten also die Ausführungen zu Rdn. 558–560, jedoch mit einer nachfolgend zu erörternden Besonderheit: 563

Für den öffentlichen Auftraggeber, der die **VOB/A**, Abschnitt 1 bis 3 anwendet, gilt zugunsten des Auftragnehmers eine ganz wesentliche, zutreffende Einschränkung: Dieser Auftraggeber erklärt ja durch die Bezugnahme auf die VOB/A, wie er sich verhalten will (z.B. gemäß § 9 VOB/A). Mindestens in der **Auslegung** seiner Vertragserklärungen darf deshalb jeder **öffentliche Auftraggeber** daran gemessen werden, dass er das, was er behauptet, in der Ausschreibung auch gegen sich gelten lässt, dass er also entsprechend dem Wortlaut von § 9 Nr. 2 VOB/A einem Bieter durch eine wie auch immer geartete Ausschreibung „**kein ungewöhnliches Wagnis**" auferlegt hat. 564

Wenn also ein solcher Auftraggeber z.B. global die Baugrund- bzw. Grundwasserverhältnisse überhaupt nicht beschreibt und beispielsweise nur „**Wasserhaltung**" ausschreibt, so hat dieser Auftraggeber in Wirklichkeit, gewissermaßen „übersetzt", doch folgendes ausgeschrieben:

> „Wasserhaltung unter allen für den Bieter ohne besondere Untersuchung erkennbaren Beschaffenheiten, jedoch nicht unter Einbezug solcher Beschaffenheiten, die zu ungewöhnlichen Wagnissen führen."

Das Beschaffenheitssoll ist also durch diesen öffentlichen Auftraggeber im Vertrag definiert als „ohne besondere Untersuchung erkennbare Baugrundbeschaffenheit, jedoch

---

[607] BGH „Schlüsselfertigbau" BauR 1984, 395, 397 (Einzelheiten dazu oben Rdn. 232), OLG Stuttgart BauR 1992, 639 (zu dieser Entscheidung ansonsten unten Rdn. 654), OLG Stuttgart BauR 1997, 855. Dem BGH folgend die Literatur, z.B. Nicklisch/Weick, VOB/B § 4 Rdn. 68). Siehe auch schon oben Rdn. 269, 509, 528, unten 621 sowie Band 1, Rdn. 245.

nicht eine Beschaffenheit, die ungewöhnliche Wagnisse begründet". Treten dann doch ungewöhnliche Wagnisse auf, so ist das Beschaffenheitssoll-Beschaffenheitsist-Abweichung; diese Soll-Ist-Abweichung führt zur zusätzlichen Vergütungspflicht. Ordnet der Auftraggeber die insoweit notwendigen zusätzlichen Leistungen an, so resultiert seine zusätzliche Vergütungspflicht aus § 2 Nr. 6 VOB/B; trifft der Auftragnehmer (unklugerweise) die notwendigen Handlungsentscheidungen ohne Anordnung, so richtet sich die zusätzliche Vergütungspflicht nach § 2 Nr. 8 Abs. 3 VOB/B oder § 2 Nr. 8 Abs. 2 VOB/B.

Diese **methodisch absolut richtige** Rechtsprechung hat der Bundesgerichtshof erstmalig im Fall „Wasserhaltung II" formuliert und sie in weiteren Fällen, z.B. in der Entscheidung „Auflockerungsfaktor", ausgebaut und bestätigt.[608]

Was im Einzelfall „ungewöhnliches Wagnis" ist, lässt sich abstrakt nicht bestimmen (zur Definition s. aber Band 1 Rdn. 622), aber natürlich spielen die „Erkennbarkeitsrisiken" die entscheidende Rolle für die Bestimmung dessen, womit „man" bei diesem Baugrund gewöhnlicherweise noch rechnen muss und womit nicht.

Entgegen dem KG und dem LG Berlin im Fall **„Olympiastadion"** kann der öffentliche Auftraggeber bei einer teil-funktionalen Leistungsbeschreibung das Verbot der Auferlegung eines ungewöhnlichen Wagnis nicht dadurch aushebeln, dass er in den Vertrag schreibt, der Auftragnehmer trage „ alle aus beim Abriss auftretenden Besonderheiten".[609]

565 Auf private Auftraggeber sind diese Grundsätze nicht anwendbar. Wir verweisen auf Band 1, Rdn. 754.

---

[608] BGH „Wasserhaltung II" BauR 1994, 236 mit Schlussentscheidung nach Zurückverweisung OLG Celle IBR 1998, 468; dazu **mit Einzelheiten** Band 1, Rdn. 137-143 und **hier Rdn. 608 ff.**; (den Fall „Wasserhaltung I" BauR 1992, 759, hatte der BGH noch anders entschieden, vgl. näher hier Rdn. 567); BGH „Auflockerungsfaktor" BauR 1997, 466. Dazu auch Roquette/Paul BauR 2004, 736, 738.

[609] KG NZBau 2006, 241, Vorinstanz LG Berlin BauR 2002, 1986. Das Argument, der Bieter sei mit einem Verstoß des öffentlichen Auftraggebers „einverstanden" gewesen – so Roquette/Paul BauR 2003, 736, 743 - ist bestimmt nicht tragfähig; es bleibt dabei, dass der öffentliche Auftraggeber gerade dadurch die Anerkennung der VOB/A erklärt, er werde dem Bieter **kein** ungewöhnliches Wagnis auferlegen. Wenn er das Gegenteil dessen, was er erklärt, leichtestens durch eine solche Klausel vereinbaren könnte, wäre die Rechtsprechung des BGH mit einem Satz auszuhebeln. Diese Risikozuweisung ist unter dem Gesichtspunkt des venire contra factum proprium unbeachtlich. Es geht im Übrigen nicht um Schadensersatzansprüche; es kommt also so gerade nicht darauf an, ob der Bieter wegen Kenntnis „kein schutzwürdiges Vertrauen" hat. Diese fehlerhafte Argumentation hat schon den Bundesgerichtshof in „Wasserhaltung II" nicht gehindert, Mehr**vergütungs**ansprüche zu bejahen. Dass der Auftraggeber erst recht auf Mehrvergütung haftet, wenn er **bekannte** Erkenntnisse verschweigt (näher Band 1, Rdn. 158, 245, 248, 252, in diesem Band Rdn. 269, 509, 585, 645), versteht sich von selbst, so auch Roquette/Paul a.a.O. Dass eine solche Klausel vertragsrechtlich in einem Individualvertrag wirksam ist (Kapellmann, in: Kapellmann/Messerschmidt, VOB/B § 2 Rdn. 244), ändert nichts: Für den **öffentlichen** Auftraggeber geht das Verbot des § 9 Nr. 2 VOB/A vor. Im konkreten Fall ergab sich aus den Vertragsunterlagen, dass die Beschichtung aus Epoxidharz bestand; das war aber falsch, sie bestand aus PCB. Deshalb hatte der GU engegen dem KG wegen Bausoll/Bauist-Abweichung Ansprüche, er durfte sich auf die Richtigkeit der Leistungsbeschreibung verlassen, s. dazu Rdn. 254, Band 1 Rdn. 188.

6.4.3.4. Komplexer Global-Pauschalvertrag: Total-Schlüsselfertig-Vertrag mit Grundstücksverschaffung

Wiederum anders stellt sich die Situation dar, wenn der Total-Schlüsselfertig-Auftragnehmer selbst das Grundstück beibringt.
Es steht außer Frage, dass der **Bauträger** alle vorgenannten Baugrundrisiken selbst trägt. Für den **Projektentwickler**, der selbst das Grundstück veräußert, gilt nichts anderes. Allerdings kann sich insoweit eine Besonderheit dann ergeben, wenn es dem Projektentwickler gelingt, für die Beschaffenheit des Grundstücks im „Kaufteil" des Vertrages die Mängelhaftung auszuschließen. Es mag zwar sein, dass den Projektentwickler normalerweise entsprechend den Grundsätzen zum allgemeinen Total-Schlüsselfertig-Vertrag (Rdn. 513 ff.) die dort näher bezeichnete Haftung für das Grund- und Bodenrisiko trifft. Darin verwirklicht sich aber die natürliche Beschaffenheit des Grundstücks, also z. B. hinsichtlich des **Grundwasserstandes** eine möglicherweise als Sachmangel zu qualifizierende Eigenschaft des Grundstücks.[610] Insbesondere gilt das für eine **Kontaminierung,** die immer Sachmangel ist.[611]

566

Ist der Haftungsausschluss gültig, so kann die ausgeschlossene Haftung für die Beschaffenheit von Grund und Boden nicht ohne weiteres durch das „Grund- und Bodenrisiko" wieder dem Total-Schlüsselfertig-Auftragnehmer aufgebürdet werden. Man kann zwar diskutieren, durch die Grundstücksmängelhaftungsregelung sei nicht die Planungshaftung ausgeschlossen. Aber damit würde der Mängelhaftungsausschluss in einem einheitlichen Vertrag in Wirklichkeit völlig ausgehöhlt. Es bleibt deshalb dabei, dass in einem solchen Fall das allgemeine Grundstücksbeschaffenheitsrisiko dem Käufer zufällt, wobei allerdings die Planungshaftung nicht völlig außer Kraft gesetzt ist: Hier gelten vielmehr dieselben Maßstäbe wie beim Total-Schlüsselfertig-Auftragnehmer: **Erkennbaren** Verdachtsmomenten muss der Schlüsselfertig-Auftragnehmer also nachgehen, wobei diese Verdachtsmomente nicht so stark sein müssen, dass schon Arglist im Sinne der Nichtigkeit eines Gewährleistungsausschlusses zu bejahen wäre.[612]

6.4.3.5 Komplexer Global-Pauschalvertrag: Sonderfall „Verkauf" fertiger Entwurfsplanung durch den Auftragnehmer?

Schließlich gibt es noch den scheinbaren Sonderfall, dass ein Total-Schlüsselfertig-**Auftragnehmer** schon eine **fertige,** auf Vorrat erstellte **Entwurfsplanung** „mitverkauft", sei es auch ohne Grundstück.
Man könnte zu dem Argument neigen, dass eine Entwurfsplanung gar nicht möglich ist, ohne dass die Bodensituation geprüft sei. Indes gilt auch hier, dass dieser Auftragnehmer nichts anderes „verkauft" als eine Kombination von Planung und Bauen. Er muss also (nur) richtig planen. Aber das ist auch ohne Bodenuntersuchung möglich, wenn keine Anhaltspunkte für die Notwendigkeit einer solchen Untersuchung bestehen.[613]

567

---

[610] „Ungeeignete Bodenbeschaffenheit", s. OLG Karlsruhe NJW-RR 1987, 1231; Palandt/Putzo, BGB, § 443, Rdn. 61; Münchener Kommentar/Westermann, BGB, § 437, Rdn. 50.
[611] BGH NJW 1991, 2900 = EWiR § 459 BGB 2/92 (S. 245) mit Anm. von Westermann und Tirpitz: „Nicht nur der Sondermüll, sondern jeder Müll macht das Grundstück mangelhaft." Kennt der Veräußerer die Anhaltspunkte für eine Kontamination des Grundstücks (hier: früheres Vorhandensein einer wilden Müllkippe), so ist ein Mängelhaftungsausschluss wegen arglistigen Verschweigens nichtig; vgl. dazu aber durchaus einschränkend BGH NJW 1994, 253.
[612] Zu den Haftungsmaßstäben beim Total-Schlüsselfertig-Auftragnehmer **ohne** Grundstücksverschaffungspflicht oben Rdn. 554 ff.
[613] Dazu oben Rdn. 560.

6.4.4 § 4 Nr. 1 Abs. 1 Satz 1 VOB/B – Ordnungs- und Koordinierungspflicht des Auftraggebers?

568 § 4 Nr. 1 Abs. 1 Satz 1 VOB/B lautet: „Der Auftraggeber hat für die Aufrechterhaltung der allgemeinen Ordnung auf der Baustelle zu sorgen und das Zusammenwirken der verschiedenen Unternehmer zu regeln."

Für den **Detail-Pauschalvertrag** und den **Einfachen Global-Pauschalvertrag** gilt das uneingeschränkt.

Beim **Komplexen Global-Pauschalvertrag**, insbesondere beim **Schlüsselfertigbau**, gilt der Satz dagegen nur eingeschränkt oder gar nicht. Wenn nämlich nur **ein** Auftragnehmer baut, braucht der Auftraggeber nicht das Zusammenwirken der Nachunternehmer seines Auftragnehmers zu regeln. Ganz im Gegenteil: Genau das will er sich durch die Beauftragung eines Schlüsselfertig-Auftragnehmers ersparen. Der Schlüsselfertigbau schließt die Koordination derjenigen Planungsleistungen ein, die Vertragsgegenstand dieses Schlüsselfertigbau-Vertrags sind.

Der Auftraggeber muss jedoch nach wie vor die Leistungen solcher Beteiligter koordinieren, also z. B. Tragwerksplaner oder Planer für technische Ausrüstung, deren Leistungen nicht vom Schlüsselfertig-Auftragnehmer vertragsgemäß zu erbringen sind.

Wesentliche Bedeutung kommt der unterlassenen Koordinierung als Behinderungstatbestand zu,[614] sofern der Auftraggeber sie schuldet.

6.4.5 § 4 Nr. 1 Abs. 1 Satz 2 VOB/B – Beibringung öffentlich-rechtlicher Genehmigungen durch den Auftraggeber?

569 Gemäß § 4 Nr. 1 Abs. 1 Satz 2 VOB/B ist es Sache des Auftraggebers, die notwendigen öffentlich-rechtlichen Genehmigungen beizubringen, in erster Linie also die Baugenehmigung.[615] Wir erörtern hier nur, **wer** die Genehmigungen herbeizuführen hat; ob per Baugenehmigung erforderlich werdende Leistungen **geschuldet** sind, behandeln wir unter Rdn. 627 ff.

Beim **individuellen Einfachen Global-Pauschalvertrag** sind dem Auftragnehmer nur marginale Planungsleistungen übertragen, also bleibt es bei der Regel des § 4 Nr. 1 Abs. 1 Satz 2 VOB/B; auch bei einem BGB-Vertrag gilt nichts anderes: Der Auftraggeber muss die Baugenehmigung beibringen.

Dasselbe gilt beim Komplexen Global-Pauschalvertrag in der Form des **Schlüsselfertigbaus mit lediglich auftragnehmerseitiger Ausführungsplanung**.

Anders sieht die Sache beim **Total-Schlüsselfertigbau** aus. Der Total-Schlüsselfertigbau-Auftragnehmer schuldet eine genehmigungsfähige Planung, so dass die Herbeiführung der Genehmigung bzw. die Herbeiführung der Genehmigungsfähigkeit in bauordnungsrechtlicher Sicht und unter Beachtung der geltenden bauplanungsrechtlichen Regeln seine Sache ist. Dagegen schuldet er nicht die planungsrechtliche Bebaubarkeit, die Herbeiführung der Baureife.[616]

Diese schulden allerdings **Projektentwickler** und **Bauträger**.

---

[614] Siehe unten Rdn. 1604.
[615] Zu den beizubringenden privatrechtlichen Genehmigungen, insbesondere Nachbargenehmigungen, vgl. unten Rdn. 575.
[616] Zutreffend KG IBR 1994, 50. Vgl. oben Rdn. 459. Zur Notwendigkeit des „Zugriffs" auf fremde Grundstücke, z. B. durch Baulast im Rahmen der Genehmigung, vgl. Rdn. 581.
Zu „Baugenehmigungsfragen" und den Folgen fehlender Genehmigungsfähigkeit weiter Rdn. 627ff.

6.4.6 § 4 Nr. 2 Satz 2 VOB/B –
Leistung gemäß „anerkannten Regeln der Technik" und unter Beachtung der gesetzlichen und behördlichen Bestimmungen – Risiko der Veränderung zwischen Vertragsschluss und Abnahme

Die Bauleistung muss gemäß § 4 Nr. 2 Satz 2 VOB/B und § 13 Nr. 1 VOB/B **zum Zeitpunkt der Abnahme** u. a. auch den **„anerkannten Regeln der Technik"** entsprechen, ohnehin muss sie **zwingenden öffentlich-rechtlichen Anforderungen** entsprechen (unten Rdn. 583). Dieser den anerkannten Regeln der Technik entsprechenden Leistungspflicht kann ein Auftragnehmer **nicht dadurch entgehen**, dass er in einem von **ihm** verfassten Leistungsverzeichnis Teilleistungen vereinbart, die **unter dem Standard der anerkannten Regeln der Technik** verbleiben (näher oben Rdn. 456).

Speziell bei länger dauernden Großbauvorhaben kann es zwischen Vertragsschluss und Abnahme zu Änderungen der anerkannten Regeln der Technik oder auch zu öffentlich-rechtlichen Änderungen, z. B. Gesetzesänderungen, kommen. Muß der Auftragnehmer dann die jetzt notwendigen baulichen Anpassungen auf eigene Kosten vornehmen – oder ist er überhaupt nicht zu Anpassungen verpflichtet?

Jagenburg löst das Problem dadurch, dass er eine Planung und Bauausführung, die den anerkannten Regeln der Technik **zur Zeit des Vertragsschlusses** entspricht, für grundsätzlich vertragsgemäß hält.[617] Das steht im Widerspruch zu dem Wortlaut des § 13 Nr. 1 VOB/B und wird deshalb zutreffend allgemein abgelehnt.[618] Es dürfte auch außer Zweifel stehen, dass ein Objekt, das zum Zeitpunkt seiner **Übergabe** z. B. nach Regeln errichtet ist, deren Schadensträchtigkeit infolge neuerer Erkenntnisse bekannt ist, nicht „mangelfrei" sein kann, dass aber dennoch der Auftraggeber „Mangelfreiheit" schuldet, möglicherweise allerdings nicht ohne beauftragte Zusatzleistung. Ohnehin liegt auf der Hand, dass beispielsweise eine Ausführung, die zur Zeit der Abnahme öffentlich-rechtlich verboten ist, nicht als ordnungsgemäßes Werk geschuldet sein kann.

Hinsichtlich der anerkannten Regeln der Technik könnte man eine Ausnahme für den Fall diskutieren, dass ein Bauteil bereits fertiggestellt ist, nachdem die neue Regel bekannt wird; für die Mängelhaftungsbeurteilung käme es dann auf diesen früheren Zeitpunkt an;[619] auch hier – wie nachfolgend zu erörtern überhaupt – kommt es aber darauf an, ob der Auftraggeber die Möglichkeit gehabt hätte, noch durch zu diesem Zeitpunkt durchführbare Änderungen – genauer: Änderungsanordnungen – einen den neuen anerkannten Regeln der Technik gemäßen Zustand herzustellen. Allerdings ist offensichtlich, dass der Auftragnehmer in seine Kalkulation nur **solche Risiken** aufnehmen kann, die für ihn **im Angebotsstadium erkennbar** sind. Überraschende Änderungen der anerkannten Regeln der Technik oder der Gesetzeslage können nicht einkalkuliert werden. Sie gehören **deshalb nicht** zum (geschuldeten) **Bausoll. Andererseits** muss der Auftragnehmer eine zum Zeitpunkt der Abnahme mängelfreie Leistung erbringen, was er gar nicht kann, wenn neue Gegebenheiten auftreten und er sich an das bisherige Bausoll hält.

Daraus ergibt sich folgende **Lösung**: Bei jeder Art des Pauschalvertrages – dies gilt folglich auch für den Detail-Pauschalvertrag und im übrigen als allgemeiner Grundsatz auch für den Einheitspreisvertrag – muss der Auftragnehmer den Auftraggeber **während** der Bauausführung unmissverständlich darauf **hinweisen,** wenn sich nach Vertragsabschluss

---
[617] Festschrift für Korbion, S. 179 ff., 186.
[618] Ingenstau/Korbion/Oppler, VOB/B § 4 Nr. 2 Rdn. 38; Nicklisch/Weick, VOB/B § 13 Rdn. 31; Einzelheiten Band 1 Rdn. 1174.
[619] So Ingenstau/Korbion/Oppler, a. a. O.

die anerkannten Regeln der Technik oder die Gesetzeslage im Sinne einer Verschärfung der Leistungsanforderung ändern, also zusätzliche Maßnahmen erfordern. Das gilt auch dann, wenn die Teilleistung schon erbracht ist, der vorhandene Zustand aber mit noch wirtschaftlich sinnvollem Aufwand verändert werden kann.

Der Auftragnehmer kann von seinem Auftraggeber eine Entscheidung **verlangen**, wobei er auf die **Mehrkosten** hinweisen muss. Stimmt der Auftraggeber Änderungs- bzw. Zusatzmaßnahmen zu, so handelt es sich um eine Anordnung einer zusätzlichen (bzw. geänderten) Leistung, es besteht Vergütungspflicht nach § 2 Nr. 6 oder § 2 Nr. 5 VOB/B.[620] Lehnt der Auftraggeber ab oder äußert er sich nicht, so kann der Auftragnehmer hinsichtlich der anerkannten Regeln der Technik über § 13 Nr. 3 VOB/B eine Haftungsfreistellung erreichen. Der Auftraggeber muss dann die mindere Leistung in Kauf nehmen, eine zusätzliche Leistung fällt nicht an, also auch keine zusätzliche Vergütung.

Hinsichtlich einer geänderten Gesetzeslage hat der Auftragnehmer keine Wahl. Gibt der Auftraggeber also keine Anordnung, muss der Auftragnehmer die geänderte Leistung dennoch ausführen. Die Vergütung erfolgt dann über § 2 Nr. 8 VOB/B, wobei der „entgegenstehende Wille" des Auftraggebers gemäß § 679 BGB unbeachtlich ist.[621]

Weist der Auftragnehmer nicht rechtzeitig hin, kann er je nach Einzelfall für evtl. Mehrkosten des Auftraggebers infolge „verspäteter" Entscheidung schadensersatzpflichtig werden.[622]

6.4.7 § 4 Nr. 5 VOB/B – Schutz der Leistung vor Winterschäden und Grundwasser

572 Gemäß § 4 Nr. 5 VOB/B „hat der Auftragnehmer die von ihm ausgeführten Leistungen bis zur Abnahme vor Beschädigung und Diebstahl zu schützen. Auf **Verlangen** des Auftraggebers hat er sie vor Winterschäden und Grundwasser zu schützen, ferner Schnee und Eis zu beseitigen. Obliegt ihm die Verpflichtung nach Satz 2 nicht schon nach dem Vertrag, so regelt sich die Vergütung nach § 2 Nr. 6."

Uns interessiert hier nur, dass der Auftragnehmer die unfertige Leistung nur auf Verlangen des Auftraggebers vor Winterschäden und Grundwasser zu schützen hat. Für jede Art von Schlüsselfertig-Bau ist jedoch als stillschweigend vereinbart anzunehmen, dass sich dieses „Verlangen" schon angesichts der Konzeption Schlüsselfertigbau „aus dem Vertrag" ergibt. Der Auftragnehmer schuldet ein komplettes und gemäß den Bausollvorgaben funktionierendes Bauwerk – auch dann, wenn die Leistung zwischendurch Winterschäden erlitten hat.

Für Projektentwickler und Bauträger versteht sich das ohnehin von selbst.

6.4.8 § 4 Nr. 8 VOB/B – Einsatz von Nachunternehmern

573 Gemäß § 4 Nr. 8 Abs. 1 VOB/B hat der Auftragnehmer die Leistung im eigenen Betrieb auszuführen. Mit schriftlicher Zustimmung des Auftraggebers darf er sie an Nachunternehmer übertragen. Die Zustimmung ist nicht notwendig bei Leistungen, auf die der Betrieb des Auftragnehmers nicht eingerichtet ist.

---

[620] Zustimmend Putzier, Pauschalpreisvertrag, Rdn. 141. Im Ergebnis ebenso Festge, BauR 1990, 322; Heiermann/Riedl/Rusam, VOB/B § 13 Rdn. 22. Beide halten methodisch die Anordnung für eine solche gemäß § 4 Abs. 1 Nr. 3 VOB/B, aber mit Kostenfolge gemäß § 2 Nr. 5 oder Nr. 6 VOB/B (?). Ähnlich Vygen, Bauvertragsrecht, Rdn. 442.
[621] Einzelheiten dazu Band 1, Rdn. 1174. Deshalb ist es entgegen Festge, a.a.O., 325 auch nicht erforderlich, Anordnungen gemäß § 2 Nr. 5 oder § 2 Nr. 6 VOB/B zu fingieren. Im Ergebnis – nämlich der Vergütungspflicht – stimmen wir mit Festge überein.
[622] Ebenso Kleine-Möller/Merl, Handbuch § 10 Rdn. 509.

Auf den Schlüsselfertig-Auftragnehmer trifft für alle Gewerke, die er nicht selbst erbringen kann, zu, dass er sie vertragsgerecht an Nachunternehmer vergeben darf, weil sein Betrieb auf diese Leistungen nicht eingerichtet ist. Wenn ein (Rohbau-) Bauunternehmer schlüsselfertig baut, muss er die Rohbauleistung im eigenen Betrieb erbringen, wenn die VOB/B insoweit uneingeschränkt vereinbart ist.

6.4.9 § 7 VOB/B – Preisgefahr

§ 7 VOB/B regelt die **Preisgefahr.** Das heißt: Für Leistungen, die vor der Abnahme durch höhere Gewalt, Krieg, Aufruhr oder andere unabwendbare, vom Auftraggeber nicht zu vertretende Umstände beschädigt oder zerstört worden sind, kann der Auftragnehmer Abrechnung der ausgeführten Leistung nach den Vertragspreisen sowie gemäß § 6 Nr. 5 VOB/B auch Ersatz der Kosten, die hinsichtlich der noch nicht erstellten Leistungen bereits entstanden sind und nicht in den Vertragspreisen der beschädigten oder zerstörten Leistung enthalten sind, verlangen. Geregelt ist somit die Frage, ob der Auftraggeber die vereinbarte Vergütung auch bei vorzeitigem Untergang oder vorzeitiger Beschädigung der Leistung zu zahlen hat, eben die Preisgefahr. Für die **Neuerrichtung** bzw. **Wiederherstellung** der beschädigten oder zerstörten Leistungsteile kann sodann der Auftragnehmer eine erneute **Vergütung** gemäß § 2 Nr. 6 VOB/B verlangen. Wegen aller Einzelheiten dazu verweisen wir auf Band 1 Rdn. 150, 712. 574

Was die Sachgefahr angeht, so bleibt der Auftragnehmer zur Neuleistung oder Wiederherstellung bis zur Abnahme verpflichtet, aber er hat – wie erwähnt – für diese Neuleistung Vergütungsansprüche. Nach der Abnahme wird der Auftragnehmer von seiner Wiederherstellungspflicht frei, wenn das Werk ohne sein Verschulden ganz oder teilweise untergeht.

6.4.10 Das Nachbarrisiko

Ein Auftraggeber braucht sehr oft nicht nur die öffentlich-rechtliche Baugenehmigung, sondern als Voraussetzung dazu, aber auch ganz unabhängig davon, Nachbarzustimmungen. Das kann z. B. wegen Beeinträchtigungen nachbarschützender Vorschriften notwendig werden, aber auch wegen möglicher zivilrechtlicher Abwehransprüche des Nachbarn. 575

Daneben gibt es aber auch noch eine andere Beziehung zum Nachbarn, nämlich **Nachbarrisiken.** Einmal gehört dazu das vom Nachbargrundstück ausgehende Risiko. Beispiel: Beim Aushub stellt sich heraus, dass der Nachbar vor Jahrzehnten eine allen Beteiligten unbekannte Rohrleitung in das Baugrundstück gelegt hat und dort Abwasser einleitet und auf dem Grundstück versickern lässt. Zum anderen geht es um das auf das Nachbargrundstück einwirkende Risiko, z. B. mit der Folge notwendig werdender Unterfangungsarbeiten oder Spundwandarbeiten. Spezielle VOB/B-Regeln gibt es dazu nicht.

Alle diese vom Nachbargrundstück verursachten bzw. darauf einwirkenden Einflüsse gehören in die Funktionsebene „Planung bzw. Bauherr". Es versteht sich daher, dass diese Risiken beim **Einfachen Global-Pauschalvertrag** und beim **Komplexen Global-Pauschalvertrag** mit auftraggeberseitiger Planung dem Auftraggeber verbleiben.[623]

Beim Komplexen Global-Pauschalvertrag mit auftragnehmerseitiger Planung bis hin zum **Total-Schlüsselfertigbau** sind die Nachbarrisiken so als stillschweigend vertraglich geregelt anzusehen wie das Baugrundrisiko und das Baugenehmigungsrisiko:

---

[623] Vgl. Kapellmann, in: Kapellmann/Messerschmidt, VOB/B § 6, Rdn. 18.

- **Projektentwickler** und **Bauträger** tragen das Nachbarrisiko ganz;[624)]

- der **Total-Schlüsselfertig-Auftragnehmer,** der auf fremdem Grundstück baut, trägt das Risiko nur dann, wenn er **erkennbare** Anhaltspunkte für Beeinträchtigungen vom Nachbargrundstück oder für das Nachbargrundstück in sein Pauschalangebot nicht einbezogen hat;[625)]

- der Schlüsselfertigbau-Auftragnehmer, dem lediglich die Ausführungsplanung übertragen ist, trägt das Nachbarrisiko nicht.

Die entsprechende Fragestellung spielt natürlich auch dann eine Rolle, wenn sich Nachbareinwirkungen als Behinderung darstellen.[626)]

Alle vorgenannten Überlegungen gelten auch für die einzuholenden nachbarrechtlichen Genehmigungen.

Die Frage, wie die „Heranziehung" von Nachbargrundstücken durch notwendig werdende Baulasten zu beurteilen ist, erörtern wir im Zusammenhang unter Rdn. 600.

6.4.11 Verfahrens- und Entwicklungsrisiken

576   Verfahrens- und Entwicklungsrisiken gibt es in vielfältiger Form. Einmal kommen neue technische Problemlösungen in Betracht. Der Bieter bietet im Tiefbau z. B. ein neuartiges Verfahren zur Kanalsanierung an (früher z. B. Berstlining oder pipe-eating), bei dem vorhandene Kanäle durch einen an einer Seilwinde gezogenen Berstkörper gesprengt werden oder bei dem vorhandene Kanäle „aufgenommen" werden und bei dem jedenfalls ohne Aufgrabung neue Rohre eingezogen werden. Das **Risiko des Funktionierens neuartiger Verfahren** trägt der Auftragnehmer, wenn er dieses Verfahren vorgeschlagen hat.[627)] Allerdings bleibt es – wenn nichts Abweichendes vereinbart ist – dabei, dass der Auftraggeber das Risiko trägt, dass seine Vorgaben z. B. in einem Bodengutachten – als zu beachtende Detaillierung! – richtig sind.[628)] Der Auftragnehmer trägt also zwar uneingeschränkt das Risiko, dass er mit der von ihm angebotenen Technologie (Methode) den vertraglich vereinbarten Erfolg erreicht, aber er übernimmt keine absolute Erfolgsgarantie bei von auftrag**geberseitigen Angaben** abweichenden Parametern, z. B. Bodenverhältnissen.[629)]

Also: Der Auftragnehmer trägt das „Risiko des Funktionierens", wenn er eine für dieses Projekt völlig neu entwickelte Technologie einsetzt oder neue Materialien verwendet. Das gibt es z. B. wiederum im Tiefbau, etwa im **Tunnelbau.**[630)]

Dieses Entwicklungsrisiko ist vor allem ein Sonderproblem des **Anlagenbaus;** die eigentlich baurechtliche Problematik steht dort allerdings oft im Hintergrund, das Bauwerk ist

---

[624)] Siehe auch oben Rdn. 569. Ebenso Putzier, Pauschalpreisvertrag, Rdn. 135.
[625)] Siehe oben Rdn. 554 ff.
[626)] Siehe oben Rdn. 557 ff.
[627)] Einzelheiten dazu oben Rdn. 532 und Fn. 553, 554 im Zusammenhang mit Komplettheitsklauseln beim Anlagenvertrag sowie Kapellmann, Festschrift Bauer, S. 385 ff. und ergänzend Band 1, Rdn. 702, 704.
[628)] Vgl. z. B. näher Band 1, Rdn. 701.
[629)] Einzelheiten zum „Baugrundrisiko" Band 1, Rdn. 708 ff.
[630)] Zu den „Erschwernissen" im Tunnelbau in Einzelheiten Nicklisch/Weick, VOB/B Einleitung §§ 4–13, Rdn. 63–79; Nicklisch, BB 1991, Beilage 20, S. 6 ff.; Prader, BB 1991, Beilage 20, S. 2 ff. Siehe auch Band 1, Rdn. 816 sowie Kapellmann/Ziegler NZBau 2005, 65.

nur der relativ risikoloseste Teil der Anlage.[631]
Auch hier und erst recht hier gilt: Der Auftragnehmer konzipiert eine eigene technische Lösung, er plant deren Umsetzung und realisiert sie. Deshalb gehört es – wenn nichts Abweichendes vereinbart ist – zum **„Essentiale des Anlagenbaus"**, dass der Auftragnehmer das **Entwicklungsrisiko** trägt. „Bei der Herstellung technischer Werke übernimmt der Auftragnehmer zwangsläufig die Risiken, die mit der Heranziehung der betreffenden Technik und mit dem technischen Fortschritt verbunden sind", auch die Befolgung technischer Regelwerke ändert nichts an dieser Erfolgsgarantie.[632]

Zur Beratungspflicht eines **jeden** Auftragnehmers und damit zu seinem Risiko gehört es auch, dann, wenn er eine neue, technisch noch unerprobte Anlage **selbst** projektiert, vor allem aber auch empfiehlt und dann baut, zu beraten, ob eine bestimmte technische Konstellation (z. B. Wärmepumpe) die Funktion herkömmlicher Anlagen **vollständig** ersetzt; ausnahmsweise muss er auch über die **Wirtschaftlichkeit** der Anlage beraten und dafür gegebenenfalls einstehen.[633]

Zu sogenannten „Lieferabgrenzungen" verweisen wir auf Band 1, Rdn. 703 und auf Rdn. 577–582.

Insgesamt findet sich die Problemstellung auch beim Einheitspreisvertrag, beim Global-Pauschalvertrag ist sie aber viel häufiger.

6.4.12 Leistungsabgrenzungen:

6.4.12.1 Anschlüsse für Wasser, Gas usw.

Bei **Komplexen Global-Pauschalverträgen** stellen sich oft Probleme zu sachlichen und örtlichen Leistungsabgrenzungen, wobei immer wieder zu betonen ist, dass wir die Fälle behandeln, in denen dazu im Vertrag **nichts** gesagt ist. 577

Bei jedem **Typ** des Schlüsselfertigbaus stellt sich vorab die Frage, welche Anschlüsse an das öffentliche Netz der Auftragnehmer zu erstellen hat, um das Werk komplett und funktionierend – vgl. Rdn. 430 – zu errichten.

Selbstverständlich sind das:

- Wasseranschluss

- Stromanschluss

- Gasanschluss

- Telefonanschluss

---

[631] Zum Anlagenvertrag näher Nicklisch/Weick, VOB/B §§ 4–13, Rdn. 11 ff.; Bau- und Anlagenverträge, Herausgeber Nicklisch, Heidelberger Kolloquium, Technologie und Recht 1983, Band 4 mit vielen Beiträgen; Hautkappe, Unternehmereinsatzformen im Industrieanlagenbau sowie kurz oben Rdn. 532.
[632] Nicklisch, Rechtliche Risikozuordnung bei Bau- und Anlagenverträgen, Heidelberger Kolloquium, Technologie und Recht 1983, Band 4, S. 101, 105–107, weitere Fundstellen Fn. 560, 561. Der Auftragnehmer kann sich nicht auf Störung der Geschäftsgrundlage berufen, s. Rdn. 1407.
[633] BGH „Alternative Wärmegewinnung" BauR 1993, 79; zur Wirtschaftlichkeit zutreffend BGH „Blockheiz-Kraftwerk" BauR 1987, 681; BGH NJW-RR 1996, 340; näher auch oben Rdn. 503 und Nicklisch/Weick, VOB/B Einleitung §§ 4–13, Rdn. 11 ff.; Michaelis de Vasconcellos, NZ Bau 2000, 361.

Ein

- Fernwärmeanschluss

muss gesondert vereinbart sein, außer es besteht satzungsmäßiger Anschluss- und Benutzungszwang. Bei einem gewerblichen Zwecken gleich welcher Art dienenden Gebäude muss heute auch ein

- Anschluss an Datennetze

vorhanden sein.

Für jedes Bauwerk ist schließlich heute auch ein

- Kabelfernsehanschluss

selbstverständlich.

Die Kostentragung hinsichtlich möglicherweise anfallender Anschlussgebühren einschließlich **Netzzuschuß** erörtern wir gesondert unter Rdn. 604 ff.

578 Zusätzlich stellt sich die Frage, bis zu welchem örtlichen **Punkt** auf dem Grundstück (oder sogar auf anderen Grundstücken?) die Anschlussleitung gebaut werden muss.

Dabei sind in erster Linie die Vorschriften der entsprechenden (örtlichen) Versorgungsunternehmen zur Auslegung heranzuziehen und deshalb maßgebend. Was dort als Bauherrenleistung abgegrenzt ist, muss der Schlüsselfertigbauer leisten. Allgemein ist Anschlusspunkt für die Kanalisation der vom Versorgungsunternehmen errichtete Revisionsschacht, für Gas, Wasser, Fernwärme, Telefon, Datennetz und Kabelfernsehen die Anschlussstelle im Bauwerk selbst.[634]

579 Baut der Auftragnehmer nicht nur als einfacher Schlüsselfertig-Auftragnehmer oder als Total-Schlüsselfertig-Auftragnehmer, sondern als **Projektentwickler,** liefert er also ein Komplett-Objekt einschließlich Grundstück, so hat er die insoweit notwendigen Kosten der Versorgungsträger (z. B. Erstellung des Kanalisationsanschlusses, Verlegung des Telefonkabels) selbst zu tragen, diese Fremdleistungen schuldet er im Rahmen des Gesamtpakets.

580 Wälzt der Projektentwickler oder Bauträger diese Leistungen durch von ihm aufgestellte **Allgemeine Geschäftsbedingungen** auf den Erwerber/Auftraggeber ab, so sind derartige Leistungsabgrenzungen sowohl als Überraschungsklausel gemäß § 305 c BGB wie auch als unangemessene Benachteiligung gemäß § 307 BGB unwirksam.[635]

6.4.12.2 Grundstücksgrenze als Leistungsabgrenzung?

581 Beim **Einfachen Global-Pauschalvertrag** und beim **Komplexen Global-Pauschalvertrag** in Form des Schlüsselfertigbaus mit nur auftragnehmerseitiger Ausführungsplanung versteht es sich von selbst, dass Bauleistungen nur auf dem vom Auftraggeber gestellten Grundstück zu erbringen sind.

Beim **Total-Schlüsselfertigbau** könnte das anders sein. Das vom Auftraggeber verlangte Leistungsprogramm lässt sich insbesondere im Rahmen öffentlich-rechtlicher Erfordernisse möglicherweise nicht mit den auf dem Grundstück vorhandenen Möglichkeiten allein realisieren. Für Stellplatzverpflichtungen ist z. B. die Heranziehung anderer Grundstücke erforderlich, sei es auch nur in Form der Baulast. Oder zwei Nachbarbauten haben

---

[634] Zutreffend LG Nürnberg-Fürth NJW-RR 1989, 668, 669.
   Einzubauen ist auch ohne besondere Vereinbarung eine **Rückstausicherung** des Schmutzwasserkanals, so OLG Hamm IBR 1993, 146.

[635] Zutreffend LG Nürnberg-Fürth a. a. O.; vgl. auch BGH BauR 1984, 61; siehe auch oben Rdn. 519.

ein gemeinsames Fundament, dann ist ebenfalls z. B. gemäß § 15 Abs. 2 BauO NW eine Regelung (z. B. durch Baulast) erforderlich.

Das sind Dinge, die letztlich in den Bereich der Genehmigungsfähigkeit fallen. Der Total-Auftragnehmer muss sich in diesen Fällen mit dem Auftraggeber abstimmen und ihn auf die Notwendigkeit beispielsweise von Baulasten hinweisen; die Genehmigungsfähigkeit in dieser bauplanungsrechtlichen Hinsicht herbeizuführen ist Sache des Auftraggebers.[636]

Etwas anderes gilt jedoch für den **Bauträger** und den **Projektentwickler**; sie müssen diese Probleme auf eigene Kosten lösen. Beide müssen im Gegenteil sogar den Auftraggeber bei Vertragsschluss darauf hinweisen, dass sie gegebenenfalls fremde Grundstücke (wie auch immer) in Anspruch nehmen bzw. in Anspruch genommen haben, um die Bauerstellung herbeizuführen; der Auftraggeber kann als Regelfall nämlich erwarten, dass das ihm übertragene Grundstück „selbständig" zur Bebaubarkeit geeignet ist. 582

6.4.13 Außenanlagen, Verkehrsanlagen, Geräte, nutzungsspezifische Anlagen, Möblierung

Es ist oft fraglich, ob alle Außenanlagen zum vertraglichen Leistungsumfang (Bausoll) beim Einfachen Schlüsselfertigbau oder beim Total-Schlüsselfertigbau gehören. Wir betonen hier nochmals, dass wir nur das erörtern, was gilt, wenn keine vertragliche Regelung getroffen ist. 583

Außenanlagen lassen sich gemäß DIN 276 Tabelle 1 Nr. 500 ff. (Juni 1993) definieren.[637] Einfriedungen (Nr. 531) werden nur nach den besonderen Umständen des Einzelfalles zu erstellen sein, Geländebearbeitung und -gestaltung (Nr. 511 bis 519) gar nicht, ebensowenig Grünflächen; wenn nichts anderes geregelt ist, muss der Schlüsselfertig-Auftragnehmer die von ihm für Bauten oder Parkplätze nicht benötigte Fläche folglich zwar in einen geordneten Zustand versetzen oder zurückversetzen, aber keineswegs pflanzfertig vorbereiten. Abwasseranlagen (Nr. 541) gehören dagegen immer zum Schlüsselfertig-Umfang. „Wirtschaftsgegenstände" wie Müllbehälter, Fahrradständer und dergleichen (Nr. 551) gehören nicht zum Leistungsumfang.[638]

Ohnehin gehören zum Leistungsumfang nicht die unter Nr. 600 erfassten Kunstwerke.

Hinsichtlich der **Verkehrsanlagen** wie Wege, Straßen, Kfz-Stellplätze, Rampen usw. (Nr. 520 ff.) wird im Einzelfall immer eine Regelung getroffen sein; sind z. B. Parkplätze zu bauen, gehört dazu auch eine Beleuchtung. Rampen können im Einzelfall je nach Zweck des Gebäudes funktionell erforderlich sein.[639]

„Geräte" sind differenziert zu sehen. Aus Tabelle 1 gehört das Schutzgerät (**Feuerlöscher**, Rettungsleiter, s. Nr. 414) schon aus öffentlich-rechtlichen Gründen zum Bausoll, soweit es um bauliche Einrichtungen (eben die Leiter) geht. Die Lieferung der Feuerlöscher gehört eher in den Bereich der Betriebskosten; hier entspricht es aber der gewerblichen Verkehrssitte, dass jedenfalls solches Kleingerät als Erstausstattung auch dann geliefert wird, wenn der Vertrag nichts sagt.[640] 584

---

[636] Siehe oben Rdn. 569, 459.
[637] Zur Zulässigkeit der Anwendung der DIN 276 vgl. unten Rdn. 600.
[638] Zu Hubanlagen im Plan, aber nicht im Text, vgl. oben Rdn. 493. Wenn nichts geregelt ist, kann dennoch im Einzelfall gelten, dass Hubanlagen zur funktionsfähigen Erstellung, z. B. eines Lagers, erforderlich sind, näher Rdn. 638 ff.
[639] Zum Beispiel bei vertraglich erwähnter Anlieferung „nicht ebenerdig" (aufgestelzter Container).
[640] Zur Ausfüllung globaler Leistungselemente durch öffentlich-rechtliche Anforderungen überhaupt s. unten Rdn. 627 ff.

Beschriftung und Schilder (Nr. 619) gehören dagegen nicht zum Bausoll, wenn nichts vereinbart ist; der Schlüsselfertig-Auftragnehmer kann ohne besondere Angaben insoweit Leistungswünsche eines Auftraggebers nicht einmal ahnen, geschweige denn realisieren.

Möbel oder Textilien (Nr. 611 „Allgemeine Ausstattung") und Arbeitsgerät (Tabelle 1 Nr. 612) werden nicht geschuldet.

Für **„Nutzungsspezifische Anlagen"** (Nr. 470) kann etwas anderes gelten: Zu einer Einbauküche oder Teeküche gehören zwar Kochgerät, Spüle, Schrank und Abfallbehälter. Ansonsten werden solche betrieblichen Einbauten nur geschuldet, wenn konkret im Vertrag festgelegt: Auch wenn ein SB-Warenhaus zu bauen ist, gehört der Einbau der Fleischereimaschinen in der Fleischabteilung nicht zum allgemein geschuldeten Leistungsumfang.

6.4.14 Abnahmebescheinigungen, Gebühren, Ablösekosten, Erschließungskosten

585 Bei Gewerken der Technischen Ausrüstung gehört es oft zur eigenen Leistung des Auftragnehmers, entsprechende fachspezifische **Abnahmebescheinigungen** beizubringen, auch wenn dies nicht besonders im Vertrag erwähnt ist. Für lüftungstechnische Anlagen folgt dies z. B. aus Abschnitt 3.3 der DIN 18 379, für Heizungs- und Brauchwassererwärmungsanlagen aus Abschnitt 3.3, 3.7 der DIN 18 380, für Gas-, Wasser- und Abwasser-Installationsanlagen innerhalb von Gebäuden aus Abschnitt 3.5 der DIN 18 381, hinsichtlich der TÜV-Bescheinigung bei Aufzugsanlagen aus Abschnitt 3 und 4 der DIN 18 385. Der Praxis entsprechend ist man geneigt anzunehmen, die entsprechenden **Kosten** für entsprechende amtliche **Abnahmebescheinigungen** habe der Auftragnehmer in seine Kalkulation aufzunehmen, er könne sie nicht dem Auftraggeber belasten. Die VOB/C regelt das **Gegenteil**: Gebühren für behördlich vorgeschriebene Abnahmeprüfungen sind „Besondere Leistungen" und deshalb besonders zu vergüten.[641] Der Auftragnehmer kann also ohne gegenteilige vertragliche Individualregelung Erstattung der Kosten gemäß § 2 Nr. 8 VOB/B verlangen. Diese für den Einheitspreisvertrag selbstverständliche Regelung gilt ohne weiteres auch beim **Detail-Pauschalvertrag**. Auch die Komplettheitsklausel bei einem individuellen **Einfachen Global-Pauschalvertrag** ändert daran nichts.[642]

Beim **Komplexen Global-Pauschalvertrag** (z. B. Schlüsselfertigbau) gilt grundsätzlich nichts anderes; geschuldet werden Bauleistungen, gemäß dem Vertrag auch komplette Planungsleistungen, aber keine Finanzleistungen, keine Gebührenentlastung des Auftraggebers. Durch Klauseln in Allgemeinen Geschäftsbedingungen kann man allerdings beim Komplexen Global-Pauschalvertrag **solche** „Besonderen Leistungen" doch zum Bausoll des Auftragnehmers machen;[643] das gilt auch für die absolut praxisübliche Überwälzung dieser Kosten auf den Auftragnehmer, der sie ja problemlos kalkulieren kann.

Projektentwickler und **Bauträger** müssen ohnehin diese Kosten selbst tragen.

586 Die eigentlichen **Baugenehmigungsgebühren** jeder Art muss ohne besondere Vereinbarung der Auftraggeber tragen.

Projektentwickler und Bauträger müssen diese Kosten dagegen selbst tragen. Der Bauträger darf Mittel des Auftraggebers (Käufers) erst verwenden, wenn die Baugenehmigung erteilt ist, § 3 Nr. 1 Satz 1 Nr. 4 MaBV, was als mittelbares Argument für die Kostentragungspflicht des Bauträgers durchgreift.

---

[641] Vgl. 4.2.12 DIN 18 379, 4.2.13 DIN 18 380, 4.2.20 DIN 18 381.
[642] Vgl. auch oben Rdn. 549.
[643] A. a. O.

Anschlussgebühren einschließlich **Nebenkostenzuschuss** für Strom, Kanalisation, Wasser und Fernwärme muss ebenfalls der Auftraggeber tragen. Ausnahmen gelten wiederum für Projektentwickler und Bauträger.

587

Dagegen sind die Anschlussgebühren für den Kabelanschluss beim Fernsehen immer Sache des Auftraggebers, weil deren Entstehung den Abschluss eines öffentlich-rechtlichen Teilnahmevertrages verlangt.[644] Dasselbe gilt für Fernmeldeeinrichtungen oder Datenanschlüsse. Allgemeiner: Überall dort, wo kein Anschluss- und Benutzungszwang ist, erfordert der Anschluss einen Teilnehmervertrag, der allein Sache des Auftraggebers ist.

Erschließungsbeiträge gemäß Baugesetzbuch und **Anliegerbeiträge** nach Kommunalabgabenrecht für begonnene Maßnahmen trägt beim Detail-Pauschalvertrag, beim Einfachen Global-Pauschalvertrag und beim Komplexen Globalvertrag ohne Entwurfsplanung (einfacher Schlüsselfertigbau) der Auftraggeber.[645]

588

Wenn beim Total-Schlüsselfertigbau mit der Planungs- und Bauleistung auch noch eine Grundstücksübereignung verbunden ist (Bauträgerkauf, einzelne Fallgestaltungen beim Projektentwickler), richtet sich **ohne besondere vertragliche Vereinbarung** die Kostentragungspflicht nach Kaufrecht. Danach trägt für die bis zum Zeitpunkt des Vertragsschlusses bautechnisch begonnenen Maßnahmen die entsprechenden Beiträge der **Veräußerer**, die danach fällig gewordenen dagegen der **Käufer**.[646]

Enthält ein Kaufvertrag die Vereinbarung, die Kosten der Erschließung seien im Preis enthalten, so wird damit im Innenverhältnis Verkäufer/Käufer geregelt, dass der Verkäufer alle entstandenen und anfallenden, bereits bezahlten oder nicht bezahlten Erschließungs- und Anschlusskosten jedenfalls für die ersten Erschließungsmaßnahmen trägt.[647]

Speziell beim **Bauträgerkauf** sollen auch ohne besondere Abrede im „Pauschalpreis" **alle** Anlieger- und Erschließungsbeiträge enthalten sein, auch die erst nach Abnahme entstehenden.[648] Dem ist so **nicht** zuzustimmen; der „Pauschalpreis" kann nur den Grundstückspreis sowie die Planungs- und Bauleistungen erfassen, die zur Übergabe eines vollständig fertigen, bebauten und funktionierenden Objekts dienen. Er umfasst nicht die der Höhe nach unbekannten und oft erst viele Jahre nach Abnahme entstehenden Erschließungskosten. Eine solche Lösung führt auch zwangsläufig zur Annahme eines jahrelangen, unbestimmten Zurückbehaltungsrechts hinsichtlich des Pauschalpreises.[649] Eine Ausnahme gilt gemäß § 436 BGB, wenn die entsprechenden Maßnahmen vor Vertragsschluss bautechnisch begonnen, aber noch nicht abgeschlossen waren.[650]

589

Hat sich der Bauträger vertraglich verpflichtet, „sämtliche Erschließungskosten" zu übernehmen, so hat er auch 10 Jahre nach Vertragsschluss die dann anfallenden Erschließungskosten zu übernehmen, selbst wenn deren **voraussichtliche** Höhe mit 40,00 €/m² angegeben war, tatsächlich aber 100,00 €/m² beträgt.[651]

---

[644] Zutreffend LG Mannheim IBR 1991, 380.
[645] Laut OLG Hamm IBR 1994, 225 sollen bei einem Bauträgervertrag (?) zu den „Erschließungskosten nach dem Baugesetzbuch" auch die Anliegerbeiträge nach Kommunalabgabenrecht gehören. Das war nach damaliger Rechtslage falsch; im konkreten Fall hätte, wie Maser in der Anmerkung zutreffend schreibt, ein Regreß gegen den Notar geholfen. Vgl. auch Rdn. 589. Heute gilt § 436 BGB.
[646] § 436 BGB. Zu Einzelfragen Münchener Kommentar/Westermann, § 436, Rdn. 2–4.
[647] BGH WM 1993, 2053 ff.
[648] So Pause, Bauträgerkauf und Baumodelle, Rdn. 463.
[649] So Brych/Pause, Rdn. 317.
[650] Oben Rdn. 589.
[651] Vgl. BGH NJW 1984, 171.

590 Im Einzelfall kann eine vom **Auftraggeber** in **Allgemeinen Geschäftsbedingungen** gestellte vertragliche Regelung, die **versteckt** die **entstandenen** Erschließungskosten dem Erwerber beim Bauträgerkauf oder Projektentwicklung aufbürdet, unwirksam wegen Verstoßes gegen § 307 BGB sein.[652]

591 **Ablösebeiträge** für **Stellplätze** müssen Projektentwickler und Bauträger selbst tragen. Ebenso müssen sie, wenn vertraglich die vollständige erstmalige Erschließung vereinbart ist, die Kosten einer notwendigen **privaten Stichstraße** tragen.[653]

592 Die Kosten für **Deponie- und Abfuhrgebühren** für überschüssigen Baugrubenaushub(!) per Vertragsklausel einem Erwerber aufzuerlegen, verstößt gegen das AGB-Recht.[654]

6.4.15 Errichtungskosten – Betriebskosten

593 Da der **Schlüsselfertigbauer** jedweder Richtung nur ein Objekt zu **bauen** hat, es aber nicht zu betreiben hat, versteht sich als Grundsatz, dass der Auftragnehmer die Bauwerkskosten (vgl. Kostengruppe DIN 276, Kostengruppen 300 und 400), und je nach Vertrag die Planungskosten, als Bauträger oder Projektentwickler auch bestimmte Grundstückskosten zu tragen hat, also die entsprechenden Leistungen zu erbringen hat, **nicht aber Baunutzerkosten** (DIN 18 960) bzw. **Betriebs**kosten.

Diese Unterscheidung erscheint einfach, muss aber bei den ja leider gebräuchlichen erstaunlich ungeregelten Vertragswerken oft zu schwerwiegender Abgrenzung herangezogen werden und ist dann sehr problematisch.

Beispiel: Bei der Errichtung eines großen Einkaufszentrums heißt es Anfang der neunziger Jahre im Projektentwickler-Vertrag mit Grundstücksübereignungspflicht, dass die Baugenehmigung Bestandteil des Vertrages ist und die daraus resultierenden Leistungen vom Projektentwickler zu erbringen sind. Zur Baugenehmigung gehört ein Brandschutzgutachten. Dieses stellt u. a. fest: „Da im Nahbereich des Projekts keine hauptberufliche Feuerwehr existiert, muss eine Werksfeuerwehr eingerichtet werden. Die Feuerwehr muss einsatzbereit sein, sobald die Verkaufsflächen mit Ware und Verpackungsmitteln belegt sind. Die Feuerwehr muss zusammengesetzt sein aus einem Löschzug mit einem Löschfahrzeug LF 16, einem Tanklöschfahrzeug TFL 16 und einer Drehleiter DL 30 L." Dann folgen Hinweise auf Zufahrten, Bewegungsflächen, Löschwasserversorgung, Löschwasservorrichtungen, Sprinkleranlage, Feuerlöscher usw.

Eigentlich geht es hier um das noch zu erörternde Thema der Ausfüllung globaler Leistungselemente,[655] aber wir erörtern das Thema um des Sachzusammenhangs willen schon hier.

Erste Frage: Muß der Auftragnehmer ein Gerätehaus für die Feuerwehr erstellen?
Zweite Frage: Wer liefert und bezahlt die Löschfahrzeuge?

Vorweg: Dass alle brandschutztechnisch notwendigen baulichen Anlagen vom Projektentwickler zu errichten sind, versteht sich von selbst.[656]
Wenn alle zur funktionsgerechten Erstellung notwendigen Bauleistungen zu erbringen sind, muss auch die für die notwendige Funktion „Werksfeuerwehr" unverzichtbare bauliche Anlage „Gerätehaus" vom Auftragnehmer errichtet werden. Dagegen gehört die

---

[652] LG Gießen MDR 1998, 898
[653] OLG Düsseldorf BauR 1995, 559.
[654] OLG Stuttgart NJW-RR 1998, 1715 = IBR 1999, 12 mit Kurzanm. Hunger.
[655] Dazu Rdn. 632 ff.
[656] Dazu nehmen wir im Rahmen der Erörterung der Vervollständigung globaler Elemente durch öffentlich-rechtliche Erfordernisse noch Stellung, vgl. Rdn. 627 ff.

Anschaffung der Feuerlöschfahrzeuge zu den im Rahmen des Betriebes anfallenden Kosten. Man wird zwar Kleingerät wie Feuerlöscher nach der gewerblichen Verkehrssitte auch noch ohne vertragliche Vereinbarung als zum Leistungsumfang gehörig ansehen können, aber ohne besondere Vereinbarung nicht eine komplette betriebliche Einrichtung. Andernfalls müßte der eine **Bauleistung** anbietende Auftragnehmer genausogut die Schutzkleidung der Feuerwehr liefern oder die Fleischereimaschine der Fleischabteilung.[657]

Ebensowenig schuldet der Schlüsselfertig-Auftragnehmer ohne weiteres unbenannte Leistungen, die sich aus Gründen einer **Betriebskostenoptimierung** als **nur nützlich**, aber **nicht als erforderlich** erweisen.[658] So ist z. B. bei einem Einkaufscenter der Einbau einer **Sprinkleranlage** erforderlich (vgl. z. B. 54.205 VV BauO NRW). Wenn im Rahmen der Baugenehmigung ausnahmsweise insoweit ein bestimmter geringerer Standard als ausreichend angesehen wird, ist der Auftragnehmer nicht verpflichtet, die Sprinkleranlage doch aufwendiger entsprechend den „Richtlinien für Sprinkleranlagen" des Verbandes der Sachversicherer (VdS 2092 6/87 [6]) erstellen zu lassen. Wenn der Betreiber (= Auftraggeber) deren Forderungen erfüllt und dies durch ein Installationsattest nachweist, erhält er für die Feuerversicherung Löschrabatt gemäß Klausel 1403. Das ist eine Betriebskostenersparnis. Ohne besondere vertragliche Regelung schuldet der Auftragnehmer aber nicht eine bauordnungsrechtlich nicht notwendige, aufwendigere Leistung, um dem Auftraggeber geringere Betriebskosten zu ermöglichen. 594

Dieser Grundsatz gilt auch für **andere Richtlinien der Sachversicherer** und ganz allgemein.

Umgekehrt kann der Auftragnehmer dem Auftraggeber auch nicht ohne besondere Regelung (Anordnung des Auftraggebers) eine vom Vertrag abweichende teurere Leistung aufzwingen, die zu einer **Betriebskostenersparnis** führt.[659] Wenn sich also beispielsweise im Laufe der Bauerrichtung herausstellt, dass eine geplante Hebeanlage wegfallen könnte, sofern eine bestimmte Gefälleleitung gebaut würde, und wenn die Gefälleleitung in der Erstellung teurer, in den Betriebskosten aber billiger wäre, darf der Auftragnehmer nicht von sich aus die teurere Leistung bauen und vergütet verlangen; er schuldet vielmehr die Hebeanlage, hat aber unter Umständen die vertragliche Nebenpflicht, den Auftraggeber auf die Möglichkeit dieser entscheidenden Betriebskostenverbesserung hinzuweisen. Dann muss der Auftraggeber entscheiden. Entscheidet er nicht, bleibt es beim alten Bausoll. 595

6.4.16 Dokumentation, Übergabe von Unterlagen

Häufig ist in der VOB/C geregelt, dass der Auftragnehmer bestimmte **Dokumentationen** ohne besondere Vergütung schuldet, so z. B. gemäß Abschnitt 3.6 der DIN 18379 „Raumlufttechnische Anlagen" ein **Anlagenschema**, einen elektrischen **Übersichtsschaltplan** nach DIN EN 61 082-1 und einen Anschlussplan nach DIN EN 61 082-3, eine Zusammenstellung der wichtigsten technischen Daten, alle für einen sicheren und wirtschaftlichen Betrieb erforderlichen Betriebs- und Wartungsanleitungen nach DIN V 8418 und ein Protokoll über die Einweisung des Wartungs- und Bedienungspersonals. Ähnliche Regelungen enthält Abschnitt 3.7 der DIN 18 380 „Heizanlagen und zentrale Wassererwärmungsanlagen" und Abschnitt 3.5 der DIN 18 381 „Gas-, Wasser- 596

---

[657] Vgl. oben Rdn. 584.
[658] Zum Thema „Betriebskosten" beim Anlagenbauvertrag Michaelis de Vasconcellos, NZBau 2000, 361.
[659] Dazu auch unten im Rahmen von § 2 Nr. 8 Rdn. 1255.

und Abwasser-Installationsanlagen innerhalb von Gebäuden". Deren Aushändigung ist also Pflicht des Auftragnehmers.

Vorhandene Installationspläne, Betriebs- und Bedienungsanleitungen muss ohnehin jeder Schlüsselfertig-Auftragnehmer selbst dann zur Verfügung stellen, wenn dazu keine unmittelbare Pflicht gemäß VOB/C besteht.[660]

597 Inwieweit im übrigen hinsichtlich von Planunterlagen eine Herausgabepflicht besteht, haben wir bereits erörtert.[661]

6.5 Die Bestimmung des qualitativen Bausolls durch die gewerbliche Verkehrssitte

6.5.1 Grundsatz

598 Wir haben schon beim Detail-Pauschalvertrag festgestellt, dass kraft gewerblicher Verkehrssitte „auch die Leistungen durch den Preis mit abgegolten sind, welche nach Auffassung der betreffenden Fachkreise am Ort der Leistung als mit zur Bauleistung gehörig zu betrachten sind", dass aber damit nur Korrekturen im Randbereich gemeint sind, dass es sich also letztlich nur um eine marginale Auslegungshilfe handelt, folglich erst recht auch nicht um ein Komplettierungsinstrument beim Global-Pauschalvertrag.[662]

Die gewerbliche Verkehrssitte wird im genannten Umfang auch für Randbereiche der „Billigkeitsprüfung" gemäß § 315 BGB Maßstab sein, also der Prüfung, die sich im Zusammenhang mit der Auswahl- und Entscheidungsbefugnis des Auftragnehmers ergibt, wenn er globale Leistungselemente durch eigene Entscheidung vervollständigt.[663]

6.5.2 Die Definition von Fachausdrücken anhand der DIN 276 als Ausdruck der „gewerblichen Verkehrssitte"

599 Sehr oft verwenden die Parteien „Fachausdrücke" im Vertrag, ohne sich im Einzelfall klar zu werden, ob es über die Bedeutung des Fachausdruckes eine gesicherte allgemeine Definition gibt. Sind „Außenanlagen" nur Grünanlagen, oder gehören z. B. dazu auch Scherenbühnen zur Übernahme von Containern vom LKW? Oder sind, wenn „Sanitärobjekte" vom Leistungsumfang vertraglich ausgeschlossen sind, Brausetassen einzubauen oder nicht?

Wenn es keine für die **Bauleistung** im Einzelfall verbindliche Definitionsnorm gibt, richtet sich die Beurteilung nach dem Sprachgebrauch.[664] Dabei kommt es aber nicht auf den Sprachgebrauch beliebiger Verkehrskreise an, sondern auf den Sprachgebrauch der „betreffenden Fachkreise", indirekt damit wieder auf das, was sich nach Auffassung der betreffenden Fachkreise als Sprachgebrauch herausgebildet hat.[665]

Die „Fachkreise" verwenden die ihnen geläufigen Begriffe. Dazu greifen sie im Regelfall auf Fachnormen zurück, auch wenn diese nicht unmittelbar die Bauerrichtungspflicht re-

---

[660] Dazu schon oben im Zusammenhang Rdn. 465.
[661] Oben Rdn. 451, Fn. 455, 461, 464, 465.
[662] Vgl. oben Rdn. 283 mit Hinweis auf Ingenstau/Korbion/Keldungs, VOB/B § 2 Nr. 1 Rdn. 13.
[663] Näher unten Rdn. 643 ff.
[664] BGH BauR 1991, 230, 233 mit Anm. Quack. Die gewerbliche Verkehrssitte kann eine „Auslegungshilfe" sein, BGH „DIN 18332" NZBau 2004, 1438 = BauR 2004, 1438 und dazu Kapellmann, NJW 2005, 182.
[665] Im Rahmen der Auslegung kann hinsichtlich der Verkehrssitte ein **Sachverständiger nur** das für die (rechtliche) Beurteilung notwendige Fachwissen vermitteln, BGH „DIN 18332" a.a.O., BGH BauR 1995, 538, dazu auch Band 1, Rdn. 177.

geln, also z. B. DIN-Normen, die folglich zur Begriffsbestimmung herangezogen werden können.[666)]

Besonders eignet sich zur Abgrenzung von Bauleistungen dazu die DIN 276 „Kosten von Hochbauten" (Stand Juni 1993). Ihr Ziel ist ein einheitliches Verfahren bei Kostenermittlungen für Hochbauten. In Abschnitt 1 der DIN 276 heißt es deshalb: „Die Norm legt Begriffe und Unterscheidungsmerkmale fest und schafft damit die Voraussetzungen für die Vergleichbarkeit der Ergebnisse von Kostenermittlungen."

Die DIN 276 betrifft nur Investitionskosten, nicht Baunutzungskosten. Nach dem Schema der DIN 276 muss demzufolge beispielsweise ein Architekt gemäß § 10 HOAI Kostenschätzungen, Kostenberechnungen und Kostenfeststellungen treffen. Die notwendigen Begriffe der DIN 276 werden allerdings nur als Voraussetzung ordnungsgemäßer Kostenermittlung definiert, nicht unbedingt als Bauleistungsbegriff, aber durch sie wird doch mindestens indirekt eine Terminologie für die Differenzierung von Bauleistungen im Hochbau geschaffen. Deshalb ist es richtig, im Vertrag verwandte Begriffe im Einzelfall so zu verstehen, wie die DIN 276 sie definiert: Zu den „Bepflanzungen" gehört auch die „Fertigstellungspflege",[667)] zu den „Wasseranlagen" gehören auch Duschtassen (Sanitärobjekte).[668)] Die DIN 276 dient allerdings auch **nur** der Begriffsabgrenzung, sie sagt nichts darüber, was Inhalt eines Bauvertrages ist. Da sie Kostenermittlungen behandelt, umfasst sie z. B. auch unter „Baunebenkosten" in Tabelle 1 Nr. 760 ff. die Finanzierungskosten, die bestimmt nicht Gegenstand des Pauschalvertrages sind.

6.5.3 Insbesondere: Nutzfläche, Wohnfläche, Geschossfläche, Verkaufsfläche, Gewerbefläche – DIN 277, DIN 283, Wohnflächenverordnung, Baunutzungsverordnung

Insbesondere Verträge mit Projektentwicklern und Bauträgern, aber auch überhaupt Verträge mit Total-Schlüsselfertig-Auftragnehmern, enthalten oft Angaben über zu errichtende „Nutzflächen" oder „Wohnflächen" oder „Geschossflächen", oft wird auch der Ausdruck „Verkaufsfläche" verwendet.

Nach DIN 277-1 (2005) „Grundflächen und Rauminhalte von Bauwerken im Hochbau" wird die Bruttogrundfläche von Bauwerken wie folgt eingeteilt:

1. Netto-Grundfläche (NGF)
2. Konstruktions-Grundfläche (KGF).

Die Netto-Grundfläche schließt freiliegende Installationen, eingebaute Gegenstände, Bekleidungen etc. ein. Sie ergibt sich gemäß DIN 277-1 Nr. 4.2.2 aus den lichten Maßen zwischen den Bauteilen in Höhe der Bodenoberkante; dabei werden Vor- und Rücksprünge, Sockelleisten etc. nicht berücksichtigt. Auch ohne dass dies vertraglich besonders erwähnt sein muss, ist bei jeder Art von Pauschalvertrag klar, dass also vereinbarte Netto-Grundflächen ohne Einbeziehung von Mauerstärken ermittelt werden – so auch DIN 283 (vor 23 Jahren ersatzlos gestrichen), so auch die Wohnflächenverordnung, die ab 01.01.2004 gilt, geringfügig anders aber die aufgehobene 2. Berechnungsverordnung. Die Behandlung von Schrägen regelt DIN 277-1 Nr. 4.2.2, auch hier enthielt die aufgehobene 2. Berechnungsverordnung Abweichungen.
Die Netto-Grundfläche gliedert sich in **Nutzfläche**, Technische Funktionsfläche und Verkehrsfläche. Die Verkehrsfläche ist gemäß DIN 277-1 Nr. 3.6 derjenige Teil der Net-

---

666) Zutreffend BGH „DIN 18332" a.a.O. und BauR 1994, 625, 626.
667) DIN 276 Tabelle 1 Nr. 514, 515; zustimmend Putzier, Pauschalpreisvertrag, Rdn. 148.
668) DIN 276 Tabelle 1 Nr. 412.

to-Grundfläche, der dem Zugang zu den Räumen, dem Verkehr innerhalb von Bauwerken und dem Verlassen dient.

Die Nutzfläche ist derjenige Teil der Netto-Grundfläche, der der Nutzung von Bauwerken dient. Sie umfasst gemäß DIN 277-2 Tabelle 1:
- Wohnen und Aufenthalt
- Büroarbeit
- Produktion usw.
- Lagern usw.
- usw.

In **diesem** Sinn **(DIN 277)** besteht also eine **Wohnung** nur aus Nutzfläche; das entspricht dem allgemeinen Sprachgebrauch.[669]

Wenn es in einem Vertragszusammenhang **nur** um Preise und/oder Kosten der Errichtung geht, ist es sinnvoll, zur Auslegung die Mengenermittlungsvorgaben von DIN 277-3 (2005) heranzuziehen, die auch den Zusammenhang mit DIN 276 berücksichtigen.

601 Es gilt aber auch eine zweite Variante:
Die DIN 283[670] Teil 1 Abschnitt 6 definierte, dass „für Wirtschaftsräume und gewerbliche Räume stets nur die gesamte Nutzfläche anzugeben ist", die DIN 283 Teil 2 sagte sodann unter Abschnitt 1.2: „Nutzfläche ist die mit einer Wohnung im Zusammenhang stehende nutzbare Grundfläche von Wirtschaftsräumen und von gewerblichen Räumen."
In Abschnitt 2 „**Wohnfläche**" hieß es: „Zunächst sind die Grundflächen nach Abschnitt 2.1 und daraus die Wohnflächen nach Abschnitt 2.2 zu ermitteln."
Die Grundflächen waren aus den Fertigmaßen (lichte Maße zwischen den Wänden) zu ermitteln; in **diesem** Punkt stimmen DIN 283 und DIN 277-1 überein. In DIN 283 Abschnitt 2.1.1 Teil 2 wurde u. a. dann erläutert, dass zu den Grundflächen auch die **Nebenräume** gehören, die in DIN 283 Blatt 1 Abschnitt 2.3 definiert sind. Nebenräume sind u. a. Flure, Treppen, Vorräume usw.
Gemäß DIN 283 Abschnitt 2.2.3 Teil 2 waren von den nach Abschnitt 2.1 berechneten Grundflächen zur Ermittlung der Wohnfläche z. B. die Grundflächen für Loggien nur zu ¼ anzurechnen, die Grundflächen von Raumteilen mit einer lichten Höhe von weniger als 1 m gemäß 2.2.4 gar nicht.
In Abschnitt 3 hieß es dann:
„Nutzfläche:
Die Nutzflächen von Wirtschaftsräumen und von gewerblichen Räumen sind ebenfalls nach Abschnitt 2.1 und 2.2 zu berechnen; für selbständige gewerbliche Räume sind die Nutzflächen gleichfalls nach Abschnitt 2.1 und 2.2 zu berechnen."

602 Das **Ergebnis** ist: Nach DIN 283 gehörten zur „**Wohnfläche**" auch die Nebenräume, zu den Nebenräumen gehörten auch die Flure; **Wohnfläche und Nutzfläche** wurden entsprechend DIN 283 Teil 2 **identisch** berechnet. Die **Nutzfläche,** soweit es nicht um die Berechnung von Kosten oder um den Vergleich von Bauwerken geht, sondern um die tatsächliche Wohn- bzw. Gewerbenutzung der Räume, wird **also in der DIN 283 der Funktion entsprechend genau so berechnet wie** bei der Ermittlung statistischer Vergleichsdaten oder Kostendaten auf der Basis von Mengen gemäß **DIN 277-1 bzw. 3 (n. F.).**

---

[669] Laut Blank, ZfIR 2004, 320 unter Hinweis auf BGHZ 146, 250, 254, 255 = ZfIR 2001, 111, 112 ist der Begriff Nutzfläche bei Wohnbauten überflüssig, weil er aus der DIN 283 abzuleiten sei und dort Wirtschaftsräume und gewerbliche Räume umfasse, vgl. dazu die Rdn. 601, 602.

[670] Das für die Wohnflächenberechnung maßgebliche **Blatt 2 der DIN 283** ist seit 1983 **ersatzlos gestrichen.** Dennoch wurde (und wird?) die DIN 283 häufig (als „Verkehrssitte") angewandt, vgl. z. B. LG München WuM 1984, 113 und näher Rdn. 605.

In der Fn. 2 zu Abschnitt 4.2 der DIN 283 Teil 2 hieß es abschließend: „Für selbständige **gewerbliche Räume** ist stets nur die gesamte Nutzfläche anzugeben."

Dem **Sprachgebrauch** entspricht es ebenfalls, zur Nutzfläche einer Wohnung alle ihre Flächen zu rechnen.[671]

Unmittelbar kann man auf die DIN 283 Teil 2 allerdings nicht zurückgreifen, sie gilt nämlich gar nicht mehr (vgl. Fn. 657).

Als **dritte Variante** der Berechnung der Wohnfläche kommt in Betracht, die §§ 42 bis 44 der (aufgehoben) **II. Berechnungsverordnung** heranzuziehen; ihre Geltung kann für die Berechnung nach wie vor vereinbart werden. **603**

Gemäß § 43 ist die Grundfläche eines Raumes wie in (dem aufgehobenen Blatt der) DIN 283 nach Wahl des Bauherrn aus Fertigmaßen oder Rohbaumaßen zu ermitteln. Werden Fertigmaße gewählt, so sind die errechneten Grundflächen um 3% zu kürzen. Das entspricht im Ergebnis tendenziell der DIN 277 (n. F.). Die Wohnfläche ist gemäß § 42 die Summe der anrechenbaren Grundflächen der Räume, die **ausschließlich** zu der Wohnung gehören. Zu der Wohnfläche gehören insbesondere nicht Zubehörräume wie Keller. Loggien können z. B. gemäß § 44 Abs. 2 **bis zur Hälfte** angerechnet werden. Es gibt also auch (kleinere) Unterschiede zwischen DIN 283 und der II. Berechnungsverordnung.

Die heute geltende **Wohnflächenverordnung** ermittelt die Fläche nur nach lichten Maßen. Schornsteine, Vormauern, Bekleidungen, Pfeiler und Säulen werden in die Grundfläche mit einbezogen, wenn sie eine Höhe unter 1,5 m haben und als Ablagefläche dienen können. Im Ergebnis stimmt das mit der DIN 277 (n. F.) überein.

Es gibt auch eine **vierte Variante**; § 20 **BauNutzungsVO** nennt im planungsrechtlichen Zusammenhang „Geschossflächen". **604**

Gemäß § 20 Nr. 3 BauNutzungsVO ist die Geschossfläche nach den Außenmaßen der Gebäude in allen Vollgeschossen (dazu § 20 Nr. 1 BauNutzungsVO) zu ermitteln (Bruttogeschossfläche).

Im Bebauungsplan kann festgesetzt werden, dass die Flächen von Aufenthaltsräumen in anderen Geschossen einschließlich der zu ihnen gehörenden Treppenräume und einschließlich ihrer Umfassungswände ganz oder teilweise mitzurechnen oder ausnahmsweise nicht mitzurechnen sind.

Gemäß § 20 Nr. 4 bleiben Nebenanlagen im Sinne des § 14, Balkone, Loggien, Terrassen sowie bauliche Anlagen, soweit sie nach Landesrecht in den Abstandsflächen (seitlicher Grenzabstand und sonstige Abstandsflächen) zulässig sind oder zugelassen werden können, unberücksichtigt.

Die Geschossflächen gemäß § 20 BauNutzungsVO weichen also von den Begriffen und Inhalten der DIN 277 (wie auch der DIN 283 und der II. Berechnungsverordnung) ihrerseits wieder ab; die DIN 277 kann (in alter wie in neuer Fassung) für die Berechnung der Geschossfläche bei Aufenthaltsräumen mit schräger Wand oder Decke allerdings als Anhalt und mit Modifikationen herangezogen werden.[672]

Der **Bundesgerichtshof** hat sich zum Begriff „Wohnfläche" 1990 auf den Standpunkt gestellt, es gebe keinen allgemeinen Sprachgebrauch zum Begriff „**Wohnfläche**" in dem Sinne, **605**

---

[671] So im Ergebnis auch OLG Stuttgart, Urteil vom 27. 3. 1992, 2 U 245/91 (unveröffentlicht) **in Kenntnis** der BGH-Entscheidung aus dem Jahre 1990, s. Fn. 670.

[672] So Fickert/Fieseler, BauNutzungsVO, § 20 Rdn. 25. Zu weiteren Varianten siehe Schmidt, ZfIR 2004, 405, 411.

dass die DIN 283 oder die II. Berechnungsverordnung (oder gar die DIN 277) den maßgeblichen Gesichtspunkt enthalte.[673]

1997 hat der Bundesgerichtshof entschieden, zwar gebe es keinen allgemeinen Sprachgebrauch für den Begriff „Wohnfläche", also sei der Begriff auslegungsbedürftig. Wenn dazu allerdings eine **Verkehrssitte** festgestellt sei, dürfe sie berücksichtigt werden. Demzufolge sei es nicht zu beanstanden, wenn als Verkehrssitte (im Großraum Stuttgart) festgestellt worden sei, die Wohnfläche werde in Auslegung an die (aufgehobene) DIN 283 oder die II. Berechnungsverordnung ermittelt; daraus ergäben sich die Regeln für die Berechnung von Flächen unter Schrägen.[674] Genauso hat 1998 das OLG Celle entschieden[675]. Werde in einem Vertrag auf die „bestehenden DIN Vorschriften" verwiesen, soll laut OLG Hamm allein die (aufgehobene!) DIN 283 maßgebend sein, was verblüfft.[676]

1999 hat der Bundesgerichtshof im Rahmen einer Vertragsauslegung zutreffend entschieden, „Wohnfläche" sei nicht ohne weiteres z.B. nach der II. Berechnungsverordnung zu definieren, wenn der **Vertrag** eine (größere) **Boden**fläche erwähne.[677]

Wenn folglich im Total-Schlüsselfertig-Bauvertrag z. B. die Größe von „Wohnflächen" oder von „Nutzflächen" geregelt ist, ist nach der Neufassung von DIN 277 das Ergebnis in etwa gleich, unabhängig davon, ob man die DIN 277 oder die DIN 283 oder die II. - Berechnungsverordnung anwendet.

606 Wenn in einem Vertrag der Begriff „**Verkaufsfläche**" auftaucht, ist das Problem gravierender.

Weder in einer gesetzlichen Regelung noch in einer DIN ist der Begriff „Verkaufsfläche" definiert.

Zwar erwähnt die DIN 277-1 in Teil 2 Tabelle 1 unter Nr. 4 als Nutzungsart „Lagern, Verteilen und Verkaufen", dass diese Hauptnutzfläche Bestandteil der Netto-Grundfläche ist, sagt aber nicht, was nun zur Verkaufsfläche gehört oder nicht. In der Tabelle 2 heißt es unter 4.5 bei den Verkaufsräumen nur als „Beispiel": „Geschäftsräume, Ladenräume, Kioske, einschließlich Schaufenster." Eine Erkenntnis, die man daraus gewinnen kann, ist also die, dass Schaufenster zur Verkaufsfläche gehören.

Der Begriff „Verkaufsfläche" wird im Zusammenhang mit § 11 Nr. 3 Baunutzungsverordnung erörtert, aber der Begriff taucht in dem Verordnungstext nicht auf.

In der Kommentierung wird als Verkaufsfläche bezeichnet „die dem Verkauf dienende Fläche **einschließlich** der Gänge, Treppen, Aufzüge, Standflächen für Einrichtungsgegenstände, Kassenzonen, Schaufenster und Freiflächen, soweit sie dem Kunden zugänglich sind".[678] Diese Definition ist nur zum Teil überzeugend; warum „Treppen und Aufzüge" zur Verkaufsfläche gehören, während sie nach DIN 277-3 Tabelle 2 Nr. 9.3 zur Verkehrserschließung und somit gemäß Tabelle 1 Nr. 9 zu den Verkehrsflächen gehören, die nicht Nutzfläche sind, leuchtet nicht ein.

Ähnlich definiert ein Erlass des Ministeriums für Stadtentwicklung, Wohnen und Verkehr des Landes Brandenburg vom 14. 2. 1992 die Verkaufsfläche wie folgt: „Als Verkaufsfläche ist der gesamte Teil der Geschäftsfläche anzusehen, der den Kunden zugänglich ist und auf dem üblicherweise die Verkäufe abgewickelt werden (einschließlich Kassenzone, Gänge, Schaufenster und Stellflächen für die Einrichtungsgegenstände). Soweit Treppen

---

[673] BGH NJW 1991, 912 = BauR 1991, 230, 233 mit Anm. Quack. Ebenso BGH „Bauträger" NZBau 2001, 132.
[674] BGH BauR 1997, 1030.
[675] OLG Celle BauR 1998, 805 und OLG Celle IBR 1998, 380.
[676] OLG Hamm IBR 1997, 283.
[677] BGH BauR 1999, 648. Zur Mängelhaftung bei geringer Wohnfläche Weyer, Festschrift Jagenburg, S. 1050; zur Wohnfläche als zentrales Element des Vertrages BGH BauR 2004, 847.
[678] Fickert/Fieseler, Baunutzungsverordnung, § 11 Rdn. 19.3.

und Aufzüge **innerhalb** der Verkaufsräume sind und diese miteinander verbinden, sind sie zur Verkaufsfläche zu rechnen. Zur Verkaufsfläche zählen auch Freiverkaufsflächen, soweit sie nicht nur vorübergehend genutzt werden, sowie Lagerräume, die gleichzeitig dem Verkauf dienen („integrierte Lagerhaltung", „Verkauf ab Lager"). Flächen für das Aufstellen von Containern zum getrennten Aufsammeln von Verpackungsmaterial u. a. sind auf die Verkaufsfläche nicht anzurechnen".[679]

Um annähernd unlösbare Zweifelsfragen auszuschließen, ist es den Parteien dringend zu **empfehlen, ausdrücklich** die Anwendung entweder der DIN 277, der Wohnflächenverordnung oder der (aufgehobenen) DIN 283 zu **vereinbaren** und exakt die Begriffe der jeweiligen Norm zu verwenden; bei Fehlen einer DIN sollten die Vertragsparteien den verwendeten Begriff im Vertrag definieren. 607

7 Die Bestimmung des qualitativen Bausolls durch globale Leistungselemente – Vervollständigung des „ungeregelten Leistungsinhalts"

7.1 Global beschriebenes Element als Teil der Vertragsleistung (Bausoll) – BGH „Wasserhaltung I" und „Wasserhaltung II" – Wirksamkeit von „riskanten Verträgen"

Auch eine nicht differenzierte, sondern nur durch einen Oberbegriff oder eine allgemeine Formulierung beschriebene Leistung, also eben ein globales Leistungselement, gehört so „**nach der Leistungsbeschreibung zur Vertragsleistung**" (§ 2 Nr. 1 VOB/B) und ist damit **„vertraglich vorgesehene Leistung"** im Sinne von § 2 Nr. 7 Absatz 1 Satz 2 VOB/B. Wir haben im Einzelnen bei der Erörterung der grundsätzlichen Strukturen eines **Global-Pauschalvertrages** festgestellt, dass die Parteien gegenüber dem Detail-Pauschalvertrag und erst recht gegenüber dem Einheitspreisvertrag eine andere **Systemwahl** getroffen haben. Nicht „Eigenplanung", „Eigendifferenzierung" von seiten des Auftraggebers, sondern eine Funktionsverlagerung auf den Auftragnehmer ist gewollt – vorgegeben vom Auftraggeber sind (z. T.) nur noch „Leitlinien" in Form des globalen Elements; diese Struktur haben wir schon früher (Rdn. 401–405) behandelt. 608

Es liegt auf der Hand, dass ein Auftragnehmer, der zu einem **Pauschalvertrag** eine nicht im Detail definierte Leistung erbringen soll, ein Risiko läuft, weil eine jedenfalls nicht in Einzelheiten bekannte Leistung (i.d.R.) nicht sicher kalkuliert werden kann. Sofern dem Auftragnehmer die Detaillierung obliegt, z.B. durch eigene Ausführungsplanung, wird dieses Risiko erheblich verringert.

Umgekehrt kann das Risiko ganz erheblich steigen, wenn der Auftragnehmer sich darauf einlässt, dass der Auftrag**geber** nach Vertragsschluss die Ausführungsplanung liefert (dazu oben Rdn. 523) oder wenn er sogar akzeptiert, dass der Pauschalpreis festgelegt wird, die Leistung aber erst durch die Entwurfspläne eines noch vom Auftraggeber zu beauftragenden Architekten (!) bestimmt werden soll,[680] oder wenn der Auftragnehmer für die komplette Bewehrung einen Pauschalpreis vereinbart, die sich aus einer von ihm

---

[679] Amtsblatt für das Land Brandenburg, 3. Jahrgang 14.2.1992, Nr. 7, S. 30-32.
Wir zitieren den Erlass, der für die privatrechtlichen Rechtsbeziehungen von Vertragsparteien ja keine Bedeutung hat, als Hinweis auf einen doch annähernd gleichartigen „Sprachgebrauch", also als Auslegungshilfe im Rahmen der gewerblichen Verkehrssitte.
[680] Fall „Peek & Cloppenburg" OLG Düsseldorf BauR 2003, 1547; s. Rdn. 533 mit Fn. 564.

selbst noch nach Auftragserteilung beizubringenden Statik ergibt, deren Mengen jedoch in der Kürze der Angebotszeit auch nicht überschlägig bestimmt werden können.[681)] Obwohl in all diesen Fällen der Bieter (Auftragnehmer) die Leistung nicht hinreichend kalkulieren kann, ändert das an der **zivilrechtlichen** Wirksamkeit solcher Verträge nichts; eine Vertragspartei kann individuell zivilrechtlich beliebig wirksam auch riskante Verträge schließen.[682)]

Für den **öffentlichen** Auftraggeber sind solche Ausschreibungen allerdings vergaberechtswidrig,[683)] aber ein unter Vergabeverstoß zustande gekommener Vertrag ist dennoch wirksam. Das heißt aber nicht, dass beim **öffentlichen** Auftraggeber die entsprechende Leistung ohne zusätzliche Vergütung zu erbringen ist: Derartige Ausschreibungen begründen ein „ungewöhnliches Wagnis", das beim **öffentlichen** Auftraggeber – **nicht** beim privaten Auftraggeber – erst gar nicht Bausoll wird.[684)]

Ein global beschriebenes Leistungselement ist zwar, bezogen auf die fehlende Differenzierung, „(erkennbar) lückenhaft", aber diese Formulierung ist – wie dargestellt – nicht trennscharf ist: Die „Leerstelle" ist nicht ungeregelt, sie ist lediglich „vervollständigungsbedürftig". **Wie** und **von wem** das **globale Element zu vervollständigen** ist, ist **die Kernfrage** des Global-Pauschalvertrages.

609 Zur Einführung in das Problem der Vervollständigung die (heute überholte) Entscheidung des Bundesgerichtshofs **„Wasserhaltung I"**.[685)]

Das Land Niedersachsen, also ein **öffentlicher** Auftraggeber, schreibt Bauarbeiten an einem Hochwasserrückhaltebecken auf der Grundlage der VOB/B aus. Der Ausschreibung ist ein Leistungsverzeichnis beigefügt. Im Leistungsverzeichnis ist (nur) die Wasserhaltung pauschal ausgeschrieben. Planunterlagen gibt es nicht. Für den Spundwandkasten ist auch keine Statik beigefügt. Wohl enthält die Ausschreibung Gründungsempfehlungen. Ein Bieter bietet die Pauschalposition „Wasserhaltung" mit 9000,– DM an, er erhält für das Gesamtobjekt den Zuschlag. Dass diese Ausschreibung vergaberechtswidrig ist, ändert nichts an der zivilrechtlichen Wirksamkeit des Vertrages (dazu Rdn. 608).
Während der Ausführung stellt sich heraus, dass die vom Bieter kalkulierte offene Wasserhaltung wegen des Grundwasserstandes und der Gefahr eines hydraulischen Grundbruchs nicht durchführbar ist. Nach einigen fehlgeschlagenen Abhilfeversuchen des Auftragnehmers führt dies dazu, dass auf Empfehlung oder Anordnung des für das Land beteiligten Ingenieurbüros eine geschlossene Wasserhaltung außerhalb des Spundwandkastens durchgeführt wird.

Der Auftragnehmer stellt sich auf den Standpunkt, aufgrund der Anordnung des Auftraggebers seien die Grundlagen des Preises für die von ihm kalkulierte offene Wasserhaltung geändert worden; deshalb habe er Nachtragsansprüche gemäß § 2 Nr. 7 Abs. 2, § 2 Nr. 5 VOB/B in Höhe von 180 891,40 DM.
Der Bundesgerichtshof hebt das zusprechende Urteil des Oberlandesgerichtes auf.

[681)] Fall BGH „Kammerschleuse" BauR 1997, 126: Zur zivilrechtlichen Bewertung dieses Vertrages eines **öffentlichen** Auftraggebers siehe Kapellmann/Ziegler NZBau 2005, 65, 67 sowie zutreffend Leinemann, VOB/B § 2 Rdn. 270.
[682)] Das ist selbstverständlich, ebenso z.B. BGH „Kammerschleuse" a.a.O.
[683)] Kapellmann, in: Kapellmann/Messerschmidt, VOB/A, § 9, Rdn. 23; Leinemann, VOB/B, § 2, Rdn. 270.
[684)] Dazu Rdn. 618 ff.
[685)] BGH „Wasserhaltung I" BauR 1992, 759 = NJW-RR 1992, 1046.

Vervollständigung des Globalelements durch die Notwendigkeit der Leistung   Rdn. 610

Knapp zwei Jahre später hatte der Bundesgerichtshof in der Entscheidung „**Wasserhaltung II**"[686] praktisch denselben Fall nochmals zu entscheiden, wieder in Niedersachsen: Der **öffentliche** Auftraggeber schreibt im Rahmen von Kanalisationsarbeiten wieder „Wasserhaltung" aus. Nach der Behauptung des Auftragnehmers tritt im Rahmen der Ausführung eine Situation auf, die „nach der konkreten Sachlage völlig ungewöhnlich und von keiner Seite zu erwarten war"; die kalkulierte Ausführung mittels Filterlanzen habe nämlich durch eine aufwendigere Ausführung mittels Brunnen ersetzt werden müssen. Der Auftragnehmer verlangt als Nachtrag 32 240,68 DM.

Diesmal hielt der Bundesgerichtshof den Einwand, die aufgetretene Situation sei „völlig ungewöhnlich", für erheblich. Während allerdings das OLG Celle ohne weiteres die Forderung zugesprochen hatte mit der Begründung, der Auftragnehmer habe angesichts der mangelhaften Ausschreibung gar keine Möglichkeit gehabt, sich über die wirkliche Ausführungsart zu informieren, hebt der Bundesgerichtshof auf und verweist zurück, aber gerade zur Aufklärung der Frage, ob nach der konkreten Sachlage eine völlig ungewöhnliche und von keiner Seite zu erwartende Situation aufgetreten sei – näher **dazu Rdn. 622**. Im Ergebnis ist das also eine Abweichung von „Wasserhaltung I".

Die Anknüpfung an das „ungewöhnliche Wagnis" hat der BGH bestätigt in der späteren Entscheidung „Auflockerungsfaktor".[687]

7.2 Vervollständigung des Globalelements durch die „Notwendigkeit der Leistung"

7.2.1 Grundsatz

In den Wasserhaltungs-Fällen ist das Leistungselement „Wasserhaltung" nur global beschrieben, ausgeschrieben ist ohne jede Differenzierung.   610
Das ist folglich prototypisch die Situation eines Global-Pauschalvertrages.
Da es viele Arten von Wasserhaltung gibt, ist durch den Globalbegriff „Wasserhaltung" in keiner Weise festgelegt, welche konkrete Ausführungsart Vertragsgegenstand ist. Sachlogisch ist das ein Fall des **Auswahlschuldverhältnisses**, d. h., der **Auftragnehmer** hat **auszuwählen**, welche mögliche Art von Wasserhaltung er ausführt (dazu Rdn. 1072). Wenn auch der Globalbegriff „Wasserhaltung" damit vervollständigungsbedürftig ist, so ist er nicht etwa inhaltsleer: Geschuldet wird jedenfalls sicher eine Wasserhaltung, die unter den konkreten Gegebenheiten funktioniert. Funktionieren mehrere, so ist die Wahl unter ihnen **ausschließlich** Sache des Auftragnehmers.
Oder anders ausgedrückt: Weil das so ist, schuldet der Auftragnehmer **grundsätzlich** und potentiell keine bestimmte Wasserhaltung, sondern aus der möglichen Art von Wasserhaltungen eine, sofern sie geeignet ist, das konkrete Sachproblem zu lösen.

Ob die gewählte Wasserhaltung teuer oder billig ist, ist gleichgültig, auszuführen ist eine Art von Wasserhaltung, die technisch möglich (und notwendig) ist, die konkret auftauchenden Probleme zu lösen.

Das ist auch die im Grundsatz zutreffende Aussage beider Entscheidungen des Bundesgerichtshofs zum Thema „Wasserhaltung", wobei „Wasserhaltung I" davon keine Ausnah-

---

[686] BauR 1994, 236. Nach Zurückverweisung hat das OLG Celle IBR 1998, 468 der Klage des Auftragnehmers **stattgegeben**.
Ob dem Fall ein Einheitspreisvertrag oder ein Pauschalvertrag zugrunde lag, ist aus der Entscheidung nicht zu entnehmen. Für unsere Überlegungen ist das auch gleichgültig: Wir erörtern primär, wie und von wem ein globales Leistungselement „Wasserhaltung" auszuführen ist. Dass es auch bei einem Einheitspreisvertrag, wenn die Leistungsposition nur „global genug" gefasst ist, dasselbe Problem gibt, haben wir schon unter Rdn. 206-210 behandelt.
[687] BGH „Auflockerungsfaktor" BauR 1997, 466.

me zulässt, während – wie näher unter Rdn. 622 zu erörtern – „Wasserhaltung II" von dieser Grundsatzregel **beim öffentlichen Auftraggeber** in ungewöhnlichen Fällen richtigerweise **Ausnahmen zulässt**; wir werden auch zu erörtern haben, ob sich diese Ausnahmen auch auf private Auftraggeber ausdehnen lassen – dazu Rdn. 626.

611 Da die Art der Wasserhaltung nicht beschrieben ist, aber die zum Leistungserfolg **notwendige** Wasserhaltung zum **Bausoll** gehört, gibt es **grundsätzlich keine** Art der Wasserhaltung, die **zur Bausoll-Abweichung** führen könnte; also gibt es **grundätzlich** – Ausnahme: öffentlicher Auftraggeber s. unten Rdn. 622 ff. – bei keiner Art von auszuführender Wasserhaltung Ansprüche aus geänderter oder zusätzlicher Leistung, weil es keine Soll-Ist-Abweichung gibt.[688]

Für ein **Globalelement** einer Leistungsbeschreibung gilt deshalb **verallgemeinernd:** Der Auftragnehmer schuldet die **notwendigen Leistungen** für die Verwirklichung des im Globalelement beschriebenen Erfolgs.

Da der Auftragnehmer des Landes Niedersachsen („Wasserhaltung I") mangels Bodengutachten die vorzufindende Situation nicht kennt und nicht beurteilen kann, weiß er auch nicht, welche konkrete Methode zum Ziel führen wird. Also muss er in seine Ermittlung des Bausolls und damit in seine Kalkulation **grundsätzlich** jedes **Risiko** einkalkulieren, auch jedes Mengenrisiko.

Ob insoweit bei Überschreitung einer Risikogrenze **ausnahmsweise doch Ansprüche** entsprechend den Grundsätzen der Entscheidung „Wasserhaltung II" oder überhaupt in Betracht kommen, werden wir unter Rdn. 618 ff. gesondert erörtern.

Jedes globale Element enthält folglich eine **offene Risikoverlagerung** auf den **Auftragnehmer,** es enthält eine **„Besondere Risikoübernahme"** des Auftragnehmers (näher Rdn. 613).

Wenn der Auftragnehmer des BGH-Falles „Wasserhaltung I" eine **offene** Wasserhaltung kalkulierte, entsprach das vielleicht seiner wirklichen technischen Überzeugung, aber die Überzeugung spielt keine Rolle: Der Bieter hatte **grundsätzlich** – Ausnahmen s. Rdn. 618 – **jedes** aufkommende Problem der Wasserhaltung für das konkrete Bauvorhaben zu bewältigen, wie auch immer (vorausgesetzt, es gab kein Baugrundgutachten in den Vertragsunterlagen). Sofern der Auftraggeber ihn durch Anordnungen gerade dazu anhielt, war das nur ein Hinweis auf eine ohnehin bestehende Pflicht des Auftragnehmers (§ 4 Nr. 1 Abs. 3 VOB/B); eine Anordnung gemäß § 2 Nr. 5 VOB/B (oder § 2 Nr. 6 VOB/B) in Verbindung mit § 2 Nr. 7 Abs. 1 Satz 4 VOB/B a. F. kam nicht in Betracht, weil der Auftragnehmer nur das baute, was er ohnehin zu bauen hatte, das Bausoll war gar nicht modifiziert. Der Bundesgerichtshof formuliert in „Wasserhaltung I", „die Leistungsänderung sei bereits vom vertraglichen Leistungsumfang umfasst gewesen". Im Ergebnis stimmen wir zu, aber schärfer formuliert: Die **Vertrags**leistung „globale Wasserhaltung" (das Bausoll) hat sich überhaupt nicht geändert, Wasserhaltung ist Wasserhaltung. Der Auftragnehmer führt nur die „vertraglich vorgesehenen Leistungen" (§ 2 Nr. 7 Abs. 1 Satz 2 VOB/B) aus, nämlich die unveränderte globale Leistung. Geändert haben sich nur die Einzelheiten, die Vervollständigung des global beschriebenen Leistungserfolgs – noch genauer: Die Ausführung hat sich nur gegenüber der „Wunschvorstellung" des Auftrag-

---

[688] Der Bundesgerichtshof geht in der Entscheidung „Wasserhaltung I" BauR 1992, 759 allerdings in den Gründen auf die der Ausschreibung beigefügten „Gründungsempfehlungen" nicht ein; der Auftragnehmer hatte behauptet, er habe aus den Gründungsempfehlungen entnommen (und entnehmen dürfen), dass eine einfache Wasserhaltung ausreichend sei.
Der Bundesgerichtshof hat das zusprechende Urteil des OLG aufgehoben und zur **Sachaufklärung** an das OLG zurückverwiesen, also die Klage **nicht abgewiesen.** Beim OLG ist der Rechtsstreit anschließend mit einer Zahlung des Landes an den Auftragnehmer in Höhe von 30 000,– DM **verglichen** worden.

nehmers geändert. Die mögliche Anordnung spielt gar keine Rolle – zu diesem methodischen Problem näher unten Rdn. 1011 ff.

Demzufolge gibt es (grundsätzlich) innerhalb des globalen Leistungselements auch keine „Erschwernisse", denn wenn der Auftragnehmer „mit allem" rechnen muss und jede Art und jede Menge der zur Zielerreichung **notwendigen** Leistung geschuldet wird, sind im formalen Sinne auch alle Arten von „Erschwernis" von Anfang an geschuldet. 612

Wenn sich der Auftragnehmer **beispielsweise** vertraglich verpflichtet, die „**erforderlichen** Erd-, Abbruch- und Unterfangungsarbeiten" zu stellen, so ist das „Besondere Risikoübernahme", denn der Auftragnehmer muss für den global beschriebenen Leistungserfolg jede beliebige zur Zielrealisierung erforderliche Arbeit leisten und **grundsätzlich** jedes damit verbundene Risiko tragen.[689]
Oder:
Wenn die Parteien eine herzustellende Straße **nur** durch Angaben über die Fläche und den Deckenaufbau definieren würden, wären alle notwendigen Leistungen zur Herstellung zum Pauschalpreis zu erbringen.[690]
Oder:
Enthält eine Leistungsbeschreibung: „400 000 m³ Abtragmassen einer 4,7 km langen Autobahnstrecke, Bodenklasse DIN 18 300 (a. F.) Ziff. 2.2.1 bis 2.2.7", so ist diese Beschreibung der Bodenklassen wahrlich global, nämlich allumfassend, denn es gibt nur die Bodenklassen 1 bis 7, aber nichtsdestotrotz oder gerade deswegen: Wer **alle** Bodenklassen akzeptiert, muss **alle Bodenklassen** zum selben Preis ausheben und übernimmt die damit verbundenen Risiken.[691]

7.2.2 Erkennbarkeit der Risikozuweisung als Voraussetzung – offene oder verdeckte Risikozuweisung („Besondere Risikoübernahme")

Der Bundesgerichtshof sagt in der Entscheidung „Wasserhaltung I",[692] wenn ein bestimmter Erfolg **auf ein „erkennbar" nicht vollständiges Leistungsverzeichnis** hin angeboten worden sei (d. h., wenn die Leistung global beschrieben ist),[693] müßten alle zur „Vervollständigung notwendigen Leistungen erbracht werden". 613

Das ist im Prinzip genau richtig, wie unter Rdn. 610 ff. erörtert. Voraussetzung dafür, **dass das globale Element überhaupt Bausoll (geschuldeter Vertragsinhalt) wird, ist lediglich,** dass die Globalisierung, d. h. die Notwendigkeit der Vervollständigung durch den Auftragnehmer und damit die Notwendigkeit einer „Besonderen Risikoübernahme", für den **Auftragnehmer erkennbar** ist.

Erkennbar sind klare Vertragsformulierungen in Form **offener Risikozuweisung.** Wenn der Text der Leistungsbeschreibung schlicht lautet „Wasserhaltung" und die Vertragsunterlagen nichts über Einzelheiten sagen, ist eindeutig, dass der Bieter nicht Standard er-

---

[689] Fall BGH, Schäfer/Finnern Z 2.301 Bl. 35 ff. = BauR 1971, 124 = WM 1971, 449 = BGHZ 55, 198; Einzelheiten zu dieser Entscheidung oben Rdn. 221 ff.
[690] Vgl. BGH, Schäfer/Finnern Z 2.301 Bl. 46, 47; Einzelheiten zu dieser Entscheidung oben Rdn. 231.
[691] BGH, Schäfer/Finnern Z 211 Bl. 8 (es handelt sich um eine Einzelposition eines Einheitspreisvertrages; die Position ist „global" beschrieben. Wie schon unter Rdn. 87 erwähnt, gibt es beim Einheitspreisvertrag und beim Pauschalvertrag oft dieselben Fragestellungen). Vergaberechtlich ist das heute für den öffentlichen Auftraggeber unzulässig, zivilrechtlich handelt es sich um die unerlaubte Auferlegung eines ungewöhnlichen Wagnisses gemäß §9 Nr. 2 VOB/A (näher Rdn. 618 ff.).
[692] BauR 1992, 759 = NJW-RR 1992, 1046, zur Entscheidung s. Rdn. 609.
[693] Zur Terminologie oben Rdn. 401 ff., 409 ff., 608.

warten darf oder klare Verhältnisse, sondern dass der Bieter eben ein hohes Risiko läuft und mit allen Verhältnissen rechnen muss. Der Bieter kann dieses Risiko durch Einschränkungen im Angebot zu minimieren versuchen (vgl. ausdrücklich § 9 Nr. 17 VOB/A), er kann auch auf das Angebot verzichten. Aber wenn er uneingeschränkt anbietet, muss er das **offen** ausgewiesene, das somit unübersehbare Risiko **grundsätzlich** auch tragen. Da die Vertragsformulierung **unverkennbar** und unmissverständlich ist, gibt es keinen Zweifel, dass sie Vertragsinhalt wird, einer Auslegung bedarf es nicht. Dieses Ergebnis deckt sich im übrigen auch vollständig mit unserer sonstigen Lösung hinsichtlich unklarer Ausschreibungen: Schon dann, wenn ein Bieter eine sogar vielleicht nicht auf Anhieb eindeutige Risikozuweisung **positiv** erkennt, erkennt er die Vervollständigungsnotwendigkeit, dann muss er die Vervollständigungsleistung erbringen.[694]

Ein typisches Beispiel für eine offene Risikozuweisung ist der Fall „Peek & Cloppenburg".[695]

614 Anders sieht das dagegen für **versteckte Risikozuweisungen** aus, also ein vervollständigungsbedürftiges Globalelement, das im Vertrag nur „verhüllt" formuliert ist. Solche versteckten Risikozuweisungen kommen insbesondere in Betracht hinsichtlich des Regelungsumfangs einer Detaillierung im Globalvertrag. Was **innerhalb** der Detaillierung **nicht** geregelt ist, ist nicht Bausoll (Vertragsinhalt), also Negativ-Regelung;[696] was außerhalb des Regelungsumfangs der Detaillierung liegt, unterfällt dem Globalbereich.

Wir haben die insoweit notwendigen drei gedanklichen Schritte zur Behandlung solcher Probleme schon mehrfach erörtert:[697]

Im ersten Schritt wird geklärt, ob die Vertragsregelung nicht doch zugunsten des Auftragnehmers „objektiv klar" ist.

Ist sie es nicht, gibt es also Anhaltspunkte dafür, dass der geregelte Detailbereich das angesprochene Problem nicht umfasst, so wird – zweiter Schritt – geprüft, ob der Auftragnehmer im Rahmen einer durchschnittlichen Sorgfalt das Globalelement hätte erkennen können. War die Risikozuweisung so versteckt, dass sie mit solcher durchschnittlicher Sorgfalt nicht zu finden war,[698] so wird sie gar nicht Bausoll.

Selbst wenn sie aber zu finden gewesen wäre, aber vom Bieter **fahrlässig** nicht gefunden worden ist – dritter Schritt –, braucht er als Auftragnehmer das Globalelement nicht ohne Vergütung zu „füllen";[699] nur der Bieter, der **positiv** das versteckte Globalelement erkannt hat, muss es als Vertragsleistung ohne Vergütung „füllen".

7.2.3 Methodenwahl durch den Auftragnehmer

615 Da der **Auftragnehmer** darüber **entscheidet,** welche Methode er zur Bewältigung des in dem Globalelement angesprochenen Leistungserfolgs wählt, legt er mit **seiner richtigen Me-**

---

[694] Einzelheiten oben Rdn. 269, 509, 529, 561; s. weiter BGH, a. a. O., ebenso BGH BauR 1987, 683; OLG Celle IBR 1995, 419, Revision vom BGH nicht angenommen; Thode, Änderungen beim Pauschalvertrag und ihre Auswirkungen auf den Pauschalpreis, in: Seminar Pauschalvertrag und Schlüsselfertigbau, S. 33, 39, dazu aber auch oben Rdn. 265 ff. beim Detail-Pauschalvertrag.
Siehe jedoch zu möglichen anderen Ansprüchen des Bieters unten Rdn. 618 ff. und 1506.
[695] Oben Rdn. 608, Fn. 680.
[696] Einzelheiten oben Rdn. 482, unten Rdn. 678.
[697] Oben Rdn. 242, 244 ff., 253 ff., 265 ff.; Band 1, Rdn. 175 ff., 185 ff., 251 ff.
[698] Zu den Maßstäben oben Rdn. 254 mit Nachweisen.
[699] Siehe Band 1, Rdn. 255 ff. Wie hier Vygen, Festschrift Locher, S. 263 ff., 285; Bühl, BauR 1992, 26, 33; Wettke, BauR 1989, 292, 298; Staudinger/Peters, BGB, § 632 Rdn. 30; von Craushaar, Festschrift Locher, S. 9 ff., 15, 16.
Der Bundesgerichtshof hat diese Frage noch nicht entschieden.

thodenwahl insoweit das **Bausoll** fest.[700] Der Auftraggeber hat auf diese Festlegung des Bausolls keinen Einfluss.

Nur dann, wenn der Auftragnehmer eine objektiv ungeeignete Methode wählen würde, kann der Auftraggeber den Auftragnehmer zur Befolgung seiner Vertragspflicht anhalten; diese Befugnis des Auftraggebers ergibt sich schon aus § 4 Nr. 1 Abs. 3 VOB/B – wie gerade unter Rdn. 610, 611 erörtert – und hat natürlich, da keine Abweichung vom Bausoll, auch keine Vergütungsfolgen.

Ist umgekehrt die vom Auftragnehmer ausgesuchte Methode richtig, verlangt aber der Auftraggeber dennoch eine andere Methode, so ist das eine unberechtigte bzw. unzweckmäßige Anordnung des Auftraggebers; methodisch kann man darüber streiten, welche Ansprüche des Auftragnehmers das begründet, ob aus § 2 Nr. 5 VOB/B oder auf Mehrvergütung gemäß § 4 Nr. 1 Abs. 4 Satz 2 VOB/B,[701] jedenfalls hat der Auftragnehmer Mehrvergütungsansprüche.

Im Rahmen der Methodenwahl ist der Auftragnehmer nur verpflichtet, **notwendige** Leistungen auszuführen. Nicht notwendig sind lediglich nützliche oder nur wünschenswerte Leistungen. Für die Beurteilung der Notwendigkeit kommt es auch nur auf die **Bauleistung** an, nicht auf **besondere** Nutzeranforderungen (vgl. oben Rdn. 593 ff.).

Aber auch wenn der Auftragnehmer die Auswahl der Methode trifft, darf er nicht jede beliebige, grundsätzlich geeignete Methode anwenden. Der Auftragnehmer hat vorab – welche Methode er auch immer wählt – nur das Recht, eine Methode zu wählen, die **den anerkannten Regeln der Technik** entspricht; andernfalls würde die Art und Weise der Ausführung gegen seine Vertragspflicht verstoßen (vgl. analog § 13 Nr. 1 VOB/B). Das ist eine Selbstverständlichkeit, denn die Pflicht, die anerkannten Regeln der Technik zu wahren, gilt für alle Leistungen des Werkunternehmers, unabhängig, ob Einheitspreisverträge oder Global-Pauschalverträge geschlossen werden.

Überhaupt darf der Auftragnehmer im Rahmen seiner Methodenwahl aber nicht „auf Kosten des Auftraggebers" experimentieren; d. h., er darf keine unerprobten Verfahren anwenden, sofern diese Innovationen erhebliche Risiken gegenüber konventionellen Verfahren aufweisen; er darf generell keine erheblichen oder sogar unzumutbaren Risiken für das Bauvorhaben des Auftraggebers eingehen,[702] also z. B. das ernsthafte Risiko der erheblichen Beschädigung des Eigentums des Auftraggebers oder des Eigentums Dritter; er darf keine Methode wählen, die erhebliche Gefahren für die Umwelt auslöst; er darf auch kein Verfahren wählen, das unabsehbare zeitliche Verzögerungen mit sich bringt. Wenn der Auftraggeber solche Methoden untersagt, ordnet er auch insoweit nur ein „Zurück" des Auftragnehmers in geordnete Bahnen an, also zu einer Art der Leistungserstellung, die der Auftragnehmer ohnehin schuldet. Das sind nur zulässige (lediglich „konkretisierende") Anordnungen des Auftraggebers nach § 4 Nr. 1 Abs. 3 VOB/B; für die Anwendung von § 2 Nr. 5 oder § 2 Nr. 6 VOB/B in Verbindung mit § 2 Nr. 7 Abs. 2 VOB/B fehlt es auch hier schon an der Leistungsmodifikation.

---

[700] Zur Methodenwahl im Zusammenhang mit Baugrund- und Grundwasserproblemen grundsätzlich Band 1, Rdn. 761 ff.
[701] Siehe dazu Rdn. 1262 ff.
[702] So ausdrücklich und mit Recht BGH „Wasserhaltung I" BauR 1992, 759; Band 1, Rdn. 762.

7.2.4 Detailregelungen bleiben maßgeblich

616 Nur zur Erinnerung halten wir noch einmal fest, dass wir hier das globale Leistungselement **ohne** auftraggeberseitige Detaillierung behandeln. Gibt es dagegen auftraggeberseitige Detailregelungen, so bleiben sie maßgebend. Dann ist die Leistung aber nicht (nur) global, sondern vielmehr (auch) „näher" bestimmt.[703]

Außerdem gibt es Regelungen in der VOB/B oder im Gesetz, die ihrerseits die Leistung bestimmen, so dass es insoweit dann kein unbestimmtes „globales" Element gibt, wie oben schon unter Rdn. 570 ff. erörtert.

Endlich gibt es auch den Sonderfall, dass bestimmte Leistungsangaben nicht genannt sind, aber dennoch selbstverständlich und vom Auftragnehmer zu berücksichtigen sind und berücksichtigt werden dürfen; dieses Sonderproblem behandeln wir sogleich unter Rdn. 641.

7.2.5 Detaillierung des Globalelements durch Anwendung der VOB/C?

617 Wenn eine Leistung nur global beschrieben ist, muss der Auftragnehmer (fast) „alles leisten", was zur Ausführung des Globalelements notwendig ist, das ist die Grundüberlegung. Sie gilt aber nicht **uneingeschränkt**:

Überall dort, wo ein Bieter (Auftragnehmer) aus einer „Nicht-Regelung" zulässigerweise darauf schließen darf, dass er wegen einer vertraglich zu **erwartenden**, aber fehlenden Erwähnung von Besonderheiten **mit Standard-Verhältnissen**[704] **innerhalb der Globalregelung rechnen dürfe**, ist das Global-Element im Ergebnis durch die „gemäß Empfängerhorizont" vom Auftragnehmer zu erwartenden Standard-Verhältnisse doch detailliert, dann ist dieser „Standard" maßgebend und Bausoll.

Insbesondere sind solche „zu erwartenden Aussagen" aus den Vertragsbedingungen selbst zu gewinnen.

Wenn die VOB/B vereinbart ist, ist gemäß § 1 Nr. 1 Satz 2 VOB/B auch die **VOB/C** (Allgemeine Technische Vertragsbedingungen) Vertragsinhalt. Also sind auch die „0"-Abschnitte der VOB/C (Hinweise für das Aufstellen der Leistungsbeschreibung) zu beachten; der öffentliche Auftraggeber schreibt für die Ausschreibung dies sogar ausdrücklich in § 9 Nr. 3 Abs. 4 der VOB/A vor.[705]

Für globale Leistungsregelungen helfen aber diese Hinweise auf die 0-Vorschriften der VOB/C oft nicht weiter. Voraussetzung ist ja, dass aus der Nichterwähnung entgegen der Anordnung in einer 0-Vorschrift einer DIN der Schluss gezogen werden kann, weil nichts erwähnt sei, sei Standard zu erwarten. Das gibt es ausnahmsweise im Rahmen unseres Problems dann, wenn der 0-Abschnitt der DIN-Norm solche „Ja-/Nein"-Alternativen ermöglicht.

---

[703] Vgl. BGH Schäfer/Finnern Z 2.301 Bl. 46, 47; Einzelheiten zu dieser Entscheidung oben Rdn. 231.
Zur Bedeutung von Detailregelungen im Global-Pauschalvertrag allgemein oben Rdn. 474 ff., 496 ff.
[704] Zum Thema „Standardverhältnisse" näher Band 1, Rdn. 128, 192, 507, 852, 864.
[705] Zum Grundsatz oben Rdn. 549 (Global-Pauschalvertrag) und Rdn. 279 (Detail-Pauschalvertrag). **Einzelheiten** Band 1, Rdn. 126, 195, 745, 864 sowie Kapellmann, NJW 2005, 182.

Beispiel: Nach DIN 18 300 Abschnitt 0.3.2 und Abschnitt 3.5.2 hat der Auftragnehmer die Wahl der Abtragsquerschnitte (Ja-Nein-Alternative). Wenn also der Auftraggeber nichts sagt, kann der Auftragnehmer die Abtragsquerschnitte nach seinem Belieben festlegen; ein Eingriff des Auftraggebers würde zur modifizierten Leistung gemäß § 2 Nr. 5, § 2 Nr. 6 VOB/B führen.[706]

Für „Wasserhaltung" heißt es in der entsprechenden DIN 18 305 aber unter Abschnitt 3.2.1: „Der Auftragnehmer hat Umfang, Leistung, Wirkungsgrad und Sicherheit der Wasserhaltungsanlage dem vorgesehenen Zweck entsprechend zu bemessen nach den Angaben oder Unterlagen des Auftraggebers zu hydrologischen und geologischen Verhältnissen." Diese Vorschrift beruht offensichtlich auf der Erwägung, dass dann, wenn der Auftraggeber seinerseits die richtigen und für eine Beurteilung ausreichenden Angaben gemacht hat, es Sache des Auftragnehmers ist, daraus die richtigen technischen Schlüsse zu ziehen – wogegen nichts einzuwenden ist.
Aber wenn dann ein Auftraggeber z. B. entgegen DIN 18 299 Abschnitt 0.1.7 „die Bodenverhältnisse, den Baugrund und seine Tragfähigkeit sowie die Ergebnisse von Bodenuntersuchungen" in der Leistungsbeschreibung **nicht** benannt hat, kann der Bieter daraus leider nichts im Sinne von „Ja/Nein" schließen; er kann lediglich feststellen, dass der Auftraggeber seine Pflicht verletzt hat. Aber aus der Nichtangabe, beispielsweise welche der Bodenklassen 1 bis 7 anstehen, kann nicht gefolgert werden, welche Bodenklasse vorhanden oder was „Standard" sei.[707]

In bezug auf Bodenverhältnisse und Wasserverhältnisse, in deren Rahmen „globale Leistungselemente" eine besondere Rolle spielen, führt folglich der Rückgriff auf Abschnitt 0 der DIN-Normen oft nicht weiter.

7.2.6 Unterlassene, aber gemäß § 9 VOB/A vorgesehene Angaben des öffentlichen Auftraggebers – Schadensersatzansprüche, Vergütungsansprüche des Auftragnehmers

7.2.6.1 Regelungen der VOB/A

Wenn der **öffentliche** Auftraggeber **nur** „Wasserhaltung" ausschreibt,[708] so verstößt er damit so ziemlich gegen sämtliche für ihn **zwingenden Vergabevorschriften**[709] der VOB/A.

618

In § 5 Nr. 1 b VOB/A heißt es vorab: „Bauleistungen sollen so vergeben werden, dass die Vergütung nach Leistung bemessen wird (Leistungsvertrag), und zwar:
in geeigneten Fällen für eine Pauschalsumme, wenn die Leistung nach Ausführungsart und Umfang genau bestimmt ist und mit einer Änderung bei der Ausführung nicht zu rechnen ist (Pauschalvertrag)."
In § 9 Nr. 1 VOB/A heißt es: „Die Leistung **ist** eindeutig und so erschöpfend zu beschreiben, dass alle Bewerber die Beschreibung im gleichen Sinne verstehen müssen und ihre Preise sicher und ohne umfangreiche Vorarbeiten berechnen können."
In § 9 Nr. 2 VOB/A heißt es: **„Dem Auftragnehmer darf kein ungewöhnliches Wagnis aufgebürdet werden für Umstände und Ereignisse, auf die er keinen Einfluss hat und deren Einwirkung auf die Preise und Fristen er nicht im voraus schätzen kann."**

---

[706] Methodisch zu diesem Thema Bd. 1, Rdn. 128, 753, insbesondere zum Baugrundrisiko bei globaler oder fehlender Beschaffenheitsangabe Band 1, Rdn. 742 ff.
[707] Auch Band 1, Rdn. 729, 753, 795.
[708] BGH „Wasserhaltung I" BauR 1992, 759 = NJW-RR 1992, 1046, Einzelheiten zu dieser Entscheidung vgl. oben Rdn. 608; BGH „Wasserhaltung II" BauR 1994, 236, Einzelheiten zu dieser Entscheidung oben Rdn. 609.
[709] Näher Kapellmann/Ziegler, NZBau 2005, 65 und Leinemann VOB/B § 2, Rdn. 271.

In § 9 Nr. 3 Abs. 3 VOB/A heißt es: „Die für die Ausführung der Leistung wesentlichen Verhältnisse der Baustelle, z. B. Boden- und Wasserverhältnisse, sind so zu beschreiben, dass der Bewerber ihre Auswirkung auf die bauliche Anlage und die Bauausführung hinreichend beurteilen kann."

619 Für die „funktionale" Ausschreibung, also die Leistungsbeschreibung mit Leistungsprogramm (§ 9 Nr. 15–17 VOB/A) gilt **nichts anderes**. Das **Vergabehandbuch** des Bundes Fassung Februar 2006 betont zutreffend unter 7.2.2.2 zu § 9 VOB/A: „Bei der Aufstellung des Leistungsprogramms ist **besonders** darauf zu achten, dass die in § 9 Nr. 3 bis 5 und 7 bis 9 VOB/A a. F. geforderten Angaben **eindeutig** und **vollständig** genannt werden." § 9 Nr. 17 VOB/A sieht **ausdrücklich vor**, dass der Bieter z. B. hinsichtlich Aushub oder Wasserhaltung auch **Annahmen** in sein Angebot einfließen lässt (die er begründen soll).

Bleiben **Verstöße des öffentlichen Auftraggebers** gegen diese Vergabevorschriften zivilrechtlich **folgenlos**?

7.2.6.2 Schadensersatzansprüche des Auftragnehmers aus c.i.c. wegen fehlerhafter Ausschreibung des öffentlichen Auftraggebers oder jedes Auftraggebers wegen zurückgehaltener Informationen?

620 Der Bundesgerichtshof hatte in der Entscheidung „Wasserhaltung I" (also für Fälle vor Inkrafttreten des Vergaberechtsänderungsgesetzes) entschieden: Verstöße gegen die VOB/A könnten insoweit nur Ansprüche aus „enttäuschtem Vertrauen" auslösen.[710] Wenn aber unübersehbar sei, dass z. B. das Land Niedersachsen zwar gemäß § 9 VOB/A gehalten war, in den Ausschreibungsunterlagen Angaben zu den Bodenverhältnissen bzw. Wasserverhältnissen zu machen, es sich daran aber nicht gehalten habe, so hätte doch der Bieter positiv gewusst, dass die Angaben nicht gemacht waren. Folglich konnte er in seinem Vertrauen nicht enttäuscht werden.

Diese Antwort war vordergründig und nur formal richtig (näher aber Rdn. 622 ff.). Vorab: Sie wäre ein **Freibrief** für vorsätzlich gegen die VOB/A verstoßende öffentliche Auftraggeber und ein Freibrief für eine vorsätzliche, vom öffentlichen Auftraggeber **geplante**, unzulässige vollständige Risikoüberwälzung auf den Bieter/Auftragnehmer. Mehr noch: Insbesondere auch öffentliche Auftraggeber gingen in Kenntnis der Rechtsprechung des Bundesgerichtshofs immer mehr dazu über, jedes technische Risiko „pauschal" auf den Auftragnehmer abzuwälzen, u. a. aus einem Grund, den die Rechtsprechung nicht vorausgesehen hat: Wenn nämlich Bieter Alternativvorschläge machen, stellt sich für den öffentlichen Auftraggeber intern der Begründungszwang, zu erläutern, warum er in seiner technischen Abteilung nicht auch auf diese Ausführungsidee gekommen ist. Allein schon deshalb ist es viel einfacher, sich als Auftraggeber jeder Idee zu enthalten und dem Auftragnehmer **jedes beliebige** Risiko zu überbürden.

621 Allerdings ist vorab sicher, dass jeder Auftraggeber – öffentlicher wie privater – aus Verschulden bei Vertragsschluss dem Auftragnehmer **dann auf Schadensersatz haftet,** § 311 BGB (wenn man nicht eine Lösung über eine entsprechend bieterfreundliche Auslegung des Bausolls bevorzugt), wenn er **vorhandene** Informationen nicht **weitergibt** oder ihm **bekannt** riskante Lösungen allein aus Verbilligungsgründen wählt und dann dem Bieter das Risiko zuschieben will. Das muss immer gemäß § 254 BGB **mindestens**

---

[710] BHG „Wasserhaltung I" BauR 1992, 759 (dazu oben Rdn. 613), auch unter Hinweis auf BGH BauR 1992, 221.

zu einer erheblichen Mithaftung des Auftraggebers führen,[711] **richtigerweise** in einem solchen Fall zu seiner ganz überwiegenden oder **vollen Haftung**.

7.2.6.3 Richtige Bausoll-Bestimmung beim öffentlichen Auftraggeber durch Auslegung des Vertrages unter Heranziehung von § 9 Nr. 2 VOB/A (BGH „Wasserhaltung II", BGH „Auflockerungsfaktor")

Ohnehin ist aber auch zweifelhaft, ob der Ausgangspunkt des Bundesgerichtshofs in der Entscheidung „Wasserhaltung I"[712] zutrifft. Es war zwar sicher richtig, dass die VOB/A (früher) nur bewirkte, dass der Bieter darauf vertrauen dürfe, dass ein Auftraggeber sie bei der Ausschreibung beachte.[713] Es stimmt auch, dass ein Bieter den Verstoß des ausschreibenden Auftraggebers gegen den Vergabegrundsatz des § 9 Nr. 3 Abs. 3 VOB/A (Beschreibung der Boden- und Wasserverhältnisse) tatsächlich einfach nicht übersehen kann. 622

Aber es gibt auch einen anderen Tatbestand, den der Bieter **nicht** erkennen kann und auf dessen Vorhandensein er vertrauen darf: **Wenn** ein Auftraggeber erklärt, er verhalte sich und verfahre entsprechend VOB/A, so erklärt er damit nach dem maßgebenden Verständnis der Bieter, nach ihrem „Empfängerhorizont", dass er, der Auftraggeber, so ausschreibt, dass er den Bietern „kein ungewöhnliches Wagnis aufbürdet für Umständnisse und Ereignisse, auf die der Bieter keinen Einfluss hat und deren Einwirkung auf die Preise und Fristen er im voraus nicht abschätzen kann" – denn wenn er erklärt, die VOB/A **anzuwenden,** so muss jeder Bieter den Auftraggeber so verstehen, dass dieser die zwingende Ausschreibungsvorschrift des § 9 Nr. 3 Abs. 3 VOB/A einhält. Oder anders ausgedrückt: Nach ihrem maßgebenden Empfängerhorizont können Bieter die Ausschreibung des öffentlichen Auftraggebers „Wasserhaltung" nur **so** verstehen: „Wasserhaltung als Leistung des Auftragnehmers, solange die Ausführung ein **gewöhnliches** Wagnis hat; **nicht** vom (anzubietenden) vertraglichen Leistungsumfang (= Bausoll) umfasst sind **ungewöhnliche** Wagnisse."

Dass in dem Angebot des Globalelements „Wasserhaltung" generell ein Risiko liegt, ist für den Bieter unübersehbar. Aber er darf sich darauf verlassen, dass er folglich sich nur auf ein gewöhnliches und nicht auf ein ungewöhnliches Risiko einlässt.[714]

Ergebnis: Ungewöhnliche Risiken sind überhaupt nicht Bausoll, sind als Leistung vertraglich nicht geschuldet. Leistungen zur Bewältigung ungewöhnlicher Risiken führen zu Bausoll-Abweichungen; bei Anordnungen des Auftraggebers sind sie zu vergüten als **zusätzliche Leistungen gemäß § 2 Nr. 6 VOB/B**, ohne Anordnungen sind sie zu vergüten nach Maßgabe des **§ 2 Nr. 8 VOB/B**. Genauso hat überzeugend und methodisch richtig der Bundesgerichtshof in der Entscheidung „Wasserhaltung II"

---

[711] Vgl. Rdn. 269, 509, 539, 634 und BGH „Schlüsselfertigbau" BauR 1984, 395, 397 (Einzelheiten zu dieser Entscheidung Rdn. 232); OLG Stuttgart BauR 1992, 639 (ansonsten zu dieser Entscheidung unten Rdn. 654); OLG Stuttgart BauR 1997, 855 sowie näher **Band 1, Rdn. 245**.

[712] A.a.O.

[713] So zutreffend für den früheren Rechtszustand BGH BauR 1992, 221. Heute bestehen an der Verbindlichkeit der VOB/A im Sinne der vergaberechtlichen Anwendungspflicht angesichts gesetzlicher Normierung keine Zweifel, vgl. dazu auch Rdn. 625.

[714] Ob im konkreten Fall „Wasserhaltung I" die Gesamtheit **aller** Vertragsunterlagen nicht zu dem Schluss führen durfte, die tatsächlich eingetretene Situation sei für den Bieter gar nicht „so ungewöhnlich" gewesen, lässt sich aus dem Sachverhalt der Entscheidung „Wasserhaltung I" nicht beurteilen. Es spricht vieles dafür, dass aus **diesem** Grund die Entscheidung richtig ist.

geurteilt.[715] Er hat das im Zusammenhang mit einem Einheitspreisvertrag als allgemeinen Grundsatz in der Entscheidung „Auflockerungsfaktor" bestätigt.[716]
Deshalb bedarf es der Erörterung möglicher Schadensersatzansprüche aus c.i.c. gar nicht, sie gibt es nicht. Die Auslegung des Vertrages ermöglicht sachgerechte **Vergütungslösungen**.

Ungewöhnlich ist ein Wagnis (Risiko), das wegen des Grades seiner Ungewissheit und der unbekannten Größenordnung **erhebliche** finanzielle oder zeitliche, letztlich unkalkulierbare Auswirkungen haben kann und das von der im Gesetz oder in der VOB vorgesehenen Risikoverteilung abweicht.[717]

Für die Unterscheidung zwischen „gewöhnlichem" und „ungewöhnlichem" Wagnis und für die **Höhe** einer Mehrvergütung muss die konkrete, angesichts der bekannten Umstände sachlich gebotene Risikobeurteilung und Kalkulation des Auftragnehmers herangezogen werden: Wenn der Auftragnehmer das **„gewöhnliche** Risiko" schon **ungewöhnlich niedrig** kalkuliert hat, ist **auch als Ausgangspunkt für die Zusatzvergütung der niedrige Betrag** zu wählen.[718]

623 Wenn man in der Beurteilung solcher Vergabeverstöße öffentlicher Auftraggeber auch zivilrechtlich **keine Schranken** zöge, würde eine Entwicklung gefördert, die der Bundesgerichtshof in dieser Form nicht „erleben" kann, weil er nur punktuell Prozesse sieht, aber nicht das tägliche Ausschreibungsverhalten einzelner öffentlicher Auftraggeber. **Wenn hier nämlich jede Art von Ausschreibung unter Verstoß gegen die VOB/A zivilrechtlich folgenlos bliebe,** muss man davon ausgehen, dass es **bald nur noch „pauschale Ausschreibungen"** gibt und die Verstöße gegen die VOB/A **niemanden mehr interessieren**. Vergaberechtlich wird eine solche Fehlausschreibung selten gerügt, weil der Bieter ja den Auftrag haben will. Zivilrechtlich ist das Argument, der Bieter sei bei entsprechender Formulierung in den Ausschreibungsbedingungen mit der „Übernahme eines ungewöhnlichen Risikos einverstanden", gänzlich indiskutabel (näher Rdn. 564). Ohnehin erlebt man bei Erörterungen mit öffentlichen Auftraggebern immer noch gelegentlich, dass der öffentliche Auftraggeber sich standardmäßig auf die Entscheidungen „Frivoler Bieter" und „Wasserhaltung I" zurückzieht und seine eigenen Fehler als „Kalkulation des Bieters

---

[715] BGH BauR 1994, 236, s. oben Rdn. 609, Kniffka, in: Kniffka/Koeble, Kompendium Teil 5, Rdn. 93; Oberhauser BauR 2003, 1110, 1112, 1114, 1119; Kapellmann/Ziegler NZBau 2005, 65; Leinemann VOB/B § 2 Rdn. 270; VOB-Halle Sachsen-Anhalt Fall 241 IBR 2000, 314 mit Kurzanm. Oblinger-Grauvogl.
Zur methodischen Richtigkeit dieser Entscheidung Einzelheiten auch Bd. 1, Rdn 140 und Rdn. 195, 752, 753 sowie speziell zu Baugrund- und Wasserverhältnissen Bd. 1, Rdn. 729–731.
Nach Zurückverweisung hat das OLG Celle IBR 1998, 468 der Klage des Auftraggebers stattgegeben.
Vom Grunde her diskutable Entscheidung der VOB-Stelle des Landes Sachsen-Anhalt, Fall 152, IBR 1995, 9: Wasserhaltung mit Pumpen vorgesehen, wegen Hochwassers steigt der Grundwasserspiegel, jetzt sind Brunnen erforderlich. Von der **Berechnungsmethodik** her ist die Entscheidung falsch, nämlich zu günstig für den Bieter – dazu Rdn. 623 und Fn. 718.

[716] BGH „LV Eisenbahnbrücke" BauR 1999, 897, 899; BGH „Auflockerungsfaktor" BauR 1997, 466.

[717] Keineswegs muss also „**jedes** bei Vertragsabschluss voraussehbare Maß überschritten werden", deshalb unrichtig Franke/Kemper/Zanner/Grünhagen, VOB/B § 2 Rdn. 62; näher Band 1, Rdn. 195.

[718] Zu diesem Problem der „**Unterbewertung**" im Rahmen von § 2 Nr. 5 und § 2 Nr. 6 vgl. unten Rdn. 1147 und dazu insbesondere die insoweit falsche Entscheidung der VOB-Stelle des Landes Sachsen-Anhalt (s. Fn. 715): Bieter bietet **notwendige** Wasserhaltung mit 1 000,– DM an, während ca. 100 000,– DM angemessen wären. Die geänderte Leistung „Wasserhaltung durch Brunnen" ist angemessen mit 500 000,– DM zu vergüten. Dem Bieter stehen 401 000,– DM zu, nämlich 500 000,– ./. 99 000,–. Richtig Schulze-Hagen, Kurzanmerkung IBR 1995, 9.

ins Blaue hinein" bemäntelt.⁷¹⁹⁾ Es ist nicht zu übersehen, dass auch und gerade öffentliche Auftraggeber sich durchaus „marktkonform" verhalten; sie können nicht weniger „frivol" als manche Auftragnehmer sein, wenn auch aus anderen Motiven.

Der Vollständigkeit halber muss erwähnt werden, dass der Bundesgerichtshof in der Entscheidung „Wasserhaltung I" als zweite selbständige Ausgangsgrundlage – wenn § 2 Nr. 6 VOB/B nicht anwendbar wäre – zutreffend Ansprüche aus „Störung der Geschäftsgrundlage" für möglich hält (vgl. Rdn. 626).

7.2.6.4 Schadensersatzansprüche gemäß § 823 Abs. 2 BGB wegen Verstoßes gegen Schutzgesetz?

Letztlich ist auch zu überlegen, ob die VOB/A nicht durch die vergaberechtliche Regelung eine neue Rechtsqualität – nämlich mit Gebots- und Verbotsrang, jedenfalls bei Überschreitung der Schwellenwerte – gewonnen hat und Verstöße als Verstoß gegen ein Schutzgesetz zur Schadensersatzpflicht gemäß § 823 Abs. 2 BGB führen können, da gerade die Ausschreibungsvorschrift des § 9 VOB/A zweifelsfrei (auch) dem Schutz der Bieter und Auftragnehmer dienen soll. Das ist aber noch nicht entschieden. **624**

Die Auslegung des Bausolls gemäß den Grundsätzen der Entscheidung „Wasserhaltung II" – siehe Rdn. 606 – und der daraus resultierende Vergütungsanspruch macht den Rückgriff auf Schadensersatzansprüche überhaupt entbehrlich, so dass wir das Thema hier nicht weiter erläutern.

7.2.6.5 Kartellrechtliche Ansprüche

Öffentliche Auftraggeber sind sehr oft marktbeherrschend bzw. marktstark im kartellrechtlichen Sinn – § 19 GBW.⁷²⁰⁾ **625**

Gerade dem Bieter bei Baumaßnahmen der öffentlichen Hand bleibt gegenüber dem **Monopol-Nachfrager** praktisch keine andere Wahl, als sich auf dessen „unseriöse" Ausschreibung einzulassen. Es gibt für diesen Bieter **kein** probates Mittel, sich Aufklärung über die unkalkulierten Risiken zu verschaffen. Da der Auftraggeber sich selbst keine Erkundigungen verschafft hat, kann er auch keine weitergeben. Das ist nicht nur schädlich für den Bieter, sondern auch schädlich für die Allgemeinheit.

Einmal werden die Bieter gezwungen, wenn sie das Risiko tatsächlich erfassen wollen, entweder möglicherweise aufwendige Erkundigungen (mit zum Teil zweifelhaften Ergebnissen in kurzer Zeit) einzuziehen, also als Bieterleistung praktisch die Eruierungsaufgabe des Auftraggebers nachzuholen, was für jeden Bieter zu hohen Angebotsbearbeitungskosten und damit letztlich auf Dauer zu höheren Angebotspreisen führen muss, oder (ei-

---

⁷¹⁹⁾ BGH „Frivoler Bieter" BauR 1988, 338; BGH „Wasserhaltung I" BauR 1992, 759 = NJW-RR 1992, 1046.
Auf die entsprechende Gefahr haben wir bereits in Band 1, Rdn. 195 hinweisen müssen.

⁷²⁰⁾ Als unverdächtiger Zeuge Pfarr, Trends, Fehlentwicklungen und Delikte in der Bauwirtschaft, S. 39: „Auftraggeber nutzen nicht selten ihre **monopolähnliche** Stellung, indem sie gelegentlich gegen die VOB verstoßen und viele Kalkulationsrisiken auf die Anbieter von Bauleistungen abwälzen." Pfarr weist kurz darauf im Text in etwas anderem Zusammenhang zutreffend auch darauf hin, dass Baubetriebe oft zu 50 % und in Teilbereichen (Tiefbau) bis zu 100 % von der Vergabe der öffentlichen Auftraggeber abhängig sind.
Ebenso Reimann/Schliepkorte, ZfBR 1992, 251, 253: Die einzelnen öffentlichen Auftraggeber besitzen eine **überragende Marktstellung** im Sinne von § 22 Abs. 1 GWB a.F. und sind damit als Nachfrager **marktbeherrschend** im Sinne von § 26 Abs. 2 GWB a.F., ebenso Immenga/Mestmäcker/Dannecker, GWB, § 98 Rdn. 85 sowie allgemein § 98 Rdn. 78 ff., 92 ff. Vgl. weiter Mestmäcker/Bremer, Beilage 19 zu BB 1995.
Beispiele: Bahn AG (im Bereich Bahnleistungen), Bund bzw. Länder: Autobahnbau.

gentlich unprüfbare) „Risikozuschläge" verteuernd einzusetzen. **All das verteuert öffentliche Vorhaben sinnlos.** Es wäre ja durch rechtzeitige auftraggeberseitige Bodenuntersuchung z. B. möglich, zu klären, ob bei diesem Projekt „Risikozuweisungen" oder besondere Maßnahmen erforderlich sind oder nicht. Machen die Bieter keine „Risikozuschläge" (welche?), sind sie nicht immer und nicht nur „frivol", sie haben **gar keine andere Wahl**, als gegenüber einem **Monopol-Nachfrager** mit einem ausreichend hoch angenommenen Betrag zu „kalkulieren" und dann nur noch zu hoffen – andere Auftraggeber haben sie nämlich nicht, jedenfalls keine „ernsthafte Ausweichmöglichkeit". Nicht – oder nicht allein – die Bieter, sondern – jedenfalls auch – die **Auftraggeber** handeln hier „frivol".

Zum anderen eröffnet eine solche Ausschreibung aber auch **Manipulationen** Tür und Tor. Zum Beispiel: Es gibt doch schon Insider-Informationen, die nur **einem** Bieter „gesteckt werden". Es hat wenig Zweck, insoweit die Lebenswirklichkeit bei einer absolut notwendigen wertenden Abwägung außer acht zu lassen.

Folglich stehen einem Bieter bzw. Auftragnehmer kartellrechtliche Sanktionen zur Seite: Abweichungen von den gemäß VOB/A zu wählenden Ausschreibungsformen und -inhalten können im Einzelfall als Verstöße gegen das Mißbrauchsverbot geahndet werden und können zu kartellbehördlichem Eingreifen führen, aber auch zu Schadensersatzansprüchen gemäß § 823 Abs. 2 BGB in Verbindung mit § 19 GWB[721] Dies hat der Bundesgerichtshof in der Entscheidung „Kammerschleuse" bestätigt.[722]

7.2.7 Ansprüche gegen den privaten Auftraggeber

626 Ob die Entscheidung „Wasserhaltung II" – s. oben Rdn. 609 – auch auf private Auftraggeber anzuwenden ist, ist zu verneinen; der private Auftraggeber ist weder gesetzlich gezwungen, die VOB/A anzuwenden, noch wendet er sie (im Normalfall) tatsächlich an. Also schafft er keinen Vertrauenstatbestand im Sinne von § 9 Abs. 2 VOB/A, dass ein Globalelement vom Bieter so zu verstehen sein könnte, dass „ungewöhnliche Risiken" nicht zum Bausoll gehörten.[723]

Im Ergebnis können Grenzfälle allerdings auch bei privaten Auftraggebern hier zur Abweichung vom Bausoll führen, weil sich auch hier das Bausoll nach dem „erkennbar" übernommenen, nach Empfängerhorizont konkret beurteilten Risiko richtet: Auch bei

---

[721] Emmerich, Zivilrechtliche Probleme, in: Seminar Ausschluss von Unternehmern, S. 35 ff. mit Einzelheiten, insbesondere S. 45, 46 mit den Beispielen „systematische Abwälzung bestimmter (Entwicklungs-)Risiken..., willkürliche Abweichung von Vergabeordnungen zu Lasten des Bieters ...", Immenga/Mestmäcker/Emmerich, GBW § 98, Rdn. 85 sowie allgemein § 98 Rdn. 78 ff., 92 ff.; Reimann/Schliepkorte, ZfBR 1992, 251, 253.

[722] BGH „Kammerschleuse" BauR 1997, 126 = IBR 1996, 489 (sowie 487 und 488) mit zutreffender Anmerkung Schulze-Hagen.
Das OLG Karlsruhe hat im Fall „Kammerschleuse" nach Zurückverweisung durch Urteil vom 22.12.1998 - 17 U 220/96 -IBR 1999, 149, **fehlerhaft** entschieden, die Ausschreibung sei nicht mißbräuchlich, weil es „sich um ein nicht alltägliches Sanierungsobjekt gehandelt habe, für das von vornherein nur ein begrenzter Anbieterkreis in Betracht gekommen sei; außerdem sei die Klägerin eine international tätige Bau-Aktiengesellschaft. Sie sei daher (?) in der Lage gewesen, das Risiko abzuschätzen". Das ist aber **nicht die Frage**. Das Risiko konnte absolut jeder Bieter erkennen. Die Frage ist, ob es der Auftraggeberin nur dank ihrer Marktmacht gelungen ist, eine solche Überbürdung durchzusetzen, woran es **keinen Zweifel geben kann**.
Der Bundesgerichtshof hat die dagegen erneut eingelegte Revision **leider** unverständlicherweise nicht angenommen, IBR 2000, 362 mit zutreffender kritischer Anmerkung Kraus.

[723] Siehe Rdn. 401. Anders, aber unzutreffend Englert/Grauvogl/Maurer, Handbuch Baugrund, Rdn. 941.

der Ausschreibung „Wasserhaltung" muss der Auftragnehmer nicht damit rechnen, dass er die einzige Mineralquelle weit und breit anbohrt.

In solchen Grenzfällen ist auch zu prüfen, ob nicht die Leistungsbeschreibung in Wirklichkeit schrankenlose Überbürdung des Baugrundrisikos in versteckter Form und damit als **Verstoß gegen AGB-Recht** unwirksam ist.[724]

Schließlich ist noch im äußersten Fall zu prüfen, ob nicht die Grundsätze der „Störung der Geschäftsgrundlage" eingreifen, wie unter Rdn. 1500 ff. näher zu erörtern.

7.3 Die Vervollständigung eines Globalelements durch öffentlich-rechtliche Anforderungen
– Bedeutung der Baugenehmigung für das Bausoll

7.3.1 Baugenehmigung ist bei Vertragsschluss noch nicht erteilt und nicht Vertragsinhalt

Der **Total-Schlüsselfertig-Auftragnehmer,** darunter insbesondere auch der Projektentwickler und der Bauträger, haben selbst die Entwurfs- oder Genehmigungsplanung zu erstellen, wie schon unter Rdn. 451 ff. erörtert. Wie jeder Objektplaner (Architekt) oder jeder Sonderfachmann hat der Total-Schlüsselfertig-Auftragnehmer **alle** öffentlich-rechtlichen, einschlägigen Bestimmungen zu beachten, er muss ein genehmigungsfähiges Werk planen (Rdn. 663).[725] Sodann muss er es bauen. Hat er eine öffentlich-rechtliche Voraussetzung bei der Planung übersehen, hilft ihm das nichts. Er muss seinen Planungsfehler nachbessern und das insoweit vervollständigte Werk errichten.[726]

627

Insbesondere muss der Total-Schlüsselfertig-Auftragnehmer insoweit also z. B. beachten

628

- das Baugesetzbuch

- die jeweilige Landesbauordnung

- die zugehörigen Verwaltungsvorschriften zur Landesbauordnung

- das Bundesimmissionsschutzgesetz

- Arbeitsstättenverordnung

Insbesondere im Zusammenhang mit dem Brandschutz oder dem Immissionsschutz lässt sich oft nicht im Einzelfall voraussagen, welche Anforderungen die Genehmigungsbehörde stellen wird. Auch das spielt aber keine Rolle: **Alle** öffentlich-rechtlich geforderten Leistungen sind vom Total-Schlüsselfertig-Auftragnehmer zum Pauschalpreis zu erbringen, auch nachträglich geforderte.

629

---

[724] Näher Band 1, Rdn. 759.
[725] Ebenso Putzier, Pauschalpreisvertrag, Rdn. 333. Zur Frage, ob der Total-Schlüsselfertig-Auftragnehmer für die **Bebaubarkeit** haftet, vgl. oben Rdn. 459, 569.
[726] Vgl. oben Rdn. 264, 458, 519, 551, 633.
Er kann also keine Sowiesokosten geltend machen, BGH BauR 1994, 776, näher Rdn. 541.
Ist das Werk gar **nicht genehmigungsfähig,** kann der Auftraggeber vom Vertrag zurücktreten, KG IBR 1994, 50.

630 Maßgebend ist allerdings stets nur, was als öffentlich-rechtliche Voraussetzung für die **Bauerrichtung** gefordert wird, nicht das, was der **Nutzer** später zu leisten oder beizubringen hat.[727]

631 Der **„Einfache" Schlüsselfertig-Auftragnehmer** erstellt in der Regel selbst keine Entwurfs- oder Genehmigungsplanung. In der Regel schließt er den Vertrag auf der Basis zum Vertragsinhalt gemachter auftraggeberseitiger Entwurfsplanung. Die Entwurfsplanung ist dann Detailregelung im Global-Pauschalvertrag und muss mangelfrei sein. Führt sie nicht zur Genehmigungsfähigkeit, ist sie mangelhaft. Allerdings muss auch der Schlüsselfertig-Auftragnehmer ein komplettes schlüsselfertiges Werk erstellen. Hier kann sich also der Widerspruch ergeben, dass einerseits die auftraggeberseitige Einzelregelung den Vertragsinhalt bestimmt, andererseits aber damit das Vertragsziel (komplettes und funktionsgerechtes Bauwerk) nicht erreicht werden kann. Im Grundsatz handelt es sich also um das Problem falscher auftraggeberseitiger Detailregelung und um die Frage der Reichweite der Schlüsselfertig-Komplettheitsgarantie. Diese Problemstellung haben wir unter Rdn. 537 ff. schon behandelt; das in der Entwurfsplanung nicht enthaltene, aber öffentlich-rechtlich notwendige Planungsdetail ist davon nur Teilausschnitt. Wir fassen die obigen Hinweise nur kurz zusammen: Der Schlüsselfertig-Auftragnehmer muss die vorhandene Objektplanung auch auf öffentlich-rechtliche Vollständigkeit überprüfen, vorausgesetzt, es liegt keine Baugenehmigung vor. Die Planverantwortlichkeit des Architekten, der Erfüllungsgehilfe des Auftraggebers ist, für den der Auftraggeber also einzustehen hat, ist aber im Prinzip maßgebend. Erkennt der Schlüsselfertig-Auftragnehmer die bezüglich der Erlangung der Baugenehmigung vorliegende Unvollständigkeit **fahrlässig** nicht, kann er möglicherweise quotenmäßig für die Kosten der Herstellung des fehlenden Teils mit herangezogen werden; das Planverschulden des Auftraggebers wird im Regelfall aber stark oder ganz überwiegen. Eine Fahrlässigkeit kommt ohnehin nicht in Betracht, wenn in Fachkreisen über die öffentlich-rechtliche Notwendigkeit einer bestimmten Maßnahme Zweifel bestehen und/oder Genehmigungsbehörden diese Frage unterschiedlich beurteilen.[728]

Erkennt allerdings der Schlüsselfertig-Auftragnehmer im Angebotsstadium die fehlende Leistung positiv, muss er hinweisen; bietet er ohne Hinweis an, muss er die Leistung selbst vervollständigen, er haftet also auch allein.

Der **Auftraggeber** muss auch hier auf jeden Fall die **Sowiesokosten** tragen, weil **er** geplant hat.[729]

7.3.2 Zu erteilende Baugenehmigung ist Vertragsinhalt

632 Häufig kommt es beim Schlüsselfertigbau vor, dass gemäß Vertrag „die noch zu erteilende Baugenehmigung einschließlich aller Auflagen" die Bauleistung mitbestimmt.

Das ist eine **individuell** zulässige „**Besondere Risikoübernahme**" des Auftragnehmers.

Sind auftraggeberseitige Entwurfs- bzw. Genehmigungspläne ebenfalls Vertragsbestandteil, ist die Klausel so auszulegen, dass der Auftragnehmer erwarten darf, dass gerade

---

[727] Vgl. oben das Betriebsfeuerwehr-Beispiel Rdn. 593.
[728] Zutreffend OLG Hamburg NJW-RR 1989, 529, 530: Die Notwendigkeit einer Rauchgasabzugsanlage wird in Schleswig-Holstein unterschiedlich beurteilt.
[729] BGH „Schlüsselfertigbau" 1984, 395 (Einzelheiten dazu Rdn. 232); auch oben Rdn. 540.

diese eingereichten Pläne auch so genehmigt werden und deshalb Abweichungen gegenüber diesen Plänen nicht mehr zum Bausoll gehören, also trotz der Klausel „zusätzliche Leistungen" auslösen.[730] Werden diese Pläne nicht genehmigt, dann war die auftraggeberseitige Planung mangelhaft; dafür muss der Auftraggeber immer einstehen (s. oben Rdn. 537).

Die „Komplettheitsverpflichtung" des Schlüsselfertig-Auftragnehmers kann aber zu einer Mithaftung des Auftragnehmers führen, wie in Rdn. 655 erläutert.

Sofern die **„künftige"** Baugenehmigung mit den genehmigten Plänen und den geprüften statischen Unterlagen Vertragsbestandteil ist, später die Baugenehmigung aber eine Auflage enthält, dass beispielsweise eine in den Plänen nicht enthaltene Rauchgasabzugsanlage zu installieren und demgemäß der entsprechende Plan rechtzeitig vor Baubeginn einzureichen sei, und erstellt der Auftraggeber diese Planung bis zum Baubeginn nicht, so ist **schon deshalb** die Rauchgasabzugsanlage nicht Bausoll.[731]

633

7.3.3 Baugenehmigung ist bei Vertragsschluss erteilt

7.3.3.1 *Baugenehmigung ist nicht Vertragsbestandteil*

Beim **(einfachen) Schlüsselfertigbau** kommt es, wenn auch selten, vor, dass der Auftraggeber bereits eine Baugenehmigung hat, den Ausschreibungsunterlagen aber nur Entwurfspläne beifügt und die Baugenehmigung gar nicht erwähnt. Dann wird die Baugenehmigung nicht Vertragsbestandteil, ist also auch nicht Teil des Bausolls. Diese Konstellation wickelt sich nach den in Rdn. 655 dargestellten Regeln ab, doch mit einer entscheidenden Einschränkung: Wenn der Inhalt der Baugenehmigung umfassender ist als der der Pläne, wenn der Auftraggeber dem Auftragnehmer also für den Bau notwendige Einzelheiten bei Vertragsschluss „vorenthält", gilt: Gegenüber dem Auftragnehmer, der die fehlende Einzelheit nicht findet, wiegt die „Arglist" des Auftraggebers so schwer, dass er allein die Vervollständigung als zusätzliche Leistung gemäß § 2 Nr. 6 VOB/B, § 2 Nr. 7 Abs. 2 VOB/B tragen muss. Gegenüber dem Auftragnehmer, der das fehlende Detail positiv erkennt, aber schweigt, haftet der Auftraggeber immer noch in erheblichem Maße mit, wenn nicht allein: Wer nämlich **Informationen „unterdrückt"**, muss die Folgen mindestens überwiegend, normalerweise sogar allein tragen.[732]

634

Der Auftragnehmer ist verpflichtet, sich nach Vertragsschluss und vor Baubeginn Kenntnis von der Baugenehmigung zu verschaffen, er muss ja die „behördlichen Bestimmungen" beachten (§ 4 Nr. 2 Abs. 1 Satz 2 VOB/B). Das hat aber nichts mit dem Thema Mehrvergütung wegen Bausoll-Bauist-Abweichung zu tun.

7.3.3.2 *Baugenehmigung ist Vertragsbestandteil*

Beim **Total-Schlüsselfertig-Auftragnehmer** stellen sich keine Probleme: Gleichgültig, wie der Inhalt der Baugenehmigung ist und ob sie später noch verändert oder ergänzt wird – dieser Auftragnehmer trägt das Planungsrisiko, **muss** richtig und vollständig sowie genehmigungsfähig planen und deshalb genauso bauen.[733]

635

---

[730] OLG Jena IBR 2004, 410, Nichtzulassungsbeschwerde vom BGH zurückgewiesen, OLG Hamburg, a. a. O.; Putzier, Pauschalpreisvertrag, Rdn. 333. Dies gilt nicht nur für wesentliche Abweichungen, sondern für jegliche, vgl. Fn. 732 und Rdn. 1110 ff.
[731] A. a. O.
[732] Vgl. BGH „Schlüsselfertigbau" BauR 1984, 395, 397 (Einzelheiten dazu Rdn. 232); auch oben Rdn. 539, 634.
[733] Oben Rdn. 264, 458, 519, 552, 627.

636 Ist die Baugenehmigung, sei es durch Beifügung, sei es durch konkreten Verweis im Vertrag, Inhalt des **einfachen Schlüsselfertigvertrages** ohne Entwurfsplanung, so ist sie Einzelregelung, also **Detail**angabe. Nachträgliche Änderungen und Ergänzungen zu dieser Baugenehmigung sind daher nicht Vertragsbestandteil.[734]

Aber: Aus der Pflicht des Schlüsselfertig-Auftragnehmers zur „Endkontrolle"[735] kann unter Umständen „theoretisch" folgen, diese nachträgliche Änderung einzubeziehen. Hier gelten jedoch die Grundsätze gemäß Rdn. 655: Man wird so gut wie nie annehmen können, dass ein Schlüsselfertig-Auftragnehmer, dem eine erteilte Baugenehmigung als Vertragsinhalt vorgelegt wird, fahrlässig nicht bemerkt, dass diese Baugenehmigung unvollständig ist, also künftig noch ergänzt werden wird oder muss. Im Gegenteil: Dieser Auftragnehmer müßte Prophet sein. Bestes Beispiel ist der Brandschutz: Hier kommt es sehr oft vor, dass der Baugenehmigungsbehörde zuerst etwas auf- und dann etwas einfällt. Genauso brauchte dem Auftragnehmer nichts aufzufallen. Derartige Zufälligkeiten des Genehmigungsverfahrens sind unprognostizierbar und nicht Bausoll.

7.3.4 Allgemeine öffentlich-rechtliche Verantwortlichkeit des Auftragnehmers für seine Leistung

637 Wir haben spezielle Probleme des Global-Pauschalvertrages im Zusammenhang mit öffentlich-rechtlichen Anforderungen an das Bauvorhaben behandelt.

Selbstverständlich bleibt es bei der allgemeinen Regel des § 4 Nr. 2 Abs. 1 Satz 2 VOB/B, die gleichermaßen für Einheitspreisverträge wie für Pauschalverträge gilt: Der Auftragnehmer hat seine Leistung unter eigener Verantwortung auszuführen und dabei die „gesetzlichen und behördlichen Bestimmungen zu beachten". Das betrifft die Ausführungsebene – der Auftragnehmer muss die für **sein** Fachgewerk geltenden öffentlich-rechtlichen Vorschriften, z. B. der Landesbauordnung, beachten, ebenso Feuerschutzvorschriften, Arbeitssicherheitsvorschriften und dergleichen.

7.4 Die Vervollständigung eines Globalelements durch funktionale Notwendigkeit

638 Es ist geradezu Charakteristikum des Schlüsselfertigbaus (und des Oberbegriffes „Komplexer" Global-Pauschalvertrag), dass das Objekt auch ohne Detaillierung der Leistungsvorgabe „funktionsfähig" zu erstellen ist.[736] Also sollte man meinen, die Suche nach den funktionellen (unbekannten) Notwendigkeiten sei ein Hauptproblem des Schlüsselfertigbaus. Indes ist die Bedeutung dieser Problematik in der Praxis geringer als oft angenommen. Einmal definiert doch der Auftraggeber das, was er für funktionell absolut notwendig hält, normalerweise im Vertrag. Zudem wird eine große Bandbreite abgedeckt durch öffentlich-rechtliche Anforderungen.

Natürlich bleiben aber Zweifelsfragen. Dazu ist vorab festzuhalten, dass man die Funktionalität von Bauobjekten unter zwei Aspekten betrachten kann:

---

[734] So für wesentliche Änderungen und Auflagen OLG Hamburg NJW-RR 1989, 529. Richtig ist: Für **jegliche** Änderungen, s. dazu oben Rdn. 632, unten Rdn. 1110 ff.
Der Inhalt einer Baugenehmigung, die bei Vertragsschluss vorgelegen hat, begründet das Bausoll, BGH, Schäfer/Finnern Z 2.301 Bl. 35 ff., 36 R = BauR 1971, 124 (Einzelheiten zu dieser Entscheidung oben Rdn. 221 ff.). Ebenso Putzier, Pauschalpreisvertrag, Rdn. 333.
[735] Vgl. oben Rdn. 527.
[736] Siehe oben Rdn. 429, 533.

a)
Die **individuelle** Funktionalität behandelt die Abstimmung des Gebäudes auf die vertragsgemäß vorgesehene Nutzung;
b)
die **allgemeine** Funktionalität beinhaltet die Gebrauchsfähigkeit des Gebäudes als solches, also die Einhaltung der relevanten öffentlich-rechtlichen Vorschriften für dieses Gebäude, seien sie allgemein (WärmeschutzVO), seien sie speziell.

Dabei werden sich die i.A. individuelle und die allgemeine Funktionalität durchaus überschneiden. Die „allgemeine Funktionalität" haben wir im Zusammenhang mit den öffentlich-rechtlichen Anforderungen schon unter Rdn. 627 ff., 637 erörtert, wir verweisen darauf. Die „individuelle Funktionalität" wird idealerweise gemäß HOAI vom Auftraggeber in Leistungsphase 1 vorgegeben (vgl. Rdn. 440) und führt in Leistungsphase 2 zu den Vorplanungsergebnissen (vgl. Rdn. 448 ff.).

Gibt es nur eine generelle vertragliche Vorgabe des Auftraggebers (analog den Ergebnissen von Leistungsphase 1), so muss der Total-Auftragnehmer sowohl die individuelle als auch (natürlich) die allgemeine Funktionalität gewährleisten.
Gibt es dagegen eine auftraggeberseitige Vorplanung, so steht für den Auftragnehmer nur noch die allgemeine Funktionalität im Blickpunkt, weil er davon ausgehen darf, dass der Auftraggeber seine individuellen Bedürfnisse in der Vorplanung schon selbst definiert hat.

Daraus folgt:
Der **Total-Auftragnehmer** muss (je nach auftraggeberseitiger Vorgabe) die individuell-funktionellen Notwendigkeiten des Objekts erkunden und gegebenenfalls planerisch berücksichtigen und sodann bauen.

Der Schlüsselfertig-Auftragnehmer (ohne eigene Entwurfsplanung im Vertrag) hat, lediglich graduell gemindert, die entsprechende Vollständigkeitspflicht (aber ggf. gegen Zusatzvergütung). Für ihn gilt aber schon, dass dann, wenn eine vollständige Entwurfsplanung vorliegt, eine Vermutung dagegen spricht, dass wesentliche Elemente fehlen. Fehlen sie doch, so ist das wieder die Behandlung der Diskrepanz zwischen auftraggeberseitiger fehlender Planung und geschuldeter Schlüsselfertig-Komplettierungsgarantie. Dazu verweisen wir auf Rdn. 631, 537 ff.

Eine Vervollständigung kraft Herstellung ordnungsgemäßer Funktion kommt ohnehin vorab nur in Betracht, wenn die diskutierte Teilleistung für das ordnungsgemäße Funktionieren des spezifischen Objekts **notwendig** ist. Nur (subjektiv) Wünschenswertes oder besonders Komfortables (aus der Sicht des Auftraggebers) spielt für die Leistungspflicht keine Rolle.

Die Notwendigkeit einer bestimmten „Vervollständigung" muss für den Auftragnehmer **erkennbar** sein. Das ist zu bejahen, wenn nach dem Urteil praktisch aller Fachleute oder nach der Beschaffenheit praktisch aller vergleichbaren Objekte die Notwendigkeit sich aufdrängt. Bestehen insoweit jedoch in der Fachwelt unterschiedliche Urteile, lässt sich die Notwendigkeit nicht bejahen, auf jeden Fall würde dann eine fahrlässige „Nicht-Erkenntnis" des einfachen Schlüsselfertig-Auftragnehmers ausscheiden.[737] Notwendig ist z. B. eine funktionierende Beleuchtung, so dass auch **Beleuchtungskörper** zum schlüsselfertigen Umfang gehören, sofern der Vertrag nichts Gegenteiliges regelt.

---

[737] BGH „Schlüsselfertigbau" 1984, 395 (Einzelheiten zu dieser Entscheidung Rdn. 232); OLG Hamburg NJW-RR 1989, 529, 530; vgl. oben Rdn. 631.
Zu mehreren gleichwertigen Lösungsmöglichkeiten vgl. unten Rdn. 647.

640 Individuelle, also sehr stark objekt- oder nutzerspezifische Funktionsnotwendigkeiten wird ein Auftragnehmer im Normalfall nicht zu **erkennen brauchen**. Es ist Sache eines Auftraggebers, spezifische Anforderungen im Angebotsstadium mitzuteilen.

641 Aus der Praxis ergeben sich einige Teilleistungen, deren Einbeziehung in das Bausoll beim Total-Auftragnehmer zu bejahen oder beim Schlüsselfertig-Auftragnehmer (ohne eigene Entwurfsplanung im Vertrag) zu berücksichtigen ist. Dazu gehören z. B.:

- Schallschutz bei Behandlungsräumen einer Arztpraxis;[738]
- Notwendigkeit einer ordnungsgemäßen Parkplatzbeleuchtung (falls Parkplatz Vertragsleistung ist), auch wenn in der Baugenehmigung nicht vorgeschrieben;
- Zentrale Schließanlage für größere Objekte insgesamt oder für getrennte Funktionsgruppen;
- Schranken für Parkplatz oder Tiefgarage, wenn der Zutritt Fremder verhindert werden soll;
- Alarmanlage für Geschäftslokale;
- EDV-gerechte Beleuchtung in Büroräumen, soweit nicht ohnehin öffentlich-rechtlich geregelt;
- „Gebrauchsfähiger" Fußbodenaufbau bei schlüsselfertiger Erstellung einer Lagerhalle;[739]
- Bodenaushub (!) bei schlüsselfertiger Errichtung eines Einfamilienhauses,[740]
- Malerarbeiten (!) bei schlüsselfertiger Errichtung eines Wohnhauses,[741]
- Einholung notwendiger Informationen, um z.B. die Funktion einer Entwässerung zu sichern.[742]

642 Ergänzende Hinweise haben wir im Zusammenhang mit der Leistungsabgrenzung „Grundstücksgrenze" (Rdn. 577 ff.), „Außenanlagen, Geräte, Möblierung" (Rdn. 583 ff.), „Kostenübernahme" (Rdn. 585 ff.) und „Errichtungskosten/Betriebskosten" (Rdn. 593 ff.) gegeben.

7.5 Die Vervollständigung eines Globalelements, soweit keine technischen, öffentlich-rechtlichen oder funktionalen Notwendigkeiten bestehen – Bestimmungsrecht des Auftragnehmers

643 **7.5.1 Bestimmungsrecht des Auftragnehmers gemäß § 315 BGB**

Sollen Fliesen weiß oder farbig sein?

Wird wandhoch oder bis 1,80 m Höhe gefliest?

Hat das Objekt Fensterbänke, wenn ja, aus welchem Material, wie breit?

Welches Fabrikat Fußbodenheizung soll eingebaut werden?

Ist die Treppe freitragend?

Was gilt, wenn dazu und zu vielen anderen Konstruktions- und Ausstattungsdetails der Vertrag schweigt?

---

[738] BGH BauR 1995, 538 = NJW-RR 1995, 360.
[739] Zutreffend OLG Düsseldorf IBR 1995, 503.
[740] Selbstverständlich, vgl. OLG Hamm NJW-RR 1996, 977 = BauR 1996, 714.
[741] OLG Nürnberg IBR 2000, 487 mit Kurzanm. Schulze-Hagen.
[742] BGH NZBau 2001 = NJW 2001, 2167.

Vorweg: Das ist ein Problem des Komplexen Global-Pauschalvertrages, besonders des **Schlüsselfertigbaus**.

Wie beim **Total-Schlüsselfertigbau** auf der Ebene der Entwurfsplanung die Entscheidungen fallen, haben wir unter Rdn. 451 ff., 459 erörtert.

Der Normalfall beim Schlüsselfertigbau ist, dass Vertragsinhalt auftraggeberseitige Entwurfspläne 1 : 100 sind, weiter eine mehr oder minder ausführliche **Baubeschreibung**, selten ein **Raumbuch**, dazu vielleicht noch bei entsprechendem Planungsstand die Baugenehmigung, schließlich ein Lageplan. Soweit die inhaltliche Aussage all dieser Einzelregelungen reicht, sind das „Details im Globalen", sie sind „Detail-Pauschalvertrag" innerhalb eines Global-Pauschalvertrages. Die insoweit geltenden Regeln haben wir ausführlich dargestellt.[743]

Es bleibt aber ein erheblicher Bereich, insbesondere in bezug auf Ausstattung und technische Einzelentscheidung, der nicht durch die vorhandene Detailregelung umfasst wird. Insoweit ist also im Verlauf der Bauausführung eine **Vervollständigung**, eine nachgeholte **Detaillierung**, zwingend. Wer bestimmt die Detaillierung?

Die schon oben kurz angesprochene Lösung:[744]

Der Auftrag**nehmer** hat das Recht, über die Detaillierung, also die **Details des Bausolls**, zu entscheiden. Die Vertragsparteien haben z.B. in Form des Schlüsselfertigbaus eine **Systemwahl** getroffen. Der Auftraggeber hat aus wohlerwogenen Gründen – **Kostensicherheit**, Ausschluss der Schnittstellenproblematik usw. – darauf **verzichtet**, selbst (durch seinen Architekten) eine in alle Details gehende Ausführungsplanung und Auswahlentscheidung zu treffen. Um speziell das Ziel der Kostensicherheit – vgl. oben Rdn. 427 ff. – zu erreichen, hat er (Regelbeispiel!) dem Auftragnehmer die Funktion übertragen, die Ausführungsplanung zu erstellen bzw. zu vervollständigen, gleichzeitig auf **dieser Basis** einen **Pauschalpreis** anzubieten. Diese **Ausschreibung** enthält also nicht versehentlich „erkennbare Lücken", sondern setzt gerade **systemimmanent voraus,** dass Teilbereiche nur global beschrieben werden – in der klaren Erkenntnis **beider** Parteien, dass diese Globalbereiche inhaltlich detailliert werden müssen –, was (im Rahmen vernünftiger Abwicklung) vor dem Hintergrund eines bindenden Pauschalpreises nur realisierbar ist, **wenn** der **Auftragnehmer die Ausführungsplanung erstellen** und die notwendige **Auswahl selbst** treffen kann, um sicher zu sein, was er überhaupt pauschal anbietet.

644

Mit einem Satz: In der Vereinbarung des Schlüsselfertig-Systems mit auftragnehmerseitiger Ausführungsplanung liegt konkludent und **zwingend als Vertragsinhalt die Vereinbarung,** dass

- der **Auftragnehmer** die – nicht geregelten – Details plant und **bestimmt**.[745]

645

Die VOB/B regelt dazu nichts. Aber das BGB enthält die allgemeine schuldvertragliche, hier passende Regel, nämlich § 315 Abs. 1 BGB:

„**(1) Soll die Leistung durch einen der Vertragschließenden bestimmt werden, so ist im Zweifel anzunehmen, dass die Bestimmung nach billigem Ermessen zu treffen ist. (2) Die Bestimmung erfolgt durch Erklärung gegenüber dem anderen Teil.**"

Das heißt: Der **Auftragnehmer** darf und **muss aussuchen,** also die Ausführungsplanung erstellen und/oder vervollständigen sowie Auswahlentscheidungen treffen. **Er bestimmt**

---

[743] Oben Rdn. 474-545; weitere Leistungsabgrenzungen, insbesondere durch die „Sonstigen Vertragsbestandteile", haben wir unter Rdn. 546-607 erörtert.
[744] Oben Rdn. 462, auch Rdn. 444, 520 fit.
[745] Weil zwingend ist, dass der Auftrag**nehmer** insoweit plant und bestimmt, gilt § 316 BGB nicht, vgl. oben Rdn. 454, s. weiter Fn. 744.

damit die Leistung. Das heißt, das, was **er** als bisher nicht im Detail geregelt jetzt **festlegt**, ist nunmehr **Bausoll**.[746] Der Auftraggeber hat insoweit im formalen Sinne kein „Mitspracherecht"; natürlich hat er die Befugnis, gemäß oder analog § 1 Nr. 3, Nr. 4 und § 2 Nr. 5, Nr. 6 VOB/B zu ändern oder zu ergänzen – dazu näher unten Rdn. 1000 ff.; ohnehin führt nicht jede Änderung zu Mehrkosten, weil Änderungen ja auch kostenneutral sein können. Aber der Auftragnehmer braucht sich in der Phase der Leistungsbestimmung – formal – nicht auf „vergütungsfreie" Einigungsversuche mit dem Auftraggeber einzulassen. Eher im Gegenteil: Gerade der Auftragnehmer muss das Bausoll insoweit festlegen, er **muss** Fliesenfarben und Treppenkonstruktion aussuchen und bestimmen.

Das heißt, dass er insoweit eine Wahlfreiheit hat – und genau die hat ihm der Auftraggeber durch die Systemwahl eingeräumt. Hätte der Auftraggeber das nicht gewollt, hätte er selber in Einzelheiten planen und Einzelheiten angeben müssen. An die einmal getroffene Systemwahl bleibt der Auftraggeber gebunden.

You cannot eat the cake and have it – man kann nicht **alles** haben.

Natürlich hindert nichts die Parteien, einverständliche Lösungen zu suchen, aber das ist nicht unser Fall.

7.5.2 Billigkeit der Bestimmung des Auftragnehmers

646   Das Wahlrecht des Auftragnehmers ist sehr weit. Dass seine Wahl all den Kriterien entsprechen muss, die ohnehin für die Ausführung des Globalelements gelten – innerhalb der anerkannten Regeln der Technik, unter Beachtung öffentlich-rechtlicher Vorschriften und ordnungsgemäßer Funktionalität –, versteht sich, aber darüber hinaus bleibt es dabei, dass der Auftragnehmer innerhalb der Vorgaben des Vertrages (des Standards), die dort nicht aufgeführten Einzelheiten bestimmt.

Die Wahl des Auftragnehmers hinsichtlich dieser Einzelheiten muss sich lediglich innerhalb der Grenzen der **„Billigkeit"** halten. Mit einer sehr allgemeinen Formel: Was billig ist, ist „unter Beachtung der Interessenlage beider Parteien" unter Heranziehung des in vergleichbaren Fällen Üblichen zu entscheiden.[747] Damit darf aber nicht das Auswahlrecht des Auftragnehmers zur Festlegung der Einzelheiten[748] konterkariert werden. Das Auswahlermessen bleibt groß, lediglich unkorrekte Auswüchse zu Lasten des Auftraggebers müssen unterbunden werden.

647   Wenn es mehrere Lösungsmöglichkeiten gibt, ist die Wahl einer davon nie unbillig. Wenn es keine exakt vergleichbaren Objekte gibt, sondern durchaus solche unterschiedlichen Standards, ist die Wahl eines jeden dieser Standards zulässig, wie in Rdn. 585 schon angesprochen.

Ausschlaggebend ist, dass die Wahl innerhalb des durch den Vertrag definierten „Levels" des Objekts liegt. Wenn die Leistungsbeschreibung „Luxuswohnungen" nennt, darf nicht die schlichteste Teppichbodenqualität gewählt werden. Wenn ein Bürocenter in einer exklusiven Lage einer Großstadt angeboten wird, versteht es sich von selbst, dass der Emp-

---

[746] Ebenso Leinemann/Schliemann, VOB/B § 2 Rdn. 257; 268; Putzier, Pauschalpreisvertrag, Rdn. 194, 294; Acker/Garcia-Scholz BauR 2002, 550; Fink/Klein in: Freiberger Baurechtshandbuch, § 1 Rdn. 137. In vollem Umfang und wörtlich folgend auch Petzschmann, Probleme von Leistungsänderungen, S. 15.
Anderer Ansicht anscheinend Kleine-Möller/Merl, § 2 Rdn. 204, der dem Auftrag**geber** ohne Begründung ein Bestimmungsrecht gemäß § 316 BGB einräumt. Das ist mit der Funktionsverteilung unvereinbar und führt zu systemwidrigen Kalkulationsrisiken des Schlüsselfertig-Auftragnehmers. Siehe auch Fn. 699.
[747] BGHZ 41, 271; BGHZ 62, 316.
[748] Zur „Bemusterung" vgl. Rdn. 652.

fang „repräsentativ" ausgestaltet sein muss. Wenn ein Cash-and-carry-Haus zu errichten ist, versteht sich das genaue Gegenteil.

Die örtliche Lage, die Umgebung, die „konkurrierenden Objekte" können insoweit als allerdings sehr vager Beurteilungsmaßstab für die „Billigkeit" herangezogen werden, aber eben nur als **Grenz**markierung. Auch die „gewerbliche Verkehrssitte" kann hier im äußersten Fall zur Abrundung des Bildes herangezogen werden.

Aber es ist zu wiederholen: Der Auftragnehmer hat eine große Wahlfreiheit; nicht alles, was dem Auftraggeber plötzlich nicht mehr passt, ist deshalb unbillig. Wenn der Auftraggeber „besseres" oder „mehr" haben will, dann sollte sich der Auftragnehmer nicht scheuen, sofort auf das „Mehr" an Vergütung hinzuweisen.

Der Auftragnehmer muss **beweisen,** dass seine Bestimmung der Billigkeit entspricht.[749] **648**

Können die Parteien sich endgültig nicht darüber einigen, ob eine Bestimmung „billig" getroffen ist, so trifft diese Bestimmung äußerstenfalls nachträglich das Gericht. Das gilt auch bei Verzug des Auftragnehmers mit der Leistungsbestimmung, wobei dies außerdem Kündigungsgrund für den Auftraggeber ist.

Eine „unbillige" Bestimmung ist wirkungslos.

7.5.3 Die Bestimmung der Leistung durch den Auftragnehmer als (rechtzeitige) Erklärung gegenüber dem Auftraggeber

„Die Bestimmung erfolgt durch Erklärung gegenüber dem anderen Teil" – § 315 Abs. 2 **649** BGB. Der Auftragnehmer übt sein Bestimmungsrecht dadurch aus, dass er eine rechtsgestaltende, formlos gültige, bestimmte **Erklärung** gegenüber dem Auftraggeber abgibt. Einfacher ausgedrückt: Der Auftragnehmer **muss** den Auftraggeber über die getroffene Detailwahl informieren, und zwar in dem Umfang, in dem üblicherweise auch der Objektplaner über die Ausführungsplanung informieren und in dem er Auswahlentscheidungen mit dem Auftraggeber erörtern würde.

Um Missverständnisse zu vermeiden: Nichts hindert den Auftragnehmer, sich mit dem Auftraggeber über die Ausführung (innerhalb der „Reichweite" der Pauschalvergütung) zu einigen. Dass dies beim Schlüsselfertigbau der naheliegende, kein schlechter und kein unüblicher Weg ist, liegt auf der Hand. Aber wir erörtern hier eine methodische Problematik und vor allem die Frage, wer gegebenenfalls im Streitfall verbindlich die Leistungsbestimmung zu treffen hat.

Hat der Auftragnehmer die Wahl-Erklärung abgegeben, liegt damit das Bausoll fest (dazu auch Rdn. 651). Der Auftraggeber kann (jetzt) eine andere Ausführung oder Ausstattung anordnen, das ist Ausübung der Rechte gemäß § 1 Nr. 3, 4 VOB/A, es löst gegebenenfalls Vergütungsfolgen gemäß § 2 Nr. 5, 6 i. V. m. § 2 Nr. 7 Abs. 2 VOB/B aus.

Für einen BGB-Vertrag gilt im Ergebnis nichts anderes – dazu näher Rdn. 1003.

Der Auftragnehmer hat durch seine Auswahl aus der Globalregelung jetzt eine Detailregelung gemacht, **jetzt** ist mit Wirkung gegenüber dem Auftraggeber die Ausgestaltung des Teilbereichs **„näher bestimmt".**[750] Auftraggeberseitige Abweichungen davon führen zu Änderungen oder Zusatzleistungen nach allgemeinen Grundsätzen.

Der Auftragnehmer muss die Leistungsbestimmung dem Auftraggeber gegenüber **recht- 650 zeitig** erklären – gewissermaßen spiegelbildlich gegenüber der Verpflichtung eines Auf-

---

[749] BGHZ 41, 279; BGH BB 1975, 64, näher unten im Gesamtzusammenhang Rdn. 666.
[750] Selbstverständlich, vgl. z.B. Münchener Kommentar / Gottwald, BGB § 315 Rdn. 34; s. auch Band 1 Rdn. 790.

traggebers, der selbst die Ausführungsplanung erstellt, die zur Ausführung nötigen Unterlagen dem Auftragnehmer gemäß § 3 Nr. 1 VOB/B rechtzeitig zu übergeben. Ebenso wie der verspätete Hinweis auf während der Ausführung sich wandelnde „anerkannte Regeln der Technik" – vgl. Rdn. 571 – kann auch hier der nicht rechtzeitige Auswahlhinweis des Auftragnehmers diesen gegenüber dem Auftraggeber schadensersatzpflichtig machen für Mehrkosten des Auftraggebers infolge jetzt „verspäteter" Entscheidungen.

Es ist umgekehrt nicht nur zulässig, sondern empfehlenswert, wenn der Auftragnehmer mit seiner Erklärung über die Leistungsbeschreibung eine angemessene Frist mitteilt, nach deren Ablauf mit der Ausführung begonnen wird. Dann hat der Auftraggeber noch Zeit, sich mit dem Auftragnehmer über Änderungen zu unterhalten, die ja nicht unbedingt Kostenfolgen haben müssen.

Die „Erklärung über die Leistungsbestimmung" seitens des Auftragnehmers liegt auch in dem nicht vorher mitgeteilten bloßen Leistungsbeginn. Aber daraus resultierende Mehrkosten bei Änderungs- oder Zusatzanordnungen des Auftraggebers trägt der Auftragnehmer wegen der verspäteten Benachrichtigung.

651 Wenn sich der Auftragnehmer einmal entschieden hat (also das Wahlrecht nach Billigkeit ausgeübt hat) und sich dazu gegenüber dem Auftraggeber erklärt hat, so hat er damit sein Gestaltungsrecht „Auswahlmöglichkeit" verbraucht, die Entscheidung ist endgültig (s. oben Rdn. 649). Sie bindet ihn insoweit auch dann (von Anfechtungsmöglichkeiten abgesehen), wenn er zu seinen „Ungunsten" gewählt hat, d.h., wenn er eine bessere Ausführungsart gewählt hat als die, zu der er vertraglich verpflichtet gewesen wäre. Die gewählte Ausführungsart ist jetzt Bausoll, der Auftragnehmer darf von sich aus diese Ausführungsart nicht mehr ändern. Abweichungen davon wären Mangel.

7.5.4 Vom Auftragnehmer dem Auftraggeber eingeräumte Auswahlmöglichkeit („Bemusterung") – Preisgrenzen für Musterauswahl

652 Es kommt häufig vor und ist natürlich auch rechtlich zulässig, dass der Auftragnehmer selbst nur „vorentscheidet" und dem Auftraggeber **unter mehreren Möglichkeiten** der Ausführung ein **Wahlrecht** einräumt, also ein echtes Auswahlschuldverhältnis schafft; diese Möglichkeit **kann** auch schon im Vertrag vorgesehen werden (typisch: **„Bemusterung"**).[751] In diese Richtung gehen auch **„Preis-Obergrenzen-Regelungen"**, z. B. „Fliesen bis zu 35,– €/m² Einkaufspreis." Ebenso hat der Auftraggeber **innerhalb** der vom Auftragnehmer festgelegten „Standards" (vgl. oben Rdn. 646) ein Auswahlrecht.

Die Wahl des Auftraggebers **innerhalb** des vorgegebenen Rahmens begründet dann das Bausoll.

Es ist auch hier zweckmäßig, wenn der Auftragnehmer dem Auftraggeber mitteilt, in welcher Frist die Wahl getroffen sein muss, um Behinderungen auszuschließen; noch besser ist eine gleich von Anfang an klare vertragliche Regelung. Eine verspätete Wahl kann Behinderung im Sinne von § 6 VOB/B sein, eine Behinderungsanzeige gemäß § 6 Nr. 1 VOB/B ist allerdings gerade hier unentbehrlich.

Die Wahl bis zur Preisobergrenze (Fliesen bis zu 35,– € Einkaufspreis) ist übrigens zu unterscheiden von der festen „Preisgrenze". Beispiel im Schlüsselfertig-Vertrag:

---

[751] Einzelne DIN-Normen regeln, dass eine Bemusterung Nebenleistung und deshalb **nicht gesondert zu vergüten** ist, z.B. DIN 18352 (Fliesen- und Plattenarbeiten) Abschn. 4.1.2 oder DIN 18357 (Beschlagarbeiten) Abschn. 4.1.2.
Beim **Komplexen Global-Pauschalvertrag** ist eine Bemusterung nie gesondert zu vergüten; die Detaillierung der Globalelemente hin zu einem Ausführungsstandard und auch die Erweiterung der Auswahl innerhalb dieses Standards gehört zu der dem Auftragnehmer übertragenen „Planungsleistung".

10 000 m² Teppichboden – 50,- €/m². Wenn jetzt der Auftraggeber eine Bezugsquelle für einen Teppichboden zu 40,- € „ab Werk" findet und als Selbstübernahme dem Auftragnehmer zuliefern will, ist das gemäß § 2 Nr. 7 Abs. 4 Satz 1, § 2 Nr. 4 VOB/B zu behandeln, wie unter Rdn. 1308 ff. erörtert.

7.6 Auswahlentscheidungen des Auftragnehmers entsprechend „mittlerer Art und Güte"?

Dass der Auftragnehmer bei all seinen Entscheidungen, mit denen er globale Elemente ausfüllt, also eine Einzelregelung nachholt, ebenso wie bei den Entscheidungen, bei denen er technischen oder öffentlich-rechtlichen oder funktionellen Notwendigkeiten nachkommt, die preiswerteste Lösung (innerhalb des richtigen Standards, innerhalb der „Billigkeit") wählen wird, liegt auf der Hand. Muß er dagegen nicht eine **mittlere** Leistungsqualität auswählen und ausführen?

Vorweg: Selbstverständlich darf der Auftragnehmer Normverfahren, Normmaße, Normausstattung wählen. Eine Wohnungstür hat ein Normmaß von 88,5 cm. Das ist weder teuer noch billig, sondern Standard. Ebenso genügt es, wenn der Auftragnehmer einen technischen Mindeststandard ausfüllt, z. B. den einer DIN-Norm. Dann ist die Norm eben erfüllt.

Gemäß § 243 Abs. 1 BGB hat der Schuldner dann, wenn er eine nur der Gattung nach bestimmte Sache schuldet, eine Sache von mittlerer Art und Güte zu leisten. Bei der (beschränkten) Gattungsschuld werten dabei die Parteien den Vorrat, aus dem geleistet werden soll, als eine Menge gleichartiger Gegenstände. Wenn folglich „Kartoffeln Sorte Grata" geliefert werden sollen, muss die Qualität durchschnittlich sein, es dürfen nicht nur die gekeimten Kartoffeln „ausgesucht" werden.

In Fällen des Baubereichs soll der Auftragnehmer aus unterschiedlichen Typen, Ausführungsarten, Ausstattungsdetails, Konstruktionsüberlegungen usw. heraus wählen können. Dann braucht die Wahl **nur** der Billigkeit zu entsprechen, wie unter Rdn. 646, 647 erörtert. Auch die Wahl einer preiswerten Ausstattung ist „billig" (!), sofern **ansonsten** die Wahl sich im Rahmen der „Billigkeit" bewegt; **§ 243 BGB zieht nicht,** das Objekt ist keine Gattungsschuld.

Es ist im übrigen im Gegenteil geradezu selbstverständlich, dass der Schlüsselfertig-Auftragnehmer versuchen wird, die für ihn preiswerteste Alternative zu wählen. Auch das ist legitim: Dem Auftraggeber hätte es freigestanden, durch die Vereinbarung konkreter Standards oder Leistungen ein solches Auswahlverhalten zu verhindern oder im Gegenteil eine bestimmte Leistung vorzugeben. Der Auftraggeber hat aber eine andere Systemwahl getroffen, daran muss er sich halten.

8 Missverständlich oder mangelhaft definiertes Bausoll generell (unklare Ausschreibung) – Auslegung, Prüfpflichten des Bieters, Vergütungsfolgen, versteckte Hinweise (OLG Stuttgart, BauR 1992, 639)

Spezielle Fälle von **Unklarheit oder Widersprüchen im Rahmen von Global-Pauschalverträgen** haben wir schon behandelt, nämlich den Widerspruch zwischen (auftraggeberseitiger) Detailregelung und (auftragnehmerseitiger) Komplettierungspflicht (Rdn. 472 ff.), weiter die Auslegung unklarer Abgrenzung zwischen Detailbereichen und

Globalregelungen (Rdn. 511 ff.), auch den Widerspruch zwischen falscher planerischer Vorgabe des Auftraggebers und Pflicht zur mangelfreien Leistung des Auftragnehmers (Rdn. 557 ff.). Schließlich haben wir auch festgestellt, dass beim Global-Pauschalvertrag der Text den Plänen vorgeht (Rdn. 493).

Unabhängig von diesen **spezifischen** Problemen gibt es beim Global-Pauschalvertrag genauso wie beim Detail-Pauschalvertrag (vgl. oben Rdn. 284) oder beim Einheitspreisvertrag das **generelle** Problem, dass **Ausschreibungselemente mißverständlich oder unklar sind**, z. B. Texte in sich widersprüchlich sind, oder Lücken bestehen. Weil diese Probleme völlig identisch mit denen beim Detail-Pauschalvertrag oder dem Einheitspreisvertrag sind, dürfen wir insoweit in vollem Umfang auf unsere Ausführungen in Band 1 Rdn. 156–279 verweisen.

Die Tatsache, dass zufällig ein Pauschalvertrag zur Beurteilung ansteht, darf nicht dazu führen, **klare Regelungen im Wege der Auslegung unklar zu machen,** weil man infolge unzutreffender Beachtung der Grundsätze des Pauschalvertrages nur noch über einen (ohnehin richtigerweise als Vergütungsanspruch zu behandelnden) Schadensersatzanspruch wegen unklarer Ausschreibung zu einem als gerecht empfundenen Ergebnis kommt.

Als Beispiel eine Entscheidung des OLG Stuttgart:[752] Zu bauen war laut Text und Plan im Rahmen eines Schlüsselfertigvertrages **ein „Groß-Kühlschrank".** **Versteckte Hinweise** in einem einzigen Plan (vom Auftraggeber überreicht nach Angebotsabgabe, unerwähnt in der Vertragsverhandlung), die an der Anzahl hätten zweifeln lassen, hat das Oberlandesgericht mit ausgezeichneter Begründung als „zu versteckt" erachtet und **damit als unbeachtlich für das Bausoll** angesehen – vgl. auch oben Rdn. 638. **Nach** Vertragsschluss verlangt der Auftraggeber – in Anknüpfung an die versteckten Hinweise – **zwei „Groß-Kühlschränke".** Das ist der schlichte Fall des § 2 Nr. 6, § 2 Nr. 7 Abs. 2 VOB/B. Das Oberlandesgericht untersucht

a) unzutreffend § 2 Abs. 5 VOB/B und geht dabei

b) auch noch unrichtig davon aus, dass nur eine „erhebliche Änderung" der Preisermittlungsgrundlage zum Anspruch führe.[753]

c) Einen Anspruch aus § 2 Nr. 6 VOB/B verneint das Gericht unzutreffend, weil die „Erhöhung des Vordersatzes", also eine Mengenerhöhung, beim Pauschalvertrag nicht zur Mehrvergütung führe (!). Das OLG verkennt dabei, dass **diese** „Mengenerhöhung" nicht „aus den vorgefundenen Umständen" resultiert, sondern **angeordnete Mehrmenge** ist und **deshalb** – bei Ankündigung des Mehrvergütungsverlangens vor Ausführung – Ansprüche gemäß § 2 Nr. 7 Abs. 1 Satz 4 a. F., § 2 Nr. 6 VOB/B begründet.[754] Weil das Oberlandesgericht aber natürlich auch zu dem Ergebnis kommen will, dass man nicht für den Preis eines Kühlschranks zwei Kühlschränke liefern muss, greift es

d) zu der Allzweckwaffe „Schadensersatz aus unklarer Ausschreibung"! Aber: **Ein** Kühlschrank in der Ausschreibung bleibt **ein Kühlschrank, nichts ist unklar.**

Wenn der Auftraggeber **nach** Vertragsschluss zwei Kühlschränke verlangt – wegen der für den Auftragnehmer **unerkennbaren** Anhaltspunkte für zwei Kühlschränke ist Bau-

---

[752] BauR 1992, 639.
Beck'scher VOB-Kommentar/Jagenburg VOB/B § 2 Nr. 5 VOB/B Rdn. 31, 33 erörtert in der Besprechung dieser Entscheidung einen falschen Sachverhalt: Die Pläne lagen - wenn auch „untergeschoben" – **vor** Vertragsschluss vor.
[753] Einzelheiten zu letzterer Problematik unten Rdn. 1110 ff. Ablehnend zu OLG Stuttgart auch Putzier, Der unvermutete Mehraufwand, S. 19.
[754] Zur angeordneten Mengenmehrung in diesem Fall Rdn. 288 und unten Rdn. 1074 ff.

soll (Vertragsinhalt) eben nur **ein** Kühlschrank –, sind es **jetzt** zwei, und das ist der Fall des § **2 Nr. 6 VOB/B**, nämlich schlichte vom Auftraggeber nach Vertragsschluss **angeordnete** Mengenmehrung.

Ebensowenig wie versteckte Angaben des Auftraggebers würden **versteckte Hinweise** des **Bieters (Auftragnehmers)** – im Angebot – Vertragsinhalt (Bausoll).[755]

9 Beweislast – Was fällt „unter die Pauschale"?

9.1 Auffassung der Rechtsprechung und Literatur

Wenn es zwischen den Parteien streitig ist, ob eine Rampe zum Bausoll gehört, ob eine detailliert geregelte Ausführung verbindlich ist, ob ein Schlüsselfertig-Auftragnehmer eine in der auftraggeberseitigen Planung nicht enthaltene, weil vergessene Leistung auf eigene Kosten leisten muss – dann muss zuerst ausgelegt und dann bewiesen werden. Wird nicht bewiesen, verliert der, der die Behauptung beweisen muss, d. h. derjenige, der die (Darlegungs- und) **Beweislast** trägt.[756] Wer die Beweislast dafür trägt, „was unter die Pauschale fällt", ist umstritten.[757]

655

Vorweg ist dabei allerdings eines zu betonen: Vor der Beweisführung und gegebenenfalls der Beweislastentscheidung zum „Inhalt" der Pauschale, d. h. zum Bausoll, steht die Auslegung der Vertragsunterlagen.[758] Wir haben zum Global-Pauschalvertrag letztendlich in Rdn. 400–678 nichts anderes behandelt. Auslegungsfragen entscheiden sich nach den dargelegten Auslegungskriterien, äußerstenfalls entscheidet sie ein Gericht, aber es entscheidet sie grundsätzlich nicht nach Beweislastkriterien.

656

Dennoch gibt es auch schon im Bereich der Auslegung viele beweisbedürftige Tatsachen-Vorfragen, die entscheidend werden können. Zum Beispiel: Ob nach fachlicher Durchschnittskenntnis ein Problem zu einer konkreten Detailregelung gehört (Rdn. 482), was zu den Betriebskosten gehört (Rdn. 617), ob aus vom Auftraggeber gestellten Unterlagen der Bieter einen zulässigen Schluss auf eine bestimmte Ausführungsart ziehen durfte (Rdn. 640), ob fachlich eine öffentlich-rechtliche Entscheidung in einem bestimmten Sinne zu erwarten war (Rdn. 655) – das sind alles Tatsachenfragen, die bewiesen werden können und die erst dann eine Auslegung ermöglichen.

Ebenso ist natürlich eine schlichte Behauptung dem Beweis zugänglich, z. B. die, bei der Vertragsverhandlung habe Einigkeit darüber bestanden, dass eine bestimmte Leistung, obwohl nicht mehr gesondert erwähnt, doch Gegenstand der globalen Leistungsverpflichtung sein solle.

---

[755] Beispielsfall: OLG Düsseldorf NJW-RR 1996, 921.
[756] Zum Begriff der Beweislast s. oben Rdn. 99.
[757] Das hat nichts mit der Frage zu tun, wer beweisen muss, dass überhaupt ein Pauschalvertrag und nicht ein Einheitspreisvertrag vereinbart ist, dazu oben Rdn. 98 ff.
[758] Vgl. oben Rdn. 257, 260; zutreffend insbesondere Thode, Änderungen beim Pauschalvertrag und ihre Auswirkungen auf den Pauschalpreis, in: Seminar Pauschalvertrag und Schlüsselfertigbau, S. 33, 40.

657 Die eher überwiegende Meinung steht zur Beweislast auf dem Standpunkt, der **Auftraggeber** müsse im Streitfall **beweisen,** dass die von ihm geforderte Leistung Gegenstand des Bausolls sei.[759] Bei umstrittenem Leistungsinhalt eines globalen Leistungselements entscheidet, dass der **Auftraggeber Planungsfunktionen** auf den Auftragnehmer abgewälzt und diesem Entscheidungen übertragen hat und dessen Entscheidungen akzeptieren muss, nämlich „Billigkeitsentscheidungen" gemäß § 315 BGB.[760] Die Richtigkeit dieser eigenen Entscheidung hat jedenfalls der **Auftragnehmer** zu beweisen, insbesondere muss er beweisen, dass die Entscheidung der „Billigkeit" entspricht – so schon oben Rdn. 648.

658 Folglich **könnte man umgekehrt eher schließen,** der **Auftragnehmer** habe zu beweisen, dass die vom Auftraggeber verlangte Leistung **nicht** unter die Pauschale falle – so demgemäß der andere Teil der Lehre.[761]

Indes **stimmt auch das nicht** in den Fällen, in denen der Auftraggeber die Planungsfunktion gerade nicht oder nur im Sinne einer „Endkontrolle" auf den Auftragnehmer übertragen hat, also in den Fällen, in denen der Auftraggeber selbst detaillierte eigene Ausführungsplanungen zum Leistungsgegenstand gemacht hat, wie für den reinen Detail-Pauschalvertrag (ohne jedes Globalelement) schon ausführlich besprochen.[762] Wiederum umgekehrt muss der Auftraggeber bei auftragnehmerseitiger Ausführungsplanung zwar seinen Planungsauftrag beweisen, der Auftragnehmer aber sodann, dass er mit seiner Ausführungsplanung den Planungsauftrag auch in vollem Umfang ausgeführt hat.[763] Das deckt sich vollkommen mit der Anwendung des § 315 BGB, denn der Auftragnehmer hat zu beweisen, dass das Globalelement „Planung" richtig und vollständig („billig") vervollständigt ist.

9.2 Differenzierte Lösung erforderlich

659 Nach alledem ist eine „pauschale" Antwort auf die Frage, was „unter die Pauschale fällt", unzulässig. Es ist vielmehr zu **differenzieren,** und zwar nach **Detailregelungen** – und hier noch je nach Planungsverantwortlichkeit – und nach **Globalregelungen.**

Das führt zu folgenden **Ergebnissen:**[764]

660 a)
Vorab ist es der Systematik und der Vollständigkeit wegen sinnvoll, die schon erörterte Beweislastregeln beim **Detail-Pauschalvertrag** noch einmal in Erinnerung zu rufen, also dem Vertrag, der auf der Leistungsseite keine Globalregelungen aufweist, nicht einmal eine (gültige) Komplettheitsklausel.

---

[759] § 2 Nicklisch/Weick, § 2 Rdn. 85; Vygen, BauR 1983, 375, 382; Heyers, BauR 1983, 297; Staudinger/Peters, BGB, § 632 Rdn. 120.
[760] Einzelheiten oben Rdn. 643 ff.
[761] OLG Köln, BauR 1987, 575, 576; Baumgärtel, Handbuch der Beweislast, § 632 Rdn. 20 = ZfBR 1989, 231, 234; Motzke, Seminar Vergütungsansprüche, S. 111 ff.
[762] Oben Rdn. 262.
[763] Oben Rdn. 264.
[764] Für eine unserer nachfolgend erörterten annähernd gleiche oder ähnliche Differenzierung zutreffend Thode, a. a. O., S. 39, 42; Nicklisch/Weick VOB/B § 2 Rdn. 95; Vygen, Bauvertragsrecht Rdn. 848, 849; Heiermann/Riedl/Rusam, VOB/B § 2 Rdn. 147; Werner/Pastor, Bauprozess, Rdn. 1203; Ingenstau/Korbion/Keldungs, VOB/B, § 2 Rdn. 286; Zielemann, Vergütung, Rdn. 326; i.E. Gauch, Werkvertrag, Rdn. 906 „auf der Auslegungsebene" (für das Schweizer Recht). In wenigen Einzelheiten stimmen wir beim Detail-Pauschalvertrag nicht mit Thode und Zielemann überein (vgl. oben Rdn. 256 ff.), im **grundsätzlichen und methodischen Ergebnis** besteht **Übereinstimmung.**

Beim **Detail-Pauschalvertrag** ist das Bausoll in der Regel definiert durch vom **Auftraggeber geplante** Vorgaben, in der Regel durch ein auftraggeberseitiges Leistungsverzeichnis ähnlich wie beim Einheitspreisvertrag und durch Pläne. Hier gilt die **Vermutung, dass die Leistungsbeschreibung durch Leistungsverzeichnis und Pläne vollständig ist.**[765] Das ist eine Folge der Systemwahl „auftraggeberseitige Planung" ohne erklärtes Allgemeines Leistungsziel. Der Auftragnehmer muss lediglich beweisen, dass er die in der Leistungsbeschreibung aufgeführten Einzelleistungen auch ausgeführt hat. Wenn der **Auftraggeber** „mehr Leistung" haben will und glaubt, dies falle doch unter das Bausoll, muss **er die Vollständigkeitsvermutung widerlegen**, ihn trifft die **Beweislast**. Er muss auch behauptete „erkennbare Lücken", also angeblich im Bausoll enthaltene Globalregelungen, beweisen.

661 Der Bundesgerichtshof hat zutreffend und klar entschieden: „Ein Unternehmer wird sich nur dann verpflichten, ein Gebäude zu einem festen Preis zu errichten, wenn er den Umfang und die Ausführungsart der von ihm geforderten Leistung genau kennt und wenn er mit **Abweichungen hiervon nicht zu rechnen** braucht. Alle **nicht vorher festgelegten** Leistungen werden daher im **Zweifelsfall** mit dem Pauschalpreis **nicht** abgegolten sein ..."[766] Der vom BGH entschiedene Fall behandelt geradezu exemplarisch sowohl einen detailliert geregelten Bereich (Rohbau und Innenputz) als auch einen global geregelten Bereich (Erd-, Abbruch- und Unterfangungsarbeiten); die Aussage des Bundesgerichtshofs bezieht sich nach dem Entscheidungszusammenhang eindeutig auf einen **detailliert geregelten Bereich**[767] und **bestätigt unsere Darlegungen**, erlaubt aber darüber hinaus keinen weitergehenden Schluss.

662 Ist das Bausoll dagegen durch **auftragnehmerseitig geplante** Einzelregelungen definiert, gilt keine Vollständigkeitsvermutung zugunsten des Auftragnehmers. Behauptet der Auftraggeber fehlende, zum Bausoll gehörige Leistungen, so muss er allerdings beweisen, welchen Planungsauftrag er dem Auftragnehmer erteilt hat (oben Rdn. 264). Ist das aber bewiesen, so muss jetzt der Auftragnehmer beweisen, dass er den Planungsauftrag durch seine planerischen Einzelregelungen für die Ausführung auch „vollständig" erfasst und durch seine Bauleistung in die Tat umgesetzt hat. Unaufklärbare Zweifel gehen dann zu seinen Lasten. Der Auftragnehmer gewinnt allerdings auch dann, wenn er beweist, dass die nachträglich vom Auftraggeber verlangte Leistung außerhalb des Umfangs des Planungsauftrages lag.[768]

663 b)
Beim **Einfachen Global-Pauschalvertrag** (zum Begriff Rdn. 406) ist das Bausoll auftraggeberseitig genauso detailliert vorgegeben wie beim Detail-Pauschalvertrag, jedoch enthält der Vertrag für nur ein (oder mehrere verwandte) Gewerk(e) zusätzlich eine Komplettheitsklausel.
Ist die **Komplettheitsklausel in Allgemeinen Geschäftsbedingungen** des Auftraggebers enthalten, so ist sie **unwirksam**.[769] Es handelt sich dann also nur um einen scheinbaren „Einfachen" Global-Pauschalvertrag, in Wirklichkeit nach wie vor um einen Detail-Pauschalvertrag. Für ihn gelten daher die unter a erwähnten Beweislastregeln.

664 Ist beim **Einfachen Global-Pauschalvertrag** die „Komplettheitsklausel" individuell vereinbart, so ist sie wirksam. Die Klausel regelt dann, dass der Auftragnehmer trotz auftraggeberseitiger Ausführungsplanung die Vollständigkeit der Planung in bezug auf das

---

[765] Einzelheiten dazu oben Rdn. 255–262. Zutreffend insoweit insbesondere OLG Düsseldorf BauR 1989, 483.
[766] BauR 1971, 124, zu dieser Entscheidung ausführlich oben Rdn. 221–226.
[767] Ebenso Thode, a. a. O.
[768] Einzelheiten oben Rdn. 264.
[769] Siehe oben Rdn. 512.

Allgemeine Leistungsziel zu prüfen und unter bestimmten Voraussetzungen auch zu leisten hat.[770] Das ändert aber nichts an der Vollständigkeitsvermutung hinsichtlich der geregelten Einzelheiten für die Ausführung. Die Verletzung der Pflicht des Auftragnehmers zur „Endkontrolle" muss der Auftraggeber beweisen.

665 c)
Beim **Komplexen Global-Pauschalvertrag,** z. B. beim **Schlüsselfertigbau,** ist zuerst zu **prüfen,** ob die Leistungsbeschriebe nur aus Globalregelungen bestehen oder ob der Vertrag **auch** – wie fast immer – teilweise **auftraggeberseitig** geregelte Detailregelungen enthält.

Der Auftragnehmer muss bei Detailregelung den **Regelungsumfang,** also die Reichweite der **Detailregelung,** beweisen.[771] Er muss also beweisen, dass die strittige Leistung ein **geregeltes** Problem betrifft. **Innerhalb** des **Regelungsumfangs der Detailregelungen** gelten wieder die Beweislastregeln des Detail-Pauschalvertrages: Für die Vollständigkeit der auftraggeberseitigen Einzelregelungen spricht eine Vermutung, die der Auftraggeber widerlegen muss. Als schönes Beispiel: Es ist unstreitig, dass der „Ausbau" von zwei zu einer Eigentumswohnung gehörenden Kellerräume Bausoll ist. Die Kellerräume werden als Wohnräume ausgebaut. Der Bauträger verlangt Mehrvergütung. Er hat Unrecht: „Der Ausbau" ist geregelt.[772]

666 **Außerhalb** des **Regelungsumfangs von Detailregelungen,** also zum Inhalt **globaler Leistungsregelungen** – das gilt auch, wenn der Vertrag nur globale Regelungen aufweist –, muss der **Auftragnehmer** beweisen, dass er den „Oberbegriff" der Globalregelung – die „erkennbare Lücke" laut früherer Terminologie des BGH[773] – ordnungsgemäß und vollständig ausgefüllt hat. Der Auftragnehmer muss insoweit seine Leistungsbestimmung „rechtfertigen"; er muss also auch die „Billigkeit" einer Leistungsbestimmung gemäß § 315 Abs. 1, Abs. 2 BGB beweisen;[774] **er** muss demzufolge darlegen und beweisen, dass die modifizierten Leistungen, für die er zusätzliche Vergütung verlangt, außerhalb des Inhalts der globalen Leistungsregelungen liegen, also Bausoll-Bauist-Abweichungen sind.[775] Ebenso muss der Auftragnehmer seine Behauptung beweisen, eine Leistung sei vertraglich ausgeschlossen.[776]

Welche Planungsaufgabe er dem Auftragnehmer gestellt hat, muss gegebenenfalls der Auftraggeber beweisen.

Hat der Auftragnehmer **schlüssig** dargelegt, was Gegenstand des Bausolls laut Global-Pauschalvertrag ist und was darüber hinaus geänderte oder zusätzliche Leistung ist, so muss der Auftraggeber dies **substantiiert** bestreiten; die formelhafte Behauptung, diese „Positionen" seien vom Pauschalpreis umfasst, reicht dann nicht aus.[777]

---

[770] Siehe oben Rdn. 515 ff.
[771] Siehe oben Rdn. 482-490.
[772] Im Ergebnis zutreffend OLG Karlsruhe IBR 1997, 8 mit Kurzanm. Hunger, vorausgesetzt, der Ausbau zu Wohnzwecken ist öffentlich-rechtlich zulässig.
[773] Vgl. oben Rdn. 404, 632.
[774] BGHZ 41, 271; BGH BB 1975, 64. Siehe auch oben Rdn. 648.
[775] So richtig die h. M., s. oben Fn. 764. Zutreffend i.E. KG IBR 1999, 513, Revision vom BGH nicht angenommen. Vgl. weiter Rdn. 658 mit Fn. 761.
[776] Dazu oben Rdn. 491, 492.
[777] OLG Düsseldorf BauR 1996, 594 L.

Kapitel 6
Der Gegenstand der Leistung beim Global-Pauschalvertrag
Quantitatives Bausoll: Menge (Umfang der Leistung)

1 Geltung derselben Grundsätze wie beim Detail-Pauschalvertrag

Genauso wie beim **Detail-Pauschalvertrag** ist auch beim **Global-Pauschalvertrag** nicht nur die Art der Leistung (qualitativer Bauinhalt, Bauumstände) für die vertragliche Leistungspflicht, das Bausoll, maßgebend, ebenso ist auch der Umfang der Leistung, **die Menge**, wesentlich.[778] 667

Die **Erkenntnisse zum Detail-Pauschalvertrag hinsichtlich der vertraglich zu leistenden Menge** – oben Rdn. 286 ff. – sind aus einer Reihe von Gründen größtenteils **auf den Global-Pauschalvertrag anwendbar**.

Einmal besteht ja ein Global-Pauschalvertrag keineswegs zwingend nur aus globalen Regelungen,[779] im Gegenteil: Global-Pauschalverträge enthalten sehr oft Einzelregelungen oder einzelne Detailregelungen innerhalb einer Globalregelung, teils „pure" Globalregelungen. Beim Schlüsselfertigbau ist beispielsweise oft der „Aushub" global nur mit diesem einen Wort geregelt, die Haustechnik dagegen differenziert durch eine Vielzahl von Angaben. Wie wir ausführlich unter Rdn. 474 ff. für den qualitativen Bauinhalt erörtert haben, werden die Detailregelungen innerhalb des Global-Pauschalvertrages nach den Regeln des Detail-Pauschalvertrages behandelt; für den quantitativen Bauinhalt (Menge) gilt genau dasselbe. Das heißt: **Für die Detailbereiche im Global-Pauschalvertrag gelten hinsichtlich der Menge uneingeschränkt schon deshalb die Überlegungen zum Detail-Pauschalvertrag in Rdn. 286 ff.**

Zum anderen sind die **Mengenermittlungskriterien**, auf die es ja zur Ermittlung der geschuldeten Menge **allein** ankommt – oben Rdn. 287, 41 ff. –, ihrerseits genauso zu bestimmen wie qualitative Leistungskriterien: Was hinsichtlich der auftraggeberseitigen Aussagen zur Menge „**näher bestimmt**" ist, ist auch für die Feststellung von Mengenermittlungskriterien und damit für die als Bausoll geschuldete Menge maßgeblich.[780] 668

Endlich gibt es aber **nur** auf der Seite des **qualitativen** Bauinhalts die entscheidende Differenzierung zwischen Detail-Pauschalvertrag und Global-Pauschalvertrag, nämlich – stichwortartig ausgedrückt – differenzierte Leistungsbeschreibung einerseits, undifferenzierte Leistungsbeschreibung andererseits. Das hat uns ja gerade dazu veranlaßt, die Verständnishilfen „Detail-Pauschalvertrag"/„Global-Pauschalvertrag" einzuführen. 669

Hinsichtlich des **quantitativen** Bauinhalts **(Menge)** besteht **dieser grundlegende systematische Unterschied nicht**.

---

[778] Zur grundsätzlichen Systematik s. oben Rdn. 33 ff., 41 ff. Zur „**angeordneten** Mengenmehrung" s. unten Rdn. 1074 ff., zur „**angeordneten** Mengenminderung" Rdn. 1304 ff.
[779] Oben Rdn. 400 ff., 474 ff.
[780] BGH „Schlüsselfertigbau" BauR 1984, 395 (Einzelheiten zu dieser Entscheidung Rdn. 232), näher oben Rdn. 308; zum quantitativen Bausoll Rdn. 286 ff., 474 ff.

Rdn. 670   Globale Mengenermittlungskriterien – „Besondere Risikoübernahme"

Für **alle Pauschalvertragstypen** ist es nämlich geradezu **charakteristisch** und wesensnotwendig, dass die Vergütung unabhängig ist von der tatsächlich ausgeführten Menge, anders ausgedrückt, dass der Auftragnehmer zwingend ein (jedenfalls theoretisches) Mengenermittlungsrisiko trägt. „Pauschalverträge" ohne jedes Mengenermittlungsrisiko des Auftragnehmers sind in Wirklichkeit Einheitspreisverträge.[781] Da **dieses** Risiko im Prinzip sowohl für Detail-Pauschalverträge wie für Global-Pauschalverträge **gleich** ist, müssen auch die Regelungen hinsichtlich des Bausollelements „**Menge**" für beide Vertragstypen **gleich** sein. Es bleibt deshalb dabei, dass wir auf unsere Darlegungen zum Detail-Pauschalvertrag in Rdn. 286 ff. uneingeschränkt verweisen können. Es liegt auf der Hand, dass die Auswirkungen des Mengenermittlungsrisikos beim insgesamt „detaillierten" Vertragstyp natürlich im Normalfall geringer sind als beim „globalen" Vertragstyp. Nur das veranlaßt uns, überhaupt noch auf einige Mengen-Gesichtspunkte beim Global-Pauschalvertrag gesondert hinzuweisen.

2 Globale Mengenermittlungskriterien als zwangsläufige Folge globaler qualitativer Leistungsbeschreibung – „Besondere Risikoübernahme"

670   Schreibt der Auftraggeber „Ausschachtung bis auf kiesführende Schicht" aus, ohne dazu nähere Angaben, z. B. durch ein Bodengutachten, zu machen, so kann man formal darüber streiten, ob überhaupt oder nur der **qualitative** Leistungsinhalt global beschrieben ist oder ob auch oder nur Mengenermittlungskriterien (äußerst) global vorgegeben sind, damit also der **quantitative** Leistungsinhalt.[782]

Rechtssystematisch ergibt sich das Problem daraus, dass eine z. B. durch ein Bodengutachten zum Vertragsbestandteil gewordene Einzelangabe („Kiesschicht in 12 m Tiefe") Teil der qualitativen Leistungsbeschreibung ist, obwohl sie ein Mengenermittlungskriterium enthält; demzufolge ist Ausschachtung von 12 m bis 14 m – weil das Bodengutachten falsch war – nicht bloßer Mengenzuwachs, sondern andere, zusätzliche Leistung, zu vergüten gemäß § 2 Nr. 6 i. V. m. § 2 Nr. 7 Abs. 1 Satz 4 VOB/B bzw. gemäß § 2 Nr. 8 VOB/B.[783] Wenn aber jegliche Angabe fehlt, die Leistung also „Leistung jeder beliebig vorkommenden Art" ist, so ist jede über die vom Auftragnehmer erwartete Menge nunmehr „aufgrund der vorgefundenen Verhältnisse" zusätzlich anfallende Leistung immer nur schlichte Mehrmenge, nämlich Mehrmenge der Leistung „jeder beliebig vorkommenden Art".

Da der Auftragnehmer in diesen Fällen „Besonderer Risikoübernahme" aber jede vorkommende Leistung – qualitativ oder quantitativ – bis zu der zu erörternden Grenze der „Störung der Geschäftsgrundlage" schuldet, kommt es im praktischen Ergebnis auf eine Unterscheidung gar nicht an. Es handelt sich immer um global beschriebene Mengen, die der Auftragnehmer im Normalfall – ohne Mehrvergütung – alle bewältigen muss.[784]

---

[781] BGH VersR 1965, 803, 804; Einzelheiten oben Rdn. 41 ff., 66 ff., 288, unten 1074 ff.
[782] Zu dieser Fragestellung oben Rdn. 291, zu globalen qualitativen Leistungselementen oben Rdn. 608 ff.
[783] Die Tiefe bildet einen Teil der **Leistungs**beschreibung selbst; in der Terminologie des Einheitspreisvertrages: Die Tiefe ist **innerhalb der Position** geregelt. Einzelheiten oben Rdn. 235 mit Fn. 238; weiter Rdn. 256, 263, 478, 479.
[784] Oben Rdn. 289, 291, 293–295; zu den global beschriebenen qualitativen Leistungen oben Rdn. 608 ff.

Wenn der Auftraggeber mit solchen globalen „Mengenzuweisungen" gegen öffentlich-rechtliche Vergabevorschriften verstößt, d. h. gegen § 9 Nr. 2 VOB/A, kommen Vergütungsansprüche in Betracht, äußerstenfalls sind Ansprüche über die „Störung der Geschäftsgrundlage" (§ 2 Nr. 7 Abs. 1 Satz 2 VOB/B) möglich.[785]

Der Auftragnehmer kann im Vergabestadium versuchen, dieses Risiko einzugrenzen, z. B. durch Vorgabe einer Maximalmenge;[786] das sieht § 9 Nr. 17 VOB/A bei Leistungsbeschreibung mit Leistungsprogramm („funktionale" Leistungsbeschreibung) ausdrücklich auch für den Auftragnehmer vor. **671**

3 Überwälzung von Mengenermittlungsrisiken durch „Besondere Risikoübernahme" in Allgemeinen Geschäftsbedingungen des Auftraggebers auf den Auftragnehmer?

Der **Einfache Global-Pauschalvertrag** ist ein Detail-Pauschalvertrag mit übergestülpter **individueller** Komplettheitsklausel. Bei ihm ist es unzulässig, über Allgemeine Geschäftsbedingungen „Besondere Risiken" in Form völlig unbestimmbarer Mengenermittlungskriterien dem Auftragnehmer zuzuschieben, dies wäre ein Verstoß gegen AGB-Recht.[787] **672**

Beim **Komplexen Global-Pauschalvertrag** kommt es auf die Planungsverantwortung an. Liegt sie wie bei auftragnehmerseitiger Ausführungsplanung oder gar Entwurfsplanung (z. B. Total-Schlüsselfertigbau) beim Auftragnehmer, so sind lediglich globale Leistungsregelungen gerade typisch. Deshalb ist es auch nicht unzulässig, die daraus resultierende Folge der Klärung der noch unbestimmten Mengen dem Auftragnehmer aufzubürden, also offen auch z. B. eigene Berechnungen als Voraussetzungen vom Auftragnehmer zu verlangen, ausgenommen wegen § 9 Nr. 2 VOB/A beim öffentlichen Auftraggeber.[788] Eine Ausnahme gilt für die bei durchschnittlicher Sorgfalt nicht erkennbare „versteckte Risikozuweisung", z. B. an völlig unerwarteter, sachlich nicht passender Stelle eines Pakets Allgemeiner Geschäftsbedingungen.[789] Außerdem bleibt es beim Vorrang der Detail-Aussage im Vertrag.[790]

Der **Projektentwickler** als ein Grundstücke beibringender Total-Schlüsselfertig-Auftragnehmer kann sich ebensowenig wie der **Bauträger** darauf berufen, dass nur unbestimmte Mengenermittlungskriterien seinen Leistungsumfang nicht definierten; er plant, was er baut. **673**

---

[785] Oben Rdn. 618 ff. im Einzelnen.
[786] Siehe oben Rdn. 292.
[787] Siehe oben Rdn. 295 zum Detail-Pauschalvertrag.
[788] Deshalb kritisch BGH „Kammerschleuse" BauR 1997, 127; dazu näher oben Rdn. 416.
[789] Einzelheiten zu dieser Problemlösung insoweit Rdn. 637.
[790] Oben Rdn. 235 mit Fn. 239, Rdn. 474 ff.

Teil 4
Angebotsbearbeitung und Systematik der Kostenermittlung

Kapitel 7
Angebotsbearbeitung für den Pauschalvertrag

1 Einführung

700 Angebotsbearbeitung besteht aus hinter- und nebeneinander sowie zum Teil iterativ ablaufenden Tätigkeiten, nicht nur allein aus der (Angebots-)Kalkulation.

Dies haben wir schon in Band 1[800)] für den Einheitspreisvertrag erörtert; es gilt um so mehr für die Angebotsbearbeitung für Pauschalverträge, die zusätzlich noch folgende weitere Aktivitäten erfordert:

– Bei allen Pauschalvertragsarten: Mengenermittlung bzw. -überprüfung

– Bei Global-Pauschalverträgen: Überprüfung des auftraggeberseitig Vorgegebenen auf Vollständigkeit

– Bei Komplexen Global-Pauschalverträgen: i.d.R. eine überschlagsplanerische Feststellung des Bausolls im Einzelnen

701 Beim Einheitspreisvertrag gibt es keine Prüfpflicht des Bieters bezüglich der Mengenangaben des Auftraggebers im Leistungsverzeichnis.[801)]

Beim Pauschalvertrag hat der Auftragnehmer – gegenüber dem Auftraggeber – ebenfalls nicht die Pflicht, Mengen zu überprüfen bzw. zu ermitteln. Wenn er es trotzdem tut, dann aus seinem ureigensten Interesse daran, für seine Kostenermittlung die richtigen Mengen heranzuziehen, da er nach Auftragserhalt für die Bausollleistungen eben „nur" den Pauschalpreis vergütet bekommt.

Bei der Mengenüberprüfung bzw. -ermittlung im Angebotsstadium von Pauschalverträgen sind aus Sicht des Bieters zwei Risikoextrema[802)] zu unterscheiden:

a) das Risiko, zu hohe Mengen anzusetzen und somit sich der Gefahr auszusetzen, wegen eines zu hohen Angebotspreises den Auftrag nicht zu erhalten,

b) das Risiko, zu niedrige Mengen anzusetzen, den Auftrag zu erhalten und im nachhinein dann feststellen zu müssen, dass die tatsächlich zu erbringenden Mengen über den Mengen des Angebotes liegen und somit zu einem schlechteren Baustellenergebnis führen, als erwartet worden ist.

[800)] Vgl. hierzu Band 1, Rdn. 289 ff.
[801)] Vgl. Band 1, Rdn. 226.
[802)] Vgl. Rdn. 92.

Angebotsbearbeitung beim Detail-Pauschalvertrag   Rdn. 702

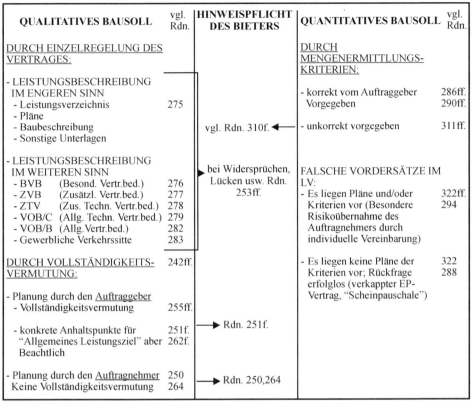

Abbildung 10a   Vorgaben für das Bausoll beim Detail-Pauschalvertrag

Die Technik der Mengenermittlung – u. a. die Festlegung des Genauigkeitsgrades der Einzelermittlungen und die Differenzierung des Gesamtleistungsumfanges in Einzelleistungen – hängt von den Besonderheiten des Einzelobjektes ab und wird später noch abgehandelt.[803]

2 Angebotsbearbeitung beim Detail-Pauschalvertrag

2.1 Prüf- und Hinweispflicht des Bieters

Wir haben schon besprochen,[804] dass beim Detail-Pauschalvertrag durch die vereinbarte Pauschalsumme nur das als Bausoll (d. h. als geschuldete Leistung) abgegolten ist, also was differenziert beschrieben bzw. ausdrücklich vereinbart worden ist. **Abb. 10a** fasst das dort Besprochene einschließlich der Prüf- und Hinweispflichten des Bieters mit Angabe der jeweiligen Randnoten als Checkliste für die Angebotsbearbeitung zusammen.   702

---

[803] Für den Detailpauschalvertrag siehe Rdn. 715ff., für den Globalpauschalvertrag siehe Rdn. 867ff.
[804] Oben Rdn. 202ff.

Eine wie auch immer nicht formulierte und auch nicht anderweitig erkennbare, jedoch vertraglich verpflichtende Vollständigkeitsvermutung, die dem Auftragnehmer über das im Einzelnen vertraglich bezeichnete Bausoll hinaus noch weitere Leistungen ohne zusätzliche Vergütung aufbürdet, gibt es bei Ausschreibungen nach Detail-Pauschalvertragsmuster nur in folgenden Ausnahmefällen:

a) bei konkreten Anhaltspunkten und/oder

b) sofern der Auftragnehmer selber geplant hat.

703 Zu a

Sofern der **Auftraggeber** geplant hat und erkennbare **Anhaltspunkte** für eine „Vollständigkeitsvermutung" vorliegen, hat der Bieter, der nur einen Detail-Pauschalvertrag abschließen will, den Auftraggeber auch entsprechend darauf hinzuweisen, dass sein Angebot nicht zu einem „Einfachen Global-Pauschalvertrag" führen soll.[805]

704 Zu b

Sofern dagegen der **Auftragnehmer** selber geplant hat, ist der Empfängerhorizont des Auftraggebers für die Beurteilung des Bausolls maßgebend.[806] Der Auftragnehmer hatte das zu planen, was der Auftraggeber vorgegeben hatte, und zwar vollständig innerhalb dieser Vorgaben. Somit hat eine auf diese Planungsvorgaben aufbauende Leistungsbeschreibung auch alle Leistungen zu umfassen, die auftraggeberseitig für die Planung vorgegeben worden sind. Der Bieter hat deshalb dann, wenn er bestimmte Leistungen nicht in sein Angebot für die Bauausführung einschließen will, den Auftraggeber darauf hinzuweisen – ansonsten besteht eine Vollständigkeitsvermutung.

705 Bezüglich des quantitativen Bausolls hat sich der Bieter in seinem ureigensten Interesse mit den Mengenermittlungskriterien des Auftraggebers auseinanderzusetzen, um nicht auf einer falschen (Mengen-)Basis anzubieten.[807]

706 Wenn der Auftraggeber unkorrekte Mengenermittlungskriterien vorgibt und der Bieter dies (ausnahmsweise) feststellen kann, hat er den Auftraggeber darauf hinzuweisen.[808]

707 Liegen dagegen nur falsche Vordersätze im auftraggeberseitigen Leistungsverzeichnis vor, so ergeben sich keine Hinweispflichten der Bieter gegenüber dem Auftraggeber, da

– es im Falle vorliegender Pläne grundsätzlich in der Hand des Bieters liegt, richtige Mengen zu ermitteln;[809] der Bieter übernimmt eben ein Mengenermittlungsrisiko;

– im Falle, dass überhaupt keine Pläne und/oder keine sonstigen Mengenermittlungskriterien vorliegen,[810] ein „verkappter" Einheitspreisvertrag geschlossen wird.

---

[805] Eine Komplettheitsklausel, die aus einem vorab vorgegebenen Einheitspreis – bzw. Detail-Pauschalvertragsmuster einen Einfachen Global-Pauschalvertrag machen soll, bedarf gemäß unserer Erörterung in Rdn. 512 ff., 515 der **individuellen** Regelung.
[806] Vgl. Rdn. 266.
[807] Vgl. Rdn. 701.
[808] Vgl. Rdn. 310 f.
[809] Vgl. Rdn. 294 und 322.
[810] Vgl. Rdn. 322.

Zusammenfassend kann also gesagt werden, dass beim Detailpauschalvertrag das Risiko 708
für beide Vertragsparteien relativ gering ist, abgesehen davon, dass der Auftragnehmer ein
„bewältigbares" Mengenermittlungsrisiko übernimmt, das letztlich in der Auswahl des
geeigneten Personals zur Mengenermittlung liegt.

2.2 Tätigkeiten bei der Angebotsbearbeitung für Detail-Pauschalverträge

2.2.1 Auflistung aller das Bausoll vorgebenden Unterlagen

Ganz gleich, ob der **Auftraggeber oder der Bieter plant,** ist eine Zusammenstellung und 709
Auflistung derjenigen Unterlagen erforderlich,

– die auftraggeberseitig für die Angebotsbearbeitung übergeben bzw. benannt worden
  sind
– bzw. die bei auftraggeberseitiger Planung (schon) vorliegen.

Die entsprechende Tätigkeit haben wir für die Angebotsbearbeitung für Einheitspreisverträge in Band 1 unter Rdn. 293 besprochen. Sie ist beim Detail-Pauschalvertrag entsprechend durchzuführen.

2.2.2 Auflistung aller noch bis zur Angebotsabgabe notwendigen Tätigkeiten und Unterlagen

Zusätzlich zu den Tätigkeiten und Unterlagen, die bei der Angebotsbearbeitung für den 710
Einheitspreisvertrag erforderlich sind, fallen bei Detailpauschalverträgen jedenfalls noch
an:

a) Mengenüberprüfung bzw. -ermittlung

b) Überprüfung, ob nicht doch Anhaltspunkte für eine Komplettheitsklausel vorliegen.

2.2.3 Bestimmung des qualitativen Bausolls

Der Umfang des qualitativen Bausolls und somit der Leistungspflicht des Auftragneh- 711
mers ergibt sich – wie beim Einheitspreisvertrag – nicht nur unmittelbar aus der Leistungsbeschreibung, sondern u. a. auch aus den Bestimmungen der jeweiligen Fach-DIN
aus VOB/C und aus der gewerblichen Verkehrssitte (z. B. für Dachabdichtungen aus den
Flachdachrichtlinien).

Beim Detail-Pauschalvertrag übernimmt der Bieter, wenn der Auftraggeber vorab geplant 712
und die Leistungsbeschreibung verfasst hat, in keiner Weise Planungsaufgaben.[811] Bei
auftraggeberseitiger Planung hat der Bieter auch keine Pflicht zur Vervollständigung des
Leistungsverzeichnisses.[812]

---

[811] Vgl. oben Rdn. 33 ff., 202 ff., 253–255, 265, 272 f.
[812] Vgl. 249, 262 ff.

1.	Auflistung aller zunächst das Bausoll vorgebenden Unterlagen
2.	Auflistung aller noch bis zur Angebotsabgabe notwendigen Tätigkeiten und Unterlagen
3.	Bestimmung des qualitativen Bausolls (z.B. durch Prüfung der Unterlagen des Auftraggebers und/oder durch eigene Planung)
4.	Dokumentation von Problempunkten
5.	Auflistung von Vorschlägen für das Angebotsschreiben
6.	Bestimmung des quantitativen Bausolls (z. B. Mengenermittlung)
7.	Vorbereitung, Durchführung und Auswertung von angebotsrelevanten Nachunternehmerfragen
8.	Terminplanung und sonstige Arbeitsvorbereitung
9.	Kostenermittlung und Preisfestlegung
10.	Zusammenstellung der endgültigen Angebotsunterlagen (u. A. Dokumentation des tatsächlich angebotenen Bausolls)

Abbildung 10 b   Bestandteile der Angebotsbearbeitung beim Detail-Pauschalvertrag

Hat dagegen der Bieter selber im Rahmen klarer auftraggeberseitiger Vorgaben geplant, so besteht im Rahmen dieser Vorgaben eine Vervollständigkeitsvermutung und somit im eigenen Interesse des Bieters die Veranlassung, die Bausollvorgaben auf Vollständigkeit zu überprüfen. Zu alledem wird auf **Abb. 10 b** verwiesen.

2.2.4 Dokumentation von Problempunkten

713   Hierzu verweisen wir auf die Darlegung in Rdn. 762.

2.2.5 Auflistung von Vorschlägen für das Angebotsschreiben

714   Entsprechend der Angebotsbearbeitung für Einheitspreisverträge geht es auch bei Detail-Pauschalverträgen darum, erkannte Problempunkte für das Angebotsschreiben zu sammeln, damit

- eventuellen Hinweispflichten gegenüber dem Auftraggeber genüge getan wird,
- das angebotene Bausoll klar ist,
- eventuelle Sondervorschläge erarbeitet werden können.

2.2.6 Bestimmung des quantitativen Bausolls

2.2.6.1 Mengenermittlung und Mengenermittlungskriterien

715   Beim Detail-Pauschalvertrag erfolgt die Festlegung des quantitativen Bausolls nicht durch Mengenangaben des Auftraggebers, sondern durch Mengenermittlungskriterien.[813] Mit ihrer Hilfe überprüft oder ermittelt der Bieter (bzw. der Auftragnehmer bei nachträg-

---

[813] Vgl. Rdn. 286 ff.

licher Pauschalierung nach Auftragserhalt) auf eigenes Risiko die Mengen, die seiner Pauschalpreisermittlung zugrunde liegen sollen.

Wir haben schon unter Rdn. 290 ff. besprochen, dass es für die Vertragsbeziehung zum Auftraggeber gleichgültig ist, ob und wie der Bieter (bzw. Auftragnehmer) innerhalb der vorgegebenen Mengenermittlungskriterien Mengen ermittelt.

Es geht jedoch im Angebotsstadium nicht nur darum, Mengen zu überprüfen oder zu ermitteln, sondern insbesondere auch festzustellen, **716**

a) ob die Mengenermittlungskriterien des Auftraggebers korrekt vorgegeben worden sind; bei erkennbarer Unkorrektheit sollte der Bieter im eigenen Interesse entsprechende Hinweise tätigen;[814)]

b) ob besondere Risiken (z. B. wegen Fehlens von geeigneten Mengenermittlungskriterien) dem Auftragnehmer „aufgelastet" werden sollen; wenn ja, steht es dem Bieter frei, für Risikobegrenzung im Angebot zu sorgen[815)] (z. B. durch eine Begrenzung der Maximaltiefe für die Ausschachtung).

Die Mengenüberprüfung bzw. Mengenermittlung als solche ist davon abhängig, welche Voraussetzung hierfür (von wem?) vorab geschaffen worden ist.

Hat der Bieter selber geplant, so gelten die schon oben vorgetragenen Gesichtspunkte der Vollständigkeitsvermutung. Generell hat der Bieter die Mengenermittlung nach der von ihm selbst als opportun angesehenen Methodik durchzuführen.

2.2.6.2 Falltypen bezüglich der Vorgaben für das quantitative Bausoll

Bei auftraggeberseitiger Planung hängt die Methodik der Bestimmung des quantitativen **717**
Bausolls davon ab, ob und wie auftraggeberseitig die Mengenermittlungskriterien formuliert worden sind.

Folgende Falltypen können bei Detail-Pauschalverträgen bezüglich der auftraggeberseitigen Vorgaben für das quantitative Bausoll unterschieden werden (**vgl. Abb. 11, S. 268**, Mengenermittlungskriterien und -angaben):

Zu a **718**

Sofern auftraggeberseitig **ein Leistungsverzeichnis mit Vordersätzen, Plänen und eine Mengenermittlung** vorgelegt werden, liegen redundante Informationen vor: Die Mengen können aus den Plänen bestimmt und aus den Vordersätzen bzw. aus der auftraggeberseitigen Mengenermittlung ersehen werden, die Qualitäten ergeben sich aus der Baubeschreibung, dem Leistungsverzeichnis und den Plänen. Somit reichen in diesem Fall bieterseitige Plausibilitätskontrollen bezüglich der auftraggeberseitigen Mengenermittlung aus.

Regelfall:

Der Architekt bzw. das SF-Unternehmen fordert einen Handwerksbetrieb im Rahmen einer Ausschreibung nach Einheitspreisvertragsmuster zu einem Angebot auf; nach Angebotsabgabe soll dann auf der Basis der inzwischen vorliegenden Ausführungspläne pauschaliert werden.

[814)] Siehe Rdn. 311 ff.
[815)] Vgl. Rdn. 292 ff. Zur Übernahme von „Besonderen Risiken" allein durch individuelle Vereinbarung im Rahmen von Detail-Pauschalverträgen siehe Rdn. 295.

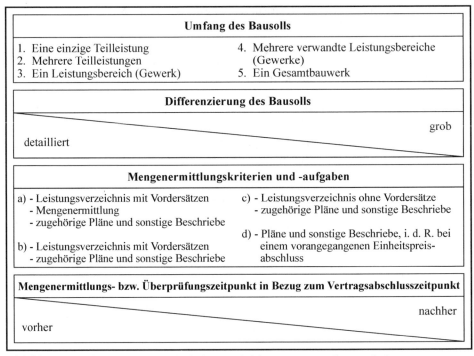

Abbildung 11 Parameter bezüglich der Ausbildung von Detail-Pauschalverträgen

719 Zu b

Sofern auftraggeberseitig nur ein **Leistungsverzeichnis mit Vordersätzen und Plänen** (also keine Mengenermittlung) vorgelegt wird, steht der Bieter bzw. Auftragnehmer vor der Entscheidung, ob er selbständig Mengen ermitteln oder die Vordersätze „akzeptieren" soll.

Sofern der Unternehmer sein Mengenermittlungsrisiko einschränken will, wird er auf eine eigenständige Mengenermittlung nicht verzichten und bei Diskrepanzen zwischen seiner Mengenermittlung und den Vordersätzen des Leistungsverzeichnisses Rücksprache beim Auftraggeber nehmen.

Ursachen der Diskrepanzen können sein:

- falsche, unvollständige oder zwischenzeitlich geänderte Pläne,

- falsche Berechnungen auf Auftraggeber- und/oder der Bieterseite,

- falsche Leistungsabgrenzungen (z. B. Leistungen eines anderen nicht zur Vergabe anstehenden Leistungsbereiches – also Gewerks – sind in die angefragten Mengen einbezogen worden).

720 Zu c

Sofern nur ein **Leistungsverzeichnis ohne Vordersätze vorliegt, aber auch Pläne**, wird der Bieter (bzw. Auftragnehmer) auf jeden Fall selbständig Mengen ermitteln. Da er jedoch seine Mengenermittlung nicht mit Mengenangaben des Auftraggebers vergleichen kann, kann er nunmehr nicht mehr wie bei Falltyp b Plausibilitätskontrollen durchführen. Bezüglich der Mengenermittlungskriterien liegt kein Unterschied zu Falltyp b vor.

Zu d **721**

Sofern nur Pläne vorliegen, muss der Bieter (bzw. Auftragnehmer) – bevor er Mengen ermittelt – vorab die „Ausführungsqualitäten" in **Kategorien** einteilen, entweder:[816)]

1. in Anlehnung an VOB/C durch **detaillierte Zuordnung** der Leistungen zu Leistungsbereichen (Gewerken) und innerhalb dieser zu Ordnungszahlen (Positionen);
2. durch **globale Zusammenfassung** von ähnlichen und/oder in einem Gesamtzusammenhang zu sehenden Leistungen zu System- oder Leitpositionen (z. B. m² Dacheindichtung mit Bitumenbahnen).

2.2.6.3 Unterschiedliche Kategorisierungen

Die Art der internen Leistungskategorisierung durch den Bieter (bzw. Auftragnehmer) hängt u. a. davon ab, welche Kosteninformationen er besitzt (z. B. Erfahrungswerte pro m² kompletter Dachabdichtung mit Bitumenbahnen oder Einheitspreise für die einzelnen Leistungen einer bituminösen Flachdachabdichtung). **722**

Wie schon unter Rdn. 214 besprochen worden ist, kann es für gewisse Bieter erforderlich sein, sehr detailliert zu kategorisieren (d. h. unternehmensintern werden Fall a und Kategorie 1 (vgl. Rdn. 737) durch zusätzliche eigene Kategorisierungen herbeigeführt), weil sie keine Kostenerfahrungswerte für globale Kategorien (siehe 2 und 3 unter Rdn. 721), sondern nur solche für detaillierte Kategorien besitzen oder beschaffen können.

Beispiele:

Bildung von **Unterpositionen** und Ermittlung der zugehörigen Mengen und Kosten, um Mischpositionen des auftraggeberseitigen Leistungsverzeichnisses tätigkeitsorientiert aufzuteilen, z. B.: **723**

– eine einzige Position umfasst die Herstellung und den Einbau von verschieden großen Filigranplatten; in diesem Fall sind folgende Unterpositionen zu bilden (vgl. Anhang I, B, Unterlage 6/73):

  • Pos. 18 a, Filigranplatten Typ 1

  • Pos. 18 b, Filigranplatten Typ 2

  • Pos. 18 c, Filigranplatten Typ 3

– eine einzige Position beinhaltet die Herstellung der Sauberkeitsschicht gemäß DIN 1045 und die Verfüllung des Baukörpers,[817)] d. h., die Leistung erstreckt sich über zwei Leistungsbereiche (Gewerke), (vgl. Anhang I, B, Unterlagen 4/01 und 6/64)

Bildung von „normalen" **Positionen** als Ergänzung zu auftraggeberseitig vorgegebenen Leitpositionen.[818)] **724**

Eine solche Unterteilung in detaillierte Einzelpositionen ist dann für den Bieter notwendig, wenn er bei globaler Leistungsbeschreibung keine Kostenerfahrungswerte für die betreffende Leitposition besitzt bzw. aktuelle globale Kostenangaben nicht beschaffen kann. Ihm bleibt dann nichts anderes übrig, als eine differenzierende Kategorisierung in

---

[816)] Vgl. Rdn. 211 ff.
[817)] Band 1, Anhang A, Unterlage a 1.1, LB 002, Pos. 6.
[818)] Z. B. Anhang I, A, Unterlage 7/90 als Differenzierung von **Abb. 2**, S. 4.

eine Vielzahl von Einzelpositionen durchzuführen und zu kalkulieren bzw. bei einem Nachunternehmer anzufragen.

725 **Globalisierungen** – nicht nur durch Leitpositionen – sind bei Detail-Pauschalverträgen normal, üblich und zulässig. Sie sind bieterseitig – sofern für die Kostenermittlung erforderlich – durch Ermittlungen mit differenzierendem Inhalt zu füllen.

Ist beispielsweise vom Auftraggeber eine Aushubmenge angegeben, so sind folgende auftraggeberseitige Unterlagen als Mengenermittlungskriterien zur Mengenüberprüfung bzw. -ermittlung erforderlich:

- Höhenlinien des Geländes (vgl. Anhang I, A, Unterlage 1/01),

- Schnitte durch die Gründung (vgl. Anhang I, A, Unterlage 1/04),

- Lageplan des Gebäudes (vgl. Anhang I, A, Unterlage 1/01), und

- Bodengutachten (Anhang I, A, Unterlage 1/02).

Liegt eine der vorgenannten Unterlagen nicht vor, so ist eine korrekte Mengenüberprüfung bzw. -ermittlung nicht möglich, da beispielsweise nur mit Hilfe eines Bodengutachtens auf die vorliegende(n) Bodenart(en) und die notwendigen Böschungsausbildungen (vgl. Anhang I, B, Unterlage 6/42 ff.) geschlossen werden kann.

Für den Fall des Misslingens des Differenzierens der auftraggeberseitigen Globalisierungen liegt es in der Hand des Bieters (vgl. Rdn. 713), entsprechende Hinweise gegenüber dem Auftraggeber zu geben (vgl. Anhang I, B, Unterlage 5/00, Unterpunkt /05).

726 Als weitere Fälle von „kleineren" Globalisierungen sind zu nennen:

I. Es liegt nur eine Auswahl von Plänen des Maßstabs 1 : 50 (Ausführungspläne), vor.

II. Es liegen nur Pläne im Maßstab 1 : 100 (Entwurfspläne) vor.

Im Fall I kann es sein (muss aber nicht sein!), dass sich der Inhalt der nicht vorliegenden Pläne analog aus dem Inhalt der vorliegenden Pläne ergibt, d. h., letztere sind ausreichend repräsentativ für das Gesamtobjekt. In diesem Fall sind die vorhandenen Globalisierungen – zumeist nach Rücksprache mit dem Auftraggeber und entsprechenden Hinweisen bei den Angebotsunterlagen – problemlos differenzierbar.

Entsprechendes gilt für Fall II, wenn ergänzend zu den geometrischen Angaben in den für Ausführungseinzelheiten noch relativ undifferenzierten Entwurfsplänen (Maßstab 1 : 100) noch eine Baubeschreibung vorliegt bzw. erstellt wird, die angibt, wo jeweils welche „Qualitäten" einzubauen sind.

727 Dort, wo keine Mengenüberprüfung (z. B. für im Boden lagernde „alte" Fundamente) möglich ist, liegt – auch bei Angabe von Vordersätzen im Leistungsverzeichnis des Auftraggebers – ein unkalkulierbares Mengenrisiko vor.

728 Abschließend weisen wir darauf hin, dass der bieterinterne Zeitaufwand zur Beschaffung von Unterlagen (Pläne usw.) zur Klärung der Mengenermittlungskriterien in der Regel um so größer wird, je weniger Unterlagen der Auftraggeber vorab zur Verfügung gestellt hat. Kommt der Bieter der Aufgabe zur Beschaffung ausreichender Angebotsunterlagen nicht nach, begibt er sich in die Gefahr, Mengenermittlungsrisiken einzugehen, ohne sich dessen bewusst zu sein.

2.2.7 Vorbereitung, Durchführung und Auswertung von Nachunternehmeranfragen

Die Anfragen bei potentiellen Nachunternehmern sind beim Detail-Pauschalvertrag – sofern der Anbieter die Leistung nicht selber erstellen kann – der Regelfall. Für die Vorbereitung, Durchführung und Auswertung von Nachunternehmeranfragen beim Detail-Pauschalvertrag sind folgende Fälle zu untersuchen: 729

1. Der Auftraggeber wird mit dem Hauptunternehmer einen Detail-Pauschalvertrag abschließen; der Hauptunternehmer schreibt für Nachunternehmerleistungen nach Einheitspreisvertragsmuster aus.
2. Wie 1, jedoch ist der potentielle Nachunternehmer bereit, ebenfalls einen Detail-Pauschalvertrag abzuschließen.

Zu 1 730
Sofern die Vergabe an den Nachunternehmer nach Einheitspreisvertragsmuster erfolgt, unterscheidet sich zunächst das Verhältnis zwischen den beiden Parteien in nichts von dem, was für die Vergabe beim Einheitspreisvertrag besprochen worden ist.[819]

Da jedoch zwischen Hauptunternehmer und Auftraggeber ein Detail-Pauschalvertrag geschlossen werden soll, geht es aus der Sicht des Hauptunternehmers darum, schon im Angebotsstadium diejenigen Mengen zu kennen und in die Berechnung des Angebotspauschalpreises gegenüber dem Auftraggeber einzubeziehen, die später auch tatsächlich als Abrechnungsmenge des Nachunternehmers aller Voraussicht nach anfallen werden. 731

Somit liegt es im Interesse des Hauptunternehmers, die Ergebnisse der Mengenermittlung spätestens bei der Vorlage der Nachunternehmerangebote vorliegen zu haben, um das Angebot gegenüber dem Auftraggeber auf der Basis richtiger Mengen zu erstellen.

Zu 2 732
Sofern der jeweilige potentielle Nachunternehmer bereit ist, ebenfalls einen Detail-Pauschalvertrag abzuschließen, entlastet er den Hauptunternehmer (teilweise) von seinem Mengenermittlungsrisiko. In einem solchen Fall gelten natürlich die vorab unter Rdn. 717 ff. besprochenen Falltypen bezüglich der Vorgabe des quantitativen Bausolls.

All das, was für den Hauptunternehmer als Bieter gegenüber seinem Auftraggeber gesagt worden ist, gilt nunmehr entsprechend für den Nachunternehmer als Bieter gegenüber dem Hauptunternehmer.

Natürlich steht es dem Nachunternehmer frei, mehr Unterlagen zu fordern oder selbst zu erarbeiten, als vom Hauptunternehmer vorgegeben worden sind (z. B. wird Fall d durch zusätzliche Erarbeitung eines Leistungsverzeichnisses in Fall c gemäß **Abb. 11**, S. 268 umgewandelt); inwieweit diese Angebotsunterlagen später Vertragsbestandteil werden, hängt von der jeweiligen Verhandlungssituation ab. 733

Ganz gleich, nach welchem Vertragsmuster die Nachunternehmeranfrage erfolgt ist, in jedem Fall wird der Hauptunternehmer in seinem ureigensten Interesse das Nachunternehmerangebot daraufhin überprüfen, 734

- ob es irgendwelche Streichungen oder „Nichteintragungen" beinhaltet,
- ob zusätzliche Eintragungen im Text vorgenommen worden sind,
- ob Einschränkungen im Angebotsschreiben enthalten sind (siehe oben),

---
[819] Band 1, Rdn. 296.

- ob alle notwendigen Eintragungen durchgeführt worden sind und ob sie richtig sind (siehe oben),
- ob alle geforderten und notwendigen Erarbeitungen und bieterseitigen Unterlagen vorliegen.

735 Da der Hauptunternehmer während seiner eigenen Angebotsbearbeitung nicht weiß, ob er überhaupt den Auftrag erhalten wird, andererseits aber sein Angebot durch verbindliche Preiszusagen seiner potentiellen Nachunternehmer absichern will, wird für Nachunternehmerangebote meist eine Bindungsfrist vereinbart, die über die Bindungsfrist des Hauptunternehmerangebots gegenüber seinem Auftraggeber hinausreicht. Es ist jedoch sehr fraglich, ob längere Bindefristen von mehreren Monaten nach § 307 BGB zulässig ist. Somit ist es entsprechend fraglich, ob der Hauptunternehmer nach Monaten auf die „alten" Angebote zurückgreifen und einen Auftrag erteilen kann.

Der Regelfall ist, dass der Hauptunternehmer nach eigenem Auftagserhalt in der Regel nochmals für die jeweiligen Leistungsbereiche Anfragen an potentielle Nachunternehmer richtet.

736 Da Anfragen nach Nachunternehmerleistungen nicht nur auf kostenmäßige Absicherung, sondern auch auf Know-how-Beschaffung, Alternativlösungen und Optimierungen hinzielen, steht der potenzielle Nachunternehmer nicht selten vor der Entscheidung, ob und eventuell zu welchen finanziellen Bedingungen er vorab Informationen und eigene planerische Leistungen dem Hauptunternehmer zur Verfügung stellen soll, damit dieser überhaupt eine Chance auf den Auftragserhalt hat.

Im Zweifelsfall wird der Nachunternehmer dazu nur bereit sein, wenn er eine Option auf den eigenen Auftragserhalt zugestanden bekommt.

2.2.8 Terminplanung und sonstige Arbeitsvorbereitung

737 Erstellt der Bieter die Vertragsleistungen mit eigenen Kapazitäten, so besteht kein Unterschied zur Arbeitsvorbereitung für Einheitspreisverträge.

738 Der Übergang vom Einsatz eigener Kapazitäten zum „Einkauf" und Einsatz fremder Kapazitäten ist bei Detail-Pauschalverträgen in vielerlei Gestalt möglich.

Tritt der Bieter als Generalunternehmer oder sogar als Generalübernehmer auf – letzteres ist bei Detail-Pauschalverträgen sicherlich die Ausnahme –, so reduziert sich die Bedeutung der Arbeitsvorbereitung immer mehr auf die reine Terminplanung. In solchen Fällen übernimmt der Hauptunternehmer letztlich nur noch die Schnittstellenklärung zwischen den verschiedenen Nachunternehmerleistungen und/oder den Leistungen, die mit eigenen Kapazitäten erstellt werden sollen. Der Bieter und spätere Auftragnehmer gerät dann in die Rolle des den Bauablauf koordinierenden Bauherrenbauleiters gemäß HOAI § 15 Leistungsphase 8 bzw. des Projektsteuerers.

Dies gilt nicht nur für Termine, sondern auch für die Planung der Qualitätssicherung.

739 Abschließend noch ein Sonderfall:

Der Auftraggeber macht folgende Vorgaben:

– vorzeitige Nutzung und Funktionsfähigkeit einer Tiefgarage,

– vorzeitige und uneingeschränkte Nutzung des Erdgeschosses als Lagerhalle,

jeweils bei noch nicht erstellten bzw. fertiggestellten Geschossen in den höheren Bereichen.

Tätigkeiten   Rdn. 740–742

Aufgabe der Arbeitsvorbereitung ist es bei solchen Vereinbarungen:

a) die Leistungserstellung als solche termingerecht zu Planen,

b) insbesondere aber die Erkennung und Planung der zusätzlich notwendigen Maßnahmen (z. B. Abdichtungen), die es erst ermöglichen, die frühzeitige und uneingeschränkte Nutzung der betreffenden Teilbereiche auch ohne nachfolgende Probleme (z. B. Wassereindringung) zu gewährleisten.

Die für solche Fälle erforderliche Arbeitsvorbereitung erstreckt sich dann nicht nur auf die reine Bauausführung, sondern auch – zumindest in Teilbereichen – auf die Planung von Bauzuständen; sie gibt dem Kostenermittler das zusätzlich zu Kalkulierende vor.

2.2.9 Kostenermittlung und Preisfestlegung

Sofern ein Leistungsverzeichnis und plausibel abgesicherte Mengen vorliegen, unterscheidet sich die Methodik der reinen Kostenermittlung für Detail-Pauschalverträge dann, wenn der Bieter die Leistungen selber erstellen will, in keiner Hinsicht von derjenigen, die für Einheitspreisverträge durchgeführt wird.   740

Den allgemeinen Aufbau einer solchen Kostenermittlung (Kalkulation) einschließlich der Begriffe Direkte Kosten, Gemeinkosten (letzterer unterteilt in Baustellengemeinkosten, Allgemeine Geschäftskosten) sowie Wagnis und Gewinn haben wir in Band 1 Rdn. 8 ff. behandelt. Die Einzelkosten der Teilleistung (Direkte Kosten) haben wir herkömmlich unterschieden, z. B. in die Kostenarten Stoffkosten, Gerätekosten, Schalung und Rüstung, Nachunternehmerkosten, Sonstige Kosten. Ein Beispiel dazu wird in Anhang I, B, Unterlage 9/71 ff. aufgeführt.

Sollen dagegen die anstehenden Leistungen von einem Nachunternehmer erstellt werden, so sind folgende Fälle zu unterscheiden:[820]   741

a) Der Hauptunternehmer ist in der Lage, die Leistung selber zu erbringen,

b) die Leistung liegt außerhalb des Leistungsspektrums des Hauptunternehmers.

Im Fall a kann der Hauptunternehmer die Leistung als Eigenleistung auf der Basis von eigenen Erfahrungswerten oder mit Hilfe von Nachunternehmerangeboten ermitteln; im Fall b beschränkt sich die Kostenermittlung auf das Ansetzen von Nachunternehmerpreisen, d. h., es gibt nur eine einzige Kostenart: Fremdleistungen. Eine solche Kostenermittlung entspricht für die Herstellkosten derjenigen, die gemäß HOAI vom Objektplaner als Kostenanschlag erstellt wird.[821]

Auch bei Detail-Pauschalverträgen ohne Leistungsverzeichnis liegt es im Interesse beider Parteien, den Gesamtpreis zu strukturieren, um u.a.:   742

- Zahlungsmerkmale zu haben,

- bei späteren Bauinhaltsmodifikationen einen Anhalt für eine analoge Kostenermittlungen zu haben.

Die Hinterlegung der Kostenermittlung des Bieters allein bringt jedoch keine ausreichende Klarheit; zu fordern ist, dass die hinterlegte Kostenermittlung mindestens folgende Merkmale aufweist:

---

[820] Siehe Band 1, Rdn. 1017 ff.
[821] Die Kostenermittlungen auf der Basis von Erfahrungswerten für Fachunternehmerleistungen mit oder ohne Anlehnung an die Kostenermittlungsverfahren der DIN 276 werden eingehend unter Rdn. 842 ff. besprochen.

- Strukturierter Aufbau (i.d.R. nach Leistungsbereichen (Gewerken))
- Angabe der Mengen pro Leistungskategorie (i.d.R. Position) und der zugehörenden Kosten bzw. Preise,
- Angabe der Zuschläge, untergliedert in Anteile für Gewinn und Wagnis, Allgemeine Geschäftskosten und Baustellengemeinkosten.

Nicht ausreichend ist, wenn allein Preise für ausgewählte Arbeiten bestimmter Leistungsbereiche (Gewerke) in das Vertragswerk eingehen, da in solchen Fällen stets Manipulationsspielraum bleibt.

Die zumeist bei nachträglichen Pauschalierungen von den Auftraggebern erwarteten und von den Bietern gewährten Nachlässe sind schon im Angebotsstadium preispolitisch zu antizipieren; immerhin erspart die Pauschalierung dem Auftragnehmer aufwendige abrechnungstechnische Nachweise gemäß § 14 VOB/B.

2.2.10 Zusammenstellung der Angebotsunterlagen

743 Auch bei Detail-Pauschalverträgen kommt es darauf an, das Bausoll (also den Vertragsinhalt) unstritig als Äquivalent zum vereinbarten Vergütungssoll (also dem Pauschalpreis) herauszustellen.

Es reicht nicht (wie beim Einheitspreisvertrag), nur das Leistungsverzeichnis auszufüllen. Deshalb hat der Bieter bei der Zusammenstellung der Angebotsunterlagen peinlichst darauf zu achten, dass in qualitativer und quantitativer Hinsicht alles unstritig und eindeutig dokumentiert ist und zwar (vgl. Anhang I, B, Unterlage 10):

a) durch Pläne als Mengenermittlungskriterien **und** als Ortsangaben für die einzelnen Qualitätsforderungen,

b) durch Beschreibungen als qualitative Ortsangabe,

c) durch Leistungsverzeichnisse,

d) durch sonstige Unterlagen.

2.3 Beispiele zur Angebotsbearbeitung bei Detail-Pauschalverträgen

2.3.1 Grundsätzliches

744 Anhand von Beispielen aus dem Gesamtprojekt Neubau Abteilung Bauwesen besprechen wir die Einzeltätigkeiten der Angebotsbearbeitung bei Detailpauschalen, und zwar entsprechend den einzelnen Facettierungen von **Abb. 11**, S. 268 und den in der folgenden **Abb. 12**, S. 275 aufgeführten Teilbeispielen.
In Anhang I, Teil A sind die jeweilig zugehörigen Unterlagen[822] aufgeführt, die mindestens vorliegen müssen, damit für das Beispiel Erd- und Betonarbeiten überhaupt der

---

[822] Es handelt sich um den gleichen Gebäudekomplex, wie er schon in Band 1 im Anhang enthalten ist. Im Rahmen der Besprechung der Angebotsbearbeitung bei Global-Pauschalverträgen wird das entsprechende schlüsselfertige Komplettbeispiel behandelt.

LEISTUNGSUMFANG	BEISPIELE
1. Eine einzige Teilleistung	α) Baugrubenaushub
2. mehrere Teilleistungen	β) Aushub insgesamt
3. Ein Leistungsbereich (Gewerk)	γ) Erdarbeiten insgesamt (DIN 18300)
4. Mehrere verwandte Leistungsbereiche (Gewerke)	δ) Erd- und Betonarbeiten (DIN 18300 und DIN 18331)
5. Gesamtbauwerk	- Ausnahme bei Detail-Pauschalverträgen

Abbildung 12 Zuordnung von Beispielen zu unterschiedlichen Leistungsumfängen bei Detail-Pauschalverträgen

Sachverhalt eines Detail-Pauschalvertrages – also Fall d gemäß den Mengenermittlungskriterien aus **Abb. 11**, S. 268 – vorliegt. Diejenigen Unterlagen, die bei Fall d vom Bieter zu er- oder bearbeiten sind, sind im Anhang I, B aufgeführt.[823)]

		Global	**Differenziert**
Fall a		Anhang III, B, Unterlage 6/91 Mengenermittlung	Anhang III, B, Unterlage 6/91 Mengenermittlung
Fall b		Abb. 2 Vordersatz für die Dachabdichtung Leitposition für die Dachabdichtung	Anhang I, A, Unterlage 7/90 Vordersätze LV-Mengen
Fall c		Abb. 2 Leitposition für die Dachabdichtung (ohne Mengenangabe)	Anhang I, A, Unterlage 7/90 Leistungsverzeichnis
Fall d		Anhang I, A, Unterlage 3/07 Systemskizze für die Dachabdichtung	Anhang I, A, Unterlage 3/07 Systemskizze für die Dachabdichtung Abb. 2 Leitposition für die Dachabdichtung
Fall a-d: Art und Umfang der Mengenermittlungskriterien (gemäß Abb. 12)			

Abbildung 13 Zuordnung von Unterlagen aus dem Projektanhang bzw. von Abb. 2 zu unterschiedlich umfangreichen Leistungsbeschreibungen von Dachabdichtungsarbeiten

---

[823)] Wenn Beispiele zu den Fällen a, b oder c (gemäß **Abb. 11**, S. 268) besprochen werden, so ist für Erd- und Betonbauarbeiten auf das Leistungsverzeichnis von Band 1, Anhang A zurückzugreifen.

Am Leistungsbereich Dachabdichtung stellen wir außerdem dar, wie unterschiedlich ein stets gleichbleibender Leistungsinhalt als Detailpauschalvertrag ausgeschrieben werden kann (vgl. **Abb. 13**, S. 275).[824]

2.3.2 Die einzelnen Tätigkeiten

2.3.2.1 Auflistung aller auftraggeberseitig das Bausoll vorgebender Unterlagen

745 Gemäß **Abb. 13, S. 275** liegen bei Fall d für Dachabdichtungsarbeiten folgende Unterlagen vor:
- Systemskizze (Anhang I, A, Unterlage 3/07)
- Leitpositionstext ohne Mengenangaben (**Abb. 2, S. 4**).

Bei Fall c kommt dazu noch ein differenziertes Leistungsverzeichnis ohne Vordersätze (Anhang I, A, Unterlage 7/90).

Für das Vorliegen von **Fall b** ist es gemäß **Abb. 13** erforderlich, dass zusätzlich noch auftraggeberseitig die Vordersätze (= LV-Mengen) angegeben worden sind; hierzu wird für das Beispiel Dachabdichtung auf Anhang I, A, Unterlage 7/91 verwiesen.

Fall a ergibt sich dadurch, dass der Auftraggeber zusätzlich seine eigene Mengenermittlung dem Bieter zur Verfügung stellt. **Abb. 14** zeigt die entsprechende Zusammenstellung der Unterlagen für die einzelnen Fälle der in **Abb. 11, S. 268** aufgeführten Beispiele.

2.3.2.2 Auflistung aller noch bis zur Angebotsabgabe notwendigen Tätigkeiten und Unterlagen

746 Der Umfang der erforderlichenfalls notwendigen Tätigkeiten und Unterlagen für die Angebotsbearbeitung bei ausgeschriebenen Erd- und Betonarbeiten ergibt sich u. a.:

- aus geringer Anzahl der auftraggeberseitigen Vorgaben,

- aus dem Bedürfnis des Bieters nach Differenzierung der ihm bislang vorliegenden Unterlagen.

Sofern Fall d vorliegt (vgl. **Abb. 13**, S. 275 und **Abb. 15**, S. 298) sind für das Beispiel δ (mehrere verwandte Leistungsbereiche) – hier: Erd- und Betonarbeiten – auf jeden Fall noch erforderlich:

- die Kategorisierung der Leistungsinhalte (vgl. die Positionen von Anhang I, B, Unterlagen 9/61 und 9/71),

- die den Kategorisierungen zuzuordnenden Mengenermittlungen (vgl. die in Anhang, I, B, Unterlage 6/00 aufgelisteten Mengenermittlungsunterlagen).

747 Weiterhin ist möglichst auch schon festzulegen,
  a) ob und bezüglich welcher Leistungsinhalte und/oder -umstände Alternativüberlegungen opportun sind,

---

[824] Die jeweiligen Unterlagen zu den einzelnen Beispielen sind entweder im Anhang I, DETAIL-PAUSCHALVERTRÄGE (grüne Blätter) wie folgt gekennzeichnet:
- jeweils an der Blattaußenseite oben:
  – A auftraggeberseitige Unterlagen
  – B Unterlagen der Angebotsbearbeitung für die Fälle a, b oder c (vgl. **Abb. 11**, S. 268)
- die Kennzeichnung der Unterlagen erfolgt im linken oberen Bereich,
oder sie sind ausnahmsweise in Anhang III, Komplexer Global–Pauschalverträge als Nachunternehmerunterlagen mit Detail–Pauschalvertragscharakter (hier: Dachabdichtung) aufgeführt.

b) wie detailliert die Kategorisierung voranzutreiben ist (Aspekt der Nachunternehmeranfrage und/oder der Kostenermittlung),[825]

c) ob und für welche Leistungen Nachunternehmeranfragen vor der Angebotsabgabe stattfinden sollen und welchen Detaillierungsstandard diese Anfragen haben sollen,

d) wie weit die Prüfpflichten des Bieters gehen müssen, ohne dass schon eine auftraggeberseitig angestrebte, aber beim Detail-Pauschalvertrag nicht zulässige Komplettierungsklausel vorliegt.

Zu a Als Thema für Alternativüberlegungen bieten sich bei unserem Beispiel Erd- und Betonarbeiten an: 748

- Verwendung von Filigranplatten statt Schalung für die Kerndecken des Bauwerks B (vgl. Anhang I, B, Unterlage 4/51),
- Aufbördelung der Filigranplatten anstatt Randabschalung für den Aufbeton auf den Filigranplatten (vgl. Anhang I, B, Unterlage 4/52),

Zu b Die Festlegung der Kategorisierungstiefe des qualitativen Bausolls ergibt sich u. a. aus dem Differenzierungsbedarf für die eigene Kostenermittlung und/oder für Nachunternehmeranfragen; Letzteres unter dem Aspekt, inwieweit auf der Nachunternehmerseite Bereitschaft zur eigenständigen Differenzierung vorhanden ist. 749

In dem Beispiel in Anhang I, A, Unterlage 3/10 ff. bzw. 3/60 ff. sind deshalb einerseits globale und andererseits differenzierte Kategorisierungen aufgeführt.

Zu c Nachunternehmereinsatz ist erwägenswert bzw. notwendig für Fertigteile; vgl. Anhang I, B, Unterlage 7/70, 750

Zu d Prüf- und Hinweispflichten gegenüber dem Auftraggeber sind schon jetzt für folgende Themen ins Auge zu fassen. 751

Beispiel:

- Wie sehen die Fertigteilte aus?

Nach Rücksprache mit dem auftraggeberseitigen Tragwerksplaner erhält der Bieter Entwurfspläne der Fertigteile (z. B. Anhang I, B, Unterlage 4/11).

Die oben aufgeführten Fragen und Probleme führen fast übergangslos in den Fragenkomplex Vollständigkeitsvermutung bzw. Komplettheitsklausel. 752

Bezüglich des Aushubs ist eine Vollständigkeitsvermutung sicherlich unangebracht; der Auftraggeber hat das, was er beauftragen will, durch seine Unterlagen näher bestimmt.[826] Nur das näher Bestimmte wird Vertragsinhalt – immer vorausgesetzt, es ergibt sich durch die „normale" Prüfpflicht (vgl. Einheitspreisvertrag) keine zusätzliche Erkenntnis. Es besteht also kein Grund, nach nicht in den Anfrageunterlagen enthaltenen Leistungsinhalten zu suchen.[827]

---

[825] Siehe Rdn. 211 ff.
[826] Vgl. Anhang I, A, Unterlage 1/04.
[827] Wir verweisen auch auf unsere Erörterungen in Band 1, Rdn. 327.

gem. Abb. 12	Leistungs-umfang	Fall a Unterlage		Fall b Unterlage		Fall c Unterlage		Fall d Unterlage	
		Anl. Code	Bezeichnung	Anl. Code	Bezeichnung	Anl. Code	Bezeichnung	Anl. Code	Bezeichnung
α	z.B. Baugruben-aushub	I, B 6/41	Mengen-ermittlung	Bd. 1, Anh. A, Unterl. a1.1 Pos. 3	Vorder-satz	I, A 3/60 Pos. 3	Positions-text	I, A 1/01 1/02 I, A 1/04 1/05	Lageplan Boden-gutachten Schnitt Grundriss Grundriss
β	Mehrere Teilleistungen (z.B. Aushub	I, B 6/51 ff.	Mengen-ermittlung	Bd. 1, Anh. A, Unterl. a1.1 Pos. 3+4	Vorder-sätze	I, A 3/60 Pos. 3+4	Positions-texte		
γ	Ein Leistungs-bereich: z.B. alle Erdarbeiten (DIN 18300)	I, B 6/51 ff.	Mengen-ermittlung	Bd. 1, Anh. A, Unterl. a1.1 LB 002	Vorder-sätze	I, A 3/60	LV-Texte		
δ	Mehrere verwandte Leistungs-bereiche (z.B. Erd- und Beton-arbeiten)	I, B 6/51 ff. 6/72 ff.	Mengen-ermittlung	Bd. 1, Anh. A, Unterl. a1.1	Vorder-sätze	I, A 3/60 3/70	LV-Texte		
Vom Bieter ersatzweise noch erstellte Unterlagen:		← bei Fall b → ← bei Fall c → ← bei Fall d →							

Abbildung 14 Zuordnung von Unterlagen aus dem Projektanhang I zu unterschiedlichen Mengenermittlungskriterien und Beispielen

Argumente, die darauf abzielen, dass der Bieter bei Pauschalverträgen eine größere Prüfpflicht als bei Einheitspreisverträgen hätte, sind bei Detail-Pauschalverträgen unangebracht.

753 Deshalb braucht der Bieter – auftraggeberseitige Planung vorausgesetzt – die Kerndecken auch nicht daraufhin zu überprüfen, ob für sie die richtigen Verkehrslasten angesetzt worden sind.[828]

Solche bieterseitigen Überprüfungen sind nur bei individuell vereinbarter Übernahme besonderer Risiken (vgl. Rdn. 484) notwendig.[829]

754 Etwas anderes kann jedoch für die Dachabdichtung bezüglich des Dachrandabschlusses gelten, wenn Fall d (vgl. **Abb. 13**, S. 275; hier: Angaben in Anhang I, A, Unterlage 3/07) vorliegt.

---

[828] Daran ändert nichts, dass sich später herausstellt, daß in den Kernbereichen eine Flachdecke nicht ausreicht und zusätzliche Unterzüge notwendig geworden sind (vgl. Band 1, Anhang G, Nachtrag G).

[829] Vgl. Rdn. 484.

Der Auftragnehmer hat eine komplette Dachabdichtung aus Bitumenbahnen auszuführen, so wie sie in DIN 18 338 unter Abschnitt 3.3.2 vorgegeben ist.

Das heißt sicherlich nicht, dass im nachhinein zusätzliche Leistungen (z. B. weitere Dachdurchdringungen) vom Auftragnehmer ohne Zusatzvergütung erstellt werden müssen, wenn sich diese Leistungen nicht aus den Vertragsunterlagen oder gemäß den anerkannten Regeln der Technik als notwendig ergeben.

Der Auftraggeber kann im nachhinein ohne Zusatzvergütung auch keine Querfugen im Dach verlangen, wenn aus den Anfrageunterlagen keine Fugen ersichtlich sind.

Anders liegt der Fall für den Dachrandabschluss. Ohne Dachrandabschluss funktioniert die Dachabdichtung nicht ordnungsgemäß. Deshalb hat der Bieter zumindest einen entsprechenden Vorschlag im Angebot zu machen bzw. darauf hinzuweisen, dass der Dachrandabschluss ungeklärt ist.

2.3.2.3 Bestimmung des qualitativen Bausolls
   – Kriterium: Auftraggeberseitige Vorgaben –

Je klarer und detaillierter die auftraggeberseitigen Vorgaben sind, um so weniger ist bieterseitig für die Bestimmung des qualitativen Bausolls zu tun. Liegt z. B. Fall c (vgl. **Abb. 13** S. 275 und **Abb. 14**, S. 278) vor, so ist das qualitative Bausoll durch Leistungsverzeichnis (evtl. noch Baubeschreibung) und Pläne redundant dokumentiert. 755

Hinzu kommt, dass knappe Leistungsverzeichnisse und Baubeschreibungstexte inhaltliche Ergänzung durch die Fachnormen der VOB/C erfahren.[830]

Mit der Klärung des qualitativen Bausolls ist die Kategorisierung des Bausolls durch Schaffung von Ordnungszahlen eng verbunden. 756

Hier geht es – genaugenommen – nicht mehr um die Klärung des qualitativen Bausolls, sondern um die Aufbereitung der Darstellung des Bausolls zur Erleichterung der Kostenermittlung und Preisfestlegung.[831]

Hierzu Beispiele gemäß **Abb. 13** und **Abb. 14**:

Zu α Teilleistung **Baugrubenaushub** 757

    Das qualitative Bausoll ist für Fall d (vgl. **Abb. 13 und 14** durch Anhang I, A, Unterlagen 1/01 ff. im wesentlichen festgelegt. Die Böschungsneigung ergibt sich aus den im Bodengutachten (Anhang I, A Unterlage 1/02) angegebenen Bodenklassen 4 und 5 in Verbindung mit DIN 4124 und DIN 18 300.

    Die bieterseitige Erstellung eines Positionstextes ist nicht unbedingt notwendig, bietet sich aber dann an, wenn die Leistung Baugrubenaushub Teilbestandteil eines größeren Leistungsumfanges (also bei den Beispielen γ oder δ aus **Abb. 12**, S. 275. In den Fällen a bis c (vgl. **Abb. 13 und 14**) ist keine weitere qualitative Bausollbestimmung notwendig, da Anhang I, A, Unterlage 1/01 ff. und der Positionstext für das qualitative Bausoll und für die Kostenermittlung ausreichen.

Zu β **Teilleistungen des Aushubs** 758

    Das nunmehr dazu kommende qualitative Bausoll für den Fundamentaushub ist bei Fall d durch Anhang I, A, Unterlage 1/01 ff. ausreichend vorgegeben.

---

[830] Vgl. z. B. Rdn. 777.
[831] Näher Rdn. 212 ff.

Weiterer Positionstext (also Fall c) und Vordersätze (also Fall b) ändern daran ebensowenig wie das auftraggeberseitige Mitliefern einer Mengenermittlung (als Fall a, vgl. Unterlage I, B, 64).

759 Zu γ **Leistungsbereich Erdarbeiten**

Sofern die Mindestbedingungen auch insoweit für einen Detail-Pauschalvertrag erfüllt sein sollen (Fall d), muss zusätzlich zu dem zu den Beispielen α und β Gesagten noch festgelegt sein, ob und wie hoch verfüllt werden soll. Dies erfolgt durch die Angabe des Verfüllniveaus in Anhang I, A, Unterlage 1/04.

Die zugehörige Mengenermittlung für die Verfüllung ist in Anhang I, B Unterlage 6/64 aufgeführt.

Sofern für die Fälle a bis c auftraggeberseitig Leitpositionen vorgegeben worden sind, steht der Bieter vor der Frage, ob er aus Kostenermittlungsgründen die Leistungsbeschreibung detaillierter kategorisieren soll oder nicht.

760 Zu δ **Mehrere verwandte Leistungsbereiche**

Hat der Auftraggeber gemäß Fall d angefragt, also die Unterlagen 1/01 ff. aus Anhang I, A zur Angebotsbearbeitung zur Verfügung gestellt, so ist das qualitative Bausoll im Wesentlichen klar.

Die Frage, wie global oder detailliert der Bieter seinerseits die Leistungsbeschreibung der Beton- und Stahlbetonarbeiten kategorisiert, hängt zumeist von seinen Kostenermittlungszwängen ab. Im konkreten Fall stehen jedenfalls detaillierte Leistungsverzeichnisse für die Kalkulation zur Verfügung (vgl. Anhang I, A, Unterlagen 3/60 und 3/70).

Wir haben schon darauf hingewiesen, dass sich aus den Ergebnissen der bieterseitigen Prüfpflichten zusätzliche Leistungsinhalte für das qualitative Bausoll ergeben können; Genaueres hierzu bei der Besprechung der Prüf- und Hinweispflichten (Rdn. 764 ff.).

761 **Dachabdichtung (Abb. 13, S. 275)**

Im Falle d ergibt sich das qualitative Bausoll aus der Vorgabe „Dachabdichtung" für die zwei Dächer von Anhang I, A, Unterlage 3/07 sowie aus DIN 18 338 Abschnitt 3.3.2. „Fehlende" Angaben in den Leistungsvorgaben des Auftraggebers werden also – soweit möglich – durch den Normenstandard ergänzt.

Hat der Auftraggeber nur „Löcher" für Dachabläufe für zwei Hochschulgebäude – also für wärmegedämmte Gebäude – ohne weitere Eintragungen in Anhang I, Unterlage 3/07 „angedeutet", so hat der Bieter (bzw. Auftragnehmer) gemäß Abschnitt 3.3.1.5 DIN 18 338 zweiteilige, wärmegedämmte Dachabläufe mit Kiesfang einzubauen, weil ein wärmegedämmtes Dach notwendig ist. Weiterhin hat der Bieter (bzw. Auftragnehmer) – auch ohne weitere Angaben des Auftraggebers – bei Verwendung von Bitumenbahnen mindestens zwei Lagen Bitumenbahnen als Dachabdichtung (siehe Abschnitt 3.3.2.5 bzw. 3.3.2.6 DIN 18 338) einzubauen.

Knappe Auftraggeberangaben sind also keine schlechten Auftraggeberangaben – der Fachmann auf der Bieterseite versteht sie sehr wohl!

Das Ergebnis der Kategorisierung für die Dachabdichtung ist:

- **bei Fall d**
  - global: **Abb. 2**, S. 4
  - differenziert: Anhang I, A, Unterlage 7/90

- bei den Fällen a bis c

  hängt es bei globalen auftraggeberseitigen Vorgaben von den Kostenermittlungsmöglichkeiten des Haupt- und/oder des angefragten Nachunternehmers ab, wie differenziert zu kategorisieren ist.

2.3.2.4 Dokumentation von Problempunkten

2.3.2.4.1 Bieterinterne Klärungsbedürfnisse

Bei unseren Beispielen geht es z.B. um die Beantwortung folgender Fragen:

- Wo wird, sofern einer der Fälle a bis c vorliegt, die Herstellung der aus Anhang I, A, Unterlage 1/04 bzw. 1/05 ersichtlichen Türaussparungen im Stahlbeton einkalkuliert, da im Leistungsverzeichnis keine gesonderte Position hierfür zu finden ist?

Da es um einen Pauschalvertrag geht, also keine Einheitspreise gebildet werden müssen, spielt die Zuordnung zu einer Ordnungszahl (Position) keine Rolle. Wesentlich ist nur, dass die Anzahl der Türaussparungen ermittelt (vgl. Anhang I, B, Unterlage 4/02) und die sich daraus ergebende Schalfläche kalkulativ berücksichtigt wird.

2.3.2.4.2 Prüf- und Hinweispflichten

2.3.2.4.2.1 Einfache Problempunkte

Für unsere Beispiele ergeben sich folgende Lösungen, die in der Dokumentation des Angebotsschreibens festzuhalten sind:

Zu den Beispielen α bis δ

Für das Aushubmaterial ist auftraggeberseitig ein Bereich für das Einzuplanieren anzugeben (Angebotsdokumentation in Anhang I, B, Unterlage 5/00, Punkt 03).

Zu den Beispielen γ und δ

Die Verfüllung erfolgt bis 5 cm unter Unterkante Bodenplatte (Dokumentation in Anhang I, B, Unterlage 5/00, Punkt 04).

Zu Beispiel δ

Die Fertigteile ergeben sich im Einzelnen aus den vom Bieter nachgeforderten Unterlagen (z. B. Anhang I, B, Unterlage 4/11; sowie Anhang I, B, Unterlage 5/00, Punkt 11).

Aus den Typenplänen der Köcherfundamente (Anhang I, B, Unterlage 4/11) ergibt sich u. a. auch die Mengenermittlung für den zugehörigen Aushub (vgl. Anhang I, B, Unterlagen 6/51 ff.).

2.3.2.4.2.2 Problempunkte aus der Verpflichtung zur mangelfreien Leistungserstellung

Schwierig ist jedoch die Lösung von Problempunkten, die für einen oberflächlichen Angebotsbearbeiter weniger offensichtlich sind.

Hierzu verweisen wir darauf, dass das Bauwerk frostsicher sein muss, also Frostschürzen erfordert, sofern keine durchgehenden Streifenfundamente vorgesehen sind.[832]

Je nachdem, welche Mengenermittlungskriterien gemäß **Abb. 11**, S. 268 vorliegen, sind **verschiedene Szenarien** zu unterscheiden. Aus Anhang I, A, Unterlage 1/04 (Schnitt durch Bauwerk B) ergibt sich z. B.:

- bei **Fall d** für einen ernsthaft Prüfenden zumindest die Frage, ob

---

[832] Siehe Band 1, Rdn. 326.

bzw.

- bei den **Fällen a bis c** sogar **eindeutig** in Verbindung mit dem Leistungsverzeichnis der Beton- und Stahlbetonarbeiten, Pos. 13 und 14 (Anhang I, A, Unterlage 3/70 bzw. Band 1, Anhang A, Unterlage a 1.1)

die Feststellung, dass sich **außerhalb der Kerne keine Streifenfundamente**, sondern Köcherfundamente unter dem Gebäude befinden. Somit ist der Auftraggeber bieterseitig darauf hinzuweisen, dass die **Frostsicherheit offensichtlich nicht gewährleistet ist**.

Der Bieter hat den Auftraggeber – spätestens im Angebotsschreiben – auf diese Problematik hinzuweisen. Es geht allerdings (nur) um ein Haftungsproblem, auf das der (spätere) Auftragnehmer gemäß § 4 Nr. 3 VOB/B hinweisen muss.

2.3.2.4.2.3 Selbstverständliche Leistungen?

765 Wir haben schon festgestellt, dass beim Detail-Pauschalvertrag keine weitergehenden Anforderungen an die Prüfpflicht des Bieters gestellt werden dürfen als beim Einheitspreisvertrag.[833] Für nicht ausgeschriebene Aussparungen haben wir für den Einheitspreisvertrag festgestellt, dass sie auch im nachhinein nicht „von alleine" zu Vertragsbestandteilen werden.[834]

Somit ist für die Fälle a bis c, also bei **auftraggeberseitiger** Anfrage mit Leitungsverzeichnis, einzig und allein nur **das** Bausoll, was auch aus den Vertragsunterlagen – also insbesondere dem Leistungsverzeichnis – ersichtlich ist.

766 Das gilt für die Fälle a bis c auch dann, wenn beispielsweise keine **Aussparungen** ausgeschrieben worden sind, sie sich aber im nachhinein „als selbstverständlich" erweisen sollten. Solche nachträglichen „Selbstverständlichkeiten" aus der Sicht des Auftraggebers sind objektiv gesehen keine Selbstverständlichkeiten. Die Herstellung von Aussparungen war dem konkret angesprochenen Bieter und späteren Auftragnehmer durch das Leistungsverzeichnis nicht vorgegeben worden, ganz abgesehen davon, dass Aussparungen für die Technische Ausrüstung auch noch nach Erstellung des Tragwerks (z. B. durch Kernbohrungen) hergestellt werden können.

Die Hinweispflicht des Bieters erstreckt sich also auch beim Detail-Pauschalvertrag nicht auf Leistungen, die zwar sinnvoll sind, aber nicht unbedingt zur anstehenden Leistung gehören und deren Mängelfreiheit bedingen.

Dies gilt nicht nur für Aussparungen für die Technische Ausrüstung, sondern für alle Aussparungen, also auch für solche, die konstruktiven Zwecken dienen.

Schon in Band 1 haben wir unter Rdn. 317 für „Auflager – Aussparungen" festgestellt, dass die Prüf- und Hinweispflicht des Bieters beim Einheitspreisvertrag nicht so weit geht, dass er „Verstecktes" finden muss, ganz abgesehen davon, dass DIN 18 331 in Abschnitt 0.2.7 und Abschnitt 4.2.7 klare Regelungen dazu trifft, wie Aussparungen auszuschreiben bzw. zu vergüten sind.[835]

Das oben Festgestellte gilt entsprechend auch für Detail-Pauschalverträge, da sie sich nur durch das Mengenermittlungsrisiko von Einheitspreisverträgen unterscheiden.

---

[833] Oben Rdn. 474 ff., 482 ff.
[834] Band 1, Rdn. 316.
[835] Die Sache liegt jedoch vielleicht dann anders, wenn zunächst ein Einheitspreisvertrag geschlossen wird und dieser nachträglich nach Vorlage der die Aussparungen wiedergebenden Ausführungspläne pauschaliert wird; diesen Fall werden wir noch unter Rdn. 17 ff. besprechen.

Die Frage ist nun, ob das auch für Fall d gilt, wenn also auftraggeberseitig kein Leistungsverzeichnis vorgegeben ist.

In einem solchen Fall entnimmt der **Bieter** zur Leistungs-, Mengen- und Kostenermittlung (nachträglich) das Bausoll den Plänen und gegebenenfalls einem (globalen) Beschrieb. Weisen diese Pläne keine Aussparungen auf, so bleibt es bei den bisherigen Feststellungen – vorausgesetzt, es handelt sich um Ausführungspläne. Handelt es sich dagegen um Entwurfspläne – also solche Pläne, in die i. d. R. noch keine Aussparungen eingetragen werden –, so ist das Erfordernis von Aussparungen nur durch Erbringung von Leistungen von Ingenieuren und Architekten im Sinne der HOAI möglich.

Sofern solche Leistungen in das Aufgabenfeld des Bieters fallen sollen, wird die Schnittstelle zwischen Detail- und Global-Pauschalvertrag überschritten.

2.3.2.4.2.4 Der Übergang zum Einfachen Global-Pauschalvertrag

Anknüpfend an das oben Besprochene halten wir fest:

Wenn bei **Fall d** nur **Vorplanungsunterlagen** oder maximal **Entwurfspläne** ohne Details und ohne Leistungsverzeichnis – also Pläne gemäß Anhang I, A, Unterlage 1/01 ff. – existieren, liegt es in der Natur der Sache, dass zwar das Bauwerk in seinen wesentlichen Inhalten zum Zwecke der Darstellung der Funktionserfüllung und der Genehmigungsfähigkeit dargestellt ist, aber nicht derartig differenziert, dass eindeutig alle Ausführungsbelange schon erkennbar sind. In solchen Plänen fehlen i. d. R. Aussparungen bzw. in ihnen sind nur die allerwichtigsten Aussparungen enthalten.

Heißt das, dass in solchen Fällen nur solche Aussparungen Bestandteil des Bausolls werden, die auch aus den zur Angebotsbearbeitung zur Verfügung stehenden Unterlagen ersichtlich sind?

Um diese Frage zu beantworten, beschäftigen wir uns zunächst nur mit Aussparungen, die konstruktiv notwendig sind.

Aus Anhang I, A, Unterlagen 1/04 und 1/05 ist zu ersehen, dass zwischen den Treppenläufen Podeste liegen. Die Ortbetonpodeste in den kleinen Kernen des Bauwerks B sind offensichtlich dreiseitig in den Kernwänden aufgelagert; dagegen können die Fertigteilpodeste der großen Kerne des Bauwerks A nur auf einer Seite in der zugehörigen Kernwand aufgelagert sein, sie müssen gemäß Fertigteiltypenplan als Fortführung der jeweiligen Treppenlauffertigteile ausgebildet sein.

Somit sind zur Auflagerung der Fertigteile

- entweder die Wände der großen Kerne in zwei Abschnitten herzustellen (d. h. zunächst bis unterhalb Fertigteilauflager und nach Auflagerung der Fertigteile in einem zweiten Abschnitt)
- oder aber es werden Aussparungen[836] in den Kernwänden für den nachträglichen Einbau der Fertigteiltreppenläufe vorgesehen

Der auf der Basis von Entwurfsplänen („Nicht-Ausführungsplänen") und ohne Vorgabe eines Leistungsverzeichnisses anbietende Unternehmer ist also in solchen Fällen der Angebotsbearbeitung als (Mit-)Planer gefordert (vgl. die entsprechende Lösung in Anhang I, B, Unterlage 4/21 in Verbindung mit Unterlage 6/75), d. h., es liegen in diesem „Minipunkt" schon erste Sachverhaltsansätze eines (Einfachen) Global-Pauschalvertrages vor,

---

[836] Vgl. hierzu die im Leistungsverzeichnis Band 1, Anhang A bzw. Anhang I, A, Unterlage 3/70, LB 013 Pos. 23 und 24 vorgegebenen Aussparungen für die Fälle a bis c.

der Bieter hat somit weitergehende Prüfpflichten als beim „reinen" Detail-Pauschalvertrag.

770 Im oben aufgeführten Fall handelt es sich in einem kleinen Teilbereich dann schon um einen Einfachen Global-Pauschalvertrag; deshalb hat der Bieter – immer vorausgesetzt, es liegt Fall d (vgl. die **Abb. 11, 13 und 14**) vor, wenn nicht zusätzlich zu den Planungsunterlagen von Anhang I, A, Unterlagen 1/04 und 1/05 noch ein entsprechender Text (vgl. Pos. 23 in Anhang I, A, Unterlage 3/70) oder ein entsprechendes Detail (vgl. Anhang I, B, Unterlage 4/21) vorliegt – die Pflicht,

- entweder Rückfragen beim Auftraggeber zu nehmen

- oder aber in seinem Anschreiben darauf hinzuweisen, was sein Angebot enthält.

Dies gilt auch für Aussparungen für die Technische Ausrüstung, die überhaupt nicht oder nur teilweise aus den für den Bieter vorliegenden (Entwurfs-)Plänen erkennbar sind.

771 **Der Detail-Pauschalvertrag unterscheidet sich vom Einfachen Global-Pauschalvertrag nur** durch eine **wirksam** vereinbarte Komplettheitsklausel, die sich allerdings in **außergerichtlichen Sonderfällen** auch stillschweigend durch Auslegung feststellen lassen kann.

772 Liegen dagegen bei einer Ausschreibung gemäß **Fall d Ausführungspläne** vor, so braucht der Bieter auch nur diejenigen Aussparungen in sein Angebot einzuschließen, die aus den Anfrageunterlagen zu ersehen sind; Begründung: Nunmehr liegt der Sachverhalt eines Detail-Pauschalvertrags vor, denn die Details sind „näher geregelt".

2.3.2.5 Auflistung von Vorschlägen für das Angebotsschreiben

773 Hierzu verweisen wir auf Anhang I, B, Unterlage 5/00. Dort sind Vorschläge für das Angebotsschreiben unter dem Aspekt formuliert, alle bislang noch nicht geklärten Punkte nicht zum Bausoll zu machen.

2.3.2.6 Bestimmung des quantitativen Bausolls

2.3.2.6.1 Der Umfang der Mengenermittlungstätigkeit in Abhängigkeit von den vorgegebenen Mengenermittlungskriterien

774 Der für die (endgültige) Bestimmung des quantitativen Bausolls anfallende Arbeitsaufwand hängt wesentlich davon ab:

- welcher der Fälle a bis d (gemäß den **Abb. 11, 13 und 14**) vorliegt und

- welche Mengensicherheit der Bieter erzielen will.

775 Liegen die Voraussetzungen für **Fall a** vor, so hat der Bieter folgende Wahlmöglichkeiten:

1. Erreichung voller Mengensicherheit durch Überprüfung aller auftraggeberseitigen Mengenermittlungen.

2. Relative Mengensicherheit mit Hilfe von Stichproben.

3. Unterlassen einer Mengenüberprüfung und Übernahme der auftraggeberseitigen Angaben für die Kostenermittlungen.

Beispiele | Rdn. 776–781

Zu 1 776

Volle Mengensicherheit gewinnt der Bieter dadurch, dass er die Zahlen der auftraggeberseitigen Mengenermittlungen den Inhalten der zugehörigen, als Mengenermittlungsparameter heranziehbaren anderen (Bausoll-)Unterlagen (z. B. für die Erd- und Betonarbeiten: Anhang I, A, Unterlagen 1/01 ff.) gegenüberstellt und die Rechenvorgänge nachvollzieht.[837]

Dies bereitet für die Überprüfung der Anzahl der Filigranplatten (Band 1, Anhang A, Unterlage a 1.1 Pos. 18) wenig Arbeit (vgl. Anhang I, B, Unterlage 6/73 ff.), dagegen für den Aushub (Pos. 3 und 4 in Anhang I, B, Unterlage 3/61) relativ viel Arbeit (vgl. Anhang I, Unterlagen 6/41 ff. und 6/51, 6/53 ff., 6/64).

Diese bieterseitige Tätigkeit entspricht in etwa derjenigen, die als auftraggeberseitige Überprüfung der auftragnehmerseitigen Abrechnung bei Einheitspreisverträgen stattfindet.

Der Umfang dieser Tätigkeit hängt davon ab,[838] ob nur wenige globale Leitpositionen für die Mengenermittlung vorliegen, oder ob alle Einzelleistungen positionsweise vorgegeben worden sind.

Zu 2 777

Arbeitseinsparungen ergeben sich für den Bieter dann, wenn er seine Mengenüberprüfung gemäß A/B/C-Analyse auf Hauptpositionen (z. B. auf die Filigranplatten) beschränkt.[839]

Zu 3 778

Das Unterlassen jeder Mengenüberprüfung ist u. E. nicht diskutabel, jedenfalls aber natürlich Bieterrisiko.

Bei **Fall b** (gemäß **Abb. 11, 13 und 14**) muss der Bieter eine eigenständige Mengenermittlung durchführen, sofern er die Vordersätze des auftraggeberseitigen Leistungsverzeichnisses kontrollieren will. Ansonsten gilt das zu Fall a Gesagte sinngemäß. 779

Der Vorteil von Fall b gegenüber den nachfolgenden Fällen c und d liegt darin, dass der Bieter bei ihm die Resultate seiner eigenen Mengenermittlung mit den Vordersätzen des Auftraggebers vergleichen kann. 780

Hierzu ein Beispiel: Außer den Unterlagen 1/01 ff. aus Anhang I, A liegt noch das Leistungsverzeichnis aus Band 1, Anhang A vor – aber keine auftraggeberseitige Mengenermittlung. Sofern die Werte der Mengenermittlung des Bieters mit den Vordersätzen des auftraggeberseitigen Leistungsverzeichnisses übereinstimmen, wächst das Vertrauen des Bieters in seine eigene Mengenermittlung und in die des Auftraggebers. Kommt eine solche Übereinstimmung oder Fast-Übereinstimmung mehrfach hintereinander vor, so kann das für den Bieter Anlaß sein, den Vordersätzen des Auftraggebers generell zu vertrauen.

Aber auch dann, wenn die Ergebnisse der bieterseitigen Mengenermittlungen von den Vordersätzen des auftraggeberseitigen Leistungsverzeichnisses abweichen, hat Fall b den Vorteil, dass die Abweichung als solche auffällt und somit für den Bieter Anlaß ist, 781

---

[837] Wir besprechen hier also den Fall, daß der Auftraggeber dem Bieter nicht nur die Unterlagen aus Anhang I, A, sondern nach Rückfrage des Bieters auch die Unterlagen I, B, 3/61, 3/71 und 6//41 ff., 6/51 ff. aus Anhang I, B zur Verfügung gestellt hat.

[838] Natürlich beeinflussen auch die trivialen Fälle falscher und lückenhafter Mengenermittlungen sowie die Positionsvorgaben den Arbeitsaufwand auf der Bieterseite.

[839] Zum Thema „falsche Mengenvorgaben" s. Rdn. 785 ff.

- seine eigene Mengenermittlung nochmals zu überprüfen bzw.
- Rücksprache beim Auftraggeber zu nehmen

Insbesondere ist zu bedenken, dass relevante Fehler bezüglich der Vordersätze einzelner Positionen auftreten können, obwohl ansonsten die auftraggeberseitigen Mengenangaben richtig sind.

Hierzu wird auf Pos. 18 (Filigrandecken) verwiesen. Im auftraggeberseitigen Leistungsverzeichnis (Band 1 Anhang A) ist ein Vordersatz aufgeführt, der sich erheblich vom Ergebnis einer korrekt durchgeführten Mengenermittlung (vgl. Anhang I, B, Unterlage 6/74) unterscheidet.

Somit liegt es in der Hand des Bieters, den Auftraggeber über die Gründe seines „hohen Preises" aufzuklären – nämlich die Tatsache, dass nach seinen Ermittlungen viel mehr Filigranplatten als auftraggeberseitig angegeben einzubauen sind.

782 Der Arbeitsumfang der eigenständigen Mengenermittlung bzw. das Risiko des Bieters hängt auch bei Fall b von der Art und dem Umfang der vom Auftraggeber vorgegebenen Mengenermittlungskriterien ab.

Gibt es z. B. nur Entwurfspläne, so bereitet die Mengenermittlung für Pos. 18 erheblich mehr Aufwand da nunmehr vorab noch die Flächen der Filigrandecken in die Unterlagen des Objektplaners (Mengenermittlungsskizze) einzuzeichnen sind (vgl. Anhang I, B, Unterlage 6/73), als wenn Positionspläne des Tragwerksplaners vorliegen würden.

Die Anfertigung von Mengenermittlungsskizzen ist für die Ermittlung der Mengen der Erdarbeiten bei den Fällen b bis d sogar unerläßlich, da ja in der Regel auftraggeberseitig kein Aushubplan vorliegt und der Bieter somit

- auf der Basis des Bodengutachtens (vgl. Anhang I, A, Unterlage 1/02) mit Hilfe von DIN 4124 und DIN 18 300 die Böschungsneigung,
- auf der Basis der Tragwerkspläne (vgl. Anhang I, A, Unterlagen 1/04 und 1/05) die Bodenverdrängung und
- auf der Basis der Arbeitsvorbereitung den Arbeitsraum

bestimmen muss, dann mit Hilfe der Höhenangaben des Lageplanes (vgl. Anhang I, A, Unterlage 1/01) Mengenermittlungsskizzen (vgl. Anhang I, B, Unterlagen 6/42, 51, 54) anfertigen kann, um dann erst die Mengen (vgl. Anhang I, B, Unterlage 6/41) ermitteln zu können.

Zusätzliche Probleme können sich bei der Mengenermittlung dadurch einstellen, dass aus den Anfrageunterlagen (Anhang I, A, Unterlage 1/01 ff.) des Auftraggebers nicht mit letzter Sicherheit zu erkennen ist, wo welche Fundamenttypen vorgesehen sind.[840]

Somit ist vorab durch Rückfragen beim Auftraggeber eine entsprechende Klärung herbeizuführen (Ergebnis: Anhang I, B, Unterlage 4/11).

783 **Fall c** unterscheidet sich von Fall b dadurch, dass der Bieter seine eigene Mengenermittlung nicht mit Vordersätzen des Auftraggebers vergleichen kann; das Mengenermittlungsrisiko vergrößert sich letztlich aber nur psychologisch, da ja die Mengen als solche immer noch sicher auf der Basis der vorliegenden bzw. anforderbaren Mengenermittlungsparameter bestimmbar sind.

---

[840] Der Bieter könnte natürlich plausible Annahmen treffen und mit großer Wahrscheinlichkeit die richtige Fundamentzuordnung vornehmen; das ist aber letztlich sehr unsicher.

Fall d erfordert eine eigenständige bieterseitige Kategorisierung, damit überhaupt eine Mengen- und Kostenermittlung möglich ist. Dabei kann bekanntlich

- der globale Weg über Leitpositionen (vgl. Anhang I, A, Unterlagen 3/10) oder
- der Weg über differenzierte Leistungsverzeichnisse (vgl. Anhang I, A, Unterlage 3/60 ff.) gewählt werden.

Die Mengenermittlung als solche entspricht der, die wir oben schon für andere Fälle besprochen haben.

2.3.2.6.2 Falsche Mengenvorgaben durch den Auftraggeber

Falsche auftraggeberseitige Mengenvorgaben ergeben sich daraus, dass der Auftraggeber bzw. seine Planer

- sich verrechnet haben,
- falsche Annahmen zur Mengenermittlung getroffen haben,
- aus Vorsicht höhere oder niedrigere Vordersätze angesetzt haben, als realistisch zu erwarten sind.

Als Beispiel hierzu wird auf den Vordersatz von 911 m^3 für die Schalung der Streifenfundamente[841] im Vergleich zu der später ermittelten Menge von 363,68 m^2 hingewiesen. Somit ergeben sich aus der im Angebotsstadium durchgeführten Mengenermittlung andere Vordersätze, nämlich die aus Anlage I, B, 3/71.

Die Ursache dieses übersetzten Vordersatzes liegt darin, dass auftraggeberseitig zunächst Streifenfundamente vorgesehen worden waren; dann ist später auf Einzelfundamente und Fertigteile[842] umgestellt worden, andererseits aber die Schalungsmenge nicht korrigiert worden.

Sofern der Bieter in einem solchen Fall die auftraggeberseitigen Vordersätze nicht zumindest auf Plausibilität überprüft, läuft er bei deren Übernahme Gefahr, wegen zu hoher Mengen zu hohe Gesamtkosten zu ermitteln und somit (ungewollt!) zu teuer anzubieten.[843]

Eine entgegengesetzte Wirkung kann ohne bieterseitige Mengenüberprüfung bei Pos. 18 (Band 1, Anhang A, Unterlage a1.1, LB 013) auftreten; hier sind 4337 m^2 Filigranplatten ausgeschrieben worden.

Die korrekte Mengenermittlung (Anhang I, B, Unterlage 6/74) führt zu 5 736,96 m^2 Filigranplatten.

Hätte der Bieter den auftraggeberseitigen Vordersätzen vertraut, so hätte er mehr als 1400 m^2 zuwenig Filigranplatten bei seiner Kostenermittlung berücksichtigt und könnte nach Abschluss des Pauschalvertrages im nachhinein keinerlei Ansprüche aus falschen Vordersätzen gegenüber dem Auftraggeber geltend machen.

2.3.2.6.3 Mengenrisiken?

Wie vorab dargelegt worden ist, wird dem Bieter durch falsche Vordersätze eines Leistungsverzeichnisses nicht unbedingt ein Mengenrisiko aufgelastet, da er eigenständig Mengenermittlungen bzw. -überprüfungen durchführen kann.

---
[841] Vgl. Band 1, Anhang A, LB 013, Pos. 7.
[842] Hier liegt auch die Ursache für das Vergessen der Frostschürzen!
[843] Vgl. Rdn. 701.

Liegen dagegen falsche **Mengenermittlungskriterien** vor, z. B.:

- ein falsches Bodengutachten oder
- falsche Pläne,[844]

so hat der Bieter und spätere Auftragnehmer Ansprüche aus geänderter oder zusätzlicher Leistung.[845]

789 Liegen überhaupt **keine** Mengenermittlungskriterien vor (z. B. nur das Leistungsverzeichnis aus Band 1, Anhang A), so kann der Bieter die ausgeschriebenen Mengen nicht überprüfen oder eigenständig ermitteln. In einem solchen Fall wird nominell ein „Pauschalvertrag" geschlossen; tatsächlich liegt aber ein verkappter Einheitspreisvertrag vor.[846]

Liegt dagegen nur für einzelne Positionen kein Mengenermittlungskriterium vor (z. B. für Betonstahl, siehe Band 1, Anhang A, Pos. 28, LB 013), so wird zwar ein Pauschalvertrag geschlossen, tatsächlich liegt aber wegen fehlender Mengenermittlungskriterien für diese Teilleistung ein verkappter Einheitspreisvertrag vor. Vorsorglich und um unnötige Streitereien zu vermeiden, sollte der Bieter durch Eintragungen im Angebot klären,[847] dass die entsprechende Leistung nur nach tatsächlicher Menge abgerechnet wird.

Fehlende Pläne haben natürlich auch Auswirkungen auf die Prüfpflichten und auf die Kostenermittlung. Ohne Pläne kann kein Bieter feststellen, dass und in welcher Zahl Türöffnungen in die Stahlbetonkernwände einzubauen sind, d. h., der Bieter kann und braucht bei einer Ausschreibung gemäß Band 1 Anhang A, wenn es hierzu keine Pläne gibt, für die Herstellung der Wandschalung auch nicht anteilig das Herstellen von Türöffnungen einzukalkulieren.

2.3.2.7 Vorbereitung, Durchführung und Auswertung von Nachunternehmeranfragen

790 Es steht dem Hauptunternehmer frei, den Nachunternehmern bei Preisanfragen die Kategorisierungen des Auftraggebers vorzugeben. Sofern der Auftraggeber mit Leitpositionen oder ohne Leistungsverzeichnis (Fall d) ausgeschrieben hat, steht es dem Hauptunternehmer frei, von sich aus detailliert zu kategorisieren, wie es ihm gegenüber dem potentiellen Nachunternehmer opportun zu sein scheint.[848]

791 Inwiefern der potentielle Nachunternehmer seinerseits die Vorgaben des Hauptunternehmers noch detaillierter kategorisiert oder nicht, steht in seinem Ermessen; alles ist möglich!

792 Optimierungsüberlegungen des potentiellen Nachunternehmers in Hinsicht auf Kostenersparnisse und Zeitersparnisse sind bei unserem Projektbeispiel Betonarbeiten wie folgt möglich oder sogar vom Hauptunternehmer abforderbar:[849]

a) Ist es möglich und wenn ja, zu welchen Bedingungen, die Randschalung der Decken durch Aufkantungen der Filigranplatten zu ersetzen?

b) Kann Entsprechendes für die Randbalken realisiert werden?

---

[844] Zum Beispiel die Anfrageunterlagen 1/04 oder 1/05 aus Anhang I, A deuten auf eine Flachdecke im Kernbereich hin; gemäß der Ausführungsunterlage a 4 aus Band 1, Anhang G ist aber tatsächlich eine Balkendecke zu erstellen.
[845] Einzelheiten oben Rdn. 311 ff.
[846] Vgl. Rdn. 322 und Rdn. 66 ff.
[847] Zum Beispiel Anhang I, B, Unterlage 5/00, Unterpunkt 07.
[848] Genaueres zur Bestimmung des qualitativen Bausolls s. Rdn. 755 ff.
[849] Vgl. Anhang I, B, Unterlage 4/52.

2.3.2.8 Terminplanung und sonstige Arbeitsvorbereitung

Die während der Angebotsphase stattfindende Arbeitsvorbereitung des mit eigenem Personal bauenden Auftragnehmers für Erd- und Betonarbeiten ist in Band 1, Anhang B, Unterlage g 3 durchgeführt worden, später ist dann nach der Auftragserteilung eine differenzierte Arbeitsvorbereitung durchgeführt worden (vgl. **Band 1, Anhänge D 1 und D 2**). Diese Erarbeitungen sind hier in Anhang I, B, Unterlage 8/00 aufgelistet.

Bei überwiegendem Einsatz von Nachunternehmern dient die Arbeitsvorbereitung weitestgehend nur noch der Klärung der Leistungsinhalte für die Vergaben an die Nachunternehmer und der Terminsteuerung.

Jegliche Terminplanung, also auch diejenige für Nachunternehmerleistungen, benötigt:

1 Mengen

2 Aufwandswerte

3 Kapazitätsangaben

4 Angaben zur täglichen und wöchentlichen Arbeitszeit

Zu 1 Die Mengen zur Terminplanung können entnommen werden:
- den Mengenangaben des Auftraggebers (in den Fällen a und b gemäß den **Abb. 11, 13 und 14**),
- den eigenen Mengenermittlungen des Hauptunternehmers (in den Fällen a bis d),
- den Mengenermittlungen der (potentiellen) Nachunternehmer (in den Fällen a bis d).

In der Regel wird man für die Terminplanung nur auf Mengen von A- oder Leitpositionen zurückgreifen.

Zu 2 Aufwandswerte kann sich der Hauptunternehmer wie folgt beschaffen:
- Angaben aus der Literatur und aus Leistungslohnverträgen,[850]
- Auswertungen der Tagesberichte von Nachunternehmern zu abgeschlossenen Bauobjekten und Gegenüberstellung der Manntage (bzw. -stunden) zu den tatsächlich erbrachten Mengen der A- bzw. Leitpositionen,
- Befragung von Nachunternehmern,

Zu 3 und 4 Angaben zum Kapazitätseinsatz und zu den Arbeitszeiten ergeben sich entweder aus Erfahrungen oder aus der Befragung von potentiellen Nachunternehmern.

---

[850] Vgl. z. B. Sommer, Projektmanagement im Hochbau; Hepermann, Entwicklung einer durchgängigen Ermittlungsmethode für die Roh- und Ausbaukosten von Hochbauten; Kalkulationshilfen für das Elektroinstallateur-Handwerk; Ende/Rekittke, Kalkulationstafeln für Heizungs-, Lüftungs- und Sanitäranlagen; Olesen, Bauleistungen und Baupreise für schlüsselfertige Wohnhausbauten; Sirados, Baudaten für Kostenplanung und Ausschreibung, 2003.

2.3.2.9 Kostenermittlung und Preisfestlegung

796 Beim Einheitspreisvertrag werden die Herstellkosten auf der Basis der Vordersätze des auftraggeberseitig erstellten Leitungsverzeichnisses ermittelt.[851]

Bei Detailpauschalverträgen sind dagegen aus den unter Rdn. 701 erörterten Gründen diejenigen Mengen in der Kalkulation anzusetzen, die tatsächlich vom Bieter erwartet werden.

Die bieterseitigen Mengenermittlungen bzw. -überprüfungen bilden deshalb den Grundstein für die Kostenermittlung.

797 Sofern der Bieter (weitgehendst) die anstehenden Leistungen mit eigenen Kapazitäten erstellen will, wendet er für die Ermittlung der Einzelkosten die gleiche Kalkulationssystematik wie beim Einheitspreisvertrag an (vgl. Anhang I, B, Unterlage 9/61 ff.). Das Ergebnis dieser Kalkulation unterscheidet sich nur dadurch von der Kalkulation für den Einheitspreisvertrag in Band 1, dass dann (vgl. Rdn. 775 ff.) andere Mengen als die auftraggeberseitigen Vordersätze benutzt werden, wenn bieterseitig die voraussichtlich anfallenden Mengen (VA-Mengen) ermittelt bzw. überprüft worden sind. Hierzu wird auf die unterschiedlichen Mengen in den jeweils gleichen Positionen der bieterseitigen Kalkulation (Anhang I, B, Unterlage 9/61 ff.) bzw. in den auftraggeberseitigen Unterlagen (vgl. Band 1 Anhang B, Unterlage h 2) verwiesen.

798 Aus den der Kostenermittlung vorangehenden Tätigkeiten können sich Änderungen und Ergänzungen gegenüber den Auftraggeberangaben ergeben; hierzu wird auf Anhang I, B, Unterlage 5/00 verwiesen.

799 Die Preisfestlegung erfolgt beim Detail-Pauschalvertrag im jeweiligen Schlussblatt durch Festlegung der Zuschläge für Gewinn und Wagnis (vgl. Anhang I, B, Unterlagen 9/81). Sie unterscheidet sich dadurch vom Schlussblatt einer Kalkulation für einen Einheitspreisvertrag, dass beim Pauschalvertrag nach der Ermittlung der Angebotssumme i.d.R. keine Zuschläge für die Einzelleistungen ermittelt werden.

Hervorzuheben ist, dass die Einzelkosten von drei Positionen nicht in den Pauschalpreis einbezogen worden sind.

Es handelt sich um Pos. 5 (Abfuhr überschüssigen Materials) der Erdarbeiten und um Pos. 28 und 29 (Betonstahl) der Betonarbeiten. Für sie werden bei der Einzelkostenermittlung in Anhang I, B, Unterlage 9/61 bzw. 9/71 nur die Einzelkosten pro Einheit, nicht aber der Gesamtbetrag pro Position ermittelt. Das heißt, die Zwischensumme der Einzelkosten der jeweiligen Leistungsbereiche umfasst die Kosten dieser Positionen nicht.

Dementsprechend beinhaltet die Pauschalpreisermittlung in Anhang I, B, Unterlage 9/81 die Kosten dieser Postionen ebenfalls nicht. Deshalb wird abschließend für diese Positionen in Anhang I, B, Unterlage 9/81 noch der jeweilige Einheitspreis ermittelt.

2.3.2.10 Unterlagen

800 Die für das Angebot für Erd- und Betonarbeiten maßgebenden Unterlagen sind im Anhang I, B, Unterlage 10/10 aufgelistet.

Das Angebot listet die das Bausoll festlegenden Unterlagen auf, benennt den Pauschalpreis und hält für drei Positionen fest, dass sie nicht vom Pauschalpreis umfasst werden und nach Einheitspreisen abgerechnet werden.

---

[851] Vgl. Band 1, Anhang B, Unterlage h 2 ff.

Anhang I, B, Unterlage 10/92 beinhaltet ein Angebot für Dachabdichtungsarbeiten (Basis: auftraggeberseitige Ausschreibung; Anhang I, A, Unterlage 7/91).

2.4 Sonderfälle

2.4.1 Änderungsvorschläge, Nebenangebote („Sondervorschläge")

2.4.1.1 Generelles

Für „Sondervorschläge" gilt bei Detail-Pauschalverträgen dasselbe wie für Einheitspreisverträge, natürlich zuzüglich des Mengenermittlungsrisikos. Der „Sondervorschlag" ist ein zweites Angebot.[852]

Entweder nimmt der Auftraggeber dieses Angebot an und setzt somit ein anders als durch seine Anfrage formuliertes Bausoll fest, oder aber das Sonderangebot wird vom Auftraggeber verworfen, d. h., das in der auftraggeberseitigen Anfrage formulierte Bausoll bleibt als solches unverändert bestehen.

Erfolgt also auf die Anfrage auf Dachabdichtung mit Bitumenbahnen (vgl. Anhang I, A, Unterlage 7/89 ff.) ein Angebot (vgl. Anhang I, B, Unterlage 10/92), andererseits aber auch ein Alternativangebot für Kunststoffbahnen (vgl. Anhang I, B, Unterlage 10/93), so hat der Auftraggeber die Wahl zwischen verschiedenen Dachabdichtungssystemen.

Hierbei werden für den Auftraggeber im Vordergrund stehen:

- Der Gesamtpreis (das Angebot für Kunststoffbahnen gemäß Anhang I, B, Unterlage 10/93 ist preisgünstiger als das Angebot für Bitumenbahnen gemäß Anhang I, B, Unterlage 10/92);
- der Ausführungstermin (Dachabdichtungen aus Kunststoffbahnen sind schneller erstellt als Dachabdichtungen mit Bitumenbahnen, da sie weniger Arbeitsstunden erfordern; vgl. Anhang III, B, Unterlage 8/12 ff.);
- die Qualität (die Montage einer Dachabdichtung mit Bitumenbahnen beinhaltet in der Winterzeit ein größeres Qualitätsrisiko als eine Dachabdichtung aus Kunststoffbahnen).

Die Risikoverteilung bei Sondervorschlägen entspricht bei Detail-Pauschalverträgen derjenigen bei Einheitspreisverträgen, d. h., der Bieter und spätere Auftragnehmer übernimmt das Risiko des Funktionierens.

Deshalb wird der Bieter i.d.R. prüfen, was sich durch den Sondervorschlag verändert bzw. ob durch den Sondervorschlag zusätzliche Probleme auftreten (können). Modifikationen in einem Teilbereich bzw. bei einer Teilleistung können zu weitreichenden Folgen bei anderen Teilleistungen und/oder Teilbereichen führen (vgl. Rdn. 807 ff.).

Es empfiehlt sich deshalb, für die Vorbereitung von Sondervorschlägen jeweils eine Checkliste anzulegen, um möglichst alle Auswirkungen des Sondervorschlags zu erfassen.

Die Bedeutung der ausführlichen Dokumentation des als Sondervorschlag angebotenen Bausolls (vgl. Anhang I, B, Unterlage 10/93) versteht sich von selber.

---

[852] Vgl. Band 1, Rdn. 119 ff.

2.4.1.2 Gesamtheitliche Betrachtung

803 Eine alternative Dachabdichtung mit Kunststoffbahnen beinhaltet keine zusätzlichen Probleme gegenüber der ausgeschriebenen Dachabdichtung mit Bitumenbahnen, da es sich um einen Sondervorschlag innerhalb eines einzigen Leistungsbereichs (Gewerkes) handelt; die Ermittlung und Zuordnung der daraus resultierenden Kosten ist relativ einfach möglich (vgl. Anhang I, B, Unterlage 10/93).

804 Sondervorschläge für einen Leistungsbereich (Gewerk) können aber auch komplexere Folgen haben, wenn Schnittstellen zu anderen Leistungsbereichen (Gewerken) betroffen werden.

Sind beispielsweise die Beton- und Stahlbetonarbeiten in Ortbetonbauweise ausgeschrieben worden, so ergeben sich bei einem Sondervorschlag, der die Verwendung von Fertigteilstützen und Köcherfundamenten vorsieht, Probleme an der Schnittstelle zwischen den Gewerken Erd- und Beton- und Stahlbetonarbeiten, da Köcherfundamente i. d. R. eine tiefere Ausschachtung bei gleichbleibendem Höhenniveau der Bodenplatte erfordern als Ortbetonfundamente.

In solchen Fällen sind (von seiten des Auftraggebers) weitere Untersuchungen bezüglich Kosten, Termine und Qualitätssicherung in den angrenzenden Leistungsbereichen (Gewerken) angebracht, um den Nutzen des Sondervorschlags innerhalb des Gesamtleistungsumfangs des Bauobjektes richtig würdigen zu können.

805 Sofern das Bausoll mehrere Leistungsbereiche (Gewerke) umfasst, gilt naturgemäß Entsprechendes. Sollten also beispielsweise die Leistungsbereiche Erd- und Betonarbeiten per Detailpauschalvertrag vergeben werden, so sind bei einem Sondervorschlag, der statt Mischbauweise (aus Fertigteilen und Ortbeton) eine reine Ortbetonbauweise vorsieht, vielerlei Interdependenzen zu beachten, z. B.:

1. Auswirkungen auf den Aushub (siehe Rdn. 804),

2. (wahrscheinlich) längere Bauzeit bei der Ortbetonbauweise,

3. bei der Ortbetonbauweise sind bei Durchlaufträgern eine niedrigere Balkenhöhe und somit auch eine niedrigere Geschoßhöhe erreichbar. Das führt zu einer Verringerung des Bruttorauminhalts und zu weniger Fassadenflächen, also zur Kostenverringerung,

4. bei Ortbetonlösungen lassen sich Änderungen nachträglich leichter realisieren als bei Fertigteillösungen.

2.4.1.3 Teilpauschalierungen als Sondervorschläge bei Einheitspreisverträgen

806 In unserem Beispiel aus Band 1 Anhang A, Unterlage a 1.1, Leistungsbereich 013, Pos. 11 war Randschalung für Filigrandecken ausgeschrieben worden; in Band 1 hatten wir unter Rdn. 414 besprochen, dass es sich für den Bieter kostengünstiger ist, die Randschalung durch eine Aufkantung der am Rand einzubauenden Filigranplatten und Unterzüge zu ersetzen (vgl. Anhang I, B, Unterlage 4/52). Deshalb hatten wir dort (vgl. Band 1, Anhang C, Unterlage m, Nr. 3) für die vertraglichen Vereinbarungen festgehalten, dass stets abrechnungstechnisch Randschalung ab Unterkante Decke abzurechnen ist, ganz gleich, welche technische Ausführung zur Anwendung kommt. Hätte der Bieter für die gleiche Lösung der „Randausbildung" einen „offiziellen" Sondervorschlag gemacht, so hätte er dies am einfachsten durch eine (Detail-)Pauschalierung der „Randausbildung" regeln können, weil bei einer Sondervorschlagsregelung über Einheitspreise nur mit zusätzlichem Aufwand feststellbar ist,

- wie viel Deckenaufbeton (Pos. 05) durch die Fertigteilaufkantung eingespart wird,
- wie viel Randschalung gespart wird,
- wie viel Betonstahl (Pos. 28 und 29) aus dem gleichen Grunde im Aufbeton weniger eingebaut wird.

Eine Teilpauschalierung (Detailpauschale) für die Herstellung der „Randausbildung" führt zu einer klaren Lösung, da dann nur die tatsächlich eingebauten Ortbeton- und Bewehrungsmengen abzurechnen sind.

Entsprechendes gilt für den Sondervorschlag, Filigranplatten statt Schalung für Kerndecken aus Ortbeton einzubauen (vgl. Anhang I, B, Unterlage 4/52).

Komplexer, aber typisch für den Betonbau sind bieterseitige Sondervorschläge für eine **Gesamtpauschalierung des Betonstahls.** Dabei wird entweder 807

a) der gesamte Betonbau oder

b) nur die Leistung Betonstahl

pauschaliert.

Handelt es sich bei solchen Betonstahlpauschalierungen noch um einen Detail-Pauschalvertrag oder nicht? Im Idealfall liegen in solchen Fällen schon **Tragwerksplanung** – zumindest für die Leistungsphase 4 – und (Objekt-)**Entwurfspläne** vor, d. h., der pauschalierende Bieter besitzt Mengenermittlungs- bzw. Stahlbemessungskriterien. 808

Der Bieter und spätere Auftragnehmer kann diese Unterlagen für seine planerischen Aufgaben (Tragwerksplanung), nämlich der Ermittlung der zu erwartenden Stahlbetonmengen, einsehen oder übernehmen. Heißt das, dass eine Stahlpauschalierung zu einem Einfachen Global-Pauschalvertrag führt (vgl. Rdn. 784 ff.)?

Jeder Sondervorschlag ist (wenigstens minimal) durch planerische Tätigkeiten gekennzeichnet. Sondervorschläge zu Ausschreibungen nach Detail-Pauschal- bzw. Einheitspreisvertragsmuster, denen eine (Objekt-) Ausführungsplanung und eine Tragwerksplanung (bis einschließlich der Statik) zugrunde liegt, beinhalten eine bieterseitige Variation der Bausollvorgabe. Der Bieter variiert die Planung des Auftraggebers; somit handelt es sich bezüglich des Sondervorschlags um einen Einfachen Global-Pauschalvertrag.

Der Bieter übernimmt bei Sondervorschlägen zum Tragwerk zusätzlich das Risiko, dass seine Variation der Tragwerksplanung und die sich aus ihr ergebenden Ausführungspläne noch von der Bauaufsichtsbehörde geprüft werden müssen und somit der Gefahr unterliegen, dass Änderungen angeordnet oder sogar der gewählte Nachweis nicht akzeptiert wird.

2.4.2 Pauschalierung eines Einheitspreisangebotes bei Vertragsabschluss

Die „nachträgliche" Pauschalierung eines Einheitspreisangebotes ist ein Standardfall des Detail-Pauschalvertrages. Die nachträgliche Pauschalierung der Erd- und Betonarbeiten) aus Band 1 Anhang A, Unterlage a 1.1 (vgl. Beispiel δ aus **Abb. 12**, S. 275) führt nach der bieterseitigen Mengenüberprüfung bzw. -ermittlung (vgl. Anhang I, B, Unterlagen 6/41 ff.) zu der mit den tatsächlich zu erwartenden Mengen durchgeführten Kalkulation (Anhang I, B, Unterlagen 9/61 und 9/71). 809

Der Unterschied zwischen einer Einheitspreis- und einer Detail-Pauschalvergabe für ein und dasselbe Bauobjekt bei nachträglicher Pauschalierung liegt darin, dass beim Einheitspreisvertrag die tatsächlich ausgeführten Mengen auch abgerechnet werden, beim Pauschalvertrag es jedoch bei der vereinbarten Pauschalvergütung für das Bausoll bleibt, ganz gleich, ob die Mengen vor oder bei Vertragsschluss richtig benannt oder ermittelt worden sind.

Unter Rdn. 752 ff. haben wir festgestellt, dass der Bieter im Rahmen eines Detail-Pauschalvertrages sich nicht mit der Statik zu beschäftigen braucht und beispielsweise nicht entdecken muss, dass die Betondecken in den Kernen zu schwach dimensioniert sind und einer Verstärkung durch Unterzüge bedürfen.

Das gilt genauso für den Fall, dass das Leistungsverzeichnis nicht alle Leistungen beinhaltet, die gemäß Statik für die Gewährleistung der (eventuell zeitweisen) Standfestigkeit des Bauwerks erforderlich sind (z. B. mit Hilfe provisorischer Durchstützungen).

810 Der Fall, dass eine „nachträgliche" Pauschalierung eine Komplettheitsklausel beinhalten soll, entspricht dem noch unter **Rdn. 825 ff.** zu besprechenden Sachverhalt.

2.4.3 Pauschalierungen eines Einheitspreisvertrages nach Vertragsabschluss

2.4.3.1 Bezogen auf Teilleistungen

811 Die nachträglich erfolgende Pauschalierung für eine (oder mehrere) Teilleistung(en) weist auf den ersten Blick Parallelen zur Teilpauschalierung als Sondervorschlag (vgl. Rdn. 806 ff.) auf.

Wird beispielsweise nach Vertragsabschluss für die in Band 1, Anhang A ausgeschriebenen Erd- und Betonarbeiten die Teilleistung Filigranplatten (Pos. 18) pauschaliert, so ist durch diese Pauschale die Vergütung aller Decken außerhalb der Kerne geregelt, ganz gleich, ob sich im nachhinein herausstellt, dass 5736,96 m² Filigranplatten (vgl. Anhang I, B, Unterlage 6/74) statt der ausgeschriebenen 4337 m² Filigranplatten auszuführen sind.

2.4.3.2 Bezogen auf die Gesamtleistung

812 Bei nachträglichen Pauschalierungen von Gesamtleistungen ist vorab ein Einheitspreisvertrag mit der Option oder der Verpflichtung geschlossen worden, nach Vorlage der Ausführungspläne die Gesamtleistung zu pauschalieren.

Die Ausführungspläne sind dann – zusammen mit den Leistungsverzeichnispositionen Mengenermittlungskriterien. Somit kann die Mengenermittlung bei nachträglichen Pauschalierungen erst im nachhinein erfolgen. Was gilt dann für die Prüfpflichten (vgl. Rdn. 763 ff.)?

813 Vorab die Antwort: Die **Prüfpflichten des Auftragnehmers** gehen bei Vorliegen der endgültigen Ausführungspläne weiter als die **Prüfpflichten des Bieters,** da ja nunmehr ohne jede Einschränkung dokumentiert ist:

– **was** zu **erstellen** ist (durch den Auftraggeber),

– **wie hoch** die Pauschal**vergütung** ist (durch den Auftragnehmer).

814 Hierzu kommen wir nochmals auf das schon in Band 1 (Rdn. 317 f.) und hier in Band 2 unter Rdn. 786 besprochene Beispiel zur Auflagerung der Fertigteilbalken im Kernbereich zurück.

Wir hatten für den Einheitspreisvertrag in Band 1 festgestellt, dass ein Kalkulator nicht auf den Gedanken kommen muss, die Auflagerbedingungen der Fertigteilbalken zu prüfen, um gegebenenfalls festzustellen, dass im Bereich der Ortbetonwände noch irgendwelche Leistungen (z. B. Aussparungen) – die nicht im Leistungsverzeichnis aufgeführt sind – als Voraussetzung für die einwandfreie Auflagerung der Fertigteilbalken notwendig sind. Das, was aus der Leistungsbeschreibung (einschließlich der Entwurfspläne) nicht ersichtlich ist, ist auch nicht durch die Vertragspreise abgegolten.

Wir hatten weiterhin (Band 1, Rdn. 422 und 863 ff.) festgestellt, dass nach Eingang der Ausführungspläne die Aussparungen für die Auflager der Fertigteilbalken klar ersichtlich auszuführen und zu vergüten sind.

Hieran anknüpfend muss für das nach der Auslieferung von Ausführungsplänen erfolgende nachträgliche Pauschalieren Entsprechendes gelten, nämlich: Die Aussparungen sind in den Ausführungsplänen zu erkennen und somit auch in die Pauschalierung der Leistung einzuschließen. Anders ausgedrückt: Bei nachträglicher Pauschalierung auf der Basis von Ausführungsplänen kann sich das Bausoll gegenüber dem bei Vertragsabschlusszeitpunkt bekannten Bausoll durch „Erkennen können" verändert haben und nunmehr Leistungen einschließen, die bislang nicht in der Leistungsbeschreibung enthalten und erkennbar waren. Das wirkt sich entsprechend auf die Mengenermittlung aus (vgl. Anhang I, B, Unterlagen 4/121 und 6/121).

815

Durch nachträgliche Pauschalierungen auf der Basis von Ausführungsplänen kann es also zu einem Bausoll kommen, das über das bislang Vereinbarte hinausgeht und inhaltlich dem entspricht, was durch eine Ausschreibung gemäß Fall d (vgl. **Abb. 11**, S. 268) erfasst wird.

Bei nachträglichen Pauschalierungen kommt das Ergebnis „umfangreicheres Bausoll" also nicht durch eine auftraggeberseitige Globalisierung im vorhinein (vgl. Rdn. 777), sondern durch Konkretisierung im nachhinein und somit durch Konkretisierung des Bausolls durch die Ausführungspläne zustande.

Das bedeutet natürlich auch, dass bei nachträglichen Pauschalierungen die Bestimmung des qualitativen Bausolls ebenfalls erst nach der Auftragserteilung abschließend durchgeführt werden kann.

Danach können erst die Mengenermittlungen und die Kostenermittlung durchgeführt werden.

2.4.4 Vereinbarung von Komplettierungsklauseln

2.4.4.1 Bieter hat schon vorab geplant

Hat der Bieter die angebotenen Leistungen selbst geplant, so darf der Auftraggeber davon ausgehen,[853] dass er für den vorgegebenen Leistungsbereich bzw. -umfang eine komplette Leistung angeboten bekommt.

816

Will der Bieter gewisse Leistungen – die an sich zu seinem Planungsinhalt gehören oder gehören müssten – aus seinem Angebot ausschließen, so hat er dem Auftraggeber entsprechende Hinweise zu geben. Bezogen auf die Dachabdichtung, könnten das z. B. Randabschlüsse an der Fassade sein. Bei auftragnehmerseitiger Planung der Fertigteile könnte z. B. die Schaffung von Auflagern im Ortbetonbereich ausgeschlossen werden

2.4.4.2 Auftraggeber plant

Unter Rdn. 512 ff. haben wir schon besprochen, dass eine Komplettheitsklausel bei vorangegangener Ausschreibung gemäß **Detail-Pauschalvertragsmuster** bei auftraggeberseitiger Planung nur dann Gültigkeit hat, wenn sie **individuell vereinbart** worden ist. Das Ergebnis ist dann ein Einfacher Global-Pauschalvertrag.

817

---

[853] Vgl. Rdn. 264.

Bezüglich der Dachabdichtung bedeutet das, dass ohne eine individuelle Absprache nur das zum Bausoll gehört, was aus der Leistungsbeschreibung, also aus

a) der Systemskizze der kompletten Dachabdichtung (Anhang I, A, Unterlage 3/07),

b) der Leitposition (**Abb. 2**, S. 4)

c) sonstigen Plänen (z. B. Anhang I, A, Unterlage 1/04)

zu erkennen ist und was zu den anerkannten Regeln der Technik gehört.

Ist aus den sonstigen Unterlagen (z. B. aus der Anhang I, A, Unterlage 1/04) keine Attikaausbildung ersichtlich, so führt der Anschluss an eine später während der Ausführungsphase geforderte Attika zu Ansprüchen des Auftragnehmers auf zusätzliche Vergütung.

Entsprechendes gilt für Dachdurchdringungen, Fugen, Lichtkuppeln usw., die nicht aus den oben aufgeführten Unterlagen ersichtlich sind.[854]

818 Im Vorgriff auf Rdn. 825 ff. halten wir fest: Die Realisierung einer Komplettheitsklausel für Dachabdichtungsarbeiten ist wie folgt möglich und führt zu einem Einfachen Global-Pauschalvertrag:

a) Es wird eine individuelle Komplettierungsvereinbarung getroffen; sie schließt eine geeignete Randabdichtung ein, weil ohne sie keine funktionsfähige Dachabdichtung vorliegt. Lichtkuppeln, über die in den Anfrageunterlagen nichts ausgesagt wird, werden jedoch nicht Vertragsbestandteil, weil sie nicht unbedingte Voraussetzung für eine ordnungsgemäße Dachabdichtung sind.

b) Der Auftraggeber legt eine (ausreichende) Ausführungsplanung vor, aus der alle Ausführungsbelange – insbesondere auch die Schnittstellen zu den Leistungen anderer Gewerke (z. B. Randabschlüsse zur Fassade, Abdichtung von Dachdurchdringungen der Technischen Ausrüstung) – erkennbar sind. An Hand dieser Ausführungsunterlagen kann der Bieter relativ problemlos eine Vollständigkeitsprüfung vornehmen und feststellen, ob über die im Leistungsverzeichnis aufgeführten Leistungen hinaus noch weitere Leistungen für eine komplette Dachabdichtung erforderlich sind.

819 Für die nachträgliche Pauschalierung von Betonkonstruktionen unter Einschluss einer Komplettierungsklausel ist zu unterscheiden,[855]

a) ob eine Tragwerksplanung (zumindest bis Leistungsphase 4) vorliegt, oder

b) ob keine Tragwerksplanung bzw. nur eine erste Vorstatik existiert.

Zu a

820 Sofern eine Tragwerksplanung (zumindest bis Leistungsphase 4) vorliegt, hat der Bieter und spätere Auftragnehmer ein komplettes Tragwerk für den Pauschalpreis zu erbringen.

Ist beispielsweise im Leistungsverzeichnis keine Position für die Durchstützung der Frischbetonlasten eines Abfanggeschosses über mehrere Ebenen hinweg enthalten, so wird eine solche Durchstützung trotzdem zum vertraglichen Bausoll, wenn ihre Notwendigkeit aus der Statik ersichtlich ist. Ganz abgesehen davon steht es dem eine Komplettierungsklausel akzeptierenden Unternehmen frei, sich über die anstehenden Probleme zu informieren.

---

[854] Der Ordnung halber halten wir fest, dass dies nicht für den Fall gilt, dass ein Schlüsselfertig-Unternehmen mit seinem Auftraggeber einen Pauschalvertrag abschließt; ein Schlüsselfertig-Unternehmen kann sich nicht darauf berufen, daß die Leistungsbeschreibung des Auftraggebers eine notwendige Leistung (z. B. einen Schornstein bei Ölfeuerung) nicht ausdrücklich enthält.

[855] Vgl. Rdn. 809.

Zu b

821 Sofern jedoch keine oder keine vollständige Tragwerksplanung bis Leistungsphase 4 vorliegt, kann der Bieter nur das prüfen, was er aus der Baubeschreibung, den Nutzungsanforderungen und der (beschränkten) Tragwerksplanung ersehen kann.

Ist die Notwendigkeit der Ableitung von Frischbetonlasten eines Abfanggeschosses mit Hilfe von Sondermaßnahmen an keiner Stelle der Tragwerksplanung angesprochen worden, so hat die Komplettheitsklausel für den Auftragnehmer nicht zur Folge, eine sich später als notwendig erweisende Durchstützung ohne Zusatzvergütung durchführen zu müssen.

Hierzu gibt es jedoch folgende Einschränkungen:

822 1. Konnte der Bieter beim Studium der Tragwerksplanung erkennen bzw. musste er geradezu darauf stoßen, dass die Tragwerksplanung bezüglich des Bauzustandes nicht vollständig war, so hatte der Bieter dies aufzuzeigen, Klärung zu veranlassen bzw. Leistungen, die über das aus der vorhandenen Tragwerksplanung Ersichtliche hinausgehen, durch die Dokumentation seines Angebotes auszuschließen.

823 2. Sofern der Auftragnehmer gemäß Vertragsvereinbarung auch Planungsaufgaben übernimmt, hat er eine Totalkomplettierungsklausel abgeschlossen. In einem solchen Fall sollte sich der Bieter vor Vertragsabschluss alle Informationen vom Auftraggeber bzw. seinen Planern vollständig geben lassen und notwendigenfalls vorab noch eigene Ermittlungen durchführen.

3 Angebotsbearbeitung beim Global-Pauschalvertrag

3.1 Vertragscheck, Prüf- und Hinweispflichten

824 Wir haben z. B. unter Rdn. 678 besprochen, dass beim Global-Pauschalvertrag genauso wie beim Detail-Pauschalvertrag oder beim Einheitspreisvertrag die Ausschreibungselemente unklar, in sich widersprüchlich oder lückenhaft sein können, also Prüf- und Hinweispflicht des Bieters analog existieren. Hierzu verweisen wir auf die nachfolgende **Abb. 15**, S. 298.

Weiterhin haben wir unter Rdn. 493 festgestellt, dass beim Global-Pauschalvertrag der Text den Plänen vorgeht.

3.2 Angebotsbearbeitung beim Einfachen Global-Pauschalvertrag

3.2.1 Grundsätzliches

825 Wie schon unter Rdn. 406 ff. besprochen worden ist, unterscheidet sich der Einfache Global-Pauschalvertrag dadurch vom Detail-Pauschalvertrag, dass über die Einzelregelungen hinaus **individuell**, nicht in **AGB**, mindestens ein Globalelement vereinbart worden ist. In der Regel handelt es sich dabei um eine Komplettheitsklausel,[856] die nur den „Schlussstein" zu einer differenzierten Leistungsbeschreibung bildet.

---

[856] Vgl. Rdn. 406 ff., 512 ff.

QUALITATIVES BAUSOLL	vgl. Rdn.	HINWEIS-PFLICHT DES BIETERS	QUANTITATIVES BAUSOLL	vgl. Rdn.
DURCH EINZELREGELUNG DES VERTRAGES:			**DURCH MENGENERMITTLUNGS-KRITERIEN:**	612ff.
- IM ENGEREN SINN LEISTUNGSBESCHREIBUNG	452ff.	vgl. Rdn. 615	- Globale Mengen-ermittlungskriterien	615
- Detailregelungen (z.B. Pläne, Baubeschreibung usw.)	452ff.			
			- Unbestimmbare Mengen-Ermittlungskriterien	617ff.
- Negativregelung	454ff.			
- Vereinbarte Nicht - Leistungen	496ff.	bei Widersprüchen, Lücken usw. Rdn. 482f., 489-495, 498, 500 - 504, 599	- Einfacher G-PV	
- IM WEITEREN SINN LEISTUNGSBESCHREIBUNG			- Komplexer G-PV	
- BVB, ZVB, ZTV	508			
- VOB/C	509			
- VOB/B	510ff.			
- Gewerbliche Verkehrssitte	551ff.			
- Technische Notwendigkeiten	528ff.			
- Öffentl. -Rechtliche Notwendigkeiten	572ff.			
- Funktionale Notwendigkeit	584ff.			
- Im Übrigen: Ausführungsplanung des AN	589ff.			
DURCH KOMPLETTIERUNGSKLAUSEL:				
- bei Planung durch den Auftraggeber		→ Rdn. 478, 491ff.		
- beim Einfachen G-PV	486ff. 484-489	→ Rdn. 521 - 521, 525, 530		
- beim Komplexen G-PV	491f.			
- bei Planung durch den Auftragnehmer	572ff.			
- beim Einfachen G-PV	490			
- beim Komplexen G-PV	495			

Abbildung 15   Vorgaben für das Bausoll beim Global-Pauschalvertrag

Dabei gilt:[857] **Was geregelt ist, bleibt geregelt.** Im Gegensatz zum Detail-Pauschalvertrag kann durch das Globalelement des Einfachen Global-Pauschalvertrags auch etwas geregelt sein, das **im Einzelnen** nicht detailliert fixiert worden ist.

826   Für die Angebotsbearbeitung hat das folgende Auswirkungen:

Fallgruppe 1: Sofern das Globalelement schon von Anfang an Vertragsbestandteil werden soll, schließt der Bieter die Differenzierung des Globalelementes in die Angebotsbearbeitung ein; das ändert aber nichts daran, dass es abschließend einer **individuellen** Vereinbarung zum Globalelement bedarf;[858] eine bloße Erwähnung in Allgemeinen Geschäftsbedingungen macht die Komplettierungsklausel unwirksam.

---

[857] Vgl. Rdn. 516.
[858] Vgl. Rdn. 515.

Fallgruppe 2: Die Komplettierungsklausel wird im Nachhinein nach einem Detail-Pauschalvertragsangebot individuell vereinbart; nur der Ordnung halber nochmals: An eine solche individuelle Vereinbarung werden strenge Anforderungen gestellt (und in der Praxis oft nicht erfüllt!). In diesem Fall gelten für die Angebotsbearbeitung die Regeln des Detail-Pauschalvertragsmusters; vor der nachträglichen Vereinbarung des Globalelementes ist bieterseitig jedoch Sorge dafür zu tragen, dass das Globalelement differenziert wird, damit es kalkulierbar ist.

3.2.2 Zusätzliche Tätigkeiten gegenüber dem Detail-Pauschalvertrag

Bieterseitig ist zu untersuchen und festzustellen: 827

a) Welche Leistungen sind **im Einzelnen** differenziert und unverrückbar geregelt (Detailbereiche) und welche nicht?

b) Welche Leistungen bzw. Leistungsbereiche, die nicht differenziert geregelt sind, werden durch die Vereinbarung einer Komplettheitsklausel berührt?

Diese Feststellungen sind im Rahmen der Bestimmung des qualitativen und des quantitativen Bausolls nach folgendem Kriterium zu treffen: Entspricht der angebotene Leistungsumfang schlüssig und vollständig dem auftraggeberseitig vorgegebenen Leistungsziel?

Zu unterscheiden ist dabei, ob die Planung bislang vom Bieter oder Auftraggeber durchgeführt worden ist.

Hat der Bieter geplant, so hat er [859] für die mangelfreie Vollständigkeit der angebotenen Leistung einzustehen. 828

Hat dagegen der Auftraggeber geplant, so hat der Bieter „nur" normale Prüfpflichten – so wie beim Detail-Pauschalvertragsmuster. Er muss also z. B. falsche Detailregelungen des Auftraggebers unter bestimmten Voraussetzungen erkennen. 829

Die bieterseitige Vollständigkeitskontrolle kann sich nur auf das beziehen, was aus Einzelregelungen erkennbar ist.[860]

Anders ausgedrückt: Der Bieter braucht nur das „unbedingt Notwendige" zu suchen, also das, was unmissverständlich zu einer mangelfreien Leistung gehört.

Der Bieter, der für einen Auftraggeber (u. a. auch für einen Schlüsselfertig-Unternehmer) die Leistungen eines Leistungsbereichs (Gewerkes) angeboten hat und nunmehr einen Einfachen Global-Pauschalvertrag abschließen soll, sollte deshalb in seinem eigenen Interesse prüfen, ob er alle Leistungen, die für eine einwandfreie Erstellung seines Leistungsbereichs (Gewerkes) erforderlich sind, auch erkannt und kostenmäßig bewertet hat. Es versteht sich von selbst, dass er dabei als Fachmann für seinen Leistungsbereich auch und insbesondere die Schnittstellen zu anderen Leistungsbereichen (Gewerken) „abfragt" und sich nicht darauf verlässt, dass sein Leistungsumfang durch den Text der Leistungsbeschreibung und/oder die Vorgaben von Abschnitt 0 VOB/C abgedeckt ist. 830

---

[859] Oben Rdn. 519.
[860] Oben Rdn. 516.

3.3 Beispiele

3.3.1 Vorbemerkungen

831 Wie schon vorab unter Rdn. 826 besprochen worden ist, fallen bei der Angebotsbearbeitung für den Einfachen Global-Pauschalvertrag sehr viele Tätigkeiten an, die auch bei der Angebotsbearbeitung für den Detail-Pauschalvertrag anstehen.

In Anhang II (gelbe Blätter), der der Erläuterung des Einfachen Global-Pauschalvertrages dient, verweisen wir deshalb auch auf Teile des Anhangs I.

3.3.2 Fallgruppe 1: Globalelement schon bei Ausschreibung

832 Ein Auftraggeber bittet **individuell** eine Dachdeckerfirma unter Vorgabe von Anhang I, A, Unterlage 3/07 und **Abb. 2**, S. 4 eine komplette Dachabdichtung mit Bitumenbahnen einschließlich Gefälleausbildung und Wärmedämmung anzubieten. Aus den auftraggeberseitigen Unterlagen ist alles Grundsätzliche ersichtlich, nicht aber die Frage, wie die Dachränder auszubilden sind. Somit ist im Rahmen der Angebotsbearbeitung zu klären, was zum Bausoll gehört, d. h., die Dachabdichtung ist entsprechend den Regeln der Technik – also insbesondere der DIN 18 338 (VOB/C) und der Flachdachrichtlinien (vgl. hierzu Anhang II, B, Unterlage 4/72) – vom Dachdecker erforderlichenfalls als Fachmann zu planen und auszuführen (vgl. Rdn. 212 ff.). Er hat die „Mindestleistungen" für eine Dachabdichtung mit Bitumenbahnen – also ein System aus verschiedenen Abdichtungslagen und Anschlüssen – anzubieten; das ist der Fall der Vorgabe eines Allgemeinen Leistungszieles (vgl. Rdn. 236).

Obwohl also kein differenziertes Leistungsverzeichnis vorliegt, handelt es sich um das Muster eines Einfachen Global-Pauschalvertrages, weil die Leistungsinhalte durch Pläne, Beschrieb und durch Fachbestimmungen (DIN 18 338 und Flachdachrichtlinien) bestimmt sind – wenn auch mit Wahlfreiheiten.

Dem Bieter bleibt es überlassen, auszuwählen und die Elemente der kompletten Dachabdichtung festzulegen, insbesondere die Schnittstellen im Bereich der Randabdichtung und der Dachdurchdringungen.

Hierzu gehört auch der gewerkeübergreifende Fall, dass die Dachabdichtung und die Fassade in einem Auftrag vergeben werden sollen und somit auch die Klärung aller Schnittstellen zwischen den beiden Gewerken auf Vollständigkeit usw. in den Aufgabenbereich des Auftragnehmers fällt.

833 Ob der Bieter das Ergebnis seiner „Planung" nach außen dokumentiert oder nicht, ist vertraglich bedeutungslos; die Dachabdichtung muss funktionieren, und zwar komplett.

Intern wird der Bieter in der Regel den Dachaufbau und die zugehörigen Mengen dokumentieren, schon allein, um auf dieser Basis die Kosten und den Pauschalpreis ermitteln zu können.

834 Hat der Auftraggeber weitere Unterlagen (z. B. das Leistungsverzeichnis aus Anhang II, A, Unterlage 3/200) vorgegeben, so gelten die dort getätigten Einzelvorgaben (z. B. Festlegung der Materialien der einzelnen Dachabdichtungsschichten) „unverrückbar"; das, was dort nicht geregelt ist, aber ohne Zweifel unbedingter Bestandteil einer einwandfreien und mangelfreien Dachabdichtung ist, wird durch die Vereinbarung einer Komplettierungsklausel ebenfalls Vertragsbestandteil.

Die Tatsache, dass im Leistungsverzeichnis von Anhang II, A, Unterlage 3/200 kein Wort über die Randabdichtung verloren wird, bedeutet also bei Vereinbarung einer **individuel-**

len Komplettheitsklausel nicht, dass diese Leistung im Rahmen einer kompletten Dachabdichtung nicht anfällt. Der Bieter hat sich zumindest danach zu erkundigen, wie die Schnittstelle zum Dachrand auszubilden ist und welche Leistungen für ihn in diesem Zusammenhang anstehen.

Weiterhin ist im Leistungsverzeichnis Anhang II, A, Unterlage 3/200 kein Oberflächenschutz (z. B. Verschieferung oder Kiesauflage) vorgesehen; der Bieter muss jedoch irgendeine Art des Oberflächenschutzes in sein Angebot einschließen, um eine ordnungsgemäße Leistung zu erstellen.

Die Vorgaben der Positionen 5 und 6 des Leistungsverzeichnisses widersprechen z.T. DIN 18338 Abschnitt 3.3.2.6. Das in Position 1 angegebene Gefälle ist geringer als 2%. Somit dürfen nicht die in Abschnitt 3.3.2.5 aufgeführten Bahnen, sondern nur die in Abschnittt 3.3.2.6 aufgeführten Bahnen verwendet werden, sofern nicht das Gefälle vergrößert wird.

Für das Beispiel Erd- und Betonarbeiten, für das wir unter Rdn. 780 schon Prüfpflichten des Bieters beim Detail-Pauschalvertrag besprochen haben, ist im Falle eines Einfachen Global-Pauschalvertrages jedenfalls dafür zu sorgen, dass die Leistungen mangelfrei erstellt werden, also u.a. auch unter dem Aspekt der Frostschutzsichertheit. 835

Somit wird der Unternehmer im Rahmen seiner Komplettierungspflicht die in Anhang II, B, Unterlage 4/31 ff. aufgeführten Untersuchungen durchführen und in Anhang II, B, Unterlagen 6/111 ff. die zugehörigen Mengen derjenigen Leistungen ermitteln, die sich aus seiner Komplettierungspflicht ergeben. Sie sind in die Kostenermittlung in Anhang II, B, Unterlage 9/73 ff. einzuschließen.

Zusammenfassend halten wir fest: 836

Für die Angebotsbearbeitung ist bei globalen Vorgaben durch Komplettheitsklauseln folgendes Tun ratsam:

- Klärungen und Ergänzungen zum qualitativen Bauinhalt (z. B. durch Anhang II, B, Unterlage 4/71)
- Ausmerzung offensichtlicher Fehler und Lücken in den auftraggeberseitig dokumentierten Einzelheiten des Bausolls (z. B. durch Anhang II, B, Unterlage 4/72)
- Kategorisierung der Leistungen, sofern noch nicht erfolgt

Danach können die Mengenermittlungen und die Kostenermittlung durchgeführt werden.

3.3.3 Fallgruppe 2: Globalelement erst im Nachhinein

Umfasst der auftraggeberseitig angefragte Einfache Global-Pauschalvertrag mehrere Leistungsbereiche (hier: Erd- und Betonarbeiten, vgl. Band 1, Anhang A, Unterlage a 1.1), so hat der Bieter eine Prüfpflicht, die diejenige des Einheitspreis- bzw. Detail-Pauschalvertragsmusters überschreitet, wenn eine Komplettheitsklausel individuell vereinbart werden soll. 837

Der Bieter hat also **erst dann,** wenn tatsächlich ein (Einfacher) Global-Pauschalvertrag abgeschlossen werden soll, Sorge dafür zu tragen, dass die auszuführenden Leistungen der beauftragten Leistungsbereiche (Gewerke) das Leistungsziel einhalten.

Sind Leistungen, die üblicherweise zum vereinbarten Leistungsziel (hier: komplette Erd- und Betonarbeiten) gehören, nicht im Leistungsbeschrieb enthalten, so sind bieterseitig im Angebotsstadium Rückfragen zu tätigen, z. B.:

- ob keine Aussparungen für bautechnische Zwecke zu erstellen sind,
- ob die Verfüllung der Arbeitsräume zum Auftrag gehören soll.

Es reicht auch aus, dass der Bieter im Angebot klar und deutlich ausweist, welche Leistungen er nicht angeboten hat und somit aus dem Vertrag ausgeschlossen haben will.

838 Es ist jedoch nicht Aufgabe des Bieters, das vom Auftraggeber vorgegebene Tragwerk inhaltlich zu überprüfen, sofern er nicht Sondervorschläge machen will.

Reicht also später die Tragfähigkeit der ausgeschriebenen Kerndecken für die tatsächlich aufgebrachten Lasten nicht aus und werden noch Unterzüge zur Lastaufnahme erforderlich, so ist dies ein Fehler des Tragwerkplaners, nicht aber eine Verletzung der Prüf- und Hinweispflicht des Bieters bei Einfachen Global-Pauschalverträgen.

3.4 Sonderfälle

3.4.1 Detail-Pauschalvertrag oder Einfacher Global-Pauschalvertrag?

839 Unter Rdn. 817 ff. haben wir Einzelheiten zu den Konstellationen besprochen, die aus Komplettisierungsklauseln in Detail-Pauschalvertragsmustern resultieren. Sie führen zu Einfachen Global-Pauschalverträgen.

Zu Einzelheiten verweisen wir auf das dort Besprochene.

3.4.2 Änderungsvorschläge, Nebenangebote („Sondervorschläge")

840 Da der Einfache Global-Pauschalvertrag auf einem Detail-Pauschalvertragsmuster aufbaut, gilt das unter Rdn. 803 ff. Besprochene auch für ihn.

Darüber hinaus ist aber beim Einfachen Global-Pauschalvertrag für alle Änderungsvorschläge zu beachten, dass durch die **individuelle** Komplettheitsklausel unmissverständlich vereinbart wird, dass eine „funktionierende" Leistung zu erbringen ist.

Bietet also ein Dachdecker statt der ausgeschriebenen Dachabdichtung mit Bitumenbahnen (vgl. Anhang I, A, Unterlage 7/90 ff.) eine Dachabdichtung mit Kunststoffbahnen (vgl. Anhang I, B, Unterlage 10/93) an, so muss diese „funktionieren", und zwar vollständig, ohne dass nachträglich noch Leistungen notwendig werden und/oder zu vergüten sind.

3.4.3 Nachträgliche Pauschalierung eines schon geschlossenen Einheitspreisvertrages

841 Auch für die „nachträgliche" Pauschalierung gilt beim Einfachen Global-Pauschalvertrag das gleiche, was schon vorab für den Detail-Pauschalvertrag unter Rdn. 809 dargelegt worden ist.

Für den Umfang der Angebotsbearbeitung und den vertraglich vereinbarten Leistungsumfang kommt es beim Detail-Pauschalvertrag darauf an.

Die Komplettheitsklausel erweitert darauf aufbauend den Umfang der auftragnehmerseitigen Prüf- und Leistungspflichten, so dass bei Leistungsbereichen (Gewerken), für die es gemäß HOAI ein zugehöriges Leistungsbild gibt (z. B. für Betonarbeiten die Tragwerksplanung), von einer „Total-Komplettheitsklausel" gesprochen werden kann.

Hierzu ein Beispiel: Der Auftraggeber hat einen Einheitspreisauftrag für die Betonarbeiten 842
ausgeschrieben; irgendwelche Durchstützungen und räumlichen Tragwerke sind darin nicht
enthalten. Nach Vorliegen des Angebots soll der Auftrag pauschaliert werden: Der Bieter ermittelt bzw. prüft an Hand der ihm vorliegenden Pläne und des Leistungsverzeichnisses die
Mengen. Sofern sich bei dieser Arbeit keine Fragen nach Sondermaßnahmen ergeben (z. B.:
„Ist hier keine Durchstützung erforderlich?"), braucht der Bieter solchen Fragen auch nicht
nachzugehen.

Hat der Bieter dagegen Planungsaufgaben übernommen, so übernimmt er die Aufgabe, 843
„total und komplett" alles zu tun, damit der zugesicherte Leistungserfolg eintritt – und
zwar ohne die Chance, nachträglich aus irgendwelchen Gründen noch eine Zusatzvergütung verlangen zu können. Er muss sich also in seinem eigenen Interesse eingehend über
die Tragwerksplanung des anstehenden Bauwerks informieren.[861]

3.5 Angebotsbearbeitung beim Komplexen Global-Pauschalvertrag

3.5.1 Vorab: Kostenermittlungsmethoden für Hochbauten

3.5.1.1 *Ausgangspunkt*

Schon unter Rdn. 798 ff. haben wir darüber gesprochen, dass sich die Kostenermittlung 844
eines die Leistung selber herstellenden Bauunternehmens erheblich von der eines Generalübernehmers unterscheidet. Letzterer kauft, vereinfacht dargestellt, Bauleistungen ein, er
kennt also als Direkte Kosten im wesentlichen nur die Kostenart „Fremdleistung". Diese
werden dann noch mit einem oder verschiedenen Zuschlägen (z. B. **Generalunternehmerzuschlag**) beaufschlagt.[862] Ein Generalübernehmer ist also in einer ähnlichen Situation
wie ein Objektplaner, der Kosten (vor)ermittelt und die entsprechenden Leistungen (irgendwann) zusammen mit dme Bauherrn vergibt. Der wesentliche Unterschied ist jedoch
der, dass der Generalübernehmer im Gegensatz zum Objektplaner „alles auf eigene Rechnung leisten muss", wenn er einen Pauschalpreis mit dem Auftraggeber vereinbart.[863]

3.5.1.2 *Kostenermittlungen gemäß HOAI und DIN 276 (Fassung 1993)*

Die Fassung der DIN 276 von Juni 1993 beinhaltet Umstrukturierungen bei der Kosten- 845
gliederung (vgl. die nachfolgende **Abb. 16, S. 304**) und trägt dazu bei, „den schon ideologisch polarisierten Streit zwischen den Verfechtern einer gewerkegegliederten Kostenmittelung einerseits und den Verfechtern einer strikten Einhaltung der Kostengliederung
in Kostengruppen und Bauelementen andererseits zu beenden".[864]

Die DIN 276 ist deshalb nunmehr auch kein Trennglied zwischen ausführungsorientierten Schlüsselfertig-Unternehmen und planungsorientierten Architekten und Ingenieuren.
Die schon früher möglichen Übergänge zwischen der gebäudeorientierten und der ausführungsorientierten Denkweise werden deshalb im folgenden an Hand der Neufassung
von DIN 276 besprochen.

---

[861] Vgl. OLG Karlsruhe mit Nichtannahmebeschluss des BGH IBR 1994, 49.
[862] Vgl. Rdn. 875.
[863] Zur wirtschaftlichen Gebäudeplanung siehe Kalusche, Einfluss der Gebäudeplanung auf die
Wirtschaftlichkeit von Betrieben; Kalusche, Gebäudeplanung und Betrieb; Burchard, Wertanalyse im Bauwesen. Zur Kostensteuerung verweisen wir u. a. auf Sommer, Kostensteuerung im
Hochbau.
[864] Ruf, Kostenplanung im Hochbau, DIN 276, Kosten im Hochbau, Ausgabe Juni 1993, DAB
1993, 1503. Nur am Rande: Es gibt einen Neuentwurf DIN 276-1 (August 2005).

Rdn. 845　　Angebotsbearbeitung beim Komplexen Global-Pauschalvertrag

Nr.	Leistungs-phasen	Kosten-ermittlungen	gemäß § 15 (2) HOAI Grund-leistungen	gemäß § 15 (2) HOAI Besondere Leistungen	Mindest-gliederungstiefe nach DIN 276 für Bauwerkskosten	Andere Gliederungs-möglichkeiten
(1)	(2)	(3)	(4)	(5)	(6)	(7)
2	Vorplanung	Kosten-schätzung	nach DIN 276	-	... 300 Bauwerk - Baukonstruk-tionen 400 Bauwerk - Techn. Anlagen ...	nach Grob- und Bau-elementen
3	Entwurfs-planung	Kosten-berechnung	nach DIN 276	Aufstellen von Mengen-gerüsten und/oder Bauelement-katalog	310 Baugrube 320 Gründung 330 Außenwände 340 Innenwände 350 Decken 360 Dächer 370 Baukonstruktive Einbauten 390 Sonstige Maßnahmen für Baukonstruk-tionen 410 Abwasser-, Wasser-, Gasanlagen ...	
7	Mitwirkung bei der Vergabe	Kosten-anschlag	nach DIN 276 (E.P. oder P.P. der Angebote)	-	331 Tragende Außenwände 332 Nichttragende Außenwände 333 Außenstützen 334 Außentüren und Wände 335 Außenwand-bekleidungen (außen) 336 Außenwand-bekleidungen (innen) 337 Elementierte Außenwände 338 Sonnenschutz 339 Außenwände, Sonstiges ...	
8	Bauüber-wachung	Kosten-feststellung	nach DIN 276 (E.P. oder P.P. der Aufträge)	-		
9	Objekt-betreuung und Dokumen-tation	Kosten-feststellung	Ermittlung und Kosten-feststellung für Kostenricht-werte	-		nach Leistungs-bereichen (=Gewerke)

Abbildung 16　Gegenüberstellung von Leistungsphasen, Kostenermittlungsmethoden und Kostengliederungsmöglichkeiten gemäß HOAI und DIN 276

Abb. 16 zeigt in Spalte 3 die vier Stufen der Kostenermittlung gemäß DIN 276. In § 15 HOAI sind die zugehörigen Leistungsphasen (vgl. Spalte 2 in **Abb. 16**) der Objektplanung aufgeführt. Von Stufe zu Stufe wird die Aussagekraft der jeweilig anstehenden erweiterten Kostenermittlung sicherer. Objektbezogener Schlusspunkt ist die Kostenfeststellung zur Ermittlung von Kostenrichtwerten in der Leistungsphase 9; sie ist außerdem der Ausgangspunkt für Kostenermittlungen für neu anstehende Bauplanungen und Bauwerke.

Die erste Stufe der Kostenermittlung (vgl. **Abb. 16**, Nr. 2), die **Kostenschätzung**, ist eine überschlägige Ermittlung der Gesamtkosten. Sie betrachtet das jeweilige Bauwerk als geometrische Einheit und benutzt Kostenkennwerte, die durch Bezugsetzung der Gesamtkosten zu geometrischen Parametern ermittelt worden sind.[865]

846

Gemäß DIN 276 wird bei der Kostenschätzung die Differenzierung der Kostenansätze mindestens bis zur ersten Ebene der Kostengliederung vorgenommen (vgl. **Abb. 16**, Spalte 6, Nr. 2).

Die **Kostenberechnung** (vgl. **Abb. 16**) ist eine angenäherte Ermittlung der Kosten. Sie dient als Grundlage für die Entscheidung über die Entwurfsplanung. „Deshalb müssen auch die Grundlagen der Kostenberechnung wesentlich genauer sein, als für die Kostenschätzung zugestanden werden kann."[866] Dem wird dadurch im Rahmen der Grundleistungen (vgl. **Abb. 16**, Spalte 4) gemäß § 15 Abs. 2 HOAI Genüge geleistet, dass die Kostendifferenzierung für das Bauwerk zumindest bis zur zweiten Ebene der Kostengliederung, den Grobelementen, vorangetrieben wird (vgl. **Abb. 16**, Spalte 6, Nr. 3) sowie die **Abb. 17**, S. 306, Nr. 2, d. h., es sind zumindest unterschiedliche Kostenerfahrungswerte für die Baugrube, die Gründung, die Außenwände usw. anzusetzen.

847

Die Fassung der DIN 276 von Juni 1993 spricht in Abschnitt 3.2.2 als Grundlagen der Kostenberechnung an:

- Planungsunterlagen

- Berechnung der Mengen von Bezugseinheiten der Kostengruppen

- Erläuterungen

Über die Mindestanforderungen der DIN hinaus kann und sollte je nach Einzelfall eine weitergehende Aufgliederung des Gesamtobjekts **(vgl. Abb. 17)** der Kostenansätze betrieben werden, nämlich

1. gebäudeorientiert nach Bauteilen (Grobelementen) und Bauelementen (vgl. **Abb. 17**, Nr. 2 und 3).[867]

2. ausführungsorientiert nach Gewerken (Leistungsbereichen) entweder unterteilt nach:

   a) den DIN-Normen aus VOB/C (vgl. **Abb. 17**, Nr. 4 ff.)[868]

   b) dem Standardleistungsbuch für das Bauwesen (StLBBau)[869]

   c) frei gewählten Einteilungskriterien

3. oder nach sonstigen Gliederungsmerkmalen[870]

---

[865] Bezugsgrößen sind also z. B.: m^2 BGF, m^3 BRI, m^2 NF, zumeist also Kenngrößen aus DIN 277.
[866] Graul, Kosten von Hochbauten, S. 111.
[867] Weiteres hierzu s. Rdn. 853.
[868] Weiteres hierzu s. Rdn. 853.
[869] Weiteres hierzu s. Rdn. 855.
[870] Weiteres hierzu s. Rdn. 856.

Rdn. 847   Angebotsbearbeitung beim Komplexen Global-Pauschalvertrag

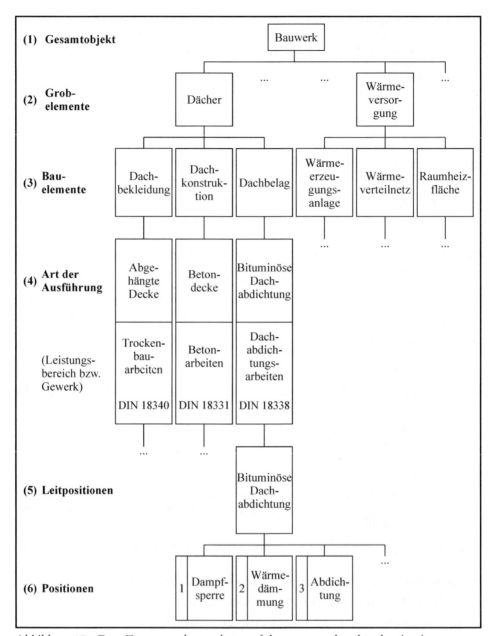

Abbildung 17   Der Zusammenhang der ausführungs- und gebäudeorientiert vorgegebenen (Einzel-) Bestandteile eines Bauwerks

Der **Kostenanschlag** (**Abb. 16**, S. 304, Spalte 3, Zeile 7) ist eine möglichst genaue Ermittlung der Kosten. **848**

Grundlagen für den Kostenanschlag sind u. a.:

- endgültige, vollständige Ausführungszeichnungen,
- Berechnungen der Mengen der Bezugseinheiten der Kostengruppen,
- Erläuterungen zur Bauausführung, z. B. Leistungsbeschreibungen.

„Im Kostenanschlag sollen die Gesamtkosten nach Kostengruppe mindestens bis zur dritten Ebene der Kostengliederung ermittelt werden."[871]

Die **Kostenfeststellung** dient im Rahmen der Abrechnung als Teil der Bauüberwachung (Leistungsphase 8; also **Abb. 16**, Nr. 8) zum Nachweis der tatsächlich entstandenen Kosten, ist also ein Teil der (Schluss-)Abrechnung und gehört zu den Grundleistungen gemäß § 15 Abs. 2 HOAI. Sofern zusätzlich eine Aufbereitung der Daten für eine spätere Verwendung als Kostenrichtwerte durchzuführen ist, gehört dieser Teil der Kostenfeststellung zu den Besonderen Leistungen der Dokumentation (vgl. § 15 Abs. 2 Phase 9 HOAI; also in Abbildung 16, Nr. 9). **849**

3.5.1.3 Die einzelnen Kostenermittlungsmethoden

3.5.1.3.1 Eindimensionale Kostenermittlungsmethoden

Sofern nur eine einzige Bezugsgröße[872] bei der Ermittlung von Kostenrichtwerten verwendet wird, spricht man von „eindimensionalen Kostenermittlungsmethoden". **850**

Beispiel:

Bezieht man im Rahmen der Dokumentation (Leistungsphase 9) die reinen Herstellkosten eines Bauwerks aus früheren Jahren (z. B. 12 000 000,– €) allein auf eine einzige Bezugsgröße (z. B. 40 000 m³ BRI), so ergibt sich ein Kennwert (hier: 300,– €/m³ BRI). Dieser Kennwert (bzw. der Mittelwert verschiedener Kennwerte ähnlicher Objekte) kann zukünftig unter Berücksichtigung der zwischenzeitlichen Baupreissteigerungen (z. B. Faktor 1,10) als „Erfahrungswert" zur Ermittlung der Gesamtherstellungskosten ähnlicher Gebäude benutzt werden. Der Betrag für die reinen Herstellkosten eines neuen Bauobjektes ergibt sich dann aus der Multiplikation des Gesamtbetrages seiner Bezugsgröße (hier: 29.268 m³ BRI) mit dem zeitangepassten „Erfahrungswert" der Kostenkenngröße (hier: 330,– €/m³ BRI), also zu 29 268 m³ × 330,– €/m³ = 9 658 440,– €.

Die Problematik einer solchen Herstellkostenermittlung ist offensichtlich: Ein einziger Parameter dient zur Quantifizierung der Gebäudegeometrie. **851**

Alle anderen Einflussgrößen, also u. a.

- Bauwerksart
- Bauwerksstandard
- Bauort
- Bauzeitpunkt
- planerische Besonderheiten

---

[871] DIN 276 Abschnitt 3.2.3, letzter Absatz (vgl. auch **Abb. 16**, S. 304, Spalte 6).

[872] Zumeist m³ Bruttorauminhalt, manchmal jedoch auch Wohnfläche, Nutzfläche, Bruttogrundrißfläche, Nutzungseinheit (vgl. Heine, Qualitative und quantitative Verfahren der Preisbildung, Kostenkontrolle und Kostensteuerung bei Generalunternehmen, S. 52 f. und S. 61 f.).

gehen allein über die Kategorisierung der Erfahrungswerte in die Gesamtkostenermittlung ein. Es wird zwar oft vorgetragen, die Kategorisierung der Bauobjekte, z. B. in

- Verwaltungsgebäude mit mittlerem Standard,
- Verwaltungsgebäude mit hohem Standard,
- Wohngebäude mit einfachem Standard usw.,

reiche für Kostenschätzungen aus. Außerdem könne man jeweils Angaben zum Ausführungszeitpunkt machen und somit eine Kostenfortschreibung mit Hilfe statistischer Indizes ermöglichen. Der Nachteil solcher Kategorisierungen ist jedoch, dass der einzelne Kostenermittler oft keine eigenen oder nur wenige Kostenerfahrungswerte für die im Einzelfall anliegende Bauwerkskategorie besitzt. Als Ausweg hieraus bietet sich der Durchgriff auf externe Kostendateien an.[873] Dem steht aber entgegen, dass die Struktur und Höhe des Kostenanfalls der jeweiligen Bezugsobjekte nicht unbedingt dem entsprechen muss, was nunmehr für die zur Kostenermittlung anstehenden Bauobjekte gilt.

Weitere Präzisierungen der Kostenzuordnungen sind durch verfeinerte Gliederungstiefen gemäß DIN 276 (vgl. Nr. 2, Spalte 6, **Abb. 16**, S. 304) erreichbar. Hierzu können Erfahrungswerte wie folgt gebildet werden:

Kostengruppe 3: Kosten der Baukonstruktion ($€/m^3$ BRI)

$$= \frac{\text{Gesamtkosten der Baukonstruktion } (€)}{\text{BRI } (m^3)}$$

oder

Kostengruppe 4: Kosten der Technischen Anlagen ($€/m^3$ BRI)

$$= \frac{\text{Gesamtkosten der Technischen Anlagen } (€)}{\text{BRI } (m^3)}$$

Solche Verfeinerungen sind aber immer noch kein entscheidender Schritt nach vorn, da weiterhin ein eindimensionaler Bezugswert (immer noch: m^3 BRI) vorliegt.

3.5.1.3.2 Gebäudeorientierte Kostenermittlungsmethoden

3.5.1.3.2.1 Bauteile (Grobelemente) als Kostenverursacher

852 Den tatsächlichen Ursachen des Kostenanfalls kann dadurch genauer Rechnung getragen werden, dass das Bauwerk in seine Bestandteile – die Bauteile[874] bzw. Grobelemente (vgl. **Abb. 18**, S. 309) – zerlegt wird und deren Mengen ermittelt werden. Die zugehörigen Kostenerfahrungswerte für Bauteile werden wie folgt aus Angeboten bzw. Abrechnungen früherer Bauobjekte ermittelt:

Kosten pro Bauteil (Grobelement) $= \dfrac{\text{Gesamtkosten für gleiche oder ähnliche Bauteile}}{\text{Menge der betreffenden Bauteile}}$

Aus den Herstellungskosten für die Dächer ergibt sich also folgender Erfahrungswert:

Kostengruppe 3.6: (Kosten pro m^2 Dachfläche ($€/m^2$))

$$= \frac{\text{Gesamtkosten aller Dächer } (€)}{\text{Summe aller Dachflächen } (m^2)}$$

---

[873] Vgl. Siegel/Wonneberg, Bau- und Betriebskosten von Büro- und Verwaltungsbauten; Leifert, Die Kostenplanung als integrativer Bestandteil der Planungsprozesse von Bauvorhaben, S. 78; vgl. auch Nehm u. a., Gebäudekosten, 1995.

[874] Bauteile sind gemäß DIN 18 000 als „ein aus Baustoffen zusammengefügter Teil eines Bauwerks" definiert; Bauteile sind Wände, Decken, Dächer usw., vgl. auch Brüssel, Baubetrieb von A bis Z, Stichwort „Bauteil".

Kostenermittlungsmethoden für Hochbauten   Rdn. 853

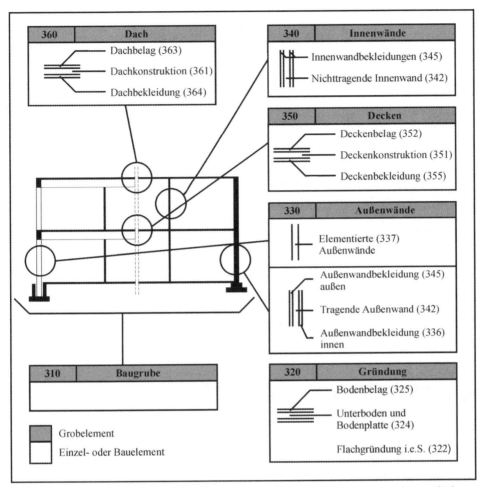

Abbildung 18   Die Einteilung des Bauwerks in Grobelemente (Bauteile) und deren schichtenweise Aufspaltung in Bauelemente

3.5.1.3.2.2 Bauelemente

Ausgangspunkt für die Kostenermittlung nach Bauelementen ist eine entsprechende Kategorisierung der Bauwerksbestandteile. Hierzu sind vielerlei Vorschläge[875] gemacht worden; letztlich mündeten sie alle in die Unterteilung des Gesamtbauwerks in eine Bauelemente-Hierarchie, wie sie in der Neufassung der DIN 276 übernommen worden ist. 853

Abb. 18 zeigt die dem Kartenhausprinzip[876] nachempfundene Aufgliederung der Bauwerkselemente gemäß DIN 276 (neu) in
– Grobelemente und
– Bauelemente

Die Bauelemente sind also die Teilbestandteile der Grobelemente.

---

[875] Siehe Drees/Wieland, Untersuchungen und Ermittlungen der Grundlage für Elementkataloge; Baukostenberatungsdienst; Baukosten-Handbuch; Hutzelmeyer/Greulich, Baukostenplanung mit Gebäudeelementen; Heine, a. a. O., S. 54 ff.

[876] Siehe Hutzelmeyer/Greulich, Baukostenplanung mit Gebäudeelementen, S. 12.

Code nach DIN 276	Grobelement	
Bauelemente		Code nach DIN 276

310	Baugrube	
Baugrubenherstellung		311
Baugrubenumschließung		312
Wasserhaltung		313
Baugrube, Sonstiges		319

320	Gründung	
Baugrundverbesserung		321
Flachgründungen		322
Tiefgründungen		323
Unterböden und Bodenplatten		324
Bodenbeläge		325
Bauwerksabdichtungen		326
Dränagen		327
Gründung, Sonstiges		329

330	Außenwände	
Tragende Außenwände		331
Nichttragende Außenwände		332
Außenstützen		333
Außentüren und -fenster		334
Außenwandbekleidungen, außen		335
Außenwandbekleidungen, innen		336
Elementierte Außenwände		337
Sonnenschutz		338
Außenwände, Sonstiges		339

340	Innenwände	
Tragende Innenwände		341
Nichttragende Innenwände		342
Innenstützen		343
Innentüren und -fenster		344
Innenwandbekleidungen		345
Elementierte Innenwände		346
Innenwände, Sonstiges		349

350	Decken	
Deckenkonstruktionen		351
Deckenbeläge		352
Deckenbekleidungen		353
Decken, Sonstiges		359

360	Dächer	
Dachkonstruktionen		361
Dachfenster, Dachöffnungen		362
Dachbeläge		363
Dachbekleidungen		364
Dächer, Sonstiges		369

Abbildung 19   Die Zuordnung der Bauelemente zu den Grobelementen

In der Praxis unterschied sich bislang die Einteilung in Grob- oder Bauelemente je nach Anwender, Bauobjektart und den Besonderheiten der einzelnen Bauobjekte in Nuancen.

Durch die Neufassung der DIN 276 ergibt sich die aus **Abb. 19** ersichtliche Hierarchie der Grob- und Bauelemente für die Baukonstruktion.

Der Vorteil der gebäudeorientierten Kostenermittlungsmethode liegt in der Möglichkeit, die Gebäudeelemente im Einzelnen berücksichtigen zu können[877] und somit die Kostenermittlung quantitativ „mehrdimensional", also auf eine Vielzahl von Kostenverursachungsparametern, ausrichten zu können.[878]

---

[877] Hasselmann/Koopmann, Kostenermittlung und -kontrollen, S. 84.
[878] Die früheren Nachteile, nämlich die aufwendigen Vorarbeiten und die später notwendig werdenden Umschlüsselungen auf die „ausführungs- bzw. einkaufsorientierte" Kostenstruktur nach Gewerken, sind durch die Neustrukturierung der DIN 276 weitestgehend hinfällig geworden. Unser Beispiel in Anhang III, B, Unterlage 3/20 bzw. 3/30 zeigt, dass in einer Unterlage sowohl der gebäudegeometrie- als auch der ausführungsorientierte Ansatz erfaßbar sind.

854 Durch die Einteilung eines Bauwerks in Grob- und Bauelemente ist noch nichts darüber gesagt, aus welchen „Qualitäten" sie bestehen und welcher Kostenkennwert pro Elementeinheit anzusetzen ist.

Anders ausgedrückt: Die Einteilung eines Bauwerks in Elemente ist nichts anderes als eine grundsätzliche und zumeist auch stets gleiche „Etikettierung" von Bauteilen (Grobelementen) und Bauelementen nach „Bauwerksfunktionskriterien".

Um ein Bauwerk bauen und vorab schon Kosten ermitteln zu können, ist jedoch jedem Bauwerksbestandteil eine Qualitätsangabe zuzuordnen. Erst wenn bekannt ist, welcher Baustoff wo eingebaut werden soll, sind auch die Herstellkosten pro Bauteileinheit ermittelbar. Durch Heranziehung der qualitativen Angaben wird die reine Gebäudeorientierung verlassen und das Kriterium Ausführungsorientierung[879] einbezogen; hierzu verweisen wir auf **Abb. 17**, S. 306.

Der Schritt zur Ausführungsorientierung kann aus Gründen der Arbeitsersparnis ohne Zwischenschaltung der Gebäudeorientierung sofort oder erst später erfolgen.

Abschließend ist darauf hinzuweisen, dass Kostenermittlungen für Grobelemente vielerlei Nachteile besitzen und es angeraten ist, statt ihrer auf Kostenermittlungen für Bauelemente zurückzugreifen.[880]

3.5.1.3.3 Ausführungsorientierte Kostengliederungen und -ermittlungsmethoden

855 Als ausführungsorientierte Kostengliederungen wurden schon aufgeführt:[881]

a) Einteilung nach den Leistungsbereichen der DIN-Normen gemäß VOB/C

b) Einteilung nach Leistungsbereichen (Gewerken) gemäß Standardleistungsbuch

c) frei gewählte Einteilungskriterien

Ganz gleich, nach welchem Einteilungskriterium gearbeitet wird, letztendlich handelt es sich jeweils um eine Aufteilung nach unterschiedlichen fachlichen Auftragnehmerqualifikationen. Der vom jeweiligen Leistungsbereich umfasste Leistungsinhalt kann

1. detailliert

2. global

durch Text- und Mengenangaben dokumentiert werden (vgl. Rdn. 211 und 716).

Zu 1. Standardfall einer detaillierten Leistungsbeschreibung ist das Leistungsverzeichnis[882] mit Vordersätzen.

Zu 2. Um die Leistungen eines Leistungsbereichs (Gewerkes) ausreichend zu dokumentieren, bedarf es jedoch keines nach Ordnungszahlen (Positionen) untergliederten Leistungsverzeichnisses. Zumeist reicht ein charakterisierender Globalbeschrieb durch eine (oder mehrere) **Leitposition(en)** (vgl. **Abb. 2**, S. 4).

Zur Ermittlung von „Inklusivpreisen" verweisen wir auf die nachfolgende Abb. 20.

---

[879] Hasselmann/Koopmann, Kostenermittlung und -kontrolle, S. 89, sprechen recht anschaulich auch von einer „Einkaufsorientierung".

[880] Siehe auch Langen/Schiffers, Bauplanung und Bauausführung, Rdn. 621.

[881] Vgl. Rdn. 847. Die Begriffe „Gewerk" und „Leistungsbereich" werden in der VOB und in der Praxis synonym benutzt (vgl. Leifert, Die Kostenplanung als integrativer Bestandteil der Planungsprozesse von Bauvorhaben, S. 82: „Jedoch umfaßt der handwerks- und zunftbezogene Begriff Gewerk häufig nicht mehr den kompletten Umfang eines ausgeschriebenen Leistungsbereichs").

[882] Gemäß Heine, Qualitative und quantitative Verfahren der Preisbildung, S. 60 ist diese Art der Kalkulation die am weitesten verbreitete, sicherlich auch die genaueste.

Ermittlung des Inklusivpreises	
Bezugsmenge: Pos. 2	2.954,88 m²
Gesamtkosten: Angebot aus Anhang I, B, Unterlage 10/92 jedoch ohne Pos. 6 und 10	
326.092,80 EUR - 7.944,54 EUR - 4.200,00	= 313.948,26 EUR
Kennwert für die komplette Dachabdichtung:	
= Gesamtkosten / Bezugsmenge = 313.948,26 EUR / 2.954,88 m²	= 106,25 EUR/m²
Inklusivpreis für das folgende Jahr:	= 110,00 EUR/m²

Abbildung 20   Beispiel zur Ermittlung eines Inklusivpreises aus dem Angebot für Dachabdichtungsarbeiten aus Anhang I, B, Unterlage 10/92

Oft werden als Leitpositionen kostenrelevante Positionen eines Leistungsbereichs (Gewerke) gewählt, wobei alle kostenrelevanten Einflussfaktoren in die Ausführungsvariante der Leitpositionen einzubeziehen sind.[883] Um jedoch den jeweils anstehenden Leistungszusammenhang klar herauszustellen, werden wir – wie schon vorab bei der Behandlung des Detail-Pauschalvertrages – unter einer Leitposition alle Einzelleistungen zusammenzufassen, die bestimmte Ausführungspreise ausmachen. Der Kostenkennwert einer Leitposition (vgl. **Abb. 17, S. 306, Nr. 5**) beinhaltet also nicht nur den jeweiligen Einheitspreis einer (Einzel-)Position, sondern die Kosten, die durch alle im Zusammenhang mit dieser Leitposition anfallenden Einzelleistungen, also alle entsprechenden Einzelpositionen eines detaillierten Leistungsverzeichnisses, entstehen. Wir sprechen deshalb von einem „Inklusivpreis".

Nur zur Vollständigkeit: Die Beispiele in Anhang III, B, Unterlagen 9/21 und 9/31 enthalten Kostenermittlungen mit Inklusivpreisen.

3.5.1.3.4 Unterteilung nach sonstigen Gliederungsmerkmalen

856   In der Praxis werden vielerlei „Mischverfahren" angewandt. Mischverfahren haben sich zumeist[884] aus speziellen Planungsbelangen (z. B. aus den Besonderheiten der zumeist anfallenden Bauobjektarten), aus Kundenwünschen und insbesondere aus den jeweiligen Erfahrungen und Gewöhnungen des Anwenders ergeben. Die Stärke der Mischverfahren liegt darin, dass sie unabhängig von akademischen Komplettheits- und Abgrenzungsbestrebungen praktische Prinzipien in den Vordergrund stellen, z. B.:

1. Das Bauwerk wird in Abschnitte zergliedert; diesen Abschnitten werden ihre Mengen zugeordnet (z. B. Ebenen in Anhang III, B, Unterlage 6/20).

2. Es werden nur Zahlenwerte in die Mengenermittlung aufgenommen, die auch in zugehörigen Plänen von Anfang an (oder durch nachträgliches Eintragen) enthalten sind; diese Pläne sind als „Mengenermittlungspläne" zu kennzeichnen und aufzubewahren (vgl. Anhang III, B, Unterlage 6/23).

---

[883] Leifert, a. a. O., S. 87. Vgl. auch Abb. 2, S. 4 bzw. Anhang III, B, Unterlage 3/30.
[884] Vgl. als Beispiel Hasenbein, Massenermittlung mit System. Diese Systematik arbeitet nach der Prämisse: Was man einmal erarbeitet hat, darf kein zweites Mal Zeit kosten.

3. Die Mengenermittlung (pro Abschnitt) besteht möglichst aus einem System von aufeinander aufbauenden Einzelergebnissen. Hierzu folgendes Beispiel pro Geschoss (Abkürzungen gemäß DIN 277-1):

$$BGF = NGF + KGF \text{ (Konstruktionsgrundfläche)}$$
$$NGF \approx \Sigma \text{ Estrich}$$
$$\approx \Sigma \text{ aller Oberbodenbeläge}$$
$$\approx \Sigma \text{ aller Deckenbekleidungen}$$
$$KGF \approx \Sigma \text{ (lfd. m Wand} \times \text{Wandbreite)}$$
$$\text{Wandfläche} \approx \Sigma \text{ (lfd. m Wand} \times \text{Wandhöhe)}$$

Die Mengenermittlung wird dabei nach einer stets gleichbleibenden Checkliste systematisch durchgeführt, damit praktisch nichts übersehen werden kann und Außenstehende sich schnell in das Zahlengefüge einarbeiten und es auf Plausibilität prüfen können.[885] Die Grenzen der Freiheit von „selbstgestrickten" Systemen ergibt sich daraus, dass ihre Ergebnisse derartig aufbereitet sein sollten, dass sie 857

- problemlos in den Code von DIN 276 – also die Lingua franca der Kostenermittlung im Hochbau – umgeschrieben werden können,
- genauso einfach aus Vergabegründen in die Systematik der Gewerke (Leistungsbereiche) übergeleitet werden können.[886]

3.5.2 Tätigkeiten bei der Angebotsbearbeitung

3.5.2.1 Auflistung aller das Bausoll vorgebenden Unterlagen (Checkliste Schlüsselfertig-Bau)

Die Auflistung der das Bausoll vorgebenden Unterlagen ist beim **Komplexen Global-Pauschalvertrag** um so wichtiger, je weniger Unterlagen auftraggeberseitig dem Bieter zugeleitet worden sind und je mehr es darauf ankommt, auftragnehmerseitig belegen zu können, welche Unterlagen in welcher Fassung auftraggeberseitig als Vertragsbestandteile vorgegeben worden sind. 858

Bezüglich der Angebotsbearbeitung empfehlen wir den Parteien dringend, unbestimmbare Global-Pauschalverträge möglichst zu vermeiden. **Insbesondere Schlüsselfertig -Bau-Verträge zeichnen sich oft dadurch aus, dass sie Fundgruben ungeklärter Leistungen** und Risikozuweisungen, widersprechender Regelungen und damit später bei der Bauabwicklung Gegenstand heftiger Streits sind.

Die in **Abb. 21**, S. 315, 316 aufgeführte **Checkliste** enthält detailliert Punkte, die **beim Komplexen Global-Pauschalvertrag (also inbesonders Schlüsselfertig-Bau) geregelt werden sollten.**[887]

Wir erwähnen dort jeweils auch und gerade, was gilt, wenn die Parteien den jeweiligen Punkt **nicht** geregelt haben und unter welcher Randnummer wir das „ungeregelte Problem" behandelt haben.

---

[885] Genaueres hierzu in Rdn. 886 f. sowie Anhang III, B, Unterlage 6/20, 9/21 und 9/31.
[886] Sowohl bei der gebäudegeometrieorientierten Methode nach DIN 276 (Anhang III, B, Unterlage 9/21) als auch bei der gewerkeorientierten Methode (Unterlage 9/31) werden die gleichen Mengen benutzt.
[887] Eine ausführliche Checkliste für Einzelheiten des Bauinhalts beim Schüsselfertigbau liegt vor in Klärner/Schwörer, Qualitätssicherung im Schlüsselfertigbau.

3.5.2.2 Auflistung aller noch bis zur Angebotsabgabe zu erbringenden Tätigkeiten und Unterlagen

859 Im Rahmen dieser Tätigkeit wird die eigentliche Angebotsbearbeitung geplant. Um der Komplexität der Anforderungen an die Angebotsbearbeitung für Schllüsselfertig-Bauobjekte gerecht zu werden und um insbesondere keinerlei Problempunkte zu übersehen, ist es ratsam, mit Checklisten zu arbeiten, die „lernfähig" und für den Einzelfall erweiterbar sind, d. h. die positiven und negativen Erfahrungen aus der Vergangenheit mit berücksichtigen können. Eine Checkliste zur Abgrenzung und Klärung von Bauherren- und Planeraufgaben haben wir schon in **Abb. 21 vorgestellt. Alle vorliegenden und alle noch zu beschaffenden bzw. selbst zu erstellenden Unterlagen sollten eine (zusätzliche) bieterseitige Codierung erhalten.**

3.5.2.3 Die Bestimmung des qualitativen Bausolls

860 Das qualitative Bausoll ergibt sich im günstigsten Fall schon aus den Anfrageunterlagen des Auftraggebers. Im Regelfall bleibt es jedoch dem Bieter nicht erspart, das Bausoll durch eigene Ermittlungen und Dokumentationen zu präzisieren, um Lücken, Fehler, Unklarheiten und Mehrdeutigkeiten in den Anfrageunterlagen auszumerzen. Die Abgrenzung dessen, was im Einzelnen zum qualitativen Bausoll gehört, sollte nach den in **Abb. 15**, S. 298 aufgeführten Kriterien erfolgen. Es geht also darum,

a) diejenigen Leistungsinhalte zu erkennen und zu dokumentieren, die mindestens als Vertragsleistung zu erbringen und somit zu quantifizieren und kostenmäßig zu bewerten sind.[888]

b) Leistungen, die nicht erforderlich sind bzw. durch günstigere Lösungen ersetzt werden können, als solche zu erkennen und auszugrenzen.

Im Interesse des Bieters kommt der Bestimmung des Mindestleistungsinhalts besonderes Augenmerk zu. Es geht insbesondere darum, ob der Auftraggeber schon innerhalb seiner globalen Vorgaben Leistungsinhalte durch Differenzierungen präzisiert und durch Abgrenzungen ausgeschlossen hat, so dass bieterseitig keinerlei zusätzliche Komplettierungen kostenmäßig zu berücksichtigen sind.

861 Für die Bereiche, für die solche Präzisierungen des Vertragsinhalts nicht vorliegen, liegt es im Interesse des Bieters, dies nachzuholen. Sind beispielsweise für eine Halle auftraggeberseitig allein Länge, Breite und Höhe vorgegeben worden, so sind die Gesamtherstellkosten durch Berechnung des Bruttorauminhalts und seine Bewertung mit einem entsprechenden Kostenkennwert ermittelbar. Das ändert aber nichts daran, dass es bei der Bauausführung zu Auseinandersetzungen darüber kommen kann, was im Einzelnen Vertragsinhalt ist und auftragnehmerseitig für den vereinbarten Pauschalpreis zu erbringen ist.

---

[888] Zu der Gefahr, bei nichterkannten Leistungsinhalten den Auftrag zu nicht kostendeckenden Preisen zu erhalten, s. Rdn. 701.

Lfd. Nr.	A	BAUHERRENFUNKTIONEN / GRUNDSTÜCK	Rechtsfolge bei Nichtregelung im Vertrag behandelt unter Rdn.:
A1		Abstecken der Hauptachsen	551
A2		"Gelände, das der Auftraggeber zur Verfügung stellt"	552-567
		a) Ist das Baugrundrisiko spezifiziert? b) liegen Angaben über Kontaminierung vor? c) Liegen Angaben über das Risiko der Wasserverhältnisse vor? d) Liegt ein Bodengutachten vor bzw. wer beschafft es? e) Wie ist das Verhältnis zur Planungshaftung des Total-SF-Auftragnehmers geregelt?	554-567
A3		Beibringung von öffentlich-rechtlichen Genehmigungen	459, 569, 627ff.
		a) Baubarkeit? b) Planungsrecht? c) Ordnungsrecht? d) Ist die Baugenehmigung Vertragsinhalt? e) Sind künftige Änderungen der Baugenehmigung maßgeblich für das Bausoll?	
A4		Nachbarrisiko	575
		a) Sind privatrechtliche Zustimmungen erforderlich? (Risiko der Verweigerung?) b) Sind öffentlich-rechtliche Zustimmungen erforderlich? (Risiko der Verweigerung?) c) Sind Unterfangungen erforderlich? d) Gibt es vom Nachbargrundstück ausgehende Risiken	
A5		Grundstücksgrenze als Leistungsabgrenzung	577-582
		a) Existiert eine Baulast auf dem fremden Grundstück? (Ergeben sich daraus Kosten?) b) Gibt es sonstige Verträge mit anderen Grundstückseigentümern? (Ergeben sich Kosten?)	
	B	LEISTUNGSPHASEN VON ARCHITEKTEN UND INGENIEUREN	
B1		Leistungen durch den Auftraggeber	
B2		Welche Leistungen sind nicht Vertragsgegenstand?	
B3		Welche Besonderen Leistungen sind (doch) Vertragsgegenstand?	
B4		Welche Besonderen Leistungen sind nicht Vertragsgegenstand?	
B5		Dokumentations- bzw. Vorlagepflicht hinsichtlich bestimmter Unterlagen?	
B6		Wer trägt die Kosten der Prüfstatik?	
B7		Wer gibt die Ausführungspläne frei?	
		HOAI § Nr.	
		15 1-9 II Objektplanung (welche Einzelphasen, in welchem Umfang?) 64 1-9 VIII Tragwerksplanung (welche Einzelphasen, in welchem Umfang?) 73 1-9 IX Technische Ausrüstung (welche Einzelphasen, in welchem Umfang?) 78 1-5 X Thermische Bauphysik (welche Einzelphasen, in welchem Umfang?) 81 1-5 XI Schallschutz und Raumakustik (welche Einzelphasen, in welchem Umfang?) 92 1-3 XII Bodenmechanik, Erd- und Grundbau (welche Einzelphasen, in welchem Umfang?) 97 1-6 XIII Vermessungstechnische Leistungen - - Dokumentation, soweit nicht vorab geregelt	447-465 466-470 469,551 596 f.

Abbildung 21: Checkliste zur Angebotsbearbeitung beim Komplexen Global-Pauschalvertrag

Rdn. 861   Angebotsbearbeitung beim Komplexen Global-Pauschalvertrag

lfd. Nr.	C	BAUHERRENFUNKTIONEN / GRUNDSTÜCK		Rechtsfolge bei Nichtregelung im Vertrag behandelt unter Rdn.:
C1		Leistungsabgrenzung a) Wasseranschluss b) Stromanschluss c) Gasanschluss d) Telefonanschluss	e) Fernwärme f) Datennetze g) Kabelfernsehen h) Keine sonstigen Anschlüsse?	577 ff.
C2		Verfahrens- und Entwicklungsrisiken Gibt es eine Haftung für Wirtschaftlichkeit?		576
C3		Ordnung auf der Baustelle und Koordinierung		568
C4		Anerkannte Regeln der Technik a) Gibt es spezielle Regelungen für Änderungen während des Bauablaufs? b) Ist eine Leistung unter diesem Standard vereinbart mit dokumentierter Belehrung des Auftraggebers? c) Sind Materialzeugnisse erforderlich?		570, 571
C5		Außenanlagen, "Geräte", nutzungsspezifische Anlagen, Möblierung a) Einfriedungen b) Geländebearbeitung und -gestaltung c) Grünflächen d) Abwasser- und Versorgungsanlagen e) Wirtschaftsgegenstände	f) Verkehrsanlagen g) Geräte h) Betriebliche Einbauten, nutzungsspezifische Anlagen i) Möblierung	583 ff.
C6		Schutz der erbrachten Leistung vor Winterschäden und Grundwasser		572
C7		Nachunternehmereinsatz a) Ist eine Leistungserbringung vereinbart? b) Sind Nominated Subcontractors vereinbart?		573 411, 453

C8		Erschließungskosten, Anliegerbeiträge, Abnahmebescheinigungen, Baugenehmigungsbehörden
		a) Welche Anschlussgebühren gibt es, wer trägt sie?
		  - Wasser
		  - Strom
		  - Gas
		  - Telefon
		b) Wer trägt die Kosten für technische Abnahmebescheinigungen, z.B. für
		  - TÜV-Abnahmen?
		  - Lüftungsabnahmen?
		c) Wer trägt die Baugenehmigungsgebühren?
		d) Wann fallen Erschließungsbeiträge (Anliegerbeiträge) an? (Ab Entstehung?)
		e) Fallen Ablösekosten für Stellplätze an?
			
			- Fernwärme
			- Datennetze
			- Kabelfernsehen
			
			- Abnahme der Feuerungsanlage?
				585-591
				
				591

C9		Gibt es Sonderregelungen für spezielle Betriebskostenoptimierungen?		593
C10		Gibt es Sonderregelungen für den Gefahrenübergang?		574
C11		Bauwesenversicherung? (Welche Höhe?)		
C12		Ist VOB/B (oder VOB/C) vereinbart? BGB-Regelung für "Planungsteil" vereinbart?		472 ff.
C13		HOAI-Anwendung ausgeschlossen?		473
C14		Genaue Bezeichnung weiterer Vertragsunterlagen (in welchen Unterlagen, Planverzeichnissen?)		472 ff.
C15		Gibt es einen Redaktionsschluss für a) Bemusterung? b) Nutzerwünsche?		652

Abbildung 21 – Fortsetzung –

Tätigkeiten   Rdn. 862

Deshalb liegt es im Interesse des Bieters, zumindest zu klären, welchem Zweck die Halle dienen soll (z. B. als Supermarkt). Natürlich ist es ratsam, weitere Einzelheiten zur Ausführungsqualität festzulegen, und zwar unabhängig davon, wer die weiteren Planungen durchführen soll. Das Fortschreiten der Planung von einer Leistungsphase zur anderen beinhaltet letztlich nur eine Konkretisierung dessen, was bislang schon in der/oder den vorangegangenen Leistungsphase(n) festgelegt worden ist. Somit kann schon in der Vertragsabschlussphase festgelegt werden, was zu planen bzw. auszuführen ist, ohne dass die (Ausführungs-)Planung überhaupt begonnen hat.

Hierzu ein einfaches Beispiel:

Zunächst wird nur geklärt, dass eine Halle, genauer ein Supermarkt, gebaut werden soll. Dadurch sind schon einige Standards (Ausstattung mit Sanitäreinheiten usw.) gegenüber einer Lager- oder einer Sporthalle abgegrenzt. Auf dieser Basis kann ein Angebot für eine Supermarkthalle gemacht werden. Sicherer ist es jedoch, weitere Konkretisierungen zu veranlassen, d. h. – wie ein Planer – in weitere Leistungsphasen „einzusteigen" und zumindest weitere qualitative (Fassadengestaltung usw.) Vorgaben zu formulieren oder sie sogar weiter, gegebenenfalls bis zur Ausführungsreife, zu präzisieren.

Das, was nicht präzisiert ist, regelt sich im nachhinein gemäß den in den **Abb. 10 a (S. 263), 15 (S. 298) und 21 (S. 315, 316)** aufgeführten Randnoten.[889] Dabei beziehen sich die Regelungen zum qualitativen Bausoll bei Komplexen Global-Pauschalverträgen auf:[890]   862

a) Bauherrenfunktionen

b) Planungsfunktionen

c) Bauausführungsfunktionen

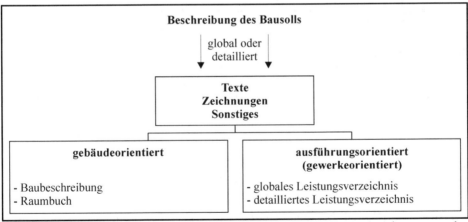

Abbildung 22   Möglichkeiten der Baubeschreibung durch Texte, Zeichnungen oder Sonstiges

Die Abklärung der vom Bieter bzw. Auftragnehmer zu erbringenden Bauherren- und Planungsfunktionen kann an Hand von **Abb. 21**, S. 315, 316 (Stichwort: Funktionsverlagerung auf den Bieter bzw. Auftragnehmer) erfolgen. Die Dokumentation der Bauausführungsfunktionen kann (vgl. **Abb. 22**)

---

[889] Es versteht sich von selber, daß Anbieter von Schlüsselfertig-Bauten die relevanten Bestimmungen, insbesondere die öffentlich-rechtlichen Vorschriften, kennen und beachten müssen.
[890] Vgl. Rdn. 409 ff.

- gebäudegeometrieorientiert und/oder
- ausführungsorientiert (gewerkeorientiert)

durch

- Texte (z. B. Baubeschreibung oder Leistungsverzeichnis)
- Zeichnungen und
- sonstige Unterlagen (z. B. Berechnungen)

sowohl global wie auch differenziert durchgeführt werden.

Es hängt jeweils vom Einzelfall ab, ob

- auf spezielle Vorgaben verzichtet wird, weil die Angabe des Fachbegriffs wegen der Klärung durch Fachnormen ausreicht (z. B. „Flachdachabdichtung"),
- Standardvorgaben verwendet werden (z. B. „Dachabdichtungen mit Bitumenbahnen", vgl. DIN 18 338, Abschnitt 3.3.2),
- (Vor-)Entwurfszeichnungen ausreichen (z. B. die Dokumentation der geometrischen Gegebenheiten),
- Standarddetails notwendig sind (z. B. für den Dachrandabschluss, vgl. Anhang II, B, Unterlage 4/72),
- Ausführungspläne vorliegen müssen (z. B. detaillierte Dachausführungspläne mit allen Angaben über die Ausbildung aller Anschlüsse, Ecken usw.).

863 Schon an dieser Stelle ist festzuhalten, dass die Angebotsbearbeitung für Komplexe Global-Pauschalverträge nicht als ein linear hintereinander abfolgendes Tun („Staffellauf") stattfindet. Die einzelnen Tätigkeiten der Angebotsbearbeitung beeinflussen sich gegenseitig und laufen zum Teil parallel und iterativ ab. Deshalb, insbesondere aber wegen der hohen Anforderungen an die Prüfpflichten des Bieters und weil das Erkennen der auftraggeberseitigen Bausollvorgabe bzw. das beiderseitige Konkretisieren des (entsprechenden) Bausolls schnelle Ergebnisse auf der Basis hochqualifizierter Architekten- und Ingenieurfähigkeiten erfordern, sollte die Angebotsbearbeitung für Global-Pauschalverträge unter der Regie eines planungserfahrenen Projektleiters erfolgen. Er sollte in der Lage sein, die gegenseitigen Vernetzungen und Beeinflussungen der einzelnen, durch das Leistungsziel erforderlichen Bauinhalte erkennen und würdigen zu können. Weiterhin sollte nach unseren Erfahrungen die Angebotsbearbeitung bei Komplexen Global-Pauschalverträgen zumindest im Team erfolgen, damit ein Teammitglied den Überblick bewahrt und sich besonders der Schnittstellen annehmen kann.

Zusammenfassend halten wir fest, dass der schlüsselfertig Anbietende über Leistungsbilder (der HOAI) und Leistungsbereiche (Gewerke) hinweg in seinem ureigensten Interesse das Bausoll zu klären hat. Es geht bei der Angebotsbearbeitung beim Komplexen Global-Pauschalvertrag darum, die Gesichtspunkte der Funktionserfüllung und Vollständigkeit in den Vordergrund zu stellen.[891]

---

[891] Vgl. auch Schiffers, S. 41 ff. in: Ansprüche des Bauunternehmers bei Abweichungen vom Bauvertrag.

3.5.2.4 Dokumentation von Problempunkten

Sofern die Entwurfsplanung abgeschlossen und das Tragwerk für die angesprochene Halle[892] auftraggeberseitig bemessen ist, hat der Bieter im Rahmen seiner Prüfpflichten unplausible Vorgaben zu erkennen und darauf hinzuweisen. Soll beispielsweise das Hallendach bei einer Stahlbetonkonstruktion als Parkplatz dienen, so hat der Auftragnehmer sowohl eine funktionstüchtige Dachabdichtung als auch Park- und Fahrflächen herzustellen. Beinhaltet die Ausführungsplanung hierzu erkennbare Fehler (z. B. Gußasphalt unmittelbar auf der Dachabdichtung), so hat der Bieter darauf hinzuweisen, dass die vorgegebene Ausführungsart nicht den Regeln der Technik entspricht. Hat der Schlüsselfertig-Unternehmer nicht das entsprechende Fachpersonal, um solche Prüfungen durchführen zu können, so sollte er sich externer Fachleute bedienen.[893]

864

Ist dagegen das Dach der Halle aus Trapezblechen herzustellen und ist aus dem Lageplan zu ersehen, dass die Rückseite der Halle bis etwa Unterkante Dach an vorhandenes Erdreich angrenzt, so kann es der Bieter nicht einfach als gegeben ansehen, dass die Rückwand „irgendwie" halten wird.

Er muss sich davon überzeugen, ob sie als Stützwand ausgebildet ist oder ob eine andere Möglichkeit der Abtragung oder Vermeidung von Erdlasten aus den schon vorhandenen (Ausführungs-)Unterlagen ersichtlich ist. Der Schlüsselfertig-Bau-Unternehmer muss sich Gewissheit darüber verschaffen, dass das angebotene Bauwerk „funktioniert".

Die eigentliche Problematik der Angebotsbearbeitung ergibt sich dadurch, dass der Bieter sich in relativ kurzer Zeit in Unterlagen einarbeiten muss, die

- zumeist nicht von ihm bzw. seiner Organisation erstellt worden sind
- und oft (und **bewusst?**) nicht vollständig und/oder widerspruchsfrei sind.

Die qualitative Bausollbestimmung und die Problemlösung beim Komplexen Global-Pauschalvertrag kann deshalb zumeist auch nicht in einem Zuge, sondern als „learning by doing" im Rahmen von Aktensichtung, Mengenermittlung und planerischer Unterlagenergänzung erfolgen. Gerade die Durchführung der Mengenermittlung ist beim Komplexen Global-Pauschalvertrag kein Hilfsjob, sondern der zentrale Weg, um Erkenntnisse über das anstehende Objekt als Ganzes zu gewinnen. Der Einstieg ins (Standard-)Detail reicht nicht aus, um den Problemen der betreffenden Projekte auf die Spur zu kommen; dieser Weg führt in der Regel zur Unterschätzung der Probleme und somit zur falschen Bewertung von Baukosten und Bauzeit.

Der Weg über die Mengenermittlung muss jedoch auch nicht zur Folge haben, dass eine penible Mengenermittlung durchgeführt wird; er soll zumindest zur Ermittlung der in etwa richtigen Mengen und zur eingehenden Beschäftigung mit den vorhandenen Unterlagen führen, damit Erkenntnisse gewonnen werden, die mit dem bloßen „Plananschauen" nicht erzielt worden wären. Inwieweit gewisse Teilbereiche durch Beschaffung bzw. durch Erarbeitung weiterer Unterlagen noch tiefer zu durchdringen sind, ist eine andere Sache.

Die schon angesprochenen Beeinflussungsmöglichkeiten, die zwischen den Bauelementen und Planungsparametern von Bauelementen im Einzelnen bestehen können, treten konkret auch bei unserem Beispielprojekt auf.

865

Die Fassadenelemente stehen mit anderen Bauelementen der Außenwandfläche und mit verschiedenen Bauelementen der anderen Grobelemente in Beziehung. Somit ist es auch bei globalen Angeboten für die Bauelemente Fassade und Dachabdichtung angebracht,

---
[892] Vgl. Rdn. 862.
[893] Zu dem Umfang der Prüfpflichten beim Komplexen Global-Pauschalvertrag s. **Abb. 15**, S. 298 sowie die Rdn. 520 ff.

sich schon im Angebotsstadium detailliert mit der Trassierung der Heizungsleitungen, mit dem oberen Fassaden- und dem Dachrandabschluss zu beschäftigen. Das bedeutet, dass die Fassade gegebenenfalls schon relativ weit durchzuplanen und der Dachrandabschluss „ausführungsgerecht" zu skizzieren ist.

Problemlösung im Angebotsstadium bedeutet also:

a) Akzeptieren von plausiblen und bewährten Globallösungen für entsprechende Teilbereiche,

b) Aussondern und Detaillieren des Leistungsinhalts von Teilbereichen, bei denen eine Globallösung (erfahrungsgemäß) zu problemanfällig oder nicht möglich ist.

c) Rückfragen und Bedenkenanmeldung, sofern ein auftraggeberseitig vorgegebener bzw. nicht vorgegebener Bauinhalt dazu Anlass gibt.

Dabei geht es auch darum, Systeme und Materialien festzulegen und durch den gesamtheitlichen Angang Synergieeffekte zu erzielen, indem folgende Belange stets im Auge behalten werden:

Terminrelevantes:

z. B.: Welche Lösung lässt sich schneller ausführen? Welche Lösung ist witterungsempfindlicher?

Qualitätsrelevantes:

z. B.: Bei welcher Lösung treten eher Mängel auf? Welche Lösung ist noch relativ unerprobt?

Kostenrelevantes:

z. B.: Welche von zwei alternativen Lösungen ist kostengünstiger?

Vergaberelevantes:

z. B.: Provisorien und alternative Ausführungen anfragen.

3.5.2.5 *Auflistung von Vorschlägen für das Angebotsschreiben*

866 Bis auf den zumeist größeren Dokumentationsaufwand entspricht diese Tätigkeit derjenigen, die schon beim Detailpauschalvertrag besprochen worden ist.

3.5.2.6 *Bestimmung des quantitativen Bausolls*

867 Voraussetzung für die Mengenermittlung ist die schon unter Rdn. 860 ff. besprochene Kategorisierung der Leistungsinhalte. Bei der Mengenermittlung ergeben sich dann oft noch weitere Erkenntnisse und Detaillierungsnotwendigkeiten zur Kategorisierung.

Die verschiedenen Kategorisierungsvorgaben und -tiefen sind schon besprochen[894] und in den **Abb. 17 ff.**, S. 306 ff., veranschaulicht worden. Wir haben schon mehrfach darauf hingewiesen, dass die Anforderungen an die Präzisierung des qualitativen Bausolls sehr stark durch die Belange der Kostenermittlung bestimmt werden. Sofern die Kostenermittlung keiner differenzierten Kategorisierung bedarf, kann Bearbeitungsaufwand bei der Kategorisierung und insbesondere bei der Mengenermittlung gespart werden. Wir haben unter Rdn. 856 ff. auch schon besprochen, dass die Wahl eines geeigneten Mengenermittlungssystems hier hilft und zusätzlich noch Plausibilitätskontrollen ermöglicht.

---

[894] Vgl. Rdn. 854 ff.

Ausgangspunkt der Mengenermittlungen ist stets die Einteilung des Gesamtbauobjektes in Bauwerke, Geschosse und Geschoßabschnitte (vgl. Unterlage III, B, 6/20).

868 Die Mengenermittlung sollte mit der geschossweisen Berechnung der Bruttoflächen beginnen. Die Bruttodachflächen werden i.d.R. vereinfachend mit den Bruttogrundflächen der obersten Geschosse gleichgesetzt. Insgesamt wird das Bruttoprinzip der DIN 277 angewandt,

– um wenig Zeitaufwand für die Mengenermittlung zu benötigen und

– um Mengenreserven (und somit auch Kostenreserven) durch Nichtberücksichtigung von (kleineren) abziehbaren Mengenansätzen zu besitzen.[895]

Sodann werden die Konstruktionsgrundflächen berechnet. Sie ergeben sich aus der Länge der verschiedenen Wandarten, multipliziert mit der jeweils zugehörigen Wanddicke.[896]

Durch die Subtraktion der Gesamtkonstruktionsgrundfläche von der Bruttogrundfläche, ergibt sich die Nettogrundfläche (einschließlich der Fläche der Türöffnungen, Nr. 3); sie wird aufgegliedert in die Treppenhaus- (Nr. 3.1) und die Restflächen (Nr. 3.2). Die Nettogrundflächen der Treppenhäuser (Nr 3.1.1) setzen sich (vereinfacht dargestellt) zusammen aus den Belägen der Treppen, Podeste und Treppenhausböden (vgl. Nr. 3.1.2 ff.). Die Bekleidungen der Treppenhäuser (Nr. 3.1.3) ergeben sich ebenfalls (vereinfacht) aus der Duplizierung der zugehörigen Nettogrundflächen[897] und setzen sich aus den einzelnen Bauteilbekleidungen (Nr. 3.1.3.1 ff.) zusammen.

Die einzelnen Wandflächen ergeben sich aus der Multiplikation der Wandlängen mit der jeweiligen Wandhöhe.

Zusammenfassend können wir festhalten: Mengenermittlungen sollen nicht zeitaufwendig und unnötig genau sein,[898] sie müssen jedoch im Rahmen von Plausibilitätskontrollen überprüfbar sein (z. B. Summe der Flächen der Wandbekleidungen der Innenwände = 2 × Flächen der tragenden und der nichttragenden Innenwände [einschließlich elementierter Innenwände, vgl. Rdn. 856]).

Da die vorgetragene Mengenermittlungsmethode sowohl „gebäudeorientiert" als auch „ausführungsorientiert" durchgeführt werden kann, ermöglicht sie sowohl eine gebäude- wie auch eine ausführungsorientierte Mengenzusammenstellung. Hierzu wird auf Anhang III, B, Unterlage 9/21 verwiesen, deren Mengen in die ausführungsorientierte Kostenermittlung (Anhang III, B, Unterlage 9/31) übernommen werden kann.

869 In der Praxis der Mengenermittlung für Schlüsselfertig-Bauten im Angebotsstadium gibt es folgende zwei Extrema:

a) die Mengenermittlung über m^3 BRI,

b) die Mengenermittlung für Einzelpositionen und Leistungsbereiche (Gewerke).

---

[895] Diese Mengenreserven sind das Pendant zu den Inklusivpreisen (s. Rdn. 855).
[896] Vereinfacht hätten die Konstruktionsgrundflächen auch als Prozentsatz der Bruttogrundfläche ermittelt werden können. Es kann auf diese Vereinfachung verzichtet werden, wenn später sowieso nochmals auf die Wandlängen zurückgegriffen werden muss, um die Wandflächen zu bestimmen.
[897] Tatsächlich ist die Bekleidungsfläche der Treppen größer, da als Nutzfläche nur die Vertikalprojektion der Treppen angesetzt wird.
[898] Durch die überarbeiteten Übermessungsregeln der VOB/C ist der Unterschied zwischen den Ergebnissen der Bruttoermittlungen gemäß DIN 277 und den Ermittlungen gemäß den Abrechnungsvorgaben Abschnitt 5 in der jeweiligen DIN aus VOB/C nicht mehr so groß wie früher und vernachlässigbar.

Der Ansatz a wird u. a. wegen

- Zeitmangel,
- fehlender Kostenkennwerte für Bauelemente und
- der Gleichartigkeit der angebotenen Bauten

gewählt.

Bei Methode b steht das Streben nach Absicherung der Kostenermittlung durch detaillierte Mengenermittlungen und zugehörige Kostenanfragen bei potenziellen Nachunternehmern im Vordergrund.

Der Vorteil der Methode b wird jedoch u. E. oft überschätzt, weil zu wenig beachtet wird, dass die gewerkemäßige Aufbereitung der Anfrageunterlagen

- Planungsfehler und -lücken,
- Schnittstellenregelungen und
- alternative Ausführungsmöglichkeiten

nicht in den Mittelpunkt der Bearbeitung stellt.[899]

Es besteht also bei Anwendung dieser Methode die Gefahr, dass deshalb, weil der gebäudeorientierte Angang (eines Objektplaners mit Fachingenieuren) nicht gewählt wird, Leistungen, die durch das Leistungsziel vorgegeben sind, aber nicht gesondert in den Ausschreibungsunterlagen aufgeführt werden, nicht erkannt werden, da das Vorgegebene, so wie es ist, als richtig und unveränderlich angesehen wird.

Der Ausweg liegt u.E. in der schrittweisen Kostenermittlung in Anlehnung an die Systematik der DIN 276, also

- vorab eine grobe Kostenermittlung über m^3 BRI (Kostenschätzung) zur ersten Orientierung,
- sodann eine differenziertere Kostenermittlung mit Hilfe von Gebäudeelementen (z. B. differenzierte Kostenberechnungen, Anhang III, B, Unterlagen 9/21) für das eigentliche Angebot,
- je nach Bedarf und Notwendigkeit für problematische Leistungsbereiche eine noch genauere Kostenermittlung (Kostenanschlag, vgl. z. B. Anhang III, B, Unterlage 9/40).

Hier sehen wir eine große Herausforderung für die Mitarbeit ausführungsorientierter Architekten in der Bauwirtschaft.

3.5.2.7 Vorbereitung, Durchführung und Auswertung von Nachunternehmeranfragen

870 Nachunternehmeranfragen können beim Komplexen Global-Pauschalvertrag nach

a) Einheitspreisvertragsmuster

b) Detail-Pauschalvertragsmuster

c) (Teil-)Global-Pauschalvertragsmuster

---

[899] Sofern man die Mengenermittlung sofort gewerkeweise durchführt, muss der Bauinhalt qualitativ fixiert sein.

durchgeführt werden. Die Fälle a und b sind schon vorab unter Rdn. 747 ff. besprochen worden.[900)]

Sofern der Hauptunternehmer die Verfahrensweise von Fall c wählt, bestimmt er durch seine eigene Aufbereitung der Anfrageunterlagen, inwieweit der anbietende Nachunternehmer noch eigenständig Unterlagen bearbeiten muss,[901)] um ein ordnungsgemäßes Angebot abgeben zu können.

Der Nachunternehmer muss entscheiden, in welchem Umfang er zur eigenen Risikoabsicherung und zur besseren Kostenermittlung weitere, eigene Ermittlungen und Festlegungen zum Bausoll formuliert oder nicht.

Nachunternehmer stehen bei globalen Anfragen von Schlüsselfertig-Unternehmen ebenso wie dieser nicht selten vor dem Problem, Architekten- und/oder Ingenieurleistungen erbringen oder „einkaufen" zu müssen. Typische Beispiele hierfür sind (vgl. **Abb. 21, S. 315, 316, Block B**):

- Leistungen der Technischen Ausrüstung
- Leistungen der Technischen Bauphysik

Sofern Bauleistungen (z. B. Beton- und Stahlbetonarbeiten) von eigenen Abteilungen des Schlüsselfertig-Unternehmens erbracht werden können oder sollen, wird von der betreffenden Abteilung zumeist eigenständig ein Angebot bzw. eine Kostenermittlung erstellt. Ob die Schlüsselfertig-Abteilung die eigene Abteilung in jeder Hinsicht wie jeden anderen potentiellen Nachunternehmer behandelt oder nicht, ist eine Frage der Firmenphilosophie.

Vollkommene Kostenklarheit herrscht, jedenfalls wenn die Schlüsselfertig-Abteilung das Bauprojekt als oder wie eine eigenständige Firma anbietet und später auch abwickelt. Dann bestimmt sie, was geschieht; sie kann Anfragen und Aufträge so gestalten, wie es für sie opportun ist. In solchen Fällen wird beispielsweise die Rohbauabteilung bzw. die (Schwester-)Rohbaufirma wie jeder andere Nachunternehmer um ein „normales Angebot" gebeten. Sofern dagegen – ausgerichtet auf die eigenen Abteilungen – Schlüsselfertig-Aufträge aufgespalten werden (z. B. in die Bereiche Rohbau und Ausbau), besteht die Gefahr, dass sich wegen der nicht geklärten Gesamtverantwortung (insbesondere bezüglich der Schnittstellenbereiche zwischen den Leistungen der einzelnen Abteilungen) Unklarheiten, fehlende Prüftätigkeit und Lücken in den Mengen- und Kostenermittlungen ergeben.

Ähnlich ist die Problematik bei der Einschaltung externer und interner Planungsbüros. Die beste Lösung ist, den einzelnen Planern Aufgaben gemäß den Leistungsbildern und Leistungsphasen (bzw. Teilbereichen daraus) aus der HOAI zuzuordnen und hierauf die Honorierung abzustimmen.[902)] Die Planer werden dann tätig wie „normale" Planer auf der Bauherrenseite.

3.5.2.8 Terminplanung und sonstige Arbeitsvorbereitung

Hierzu gilt sinngemäß das, was schon zum Detail-Pauschalvertrag für den Generalunternehmer bzw. -übernehmer besprochen worden ist (s. Rdn. 427 ff., 737 ff.).

871

---

900) Die unter Rdn. 735 aufgeführten Prüfpflichten des Nachunternehmers gelten uneingeschränkt auch für den Fall, dass der Hauptunternehmer seine Anfrage bei Nachunternehmern nach Global-Pauschalvertragsmuster gestaltet.
901) Hier geht es u. a. darum, ob und in welchem Umfang der Nachunternehmer zu planerischen Leistungen veranlaßt wird.
902) Lösungen auf der Basis von Stundenlohnvergütung sind ebenso möglich und üblich.

Dazu kommt, dass der Auftragnehmer beim Komplexen Global-Pauschalvertrag in der Regel Leistungen von Architekten und Ingenieuren zu erbringen hat und sie terminlich einzuplanen und zu steuern hat. Anders ausgedrückt: Beim Komplexen Global-Pauschalvertrag übernimmt der Bieter bzw. Auftragnehmer (teilweise) Koordinierungsaufgaben wie ein Objektplaner und/oder sogar Projektsteuerungsaufgaben.

Sofern der Bieter einen Komplexen Global-Pauschalvertrag abschließen will, muss er sich also im Angebotsstadium mit allen Belangen der Bauplanung, des Bauinhalts und der Bauumstände auseinandersetzen, um eine realistische Terminplanung erstellen zu können.

3.5.2.9 Kostenermittlung und Preisfestlegung

3.5.2.9.1 Grundsätze

872 Die verschiedenen Methoden der Kostenermittlung für Hochbauten wurden schon unter Rdn. 850 ff. besprochen.

Diese Methoden sind naturgemäß auch für Kosten- und Preisermittlungen im Schlüsselfertigbau geeignet, werden jedoch noch relativ selten angewandt. Der Grund dafür liegt darin, dass die meisten Schlüsselfertigunternehmen ihre Wurzeln im herkömmlichen Bauen haben und daher Kalkulationsmethoden verwenden, die der in Band 1, Anhang B aufgeführten Methodik entsprechen (vgl. auch Anhang I, B, Unterlagen 9/61 ff.). Voraussetzung für die Anwendung solcher Kalkulationsmethoden ist, dass das Bausoll in Leistungsverzeichnisse kategorisiert und dokumentiert ist.

In der Praxis der Angebotsbearbeitung für Komplexe Global-Pauschalverträge sind dagegen – je nach Firmenphilosophie – alle Kostenermittlungsmethoden, beginnend bei der Kostenermittlung über den m^3 BRI bis zur detaillierten Kalkulation von Leistungsverzeichnissen über alle Gewerke hinweg, anzutreffen.

Übliche Praxis ist, dass Kostenermittler, die es gewohnt sind, die Leistungen detaillierter zu kategorisieren und zu kalkulieren, diese Verhaltensweise auch bei „globalen Anfragen" für Schlüsselfertig-Bau beibehalten; das gilt sowohl für Kostenermittler in eigenen Abteilungen (z. B. Rohbau) als auch für Bearbeiter bei Nachunternehmen. Dem widerspricht nicht, dass sich der Kostenermittler des Schlüsselfertig-Bau-Anbieters zum Teil mit überschlägigen Kostenermittlungen begnügt, weil

- er glaubt, für genauere Ermittlungen für bestimmte Bereiche keine Zeit zu haben,
- er keine zu großen Kostenunterschiede erwartet,
- er die zugehörigen potenziellen Nachunternehmer noch nicht kennt,
- er ohnehin in so frühem Stadium noch keine Preisinformationen von bestimmten Nachunternehmern erwartet.

Ob dies sinnvoll ist oder nicht, steht hier nicht zur Diskussion.

873 Wir haben außerdem schon unter Rdn. 844 dargelegt, dass der Generalübernehmer beim Schlüsselfertig-Bau in letzter Konsequenz nur eine einzige bedeutende Kostenart kennt: Fremdkosten.

Diese These lässt sich auch für den Generalunternehmer, also bei Erbringung von Eigenleistungen durchhalten, nämlich dann, wenn die Kosten der leistungserbringenden eigenen Kostenstellen als „Angebote" betrachtet werden und wie Fremdkosten in die eigene Angebotsbearbeitung einfließen. Dies gilt sowohl für eigene Bauausführungen (z. B. Rohbau-) wie für eigene Planungsleistungen.

Tätigkeiten   Rdn. 874

In **Abb. 23** sind diese Kosten unter den lfd. Nrn. 1 und 2 aufgeführt, und zwar als Direkte Kosten des jeweiligen Bauvorhabens.

lfd. Nr.	Leistungsinhalt	Kategorisierungskriterien	Bezogen auf das Bauprojekt
1	Leistungen von	Leistungsbilder und -phasen aus der HOAI	Direkte Kosten
2	Bauleistungen	DIN-Normen aus VOB/C oder Gliederung des StLB	Direkte Kosten
3	Baustellengemeinkosten	firmenindividuell	Direkte Kosten
4	Sonderposten	nach Anfall	Direkte Kosten
5	Allgemeine Geschäftskosten	---	Deckungsanteil
6	Gewinn und Wagnis	---	Deckungsanteil

Abbildung 23 Gliederung der Hauptkostenblöcke bei Schlüsselfertigbauprojekten

Darüber hinaus fallen bei Komplexen Global-Pauschalverträgen genauso wie bei anderen Vertragsformen **Baustellengemeinkosten** an. Da diese Baustellengemeinkosten einem einzigen Kostenträger, nämlich dem jeweiligen Bauvorhaben und einem einzigen „Abrechnungsposten" (= Pauschalauftrag) zugeordnet werden, sind bei **Komplexen Global-Pauschalverträgen** Baustellengemeinkosten Direkte Kosten.[903]   874

Nur dann, wenn sich der Komplexe Global-Pauschalvertrag aus mehreren Teilpauschalen zusammensetzt und keine von ihnen der unmittelbaren Zuordnung der Baustellengemeinkosten dienen soll, sind Baustellengemeinkosten keine Direkten Kosten der Teilpauschalen, sondern Gemeinkosten der Teilpauschalen.

Die Zusammensetzung der Baustellengemeinkosten unterscheidet sich beim Komplexen Global-Pauschalvertrag – sofern alle Bauleistungen an Nachunternehmer vergeben werden – **erheblich von der beim „konventionellen" Bauen**, weil die Baustellengemeinkosten der einzelnen Nachunternehmer zu deren Direkten Kosten gehören, also nicht „Overheads" aus Sicht des Hauptunternehmers sind. Beispielsweise sind die Kosten für

---

[903] Hierzu verweisen wir auf Band 1, Rdn. 11. Dort haben wir dargelegt, dass Kosten, die nicht unmittelbar einem Kostenträger (also beim Einheitspreisvertrag einer Position als „Vergütungsposten" für die jeweils anstehende Teil-Leistung) zugeordnet werden können, bezogen auf diesen Kostenträger, Gemeinkosten genannt werden. Weiterhin hatten wir dort schon besprochen, dass es je nach Vorgabe des Kostenträgers unterschiedliche Gemeinkostenebenen gibt, nämlich mehrere Positionen, Gewerke, die Gesamtbaustelle oder den Gesamtbetrieb.
Beim Komplexen Global-Pauschalvertrag (ein einziger Kostenträger und ein einziger Abrechnungsposten) sind alle diesem einen Kostenträger unmittelbar zugeordneten Kosten, also auch die Baustellengemeinkosten, Direkte Kosten des Pauschalauftrags.
Daran ändert auch nichts, dass in einzelnen Fällen die Baustellengemeinkosten nicht explizit ermittelt, sondern als Zuschlag angesetzt werden. Im kostenlogischen Sinne sind in solchen Fällen Baustellengemeinkosten ebenso Direkte Kosten – bezogen auf ihren Kostenträger – wie Zuschläge für Bruch, Erschwernisse usw., die jeweils einer bestimmten Abrechnungsposition beim Einheitspreisvertrag zugerechnet werden.

die Kräne und Kranführer unmittelbare Kosten des Nachunternehmers, der die Tragkonstruktion herstellt.

Dagegen können die Kosten für die Unterkunftscontainer – sofern sie von verschiedenen Nachunternehmern (z. B. nacheinander) benutzt werden – Baustellengemeinkosten gemäß lfd. Nr. 3 der **Abb. 23** sein.

Auf jeden Fall gehören die Kosten für die Bauleitung des Hauptunternehmers kostenlogisch zu den Baustellengemeinkosten – auch wenn sie nicht gesondert ausgewiesen werden.

3.5.2.9.2 GU-Zuschlag

875 An dieser Stelle taucht auch oft der Begriff **GU-Zuschlag (Generalunternehmer-Zuschlag)** auf, z. B. beim Schlüsselfertigbau, aber überhaupt dann, wenn der Auftragnehmer seinerseits Nachunternehmer einsetzt, er selbst folglich als Hauptunternehmer gegenüber dem Nachunternehmer und als Generalunternehmer gegenüber dem Auftraggeber tätig wird. Sehr oft beaufschlagen nämlich Hauptauftragnehmer in ihrer Kostenermittlung die Nachunternehmerkosten mit einem einzigen Zuschlagsbetrag, eben dem GU-Zuschlag. **Dieser GU-Zuschlag umfasst anteilige Baustellengemeinkosten, Allgemeine Geschäftskosten des Hauptauftragnehmers und Wagnis und Gewinn des Hauptauftragnehmers.**

Wenn Nachunternehmerkosten mit GU-Zuschlag beaufschlagt sind, werden sie i. d. R. nicht noch weiter beaufschlagt, da dieser Zuschlag umfassend all das abdeckt, was ansonsten kostenlogisch durch die verschiedensten Zuschläge gesondert berücksichtigt wird (vgl. lfd. Nrn. 3 bis 6 aus **Abb. 23**, S. 325).

Inwiefern dagegen Kostenelemente aus den lfd. Nrn. 3 und 4 (teilweise) von **Abb. 23**, die gesondert ermittelt und als Direkte Kosten ausgewiesen sind, mit einem allgemein gültigen oder speziell für das jeweilige Bauprojekt ermittelten GU-Zuschlag beaufschlagt werden, hängt von der Firmenphilosophie und vom Einzelfall ab. Diese Problematik entspricht also derjenigen des konventionellen Bauens und Kalkulierens, nämlich wenn es um die Frage geht, was gesondert zu ermitteln ist oder was durch einen oder mehrere Zuschläge für „Overheads" oder für Allgemeine Geschäftskosten, Baustellengemeinkosten, Gewinn und Wagnis abzudecken ist.

Zurück zur differenzierten Kostenermittlung beim Komplexen Global-Pauschalvertrag gemäß **Abb. 23**: Sie setzt sich aus den Direkten Kosten (Planung, Bauleistungen usw.), die alle wie Fremdkosten behandelt werden, und aus den Deckungsanteilen (Allgemeine Geschäftskosten, Gewinn und Wagnis) zusammen.

Ob die Deckungsbeiträge als gesonderte Budgetposten oder als Zuschläge auf die Direkten Kosten ausgewiesen werden, ist eine Frage der Opportunität. Unserer Meinung nach – siehe z. B. Anhang III, B, Unterlage 9/20 bzw. 30 – sind Budgetposten einfacher zu handhaben und „ehrlicher". Es wird ja auch nur ein einziger Preis ermittelt und ausgewiesen, nämlich der Pauschalpreis.

3.5.2.10 Zusammenstellung der Angebotsunterlagen

876 Im Gegensatz zum Detail-Pauschalvertrag, bei dem das Bausoll auftraggeberseitig in allen Einzelheiten vorgegeben wird, ist es beim Komplexen Global-Pauschalvertrag mehr oder weniger die Regel, dass der Bieter schriftliche Aussagen zum Bausoll in seinem Angebot tätigt – sei es, um seiner Hinweispflicht nachzukommen, sei es aus Vorsicht.

Es hängt jeweils vom Einzelfall und/oder vom Bieter ab, ob diese Aussagen

- ergänzend zu den auftraggeberseitigen Bausollformulierungen (vgl. Anhang III, A, Unterlage 1/01 ff.) getroffen werden (vgl. Anhang III, B, Unterlage 3/01) oder

- ob der Bieter das von ihm angebotene Bausoll neu strukturiert und definiert (vgl. Anhang III, B, Unterlage 3/10). Letzteres ist mit Gefahren für den Bieter verbunden ist (vgl. Rdn. 881).

Entsprechendes gilt für sonstige potentielle Vertragsbestandteile wie z. B. Terminpläne, Zahlungsbedingungen usw., die im Angebot formuliert sind.

3.6 Beispiel zur Angebotsbearbeitung beim Komplexen Global-Pauschalvertrag

3.6.1 Grundsätzliches

Weiterhin dient das Projekt Neubau Abteilung Bauwesen als Beispiel, nunmehr als schlüsselfertig ausgeschriebenes Bauobjekt. In Anhang III, Teil A sind die Ausschreibungsunterlagen aufgeführt, die der Bieter im Rahmen eines Komplexen Global-Pauschalvertrags vom Auftraggeber zur Angebotsbearbeitung erhalten hat. Anhang III, Teil B enthält die Ergebnisse der einzelnen Tätigkeiten der Angebotsbearbeitung. Nur der Ordnung halber: Anhang III hat rosé Blätter; wir werden ihn im folgenden abkürzend durch Aufführen von „III" in der Unterlagenbezeichnung ansprechen.

877

3.6.2 Die einzelnen Tätigkeiten

3.6.2.1 Auflistung aller auftraggeberseitig das Bausoll vorgebenden Unterlagen

In Unterlage III, B, 1/00 sind alle Unterlagen aufgelistet, die auftraggeberseitig dem Bieter zur Angebotsbearbeitung zur Verfügung gestellt worden sind. Es handelt sich im konkreten Fall offensichtlich um eine sehr globale Leistungsvorgabe, die einer eingehenden Prüfung und Bearbeitung bedarf.

878

Nur als Ergänzung: Eine Auflistung der bieterseitigen Präzisierungen des angebotenen Bausolls wird in Unterlage III, B, 10 aufgeführt. Ziel der dort aufgelisteten einzelnen Unterlagen ist es, das Bausoll derartig deutlich wiederzugeben, dass es bei der Baudurchführung möglichst keine Streitigkeiten darüber geben kann, was – objektiv gesehen – vom Auftragnehmer zu erbringen ist.

Die Auflistung der das Bausoll präzise wiedergebenden Unterlagen ist das Ergebnis einer intensiven Angebotsbearbeitung des Bieters.

3.6.2.2 Auflistung aller noch bis zur Angebotsabgabe notwendigen Tätigkeiten und Unterlagen

Bei der Angebotsbearbeitung sollen folgende Aspekte der Planung und Bauausführung im Vordergrund stehen:

879

- Prüf- und Hinweispflichten gegenüber dem Auftraggeber und sonstige (selbstgesetzte) Kontroll- und Überschlagsplanungsaufgaben des Bieters

> 1. **Kostenminderung durch**
>   a) Ansetzen von Mindeststandards
>   b) Erarbeitung von Alternativen
>
> 2. **Vermeidung von potenziellen Konflikten mit dem Auftraggeber**
>   a) durch Rücksprache mit dem Auftraggeber und seinen Planern
>   b) durch bieterseitige Präzisierung der Bauinhalte
>
> 3. **Vermeidung von potenziellen Gewährleistungsproblemen**
>   a) im Planungsbereich
>   b) im Ausführungsbereich
>
> 4. **Vermeidung von potenziellen Terminproblemen**
>
> 5. **Frühzeitige Formulierung von relevanten Punkten für die Weitervergabe an Nachunternehmen**

Abbildung 24   Zielrichtungen bei der Angebotsbearbeitung für Schlüsselfertig-Bau-Projekte (Therapie)

– Optimierung der Angebotsbearbeitung als solche und ihrer Ergebnisse gemäß den in **Abb. 24** zusammengefassten Gesichtspunkten,

– durchgehende Beachtung der Anforderungen der Kostenermittlung.

Ein „mutiger" Bieter würde sich mit den ihm auftraggeberseitig vorgelegten Unterlagen gemäß Anhang III, A abfinden.

Wahrscheinlich würden ihn dann aber spätestens bei der Baudurchführung die ungelösten Probleme „einholen", also zu einem Zeitpunkt, zu dem das Projektpersonal mehr als ausgelastet und somit kaum noch für neue Problemlösungen aufgeschlossen ist.

880   Wir gehen in unserem Beispiel den sicheren Weg und versuchen, soweit wie möglich potenzielle Probleme schon vorab im Angebotsstadium zu lösen, deshalb auch die Auflistung der auf der Auftraggeberseite zusätzlich eingesehenen Unterlagen III, B, 1/200 und die Liste der noch bis zur Angebotsabgabe erforderlichenfalls notwendigen Unterlagen III, B, 2/00 bezüglich noch anstehender Angebotsaktivitäten.

Diese Auflistungen und die Beschaffung zusätzlicher auftraggeberseitiger Unterlagen erfolgen zumeist nicht in einem Zuge, sondern so, wie sich entsprechende Erkenntnisse bzw. Notwendigkeiten bei der Angebotsbearbeitung ergeben. Anders ausgedrückt: Die Eintragungen in die Unterlagen III, B, 1/100 und 1/200 sowie in die einzelnen in Unterlage III, B, 2/00 aufgeführten Listen werden nach der ersten Übersicht über die vorhandenen Unterlagen auf der Basis von Erfahrungen bei ähnlichen Objekten (bzw. Planern und/oder Bauherren und/oder Behörden) begonnen und dann im Laufe der Angebotsbearbeitung je nach Anfall neuer Erkenntnisse und/oder Notwendigkeiten fortgeführt.

Zusätzliche auftraggeberseitige Unterlagen werden angefordert, wenn die bislang dem Bieter vorliegenden Unterlagen und/oder Rückfragen beim Auftraggeber (bzw. seinen Planern und/oder Behörden) nicht für eine ordnungsgemäße Angebotsbearbeitung ausreichen.

Hierzu ein Beispiel aus unserem Projekt: Erst die gesamtheitliche Auseinandersetzung mit dem anstehenden Bauwerk lässt erkennen, dass das horizontale Fassadenraster (Unterlage III, A, 1/05) keine schlüssige Abstimmung zu der Raumeinteilung beinhaltet; als Lösung erarbeitet der Bieter Unterlage III, B, 4/21 ff.

3.6.2.3 Die Bestimmung des qualitativen Bausolls

Die auftraggeberseitige Baubeschreibung wird so weiterentwickelt (bzw. umgeschrieben), dass das Schlüsselfertig-Bau-Objekt ohne strittige Punkte und „kalkulationsfähig" dokumentiert wird.

881

Eine Möglichkeit ist, dass der Bieter die auftraggeberseitigen Unterlagen, insbesondere die Baubeschreibung, als Angebotsbasis beibehält und sie durch Ergänzungen und/oder Streichungen präzisiert und/oder modifiziert (vgl. Unterlage III, B, 3/01). Dadurch vermeidet der Bieter die Gefahr, dass er den Planern für das bislang Geplante die Gewährleistung abnimmt; durch seine Ergänzungen bzw. Streichungen schlägt er nur Modifikationen des schon Geplanten vor.

Erstellt der Bieter von sich aus neue Unterlagen (z. B. eine neue Baubeschreibung, vgl. Unterlage III, B, 3/10), so besteht die Gefahr, dass er auch die Planungsgewährleistung übernimmt. Ob dem tatsächlich so ist, hängt vom Einzelfall ab. Beispielsweise spricht alles dafür, dass die neu formulierte Baubeschreibung aus Unterlage III, B, 3/10 auf jeden Fall nicht zur Übernahme der Gewährleistung für die Vorplanung führt, da durch sie keine Eingriffe in die auftraggeberseitig vorgegebenen Funktionserfüllungen und in die generelle Formbildung vorgenommen worden sind.

In die auftraggeberseitige Entwurfsplanung ist auch nur insoweit „eingegriffen" worden, dass Fehler und Lücken ausgemerzt worden sind.

Damit nun das auftraggeberseitig vorgegebene und/oder weiterentwickelte (und/oder auch neu formulierte) qualitative Bausoll inhaltlich geprüft werden kann und für die Mengen- und Kostenermittlung kategorisiert ist, bietet es sich an, es zu strukturieren. Wir plädieren dabei im Angebotsstadium für eine gebäudeorientierte Strukturierung, weil eine entsprechende Checkliste geeignet ist, die jeweilige Baubeschreibung und die „dahinterstehenden" Gebäudeelemente auf Vollständigkeit und Schlüssigkeit zu überprüfen. Wir haben in Unterlage III, B, 3/20 eine solche gebäudeorientierte Strukturierung der Baubeschreibungen aus den Texten der Unterlage III, A 1/01 und B, 3/01 bzw. 3/10 erarbeitet. Das ausführungsorientierte Pendant dazu ist in Unterlage III, B, 3/30 aufgeführt; inhaltlich sind die beiden unterschiedlich strukturierten Beschriebe identisch.

In Unterlage III, B, 3/20 führen wir eine eigene Spalte (Nr. 4) auf, die angibt, wie der gebäudeorientiert stukturierte Text ausführungsorientiert umstrukturiert werden kann.

Ergebnis ist die für die Ausführung maßgebende Baubeschreibung. Sie ist Basis für die Bestimmung des quantitativen Bausolls und für die Kostenermittlung.

Inwieweit dann diese Baubeschreibung in Leistungsverzeichnissen aufgeteilt wird – u.a. um Anfragen bei potenziellen Nachunternehmern durchführen zu können – ist eine Frage der Opportunität.

Die Formulierung der maßgebenden Baubeschreibung benötigt, wenn der Auftraggeber sich hierzu vorab gar nicht oder nur vage geäußert hat, auch die Erarbeitung und Festlegung von Mindeststandards. Dies gilt entsprechend auch für den Fall, dass Alternativen angeboten werden sollen.

882

Alle hier besprochenen Erarbeitungen und Festlegungen dienen bei der Angebotsbearbeitung nicht zur unmittelbaren Vorgabe für die Ausführung, sondern

- als Vorgaben für die Kostenermittlung und

- der Vorbereitung der (rechtlichen) Abgrenzung des Bausolls gegenüber dem Auftraggeber.

Anders ausgedrückt: Die „überschlagsplanenden" Tätigkeiten des Bieters bei der Angebotsbearbeitung sind Bauinhalts-, somit Vertragsinhaltsfestlegung und somit auch Kostenbeeinflussung.

Der Unterschied zwischen der auftraggeberseitigen Planung und der bieterseitigen „Überschlagsplanung" im Angebotsstadium besteht also insbesondere darin, dass Bieter neben dem Aspekt der Erfüllung der Anforderungen des Auftraggebers stets die Kostenminimierung (vgl. Rdn. 884) im Auge haben, wohingegen der auftraggeberseitige Planer zumeist die individuelle Funktionserfüllung und die Formgebung des Bauwerks (vgl. auch Rdn. 584), also dessen Ausgestaltung, im Vordergrund sieht.

3.6.2.4 Dokumentation von Problempunkten

3.6.4.2.4.1 Grundsätzliches

883 Wir haben schon weiter vorn ausführlich dargelegt, dass auftraggeberseitig gerichtete Prüfpflichten des Bieters weitgehend davon abhängen, inwieweit die Auftraggeberseite das Bausoll präzisiert hat. Je weniger auftraggeberseitig formuliert ist, je mehr bieterseitig im Angebotsstadium fixiert wird, je größer also im Angebotsstadium noch die planerischen Freiräume sind, um so umfangreicher sind auch die in der „Überschlagsplanung" im Angebotsstadium bestehenden Chancen und die Prüfungsverantwortung des Bieters und späteren Auftragnehmers.

Parallel dazu übernimmt der Bieter in seinen Prüfungen (z. B. aus Gründen der Kostenersparnis) weitere „diagnostische und therapeutische" Aufgaben (vgl. **Abb. 24**, S. 328). Demgemäß fallen bei unserem Beispiel-Schlüsselfertig-Projekt Hochschulneubau die nachfolgende Einzelaktivitäten an.

3.6.2.4.2 Inhaltskontrolle der Auftraggeberunterlagen

3.6.2.4.2.1 Frage a: Was ist bislang nicht ausdrücklich geregelt?

884 Wir haben schon mehrfach darauf hingewiesen, dass vieles, was auf den ersten Blick nicht geregelt zu sein scheint, doch geregelt ist. Deshalb geht es für den Bieter im Angebotsstadium darum,

α) einerseits zu erkennen, welche scheinbar ungeregelten Punkte doch geregelt sind, und dies entsprechend bei der Kostenermittlung zu berücksichtigen,

β) andererseits aber die Punkte, die offensichtlich nicht geregelt sind, einer Regelung im Vertragswerk zuzuführen (unter entsprechender Berücksichtigung bei der Kostenermittlung). Hierbei stehen natürlich die Gesichtspunkte der Kostenminimierung, der Gewährleistung und der Vermeidung von Terminrisiken (vgl. **Abb. 24**) im Vordergrund.

Nun zum konkreten Beispielprojekt:

885 Zu α

An keiner Stelle der auftraggeberseitigen Baubeschreibung ist etwas über die Abdichtung gegen Bodenfeuchtigkeit ausgesagt. Heißt das, dass der Auftragnehmer somit auch keine Abdichtung zu erbringen hat?

Natürlich nicht, da das Gebäude schlüsselfertig und somit auch mangelfrei zu erstellen ist. Beton ist – sofern er nicht als „weiße Wanne" ausgebildet wird – nicht wasserdicht; er muss gemäß DIN 18 336 abgedichtet werden. Das versteht sich von allein und braucht nicht besonders in einem Schlüsselfertig-Vertrag erwähnt zu werden.

Die entsprechende Leistung ist deshalb in den verschiedenen Beschreibungen (z. B. unter Nr. 326 in Unterlage III, B, 3/20 bzw. unter Gewerk Bauwerksabdichtung, DIN 18 336 in Unterlage III, B, 3/30) erfasst worden.

Weiterhin ist weder an irgendeiner Stelle der auftraggeberseitigen Baubeschreibung noch an anderer Stelle etwas über Sonnenschutz ausgesagt. Das heißt aber nicht, dass ein schlüsselfertig erstelltes Hochschulgebäude keinen Sonnenschutz zu haben braucht.

Die beiden Bauwerke sind mit ihrer Längsseite voll nach Süden ausgerichtet; irgendeine Sonnenschutzmaßnahme ist unerlässlich; das ergibt sich im Einzelnen aus Unterlage III, B, 4/01. Deren Ergebnis wird in Unterlage III, B, 3/20 Nr. 338 oder Unterlage III, B, 3/30, DIN 18358 als Sonnenschutzmaßnahmen zum Bestandteil des Angebots gemacht.

Zu β

In den Ausschreibungsunterlagen ist nichts darüber ausgesagt, ob und wie Ver- und Entsorgungsleitungen zwischen den beiden Bauwerken zu verlegen sind, insbesondere, ob ein Versorgungstunnel zu erstellen oder schon vorhanden ist.

Rückfragen beim Auftraggeber führen zu dem Ergebnis, dass bauseitig ein Versorgungskanal erstellt wird, in den die zugehörigen Leitungen vom Auftragnehmer zu verlegen sind. Dies wird in Unterlage III, B, 5/02 vorab festgehalten.

Ein anderer in den Ausschreibungsunterlagen nicht geklärter Punkt ist, wer welche Architekten- und Ingenieurleistungen – gegebenenfalls aufbauend auf welchen Unterlagen – zu erbringen hat.

Den Vertragsbedingungen ist zu entnehmen, dass weitere Planungsunterlagen, die nicht dem Bieter zugesandt worden sind, auf der Auftraggeberseite vorliegen.

Sicher ist auf jeden Fall, dass der Schlüsselfertig-Bau-Auftragnehmer die Ausführungsplanung nur dann erstellen muss, wenn das vertraglich geregelt ist. Die Einsichtnahme des Bieters in die ihm nicht zugeleiteten, aber zugänglichen Unterlagen zeigt, dass nur Vorplanungs- und Entwurfsunterlagen vorliegen.

Der Auftragnehmer ist bereit, die fehlende Ausführungsplanung zu erbringen, tut dies aber ohne Zusatzauftrag nicht. Der Auftragnehmer fragt nach, daraufhin teilt der Auftraggeber mit, dass bezüglich der (Objekt-)Ausführungsplanung der Auftrag erteilt wird. Die Tragwerksplanung erfolgt dagegen komplett durch die Auftraggeberseite.

Da noch keine Baugenehmigung vorliegt, andererseits aber gemäß den Besonderen Vertragsbedingungen (vgl. Unterlage III, A, 1/09) alle Auflagen der Baugenehmigung Vertragsbestandteil werden, nimmt der Bieter im Angebotsstadium Kontakt mit den Genehmigungsstellen auf, um abzuklären, was z. B. für den Brandschutz (vgl. Rdn. 889) gefordert wird.

3.6.2.4.2.2 Frage b: Gibt es Fehler in den Unterlagen?

Zur Klärung des Brandschutzes (vgl. Rdn. 888) ist mit der Genehmigungsstelle abzustimmen, ob die in Unterlage III, B, 4/31 aufgeführten Lösungen akzeptiert werden oder nicht. Wenn nein, so ist dies zu dokumentieren, damit bei der Kostenermittlung entsprechende Kostenauswirkungen nicht vergessen werden.

Die Rücksprache bei den Genehmigungsstellen führt u.a. dazu, dass der Auftraggeber seine Entwurfspläne (vgl. Unterlage III, A 1/12 bis 1/14) überarbeitet; dabei verkürzt er u.a. die Fluchtwege in Bauwerk B durch Anordnung von Abstellräumen am Ende der Flure und fasst die Archive im Bereich der Brandschotte zusammen.

Erforderlichenfalls sind dem Auftraggeber Bedenken vorzutragen. Dies gilt im konkreten Fall für die durch die vorliegende Entwurfsplanung nicht gewährleistete Zugänglichkeit für Behinderte, denn es fehlt ein Aufzug (vgl. § 55 BauO NRW).

Diese Bedenken führen u.a. zur auftraggeberseitigen Nachlieferung überarbeiteter Entwurfspläne (Unterlage III, A, 1/12 bis 1/14). Sie enthalten auch den bislang fehlenden Hausanschlussraum.

3.6.2.4.2.3 Frage c: Gibt es Widersprüche oder potenzielle Unstimmigkeiten?

890 In der auftraggeberseitigen Baubeschreibung (Unterlage III, A, 1/01) wird von einer abgehängten Mineralfaserkassettendecke gesprochen; eine Aussage über die Heizung ist in der auftraggeberseitigen Baubeschreibung nicht zu finden.

Ein Grundsatzdetail zur Deckenausbildung (Unterlage III, A, 1/08) weist dagegen eine Heizplattendecke aus. Es liegt also offensichtlich ein Widerspruch zwischen Text (auftraggeberseitige Baubeschreibung) und Plan (Grundsatzdetail) vor.

Da bei Komplexen Global-Pauschalverträgen der Text Vorrang vor den Zeichnungen hat (vgl. Rdn. 493), ist eine Mineralfaserkassettendecke herzustellen; das hat zur Folge, dass die Ausführungsart der Heizung (noch) offen ist.

Wie soll sich nun der Bieter verhalten? Er kann Rücksprache beim Auftraggeber nehmen, er kann aber auch von sich aus eine Heizungslösung anbieten; völlige Inaktivität wäre jedenfalls fehl am Platz, weil sie aller Voraussicht nach irgendwann nach Vertragsabschluss – spätestens bei der Abnahme – zu unliebsamen Auseinandersetzungen führen würde; hier konkretisiert der Bieter sein Angebot durch Unterlage III, B, 4/81.

Erfahrungsgemäß ist aus der Sicht des Bieters die Präzisierung im Angebotsstadium des Bausolls der beste Weg, die Therapiepunkte aus **Abb. 24**, S. 328, zielgerecht umzusetzen, nämlich:

1. Kostenminimierung,

2. Vermeidung von potentiellen Konflikten mit dem Auftraggeber,

3. Vermeidung von Gewährleistungsproblemen,

4. Vermeidung von potenziellen Terminproblemen,

5. frühzeitige Formulierungen für die Nachunternehmervergabe.

Widersprüchlich sind auch die Raumaufteilungen im 2. OG (Assistentenräume, vgl. Unterlage III, A, 1/04) und das horizontale Fassadenraster (vgl. Unterlage III, A, 1/05).

Dieses Problem trägt der Bieter unter Vorlage des sich seines Erachtens anbietenden Fassadenrasters (vgl. Unterlage III, A, 4/21) dem Auftraggeber vor. Dieser berücksichtigt dies durch seine überarbeiteten Entwurfspläne (vgl. Unterlage III, A, 1/12 bis 1/14).

3.6.2.4.3 Klärung potentieller Schnittstellenprobleme

3.6.2.4.3.1 Frage a: Schnittstellen in einem Bauelement als solchem?

891 In der auftraggeberseitigen Baubeschreibung wird von Verbundestrich gesprochen. An sich sollte man meinen, dass somit alles klar sei; der Auftraggeber hat unmissverständlich spezifiziert, was er haben will.

Andererseits muss der Bieter aber bedenken, dass er keine Bauleistung erstellen darf, die mängelbehaftet bzw. funktionsuntüchtig ist. Im vorliegenden Fall hat er also entweder Bedenken aus schallschutztechnischen und wärmetechnischen Gründen anzumelden, oder aber es ist zu prüfen, ob Verbundestrich den Schallschutzbestimmungen bzw. im Erdgeschoss den Wärmeschutzbestimmungen gerecht wird.

Die Überprüfung des Schallschutzes wird in Unterlage III, B, 4/41 dokumentiert. Sie ergibt, dass Verbundestrich ausreicht.

Jedoch ist im Erdgeschoss aus Gründen des Wärmeschutzes eine Dämmung einzubauen. Sollte der Bieter dazu Genaueres wissen wollen, so sollte er den zur Erlangung der Baugenehmigung erforderlichen Wärmeschutznachweis beim Auftraggeber anfordern.

3.6.2.4.3.2 Frage b: Schnittstellen zwischen Bauelementen und/oder Leistungsbereichen?

Über die Ausbildung der Anschlüsse zwischen den leichten Trennwänden einerseits und den abgehängten Decken (bzw. den Fußböden) andererseits ist in den Ausschreibungsunterlagen nichts ausgesagt.

892

Hierzu ist vorab zu klären,

- ob die Trennwände „mobil" sein sollen oder ein späteres Versetzen der Trennwände nach Ingebrauchnahme des Bauwerks der Ausnahmefall sein soll,
- welche Schallschutzanforderungen erfüllt werden müssen,
- ob nicht doch eine Heizdecke statt einer „normalen" abgehängten Decke vom Auftraggeber gewünscht wird (vgl. Rdn. 900).

Wiederum gibt es – abgesehen von den Aspekten des Schallschutzes (vgl. Unterlage III, B, 4/41) – einfache Lösungsmöglichkeiten:

893

α) Der Bieter definiert von sich aus die Präzisierung des angebotenen Leistungsinhalts und geht das Risiko ein, dass der Auftraggeber etwas anderes haben will und deshalb ein anderes Angebot bevorzugt;

β) oder aber der Bieter wendet sich an den Auftraggeber, um mit ihm gemeinsam vor Angebotsabgabe den Bauinhalt zu präzisieren; hierbei besteht die Gefahr, dass der Auftraggeber eine höherwertige Leistung als unbedingt erforderlich artikuliert („Wunschzettelmentalität"), der Bieter in hohe Kosten (und somit auch Preise) getrieben wird und letztlich ein anderer „schweigsamer Bieter" aufgrund seines Nichtwissens bezüglich des (fiktiven) „Wunschzettels" einen niedrigen Angebotspreis formuliert und den Auftrag erhält.

Beschreiben wir trotz allem den Weg β, so ergibt sich in unserem Beispiel folgende Auftraggeberaussage:

- Die leichten Trennwände sind auf den Estrich zu stellen,
- die leichten Trennwände sind zu den Rettungswegen (Fluren) als Brandabschottungen (Brandabschnitte) bis unter die Betondeckenkonstruktion zu führen; ansonsten sind sie 2,60 m hoch und gehen bis zur abgehängten Decke (vgl. Unterlagen III, B, Unterlage 3/20 bzw. 3/30).

Hätte der Bieter nicht nachgefragt, so hätte er – wegen **seines** Auswahlrechts (vgl. Rdn. 643 ff.) – eine durchgehend bis zur Betondeckenkonstruktion reichende leichte Trennwandkonstruktion und dazwischen eingepaßte abgehängte Decken erstellen dürfen.

894

Ein weiteres potentielles Schnittstellenproblem ist im Erdgeschoss im Bereich der Toiletten zu vermuten: Liegt Sichtschutz im WC-Bereich vor?

895

Dieses Problem lässt sich durch undurchsichtige Paneele (Spiegelglas) lösen.

3.6.2.4.4 Klärung potentieller Terminprobleme

3.6.2.4.4.1 Frage a: Aus der Planung?

896 Da noch keine Baugenehmigung vorliegt, ist es natürlich fraglich, wann überhaupt mit dem Bau begonnen werden kann. Hiermit hängt zusammen, dass die Genehmigungsbehörden noch bestimmte, bislang nicht vorliegende Unterlagen anfordern können und dadurch weitere Zeit verstreichen kann.

Andere potenzielle Terminprobleme können daraus entstehen, dass die auftraggeberseitig zu stellenden Planunterlagen nicht rechtzeitig für die Ausführung vorliegen; dies gilt im vorliegenden Fall für die Fertigteil- und Bewehrungspläne. Deshalb wird hierzu eine entsprechende Notiz gemacht und eine entsprechende Regelung vorformuliert.

3.6.2.4.4.2 Frage b: Aus dem Bauablauf?

897 Potenzielle Terminprobleme aus dem durch die vorgegebenen Bauinhalte abgeleiteten Bauablauf, die sich schon bei der Überprüfung der Planungsunterlagen erkennen lassen bzw. zu befürchten sind, sind sofort in entsprechenden Unterlagen zur Terminplanung zu dokumentieren und – wenn möglich – zu beseitigen.

3.6.2.4.4.3 Frage c: Aus äußeren Umständen?

898 Hierzu gilt Entsprechendes wie zu Frage b. Wir verweisen auf die schon unter Rdn. 807 behandelten Terminprobleme, die bei der Herstellung von Dachabdichtungen mit Bitumenbahnen im Winter auftreten können (Lösungsvorschläge siehe Anhang III, B, Unterlage 4/73).

3.6.2.4.5 Zielrichtung: Kostenminimierung

899 Wir haben schon unter verschiedenen Randnoten über Möglichkeiten der Kostenreduzierung durch geschickte bieterseitige Wahrnehmung der Auswahlfreiheit bei ungeregelten Ausführungseinzelheiten gesprochen.

In unserem Projektbeispiel kann eine kostenminimierende Maßnahme im Heizungsbereich durch Präzisierung des Bausolls wie folgt formuliert werden:

a) durch Angabe dessen, was erbracht werden soll (positive Formulierung); „Flachheizkörper mit Thermostatventilen; zentrale Wärmeerzeugungsanlage mit Plattenwärmetauscher" (vgl. Unterlage III, B, 4/81, Nr. 1),

b) Angabe dessen, was nicht erbracht wird (negative Formulierung); Beispiel: „Eine Heizplattendecke wird nicht geliefert und montiert" (vgl. Unterlage III, B, 5/14).

900 Kostenminimierung erfordert jedoch nicht stets eigenständige Bieterformulierungen. In der Regel gibt es nicht selten auftraggeberseitige Präzisierungen (Detailelemente) in Leistungsbeschreibungen für Komplexe Global-Pauschalverträge, die implizit Kostenminimierungen beinhalten (vgl. „Stahlbetonstützen werden in anstrichfähiger Qualität ausgeführt" [vgl. Unterlage III, A, 1/01, 2. Absatz, 1. Satz]; d. h., sie werden nicht geputzt).

In den Bereich der Kostenminimierungen (bzw. Kostenabsicherungen) fällt auch die Entscheidung, für welche Leistungen schon im Angebotsstadium Angebote von Nachunternehmern eingeholt werden bzw. für welche Leistungsbereiche differenziertere Inhaltsüberprüfungen und Kostenuntersuchungen durchzuführen sind.

Hierzu gehören natürlich auch alle Aktivitäten bezüglich alternativer Leistungsinhalte. Ihre Bedeutung liegt nicht nur in der Kostenersparnis, sondern in der übergreifenden gesamtheitlichen Chance zur Risikoreduzierung und zur Entschärfung von Terminproblemen. Wir verweisen aus unserem Projektbeispiel auf die Dachabdichtung.

3.6.2.4.6 Zielrichtung: Vermeidung von potenziellen Konflikten mit dem Auftraggeber

Es versteht sich von allein, dass in Zweifelsfällen frühzeitige Rücksprachen mit dem Auftraggeber spätere potenzielle Konfliktfälle zu vermeiden helfen. Ist die Auftraggeberseite dann aber nicht zu Auskünften bereit bzw. will der Bieter von sich aus den Bauinhalt klären, so hat er das selber durch entsprechende Formulierungen im Angebot zu tun. Wir verweisen aus unserem Projektbeispiel hierzu auf die Auflistungen in der Unterlage III, B, 5/00. 901

3.6.2.4.7 Zielrichtung: Vermeidung von potenziellen Mängelhaftungsproblemen

Bei der Formulierung des qualitativen Bausolls können in erheblichem Umfang auch Mängelhaftungsprobleme vermieden werden, indem 902

a) planerisch (falsch „vorgegebene") Leistungen richtiggestellt bzw. Bedenken vorgetragen werden,

b) Bauinhalte, deren Erstellung generell, regional oder bieterbedingt zu Mängelhaftungsproblemen führen kann, ausgeschlossen werden.

Hierzu verweisen wir auf das unter Rdn. 890 schon Besprochene.

3.6.2.4.8 Zielrichtung: Vermeidung von potenziellen Terminproblemen

Hierzu verweisen wir auf das Beispiel Dachabdichtung im zugehörigen Unterlage III, B, 4/73. 903

3.6.2.4.9 Zielrichtung: Formulierung für NU-Verträge

Unterlage III, B, 7/100 dient der frühzeitigen Fixierung von Notizen für Nachunternehmeranfragen. 904

3.6.2.5 *Auflistung der Vorschläge für das Angebotsschreiben*

Die zumeist auf vorangegangenen Untersuchungen aufbauenden Vorschläge für das Angebotsschreiben sind in Unterlage III, B, 5/00 vorformuliert. 905

3.6.2.6 *Bestimmung des quantitativen Bausolls*

Die Bestimmung des quantitativen Bausolls erfolgt für die vorab festgelegten Kategorien des qualitativen Bausolls, gegebenenfalls ergänzt durch zusätzliche Kategorisierungen. Da die Mengen nicht nur für die Kostenermittlung, sondern auch für die Terminplanung – spätestens nach Auftragserhalt – benötigt werden, werden sie nicht in einem Zuge für jede Kategorie insgesamt, sondern für die einzelnen Teilabschnitte (hier: Geschosse) ermittelt. 906

Unter Rdn. 867 ff. haben wir schon Möglichkeiten zur Arbeitsersparnis und zur Absicherung des Ergebnisses der Mengenermittlung gesprochen. Für unser Beispiel führt das zu folgendem Dreierschritt:

1. Ermittlung der Bauwerkskubaturen für eine erste Kostenorientierung entsprechend einer Kostenschätzung.

2. Ermittlung der Mengen für die in der gebäudeorientierten Baubeschreibung (vgl. Unterlage III, B, 3/20) vorformulierten Qualitäten der einzelnen Bauelemente (untergliedert in Geschosse; vgl. Unterlage III, B, 6/20 ff. und Unterlagen III, B, 9/20 ff.

Die in Unterlage III, B, 9/21 aufgeführten Mengen der Bauelemente können mit Hilfe der vorletzten Spalte von Unterlage III, B, 3/20 von der gebäudeorientierten in die ausführungsorientierte Kategorisierung überführt werden (vgl. Rdn. 881).

3. Detaillierte Mengenermittlungen sind außerdem noch für Leistungen durchzuführen, die

a) wegen ihrer Kostenrelevanz bzw. Kostenunsicherheit einer differenzierten Kategorisierung in Teilleistungen bedürfen bzw.

b) deren Kosten mit Hilfe von Leistungsverzeichnissen bei potenziellen Nachunternehmern angefragt werden sollen.

Hierzu wird auf die Erd- und Betonarbeiten verwiesen, deren Mengenermittlungen (z. B. in Unterlagen I, B, 6/41 ff.) schon bei der Besprechung zum Detailpauschalvertrag behandelt worden sind.

Im vorliegenden Projektbeispiel sind zusätzlich einige Ausbaugewerke differenziert kategorisiert, durch Mengen belegt und bei Nachunternehmern angefragt worden, nachdem sich bei der Bewertung der entsprechenden Leistung mit Inklusivpreisen (vgl. Unterlage III, B, 9/21 bzw. 9/31) herausgestellt hatte, dass bei ihnen eine genauere Kostenuntersuchung (vgl. Unterlage III, B, 9/41) angebracht ist (z. B. mit Leistungsverzeichnis und NU-Anfragen).

907 Abschließend noch ein Wort zu dem Fall, dass der Auftraggeber von sich aus – trotz Komplexem Global-Pauschalvertrag – das Bausoll in Teilbereichen differenziert (also nach Detail-Pauschalvertragsmerkmalen) vorgegeben hat. Die Frage lautet dann, ob der Bieter die Mengenermittlung für diese Teilbereiche durchführen kann, wie er will, oder ob er seine Mengenermittlung an der differenzierten Bausollvorgabe des Auftraggebers auszurichten hat.

Die Antwort lautet: Es liegt allein in der Hand des Bieters, in welcher Differenzierung er Mengen ermittelt. Natürlich spricht einiges dafür, auf die Vorgaben des Auftraggebers – also auf die auftraggeberseitig gesetzten Detailelemente – einzugehen.

In unserem Beispielprojekt soll als entsprechende Vorgabe (ohne Mengen) das LV Erdarbeiten (Unterlage I, A, 3/60) durch den Auftraggeber den Unterlagen zum Komplexen Global-Pauschalvertrag beigefügt worden sein. Somit kann der Bieter für Pos. 3 die in Unterlage I, B, 6/41 ff. aufgeführte Mengenermittlungstätigkeit durchführen – er muss das aber nicht. Er kann sich auch auf Ermittlungen für eine einzige Leitposition beschränken – oder aber gar nichts tun.

3.6.2.7 Vorbereitung, Durchführung und Auswertung von Nachunternehmeranfragen

908 Nachunternehmeranfragen führen beim vorliegenden Beispielprojekt u. a. zu folgenden Angeboten:

- Fertigteile   (vgl. Unterlage I, B, 7/70 ff.)
- Dachabdichtung   (vgl. Unterlage I, A, 10/92)
- Abgehängte Decken   (vgl. **Abb. 1, S. 2**)

Die Angebote sind in der differenzierten, z.T. mit Leistungsverzeichnissen hinterlegten Kostenermittlung des Schlüsselfertig-Bau-Unternehmens (Unterlage III, B, 9/41) berücksichtigt worden.

Ein Alternativvorschlag wird z. B. von einem potentiellen Nachunternehmen für die Dachabdichtung gemacht (vgl. Unterlage III, B, 10/93 ff.).

Abschließend noch einige Worte zu den Nachunternehmerangeboten (vgl. Unterlage III, B, 7/60 ff.). Das Angebot der Fa. Großmann (Unterlage III, B, 7/62 ff.) umfasst Verfüllung nicht; ansonsten ist es das günstigste. Somit steht der Hauptunternehmer vor dem Problem, ob er für sein eigenes Angebot auf ein komplettes Nachunternehmerangebot zurückgreifen oder ob er sich die jeweils günstigsten Preise aus verschiedenen Angeboten aussuchen will. Natürlich steht es ihm später im Auftragsfall frei, Gewerke aufzuspalten und an zwei verschieden Nachunternehmer zu vergeben.

Für den Einsatz von Planern werden im Angebotsstadium noch keine Anfragen durchgeführt, weil hier die HOAI eine Basis für die Kostenermittlung bietet.

3.6.2.8 Terminplanung und sonstige Arbeitsvorbereitung

Der Auftraggeber hat eine Bauzeit von insgesamt 18 Monaten vorgegeben; Baubeginn ist der 1. Juli (vgl. Unterlage III, A, 1/09).

909

Die Baugenehmigung beschafft der Auftraggeber; die Statik liegt nach Auskunft des Auftraggebers vor, die Bewehrungs- und Schalpläne werden vom Auftraggeber noch geliefert; dies klärt der Bieter durch seine Angebotsformulierungen 01 und 03 in der Auflistung Unterlage III, B, 5/00).

Unabhängig davon, ob der Rohbau von einer eigenen „Rohbau-Organisation" oder von einem Nachunternehmer erstellt wird, wird der Gesamtablauf in einzelne Ablaufvorgänge unterteilt. Auf der Basis der bislang festgehaltenen Notizen zur Terminplanung und der in Spalte 14 der gewerkeorientierten Mengenzusammenstellung der Kostenermittlung (Unterlage III, B, 9/31) werden die für die Leitvorgänge der Grobterminplanung maßgebenden Mengen ermittelt. Beispielsweise ergibt sich die Fläche der abgehängten Decken aus der Aufsummation der Mengen der letzten beiden Zeilen zu den Leistungen zu DIN 18340, also: $4\,066{,}69\ m^2 + 2\,725{,}11\ m^2$.

Für einige Leitvorgänge, zumeist die der Technischen Ausrüstung, wird auf den m^3 umbauten Raum zurückgegriffen.

In Unterlage III, B, 8/02 werden dann mit Hilfe von Erfahrungswerten (Spalte 5) die voraussichtlich erforderlichen Gesamtstunden ermittelt. Aus ihnen wird in Unterlage III, B, 8/10 mit Hilfe der täglichen Arbeitszeit (hier: 8 Std./Tag) und einer plausiblen Zahl von Arbeitskräften die jeweilige Vorgangsdauer berechnet und darauf aufbauend der Grobterminplan entwickelt.

In der Regel wird im Angebotsstadium nach kein detaillierter Steuerungsterminplan erstellt.

Als Beispiel für die Ermittlung von Erfahrungswerten verweisen wir auf die Unterlagen III, B, 8/11 und 8/12. Sie bauen auf den bieterseitigen Angaben in den Angeboten (Unterlagen I, B, 10/92 und 10/93) auf. Dort wird in den Positionen 10 bzw. 9 nach dem Stundenlohnsatz und für alle anderen Positionen nach dem Lohn- und Materialanteil des angebotenen Einheitspreises gefragt. Sofern das Leistungsverzeichnis – wie im konkreten Fall – bieterseitig komplett ausgefüllt wird, kann der Zeitbedarf pro Position wie in der Unterlage III, B, 8/11 und 8/12 aufgeführt ermittelt werden.

910

3.6.2.9 Kostenermittlung und Preisfestlegung

911 Für das vorliegende Beispiel sind mehrere Kostenermittlungen durchgeführt worden:

1. Auf der Basis von Bauelementen (vgl. Unterlage III, B, 9/21) oder von Gewerken (vgl. Unterlage III, B, 9/31) je eine Kostenermittlung für Ausführung, Planung sowie sonstige Kostenverursachungen.

2. Eine detaillierte Kostenermittlung, die für einzelne Gewerke Einzelkosten der Teilleistungen durch „Eigenkalkulation" (z. B. für Betonarbeiten: Unterlage I, B, 9/71) bzw. durch Angebote von potenziellen Nachunternehmern; hierzu wird auf die Dachabdichtungsarbeiten (vgl. Unterlage III, B, 10/92) verwiesen. Diese Kostenangaben sind in Unterlage III, B, 9/40 eingeflossen.

Sofern noch nicht geschehen und erforderlich, werden für das Gespräch mit dem Auftraggeber und seinen Architekten die Kosten in einer Art statistischer Nebenrechnung nach dem Schema der DIN 276 aufbereitet (vgl. Unterlage III, B, 9/21).

3.6.2.10 Angebot

912 Unterlage III, B, 10/00 enthält das auf der Basis der vorausgegangenen Ermittlungen erstellte Angebot.

3.7 Sonderfälle

3.7.1 Änderungsvorschläge, Nebenangebote („Sondervorschläge")

913 Sondervorschläge kann es beim Komplexen Global-Pauschalvertrag in mehrerer Hinsicht geben:

a) Eine vom Auftraggeber getätigte differenzierte Qualitätsvorgabe für ein Bauelement wird variiert (z. B. statt einer Dachabdichtung mit Bitumenbahnen wird eine Dachabdichtung mit Kunststoffbahnen angeboten; vgl. Unterlage I, B, 10/93).

b) Der Bieter ersetzt ein (Teil-)System durch ein (oder mehrere) Alternativsystem(e); z. B. die ausgeschriebene Heizdecke wird durch eine OWAcoustic-Decke und durch Flachheizkörper ersetzt (vgl. Unterlage III, B, 4/81).

c) Es wird ein die vorgegebenen Nutzungsfunktionen erfüllendes, ansonsten aber komplett neues (Teil-)Bauobjekt anstelle des ausgeschriebenen angeboten (z. B. ein Stahlbau mit vorgehängter Fassade statt eines Stahlbetonbaus).

Entweder nimmt der Auftraggeber das (oder die) Nebenangebot(e) an und setzt somit ein neues Bausoll fest, oder aber das auftraggeberseitig formulierte Bausoll bleibt unverändert Vertragsbestandteil.

Die Risikoverteilung bei Nebenangeboten ergibt sich daraus, dass der Bieter und spätere Auftragnehmer das Risiko des „Funktionierens" der geänderten Ausführung übernimmt. Für den Fall a entspricht das der Risikoverteilung beim Detailpauschalvertrag (vgl. Rdn. 802). Bei den Fällen b und c übernimmt der Bieter und spätere Auftragnehmer die zugehörigen Leistungen (hier: Entwurfs- und Ausführungsplanung) für Architekten und Ingenieure, und zwar auch dann, wenn ansonsten die Planung auftraggeberseitig erbracht wird. Dementsprechend bedingen solche Sondervorschläge schon im Angebotsstadium bieterseitigen Planungsaufwand bzw. entsprechende Erfahrungen.

Die Bedeutung der ausführlichen Dokumentation des als Sondervorschlag angebotenen Bausolls versteht sich von selbst.

3.7.2 Bildung von Teilpauschalen

Als Beispiel für die Bildung von Teilpauschalen wird z. B. auf die Aufgliederung des Ge- **914**
samtobjekts in die Teilbereiche (vgl. Unterlage III, B, 9/40) verwiesen, also in

1. Leistungen von Architekten und Ingenieuren
2. Bauleistungen
2.1 Konstruktiver Rohbau
2.2 Allgemeiner Ausbau
2.3 Technische Ausrüstung

Für diese Teilbereiche – aber auch für ihre Einzelbestandteile – können Teilpauschalen gebildet werden; es kann auch ein Teilbereich als Abrechnungsauftrag vergeben werden.

Abgesehen von der Notwendigkeit der klaren Abgrenzung der Leistungsinhalte einer Teilpauschale von dem nicht in der Teilpauschale Eingeschlossenen, geht es im Angebot insbesondere darum, welche Kosten, die ansonsten anderswo angerechnet werden (z. B. Baustellengemeinkosten), nunmehr unmittelbar den Teilpauschalen zuzurechnen sind.

3.7.3 Herausnahme von Teilleistungen aus der Pauschalierung

Entsprechendes wie für Teilpauschalierungen gilt für die Herausnahme von Teilleistungen **915**
aus dem (Gesamt-)Pauschalvertrag.

Werden also beispielsweise nach Vertragsschluss die Betonarbeiten aus dem Pauschal-Gesamtauftrag herausgenommen, so ist anhand der vorliegenden (Angebots-)Kalkulation – gegebenenfalls mit zusätzlicher Anwendung der in **Abb. 25**, S. 410 noch zu besprechenden Methodik – zu klären, welche Kosten- und Preisbestandteile von der Herausnahme von Teilleistungen betroffen sind. Im vorliegenden Fall sind dies die schon vorab in Rdn. 913 angesprochenen Posten.

Beiden Vertragsparteien ist also sehr damit gedient, wenn eine differenzierte und verursachungsgerecht aufgebaute Kostenermittlung vorliegt.

3.8 Angebotsbearbeitung beim Bauträger

Die Angebotsbearbeitung beim Bauträger unterscheidet sich dadurch von der Angebots- **916**
bearbeitung der Schlüsselfertig-Bau-Unternehmen, dass der Bauträger ein Objekt anbietet, das er stets selber geplant hat bzw. hat planen lassen. Somit kennt er das Objekt von Anfang an und kann sich die zeitaufwendigen Sichtungs- und Prüftätigkeiten sparen.

Die Kostenermittlung der Bauträger hängt im wesentlichen davon ab,

- ob ein Standardobjekt zu erstellen ist oder nicht und
- welche Kostengenauigkeit (intern) gefordert wird.

Als Kostenermittlungsverfahren können letztlich alle vorab besprochenen Methoden zum Einsatz kommen. Der Unterschied zur Schlüsselfertig-Bau-Kostenermittlung liegt in zusätzlichen Kosten, so die

- Grundstückskosten
- Baureifmachung
- Erschließung
- Außenanlagen.

Teil 5
Vergütungsansprüche des Auftragnehmers wegen geänderter oder zusätzlicher Leistungen

Kapitel 8
Allgemeine Anspruchsvoraussetzungen für die Vergütung angeordneter oder nicht angeordneter modifizierter Leistungen
– Methodik –

1 Rechtsgrundlagen beim VOB-Vertrag

1.1 Befugnis des Auftraggebers zur Anordnung geänderter oder zusätzlicher Leistungen

1000   Voraussetzung für Nachträge des Auftragnehmers wegen geänderter oder zusätzlicher Leistungen ist eine Bausoll-Bauist-Abweichung,[1000] d. h. ein Auseinanderklaffen von geschaffenen oder noch zu schaffenden Tatsachen und vertraglich geschuldeter Leistung (Bausoll); diese Soll-Ist-Abweichung muss ihre Ursache im Risikobereich des Auftraggebers haben.

Die Abweichung kann ihre Ursache in Anordnungen des Auftraggebers haben, dazu die nachfolgende Erörterung. Die Abweichungen kann aber auch aus „eigenmächtigem Verhalten" des Auftragnehmers resultieren, dazu Rdn. 1251–1261.

Es versteht sich nicht von selbst, dass ein Auftraggeber eine Änderung oder Ergänzung der vertraglich geschuldeten Leistung einseitig anordnen darf. Die VOB/B enthält aber einen solchen „Änderungsvorbehalt".

§ 1 Nr. 3 VOB/B lautet:

„Änderungen des Bauentwurfs anzuordnen, bleibt dem Auftraggeber vorbehalten."

§ 1 Nr. 4 VOB/B lautet:

„Nicht vereinbarte Leistungen, die zur Ausführung der vertraglichen Leistung erforderlich werden, hat der Auftragnehmer auf Verlangen des Auftraggebers mit auszuführen, außer wenn sein Betrieb auf derartige Leistungen nicht eingerichtet ist. Andere Leistungen können dem Auftragnehmer nur mit seiner Zustimmung übertragen werden."

Es ist eine theoretische Frage, ob das Anordnungsrecht des Auftraggebers auf geänderte oder zusätzliche Leistungen wirklich ein einseitiges „Eingriffsrecht" mit „Befolgungs-

---
[1000] Dazu sogleich näher Rdn. 1010 ff.

pflicht" für den Auftragnehmer ist oder ob die Anordnung des Auftraggebers ein Angebot zur Modifikation des Vertrages ist, das allerdings der Auftragnehmer annehmen muss (Kontrahierungszwang). Sicher ist jedenfalls, dass der Auftraggeber im Ergebnis durch seine pure Anordnung **einseitig** den Vertrag ändern und eine Modifikation des Bausolls erzwingen kann.

Diese Befugnis des Auftraggebers verstößt **nicht** gegen AGB-Recht.[1001]

Den genauen Inhalt und die Grenzen der Anordnungsbefugnisse des Auftraggebers beim VOB-Vertrag erörtern wir unter **Rdn. 1020–1024**.

Erträglich ist dieses einseitige Recht nur dadurch, dass die VOB/B dem Auftragnehmer als **Äquivalent** einen entsprechenden Anspruch auf geänderte bzw. zusätzliche **Vergütung** gewährt, der im Ergebnis (selbstverständlich) nicht von einer Einigung der Parteien oder der Zustimmung des Auftraggebers abhängig ist.[1002]

§ 2 Nr. 5 VOB/B ist somit das (teilweise) Pendant zu § 1 Nr. 3 VOB/B,[1003] § 2 Nr. 6 VOB/B ist das Pendant zu § 1 Nr. 4 VOB/B.

Auffällig ist allerdings im Aufbau des § 2 VOB/B, dass Nr. 5 und Nr. 6 vor Nr. 7 stehen; **Nr. 7** enthält gerade die **Regelungen zur Änderung des Pauschalpreises**. Das bedarf einer kurzen „historischen" Erläuterung.

1.2 Vergütungsfolgen

1.2.1 Entwicklung der VOB-Regelung zum Pauschalvertrag

Die VOB/B enthielt bis 1973 keine Silbe zu der Frage, unter welchen Umständen sich beim in § 5 Nr. 1 b VOB/A und in § 2 Nr. 2 VOB/B erwähnten Pauschalvertrag eine Vergütungsänderung infolge angeordneter oder nicht angeordneter geänderter oder zusätzlicher Leistungen, wegen veränderter Mengen oder überhaupt wegen veränderter Geschäftsgrundlage ergeben könne. In der Kommentierung wurde dazu die Meinung vertreten, eine Änderung des Pauschalpreises komme ausnahmsweise in Betracht, „wenn die Änderung des Leistungsinhalts im Verhältnis zum Zeitpunkt des Vertragsschlusses auf ein Verhalten oder eine Initiative des Auftraggebers zurückzuführen sei". Das betreffe „vor allem" diejenigen Fälle, in welchen auch die VOB/B eine Preisänderung vorsehe und die entsprechenden Normen auch für den Pauschalpreisvertrag Geltung beanspruchten. Dazu rechneten die Fälle in Ziff. 4, Ziff. 5 und Ziff. 6 § 2 VOB/B. Das war praktisch die ganze Kommentierung. Nur die Frage, ob dann gegebenenfalls nach Einheitspreis abzurechnen sei oder nicht, wurde genau erörtert.[1004]

1001

[1001] BGH BauR 1996, 378 zu § 1 Nr. 4 VOB/B. Einzelheiten auch zu § 1 Nr. 3 VOB/B Band 1, Rdn. 779.
[1002] Zu der Formulierung in § 2 Nr. 5 VOB/B, dass die Vereinbarung (über den neuen Preis) **vor** der Ausführung getroffen werden soll, bzw. der Formulierung in § 2 Nr. 6 VOB/B, dass die Vergütung für die zusätzliche Leistung möglichst **vor** Beginn der Ausführung zu vereinbaren ist, vgl. näher unten Rdn. 1129.
Die Vergütung selbst lässt sich vom Auftragnehmer aus den Grundlagen der Preisermittlung „objektiv" fortentwickeln, sie bedarf nicht der „Verhandlung". Einzelheiten hierzu unter Rdn. 1146 ff.
[1003] Wobei § 2 Nr. 5 VOB/B über § 1 Nr. 3 VOB/B hinausgeht, weil eine Vergütungspflicht auch für eigentlich nicht gemäß § 1 Nr. 3 VOB/B „erlaubte", aber gleichwohl hinzunehmende Anordnungen (z. B. Terminverschiebung) statuiert wird; vgl. näher Rdn. 1020 ff, 1056 ff. und Band 1, Rdn. 782–802.
[1004] Vgl. z. B. Ingenstau/Korbion, VOB, 6. Auflage 1971, Teil B § 2 Rdn. 43–46, 80.

Wenn man dazu noch Entscheidungen und Literatur aus der Zeit vor Inkrafttreten der VOB Ausgabe Oktober 1973 diskutiert, muss man also immer berücksichtigen, dass es eine konkrete Regelung hinsichtlich der Vergütung im Falle geänderter oder zusätzlicher Leistungen beim Pauschalvertrag in der VOB/B gar nicht gab.[1005]

1973 wurde dann § **2 Nr. 7 VOB/B** eingefügt, der in „bester" deutscher juristischer „Verweisungstradition" das Thema (schlecht) behandelte:

„7. (1) Ist als Vergütung der Leistung eine Pauschalsumme vereinbart, so bleibt die Vergütung unverändert. Weicht jedoch die ausgeführte Leistung von der vertraglich vorgesehenen Leistung so erheblich ab, dass ein Festhalten an der Pauschalsumme nicht zumutbar ist (§ 242 BGB), so ist auf Verlangen ein Ausgleich unter Berücksichtigung der Mehr- oder Minderkosten zu gewähren. Für die Bemessung des Ausgleichs ist von den Grundlagen der Preisermittlung auszugehen. *Die Nummern 4, 5 und 6 bleiben unberührt.*
(2) Wenn nichts anderes vereinbart ist, gilt Abs. 1 auch für Pauschalsummen, die für Teile der Leistung vereinbart sind; Nr. 3 Abs. 4 bleibt unberührt."

In § 2 Nr. 7 Abs. 1 **Satz 4** war also **versteckt** geregelt: § 2 Nr. 4, Nr. 5 und Nr. 6 VOB/B bleiben **unberührt**; sie gelten also **unverändert** auch beim **Pauschalvertrag**. Das sind gerade die VOB-Regelungen über die Vergütungsfolgen der Selbstübernahme von Leistungen durch den Auftraggeber sowie von geänderten oder zusätzlichen Leistungen.

Die **VOB 2006** hat eine klarstellende Verbesserung gebracht. Der bisherige Abs. 1 Satz 4 („Die Nummern 4, 5 und 6 bleiben unberührt") ist aus Abs. 1 herausgenommen worden und bildet jetzt einen neuen Abs. 2; Abs. 3 ist sinngemäß angepasst. Diese Absätze 2, 3 lauten heute:

„(2) Die Regelungen der Nr. 4, 5 und 6 gelten auch bei Vereinbarung eines Pauschalhonorars.
(3) Wenn nichts anderes vereinbart ist, gelten die Absätze 1 und 2 auch für Pauschalsummen, die für Teil der Leistung vereinbart sind; Nr. 3 Abs. 4 bleibt unberührt."

In Absatz 1 ist die Verweisung auf § 242 BGB durch die Verweisung auf **§ 313 BGB** ersetzt worden.

1.2.2 Fehlerhafte Systematik des § 2 Nr. 7 VOB/B

1002 Man sieht § 2 Nr. 7 an, dass es sich um einen nachträglichen unsystematischen Einschub handelt; die Fassung 2006 hat nur eine teilweise Verbesserung gebracht.

§ 2 Nr. 7 Abs. 1 Satz 1 („Ist als Vergütung der Leistung eine Pauschalsumme vereinbart, so bleibt die Vergütung unverändert") gehört vorab richtig als (ohnehin nur deklaratorische, also überflüssige) Erläuterung und als Oberbegriff zusammen mit dem anderen Oberbegriff „Einheitspreisvertrag" – und beiden als Untergliederung des „Leistungsvertrages", siehe § 5 Nr. 1 VOB/A – eigentlich in § 2 Nr. 2 VOB/B.

§ 2 Nr. 7 Abs. 1 VOB/B ist weiter in sich systematisch falsch aufgebaut: Absatz 2 gehört nämlich als Spezialregelung eigentlich vor die Generalklausel der Sätze 2 und 3, wonach der Pauschalpreis **auch** dann verändert werden kann, wenn die Fälle der Nummern 4, 5 und 6 nicht vorliegen, ein Festhalten an der Pauschalsumme aber „nicht zumutbar" (§ 242 BGB) ist, wenn also die Geschäftsgrundlage gestört ist. Letzteres wiederum hätte

---

[1005] Insbesondere hinsichtlich der Frage, ob bei Nachträgen die Abweichung von den bisherigen, vertraglichen Preisermittlungsgrundlagen „erheblich" sein muss; s. dazu unten Rdn. 1110 ff.

nicht nur pauschalvertragsspezifisch erwähnt werden sollen, denn das Institut der Störung der Geschäftsgrundlage gilt **immer**, auch beim Einheitspreisvertrag, wenn es auch dort eine (noch) geringere Bedeutung hat als beim Pauschalvertrag.[1006]

Außerdem fehlt in § 2 Nr. 7 Abs. 2 VOB/B erneut der Hinweis, dass auch § 2 Nr. 9 als Sonderfall einer angeordneten zusätzlichen Leistung und § 2 Nr. 8 als Auffangnorm für alle nicht vom Auftraggeber angeordneten geänderten oder zusätzlichen Leistungen unberührt bleiben. Insgesamt ist also § 2 Nr. 7 Abs. 1, 2 VOB/B wenig geglückt.

Wegen der Verweisung in **§ 2 Nr. 7 Abs. 2 VOB/B** gelten jedenfalls unverändert für **geänderte** und **zusätzliche** Leistungen § 2 Nr. 5 und § 2 Nr. 6 VOB/B.

§ 2 Nr. 5 VOB/B und **§ 2 Nr. 6 VOB/B** lauten:

„5. Werden durch Änderung des Bauentwurfs oder andere Anordnungen des Auftraggebers die Grundlagen des Preises für eine im Vertrag vorgesehene Leistung geändert, so ist ein neuer Preis unter Berücksichtigung der Mehr- oder Minderkosten zu vereinbaren. Die Vereinbarung soll vor der Ausführung getroffen werden.

6. (1) Wird eine im Vertrag nicht vorgesehene Leistung gefordert, so hat der Auftragnehmer Anspruch auf besondere Vergütung. Er muss jedoch den Anspruch dem Auftraggeber ankündigen, bevor er mit der Ausführung der Leistung beginnt.

(2) Die Vergütung bestimmt sich nach den Grundlagen der Preisermittlung für die vertragliche Leistung und den besonderen Kosten der geforderten Leistung. Sie ist möglichst vor Beginn der Ausführung zu vereinbaren."

2 Rechtsgrundlagen beim BGB-Vertrag

2.1 Befugnis des Auftraggebers zur Anordnung geänderter oder zusätzlicher Leistungen

Außerhalb des öffentlichen Auftragswesens wird für Pauschalverträge, insbesondere für Komplexe Global-Pauschalverträge – z. B. Projektentwicklung – keineswegs immer die VOB/B als Rechtsgrundlage vereinbart; in solchen Fällen handelt es sich dann um BGB-Verträge; das gilt auch für den **Bauträgervertrag**.[1007] 1003

Der Lebenssachverhalt, also das Geschehen beim Bauobjekt nach Vertragsschluss, ist natürlich unabhängig davon, ob die Parteien die Anwendung der VOB/B vereinbart haben oder ob BGB gilt. Die Notwendigkeit oder auch der Wunsch, zu ändern und/oder zu ergänzen, ist davon bestimmt unbeeinflusst. Also muss auch beim BGB-Vertrag die auftraggeberseitige „Anordnung" geänderter oder zusätzlicher Leistungen „bewältigt" werden.

Anders als § 1 Nr. 3 und Nr. 4 VOB/B enthält allerdings das BGB keine Regelung, dass der Auftraggeber überhaupt den einmal geschlossenen Vertrag noch durch nachträgliche Anordnung einseitig ändern könnte. Daraus wird vereinzelt geschlossen, also gebe es beim BGB-Vertrag auch kein entsprechendes Recht des Auftraggebers. Der Auftrag- 1004

[1006] Zu § 2 Nr. 7 Abs. 1 Satz 2, 3 VOB/B s. unten Rdn. 1501 ff.
Zur Spezialität des § 2 Nr. 7 Abs. 2; s. auch unten Rdn. 1111, 1520 ff.
[1007] Zum Planungsteil bei programmatischen, teil-funktionalen Leistungsbeschreibungen s. oben Rdn. 472; zur Änderungsbefugnis beim Bauträgervertrag Rdn. 1024.

nehmer sei also frei darin, Änderungs- oder Zusatzwünsche abzulehnen.[1008] Dass sie mit beiderseitigem Einverständnis immer vereinbart werden können, versteht sich von selbst und löst das Problem nicht.

Man muss sich dazu vorstellen, ein Auftraggeber stelle nachträglich fest, dass sein Nutzungskonzept zu korrigieren sei oder dass z. B. Mieterwünschen Rechnung zu tragen sei. Er ordne deshalb an, dass mehrere Großraumbüros in Einzelbüros umgewandelt werden, oder umgekehrt, dass an anderer Stelle statt mehrerer kleiner Räume ein großer Tagungsraum zu bauen sei, beides jedenfalls entgegen der vertraglich vereinbarten Ausführung und mit entsprechenden Folgen für Estrich, Wände, Decken, Installation usw. Der Auftragnehmer antworte, da ein BGB-Vertrag vorliege, sei der Auftraggeber zu solchen Änderungen nicht befugt, folglich werde so gebaut wie geplant und beauftragt.

Polemisch: So würde aus dem Bauherrn ein Bauherrchen. Kein Berater dieses Auftragnehmers würde es ernsthaft auf sein Haftungsrisiko nehmen, dem Auftragnehmer **wirklich** – und nicht nur im Rahmen akademischer Diskussion – zu raten, es auf eine Kündigung des Auftraggebers mit anschließender Schadensersatzklage ankommen zu lassen. Das heißt: Eine solche Auslegung des BGB geht an der Realität vorbei – es muss im Gegenteil der Weg gesucht werden, eine grundsätzlich „berechtigte" Anforderung des Auftraggebers auch unter Herrschaft des BGB zu „bewältigen".

1005 Demzufolge gibt es Stellungnahmen, die wenigstens die offenbar gröbsten Unzuträglichkeiten ausgleichen wollen. Ihnen zufolge habe der Auftraggeber zwar grundsätzlich kein Änderungsrecht, aber „gewisse **unvermeidbare** Planänderungen" müsse der Auftragnehmer auch beim BGB-Vertrag akzeptieren.[1009] Im Beispielsfall müsste folglich der Auftraggeber dann seinen Auftragnehmer davon zu überzeugen versuchen, dass sein Nutzungskonzept **unvermeidbar** geändert werden müsse, aber wenn ihm der von ihm zu erbringende Nachweis der „Unvermeidbarkeit" nicht gelänge, stünde er dumm da. Dass er bei solchen Voraussetzungen ästhetische Korrekturen oder schlichte neue Überlegungen oder gar Wünsche nicht mehr realisieren könnte, versteht sich da schon von selbst.

Auch das ist eine unzulängliche Problemlösung – oder soll es wirklich dem Auftraggeber verwehrt sein, nachträglich grüne statt weiße Fliesen zu verlangen, obwohl das (unterstellt) keinen Cent mehr kostet und den Auftragnehmer in keiner Weise belastet?

1006 Korbion (heute: Keldungs) geht deshalb mit Recht weiter und hält die Anordnung von Zusatzleistungen auch beim BGB-Vertrag in Analogie zu § 1 Nr. 4 VOB/B uneingeschränkt für möglich, zieht aber ohne Begründung den Rahmen bei Anordnung geänderter Leistungen „wesentlich enger" als nach § 1 Nr. 3 VOB/B.[1010]

Auch für diese Differenzierung gibt es jedoch aus einer Reihe von Gründen keine innere Rechtfertigung: Einmal beruhen zusätzliche Leistungen genauso auf Planänderungen wie geänderte Leistungen.[1011] Zudem können zusätzliche Leistungen unbedeutend, geänderte Leistungen gravierend sein, aber es kann auch genau umgekehrt sein. Ohnehin ist die

---

[1008] Kniffka, in: Kniffka/Koeble, Kompendium, Teil 5, Rdn. 104; Vygen, Bauvertragsrecht, Rdn. 165, 166 und Festschrift Korbion, S. 263. Vygen meint sogar unzutreffend, ein Änderungsvorbehalt in AGB des Auftraggebers verstieße beim BGB-Vertrag gegen das AGB-Gesetz, anders und zutreffend BGH BauR 1996, 378. Die heute herrschende Meinung entspricht unserer Auffassung (vgl. dazu Rdn. 1007, Fn. 1014).

[1009] Nicklisch/Weick, VOB/B § 1 Rdn. 31; wörtlich genauso Heiermann/Riedl/Rusam, VOB/B § 1 Rdn. 30.

[1010] Ingenstau/Korbion/Keldungs, VOB/B § 1 Nr. 4 Rdn. 1, § 1 Nr. 3 Rdn. 3. (unter Verkennung unserer Darlegungen, dazu Rdn. 1007), ebenso Englert/Grauvogl/Maurer, Handbuch Baugrund, Rdn. 624–627, 277.

[1011] § 2 Nr. 6 VOB/B ist lediglich **speziell** gegenüber § 2 Nr. 5 VOB/B, vgl. Band 1 Rdn. 804, Fn. 908 und hier Rdn. 1053.

Grenze zwischen zusätzlichen und geänderten Leistungen oft fließend, die Zuordnung mindestens unsicher.[1012] Und schließlich: Welchen inneren Grund soll es denn haben, künstliche Kategorien hinsichtlich modifizierter Leistungen, die sich nur aus § 1 Nr. 3, Nr. 4 und aus § 2 Nr. 5, Nr. 6 VOB/B ergeben, die auch beim VOB/B-Vertrag äußerst fragwürdig sind und die überhaupt nur wegen des in § 2 Nr. 6 enthaltenen, in § 2 Nr. 5 VOB/B fehlenden Ankündigungserfordernisses eingenommen werden müssen,[1013] nunmehr auch beim BGB-Vertrag einzuführen? Warum soll also eine zusätzliche Parkplatzmauer vom Auftragnehmer zu akzeptieren sein (so Korbion), aber nicht die Veränderung der schon im Vertrag enthaltenen Mauer hinsichtlich Farbe, Höhe oder Beschaffenheit?

Die einzig überzeugende Antwort ist die, dem Auftraggeber **auch beim BGB-Vertrag das Recht einzuräumen, auf der Bauausführungsebene „einseitig" seine Änderungs- oder Zusatzwünsche durchsetzen zu können** – und genauso wird es unreflektiert in schlechthin allen Fällen der Praxis auch gehandhabt. 1007

Insoweit ist also im Wege ergänzender Gesetzes- (oder **Vertrags-)Auslegung** das auf jegliche Arten von Werkverträgen zugeschnittene Werkvertragsrecht des BGB den Besonderheiten des Bau-Werkvertrages anzupassen. Ausnahmsweise ist hier mit vollem Recht das Argument gestattet, dies folge aus „der Natur des Bauvertrages, der in seiner Verwirklichung den jeweils wechselnden Gegebenheiten angepasst werden muss", der einen Planungsvorlauf benötigt und folglich einen Entscheidungsvorlauf, welcher sich (schon oder noch) während der Realisierungsphase als falsch, unzulänglich, unpraktisch oder verbesserungsfähig erweisen kann, also eines Bauvertrages, bei dem der Auftraggeber (genauer hier: der Investor) nicht an dem optimalen Einsatz seiner erheblichen Investitionsmittel – worüber er allein entscheidet – gehindert werden darf (§§ 157, **242 BGB**).
Auch beim BGB-Vertrag kann also der Auftraggeber auf der Bauausführungsebene Änderungen und Zusatzleistungen im Ergebnis anordnen, der Auftragnehmer muss sie ausführen.[1014]

Grenzen ergeben sich daraus, dass der Auftraggeber **nicht mehr** darf, als das (vorhandene) Bausoll **nur modifizieren, also analog dem VOB/B-Vertrag** nicht durch Änderungen praktisch eine Neuplanung veranlassen kann[1015] und durch Zusatzleistungen nicht „neue, selbständige Leistungen" verlangen kann, auch nicht funktional nicht mehr zusammenhängende, **insoweit** nicht erforderliche Leistungen.[1016]

Der **Bundesgerichtshof** hat genau dies im Ergebnis ausdrücklich **bestätigt**: „Das in § 1 Nr. 4 VOB/B geregelte Gestaltungsrecht des Auftraggebers kann sich mit **den dort ge-**

[1012] Vgl. Band 1, Rdn. 830 ff, 933 und hier Rdn. 1063 ff.
[1013] Vgl. Band 1, Rdn. 780, 910 ff., hier Rdn. 1054.
[1014] Im Ergebnis ebenso **BGH BauR 1996, 378**; Münchener Kommentar/Busche, BGB, § 631 Rdn. 123, 124; Staudinger/Peters, BGB, § 633, Rdn. 11: „Der Unterschied zwischen VOB/B und BGB ist mehr theoretisch als praktisch"; Kohler, NJW 1993, 417, 420; RGRK/Glanzmann, BGB, § 631 Rdn. 79, 80; auch Ingenstau/Korbion/Keldungs VOB/B § 1 Nr. 3 Rdn. 3; Schulze-Hagen, Festschrift Soergel, S. 259 ff.: „Beim BGB-Bauvertrag stellt das einseitige Änderungs-Anordnungsrecht eine Ausnahme dar, die dem Auftraggeber aus Treu und Glauben nicht verwehrt werden kann;" Enders, VOB/B und BGB Bauvertrag im Rechtsvergleich, S. 45 ff., 50, 89 ff.; Gauch, Werkvertrag, Rdn. 779 (zur Parallele im Schweizer Recht).
Enders (S. 48, 49) weist völlig zutreffend darauf hin, dass dieses Änderungsrecht beim BGB schon sowohl in der älteren Literatur (z. B. Planck/Oegg, Kommentar zum BGB, 4. Auflage 1928, S. 1021 ff.) wie in der älteren Rechtsprechung (OLG Hamburg, Das Recht 1911, Nr. 1537) bejaht wurde.
[1015] Vgl. dazu und zu § 1 Nr. 3 VOB/B unten Rdn. 1020 sowie insbesondere Band 1 Rd. 791.
[1016] Vgl. dazu und zu § 1 Nr. 4 Abs. 2 Satz 2 VOB/B unten Rdn. 1021 ff., speziell zum **Bauträgervertrag** Rdn. 1024, sowie insbesondere Band 1 Rdn. 796, 797.

nannten Einschränkungen im Einzelfall **auch beim BGB-Werkvertragsrecht** aus Treu und Glauben gemäß §§ 157, 242 als Vertragspflicht ergeben".[1017]

Für das Gestaltungsrecht gemäß § 1 Nr. 3 VOB/B kann nichts anderes gelten.

Ohnehin bedarf die **Planungsebene** noch genauerer Betrachtung dahin, welche Änderungen der Auftraggeber dort verlangen kann.[1018]

2.2 Vergütungsfolgen

1008 Es versteht sich, dass dem Auftraggeber auch beim BGB-Vertrag nur dann ein Recht, geänderte oder zusätzliche Leistungen anzuordnen, zugebilligt werden darf, wenn wie beim VOB/B-Vertrag der Modifizierungspflicht des Auftragnehmers ein entsprechendes, vom Willen des Auftraggebers unabhängiges Mehr-Vergütungsrecht des Auftragnehmers korrespondiert. Soweit ein entsprechendes Recht des Auftraggebers zugebilligt wird, wird folgerichtig auch die entsprechende Vergütungspflicht des Auftraggebers selbstverständlich aus Treu und Glauben (§ 242 BGB) bejaht. Kritisch ist nur, ob sich der neue Preis, wenn nicht ohnehin eine Einigung über den Mehrpreis zwischen den Parteien schon getroffen worden ist, ohne Bindung an den bisherigen Preis gemäß § 632 Abs. 2 BGB als „marktüblicher Preis" darstellt[1019] oder ob er nicht genau wie bei § 2 Nr. 5 und Nr. 6 VOB/B aus der vertraglichen Preisermittlungsgrundlage heraus analog zu entwickeln ist, also das bisherige Vertragspreisniveau fortgeschrieben wird.

Dazu gilt: § 632 Abs. 2 BGB greift dann ein, wenn die Vertragsparteien sich darüber einig sind, dass eine bestimmte Werkleistung ausgeführt werden soll, aber keine Preisvereinbarung getroffen haben. Dann soll an dieser fehlenden Vereinbarung der Vertrag nicht scheitern, als „Mittelweg" verweist das Gesetz dann vernünftigerweise auf den marktüblichen Preis. In unseren Fällen haben die Parteien aber umgekehrt sehr wohl schon eine Preisvereinbarung getroffen, nämlich für das Bausoll ausgehandelt unter Wettbewerbsbedingungen und als Gesamtpreis für das Objekt. Wenn dieses Objekt durch Änderungen oder Zusätze nur modifiziert wird, entspricht es – gegebenenfalls kraft ergänzender Vertragsauslegung – keineswegs dem Willen der Parteien, für eine (kleine) Abweichung vom Bausoll hinsichtlich des Preises sich plötzlich (total) vom Vertrag zu lösen, also für die kleine Korrektur die Preisvereinbarungsgrundlage zu ignorieren, die für die (unveränderte) „Rest-Hauptsache" nach wie vor gilt. Auch beim **BGB-Vertrag** ist die Nachtragsvergütung also aus den **bisherigen Preisermittlungsgrundlagen** zu entwickeln[1020], insoweit also **in völliger Analogie zu § 2 Nr. 5 und § 2 Nr. 6 VOB/B.**

2.3 Keine Ankündigungspflicht analog § 2 Nr. 6 VOB/B bei angeordneten zusätzlichen Leistungen beim BGB-Vertrag

1009 Beim VOB-Vertrag ist nach streitiger, herrschender Auffassung gemäß § 2 Nr. 6 Abs. 1 Satz 2 VOB/B Anspruchsvoraussetzung für den Mehrvergütungsanspruch des Auftragnehmers bei vom Auftraggeber angeordneten zusätzlichen Leistungen, dass der Auftragnehmer „den Anspruch dem Auftraggeber ankündigt, bevor er mit der Ausführung der Leistung beginnt". Unterlässt der Auftragnehmer die Ankündigung, verliert er – mit vie-

---
[1017] BGH BauR 1996, 378.
[1018] Dazu Rdn. 1029 ff.
[1019] So Münchener Kommentar/Busche § 631 Rdn. 123, 124.
[1020] Ebenso Staudinger/Peters, § 633 Rdn. 11; RGRK/Glanzmann, a. a. O., Rdn. 79; Enders, a. a. O., S. 91, 102.

len Einschränkungen und Ausnahmen – den Anspruch, vorausgesetzt, man hält § 2 Nr. 6 Abs. 1 Satz 2 VOB/B nicht wegen AGB-Verstoßes für unwirksam.[1021]

Beim BGB-Vertrag gibt es keinen Anhaltspunkt für eine entsprechende, ohnehin sehr problematische Ankündigungspflicht des Auftragnehmers. Also entsteht beim BGB-Vertrag der Mehrvergütungsanspruch des Auftragnehmers für angeordnete zusätzliche Leistungen unabhängig davon, ob der Auftragnehmer einen zusätzlichen Vergütungsanspruch vor Ausführung ankündigt oder nicht.[1022]

3 Bauist-Bausoll-Abweichung als Anspruchsvoraussetzung für die Vergütung sowohl angeordneter wie nicht angeordneter geänderter oder zusätzlicher Leistungen

3.1 Richtige Bausoll-Bestimmung als methodischer Ausgangspunkt

Auch beim Pauschalvertrag kann es **nach** Vertragsschluss zu geänderten oder zusätzlichen Leistungen kommen, die Ansprüche des Auftragnehmers auf Mehrvergütung begründen („Nachträge").

Grundsätzliche Voraussetzung dafür ist – gleichgültig, ob es sich um einen BGB-Vertrag oder um einen VOB-Vertrag handelt –, dass die „neue" Leistung in der Leistung, die der Auftragnehmer ohnehin vertraglich „zum Pauschalpreis" schuldet, nicht schon enthalten ist. Nur dann kann die „neue" Leistung eine Modifikation gegenüber der Vertragsleistung sein, und nur dann kann sie Ausgangspunkt für Mehrvergütung sein. Anders ausgedrückt: **Voraussetzung** einer geänderten oder zusätzlichen Leistung ist eine **Abweichung des Bau-Ist vom Bau-Soll.** Folglich ist die **erste Frage bei jeder** Prüfung von Mehrvergütungsansprüchen aufgrund modifizierter Leistung, ob die Ist-Leistung nicht (doch) noch innerhalb des Rahmens des (ohnehin geschuldeten) Bausolls liegt. Das ist der Grund, warum der **Bestimmung des Bausolls** speziell beim **Pauschalvertrag überragende Bedeutung** beikommt.[1023]

3.2 Der methodische Ansatzpunkt des Bundesgerichtshofs

Der Bundesgerichtshof hat die vorerwähnte methodische Frage – Bausoll-Bauist-Abweichung als Voraussetzung eines „Nachtrags" – in einem Leitsatz der Entscheidung „Wasserhaltung I", also bei einem der VOB/B unterliegenden Global-Pauschalvertrag,[1024] abweichend nuanciert, nämlich so: „§ 2 Nr. 5 VOB/B (Vergütungsanspruch aus geänderter Leistung) ist nicht anzuwenden, wenn die **geänderte** Leistung **bereits** vom bestehenden **vertraglichen Leistungsumfang umfasst** ist. Dazu gehört insbesondere der Fall, dass der vertraglich geschuldete Erfolg nicht ohne die Leistungsänderung zu erreichen ist."

[1021] Dazu Einzelheiten unten Rdn. 1101–1109, Band 1, Rdn. 909 ff.
[1022] Ebenso Münchener Kommentar/Busche, § 631 Rdn. 124; Verpflichtung aufgrund „Kooperationspflicht": Voit, in Bamberger/Roth, BGB § 631 Rdn. 37; Enders a.a.O. S. 102.
[1023] Dazu näher Rdn. 1017 ff.
[1024] BGH „Wasserhaltung I" BauR 1992, 759 = NJW-RR 1992, 1046. Zum Sachverhalt der Entscheidung und den zugehörigen Lösungsüberlegungen s. Einzelheiten oben Rdn. 608 ff.

Im konkreten Fall war ausgeschrieben „Wasserhaltung". Der Auftragnehmer hatte eine offene – also eine einfache – Wasserhaltung „kalkuliert", notwendig war aber, wie sich während der Ausführung herausstellte, eine teurere, geschlossene Wasserhaltung.

Der damalige **methodische Ansatz** des Bundesgerichtshofs lautet: Auch eine geänderte Leistung kann vom vertraglichen Leistungsumfang umfasst sein. Das ist **nicht richtig:** Eine **geänderte** Leistung kann **nicht** vom **bestehenden** vertraglichen Leistungsumfang umfasst sein – ist sie das, so ist sie nicht geändert. Genauer: Eine geforderte Leistung ist jedenfalls dann **nicht** eine geänderte Leistung, wenn eine Änderung „definitionsgemäß" darin liegt, dass der Auftragnehmer etwas **anderes ausführt, als er vertraglich schon schuldet. Nur das** kann tatsächlich auch die Basis der **Definition** sein. Solange der Auftragnehmer das baut, was er schuldet, bleibt die geschuldete Leistung, wie sie sich auch im Einzelnen darstellt, als Pendant zur geschulden Pauschalvergütung „unverändert".

Bei seiner Formulierung ging der Bundesgerichtshof fälschlich als Basis von dem aus, was der Auftragnehmer subjektiv als „richtige" Leistung innerhalb des Spektrums „Wasserhaltung" angesehen hatte (**offene** Wasserhaltung). Diese Annahme des Auftragnehmers hatte sich während der Ausführung als falsch erwiesen, da eine offene Wasserhaltung nicht ausreichte. Aber maßgebend ist nicht, wie unzulänglich der Auftragnehmer „*sein* Bausoll" definiert, maßgebend ist, wie das in den Vertragsunterlagen enthaltene Bausoll **richtig** definiert wird und vereinbart ist, hier als „Wasserhaltung" allgemein, damit die notwendige Wasserhaltung jeder Art, also auch geschlossene Wasserhaltung. Solange allerdings ein Auftragnehmer bei präzise ausgeschriebenem Bausoll keinen „Auslegungsspielraum" hat, stellt sich das methodisch-definitorische Problem nicht: Beim Einheitspreisvertrag und beim Detail-Pauschalvertrag ist die geschuldete Leistung differenziert (detailliert) beschrieben, u. a. z. B. durch Ausführungspläne. Dann verstehen Auftragnehmer und Auftraggeber im Regelfall unter dem im Vertrag genannten „Bausoll" dasselbe.[1025] Sobald aber das Bausoll nur „global" beschrieben ist (wie eben typischerweise beim Global-Pauschalvertrag), so kommt es darauf an, wessen „Verständnis" das Bausoll bestimmt. Das Bausoll wird **nicht** definiert durch das subjektive Verständnis des Bieters (und späteren Auftragnehmers) und seine subjektive Vervollständigung des Globalelements – genausowenig wie durch das subjektive Verständnis des Auftraggebers; das Bausoll wird vielmehr definiert durch den **objektiv auszulegenden Inhalt der Vertragsregelung**, wie ausführlich erörtert. Der gegebenenfalls durch Auslegung und unter Berücksichtigung des **„Empfängerhorizonts des Bieters"** zu bestimmende Inhalt der Leistungspflicht ist das **Bausoll**.

Wenn folglich der Auftragnehmer mit seiner internen Ausfüllung des Globalelements „schiefliegt", wenn er also den wahren vertraglichen Leistungsumfang falsch beurteilt, **wenn** beispielsweise – wie im Falle „Wasserhaltung I" vom BGH angenommen – Vertragsleistung **jede** Art von Wasserhaltung ist[1026], dann ist auch das sich in der Baurealität als notwendig erweisende „Ist" in Form einer **geschlossenen** Wasserhaltung als Unterfall der geschuldeten Wasserhaltung jeder Art anzusehen und Bausoll; dann ist folglich auch geschlossene Wasserhaltung Inhalt des richtig verstandenen Bausolls – **gegenüber der Vertragsverpflichtung (Bausoll) hat sich nichts geändert.** Nur gegenüber der **falschen** Auslegung des Bausolls seitens des Auftragnehmers hat sich etwas geändert.

Bei der Definition geänderter oder zusätzlicher Leistungen ist also nicht das, was der Auftragnehmer als seine (fehlerhafte) technische Annahme zur Realisierung des vertrag-

---

[1025] Auch davon gibt es Ausnahmen, wie die ganze Diskussion über mangelhaft definierte Ausschreibung erweist, dazu beim Einheitspreisvertrag Band 1, Rdn. 156–279, beim Detail-Pauschalvertrag hier Rdn. 284, beim Global-Pauschalvertrag Rdn. 654, insbesondere unter Beachtung der späteren Entscheidung „Wasserhaltung II" BauR 1994, 236.

[1026] Dazu oben Rdn. 608 ff. Zur **Einschränkung** unter dem Gesichtspunkt des Bieterverständnisses gemäß „Empfängerhorizont" und des Vergabeverstoßes des **öffentlichen** Auftraggebers wegen der Auferlegung eines „ungewöhnlichen Wagnisses" s. ebenfalls dort Rdn. 618 ff.

lichen Leistungserfolges wählt, Ausgangspunkt; Ausgangspunkt ist vielmehr der richtig definierte, vertraglich vereinbarte Leistungserfolg (Bausoll) selbst.

Um zur methodischen Aussage der Entscheidung des Bundesgerichtshofs zurückzukommen: § 2 Nr. 5 VOB/B ist im Falle „Wasserhaltung I" deshalb **nicht** anzuwenden, weil die **ausgeführte** Leistung **bereits** vom bestehenden vertraglichen **Leistungsumfang** (Bausoll) umfasst ist (im Prinzip, tatsächliche Ausnahme beim öffentlichen Auftraggeber, s. Fn. 1026) – **nicht** etwa, weil die **geänderte** Leistung bereits vom vertraglichen Leistungsumfang (Bausoll) erfasst ist. Eine **geänderte** Leistung kann – richtig verstanden – nicht vom **bisherigen** vertraglichen Leistungsumfang umfasst sein. Ist sie das, ist sie gar nicht geändert.

Im Falle „Wasserhaltung I" wäre die Situation z. B. anders, wenn ein beigefügtes Baugrundgutachten Vertragsbestandteil und daraus zu schließen wäre, dass eine offene Wasserhaltung ausreicht. Dann wäre die „offene Wasserhaltung" Bausoll, die bei der Baudurchführung notwendig werdende geschlossene Wasserhaltung wäre Änderung.

Methodisch unrichtig unter demselben Aspekt ist auch der Leitsatz der Entscheidung „Wasserhaltung I"[1027]: „§ 2 Nr. 5 VOB/B scheidet insbesondere dann aus, wenn der vertraglich geschuldete Erfolg nicht ohne Leistungsänderung zu erreichen ist." **1012**

Ansprüche aus „geänderter Leistung" scheiden im konkreten Fall – wie ausgeführt – tatsächlich aus, aber nicht deshalb, weil der vertraglich geschuldete Erfolg nicht ohne Leistungsänderung zu erreichen wäre; geändert hat sich nicht die (allein maßgebliche) vertraglich definierte Leistung (Bausoll) – das Ziel der „Wasser-ab-haltung", geändert hat sich nur die Methode, mit der der Auftragnehmer bisher versucht hatte, die Vertragsleistung – „Wasser-ab-haltung" – zu realisieren; aber Wasserhaltung bleibt Wasserhaltung. Beim Global-Pauschalvertrag schuldet der Auftragnehmer hinsichtlich des Globalelements kennzeichnenderweise „von Anfang an", nämlich als Bausoll, **jede** möglicherweise technisch notwendig werdende Methode zur Zielerreichung; die Auswahl der Methoden ist seine Sache und sein Risiko.[1028]

Voraussetzung für geänderte oder zusätzliche Leistungen ist, dass **das Bauist vom Bausoll abweicht.** Die Frage danach, **ob** eine Bausoll-Abweichung vorliegt, ist also **immer** der erste Schritt einer Prüfung geänderter oder zusätzlicher Leistungen und daraus resultierender Vergütungsansprüche. Bausoll ist die vertraglich vereinbarte Leistung. Natürlich sagt die pure Bausoll-Bauist-Abweichung noch nicht, dass Mehrvergütungsansprüche bestehen, diese haben noch eine Reihe weiterer Voraussetzungen,[1029] aber ohne Bausoll-Bauist-Abweichung liegt keine geänderte oder zusätzliche Leistung vor, also gibt es auch keine Mehrvergütung. **1013**

Da der Bundesgerichtshof einen methodisch unrichtigen Ansatz gewählt hatte, muss er die Entscheidung zwischen „geänderter" und „unveränderter" Leistung auf einer anderen Ebene finden. Unvermeidlich führt das dazu – und so argumentiert der Bundesgerichtshof auch –, als „**Anordnung**" im Sinne von § 2 Nr. 5 VOB/B **nur** eine solche **Erklärung** in Betracht zu ziehen, **die die vertragliche Leistungspflicht** *erweitere*. Der Bundesgerichtshof sucht also die Differenzierung in der Art der Anordnung und muss folglich (unausgesprochen) unterschiedliche Anordnungen definieren: Solche, die die Leistungspflicht erweitern, und solche, die sie nicht erweitern. Aber: Anordnung ist Anordnung, nämlich nur „Befolgung heischende Aufforderung" des Auftraggebers, eine bestimmte **1014**

[1027] Vgl. oben Fn. 924.
[1028] Zum Grundsatz vgl. nochmals oben Rdn. 608 ff., zur Methodenwahl insbesondere Rdn. 615 sowie Band 1, Rdn. 761 ff; zur Beurteilung unter dem Gesichtspunkt der Auferlegung eines ungewöhnlichen Wagnisses durch den **öffentlichen** Auftraggeber oben Rdn. 618 ff.
[1029] Dazu sogleich unten Rdn. 1025 ff., 1029 ff., 1053 ff.

Leistung zu erstellen. Bewegt die Anordnung sich noch „im Rahmen des Vertrages", übt der Auftraggeber ein – keine Mehrvergütung verursachendes – Recht aus. Bewegt sich die Anordnung „außerhalb des Rahmens des Vertrages", führt sie zu Änderung oder Zusatzleistung und Mehrvergütungsrisiko. Aber die Anordnung als solche ändert sich nicht. Der Auftraggeber verknüpft im Normalfall seine Aufforderung auch nicht mit Rechtserklärungen oder fasst seine Aufforderung nicht „rechtsgestaltend" auf, unterscheidet auch nicht nach unterschiedlichen Aufforderungen je nach Vertragslage. Lediglich die **Folgen** der jeweiligen Anordnung (nämlich Zusatzvergütung oder nicht) hängen davon ab, ob sich der Auftraggeber bei seiner Anordnung noch im vertraglich geschuldeten Rahmen, also innerhalb des Bausolls, bewegt – dann im Regelfall keine Vergütung, vgl. § 4 Nr. 1 Abs. 3, aber auch Abs. 4 VOB/B[1030] – oder außerhalb des Bausolls – dann Vergütung, vgl. § 2 Nr. 7 Abs. 1 Satz 4 i. V. m. § 2 Nr. 5, Nr. 6, § 2 Nr. 9, § 2 Nr. 8 VOB/B. **Der Auftraggeber braucht sich des Änderungs- oder Zusatzcharakters seiner Anordnung gar nicht bewußt zu sein.**

1015   Ebensowenig spielt es eine Rolle, wie der Auftraggeber seine Anordnung „deklariert". Auch wenn er seine Anordnung als Anordnung „innerhalb des Bausolls" gemäß § 4 Nr. 1 Abs. 3 VOB/B versteht oder bezeichnet, ist die Anordnung maßgeblich als Voraussetzung eines Vergütungsanspruches gemäß § 1 Nr. 3, § 2 Nr. 5 VOB/B, wenn es sich in Wirklichkeit um eine Anordnung zu einer Leistung außerhalb des Bausolls und damit um eine Änderung handelt. Gerade das kommt z. B. beim Global-Pauschalvertrag ständig vor, so etwa, wenn die Parteien darüber uneinig sind, ob eine verlangte „neue" Leistung noch vom Bausoll umfasst ist oder nicht. Wenn es auf den Änderungscharakter der Anordnung selbst ankäme, brauchte der Auftraggeber nie zu zahlen. Wenn er nicht ändern will, weil er meint, der Auftragnehmer schulde die verlangte Leistung ohnehin als Bestandteil des Bausolls, während sie in Wirklichkeit geänderte Leistung außerhalb des Bausolls ist, wenn er aber gleichzeitig die Ausführung der Anordnung „Befolgung heischend" verlangt, so wird offenbar, dass Anordnung eben Anordnung bleibt und, wenn der Auftraggeber sich in seiner Beurteilung der Zugehörigkeit zum Bausoll irrt, dann eben Anordnung im Sinne des § 1 Nr. 3, Nr. 4 und des § 2 Nr. 5, Nr. 6 VOB/B ist.
Oder soll die Anordnung dann nicht mehr Anordnung sein und der Auftragnehmer keine Vergütung erhalten?[1031]

1016   **Vor allem** aber gibt es auch **geänderte oder zusätzliche Leistungen ohne Anordnung** des Auftraggebers, die trotzdem Vergütungsansprüche des Auftragnehmers auslösen. Die VOB regelt sie ausdrücklich, das sind die Fälle des § 2 Nr. 8 VOB/B:[1032] Wenn der Auftragnehmer geänderte oder zusätzliche Leistungen erbringt und diese „notwendig sind, dem mutmaßlichen Willen des Auftraggebers entsprechen und unverzüglich dem Auftraggeber angezeigt werden" (so Abs. 2) oder „wenn sie interessengemäß sind und dem mutmaßlichen Willen des Auftraggebers entsprechen" (so Abs. 3), erhält der Auftragnehmer trotz fehlender Anordnung Vergütung, auch beim Pauschalvertrag.[1033] **Wenn es aber** geänderte oder zusätzliche Leistungen **mit** auftraggeberseitiger Anordnung wie auch geänderte oder zusätzliche Leistungen **ohne** auftraggeberseitige Anordnung gibt, **kann die Art der Anordnung nicht Kriterium für geänderte oder zusätzliche Leistun-**

[1030] Zum Vergütungsanspruch des Auftragnehmers gemäß § 4 Nr. 1 Abs. 4 Satz 2 VOB/B, wenn der Auftraggeber eine Anordnung **innerhalb** des Bausolls trifft, die der Auftragnehmer für unberechtigt oder unzweckmäßig hält, vgl. unten Rdn. 1262 ff.
[1031] Zum Rechtscharakter der Anordnung vgl. auch Band 1, Rdn. 843 ff., 845, 860 ff. und unten Rdn. 1089.
[1032] Ebenso das BGB in den §§ 677 ff., Geschäftsführung ohne Auftrag, auf die § 2 Nr. 8 Abs. 3 VOB/B ja auch verweist.
[1033] Einzelheiten dazu unten Rdn. 1251 ff.

gen sein.[1034] Deshalb vollzieht sich die Prüfung von „Nachträgen" aus geänderter oder zusätzlicher Leistung im ersten Schritt unabhängig davon, ob der Auftraggeber überhaupt eine Anordnung getroffen hat und welche. Maßgebend ist vielmehr als erstes, ob eine Abweichung von Bau-Ist zu Bau-Soll zu bejahen ist. Ist sie zu verneinen, scheiden deshalb Vergütungsansprüche des Auftragnehmers aus.

Diese (erste) Voraussetzung der Vergütungspflicht für geänderte oder zusätzliche Leistungen wird geprüft, ohne dass schon überhaupt eine Anordnung des Auftraggebers geprüft wird. Somit kann der Charakter der Anordnung nicht bestimmenden Charakter für Änderungen oder Zusatzleistungen haben.

Wir dürfen betonen, dass wir systematisch-methodische Fragen erörtert haben, insbesondere die sachgerechte Prüfreihenfolge..
Im konkreten Fall „Wasserhaltung I" führen der Ansatz des Bundesgerichtshofs einerseits und unsere methodischen Überlegungen andererseits zu demselben Ergebnis: Die geschlossene Wasserhaltung führt nicht zu Ansprüchen aus geänderter Leistung, weil die Zielerreichung „Wasser-ab-haltung" also jede Art von Wasserhaltung – so sie technisch notwendig ist – von Anfang an geschuldet war (wobei auch für den öffentlichen Auftraggeber das Verbot der Auferlegung eines ungewöhnlichen Wagnisses zu einem anderen Ergebnis führt, s. oben Rdn. 618 ff.).

4 Die besondere Brisanz der Bausoll-Feststellung beim Pauschalvertrag

4.1 Die methodische Problemstellung

Wie festgestellt, ist die präzise Erfassung dessen, was der Auftragnehmer als Bausoll (schon) schuldet, Voraussetzung eines jeden möglichen Anspruchs auf zusätzliche Vergütung wegen geänderter oder zusätzlicher Leistung. Nur wenn das „Bauist" sich vom „Bausoll" unterscheidet, kann es Nachträge geben. Auch beim Einheitspreisvertrag ist selbstverständlich die **genaue Feststellung des Bausolls** als Basis für Nachtragsprüfungen unumgänglich. Wir haben deshalb auch in Band 1 schon im Einzelnen notwendigerweise das Bausoll untersucht und dabei z. B. erörtert, ob eine Leistung als „Erschwernis" im Sinne einer Soll-Ist-Abweichung bezüglich des Vertragsinhalts anzusehen ist oder ob die behauptete „Erschwernis" – von Anfang an – in das Bausoll einbezogen war.[1035] Was beim Einheitspreisvertrag schon wichtig war, gewinnt je nach Fall beim **Pauschalvertrag überragende Bedeutung.**

Weil der Pauschalvertrag oft unbestimmt erscheint, weil seine globalen Elemente eben auf Anhieb keine eindeutig-offensichtliche Leistungsbestimmung zu enthalten scheinen, kommt es häufig zu so großer Unsicherheit, was beim Pauschalvertrag Änderung und was zusätzliche Leistung ist, ganz abgesehen davon, dass geänderte und zusätzliche Leistungen gemäß § 2 Nr. 5, Nr. 6 VOB/B und unter dem Aspekt der „Störung der Geschäftsgrundlage" zu betrachtende Mehrleistungen (§ 2 Nr. 7 Abs. 1 Satz 2, 3 VOB/B) wild durcheinandergehen.

1017

[1034] So schon Kapellmann, Festschrift für Bauer, S. 385 ff. Im Ergebnis ebenso in der zutreffenden Aussage, dass es auch geänderte Minderleistungen ohne Anordnung gibt, Nicklisch/Weick, VOB/B § 2 Rdn. 82; dazu näher unten Rdn. 1414 ff.
Wie hier Putzier, Der unerwartete Mehraufwand, S. 125.
[1035] Band 1, Rdn. 707 ff.

Weil beim Pauschalvertrag die Bausoll-Bestimmung sehr oft in ihren Voraussetzungen schwierig ist, weil die Reichweite der „Leistungspauschalierung" oft von beiden Vertragsparteien völlig verkannt wird, weil „Pauschale" oft mit der (besonders auftraggeberseitigen) Meinung verknüpft ist, jetzt sei leistungsmäßig einfach eben „mit allem zu rechnen", weil mit einem Wort mit dem Schlagwort „pauschal" oft eine große Unsicherheit in der Beurteilung der Leistung überkleistert wird, kommen Instanzgerichte – und davon geprägt die „Praxis" – hier gelegentlich zu so erstaunlichen, unvorhersehbaren, geradezu „frei geschöpften" Ergebnissen.

1018 Noch einmal: Gerade beim Pauschalvertrag ist es von ausschlaggebender Bedeutung, als **ersten Schritt die vertraglich geschuldete Leistung richtig zu bestimmen**, also das Bausoll, und zwar in aller Klarheit und Konsequenz. Es ist das zentrale Anliegen dieses Buches, dafür den Blick zu schärfen und Aussagen zur richtigen Bausoll-Bestimmung zu bieten. Darin liegt folglich auch der Schwerpunkt dieses Buches, darum haben wir versucht, die Leistungsseite des Pauschalvertrages so umfangreich zu analysieren, deshalb haben wir die Unterscheidung in „Detail-Pauschalverträge" und „Global-Pauschalverträge" getroffen und letztere noch weiter untergliedert in Einfache Global-Pauschalverträge und Komplexe Global-Pauschalverträge (z. B. Schlüsselfertigbau), darum haben wir den Einfluss von Detailregelungen auf die Leistungsseite genau untersucht (und die differenzierten Regelungen innerhalb globaler Leistungsbeschreibung), ebenso die Vervollständigung globaler Leistungselemente durch ein Leistungsbestimmungsrecht nach Billigkeitsmaßstäben gemäß § 315 BGB. Oder anders ausgedrückt: Wenn beim Pauschalvertrag untersucht wird, ob **ein Bauist als geänderte oder zusätzliche Leistung zu qualifizieren ist**, bedarf es **zuerst der Prüfung**, was **Bausoll** ist, eine Frage folglich, der wir immerhin die Rdn. 1 bis 678 widmen mussten.

Demzufolge führen Schlagworte auch nicht weiter. Ob eine Ist-Leistung ein „Erschwernis" im Sinne einer Abweichung vom Bausoll ist, ob eine ausgeführte Menge noch zum Bausoll gehört oder nicht, ob der Auftraggeber das Recht hat, unbestimmte Leistungsbegriffe (Globalelemente) nach Vertragsschluss ohne Vergütungsfolgen einseitig zu definieren, das alles haben wir erörtert, und das alles ist **als Feststellung des Bausolls jeweils zuerst zu prüfen**. Weicht die Ist-Leistung von dem so **festgestellten** Bausoll ab, ist sie also gegenüber dem Bausoll modifiziert, so ist sie „geändert" oder „zusätzlich".

Erst dann sind die weiteren Tatbestandsmerkmale von § 2 Nr. 5, Nr. 6 VOB/B (z. B. Anordnung, Ankündigung, Veränderung der Preisermittlungsgrundlagen) und von § 2 Nr. 9 oder von § 2 Nr. 8 VOB/B (z. B. mutmaßlicher Wille des Auftraggebers) zu untersuchen.

4.2 Verhaltensempfehlungen für Auftragnehmer und Auftraggeber bei strittigem Bausoll – Leistungsverweigerungsrecht, Kündigungsmöglichkeiten?

1019 Es ist offensichtlich, dass die Prüfung des Bausolls bei Global-Pauschalverträgen zu strittigen Standpunkten führen kann. Wie verhält sich der Auftragnehmer, wenn der Auftraggeber eine Leistung verlangt, die nach Auffassung des Auftragnehmers über das Bausoll hinausgeht, also z.B. einen Nachtrag wegen zusätzlicher Leistung gemäß § 2 Nr. 7 Abs. 1 Satz 4, § 2 Nr. 6 VOB/B rechtfertigt, der Auftraggeber aber gegenteiliger Meinung ist und schon die Anerkennung des Nachtrags dem Grunde nach wie erst recht die Vereinbarung einer Zusatzvergütung der Höhe nach strikt ablehnt? Kann der Auftragnehmer die Leistung verweigern, kann er kündigen?

Im Grundsatz hat sich dieses Problem auch schon im Zusammenhang mit unklaren Leistungsbeschreibungen bei Einheitspreisverträgen gestellt; wir haben es in **Band 1**,

Rdn. 274, 997, 973 ff. behandelt und lösen das Problem hier wie dort – nur, dass es hier noch brisanter ist und noch mehr Vorsicht in der Behandlung verlangt.

Das Ergebnis mancher Auslegung – und die meisten Fälle von Streit über das Bausoll bei Global-Pauschalverträgen sind nur über Auslegung zu lösen – ist und bleibt nämlich zweifelhaft. Es lässt sich im vorherein manchmal nicht voraussehen, welche Maßstäbe berechtigterweise an die Prüfpflicht des Auftragnehmers entweder zu legen sind oder im Streitfall von der Rechtsprechung gelegt werden. Ein Auftragnehmer läuft also ein hohes Risiko, wenn er in solchen Fällen auf seinem Auslegungsstandpunkt beharrt, die Durchführung der Arbeiten ohne zusätzliche Vereinbarung einer Vergütung mindestens dem Grunde nach oder sogar der Höhe nach ablehnt und sich dadurch der Möglichkeit der auftraggeberseitigen Kündigung aussetzt.

In derartigen Fällen, in denen keine Einigung vor Ausführung zu erzielen ist, ist dem Auftragnehmer deshalb vorab zu empfehlen, dem Auftraggeber unmissverständlich anzuzeigen, dass er die Arbeiten zwar ausführt, dass er sie aber aus im Einzelnen darzutuenden Gründen für vergütungspflichtig hält und dass er sie in seine Forderung auf Akontozahlungen und die Schlussrechnung aufnehmen wird. Außerdem ist dem Auftragnehmer zu empfehlen, gegebenenfalls in diesem Stadium Beweise zu sichern, die seinen Standpunkt belegen, wobei sich auch die Bedeutung einer ordnungsgemäßen Dokumentation erneut erweist.

Sodann sollte der Auftragnehmer sehr genau erwägen:
Wenn die verlangte Leistung nicht vom Bausoll umfasst ist, also Bausoll-Bauist-Abweichung ist, kann der Auftragnehmer tatsächlich verlangen, dass eine Einigung dem Grunde nach über die Vergütungspflicht dieser modifizierten Leistung akzeptiert wird; er kann darüber hinaus auch eine Preiseinigung verlangen (Bd. 1 Rdn. 973 ff).

Wird noch nicht einmal eine Einigung dem Grunde nach erzielt, kann der Auftragnehmer die Leistung verweigern – denn Leistungen **ohne** vertragliche Grundlage braucht niemand zu erbringen; besteht die Einigung dem Grunde nach, so kann er auch verlangen, dass man sich wenigstens über eine „Minimum-Vergütung" einigt und diese nach ausgeführter Leistung als Abschlagszahlung bezahlt wird; der Differenzbetrag zur vom Auftragnehmer geforderten Vergütung mag dann streitig sein.

Wenn der Auftraggeber grundlos diesen fairen Weg trotz vom Auftragnehmer angetretenen Erläuterung und Verhandlung ablehnt, hat der Auftragnehmer das Recht, die Leistung zu verweigern und – nach entsprechender Nachfristsetzung – gemäß § 9 VOB/B zu kündigen.[1036]

Aber das beinhaltet ein hohes Risiko:
Natürlich hat der Auftragnehmer solche Rechte nur bei **berechtigten** Nachtragsforderungen. Wenn er unberechtigte Forderungen in dieser Form durchzusetzen versucht, wenn er also den Auftraggeber unter Druck setzen will, ohne dazu ein Recht zu haben, so riskiert er, seinerseits vom Auftraggeber aus wichtigem Grund aus § 8 Nr. 3 VOB/B gekündigt zu werden – denn das **unberechtigte** Verweigern der Ausführung einer zum Bausoll gehörenden Leistung ist wichtiger Grund für den Auftraggeber, den Werkvertrag zu kündigen.[1037]

Man muss noch einen kleinen Schritt weitergehen:
Wenn der Auftragnehmer eine Reihe von Nachträgen stellt, die alle unberechtigt sind, dann aber einen unbedeutenden Nachtrag in das Paket packt, über den man streiten kann, bei dem aber der Auftragnehmer im Ergebnis recht hat, so kann er nicht wegen einer bei der Vertragsart „Global-Pauschalvertrag" typimmanenten Auseinandersetzung um das

---
[1036] Einzelheiten Bd. 1, Rdn. 274, **973 ff.** (auch zur „Kooperation").
[1037] OLG Celle IBR 1995, 415, Revision vom BGH nicht angenommen.

Bausoll, bei dem er in vielen Punkten zu hoch gepokert hat, jetzt wegen eines relativ kleinen Problems zum großen Knüppel „Kündigung" greifen. Eine **Kündigung seitens des Auftragnehmers** ist vielmehr nur dann berechtigt,
- wenn es sich um **nicht unbedeutende** Nachträge handelt und
- der Standpunkt des Auftragnehmers nicht nur abstrakt richtig ist, sondern wenigstens **plausibel nachvollziehbar** ist, z. B. über Rechtsprechungsnachweise oder Literaturnachweise gestützt wird, und
- außerdem der Auftragnehmer im Sinne einer Kooperation jedenfalls den dokumentierten Versuch gemacht hat, mit dem Auftraggeber zu einer Einigung zu kommen.[1038]

Es reicht allerdings nicht, dem Auftraggeber das Recht einzuräumen, Nachträge aus unklarer Auslegung in der Form offenzuhalten, dass er sich erbietet, die strittige Summe zu hinterlegen bzw. für sie Sicherheit zu leisten; der Auftragnehmer hat nämlich zwar vorzuleisten, hat aber beim VOB-Vertrag allgemein und bei einem BGB-Vertrag, für den ein Zahlungsplan vereinbart ist, Anspruch darauf, dass ausgeführte modifizierte Arbeiten (Nachträge) durch Abschlagszahlungen bezahlt werden – vgl. Rdn. 1235.

5 Inhalt und Grenzen der Befugnis des Auftraggebers beim VOB-Vertrag, geänderte oder zusätzliche (bauinhaltliche oder bauumstandsbezogene) Leistungen anzuordnen – allgemeine Grundsätze

5.1 Angeordnete geänderte Leistungen, § 1 Nr. 3 VOB/B

1020 Wir haben in **Band 1 Rdn. 792–802** ausführlich Inhalt und Grenzen der Befugnis des Auftraggebers erörtert, geänderte oder zusätzliche Leistungen anzuordnen. Wir fassen die Ergebnisse hier nur kurz zusammen, um eine zusammenhängende Erörterung des Pauschalvertrages zu erreichen; wegen Einzelheiten und Begründung verweisen wir auf Band 1.

§ 1 Nr. 3 VOB/B räumt dem Auftraggeber das Recht ein, „Änderungen des Entwurfs anzordnen". Aufgrund dieses „Änderungsvorbehalts" ist der Auftraggeber (nur) **berechtigt**, Änderungen des **Bauinhalts** anzuordnen, denn der „Entwurf" kennzeichnet, **was** gebaut werden soll. Dagegen gibt § 1 Nr. 3 VOB/B dem Auftragnehmer unmittelbar kein Recht, Änderungen der **Bauumstände** anzuordnen, z.B. zeitliche Anordnungen zu geben oder die äußeren Bedingungen des Baues zu ändern.

Dazu gibt es allerdings eine Ausnahme: Technisch zwingend notwendige Anordnungen muss der Auftragnehmer aufgrund seiner Kooprationspflicht „hinnehmen"; wenn z.B. der Vorunternehmer die Baugrube verspätet erstellt hat, bleibt dem Auftragnehmer gar keine andere Wahl, als eine Verschiebung des Baubeginns für den Rohbauer anzuordnen; auch zu dieser Anordnung ist der Auftraggeber also berechtigt. Zu Anordnungen zu Bauumständen, die nicht **zwingend technisch** notwendig sind, wenn auch vielleicht wirklich oder nachvollziehbar, hat der Auftraggeber kein vertragliches **Recht**, der Auftragnehmer braucht sie **nicht** auszuführen. Der Ausnahmetatbestand „**technisch** notwendige Anordnung" ist eng auszulegen. Insbesondere ist der Auftraggeber nicht **berechtigt**, Beschleunigungsmaßnahmen anzuordnen, der Auftraggeber kann dazu also nicht gezwungen werden.

[1038] BGH „Kooperation" NZBau 2000, 130; OLG Celle a.a.O.; s. Band 1, Rdn. 983, 986.

Führt der Auftragnehmer bauinhaltliche oder hinsichtlich von Bauumständen technisch notwendige Anordnungen aus, so hat er Vergütungsansprüche gem. § 2 Nr. 5 VOB/B. Führt er technisch nicht zwingend notwendige Anordnungen zu Bauumständen aus, was er ja nicht muss, hat er Vergütungsansprüche gem. § 2 Nr. 5 VOB/B als „sonstige Anordnung";[1039] parallel dazu kommt in diesem Fall Schadensersatz aus § 6 Nr. 6 VOB/B in Betracht.

Der Auftraggeber kann bauinhaltliche Änderungsanordnungen grundsätzlich nach Belieben geben, sie müssen nicht „billig" im Sinne von § 315 BGB sein. Dennoch hat die Änderungsbefugnis Grenzen: Es muss sich immer noch nur „Änderungen" des Entwurfs handeln und nicht um Neuplanung.

5.2 Angeordnete zusätzliche Leistungen, § 1 Nr. 4 VOB/B

§ 1 Nr. 4 Satz 1 VOB/B gibt dem Auftraggeber das Recht, „**nicht** vereinbarte Leistungen, die zur Ausführung der vertraglichen Leistung erforderlich wurden", zu verlangen, außer, wenn der Betrieb des Auftragnehmers auf derartige Leistungen nicht eingerichtet ist; die Mehrvergütung bemisst sich nach § 2 Nr. 6 VOB/B. Vorab behandelt § 1 Nr. 4 also **bauinhaltliche** zusätzliche Leistungen.

Der Auftragnehmer muss aber nur **erforderliche** Zusatzleistungen ausführen. Die Erforderlichkeit bestimmt sich nicht nach irgendwelchen technischen Kriterien, sondern nach den Erforderlichkeitsvorstellungen des Auftraggebers, was bedeutet, dass das Kriterium keine Bedeutung hat außer, dass die Zusatzleistung mit der Vertragsleistung sachlich zusammenhängen muss[1040]; in der Praxis spielt das Thema allerdings **nie** irgendeine Rolle; die VOB/B sollte es abschaffen.

Dagegen ist es sachgerecht, dass der Auftragnehmer solche Zusatzleistungen nicht ausführen muss, auf die sein Betrieb nicht eingerichtet ist. Es liegt auf der Hand, dass es hier zur Beurteilung nicht auf vereinbarte Vergütungsformen, sondern auf die vereinbarte Unternehmereinsatzform ankommt. Der Estrichleger braucht keine Putzarbeiten auszuführen, gleichgültig, ob er auf Basis eines Einheitspreisvertrages oder eines Pauschalvertrages arbeitet. Der schlüsselfertig leistende Generalunternehmer kann und muss grundsätzlich jede Zusatzleistung erbringen, weil er immer entsprechende Nachunternehmer beauftragen kann, dazu ist er auch immer berechtigt; wiederum ist es gleichgültig, ob der Schlüsselfertig-Generalunternehmer auf der Basis eines Global-Pauschalvertrages, eines GMP-Vertrages oder wie auch immer vergütet wird.

Wenn der Auftragnehmer **erforderliche** Zusatzleistungen ausführen muss, versteht es sich, dass er laut VOB/B sämtliche **nicht** erforderlichen Zusatzleistungen, so genannte „andere Leistungen", nicht ausführen muss. Da aber, wie unter Rdn. 1021 erörtert, die Erforderlich einer angeordneten Zusatzleistung in aller Praxis nie angezweifelt wird, kommen „andere Leistungen" praktisch nicht vor.[1041]

Für das Anordnungsrecht des § 1 Nr. 4 VOB/B gelten ansonsten dieselben Grenzen wie für § 1 Nr. 3 VOB/B: Die Zusatzleistung muss noch in einem nahem Zusammenhang mit der Vertragsleistung stehen, sie muss sich noch als „ändernder Zusatz" und nicht de facto als Neuplanung darstellen.[1042] Fehlt der innere Zusammenhang oder weicht die angeord-

---
[1039] Wie hier Markus, NZBau 2006, 537; Armbrüster/Bickert, NZBau 2006,153.
[1040] Dazu näher Band 1, Rdn. 795, 796 sowie Rdn. 1023.
[1041] Nur zur Vervollständigung: Einzelheiten Band 1 Rdn. 795.
[1042] Dazu und zur identischen Auslegung von § 1 Nr. 3 und Nr. 4 näher Band 1 Rdn. 789.

nete Leistung zu stark ab, so verliert sie den Charakter einer Zusatzleistung, die Anordnung führt zur **„neuen, selbstständigen Leistung"** (**Anschlussauftrag**). Der Auftragnehmer ist frei darin, über deren Erstellung einen neuen, zusätzlichen Vertrag zu schließen, bei dem er hinsichtlich der Vergütungskonditionen frei ist. Führt er allerdings eine solche „neue, selbständige" Leistung ohne neue Vergütungsvereinbarung aus, so muss er hinnehmen, dass sie wie eine zusätzliche Leistung gemäß § 2 Nr. 6 auf der Basis der Angebotskalkulation vergütet wird.[1043]

Der Auftrag, ein ganzes Geschoss zusätzlich zu bauen, ist in diesem Sinn nicht mehr „ändernder Zusatz", sondern „neue, selbständige Leistung".[1044] Das zeigt, dass allein schon eine erhebliche Volumenänderung zum Verlust des „Zusatzcharakters" führen kann.[1045]

Deshalb ist z.B. auch ein Schlüsselfertig-Generalunternehmer, der einen „erweiterten Rohbau" in Auftrag hat, nicht verpflichtet, „Mieterausbauten" auszuführen. Erst recht führt die Anordnung, **nach** Abnahme noch neue Leistungen auszuführen, zu einer „neuen, selbständigen" Leistung.

5.3 Einschränkungen des Änderungsrechts des Auftraggebers beim Bauträgervertrag

1024   Beim Bauträgervertrag ist das Änderungsrecht des Auftraggebers stark eingeschränkt, unabhängig davon, ob es sich um einen BGB-Vertrag oder um einen VOB-Vertrag handelt. Strukturell sind nämlich hier die „Fronten verkehrt": Nicht der Auftraggeber bestimmt, was und wie gebaut wird, sondern der Bauträger als Auftragnehmer. Werkvertragliche Elemente passen zum Bauträgervertrag überhaupt nur, weil auch die Errichtungspflicht zum Vertragstypus gehört. Aber ansonsten überwiegen die kaufvertraglichen Elemente: Der Verkäufer bietet – sehr oft als ein Stück von mehreren gleichartigen Stücken – ein Grundstück mit fertig konzipiertem Haus an, der Erwerber kauft, was angeboten ist – gewissermaßen laut Katalog. Jedenfalls stillschweigend liegt in diesem „Kaufvertrag" über ein schon geplantes und oft auch schon teilrealisiertes Objekt die Vereinbarung, das Objekt auch so und nicht anders zu erwerben. Wenn keine abweichende vertragliche Regelung getroffen ist, beschränkt sich dann das Recht des Auftraggebers (Käufers) nur auf zumutbare Änderungen oder Zusatzleistungen auf das, was man gemeinhin **„Sonderwünsche"** nennt, also auf Änderungen lediglich im wesentlichen hinsichtlich der Ausstattung (Tapeten, Teppichboden, Fliesen, Türen, Sanitärgegenstände, evtl. kleinere Veränderungen hinsichtlich Fensteranzahl und Beschaffenheit, Außenanlagen), wohingegen wesentliche konstruktive oder gestalterische Änderungen kraft ergänzender Vertragsauslegung ausgeschlossen sind.[1046] „**Sonderwünsche**" im Einzelnen behandeln wir unter Rdn. 1247 ff., das eingeschränkte **Verbot der „freien" Teilkündigung** unter Rdn. 1317, „**Eigenleistungen**" unter Rdn. 1413.

[1043] Band 1, Rdn. 797..
[1044] BGH BauR 2002, 618.
[1045] Näher Band 1 Rdn. 797.
[1046] Ebenso Grziwotz/Koeble, Handbuch Bauträgerrecht, Rdn. 386; Locher/Koeble, Baubetreuungs- und Bauträgerrecht, Rdn. 479; Pause, Bauträgerkauf, Rdn. 519 ff; Basty, Bauträgervertrag, Rdn. 605.

6 Generell: Zusätzliche Vergütung nur für geänderte oder zusätzliche Leistungen aus dem Risikobereich des Auftraggebers

Sowohl für VOB-Verträge **wie für** BGB-Verträge gilt: 1025

Voraussetzung eines jeden Mehrvergütungsanspruchs wegen geänderter oder zusätzlicher Leistung – ob auf Anordnung des Auftraggebers beruhend (dann § 2 Nr. 7 Abs. 2 i. V. m. § 2 Nr. 5, Nr. 6 VOB/B, § 2 Nr. 9 VOB/B, analog beim BGB-Vertrag) oder ohne Anordnung des Auftraggebers erfolgt (dann § 2 Nr. 8 VOB/B oder §§ 677 ff. BGB, gegebenenfalls Bereicherungsansprüche gemäß § 812 BGB) – ist: Die Bausoll-Bauist-Abweichung **muss aus dem Risikobereich des Auftraggebers herrühren.**[1047]

Das ist eine Parallele zu § 6 Nr. 2 lit a VOB/B: Behinderungen führen schon dann zu Fristverlängerungen, wenn die Störung nur aus dem Verantwortungsbereich des Auftraggebers herrührt.
Kosten für geänderte oder zusätzliche Leistungen als Folge eigener Fehler oder im Bereich des eigenen unternehmerischen oder vertraglichen Risikos muss der Auftragnehmer selbst tragen.

Umgekehrt muss er die Kosten dann nicht tragen, wenn sie sich aus geänderten oder zusätzlichen Leistungen ergeben, die ihre Ursache im gesetzlichen oder vertraglichen Risikobereich des Auftraggebers haben und vom Auftraggeber angeordnet sind. **Insoweit** kommt es also nicht darauf an, ob der Auftraggeber die Bausoll-Bauist-Abweichung verschuldet hat. 1026
Zum Auftraggeberbereich gehören z. B. „Erschwernisse", die aus Nachbarbeeinträchtigungen resultieren[1048] oder die aus – richtigen oder falschen – Anordnungen der Baubehörde folgen,[1049] hier wie immer allerdings vorausgesetzt, dass nicht ein eigener Planungsfehler, z. B. des Total-Schlüsselfertig-Auftragnehmers, zur behördlichen Verfügung geführt hat.

Vom Auftraggeber angeordnete modifizierte Leistungen berechnen sich nach § 2 Nr. 5, 6, 9 VOB/B.

Ordnet der Auftraggeber die Leistung nicht an, sind Ansprüche aus § 2 Nr. 8 VOB/B zu untersuchen; Schadensersatzansprüche aus Behinderung gemäß § 6 Nr. 6 VOB/B scheiden oft mangels Verschulden des Auftraggebers in solchen Fällen aus.

Ganz besonders wichtig ist insbesondere in diesem Zusammenhang weiter, dass nicht nur inhaltlich geänderte oder zusätzliche Leistungen erfasst werden, sondern auch hinsichtlich der **Bauumstände geänderte** (oder zusätzliche) Leistungen, insbesondere also **zeitliche Anordnungen** des Auftraggebers. Auch wenn also z. B. **Vorunternehmerleistungen** mangelhaft oder verspätet sind und der Auftraggeber **deshalb Freigaben** zur Arbeit des Auftragnehmers verweigert oder später **Freigaben** erklärt oder wenn er überhaupt zeitliche Verschiebungen **anordnet,**[1050] gehört das alles zum Verantwortungsbereich des Auftraggebers und löst Vergütungsansprüche des Auftragnehmers aus. 1027

In **diesem** Zusammenhang rühren überhaupt geänderte oder zusätzliche Leistungen, die der Auftraggeber **anordnet,** weil **Vorunternehmerleistungen** fehlen oder mangelhaft sind, „aus dem Risikobereich" des Auftraggebers her und begründen deshalb als **ange-** 1028

[1047] BGH BauR 1990, 210, 211; Einzelheiten dazu Band 1, Rdn. 844, 1249, 1250, in diesem Band Rdn. 1090.
[1048] Siehe oben Rdn. 599 und Band 1, Rdn. 1252, 1348.
[1049] Siehe oben Rdn. 593, 572 ff. und Band 1, a. a. O.
[1050] Näher Band 1 Rdn. 792–802; oben Rdn. 1020.

ordnete, geänderte Leistungen **Vergütungsansprüche** des Auftragnehmers,[1051] unabhängig davon, dass der Bundesgerichtshof in solchen Fällen einen **parallelen** Schadensersatzanspruch des Auftragnehmers aus **Behinderung (§ 6 Nr. 6 VOB/B)** verneint (einen Entschädigungsanspruch aus § 642 BGB allerdings bejaht).[1052]

[1051] Einzelheiten Band 1, Rdn. 1249, 1323 ff.
[1052] Dazu unten Rdn. 1608 und in allen Einzelheiten Band 1, Rdn. 1366 ff.

Kapitel 9
Angeordnete geänderte oder zusätzliche Leistungen – Speziell: Planungsebene – (Komplexer Global-Pauschalvertrag) –

1 Besonderheiten hinsichtlich der Änderungsbefugnis des Auftraggebers?

Wir haben bereits erörtert, ob auf die **Teilleistung Planung** im Rahmen von Global-Pauschalverträgen (z. B. beim Schlüsselfertigbau oder im Rahmen eines Totalvertrages) die VOB/B-Regelungen anwendbar sind oder ob insoweit nur das BGB gilt,[1053] dass weiter die HOAI nicht unmittelbar anwendbar ist,[1054] was allerdings auch kein Verlust ist, da die HOAI sowieso nichts dazu sagt, ob ein Auftraggeber Änderungen verlangen kann, sondern nur dazu, wie (vom Auftragnehmer akzeptierte) Änderungswünsche vergütet werden, und das wiederum auch nur für einen kleinen Teilbereich von Änderungen.[1055] Wir haben weiter schon grundsätzlich festgestellt, dass der Auftraggeber auch im Rahmen eines BGB-Vertrages das Recht hat, Änderungen oder Zusatzleistungen anzuordnen,[1056] so dass es für die Änderungsbefugnis im Planungsbereich im Ergebnis nicht darauf ankommt, ob die Anwendbarkeit der VOB/B zu bejahen ist.

1029

Für das geschuldete „**Planungssoll**" ist insoweit vorab noch einmal festzuhalten: Gemäß unserer Erläuterung schuldet der **Total-Schlüsselfertig-Auftragnehmer, wenn nichts anderes vereinbart ist,**
- keine eigenständig formulierte Vorplanung,[1057]
- er schuldet nur **einen** (mangelfreien) Entwurf,
- nur **eine** Genehmigungsplanung,
- nur **eine** Ausführungsplanung.[1058]

1030

Das entspricht völlig dem allgemeinen Architektenrecht. Darf der Auftraggeber insoweit unbeschränkt – innerhalb der schon allgemein geltenden Grenzen hinsichtlich der Befugnis zur **Anordnung** geänderter oder zusätzlicher Leistungen, vgl. oben Rdn. 1020–1024 – Anordnungen hinsichtlich geänderter oder zusätzlicher **Planungsleistungen** treffen? Wenn ja, welche?

Diese Frage ist unter Beachtung des besonderen Aspekts zu beantworten, dass beim Komplexen Global-Pauschalvertrag, insbesondere beim Totalvertrag, aber auch beim Schlüsselfertigbau mit auftragnehmerseitiger Ausführungsplanung, eine vereinbarte „**Planungsleistung**" nur **Teil der Gesamtleistung** „Planung **und** Errichtung eines Bauwerks

---

[1053] Wir haben in Rdn. 472 die Anwendbarkeit der VOB/B auch für den Planungsteil **bejaht**.
[1054] Oben Rdn. 473; vgl. zur Höhe aber nachfolgend Rdn. 1214 ff.
[1055] Siehe oben Rdn. 1003–1007.
Zur **Rechtsnatur der Anordnung** s. unten Rdn. 1088. Motzke, BauR 1994, 570, 586 bejaht die Änderungsbefugnis in Anwendung von § 315 BGB.
[1056] Dazu näher Rdn. 1033 ff.
[1057] Siehe oben Rdn. 448.
[1058] Ebenso Locher/Koeble/Frik, HOAI § 20 Rdn. 17 zur Entwurfsplanung, s. dazu oben Rdn. 454.

aus einer Hand zum **Pauschalpreis**" ist. Es kann also nicht „Architektenrecht pur" gelten, aber Planungsbesonderheiten können umgekehrt auch nicht ignoriert werden.[1059]

Demzufolge müssen wir für jede „Planungsphase" folgende Fragen beantworten:

a) Was ist **„Planungssoll"**? Was kann also der Auftraggeber verlangen, **ohne** dass sich der Pauschalpreis ändert?

b) Welche geänderte oder zusätzliche „Planungsleistung" darf der Auftraggeber anordnen – und wie ändert sich dann ggf. der Pauschalpreis?

c) Welche verlangte geänderte oder zusätzliche „Planungsleistung" ist schon „neue, selbständige Leistung", die der Auftragnehmer nicht zu erbringen braucht, aber wie wirkt sie sich auf den Pauschalpreis aus, wenn er sie **doch** erbringt?

2 Hinweis: Nicht angeordnete geänderte oder zusätzliche Leistungen – Planungsebene

1031 Es gibt – grundsätzlich – nicht nur geänderte oder zusätzliche Leistungen auf **Anordnung** des Auftraggebers, es gibt auch geänderte oder zusätzliche Leistungen **ohne** Anordnung des Auftraggebers, beides **sowohl auf Bauausführung**sebene **wie auch auf Planungsebene**. Auch bei geänderter oder zusätzlicher Planungsleistung ohne Anordnung des Auftraggebers kann eine Vergütung in Betracht kommen, nämlich unter dem Aspekt der Geschäftsführung ohne Auftrag, §§ 677 ff. BGB. Insoweit ergeben sich aber keine Besonderheiten hinsichtlich der Anspruchsgrundlagen, wir dürfen deshalb auf die allgemeinen Ausführungen zu „geänderten und zusätzlichen Leistungen ohne Anordnung" in Rdn. 1122 ff. verweisen.

3 Befugnis des Auftraggebers zur Änderungsanordnung – die einzelnen Leistungsphasen (Objektplanung)

3.1 Grundlagenermittlung

1032 Die Grundlagenermittlung schuldet der Auftragnehmer beim Totalvertrag ohne besondere Vereinbarung nicht, also gibt es auch keine Modifikationen.[1060]

3.2 Vorplanung

1033 Das **Planungssoll** haben wir schon besprochen: Der Auftragnehmer schuldet nach unserer Auffassung beim Totalvertrag keine eigenständige Vorplanung.[1061]

a) Wenn aber im Einzelfall die Erstellung einer Vorplanung vereinbart ist,[1062] so ist das „Planungssoll" richtig zu bestimmen. Gegenstand der Vorplanung des **Objektplaners** (= Architekten) ist (vgl. § 15 Nr. 2 Phase 2 HOAI Vorplanung [Grundleistung]) das „Erarbeiten eines **Planungskonzepts** einschließlich Untersuchung der alternativen Lösungsmöglichkeiten nach gleichen Anforderungen..."

[1059] Zur Struktur der Planungsleistung im Gesamtvertrag s. oben Rdn. 441 sowie Rdn. 473.
[1060] Siehe oben Rdn. 447.
[1061] Siehe oben Rdn. **448 f.**
[1062] Zum Beispiel bei stufenweiser Beauftragung oder beim Budgetvertrag, s. oben Rdn. 450.

Auch wenn die HOAI nicht unmittelbar anwendbar ist,[1063] und auch wenn sie gar nicht regelt, ob Änderungsbefugnisse bestehen, sondern nur, wie vergütet, wenn geändert wird, so ist es doch sinnvoll, für die im Zusammenhang mit dem Planungsteil eines Global-Pauschalvertrages zu lösenden Rechtsfragen wenigstens auf die Strukturen zurückzugreifen, die in der HOAI ihre Ausprägung gefunden haben.[1064]

Es steht außer Frage, dass der erste vorgelegte „Vor"-Entwurf als Ergebnis einer Vorplanung nicht schon die endgültige Lösung, sondern nur die zeichnerische Darstellung eines Planungskonzepts ist. Also gehören zum Planungssoll der Leistungsphase Vorplanung gegebenenfalls – wenn nicht der „erste Wurf" trifft – **mehrere Lösungsmöglichkeiten** bei **gleichbleibender Vorgabe** des Leistungsprogramms.

Die architektenrechtliche Literatur unterscheidet in diesem Zusammenhang zwischen „**Varianten**" und „**Alternativen**".
Sie sieht es als „**Alternativen**" an, wenn wesentliche **Abweichungen** im Raumprogramm oder Funktionsprogramm vorliegen oder wenn sich das Bauvolumen durch andere Anordnungen in erheblichem Umfang vergrößert oder verkleinert.[1065]
„**Varianten**" sind dagegen nur Änderungen in gestalterischer, konstruktiver, funktionaler oder wirtschaftlicher Hinsicht, die nicht solche wesentlichen Änderungen des Volumens nach Rauminhalt oder Fläche zur Folge haben, dass das „Programm" oder die Grundstücksverhältnisse wesentlich „verändert" würden.[1066]
Wenn also der Text der Grundleistung „Vorplanung" des § 15 HOAI erwähnt, dass im Rahmen der Vorplanung ein Planungskonzept „einschließlich der Untersuchung der alternativen Lösungsmöglichkeiten nach gleichen Anforderungen" zu erfolgen hat, so ist dort in Wirklichkeit gemeint, dass gerade im vorgenannten Sinne nicht „Alternativen", sondern nur noch „Varianten" geschuldet werden – ein nicht alltägliches Ergebnis einer Auslegung, das aber inhaltlich richtig und zwingend ist. Das heißt: Wir stimmen mit der architektenrechtlichen Literatur überein: **Im Rahmen der Vorplanung schuldet der Auftragnehmer Varianten,** aber **keine Alternativen**. Übrigens ist es so gut wie unmöglich, die Abgrenzung abstrakt zu beschreiben, äußerstenfalls muss ein Sachverständigengutachten zur Entscheidung verhelfen.[1067]

In der Vorplanungsphase ist der Auftragnehmer verpflichtet – ohne dass das schon Änderung oder Zusatzleistung wäre –, vom Auftraggeber gewünschte Varianten in zumutbarem Rahmen zu liefern, allerdings im Regelfall nicht mehr als drei. Er muss sogar nicht nur bei völlig gleichen Anforderungen, sondern jedenfalls bei „geringfügig verschiedenen Anforderungen" solche dann im strengsten Sinne nicht mehr als reine Variante zu bezeichnenden „Auswahlmöglichkeiten" bieten, wobei der Auftragnehmer sicherlich hinsichtlich der Ausstattung großzügigere „Varianten" vorlegen und akzeptieren muss als hinsichtlich

---

[1063] Vgl. oben Rdn. 473.
Zur Höhe vgl. nachfolgend Rdn. 1214 ff.
[1064] Zutreffend OLG Köln BauR 1995, 576 (Revision vom BGH nicht angenommen); Motzke, a. a. O.; Jochem, Festschrift Heiermann, S. 169.
[1065] Korbion/Mantscheff/Vygen, HOAI § 15 Rdn. 47; Locher/Koeble/Frik, HOAI § 15 Rdn. 37; Löffelmann/Fleischmann, Architektenrecht, Rdn. 109, 134; Jochem, HOAI, § 15 Rdn. 19; Neuenfeld, Handbuch des Architektenrechts, § 15 Rdn. 23. Dies folgt – wie die Kommentarliteratur zutreffend vermerkt – schon aus der Fassung der entsprechenden Besonderen Leistungen in der Phase „Vorplanung" („Untersuchung von Lösungsmöglichkeiten nach grundsätzlich verschiedenen Anforderungen"), vgl. auch § 20 HOAI.
[1066] Locher/Koeble/Frik, a. a. O.; Korbion/Mantscheff/Vygen, a. a. O.
[1067] Zutreffend Locher/Koeble/Frik, a. a. O.

der Konstruktion.[1068]) Wenn folglich der Auftraggeber Varianten im vorgenannten Sinne zu einer vorgelegten Vorplanung verlangt, so macht er – immer nur auf Planungsleistungen bezogen – einen vertraglichen Anspruch auf eine zu diesem Preis schon geschuldete Leistung geltend, er bewegt sich innerhalb des Bausolls (genauer: Planungssolls), seine „Anordnung" bewegt sich analog in einem Rahmen von § 4 Nr. 1 Abs. 3 Satz 1 VOB/B.

1034 b) **Verlangt** der Auftraggeber **Alternativen** – er muss sie also „angeordnet" haben –, so steht aus den dargelegten Gründen fest, dass der Auftraggeber sich jetzt **außerhalb des Planungssolls** bewegt, also eine **Leistungsänderung** (Planänderung) anordnet bzw. verlangt.

Die erste Frage ist, ob der Auftragnehmer überhaupt verpflichtet ist, einem solchen „Verlangen" zu folgen. Zur Antwort können wir auf vorangegangene Überlegungen zurückgreifen:
Die „Alternative" muss sich immer noch als andere Umsetzung derselben Planungsgrundlagen gemäß Auftraggebervorgabe darstellen, es dürfen jetzt nicht grundsätzlich verschiedene Anforderungen gegenüber der Erstvorgabe gestellt werden.[1069] Wenn die **verlangte** Planung ein anderes oder weiteres Grundstück einbezieht, ist das schon zu weitgehend, aber auch dann, wenn der Gebäudeinhalt selbst wesentlich verändert wird. Bei erheblichen Eingriffen in die Funktion bzw. Nutzung ist die Änderungspflicht ebenfalls zu verneinen.[1070]

Solange das nicht geschieht, hält sich die Änderungsanordnung des Auftraggebers in den Grenzen, die selbst beim BGB-Vertrag eine solche Anordnung erlauben; der Auftragnehmer muss sie befolgen (vgl. oben Rdn. 1020–1028). Stellt der Auftraggeber doch grundsätzlich verschiedene Anforderungen, so überschreitet das das „Änderungsrecht" des Auftraggebers aus § 1 Nr. 3 VOB/B oder aus § 242 BGB beim BGB-Vertrag. Der Auftragnehmer ist nicht verpflichtet, die Anordnung auszuführen, also die Planung aufgrund „grundsätzlich verschiedener Anforderungen" (vgl. auch § 20 HOAI) auszuführen. Ohnehin gilt, dass eine Umplanung nur hinsichtlich „desselben Gebäudes" (vgl. § 20 HOAI) verlangt werden kann.

1035 Was noch im Einzelnen Erarbeitung einer Vorplanung ist, also gewissermaßen planerische Umsetzung der Anforderungen des Auftraggebers ist, ist, um es zu wiederholen, abstrakt außerordentlich schwer zu beurteilen, so dass man nur Anhaltspunkte liefern kann; die konkrete Entscheidung verlangt die Beurteilung aller Einzelheiten des Einzelfalles, wie schon in Rdn. 1033 erwähnt.

Wenn sich die **angeordnete Änderung** noch als **zulässige Weiterentwicklung** darstellt, der Auftragnehmer also die Änderungsanordnungen des Auftraggebers zur Planung befolgen muss, so hat er für die geänderte, mit Mehraufwand verbundene Leistung auch **Anspruch auf Mehrvergütung**. Das erörtern wir im Gesamtzusammenhang später.[1071]

1036 c) Wenn der Auftraggeber mit seiner Anordnung die unter b geschilderten Grenzen seiner Änderungsbefugnis überschreitet, wenn er also „grundsätzlich verschiedene Anordnungen" gegenüber der Planungsvorgabe gibt, so verlangt der Auftraggeber (in der Terminologie der VOB/B) eine „neue, selbständige" Leistung; der Auftragnehmer ist nicht verpflichtet, sie auszuführen. Das Beharren des Auftraggebers auf einem solchen Anord-

---
[1068] Locher/Koeble/Frik, HOAI § 20 Rdn. 17.
[1069] Siehe oben Rdn. 1020.
[1070] Vgl. Korbion/Mantscheff/Vygen, HOAI § 20 Rdn. 8; Jochem, HOAI § 20 Rdn. 3; Locher/Koeble/Frik, HOAI § 20 Rdn. 19. Beispiel: Hotel- statt Büronutzung, OLG Düsseldorf NJW-RR 1994, 858.
[1071] Siehe Rdn. 1214 ff.

nungsrecht kann als Kündigung des Vertrages gemäß § 649 BGB – mit der entsprechenden schwerwiegenden Vergütungsfolge zu Lasten des Auftraggebers[1072] – bewertet werden, verbunden mit einem neuen Angebot des Auftraggebers auf Abschluss eines neuen Vertrages. Ebenso kann der Auftragnehmer seinerseits aus wichtigem Grund – wie bei § 9 VOB/B – kündigen, wenn der Auftraggeber ernsthaft auf der grundsätzlichen Planungsänderung beharrt.

Darüber **hinaus** ist immer zusätzlich zu untersuchen, ob die Planungsänderung auch zu einer **Änderung in der Bauausführung** führt. Das ist dann nicht der Fall, wenn sich die Planungsänderung baulich auf einen Bereich bezieht, der nur als Globalelement im Bausoll bestimmt ist; solange die Ausführungsphase noch nicht läuft, muss der Auftragnehmer hier einkalkulieren, dass der Auftraggeber noch Varianten (nicht Alternativen) anordnet; auch dann baut der Auftragnehmer jedenfalls, solange er nicht selbst kraft Leistungsbestimmungsrecht gemäß § 315 BGB die Ausführungsvariante endgültig bestimmt hat, das, was er zu planen hatte. Mögliche Varianten muss er hier also (zu einem frühen Zeitpunkt) einkalkulieren. 1037

Überschreitet die Planungsänderung allerdings die Variante, ist sie also schon Alternative, so hat die Planänderung zwangsläufig Auswirkungen auch auf die Baurealisierung.

Dasselbe gilt in allen Fällen, in denen der von der Planungsänderung betroffene Baubereich im Detail schon vertraglich geregelt war.

In allen diesen Fällen sind die **Mehraufwendungen auf der Ausführungsebene** gemäß § 2 Nr. 5 bzw. § 2 Nr. 6 VOB/B – sofern die VOB ganz oder für den Ausführungsbereich des Vertrages vereinbart ist – oder analog § 2 Nr. 5 VOB/B zu erfassen, sofern das BGB gilt.

Die Vergütungsauswirkungen von Änderungsanordnungen des Auftraggebers sind also im Planungsbereich des Global-Pauschalvertrages **immer auf zwei Ebenen** zu untersuchen: Mehrvergütung für die Planungsmehrleistung, Mehrvergütung für die modifizierte Bauausführungsleistung.

3.3 Entwurf

Das **Planungssoll** im Einzelnen haben wir schon unter Rdn. 451–458 besprochen. 1038

Hinsichtlich des Entwurfs des **Objektplaners** (= Architekten) gilt wiederholend **vorab:** Ist keine Vorplanung als gesondert auszuweisende, in gesonderten Planungsunterlagen vorzulegende Leistung vereinbart (und auch nicht vom Auftraggeber vorgelegt), so wird die Vorplanung beim Totalvertrag „als solche" auch nicht geschuldet.[1073] Das ändert aber nichts daran, dass die gedankliche „Konzeptionsarbeit" der Vorplanung seitens des Auftragnehmers auch dann zu leisten ist und in die Entwurfsplanung des Auftragnehmers einfließt. Dasselbe Recht, das der Auftraggeber bei der isoliert vereinbarten Vorplanung hat – nämlich Varianten zu verlangen, ohne Sondervergütung zu schulden –, hat der Auftraggeber auch bei der „vorplanungslos" geschuldeten Entwurfsplanung, in den die Vorplanung nur gedanklich eingeflossen ist. Allerdings sind hier die Grenzen für das Änderungsrecht des Auftraggebers nennenswert enger zu ziehen, weil ja solche Varianten, seien sie auch grundsätzlich begrifflich möglich, zur Änderung des Gesamtentwurfs füh-

---

[1072] Siehe oben Rdn. 1020.
[1073] Siehe oben Rdn. 448.

ren. Grundsätzlich kann aber auf die Ausführungen zum Änderungsrecht bei der Vorplanung verwiesen werden.[1074]

War eine auftragnehmerseitige Vorplanung als Teilleistung schon Vertragsgegenstand und ist dieser einmal abschließend gebilligt worden, oder ist die endgültige gewünschte Variante festgelegt worden, oder gibt es eine auftraggeberseitige Vorplanung, stand damit das Planungssoll fest, der Auftraggeber hat dann kein Recht mehr, bei der danach vorgelegten Entwurfsplanung erneut Varianten zu fordern.

1039 a) Allgemein gilt sodann für die Entwurfsplanung:
Der Auftragnehmer hat das Recht, die Entwurfsplanung nach seiner Vorstellung auszuführen. Legt er eine in sich mangelfreien, der vertraglichen Anforderung genügende Entwurfsplanung vor, so ist diese das **Planungssoll**. Der Auftragnehmer **schuldet** nur **eine Entwurfsplanung**.[1075]

b) Verlangt der Auftraggeber Änderungen, ausgenommen Varianten im Sinne von Rdn. 1031, 454, 455 bei der „vorplanungslosen" Entwurfsplanung, so gilt:
Da der Auftragnehmer das Recht hat, seine gestalterisch-künstlerische Vorstellung auch im Entwurf zu verwirklichen,[1076] hat der Auftraggeber **insoweit** gar kein Änderungsrecht.

1040 Soweit sich die Änderungsanordnung auf die „konzeptionelle" Linie bezieht, gilt das, was wir schon oben aufgeführt haben: Der Auftraggeber hat nur in durchaus engen Grenzen noch Anspruch auf Weiterentwicklung der Planung innerhalb der Vorgaben, aber er darf keineswegs seinerseits „grundsätzlich neue Anforderungen" stellen.[1077]

Der Auftragnehmer ist, wie erwähnt, nicht verpflichtet, auf solche grundsätzlich neuen Anforderungen einzugehen. Gegebenenfalls ist eine solche Anordnung als Kündigung durch den Auftraggeber gemäß § 649 BGB anzusehen, wenn der Auftraggeber auf der Änderung besteht; der Auftragnehmer kann zusätzlich seinerseits in einem solchen Fall analog § 9 VOB/B aus wichtigem Grund kündigen.[1078]

1041 Die **Vergütungsfolgen** einer zulässigen oder jedenfalls akzeptierten Änderungsanordnung zur Entwurfsplanung erörtern wir gesondert.[1079]

1042 Soweit sich die Änderungsanordnungen im Bereich der **Ausführungsebene** bewegen, bedürfen sie keiner weiteren Erörterung; sie betreffen die Ausführungsplanung, hier sind Änderungen grundsätzlich zulässig, wie sich ja aus dem puren Änderungsrecht gemäß § 1 Nr. 3, Nr. 4 VOB/B ergibt.[1080]

Diese Änderungen sind dem Auftragnehmer als Mehrvergütung gemäß § 2 Nr. 5, Nr. 6 VOB/B bei vereinbarter VOB bzw. analog § 2 Nr. 5, Nr. 6 VOB/B zu vergüten.[1081]

[1074] Vgl. oben Rdn. 1031–1035.
[1075] Siehe oben Rdn. 454, 1029; Locher/Koeble/Frik, HOAI § 20 Rdn. 17; Motzke, BauR 1994, 570, 572.
[1076] Siehe nochmals oben Rdn. 454.
[1077] Siehe oben Rdn. 1033.
[1078] Vgl. oben Rdn. 1020 und für den Vorentwurf Rdn. 1033 f.
[1079] Näher dazu unten Rdn. 1214 ff.
[1080] Siehe unten Rdn. 1214 ff.
[1081] Einzelheiten oben Rdn. 1035.

3.4 Genehmigungsplanung

Das Planungssoll haben wir unter Rdn. 459 besprochen.

Der Totalauftragnehmer schuldet die Genehmigungsplanung.[1082]   1043

Ergibt sich die Notwendigkeit, die Baugenehmigungsunterlagen (hinsichtlich der Objektplanung) infolge von Umständen zu ändern, die der Auftrag**nehmer nicht zu vertreten** hat, so ist das gemäß HOAI „Besondere Leistung" in § 15 Nr. 2 Phase 4.   1044

Dass allerdings der Totalauftragnehmer, der nicht nur plant, sondern auch baut, solche Änderungen der Genehmigungsplanung baulich realisieren muss, steht außer Zweifel – wie soll er sonst bauen? Hier stellt sich deshalb gar nicht die Frage, ob der Auftraggeber die entsprechende Anordnung aussprechen darf (er darf!), sondern vielmehr nur, ob der Auftragnehmer, der gar keine Anordnung einholt, sondern nur der Notwendigkeit folgt, überhaupt einen Vergütungsanspruch hat. Das ist mindestens unter dem Gesichtspunkt der Geschäftsführung ohne Auftrag zu bejahen.

Aus der geschilderten Notwendigkeit beim Totalvertrag und angesichts der Tatsache, dass die Strukturen der HOAI berücksichtigt werden, aber nicht die komplette preisrechtliche Regelung der HOAI, ergibt sich, dass entgegen § 5 Nr. 4 HOAI die Besondere Leistung nicht grundsätzlich schriftlich vereinbart werden muss.[1083]

Zur Höhe der Vergütung verweisen wir auf die späteren Ausführungen.[1084]   1045

3.5 Ausführungsplanung – Änderung, Fortschreibung

Der Totalauftragnehmer schuldet immer die Ausführungsplanung.   1046

Beim „normalen" Schlüsselfertig-Auftragnehmer ist insoweit das Bausoll abhängig von der vertraglichen Einzelvereinbarung.[1085]

Ist die Ausführungsplanung ganz oder teilweise Bausoll des Auftragnehmers, so gilt hinsichtlich der Änderungsbefugnisse des Auftragnehmers: 1047
Da der Auftraggeber die **Bauausführung** ändern oder ergänzen darf, was sich bei vereinbarter VOB/B aus § 1 Nr. 3, 4 VOB/B, bei vereinbartem BGB-Vertrag aus ergänzender Gesetzauslegung ergibt,[1086] versteht es sich, dass der Auftraggeber auch das Recht haben muss, die der Bauausführung zugrundeliegende Ausführungsplanung des Auftragnehmers zu ändern. Dabei kann es dahinstehen, ob die Geltung der VOB/B für Planungsleistungen vereinbart werden kann oder vereinbart worden ist oder ob insoweit nur BGB gilt, jedenfalls hat der Auftraggeber, mit welcher Begründung auch immer, notwendigerweise auch das Recht, Änderungen ode Ergänzungen der Ausführungsplanung anzuordnen, und zwar in den Grenzen, die auch auf der Ausführungsebene für § 1 Nr. 3, 4 VOB/B gelten.[1087]
Eine Änderungsanordnung zur Ausführungsplanung führt auch zu geänderter Vergütung für die Teilleistung „Planung" (wir erörtern die Vergütungsberechnung genauer unter

---

[1082] Wie unter Rdn. 459 erörtert.
[1083] Siehe dazu auch Rdn. 473.
[1084] Siehe unten Rdn. 1214 ff. Zu den Auswirkungen auf die Änderung der Baurealisierung vgl. oben Rdn. 1033.
[1085] Einzelheiten oben Rdn. 461.
[1086] Dazu oben Rdn. 1003 ff.
[1087] Zum Ganzen oben Rdn. 1020–1023.

Rdn. 1214 ff), darüber hinaus bei Realisierung natürlich auch zu geänderter Vergütung auf der Bauausführungsebene.

1048 Praxisprobleme gibt es nicht hinsichtlich der erörterten Grundsatzfragen zur Änderungsbefugnis, sondern dazu, was noch geschuldete, **nicht** zu vergütende Optimierung, Anpassung oder „**Fortschreibung**" hinsichtlich der Ausführungsplanung ist und was schon **vergütungspflichtige** Änderung ist. Wenn die Parteien nicht individuell den Umfang der geschuldeten Ausführungsplanung präzisieren, ist es erlaubt, zur näheren Definition auf die HOAI zurückzugreifen, unabhängig davon, dass die HOAI laut Bundesgerichtshof keine zwingende oder ausschließliche Leistungsdefinition enthält. Genauso wie die Kostengliederung DIN 276 enthält aber auch die HOAI „allgemeinen Sprachgebrauch unter den beteiligten Verkehrskreisen", der für eine Auslegung heranzuziehen ist.[1088] Dabei ist Sorgfalt angebracht: Die Ausführungsplanung im Rahmen von Leistungen der Objektplanung (Architektur) führt als Grundleistung zur „ausführungsreifen Lösung" (§ 15 Nr. 2 Phase 5 1. Absatz HOAI); objektplanerisch gehört dazu auch das Fortschreiben der Ausführungsplanung während der Objektausführung (§ 15 Nr. 2 Phase 5 5. Absatz).

Die Leistungen der Ausführungsplanung der Technischen Ausrüstung umfassen (nur) eine Fortschreibung der Ausführungsplanung „auf den Stand der Ausschreibungsergebnisse" (§ 73 Nr. 2 Phase 5, Absatz 3 HOAI).

Die Ausführungsplanung der Tragwerksplanung enthält aber z.B. **keine** Pflicht zur Fortschreibung der Ausführungsplanung (§ 64 Nr. 2 Phase 5 HOAI). Wenn also, wie im Fall „Lehrter Bahnhof", der Auftragnehmer **nur** die Genehmigungsplanung und die Ausführungsplanung des **Tragwerks** in Auftrag hat und der Auftraggeber selbst die Ausführungsplanung der Objektplanung liefert, so schuldet der Auftragnehmer entgegen der Meinung der KG („mangels eindeutiger Absprachen") gerade **nicht** „alle Ergänzungen, Abstimmungen und Korrekturen der Tragwerksplaner", schon gar nicht „solche Änderungen, die aus den Planungen der weiteren Fachplaner" resultieren.[1089] Eine Optimierung scheidet in diesen Leistungsphasen des Tragwerksplaners aus, weil die Tragwerkslösung im Grundsätzlichen in der Entwurfsplanung des Objektplaners und des Tragwerksplaners abschließend festgelegt ist.[1090]

Soweit das KG meint, die Leistung des Auftragnehmers hinsichtlich der Teilleistung Tragwerksplanung bestimme sich jedenfalls bei einem Großprojekt danach, dass der Planungsstand der Objektplaner sich noch ständig entwickele, demzufolge müssten die Tragwerks–Ausführungspläne „weiterentwickelt und angepasst" und optimiert werden, das Zusammenwirken verschiedener Planungs- und Ausführungsinstanzen mache eine „schematische (!) und eindeutige (!) Abgrenzung" der jeweiligen Zuständigkeiten praktisch un-

---

[1088] BGH „NEP Positionen" NZBau 2003, 376; BGH BauR 1994, 625, 626; näher hier Rdn. 599 und Band 1, Rdn. 176, 708. .

[1089] Deshalb unrichtig KG BauR 2005, 1179 = IBR 2005, 536 – nicht rechtskräftig. Das KG erkennt die Unterschiede zwischen Ausführungsplanung der Objektplanung und Ausführungsplanung der Tragwerksplanung nicht. Seine Auslegung stützt das KG unter anderem darauf, dass der Auftragnehmer laut Vertrag die „technische Bearbeitung" schulde, die laut Vertrag „sämtliche für die Bauausführung erforderlichen statischen Berechnungen" enthielt. Die Tragwerks-Genehmigungsplanung ist eine reine Überprüfung; die Korrektur fehlerhafter Vorgaben des Objektplaners ist keine Grundleistung der Genehmigungsplanung; der Entwurfsplaner der Statik muss vielmehr in einem solchen Fall eine (neue) Standsicherheitslösung entwickeln, die dann erneut überprüft wird – es wird also in der Genehmigungsplanung nichts „angepasst". Mit den in der Ausführungsplanung zu fertigenden Schal- und Bewehrungsplänen setzt der Tragwerksplaner die Objektausführungspläne nur um, das ist reine technische Umsetzung, keine neue Planungsleistung. Wesentliche Leistungen infolge Planungs**änderung** des Objektplaners sind (zu vergütende) „Besondere Leistungen", Änderungen infolge falscher Planung sind wiederholte Grundleistungen. Zum Ganzen Specht/Buchholz, BauR 2006, 18.

[1090] Specht/Buchholz a.a.O., 29.

möglich, ist das eine ganz und gar verblüffende Argumentation: Keiner weiß, wofür er zuständig ist, aber jeder ist für alles zuständig. Das ist offensichtlich abwegig; **gerade** eine Großbaustelle braucht klar definierte Schnittstellen – bei jedem Bauvorhaben, groß oder klein, wirken immer viele Planungs- und Ausführungsbeteiligte zusammen.

Der Auftragnehmer kann für die Teilleistung Tragwerks-Ausführungsplanung wie bei jeder anderen Teilleistung verlangen, dass die auftraggeberseitig gelieferten Ausführungspläne der Objektplanung richtig und für die Zwecke der Erstellung der Tragwerks-Ausführungspläne vollständig sind – sind sie auftraggeberseitig falsch, ist der Änderungsaufwand **immer** zu vergüten.[1091] Nur der Ordnung halber: Gemäß § 15 Abs. 2 Nr. 5 HOAI werden erst auf der Basis der Beiträge der anderen Leistungsbilder (also auch der Tragwerksplanung) die die Einzelheiten der „Ausbaugewerke" regelnden „Endfassungen" der Ausführungspläne des Objektplaners erstellt.

Die Vertragsregelung „Sind aus der Prüfung der Ausführungspläne Änderungen oder Ergänzungen des Prüfingenieurs oder des AG erforderlich, so werden hierfür keine Methoden erforderlich", ist jedenfalls in AGB wegen Überwälzung des Planungsrisikos unwirksam.[1092]

Wäre die Klausel individuell zu verstehen, so wäre sie hier durch Auslegung zu eliminieren, weil sie – bei diesem **öffentlichen** Auftraggeber – dem Auftragnehmer entgegen § 9 Nr. 2 VOB/A ein **ungewöhnliches Wagnis** auferlegt.[1093]

Wäre die Auslegung der Vertragsfolgen hinsichtlich des Planungssolls zweifelhaft oder unklar (das KG nennt das „Grauzone"), so ginge das entgegen dem KG nicht **zu Lasten** des Auftragnehmers, sondern des **Auftraggebers**.[1094]

Im Rahmen der Ausführungsplanung des **Tragwerksplaners** schuldet ein Auftragnehmer deshalb ohne besondere Vergütung nur ganz unwesentliche „Ergänzungsleistungen" im Sinne der Übernahme von Daten, aber aber keine Fortschreibung.

Hinsichtlich einer Verpflichtung zur „Fortschreibung" der Ausführungsplanung des **Ob**jektplaners gilt: In Anlehnung an § 15 Nr. 2 Phase 5 HOAI ist der Auftragnehmer bei **unveränderter Aufrechterhaltung** der Planungsziele zu „kleineren Ergänzungen" verpflichtet, aber **nicht** zur Umsetzung auftraggeberseitiger **Änderungswünsche**, egal worauf sie beruhen.

Wenn eine auftraggeberseitige Optimierung darin besteht, die vorliegende mangelfreie Ausführungsplanung des Auftrag**nehmers** zu ändern, so ist das keine Fortschreibung der Planung.[1095]

Ob in der **Ebene „Bauausführung"** eine eventuelle vergütungsfrei geschuldete Fortschreibung der Planung sich als vergütungspflichtige Bausoll/Bauist-Abweichung zum Bauinhalt darstellt, ist eine eigene Fragestellung.[1096]

1049

[1091] BGH „Kammerschleuse" BauR 1997, 126, oben Rdn. 537, weiter auch Specht/Buchholz a.a.O., 26.
[1092] BGH „ECE Bedingungen" BauR 1997, Klausel I Nr. 15; Specht/Buchholz a.a.O., 88; näher oben Rdn. 537
[1093] Oben näher Rdn. 622; Kapellmann/Ziegler, NZBau 2005, 65; Franz/Kaminsky BauR 2005, 1209, 1212.
[1094] Oben Rdn. 256; zutreffend Franz/Kamisky, BauR 2005, 1209, ebenso KG BauR 2003, 1902, auch zum Lehrter Bahnhof; s. oben Rdn. 256.
[1095] Locher/Koeble/Frik, HOAI, § 15 Rdn. 131, 132; Specht/Buchholz a.a.O., 22.
[1096] Dazu oben Rdn. 462; Band 1 Rdn. 869.

3.6 Vorbereitung der Vergabe, Mitwirkung bei der Vergabe, Ojektüberwachung

1050 Bezüglich dieser drei Phasen bedürfen geschuldetes „Planungssoll" und Änderungsbefugnis keiner Erörterung; da der Auftraggeber die Ausführungsplanung – in den Grenzen des § 1 Nr. 3, Nr. 4 VOB/B ändern und/oder ergänzen darf, versteht es sich von selbst, dass von einer Änderung die an die Ausführungsplanung anschließenden Phasen beeinflusst werden und beeinflusst werden dürfen, d.h., dass die an sich beim Total- bzw. Generalunternehmer internen Vorgänge „Vorbereitung und Durchführung der Nachunternehmervergabe" sowie die interne „Objektüberwachung" gegenüber Nachunternehmern geändert zu erbringen sind.

1051 Die **Vergütungsfolgen** erörtern wir wieder gesondert.

4 Planungssoll und Befugnis des Auftraggebers zu Änderungsanordnungen – die einzelnen Leistungsphasen (Sonderfachleute)

1052 Hinsichtlich des **Planungssolls** der Leistungen von Sonderfachleuten verweisen wir auf **Rdn. 466**. Wegen der Änderungsbefugnisse müssen die einzelnen Leistungsphasen der sonderfachmännischen Leistung analysiert werden – vgl. z.B. zum Bausoll hinsichtlich der Ausführungsplanung der Tragwerksplanung oben Rdn. 1048 –, dann kann erst geklärt werden, was Änderung ist und was nicht. Hinsichtlich der **Befugnis** des Auftraggebers zu Änderungsanordnungen gelten sinngemäß die Rdn. 1032–1050.

5 Die Vergütungsfolgen bei Änderungen auf der Ebene der Architekten- und Ingenieurleistungen (Planung)

1053 Wir wiederholen zusammenfassend:
Auf welcher Basis generell die Mehrvergütung bei Änderungen auf Planungsebene zu ermitteln ist und wie die Einzelberechnung aussieht, erörtern wir im Gesamtzusammenhang der Berechnungsmethodik unter Rdn. 1214 ff.

Kapitel 10
Angeordnete geänderte und zusätzliche Leistungen – Speziell: Bauausführungsebene – (§ 2 Nr. 5, Nr. 6 VOB/B, BGB-Regelung)

1 Die Notwendigkeit der Unterscheidung zwischen geänderter und zusätzlicher Leistung (§ 2 Nr. 5 VOB/B und § 2 Nr. 6 VOB/B) beim VOB-Vertrag –
Keine Notwendigkeit der Unterscheidung beim BGB-Vertrag

Wir werden nachfolgend die einzelnen Voraussetzungen für Vergütungsansprüche wegen geänderter oder zusätzlicher Leistung **auf der Bauausführungsebene** erörtern. Für dieses ganze Kapitel und auch für die folgenden Kapitel gilt erneut die Vorbemerkung: Die allgemeinen **Voraussetzungen für die Vergütung angeordneter geänderter oder zusätzlicher Leistungen** sowohl beim Einheitspreisvertrag wie beim Pauschalvertrag (z. B. wirksame Anordnungen) haben wir in **Band 1 Rdn. 700–1148** behandelt. Es kann nicht sinnvoll sein, alle diese Überlegungen im Einzelnen zu wiederholen. Andererseits würde es die Beurteilung entsprechender Ansprüche beim Pauschalvertrag außerordentlich erschweren, wenn wir nicht wenigstens diese Anspruchsvoraussetzungen jeweils ganz kurz erläutern würden, weil sonst anhand dieses Buches eine vollständige Beurteilung konkreter Probleme nicht möglich wäre. Wir haben uns deshalb entschieden, in diesem Band die Grundsatzüberlegungen zu erläutern, wegen der Einzelheiten insoweit aber auf Band 1 zu verweisen, **pauschalvertragsspezifische Sachverhalte jedoch gesondert** aufzuarbeiten.

1054

In dieser Form dürfen wir deshalb als erstes die Frage behandeln, warum es überhaupt notwendig ist, zwischen **§ 2 Nr. 5 und § 2 Nr. 6 VOB/B** zu **unterscheiden**, wenn doch die Rechtsfolgen (zusätzliche Vergütung) gleichartig sind.
Die Antwort ist einfach: Beim Anspruch auf zusätzliche Vergütung gemäß **§ 2 Nr. 6 VOB/B** muss der Auftragnehmer den Anspruch vor Ausführung der Zusatzleistung **ankündigen;** bei Ansprüchen auf Mehrvergütung gemäß § 2 Nr. 5 VOB/B besteht eine solche Ankündigungspflicht nicht.
Die Unterscheidung zwischen § 2 Nr. 5 und § 2 Nr. 6 VOB/B ist deshalb praktisch nur dann erforderlich, wenn der Auftragnehmer den Anspruch auf Mehrvergütung vor Ausführung der Zusatzleistung nicht angekündigt hat. Im Falle von § 2 Nr. 6 VOB/B scheitert dann der Anspruch, wobei es allerdings sehr erhebliche Ausnahmen für eine Ankündigungspflicht gibt.[1097] Im Falle von § 2 Nr. 5 VOB/B schadet dagegen eine fehlende Ankündigung gar nichts.

1055

Aus den genannten Gründen bleibt es aber jedenfalls für die Fälle fehlender Ankündigung unumgänglich, beim VOB-Vertrag die Unterschiede zwischen § 2 Nr. 5 und § 2 Nr. 6 VOB/B zu definieren – und also ist die Differenzierung (leider) unvermeidlich.

[1097] Vgl. dazu unten Rdn. 1101 ff.; zur Notwendigkeit der Unterscheidung überhaupt s. weiter Band 1, Rdn. 781, 803.

1056 Beim **BGB-Vertrag** ist die Unterscheidung **überflüssig**, und zwar aus dem einfachen Grund, weil beim BGB-Vertrag auch für zusätzliche Leistungen kein Ankündigungserfordernis hinsichtlich einer Mehrvergütung besteht.[1098]

2 Bauumstände: Geänderte Leistung, § 2 Nr. 7 Abs. 2 VOB/B i. V. m. § 2 Nr. 5 VOB/B
(insbesondere zeitliche Anordnungen)

1057 Wegen der **Verweisung** in § 2 Nr. 7 Abs. 2 VOB/B („Die Regelungen der Nr. 4, 5 und 6 gelten auch bei Vereinbarung eines Pauschalhonorars") ist § 2 **Nr. 5** VOB/B auch beim Pauschalvertrag **uneingeschränkt** anwendbar.

Wenn somit „durch Änderung des **Bauentwurfs** oder **andere Anordnungen** des **Auftraggebers** die Grundlagen des Preises für eine im Vertrag vorgesehene Leistung geändert werden, so ist ein neuer Preis unter Berücksichtigung der Mehr- oder Minderkosten zu vereinbaren."
§ 2 Nr. 5 VOB/B ist das **teilweise** Äquivalent zu § 1 Nr. 3 VOB/B, wonach dem Auftraggeber vorbehalten bleibt, **Änderungen des Bauentwurfs anzuordnen**. „Änderungen des Bauentwurfs" betreffen den Bauinhalt, also die Regelung dessen, **was** gebaut wird.

„Andere Anordnungen" betreffen nicht den Bauinhalt, sondern die **Bauumstände**, also die Frage, **wie** gebaut wird. Das ist **kein** Äquivalent zu § 1 Nr. 3 VOB/B, denn der Auftraggeber hat – abgesehen von Einzelfällen zwingender technischer Notwendigkeit – grundsätzlich kein Recht, die vereinbarten Bauumstände, einseitig zu verändern. Er darf z. B. sicherlich nicht durch Anordnung die Bauzeit verkürzen; das ist keine Veränderung des Bauentwurfs. Gleichwohl muss der Auftragnehmer auftraggeberseitige Entscheidungen insoweit oft „hinnehmen". Auch diese Fälle „rechtswidrigen Auftraggeberverhaltens" erfasst § 2 Nr. 5 VOB/B.[1099]

Alle Fälle auftraggeberseitig angeordneter, vom Bausoll abweichender bloßer „**Verfahrensänderung**" (also Änderungen, die die inhaltliche Leistungsdefinition unberührt lassen) fallen somit unter § 2 Nr. 5 VOB/B; auch sie führen zur „geänderten Leistung", ohne Anordnung ggf. unter § 2 Nr. 8 Abs. 2 und 3 VOB/B. **Im einzelnen** sind das zum Beispiel

- Anordnungen zur **zeitlichen Abfolge**, z. B. Anordnung späteren Beginns, Anordnung von Arbeitsunterbrechungen, vertraglich nicht vorgesehene Fristenänderungen oder Terminänderungen, Freigaben oder Nichtfreigaben von Bauteilen (dazu auch nachfolgend Rdn. 1057);

- Anordnungen zum **Bauablauf**, z. B., statt der im Terminplan vorgesehenen Erstellung von Abschnitt 1 bis Abschnitt 4 soll nun zuerst ab Abschnitt 7 und Abschnitt 8 und dann später ab Abschnitt 1 gearbeitet werden; nachträgliche Anordnung der abschnittsweisen Erstellung von Straßenbauarbeiten;[1100]

- Anordnungen hinsichtlich des Baustellenumfelds (Zufahrtswege, Belieferungsmöglichkeiten usw.);

[1098] Vgl. oben Rdn. 1009.
[1099] Einzelheiten s. Band 1, Rdn. 786, 787, 798–802; in diesem Band Rdn. 1332–1340.
[1100] Einzelheiten s. Band 1 Rdn. 801.

- Anordnungen hinsichtlich der technischen Durchführung der Leistungserstellung.[1101]

Soweit der Auftraggeber vertraglich eine „Mitwirkung" benannt hat, auf die er selbst keinen Einfluss hat (z. B. eine bestimmte öffentliche Straße zur Materialabfuhr bestimmt), so sind damit keine eigenen Herstellungs-Leistungspflichten des Auftraggebers geregelt (vgl. Band 1, Rdn. 249); Anordnungen des Auftraggebers dazu betreffen immer die Umstände der Leistung, begründen also Ansprüche aus § 2 Nr. 5 VOB/B. Wenn der Auftraggeber vertraglich selbst bauseitige Hilfe zusagt, so übernimmt er damit eigene Herstellungs-Leistungspflichten als **Hauptpflicht;** gerät er mit der zugesagten Leistung in Verzug, bestehen insoweit Ansprüche gegen ihn aus Schuldnerverzug,[1102] nicht aus § 2 Nr. 5 VOB/B. Ändert der Auftraggeber durch „Anordnung" indirekt auch seine eigene Mitwirkungspflicht, ist das ein Grenzfall zwischen Verzug und Änderung der Bauumstände. Da sich keine ernsthaft unterschiedlichen Rechtsfolgen ergeben, brauchen wir das nicht weiter zu erörtern.

Dass **alle Fälle angeordneter Einwirkung auf Bauumstände, insbesondere zeitliche Einwirkungen des Auftraggebers,** z. B. angeordneter Fristenverschiebung, **unter § 2 Nr. 5 VOB/B** fallen, ist richtige herrschende Auffassung.[1103] Solche Ansprüche bestehen **auch** dann, wenn ausnahmsweise einem Auftraggeber im Bauvertrag die Erlaubnis eingeräumt ist, Termine ohne Abstimmung mit dem Auftragnehmer verschieben zu dürfen; eine Ausnahme gilt nur dann, wenn insoweit der Anspruch auf Mehrvergütung eindeutig und klar ausgeschlossen ist. Dann gibt es auch keine Schadensersatzansprüche aus Behinderung.[1104]

1058

Der Hinweis darauf, dass **alle** Anordnungen des Auftraggebers insbesondere auch zur zeitlichen Abfolge als Änderungsanordnungen im Sinne von § 2 Nr. 5 VOB/B erfasst werden, ist deshalb so wichtig, weil auch die Anordnungen erfasst werden, die auf Tatbestände zurückgehen, die der **Auftraggeber nicht verschuldet hat,** also z. B. fehlende Vorunternehmerleistung, Vorfinden von Bodenhindernissen usw. Voraussetzung für die Anwendung des § 2 Nr. 5 VOB/B ist eben nur, dass die Anordnung ihren Hintergrund in dem „**Risikobereich** des Auftraggebers" und nicht des Auftragnehmers hat, was in den vorgenannten Fällen gerade zu bejahen ist; wir haben das unter Rdn. 1025–1028 schon erörtert. Die Sachverhalte, die die **Anordnung** des Auftraggebers auslösen (z. B. fehlende Vorunternehmerleistung, Stopp wegen fehlender Pläne usw.), stellen sich sehr oft **gleichzeitig** auch als **Behinderung** des Auftragnehmers dar. Diese Sachverhalte führen auch gemäß § 6 Nr. 2 a VOB/B bei entsprechender Anzeige oder Offenkundigkeit zur **Fristverlängerung.**[1105] Sie begründen aber dann, wenn der entsprechende Sachverhalt vom Auftraggeber nicht verschuldet ist, keine Schadensersatzansprüche aus § 6 Nr. 6 Satz 1 VOB/B.[1106] Ohne Anordnung des Auftraggebers kommen Ansprüche des Auftragnehmers aus § 2 Nr. 8 Abs. 2, Abs. 3 VOB/B in Betracht.

1059

Ansprüche aus **§ 2 Nr. 5 VOB/B** und **§ 6 Nr. 6 Satz 1 VOB/B** sind **strukturell verschieden.** Ansprüche aus § 2 Nr. 5 VOB/B sind Ansprüche auf (aus der Angebots- bzw. Auf-

1060

[1101] Zum Beispiel Sondermaßnahmen zum Schallschutz. Hier können auch Überschneidungen mit Ansprüchen aus § 4 Nr. 1 Abs. 4 Satz 2 VOB/B in Betracht kommen, vgl. Rdn. 1262 ff.
[1102] Vgl. Band 1, Rdn. 1281, 1285 ff.
[1103] Näher oben Rdn. 1010 und in Einzelheiten Band 1, Rdn. 798–802; Markus, NZBau 2006, 537; Armbrüster/Bickert, NZBau 2006, 153.
[1104] Vgl. dazu im Einzelnen Band 1, Rdn. 1336, 1337 zu den Voraussetzungen und Folgen einer „vertraglich erlaubten Bauzeitverschiebung".
[1105] Näher unten Rdn. 1608.
[1106] Unten a. a. O.

tragskalkulation fortentwickelte) Mehrvergütung. Ansprüche aus § 6 Nr. 6 Satz 1 VOB/B sind Schadensersatzansprüche.

Beide Ansprüche können bei Verschulden des Auftraggebers grundsätzlich parallel nebeneinander vorkommen. Der Auftragnehmer kann sich dann **aussuchen,** welche Anspruchsgrundlage (und welche Berechnungsart) er wählt.[1107]

Die **Möglichkeit** des Auftragnehmers, seinen Anspruch **auch auf § 2 Nr. 5 VOB/B** zu stützen, ist **oft von ausschlaggebender Bedeutung,** insbesondere dann, wenn ein an sich gegebener Anspruch aus § 6 Nr. 6 Satz 1 VOB/B – oder auch aus § 642 BGB, so heute § 6 Nr. 6 Satz 2 VOB/B – an der fehlenden Behinderungsanzeige scheitern müsste oder **wenn die Berechnungsart „auf der Basis der Auftragskalkulation fortgeschriebene Vergütung" günstiger für den Auftragnehmer ist** als „Schadensersatz", also Nachweis der zusätzlichen Istkosten. Eine ganz erhebliche Anzahl von „Behinderungsfällen" lässt sich in Wirklichkeit auch über Änderungsanordnungen zu den Bauumständen gemäß § 2 Nr. 5 VOB/B erfassen; gerade darin liegt das eigentliche Feld dieses Teilbereichs von § 2 Nr. 5 VOB/B.

1061 Gerade auch beim Pauschalvertrag, insbesondere auch beim Global-Pauschalvertrag, also z. B. dem Schlüsselfertigbau oder erst recht beim Total-Schlüsselfertig-Bauvertrag, kann ein Eingriff des Auftraggebers in den vertraglich vereinbarten oder in den nach Kenntnis des Auftraggebers vom Auftragnehmer zutreffend zugrunde gelegten Ablauf[1108] zeitliche und kostenmäßige Folgen haben.

3 Bauinhalt: Geänderte oder zusätzliche Leistungen, § 2 Nr. 7 Abs. 2 VOB/B i. V. m. § 2 Nr. 5 oder § 2 Nr. 6 VOB/B, Spezialität von § 2 Nr. 6 VOB/B

3.1 Grundsatz

1062 Weicht das Bauist **bauinhaltlich,** also hinsichtlich dessen, **was** gebaut wird, vom **Bausoll,** also dem vertraglich vereinbarten Leistungsinhalt, ab, so ist die modifizierte Leistung geändert (§ 2 Nr. 5 VOB/B) oder zusätzlich (§ 2 Nr. 6 VOB/B).
§ 2 Nr. 5 VOB/B erfasst die Änderung im Vertrag **vorgesehener Leistungen,** § 2 Nr. 6 VOB/B erfasst die Ausführung im Vertrag **nicht vorgesehener Leistungen.** Insoweit konkurrieren § 2 Nr. 5 und § 6 Nr. 6 VOB/B nicht. Was **inhaltliche Änderung** ist, ist über **Mehrvergütung** gemäß § 2 Nr. 5 VOB/B zu erfassen einschließlich **aller Folgekosten,** insbesondere auch einschließlich aller zusätzlichen zeitabhängigen Kosten oder Kosten anderer Leistungsteile, § 6 Nr. 6 VOB/B ist **daneben nicht anwendbar,** und zwar deshalb nicht, weil die Anordnung geänderter oder zusätzlicher Leistungen **Recht** des Auftraggebers ist (§ 1 Nr. 3, Nr. 4 VOB/B), eine **berechtigte** Aufforderung des Auftraggebers aber nicht gleichzeitig zu Schadensersatzansprüchen aus unberechtigtem Tun (§ 6 Nr. 6 Satz 1 VOB/B) führen kann.[1109]

[1107] Einzelheiten dazu insbesondere Band 1, Rdn. 1332–1338, hier unten Rdn. 1614.
[1108] Zum vereinbarten Zeitablauf bzw. zum vom Auftragnehmer gebilligten, dem Auftraggeber bekanntgegebenen Zeitablauf vgl. Band 1, Rdn. 1302–1313.
[1109] Einzelheiten s. Band 1, Rdn. 1324–1330.

3.2 Abgrenzung von § 2 Nr. 5 VOB/B und § 2 Nr. 6 VOB/B – „Regeln"

3.2.1 Definitionen – Spezialität von § 2 Nr. 6 VOB/B zu § 2 Nr. 5 VOB/B

Eine **Änderung** im Sinne von § 2 Nr. 5 VOB/B verlangt, dass

1063

- aus einer (definierten) Teil-Leistung ein Leistungselement wegfällt
oder
- ein Leistungselement hinzukommt
oder
- statt eines wegfallenden Elements ein verändertes Element tritt[1110]

Ändert sich das Leistungssoll (**Bausoll**) der **definierten** (Teil-)Leistung der Art nach **nicht**, wird also die in der Leistungsbeschreibung vorhandene (Teil-) Leistung „unverändert" ausgeführt, **so ist eine modifizierte Leistung immer „zusätzliche Leistung"**.[1111]

Wir haben in Band 1, Rdn. 790 ff. folgende **Regeln abgeleitet:**

Eine „modifizierte" Leistung ist dann **keine Änderung** im Sinne von § 2 Nr. 5 VOB/B, sondern **zusätzliche Leistung** im Sinne von **§ 2 Nr. 6 VOB/B**,

„Regel" a

wenn sich bei ihr gegenüber der im Vertrag vorgesehenen Leistung qualitativ die Leistungselemente des bisherigen Bausolls nicht geändert haben (Beispiele: Bloße Konkretisierung des Vertragsinhalts führt nicht zur Mehrvergütung, siehe nachfolgend Rdn. 1070 f.; bloße angeordnete Mengenmehrung ist ein Fall des § 2 Nr. 6 VOB/B, siehe nachfolgend Rdn. 1074 ff.),

oder

„Regel" b

wenn die Leistung sich verbal oder technisch-zeichnungsmäßig nicht aus Bausoll-Leistungen (z.B. aus „Positionen des Leistungsverzeichnisses") entwickelt, eine in der Leistungsbeschreibung vorhandene Leistung also nicht modifiziert, sondern der Art nach neu ist (Beispiel: zusätzliche, bisher im Vertrag nicht vorgesehene Parkplatzmauer, Standardfall der „zusätzlichen Leistung", dann § 2 Nr. 6 VOB/B; Schatzfund, siehe nachfolgend Rdn. 1082 ff.),

oder

„Regel" c

wenn die angeordnete modifizierte Leistung **zwar sich noch in gewisser Form** aus einer im Vertrag vorgesehenen Teilleistung entwickeln lässt, die alten Preiselemente aber keinen unmittelbar praktisch verwertbaren Anhaltspunkt mehr für die Preisermittlung der neuen Leistung ergeben (dann § 2 Nr. 6 VOB/B in Verbindung mit konkludenter Teil-Kündigung der bisherigen Leistung).[1112]

Natürlich ist jede auf Anordnung des Auftraggebers modifizierte Leistung „Planungsänderung" bzw. „Planergänzung"; auch die bisher nicht im Vertrag enthaltene, also zu-

---

[1110] Zustimmend Lange, Baugrundhaftung, S. 77, 78.
[1111] Wenn deshalb im Leistungsverzeichnis eine „**Position**" eine Maßangabe **enthält** (z. B. Bodenaushub bis 3 m Tiefe), so ist eine Leistung mit Bodenaushub ab 3,01 m Tiefe nicht geänderte Leistung der „Position" bis 3 m Tiefe, sondern zusätzliche Leistung, weil die bisherige Leistung vollständig unverändert ausgeführt wird, Einzelheiten s. Band 1, Rdn. 809, 810 und dort Fn. 912–914.
[1112] Speziell dazu Band 1, Rdn. 841 ff. Wie hier Putzier, Pauschalpreisvertrag, Rdn. 367.

sätzliche Leistung ist Planungsänderung. Da § 2 Nr. 5 VOB/B von der „Änderung des Bauentwurfs" spricht, müssten eigentlich alle zusätzlichen Leistungen auch von § 2 Nr. 5 VOB/B erfasst werden. Da sie aber gesondert in § 2 Nr. 6 VOB/B aufgeführt werden, werden sie auch (nur) nach § 2 Nr. 6 VOB/B beurteilt. Oder anders ausgedrückt: § 2 Nr. 6 VOB/B geht vor, ist nämlich **Spezialvorschrift gegenüber** dem allgemeinen § 2 Nr. 5 VOB/B.[1113)]

3.2.2 „Regel a" – Bauinhaltsdefinition ändert sich qualitativ nicht – dann kein § 2 Nr. 5 VOB/B

3.2.2.1 „Erschwernisse"

1064 Wir erwähnen unter der Rubrik „geänderte/zusätzliche Leistungen" noch einmal das Schlagwort „Erschwernisse", weil man es unter diesem Oberbegriff sucht. Was zwischenzeitlich aufgetretenes „Erschwernis" und was noch „geschuldeter Vertragsinhalt" (Bausoll) ist, haben wir indes schon ausführlichst erörtert. Es handelt sich um nichts anderes als um die Frage, ob ein die Ausführung erschwerendes Element nicht schon vom vertraglichen Bausoll gedeckt wird. Typische Beispiele beim Global-Pauschalvertrag: Ausgeschrieben ist „Wasserhaltung", der Auftragnehmer meint, offene Wasserhaltung reiche aus, tatsächlich ist eine geschlossene Wasserhaltung erforderlich, weil sich die Grundwassersituation als „erschwerend" darstellt.

In diesem Fall ergibt sich kein „Erschwernis" (richtig: keine **Bausoll-Bauist-Abweichung**), weil bei diesem Globalelement der Auftragnehmer auch mit der tatsächlich eingetretenen Beschaffenheit rechnen und seine Verfahrenstechnik darauf einstellen muss.[1114)] Das, was der Auftragnehmer gerade beim Global-Pauschalvertrag im Rahmen **„offener Risikozuweisung"** übernimmt, muss er ausfüllen, geänderte oder zusätzliche Leistungen resultieren daraus nicht;[1115)] die Bauinhaltsdefinition – das Bausoll – hat sich gar nicht geändert.[1116)]

Versteckte Risikozuweisungen begründen dagegen nur unter besonderen Bedingungen das Bausoll des Auftragnehmers.[1117)]

Auch im Rahmen globaler Risikozuweisung bleibt die Bedeutung geregelter Details in vollem Umfang erhalten;[1118)] ist z. B. die auftraggeberseitige Entwurfsplanung mangelhaft, so hat der Auftragnehmer auch beim Global-Paschalvertrag Mehrvergütungsansprüche wegen der notwendigerweise zu ändernden Ausführung.[1119)]

1065 Eine besondere Bedeutung kommt der Beurteilung solcher „Erschwernisse" bei allen Problemen des **Baugrundes** und der **Wasserverhältnisse** zu, so dass sich die meisten Beispiele folglich auch mit dem Antreffen bestimmter Bodenklassen oder Bodenarten, bestimmter Grundwasser-, Schichtenwasser- oder Oberflächenwasserverhältnisse beschäfti-

---

[1113)] Siehe Band 1, Rdn. 809, s. auch oben Rdn. 1006.
[1114)] BGH „Wasserhaltung I" BauR 1992, 759 = NJW-RR 1992, 1046, Einzelheiten dazu und zu „Wasserhaltung II" BauR 1994, 236, Rdn. 608 ff.; BGH „Auflockerungsfaktor" BauR 1997, 466.
Zur Bedeutung des Bausolls gerade beim Pauschalvertrag weiter oben Rdn. 1017–1019.
[1115)] Zur offenen Risikozuweisung („Besondere Risikoübernahme") beim Global-Pauschalvertrag s. oben Rdn. 613, 614, 552 ff.; zur offenen Risikozuweisung („Besondere Risikoübernahme") beim Detail-Pauschalvertrag Rdn. 282.
[1116)] Zum methodischen Vorrang der Bausoll-Prüfung vor der Prüfung der Anordnung s. oben Rdn. 1011 ff.
[1117)] Einzelheiten dazu oben Rdn. 614 mit allen weiteren Nachweisen.
[1118)] Vgl. oben Rdn. 616 sowie im Einzelnen Rdn. 474 ff., 480, weiter 546 ff.
[1119)] Zutreffend VOB-Stelle Niedersachsen Fall Nr. 1049, IBR 1995, 508; s. zur insbesondere fehlerhaften Entwurfsplanung des Auftraggebers oben Rdn. 537 ff.

gen. Die Beispiele aus der Rechtsprechung des Bundesgerichtshofs bewegen sich auch hauptsächlich in diesem Bereich: Detail-Pauschalvertrag über die Herstellung einer Straße, tiefere Ausschachtung wegen stark wasserhaltigen Bodens;[1120] Herstellung aller erforderlichen Erd-, Abbruch- und Unterfangungsarbeiten;[1121] 400 000 m³ Abtragmassen einer 4,7 km langen Autobahnstrecke gemäß (damaliger) DIN 18 300, Abschnitt 2.2.1 bis 2.2.7 (heute DIN 18 300 Bodenklasse 1 bis 7).[1122] Die Oberlandesgerichte behandeln im wesentlichen ähnliche Fallgestaltungen, z. B. im LV nicht vorgesehene Rohrgräben bis zu 2 m Aushubtiefe ohne Verbau einer Fernleitungstrasse, wobei im LV die vorkommenden Rohrgrabentiefen (abweichend) aufgeführt sind.[1123] Wegen weiterer Beispiele dürfen wir auf Band 1 verweisen.[1124]

Soweit in den vorgenannten Fällen eine Anordnung fehlt, können Ansprüche aus § 2 Nr. 8 VOB/B bestehen.[1125]

3.2.2.2 Überschreitung von das Bausoll bildenden Durchschnittsanforderungen (Standards entsprechend „0"-Abschnitten der VOB/C)

Ein Auftraggeber, insbesondere auch ein öffentlicher Auftraggeber, macht dann, wenn er Aussagen zu Besonderheiten **nicht** macht, damit häufig indirekt die Aussage, dass – beurteilt gemäß Empfängerhorizont des Bieters – **Standard** gilt.[1126] Dieser Standard ist folglich Bausoll. Nachfolgende Abweichungen von diesem „stillschweigend" angegebenen Standard führen also zur Veränderung der Bauinhaltsdefinition (Bausoll-Bauist-Abweichung) und damit zur geänderten oder zusätzlichen Leistung je nach Fall.

Beispiele dafür haben wir erörtert: Wenn der Auftraggeber die **Hinweise zur Leistungsbeschreibung in Abschnitt 0 der VOB/C** auf positiv bzw. negativ anzugebende Besonderheiten nicht beachtet, so sagt er damit aus, dass solche Besonderheiten nicht vorliegen, die Leistung also Durchschnittsanforderungen (Standardanforderungen) entspricht. Beim Pauschalvertrag spielt das folglich praktisch eine Rolle bei geregeltem **Detailbereich**, vorausgesetzt, es gibt ohne Angabe des Auftraggebers in der Baurealität auch einen zulässigen Schluss darauf, dass ohne besondere Angabe mit Standards zu rechnen ist.

Weil beim **Baugrund** und den **Wasserverhältnissen** standardisierende Aussagen sehr problematisch sind, gilt das Argument in diesem Bereich nur sehr eingeschränkt,[1127] insoweit gibt es also nicht ohne weiteres die Annahme, ohne zu erwartende, aber fehlende Angaben gälten Standardverhältnisse.

1066

[1120] BGH Schäfer/Finnern, Z 2.301 Bl. 46, 47, Einzelheiten zu dieser Entscheidung oben Rdn. 231.
[1121] Global-Pauschalvertragsteil der Entscheidung Schäfer/Finnern, Z 2.301 Bl. 35 ff. = BauR 1971, 124 = WM 1971, 449 = BGHZ 55, 198; zu Einzelheiten dieser Entscheidung und zu dem Detail-Pauschalvertragsteil oben Rdn. 221–226.
[1122] BGH Schäfer/Finnern, Z 2.11 Bl. 8; dazu Band 1, Rdn. 814 mit allen Einzelheiten, weiter dazu z. B. Ingenstau/Korbion/Keldungs, VOB/B § 2 Nr. 5 Rdn. 7; Nicklisch/Weick, VOB/B § 2 Rdn. 61; weitere Fundstellen s. Band 1, Rdn. 814.
[1123] OLG Düsseldorf BauR 1989, 483, 484; Einzelheiten dazu oben Rdn. 234, 256, 263, 478 f.
[1124] Vgl. dazu Band 1, Rdn. 808–825, darunter **Tunnelbauarbeiten, Entwicklungsrisiken** (dazu auch oben Rdn. 600), **Verwendung „neuer Techniken"** (dazu jeweils auch oben Rdn. 600). Zum **Baugrundrisiko** beim Global-Pauschalvertrag vgl. oben Rdn. 552–567, beim Detail-Pauschalvertrag s. Rdn. 282 sowie auch ausführlich Band 1, Rdn. 707 ff.
[1125] Siehe unten Rdn. 1251 ff.; es kommen evtl. auch Bereicherungsansprüche aus § 812 BGB in Betracht, s. unten Rdn. 1259 ff.
[1126] Zu „Standardverhältnissen" näher Band 1, Rdn. 128, 182, 507, 852, 864.
[1127] Vgl. oben Rdn. 617 sowie Band 1, Rdn. 745 ff.

Der Auftragnehmer kann z. B. bei auftraggeberseitiger Ausführungsplanung erwarten, dass die verwendeten Stahldurchmesser und ihre prozentualen Anteile an der Gesamtstahlmenge dem normalen **Standard** entsprechen, wenn der Auftraggeber es entgegen Abschnitt 0.2.5 der DIN 18 331 unterlässt, „Sorten, Mengen und Maße des Betonstahls" anzugeben.[1128]

Der Auftragnehmer kann wegen Abschnitt 0.1.11 der DIN 18 299 davon ausgehen, dass eine Baustelle **nicht** im **Landschaftsschutzgebiet** liegt, wenn das nicht in den Ausschreibungsunterlagen vermerkt ist.[1129]

Wenn z. B. im Rahmen eines Detail-Pauschalvertrages über Dachdeckungsarbeiten entgegen Abschnitt 0.2.5 der DIN 18 338 nicht erwähnt ist, ob Dachhaken, Schneefang, Lüftung oder Laufstege einzubauen sind, so sind sie eben nicht Vertragsbestandteil.

1067 Wenn der Auftraggeber beim Detail-Pauschalvertrag nach **Standardleistungsbuch** ausschreibt, wie es etwa für öffentlich-rechtliche Auftraggeber Pflicht sein kann,[1130] so kann der Auftragnehmer erwarten, dass der Auftraggeber dann, wenn eine spezielle Leistung zu erbringen ist und das Standardleistungsbuch für diese Spezialanforderung eine Rubrik enthält, der Auftraggeber diese Spezialanforderung auch textlich aufführt. Benennt er die Spezialanforderung nicht, obwohl das Standardleistungsbuch den Text vorsieht, gilt nur Standard. Wir haben das in Band 1 als die Pflicht „zur inneren Schlüssigkeit des Angebotsblanketts" bezeichnet.[1131]

1068 Was „**Besondere Leistung**" im Sinne der VOB/C ist, wird nur Vertragsbestandteil, wenn es auch **besonders** erwähnt ist; ist es nicht besonders erwähnt, ist die Anordnung einer solchen Besonderen Leistung zusätzliche Leistung, die nach § 2 Nr. 6 VOB/B vergütungspflichtig ist. Ist die Einbeziehung solcher Besonderen Leistungen durch **Allgemeine Geschäftsbedingungen** des Auftraggebers gefordert, so ist im Einzelfall zu untersuchen, ob diese Regelung wirksam ist oder nicht.[1132]

1069 Wenn der Auftraggeber in all diesen Fällen nach Vertragsschluss doch die „Spezialanforderungen" verlangt, bestehen Ansprüche des Auftragnehmers gemäß § 2 Nr. 7 Abs. 1 Satz 4 VOB/B, § 2 Nr. 5 oder § 2 Nr. 6 VOB/B.
Ohne Anordnung des Auftraggebers können in solchen Fällen geänderter oder zusätzlicher Leistung sich im Einzelfall Ansprüche des Auftragnehmers aus § 2 Nr. 8 VOB/B ergeben.

3.2.2.3 Vertraglich zulässige Konkretisierung der Entwurfsplanung in der Ausführungsplanung des Auftraggebers keine Änderung

1070 Sofern der **Auftraggeber** die Ausführungsplanung erstellt, diese aber bei Vertragsschluss nicht vorliegt und folglich nicht in ihrer konkreten Ausgestaltung Vertragsinhalt wird, (z. B. beim Komplexen Global-Pauschalvertrag in der Form des Schlüsselfertigbaus mit auftraggeberseitiger Ausführungsplanung, vgl. oben Rdn. 533 ff.), ergibt sich ein bei dieser Ausführungsplanung spezifisches Problem: Die Ausführungsplanung ist allein schon wegen des größeren Maßstabes genauer, „differenzierter" gegenüber der

---

[1128] Siehe Band 1, Rdn. 128, 182, 507, 852, 864, auch Ingenstau/Korbion/Keldungs, VOB/B § 2 Nr. 5 Rdn. 8 zur **Bewehrungsdichte**.
Zu den Prüfpflichten des Bieters allgemein siehe Band 1, Rdn. 185 ff.
[1129] Einzelheiten s. Band 1, Rdn. 128.
[1130] Vgl. z. B. Vergabehandbuch für die Durchführung von Bauaufgaben des Bundes im Bereich der Finanzbauverwaltung, Stand Februar 2006 Richtlinie zu § 9 VOB/A 2.2.3.
[1131] Band 1, Rdn. 207 mit Einzelheiten.
[1132] Vgl. dazu zum Detail-Pauschalvertrag Rdn. 280, zum Global-Pauschalvertrag Rdn. 549.

Entwurfsplanung. Das ist ja auch der Sinn dieser Planung. Rechtlich ist auch hier wieder der Gedanke einer Teilglobalisierung angebracht: Die Entwurfsplanung dokumentiert das Bauwerk zwangsläufig teilweise „global". Diese „globalen Elemente", die Vertragsbestandteil geworden sind, werden nach Vertragsschluss durch die Ausführungsplanung konkretisiert. Wenn die Ausführungsplanung vertraglich Sache des Auftraggebers ist, darf **er** folglich das Globalelement jeweils ausfüllen. Das „Ausfüllen" muss sich aber noch innerhalb des „Oberbegriffs der speziellen Entwurfsplanung" bewegen, darf also nur das Globalelement detaillieren, darf aber nicht darüber hinausgehen; die Ausfüllungsauswahl des Auftraggebers muss auch „billig" im Sinne des § 315 BGB sein.[1133] Der Auftraggeber darf also in diesen Fällen durch die Ausführungsplanung zulässigerweise **konkretisieren**, aber er darf nicht (ohne Zusatzvergütung) das Globalelement ändern. Das, was ein Auftragnehmer als potenzielle Vervollständigungsmöglichkeit der Entwurfsplanung **erkennen** und kalkulieren kann, gehört noch als Konkretisierung zum Bausoll, ein Mehr führt zu geänderter oder zusätzlicher Leistung.[1134]

1071
Wenn der Vertrag zum Beispiel als Bausoll rechteckige Stützen vorsieht, sind auch unterschiedliche Querschnitte in der Ausführungsplanung noch Konkretisierung. Wenn der Auftraggeber jedoch 54 Stützen unterschiedlichen Querschnitts in der Ausführungsplanung vorsieht, wäre das „unbillig" und damit vom Bausoll nicht gedeckte Wahl.[1135] Rundstützen wären dagegen auf jeden Fall nicht Konkretisierung, sondern Änderung.

3.2.2.4 Die Grenze auftraggeberseitiger Auswahlbefugnis bei Auswahlschuldverhältnissen

1072
Methodisch bildet die Wahlentscheidung des Auftraggebers bei förmlich vertraglich vorgesehener Auswahlposition (Auswahlschuldverhältnis) einen Unterfall der Beurteilung zulässiger „billiger" Vervollständigung seitens des Auftraggebers. Standardbeispiel: „Farbton nach Wahl des Auftraggebers".[1136] Überhaupt fallen darunter alle gerade beim Schlüsselfertigbau eingeräumten **vertraglichen Wahlbefugnisse des Auftraggebers**, z. B.: „Fußbodenheizung, System nach Wahl des Auftraggebers".[1137]

In allen diesen Fällen ist grundsätzlich **jede** Wahl des Auftraggebers zulässig und bildet dann das Bausoll. Allerdings muss die Wahl immer noch „**billig**" im Sinne von § 315 BGB sein.[1138] Sie muss sich also im Rahmen der vom Bieter unter Normalumständen zu erkennenden Wahlmöglichkeiten halten. Ob man dies wie wir über § 315 BGB begründet oder mit dem Bundesgerichtshof als Begrenzung des Wahlrechts gemäß Treu und Glauben (§ 242 BGB), bedeutet inhaltlich keinen Unterschied. Bei „Farbton nach Wahl" muss der Auftragnehmer mit **einem** Farbton jeder beliebigen Farbe **innerhalb** der durch Prospekte o. ä. dokumentierten Angebotspalette der Industrie rechnen, aber er muss nicht davon ausgehen, der Auftraggeber werde eine Farbe wählen, die nicht für das betreffende Produkt im

---

[1133] Vgl. zur „Billigkeit" für den umgekehrten Fall, dass der Auftragnehmer die Ausführungsplanung fertigt und/oder Globalelemente ausfüllt, oben Rdn. 461 f. sowie 643 ff.
[1134] Näher Band 1, Rdn. 862–869. Zur „Fortschreibung der Ausführungsplanung" oben Rdn. 533, 1046–1049 und Band 1, Rdn. 869, zu „fast tracking" Projekten ebenfalls oben Rdn. 533.
[1135] Vgl. dazu auch die nachfolgende Rdn. „Auswahlschuldverhältnisse".
[1136] Zu diesem Fall vgl. nachfolgend Fn. 1039 sowie Band 1, Rdn. 165, 184, 849 ff.
[1137] Näher oben Rdn. 676, auch zur Wahl innerhalb bestimmter Preisgrenzen.
[1138] Vgl. dazu oben Rdn. 1071, 667 ff.; die Überschreitung der Grenze ist besonders typisch durch konkludente auftraggeberseitige Anordnung (s. unten Rdn. 1095).

Rahmen des angegebenen Standards produziert wird, sondern nur zu erheblich höherem Preis als Einzelfertigung.[1139]

3.2.2.5 Das Bausoll bei Mischpositionen

1073 In einer „**Mischposition**" fasst ein Auftraggeber mehrere Leistungen zu einer „Position" zusammen, dies unter dem Aspekt, dass er die genaue mengenmäßige Verteilung der einzelnen Leistungen noch nicht kennt. Gemäß § 9 Nr. 14 Satz 2 und § 9 Nr. 2 VOB/A muss der Auftraggeber darauf achten, dass die „teurere" Leistung nur in kleiner Menge vorkommt und auf die Bildung des Durchschnittspreises ohne nennenswerten Einfluss ist oder dass alle in der Mischposition zusammengefassten Leistungen praktisch gleich teuer sind; der „Mittelwert" muss also im letzteren Fall im wesentlichen die für die jeweilige Teilleistung geltende Preissituation richtig wiedergeben. Abweichungen in der Verteilung von diesem Mittel-Standard führen zu Ansprüchen des Auftragnehmers aus § 2 Nr. 5 bzw. § 2 Nr. 8 VOB/B.[1140]
Diese Problematik kann sich beim Detail-Pauschalvertrag ergeben, evtl. beim Einfachen Global-Pauschalvertrag. Außerdem können solche „Mischpositionen" beim Schein-Pauschalvertrag (verkappter Einheitspreisvertrag) vorkommen, wenn die auszuführende Leistungsmenge also „fix" ist und damit kein Mengenermittlungsrisiko des Auftraggebers besteht.[1141]

3.2.2.6 Angeordnete Mengenmehrung, Sonderprobleme beim Pauschalvertrag

1074 „Regel" a sagt aus, dass § 2 Nr. 5 VOB/B dann ausscheidet, wenn sich der **qualitative** Leistungsinhalt der jeweiligen Leistung nicht geändert hat. Wenn laut Vertrag eine Kühlzelle einzubauen ist und der Auftraggeber nach Vertragsschluss eine zweite (gleichartige) Kühlzelle verlangt, ändert sich die Ursprungsleistung „Kühlzelle" qualitativ nicht: Die Leistung wird unverändert ausgeführt. Nicht die Qualität hat sich durch das Verlangen des Auftraggebers geändert, sondern die Quantität (vgl. Rdn. 678). **Quantitätsänderungen** sind beim Pauschalvertrag entweder unbeachtlich, oder sie führen zu Ansprüchen gemäß § 2 Nr. 7 Abs. 2 i. V. m. § 2 Nr. 6 VOB/B, nie führen sie jedoch zu Ansprüchen aus geänderter Leistung gemäß § 2 Nr. 5 VOB/B. Wann sie unbeachtlich sind und wann sie zu Ansprüchen aus § 2 Nr. 6 VOB/B führen, lässt sich vorab schlagwortartig festhalten: In all den Fällen, in denen sich Mengenmehrungen „aufgrund vorgefundener Verhältnisse" oder innerhalb eines „offen übernommenen **Besonderen** Risikos des Auftragnehmers" ergeben, scheiden beim Pauschalvertrag Ansprüche des Auftragnehmers aus.

Von der Fallgestaltung her ist die erste Alternative die Parallele zu § 2 Nr. 3 VOB/B beim Einheitspreisvertrag; dort ergibt sich die Abrechnungssumme pro Position aus ausgeführter Menge, multipliziert mit dem Einheitspreis. Ohne Anordnung des Auftraggebers kön-

---

[1139] „Farbton nach Wahl" war Gegenstand der ersten Entscheidung BGH „Sonderfarben I" BauR 1993, 595. Der Bundesgerichtshof hat zur Klärung der Frage, wie „die Bieter nach Empfängerhorizont" den Auswahlspielraum sehen durften, an das OLG zurückverwiesen. Dieses hat nach Anhörung eines Sachverständigen in seinem zweiten Urteil wie im vorherigen zugunsten des Auftragnehmers entschieden; die dagegen erneut eingelegte Revision hat der BGH in der zweiten Entscheidung „Sonderfarben II" nicht angenommen, zu beidem BauR 1998, 1098 mit Anm. Kapellmann. Ausführlich dazu Band 1, Rdn. 165, 184 sowie insbesondere 849–858 unter Einbezug der BGH-Entscheidung „Wasserhaltung II" BauR 1994, 235, dazu Band 1, Rdn. 855.

[1140] Zutreffend Ingenstau/Korbion/Kratzenberg, VOB/A § 9 Rdn. 107, s. näher Band 1, Rdn. 859. Unrichtig OLG Köln IBR 1992, 230 mit ablehnender Anmerkung Schulze-Hagen. Die Anordnung eines vom Standard erheblich abweichenden „Leistungsmix" stellt sich sehr oft als konkludente Anordnung des Auftragnehmers dar, s. unten Rdn. 1095.

[1141] „Preislisten-Pauschale", s. oben Rdn. 66–70, 288 und im Zusammenhang der Abgrenzung zu § 2 Nr. 5, § 2 Nr. 6 VOB/B sogleich Rdn. 1075.

nen Mengenmehrungen oder Mengenminderungen gegenüber den Vordersätzen lediglich „aufgrund vorgefundener Verhältnisse" auftreten und kann sich ab der 10 %-Grenze auch der Einheitspreis verändern. Diese Situation kann nur bei rechnerisch falschen oder im vorherein unbekannten „Vordersätzen" eintreten (letzteres z. B. bei „Ausschachtung bis auf tragfähigen Boden").

Hier gibt es beim Pauschalvertrag nur in den seltensten Fällen eine Korrektur der Vergütung über die Störung der Geschäftsgrundlage gemäß § 2 Nr. 7 Satz 2, 3 VOB/B – das sind die „20 %-Fälle".[1142] Ansonsten gilt hier, dass Mengenänderungen weder Ansprüche des Auftraggebers noch des Auftragnehmers begründen.

Ändert sich dagegen die auszuführende Menge, weil der Auftraggeber nachträglich mehr Menge **verlangt**, ändert sich also die Menge nur wegen einer nachträglichen **Anordnung** des Auftraggebers, so ist das sowohl beim Einheitspreisvertrag[1143] wie beim Pauschalvertrag **zusätzliche Leistung**, die gemäß § 2 Nr. 6 VOB/B, beim Pauschalvertrag insoweit in Verbindung mit § 2 Nr. 7 Abs. 2 VOB/B, zur Zusatzvergütung führt und bei der jedenfalls nach unserer Meinung sogar ausnahmsweise entgegen § 2 Nr. 6 Satz 1 VOB/B eine **vorherige Ankündigung** des Verlangens auf Mehrvergütung vor Ausführung **entbehrlich** ist.[1144]

Diese mehr allgemeine Unterscheidung zwischen Mengenänderung ohne Veränderung des Pauschalpreises und angeordneter Mengenmehrung mit der Folge zusätzlicher Vergütung trotz Pauschalpreises bedarf der **genauen Abgrenzung.**

1075

Zu diesem Zweck müssen wir noch einmal in Zusammenfassung früherer Überlegungen festhalten, dass es **drei „Arten"** von **„Mengenrisiko"** des Auftragnehmers beim Pauschalvertrag gibt:

a)

Als **erstes** gibt es den **„Schein-Pauschalvertrag",** von uns auch **„Preislisten-Pauschale"** genannt.[1145] Das sind die Fälle, in denen der Auftragnehmer vor Vertragsabschluss die nach Vertragsabschluss auszuführende Menge nicht kennen kann, weil der Auftraggeber ihm **keinerlei Mengenermittlungskriterien vorgegeben,** dennoch aber **gleichzeitig über die Menge stückzahlmäßig schon selbst entschieden** hat. Einzelheiten zu solchen Fallgestaltungen haben wir ausführlich erörtert, wir haben diese Fälle als Grenzgebiet zwischen Pauschalvertrag und Einheitspreisvertrag beurteilt, sie aber schließlich als „verkappte" Einheitspreisverträge eingeordnet, also als „Schein-Pauschalvertrag" erkannt, wenn es um komplette Verträge geht. In derartigen Fällen führt die bloße nachträgliche Anordnung des Auftraggebers hinsichtlich einer höheren Stückzahl (genau wie für einen Einheitspreisvertrag typisch) zur zusätzlichen Vergütung gemäß § 2 Nr. 6 VOB/B.

Dasselbe gilt nicht nur für ganze Verträge, sondern für entsprechende auftraggeberseitige „fixe" Mengen-Einzelbestimmungen, also Maß- und Stückzahlangaben.

Beispiele:

- Das Objekt hat 14 Außenzapfstellen
  oder
- von den vorhandenen Fenstern erhalten 30 Fenster Rolläden mit Motorantrieb, die restlichen Fenster Rolläden mit Handkurbel

---

[1142] Zu dieser Störung der Geschäftsgrundlage näher unten Rdn. 1500 ff.
[1143] Band 1, Rdn. 792, 514 ff.
[1144] Band 1, Rdn. 923, 866 und in diesem Band Rdn. 1102.
[1145] Ausführlich mit genauerer Begründung Rdn. 288, 66–70 (mit Beispiel „Rohrisolierung Kraftwerk pro lfd. m, aber Pauschalpreis"); zur Kritik an der Entscheidung „1 Kühlzelle" des OLG Stuttgart BauR 1992, 639 im Einzelnen Rdn. 654. Wie hier i. E. Vygen, BauR 1979, 375, 381.

oder
- 1 Kühlzelle ist vorzusehen (oder ist in der Planung vorgesehen)
oder
- mitzuliefern sind 46 Feuerlöscher

Entscheidend ist immer, dass der Auftraggeber **auch die Mengenangabe zum fixierten, konkreten Leistungsinhalt** gemacht hat, was gegebenenfalls durch Auslegung festzustellen ist.[1146]

Um es zu wiederholen: Hier gibt es kein „Mengenrisiko" des Auftragnehmers, weil die Menge im Vertrag fixiert und damit festgelegt ist; jede Veränderung seitens des Auftraggebers führt zur zusätzlichen Vergütung.

b)

1076 Die **zweite** Konstellation trifft das für den Pauschalvertrag **typische Mengenermittlungsrisiko** des Auftraggebers: Für den Pauschalvertrag kennzeichnend, gibt der Auftragnehmer Mengenermittlungsparameter vor (Pläne, Text, „Leitentscheidungen" gemäß Rdn. 1075, z. B. „3 Geschosse"); es ist dann allein Sache des Auftragnehmers, **innerhalb** dieser **Mengenermittlungskriterien** und aus diesen Mengenermittlungskriterien die auszuführende Menge für sich selbst zu ermitteln; Ermittlungsfehler oder auch die Unmöglichkeit der richtigen Ermittlung geht zu Lasten des Auftragnehmers. Weil es sich bei der Mengenermittlung um ein Internum des Auftragnehmers handelt, wird eine konkret genannte Menge (Vordersatz) gar nicht Vertragsbestandteil. Ist die Menge ohne Änderung der Mengenermittlungskriterien anders als im Angebotsstadium ermittelt, ob mit Anordnung des Auftraggebers oder ohne, so ist das gleichgültig, da der Auftragnehmer sich noch immer innerhalb seines geschuldeten Leistungsinhalts, innerhalb des Bausolls bewegt.[1147] Eine Anordnung des Auftraggebers wäre überflüssig und höchstens als keine zusätzliche Vergütung auslösende Anordnung gemäß § 4 Nr. 1 Abs. 3 VOB/B zu kennzeichnen.

1077 Für pure Schreib- und Rechenfehler gibt es Ausnahmen, das haben wir unter Rdn. 305 f. gesondert behandelt, wir haben auch den – unbeachtlichen – Kalkulationsirrtum des Auftragnehmers[1148] und die Behandlung der vom Auftraggeber unrichtig vorgesehenen Mengenermittlungskriterien schon abgehandelt.[1149]

1078 Ansprüche aus „angeordneter Mengenmehrung" gemäß § 2 Nr. 7 Abs. 2, § 2 Nr. 6 VOB/B können sich bei dieser Fallkonstellation erst dann ergeben, wenn der Auftraggeber nach Vertragsschluss die dem Vertrag zugrundeliegenden, zum Bausoll gewordenen **Mengenermittlungskriterien ändert.** Diese Mengenermittlungskriterien sind durch den Vertrag fixiert. Auch der Global-Pauschalvertrag, z. B. der Schlüsselfertigbau, ändert daran nichts. Zu ermitteln ist lediglich immer präzise, wie diese vom Auftraggeber vorgegebenen Mengenermittlungskriterien wirklich lauten.[1150] Noch einmal das Beispiel aus Rdn. 307: Sehen beim Schlüsselfertigbau die vom Auftraggeber vorgegebenen, das Bausoll bildenden Entwurfspläne vor, dass im 1. Obergeschoß von Bauwerk A nur Zwischenwände für den WC-Bereich aufgestellt werden, muss der Auftragnehmer (nur) auf

---

[1146] **In allen Einzelheiten dazu grundsätzlich** Rdn. 41–53, 286 ff., Abgrenzungsfälle beim Detail-Pauschalvertrag Rdn. 286 ff., Abgrenzungsfälle zum Einheitspreisvertrag Rdn. 54–86, Einzelheiten beim Global-Pauschalvertrag Rdn. 667–673.
Zur **„angeordneten Mengen**minderung" s. unten Rdn. 1304 ff.
[1147] Band 1, Rdn. 792, 514 f.
[1148] **Oben Rdn. 298–303, auch zugunsten des Auftraggebers, vgl. Rdn. 304.**
[1149] Oben Rdn. 311–320.
[1150] Näher dazu oben Rdn. 308, 234.

eigenes Risiko ermitteln, wieviel Quadratmeter Zwischenwände im 1. Obergeschoß für den im Plan bezeichneten Bereich zu bauen sind. Verlangt der Auftraggeber nach Vertragsschluss zusätzliche Zwischenwände, so verändert er die vertraglichen Mengenermittlungskriterien, daraus resultieren zusätzliche Leistungen, die der Auftraggeber nach § 2 Nr. 6 VOB/B vergüten muss.

c)

Die **dritte** Möglichkeit ist schließlich die, dass der Auftragnehmer im Wege offener „**Besonderer Risikoübernahme**" das **Risiko jedweder vorkommenden Menge** auf sich genommen hat. Beispiele finden sich reichlich beim Komplexen Global-Pauschalvertrag: 1079

- Ausschachtung bis auf tragfähigen Boden

- Wasserhaltung (für **jede** notwendige Wasserhaltung, für **jede** ankommende Menge Wasser)

- „... das ingesamt vorzufindende kontaminierte Erdreich ist zu entfernen ..."

Grundsätzlich muss der Auftragnehmer bei einer solchen Konstellation das **erkennbar** übernommene Besondere Risiko in solchen Fällen auch mengenmäßig allein tragen.[1151]

Solche **Besonderen Risikoübernahmen** sind allerdings immer daraufhin zu prüfen, ob es sich wirklich um ein „rechtsgeschäftlich übernommenes Risiko" des Auftragnehmers handelt. **Versteckte** („frivole") Risikozuweisungen des Auftraggebers können unwirksam sein, jedenfalls aber selbst dann, wenn sie wirksam sind, unter Umständen Ansprüche des Auftragnehmers begründen.[1152] 1080

Sind die Besonderen Risikozuweisungen in **Allgemeinen Geschäftsbedingungen** des Auftraggebers enthalten, ist ohnehin immer die Wirksamkeit solcher Klauseln zu prüfen.[1153]

Schließlich können beim **öffentlichen Auftraggeber** im Einzelfall nach entsprechender einzuschränkender Auslegung nur auf „gewöhnliche Wagnisse" und nicht auf „ungewöhnliche Wagnisse" doch Vergütungsansprüche in Betracht kommen.[1154]

In all diesen Fällen ist schließlich **immer zu prüfen**, ob nicht die Risikogrenze überschritten ist, ob also hier der Auftragnehmer nicht **Ansprüche** gemäß § 2 Nr. 7 Abs. 1 Satz 2, 3 VOB/B **wegen Störung der Geschäftsgrundlage** hat – „20 %-Fälle".[1155] 1081

3.2.3 „Regel b" – Die Leistung ist „völlig neuartig", dann kein § 2 Nr. 5, sondern § 2 Nr. 6 VOB/B

3.2.3.1 Bisher im Vertrag auch nicht in anderer Menge vorgesehene Leistung

Die „völlig neuartige Leistung" ist der Prototyp der zusätzlichen Leistung des § 2 Nr. 6 VOB/B. Die Leistungsbeschreibung beim Schlüsselfertigbau sieht vor, dass die Beleuchtung bauseits gestellt wird. Nachträglich ordnet der Auftraggeber an, der Auftragnehmer solle auch die Beleuchtung liefern und installieren. Oder: Der Auftraggeber ordnet eine bisher nicht vorgesehene Parkplatzmauer an. 1082

[1151] Vgl. oben Rdn. 321, 613, 614, 670–673.
[1152] Vgl. Rdn. 614.
[1153] Einzelheiten oben Rdn. 626 ff.; Band 1, Rdn. 759.
[1154] Wie unter Rdn. 622 ff. erörtert.
[1155] Näher dazu unten Rdn. 1500 ff.

Der Unterschied zur in Rdn. 1076 behandelten, ebenfalls gemäß § 2 Nr. 6 VOB/B abzurechnenden „angeordneten Mehrmenge" liegt darin, dass bei der „angeordneten Mehrmenge" die Leistung qualitativ „als Vertragsinhalt" schon vorhanden ist, aber die Quantität vergrößert wird: 8 Buchen in den Außenanlagen statt bisher 4 Buchen.

Bei der „völlig neuartigen Leistung" gibt es dagegen nicht die bloße Quantitätsänderung, sondern es gibt jetzt eine bisher im Vertrag gar nicht vorgesehene Leistung. Insgesamt sind diese Fälle in der Zuordnung zu § 2 Nr. 6 VOB/B unproblematisch.

3.2.3.2 Sonderfall: Zusätzliche, nicht geänderte Leistung infolge archäologischen Fundes – §§ 4 Nr. 9, 2 Nr. 6 VOB/B

1083 Einen interessanten, anscheinend seltenen, in manchen Städten (z. B. Köln) aber alltäglichen Sonderfall behandelt § 4 Nr. 9 VOB/B, der selbstverständlich auch für den Pauschalvertrag gilt: **„Werden bei Ausführung der Leistung auf einem Grundstück Gegenstände von Altertums-, Kunst- oder wissenschaftlichem Wert entdeckt, so hat der Auftragnehmer vor jedem weiteren Aufdecken oder Ändern dem Auftraggeber den Fund anzuzeigen und ihm die Gegenstände nach näherer Weisung abzuliefern. Die Vergütung etwaiger Mehrkosten regelt sich nach § 2 Nr. 6. Die Rechte des Entdeckers (§ 984 BGB) hat der Auftraggeber."**

Geregelt sind hier Fälle, in denen der Auftraggeber z. B. römische Mauerreste oder einen mittelalterlichen Brunnen vorfindet oder einen Münzfund macht.

Schon aus § 4 Nr. 9 VOB/B folgt, dass der Auftragnehmer in solchen Fällen nicht einfach weiterarbeiten darf, sondern den Fund dem Auftraggeber anzuzeigen hat; indirekt heißt das auch, dass er die Entscheidung des Auftraggebers abzuwarten hat. im Übrigen folgt das auch aus den landesrechtlichen Ausgrabungsgesetzen, z. B. aus § 16 Denkmalschutzgesetz NRW.

Wenn infolge eines solchen Fundes Arbeiten angeordnet werden, die bisher im Vertrag nicht vorgesehen waren, also z. B. nunmehr Aushub von Hand, Bergungsarbeiten usw., so sind das typische zusätzliche Arbeiten nach § 2 Nr. 6 VOB/B. Das hätte also gar keiner Regelung bedurft.

Die „Anordnung des Auftraggebers" im Sinne des § 2 Nr. 6 VOB/B wird sich in diesen Fällen sehr häufig als vom Auftraggeber **gebilligte** Anordnung Dritter (z. B. der Ausgrabungsbehörde) darstellen.[1156]

Dadurch, dass in § 4 Nr. 9 VOB/B aber **gesondert** festgehalten wird: „Die Vergütung etwaiger Mehrkosten regelt sich nach § 2 Nr. 6", steht fest, dass **generell** der Auftraggeber die finanziellen Folgen **dieses** Bodenrisikos zu tragen hat, nicht der Auftragnehmer.

Es erscheint sachgerecht, wegen des speziellen Verweises in § 4 Nr. 9 VOB/B hinsichtlich der Vergütung etwaiger Mehrkosten **auch die ganz besonders typischen** Mehrkosten in der Zeit zwischen Anzeige des Fundes und der Ausführung der zusätzlichen Arbeiten, also die **Wartekosten** (Behinderungszeitraum), als schon von § 2 Nr. 6 VOB/B jedenfalls analog erfasste Kosten auf der Basis fortgeschriebener Vergütung zu erfassen. Andernfalls würde man zu dem Ergebnis kommen, dass der Auftragnehmer zwar durch das Vorfinden der archäologischen Gegenstände behindert ist, dass er, weil diese Gegenstände aus dem „Risikobereich des Auftraggebers stammen",[1157] einen Anspruch auf Bauzeitverlängerung hätte, aber keinen Schadensersatzanspruch für die Stillstandskosten gemäß § 6 Nr. 6 VOB/B, weil dieses Bodenhindernis vom Auftraggeber im Sinne von § 6 Nr. 6 VOB/B nicht zu vertreten wäre.

[1156] Vgl. zu dieser Problematik Band 1, Rdn. 870.
[1157] Vgl. oben Rdn. 1025 f. und unten Rdn. 1607.

Es würde der in § 4 Nr. 9 VOB/B zum Ausdruck gekommenen Entscheidung, dass der Auftragnehmer eine „Vergütung etwaiger Mehrkosten", also die Vergütung **aller** etwaigen Mehrkosten, erhält, widersprechen, wenn in solchen Fällen nicht die **typischsten Mehrkosten**, nämlich die **Wartekosten**, hier **einbezogen** würden.[1158]

Da sich die Vergütung der Mehrkosten nach § 2 Nr. 6 VOB/B „regelt", wird man notgedrungen eigentlich davon ausgehen müssen, dass eine Ankündigung des Anspruches auf zusätzliche Vergütung seitens des Auftragnehmers gemäß § 2 Nr. 6 Abs. 1 Satz 2 VOB/B grundsätzlich erforderlich ist. Gleichzeitig muss man aber festhalten, dass ein typischer Ausnahmefall vom Ankündigungserfordernis hier fast immer eingreift: Der Auftraggeber weiß positiv, dass zusätzliche Aufwendungen entstehen werden; die Ankündigung ist immer dann entbehrlich, wenn sich der Auftraggeber nicht im unklaren sein kann, dass eine Zusatzleistung vorliegt und dass der Auftragnehmer die Zusatzarbeit nicht ohne Vergütung ausführen wird.[1159]

Dass archäologische Funde nicht vom Leistungsumfang her vorgesehen sind, bedarf keiner Erörterung; dass Zusatzkosten entstehen, wenn die Baustelle sogar kraft Gesetzes nicht weitergeführt werden kann, ist sehr wahrscheinlich. Auf jeden Fall ist hinsichtlich der eigentlichen, unmittelbar mit der Entdeckung zusammenhängenden Zusatzleistungen (z. B. Handschachtung) eine vorherige Ankündigung oft nicht möglich und ohnehin entbehrlich.[1160]

3.2.4 „Regel c" – Die modifizierte Leistung enthält keinen unmittelbar praktisch verwertbaren Anhaltspunkt mehr für die Preisermittlung der neuen Leistung – dann nicht § 2 Nr. 5, sondern § 2 Nr. 6 VOB/B

In all den Fällen, in denen eine z. B. im Rahmen eines Detail-Pauschalvertrages definierte Leistung genau spezifiziert ist, dann aber nachträglich vom Auftraggeber geändert wird, würde es sich eigentlich anbieten, § 1 Nr. 3, § 2 Nr. 5 VOB/B anzuwenden. Wann ist aber eine Leistung „noch geändert", und wann ist sie „nicht im Vertrag enthalten"; mit anderen Worten: Wann ist der Änderungsgrad so groß, dass die neue Leistung mit der alten praktisch nicht mehr verglichen werden kann und in Wirklichkeit eine bisherige Leistung durch eine „völlig neue" Leistung ersetzt worden ist?

1084

Ist der Einbau von Pfählen durch Rammen statt durch Bohren geänderte Pfahlherstellung oder neue Bohrleistung? Wir haben das Thema in Band 1 ausführlich behandelt, verweisen deshalb dort auf die Rdn. 827 ff. und halten hier nur fest:

[1158] Wie hier Merkens, in: Kapellmann/Messerschmidt, VOB/B § 4 Rdn. 212.
Abweichend nehmen in nahezu wörtlicher Übereinstimmung Heiermann/Riedl/Rusam, VOB/B § 4 Rdn. 108 und ohne Begründung Ingenstau/Korbion/Oppler, VOB/B § 4 Nr. 9 Rdn. 4 einen Behinderungsschadensersatz aus § 6 Nr. 6 Satz 1 VOB/B an; widersprüchlich dazu bejaht Korbion in Rdn. 435 die Vergütung für den Warteschaden aber gemäß § 2 Nr. 6 VOB/B und zitiert dabei unzutreffend, wir sähen dieses Problem „zu eng". **Wir** bejahen (s. Text) uneingeschränkt die **Vergütung** des Warteschadens. Dafür spricht schon, dass der Auftragnehmer warten **muss** aufgrund „zeitlicher Anordnung" (vgl. Fn. 1052) und dass der Auftraggeber **immer** für aus der Risikobereich des Auftragnehmers resultierende Anordnungen gemäß § 2 Nr. 5 VOB/B vergütet wird, vgl. oben Rdn. 1025, 1028.
OLG Braunschweig BauR 2004, 1621 verneint Ansprüche aus § 4 Nr. 9 i.V. mit § 2 Nr. 6 VOB/B, gewährt aber einen Anspruch aus § 642 BGB.

[1159] Näher Band 1, Rdn. 928 ff.; BGH BauR 1996, 542; BGH NJW 1978, 631; unzutreffend für Ankündigungspflicht Ingenstau/Korbion/Oppler, VOB/B § 4 Nr. 9 Rdn. 7; Nicklisch/Weick, VOB/B § 4 Rdn. 127.

[1160] Zutreffend Ingenstau/Korbion/Oppler, VOB/B § 4 Nr. 9 Rdn. 7; Merkens, in: Kapellmann/Messerschmidt, VOB/B § 4 Rdn. 211.

Solange die alten Preisermittlungselemente noch als sinnvoller Ausgangspunkt für die neue Preisermittlung herangezogen werden können und/oder folglich in nennenswertem Umfang noch in dem neuen Preis „auftauchen", und sofern sich der Preis der neuen Leistung fast zwangsläufig in einer „analogen Kostenfortschreibung" (in Anlehnung an objektive Anknüpfungspunkte) ergibt, solange ist der Bauinhalt (nur) geändert. Das ist folglich ein Fall des § 1 Nr. 3, § 2 Nr. 5 VOB/B.

Bieten aber die alten Kalkulationselemente keine unmittelbar praktisch verwertbare Anhaltspunkte für die Preisfortschreibung, so ist die Leistung nicht mehr nur abgeändert, sondern neu und deshalb als „zusätzliche Leistung" nach § 1 Nr. 4, § 2 Nr. 6 VOB/B zu behandeln bei gleichzeitiger konkludenter Teilkündigung der bisherigen Leistung gemäß § 8 Nr. 1 VOB/B.

Griffiger Anhaltspunkt ist dafür u. a. die Prüfung, ob sich das neue Produktionsverfahren von dem alten wesentlich unterscheidet.[1161] Das Einbringen von Pfählen durch Bohren ist deshalb gegenüber dem Einbringen durch Rammen so sehr „anders", dass es sich im Rechtssinne um eine konkludente Teilkündigung der Teilleistung „Rammen" und „zusätzliche Leistung" der „neuen" Teilleistung „Bohren" nach § 2 Nr. 6 VOB/B handelt.[1162] Lässt sich trotz Vergleichs der neuen Leistungsinhalte und Kostenelemente mit den bisherigen Leistungsinhalten und Kostenelementen in einem Fall einfach nicht klären, ob „ausreichend auf passende Kalkulationselemente Bezug genommen werden kann, um noch analog den neuen Preis ermitteln zu können", d. h., bleiben unausräumbare Zweifel, so ist die Leistung als geänderte Leistung nach § 2 Nr. 5 VOB/B zu behandeln, **weil § 2 Nr. 6 VOB/B die speziellere Vorschrift** (vgl. oben Rdn. 1062) und § 2 Nr. 5 VOB/B somit der Auffangtatbestand ist.

4 Anordnung oder Forderung der neuen Leistung durch den Auftraggeber als Voraussetzung des § 2 Nr. 5 und des § 2 Nr. 6 VOB/B

4.1 Anordnung = eindeutig „Befolgung heischende" Leistungsaufforderung des Auftraggebers

1085 Voraussetzung eines Mehrvergütungsanspruchs des Auftragnehmers gemäß § 2 Nr. 5 VOB/B oder § 2 Nr. 6 VOB/B und ebenso auch nach BGB ist als erstes, wie erörtert, eine Abweichung der jetzt auszuführenden (oder ausgeführten) Leistung von der vertraglich vereinbarten Leistung, vom Bausoll.

Weitere Voraussetzung ist bei § 2 Nr. 5 VOB/B eine **Änderung des Bauentwurfs** durch den Auftraggeber oder eine **sonstige Anordnung** des Auftraggebers. Da die zweite Alternative die „sonstige" Anordnung ist, steht außer Zweifel, dass auch die Änderung des Bauentwurfs unter den Oberbegriff „**Anordnung**" gehört.

§ 2 Nr. 6 VOB/B setzt voraus, dass der Auftraggeber eine im Vertrag nicht vorgesehene Leistung „**fordert**". Die abweichende Formulierung „Forderung" statt „Anordnung"

[1161] Näher Band 1, Rdn. 833, 834.
[1162] Band 1, Rdn. 823. Putzier, BauR 1993, 399, 401 ff. will demgegenüber darauf abstellen, dass die zusätzliche Leistung dem Auftraggeber ein „zusätzliches Ergebnis" verschafft. Das verschiebt die Lösung nur: Wenn man die Definition der vertraglichen Leistung nur allgemein genug fasst, fehlt es in allen Grenzfällen immer am „zusätzlichen Ergebnis" – Haus ist Haus beim Schlüsselfertigbau, auch trotz Zusatzleistung.

hängt damit zusammen, dass unter § 2 Nr. 6 VOB/B auch die nicht zur Ausführung der vertraglichen Leistung erforderliche, aber mit ihr zusammenhängende Leistung (die „andere Leistung")[1163] gehört, die der Auftraggeber zwar verlangen (im Sinne von wünschen), aber nicht anordnen kann.

Die Definition von „Fordern" und „Anordnen" ist aber ansonsten völlig identisch, so dass wir der Vereinfachung halber nur noch von **Anordnung** sprechen.

Einzelheiten zur Anordnung haben wir in Band 1, Rdn. 844 ff. ausführlich behandelt. Wir fassen hier die Ergebnisse nur noch einmal zusammen und behandeln zusätzliche Schwerpunkte. 1086

Anordnung ist die **eindeutige**, „Befolgung heischende" Aufforderung des **Auftraggebers,** eine bestimmte Leistung zu erbringen oder eine bestimmte Maßnahme zu treffen, zu unterlassen oder zu modifizieren;[1164] der Auftraggeber übt ein Gestaltungsrecht in Form einer einseitigen, empfangsbedürftigen Willenserklärung aus. Anordnungen können den qualitativen Bauinhalt (z. B. Änderung von Holzfenster in Aluminiumfenster), den quantitativen Bauinhalt (z. B. Änderung der Mengenermittlungsparameter) oder die Bauumstände (z. B. Terminverschiebung, Freigabe des Arbeitsbeginns) betreffen. Unverbindliche Hinweise, nicht bis zur „Weisung" gediehene allgemeine Lösungsüberlegungen des Auftraggebers, Erörterungen oder dergleichen reichen nicht aus. Es muss vielmehr aus der Äußerung des Auftraggebers für den Auftragnehmer zu entnehmen sein, dass der Auftraggeber eine Leistung „in Auftrag gibt" bzw. „entscheidet". 1087

4.2 Bloße Anordnung entscheidend, nicht rechtliche Einordnung oder Rechtsfolgenerklärung durch den Auftraggeber; irrtümliche Anordnung des Auftraggebers

Wir haben die methodische Frage, ob der Auftraggeber eine „**Änderungs**anordnung" oder eine „**Zusatz**anordnung" geben kann oder muss, ob es also darauf ankommt, wie der Auftraggeber seine Anordnung versteht, schon früher erörtert und festgestellt, dass es gleichgültig ist, wie der Auftraggeber seine Anordnung „deklariert".[1165] Es kommt nur darauf an, **dass** der Auftraggeber angeordnet hat; er braucht sich des „Änderungscharakters" der Anordnung gar nicht bewußt zu sein. Bewegt sich der Auftraggeber mit seiner Anordnung noch **im** Bausoll – weist er beispielsweise beim Global-Pauschalvertrag den Auftragnehmer zutreffend an, bei vertraglich geschuldeter „Wasserhaltung" eine notwendig werdende geschlossene Wasserhaltung auszuführen –, so fehlt es schon am Tatbestand der geänderten oder zusätzlichen Leistung, nämlich der Bausoll-Abweichung. Diese Anordnung ist also als eine gemäß § 4 Nr. 1 Abs. 3 oder Abs. 4 VOB/B zu qualifizieren.[1166] Bewegt sich der Auftraggeber mit der Anordnung **außerhalb** des Bausolls, also im Bereich der Bausoll-Abweichung, handelt es sich um eine Anordnung gemäß § 2 Nr. 5, Nr. 6 (oder Nr. 9, Nr. 4) VOB/B. 1088

Wesentlich ist das nur unter einem Aspekt: Ob der Auftraggeber das Bausoll durch seine Anordnung **ändern will,** ist gleichgültig, entscheidend ist, **dass** er durch die Anordnung 1089

[1163] Einzelheiten oben Rdn. 1022.
[1164] Zur Rechtsnatur der Anordnung s. weiter Band 1, Rdn. 845.
[1165] Einzelheiten s. oben Rdn. 1015 f. sowie auch Band 1, Rdn. 847.
[1166] Siehe oben Rdn. 1011 ff. und noch einmal insbesondere Rdn. 1015 f. sowie eingehend Rdn. 1101 ff. Zu dem ähnlichen Fall, dass die Anordnung nur die Folge eigener Pflichtversäumnisse des Auftragnehmers ist, also nicht **„aus dem Risikobereich des Auftraggebers"** stammt, vgl. nachfolgend Rdn. 1090 und oben Rdn. 1025–1028.

ändert. Auch wenn also der Auftraggeber (objektiv unzutreffend) beispielsweise dem Auftragnehmer erklärt, die verlangte Leistung gehöre zum vertraglich geschuldeten Leistungsumfang (Bausoll), ändert das nichts; allein die Tatsache der Anordnung ist und bleibt maßgeblich. Hat der Auftraggeber mit seiner Annahme unrecht, er bewege sich noch im Bausoll, ordnet er aber tatsächlich außerhalb des Bausolls an, so reicht allein die Tatsache der Anordnung, um den Anspruch aus § 2 Nr. 5, Nr. 6 VOB/B zu begründen – also auch dann, wenn der Auftraggeber gerade keine „neue" Leistung in Auftrag geben will. Nur deshalb ist es auch überhaupt akzeptabel, dass der Auftragnehmer bei angeordneter zusätzlicher Leistung den Mehrvergütungsanspruch dem Auftraggeber gemäß § 2 Nr. 6 Abs. 1 Satz 2 VOB/B ankündigen muss,[1167] gewissermaßen als Warnung an den Auftraggeber, dass dieser sich außerhalb des Bausolls bewegt. Der Auftraggeber kann auch nicht mit Erfolg argumentieren, wenn er gewußt hätte, dass er doch zahlen müsse, hätte er die Anordnung gar nicht gegeben.[1168]

Hat der Auftraggeber Anordnungen getroffen, stellt sich aber später heraus (z.B. erst bei der Abrechnung), dass z.B. die scheinbar zusätzliche Leistung doch schon vom ursprünglichen Bausoll umfasst war, so besteht keine Vergütungspflicht. **Etwas anderes gilt**, wenn der Auftraggeber nicht nur eine entsprechende Anordnung getroffen hat, sondern wenn die Parteien sich über die Behandlung als Nachtrag **geeinigt** haben.[1169] Dann haben sie den bisherigen Vertrag geändert und eine bisher nicht gesondert zu vergütende Leistung doch jetzt vergütungspflichtig gemacht; sie haben also im Ergebnis den Preis erhöht. Das ist besonders typisch beim Global-Pauschalvertrag für den Fall, dass sich die Parteien uneinig über das Bausoll waren. Selbst wenn sich nachträglich bei „objektiver Beurteilung" ergeben würde, dass die Leistung von Anfang an zum Bausoll gehörte, muss sie doch **vereinbarungsgemäß** gesondert vergütet werden.[1170]

4.3 Anordnung dem Risikobereich des Auftraggebers zurechenbar

1090 Wenn der Auftraggeber sich bei seiner Anordnung **im** Bausoll-Bereich bewegt, kommen – wie unter Rdn. 1088, 1089 erörtert – schon mangels Soll-Ist-Abweichung keine Ansprüche des Auftraggebers aus § 2 Nr. 5, Nr. 6 VOB/B in Betracht. Kritisch wird es in den Fällen, in denen der Auftraggeber das durch die Anordnung zu überwindende „Erschwernis" nicht verschuldet hat – z. B. Vorfinden eines römischen Brunnens. Aber für die rein vergütungsrechtliche Beurteilung der Anordnung kommt es darauf nicht an. Maßgeblich ist nur, ob die Anordnung Folge eines Problems **im vertraglichen Risikobereich** des Auftraggebers ist. Ist sie das, so löst die Anordnung Vergütungsfolgen aus, also auch z. B. die zeitliche Anordnung des Auftraggebers als Reaktion auf eine verspätete Vorunternehmerleistung (s. oben Rdn. 1025).

4.4 Die ausdrückliche Anordnung

1091 Wenn der Auftraggeber eine Anordnung „offen" gibt, also ausdrücklich z. B. durch mündliche oder schriftliche unzweideutige Erklärung, bestehen keine weiteren Probleme. Wir erwähnen lediglich nochmals, dass auch eine Einigung der Parteien als Anordnung gemäß § 2 Nr. 5, Nr. 6 VOB/B zu bewerten ist.[1171]

[1167] Einzelheiten dazu unten Rdn. 1101 ff.
[1168] Vgl. Band 1, Rdn. 846.
[1169] Siehe Band 1, Rdn. 846, 946.
[1170] BGH BauR 1997, 237, näher Rdn. 1119.
[1171] Siehe unten Rdn. 1246.

4.5 Die konkludente Anordnung – Versteckte Anordnungen

Der Auftraggeber kann eine Anordnung auch konkludent, also durch „schlüssiges Verhalten" treffen. Das ist zu bejahen, wenn aus Handlungsumständen der eindeutige Wille des Auftraggebers zu schließen ist, dass eine bestimmte Leistung ausgeführt werden soll. Zu diesem Bereich gehört auch, dass eine ausdrückliche Anordnung des Auftraggebers hinsichtlich einer Teilleistung zwangsläufig, aber unausgesprochen, Einfluss auf andere Teilleistungen hat.[1172] Es ist eine rein akademische Frage, ob man Anordnungen, bei denen sich der Auftraggeber des Änderungscharakters selbst nicht bewußt ist, die sich aber z. B. aus vorgelegter auftraggeberseitiger Ausführungsplanung ergeben, noch als ausdrückliche oder schon als konkludente Anordnung bewertet.
Natürlich ist es dem Auftragnehmer dringend zu empfehlen, sich auf vage Überlegungen, ob eine Leistung konkludent angeordnet sei, nie zu verlassen, sondern ausdrückliche und eindeutige Anordnungen zu erfragen.

1092

Typisch für den Grenzbereich zwischen ausdrücklicher und konkludenter Anordnung sind solche Anordnungen des Auftraggebers, die nicht verbal erfolgen, sondern in Form **nach Vertragsschluss eingehender Pläne**, insoweit typischerweise also auch noch „versteckt".[1173]

1093

Im Einzelfall sehr kritisch ist auch die Frage, die sich bei Detail-Pauschalverträgen oft, bei Global-Pauschalverträgen mit auftraggeberseitiger Ausführungsplanung ebenfalls stellt: Enthält die nach Vertragsschluss vorgelegte Ausführungsplanung des Auftraggebers nur eine Fortführung der Entwurfsplanung, also eine zulässige **Konkretisierung** innerhalb des Bausolls, oder ist sie in Wirklichkeit **ändernde**, also das Bausoll überschreitende Planung? Wir haben das Problem in Rdn. 1064 f. untersucht und dürfen darauf verweisen.

1094

In denselben Bereich gehört die Ausübung eines auftraggeberseitigen Auswahlrechts unter Überschreitung der Grenzen der Auswahlbefugnis[1174] oder die nähere Bestimmung des „Leistungsmix" unter Überschreitung der zulässigen Grenze einer Mischposition.[1175]

4.6 Die stillschweigende Anordnung

Eine Anordnung kann der Auftraggeber auch **stillschweigend** treffen; das ist anzunehmen, wenn er in **Kenntnis** der Situation eine (neue) Leistung des Auftragnehmers geschehen lässt. Ohne Kenntnis des Auftraggebers gibt es keine stillschweigenden Anordnungen. Das bloße Vorfinden vom Bausoll abweichender Bodenverhältnisse begründet daher für sich allein nicht die Annahme stillschweigender Anordnungen des Auftraggebers. Auch Anordnungen durch Dritte, z. B. Baubehörde oder Ausgrabungsbehörde, sind nicht ohne weiteres dem Auftraggeber als seine stillschweigende Anordnung zurechenbar, sondern nur, wenn der Auftraggeber in Kenntnis der Situation billigend die Drittweisung gewissermaßen in „Transformierung" übernimmt und die darauf beruhende Auftragnehmeraktivität geschehen lässt. Pure Unterlassungen des Auftraggebers – der Auftraggeber kennt z. B. die Situation gar nicht und äußert sich schon deshalb nicht – können nicht

1095

[1172] Ebenso Daub/Piel/Soergel/Steffani, VOB/B Erl. 2.102; Marbach, ZfBR 1989, 2, 3.
[1173] Zu nach Angebotsabgabe, aber **vor** Vertragsschluss eingehenden Plänen mit versteckter Modifizierung vgl. OLG Stuttgart BauR 1992, 639 und dazu oben Rdn. 678.
Zu konkludenten Anordnungen s. näher auch Band 1, Rdn. 862–871.
[1174] Siehe oben Rdn. 1072.
[1175] Siehe oben Rdn. 1073.

stillschweigende Anordnung sein. Den ganzen Komplex der stillschweigenden Anordnung haben wir in Band 1 ausführlich behandelt, darauf dürfen wir verweisen.[1176)]

4.7 Anordnung auf zusätzliche Leistung trotz fehlender Erklärung des Auftraggebers, weil die Leistung aus dem Inhalt des Vertrages „notwendig" ist?

1096 Der Bundesgerichtshof hat für einen Einheitspreisvertrag folgenden Fall entschieden: Ein Auftragnehmer stellt bei Ausführung von Heizungsbauarbeiten fest, dass die zu installierende Heizleistung zu gering ist. Er baut deshalb von sich aus 5 zusätzliche Heizregister ein. Der Bundesgerichtshof führt aus, es handele sich nicht um einen Fall von § 2 Nr. 8 VOB/B (= damaliger § 2 Nr. 7 VOB/B a. F.). Dieser betreffe Arbeiten, die der Auftragnehmer (vertragswidrig) „ohne Auftrag oder unter eigenmächtiger Abweichung vom Vertrag ausführe". Hier sei aber der Einbau von 5 Heizregistern für eine ausreichende Beheizung **notwendig** gewesen. Es handele sich **deshalb** um eine Leistung, die „gefordert" gewesen sei, zu der der Auftragnehmer aber nach dem (ursprünglichen) Vertrag nicht verpflichtet gewesen sei. Eine in dieser Form geforderte Leistung unterfalle dem § 2 Nr. 6 VOB/B.[1177)] Das Argument würde auch für § 2 Nr. 5 VOB/B gelten, wenn der Auftragnehmer die Heizregister nur geändert hätte, um die notwendige Leistung zu erreichen.

Wir wandeln den Fall ab: Wieder soll der **Auftraggeber** das **Leistungsverzeichnis erstellt** haben, nur soll jetzt ein **Pauschalpreis** vereinbart sein. Hat der Auftragnehmer wegen der „zusätzlichen" Heizregister Anspruch auf zusätzliche Vergütung gemäß § 2 Nr. 7 Abs. 2 i. V. m. § 2 Nr. 6 VOB/B?

Genau wie beim Einheitspreisvertrag ist zuerst zu fragen, was „Bausoll" ist. **Wenn** der Auftragnehmer von Anfang an eine „komplette" Heizung, also eine Heizung aufgrund **richtiger** Wärmebedarfsberechnung oder aufgrund richtiger Ableitung aus einer richtigen Wärmebedarfsberechnung geschuldet hätte, würde er beim Pauschalvertrag keine zusätzliche Vergütung für zusätzliche Heizregister beanspruchen können. So wie wir den Fall gebildet haben, handelt es sich aber nach unserer Terminologie um einen Detail-Pauschalvertrag, denn unser Beispiel enthält keine „Komplettheitsklausel". In einem solchen Fall kann ohne Anhaltspunkt im Vertrag die „Komplettheitsklausel" nicht nachträglich in den Vertrag hineininterpretiert werden. Das auftraggeberseitig differenziert **Geregelte** ist und bleibt alleiniges Bausoll.[1178)] Also sind in diesem Fall die 5 weiteren Heizregister nicht Bausoll, sondern grundsätzlich zusätzliche Leistung.

Ein Anspruch aus § 2 Nr. 6 VOB/B setzt aber über die pure Bausoll-Bauist-Abweichung hinaus auch die Anordnung des Auftraggebers voraus, die in unserem Beispiel gerade fehlt. Die Anordnung kann bei **detaillierter auftraggeberseitiger** Vergabe – insoweit ist die Situation genauso zu beurteilen wie beim Einheitspreisvertrag – entgegen der Auffassung des Bundesgerichtshofs nicht aus der **Notwendigkeit der Leistung** folgern.[1179)]

Wenn der Auftragnehmer auftraggeberseitige Planungsmängel ohne Anordnung des Auftraggebers „einseitig ausbügelt", beurteilt sich sein Vergütungsanspruch nach § 2 Nr. 8

[1176)] Band 1, Rdn. 872–886.
[1177)] BGH Schäfer/Finnern Z 2.310 Bl. 40 (mit ablehnender Anmerkung Hochstein) = NJW 1978, 631. Zum **ablehnenden** Meinungsstand und zur (abweichenden) Lösung beim Einheitspreisvertrag vgl. näher Band 1, Rdn. 881–884. Die Entscheidung enthält unabhängig vom angesprochenen Problem die **zutreffende** Aussage, dass bei **angeordneter Mengenmehrung** eine Ankündigung gemäß § 2 Nr. 6 Abs. 1 Satz 2 VOB/B entbehrlich ist, s. dazu unten Rdn. 1102 und näher Band 1, Rdn. 923, 924.
[1178)] Siehe oben Rdn. 237–270, insbesondere auch Rdn. 262.
[1179)] Insoweit unrichtig BGH „Konsolträgerüste" NZBau 2003, 324. Näher Kapellmann NJW 2005, 182.

Abs. 2 VOB/B. Dort spielt die Notwendigkeit der modifizierten Leistung gerade die entscheidende Rolle, sofern nicht § 2 Nr. 8 Abs. 3 VOB/B eingreift.
Auch Bereicherungsansprüche gemäß § 812 BGB kommen in Betracht.[1180]

Eine bloße, unbeachtliche Mengenmehrung „aufgrund vorgefundener Verhältnisse" – die im Pauschalvertrag unbeachtlich wäre und keinen Vergütungsanspruch begründen würde – scheidet aus, denn die „vorgefundenen Verhältnisse" haben sich nicht geändert, lediglich die Planung war falsch.

Wandeln wir den Fall nochmals ab: Wieder hat der **Auftraggeber das Leistungsverzeichnis** erstellt, wieder wird auf der Basis differenzierter auftraggeberseitiger Ausschreibung ein Pauschalpreis gebildet, aber jetzt hat der individuelle Vertrag den Zusatz: „**Geschuldet wird eine komplette Heizungsanlage**", also jedenfalls eine dem **Wärmebedarf gerecht werdende**. 1097

Das ist nach unserer Definition wegen der Komplettheitsklausel ein Einfacher Global-Pauschalvertrag, und zwar mit **individuell** wirksam vereinbarter Komplettheitsklausel.[1181] Aber auch hier führt die Komplettheitsklausel allein nicht in jedem Fall zur Leistungspflicht des Auftragnehmers, entscheidend ist vielmehr bei auftraggeberseitiger oder Fehlen dieser Planung des Auftraggebers; diesen Planungsfehler braucht der Auftragnehmer im Angebotsstadium im Normalfall nicht zu erkennen, er braucht nicht „nachzuplanen", er braucht also nicht selbst eine neue Wärmebedarfsberechnung aufzustellen.

Die Folgen eines solchen Planungsfehlers muss der Auftraggeber tragen. Die Komplettheitsklausel ändert nichts an der allgemeinen Mängelhaftungsverteilung zwischen Auftraggeber und Auftragnehmer: Die Beseitigung der Folgen von Fehlplanungen gehört auch beim Einfachen Global-Pauschalvertrag nicht zum Bausoll des Auftragnehmers.[1182]

Notwendig werdende Leistungen sind deshalb Zusatzleistungen – wenn angeordnet, nach § 2 Nr. 7 Abs. 2 i. V. m. § 2 Nr. 6 VOB/B zu beurteilen, wenn nicht angeordnet, nach Grundsätzen der Geschäftsführung ohne Auftrag bzw. nach § 2 Nr. 8 VOB/B sowie nach Bereicherungsrecht (§ 812 BGB) zu beurteilen.[1183]

4.8 Anordnung wirksam – Vertretungsmacht vorhanden?

Wenn eine natürliche Person als Auftraggeber in Person Anordnungen trifft, sind diese selbstverständlich wirksam. Sobald dieser Auftraggeber nicht „in Person" anordnet oder sobald eine juristische Person oder Körperschaft des öffentlichen Rechts (GmbH, Aktiengesellschaft, Gemeinde, Land) im Spiel ist, die nicht „in Person" handeln kann, stellt sich die Frage wirksamer Vertretung. 1098

Hat derjenige, der die Anordnung erklärt hat, wirksam den Auftraggeber verpflichtet, hat er „mit Vertretungsmacht" gehandelt? Vertretungsmacht ist die kraft Gesetzes oder kraft Rechtsgeschäft (Bevollmächtigung) eingeräumte Rechtsmacht, im Namen eines Vertrete-

---

[1180] Vgl. auch Band 1, Rdn. 884; OLG Düsseldorf BauR 1992, 777 (in ausdrücklicher Ablehnung der Auffassung des BGH); Nicklisch/Weick, VOB/B § 2 Rdn. 91.
Einzelheiten zu § 2 Nr. 8 VOB/B bzw. zur Geschäftsführung ohne Auftrag gemäß § 677 ff. BGB sowie zu § 812 BGB s. unten Rdn. 1251 ff.

[1181] Einzelheiten oben Rdn. 515 ff.
In vom Auftraggeber gestellten **Allgemeinen Geschäftsbedingungen** wäre die **Komplettheitsklausel unwirksam**, s. oben Rdn. 512. Das gilt gerade auch für „notwendige" Leistungen. Anders im Schlüsselfertigbau, vgl. oben Rdn. 520 ff.

[1182] Einzelheiten oben Rdn. 537 ff., 544.

[1183] Siehe oben Rdn. 1097, Fn. 1174.

nen so zu handeln, dass dieser unmittelbar berechtigt und verpflichtet wird. Handelt der Vertreter ohne Vertretungsmacht, so wird der Dritte nicht wirksam verpflichtet. In solchen Fällen können aber Ansprüche des Auftragnehmers aus § 2 Nr. 8 VOB/B bzw. aus § 677 BGB (Geschäftsführung ohne Auftrag) sowie aus § 812 BGB (ungerechtfertigte Bereicherung) gegen den scheinbar Vertretenen bestehen; außerdem kommen Ansprüche gegen den Vertreter ohne Vertretungsmacht nach § 179 BGB in Betracht.

Alle diese Fragen haben wir ausführlich in Band 1, Rdn. 892 ff behandelt. Irgendwelche Besonderheiten beim Pauschalvertrag gibt es nicht. Wir dürfen deshalb in vollem Umfang auf unsere Darlegungen in Band 1 verweisen.

4.9 Anordnung wirksam – vertraglich vereinbarte Schriftform beachtet?

1099 Die Anordnung des Auftraggebers kann unter Umständen unwirksam sein, weil vertragliche Schriftform vereinbart, die Anordnung aber nur mündlich gegeben worden ist. Die damit zusammenhängenden Fragen werden wir im Sachzusammenhang mit dem Schriftformerfordernis nicht nur für Anordnungen, sondern für Nachtragsvereinbarungen insgesamt erörtern (unten Rdn. 1136 ff.).

4.10 Leistungsverweigerungsrecht des Auftragnehmers bei unwirksamer Anordnung?

1100 Die Fragestellung erscheint merkwürdig: Wenn die Anordnung, geänderte oder zusätzliche Leistungen auszuführen, unwirksam ist, ist der Auftragnehmer natürlich nicht verpflichtet, die Arbeiten auszuführen. Im formalen Sinne ist das richtig, im Baustellenalltag – bei dem z. B. der Auftraggeber auch die Rechtsprechung des Bundesgerichtshofs zur Schriftform als Vertretungsregelung beim öffentlichen Auftraggeber gar nicht kennt – sind unwirksame Anordnungen, deren Befolgung trotzdem verlangt wird, gang und gäbe. Diese Gesamtproblematik erörtern wir im Gesamtzusammenhang mit unwirksamen oder fehlenden Nachtrags-Vergütungsvereinbarungen.[1184]

5 Das Ankündigungserfordernis für den Vergütungsanspruch aus § 2 Nr. 7 Abs. 2, § 2 Nr. 6 VOB/B bei zusätzlicher Leistung – Ankündigungserfordernis § 2 Nr. 5 VOB/B – BGB-Vertrag?

5.1 Beurteilung des Ankündigungserfordernisses als Anspruchsvoraussetzung und Rechtsgültigkeit der Vorschrift

1101 Der Auftragnehmer hat Anspruch auf Vergütung für **zusätzliche** Leistungen gemäß § 2 Nr. 6 VOB/B. Nach Abs. 1 Satz 2 dieser Vorschrift muss er jedoch den Anspruch dem Auftraggeber **ankündigen, bevor** er mit der Ausführung der Leistung beginnt.

Bundesgerichtshof und überwiegende Lehre verstehen das so, dass die vorherige Ankündigung Anspruchsvoraussetzung sei – ohne Ankündigung keine Vergütung.[1185] Diese „An-

---
[1184] Unten Rdn. 1141.
[1185] Einzelheiten und vollständige Nachweise Band 1, Rdn. 909 ff.

kündigungsklausel" ist nach unserer Meinung allerdings als AGB-rechtlicher Verstoß unwirksam[1186].

5.2 Ausnahmen vom Ankündigungserfordernis

Vom Ankündigungserfordernis gemäß § 2 Nr. 6 Abs. 1 Satz 2 VOB/B gibt es – entgegen unserer Rechtsauffassung die Wirksamkeit der Klausel unterstellt – Ausnahmen, und zwar nach unserer Auffassung **vier spezielle** Ausnahmetatbestände, sodann **allgemeine** Ausnahmeüberlegungen.   1102

Die **erste spezielle** Ausnahme ist:

a)

Der Auftraggeber **ordnet** explizit eine pure **Mengenmehrung** an – also eine der Art nach gemäß Vertrag auszuführende Leistung, aber jetzt im größeren Umfang. Auch beim Pauschalvertrag löst die angeordnete Mengenmehrung Ansprüche gemäß § 2 Nr. 6 VOB/B aus.[1187] Kein Auftraggeber kann annehmen, dass er aufgrund nachträglicher Entscheidung von derselben Leistung jetzt „mehr" verlangen könne, ohne ein „Mehr" an Vergütung zahlen zu müssen – die Warnfunktion des Ankündigungserfordernisses ist hier entbehrlich.[1188] Wir stimmen mit unseren Überlegungen überein mit der Rechtsprechung des **Bundesgerichtshofs:** „Unter den gegebenen Umständen konnte die Beklagte nicht im unklaren darüber sein, dass die Klägerin die Montage der zusätzlichen 5 Heizregister nicht kostenlos ausführen, sondern dafür die gleiche Vergütung von je 100,– € fordern würde wie bei den ursprünglich vorgesehenen 10 Stück. Bei dieser Sachlage bedurfte es hier nicht der nach § 2 Nr. 6 Abs. 1 Satz 2 VOB/B in der Regel erforderlichen vorherigen Ankündigung des Auftragnehmers, dass er für die Zusatzarbeiten eine besondere Vergütung fordern werde."[1189]

b)

Die **zweite spezielle** Ausnahme ist: Wenn der Hauptunternehmer seinem Auftraggeber (Bauherr) selbst angekündigt hat, dass die Leistung als Zusatzleistung vergütungspflichtig sei, hat der Hauptunternehmer – bei parallelem Vertragsinhalt – gegenüber seinem Nachunternehmer natürlich auch positiv Kenntnis davon, dass die Leistung auch ihm gegenüber Zusatzleistung ist. Auch hier entfällt die Warnfunktion der Ankündigung – natürlich nur für den Nachunternehmer.   1103

c)

Die **dritte spezielle** Ausnahme ist: Der „frivole" Auftraggeber kann sich nicht darauf berufen, dass ihm gegenüber der Auftragnehmer eine zusätzliche Leistung ankündigen muss, die nur deshalb „zusätzlich" ist, weil das Bausoll vom „lauteren" Bieter ohne die frivol ausgeschriebene und deshalb nicht als Bausoll zu erkennende und deshalb auch nicht zu berücksichtigende Leistung definiert worden ist.   1104

d)

Die **vierte,** noch **speziellere** Ausnahme ist: Der Auftraggeber ordnet eine Eventualleistung an; die dafür vorgesehene Eventualposition ist aber wegen Verstoß gegen § 19   1105

[1186] Einzelheiten Kapellmann, in: Kapellmann/Messerschmidt VOB/B § 2 Rdn. 200.
[1187] Zu den drei Kategorien angeordneter Mengenmehrung s. oben Rdn. 1074–1081.
[1188] Einzelheiten s. Band 1, Rdn. 921–923.
[1189] BGH Schäfer/Finnern Z 2.310 Bl. 40 = NJW 1978, 631. Es handelt sich um die Entscheidung „Anordnung aus Notwendigkeit der Leistung", zu diesem Teil der Entscheidung s. oben Rdn. 1097 f.

VOB/A oder § 10 Nr. 1 AGB unwirksam. Darum ist die auszuführende Leistung „zusätzliche Leistung", eine Ankündigung aber überflüssig.[1190]

e)

1106 Die **allgemeine**, d. h. von Fall zu Fall jeweils zu beurteilende **Ausnahme** vom Ankündigungserfordernis ist in Anlehnung an die Rechtsprechung des Bundesgerichtshofs: Die Ankündigung ist dann entbehrlich, wenn der Auftraggeber sich nicht im unklaren darüber sein kann, dass eine Zusatzleistung vorliegt und dass der Auftraggeber sie nicht ohne Vergütung erbringen wird; die unterlassene Ankündigung schadet auch dann nicht, wenn der Auftragnehmer sie unverschuldet unterlassen hat.[1191]

Als Kriterien kommen insoweit z. B. in Betracht:

- Der Umfang des Zusatzaufwandes für die „neue" Leistung.

- Die Wertrelation zwischen Zusatzleistung und Gesamtleistung, ggf. je „Titel" eines evtl. Leistungsverzeichnisses.

- Sehr später Zugang der Anordnung des Auftragggebers – dies grenzt an „Frivolität" des Auftraggebers: Er vereitelt letztlich durch Anordnung in letzter Sekunde die ordnungsgemäße Prüfung (und daraus resultierend die Ankündigung durch den Auftragnehmer).

- Die „versteckte" Anordnung, z. B. in nach Angebotsabgabe, aber vor Vertragsschluss vorliegenden Plänen, die bei einer Vergabeverhandlung vorhanden sind, aber nicht erwähnt werden – dieses Argument nähert sich wiederum der „Frivolität" des Auftraggebers.[1192]

Zur Kritik und zu den weiteren Einzelheiten verweisen wir auf Band 1.[1193] Auch nach der Rechtsprechung des Bundesgerichtshofs führt eine trotz aller Ausnahmen im Einzelfall erforderliche, aber unterlassene Ankündigung nicht zum Anspruchsverlust, wenn nicht der Auftraggeber beweist, dass er infolge der fehlenden Ankündigung eine preiswertere Alternative verloren habe.[1194]

5.3 Keine nachträgliche Berufung auf Ankündigungserfordernis bei Anerkenntnis des Auftraggebers dem Grunde nach

1107 Hat der Auftraggeber den Anspruch auf Zusatzvergütung dem Grunde nach **bejaht** und der Höhe nach bestimmte Vergütungsgrößenordnungen akzeptiert oder schon teilweise bezahlt, kann er in einem Streit über die richtige Höhe der **Vergütung** nicht **nachträglich** rügen, es fehle an der notwendigen Anordnung für § 2 Nr. 6 VOB/B. Hier wirkt sein eigenes Verhalten als deklaratorisches Anerkenntnis zum Grund des Anspruches, womit die dem Auftraggeber ja bekannte Einwendung „fehlende Ankündigung" unzulässig wird.

[1190] Näher Band 1, Rdn. 926.
[1191] Dazu grundsätzlich BGH NZBau 2002, 152 = BauR 2002, 312 und früher (dazu Band 1 Rd. 910).
[1192] Vgl. dazu in etwas anderem Zusammenhang OLG Stuttgart BauR 1992, 639; im Übrigen zu diesem Urteil oben Rdn. 678.
[1193] Rdn. 909–932.
[1194] BGH NZBau 2002, 152 = BauR 2002, 312.

5.4 Vertragsklausel zur Einführung eines Ankündigungserfordernisses bei § 2 Nr. 5 VOB/B zulässig?

Sofern eine Klausel in Allgemeinen Geschäftsbedingungen eines Auftraggebers enthalten ist, wonach entgegen der VOB/B auch für nur **geänderte Leistungen** ein **Ankündigungserfordernis** eingeführt werden soll, kann die Klausel dann gültig sein, wenn sie absolut unmissverständlich, deutlich und hervorgehoben auf diese einschneidende Änderung hinweist.[1195]   1108

5.5 Kein Ankündigungserfordernis für zusätzliche Leistungen beim BGB-Vertrag

Dass beim BGB-Vertrag kein Ankündigungserfordernis für zusätzliche Leistungen besteht, haben wir bereits erörtert.[1196]   1109

6 „Erhebliche Veränderung des Leistungsinhalts, Leistung im wesentlichen Umfang anders" als zusätzliche Anspruchsvoraussetzung für § 2 Nr. 5 oder § 2 Nr. 6 VOB/B beim Pauschalvertrag?

6.1 Checkliste: Anspruchsvoraussetzungen für Vergütung geänderter oder zusätzlicher Leistungen – Keine „Wesentlichkeitsvoraussetzung" in § 2 Nr. 7 Abs. 2 VOB/B

Die einzelnen Anspruchsvoraussetzungen für eine Vergütung gemäß § 2 Nr. 7 Abs. 2 i. V. m. § 2 Nr. 5 (geänderte Leistung), **Nr. 6** (zusätzliche Leistung) VOB/B sind:[1197]   1110
- Abweichung des Bauist vom Bausoll
- Anordnung des Auftraggebers
- Anlass aus dem „Risikobereich des Auftraggebers"
- Anordnung wirksam (Vertretungsbefugnis, gegebenenfalls Schriftform)
- Ankündigung des Vergütungsverlangens vor Ausführung der Leistung bei Zusatzleistung gemäß § 2 Nr. 6 VOB/B (nicht beim BGB-Vertrag)
- Berechnung der Nachtragsvergütung in Fortschreibung der Angebotskalkulation, nämlich:

  Bei geänderten Leistungen:
  Die Grundlagen des Preises für eine im Vertrag vorgesehene Leistung werden geändert (§ 2 Nr. 5 VOB/B).

  Bei zusätzlichen Leistungen:
  Der Auftragnehmer hat Anspruch auf besondere Vergütung; die Vergütung bestimmt sich nach den Grundlagen der Preisermittlung für die vertragliche Leistung und den besonderen Kosten der geforderten Leistung (§ 2 Nr. 6 VOB/B).

Mehr steht im Text von § 2 Nr. 5 und § 2 Nr. 6 VOB/B nicht.

[1195] Einzelheiten s. Band 1, Rdn. 909–932.
[1196] Oben Rdn. 1009.
[1197] Vgl. auch das zusammenfassende **Bearbeitungsschema** in Band 1, Rdn. 1196, 1197.

6.2 Fehlerhafte Einführung eines zusätzlichen Erfordernisses „erhebliche Veränderung" durch einzelne OLGs in unrichtiger Anknüpfung an durch VOB/B-Änderung überholte frühere Rechtsprechung des Bundesgerichtshofs

1111 Weil die „Nummern 4, 5 und 6" gemäß § 2 Nr. 7 Abs. 1 Satz 4 VOB/B a.F. **unberührt** blieben, stand damit zwingend fest, dass **§ 2 Nr. 5 und § 2 Nr. 6 VOB/B beim Pauschalvertrag genau denselben Inhalt haben wie beim Einheitspreisvertrag.** Das heißt: Nur die Tatbestandsvoraussetzungen des § 2 Nr. 5 und § 2 Nr. 6 VOB/B müssen erfüllt sein, dann hat der Auftragnehmer auch beim Pauschalvertrag Vergütungsansprüche; **es muss also nichts „erheblich verändert sein",** die (alte) Leistung muss nicht durch die modifizierte Leistung „in wesentlichem Umfang anders" geworden sein. Es gibt keine derartigen ungeschriebenen Tatbestandsmerkmale, die sich gewissermaßen heimlich in § 2 Nr. 5 oder § 2 Nr. 6 VOB/B dann einschlichen, wenn Pauschalverträge zur Diskussion stehen, ganz abgesehen davon, dass schon die Strukturähnlichkeit zwischen Einheitspreisvertrag und Detail-Pauschalvertrag eine solche Ausnahme ad absurdum führt – dazu näher Rdn. 1122. Darüber, dass es **folglich solche zusätzlichen Erfordernisse beim Pauschalvertrag nicht** gibt, besteht in der Literatur nahezu Einigkeit, viele Gerichte urteilen entsprechend richtig.[1198]

Der **Bundesgerichtshof** hat bei **zusätzlichen** Leistungen **noch nie** eine andere Meinung vertreten und selbst bei winzigen Zusatzleistungen von 300 € im Rahmen von Pauschalverträgen in Millionenhöhe Mehrvergütung ohne die geringste Diskussion zugesprochen, für **geänderte** Leistungen hat er die (selbstverständliche) Anwendung von § 2 Nr. 5 VOB/B **uneingeschränkt** bestätigt.[1199]

[1198] Richtig zum Beispiel: KG OLG Report 1999, 253, 254: „Abweichungen im Leistungsziel sind durch die Pauschalpreisvereinbarung **nie** gedeckt"; OLG Celle BauR 1996, 723; OLG Düsseldorf BauR 1991, 774; besonders deutlich und präzise OLG Düsseldorf OLG-Report 1995, 52 mit irreführendem Leitsatz in BauR 1996, 226 (das Urteil ist wegen falscher Berechnung einer Risikogrenze bei Wegfall der Geschäftsgrundlage, also in **anderem** Zusammenhang, vom BGH aufgehoben worden, s. Fn. 1656, 1659); Landgericht München, zitiert bei Glatzel/Hofmann/Frikell, S. 168 für eine Klausel in AGB des Auftraggebers, wonach ein Pauschalpreis sich bei Planänderung des Auftraggebers nur ändere, wenn dies zu einer **erheblichen** Veränderung des Leistungsumfangs führe: Diese Klausel verstößt in **grober Weise** gegen das Prinzip der Berechenbarkeit von Leistungen und Gegenleistungen.
In der Lehre wie hier Heiermann/Riedl/Rusam, VOB/B § 2 Rdn. 154; Kleine-Möller/Merl, § 10 Rdn. 495; Motzke, Seminar Vergütungsansprüche, S. 111, 112; Beck'scher Kommentar/Jagenburg VOB/B, § 2 Nr. 5 VOB/B, Rdn. 98; Bühl, Anm. zu OLG Nürnberg ZfBR 1987, 155; Schulze-Hagen, Kurzanmerkung zu OLG Hamm IBR 1992, 355; Putzier, Pauschalpreisvertrag, Rdn. 373.
Fundstellen zur (unzutreffenden) Gegenmeinung siehe Fn. 1202.

[1199] **BGH** BauR 1995, 293 für **zusätzliche** Leistungen (näher dazu Rdn. 1119), für **geänderte** Leistungen BGH NZBau 2002, 669; **BGH** NZBau 2000, 467.
Zur Analyse der früheren BGH-Rechtsprechung siehe die nachfolgende Rdn. 1112 ff.

Seit § 2 Nr. 7 (also auch Abs. 1 Satz 4) VOB/B im Jahre 1973 in die VOB/B eingefügt worden ist, hat der Bundesgerichtshof auch hinsichtlich **geänderter** Leistungen nicht mehr gefordert, die Änderung müsse „wesentlich" sein oder dergleichen, er hat das Gegenteil vielmehr ausdrücklich bestätigt.[1200]
Für den **heutigen § 2 Nr. 7 Abs. 2 VOB 2006 gilt natürlich nichts anderes.**

Einzelne Oberlandesgerichte haben sich leider bis in die jüngste Vergangenheit mit der Struktur von Pauschalverträgen nicht ausreichend befasst und schreiben ohne **Prüfung** und **auch noch unrichtig** eine Entscheidung des Bundesgerichtshofs vom 16. 12. 1971 ab, die durch die 1973 erfolgte Einfügung der Spezialregelung des § 2 Nr. 7 (darunter auch Abs. 1 Satz 4) VOB/B längst **überholt** war.[1201]
Sie kamen dabei zum Teil zu geradezu **unverständlichen** Ergebnissen.[1202]

Alle diese Entscheidungen haben übersehen, dass der Bundesgerichtshof in den von ihm zitierten Urteilen geänderte Leistungen bei Pauschalverträgen für einen Zeitraum behandelte, als es § 2 Nr. 7 VOB/B mit dem Verweis in Abs. 1 Satz 4 „Nrn. 4, 5 und 6 bleiben unberührt" noch nicht gab, nämlich für die Zeit vor 1973. Der Bundesgerichtshof musste **damals** solche Fälle über das allgemeine Rechtsinstitut der Störung der Geschäftsgrundlage „retten".
Seit 1973
aber gilt zuerst
– der **spezielle** Tatbestand des § 2 Nr. 7 Abs. 1 Satz 4 a.F., heute § 2 Nr. 7 Abs. 2,[1203] wonach (auch) § 2 Nr. 5 und § 2 Nr. 6 VOB/B unverändert gelten (nämlich „unberührt" bleiben)

[1200] Einzige Ausnahme ein Redaktionsversehen im Jahre 1981, siehe dazu Rdn. 1117; s. BGH NZBau 2002, 669.
Zur Analyse der früheren BGH-Rechtsprechung siehe die nachfolgenden Rdn. 1113 ff.
[1201] BGH VII ZR 215/69 = BauR 1972, 118 = Schäfer/Finnern, Z 2.301, Bl. 42 (Einzelheiten allgemein zu dieser Entscheidung oben Rdn. 227).
[1202] Besonders krass unrichtig OLG Brandenburg NZBau 2001, 689 mit Anm. Kapellmann; unrichtig weiter OLG München BauR 1997, 479; OLG Koblenz BauR 1997, 143, 148; OLG München BauR 1987, 479 = NJW-RR 1987, 598 = Schäfer/Finnern/Hochstein, § 16 Nr. 3 VOB/B (1973): „(Bei Anordnungen des Auftraggebers ist Voraussetzung der Mehrvergütung) eine Überschreitung des Risikorahmens (?) von 20%!"; OLG Frankfurt MDR 1986, 407 = NJW-RR 1986, 572: „Abweichungen im Leistungsumfang müssen erheblich sein, sie sind es erst bei Überschreitung von 20%!" (ablehnend speziell zu dieser Entscheidung Ingenstau/Korbion, VOB/B § 2 Rdn. 330); OLG Nürnberg ZfBR 1987, 155: „Minderleistungen (oder Mehrleistungen) unter 5% sind nicht erheblich" (mit ablehnender Anmerkung Bühl); OLG Zweibrücken BauR 1989, 746, 747: „Mehraufwendungen nicht in bezug auf Gesamtauftrag, aber in bezug auf bestimmte Einzelpositionen (?) von erheblichem Umfang erforderlich"; OLG Zweibrücken BauR 1994, 509, 511 im Zusammenhang mit einer AGB-Verbandsklage zu der Klausel: Mehr- oder Minderleistungen gegenüber den ausgeschriebenen Mengen bei **Änderungen des Bauentwurfes** werden entsprechend den Aufmaßen in den angegebenen Einheitspreisen abgerechnet. Laut Urteil regele § 2 Nr. 7 VOB/B für diesen Fall, dass erst bei Überschreitung einer Zumutbarkeitsgrenze von 20% (!) eine Mehrvergütung möglich sei. Da die Klausel von der Regelung in der VOB/B (!) abweiche, sei die Klausel nicht unangemessen, weil sie entsprechend (!) § 2 Nr. 5 VOB/B vereinbart worden sei; OLG Stuttgart BauR 1991, 639: „Erhebliche Änderungen erforderlich" (unter Zitat von Vygen, BauR 1979, 379, der dort genau das **Gegenteil** sagt), zu der Entscheidung ansonsten oben Rdn. 678 sowie Rdn. 288, 1075; OLG Hamm IBR 1992, 355: „Geringfügige Mehr- und Minderleistungen verändern den Pauschalpreis nicht" (mit ablehnender Anmerkung Schulze-Hagen).
Keine der Entscheidungen differenziert zwischen zusätzlichen und geänderten Leistungen.
In der **Lehre unrichtig** für „Erheblichkeitserfordernis" nur im Falle geänderter Leistung, nicht im Falle zusätzlicher Leistung: Thode, Seminar Pauschalvertrag und schlüsselfertiges Bauen, S. 33 ff., 42; Ingenstau/Korbion/Keldungs, VOB/B § 2 Nr. 7 Rdn. 14 ff.
[1203] Siehe dazu und überhaupt zur Systematik des § 2 Nr. 7 Abs. 1 VOB/B oben Rdn. 1002.

und erst sodann
- der allgemeine (Auffang-)Tatbestand der Störung der Geschäftsgrundlage in § 2 Nr. 7 Abs. 1 Satz 2 und Satz 3 VOB/B – eben die „20%-Fälle".[1204]

Folglich sind **heute** alle im Zusammenhang mit § 2 Nr. 7 Abs. 1 Satz 2, 3 VOB/B relevanten Überlegungen zur „Erheblichkeit" für die Beurteilung der Vergütungsansprüche des Auftragnehmers aus **geänderter** oder **zusätzlicher** Leistung gemäß § 2 Nr. 5, § 2 Nr. 6 VOB/B schlechthin **irrelevant**.

Die **Analyse aller** einschlägigen **Entscheidungen des Bundesgerichtshofs bestätigt** das.

1112 a) Kernanknüpfungspunkt ist das Urteil vom 16. 12. 1971.[1205] Bei einem Bauvorhaben über 24 Einfamilienhäuser war eine Pauschale von 420 000,– DM vereinbart. Für unstreitige zusätzliche Arbeiten waren 76 265,08 DM hinzuzurechnen (!). Wegen „innerhalb des Leistungsumfangs der Pauschalierung nicht erbrachter Arbeiten von rund 100 000,– DM und wegen umgekehrt nicht im Angebot enthaltener Leistungen von weiteren 70 000,– DM, außerdem wegen Verzögerung des Bauvorhabens durch die vorrangige Errichtung von zwei Musterhäusern und wegen nicht eingehaltenen Zahlungsplans" kam das Berufungsgericht unter Abänderung der Pauschale auf 448 377,78 DM (zuzüglich der unstreitigen 76 265,08 DM). Der Bundesgerichtshof billigt das: „Das mit dem Abschluss eines Pauschalvertrages für den Auftragnehmer verbundene Risiko ist ‚**nach Treu und Glauben**' nicht unbegrenzt. Das hat der Senat bereits für den Fall entschieden, dass sich die Vertragspartner beiderseits über den Umfang der auszuführenden Arbeiten im **erheblichen Maße geirrt** haben (BGH VersR 1965, 803)." Offensichtlich ist: Der Bundesgerichtshof prüft, wie trotz (damaligen!) Schweigens der VOB/B von einem Pauschalpreis abgewichen werden kann. Mangels Regelung in der VOB/B musste der Bundesgerichtshof folglich allgemeine Grundsätze heranziehen, konsequent wendet er das Instrumentarium der „Störung der Geschäftsgrundlage" = § 242 BGB an.

Die Störung der Geschäftsgrundlage setzte schon immer voraus, dass die Leistungs-/Gegenleistungs-Relation **erheblich** durch unvorhergesehene Ereignisse ins Ungleichgewicht geraten ist. Zutreffend zitiert der Bundesgerichtshof beispielhaft einen anderen (auch heute noch gültigen) Anwendungsfall der Störung der Geschäftsgrundlage beim Pauschalvertrag, nämlich den **beiderseitigen** Irrtum der Parteien über den Leistungsumfang in **erheblichem Maß**.[1206]

Im Urteil heißt es in Fortführung dieser Überlegungen weiter: „Wenn der geplante Bau in wesentlichem **Umfang** anders als ursprünglich vorgesehen ausgeführt wird und es dadurch zu **erheblichen** Veränderungen des Leistungsinhalts nach dem abgeschlossenen Pauschalvertrag kommt, ist die einmal getroffene Pauschalvereinbarung nicht mehr anwendbar." Das ist die Textpassage, die von anderen Gerichten zitiert wird. Dabei fällt aber leider der unmittelbar im Anschluss stehende Urteilstext unter den Tisch: „Solche **einschneidenden** Änderungen rühren an die Grundlagen des vom Auftragnehmer gebildeten Preises und können **deshalb** nicht ohne Auswirkung auf die ausgemachte Pauschale bleiben."

1113 **Einschneidende** Änderungen sind gerade Voraussetzung für **die Störung der Geschäftsgrundlage**. Der Bundesgerichtshof erwähnt unmittelbar danach, dass auch § 2 Nr. 5 VOB/B – der für den Pauschalvertrag nach dem damaligen Text der VOB/B noch **nicht**

[1204] Zur Störung der Geschäftsgrundlage im Einzelnen unten Rdn. 1500 ff.
[1205] VII ZR 215/69 BauR 1972, 118 = Schäfer/Finnern Z 2.301 Bl. 42 (Einzelheiten zu dieser Entscheidung ansonsten oben Rdn. 227).
[1206] Die insoweit zitierte Entscheidung BGH VersR 1965, 803 haben wir inhaltlich in diesem Zusammenhang oben in Rdn. 321 schon angesprochen und gehen darauf näher unter Rdn. 1503 ff. ein. Die Entscheidung hat mit geänderter oder zusätzlicher Leistung im Sinne von § 2 Nr. 5, Nr. 6 VOB/B **nichts zu tun**.

unmittelbar anwendbar war – die Vereinbarung neuer Preise vorsehe. In solchen Fällen müsse die ursprüngliche Preisabsprache – „wie auch sonst bei wesentlichen Erschütterungen der Geschäftsgrundlage" – den veränderten Verhältnissen angepasst werden. Der Bundesgerichtshof benennt also **ausdrücklich**, dass es sich um einen Fall „**wesentlicher** Erschütterung der **Geschäftsgrundlage**" handelt – und das war bei der **damaligen** Rechtslage der einzige Weg, um die Vertragsbindung des Pauschalpreises auf der Grundlage der VOB/B ernsthaft zu durchbrechen.

b) In einem weiteren Urteil vom 24. 6. 1974[1207] behandelt der Bundesgerichtshof Minderleistungen bei einer Pauschalpreisvereinbarung aus dem Jahre 1968 bzw. 1969, also wieder aus der Zeit weit **vor** Ergänzung der VOB/B durch den neuen § 2 Nr. 7 VOB/B. Notgedrungen wendet der Bundesgerichtshof wieder die Grundsätze der Störung der Geschäftsgrundlage an. Er zitiert dabei für seine Annahme, **die** Leistungen müssten „erheblich" hinzukommen oder fehlen – die ja nach der damaligen Rechtslage notwendig war –, auch ein früheres Urteil vom 14. 1. 1971, das jedoch für zusätzliche Leistungen schon damals **gerade nicht** Erheblichkeit verlangt,[1208] sowie ein Urteil vom 23. 3. 1972,[1209] das **dieses** Thema überhaupt nicht behandelt. Zur Notwendigkeit erheblicher Abweichung bei geänderten Leistungen verweist der Bundesgerichtshof sodann auf das soeben ausführlich erörterte Urteil vom 16. 12. 1971 (siehe Rdn. 1112, Fn. 1104).

1114

c) Schon früher hatte der Bundesgerichtshof im Urteil vom 14. 1. 1971[1210] angeordnete **Zusatzleistungen** beim Pauschalvertrag behandelt und es als völlig selbstverständlich angesehen, dass Zusatzleistungen uneingeschränkt (also ohne „Erheblichkeitsprüfung") zu vergüten seien, unabhängig davon, ob erheblich oder unerheblich: „**Alle nicht vorher festgelegten Leistungen** werden im Zweifelsfall mit dem **Pauschalpreis nicht** abgegolten sein." Der Bundesgerichtshof billigt z. B. Zusatzvergütung für zusätzliche U-Eisen, für ein Band am Regenabfallrohr oder für einen Kamin aus Plewarohren für **729,95 DM**.

1115

d) Zusammenfassend hatte der Bundesgerichtshof in den angeführten Entscheidungen aus der Zeit vor 1973 zwangsläufig auf das Rechtsinstitut der Störung der Geschäftsgrundlage zurückgreifen müssen, weil es § 2 Nr. 7 Abs. 1 Satz 4 VOB/B **noch nicht** gab. **Nur deshalb** hat er bei Änderungen „erhebliche Abweichungen" verlangt. Bei Zusatzleistungen hat er[1211] immer jede Zusatzleistung ohne weiteres für vergütungspflichtig gehalten und dies später auch bestätigt.[1212]

1116

e) Ein Urteil vom 9. 4. 1981,[1213] das einen Pauschalvertrag aus dem Jahre 1975 behandelt, scheint allerdings dagegen zu sprechen. Der Bundesgerichtshof erwähnt, bei einem Pauschalvertrag sei die spätere Erhöhung des Pauschalpreises nicht ausgeschlossen: „Dies setzt aber voraus, dass **erhebliche**, nach dem ursprünglichen Leistungsinhalt nicht vorge-

1117

[1207] BGH BauR 1974, 416 = NJW 1974, 1864.
[1208] BGH Schäfer/Finnern Z 2.301 Bl. 35 ff. = (stark gekürzt) BauR 1971, 124 (Einzelheiten allgemein zu dieser Entscheidung oben Rdn. 221–224), dazu näher Rdn. 1115.
[1209] BGH Schäfer/Finnern Z 2.301 Bl. 46 (Einzelheiten allgemein zu dieser Entscheidung oben Rdn. 231).
[1210] BGH Schäfer/Finnern Z 2.301 Bl. 35 ff. = (stark verkürzt) BauR 1971, 124 (Einzelheiten allgemein zu dieser Entscheidung oben Rdn. 221–224. Ebenso die späteren Entscheidungen, s. Rdn. 1119, 1120.
[1211] Vgl. oben Rdn. 1115, Fn. 1210.
[1212] Vgl. näher unten Rdn. 1118, 1119.
[1213] BGH BauR 1981, 388 = WM 1981, 742 = NJW 1981, 442. Wir haben die zutreffenden Überlegungen dieser Entscheidung zur Beweislast bei der Abgrenzung von Einheitspreisvertrag/Pauschalvertrag oben unter Rdn. 111 behandelt.

sehene Leistungen hinzukommen (vgl. Senatsurteile NJW 1974, 1864;[1214] Schäfer/Finnern Z 2.301 Bl. 46;[1215] BauR 1972, 118).[1216] Daran fehlt es hier. Der Kläger wußte **schon bei der Vergabeverhandlung** aus den Vorbemerkungen des Leistungsverzeichnisses, dass er eine **komplette** Heizungsanlage einschließlich aller erforderlichen Sicherheitseinrichtungen zu installieren hatte. Er hatte die Möglichkeit, sich über Art und Umfang der Leistung zu unterrichten. Wenn er **bei dieser Sachlage** erst **nach** Vertragsschluss feststellte, dass die Herstellung einer funktionsfähigen Anlage umfangreichere Leistungen erforderte, als er zunächst angenommen hatte, verwirklichte sich lediglich sein in der Pauschalpreisabrede liegendes Risiko. Ein Recht zur Erhöhung des Pauschalpreises kann **daraus nicht** abgeleitet werden."

Das stimmt, aber ganz einfach deshalb, weil Vertragsinhalt (Bausoll) **von Anfang an** eine **komplette** Heizung war – „komplettierende" Teilleistungen waren also nie Zusatzleistungen im Sinne von § 2 Nr. 6 VOB/B,[1217] sondern von Anfang an „Bausoll".

Diese Entscheidung sagte also bei **richtigem** Verständnis **nicht**, dass § 2 Nr. 7 Abs. 1 Satz 4 = heute § 2 Nr. 7 Abs. 2 i. V. m. § 2 Nr. 5 VOB/B „erhebliche Veränderungen" verlange, sie war allerdings redaktionell missverständlich formuliert.[1218]

1118 f) Im schon oft erwähnten, ausgezeichneten (und **späteren**) Urteil des **Bundesgerichtshofs** „Schlüsselfertigbau"[1219] heißt es zutreffend **ohne jede Einschränkung**: „Später geforderte **Zusatzleistungen** sind von dem Pauschalpreis nicht erfasst. Diese sind vielmehr gemäß § 2 Nr. 7 Abs. 1 Satz 4 VOB/B (1973) i. V. m. § 2 Nr. 6 VOB/B **gesondert zu vergüten.**"

1119 g) Unüberbietbar deutlich war schließlich schon die Entscheidung des Bundesgerichtshofs vom **15. 12. 1994**:[1220] Die Parteien hatten einen Pauschalvertrag auf der Basis eines Einheitspreisangebotes mit entsprechendem Leistungsverzeichnis zum Preis von 2 648 552,65 DM (!) abgeschlossen. Der Bundesgerichtshof zitiert im Urteil seine frühere „Schlüsselfertigbau-Entscheidung" (vgl. Rdn. 1118):

„Haben die Parteien die geschuldete Leistung im Leistungsverzeichnis näher bestimmt, so werden später geforderte Zusatzleistungen vom Pauschalpreis nicht erfasst."

Mit diesem Argument spricht der Bundesgerichtshof dann als **Mehrvergütung** für zusätzliche Leistungen u. a. zu:

- Angeordnete Mengenmehrung von 421,2 m² wegen zusätzlichem Vollwärmeschutz

- Herstellung der Tiefgaragenrampe auf einer Schalung statt – wie im LV vorgesehen – auf aufzufüllendem Beton **(3 075,18 DM)**

- Nachmauern und Isolierung von Brüstungen **6 Facharbeiterstunden (!)**

- 3 Lohnstunden (!) für das Herstellen einer Sicherheitsabdeckung, da nach Abschluss der Pauschalverträge ein **Stundenlohnauftrag** erteilt worden sei – was **selbst dann** zur Mehrvergütung führe, wenn diese Leistung **eigentlich schon** in einer „Pauschalvertragsposition" enthalten gewesen sei, denn die Parteien könnten eine solche gegebenen-

---

[1214] Von uns behandelt unter Rdn. 1114.
[1215] Von uns behandelt unter Rdn. 1114, 231, vgl. Fn. 1208.
[1216] Von uns behandelt unter Rdn. 1113, 227, vgl. Fn. 1205.
[1217] Nach unserer Terminologie handelt es sich um einen Einfachen Global-Pauschalvertrag. Die individuell vereinbarte Komplettheitsklausel ist wirksam, s. oben Rdn. 515.
[1218] Bühl, ZfBR 1987, 155 spricht zutreffend von einem versehentlichen Hinweis des BGH auf die früheren Urteile zur Geschäftsgrundlage.
[1219] BGH BauR 1984, 395, 396 (Einzelheiten allgemein zu dieser Entscheidung s. oben Rdn. 234 f.).
[1220] BGH BauR 1995, 237, s. auch oben Rdn. 234

falls zusätzliche Vergütung **in Abweichung vom bisherigen Vertrag** vereinbaren (dazu oben Rdn. 1089).

Der Bundesgerichtshof bewertete also systemgerecht schon danach **auch die kleinste Abweichung** vom „näher Bestimmten" als **Soll-Ist-Abweichung"** und billigt mit völligem Recht **selbst für „Mini-Zusatzarbeiten" Mehrvergütung** zu – **ohne** irgendeine „Erheblichkeitsprüfung". 1120
Einzelne Oberlandesgerichte (vgl. Fn. 1200) merken das bis in die jüngste Zeit einfach nicht.

6.3 Begründungsversuche für „Erheblichkeitsgrenze" jedenfalls bei geänderten Leistungen; keine „Preismanövriermasse".

Bei einzelnen Autoren gibt es in der Literatur wenigstens Begründungsversuche dafür, warum bei geänderten Leistungen eine Erheblichkeitsgrenze bestehe. Warum dieselbe Grenze bei zusätzlichen Leistungen nicht bestehen soll, sagt allerdings niemand – und das mit gutem Grund: Weil es dafür jedenfalls nach unserer Beurteilung schlichtweg keinen nachvollziehbaren Grund gäbe. 1121
Nur bei geänderten Leistungen (!) also gäbe es beim Pauschalvertrag eine „Toleranzgrenze".[1221]

Hinter dieser These stand die unausgesprochene Annahme, der Auftragnehmer habe beim Pauschalvertrag ohnehin so „satte" Risikozuschläge kalkuliert, dass ihm „unerhebliche" Veränderungen finanziell ja gar nicht schaden könnten, im Pauschalpreis stecke also immer eine heimliche Preisreserve. Pauschalpreise zeichnen sich aber oft im Gegenteil eher dadurch aus, dass sie im Regelfall bis ins letzte „ausgereizt" sind. Es gibt in der Regel keine freien „Preismanövriermassen" – die gegenteilige Annahme hat keinerlei Realitätsgehalt.

Im Übrigen ist aber der grundsätzliche Ansatzpunkt ohnehin unzutreffend: **Keineswegs** ist ein Pauschalpreis von den einzelnen Leistungen losgelöst – wir haben das bei der Strukturerörterung des Pauschalvertrages in allen Einzelheiten behandelt. Schon die allgemein „anerkannte" Existenz des **„Detail-Pauschalvertrages"** erweist **zwingend das Gegenteil**.[1222] An einem Beispiel lässt sich das auch praktisch in diesem Zusammenhang noch einmal demonstrieren: Wenn ein Auftraggeber äußerst differenziert nach Einheitspreisschema ausschreibt, der Bieter auf dieser Basis anbietet und dann erst in der Vergabeverhandlung – oft noch unter Preisnachlass – „pauschaliert" wird: Wieso soll plötzlich dann der Endpreis „Preismanövriermassen" enthalten, der angeboten worden ist ohne Kenntnis dessen, dass überhaupt ein Pauschalvertrag zustande kommen werde? Wieso soll bei differenzierter Leistungsbeschreibung der Preis nur „gesamthaft" bezogen sein (und was heißt das überhaupt?) und von den konkreten verlangten Leistungen **jetzt** losgelöst sein? 1122

Aber auch beim **Global-Pauschalvertrag** gilt nichts anderes. Einer bestimmten – gegebenenfalls nach § 315 BGB zu vervollständigenden – Leistung steht als Äquivalent ein bestimmter Preis gegenüber. **Keine Seite** hat Anspruch auf nachträgliches „Manövriermaterial". **Wenn der Auftraggeber kostenfrei 2 % mehr Leistung verlangen könnte,** 1123

[1221] Im Ergebnis Ingenstau/Korbion/Keldungs, VOB/B § 2 Nr. 7, Rdn. 14 ff.; Vygen, Bauvertragsrecht, Rdn. 834 (dazu Fn. 1230).
Zutreffend ablehnend zu Keldungs auch Leinemann/Schliemann, VOB/B § 2, Rdn. 305.
[1222] Ausführlich dazu oben Rdn. 33 ff.

könnte genausogut der Auftragnehmer für die unveränderte Leistung 2 % mehr Preis verlangen.[1223]

Natürlich kann es beim Global-Pauschalvertrag schwierig werden, Nachweise über die konkrete Erhöhung bei veränderter Leistung zu führen. Aber auch beim Global-Pauschalvertrag ist die konkrete „Preisermittlungsgrundlage" **nicht** das „Gesamtobjekt" – wie sollte man auch das Gesamtobjekt ernsthaft als Auftragnehmer kalkulieren? Pauschalpreise werden (vernünftigerweise) ermittelt aufgrund interner, möglichst weitgehender Zergliederung der auszuführenden Gesamtleistung – die Angebotsbearbeitung dazu haben wir ausführlich genug behandelt.[1224]

1124 Ganz am Rande: Es hätte wenig Sinn, entsprechend der im Regelfall durchaus richtigen allgemeinen Meinung zur Ermittlung von Mehrkosten gemäß § 2 Nr. 5 und Nr. 6 VOB/B beim Pauschalvertrag möglichst auf „Einheitspreise" zurückzugreifen,[1225] wenn es nur auf die Gesamtbetrachtung ankäme.

1125 Wir halten als **Ergebnis** fest: Auch beim Pauschalvertrag gibt es **kein** ungeschriebenes Tatbestandsmerkmal, vom Auftraggeber angeordnete **geänderte** Leistungen müssten einen **wesentlichen** Umfang haben, oder die Veränderung müsse wesentlich sein, um Vergütungsfolgen auszulösen. Für zusätzliche Leistungen stellt diese Anforderung ohnehin niemand.

Die nahezu einhellige Auffassung teilt unsere Meinung.[1226]

1126 Beim Detail-Pauschalvertrag ist die Vergütungsermittlung für modifizierte Leistungen bei vorliegender Auftragskalkulation problemlos, die Berechnung der Mehrvergütung in Anknüpfung an die Detailelemente auch für „kleine" Änderungen ist (relativ) einfach; ebenso beim Einfachen Global-Pauschalvertrag.

Beim Komplexen Global-Pauschalvertrag kann es sich – aber nicht wegen der abzulehnenden „Erheblichkeitsgrenze" – als schwierig erweisen, die richtigen Anknüpfungspunkte für die Mehrvergütung der geänderten oder zusätzlichen Leistung zu finden.[1227] Insoweit ist es im Einzelfall oft problematisch, den Nachweis der „Veränderung der Preisermittlungsgrundlagen" zu führen.[1228] Dabei ist aber noch einmal ganz deutlich zu machen, dass man nicht das „Ob" (also Erheblichkeitsgrenze Ja oder Nein) mit dem „Wie hoch" verwechseln darf. Zuerst ist das geschuldete Bausoll zu bestimmen, dann ist zu klären, ob die „neue" auszuführende Leistung von dem bisherigen Bausoll abweicht. Hier gibt es als Antwort nur ein „Ja" oder „Nein". Wenn „Ja", wenn also die neue Leistung zu einer Bausoll-Bauist-Abweichung führt und wenn die sonstigen Tatbestandsvoraussetzungen (z. B. Anordnung) bejaht sind, steht fest, dass es sich um eine geänderte (oder zusätzliche) Leistung handelt. Dann gilt:

Geänderte Leistungen **können** teurer (oder billiger) als die Bausoll-Leistung sein. Selbst wenn sich anhand der konkreten Auftrags-Kalkulation insoweit kein Nachweis führen lässt, weil sie nicht ausreichend tief bis zur unmittelbaren Bewertung der modifizierten Leistung differenziert ist, heißt das **nur,** dass andere Erkenntnismittel weiterhelfen dürfen

---

[1223] Ebenso Leinemann/Schliemann, VOB/B § 2, Rdn. 305. Der Auftraggeber kann wirksam vereinbaren, dass in den Fällen des § 2 Nr. 7 Abs. 1 **Satz 2** VOB/B bei einem Detail-Pauschalvertrag Anpassungen wegen Störung der Geschäftsgrundlage schon bei einer Abweichung von 5 % pro Position erfolgen können, BGH NZBau 2004, 150.

[1224] Siehe oben Rdn. 700 ff.

[1225] Siehe dazu unten Rdn. 1148 ff.

[1226] Siehe oben Rdn. 1111, Fn. 1198, 1199.

[1227] Siehe dazu unten Rdn. 1151 ff.

[1228] Zutreffend Daub/Piel/Soergel/Steffani, a. a. O.

und müssen, z. B. Hersteller-Preislisten und dergleichen. Wenn z. B. das Material A teurer ist als das Material B oder wenn die Herstellungsmethode X aufwendiger ist als die Methode Y, so ist dieses Material oder diese Methode auch für diesen Auftragnehmer jetzt teurer, gleichgültig, ob er differenziert kalkuliert hat oder nicht. Kritisch kann folglich nur sein, inwieweit der plausible Nachweis der Verteuerung gelingt. Hier ist auf die unter Rdn. 1150 ff. erläuterter Methodik zurückzugreifen, gegebenenfalls **gemäß § 287 ZPO** zu schätzen. Um den Auftraggeber nicht zu benachteiligen, muss dann die Schätzung vorsichtig sein und sich an der untersten Grenze plausibler zusätzlicher Vergütung bewegen; eine solche Mindest-Zusatzvergütung muss sie aber auf jeden Fall zubilligen. Einzelheiten erörtern wir unter Rdn. 1221.

Zusätzliche Leistungen sind **immer** zusätzlich zu vergüten. „Mehr" kostet auch mehr.

Nur wenn der Auftragnehmer die Vorlage einer **vorhandenen Auftragskalkulation verweigert**, entfällt wegen Beweisvereitelung der Nachweis der Mehrvergütung, der Anspruch scheitert dann, aber auch nur dann.[1229]

Auf keinen Fall gibt es, wie von Vygen für § 2 Nr. 5 VOB/B vorgeschlagen,[1230] eine „Preismanövriermasse", eine „Spannweite" oder eine „neutrale Bandbreite" für die Vergütung. Die Verlockung für den Auftraggeber, bei Annahme einer solchen a priori anzuerkennenden Preismanövriermasse zuerst einen niedrigen Pauschalpreis zu schließen und dann nachträglich einseitig gemäß § 1 Nr. 3, 4 VOB/B „kostenfrei" weitere Leistungen anzufordern, wäre unwiderstehlich.

Umgekehrt kommt ja auch niemand – um es zu wiederholen – auf den Gedanken, dem Auftragnehmer bei unverändertem Bausoll eine nachträgliche Preiserhöhungsmasse zuzugestehen.

Irgendeine nachvollziehbare Größenordnung für eine solche Manövriermasse gibt es ohnehin nicht. Vygen nennt – willkürlich – 1 %, rückt dann aber sofort davon ab, weil sich „starre Prozentsätze nicht festlegen lassen". Genauso könnte man 0,1 % oder 3 % oder überhaupt beliebige Prozentsätze nennen.

Richtig ist zusammenfassend, dass es **keine „Preismanövriermasse"** gibt und dass folglich auch kein „preisneutraler Spielraum" für Zusatzleistungen oder geänderte Leistungen besteht.[1231]

1127

[1229] Dazu Band 1, Rdn. 1115, 623, 621 und nochmals unten Rdn. 1185.
[1230] Bauvertragsrecht Rdn. 834 und Festschrift Locher, S. 277. In BauR 1979, 375, 379 teilt Vygen die Auffassung, dass es keine „Erheblichkeitsgrenze" gibt, ebenso auch noch in Festschrift Locher, § 263 ff., 268, 269. Vygen kann diesen Widerspruch nicht ausräumen. Als Begründung für die „Schwankungsbreite" führt Vygen aus: Es gebe bei § 2 Nr. 5 VOB/B doch eine höhere Schwelle beim Pauschalvertrag als beim Einheitspreisvertrag. Entscheidend sei, ob die Parteien in **Kenntnis** der Änderung bei Vertragsschluss denselben oder einen höheren Pauschalpreis vereinbart **hätten**. Neben allen anderen Argumenten: Wer soll das wissen – und was würden **nachträgliche** neue Entschlüsse der Parteien besagen? Vgl. auch Rdn. 1127.
[1231] Ebenso insbesondere Kleine-Möller/Merl, § 10, Rdn. 496; Putzier, Pauschalpreisvertrag, Rdn. 373; Beck'scher VOB-Kommentar/Jagenburg, VOB/B § 2 Nr. 5, Rdn. 98
Selbst eine Klausel in **AGB** des Auftraggebers, die eine solche Bandbreite von z. B. 2 % einführt, ist **unwirksam**, s. Rdn. 1241.

7 Antrag, Einigung auf den neuen Preis, Schriftform, Leistungsverweigerungsrechte des Auftragnehmers, Anspruch auf Sicherheitsleistung

7.1 Antrag, Einigung auf den neuen Preis

1128 Der neue Preis bei geänderter oder zusätzlicher Leistung wird nicht automatisch vergütet, erforderlich ist ein „Antrag" einer Partei.[1232]

1129 Sowohl bei § 2 Nr. 5 wie bei § 2 Nr. 6 VOB/B soll oder muss der neue Preis für die modifizierte Leistung vor Ausführung vereinbart werden. Aber auch dann, wenn – aus welchem Grund auch immer – eine solche Preisvereinbarung vor Ausführung unterbleibt, berührt das den Vergütungsanspruch nicht.[1233] Auch beim Pauschalvertrag gilt nichts anderes; selbst wenn die Parteien die geänderte oder zusätzliche Leistung einverständlich festlegen, ohne über eine Preisvereinbarung zu reden, ist der Auftragnehmer dennoch nicht gehindert, einen solchen neuen Preis zu verlangen, wenn die entsprechenden Voraussetzungen vorliegen.[1234]

7.2 Leistungsverweigerungsrecht des Auftragnehmers bei unterbliebener Preisvereinbarung vor Ausführung

1130 § 2 Nr. 5 bzw. § 2 Nr. 6 VOB/B räumt beiden Vertragsparteien das Recht ein, darauf zu bestehen, dass sowohl im Falle des § 2 Nr. 5 wie im Falle des § 2 Nr. 6 VOB/B die entsprechende neue Preisvereinbarung **vor** Ausführung der Leistung getroffen wird.

Weigert sich der **Auftraggeber,** den neuen Preis **vor** Ausführung zu vereinbaren, und zwar zweifelsfrei und endgültig, so kann der Auftragnehmer den „ganzen" Vertrag (!) gemäß § 9 VOB/B unter Berücksichtigung von Absatz 2 **kündigen.**[1235]
Das gilt uneingeschränkt auch beim Pauschalvertrag.

Voraussetzung ist allerdings, dass der Auftraggeber **grundlos die Einigung** verweigert. Das ist nur zu bejahen, wenn der Auftragnehmer den neuen Preis ordnungsgemäß berechnet und belegt hat, wenn der Auftraggeber seinerseits ordnungsgemäß Zeit zur Prüfung gehabt hat und wenn der Auftragnehmer ggf. **eine** erläuternde Verhandlung im Sinne der Kooperation angeboten hat. Wenn sachliche Differenzen hinsichtlich der Vergütungshöhe bestehen, ist das oft keine auftraggeberseitig grundlose Unstimmigkeit. Es ist dann **zu empfehlen,** dass der Auftraggeber dem Auftragnehmer, wenn er mit ihm zur Vergütungshöhe nicht übereinstimmt, jedenfalls dem Grunde nach den Mehrvergütungsanspruch bestätigt und der Höhe nach einer Mindestteilvergütung auf der Grundlage seiner eigenen Vorstellungen vereinbart, damit wenigstens so die Differenzforderung einverständlich streitig bleibt; ähnlich muss sich der Auftraggeber ja bei der Schlussrechnung gemäß § 16 VOB/B verhalten.

Wenn ein Auftraggeber auch diese Regelung verweigert, ist das jedenfalls Kündigungsgrund für den Auftragnehmer.[1236]

[1232] S. Band 1, Rdn. 993.
[1233] Näher Band 1, Rdn. 939, 940.
[1234] Vgl. z. B. BGH BauR 1974, 416 = NJW 1974, 1864; BGH Schäfer/Finnern Z 2.301 Bl. 42 = BauR 1972, 118.
[1235] **Einzelheiten s. Band 1, Rdn. 973–990.** Zu den Praxisempfehlungen in einem solchen Fall Band 1, Rdn. 996, auch hier Rdn. 1019.
[1236] Zu dieser Lösung vgl. schon Band 1, Rdn. 996, hier Rdn. 1019.

Indirekt kann der Auftragnehmer bei bestimmten Fallgestaltungen dasselbe Ergebnis erreichen, indem er Sicherheit gemäß § 648a BGB verlangt – dazu unten Rdn. 1142 –; § 648a BGB begründet ein gesetzliches Leistungsverweigerungsrecht.

Der Auftragnehmer ist aber nicht gezwungen, zur Vertragskündigung als zum äußersten Mittel zu greifen. Der Auftragnehmer hat auch das mildere Recht, die (neue) Leistung in analoger Anwendung des § 16 Nr. 5 Abs. 3 Satz 3 VOB/B bis zur Vergütungsvereinbarung **zu verweigern,** sofern der Auftraggeber seinerseits grundlos die Vergütungsvereinbarung – vgl. oben Rdn. 1130 – verweigert oder verzögert.[1237]

1131

Wir haben bisher nur besprochen, dass der Auftraggeber trotz wirksamer Anordnung, geänderte oder zusätzliche Leistungen auszuführen, die Einigung auf die neue **Vergütung** verweigert hat.

1132

Ist jedoch **schon die Anordnung** des Auftraggebers **unwirksam**, sei es mangels Vertretungsmacht, sei es mangels Form, so hat der Auftragnehmer ohnehin das Recht, die (unwirksam) geforderte Leistung zu verweigern (vgl. Rdn. 1141).
Im **praktischen Baustellenablauf** sollte der Auftragnehmer jedenfalls dann, wenn schon die Anordnung nicht wirksam getroffen ist, tatsächlich definitiv die Leistung verweigern – ohne wirksame Anordnung keine Ausführungspflicht.

Wenn die Anordnung **wirksam** getroffen, aber keine Einigung über den Preis erzielt ist, kann der Auftragnehmer zwar die Leistung verweigern, gegebenenfalls sogar kündigen, aber das ist zumindest bei unbedeutenden Nachträgen nicht immer zu **empfehlen,** weil sehr oft Hintergrund des Streits die Unklarheit dem Grunde nach darüber ist, ob es sich überhaupt um geänderte oder zusätzliche Leistungen handelt. Bei einem solchen Fall sollte der Auftragnehmer wenigstens seine Forderung unmissverständlich, eingehend und schriftlich dokumentieren und gegebenenfalls Beweise sichern.

1133

Ohnehin muss der Auftragnehmer immer bedenken, dass es seine Sache ist, die Richtigkeit der Entwicklung des neuen Preises aus den bisherigen Preisermittlungsgrundlagen zu beweisen. Leistungsverweigerungsrecht oder gar Kündigung sind riskant und bedürfen deshalb sorgfältigster Prüfung – nähere Einzelheiten dazu haben wir schon in Rdn. 1019 erörtert.

Umgekehrt hat auch der **Auftraggeber** das Recht, den Vertrag in entsprechender Anwendung von § 5 Nr. 4, § 8 Nr. 3 VOB/B zu kündigen, wenn der Auftragnehmer seinerseits die Anpassung der Vergütung endgültig verweigert hat.[1238]

1134

Alle diese Überlegungen **gelten auch beim reinen BGB-Vertrag.**

1135

[1237] Einzelheiten s. Band 1, Rdn. 973–990. Das Leistungsverweigerungsrecht besteht auch, wenn der Auftraggeber zwar den Nachtragsanspruch dem Grunde nach akzeptiert, aber grundlos eine Einigung zur Höhe verweigert; zu dieser Streitfrage Band 1, Rdn. 977–984.
[1238] Band 1, Rdn. 989; Ingenstau/Korbion/Keldungs, VOB/B § 2 Nr. 5 Rdn. 35.

7.3 Vereinbarte Schriftform – mündliche Anordnungen trotz vereinbarter Schriftform – Folge fehlender Schriftform

7.3.1 Vereinbarte Schriftform

1136 Für die Rechtshandlungen, z. B. von Gemeinden oder Landkreisen, gilt im Regelfall **gesetzliche** Schriftform.[1239]

Davon zu unterscheiden ist die so genannte „**gewillkürte** Schriftform", also die **vertragliche** Vereinbarung der Vertragsparteien, dass für bestimmte Erklärungen Schriftform gelten solle.

Beim VOB-Vertrag, der ja von einem einseitigen Anordnungsrecht des Auftraggebers gemäß § 1 Nr. 3, § 1 Nr. 4 VOB/B ausgeht, sind gleich mehrere Erscheinungsformen von Schriftformklauseln zu unterscheiden. Der Auftraggeber kann im Wege der Selbstbindung anordnen, dass seine Anordnungen aus § 1 Nr. 3, Nr. 4 VOB/B nur schriftlich sein sollen. Der Auftraggeber kann in seinen **Allgemeinen Geschäftsbedingungen** auch regeln, dass der Auftragnehmer, um seinen Vergütungsanspruch nicht zu verlieren, vor Ausführung ankündigen muss, dass geänderte (?) oder zusätzliche Leistungen zusätzliche Kosten zur Folge haben. Der Auftraggeber kann schließlich auch regeln, dass ungeachtet seiner einseitigen Anordnungsbefugnis und ungeachtet des einseitigen Vergütungsanspruches des Auftragnehmers aus § 2 Nr. 5, § 2 Nr. 6 VOB/B ein „Nachtrag" vor Ausführung schriftlich vereinbart werden muss; der Bundesgerichtshof hat das allerdings für Allgemeine Geschäftsbedingungen stark eingeschränkt.[1240]

Schließlich gibt es noch den eigentlich alltäglichsten Fall, der aber von dem aufgezeigten VOB-Schema abweicht: Der Auftraggeber kann natürlich (vernünftigerweise) auch zuerst den Auftragnehmer um ein Angebot für eine in Aussicht genommene geänderte oder zusätzliche Leistung bitten und dann das Angebot annehmen, d. h. die Leistung erst **nach** Vorlage des Angebots „anordnen".

7.3.2 Abänderung zulässiger Schriftform durch mündliche Anordnung des Auftraggebers?

1137 Auch hier dürfen wir auf Band 1 verweisen, und zwar auf Rdn. 968: Der Auftraggeber selbst kann von der Schriftformklausel abweichen.[1241]

Dieses Ergebnis lässt sich auch nicht dadurch umgehen, dass der Auftraggeber in seinen Allgemeinen Geschäftsbedingungen regelt, ein Verzicht auf die Schriftform könne nur schriftlich erfolgen. Auf diesem Umweg würde der Vorrang der möglichen, individuellen Vereinbarung vor einer AGB-mäßig vereinbarten Schriftformklausel ausgeschlossen werden, was unzulässig ist.[1242]

7.3.3 Abänderung der Schriftform durch mündliche Anordnung eines Bevollmächtigten?

1138 Auch diesen Fall haben wir in Band 1 behandelt:[1243]

[1239] Dazu Einzelheiten Band 1, Rdn. 894–899. Bei Kommunen ist die Schriftform Zuständigkeitsregelung, näher Band 1 Rdn. 895.
[1240] BGH „Nachtragsschriftform" NZBau 2004, 146. Einzelheiten Band 1, Nr. 959–962 mit Formulierungsvorschlag.
[1241] BGH BauR 1974, 206; Ingenstau/Korbion, VOB/B § 2 Rdn. 284, 318, Einzelheiten Bd. 1, Rdn. 968.
[1242] Eine mündliche Vereinbarung geht also immer einer AGB-Schriftformklausel vor, vorausgesetzt, der Auftraggeber hat diese Abänderung selbst getroffen (BGH NJW-RR 1995, 180).
[1243] Band 1 Rdn. 971.

Wenn nicht der Auftraggeber selbst von der Schriftform abweicht, sondern ein Bevollmächtigter die vom Auftraggeber vorgesehene Schriftform ohne dessen Einwilligung nicht beachtet, wenn also z. B. der Architekt oder der Bauleiter des Auftraggebers mündlich Zusatzleistungen anordnet, obwohl insgesamt für die Vereinbarung von Zusatzleistungen Schriftform vorgesehen ist, ist das unwirksam, denn die Bevollmächtigten haben nicht eigenmächtig das Recht, den Vertrag, der die Schriftformklausel enthält, außer Kraft zu setzen. Im Ergebnis hat also eine wirksamen Schriftformklausel eine Beschränkung der Vertretungsmacht des Bevollmächtigten auf den Abschluss von Geschäften unter unveränderter Übernahme der schriftlich niedergelegten Vertragsbedingungen und damit auch der Schriftform selbst zum Inhalt.[1244]

Der Bundesgerichtshof hat entschieden, dass die Klarstellung in Allgemeinen Geschäftsbedingungen, der Bauleiter des Auftraggebers sei nicht zur Vereinbarung modifizierter Leistungen befugt, wirksam ist,[1245] was im Ergebnis eine Bestätigung dieser Rechtsauffassung ist.

Ist eine mündliche Anordnung endgültig unwirksam, haftet der Anordnende selbst gemäß § 179 BGB; diese Haftung scheidet jedoch aus, wenn der Auftragnehmer den Mangel der Vollmacht kannte oder kennen musste; die „Haftung" des Auftraggebers in diesem Fall erörtern wir sogleich.

7.3.4 Folge fehlender, wirksam vereinbarter Schriftform

Hier sind mehrere Möglichkeiten zu unterscheiden, Voraussetzung ist immer, dass der Auftraggeber die geänderte oder zusätzliche Leistung angeordnet hat. Die Einzelheiten haben wir in Band 1:[1246]

1139

a)
Der Auftragnehmer legt trotz entsprechender Regelung kein schriftliches Preisangebot vor, er führt die Arbeiten ohne weitere Äußerung des Auftraggebers aus.
Dann hat er keinen Vergütungsanspruch.

b)
Der Auftragnehmer legt kein schriftliches Preisangebot vor. Der Auftraggeber „erteilt" trotzdem nochmals, also nachdem er schon eine Anordnung getroffen hat, einen formellen „Auftrag", z. B. schriftlich. Das ist im Regelfall als Verzicht des Auftraggebers auf die Schriftform zu deuten, gleichzeitig kann unter Umständen der Mehrkostenhinweis des Auftragnehmers damit überflüssig geworden sein. Dieser Fall ist aber selten.

c)
Der Auftragnehmer legt ein schriftliches Preisangebot vor, wartet aber keinen (mündlichen oder schriftlichen) Auftrag des Auftraggebers ab. Dann verliert er seinen Anspruch. Der Auftragnehmer **muss** angesichts einer zulässigen Vertragsformulierung wissen, dass man auf ein schriftliches „Preisangebot" eine Antwort zu bekommen und sie abzuwarten hat und nicht einseitig und eigenmächtig losarbeiten darf.

d)
Der Auftragnehmer legt ein schriftliches Preisangebot vor, der Auftraggeber erteilt den Auftrag mündlich, der Auftragnehmer führt aus. Das ist, wie erörtert, ein Verzicht des Auftraggebers auf die Schriftform, der Vergütungsanspruch bleibt erhalten.

[1244] Wolf/Horn/Lindacher, AGB-Gesetz § 4 Rdn. 35; Ulmer/Brandner/Hensen, AGB-Gesetz, Rdn. 37 ff.
[1245] BGH BauR 1994, 760; bestätigt vom BGH „Nachtragsschriftform" NZBau 2004, 146.
[1246] Band 1 Rdn. 964, 965

e)
Entspringt eine mündliche Anordnung des Auftraggebers einer Notsituation und ist sofortiges Handeln geboten, scheitert in diesem Sonderfall der Vergütungsanspruch nicht an der fehlenden Schriftform.

1140 Ist der Auftraggeber vom VOB-Schema abgewichen, hat er also nicht zuerst angeordnet, sondern zuerst wirklich ein „Angebot" eingeholt und dann den Auftrag erteilt, so erhält der Auftragnehmer keine Vergütung, wenn er nach Abgabe des Angebots aber vor Eingang des „Auftrages" tätig wird.

In einem solchen Fall ist er auf Ansprüche aus § 2 Nr. 8 VOB/B, evtl. aus gesetzlicher Geschäftsführung ohne Auftrag oder auf Ansprüche aus ungerechtfertigter Bereicherung angewiesen.

7.3.5 Leistungsverweigerungsrecht des Auftragnehmers bei mündlicher Anordnung oder mündlicher Preisvereinbarung trotz vereinbarter Schriftform

1141 Der Auftragnehmer hat das Recht, bei vereinbarter Schriftform die Leistung zu verweigern, wenn der „Auftrag" vom Auftragnehmer nicht schriftlich erteilt ist; genauer: wenn der Auftraggeber nicht exakt die Schriftformerfordernisse einhält, die er jeweils selbst vorgesehen hat. Lehnt der Auftraggeber trotz seiner Schriftformklausel eine schriftliche „Beauftragung" endgültig ab, d. h. in Wirklichkeit insbesondere eine schriftliche Preisvereinbarung vor Beginn der Arbeiten, besteht er aber gleichzeitig auf Ausführung, so kann der Auftragnehmer darüber hinaus den Vertrag kündigen.[1247]

Zum allgemeinen gesetzlichen Kündigungsgrund aus § 648 a BGB verweisen wir auf nachfolgende Rdn. 1142.

7.4 Anspruch des Auftragnehmers auf Sicherheitsleistung für zusätzliche und geänderte Leistungen gemäß § 648 a BGB

1142 Der Auftragnehmer kann jederzeit gemäß der zwingenden gesetzlichen Vorschrift des § 648 a BGB für die ganze vertragliche Vergütung Sicherheit verlangen, insbesondere auch (§ 618 a Abs. 1 Satz 2 BGB) für einen „nachträglichen Zusatzauftrag". Besonderheiten gegenüber einem Einheitspreisvertrag bestehen nicht, wir dürfen deshalb auf unsere Ausführungen in Band 1, Rdn. 992 verweisen und hier nur des Sachzusammenhangs willen kurz die Kernthemen ansprechen:

1143 Die Sicherheit kann nicht nur für künftige Leistungen, sondern (selbstverständlich!) auch für schon ausgeführte Leistungen verlangt werden.[1248]

Dieser Anspruch besteht nicht gegenüber juristischen Personen des öffentlichen Rechts und nicht gegen Unternehmen, die für natürliche Personen Bauarbeiten zur Herstellung oder Instandsetzung eines Einfamilienhauses mit oder ohne Einliegerwohnung ausführen.

Voraussetzung des Anspruches auf Sicherheitsleistung für Zusatzleistungen ist selbstverständlich ein wirksam erteilter Zusatzauftrag (= Anordnung beim VOB-Vertrag), nicht aber die Vergütungseinigung.[1249]

[1247] Band 1, Rdn. 991; zu unseren Praxisempfehlungen vgl. Rdn. 1019.
[1248] BGHZ 146, 24 = NZBau 2001, 129.
[1249] Erman/Schumacher, BGB, § 648a Rdn. 7; unrichtig OLG Düsseldorf, IBR 2005, 321 mit zutreffender ablehnender Kurzanmerkung Thierau.

Der Auftragnehmer kann dem Auftraggeber zur Leistung der Sicherheit eine Frist mit der Erklärung bestimmen, dass er nach dem Ablauf der Frist seine Leistung verweigert; angemessen ist eine Frist von etwa 10 Tagen.

Leistet der Auftraggeber in der Frist nicht Sicherheiten, so hat der Auftragnehmer ein Leistungsverweigerungsrecht, er kann dem Besteller auch gemäß § 643 BGB eine erneute Frist zur Nachholung der Sicherheitsleistung stellen unter Androhung, dass der Auftragnehmer den Vertrag kündige, wenn die Sicherheit nicht bis zum Ablauf der Frist vorgenommen werde. Nach einem ergebnislosen Ablauf der Frist gilt auch der (ganze) Bauvertrag als aufgehoben.

Für die „aufgehobene Zusatzvereinbarung" kann der Auftragnehmer gemäß § 648 a Abs. 5 Satz 2 BGB in Verbindung mit § 645 BGB Vergütung der erbrachten Leistungen verlangen, Ersatz der Auslagen (soweit nicht in der Teilvergütung enthalten) und „Ersatz des Vertrauensschadens". Die Vergütung der nicht erbrachten Leistung wird abgerechnet nach den Grundsätzen, die für die Abrechnung einer erbrachten Leistung nach Kündigung gelten.[1250] Nach § 648 a Abs. 5 Satz 3 und 4 wird vermutet, dass der Schaden 5% der Vergütung beträgt. Der Auftragnehmer kann sich also mit dieser vereinfachten Abrechnung zufriedengeben.

Das Gesetz erwähnt Ansprüche auf zusätzliche Vergütung wegen **geänderter** Leistung nicht. Dem Gesetzgeber ist offensichtlich die Problematik des Unterschieds von geänderter und zusätzlicher Leistung nicht geläufig gewesen. Nach der gesetzgeberischen Intention soll das Vorfinanzierungsrisiko des Auftragnehmers ausgeschlossen werden. Das gilt uneingeschränkt auch dann, wenn sich die Vergütung nur wegen geänderter Leistungen im Sinne von § 1 Nr. 3, § 2 Nr. 5 VOB/B erhöht hat.

1144

Auch dieser Fall ist daher als „nachträglicher Zusatzauftrag" im Sinne des § 648 a Abs. 1 BGB zu bewerten oder als Anspruch „aus dem Vertrag", was ja auch richtig ist angesichts der Tatsache, dass § 1 Nr. 3 VOB/B als Bestandteil des Vertrages dem Auftraggeber das entsprechende Anordnungsrecht auf Änderung der Leistung gibt.[1251]

7.5 Der „Antrag" als Voraussetzung des Vergütungsanspruchs

§ 2 Nr. 5 VOB/B setzt ein „Verlangen" auf Preisanpassung voraus.
§ 2 Nr. 6 VOB/B gibt dagegen bei zusätzlichen Leistungen dem Auftragnehmer auch ohne besonderes „Verlangen" sofort einen „Anspruch auf besondere Vergütung".
Einigen sich allerdings die Parteien nicht, gilt: Jede Partei kann die Entscheidung über den neuen Preis gegebenenfalls durch Richterspruch erzwingen, wobei das Gericht die „Preisermittlungsbestimmungen" der jeweiligen VOB/B-Vorschrift zu beachten hat[1252] – auch das Gericht darf also einen Sachverständigen einen Preis nicht etwa „frei" ermitteln lassen.

1145

[1250] BGH BauR 1999, 632.
[1251] Ebenso Liepe BauR 2003, 320; Virneburg ZfBR 2004, 419.
[1252] Zu § 2 Nr. 5 vgl. Band 1, Rdn. 993 i. V. m. Rdn. 658.

8 Methoden der Neuberechnung der Vergütung

8.1 Allgemeine Überlegungen
– Grundlagen der Preisermittlung, Verlustkalkulation –

1146 § 2 Nr. 5 und Nr. 6 VOB/B greift zur Bildung des „neuen Preises" stets auf den alten Preis zurück; die Auftragskalkulation ist unbestrittenermaßen „fortzuschreiben". In Band 1, Rdn. 1000 ff. haben wir eingehend dargelegt, wie diese Vorgaben (relativ) unproblematisch bei Einheitspreisverträgen umgesetzt werden können.

Bei Pauschalverträgen stellt sich – insbesondere bei einer unaufgegliederten Pauschalsumme – die methodische Frage, ob und wie man überhaupt an die „Grundlagen der Preisermittlung" des Pauschalpreises herankommen kann.

1147 Wir halten der Vollständigkeit halber vorab fest, dass eine **Vergütungsberechnung für Bauinhalts- oder Bauumstandsmodifikationen** auf „Stundenlohnbasis" sachfremd und abwegig ist.[1253] Sie würde auch dann, wenn z. B. beim Vertragsabschluss eine „Preisliste" für nicht in das Bausoll einbezogene Stundenlohnarbeiten vereinbart worden wäre, nicht zu einer leistungsbezogenen Vergütung führen, weil sie die Dokumentation des Stundenanfalls und des sonstigen Einsatzes von Produktionsfaktoren zur Basis der Vergütung macht. Dazu kommt, dass jeweils bei der Dokumentation des Produktionsfaktoreneinsatzes abzugrenzen wäre, welcher Einsatz für das Bausoll und welcher für modifizierte Leistungen stattfand.

Die Fortführung des ursprünglichen Preisniveaus über eine „Stundenlohnpreisliste" für den Produktionsfaktoreneinsatz ist deshalb offensichtlich nur Schein; praktisch handelt es sich um einen Kostenerstattungsvertrag, also um eine Leistungserstellung ohne jeden Bezug zu dem ursprünglichen Pauschalpreis. Das Problem einer „Stundenlohnvereinbarung" **innerhalb** einer Pauschale haben wir unter Rdn. 327 ff. behandelt.

Ebenso **unrichtig** wäre es, die Vergütung für geänderte oder zusätzliche Leistungen auf **aktuelle Wettbewerbspreise** oder auf **Marktpreise von Drittunternehmern abzustellen**.[1254] Sie sind deshalb für die Bestimmung der Vergütung der modifizierten Leistung irrelevant, da sie sich auf eine andere Marktsituation als die zum Zeitpunkt des Abschlusses des Ursprungsvertrages bestehende Marktpreise beziehen.

Die Lösung über eine „**Einheitspreisliste**" behandeln wir gesondert unter Rdn. 1224.

1148 Der Preis für die modifizierte Leistung ist vielmehr auf der Basis des Vertragspreises – also aus der **ursprünglichen** Marktlage – **zu ermitteln**. Ob sich dabei höhere oder niedrigere Preise als die im Augenblick der (modifizierten) Ausführung üblichen jetzigen Wettbewerbspreise ergeben, spielt dabei keine Rolle, die Angebotskalkulation ist „fortzuschreiben".

Kalkulierte „Gewinne" bleiben auch beim Nachtrag erhalten, „Verluste" im Grundsatz auch, aber insoweit gibt es Ausnahmen von der Bindung an den alten Preis.[1255]

Der Grundsatz, dass das Kosten- und Preisniveau der konkreten Angebots- bzw. Auftragskalkulation, die zum (ursprünglichen) Pauschalpreis führt, erhalten bleibt, ist methodisch aus den Kernregelungen von § 2 Nr. 5 und Nr. 6 VOB/B entnommen, wonach „auf

---

[1253] Das gilt auch beim Einheitspreisvertrag, vgl. Band 1, Rdn. 1013. Zur Problematik bei entfallenden Leistungen s. unten Rdn. 1348.
[1254] Ausnahmen s. Rdn. 1178. Das gilt genauso beim Einheitspreisvertrag, vgl. Band 1, Rdn. 1014. Zur Problematik bei entfallenden Leistungen s. unten Rdn. 1344.
[1255] Dazu sogleich Rdn. 1188 ff.

der Grundlage der bisherigen Preisermittlung" auch der neue Preis für geänderte oder zusätzliche Leistungen ermittelt werden, also „fortgeschrieben" werden muss.[1256]

Am Rande: Methodisch darf deshalb dann, wenn in der Angebots- bzw. Auftragskalkulation, die **kalkulierten Kosten unter dem Istkosten** liegen, für Zwecke der Nachtragsberechnung die ursprüngliche Vergütungsberechnung nicht „nach oben" korrigiert werden. Dadurch würde nämlich die vertraglich bestehende Relation der angebotskalkulierten zu den Istkosten – das Vertragspreisniveau – verschoben, d. h., die „Unter-Wert-Kalkulation" bliebe für die Berechnung der Nachtragsvergütung unberücksichtigt.

Richtig und systemkonform ist es, die Relation der ursprünglich kalkulierten Kosten zu den Ist- (bzw. realistisch ermittelten) Kosten der alten Leistung als **„Niveaufaktor"** zu ermitteln und diesen Faktor bei der Ermittlung der Kosten der Vertragsleistung zu berücksichtigen.

So lässt sich folglich auch das vom Bundesgerichtshof angesprochene Problem der „Unterbewertung" in der Angebotskalkulation lösen.[1257]

Wir werden **nachfolgend für den Pauschalvertrag die einzelnen Möglichkeiten dazu erörtern**, was sich aus den unterschiedlichen Preis- (bzw. Kosten-)Dokumentationen von Pauschalverträgen „herauslesen" lässt, wie sich also überhaupt die **„Grundlagen der Preisermittlung"** beim Pauschalvertrag feststellen lassen.

Unser Problem dabei ist, dass es im (vertrags)methodischen Sinne keine „Einheitspreise" (vgl. dazu aber Rdn. 1148), sondern **nur eine einzige vertragsrelevante Vergütungsaussage gibt: die Pauschalsumme.**

8.2 Der bisherige Preis als Basis der Neuberechnung – Ermittlung des Vertragspreisniveaus

8.2.1 Grundsätze

Die neuen Preise für geänderte oder zusätzliche Leistungen sind grundsätzlich bei Pauschalverträgen ebenso wie bei Einheitspreisverträgen (vgl. Band 1, Rdn. 1000 ff.) auf der Basis des (bisherigen) Preisniveaus der vertraglich vereinbarten Vergütung zu ermitteln. Wie jeweils bei der Ermittlung des Vertragspreisniveaus methodisch vorzugehen ist, ist aus **Abb. 25**, S. 410 zu ersehen, die an **Abb. 21**, S. 434 Band 1 anknüpft: Bei Pauschalverträgen ist das „Vertragspreisniveau" des Gesamt- oder Teilpauschalpreises[1258] Ausgangspunkt.

1149

Sofern statt des rechnerisch ausgewiesenen Pauschalbetrag (PP_a) ein anderer Pauschalbetrag (PP_v) vertraglich vereinbart worden ist – zumeist niedriger, z.B. wegen Preisnachlässen, Abrundungen etc. –, so ist dies bei der Ermittlung der Vergütung der modifizierten Leistungen nicht zu berücksichtigen. Es handelt sich dann um „echte" Nachlässe, also Nachlässe, denen kein reduziertes Bausoll gegenübersteht (dazu Band 1, Rdn. 1042 ff.).

1150

Zur Regelung bei (Teil-) Kündigungen verweisen wir auf Rdn. 1384.

[1256] Näher Kapellmann, in Kapellmann/Messerschmidt VOB/B § 2 Rdn. 137.
[1257] BGH „Wasserhaltung I" BauR 1992, 759 = NJW-RR 1992, 1046, Einzelheiten s. Rdn. 608 ff. und zum angesprochenen Problem Rdn. 623.
[1258] Nur der Ordnung halber wird darauf hingewiesen, dass der „endgültig" vertraglich vereinbarte Pauschalbetrag (PP_v) sich wie folgt aus dem rechnerisch ausgewiesenen Pauschalbetrag (PP_a) ergibt:
$PP_v = PP_a - \text{Nachlass}$
oder: $PP_v = PP_a \cdot [(100 + \text{Nachlassprozentsatz})/PP_a]$
oder: $PP_v = PP_a + \text{Zulage(n)}$
oder: $PP_v = [PP_a \cdot (100 + \text{Zuschlagprozentsatz})]/100$.

		Fallkonstellation		
		Preisermittlung		
		liegt vor		liegt nicht vor
Feststellung zum Vertragspreisniveau	Rechnerisch ausgewiesener Pauschalpreis	PP_a		-
	Ausgewiesene Kosten („Einheitspreise")	K_a^i		-
	Vereinbarter Preis	PP_v		
	Vorhandene Mengenermittlung	korrekt	z.T. falsch	-
	Bewertungsansätze des Ermittlungssystems für Bezugsleistung i	K_e^i		
	Ermittlung korrekter Mengen erforderlich?	nein	(z.T.) ja	ja
	Pauschalbetrag auf Basis korrekter Mengen	PP_k / PP_a	$PP_k = f(M_k^i)$	
	Bezugsleistung im Bausoll festlegen	ja		
	Vertragspreisniveaufaktor - bezugsleistungsbezogen (!) bei fehlendem Posten $f_b^i = 1$	$f_b^i = K_a^i / K_e^i$		(!)
	- pauschalpreisbezogen	$f_P = PP_a / PP_k$		$f_P = PP_v / PP_k$
Ermittlung des neuen Preises	Bewertung der modifizierten Leistung j mit Hilfe des gewählten Ermittlungssystems	K_e^j		
	Fortschreibung des Vertragspreisniveaus	$K_e^j * f_b^i$	$K_e^j * f_b^j *$	$K_e^j * f_P$

Abbildung 25 Die Methodik der Ermittlung des Vertragspreisniveaus und des neuen Preises für modifizierte Leistungen beim Pauschalvertrag

Außerdem halten wir fest, dass dann, wenn kein rechnerisch ausgewiesener Pauschalpreis (PP_a) vorliegt, natürlich auf den vertraglich vereinbarten Pauschalpreis (PP_v) zurückgegriffen werden muss.

Sofern dagegen ausnahmsweise Risikozuschläge (oder -zulagen) auf den rechnerisch ausgewiesenen Pauschalbetrag noch aufgeschlagen werden, sind sie auch bei der Berechnung der Vergütung der modifizierten Leistung zu berücksichtigen.

Abschließend noch dazu: „Unechte" Nachlässe (also Preiskürzung wegen Leistungsverringerung) behandeln wir gesondert unter Rdn. 1173 und 1223.

1151 Die Suche nach geeigneten Bezugsleistungen für Nachtragsvergütungen kann bei Pauschalverträgen – insbesondere bei Komplexen Global-Pauschalverträgen – dann problematisch werden, wenn kein Leistungsverzeichnis mit „Einheitspreisen" bzw. keine nachvollziehbare differenzierte Kostenermittlung mit einem rechnerisch ausgewiesenen Pauschalbetrag (PP$_a$) vorliegt –, an die die Kosten- und Preisfortschreibung für die modifizierte(n) Leistung(en) anknüpfen kann.

Gibt es dagegen ein Leistungsverzeichnis mit eingetragenen „Einheitspreisen" und/oder eine entsprechend abgestimmte Kostenermittlung, gilt bezüglich der Findung der Bezugsleistung und der Feststellung der Ermittlungssysteme sinngemäß das, was schon für den Einheitspreisvertrag in Band 1 unter Rdn. 1001 ff. besprochen worden ist.

Es können jedenfalls nicht „beziehungslose Einheitspreise" – vgl. dazu unten Rdn. 1344 – zur Berechnung von Nachträgen herangezogen werden, sondern nur solche, die schlüssig innerhalb des konkreten vertraglichen Preisniveaus ermittelt worden sind.[1259]

Ein wesentlicher **Unterschied zwischen Einheitspreis- und Pauschalvertrag** kann darin liegen, dass im Rahmen der Angebotsbearbeitung möglicherweise Teile des Bausolls bei der Preisfindung nicht berücksichtigt („**fehlende Posten**") bzw. **falsche Mengen** (statt der tatsächlich auszuführenden Mengen) angesetzt worden sind. Vorausgesetzt, dass es bei Vertragsschluss Mengenermittlungskriterien gegeben hat, diese nicht geändert worden sind und das Bauist sich nicht vom Bausoll unterscheidet, hat das für die Vergütung der Vertragsleistung keine Folgen.

1152

Sofern jedoch nach Vertragsschluss modifizierte Leistungen auszuführen sind, darf deren Preisermittlung nicht ohne weiteres an die mit falschen Mengen und/oder „fehlenden Posten" durchgeführte Angebotsbearbeitung anknüpfen. Es muss vor der Ermittlung der Vergütung der modifizierten Leistungen stets vorab geprüft werden, ob die Angebotsbearbeitung das Bausoll überhaupt richtig erfasst hat (vgl. **Abb. 25, S. 410**).

[1259] .Sofern die Prüfung der Bausollunterlagen – insbesondere der Pläne – ergibt, dass tatsächlich andere Mengen, als in den Angebotsbearbeitungsunterlagen angesetzt, auszuführen sind und/oder dass auszuführende Leistungen nicht in die Angebotsbearbeitung eingeflossen sind, so ist unter Berücksichtigung der „fehlenden Posten" und mit den tatsächlich auszuführenden Mengen ein „neuer Pauschalpreis" für das Bausoll und der pauschalpreisbezogen auszuweisende Niveaufaktor f$_p$ zu ermitteln (näher Rdn. 1154, 1160 ff, 1177 sowie **Abb. 25, S. 410**).

Wird der pauschalpreisbezogen auszuweisende Niveaufaktor bei der Bewertung der modifizierten Leistungen angesetzt, so kann der mit „fehlenden Posten" in der Angebotsbearbeitung auftretende Auftragnehmer aus relativ „hohen" Bewertungen von Bezugsleistungen keinen Vorteil bei der Nachtragskalkulation ziehen.

In den folgenden Randnoten werden wir für die verschiedenen Möglichkeiten der Angebotsbearbeitung besprechen, wie jeweils das Vertragspreisniveau der Pauschale und/oder der Bezugsleistung(en) ermittelt werden kann.

1153

Bei Pauschalverträgen – insbesondere bei Komplexen Global-Pauschalverträgen – ist es oft sehr schwierig und aufwendig, dieses Vertragspreisniveau festzustellen. Deshalb sind Schätzungen in Form von Vereinfachungen insbesondere dann hinzunehmen, wenn vom Umfang her nur kleinere Leistungsmodifikationen vorliegen. Das darf aber nicht dazu führen, dass der Auftragnehmer in Fällen nicht vorgelegter Angebotsbearbeitungsunterlagen – bedingt durch seine Fachkunde bezüglich der Kostenermittlung – daraus Vorteile zieht. In solchen Fällen muss sich das Schätzungs- bzw. Vereinfachungsergebnis am unteren Rand des Zulässigen bewegen.

Die generell für alle Arten von Pauschalverträgen gültige Methodik für die Ermittlung des Vertragspreisniveaus stellen wir in **Abb. 25, S. 410** zusammenfassend dar.

1154

[1259] So auch BGH BauR 1995, 691. Unzutreffend deshalb Beck'scher VOB-Kommentar/Jagenburg, VOB/B § 2 Nr. 2, Rdn. 46, § 2 Nr. 5, Rdn. 99, § 2 Nr. 7, Rdn. 110, 111.

Zunächst ist im **ersten Schritt** festzustellen, ob es überhaupt einen rechnerisch ausgewiesenen Pauschalpreis (P_a) gibt, dem eine mit Mengen hinterlegte auftragnehmerseitige Kostenermittlung (oder zumindest ein Leistungsverzeichnis mit „Einheitspreisen") zu Grunde liegt.
Wenn ja, so ist das Fall a, ansonsten Fall b.

Dann ist zu überprüfen, ob die in der Kostenermittlung (bzw. den Leistungsverzeichnissen) ausgewiesenen Mengen der einzelnen Posten (i) für das Bausoll richtig ermittelt worden sind oder nicht. Sind sie richtig ermittelt, so sind die korrekten Mengen für die Posten der (Teil-) Leistungen (i) zu ermitteln. Sodann ist – wie beim Einheitspreisvertrag – ein geeignetes und allgemein zugängliches Ermittlungssystem [1260] zur Bewertung der jeweiligen modifizierten Leistungen und – je nach Fallkonstellation – ihrer Bezugsleistungen des Bausolls festzulegen.

Pro modifizierter (Teil-)Leistung ist dann eine (Teil-) Leistung des Bausolls zu finden, die ihr möglichst ähnlich ist. Es geht entsprechend der schon im Band 1 für den Einheitspreisvertrag formulierten Methodik um die Feststellung der Bezugsleistung. Sofern eine differenzierte Kostenermittlung (bzw. ersatzweise ein Leistungsverzeichnis mit „Einheitspreisen") vorliegt, kommt als Bezugsleistung ein Posten aus ihr in Betracht – vergleichbar mit einer Position beim Einheitspreisvertrag. Im ungünstigsten Fall „versteckt" sich die Bezugsleistung innerhalb eines mit einem (Teil-) Pauschalbetrag bewerteten (Teil-) Bausolls.

Der auf der Basis korrekter Mengen ermittelte Pauschalbetrag ist in folgenden Fällen gesondert zu ermitteln:

- Bei (z.T.) falschen Mengen in der Kostenermittlung (bzw. Leistungsverzeichnis mit „Einheitspreisen") sind die korrekt ermittelten Mengen pro Posten mit den ausgewiesenen Kosten pro Einheit (bzw. „Einheitspreisen") zu multiplizieren.

- Bei fehlenden Posten in der Kostenermittlung (bzw. Leistungsverzeichnis mit „Einheitspreisen") bzw. bei deren komplettem Nichtvorliegen sind pro Posten die korrekten Mengen mit den maßgebenden Werten des Ermittlungssystems zu multiplizieren.

Der korrekte Pauschalbetrag (PP_k) ergibt sich aus der Summe der Gesamtbeträge pro Posten.
Sodann ist für die mofizierte Teilleistung eine Bezugsleistung innerhalb des Bausolls festzulegen.
Das Vertragspreisniveau wird dann wie folgt ermittelt:

> Bei korrekter Kostenermittlung (bzw. Leistungsverzeichnis mit „Einheitspreisen") ist nur der bezugsleistungsbezogene Niveaufaktor (f_b^i) durch Gegenüberstellung der ausgewiesenen Kosten pro Einheit (bzw. des Einheitspreises) K_a^i der betreffenden Bezugsleistung i mit dem Bewertungsansatz des Ermittlungssystems K_e^i zu multiplizieren.
>
> $$f_b^i = K_a^i : K_e^i$$
>
> – Diese Ermittlung gilt auch für Posten mit falschen Mengen.
>
> – Für fehlende Posten ist $f_b^i = 1$, da für diese Posten zur Ermittlung des korrekten Pauschalbetrags K_e^i angesetzt wird.

[1260] Z.B. die in Band 1 Rdn. 1167 aufgeführten Handbücher sowie für Fachunternehmerleistungen:
Mittag, Aktuelle Baupreise und Lohnanteile;
Olesen, Bauleistungen und Baupreise für schlüsselfertige Wohnungsbauten;
Voelckner, Baupreise/Neubau; SirAdos.

– Bei nicht vorliegender Kostenermittlung (bzw. Leistungsverzeichnis mit „Einheitespreisen") gilt Entsprechendes wie für fehlende Posten.

Darüber hinaus ist bei Fehlen einer Kostenermittlung (bzw. eines Leistungsverzeichnisses mit „Einheitspreisen") bzw. bei (z. T.) falschen oder fehlenden Mengen noch der pauschalpreisbezogene Niveaufaktor (f_p) wie folgt zu ermitteln:

– bei vorliegender Kostenermittlung (bzw. Leistungsverzeichnis)
$$f_p = PP_a : PP_k$$

– bei fehlender Kostenermittlung (bzw. Leistungsverzeichnis)
$$f_p = PP_v : PP_k$$

Sofern in der Kostenermittlung noch Deckungsanteile für Allgemeine Geschäftskosten, Gewinn und Wagnis aufgeführt werden, sind auch deren Ansätze noch zu berücksichtigen.

Für Baustellen- und Projektgemeinkosten ist dagegen einzelfallbezogen zu prüfen, ob für sie auch ein zusätzlicher Deckungsanteil zu berücksichtigen ist. Bei geringen Mehrkosten ist – zumindest für die Baustellengemeinkosten – davon auszugehen, dass keine zusätzlichen Deckungsbeiträge für die modifizierten Leistungen notwendig sind.

8.2.2 Detail-Pauschalvertrag

8.2.2.1 Leistungsverzeichnis bzw. Kostenermittlung mit korrekten Vordersätzen

8.2.2.1.1 Idealfall: Kostenermittlung liegt vor

Besteht die Leistungsbeschreibung des Pauschalvertrags aus einem Leistungsverzeichnis mit korrekten (tatsächlich auszuführenden) Mengen und liegt eine Kostenermittlung vor, die konsequent zum rechnerisch ausgewiesenen Pauschalbetrag (PP_a) führt, dann wird gemäß **Abb. 25** für die der Art nach modifizierten Leistungen der bezugsleistungsbezogene Niveaufaktor für die Bezugsleistung durch Gegenüberstellung der Bewertungsansätze der Kostenermittlung und des Ermittlungssystems berechnet. 1155

8.2.2.1.2 Kostenermittlung fehlt, „Einheitspreise" sind ausgewiesen

Sofern es keine Kostenermittlung gibt, jedoch für alle Positionen „Einheitspreise" vorliegen und diese multipliziert mit den zugehörigen Mengen konsequent zum rechnerisch ausgewiesenen Pauschalpreis führen, ist ebenfalls der unter Rdn. 1155 dargestellte Weg einzuschlagen, und zwar mit „Einheitspreisen" als Bewertungsansätzen. 1156

Wenn ausnahmsweise für eine Bezugsleistung kein Bewertungsansatz im festgelegten Ermittlungssystem enthalten ist, ist die Auswertung der modifizierten Leistung – wie schon unter Rdn. 1153 besprochen – vereinfachend am unteren Rand des Zulässigen zu schätzen. 1157

Den Fall, dass nur einzelne „Einheitspreise" im LV oder in einer E.P.–Liste vorliegen, werden wir unter Rdn. 1224 noch gesondert besprechen. 1158

8.2.2.1.3 Unaufgegliederter Pauschalpreis

Sofern nur ein unaufgegliederter Pauschalpreis und keine anderen, diesen Preis differenzierenden Aussagen vorliegen, dann sind die korrekten (tatsächlich anfallenden) Mengen des Bausolls zu ermitteln (vgl. **Abb. 25**), so dass auf der Basis der Bewertungsansätze des festgelegten Ermittlungssystems ein korrekter Pauschalbetrag (P_f) berechnet werden kann). 1159

Durch Gegenüberstellung des vereinbarten Pauschalbetrags (PP_v) und des korrekten Pauschalbetrags (PP_k) wird der pauschalpreis-bezogene Niveaufaktor f_p berechnet; er gibt an, wie sich die Bewertung der Bezugsleistung auf der Basis des gewählten Ermittlungssystems von der (konkret nicht nachvollziehbaren) Bewertung des Auftragnehmers im Angebotsstadium unterscheidet.

8.2.2.2 Leistungsverzeichnis bzw. Kostenermittlung mit falschen Vordersätzen

8.2.2.2.1 Angebotsbearbeitung mit falschen Mengen

1160 Unter Rdn. 1154 haben wir schon besprochen, dass eine mit falschen Mengen durchgeführte Angebotsbearbeitung nicht ohne weiteres fortgeschrieben werden darf, denn unter Ansatz der korrekten (tatsächlich auszuführenden) Mengen ergibt sich bei Beibehaltung der ausgewiesenen Bewertungsansätze der Kostenermittlung (K_a^1) in der Regel nicht der rechnerisch ausgewiesene Pauschalbetrag.

Da dieser jedoch maßgebend ist, ist nur dann eine Fortschreibung der Kostenermittlung möglich, wenn die in **Abb. 25** aufgeführte Ermittlung des Pauschalbetrags auf der Basis korrekter Mengen durchgeführt wird.[1261]

1161 Sofern ein Leistungsverzeichnis oder eine Kostenermittlung (mit falschen Mengen) vorliegt, ist mit den korrekten (tatsächlich auszuführenden) Mengen der „korrekte" Pauschalbetrag (PP_k) zu ermitteln. Dieser ist dann dem rechnerisch ausgewiesenen Pauschalbetrag (PP_a) zur Ermittlung des Pauschalpreis-bezogenen Niveaufaktors f_p gegenüberzustellen.

1162 Liegt keine Kostenermittlung, sondern nur ein Leistungsverzeichnis mit „Einheitspreisen" vor, so ist entsprechend – wie oben dargelegt – zu verfahren.

1163 Nur der Vollständigkeit halten wir fest, dass der Fall „fehlende Posten" bei vorliegendem auftraggeberseitigem Leistungsverzeichnis nicht möglich ist, da der Auftraggeber nur das in ihm Benannte beauftragt hat und nicht mehr. Ist dagegen das Leistungsverzeichnis beim Detailpauschalvertrag vom Auftragnehmer erstellt worden, ist das die noch unter Rdn. 1169 ff. zu besprechende Variante, dass auftraggeberseitig nur die Ausführungsplanung zur Angebotsbearbeitung zur Verfügung gestellt worden ist. Den Fall, dass dabei dann „fehlende Posten" gibt, behandeln wir unter Rdn. 1172.

8.2.2.2.2 Angebotsbearbeitung auf der Basis der korrekten (tatsächlich auszuführenden) Mengen

1164 Sind in der Angebotsbearbeitung trotz falscher Vordersätze des Leistungsverzeichnisses die korrekten (tatsächlich auszuführenden(Mengen angesetzt worden, so gilt das unter Rdn. 1155 Festgestellte auch für die hier in Frage stehende Konstellation.

8.2.2.2.3 Es gibt nur den Pauschalpreis

1165 Sofern im Leistungsverzeichnis falsche Vordersätze, jedoch keine „Einheitspreise" aufgeführt werden und auch keine Kostenermittlung existiert, entspricht das dem, was unter Rdn. 1159 besprochen worden ist. Somit ist auch die dort aufgeführte Verfahrensweise anzuwenden.

[1261] Ebenso Schumacher, Vergütung, Rdn. 605 (zum Schweizer Recht).

8.2.2.3 Leistungsverzeichnis ohne Vordersatz

Sofern ein auftraggeberseitiges Leistungsverzeichnis ohne Vordersätze vorliegt, jedoch eine Kostenermittlung mit richtigen Mengen existiert, entspricht das dem, was unter Rdn. 1155 besprochen worden ist. **1166**

Liegt dagegen keine Kostenermittlung vor und gibt es auch keine positionsweise Auflistung mit korrekt ermittelten Mengen und mit „Einheitspreisen", so ist auf die unter Rdn. 1159 besprochene Verfahrensweise zurückzugreifen. **1167**

Sofern die Kostenermittlung bzw. die Auflistung von Mengen und „Einheitspreisen" falsche Mengen beinhaltet, so ist das maßgebend, was oben unter Rdn. 1161 besprochen worden ist. **1168**

8.2.2.4 Es gibt kein auftraggeberseitiges Leistungsverzeichnis, jedoch Ausführungspläne

Diese Ausnahme, sie ist in **Abb. 11**, S. 268 als Fall d dargestellt, führt – je nachdem, ob und welche Angebotsbearbeitungsunterlagen vom Auftragnehmer vorgelegt werden bzw. worden sind – zu verschiedenen Einzelkonstellationen. **1169**

Verwendet die Angebotsbearbeitung die korrekten (tatsächlich auszuführenden) Mengen, so ist das maßgebend, was unter Rdn. 1156 erörtert worden ist.

Sofern die Angebotsbearbeitung zwar alle erforderlichen Posten, aber falsche Mengen ansetzt, gilt Rdn. 1161. **1170**

Sofern gar keine Angebotsunterlagen vorgelegt werden können, also bei Fall b, gilt sinngemäß das, was unter Rdn. 1159 besprochen worden ist. **1171**

Ein ganz besonderer Fall ist der, dass der Bieter die auszuführenden Leistungen nicht nur quantitativ, sondern auch qualitativ nicht richtig erfasst hat. Dann liegt der Fall „Fehlende Posten" vor. **1172**

Er kann beim Detail-Pauschalvertrag nur bei folgenden Sonderfällen auftreten:
- „Fehlendes LV, jedoch vorliegende Ausführungspläne"
- Vereinbarung von zusätzlichen Leistungen bei Vertragsschluss.

In einem solchen Fall ist der korrekte Pauschalbetrag unter Ansatz der tatsächlich auszuführenden Mengen aller zu erstellenden Leistungen, bewertet mit dem Ansatz des gewählten Ermittlungssystems, zu berechnen und der pauschalpreis-bezogene Niveaufaktor zu ermitteln.

8.2.2.5 „Unechte" Preisnachlässe

Wir haben oben unter Rdn. 1150 schon festgestellt, dass „echte" Nachlässe bei der Ermittlung der Vergütung modifizierte Leistungen nicht zu berücksichtigen sind, d. h., sie werden bei der Nachtragsberechnung nicht abgezogen. **1173**

Der einem unechten Nachlass zugrunde liegenden Leistungsminderung entspricht ein bestimmter Kostenbetrag. Sein Betrag kann dem des unechten Nachlasses

1. entsprechen,
2. ihn unterschreiten oder
3. ihn übertreffen.

Im Fall 1 bleibt es bei der ursprünglichen Konstellation, ein eventuell bislang vorliegender Nachlass bleibt unverändert.

In den beiden anderen Fällen vergrößert bzw. reduziert sich ein eventuell bislang vorliegender echter Nachlass.

D. h., ein unechter Preisnachlass setzt sich stets aus einer Kostenreduktion für die nicht mehr vom Bausoll umfasste Leistung und einem eventuell echten Preisnachlass (bzw. -zuschlag) zusammen. Somit bleibt es für die Ermittlung der Vergütung modifzierter Leistungen bei dem, was schon unter Rdn. 1149 ff. besprochen worden ist.

8.2.3 Einfacher Global-Pauschalvertrag

1174 Beim Einfachen Global-Pauschalvertrag können alle für den Detail-Pauschalvertrag besprochenen Konstellationen vorkommen. Für Nachlässe gilt das, was unter Rdn. 1173 für Detail-Pauschalverträge besprochen worden ist.

1175 Der unter Rdn. 1172 besprochene Sonderfall „Fehlende Posten" beinhaltet bei Einfachen Globalpauschalverträgen geradezu das „Normale", denn der Auftraggeber strebt gerade deshalb einen Einfachen Global-Pauschalvertrag an, um dem Auftragnehmer das Risiko der Fehlenden Posten aufzulasten, was allerdings nur beschränkt und nur **individuell** möglich ist, wie erörtert.[1262] Zu Einzelheiten verweisen wir auf Rdn. 1172.

8.2.4 Komplexer Global-Pauschalvertrag

8.2.4.1 Grundsätzliches

1176 Für die Ermittlung des **Vertragspreisniveaus** von Komplexen Global-Pauschalverträgen gilt sinngemäß das, was wir oben für Detail-Pauschalverträge besprochen haben.

Da Komplexe Global-Pauschalverträge globale Elemente in der Leistungsbeschreibung beinhalten, beschränkt sich manchmal die Angebotsbearbeitung zum Teil oder insgesamt auf Kosten- und/oder Preisermittlungen über den m^3 Bruttorauminhalt oder relativ wenige Ermittlungsparameter. In solchen Fällen können den Angebotsunterlagen zumeist keine oder kaum signifikant Bezugsleistungen entnommen werden und entsprechende Ermittlungssysteme nicht festgestellt werden. Dazu kommt, dass es in solchen Fällen oft auch schwierig festzustellen ist, ob das insgesamt vereinbarte Bausoll auch von der Preisermittlung voll erfasst worden ist (Stichwort: „Fehlende Posten", umgekehrt auch im Einzelfall falsch angesetzte, aber gar nicht geschuldete (Teil-) Leistungen); gerade für Planungs-, Baustellengemein-, Projektgemein-, Allgemeine Geschäfts- oder sonstige „Nichtbauleistungs"-Kosten werden in solchen Kostenermittlungen nicht immer gesonderte Posten angesetzt, d. h., es ist zu prüfen, ob sie durch Zuschläge Bestandteile der ausgewiesenen anderen Kosten oder Preise geworden sind oder nicht.

8.2.4.2 Das Vertragspreisniveau von in den Angebotsbearbeitungsunterlagen ausgewiesenen Teilleistungen

1177 Sofern die vorliegende Kostenermittlung nicht derartig differenziert durchgeführt worden ist, dass – bezogen auf die modifizierte Leistung – eine Bezugsleistung ausgewiesen und bewertet worden ist bzw. dass eine Kategorisierungstiefe vorliegt, die nicht der des sich anbietenden Ermittlungssystems entspricht, ist wie folgt zu verfahren:
Es ist eine der modifizierten Leistung möglichst ähnliche (Teil–) Leistung (=Bezugsleistung) des Bausolls festzustellen. Für das die Bezugsleistung umfassende (Teil-) Bausoll i ist der in der Kostenermittlung rechnerisch ausgewiesene (Teil-) Pauschalbetrag (PP_a^i) festzustellen und nach einer auf die Kategorisierung des Ermittlungssystems abgestimm-

---

[1262] S. oben Rdn. 515.

ten Mengenermittlung der fiktive Pauschalpreis (PP_f^i) des (Teil-) Bausolls i mit Hilfe der Bewertungsansätze des Ermittlungssystems zu ermitteln.

8.2.4.3 Sonderfall: Marktpreise

Sofern es sich bei den pauschalierten Leistungen um (relativ) homogene Bauleistungen handelt, die häufig angeboten bzw. nachgefragt werden, gibt es auch Marktpreise (bzw. Gutachterrichtwerte). Beispiel: Reihenhäuser eines bestimmten Standards mit einer bestimmten Wohnfläche. Die Grenzen dieser Bewertung sind stets durch die Beibehaltung des Standards und die „Homogenität" der Bauleistung vorgegeben und werden schnell erreicht. **1178**

Hinter dem marktüblichen Pauschalpreis eines Reihenhauses mit einer bestimmten Wohnfläche versteckt sich jedoch nichts anderes als die übliche Preisermittlungssystematik „Menge mal Einheitspreis", hier: Summe der m² Wohnfläche multipliziert mit dem Preis pro m² Wohnfläche.

Wenn es also bei einem Pauschalvertrag im förmlichen Sinne keinen Einheitspreis gibt, so heißt das noch lange nicht, dass nicht jedenfalls „Einheitspreise" im weitesten Sinne des Wortes „feststellbar" sind. In solchen Fällen[1263] wird auf die Methodik der Kostenermittlung für zu erstellende Gebäude bzw. der Wertschätzung für schon bestehende Gebäude zurückgegriffen. Maßstab zur Beurteilung der Leistung ist dann eine Kenngröße (z. B. m² Wohnfläche oder m³ Bruttorauminhalt), deren Betrag (= Menge) bekannt oder leicht berechenbar ist und deren „Einheitspreis" durch Division des Pauschalpreises durch die „Kenngrößen-Menge" ermittelt wird.

Das **Niveau des (Vertrags-)„Einheitspreises"** ist dann gemäß der Methodik von **Abb. 25**, S. 410, diesmal durch Bezug zu Marktpreisen o. ä., ermittelbar. Die Grenzen des Verfahrens sind durch die Beibehaltung des Standards und der „Homogenität" der Bauleistung vorgegeben.

Trotzdem ist diese Bewertungsmethodik für die Ermittlung der Vergütung von modifizierten Leistungen kaum geeignet, weil das grobe Ermittlungssystem in keiner Weise die jeweilige Bezugsleistung und die Modifikation der Leistung gesondert bewerten kann.

8.2.4.4 Problematik: Wägungsanteile

Sofern man Bauwerke eines bestimmten Typs, ähnlicher Ausführungstechnik und Ausstattungsstandards getrennt für sich betrachtet, ergeben sich in etwa gleiche prozentuale Anteile für die Kosten der einzelnen Gewerke (= Leistungsbereiche), man spricht dann von Wägungsanteilen. Diese Kostenaufteilungsmethodik wird oft von Objektplanern benutzt, die die Bauwerksgesamtkosten vorab global – z. B. über den Bruttorauminhalt – ermitteln. Zur Vorplanung der Gewerkebudgets spalten sie dann das Gesamtbudget mit Hilfe der ihnen opportun erscheinenden Wägungsanteile auf. Manche Schlüsselfertig-Bau-Firmen verhalten sich entsprechend,[1264] ähnliche Anga- **1179**

[1263] Gemäß DIN 276 basieren die Kostenschätzungen für zu errichtende Gebäude i. d. R. auf einer einzigen Kenngröße und entsprechenden Erfahrungswerten (vgl. Rdn. 863). Bei der Kostenberechnung werden dagegen die Kosten i. d. R. auf der Basis von mehreren Erfahrungswerten ermittelt, d. h., sie erfordert vorab eine Bau- bzw. Leistungsbeschreibung und ist kein Mittel zur globalen Kostenermittlung (vgl. Rdn. 864).

[1264] Heine, Qualitative und quantitative Verfahren der Preisbildung, Kostenkontrolle und Kostensteuerung beim Generalunternehmen, S. 62 ff.

Rdn. 1179 — Modifizierte Leistungen

DIN 18xxx	Art der zu erstellenden Arbeiten (reine Bauleistungen und BGK)			Kostenermittlung nach Bauelementen aus Unterlage III, B, 9/31 [EUR]	Wägungsanteile		
	beim anstehenden Bauobjekt	BKI 2005	für Bürogebäude gem. Fachserie 17, Reihe 4, Statist. Bundesamt zusätzlich zu (2)		aus Unterl. III, B, 9/31 berechnet	BKI 2005	Bürogeb. Fachserie 17, Reihe 4, 2/2006, Stat. BA
(1)	(2)	(3)	(4)	(5)	(6)	(7)	(8)
299	Allgemeines			148.556,71	2,01	3,10	-
300	Erdarbeiten			108.934,24	1,48	2,60	3,63
303		Verbau-, Ramm-, Einpressarbeiten	Verbauarbeiten	-	-	-	0,33
304			Ramm-, Rüttel- und Pressarbeiten	-	-	-	0,53
306		Entwässerungskanalarbeiten	Entwässerungskanalarbeiten	-	-	0,30	0,85
308		Dränarbeiten		-	-	0,20	-
315-318		Verkehrswegebauarbeiten		-	-	0,11	-
320		Landschaftsbau		-	-	0,58	-
330	Maurerarbeiten			14.748,75	0,20	6,10	5,90
331	Beton- und Stahlbetonarbeiten			1.389.238,22	18,82	18,70	19,76
332		Natur- und Stahlbetonarbeiten	Naturwerksteinarbeiten	-	-	0,20	2,75
333	Betonwerksteinarbeiten			76.443,62	1,04	-	0,47
334		Zimmer- und Holzbauarbeiten		-	-	4,40	1,98
335		Stahlbauarbeiten		-	-	0,90	1,74
336	Abdichtungsarbeiten			68.675,99	0,93	0,40	0,89
338	Dachdeckungs- und Dachabdichtungsarbeiten	Dachdeckungsarbeiten, Dachabdichtungsarbeiten		393.624,60	5,33	2,30	2,90
339		Klempnerarbeiten	Klempnerarbeiten	-	-	1,80	1,38
340	Trockenbauarbeiten			574.150,43	7,78	3,10	6,65
345	Wärmedämm-Verbundsysteme			4.480,28	0,06	-	-
350	Putz- und Stuckarbeiten			39.617,53	0,54	3,50	3,63
351	Fassadenarbeiten			2.526.886,35	34,23	-	3,22
352	Fliesen- und Plattenarbeiten			43.340,67	0,59	1,60	1,29
353	Estricharbeiten			115.412,22	1,56	3,40	2,11
354			Gussasphaltarbeiten	-	-	-	0,14
355	Tischlerarbeiten			46.575,00	0,63	11,80	4,60
356		Parkett-, Holzpflasterarbeiten	Parkettarbeiten	-	-	0,70	0,42
357	Beschlagsarbeiten			-	-	0,27	-
358	Rolladenarbeiten	Rolladenarbeiten, Sonnenschutz		120.698,50	1,63	1,20	1,83
360	Metallbauarbeiten	Metallbau-, Schlosserarbeiten		95.670,62	1,30	7,40	8,86
361	Verglasungsarbeiten			-	-	1,60	1,23
363	Maler- und Lackierarbeiten			81.627,17	1,11	2,50	1,76
364			Korrosionsschutz	-	-	-	0,06
365	Bodenbelagsarbeiten			164.223,64	2,22	1,90	2,04
366			Tapezierarbeiten	-	-	-	0,27
379	Raumlufttechnische Anlagen			7.750,00	0,10	1,40	2,07
380	Heizanlagen und zentrale Wassererwärmungsanlagen	Heizungs- und Wassererwärmungsanlagen		315.810,00	4,28	5,15	3,23
381	Gas-, Wasser- und Entwässerungsanlagen	Gas- und Wasserinstallationsarbeiten		224.005,50	3,03	3,65	2,88
382	Nieder- und Mittelspannungsanlagen ...	Mittelspannungsanlagen, Niederspannungsanlagen		713.676,35	9,67	8,00	5,12
384	Blitzschutzanlagen	Blitzschutz- und Erdungsanlagen		14.460,00	0,20	0,20	0,10
385	Aufzüge		Förderanlagen	30.000,00	0,41	0,10	1,03
386	Gebäudeautomation		Gebäudeautomation	25.000,00	0,34	0,10	2,64
421		Dämmarbeiten an TA		-	-	0,74	0,85
451	Gerüstbauarbeiten			39.382,72	0,53	-	0,89
	Gesamt:			7.382.988,90	100,00	100,00	100,00

Abbildung 26   Aus unterschiedlichen Quellen (bzw. mit unterschiedlichen Ansätzen) ermittelte Wägungsanteile für ein Bauvorhaben (Beispiel aus Anhang III)

ben macht das BKI Baukosteninformationszentrum[1265] und das Statistische Bundesamt.[1266]

Die Problematik bei der Verwendung dieser Wägungsanteile liegt darin, dass viele Bauelemente nicht nur mit einem bestimmten Material und/oder durch ein bestimmtes Gewerk hergestellt werden können, sondern dass es von der planerischen Vorgabe abhängt, wie das jeweilige Bauelement ausgebildet und von welchem Gewerk es erstellt wird.

Beispiel: Bauwerkswände können aus

– Mauerwerk (Gewerk Mauerarbeiten)

– Beton (Gewerk Betonarbeiten)

– Gipskarton (Gewerk Trockenbau) usw.

bestehen; je nach der Ausbildungsart der Wände ändern sich die Kosten und natürlich auch die Wägungsanteile. Entsprechende Beispiele lassen sich über alle Bauelemente bzw. Grobelemente hinweg feststellen.

Bezogen auf die Wägungsanteile heißt das, dass sie nur dort sinnvoll angewendet werden können, wo – vgl. oben – stets ähnlich oder gleichartig gebaut wird. Das bezieht sich auf die Gebäudestruktur (z. B. unterkellert oder nicht) und auf die Qualitätswahl (z. B. verlagern qualitativ hochwertige Ausbauvorgaben die Wägungsanteile entsprechend). Zur Veranschaulichung der Auswirkung der Ansätze verschiedener „Wägungsanteil-Ermittler" wird auf **Abb. 26**, S. 418 hingewiesen, in der verschiedene Vorgaben zu den Wägungsanteilen und den daraus resultierenden Ergebnissen für unser Beispielprojekt gegenübergestellt werden.

Als weitere Einflüsse auf die Wägungsanteile sind zu nennen: Region, Konjunktur, Saison und Marktstruktur. Somit ist es ein sehr problematisches Unterfangen, einen unaufgegliederten Pauschalpreis mit Hilfe von Wägungsanteilen aus der Statistik oder aus anderen Quellen in Gewerkebudgets aufgliedern zu wollen und hierauf aufbauend Schlüsse auf Preiselemente zu ziehen.

8.2.4.5 Noch problematischer: Zahlungsplan

Zahlungspläne werden zur Planung von Geldzu- bzw. -abflüssen erstellt; sie sind also ein Instrument der Liquiditätsplanung, nicht der Kostenermittlung und -steuerung.

1180

Generell kann man sagen, dass die Interessen des Aufstellers eines Zahlungsplanes erheblich die Festlegung von Zahlungsmerkmalen und die Höhe entsprechender Zahlungsbeträge beeinflussen. Hat also der Auftraggeber den Zahlungsplan aufgestellt, so ist er so aufgebaut, dass möglichst wenig Geldabfluss stattfindet; bei Aufstellung von seiten des Auftragnehmers steht entsprechend der schnelle Geldzufluss im Vordergrund. Das kann so weit gehen, dass die Zahlungsmerkmale so aufgestellt sind, dass sie mit dem Bauablauf wenig übereinstimmen. Aus all diesen Gründen ist der Zahlungsplan in der Regel kein geeignetes Instrument zur Aufteilung eines Pauschalgesamtpreises in Preisbildungselemente – ebensowenig wie bei entfallenden Leistungen.[1267]

[1265] BKI Baukosten 2005.
[1266] Fachserie 17, Reihe 4, Meßzahlen für Bauleistungspreise und Preisindizes für Bauwerke, vgl. hierzu: Mantscheff/Helbig, Baubetriebslehre II, S. 44 ff.
[1267] Vgl. Rdn. 1335 und BGH BauR 1996, 846.

1181 Nur dann, wenn eine Plausibilitätsüberprüfung ergibt, dass ein Zahlungsplan auch die kausalen Zusammenhänge von Leistungsstand und Kostenanfall korrekt berücksichtigt, ist es überhaupt hinnehmbar, dass er auch als Mittel zur Aufspaltung von Pauschalgesamtpreisen in Erwägung gezogen wird. Wenn aber vorab erst eine Plausibilitätsanalyse stattfinden muss, kann auch sofort eine Preis- bzw. Kostenermittlung auf der Basis von Bezugssystemen stattfinden, hierzu verweisen wir auf Rdn. 1176, 1182. Dazu kommt, dass auch dann, wenn die Aufteilung des Pauschalgesamtpreises in einem Zahlungsplan in etwa realistisch ist, in der Regel noch eine weitere Kostenaufteilung stattfinden muss, da in den seltensten Fällen die Zahlungsmerkmale so tief gegliedert sind, dass sie allein als Bewertungselemente ausreichen. Wenn aber sowieso eine differenzierte Betrachtung durchzuführen ist, so erübrigt sich auch der Umweg über Zahlungspläne.

8.2.4.6 Unaufgegliederter Pauschalpreis

8.2.4.6.1 Teilpauschale

1182 Sofern modifizierte Leistungen anfallen, deren Bezugsleistungen in einem Teilbereich (z. B. einem Gewerk) enthalten sind, für den eine Teilpauschale ausgewiesen worden ist, so ist nur das Vertragspreisniveau dieser Teilpauschale für die Bewertung der modifizierten Leistung zu ermitteln.

Die dabei im Einzelnen anfallenden Schritte sind in **Abb. 25**, S. 410, aufgeführt.

Es ist dabei – wie schon oben für den Detail-Pauschalvertrag besprochen worden ist – danach zu unterscheiden, ob überhaupt eine Kostenermittlung vorliegt und ob in ihr die tatsächlichen Mengen für das betreffende (Teil-) Bausoll angesetzt worden sind oder nicht, bzw. ob für das betreffende (Teil-) Bausoll nur ein einziger Betrag – also eine (Teil-) Pauschale – aufgeführt wird.

Im Einzelfall kann die zugehörige Mengenüberprüfung bzw. -ermittlung beim Komplexen Global-Pauschalvertrag einen hohen Zeitaufwand erfordern.

8.2.4.6.2 Gesamtpauschale

1183 Sofern außer einer rechnerisch ausgewiesenen Gesamtpauschale (PP_a) keine weiteren Bewertungsaussagen vorliegen, sind folgende Arbeitsschritte zur Ermittlung des Vertragspreisniveaus durchzuführen:

a) Durchführung einer Mengenermittlung für das Bausoll – abgestimmt auf die Kategorisierung des Ermittlungssystems.

b) Feststellung eines geeigneten Ermittlungssystems zur Bewertung der modifizierten Leistung und des Bausolls.

c) Bewertung der für das Bausoll ermittelten Mengen mit den Bewertungsansätzen des Ermittlungssystems und Ermittlung des korrekten Pauschalbetrags.

c) Ermittlung des pauschalpreis-bezogenen Vertragspreisniveaus.

8.2.5 Nachgereichte Preis- und Kostenermittlung

1184 Um seiner Darlegungslast zu genügen, **muss** der Auftragnehmer eine plausible Preis- und Kostenermittlung nachträglich erstellen. Der Fall, dass im nachhinein eine Preis- bzw. Kostenermittlung vorgelegt wird, unterscheidet sich prinzipiell nicht von dem der hinterlegten Kostenermittlung. Da es jedoch wegen des großen (Ermittlungs-)Freiraums bei

Pauschalen recht einfach ist, zu manipulieren, kommt hier der Überprüfung der Mengen sowie der Bewertungsansätze eine noch größere Rolle als bei Einheitspreisverträgen zu.[1268]

Bei „Auffälligkeiten", d. h., wenn es offensichtlich ist, dass die nachgereichte Ermittlung so aufgebaut ist, dass sich für den Nachtragsteller besonders hohe „Zusatzerträge" ergeben, sollten sie als offensichtlich unglaubhaft nicht weiter beachtet werden. Statt dessen kann auf die besprochenen[1269] methodischen Lösungswege für unaufgegliederte Pauschalen bzw. – sofern möglich – auf vorab erstellte Einheitspreisvertragsangebote zurückgegriffen werden; es bleibt dabei, dass Darlegungsmängel zu Lasten des Auftragnehmers gehen.

Unserer Meinung nach ist es für beide Parteien sinnvoll, sofort bei Vertragsabschluss die Preis- und Kostenermittlung zu hinterlegen.

8.2.6 Verweigerte Vorlage einer vorhandenen Preis- und Kostenermittlung

Sofern sich der Auftragnehmer weigert, eine (angeblich) **vorhandene** Preis- oder Kostenermittlung vorzulegen, vereitelt er Beweise. Er muss sich so behandeln lassen, als sei keinerlei Beweis geführt. Dann gibt es auch keine Notwendigkeit zur Schätzung oder Ermittlung aus der unaufgegliederten Pauschale. Dieser Auftragnehmer erhält nichts.[1270]

8.2.7 Ermittlung in Mischfällen

Mischfälle treten recht häufig wie folgt auf:

a) Einige Leistungen sind differenziert nach Kostenarten kalkuliert (z. B. die Leistungsbereiche (Gewerke) des Rohbaus).

b) Für andere Leistungen gibt es Leistungsverzeichnisse mit „Einheitspreisen", die auf Erfahrungswerten oder Nachunternehmerangeboten beruhen.

c) Für andere Leistungen gibt es Leitpositionen mit Inklusivpreisen.

d) Gewisse Leistungen oder Kostenverursachungen sind durch Pauschalbeträge bewertet worden.

e) Manche Leistungen und Kostenverursachungen werden gesondert angesprochen; es gibt jedoch nur einen Zuschlag bzw. eine Zulage.

f) Letztlich sind gewisse Vertragsleistungen offensichtlich gar nicht erkannt und somit bei der Kostenermittlung nicht (gesondert) berücksichtigt worden.

In der Regel ist es stets möglich, mit Hilfe der vorab vorgetragenen Methodik von **Abb. 25**, S. 410 eine Bestimmung und Fortschreibung des Vertragspreisniveaus durchzuführen. Für a und b kann je nachdem, ob korrekte Mengen und/oder erkennbare Bezugsleistungen vorliegen, eine der ab Rdn. 1155 besprochenen Verfahrensweisen angewandt werden. Bei c ist auf die unter Rdn. 1176, 1177 besprochene Methodik zurückzugreifen. Für d ist das unter Rdn. 1182 Besprochene maßgebend. Entsprechendes gilt für e, jedoch muss vorab für Risikozuschläge der absolute Betrag berechnet werden.
Bei f – also bei „Fehlenden Posten" – ist prinzipiell das unter Rdn. 1152 bzw. 1172 Besprochene sinngemäß anzuwenden.

[1268] Vgl. Band 1, Rdn. 1069 ff.
[1269] Vgl. Rdn. 1176.
[1270] Zum Problem beim Einheitspreisvertrag bei Vergütungsnachträgen s. Band 1, Rdn. 1115, 623.

8.2.8 Zusammenfassung: Ermittlung der Preiselemente

1187 Unter den vorangegangenen Randnoten konnten wir feststellen, dass es stets – allerdings oft mit viel Mühe – Anhaltspunkte für die Feststellung des Vertragspreisniveaus gibt. Wir haben eine Methodik besprochen, mit denen auch Lücken und Fehler in der Kosten- (bzw. Preis-) und Mengendokumentation ausgemerzt werden können, und zwar bei unverändertem, vertraglich vereinbartem Pauschalpreis.

Generell ist festzuhalten, dass die oben besprochenen Methodik eine Fortentwicklung der schon für den Einheitspreisvertrag besprochenen Methodik ist.

8.3 Ausnahmen von der Bindung an den alten Preis

1188 ### 8.3.1 Grundsätzliches

Von der **Bindung an die Grundlagen der Preisermittlung** („alter Preis") gibt es bei **modifizierten Leistungen Auffassung vier Ausnahmen:**

a) Irrtum des Auftragnehmers, der ihn zur Irrtumsanfechtung berechtigt,

b) Änderung der Lohn- und Materialpreise gegenüber dem Zeitpunkt des Vertragsschlusses bzw. der Angebotsabgabe,

c) unsorgfältige Planung des Auftraggebers.

d) Überschreiten einer Zumutbarkeitsgrenze.

8.3.2 Irrtumsanfechtung

1189 Dieser Sonderfall spielt eine geringe Rolle, weil die Fälle, in denen der Auftragnehmer berechtigt wäre, die alte Preisberechnung wegen Irrtums anzufechten, selten sind. Zur Befugnis des Auftragnehmers, bei Irrtümern hinsichtlich der Mengenermittlung anzufechten, verweisen wir auf unsere vorangegangenen Ausführungen in Rdn. 360 bzw. 611. Ansonsten dürfen wir hinsichtlich der gesamten Problematik auf unsere Erörterungen in Band 1, Rdn. 1031, 602 verweisen.

8.3.3 Änderung der Lohn-, Material- und sonstigen Beschaffungskosten

1190 Unter den nachfolgend zu erörternden Voraussetzungen brauchen beim Pauschalvertrag ebenso wie beim Einheitspreisvertrag (vgl. Band 1, Rdn. 1034 ff.) die Lohn-, Material- und sonstigen Beschaffungskosten (insbesondere Nachunternehmerkosten) nicht unmittelbar aus denjenigen Bewertungen abgeleitet zu werden, die in den Angebotsbearbeitungsunterlagen aufgeführt sind bzw. die sich gemäß der unter Rdn. 1149 ff. vorgetragenen Methodik (Feststellung eines Ermittlungssystems und des Vertragspreisniveaus) als Preisfortschreibungsgrundlagen herausgestellt haben.

Fall a)

1191 Sofern sich bei zusätzlichen Leistungen die Lohn-, Material- und/oder sonstigen Beschaffungskosten nach dem Vertragsschluss erhöht haben, kann der Auftragnehmer für diejenigen zusätzlichen Leistungen, die den vertraglich vereinbarten Leistungsumfang überschreiten, eine Mehrvergütung beanspruchen. Dies gilt auch für den Fall, dass der Auftraggeber Zusatzleistungen anordnet, die sich jedoch allein in einer „Mehrerstellung" von Teilleistungen äußern, die also in ihrer Art schon in dem bisher beauftragten Leistungsinhalt enthalten sind. Der Fall entspricht dem, dass beim Einheitspreisvertrag zusätzliche Leistungen angeordnet werden, für die es schon im Vertrag Positionen und Einheitspreise gibt. Hier ist dann der Nachweis zu führen, dass sich die Lohn-, Material- und/oder sonstige Beschaffungskosten tatsächlich nach Vertragsschluss erhöht haben.

Ist dies der Fall, so ist die Frage zu beantworten, welcher Betrag dem Auftragnehmer zusteht. Die Lösung dieser Frage ist beim Pauschalvertrag entsprechend wie beim Einheitspreisvertrag.

Sofern die Angebotskalkulation mit den tatsächlich auszuführenden Mengen und ohne „Fehlende Posten" durchgeführt worden ist, gilt für die Ermittlung der zusätzlich zu vergütenden Mehrkosten aus erhöhten Beschaffungskosten:

Ist-Beschaffungskosten pro Einheit gemäß konkretem Vertrag
für die Menge des Bausolls: $K_v = 500{,}-$ €/E

Ist-Beschaffungskosten pro Einheit gemäß konkretem Vertrag
für die Mehrmenge gegenüber dem Bausoll: $K_m = 600{,}-$ €/E

Somit können für die Mehrmengen die kalkulierten Beschaffungskosten im Verhältnis $K_m / K_v = 1{,}2$ erhöht werden.

Somit können die im Angebotsbearbeitungs- bzw. im Vertragsabschlusszeitraum nicht antipizierten bzw. antipizierbaren Erhöhungen der Lohn-, Material- und/oder sonstigen Beschaffungskosten für zusätzliche Leistungen dadurch berücksichtigt werden, dass zusätzlich zu dem (bzw. den) unter Anwendung der Methodik von Abb. 25, S. 410 ermittelten bezugsleistungsbezogenen Niveaufaktor (f_b) noch der Verteuerungsfaktor (f_v) bei der Ermittlung der Vergütung der jeweiligen zusätzlichen Leistung angesetzt wird.

Fall b)

Die modifizierten Bauinhalte – ganz gleich welcher Art – sind aus nicht auftragnehmerseitig verursachten Gründen in einer Phase zu erstellen, die später als die Phase liegt, in der die entsprechende Vertragsleistung (gemäß Bauzeitenplan) hätte ausgeführt werden können oder müssen. Sofern in einem solchen Fall höhere Lohn-, Material- und/oder sonstige Beschaffungskosten anfallen, hat der Auftragnehmer einen Anspruch auf Zusatzvergütung aus erhöhten Lohn-, Material- und/oder sonstige Beschaffungskosten.

Maßgeblicher **Zeitpunkt** dafür, ob erhöhte Lohn-, Material- und/oder sonstige Beschaffungskosten entstanden sind, ist der Ausführungsbeginn der modifizierten Leistung, nicht der Zeitpunkt der Anordnung des Auftraggebers bzw. des Eintritts der Voraussetzungen von § 2 Nr. 8 Abs. 2 VOB/B.[1271] Hier ist also zunächst der Nachweis zu führen, dass sich tatsächlich nicht auftragnehmerseitig bedingt eine Verschiebung der Ausführungszeitpunkte der quantitativ modifizierten Leistung außerhalb des vom Vertragsterminplan vorgesehenen Zeitpunktes oder des normalerweise üblichen Zeitpunktes – jeweils für die zugehörige Vertragsleistung – ergeben hat. Sodann ist nachzuweisen, dass sich die Lohn-, Material- und/oder sonstige Beschaffungskosten tatsächlich gegenüber der ursprünglichen Bauzeit verändert haben. Danach erfolgt dann – nach dem Nachweis über den tatsächlichen Eintritt veränderter Lohn-, Material- und/oder sonstige Beschaffungskosten – die Ermittlung in wie zu Fall a.

Für modifizierte Verfahrenstechniken gilt Entsprechendes, wie vorab dargelegt worden ist.

8.3.4 Unsorgfältige Planung

Auch unsorgfältige Planung des **Auftraggebers** kann dem Auftragnehmer das Recht geben, die Bewertungsbasis bei geänderten oder neuen Leistungen zu korrigieren. Jedenfalls

---
[1271] Ebenso Ingenstau/Korbion/Keldungs, VOB/B § 2 Rdn. 28, § 2 Nr. 6 Rdn. 25.

ist es beim Komplexen Globalpauschalvertrag der Regelfall, dass der Auftragnehmer wesentliche (Ausführungs-) Planungsaufgaben übernimmt, was das Problem erheblich reduziert. Grundsätzlich gilt, dass nicht jede Anordnung des Auftraggebers schon auf dessen fehlerhafte Planung schließen lässt. Es muss sich vielmehr um Anordnungen handeln, die sich daraus ergeben, dass vorab offensichtlich Leistungen von Architekten und Ingenieuren, die zu den auftraggeberseitigen Leistungen für die betreffende Objektart gehören, (teilweise) gar nicht oder fehlerhaft erbracht worden sind.[1272]

Beispiele hierzu:

- Für ein komplexes Bauobjekt erfolgt keine Baugrundbeurteilung als Grundlage für die Tragwerksbemessung durch den Tragwerksplaner.
- Es wurden keine Vor- und keine Entwurfsplanung für Technische Ausrüstung im Zusammenhang mit den gleichen Leistungsphasen der Objekt- und der Tragwerksplanung durchgeführt.
- Die Entwurfsplanung des Tragwerks berücksichtigt nicht die Ergebnisse der Entwurfsplanung der Technischen Ausrüstung und kommt so zu falschen Querschnitten.

Beim Pauschalvertrag sind hier allerdings noch ergänzende Überlegungen notwendig: Beim Detail-Pauschalvertrag liegt die Planung in den Händen des Auftraggebers bzw. seiner Planer. Nicht ordnungsgemäß ausgeführte Planungen sind also beim Detail-Pauschalvertrag in der Regel so oder so vom Auftraggeber zu vertreten. Entsprechendes gilt auch noch für den Einfachen Global-Pauschalvertrag, dem ja zumeist eine auftraggeberseitige Planung für ein Detail-Pauschalvertragsmuster vorangeht.

Beim Komplexen Global-Pauschalvertrag, insbesondere beim Schlüsselfertig-Bau-Vertrag, übernimmt der Bieter, wie erörtert, je nach Vertragsgestaltung Planungsleistungen. Allgemein kann gesagt werden: Je weitergehende Planungsaufgaben der Auftragnehmer selbst übernommen hat, desto weniger kommt der Preisänderungsgrund „unsorgfältige Planung" des Auftraggebers in Betracht: Wenn der Auftragnehmer selbst geplant hat – wobei noch die einzelnen vertraglich übernommenen „Leistungsbilder" und „Leistungsphasen" zu beachten sind –, kann er sich nicht auf unsorgfältige Planung des Auftraggebers als Preiskorrekturgrund berufen.

8.3.5 Ausmaß der Mehrleistungen sprengt jeden äquivalenten Rahmen

1194 Eine Bindung an den alten Preis entfällt schließlich auch dann, wenn das Ausmass der Änderungen jedes äquivalente Maß überschreitet, was generell bei einer Summe der Mehrvergütungen von über 30 % zu bejahen ist.[1273]

8.3.6 Einschränkungen der Ausnahmen

1195 Für Einheitspreisverträge haben wir schon in Band 1, Rdn. 1039, 1040 festgestellt, dass **Zusatzleistungen** nicht unbegrenzt zum Preisniveau der Vertragsleistungen zu erbringen sind. Wenn der Abrechnungssaldo aller Leistungen einen Betrag ergibt, der über der Auftragssumme liegt, braucht der Auftragnehmer die die Auftragssumme überschreitenden Zusatzleistungen nicht zum Preisniveau der Vertragsleistungen zu erbringen, weil beim Vertragsabschluss die zeitliche und preisliche Bindung seiner Kapazitäten nur im Umfang der Auftragssumme vorgesehen und vereinbart worden ist. Bleibt der Saldo der Abrechnungssum-

---

[1272] Alle Einzelheiten Band 1 Rdn. 1039, 1040. Die unsorgfältige Planung des Auftraggebers muss nicht verschuldete sein.
[1273] Näher Band 1 Rdn. 1041.

me unterhalb der Auftragssumme, kommt ein Abweichen vom vertraglich vereinbarten Preisniveau in der Regel nicht in Frage, gilt dies auch für Pauschalverträge?

Detail-Pauschalverträge entsprechen vom Wesen her den Einheitspreisverträgen; sie umfassen in der Regel, zumindest in einem beachtlichem Umfang, den Einsatz auftragnehmereigener Kapazitäten.
Für Einfache Global-Pauschalverträge gilt Entsprechendes, da sie ja in der Regel nur „weiterentwickelte" Detail-Pauschalverträge sind.

1196

Bei Komplexen Global-Pauschalverträgen mit Generalübernehmern kommen dagegen keine eigenen Kapazitäten des Auftragnehmers für die unmittelbare Leistungserbringung zum Einsatz. Heißt das, dass nunmehr die unter Rdn. 1190–1192 besprochene Regelung nicht mehr gilt? Generalübernehmer lassen die Bauleistungen durch ihre Nachunternehmer erbringen. Auch hier werden also Kapazitäten zeitlich und preislich gebunden, jedoch nur mittelbar, nämlich die der Nachunternehmer. Sofern der Auftraggeber Leistungen fordert, die den Kapazitätseinsatz für die Erbringung der Vertragsleistung des jeweiligen Nachunternehmers überschreiten, führt das zu Eingriffen in die Kapazitätsplanung dieses Nachunternehmers. Das kann aber nichts anderes bedeuten, als dass in einem solchen Falle Mehrkosten, die aus Überschreitung der vertraglich vorgesehenen Kapazitätsbindung resultieren, auch zu entsprechenden Mehrvergütungen durch den Auftraggeber führen müssen, unmittelbar gegenüber dem Generalübernehmer, mittelbar gegenüber dem Nachunternehmer. Das bedeutet aber auch, dass es nunmehr für die Entscheidung darüber, ob eine Mehrvergütung wegen erhöhter Bezugskosten in Betracht kommt, nicht mehr maßgeblich ist, dass die **Gesamt**abrechnungssumme die Auftragssumme überschreiten muss,[1274] ehe der Mehrvergütungsanspruch wirksam wird.

1197

Bei Nachunternehmereinsatz geht es darum, dass jeweils der Leistungsumfang eines Leistungsbereichs (Gewerkes) und somit der zu erbringende Leistungsumfang und dadurch auch der Kapazitätsbindung eines Nachunternehmers (oder gegebenenfalls mehrerer) über dem vertraglich vorgegebenen Umfang liegt.
Die entsprechende Einzelprüfung kann bei Komplexen Global-Pauschalverträgen mit nur wenigen auftraggeberseitigen Vorgaben im Einzelfall schwierig sein. Das ändert aber nichts daran, dass nur eine **gewerkeweise** Prüfung der Bindung an das „alte" Preisniveau in Betracht kommt und dass es in den Händen des Bieters (und späteren Auftragnehmers) liegt, durch gewerkeweise oder bauelementbezogene Bausollformulierungen die Grenzen des jeweiligen Leistungsumfangs zu dokumentieren (vgl. jeweils Tätigkeit 10 aus **Abb. 10 b**, S. 266).

Es versteht sich von selber, dass für Generalunternehmer Entsprechendes wie für Generalübernehmer gilt:
- Für den als Eigenleistung kalkulierten Leistungsumfang gilt die Regelung wie für Einheitspreisverträge (die Obergrenze ist die aus der Kostenermittlung bzw. über Teilpauschalen nachvollziehbare „Auftragssumme" für Eigenleistungen).
- Als Nachunternehmerleistung kalkulierte Gewerke bzw. Bauleistungen sind jeweils für sich zu betrachten.
- Für Leistungen, für die nur Budgetposten angesetzt sind, gilt Entsprechendes wie für Nachunternehmerleistungen, da die relativ undifferenzierten Preis- (bzw. Kosten-)Angaben dafür sprechen, dass es sich nicht um Eigenleistungen handeln soll.

1198

Bei **geänderten Leistungen** sind an den Fortfall der Bindung an den alten Preis größere Anforderungen als bei zusätzlichen Leistungen zu stellen; solange sich die Änderungen

1199

[1274] In der Regel wird dies aber sowieso bei Pauschalen der Fall sein.

im Rahmen üblicher Planvorgaben bewegen, kann die Ausnahme ohnehin nicht eingreifen. Anders ist das bei qualitativ wie quantitativ umfangreichen Änderungen, die dazu führen, dass eine höherwertige oder quanitativ umfangreichere Leistung als die vertraglich vereinbarte zu erbringen ist. Ist dies der Fall, so gelten die vorab besprochenen Abgrenzungskriterien für zusätzliche Leistungen. In diesem Zusammenhang ist noch festzuhalten, dass die auftraggeberseitige Modifikation des Leistungsumfanges auch Auswirkungen auf auftragnehmerseitig übernommene Architekten- und Ingenieurleistungen, insbesondere aber auf die Bauleitungs- und Koordinationsaufgabe des Auftragnehmers, haben können. Es versteht sich von allein, dass solche Mehrkosten – ganz gleich, ob die entsprechenden vertraglich vereinbarten Leistungen als Projektgemeinkosten oder als gesonderte Einzelkosten oder auch gar nicht kostenmäßig berücksichtigt worden sind – ebenfalls dem Auftragnehmer zu vergüten sind.

8.4 Die Ermittlung der Vergütung für die modifizierten Leistungen

8.4.1 Grundsätzliches

1200 Wie beim Einheitspreisvertrag[1275] ist auch beim Pauschalvertrag eine **freie Nachtragsgestaltung und -kostenermittlung nicht hinnehmbar;** der Nachtrag ist vielmehr auf den Grundlagen der Preisermittlung fortzuschreiben.[1276]

Insbesondere der Pauschalvertrag bietet, sofern keine korrekte Dokumentation des qualitativen und quantitativen Bausolls und keine umfassenden, gegliederten Angebotsbearbeitungsgrundlagen vorliegen, viele Freiräume zur Kreation von „Zusatzkosten". Deshalb ist es beim Pauschalvertrag – wie unter Rdn. 1148 ff. besprochen – um so wichtiger, immer die Mengen und ihre „**Bewertung**" als Äquivalent zu dem vertraglich vereinbarten Bausoll im Gesamtzusammenhang zu sehen. Nur wenn diese „Totalität" auf Vollständigkeit und Plausibilität geprüft worden ist, kann sie auch als Basis für die Bewertung der modifizierten Leistungen dienen. Dies gilt um so mehr, als bei Pauschalverträgen oft

- vorab auftraggeberseitig eine Aufgliederung des Bausolls in Teilleistungen und/oder Gebäudeelementen erfolgt;
- die Angebotsbearbeitungsunterlagen (insbesondere bei Komplexen Pauschalverträgen) aus einer Vielzahl von Preis-(bzw. Kosten-)Ermittlungsunterlagen bestehen, die z. B. von verschiedenen Sachbearbeitern unterschiedlicher Provenienz und Firmenzugehörigkeit und oft auch mit unterschiedlichen Kostenermittlungsmethoden erarbeitet worden sind;
- der Umfang des Bausolls und der Preis- und Kostenermittlungen eine solche Größe annimmt, dass nur gegliederte Zusammenstellungen und Einzelunterlagen es noch ermöglichen, den Überblick zu bewahren.

Anknüpfend an die ab Rdn. 1149 ff. besprochenen Methodik zur **Ermittlung** des Vertragspreisniveaus, ergibt sich eine entsprechende Methodik zur Ermittlung der Vergütung für die modifizierten Leistungen bei Pauschalverträgen.

8.4.2 Ermittlungsmethodik

1201 Die Methodik der Ermittlung der Vergütung von modifizierten Leistungen bei Pauschalverträgen entspricht derjenigen, die wir schon in Band 1 unter Rdn. 1074 ff. für den Einheitspreisvertrag besprochen und dort in **Abb.** 21, S. 315 zusammengefasst haben. Für die Ermittlung der Vergütung von modifizierten Leistungen beim Pauschalvertrag sind die einzelnen Schritte aus **Abb. 25**, S. 410 ersichtlich.

[1275] Vgl. Band 1, Rdn. 1074 ff.
[1276] **Zum Grundsatz BGH BauR 1996, 378;** zu Einzelheiten siehe Bd. 1, Rdn. 1074 ff.

Ausgangspunkt für die Neuberechnung sind die Dokumentation der modifizierten Leistungselemente, die Feststellung eines Ermittlungssystems und die Berechnung des (bzw. der) Vertragspreisniveaufaktors (bzw. -faktoren). 1202
Sodann sind die modifizierten (Teil-) Leistungen zu bewerten. Für der Art nach modifizierte Leistungen erfolgt dies auf der Basis des gewählten allgemein zugänglichen Ermittlungssystems.

Darüber hinaus ist zu prüfen, ob über die unmittelbare Bewertung der modifizierten (Teil-) Leistungen hinaus noch weitere Kostenverursachungen zu berücksichtigen sind. Als Beispiele seien genannt: Zusätzliche Baustellengemeinkosten, Auswirkungen der Leistungsmodifikation auf sonstige Herstellkosten des Bausolls.
Ergebnis der Bewertungen ist der Pauschalbetrag für die modifizierten Leistungen.

In einem gesonderten Schritt erfolgt die Anpassung an das Vertragspreisniveau. Je nach Fallkonstellation ist wie folgt zu verfahren:

Sofern eine Auftragskalkulation vorliegt, die konsequent zum rechnerisch ausgewiesenen Pauschalpreis führt, sind nur bezugsleistungsbezogene Niveaufaktoren zu beachten. Bei z. T. fehlenden Mengen und/oder fehlenden Posten in der Auftragskalkulation ist darüber hinaus der pauschalpreis-bezogene Niveaufaktor noch anzusetzen. Bei fehlender Auftragskalkulation ist nur der pauschalpreis-bezogene Niveaufaktor zu berücksichtigen.

Sofern bei der Ermittlung des Vertragspreises für das Bausoll noch gesonderte Deckungsanteile für Allgemeine Geschäftskosten, Gewinn und Wagnis angesetzt worden sind, sind diese bei zusätzlicher Leistungserbringung gegenüber dem Bausoll bei der Ermittlung des endgültigen Preises der modifizierten Leistungen anzusetzen. Ob Ansätze für Baustellen- und Projektgemeinkosten zu berücksichtigen sind, hängt vom Einzelfall ab.

Bei der Ermittlung der Vergütung für modifizierte Leistungen bei Detail-Pauschalverträgen ist stets vorab zu prüfen, ob die modifizierten Leistungen überhaupt zusätzliche Produktionsfaktoreneinsatz im Gemeinkostenbereich bedingen. 1203
Wenn nein, so sind keine Zuschläge für Baustellen- und Projektgemeinkosten anzusetzen, da der Pauschalpreis des Bausolls die notwendigen Deckungsanteile über die Angebotskalkulation beinhaltet.
Sollten jedoch, bedingt durch die Leistungsmodifikation(en), zusätzliche Produktionsfaktoreneinsätze notwendig werden, sind die entsprechenden Kosten als Direkte Kosten der modifizierten Leistung zu berücksichtigen.

Für Einfache Global-Pauschalverträge gilt Entsprechendes. 1204

Dies gilt auch für Komplexe Global-Pauschalverträge. Für sie ist außerdem – zumindest für einen Teil ihres Leistungsumfangs – besonders das zu beachten, was wir nachfolgend unter Rdn. 1207 über den Nachunternehmereinsatz noch besprechen werden. 1205

Beispiele zur Neuberechnung besprechen wir unter Rdn. 1266 ff. 1206

8.5 Spezialproblematik: Nachunternehmereinsatz

8.5.1 Grundsätzliches

Der Einsatz von Nachunternehmern ist nicht nur bei Einheitspreisverträgen, sondern auch bei Pauschalverträgen üblich und nimmt bei Komplexen Global-Pauschalverträgen sogar eine dominierende Rolle ein. Bei ihnen setzen Generalunternehmer für alle Leistungen, die sie nicht selber mit eigenen Kapazitäten erstellen können oder wollen (Substitu- 1207 tion für eigene Kapazitäten), Nachunternehmer ein; Generalübernehmer arbeiten nur mit Nachunternehmern. Die in **Band 1 besprochenen Regeln** für die Ermittlung der Vergütung von modifizierten Leistungen, die von Nachunternehmern erstellt werden (bzw. Leistungen ersetzen bzw. ergänzen, die von Nachunternehmern erstellt werden sollten)[1277], gelten beim Pauschalvertrag in der unter Rdn. 1149 ff. angesprochenen angepassten Verfahrensweise.

Der Hauptunternehmer darf also gegenüber seinem Auftraggeber (dem Bauherrn) eine Vergütung für die modifizierte Leistung in Rechnung stellen, die sich aus den in **seinem Vertragspreis** enthaltenen Preis-(bzw. Kosten-)Elementen ergibt bzw. diesen im Preis-(bzw. Kosten-)Niveau entspricht – **grundsätzlich also ohne Rücksicht auf die Höhe der tatsächlich entstandenen bzw. entstehenden Nachunternehmerkosten**. Es geht um (fortentwickelte) Vergütung (auf der Basis der Kostenermittlung für den Vertragspreis), nicht um Schadensersatz.

Ist also aus den Angebotsbearbeitungsunterlagen für die Vertragsleistung ersichtlich, dass Nachunternehmereinsatz vorgesehen und kalkuliert worden ist, so wird der Preis (bzw. die Kosten) für die modifizierte Leistung **ebenfalls auf dieser Basis** fortgeschrieben. Maßgebend dafür, ob und dass eine solche Fortschreibung überhaupt gelingt, ist die Findung eines geeigneten Ermittlungssystems; in der Praxis gibt es für die meisten Bauleistungen und somit auch für Nachunternehmerleistungen geeignete Richtwerte in der Fachliteratur.[1278]

Ob dann dem die modifizierte Leistung ausführenden **Nachunternehmer dieser Preis vergütet wird oder nicht**, ja ob er überhaupt eine Zusatzvergütung für die modifizierte Leistung erhält oder nicht, spielt für die Ermittlung der Nachtragsvergütung des Hauptunternehmers **keine Rolle**.

Würde es im Einzelfall dem Hauptunternehmer gelingen, seinen Nachunternehmer dazu zu veranlassen, die geänderte oder zusätzliche Leistung preiswerter oder sogar ohne zusätzliche Vergütung zu erbringen, so würde davon der Auftraggeber (Bauherr) nicht profitieren. Ebensowenig hätte es ja den Auftraggeber auch berührt, wenn der Hauptunternehmer in seine Angebotskostenermittlung einen Preis für Nachunternehmerleistungen eingesetzt hätte, der sich nachträglich als zu niedrig erweist.

Die für den Einheitspreisvertrag entwickelten Regeln der Ermittlung der Vergütung für modifizierte Leistungen nach den unter Rdn. 1149 ff. und Rdn. 1200 ff. besprochenen Modifizierungen für Pauschalverträge sind noch um folgende Untersuchungen bezüglich folgender Punkte zu erweitern:

a) ob die richtigen Mengen angesetzt,

b) ob alle Vertragsleistungen bei der Preis-(bzw. Kosten-)Ermittlung berücksichtigt

c) und ob Zu- und Abschläge getätigt worden sind

[1277] Vgl. Band 1, Rdn. 1016 ff.
[1278] Vgl. Mittag, Aktuelle Baupreise und Lohnanteile; Voelckner, Baupreise; Olesen, Bauleistungen und Baupreise für schlüsselfertige Wohnhausbauten; Baukostenberatungsdienst (BKB) der Architektenkammer Baden-Württemberg, Baukosten-Handbuch; Nehm u. a., Gebäudekosten, SirAdos, a.a.O.

8.5.2 Differenzierung nach der Art der Kostenaufgliederung im Angebotsstadium

8.5.2.1 Leistungen, die der Hauptunternehmer nicht erstellen kann

8.5.2.1.1 Pauschaler Ansatz für Nachunternehmerleistungen

Liegen Leistungen vor, die der Hauptunternehmer nicht mit eigenen Kapazitäten erstellen kann, so können sie in der Preis-(bzw. Kosten-)Ermittlung für das Bausoll mit einem Pauschalbetrag bewertet worden sein: 1208

a) entweder als Nachunternehmerangebot bzw. -angabe, der eine Nachunternehmeranfrage vorausgegangen ist, oder

b) auf der Basis von Erfahrungswerten, die auf früheren Nachunternehmerangeboten bzw. -verträgen basiert

Welcher von beiden Fällen vorliegt, ist unmaßgeblich; maßgeblich ist, dass im Angebotsstadium in der Preis- bzw. Kostenermittlung ein bestimmter Betrag für Leistungen ausgewiesen wird, die von einem Nachunternehmer erbracht werden sollen.

Um anknüpfend an den pauschalen Preis-(bzw. Kosten-)Ansatz für eine Nachunternehmer-(Teil-)Leistung den Preis (bzw. die Kosten) für eine modifizierte Leistung ermitteln zu können, muss der Pauschalbetrag in Bewertungsansätze („Einheitspreise") und Mengen aufgelöst werden. Liegt ein Nachunternehmerangebot (bzw. eine Nachunternehmerkalkulation, möglichst schon im Angebotsstadium hinterlegt) vor, so ist die noch unter Rdn. 1210 zu besprechende Methodik anzuwenden.

Gibt es dagegen nur eine Pauschalsumme als Bewertung einer Nachunternehmer-(Teil-)Leistung, so ist die schon unter Rdn. 1149 ff. besprochene Methodik von **Abb. 25**, S. 410 anzuwenden, d. h., es sind die entsprechenden Bezugsleistungen festzustellen, die tatsächlich auszuführenden Mengen der Vertragsleistungen zu ermitteln und dann je nach Fallkonstellation gemäß **Abb. 25** der pauschalpreisbezogene Niveaufaktor zu ermitteln. 1209

Die Neuberechnung der Vergütung für die modifizierten Nachunternehmerleistungen erfolgt auf der Basis des vorab festgelegten Ermittlungssystems und mit Hilfe des Niveaufaktors.[1279)]

8.5.2.1.2 Aufgegliederte Ansätze für Nachunternehmerkosten in der Angebotskalkulation

Sofern die Kosten für Nachunternehmerleistungen nach Mengen und „Einheitspreisen" aufgegliedert in einer Angebotskalkulation vorliegen, ist jeweils noch zu untersuchen: 1210

- ob die in der Kostenermittlung pro Kostenansatz angesetzte Menge richtig ist oder ob gemäß den vorgegebenen Mengenermittlungskriterien tatsächlich eine andere Menge auszuführen war,

- ob alle zum betreffenden Umfang der Nachunternehmerleistungen gehörenden Teilleistungen auch in der Kostenermittlung berücksichtigt worden sind.

Ist dies nicht der Fall, so ist, anknüpfend an die unter Rdn. 1149 ff. besprochene Methodik, durch Berücksichtigung der tatsächlich auszuführenden Mengen aller Teilleistungen des Bausolls der „fiktive" Pauschalpreis zu ermitteln.
Es bleibt also bei der Methodik von **Abb. 25**, S. 410 zur Ermittlung des Vertragspreisniveaus.

[1279)] Vgl. Rdn. 1201 ff. und **Abb. 25**, S. 410.

Die Vergütung der modifizierten Leistung ergibt sich – wie schon vorab erwähnt – gemäß der Methodik von **Abb. 25**, S. 410.

8.5.2.2 Leistungen, die der Hauptunternehmer selbst erstellen kann

8.5.2.2.1 Kostenermittlung weist Nachunternehmereinsatz aus

1211 Sofern der Hauptunternehmer bei der Angebotsbearbeitung Nachunternehmerkosten für Leistungen angesetzt hat, die er selber mit seinen eigenen Kapazitäten erbringt, so ist trotzdem – je nachdem, ob ein pauschaler oder ein aufgegliederter Kostenansatz vorliegt – die unter Rdn. 1208 ff. besprochene Methodik anzuwenden. Es spielt keine Rolle, ob der Hauptunternehmer im nachhinein die betroffenen Vertragsleistungen oder modifizierte Leistungen (zum Teil) selber erstellt hat oder nicht (bzw. noch erstellen will).

8.5.2.2.2 Kalkulation für Eigenleistung

1212 Hat der Hauptunternehmer vergleichbare Vertragsleistungen durch Ansetzen der Kostenarten Lohn, Material usw. als Eigenleistungen kalkuliert, so ist diese Berechnungsmethodik auch für modifizierte Leistungen maßgebend, für die diese (Vertrags-)Teilleistungen Bezugsleistungen sind. Auch hier spielt es keine Rolle, ob im nachhinein Nachunternehmer die Vertragsleistung (teilweise) übernommen oder die modifizierten Leistungen (teilweise) erstellen sollen bzw. erstellt haben.

Ebenfalls ist auch hier die jeweilige Überprüfung auf falsche Mengenansätze und/oder „fehlende Posten" durchzuführen und die vorab schon unter Rdn. 1149 ff. besprochenen und in **Abb. 25**, S. 410 dargestellte Methodik der Vertragspreisniveaufeststellung anzuwenden.

8.5.2.3 Zusammenfassung

1213 Wir fassen zusammen: Entscheidend ist bei tatsächlichem oder im Angebotsstadium vorgesehenem **Nachunternehmereinsatz,** was aus den Angebotsbearbeitungsunterlagen ersichtlich ist. Hat z. B. ein Nachunternehmer für die Vertragsleistung ein niedriges Angebot gemacht, ist dieses Nachunternehmerangebot in die Preisermittlung des Hauptunternehmers übernommen worden und hat er hierauf einen hohen **GU-Zuschlag** angesetzt, so bleibt dieser hohe (GU-)Zuschlag auch im Nachtragsfall erhalten. Ob überhaupt ein Nachunternehmer tätig wird und was ein Nachunternehmer dem Auftragnehmer (Hauptauftragnehmer) tatsächlich berechnet, ob er ihm also beispielsweise Nachlässe gewährt hat oder ob er vielleicht sogar überhaupt nichts berechnet, spielt nach wie vor bei der Vergütungsermittlung im Verhältnis zwischen Auftraggeber (Bauherr) und Hauptunternehmer keine Rolle.

8.5.3 Architekten- und Ingenieurleistungen

1214 Für Architekten- und Ingenieurleistungen gilt sinngemäß dasselbe wie für Nachunternehmerleistungen; sie verursachen im kostenlogischen Sinn Nachunternehmerkosten. Zusätzliche Problematik ergibt sich oft dadurch, dass die Bausollfestlegung nicht ohne weiteres erkennen lässt, welche Architekten- und Ingenieurleistungen im Einzelnen als Vertragsleistungen vereinbart worden sind und welche im nachhinein nunmehr noch zusätzlich zu erbringen sind. Hierzu verweisen wir auf die **Checkliste** aus **Abb. 21**, S. 315.

Sinnvollerweise löst man solche Probleme durch Bezugnahme auf die einzelnen Leistungsbilder der HOAI (z. B. Tragwerksplanung, Technische Ausrüstung) und die in ihnen aufgeführten Leistungsphasen (z. B. Entwurfsplanung, Ausführungsplanung).

Spezialproblematik: Nachunternehmereinsatz Rdn. 1215, 1216

Sofern in den Angebotsbearbeitungsunterlagen des Hauptunternehmers für Architekten- und/oder Ingenieurleistungen nur ein einziger Betrag (bzw. pauschale Teilbeträge) angesetzt worden ist (sind), ist das Kostenniveau wie folgt zu ermitteln: **1215**
1. Zuordnung der gemäß Bausoll zu erbringenden Planungsleistungen zu dem (den) zugehörigen Leistungsbild(ern) und den jeweiligen Leistungsphasen
2. Feststellung, ob bestimmte Leistungsphasen komplett oder nicht (evtl. einschließlich Besonderer Leistungen) zu erbringen sind
3. Zuordnung der zugehörigen Honorarzone je Leistungsbild
4. Bewertung der Planungsleistung des jeweiligen Leistungsbildes mit v.-H.-Sätzen gemäß der zugehörigen Tabelle der HOAI und unter Beachtung von Punkt 2
5. Ermittlung des Honorars je Leistungsbild mit Hilfe der zugehörigen Honorartafel der HOAI

Sodann ist zur Ermittlung des zugehörigen Niveaufaktors wie folgt vorzugehen: Die in der Angebotsbearbeitung aufgeführte Bewertung der Planungsleistungen wird als eine (Teil-) Pauschale (PP_a) angesetzt; die auf der Basis der HOAI ermittelten Honorare der einzelnen Leistungsbilder ergeben zusammen den HOAI-berechneten Pauschalpreis für die vertraglich vereinbarten Planungsleistungen (PP_h), so dass sich der planungsbezogene Niveaufaktor wie schon oben besprochen (vgl. **Abb. 25**, S. 410) ergibt:

$$f_p = \frac{\text{angebotskalkulierte Planungskosten}}{\text{auf der Basis der HOAI berechnete Planungskosten}} = \frac{PP_a}{PP_h}$$

Sofern in den Angebotsbearbeitungsunterlagen die Kosten für die einzelnen Planungsleistungen (z. B. für die einzelnen Leistungsbilder) ausgewiesen sind, wird je Planungsleistung l der jeweilige planungsbezogene Niveaufaktor f_p berechnet:

$$f_p^{(l)} = \frac{\text{rechnerisch ausgewiesene Kosten für die Planungsleistung l}}{\text{gemäß HOAI berechnete Kosten der Planungsleistung l}} = \frac{PP_a^{(l)}}{PP_h^{(l)}}$$

Die Ansätze der Angebotskalkulation muss der Auftragnehmer nachweisen. Ansonsten ist auf die noch unter Rdn. 1217 zu besprechende Methodik zurückzugreifen; äußerstenfalls sind die Mehrkosten von einem Gutachter (als Minimalbeträge) zu schätzen.[1280]

Die Ermittlung der Vergütung für modifizierte Planungsleistungen erfolgt jedenfalls über die Vorgaben der HOAI mit nachfolgender Anpassung an das Vertragspreisniveau mit Hilfe des Niveaufaktors bzw. – wenn es nur um ein einziges Leistungsbild geht – nach der in folgender Randnummer anhand eines Beispiels beschriebenen Methodik.

Beispiel: **1216**
Der Auftragnehmer hat einen zweiten (neuen) Entwurf zu erstellen. Ermittlungssystem ist die HOAI; somit stünde dem Auftragnehmer gemäß § 20 HOAI für den zweiten Entwurf $5/10$ des Honorars des ersten Entwurfs zu. Zu bedenken ist bei der Ermittlung der Bezugsparameter, dass der Auftragnehmer beim Totalvertrag hinsichtlich der Objektplanung im Verhältnis zum Auftraggeber objektiv nur einzelne Teilleistungen schuldet.[1281]

Sofern auftraggeberseitig die Vorplanung vorgegeben war, hat der Auftragnehmer nur noch die Entwurfs-, Genehmigungs- und Ausführungsplanung zu erbringen, was gemäß § 15 Abs. 1 HOAI zu den in Spalte 4 der **Abb. 27**, S. 432 aufgeführten Vomhundertsätzen führt.
Nebenbei: Hätte es keine auftraggeberseitige Vorplanung gegeben, wäre Spalte 3 aus **Abb. 27**, S. 432 maßgebend.

[1280] Das entspricht genau der Abwicklung wie bei § 2 Nr. 5, Nr. 6 VOB/B.
[1281] Allgemein hierzu: Pfarr/Koopmann/Rüste, Was kosten Planungsleistungen? Dazu die Erörterungen oben Rdn. 1032 ff.

Leistung	Leistungsphase	v.H.-Sätze für das Honorar		Bewertung der Vergütungsanteile in % der vom SF-Bau-Auftragnehmer kalkulierten Planungskosten	
	gemäß § 15 (1) HOAI			einschließlich Vorplanung	ohne Vorplanung
(1)	(2)	(3)	(4)	(5)	(6)
Vorplanung	2	7	-	14,3	-
Entwurfs-planung	3	11	11	22,5	26,2
Genehmigungs-planung	4	6	6	12,2	14,3
Ausführungs-planung	5	25	25	51,0	59,5
Σ		49	42	100,0	100,0

Abbildung 27   Die Ermittlung der Vergütungsanteile der Objektplanungsleistungen eines Schlüsselfertig-Bau-Auftragnehmers je nach Umfang des übernommenen Planungsumfangs

Wir verfahren gemäß Rdn. 1214:
1. Es ist als Leistungsbild nur die „reine Objektplanung" vereinbart; zu erbringen sind die Leistungsphasen 3 bis 5.
2. Die Grundleistungen der drei Leistungsphasen sind komplett zu erbringen.
3. Die Honorarzonen brauchen nicht geklärt zu werden, da nur ein Leistungsbild ansteht.
4. Aus demselben Grund braucht nicht auf die Honorartabelle der HOAI zurückgegriffen werden; es reichen die Vomhundertsätze des in Frage stehenden Leistungsbildes.
5. Addiert man die Vomhundertsätze der zu erbringenden Leistungsphasen, so ergibt sich der Gesamtbetrag des für die hier beauftragten „reinen Objektplanungsleistungen" anstehenden „Gesamt-Vomhundertsatzes" gemäß § 15 Abs. 1 HOAI. Dieser Vomhundertsatz steht für das „Gesamthonorar" der hier zu erbringenden Planungsleistungen, also für ihre komplette 100 % Vergütung. Somit ergibt sich der Vergütungsanteil je Leistungsphase, bezogen auf 100 % „Gesamthonorar", durch Multiplikation des jeweiligen in Spalte 4 der **Abb. 27** aufgeführten Vomhundertsatzes mit 100/42 (vgl. Ergebnis in Spalte 6 der **Abb. 27**).

Wir halten fest: Da nur ein Leistungsbild zu beurteilen ist, braucht kein Vertragspreisniveaufaktor bestimmt zu werden; das anteilige Honorar je „Planungs-Teilleistung" ergibt sich in unserem Beispiel aus der Multiplikation des in der Angebotskalkulation aufgeführten Gesamthonorars (z. B. 50 000,00 €) mit dem in Spalte 6 von **Abb. 27** jeweils aufgeführten zugehörigen Vomhundertsatz.

Im vorliegenden Fall ergibt sich für die Entwurfsplanung:
50 000,00 € · 26,2/100 = 13 100,00 €

Somit kann nun die zusätzliche Vergütung für den neuen Entwurf wie folgt auf der Kostenbezugsbasis HOAI berechnet werden:
5/10 · 13 100,00 € = 6550,00 €

Sollten in den Angebotsbearbeitungsunterlagen zwar Kosten für Bauleistungen, nicht aber die Kosten ebenfalls zu erbringender Planungsleistungen aufgeführt sein, so gibt es vom Prinzip her zwei Möglichkeiten, die Planungskosten anteilig zu ermitteln: 1217
a) Man geht davon aus, dass die Planungskosten in den Herstellungskosten der zugehörigen Bauleistungen eingerechnet sind
b) die Planungskosten werden als „Fehlende Posten" (vgl. Rdn. 1166 ff.) angesehen.

Da in beiden Fällen nachträglich Einzelbeträge für Planungsleistung anzusetzen sind, spielt es praktisch keine Rolle, ob sie als „Fehlende Posten" oder als Teilelemente einer noch durchzuführenden Kostendifferenzierung (vgl. Rdn. 1183) angesehen werden.

Wichtiger ist, welches Vertragspreisniveau für die Ermittlung der Planungskosten angesetzt wird. Unserer Meinung nach spricht alles dafür, die Planungskosten gemäß HOAI zu ermitteln, sie wie „Fehlende Posten" bei der Ermittlung des „fiktiven Pauschalpreises" der zugehörigen (Teil-) Pauschale anzusetzen, dann den Vertragspreisniveaufaktor zu ermitteln, d.h., die Methodik von **Abb. 25**, S. 410 anzuwenden. Der Vorteil dieser Methode liegt in ihrer Einfachheit und in der Anwendung des allseits bekannten Ermittlungssystems HOAI.

Sollten die Kosten der Planungsleistung offensichtlich Bestandteil der ausgewiesenen Projekt- bzw. Baustellengemeinkosten (bzw. des GU-Zuschlags) sein,[1282] so gilt folgendes:
a) Wenn jeweils nur ein Gesamtbetrag ausgewiesen (oder ausweisbar) ist, so sind das zugehörige Teil-Bausoll, die zugehörigen fiktiven (Teil-) Pauschalen und sodann der Vertragspreisniveaufaktor zu ermitteln.
Hierbei ist für die Ermittlung der Kosten für Planungsleistungen auf die HOAI als Ermittlungssystem zurückzugreifen.
b) Sind dagegen Einzelansätze (z. B. für Baustellengemeinkosten) aus den Angebotsbearbeitungsunterlagen ersichtlich, nicht aber Planungskosten, so sind letztere wie „Fehlende Posten" anzusetzen. Der weitere Weg führt dann wieder über die Methodik von **Abb. 25**, S. 410 zur Ermittlung des Vertragspreisniveaus.

Die „Vergütung" für Architekten- und Ingenieurleistungen, für die die HOAI keine Vergütungsregelungen im Detail vorgibt (z. B. Projektsteuerung), muss nach allgemein üblichen Sätzen – äußerstenfalls gutachterlich – bestimmt und dann bei Vertragsleistungen ebenfalls in die Ermittlung des Vertragspreisniveaufaktors einbezogen werden. 1218

8.6 Leistungen ohne besondere Angaben zur „Erbringung durch wen"

Ist in der Angebotskalkulation für eine bestimmte Leistung des Bausolls nur ein Betrag ohne Aussage darüber enthalten, ob es sich um eine Nachunternehmerleistung oder eine Eigenleistung handelt, so geht es letztlich nur darum, ein geeignetes (oder geeignete) Ermittlungssystem(e) zu finden. Hierbei verweisen wir insbesondere auf Fn. 1260. Die Feststellung des Vertragspreisniveaus kann dann sowohl bei kalkuliertem Nachunternehmereinsatz (vgl. Rdn. 1208) oder ganz allgemein wie unter Rdn. 1149 ff. besprochen erfolgen. Die Berechnung der Vergütung der modifizierten Leistungen ist – wie bislang – auf der Basis der vorab festgestellten Bezugssysteme unter Anwendung der Niveaufaktoren durchzuführen. 1219

[1282] Dazu Rdn. 844, 875.

8.7 Neuer Preis zu entwickeln als Pauschale? – Schätzungen?

1220 Es verbleibt die methodische Frage, ob die „neue Vergütung" wiederum nur in Form einer Pauschale ausgedrückt werden kann oder darf. Wir haben vorab schon festgestellt, dass das Niveau des Pauschalvertragspreises durch die Anwendung der Methodik von **Abb. 25**, S. 410 gewährleistet ist.[1283] Methodisch ist deshalb von Interesse, dass die Vergütung für modifizierte Leistungen nicht in irgendeiner Form „pauschal", zufällig und/oder willkürlich „gebildet" werden darf. Der Preis für die modifizierte Leistung kann und muss auch beim Pauschalvertrag an die Kostenermittlungselemente des Vertragspreises und an dessen Vertragspreisniveau anknüpfen bzw. analog aus ihm fortentwickelt werden. Dagegen braucht zur Ermittlung der Vergütung der modifizierten Leistung eine Pauschale als solche weder gebildet zu werden noch hat sie irgendeinen Sinn,[1284] – abgesehen davon wüssten wir auch gar nicht, wie.

Selbstverständlich steht es den Parteien frei, für die geänderte oder zusätzliche Leistung eine Pauschale zu vereinbaren, aber das hat mit unserer Fragestellung nichts zu tun.

1221 Der Fall, dass Zusatzleistungen oder Änderungen (und gegebenenfalls Teilkündigungen oder Selbstübernahmen) **ein solches Maß** erreichen, dass **praktisch keinerlei sinnvoller Bezug** auf Leistungsinhalte und Preiselemente des Pauschalvertrages möglich ist (oben Rdn. 1194), ist bei Pauschalverträgen eher eine Ausnahme. Außerdem gibt es – wir verweisen dazu auf Fn. 1260 – für die meisten üblichen Bauleistungen dokumentierte Preis- bzw. Kostenerfahrungswerte, also geeignete Ermittlungssysteme.
Somit kann i. d. R. jeweils nach Bestimmung der für die Kosten- bzw. Preisfortschreibung der modifizierten Leistungen maßgebenden Bezugsleistung der zugehörige Ansatz in der Kostenermittlung für die (Teil-) Pauschale gesucht werden, wenn es um die Bestimmung des fiktiven (Teil-) Pauschalpreises und des bezugsleistungsbezogen auszuweisenden Niveaufaktors geht.
Ist es jedoch wirklich so, dass tatsächlich die Kosten bzw. Preise der modifizierten Leistung in **keinerlei** zugänglichem Ermittlungssystem aufgeführt sind, so bleibt nichts anderes übrig, als den Preis der modifizierten Leistung analytisch zu ermitteln, immer unter dem Aspekt, möglichst das Preisniveau der Vertragsleistung „fortzuschreiben".[1285]

Im Einzelfall können auch **Schätzungen** (§ 287 ZPO) notwendig werden. Auch sie müssen aber stets unter Berücksichtigung des Preisniveaus der Vertragsleistungen erfolgen und stehen unter der Einschränkung, dass die Schätzung in berechtigten Einzelfällen wenigstens durch eine differenzierte Vertragspreisniveaufeststellung und/oder -fortschreibung in Teilbereichen belegt und korrigiert wird.

8.8 Zeitpunkt der Vereinbarung des neuen Preises

1222 Die Vereinbarung des neuen Preises **soll** vor der Ausführung der geänderten Leistung getroffen werden (§ 2 Nr. 5 Satz 2 VOB/B); die Vereinbarung ist sogar möglichst vor Beginn der Ausführung einer zusätzlichen Leistung zu treffen (§ 2 Nr. 6 Abs. 2 Satz 2

[1283] Vgl. auch Band 1, Rdn. 1000 ff.

[1284] Vgl. zum Ganzen dazu auch die Erörterung bei Teilkündigungen Rdn. 1304–1317 mit weiteren Einzelheiten. A.A. Leinemann/Schliemann, VOB/B, § 2 Rdn. 316; Heiermann/Riedl/Rusam VOB/B § 2 Rdn. 153 b.

[1285] Im Ergebnis ist dasselbe gemeint, wenn gesagt wird, es seien „**plausibel** neue Einheitspreise zu ermitteln", vgl. OLG Düsseldorf Betrieb 1978, 88; Ingenstau/Korbion/Keldungs, VOB/B § 2 Nr. 7 Rdn. 19 und näher dazu Rdn. 1337 ff., insbesondere Rdn. 1343.

VOB/B). Nach allgemein zutreffender Auffassung sind trotz des unterschiedlichen Wortlauts die Rechtsfolgen dieselben: Auch dann, wenn die Parteien den Preis bei geänderten Leistungen (§ 2 Nr. 5 VOB/B) **nicht** vor Ausführung vereinbaren, verliert der Auftragnehmer dennoch die Vergütungsansprüche nicht.[1286] Aber auch dann, wenn die Parteien bei zusätzlichen Leistungen (§ 2 Nr. 6 VOB/B), wozu ja auch die angeordneten Mehrmengen gehören, eine Preisvereinbarung nicht vor der Ausführung treffen, verliert der Auftragnehmer den Vergütungsanspruch nicht.[1287]

8.9 Bindung an Nachlässe und Skonti

Ob ein auf den Hauptauftrag gewährtes Skonto oder ein Nachlass auch bei den Nachtragsvergütungen zu berücksichtigen ist, haben wir ausführlich mit allen Fundstellen in Band 1 Rdn. 1042 – 1047 behandelt. Wir fassen erneut nur äußerst knapp die Ergebnisse zusammen:

Skonto ist eine vom Auftragnehmer eingeräumte bedingte Kürzung der Auftragssumme für den Fall vorfälliger Zahlung. Die Skontoabrede umfasst – wenn nichts anderes vereinbart ist – die Gesamtabrechnung, also auch Nachtragsvergütungen.

Nachlass ist eine vom Auftragnehmer eingeräumte unbedingte Kürzung der Vertragssumme ohne Verminderung der Leistung.

„Echte" Nachlässe – d. h., nicht in die Vertragssumme eingeflossene, sondern getrennt ausgewiesene, z. B. „Nachlass 3 %" – werden – sofern nicht **individuell** das Gegenteil vereinbart ist – bei der Berechnung von Nachtragsvergütungen dann **nicht** berücksichtigt, wenn die ursprüngliche Auftragssumme durch die Mehrvergütung aus den Nachträgen überschritten wird.
Eine gegenteilige Regelung in Allgemeinen Geschäftsbedingungen des Auftraggebers ist unwirksam.[1288]

„Unecht" ist ein Nachlass, der nur Äquivalent für nachträgliche Leistungsminderungen ist.

1223

8.10 Sonderfall: Einheitspreisliste für modifizierte Leistungen

Häufig macht insbesondere der Auftraggeber den Versuch, das heikle Problem der Ermittlung von Preisen für geänderte oder zusätzliche Leistungen dadurch zu „neutralisieren", dass eine möglichst umfangreiche **Einheitspreisliste** von Anfang an vereinbart wird, in der viele Leistungen mit einem Einheitspreis je Maßeinheit oder Stück benannt werden, auf deren Basis dann die Vergütung für vorkommende modifizierte Leistungen berechnet werden soll.
Wenn er dann **modifizierte Leistungen** anordnet, soll deren Abrechnung nach ausgeführter Menge multipliziert mit dem Einheitspreis erfolgen; das ist also, wie der Name richtig sagt, ein Fall, in dem in einem Pauschalvertrag ein (Teil-)**Einheitspreisvertrag** auftaucht; die modifizierten und die gegebenenfalls durch sie ersetzten Leistungen werden nämlich nach Einheitspreisschema abgerechnet.

1224

[1286] BGHZ 50, 25, 30; BGH BauR 1978, 314, 316.
[1287] OLG Düsseldorf BauR 1989, 335; Ingenstau/Korbion/Keldungs, VOB/B § 2 Nr. 6 Rdn. 29; Nicklisch/Weick, VOB/B § 2 Rdn. 73, im Ergebnis Daub/Piel/Soergel/Steffani, VOB/B Erl. 2.122.
[1288] Einzelheiten Band 1 Rdn. 1047.

Die Anwendung der Einheitspreisliste auf **entfallende** Leistungen behandeln wir gesondert unter Rdn. 1350, ihre Anwendung auf Behinderungsschadensersatzansprüche unter Rdn. 1612.

Rechtlich gesehen handelt es sich bei Einheitspreislisten um Einheitspreiseventualpositionen, d. h. Positionen, deren Beauftragung im Falle des Vertragsschlusses noch offen ist.

Bei Einheitspreislisten im Zusammenhang mit Pauschalverträgen wird normalerweise keine Menge (Vordersatz) angegeben. Schon grundsätzlich sind solche Einheitspreislisten sehr problematisch, weil der eingesetzte Einheitspreis keinen realen Bezug zur sonstigen Preisbildung haben muss, weil außerdem möglicherweise die Höhe der Einheitspreise bei der Ermittlung des zum Auftrag führenden Pauschalpreises nicht berücksichtigt worden ist (so dass auch Mondpreise angegeben werden könnten). Jedenfalls führt aber schon der fehlende Bezug zu irgendeiner Menge zu dem Problem, dass in dem Einheitspreis die Direkten Kosten (z. B. Material, Lohn) nicht zuverlässig kalkuliert werden können, da es keinen Anhaltspunkt für die wirklich auszuführende Menge gibt: Der Einkauf und der Einbau von etwa 10 m^2 eines Spezialmaterials wird möglicherweise völlig andere Kosten je m^2 verursachen als bei 3000 m^2.

Wenn jedoch eine Einheitspreisliste vereinbart ist, bleibt der Einheitspreis unverändert, gleich, welche Menge tatsächlich angeordnet und ausgeführt wird. Auch dann, wenn die Geltung der VOB/B vereinbart ist, ist § 2 Nr. 3 VOB/B trotz der Tatsache, dass nach Einheitspreisschema abgerechnet wird, nicht anwendbar, da es keinen realen Vordersatz gibt.[1289]

Da auch bei dieser Art von Eventualpositionen immer damit gerechnet werden muss, dass sie nicht ausgeführt werden, sollte der Auftragnehmer in die Einheitspreise der Einheitspreisliste keinen jedenfalls notwendigen Deckungsanteil für die für die Vertragsleistung zu erwartenden Projekt- und Baustellengemeinkosten einkalkulieren.[1290] Es versteht sich von selbst, dass dies voraussetzt, dass der vorhandene Baustellenapparat für die anstehenden Eventualpositionsleistungen ohne Mehrkosten innerhalb der vertraglich vereinbarten Bauzeit zur Verfügung steht.

Unabhängig davon, was der Auftragnehmer tatsächlich einkalkuliert hat, gilt:
Sofern aus Eventualpositionen Mehrkosten beim Baustellengemeinkostenapparat resultieren, ist danach zu unterscheiden, ob die Leistungen
a) innerhalb der vertraglich vereinbarten Bauzeit
   oder
b) danach anfallen

Zu a
Sofern die Leistungserstellung für Eventualpositionen innerhalb der vertraglich vereinbarten Bauzeit zu Mehrkosten bei den Baustellengemeinkosten führt, hat der Auftragnehmer keine weiteren Ansprüche an den Auftraggeber, auch wenn er seine Eventualpositionen ohne Aufschlag für Baustellengemeinkosten kalkuliert hat.

Hat der Auftragnehmer dagegen insgesamt einen hohen zusätzlichen Deckungsbetrag für Baustellengemeinkosten bei einer Eventualposition erwartet, diesen auf eine bestimmte Leistungsmenge verteilt, so ist der Auftragnehmer immer dann im Nachteil, wenn tatsächlich ein geringerer Leistungsumfang als erwartet für die Eventualposition zu erbringen ist.

[1289] Einzelheiten s. Band 1, Rdn. 595, ebenso OLG Hamm BauR 1991, 352. Zu Eventualpositionen insgesamt Band 1, Rdn. 580 ff.
[1290] Einzelheiten s. Band 1, Rdn. 589.

Zu b

Sind dagegen zusätzliche Eventualpositionsleistungen außerhalb der vertraglich vereinbarten Bauzeit zu erbringen, hat der Auftragnehmer dann einen zusätzlichen Anspruch an den Auftraggeber, wenn dadurch zusätzliche Baustellengemeinkosten auftreten. Der Auftragnehmer hat auch dann weitere Ansprüche, wenn nach Ablauf der vertraglich vereinbarten Bauzeit Erhöhung des Materialpreises, höhere Löhne usw. aufgetreten sind. Der Preis laut Einheitspreisvertrag bindet wie bei geänderten oder zusätzlichen Leistungen allgemein nur für die Vertragszeit. Das rechtfertigt sich aus dem allgemeinen Gesichtspunkt, dass ein Auftragnehmer für die Zusatzleistung dann nicht mehr die bisherigen Preise hinnehmen muss, wenn für sie Ist-Kosten in einer späteren Ausführungsphase anfallen, die höher liegen als die Ist-Kosten für eine Leistungserstellung in der Vertragszeit; das konnte der Auftragnehmer im Angebotsstadium nicht wissen, also auch nicht einkalkulieren.[1291] Zusätzlich dürfen nach unserer Meinung **dann** auch Zuschläge für Allgemeine Geschäftskosten, Wagnis und Gewinn angesetzt werden, selbst wenn der Einheitspreis laut Liste insoweit keine Deckungsanteile enthält.

Besonders problematisch ist die Frage, **ob in der Einheitspreisliste** für modifizierte Leistungen dann, wenn der Auftragnehmer auch die Ausführungsplanung in Auftrag hat, die durch die Zusatzanordnung entstehenden **zusätzlichen Planungskosten** „enthalten" sind. Nach unserer Meinung sind die Planungskosten nicht enthalten, wenn der Auftraggeber nur eine „Einheitspreis"-Angabe verlangt, denn er verwendet insoweit einen Begriff nach VOB-Einheitspreisvertrags-Schema; die VOB/B erfasst aber nur die pure Bauleistung, nicht Planungsleistungen; außerdem kann niemand im voraus diesen Planungsaufwand kennen. Der Auftragnehmer kann also die Planungskosten, die ihm zur von ihm geschuldeten Ausführungsplanung der modifizierten Leistung entstehen, gesondert geltend machen. Die Richtigkeit dieser Überlegung wird besonders dann deutlich, wenn eine umfängliche Umplanung mit dem Ziel geringerer zusätzlicher Herstellkosten durchzuführen ist; der Planungsaufwand des Auftragnehmers bliebe dann, wenn die betreffenden Planungskosten nicht gesondert vergütet würden, ungedeckt.

Dem Auftragnehmer ist zu empfehlen, bei Angebotsangabe, spätestens bei Vertragsbeschluss offenzulegen, wie er die Preise der Einheitspreisliste kalkuliert hat.

9 Verursachung

Der Auftragnehmer muss **nachweisen,** dass die Änderungsanordnung oder die Anordnung zusätzlicher Leistung gerade die Maßnahmen verursacht hat, deren zusätzliche Vergütung er jetzt verlangt, Basis ist ein Bauinhalts-Soll-Ist-Vergleich.[1292] Ist eine Bauinhaltsmodifikation belegt, spricht der Anschein dafür, dass sie zu modifizierten Kosten führt. Dieser **Ursachenzusammenhang** bedarf als solcher überhaupt keiner Diskussion.

1225

Das Problem liegt jedoch – wie so oft – im Detail. Wie ist nämlich bei einem globalen Baubeschrieb ohne Detailelemente zu belegen, ob die nunmehr nach Vertragsabschluss auftraggeberseitig „gewünschte" Ausführungsvariante (z. B. Dachrandabschluss mit 35 cm hoher Attika) vom Bausoll abweicht oder nicht, wenn über Dachrandabschlüsse z. B. im Baubeschrieb des Auftraggebers nichts steht. Tatsache ist, dass Dachrandabschlüsse als solche bei schlüsselfertiger Bauerstellung auf jeden Fall notwendig sind. Die Frage ist also, wie sie kon-

---

[1291] Zum Grundsatz s. Band 1, Rdn. 585; Ingenstau/Korbion/Keldungs, VOB/B § 2 Nr. 5 Rdn. 31, § 2 Nr. 6 Rdn. 25.
Zu diesem Problem allgemein auch oben Rdn. 1190 ff.
[1292] Vgl. Band 1, Rdn. 406.

kret auszubilden sind und welche Kosten (einschließlich der Schnittstellenkosten zu den betroffenen sonstigen Gewerken) die jeweilige Lösung bedingt. Bei konkludenten Änderungsanordnungen des Auftraggebers, die sich nur auf eine konkrete Einzelmaßnahme auswirken, ist es deshalb manchmal bei globalen Vorgaben fast unmöglich, die konkrete Verursachung für eine vermutete Änderung nachzuweisen.

Sichere Abhilfe schafft hier nur eine auftragnehmerseitige Präzisierung des Bausolls im Angebotsstadium.

Liegt eine solche Präzisierung nicht vor, so kann aushilfsweise auf plausible und sich zu einem „schlüsselfertigen Ganzen" zusammenfügbare Beispiele für das Bausoll zurückgegriffen werden, mit denen das Bauist zu vergleichen ist. Sofern der **Bieter im Angebotsstadium nicht präzisiert** hat, welche Art der Randausbildung Bestandteil seines Angebotes ist, sind die unter Rdn. 643 ff. besprochenen Regeln über das **Bestimmungsrecht des Auftragnehmers** heranzuziehen.

Insgesamt ist insoweit in besonderen Fällen auch zur **Verursachung** (haftungsausfüllende Kausalität) eine Schätzung gemäß § 287 ZPO zulässig.[1293]

1226 Das schon in Band 1 besprochene Dokumentationssystem[1294] ist für den die Leistung selber ausführenden Unternehmer – also insbesondere bei Detail-Pauschalverträgen und Einfachen Global-Pauschalverträgen – von gleicher Bedeutung wie beim Einheitspreisvertrag.

1227 Um Bauinhaltsmodifikationen überhaupt festzustellen zu können, benötigt das Projekt- bzw. Bauleitungspersonal des Auftragnehmers stets das Bausoll in Gestalt der kompletten Vertragsunterlagen.

Soweit die Ausführungspläne vom Auftraggeber gestellt werden (also zumindest beim Detail-Pauschalvertrag und beim Einfachen Global-Pauschalvertrag, hat der Projekt- bzw. Bauleiter des Auftragnehmers nach ihrem Eingang einen Planinhalts-Soll-Ist-Vergleich durchzuführen. Änderungen hat er festzustellen und zu dokumentieren, u. a., um seiner eventuellen Ankündigungspflicht gemäß § 2 Nr. 6 VOB/B nachzukommen.

Beim Komplexen Global-Pauschalvertrag kann die Projekt- bzw. Bauleitung einen Bauinhaltsvergleich nur dann relativ problemlos durchführen, wenn die Globalelemente im Angebotsstadium differenziert worden sind. Ist das der Fall, kann dann das vertraglich Vereinbarte und Dokumentierte dem modifizierten Bauist gegenüberstellen.

Sofern eine solche differenzierte Bausolldokumentation nicht in das Vertragswerk aufgenommen wird, sollte der Auftragnehmer zumindest intern seine Bauleitung durch differenzierte Angaben zur „**Eigeninterpretation**" des Bausolls (Projektbuch) in den Stand setzen, Bauinhalts-Soll-Ist-Vergleiche durchführen zu können. Der Nachteil, dass das differenzierte Bausoll also solches von der Auftraggeberseite gegebenenfalls nicht akzeptiert wird, bleibt dann jedoch bestehen.

Hinweise darüber, dass Bauinhalts-Soll-Ist-Abweichungen vorliegen bzw. vorzuliegen scheinen, können erfolgen:

- Bei Detail-Pauschalverträgen und Einfachen Global-Pauschalverträgen – außer von der Bauleitung – von seiten der Arbeitsvorbereitung, der Aufsichtskräfte, der im Akkord arbeitenden Arbeitskräfte und der Funktion Abrechnung; dies gilt insbesondere für den Fall der Leistungserstellung durch eigene Mitarbeiter.

[1293] Ebenso Ingenstau/Korbion/Keldungs, VOB/B § 2 Nr. 5 Rdn. 27, zum Grundsatz ebenso schon BGH BauR 1986, 347, Einzelheiten s. Band 1, Rdn. 1123, 1130, 1114 ff.

[1294] Vgl. auch „Fehlende Posten", Rdn. 1166 ff.; s. auch Olshausen, Festschrift Korbion, S. 333.

- Bei Komplexen Global-Pauschalverträgen und/oder weitestgehender Leistungserbringung durch Nachunternehmer kommt über der eigenen Projektleitung hinaus den Nachunternehmern und/oder den auftragnehmerseitig eingeschalteten Planern eine wichtige Rolle bei der Feststellung der Bauinhaltsmodifikationen zu. Voraussetzung dafür ist dann aber, dass sie vorab genau das Bausoll vorgegeben bekommen haben, das auch Bestandteil des Vertrages zwischen dem Hauptunternehmer und dem Auftraggeber geworden ist.

10 Darlegungslast, Beweisführung und Beweisbarkeit

10.1 Grundsatz

Der Auftragnehmer muss **beweisen**: 1228

- dass es sich um eine Änderung bzw. um eine zusätzliche Leistung handelt, dass also die geforderte Leistung nicht schon vom bisherigen Vertragsinhalt gedeckt ist (Bauinhalts-Soll-Ist-Vergleich), beim Pauschalvertrag oft der springende Punkt, vgl. aber genauer Rdn. 679 ff.,
- die Anordnung des Auftraggebers,
- die **Wirksamkeit** der Anordnung (z. B. Bevollmächtigung eines Dritten, falls dieser die Anordnung gegeben hat; Schriftform),
- die Ankündigung gemäß § 2 Nr. 6 Abs. 2 Satz 2 VOB/B, gegebenenfalls Ausnahmetatbestände zum Ankündigungserfordernis,
- die Anspruchshöhe.

Zum Nachweis der Anspruchshöhe muss der Auftragnehmer einen Nachweis vorlegen („Nachtragskalkulation"), dessen Ansätze eine Fortschreibung der Kosten- bzw. Preisermittlung für die Vertragsleistungen sein sollen; der Übergang von der relativ präzisen Kostenermittlung zur Schätzung ist dabei – je nach Umfang der vorliegenden Ausgangsdokumente – fließend.

Ein Sonderproblem stellt sich, wenn der Auftragnehmer die **Vorlage** einer vorhandenen Kalkulation **verweigert**; das haben wir bereits unter Rdn. 1185 angesprochen. 1229

10.2 Der konkrete Nachweis zu Ursache und Mehrvergütung – Behandlung des GU-Zuschlags

10.2.1 Ausgangsbasis

In ihrer Logik entspricht die Kostenermittlung für Nachtragsleistungen derjenigen, die schon für Einheitspreisverträge in Band 1 unter Rdn. 1000 ff. besprochen worden ist, aber eben – wie unter Rdn. 1148 ff. erläutert – unter Berücksichtigung der Besonderheiten des jeweiligen Pauschalvertrags. Als solche sind insbesondere von Bedeutung: 1230

- Unterschiede beim Dokumentationsumfang und bei der Detaillierung des Bausolls
- unterschiedliche Differenzierung und Präzisierung der Kosten- bzw. Preisbestandteile

Somit ergeben sich von Fall zu Fall verschiedenartige Möglichkeiten der Ermittlung des Vertragspreisniveaus und der Kosten- bzw. Preisfortschreibung; insbesondere sind dabei die Übergänge zwischen schlüssigen Kostenermittlungen und auf Wahrscheinlichkeiten und/oder Plausibilitäten basierenden (Kosten-)Schätzungen je nach den Differenzierungsmöglichkeiten des Vertragspreises fließend.

Liegt beispielsweise ein differenziertes Leistungsverzeichnis mit tatsächlich auszuführenden Mengen und ohne „fehlende Positionen" vor, so unterscheidet sich dieser Fall kaum von dem des Einheitspreisvertrages.

Liegt jedoch nur für eine global beschriebene Bauleistung ein unaufgegliederter Pauschalpreis vor, so kann zwar mit erheblichen Aufwand gemäß der unter Rdn. 1149 ff. aufgeführten Methodik die Kosten- bzw. Preiselemente so differenziert wie gewünscht ermittelt werden, die Frage ist nur, ob man sich nicht aus arbeitsökonomischen Gründen mit (Kosten-)Schätzungen begnügt (wie oft die tägliche Nachtragspraxis).

Ohnehin gibt es – nicht erst und nicht nur bei Gericht – die Möglichkeit der Schätzung gemäß § 287 ZPO. **Darlegungsmängel oder unvollständige Beweisführung schließen also bei § 2 Nr. 7 Abs. 1 Satz 4 i. V. m. § 2 Nr. 5 und § 2 Nr. 6 VOB/B den Anspruch auf Vergütungsanpassung nicht aus**, aber je nach Grad der Unvollständigkeit der Unterlagen werden gegebenenfalls nur noch „Mindestschätzungen" möglich sein.

10.2.2 Die Schritte zur Ermittlung der Mehrvergütung – Checkliste –

1231   Die Methodik zur Ermittlung des Preises einer modifizierten Leistung ist – wie wir schon unter Rdn. 1200 ff. besprochen haben – bei allen Pauschalvertragsarten grundsätzlich gleich. Dazu verweisen wir nochmals auf **Abb. 25**, S. 410.

1232   In der Kostenermittlung gemindert ausgewiesene Zuschläge für Allgemeine Geschäftskosten, Wagnis und Gewinn sind zu berücksichtigen.

1233   Allgemeine Zuschläge für Baustellengemeinkosten sind bei der Ermittlung der Vergütung von modifizierten Leistungen jedenfalls nicht angebracht, da diese ja durch den Pauschalpreis abgedeckt sind.

Zusätzliche Baustellengemeinkosten, die durch die modifizierten Leistungen bedingt sind, sind dagegen schon über die Kostenfortschreibung zu berücksichtigen.

Ein Zuschlag für Baustellengemeinkosten würde also zu einer Überzahlung des Auftragnehmers führen.

Entsprechendes gilt für sonstige Posten, die bauobjektbezogene Gemeinkosten sind.

10.2.3 Behandlung des GU-Zuschlags

1234   Sofern ein **GU-Zuschlag** (vgl. dazu oben Rdn. 875) in den Angebotsbearbeitungsunterlagen ausgewiesen worden ist, ist zu untersuchen, aus welchen Elementen er besteht. Zuschlagsanteile für Gewinn und Wagnis und Allgemeine Geschäftskosten (vgl. Nrn. 5 und 6 aus **Abb. 23**, S. 325) sind bei der Preisermittlung für modifizierte Leistungen – sofern sie in der Kosten- und Preisermittlung für das Bausoll gesondert ausführlich sind – anzusetzen; Zuschlagsanteile für Baustellengemeinkosten dürfen jedoch nicht angesetzt werden (vgl. Rdn. 1221).

Sofern der GU-Zuschlag auch zur Abdeckung von Architekten- und Ingenieurleistungen dient, so sind diese Anteile aus der Beaufschlagung herauszunehmen, da diese Kosten entweder als Sonderposten (Nr. 1 aus **Abb. 23**) oder als Zuschlag schon im Pauschalpreis enthalten sind, wohingegen zusätzliche Planungskosten als Direkte Kosten der modifizierten Leistung erfasst werden.

Sind dagegen in der Kosten- und Preisermittlung für das Bausoll manchmal Kosten und ein andermal Vergütungen, also mit Deckungsanteilen beaufschlagte Kosten, angesprochen worden, so kommt es jeweils bei der Ermittlung der Vergütung modifizierter Leistungen darauf an, wie die Bewertung der Bezugsleistung in den Angebotsunterlagen und/oder in festgelegten Ermittlungssystemen vorgenommen wird.

11 Fälligkeit, Abschlagszahlungen, Verjährung, prüfbare Schlussrechnung, Wirkung der Schlussrechnung

Mehrvergütungsansprüche des Auftragnehmers aus § 2 Nr. 5 oder § 2 Nr. 6 VOB/B i. V. m. § 2 Nr. 7 Abs. 1 Satz 4 VOB/B, also Nachtragsforderungen, sind normale vertragliche Vergütungsansprüche. Das heißt: Sofern die VOB/B vereinbart ist, besteht nach näherer Maßgabe des § 16 Nr. 1 VOB/B auch ein Anspruch auf **Abschlagszahlungen**. 1235

Beim **VOB-Vertrag** ist Fälligkeitsvoraussetzung für Forderungen aus der Schlussrechnung auf Zahlung der **unveränderten** Pauschalvergütung ohne jeglichen besonderen Nachweis: Abnahme und Ablauf der 2-Monats-Frist (§ 16 VOB/B).[1295] 1236

Für Rechnungen über **Nachträge** – seien es Abschlagsrechnungen, seien es Teile einer Schlussrechnung – gilt dagegen, dass die Rechnung prüfbar sein muss im Sinne von § 14 VOB/B.
Also sind Leistungsnachweise Voraussetzung, z. B. Nachweis über Bausoll-Bauist-Abweichung, Mengenermittlung für die modifizierten Leistungen, außerdem eine auf das Vertragspreisniveau abgestimmte Vergütungsberechnung.[1296] 1237

Eine pure prozentuale Berechnung eines angeblichen Leistungsstandes reicht – wenn nicht das Gegenteil vertraglich vereinbart ist – nicht aus.

Haben die Parteien für die Nachtragsvergütung ihrerseits eine Pauschale vereinbart, sind nämlich besondere Leistungsnachweise nicht erforderlich.

Die Verjährung beginnt am 1. Januar des Jahres, das dem Jahr folgt, in dem die 2-Monats-Frist nach Einreichung der Schlussrechnung (§ 16 Nr. 3 Abs. 1 Satz 1 VOB/B) abgelaufen ist, vorausgesetzt, es handelt sich um einen VOB/B-Vertrag. Andernfalls (BGB-Vertrag) beginnt die Verjährung am 1. Januar des Jahres, das dem Jahr folgt, in dem die Arbeiten abgenommen worden sind. Die Verjährungsfrist beträgt gemäß § 195 BGB 3 Jahre. 1238

Die Frage, ob beim Schlüsselfertigbau, beim Totalunternehmer oder -übernehmer sowie beim Projektentwickler und Bauträger unterschiedliche Verjährungsfristen für Planungsteil und Errichtungsteil gelten, haben wir bereits in Rdn. 17 verneint.

[1295] Siehe oben Rdn. 17; Kiesel, NJW 2000, 1673, 1674.
[1296] Selbstverständlich und unbestritten.
Macht ein Auftragnehmer im Prozess ursprünglich Nachtragsansprüche geltend, beschränkt er sich dann aber wieder nur auf die ursprünglich vereinbarte Leistung und den ursprünglichen Pauschalpreis, so wird eine zunächst mangels Aufmaß (Nachträge!) nicht prüfbare Rechnung durch diese Beschränkung „prüffähig", d. h., sie bedarf keiner weiteren prüffähigen Unterlagen, so zutreffend OLG Düsseldorf BauR 1993, 508

12 Ausschluss des Anspruches des Auftragnehmers aus § 2 Nr. 5, § 2 Nr. 6 VOB/B i. V. m. § 2 Abs. 1 Satz 4 VOB/B durch Allgemeine Geschäftsbedingungen des Auftraggebers

1239   Allgemeine Geschäftsbedingungen des Auftraggebers, die den Vergütungsanspruch wegen Änderung gemäß § 2 Nr. 5 VOB/B oder wegen Zusatzleistung gemäß § 2 Nr. 6 VOB/B ganz ausschließen, sind ausnahmslos AGB-rechtlich unwirksam, nämlich mit § 307 BGB unvereinbar.[1297]

Das gilt in vollem Umfang auch für Pauschalverträge jeder Art.[1298]

1240   Ebenso ist es in Allgemeinen Geschäftsbedingungen unzulässig, den Anspruch des Auftragnehmers einzuschränken. Deshalb ist auch z. B. eine Klausel unwirksam, wonach Veränderungen der Pauschalvergütung um **2 % nach oben oder unten** nicht zu einer Veränderung des Pauschalpreises führen.[1299]

1241   Die Bedenken gegen die Gültigkeit von Schriftformklauseln haben wir angesprochen.[1300]

[1297] BGH „ECE Bedingungen" BauR 1997, 1036; vollständige Nachweise bei Markus, in: Markus/Kaiser/Kapellmann, AGB-Handbuch Bauvertragsklauseln, Rdn. 303–327.
[1298] Vgl. z. B. Korbion/Locher/Sienz, AGB- und Bauerrichtungsverträge, Rdn. 149–151 207; Ingenstau/Korbion/Keldungs, § 2 Nr. 6 Rdn. 30; Glatzel/Hofmann/Frikell, S. 164.
[1299] Markus a.a.O., Rdn. 305; zutreffend LG München, zitiert bei Glatzel/Hofmann/Frikell, S. 162 für entsprechende Klausel (dort 5 %); OLG Frankfurt NJW-RR 1986, 247; Ingenstau/Korbion/Keldungs, VOB/B § 2 Nr. 7 Rdn. 32; Zielemann, Rdn. 332; siehe auch oben Rdn. 1127.
[1300] Rdn. 1130.

Kapitel 11
Angeordnete zusätzliche Leistungen: Zeichnungen und Berechnungen – § 2 Nr. 9 VOB/B

1 Anwendbarkeit beim Pauschalvertrag

§ 2 Nr. 9 VOB/B lautet:

„(1) Verlangt der Auftraggeber Zeichnungen, Berechnungen oder andere Unterlagen, die der Auftragnehmer nach dem Vertrag, besonders den Technischen Vertragsbedingungen oder der gewerblichen Verkehrssitte, nicht zu beschaffen hat, so hat er sie zu vergüten.

(2) Lässt er vom Auftragnehmer nicht aufgestellte technische Berechnungen durch den Auftragnehmer nachprüfen, so hat er die Kosten zu tragen."

§ 2 Nr. 9 VOB/B enthält eine Sonderregelung für vom Auftraggeber **zusätzlich verlangte** planerische Leistungen im **Ausführungs**bereich. Eigentlich unterfallen derartige Zusatzleistungen § 2 Nr. 6 VOB/B; § 2 Nr. 9 VOB/B schafft insoweit eine **vorrangige** Spezialregelung. Die Regelung betrifft – angesichts der Zielrichtung der VOB/B naheliegend – **nur** den Teilbereich **Bau**ausführung des Auftragnehmers. Auf den Pauschalvertrag bezogen heißt das: § 2 Nr. 9 VOB/B kann praktisch werden beim Detail-Pauschalvertrag, auch bei Fällen des Komplexen Global-Pauschalvertrages mit auftrag**geber**seitiger Ausführungsplanung (Schlüsselfertigbau), also eben in den vom Auftraggeber übernommenen Anordnungen des Auftraggebers. Die eigentliche, im Wege der **Funktionsverlagerung** vom Auftragnehmer übernommene **Planungsleistung** beim Global-Pauschalvertrag (z. B. hinsichtlich der Entwurfsplanung beim Totalauftragnehmer oder hinsichtlich der auftragnehmerseitigen Ausführungsplanung beim Schlüsselfertigbau) unterliegt **nicht** der Regelung des § 2 Nr. 9 VOB/B; diese Thematik haben wir unter Rdn. 1029 ff. bereits behandelt.

Eigentlich müsste die Anwendbarkeit des § 2 Nr. 9 VOB/B als Sonderfall der zusätzlichen Leistung auch beim Pauschalvertrag in § 2 Nr. 7 Abs. 1 Satz 4 erwähnt sein, wie in Rdn. 1002 schon angesprochen, müsste die – missglückte – Vorschrift richtig lauten: „Nrn. 4, 5, 6, **8 und 9** bleiben unberührt." Die Nichterwähnung von § 2 Nr. 9 beruht offensichtlich auf einem redaktionellen Versehen. Es kann gar keinen Zweifel geben, dass § 2 Nr. 9 VOB/B auch in dem geschilderten Umfang beim Pauschalvertrag anwendbar ist.[1301]

[1301] Zutreffend ebenso Zielemann, Vergütung Rdn. 325. Zu demselben Problem bei § 2 Nr. 8 VOB/B vgl. unten Rdn. 1246.

2 Einzelheiten

1244 Wegen aller Einzelheiten in der Anwendung der Vorschrift verweisen wir auf Band 1, Rdn. 1082–1093; Besonderheiten beim Pauschalvertrag bestehen nicht.

Der Vollständigkeit halber kann in diesem Zusammenhang eine Entscheidung des OLG Karlsruhe erwähnt werden: Ein Leistungsverzeichnis für Fassadenarbeiten enthält den Text: „Auf der Grundlage der übergebenen Architekturpläne M. 1:50 hat der AN Verlegepläne und Detailpläne anzufertigen und zweifach dem AG vorzulegen." Ein besonderer Preis ist für diese Leistung nicht vorgesehen. Der Auftrag wird zum Pauschalpreis erteilt. Dann versteht es sich von selbst, dass die Leistung zum Vertragsinhalt geworden ist.[1302] Beim Einheitspreisvertrag hätte sich die Frage nach unvollständigem Vergütungssoll ergeben, vgl. Band 1 Rdn. 280 ff.

[1302] Zutreffend OLG Karlsruhe IBR 1995, 510.

Kapitel 12
Einverständlich geänderte oder zusätzliche Leistungen

1 Standardfälle

Ansprüche auf Vergütung geänderter oder zusätzlicher Leistungen gemäß § 2 Nrn. 5, 6 und 9 VOB/B setzen nach dem Konzept der **VOB/B** eine (einseitige) Anordnung des Auftraggebers voraus, die der Auftragnehmer befolgen muss; Äquivalent dafür ist der Anspruch des Auftragnehmers auf zusätzliche Vergütung.

Wenn schon die einseitige Anordnung des Auftraggebers, also die „Befolgung heischende" Aufforderung des Auftraggebers, Leistungspflicht und Vergütungsanspruch des Auftragnehmers auslöst, kann es keinem Zweifel unterliegen, dass die Rechtsfolgen nicht anders sein können, wenn sich Auftraggeber und Auftragnehmer „über die Tatsache und den Inhalt geänderter oder zusätzlicher Leistungen" **einig** sind. Vereinbaren sie dabei sogleich eine Zusatzvergütung, so ist diese natürlich maßgebend. Vereinbaren Sie keine Zusatzvergütung, so spricht vorab nichts dafür, dass in dem Einverständnis des Auftragnehmers mit der Zusatzleistung ohne gleichzeitige Preisvereinbarung auch ein Verzicht auf Mehrvergütung läge.[1303] Demzufolge sind bei fehlender Preisvereinbarung § 2 Nrn. 5, 6 und 9 VOB/B hinsichtlich der Vergütungsfolgen anwendbar, weil es eben insoweit keinen inhaltlichen Unterschied zwischen (einseitig) anberaumter oder vereinbarter Leistungsmodifizierung gibt.[1304]

Für **BGB-Verträge** gilt das erst recht, wobei ja beim BGB-Vertrag ebenfalls für die Vergütungsberechnung die Maßstäbe des § 2 Nrn. 5 und 6 VOB/B gelten.[1305]

2 Sonderfall: „Sonderwünsche" beim Bauträgervertrag

Im Bauträgervertrag wird häufig entweder schon im Vertrag oder später einverständlich geregelt, dass der Erwerber „Sonderwünsche" in Auftrag geben darf. Wird das nicht vereinbart, so hat der Erwerber beim Bauträgervertrag entgegen der allgemeinen Regelung beim VOB/B-Vertrag oder beim BGB-Vertrag kein Recht auf die Anordnung von Änderungen oder Zusatzleistungen, weil er ein „fertiges Objekt von der Stange" gekauft hat. Eine Ausnahme gilt für kleine, nach Treu und Glauben zulässige „Korrekturen".[1306]

Wenn der Bauträger im Vertrag oder nachträglich Sonderwünschen des Erwerbers zustimmt, so stellt sich die Frage nach entsprechender geänderter oder zusätzlicher Vergütung. Eine vertragliche Regelung geht vor. Ohne vertragliche Regelung gilt:

Als **erste** Variante kommt in Betracht, dass der Bauträger selbst die geänderte oder zusätzliche Leistung ausführen lässt und darüber mit dem Auftragnehmer abrechnet; **nur diese Variante interessiert** für unser Thema (s. Rdn. 1250).

[1303] Unbestritten zum selben Problem bei einverständlich **verringerten** Leistungen Rdn. 1407 ff. mit Nachweisen.
[1304] Ebenso OLG Frankfurt OLG Report 1999, 78, 79; Nicklisch/Weick, VOB/B § 2 Rdn. 61.
[1305] Siehe oben Rdn. 1008.
[1306] Vgl. oben Rdn. 1024.

Aber der Vollständigkeit halber: Als **zweite** Variante kann der Bauträger die Vermittlung der Sonderwünsche in der Weise anbieten, dass er die modifizierte Leistung im Namen und für Rechnung des Erwerbers bei einem Unternehmer bestellt; dann wird der Erwerber Vertragspartner des Unternehmers. Für die „planerische" Betreuung dieses Sonderwunsches kann der Bauträger keine gesonderte Vergütung vom Auftragnehmer verlangen, es sei denn, dies wäre ausdrücklich vereinbart oder die Änderung hätte einen so erheblichen Umfang (grundlegende Umplanung oder dergleichen), dass dann ein Architekt ein Planungshonorar verlangen könnte,[1307] allerdings dann beim Bauträger ermittelt aus den „Grundlagen der Preisermittlung", also anhand des gegebenenfalls mitzuteilenden, einkalkulierten „Planungshonorars", nicht auf der Basis freier Honorargestaltung oder nach HOAI-Sätzen.

Die **dritte** Variante ist der „selbständige Sonderwunschvertrag".[1308] In diesem Fall „duldet" der Bauträger nur die Ausführung des Sonderwunsches, der Vertrag wird unmittelbar zwischen dem ausführenden Unternehmer und dem Erwerber geschlossen, so dass auch zwischen ihnen der Preis zu vereinbaren ist. Auch bei derartigen Sonderwünschen hat der Auftragnehmer keinen Anspruch auf „Planungsvergütung", es sei denn, es handele sich um eine ganz erhebliche Änderung, wobei dann die eben erörterten Grundsätze gelten.

1249 Soweit bei einer der drei Varianten des Sonderwunsches mit Einverständnis des Auftragnehmers Leistungen entfallen, handelt es sich um akzeptierte „freie Kündigungen" des Erwerbers; die Rechtsfolgen insoweit behandeln wir unter dem Stichwort „Eigenleistungen" unter Rdn. 1413.

1250 Bei der **ersten** Variante gilt für die **Vergütung** des Sonderwunsches das, was für geänderte oder zusätzliche Leistungen allgemein gilt: Der zusätzliche Preis ist aus den „Grundlagen der Preisermittlung" zu ermitteln, also ganz genau so, wie allgemein für den Pauschalvertrag schon vorgetragen;[1309] der Bauträger ist gegebenenfalls verpflichtet, seine Kostenermittlung offenzulegen.[1310]

Im Normalfall wird man davon ausgehen dürfen, dass auch hier der Bauträger kein besonderes „Planungshonorar" berechnen darf.[1311]

[1307] Pause, Bauträgerkauf, Rdn. 543.
[1308] Pause, Bauträgerkauf, Rdn. 540–543; Vogelheim, BauR 1999, 117 (der aber unzutreffend Vertragsbeziehungen zwischen Bauträger und Erwerber annimmt, richtig Hansen/Nitschke/Brock, Bauträgerrecht, Teil 3, Rdn. 53).
[1309] I.E. Pause, Bauträgerkauf, Rdn. 529.
[1310] A.A. ohne Begründung Pause a.a.O.
[1311] Zu einem ähnlichen Problem bei Eigenleistung Rdn. 1413.

Kapitel 13
Nicht angeordnete geänderte oder zusätzliche Leistungen – § 2 Nr. 8 VOB/B, §§ 677 ff. BGB, § 812 BGB –

1 VOB-Vertrag: § 2 Nr. 8 VOB/B

1.1 Anwendbarkeit beim Pauschalvertrag

§ 2 Nr. 8 VOB/B lautet:

„(1) Leistungen, die der Auftragnehmer ohne Auftrag oder unter eigenmächtiger Abweichung vom Vertrag ausführt, werden nicht vergütet. Der Auftragnehmer hat sie auf Verlangen innerhalb einer angemessenen Frist zu beseitigen; sonst kann es auf seine Kosten geschehen. Er haftet außerdem für andere Schäden, die dem Auftraggeber hieraus entstehen.

(2) Eine Vergütung steht dem Auftragnehmer jedoch zu, wenn der Auftraggeber solche Leistungen nachträglich anerkennt. Eine Vergütung steht ihm auch zu, wenn die Leistungen für die Erfüllung des Vertrages notwendig waren, dem mutmaßlichen Willen des Auftraggebers entsprachen und ihm unverzüglich angezeigt wurden. Soweit dem Auftraggeber eine Vergütung zusteht, gelten die Berechnungsgrundlagen für geänderte oder zusätzliche Leistungen der Nummer 5 oder 6 entsprechend.

(3) Die Vorschriften des BGB über die Geschäftsführung ohne Auftrag (§ 677 ff.) bleiben unberührt."

§ 2 Nr. 8 steht im Text der VOB im Anschluss an die Regelung des Pauschalvertrages in § 2 Nr. 7. § 2 Nr. 7 Abs. 1 Satz 4 erwähnt, dass „Nrn. 4, 5 und 6 unberührt bleiben". Daraus könnte man schließen, da Nr. 8 nicht erwähnt werde, sei § 2 Nr. 8 beim Pauschalvertrag nicht anzuwenden. Indessen handelt es sich hier offensichtlich um dasselbe redaktionelle Versehen wie bei der Nichterwähnung des § 2 Nr. 9 VOB/B, verursacht durch den nachträglichen Einschub der Regelung zum Pauschalvertrag im Jahre 1973 als Nr. 7.[1312] Auch beim Pauschalvertrag jeglicher Art ist § 2 Nr. 8 VOB/B uneingeschränkt anwendbar.[1313]

1.2 Unterschiede zwischen § 2 Nr. 8 Abs. 2 VOB/B und § 2 Nr. 8 Abs. 3, §§ 677 ff. BGB (GoA)

Da beim Pauschalvertrag häufig auch reine BGB-Verträge vorkommen, wäre eine getrennte Erörterung von § 2 Nr. 8 Abs. 2 VOB/B einerseits und § 2 Nr. 8 Abs. 3 VOB/B, §§ 677 ff. BGB überflüssig, wenn die Vorschriften uneingeschränkt inhaltlich deckungsgleich wären. Tatsächlich gibt es geringfügige Unterschiede:

[1312] Siehe Rdn. 1244 sowie oben Rdn. 1002.
[1313] Ebenso Ingenstau/Korbion/Keldungs, VOB/B § 2 Nr. 7 Rdn. 21; Zielemann, Vergütung, Rdn. 324.

§ 2 Nr. 8 Abs. 2 Satz 1 VOB/B enthält die Regelung, dass der Auftraggeber durch nachträgliche Anerkennung der Leistung ohne Auftrag doch die Leistung in den vertraglichen Vergütungsrahmen einbeziehen kann; das hat keine unmittelbare Parallele im BGB, ist aber sachlich nichts anderes als die (selbstverständlich auch dort mögliche und unproblematische) nachträgliche Einigung der Parteien auf eine bestimmte Vergütungsregelung.

§ 2 Nr. 8 Abs. 2 Satz 2 VOB/B enthält eine ähnliche, aber doch unterschiedliche Regelung im Vergleich zur Geschäftsführung ohne Auftrag des Bürgerlichen Gesetzbuches (§ 677 ff. BGB), teils enger, teils weiter:

§ 2 Nr. 8 Abs. 2 Satz 2 VOB/B verlangt ausdrücklich, dass die nicht angeordnete Leistung **notwendig** war und dem mutmaßlichen Willen des Auftraggebers entsprach, während das BGB das Erfordernis der Notwendigkeit nicht erwähnt, aber „das Interesse des Geschäftsherrn". § 681 BGB erwähnt die Notwendigkeit unverzüglicher Anzeige, knüpft aber an die unterbliebene Anzeige anders als § 2 Nr. 8 Abs. 2 Satz 2 VOB/B keinen Anspruchsverlust.[1314] § 2 Nr. 8 Abs. 2 Satz 2 VOB/B gewährt einen ausdrücklichen **Vergütungsanspruch** – so jetzt ausdrücklich der mit der VOB Ausgabe 2000 neu eingefügte Satz 3 –, während die Geschäftsführung ohne Auftrag nach BGB nur zum Aufwendungsersatz führt (§§ 683, 670 BGB); im Rahmen dieses Aufwendungsersatzes bestehen Meinungsverschiedenheiten zu der Frage, ob die erbrachte Bauleistung grundsätzlich nach Vergütungsregeln oder nach anderen Regeln berechnet werden muss – dazu näher Rdn. 1257.

Wirklich bedeutend sind die Unterschiede der beiden Vorschriften nicht.

§ 2 Nr. 8 Abs. 2 VOB/B hat **heute völlig an Bedeutung verloren**, weil § 2 Nr. 8 Abs. 3, eingeführt durch die Neufassung Juni 1996, auf die Regelung der §§ 677 ff. BGB verweist, also auf eine Regelung mit geringeren Anspruchsvoraussetzungen, nämlich **ohne** Anzeige als Anspruchsvoraussetzung.[1315]

1.3 Leistung ohne Auftrag oder unter eigenmächtiger Abweichung vom Vertrag

1253   Ist die ausgeführte Leistung gegenüber dem Bausoll modifiziert, hat der Auftragnehmer im Falle der **Anordnung** der modifizierten Leistung durch den Auftraggeber Ansprüche gemäß § 2 Nrn. 5, 6, 9 VOB/B, bei „Minderleistungen" gegebenenfalls gemäß § 2 Nr. 4, § 8 Nr. 1 VOB/B. Hat dagegen der Auftragnehmer die modifizierte Leistung **ohne Anordnung** des Auftraggebers ausgeführt, können sich unter den besonderen Voraussetzungen des § 2 Nr. 8 VOB/B dennoch vertragliche Vergütungsansprüche des Auftraggebers ergeben.

Eine „Leistung ohne Anordnung (ohne Auftrag)" ist einmal die gegenüber dem Bausoll modifizierte Leistung, bei der die Anordnung des Auftraggebers, die Modifikation auszuführen, schlicht und einfach fehlt.

Leistung „ohne" Auftrag ist aber auch die modifizierte Leistung, bei der nur die **wirksame** Anordnung fehlt: Leistungen aufgrund Anordnung eines nicht bevollmächtigten Dritten (z. B. des Architekten) oder aufgrund Anordnung in falscher Form (z. B. fehlende, aber wirksam vereinbarte Schriftform) sind ebenfalls „Leistungen ohne Anordnung".

Eigenmächtige Abweichungen des Auftragnehmers vom Bausoll sind Unterfälle der Leistung ohne Anordnung.

[1314] BGHZ 65, 357.
[1315] Dazu näher Band 1, Rdn. 1180.

Sowohl für die VOB/B wie für das BGB gilt: Wenn ein **vollmachtloser Vertreter** – z. B. ein Architekt ohne Vollmacht – Leistungen anordnet, haftet der vollmachtlose Vertreter gemäß **§ 179 BGB** selbst, außer der Auftragnehmer kannte den Mangel der Vertretungsmacht oder musste ihn kennen.[1316]

1.4 Die Vergütung trotz fehlender Anordnung, § 2 Nr. 8 Abs. 2 VOB/B

1.4.1 Das nachträgliche Anerkenntnis, § 2 Nr. 8 Abs. 2 Satz 1 VOB/B

Trotz fehlender Anordnung erhält der Auftragnehmer dann Vergütung, wenn der Auftraggeber die Leistung nachträglich anerkennt. Dazu zählen z. B. Abschlagszahlungen auf eine entsprechende Nachtragsrechnung oder Mängelrügen bezüglich der Nachtragsleistung, aber nicht ohne weiteres Aufmaß oder Prüfvermerk des Architekten.[1317] 1254

1.4.2 „Geschäftsführung ohne Auftrag", § 2 Nr. 8 Abs. 2 Satz 2 VOB/B

Der Auftragnehmer erhält trotz **fehlender** Anordnung des Auftraggebers dann **Vertragsvergütung**, wenn die Leistung 1255

- notwendig war,[1318]
- dem mutmaßlichen Willen des Auftraggebers entsprach[1319] – eine teure, aber Betriebskosten ersparende Ausführung muss keineswegs dem Willen des Auftraggebers entsprechen,
- unverzüglich dem Auftraggeber wirksam angezeigt worden ist (Anspruchsvoraussetzung), und zwar dem Auftraggeber, nicht ohne weiteres dem Architekten, jedenfalls dann nicht, wenn es um dessen Planverschulden geht.[1320] An einer wirksamen Anzeige fehlt es jedenfalls dann, wenn der zur Entgegennahme der Anzeige ermächtigte Vertreter die Ermächtigung missbraucht und der Auftragnehmer den Missbrauch kannte oder der Missbrauch sich nach den Umständen aufdrängt.[1321]

Die fehlende Anzeige schließt zwar Ansprüche nach § 2 Nr. 8 Abs. 2, nicht aber gemäß § 2 Nr. 8 Abs. 3, §§ 677 ff. BGB aus (vgl. Rdn. 1246).

1.4.3 Folge: Vergütung, Sicherungsanspruch des Auftragnehmers

Da dann, wenn § 2 Nr. 8 Abs. 2 Satz 2 VOB/B eingreift, eine Sonder-**Vertragsvergütung** gewährt wird („Eine **Vergütung** steht dem Auftragnehmer jedoch zu, ..."), verstand es sich, dass diese Vergütung nach denselben Grundsätzen zu ermitteln ist wie bei **angeordneten** modifizierten Leistungen (§ 2 Nrn. 5, 6 VOB/B).[1322] Dies ist jetzt durch die Einfügung von S. 3 auch bestätigt worden. 1256

[1316] Näher Band 1, Rdn. 909.
[1317] Näher Band 1, Rdn. 1167–1170.
[1318] Näher Band 1, Rdn. 1171, 1172.
[1319] Näher Band 1, Rdn. 1172, 1174 sowie BGH NZBau 2004, 209, OLG Düsseldorf BauR 1992, 777 ff. zur Frage des mutmaßlichen Willens beim öffentlichen Auftraggeber.
[1320] Näher Band 1, Rdn. 1175–1179; dazu BGH BauR 1994, 625, 626; auch zur Beurteilung als **Anspruchsvoraussetzung**.
[1321] BGH BauR 1991, 331 ff.
[1322] BGH BauR 1974, 273, 274; Nicklisch/Weick, VOB/B § 2 Rdn. 107; Heiermann/Riedl/Rusam, VOB/B § 2 Rdn. 169; Zielemann, Vergütung, Rdn. 303. Zu einer solchen Vergütungsermittlung Einzelheiten oben Rdn. 1146 ff.

Das führt dazu, dass auch ein Sicherungsanspruch gemäß § 648 a BGB zu bejahen ist, weil auch hier nach gesetzgeberischer Vorstellung der Schutz des Auftragnehmers vor dem Vorfinanzierungsrisiko erforderlich ist.[1323] Praktisch wird dieser Sicherungsanspruch oft ins Leere gehen, weil die Arbeit sofort ausgeführt wird.

1.5 Die Vergütung trotz fehlender Anordnung, § 2 Nr. 8 Abs. 3 VOB/B, §§ 677 BGB

1.5.1 Tatbestandsvoraussetzungen

1257 Haben die Parteien die Anwendung der VOB/B nicht vereinbart gilt deshalb für den Vertrag BGB, so sind auf **nicht angeordnete** geänderte oder zusätzliche Leistungen – also Leistungen ohne Auftrag – die gesetzlichen Vorschriften der §§ 677 ff. BGB anzuwenden. Außerdem können diese Vorschriften auch gemäß **§ 2 Nr. 8 Abs. 3 VOB/B** beim VOB-Vertrag angewandt werden.

Gemäß § 683 BGB erhält der Auftragnehmer bei berechtigter Geschäftsführung ohne Auftrag Ersatz seiner Aufwendungen, wenn die Geschäftsführung dem wirklichen oder mutmaßlichen Willen des Auftraggebers entsprach. Dieses Tatbestandsmerkmal deckt sich mit dem des „mutmaßlichen Willens" in § 2 Nr. 8 Abs. 2 Satz 2 VOB/B.[1324]

Dagegen braucht die Leistung – anders als in der VOB-Regelung – nicht „notwendig" zu sein, wohl aber „interessengemäß".

Eine Anzeige ist zwar gemäß § 681 BGB vorgeschrieben. Ihre Unterlassung führt aber anders als in der VOB/B-Regelung nicht zum Anspruchsverlust, sondern nur zu möglichen Schadensersatzansprüchen des Auftraggebers wegen Verletzung einer Nebenpflicht durch den Auftragnehmer.[1325]

1.5.2 Rechtsfolge Aufwendungsersatz

1258 Wenn die Voraussetzungen des § 683 BGB vorliegen, erhält der Auftragnehmer Aufwendungsersatz „wie ein Beauftragter", also gemäß § 670 BGB. Nach allgemeiner Meinung erhält der Beauftragte dann Vergütung und nicht nur Aufwendungsersatz, wenn – wie hier – die Geschäftsbesorgung im Zusammenhang mit einer von ihm im Rahmen seines Gewerbebetriebes entfalteten Tätigkeit steht.[1326]

Allerdings soll sich – so der BGH – der Anspruch auf die Höhe der **üblichen** Vergütung beschränken, soweit der Vertragspreis nicht **niedriger** ist;[1327] der Auftragnehmer soll danach also eine entsprechend der Vertragskalkulation entwickelte Vergütung **nicht** bekommen, wenn die übliche Vergütung niedriger ist als diese Vertragsvergütung. Mit Verlust niedrig kalkulierte Aufträge darf der Auftraggeber folglich für sich als Berechnungsgrundlage erzwingen, mit Gewinn bzw. „hoch" kalkulierte kann er abwehren.

Für eine solche Differenzierung besteht **kein Grund**. Der Bundesgerichtshof bringt auch keine gesonderte Begründung, sondern verweist nur auf zwei andere Urteile,[1328] die bei-

---

[1323] Einzelheiten zu § 648 a BGB oben Rdn. 1142.
[1324] Dazu Band 1, Rdn. 1173, 1174 sowie OLG Düsseldorf BauR 1992, 777, 748 beim öffentlichen Auftraggeber.
[1325] BGHZ 65, 357.
[1326] Zum Beispiel BGH BauR 1974, 273, 274.
[1327] BGH BauR 1992, 761, 762.
[1328] BGH WM 1972, 616, 618; OLG München NVwZ 1985, 293, 294.

de jedoch zwar bestätigen, dass „übliche Vergütung" geschuldet wird, die aber beide nicht die Einschränkung enthalten, dies gelte nicht, soweit der Vertragspreis niedriger sei.

Dass „übliche Vergütung" geschuldet wird, wird allgemein in Anlehnung an § 632 BGB begründet.[1329] Die herrschende Lehre hat dabei aber natürlich den Normalfall im Auge, dass der Geschäftsführer (ohne Auftrag) und der Geschäftsherr gerade nicht durch sonstige vertragliche Vereinbarungen verbunden sind, sondern geradezu eine Zufallsverbindung entstanden ist. Hier fehlt es an vereinbarten Maßstäben einer möglichen Geschäftsführung ohne Auftrag. Dann wählt man als Anhaltspunkt zutreffend die „übliche Vergütung", zumal es oft auch „einfache und praktikable Bemessungsgrundsätze (z. B. Gebührenordnungen)" gibt. Eine „praktikablere und einfachere" Bemessungsgrundlage als die Vertragsvergütung selbst, die zudem unter Wettbewerbsbedingungen zustande gekommen ist, gibt es nicht. Also gibt es auch keinen Grund, für die im Ergebnis in dieses Vertragsgeflecht eingebettete Vergütung der Leistung ohne Auftrag andere Ansatzpunkte als den Vertrag zu wählen und dem Auftraggeber mit Verlust kalkulierte Verträge zugute kommen zu lassen, mit Gewinn kalkulierte Verträge aber als Bemessungsgrundlage abzulehnen. Insoweit ist auch eine Parallele zu § 2 Nr. 8 Abs. 2 Satz 2 VOB/B durchaus angebracht: Auch dort wird „Vergütung" in Anknüpfung an die Vertragsvergütung geschuldet und nicht übliche Vergütung.[1330]

So auch hier: Wenn schon Vergütung als Aufwendungsersatz, dann auch konsequent. Das entspricht auch der Preisanpassung beim BGB-Vertrag für geänderte oder zusätzliche Leistungen **mit Anordnung**, wie schon unter Rdn. 1008 erörtert.

Dass bei der Überarbeitung der VOB Ausgabe 2000 die entsprechende Einfügung nur in Abs. 2, aber nicht in Abs. 3 erfolgt ist, lässt sich nur so erklären, dass das Problem übersehen worden ist.

2 Ansprüche aus ungerechtfertigter Bereicherung, falls § 2 Nr. 8 Abs. 2, Abs. 3 VOB/B keinen Vergütungsanspruch begründet

Wenn der Auftragnehmer eine Leistung ohne Auftrag oder unter eigenmächtiger Abweichung vom Vertrag ausgeführt hat, die Voraussetzungen des § 2 Nr. 8 **Abs. 2** VOB/B aber nicht eingreifen (kein Anerkenntnis des Auftraggebers oder: Leistung nicht notwendig oder nicht entsprechend dem vertraglichen Willen des Auftraggebers oder nicht unverzüglich anzeigt), steht dem Auftragnehmer **keine Vergütung** zu. Solche Leistungen „werden nicht vergütet" – so der Eingangssatz in § 2 Nr. 8 Abs. 1 VOB/B.

1259

Der Bundesgerichtshof schließt aus der Formulierung, dass bei (ohne Einschränkungen) vereinbarter VOB/B diese Regelung abschließend sei und deshalb in solchen Fällen auch der gesetzliche Anspruch des Auftragnehmers aus § 812 BGB aus ungerechtfertigter Bereicherung des Auftraggebers ausgeschlossen sei.[1331]

[1329] BGHZ 55, 128; BGHZ 65, 348.
[1330] Siehe Band 1, Rdn. 1181.
[1331] BGH BauR 1991, 331, 334. Ebenso z. B. OLG Hamburg BauR 1982, 69, 70; mit Einschränkungen Heiermann/Riedl/Rusam, VOB/B § 2 Rdn. 168. Zu unserer abweichenden Auffassung s. nachfolgend im Text.

Dem vermögen wir **nicht** zuzustimmen: § 2 Nr. 8 Abs. 2 VOB/B behandelt einen **vertraglichen**, einen **Vergütungs**anspruch; das zeigt schon die **Überschrift** zum ganzen § 2 VOB/B, nämlich **„Vergütung"**.[1332]) Ohne „Notwendigkeit, mutmaßlichen Willen oder unverzügliche Anzeige" wird tatsächlich keine vertragliche Vergütung, kein vertraglicher Werklohnanspruch begründet. Aber es gibt gerade in solchen Fällen im Gesetz eine Ausgleichsregelung, die Vermögenszuwendungen ohne vertragliche Grundlage, ohne **Rechtsgrund,** behandelt, eben den Anspruch gemäß § 812 BGB aus ungerechtfertigter Bereicherung. Von dem durch die Überschrift her definierten Regelungsgehalt schließt deshalb auch ein unveränderter § 2 Nr. 8 Abs. 1 Satz 1 VOB/B Ansprüche aus § 812 BGB **nicht** aus, wobei Einschränkungen unter dem Gesichtspunkt der „aufgedrängten Bereicherung" im Einzelfall in Betracht kommen können.[1333]) Das gilt gerade auch unter dem Aspekt, dass § 2 Nr. 8 Abs. 2 Satz 2 VOB/B jedenfalls im Prinzip den gesetzlichen Vorschriften über die Geschäftsführung ohne Auftrag (§§ 677 ff. BGB) nachgebildet ist – s. oben Rdn. 1252 –, bei denen aber, wenn deren Voraussetzungen fehlen, Ansprüche aus ungerechtfertigter Bereicherung nach allgemeiner Auffassung möglich sind.[1334])

Ausgeschlossen waren bei gültig vereinbarter VOB/B gemäß § 2 Nr. 8 Abs. 1 Satz 1 VOB/B lediglich Ansprüche aus gesetzlicher Geschäftsführung ohne Auftrag (§§ 677 ff. BGB), denn insoweit war § 2 Nr. 8 Abs. 2 Satz 2 VOB/B eindeutig Spezialvorschrift; **heute existiert das Problem wegen § 2 Nr. 8 Abs. 3 VOB/B nicht mehr.**

1260 Selbstverständlich hat der Bundesgerichtshof gesehen, dass in dem von ihm bejahten Ausschluss von Ansprüchen aus ungerechtfertigter Bereicherung eine große Härte zu Lasten des Auftragnehmers liegt. Er hat deshalb entschieden, dass § 2 Nr. 8 Abs. 1 Satz 1 VOB/B als von ihm angenommener Ausschluss der Ansprüche aus ungerechtfertigter Bereicherung („Leistungen ohne Auftrag oder unter eigenmächtiger Abweichung vom Vertrag werden nicht vergütet") **dann wegen Verstoßes gegen AGB-Recht unwirksam ist**, wenn die **VOB/B nicht als Ganzes vereinbart ist**.[1335]) Enthält also der Vertrag der Parteien in Allgemeinen Geschäftsbedingungen des **Auftraggebers** empfindliche Abweichungen von der VOB/B, ist § 2 Nr. 8 Abs. 1 Satz 1 VOB/B unrichtig und jedenfalls deshalb dann der Weg für Ansprüche des Auftragnehmers aus ungerechtfertigter Bereicherung gemäß § 812 BGB frei.

Von unserem Ausgangspunkt her ist diese Schlussfolgerung nicht erforderlich, weil nach unserer Ansicht ja § 2 Nr. 8 Abs. 1 Satz 1 VOB/B Ansprüche aus ungerechtfertigter Bereicherung gar nicht ausschließt. Folgt man mit dem Bundesgerichtshof der gegenteiligen Prämisse, so ist die sich dann ergebende Frage, ob der Ausschluss des Anspruches aus ungerechtfertigter Bereicherung jedenfalls in Allgemeinen Geschäftsbedingungen des Auftraggebers mit AGB-Recht vereinbar ist, genauso zu beantworten wie durch den BGH geschehen: Jedenfalls dann ist § 2 Nr. 8 Abs. 1 Satz 1 VOB/B wegen erheblichen Abweichens vom gesetzlichen Leitbild unwirksam.

[1332]) So auch BGH BauR 1974, 273, 274 und im Ergebnis Heiermann/Riedl/Rusam, VOB/B § 2 Rdn. 169; siehe auch oben Rdn. 1255.
[1333]) Hochstein, Anm. zu OLG Köln, Schäfer/Finnern/Hochstein, § 179 BGB Nr. 6; Kapellmann, Festschrift Bauer, S. 385 ff.
[1334]) Vgl. z. B. Palandt/Sprau, Einf. § 677, Rdn. 10; Palandt/Thomas, BGB § 676 Rdn. 4; weiter oben Rdn. 1257 ff.
[1335]) BGH BauR 1991, 331, 334, 335; zum Behinderungsanspruch BGH JZ 2002, 196.

Kapitel 14
Sonderfall: Ansprüche auf zusätzliche Vergütung wegen Anordnung des Auftraggebers ohne Abweichung des Bauist vom Bausoll: § 4 Nr. 1 Abs. 4 Satz 2 VOB/B

1 Grundsatz

Wir haben herausgearbeitet, dass grundsätzliche Voraussetzung für jeden Mehrvergütungsanspruch des Auftragnehmers eine Abweichung des Bauist vom Bausoll ist – eine „neue" Leistung ist ohne Soll-Ist-Abweichung in Wirklichkeit eben doch nicht neu, nicht geändert und nicht zusätzlich. Es gibt allerdings einen Sonderfall, in dem der Auftragnehmer Mehrvergütung erhält, obwohl die vom Auftraggeber angeordnete Leistung gerade nicht vom Bausoll abweicht. Das ist der Fall des § 4 Nr. 1 Abs. 4 Satz 2 VOB/B.

1261

Die Regelung wird nur aus dem Gesamtzusammenhang der **Abs. 3 und 4 des § 4 Nr. 1 VOB/B** verständlich. Sie lauten:

„(3) Der Auftraggeber ist befugt, unter Wahrung der dem Auftragnehmer zustehenden Leitung (Nr. 2) Anordnungen zu treffen, die zur vertragsgemäßen Ausführung der Leistung notwendig sind. Die Anordnungen sind grundsätzlich nur dem Auftragnehmer oder seinem für die Leitung der Ausführung bestellten Vertreter zu erteilen, außer wenn Gefahr im Verzug ist. Dem Auftraggeber ist mitzuteilen, wer jeweils als Vertreter des Auftragnehmers für die Leitung der Ausführung bestellt ist.

(4) Hält der Auftragnehmer die Anordnungen des Auftraggebers für unberechtigt oder unzweckmäßig, so hat er seine Bedenken geltend zu machen, die Anordnungen jedoch auf Verlangen auszuführen, wenn nicht gesetzliche oder behördliche Bestimmungen entgegenstehen. Wenn dadurch eine ungerechtfertigte Erschwerung verursacht wird, hat der Auftraggeber die Mehrkosten zu tragen."

Als Beispiel für die Anwendung dieser Vorschrift noch einmal der Rückgriff auf die Entscheidung des Bundesgerichtshofs „Wasserhaltung I":[1336]

Als Leistung ist global „Wasserhaltung" ausgeschrieben. Deshalb ist grundsätzlich jede notwendig werdende Art von Wasserhaltung, ob offen oder geschlossen, vom Auftragnehmer geschuldet. Der Auftragnehmer hat allerdings das Recht, die ihm geeignet erscheinenden technischen Methoden zu wählen. Ungeeignete – oder besonders riskante – Methoden darf der Auftraggeber jedoch durch Anordnung unterbinden, wobei dies – so § 4 Nr. 1 Abs. 3, Abs. 4 VOB/B – selbstverständlich keine Ansprüche des Auftragnehmers auf Mehrvergütung auslöst, denn er schuldet geeignete Methoden; der Auftraggeber verlangt also durch Anordnung vom Auftragnehmer nur das, was dieser ohnehin schon schuldet.[1337] Ordnet allerdings der Auftraggeber seinerseits eine kostenträchtige nicht unbedingt notwendige, neue Methode an, also hier beispielsweise innerhalb der offenen Wasserhaltung die Bereitstellung einer Vielzahl von erheblich überdimensionierten Pumpen, so muss der Auftrag-

---
[1336] BGH BauR 1992, 759 = NJW-RR 1992, 1046; Einzelheiten zu dieser Entscheidung oben Rdn. 608 ff. und 1011 ff.
[1337] Zur Methodenwahl des Auftragnehmers insbesondere beim global beschriebenen Leistungselement näher oben Rdn. 615, 616.

nehmer zwar diese technisch unsinnige oder überflüssige Anordnung befolgen; das Bausoll ändert sich aber auch hier nicht, denn der Auftragnehmer schuldet immer noch lediglich eine funktionierende Wasserhaltung, nur hat der Auftraggeber zu Unrecht in das dem Werkvertrag typische technische Dispositionsrecht (Methodenwahl) des Auftragnehmers eingegriffen. Für diese „Fehlanordnung" muss der Auftraggeber gemäß § 4 Nr. 1 Abs. 4 Satz 2 VOB/B zahlen, sofern der Auftragnehmer seine Bedenken gegen die Art der Ausführung gemäß Satz 1 (dazu sogleich nachfolgend Rdn. 1263) angemeldet hat. Die Mehrvergütung folgt also aus Anordnungen des Auftraggebers, die ohne eigentliche Bausoll-Veränderung doch zu einer (überflüssigen) Veränderung der Bauausführung führen.[1338]

Solche Fallgestaltungen können beim Global-Pauschalvertrag z. B. bei Baugrundfällen vorkommen.

2 Begriff der Anordnung

1262 Anordnung ist eine „Befolgung heischende Aufforderung" des Auftraggebers. Wünsche, bloße Anregungen und Überlegungen des Auftraggebers reichen nicht aus.

Der Begriff „Anordnung" ist einheitlich sowohl für Anordnungen im Rahmen von § 2 Nrn. 5, 6, 9 VOB/B wie im Rahmen von § 4 Nr. 1 Abs. 3, Abs. 4 VOB/B. Wir können deshalb auf frühere Ausführungen verweisen.[1339]

3 Anmeldung von Bedenken als Anspruchsvoraussetzung

1263 Hält der Auftragnehmer eine Anordnung des Auftraggebers, die das Bausoll unberührt lässt, für unberechtigt oder unzweckmäßig, so muss der Auftragnehmer gemäß § 4 Nr. 1 Abs. 4 Satz 1 VOB/B seine Bedenken gegenüber dem Auftraggeber geltend machen. Wenn der Auftraggeber trotzdem auf Ausführung besteht und so eine ungerechtfertigte Erschwerung verursacht wird, hat der Auftraggeber die resultierenden Mehrkosten zu ersetzen.

Das „Geltendmachen von Bedenken" durch den Auftragnehmer ist also Anspruchsvoraussetzung; hat der Auftragnehmer keine Bedenken gegen die überflüssige Anordnung vorgetragen, erhält er auch keine zusätzliche Vergütung.[1340]

4 Vergütungsfolge

1264 Hat der Auftragnehmer Bedenken gegen die überflüssige Anordnung des Auftraggebers angemeldet, hat dieser aber auf Ausführung bestanden und ist deshalb eine (objektiv) ungerechtfertigte Erschwerung verursacht worden, so hat der Auftraggeber **die Mehrkosten zu tragen.** Das ist eine rechtlich selbständige Regelung, die sich schon mangels gleichartiger Voraussetzungen formal nicht mit der Vergütungsregelung des § 2 Nrn. 5, 6, 9 VOB/B deckt. Zu den vom Auftraggeber zu erstattenden Mehrkosten gehören die durch die An-

---

[1338] Zu dieser Überlegung näher BGH a. a. O.
[1339] Zur Einheitlichkeit des Begriffs Anordnung s. oben Rdn. 1014–1016; zur inhaltlichen Definition der Anordnung, zu konkludenten, stillschweigenden Anordnungen usw. s. oben Rdn. 1085 ff.
[1340] Nicklisch/Weick, VOB/B § 4 Rdn. 39.

ordnung verursachten Direkten Kosten, also insoweit auch oder insbesondere **zusätzlich entstehende Baustellengemeinkosten.**

Die Frage ist, ob der Auftraggeber nur Kostenersatz zu leisten hat oder ob er volle Vergütung, also auch Zuschlag für anteilige Allgemeine Geschäftskosten und Gewinn schuldet. Dazu gilt:

Wenn der Auftragnehmer schon bei berechtigter Anordnung des Auftraggebers (§ 1 Nr. 3, Nr. 4 Satz 1 VOB/B) nicht nur Kosten, sondern **volle,** aus der vorliegenden bzw. analogen Kostenermittlung für die Vertragspreise fortgeschriebene **Vergütung** erhält, muss das erst recht für die Folgen inhaltlich überflüssiger und eigentlich unberechtigter Anordnungen gelten. Obwohl es also im formalen Sinne keine unmittelbare Bindung an die „bisherigen Grundlagen der Preisermittlung" gibt, ist es richtig, die Zusatzberechnung der „Kosten" in Wirklichkeit auf der Basis der Grundlagen des bisherigen Preises als zusätzliche Vergütung durchzuführen, insbesondere also auch in Anlehnung an die Kriterien von § 2 VOB/B.[1341]

Somit darf der Auftragnehmer die durch die Anordnung des Auftraggebers bedingten Mehrkosten mit **Zuschlägen für Allgemeine Geschäftskosten** sowie **Wagnis und Gewinn** beaufschlagen, sofern solche in der Kosten- und Preisermittlung des Auftragnehmers ausgewiesen sind.

Ein weiterer Zuschlag für Baustellengemeinkosten ist jedoch nicht berechtigt, da ja die Deckung der ohne Anordnung schon anfallenden Baustellengemeinkosten durch die Vertragspreise erfolgt, wohingegen die durch Anordnung bedingten zusätzlichen Baustellengemeinkosten schon als Direkte Kosten in die Ermittlung der „Anordnungsvergütung" einfließen.

[1341] Siehe Band 1, Rdn. 1189 für den Einheitspreisvertrag, ebenso Ingenstau/Korbion/Oppler, VOB/B § 4 Nr. 1 Rdn. 104.

Kapitel 15
Fallbeispiele zur Ermittlung der Vergütung für modifizierte Leistungen

1 Einführung

1265 Wir haben die Ermittlung der Vergütung für geänderte und zusätzliche Leistungen bei Pauschalverträgen schon unter Rdn. 1290 ff. grundsätzlich besprochen. Im Folgenden bearbeiten wir konsequent nach der Methodik der **Abb. 25**, S. 410 verschiedene Fallkonstellationen.

Im Einzelnen behandeln wir je eine Bauinhaltsmodifikation für die verschiedenen Pauschalvertragsarten:

- Anordnung einer Ortbetontreppe in dem neuen Hausanschlussraum (Detail-Pauschalvertrag)

- Anordnung eines Hausanschlussraums unter einem Treppenhaus des Bauwerks A (Komplexer Global-Pauschalvertrag)

In diesen Beispielen werden, bezogen auf den jeweiligen Gesamtauftrag, relativ geringfügige Zusatzleistungen angeordnet; dem Auftragnehmer steht ungeachtet dessen gemäß § 2 Nr. 7 Abs. 1 Satz 4 in Verbindung mit § 2 Nr. 6 VOB/B eine zusätzliche Vergütung zu.

2 Vergütungsermittlung für modifizierte Leistungen beim Detail-Pauschalvertrag

2.1 Grundsätzliches

1266 Anhand eines Beispiels besprechen wir die verschiedenen Fälle der Ermittlung des Vertragspreisniveaus beim Detail-Pauschalvertrag. Sie ergeben sich dadurch, dass die Ermittlung des Pauschalpreises für das Bausoll vor Vertragsabschluss gar nicht oder unterschiedlich aufgegliedert worden ist.

Unter Rdn. 1155 ff. haben wir die einzelnen Fallkonstellationen theoretisch besprochen. Hieran anknüpfend sprechen wir nunmehr anhand von Beispielen durch, wie die Ausgestaltung der einzelnen Schritte in der Praxis der Vergütungsermittlung für zusätzliche Leistungen je nach Fallkonstellation erfolgen sollte.

Der Vollständigkeit halber halten wir fest, dass wir die jeweiligen Ermittlungen so präzise wie möglich durchführen, dass es aber in der Hand der Parteien liegt, einfachere und arbeitsökonomischere Ermittlungen miteinander abzusprechen.

Als modifizierte Leistung steht die zusätzliche Erstellung einer viertelgewendelten Ortbetontreppe zum neuen Untergeschoss (vgl. **Abb. 28 a und b**, S. 457, 458) an.

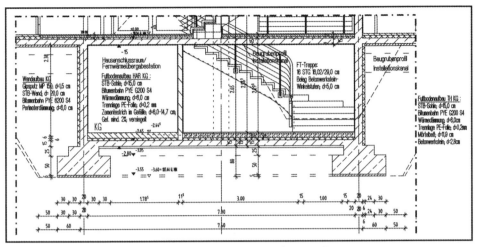

Abbildung 28 a Zusätzlich zu erstellendes Untergeschoss (Schnitt)

2.2 Ausgangspunkt Vertragsleistungen

2.2.1 Vertragsunterlagen

Es geht um Betonarbeiten; die zugehörige Angebotsbearbeitung ist unter Rdn. 744 ff. besprochen worden.

Das Bausoll wird in Anhang I, B, Unterlage 10/10 aufgeführt.

Je nach Einzelfall liegt eine Kalkulation (bzw. ersatzweise ein Leistungsverzeichnis mit Einheitspreisen) zur Bewertung der Teilleistungen des Bausolls vor oder nicht. Einzelheiten dazu besprechen wir nachfolgend.

2.2.2 Ermittlung des Vertragspreisniveaus

Liegt eine Angebotskalkulation mit ausgewiesenen Kosten (K_a^i) vor, so ist zu prüfen, ob sich der rechnerisch ausgewiesene Pauschalpreis (PP_a) auf der Basis richtig ermittelter Mengen ergibt.

Dies ist bei der in Anhang I, B, Unterlage 9/61 ff. aufgeführten Angebotskalkulation der Fall; der dort in Anlage I, B, Unterlage 9/81 aufgeführte Gesamtbetrag von 1 713 299,67 € ist der korrekt ausgewiesene Pauschalpreis. Dieser Fall wird im Beispiel von **Abb. 29** behandelt.

Beinhaltet dagegen der in der Angebotskalkulation rechnerisch ermittelte Pauschalbetrag (z. T.) nicht korrekte Mengen (vgl. Band 1, Anhang B, Unterlage h2, dort z. B. Pos. 18), so sind nachträglich die korrekten Mengen zu ermitteln (vgl. Anhang I, B, Unterlage 6/73 ff.). Mit ihnen und den Bewertungsansätzen der Angebotskalkulation kann dann der korrekte Pauschalbetrag (PP_k) berechnet werden. Für unser Beispielprojekt wird auf Anlage I, B, Unterlage 9/61 ff. verwiesen.

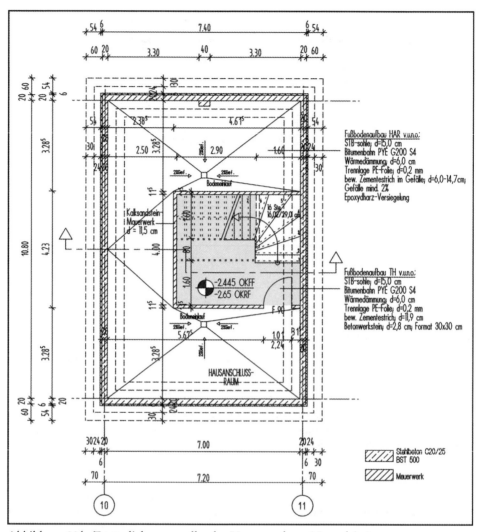

Abbildung 28 b Zusätzlich zu erstellendes Untergeschoss (Grundriss)

1270 Liegt gar keine Angebotskalkulation vor, so ist sie (vgl. Rdn. 1154) mit korrekten Mengen und den Bewertungsansätzen eines geeigneten Ermittlungskriteriums (hier: SirAdos) nachzuholen. Ihr Ergebnis ist der Pauschalbetrag auf der Basis korrekter Mengen (PP_k).

1271 Im nächsten Schritt sind für die modifizierten Leistungen geeignete Bezugsleistungen aus dem Bausoll zu finden. Im konkreten Fall bieten sich als Bezugsleistungen für die modifizierte Leistung „gewendelte Ortbetontreppe" die Positionen für die Herstellung der Kerndecken an.

Liegt eine Angebotskalkulation vor, so entspricht die Ermittlung der bezugsleistungs-bezogenen Niveaufaktoren derjenigen beim Einheitspreisvertrag. Es werden also dem Ermittlungssystem die Bewertungsansätze für die Bezugsleistungen entnommen und zur Ermittlung der jeweiligen bezugleistungs-bezogenen Niveaufaktoren in Beziehung zu den Bewertungsansätzen der Kostenermittlung für den Pauschalpreis gesetzt (vgl. **Abb. 29a**, Schritt 5 und 6).

---

1. Kostenermittlung für das Bausoll

Einzelkosten: I B, Unterlage 9/61 u. 9/71

Schlussblatt (einschl. BGK):   I B, Unterlage 9/81

2. Mengenüberprüfung

Die Angebotskalkulation enthält richtige Mengen.

3. Ermittlungssystem

Für die der Art nach modifizierten Leistungen: Sirados, NEUBAU 03/2005

4. Bezugsleistungen für modifizierte Leistungen im Bausoll mit Bewertungsansätzen

LB 013 Pos. 4 Ortbeton der Kerndecken   114,70 EUR/m³

LB 013 Pos. 9 Schalung der Kerndecken   18,23 EUR/m²

5. Bewertung der Bezugsleistungen mit Ermittlungssystem

Sirados: Nr. 1013011010E Ortbeton C20/25 Decke K_e^4:   123,15 EUR/m³

Nr. 1013020020E Schalung Decke K_e^9:   34,20 EUR/m²

6. Vertragspreisniveau

$f_b^4 = K_a^4 : K_e^4 =$ 114,70 EUR/m² : 123,15 EUR/m² =   0,93

$F_b^9 = K_a^9 : K_e^9 =$ 18,23 EUR/m² : 34,20 EUR/m² =   0,53

Abbildung 29a Zusätzliche Leistung „viertelgewendelte Treppe" – Feststellung des Vertragspreisniveaus bei einem Detail-Pauschalvertrag, dessen Angebotskalkulation den Pauschalbetrag korrekt ausweist

Für die Fälle, dass eine Angebotskalkulation mit (z. T.) falschen Mengen bzw. gar keine Angebotskalkulation vorliegt, ist darüber hinaus noch der pauschalpreis-bezogene Niveaufaktor zu ermitteln (vgl. **Abb. 25**, S. 410).

2.2.3 Ermittlung der Vergütung der modifizierten Leistung

Unabhängig davon, ob und wie angebotskalkuliert worden ist, erfolgt die Ermittlung der Direkten Kosten der zusätzlichen Leistungen – wie beim Einheitspreisvertrag – mit Hilfe der aus **Abb. 28** ermittelten Mengen (vgl. **Abb. 29a**, Nr. 2) und auf der Basis der Bewertungssätze des gewählten Ermittlungssystems (vgl. **Abb. 29b**, Nr. 3, S. 460).

Liegt eine Angebotskalkulation vor, so sind diese Kosten mit den zugehörigen bezugsleistungs-bezogenen Niveaufaktoren zu multiplizieren (vgl. **Abb. 29b**, Nr. 4, S. 460).

Sofern die Angebotskalkulation mit falschen Mengen durchgeführt worden ist, ist darüber hinaus auch noch der pauschalpreis-bezogene Niveaufaktor anzusetzen.

1. Dokumentation der modifizierten Leistung	Abb. 28

2. Mengen der modifizierten Leistung
Beton: 2,03 m³   Schalung: 16,67 m²

3. Kostenfortschreibung
Ortbeton: sirAdos, Nr. 1013014020 Treppenlauf C20/25:   376,90 EUR/m³
Schalung:sirAdos, Nr. 1013022050 gewendelte Treppe: 102,50 EUR/m²

→ Ortbeton: 376,90 EUR/m³   x   2,03 m³ =   765,11 EUR
  Schalung: 102,50 EUR/m²   x   16,67 m² =   1.708,68 EUR

4. Anpassung an das Vertragspreisniveau
Ortbeton: 765,11 EUR   x f_b^4 =   765,11 EUR x 0,93 =   711,55 EUR
Schalung: 1.708,68 EUR   x f_b^9 =   1.708,68 EUR x 0,53 =   905,60 EUR

                                                    Gesamtbetrag: 1.617,15 EUR

5. Berücksichtigung von Deckungsanteilen für AGK, G+W
(vgl. Anhang I,B, Unterlage 9/81)
1.617,15 EUR   x   1,166 =   1.885,60 EUR

Abbildung 29 b Zusätzliche Leistung „viertelgewendelte Treppe" – Ermittlung der Vergütung der modifizierten Leistung bei einem Detail-Pauschalvertrag

1276 Für den Fall der fehlenden Angebotskalkulation ist nur der pauschalpreis-bezogene Niveaufaktor zu berücksichtigen.

1277 Abschließend werden bei Vorliegen einer Angebotskalkulation die dem Vertragspreisniveau angepassten Kosten mit den Zuschlagssätzen für Allgemeine Geschäftsbedingungen, Gewinn und Wagnis multipliziert (vgl. **Abb. 29 b**, Schritt 5).

Für Baustellengemeinkosten ist kein Zuschlag anzusetzen, da das für das Bausoll Erforderliche durch den Pauschalpreis abgedeckt ist. Sollten jedoch bedingt durch die modifizierten Leistungen zusätzliche Kosten für den Baustellenapparat anfallen, so sind sie Direkte Kosten der modifizierten Leistung.

1278 Die Vergütung des zusätzlich erforderlichen Betonstahls erfolgt über die Einheitspreise der betroffenen Vertragspositionen 28 und 29 (vgl. Anhang I, B, Unterlage 10/10).

3 Vergütungsermittlung für modifizierte Leistungen beim Einfachen Global-Pauschalvertrag

3.1 Grundsätzliches

Wirksame Einfache Global-Pauschalverträge unterscheiden sich von Detail-Pauschalverträgen durch eine **individuelle** Komplettierungsklausel, die Leistungen in das Bausoll einschließen kann, die im Leistungsverzeichnis und/oder in den sonstigen Vertragsunterlagen (z. B. den Plänen) nicht explizit angesprochen werden.

1279

Unser Beispiel für Erd- und Betonbauarbeiten aus Anhang II beinhaltet den Fall, dass bedingt durch die Komplettheitsklausel auch der Einbau von Frostschürzen Teil des Bausolls geworden ist (vgl. **Rdn. 834**).

Für dieses Beispiel besprechen wir als zusätzlich angeordnete Leistung das schon erörterte Beispiel „viertelgewendelte Ortbetontreppe".

3.2 Ermittlung des Vertragspreisniveaus

Die Ermittlung des Vertragspreisniveaus unterscheidet sich beim Einfachen Global-Pauschalvertrag dann nicht von den Konstellationen beim Detail-Pauschalvertrag, wenn es in der Angebotskalkulation keine „fehlenden Posten"[1342] gibt.

1280

Liegen dagegen fehlende Posten vor, so sind ihre Mengen zu ermitteln und sodann (möglichst mit den Ansätzen des zwischenzeitlich festgelegten Ermittlungssystems) zu bewerten. Unser Beispiel in **Abb. 30 a**, S. 462 bezieht sich auf diese Konstellation; Ausgangspunkt ist, dass die Angebotskalkulation trotz Komplettheitsklausel fälschlicherweise die Frostschürze nicht berücksichtigt (vgl. Anhang I, B, Unterlagen 9/61, 71 und 9/81).

1281

Somit sind zur Ermittlung des Pauschalbetrags auf der Basis korrekter Mengen zunächst die fehlenden Posten und ihre Mengen festzustellen (vgl. Anhang II, B, Unterlagen 4/ 31 ff. und 6/111 ff.) sowie zu bewerten. Das geschieht in Anhang II, B, Unterlage 9/73 dergestalt, dass so weit wie möglich auf die Bewertungsansätze der Angebotskalkulation zurückgegriffen wird. Konkret heißt das in unserem Beispiel, dass der zusätzliche Aushub für die Frostschürzen wie der Fundamentaushub (Pos. 4 in Anhang I, B, Unterlage 9/61) und die zugehörige Verfüllung wie Pos. 6 a (vgl. Anhang I, B, Unterlage 9/61) bewertet werden.

Da für den Frostschürzeneinbau in der Angebotskalkulation keine identische Leistung gefunden werden kann und das noch festzulegende Ermittlungssystem SirAdos (vgl. **Abb. 30 a**, Nr. 3) auch keine geeignete Bewertung enthält, werden die zugehörigen Kosten in Anlage II, B, Unterlage 9/73 geschätzt.

Der Pauschalbetrag auf der Basis korrekter Mengen (PP_k) wird dann in Anlage II, B, Unterlage 9/81 dergestalt ermittelt, dass ergänzend zu den schon in der Angebotskalkulation (Anlage I, B, Unterlage 9/61 und 9/62) ermittelten Herstellkosten zusätzlich noch die durch die Komplettheitsklausel anfallenden Herstellkosten (s. Zeile 3) angesetzt werden. Hierzu verweisen wir auf Nr. 4 in **Abb. 30 a**.

[1342] Zum Begriff siehe Rdn. 1152.

> **1. Kostenermittlung für das Bausoll**
> Einzelkosten: I, B, Unterlage 9/61 u. 9/71
> Schlussblatt (einschl. BGK): PP_a = 1.713.299,67 EUR   I, B, Unterlage 9/81
>
> **2. Mengenüberprüfung**
> Es liegen fehlende Posten vor (Frostschürzen). Die Mengen wurden nachträglich ermittelt.
>
> **3. Ermittlungssystem**
> Für die der Art nach modifizierten Leistungen: sirAdos, NEUBAU 03/2005
>
> **4. Ermittlung des Pauschalbetrages und korrekter Mengen**
> Feststellung der fehlenden Posten und ihrer Mengen   II, B, Unterlage 4/31 ff. u. 6/111 ff.
> Bewertung der fehlenden Posten   II, B, Unterlage 9/73
> Ermittlung des Pauschalbetrages und korrekter Mengen   II, B, Unterlage 9/81
> Korrekter Pauschalbetrag (PP_k)   1.797.313,28 EUR
>
> **5. Bezugsleistungen für die modifizierten Leistungen im Bausoll mit Bewertungsansätzen**
> LB 013 Pos. 4 Ortbeton der Kerndecken   114,70 EUR/m³
> LB 013 Pos. 9 Schalung der Kerndecken   18,23 EUR/m²
>
> **6. Bewertung der Bezugsleistungen mit Ermittlungssystem**
> sirAdos: Nr. 1013011010E Ortbeton C20/25 Decke K_e^4:   123,15 EUR/m³
> Nr. 1013020020E Schalung Decke K_e^9:   34,20 EUR/m²
>
> **7. Vertragspreisniveau**
> $f_b^4 = K_a^4 : K_e^4$ = 114,70 EUR/m³ : 123,15 EUR/m³ =   0,93
> $f_b^6 = K_a^6 : K_e^6$ = 18,23 EUR/m² : 34,20 EUR/m² =   0,53
> f_p = $PP_a : PP_k$ = 1.713.299 EUR : 1.797.313 EUR =   0,95

Abbildung 30 a Zusätzliche Leistung „viertelgewendelte Treppe" – Feststellung des Vertragspreisniveaus bei einem Einfachen Global-Pauschalvertrag, in dessen Angebotskalkulation Positionen fehlen

1282 Die Gegenüberstellung des in der Angebotskalkulation ausgewiesenen Pauschalbetrags und des auf der Basis der korrekten Menge ermittelten Pauschalbetrags (PP_k) ergibt in **Abb. 30 a** unter Nr. 7 den pauschalpreis-bezogenen Niveaufaktor fp = 0,95.

1283 Parallel dazu werden, wenn wie in unserem Beispiel eine Angebotskalkulation vorliegt, das Ermittlungssystem festgelegt (**Abb. 30 a**, Nr. 3), die Bezugsleistungen ausgewählt (Nr. 5) und mit den Ansätzen des Ermittlungssystems bewertet (Nr. 6), so dass die bezugsleistungs-bezogenen Niveaufaktoren ermittelt werden können (vgl. Nr. 7).

3.3 Ermittlung der Vergütung der modifizierten Leistung

Die Ermittlung der Vergütung der modifizierten Leistung erfolgt beim Einfachen Global-Pauschalvertrag wie beim Detail-Pauschalvertrag. Es wird hier auf die Darlegungen unter **Rdn. 1273 ff.** verwiesen. 1284

1. Dokumentation der modifizierten Leistung	Abb. 28
2. Mengenüberprüfung der modifizierten Leistung Beton: 2,03 m³ Schalung: 16,67 m²	
3. Kostenfortschreibung	
Ortbeton: sirAdos, Nr. 1013014020 Treppenlauf C20/25:	376,90 EUR/m³
Schalung: sirAdos, Nr. 1013022050 gewendelte Treppe:	102,50 EUR/m²
⟶ Ortbeton: 376,90 EUR/m³ x 2,03 m³ =	765,11 EUR
Schalung: 102,50 EUR/m² x 16,67 m² =	1.708,68 EUR
4. Anpassung an das Vertragspreisniveau	
Ortbeton: 765,11 EUR x f_b^4 = 765,11 EUR x 0,93 =	711,55 EUR
Schalung: 1.708,68 EUR x f_b^9 = 1.708,68 EUR x 0,53 =	905,60 EUR
Gesamtbetrag:	1.617,15 EUR
pauschalpreisbezogen: 1.617,15 EUR x f_p = 1.617,15 EUR x 0,95 =	1536,29 EUR
5. Berücksichtigung von Deckungsanteilen für AGK, G+W (vgl. **Anhang I,B, Unterlage 9/81**)	
1.536,29 EUR x 1,166 =	1.791,31 EUR

Abbildung 30 b   Zusätzliche Leistung „viertelgewendelte Treppe" – Ermittlung der Vergütung der modifizierten Leistung bei einem Einfachen Global-Pauschalvertrag

Bei der Konstellation „fehlende Posten" in der Angebotskalkulation liegt es in der Natur der Sache, dass durch die „Unterkalkulation" auch eine entsprechend niedrigere Vergütung der modifizierten Leistungen anfällt (vgl. das Ergebnis von **Abb. 30 b** im Vergleich zu dem von **Abb. 29 b**, S. 460).

4 Vergütungsermittlung für modifizierte Leistungen beim Komplexen Global-Pauschalvertrag

4.1 Grundsätzliches

Die Ermittlung des Vertragspreisniveaus und der Vergütung für geänderte oder zusätzliche Leistungen läuft bei Komplexen Global-Pauschalverträgen ebenfalls nach der Methodik von **Abb. 25**, S. 410 ab. Bei Komplexen Global-Pauschalverträgen kann sich jedoch ein Bearbeitungsmehraufwand dadurch ergeben, dass die Dokumentation im Einzelfall erheblich aufwendiger wird als bei Detail-Pauschalverträgen oder bei Einfachen Global-Pauschalverträgen. Beispiele: 1285

- Bei globaler Dokumentation des vertraglich vereinbarten Bausolls ist es erforderlich, die Soll-Ist-Gegenüberstellung zwischen Bausoll und Bauinhaltsmodifikation ausführlich und klar herauszuarbeiten.
- Wenn keine Angebotskalkulation hinterlegt worden ist bzw. wenn sie sehr global ist, ist es zumeist erforderlich, vorab eine differenzierte Kosten- bzw. Preisermittlung nachzuholen.

Wie schon unter Rdn. 1265 angesprochen, werden wir im Folgenden für die zusätzliche Erstellung eines Hausanschlussraumes (vgl. **Abb. 28 a und b**, S. 457, 458 unter einem Treppenhaus des Bauwerks A unseres Beispielprojektes „Schlüsselfertige Erstellung der Abteilung Bauwesen" (vgl. Rdn. 877 ff.) darstellen, welche Schritte und Unterlagen – je nach Fallkonstellation der Angebotsbearbeitungsunterlagen für die Ermittlung der Vergütung der modifizierten Leistung – erforderlich sind.

4.2 Ausgangspunkt Vertragsleistung

4.2.1 Vertragsunterlagen

1286   Das Bausoll und das Vergütungssoll werden in Unterlage III, B, 10/00 dokumentiert.

Je nach Einzelfall liegt eine Angebotskalkulation vor (vgl. Unterlage III, B, 9/20) oder nicht. Einzelheiten dazu besprechen wir nachfolgend.

4.2.2 Ermittlung des Vertragspreisniveaus

1287   Liegt eine Angebotskalkulation mit ausgewiesenen Kosten (K_a) vor, so ist zu prüfen, ob sich der rechnerisch ausgewiesene Pauschalbetrag (PP_a) auf der Basis richtig ermittelter Mengen ergibt. Wenn ja, so ist kein pauschalpreis-bezogener Niveaufaktor zu ermitteln.

Dies gilt für die in den Unterlagen III, B, 9/20 ff. bzw. 9/40 ff. aufgeführten Angebotskalkulationen.

1288   Beinhaltet dagegen der in der Angebotskalkulation ermittelte Pauschalbetrag (z. T.) nicht korrekte Mengen oder fehlen Posten, so sind – wie schon für den Einfachen Global-Pauschalvertrag besprochen (vgl. Rdn. 1281) – korrigierende Maßnahmen durchzuführen und der pauschalpreis-bezogene Niveaufaktor (f_p) zu ermitteln.

1289   Gibt es keine Angebotskalkulation, so ist, wie beim Detail-Pauschalvertrag (vgl. **Rdn. 1270, 1272**) eine Kalkulation mit dem Ergebnis PP_k nachzuholen (möglichst auf der Basis der zwischenzeitlich festgelegten Ermittlungssysteme) und durch Gegenüberstellung mit dem vereinbarten Pauschalpreis (PP_v) der pauschalpreis-bezogene Niveaufaktor (f_p) zu ermitteln.

1290   Die modifizierte Leistung „zusätzlicher Hausanschlussraum" umfasst (vgl. **Abb. 31**):
1. zusätzliche Leistungen,
2. gegenüber dem Bausoll entfallene Leistungen und
3. „umplatzierte" Leistungen, die schon im Bausoll enthalten sind, deren „Einbauort" jedoch durch die Bauinhaltsmodifikation geändert wurde.

Die Leistungen zu 3. bedürfen keiner weiteren Behandlung, da sie der Art und dem Umfang nach gleich bleiben.

Vergütungsermittlung für zusätzliche Leistungen beim KG-PV   Rdn. 1290

1. Zusätzliche Leistungen

LB DIN 18xxx	modifizierte Leistung Beschrieb	Leit-position	Bezugsleistungen aus der Angebotskalkulation Beschrieb	der Art nach unver-ändert	Bewertung der Bezugsleistungen gemäß Angebots-kalkulation Unterl. III, B, 9/31 [EUR/Einh.]	Ermittlungs-system "sirAdos" [EUR/Einh.]	bezugs-leistungs-bezogener Niveau-faktor f_b^i	Bewertung der modifizierten Leistungen gemäß Ermittlungs-system "sirAdos" [EUR/Einh.]	Anpassung an das Vertrags-preis-niveau	Menge der modifizierten Leistung	Gesamt-kosten pro Teilleistung [EUR]
										(10) x (11) bzw. (6)x(11)	
(1)	(2)	(3)	(4)	(5)	(6)	(7)	(8)	(9)	(10)	(11)	(12)
300	Baugrube > 3,5 m, Aushub und Verfüllung	1	Baugrube > 1,75 m, Aushub und Verfüllung		16,00	14,57	1,10	17,00	18,67	379,33 m²	7.082,09
330	Abmauerung KS, d = 11,5 cm	1	Abmauerung KS, d = 20 cm		75,00	36,12	2,08	19,16	39,78	36,12 m²	1.436,89
331	Stahlbetonwände	7	Stahlbetonwände	x	110,00					96,46 m²	10.610,60
331	Kerndecke	11	Kerndecke	x	90,00					220,48 m²	19.843,20
331	Viertelgewendelte Ortbetontreppe	11	Ortbetontreppe		90,00	195,20	0,46	275,00	126,79	8,48 m²	1.075,18
333	Betonwerkstein KG (Bodenplatte)	2a	Betonwerkstein KG (Bodenplatte)	x	75,00					9,52 m²	714,00
333	Betonwerkstein auf viertelgew. Treppe	2b	Betonwerkstein auf geraderTreppe		75,00	82,55	0,91	113,29	102,93	8,48 m²	872,85
336	Wandabdichtung (außen)	1	Wandabdichtung (außen)		30,00	40,13	0,75	65,75	49,15	97,52 m²	4.793,11
350	Wandputz (innen)	2	Wandputz (innen)	x	12,50					22,87 m²	285,88
353	Estrich	3	Estrich	x	15,00					56,08 m²	841,20
360	Stahltür T90	3	Stahltür T90	x	1.250,00					1 Stk.	1.250,00
360	Geländer	9	Geländer	x	200,00					13,40 m	2.680,00
360	Handlauf	10	Handlauf	x	100,00					6,10 m	610,00
363	Anstrich auf Wandputz	1	Anstrich auf Wandputz	x	7,50					22,87 m²	171,53
363	Epoxidanstrich auf Estrich	1	Dispersionsanstrich auf Estrich		7,50	8,32	0,90	6,39	5,76	56,08 m²	323,02
382	Elektroausstattung KG	2	Elektroausstattung	x	50,00					82,88 m²	4.144,00
										Summe:	56.733,51

2. Entfallene Leistungen

LB DIN 18xxx	Bezugsposition Beschrieb	Leit-position	Bewertung der Bezugsleistung gemäß Angebotskalkulation Unterl. III, B, 9/31 [EUR/Einh.]	Menge	Gesamt-kosten pro Teilleistung [EUR] (4) x (5)
(1)	(2)	(3)	(4)	(5)	(6)
331	Frostschürzen	3	155,00	7,00 m	1.085,00
333	Betonwerkstein unter EG Treppe	2a	75,00	8,48 m²	636,00
				Summe:	1.721,00	→ 1.721,00 EUR

3. "Umplatzierte", also nicht zusätzliche Leistungen
 - Fundamentaushub und -verfüllung   - Bodenplatte
 - Gefälleestrich im Hausanschlussraum   - Bodenablauf
 - Bodenplattenabdichtung   - Ortbetonfundamente
 - Blitzschutzanlage

4. Gesamtbetrag: 56.733,51 EUR - 1.721,00 EUR ──────────→ 55.012,51 EUR

5. Ermittlung des pauschalpreisbezogenen Niveaufaktors
   PPv : PPa = 9.376.289,47 EUR : 9.350.000,00 EUR ≈1,0

6. Anpassung an das Vertragspreisniveau: 54.982,51 EUR x 1,0 ──────→ 55.012,51 EUR

7. Zuschlag Allgemeine Geschäftskosten   9 % ──────────────→ 4.951,13 EUR
   Zuschlag Wagnis und Gewinn   4 % ──────────────→ 2.200,50 EUR

8. Zusätzliche Vergütung ──────────────────────────────→ 62.164,14 EUR

Abbildung 31 Zusätzliche Leistung „Untergeschoss" – Feststellung des Vertragspreisniveaus bei einem Komplexen Global-Pauschalvertrag und Ermittlung der Vergütung der modifizierten Leistung bei einem Komplexen Global-Pauschalvertrag

1291 Die Leistungen zu 2. werden wie in der Angebotskalkulation aufgeführt bewertet (vgl. **Abb. 31**, Nr. 2 Spalte 4, S. 465).

1292 Für die zusätzliche Leistung gemäß 1. sind geeignete Bezugsleistungen mit ihren Bewertungsansätzen in der Angebotskalkulation zu finden (vgl. **Abb. 31**, Nr. 1, Spalte 3 und 4). Deren Bewertungsansätze sind für modifizierten Leistungen, die sich der Art nach nicht von ihrer Bezugsleistung unterscheiden, maßgebend (vgl. **Abb. 31**, Nr. 1, Spalte 6).

1293 Für der Art nach modifizierte Leistungen sind Bewertungsansätze dem Ermittlungssystem zu entnehmen (vgl. **Abb. 31**, Nr. 1, Spalte 7).

Dividiert man die in der Angebotskalkulation aufgeführten Bewertungsansätze durch die der Ermittlungssysteme, so führt das (vgl. **Abb. 31**, Nr. 1 Spalte 8) zu den bezugsleistungs-bezogenen Niveaufaktoren (f_b^i).

4.3 Ermittlung der Vergütung der modifizierten Leistung

1294 Die modifizierten Einzelleistungen des zusätzlich zu erstellenden Untergeschosses sind aus **Abb. 28 a und b**, S. 457, 458 zu ersehen; sie haben wir schon in **Abb. 31**, Nr. 1 und 2, Spalte 1 und 2 kategorisiert.

1295 Die Ermittlung der Vergütung der modifizierten Leistung erfolgt in **Abb. 31** wie folgt:

Unter Nr. 1 wird für die der Art nach unveränderten Teilleistungen (vgl. „x" in **Abb. 31**, Spalte 5) ihre zusätzliche Menge (vgl. **Abb. 31**, Spalte 11) mit dem Bewertungsansatz der Angebotskalkulation (Spalte 6) multipliziert; das Ergebnis steht in Spalte 12.

Für die der Art nach modifizierten Teilleistungen (kein „x" in **Abb. 31**, Spalte 5) wird dem Ermittlungssystem (SirAdos) die zugehörige Bewertung entnommen (vgl. Spalte 9) und mit den bezugsleistungs-bezogenen Niveaufaktoren multipliziert; das Ergebnis steht ebenfalls in Spalte 12.

Unter Nr. 2 erfolgt die Bewertung der durch die Modifkation der Leistung entfallenen Teilleistungen auf der Basis ihrer Kosten pro Einheit aus der Angebotskalkulation.

1296 Da im konkreten Fall die Angebotskalkulation die richtigen Mengen enthält und es soweit keine fehlenden Posten gibt, ist der pauschalpreis-bezogene Niveaufaktor 1,0 (vgl. **Abb. 31**, Nr. 5).

1297 Somit bleibt trotz der Multiplikation mit dem pauschalpreis-bezogenen Niveaufaktor (f_p) der unter 3 ermittelte Gesamtbetrag erhalten (vgl. **Abb. 31**, Nr. 6).

1298 Abschließend sind noch – wie bei den beiden anderen Pauschalvertragsarten – zur Ermittlung der zusätzlichen Vergütung die Deckungsbeiträge für Allgemeine Geschäftskosten, Gewinn und Wagnis zu berücksichtigen (vgl. **Abb. 31**, Nr. 7, S. 465).

Die zusätzliche Vergütung für die modifizierte Leistung ist in **Abb. 31** unter Nr. 8 ausgewiesen.

Teil 6
Vergütungsansprüche des Auftragnehmers bei verringerten oder entfallenen Leistungen

Kapitel 16
Allgemeine Rechtsgrundlagen, Methodik

1 Rechtsgrundlagen beim VOB-Vertrag

Vorab: Wir behandeln das **Thema „entfallene Leistungen"** wegen seiner besonderen Brisanz beim **Pauschalvertrag** in diesem Band 2 **ausführlich**. Des Sachzusammenhangs willen haben wir diese Thematik in Band 1 unter Rdn. 1190 ff. schon kurz für den Einheitspreisvertrag (einschließlich Beispiele) angesprochen. Wir werden hier das Thema grundsätzlich, darunter auch mit allen **speziellen Problemen des Einheitspreisvertrages** abhandeln.

§ 2 Nr. 4 VOB/B, das Selbstübernahmerecht des Auftraggebers, lautet:

„(4) Werden im Vertrag ausbedungene Leistungen des Auftragnehmers vom Auftraggeber selbst wahrgenommen (z. B. Lieferung von Bau-, Bauhilfs- und Betriebsstoffen), so gilt, wenn nichts anderes vereinbart ist, § 8 Nr. 1 Abs. 2 entsprechend."

Diese Vorschrift gilt gemäß § 2 Nr. 7 Abs. 2 VOB/B auch beim Pauschalvertrag.

So wie der Auftraggeber das Recht hat, geänderte oder zusätzliche Leistungen anzuordnen (§ 1 Nr. 3, Nr. 4 Satz 1 VOB/B) mit der Folge entsprechender zusätzlicher Vergütungsanpassung (§ 2 Nr. 5, Nr. 6 VOB/B), so hat er auch das Recht, das Entfallen einzelner Leistungen anzuordnen, sei es durch „Selbstübernahme" gemäß § 2 Nr. 4 VOB/B, sei es als „Teilkündigung" gemäß § 8 Nr. 1 VOB/B.[1400]

Der Auftraggeber hat auch das Recht, den Bauvertrag ohne **jeden Grund** zu kündigen (**freie Kündigung**).
Das regelt § 8 Nr. 1 Abs. 1 VOB/B:

„(1) Der Auftraggeber kann bis zur Vollendung der Leistung jederzeit den Vertrag kündigen."
Dann gilt allerdings:
„(2) Dem Auftragnehmer steht die vereinbarte Vergütung zu. Er muss sich jedoch anrechnen lassen, was er infolge der Aufhebung des Vertrages an Kosten erspart oder durch anderweitige Verwendung seiner Arbeitskraft und seines Betriebes erwirbt oder zu erwerben böswillig unterlässt (§ 649 BGB)."

Außer dieser immer möglichen „freien Kündigung" gemäß § 8 Nr. 1 VOB/B kann der Auftraggeber in bestimmten Fällen aber auch aus **wichtigem Grund** in der Person des Auftragnehmers kündigen, so gemäß § 8 Nrn. 2, 3 und 4 VOB/B. Solche wichtigen

---
[1400] § 8 Nr. 1 VOB/B umfasst auch Teilkündigungen, ebenso z. B. Ingenstau/Korbion/Keldungs, VOB/B § 2 Nr. 4 Rdn. 2. Das gilt **auch uneingeschränkt für das BGB (§ 649)**, vgl. z. B. Staudinger/Peters, BGB § 649 Rdn. 13; dazu näher Rdn. 1313.

Gründe sind z. B. Insolvenz des Auftragnehmers, Leistungsverzug des Auftragnehmers nach näherer Maßgabe des § 4 Nr. 7 oder des § 5 Nr. 4 VOB/B oder auch unzulässige wettbewerbsbeschränkende Abrede. Bei jeder dieser auftraggeberseitigen Kündigungen aus wichtigem Grund hat der Auftraggeber nur die bisher vom Auftragnehmer erbrachte Leistung zu bezahlen; die infolge von Kündigung wegfallenden Leistungen braucht er nicht mehr zu vergüten, im Gegenteil, ihm stehen Ansprüche gegen den Auftragnehmer zu, insbesondere Schadensersatzansprüche.

In der VOB ist nicht geregelt, wie das Wegfallen von Leistungen zu behandeln ist, ohne dass dies auf Kündigung des Auftraggebers zurückzuführen wäre, also beispielsweise überflüssig gewordene Leistungen wegen von den Vertragsangaben abweichender Bodenbeschaffenheit.[1401]

2 Rechtsgrundlagen beim BGB-Vertrag

1301 Auch das BGB kennt beim Werkvertrag das **freie Kündigungsrecht** des Auftraggebers, ohne dass ein Grund in der Person des Auftragnehmers gegeben sein müsste.

§ 649 BGB lautet:

„Der Besteller kann bis zur Vollendung des Werkes jederzeit den Vertrag kündigen. Kündigt der Besteller, so ist der Unternehmer berechtigt, die vereinbarte Vergütung zu verlangen; er muss sich jedoch dasjenige anrechnen lassen, was er infolge der Aufhebung des Vertrages an Aufwendungen erspart oder durch anderweitige Verwendung seiner Arbeitskraft erwirbt oder zu erwerben böswillig unterlässt."

Für diese freie Kündigung, sei sie Vollkündigung oder Teilkündigung, gilt also genau wie bei § 8 Nr. 1 VOB/B, dass der Auftraggeber das Recht auf freie Kündigung mit der Verpflichtung zur Vergütung des Beauftragten „bezahlen" muss, also auch für die nicht ausgeführten Leistungen, diese jedoch minus ersparter Aufwendungen.

Auch beim BGB-Vertrag gibt es eine **Kündigung** des Werkvertrages **aus wichtigem Grund** in der Person des Auftragnehmers, ähnlich der Regelung in § 8 Nr. 2, Nr. 3 und Nr. 4 VOB/B,[1402] ebenfalls mit der Folge, dass nur die ausgeführte Leistung zu vergüten ist und der Auftraggeber im Gegenteil Ansprüche gegen den Auftragnehmer, z. B. Schadensersatzansprüche, stellen kann.

Ein gesondertes Selbstübernahmerecht des Auftraggebers entsprechend § 2 Nr. 4 VOB/B findet sich im BGB nicht. Da dieses Selbstübernahmerecht im Ergebnis nichts anderes ist als ein Unterfall der freien Teilkündigung[1403] und solche freien, nur einen Leistungsteil betreffenden **Teil**kündigungen, also Kündigungen ohne wichtigen Grund in der Person des Auftragnehmers, gemäß § 649 BGB ohne weiteres zulässig sind (s. Fn. 1300), ist auch die Selbstübernahme des Auftraggebers als Unterfall der Teilkündigung ohne weiteres möglich – mit der Folge, dass die Vergütung für den nicht ausgeführten Teil der Leistung an den Auftragnehmer dennoch zu zahlen ist minus ersparter Aufwendungen.

[1401] Dazu unten Rdn. 1314 ff.
[1402] Zusammenfassend dazu bei Nicklisch/Weick, VOB/B Vorbem. §§ 8, 9 Rdn. 3–25. Zu der zu bejahenden Frage, **ob es dieses Kündigungsrecht nach der Schuldrechtsreform noch gibt** Kniffka, in: Kniffka/Koeble, Kompendium, Teil 7 Rdn. 27.
[1403] Siehe dazu den Hinweis in BGH BauR 1999, 1294, 1297. Vgl. auch Fn. 1411.

Auch das BGB regelt die Folgen des Wegfalls von Leistungen ohne auftraggeberseitige Kündigung – z. B. aufgrund vorgefundener Bodenverhältnisse – nicht ausdrücklich.[1404]

Strukturunterschiede hinsichtlich der Kündigungsfolgen zwischen BGB und VOB/B bestehen insgesamt also nicht.

3 „Umgekehrte" Soll-Ist-Abweichung als allgemeine Voraussetzung für Vergütungsänderungen infolge entfallener Leistung

Bei der Prüfung von Ansprüchen auf zusätzliche Vergütung wegen geänderter oder zusätzlicher Leistungen haben wir hervorgehoben, dass erste Anspruchsvoraussetzung immer eine Bausoll-Bauist-Abweichung ist, also eine Abweichung der „neuen" Leistung von der Leistung, die der Auftragnehmer ohnehin schon schuldete. Wir haben die besondere Bedeutung dieser Bausoll-Bauist-Abweichungsprüfungen gerade beim Pauschalvertrag hervorgehoben:[1405] Ohne Soll-Ist-Abweichung keine geänderte oder zusätzliche Leistung.

1302

Bei der Prüfung der Vergütungsfolgen entfallener Leistungen gilt dasselbe, nur umgekehrt: Eine **entfallene** Leistung setzt begrifflich voraus, dass diese Leistung ursprünglich laut Vertrag zu erbringen war, also zum Bausoll gehörte. Nur eine Bausoll-Bauist-Abweichung kann Vergütungsfolgen haben. „**Entfällt**" dagegen beispielsweise infolge der vorgefundenen Bodenverhältnisse oder aufgrund von Weisungen des Auftraggebers **eine Leistung, die gar nicht geschuldet** war, so kann der „Wegfall" dieser nichtgeschuldeten Leistung keine Vergütungsfolgen haben. In dieser abstrakten Formulierung klingt die Aussage selbstverständlich, um nicht zu sagen banal. Im Baualltag handelt es sich um ein gängiges Problem aller Arten von Schlüsselfertigbau: Bei der „Abrechnung" von Mehr- und Minderleistungen ist der Auftraggeber oft geneigt, übertriebene Leistungspflichten des Auftragnehmers anzunehmen und für die dann – in Wirklichkeit gar nicht geschuldete oder erforderliche – „entfallene" Leistung Vergütungskürzung heranzuziehen.

Beispiele: Der Auftraggeber „verzichtet" auf Möblierung, auf betriebliche Einbauten, auf Außenanlagen usw.[1406] Oder: Der Auftraggeber ist zu Unrecht der Auffassung, der Auftragnehmer schulde bei einem Projektentwicklungsvertrag (Total-Schlüsselfertig-Bau-Vertrag) auch Feuerlöschfahrzeuge der Betriebsfeuerwehr für einen Gewerbepark, „verzichtet" dann aber auf deren Lieferung und will bei der Gesamtabrechnung dafür eine Gutschrift.[1407]

Das Streitpotential ist erheblich, weil die Leistungsabgrenzung jedenfalls beim Komplexen Global-Pauschalvertrag oft schwierig oder unklar ist und solche Unklarheiten gelegentlich von Auftraggebern durchaus sogar „frivol" geschaffen und/oder ausgenutzt werden.[1408] Solche sachlichen Differenzen mit entsprechendem „Verzicht" und „Gutschriftsverlangen" (oder auch entsprechende „Tricks") tauchen folglich in der Gerichtspraxis selten, im Alltagsgeschäft aber täglich auf.

[1404] Dazu unten Rdn. 1314 ff.
[1405] Oben Rdn. 1010–1019.
[1406] Dazu oben Rdn. 607 f.
[1407] Beispiel aus Rdn. 617 f.
[1408] Zu diesen Leistungsabgrenzungen im Rahmen der Bausoll-Bestimmung beim Detail-Pauschalvertrag oben Rdn. 200 ff., beim Global-Pauschalvertrag Rdn. 400 ff., **Checkliste dazu Abb. 22, S. 310, 311**.

1303 Auch für die Beurteilung entfallener Leistungen ist folglich eine klare Bausoll-Bestimmung, wie in diesem Werk ausführlich erörtert, im Grundsatz schlechthin unentbehrlich, und zwar als Arbeitsschritt **vor** der Prüfung der auftraggeberseitigen **Anordnungen** (Kündigung). Dies ergibt sich schon daraus, dass es – ganz in Parallele zu den geänderten oder zusätzlichen Leistungen **mit** Anordnung (§ 2 Nrn. 5, 6, 9 VOB/B) und **ohne** Anordnung (§ 2 Nr. 8 VOB/B) – auch entfallene Leistungen mit **auftraggeberseitiger Anordnung** (Kündigung, Selbstübernahme gemäß § 2 Nr. 4 VOB/B) wie entfallene Leistungen **ohne Anordnung**[1409] gibt.

[1409] Zur Systematik siehe Band 1, Rdn. 706, 776 ff..

Kapitel 17
Entfallene Leistungen aufgrund auftraggeberseitiger Anordnung –
Selbstübernahme (§ 2 Nr. 4 VOB/B), Kündigung und Teilkündigung (§ 8 VOB/B, § 649 BGB)

1 Abgrenzung Selbstübernahme (§ 2 Nr. 4 VOB/B)/ Teilkündigung (§ 8 Nr. 1 VOB/B)

Wenn der Auftraggeber, so § 2 Nr. 4 VOB/B, „im Vertrag ausbedungene Leistungen des Auftragnehmers **selbst** übernimmt (z.B. Lieferung von Bau-, Bauhilfs- und Betriebsstoffen)", so gilt, wenn nichts anderes vereinbart ist, § 8 Nr. 1 Abs. 2 VOB/B entsprechend. § 8 Nr. 1 Abs. 2 regelt, welche Folgen eintreten, wenn ein Auftraggeber das ihm zustehende „**freie**" Kündigungsrecht – **also Kündigung ohne wichtigen Grund** – ausübt: Dann „. . . steht dem Auftragnehmer die vereinbarte Vergütung zu. Er muss sich jedoch anrechnen lassen, was er infolge der Aufhebung des Vertrages an Kosten erspart oder durch anderweitige Verwendung seiner Arbeitskraft und seines Betriebes erwirbt oder zu erwerben böswillig unterlässt (§ 649 BGB)." Letzteres ist fast wörtlich in der VOB/B das Zitat des § 649 BGB. Das BGB spricht im Originaltext des § 649 BGB lediglich von ersparten Aufwendungen statt von ersparten Kosten; es fehlt auch der Zusatz „. . . und seines Betriebes". Sachliche Unterschiede zwischen VOB/B und BGB bestehen nicht.

§ 2 Nr. 4 VOB/B ist gemäß § 2 Nr. 7 Abs. 2 VOB/B auch beim Pauschalvertrag anwendbar.

1304

Wenn der Auftraggeber gemäß § 2 Nr. 4 VOB/B eine im Vertrag ausbedungene Leistung des Auftragnehmers selbst **übernehmen** will, so muss er das dem Auftragnehmer gegenüber **erklären**,[1410] er muss also die Nichtausführung **anordnen**. Er kann das auch konkludent, indem er einfach die entsprechende Teilleistung selbst ausführt.[1411] In der Entscheidung, ob er eine Leistung selbst ausführt, ist der Auftraggeber völlig frei. Mit einem Wort: Selbstübernahme setzt eine in das Belieben des Auftraggebers gestellte **Anordnung** des Auftraggebers an den Auftragnehmer voraus, Teile der Leistung nicht auszuführen.[1412] Das ist **genau** das, was der Auftraggeber ohnehin gemäß § 8 Nr. 1 VOB/B darf – nämlich frei kündigen, hier als **freie Teilkündigung.** Allerdings greift § 2 Nr. 4 VOB/B nur dann ein, wenn der Auftraggeber nicht nur einen Teil der Leistung „frei kündigt", sondern anschließend auch noch die Erbringung dieses Teils der Leistung **selbst** übernimmt. Da der Auftraggeber aber auch ohnehin ohne Selbstübernahme gemäß § 8 Nr. 1

1305

[1410] Die sprachlich wieder wenig geglückte Vorschrift setzt eine entsprechende Befugnis des Auftraggebers stillschweigend voraus, zutreffend Daub/Piel/Soergel/Steffani, VOB/B Erl. 2.91.

[1411] **Selbstausführung als konkludente Teilkündigung,** so BGH WM 1972, 1025; Staudinger/Peters, BGB § 649 Rdn. 13. Vgl. auch den Hinweis BGH BauR 1999, 1294, 1297. Das gilt jedenfalls für BGB-Verträge. Bei VOB-Verträgen unterfällt dieser Sachverhalt möglicherweise nicht § 2 Nr. 4, sondern § 8 Nr. 1 VOB/B, s. Rdn. 1307, 1309.

[1412] Näher zur Anordnung = Kündigungs**erklärung** unten Rdn. 1319 ff.

VOB/B frei **teil**kündigen darf,[1413] fragt man sich, worin überhaupt der Unterschied zu § 2 Nr. 4 VOB/B liegt und was Sinn dieser Unterscheidung ist.

1306 Hinsichtlich der **Rechtsfolgen** besteht überhaupt **kein Unterschied**: § 2 Nr. 4 VOB/B ist nur ein Spezialfall des allgemeinen freien Kündigungsrechts gemäß § 8 Nr. 1 VOB/B. § 2 Nr. 4 VOB/B verweist auch ausdrücklich darauf, dass sich die Rechtsfolgen „entsprechend" nach § 8 Nr. 1 Abs. 2 VOB/B richten, wobei die Ergänzung „entsprechend" überflüssig ist. § 2 Nr. 4 wird in der VOB/B zwar in den Gesamtzusammenhang der Vergütungsänderung gestellt, aber irgendwelche Rechtsfolgen abweichend zur Kündigungsregelung in § 8 Nr. 1 VOB/B hat das für § 2 Nr. 4 VOB/B nicht; ohnehin ist ja auch jedenfalls die Teilkündigung immer Vertrags- und damit Vergütungsänderung. Wer demzufolge insoweit einen vermeintlichen Unterschied betont, kann aber doch nicht angeben, in welchem konkreten abweichenden Ergebnis oder in welcher konkreten abweichenden Rechtsfolge sich denn der Unterschied manifestieren soll[1414] – es gibt nämlich einfach keinen.

1307 Wohl gibt es aber unterschiedliche Voraussetzungen hinsichtlich der Form der Teilkündigung: Während jede Kündigung des Auftraggebers, auch die Teilkündigung, nach § 8 VOB/B entsprechend der dortigen Regelung in Nr. 5 zwingend als Wirksamkeitsvoraussetzung **Schriftform** erfordert[1415], ist die Teilkündigung des Auftraggebers bei Selbstübernahme gemäß § 2 Nr. 4 VOB/B **formlos** möglich.
§ 2 Nr. 4 VOB/B **privilegiert** durch **Formfreiheit** die Teilkündigung des Auftraggebers also **dann**, wenn dieser nicht **nur** kündigt, sondern **auch** die gekündigte Teilleistung selbst übernimmt. Deshalb ist diese zusätzliche Voraussetzung „Selbstübernahme" ernst zu nehmen: Der Auftraggeber muss die gekündigte **Teilleistung** ausschließlich **selbst** ausführen, d. h. persönlich oder im eigenen Betrieb. Jede **Drittvergabe** schadet, auch z. B. an den (vormaligen) Nachunternehmer des Auftragnehmers;[1416] diese Drittvergabe wäre als freie Teilkündigung gemäß § 8 Nr. 1 an die Schriftform des § 8 Nr. 5 VOB/B gebunden und damit unwirksam; trotzdem würden im Ergebnis die Kündigungsfolgen eintreten (s. Rdn. 1311).

1308 Ist im Vertrag die **Lieferung** von Bau-, Bauhilfs- und Betriebsstoffen durch den Auftragnehmer „ausbedungen", so kann der Auftraggeber auch diese Lieferung im Sinne von § 2 Nr. 4 VOB/B „selbst übernehmen".
Eigentlich sind „im Vertrag ausbedungen" nur solche Materiallieferungen, die vertraglich ausdrücklich als Lieferung des Auftragnehmers gekennzeichnet sind, so dass man folglich § 2 Nr. 4 VOB/B eigentlich auf solche vertraglich vereinbarten Lieferungen beschränken müsste;[1417] dann wären alle „Lieferungen", die in die Leistung des Auftragnehmers nur einflössen („Material" – z. B. Mauersteine) nicht erfasst. Dann allerdings ergäbe der ohnehin unglücklich gefasste – und überflüssige[1418] – § 2 Nr. 4 VOB/B gar keinen Sinn

---

[1413] Siehe Fn. 1400. Weil der Auftragnehmer sowohl bei § 2 Nr. 4 VOB/B als auch bei § 649 BGB jeden beliebigen, bautechnisch abtrennbaren Teil der Leistung kündigen kann (vgl. Rdn. 1313), ist das entgegen Kleine-Möller/Merl, Handbuch, § 10 Rdn. 460 kein Unterschied zwischen § 2 Nr. 4 VOB/B und § 8 Nr. 1 VOB/B, § 649 BGB.
[1414] Vgl. etwa Nicklisch/Weick, VOB/B § 2 Rdn. 54; Heiermann/Riedl/Rusam, VOB/B § 2 Rdn. 95.
[1415] Nicklisch/Weick, VOB/B vor §§ 8, 9 Rdn. 33; Ingenstau/Korbion/Keldungs, VOB/B § 2 Nr. 5 Rdn. 2.
Zur Folge einer **mangels Schriftform unwirksamen Teilkündigung** s. nachfolgend Rdn. 1311.
[1416] LG München IBR 1992, 12; Ingenstau/Korbion/Keldungs, VOB/B § 2 Nr. 4 Rdn. 7; Nicklisch/Weick, VOB/B § 2 Rdn. 57, auch wenn erst nachträglichen Entschluss des Auftraggebers, doch noch statt der Selbstübernahme einen Drittunternehmer zu beauftragen; a. A. Daub/Piel/Soergel/Steffani, VOB/B Erl. 2.93; Vygen, BauR 1979, 375, 377 = Festschrift Locher, S. 267, 273 ff.
[1417] So Daub/Piel/Soergel/Steffani, VOB/B Erl. 2.94.
[1418] Siehe unten Rdn. 1311.

mehr: Die Fälle, in denen der Auftragnehmer Material oder Bauhilfsstoffe nur liefert, aber nicht selbst „verwertet", kommen kaum vor. Beim Pauschalvertrag wäre § 2 Nr. 4 dann entgegen § 2 Nr. 7 Abs. 1 Satz 4 VOB/B sogar praktisch überhaupt nie anwendbar. Also muss man notgedrungen § 2 Nr. 4 VOB/B auch auf in die Leistung des Auftragnehmers eingehenden Lieferungen (Materialien) anwenden.

Hinsichtlich der Lieferung solcher Materialien müsste „Selbstübernahme" weiter bedeuten, dass der Auftraggeber die Materialien tatsächlich selbst liefert, d. h. aus eigenem Bestand oder eigenem Betrieb. Das wäre allerdings schlechterdings noch weniger realisierbar: Auch der Auftraggeber muss ja auch bei eigenem Betrieb Materialien einkaufen, so dass ein Fremdeinkauf der Anwendbarkeit des § 2 Nr. 4 VOB/B nicht schaden darf.[1419] Dem muss man also schon aus praktischen Gründen folgen, aber es bleibt dennoch schwer einzusehen, worin denn der Unterschied zu dem Auftraggeber liegen soll, der statt Materialien Arbeitsleistung (z. B. den ehemaligen Nachunternehmer des Unternehmers) „einkauft" und für den § 2 Nr. 4 dann nicht gilt (vgl. Rdn. 1307).

§ 2 Nr. 4 VOB/B betrifft weiter **nicht** den Fall, dass die **gesamte** (noch verbleibende) Vertragsleistung vom Auftraggeber gekündigt wird. Nr. 4 bezieht sich auf „Leistung**en**", d. h. einzelne Leistungen,[1420] aber nicht auf **die** „Vertragsleistung" als Ganzes. Die freie „Vollkündigung" ist immer nur gemäß § 8 Nr. 1 VOB/B möglich.[1421]

Zusammenfassend ist noch einmal darauf hinzuweisen, dass sowohl bei § 2 Nr. 4 VOB/B wie bei der Teilkündigung gemäß § 8 Nr. 1 Abs. 1 VOB/B exakt dieselben Rechtsfolgen eintreten – nämlich gemäß § 8 Nr. 1 Abs. 2 VOB/B. Die „Selbstübernahme" bedarf lediglich keiner Schriftform. Das heißt: Wenn der Auftraggeber bei der Selbstübernahme doch (empfehlenswerterweise!) Schriftform wahrt, gibt es insoweit überhaupt keine Unterschiede mehr. Wenn der Auftraggeber an den Voraussetzungen einer Selbstübernahme Zweifel hat, kann er dasselbe gewünschte Kündigungsergebnis somit auch völlig unproblematisch durch **schriftliche** Teilkündigung gemäß § 2 Nr. 8 Abs. 1 VOB/B herbeiführen. Und schließlich: Selbst wenn der Auftraggeber im Rahmen normaler freier Teilkündigung die Schriftform **nicht** wahrt, so ist die Teilkündigung zwar nicht wirksam,[1422] aber wenn der Auftraggeber die Teilleistung dann doch einfach durch einen Dritten ausführen lässt, so kann der Auftragnehmer das praktisch nicht unterbinden. Er hat dann bei weiter bestehendem Vertrag Schadensersatzansprüche aus verschuldeter Unmöglichkeit gemäß § 324 BGB,[1423] die sich nach dem Gesetzeswortlaut und somit inhaltlich im Ergebnis mit § 649 BGB decken, so dass es wirtschaftlich gleichgültig ist, ob die Kündigung wirksam oder unwirksam war.

Demzufolge fragt es sich, **welchen rechtlichen oder wirtschaftlichen Sinn überhaupt die Sondervorschrift des § 2 Nr. 4 VOB/B hat.** Wir vermögen keinen zu erken-

---

[1419] Für Anwendbarkeit des § 2 Nr. 4 VOB/B in derartigen Fällen die einhellige Meinung, z. B. Nicklisch/Weick, a. a. O. Rdn. 57; Ingenstau/Korbion/Keldungs, a. a. O. Rdn. 8. OLG Düsseldorf BauR 1995, 712 wendet (ungeprüft) § 8 Nr. 1 VOB/B (Teilkündigung) an.

[1420] Zum Begriff der Teilleistung näher Rdn. 1312–1314.

[1421] Zutreffend Nicklisch/Weick, a. a. O. Rdn. 57. Vgl. auch Rdn. 1318. Ganz genau stimmt das nicht, weil **jede** Kündigung **nach** Beginn der Arbeit Teilkündigung ist, vgl. Rdn. 1312. Gemeint ist die Kündigung der gesamten, noch auszuführenden Leistung.

[1422] Vgl. Rdn. 1307 mit Fn. 1415, aber auch Rdn. 1313.

[1423] Zutreffend Ingenstau/Korbion/Keldungs, VOB/B § 2 Nr. 4 Rdn. 7; Zielemann, Vergütung, Rdn. 216; Putzier, Pauschalpreisvertrag, Rdn. 444.

nen.¹⁴²⁴⁾ Zu vermuten ist, dass bei der ersten Redaktion der VOB/B nicht aufgefallen ist, dass sich § 8 Nr. 1 Abs. 1 VOB/B auch auf Teilkündigungen bezieht.

Wir empfehlen deshalb, bei einer weiteren **Änderung der VOB/B** § 2 Nr. 4 VOB/B (und den entsprechenden Verweis in § 2 Nr. 7 Abs. 1 Satz 4 VOB/B) **ersatzlos zu streichen.**

2 Teilkündigung gemäß § 8 Nr. 1 VOB/B

2.1 Voraussetzungen der Teilkündigung: Technisch abtrennbare Teilleistung

1312 Die ganze noch **nicht** ausgeführte Vertragsleistung kann der Auftraggeber durch „freie Kündigung" gemäß § 8 Nr. 1 VOB/B kündigen (s. Rdn. 1318).

Durch **freie Teilk**ündigung gemäß § 8 Nr. 1 Abs. 1 VOB/B oder gemäß § 649 BGB sowie durch die spezielle Teilkündigung in Form der Selbstübernahmeleistung gemäß § 2 Nr. 4 VOB/B kann also auch ein „Teil der Leistung" gekündigt werden, nicht nur der ganze Vertrag. Die Unterscheidung zwischen Teilkündigung und Vollkündigung des Vertrages ist dabei nicht das Problem. Im Rahmen des § 8 Nr. 1 Abs. 1 VOB/B oder des § 649 BGB spielt sie ohnehin keine Rolle, weil diese Vorschriften sowohl für Teil- wie für Vollkündigungen gelten. Sobald der Bau begonnen hat, ist in einem formalen Sinne sogar eigentlich jede Kündigung ohnehin schon Teilkündigung.¹⁴²⁵⁾

1313 Das Problem ist vielmehr: **Können auch kleinste „Teile" frei herausgekündigt** werden bis hin zum Eingriff in die Leistung derart, dass beispielsweise das Vermörteln der Mauersteine gekündigt, das Setzen der Steine aber erhalten bleibt?

Kündbar sollen nur solche Teilleistungselemente sein, die im Bereich der Vergütung für sich berechenbar sind; Leistungselemente, die sich in dieser Hinsicht nicht trennen ließen, seien einer Teilkündigung (und einer Selbstübernahme) nicht zugänglich; maßgebend sei, was vergütungstechnisch rechnerisch einwandfrei getrennt werden könne.¹⁴²⁶⁾
Dieses Argument ist unrichtig, da es stets möglich ist, die Kosten (bzw. die Vergütung) für das zu ermitteln, was als (Teil-)Leistung erstellt bzw. nicht erstellt worden ist. Wir haben die Methodik zur Bewertung von Teilbestandteilen einer Pauschalvergütung schon besprochen.¹⁴²⁷⁾ Mit Hilfe dieser Methodik kann je nach Bedarf – also je nach der durch eine (Teil-)Kündigung bedingten Leistungsabgrenzung – das zur Bewertung anstehende (Teil-) Bausoll so differenziert zerlegt und bewertet werden, wie es der jeweilige Fall erfordert. Für § 2 Nr. 4 VOB/B zieht das Argument außerdem schon deshalb nicht, weil der Auftraggeber ja ausdrücklich z.B. die Lieferung von Betriebsstoffen selbst übernehmen darf.

Die Grenze muss anders gezogen werden: Richtig ist zwar, dass es sich um „abtrennbare Leistungselemente" handeln muss, aber die **„Abtrennbarkeit" ist rein unter bautechnischen und qualitativen Aspekten zu sehen:** Wenn eine einheitliche Tätigkeit auseinander gerissen wird, wenn in einen in sich technisch abgeschlossenen Ablauf durch die Teilkün-

---

¹⁴²⁴⁾ Daub/Piel/Soergel/Steffani, VOB/B Erl. 2.91 werfen mit Recht dieselbe Frage auf, allerdings ohne Antwort.

¹⁴²⁵⁾ Ebenso Staudinger/Peters, BGB, § 649 Rdn. 13. Vgl. auch Fn. 1421.

¹⁴²⁶⁾ Ingenstau/Korbion/Keldungs, VOB/B § 2 Nr. 4 Rdn. 5; Heiermann/Riedl/Rusam, VOB/B § 2 Rdn. 96 b verlangen bei § 2 Nr. 4 VOB/B noch weitergehender, dass die Teilleistung in sich abgeschlossen sein müsse.

¹⁴²⁷⁾ Oben Rdn. 1149 ff.

digung eingegriffen würde, wenn damit vor allem eine technisch ordnungsgemäße oder vom Ablauf sinnvolle Produktion erschwert oder verhindert wird, wenn insbesondere dadurch Mängelhaftungsrisiken geschaffen würden – oder allgemeiner ausgedrückt: wenn der Eingriff technisch unzumutbar ist –, ist eine Teilkündigung insoweit unzulässig.[1428] Der Auftragnehmer kann dann die Teilkündigung zurückweisen und den technischen Vorgang selbst weiterbetreiben.

All dies gilt nur für die **freie Teilkündigung**. Auch für Kündigungen des Auftraggebers aus **wichtigem Grund** gibt es zwar gemäß der ausdrücklichen Regelung in **§ 8 Nr. 3 Abs. 1 Satz 2 VOB/B** eine Teilkündigung, sie muss aber „auf einen in sich **abgeschlossenen** Teil der vertraglichen Leistung" beschränkt werden, was bedeutet, dass der (gekündigte) Leistungsteil funktional in sich abgeschlossen sein muss, z. B. ein Haus von mehreren in Auftrag gegebenen Häusern,[1429] aber nicht eine Decke von mehreren Decken eines Gebäudes bzw. eine einzelne Teilleistung. 1314

2.2 Kündigung von Teilmengen

Der Wegfall von Mengen ist beim Pauschalvertrag ebenso wie der Zuwachs von Mengen unbeachtlich, sofern es sich um Ergebnisse innerhalb unveränderter Mengenermittlungsparameter handelt.[1430] 1315

Ändert dagegen der Auftraggeber die Mengenermittlungsparameter, ordnet er also insoweit Änderungen an und verringern sich **deshalb** die auszuführenden Mengen, so ist das auftraggeberseitige freie Teilkündigung gemäß § 8 Nr. 1 VOB/B bzw. § 649 BGB bzw. Selbstübernahme gemäß § 2 Nr. 4 VOB/B. So wie es **angeordnete** Mehrmengen (als Bausoll-Veränderung) gibt, so gibt es parallel dazu auch **angeordnete** Mindermengen (als Bausoll-Veränderung), die folglich zur Vergütungsanpassung über § 8 Nr. 1 Abs. 2 VOB/B bzw. über § 649 BGB führen.

2.3 „Erhebliche Veränderung des Leistungsinhalts, Leistung im wesentlichen anders" als zusätzliche Voraussetzung für Teilkündigungen bzw. Selbstübernahmen gemäß § 2 Nr. 4, § 8 Nr. 1 VOB/B, § 649 BGB?

In Rechtsprechung und Literatur wird zum Teil die Auffassung vertreten, angeordnete Leistungsänderungen hätten nur dann Einfluss auf die Pauschalpreisregelung, wenn sie erheblich wären und/oder im wesentlichen Umfang zu anderen Leistungen führten. 1316

Es handelt sich um die Parallelüberlegung zur Vergütungserhöhung bei geänderten oder zusätzlichen Leistungen gemäß § 2 Nr. 5, Nr. 6 VOB/B. Wir haben das Thema dort schon ausführlich erörtert, verweisen darauf[1431] und wiederholen nur das Ergebnis: Auch bei Mengenminderungen gibt es keine notwendige Erheblichkeitsgrenze, jede Teilkündigung muss sich in einer Korrektur der Pauschalvergütung widerspiegeln.

[1428] So auch Staudinger/Peters, BGB § 649 Rdn. 13.
[1429] Einzelheiten Kapellmann, Festschrift Thode, S. 29, 37 ff: beim Schlüsselfertigbau darf der Auftraggeber z.B. einzelne „Teilpakete" kündigen, auch gewerkeweise. Zu weitgehend Vygen, Bauvertragsrecht Rdn. 490.
[1430] Vgl. oben Rdn. 286 ff., 691 ff.
[1431] Oben Rdn. 1111 ff.

2.4 Vertraglicher Ausschluss der freien Teilkündigung

1317 Im individuellen Vertrag können die Vertragsparteien das freie Kündigungsrecht des Auftraggebers und ebenso das Teilkündigungsrecht ausschließen, § 2 Nr. 4, § 8 Nr. 1 VOB/B bzw. § 649 BGB sind dispositiv.[1432]

In **Allgemeinen Geschäftsbedingungen,** die ausnahmsweise der **Auftragnehmer** stellt, kann das freie Teilkündigungsrecht des Auftraggebers ebenfalls wirksam ausgeschlossen und durch ein Kündigungsrecht aus wichtigem Grund ersetzt werden, pauschalierte Entschädigungsregelungen sind möglich.[1433]

Stillschweigend ist ein freies Kündigungsrecht des **Auftraggebers,** soweit es sich nur auf die Teilleistung „Bauausführung" erstreckt, beim **Bauträgervertrag** ausgeschlossen; der Erwerber kann sich nicht auf diese Weise lediglich das Grundstück ohne Bauleistung verschaffen.[1434]

Die Freizeichnung von den Folgen einer freien Kündigung in Allgemeinen Geschäftsbedingungen des Auftraggebers erörtern wir gesondert.[1435]

3 „Voll"-Kündigung und Teilkündigung

1318 Die freie Teilkündigung gemäß § 8 Nr. 1 VOB/B oder gemäß § 649 BGB führt ebenso wie die „Selbstübernahme" gemäß § 2 Nr. 4 VOB/B dazu, dass der Vertrag weiterläuft (wenn nicht die Teilkündigung sozusagen das zeitlich letzte Quentchen der Leistungserstellung betrifft) und nur die betreffende Teilleistung herausgenommen und nicht mehr ausgeführt wird.

Dasselbe gilt auch bei der Teilkündigung aus wichtigem Grund gemäß § 8 Nr. 3 Abs. 1 Satz 2 VOB/B, die aber auf in sich funktional abgeschlossene Teile der Leistung beschränkt ist.[1436]

Die „Vollkündigung" führt dagegen dazu, dass nach Kündigung **keine** Vertragsleistung mehr ausgeführt wird. Das gilt sowohl für die freie Kündigung des Auftraggebers aus § 8 Nr. 1 VOB/B wie auch für alle Arten der Kündigung des Auftraggebers aus wichtigem Grund (§ 8 Nr. 2 bis 4 VOB/B).

Strukturell sind die Rechtsfolgen einer **freien Teil**kündigung oder einer Selbstübernahme und die Rechtsfolgen der **freien Vollkündigung** des Auftraggebers gleich: Der nicht gekündigte Teil wird vertragsgemäß („voll") vergütet, der gekündigte Teil ebenfalls, jedoch minus ersparter Kosten.

Bei der **Teilkündigung aus wichtigem Grund** (§ 8 Nr. 3 Abs. 1 Satz 2 VOB/B) wie bei der **Vollkündigung** des Auftraggebers **aus wichtigem Grund** (§ 8 Nr. 2 bis 4 VOB/B) wird dagegen nur der nicht gekündigte (schon erbrachte) Teil der Leistung vertragsgemäß

[1432] Staudinger/Peters, BGB § 649 Rdn. 14; Ingenstau/Korbion/Keldungs, VOB/B § 2 Nr. 4 Rdn. 12.
[1433] Näher Rdn. 1403, Fn. 1591.
[1434] BGHZ 96, 275, 279 ff. = NJW 1986, 925 = BauR 1986, 208; Staudinger/Peters, a. a. O. Rdn. 14; Werner/Pastor, Bauprozess, Rdn. 1292.
[1435] Siehe unten Rdn. 1404.
[1436] Siehe oben Rdn. 1314.

(„voll") vergütet,[1437) der gekündigte, nicht mehr auszuführende Teil wird nicht vergütet, auch nicht anteilig.

Einzelheiten der Vergütungsberechnung erörtern wir unter Rdn. 1324 ff.

4 Die Erklärung der Kündigung = Anordnung des Auftraggebers

Die Kündigung des ganzen Vertrages oder von Teilen ist im gewissen Sinn das Gegenstück zum Verlangen des Auftraggebers auf zusätzliche Leistungen, jedenfalls bei der Teilkündigung. Beides sind Fälle auftraggeberseitig angeordneter Bausoll-Bauist-Abweichung. Für die Anordnung des Auftraggebers, die Leistung ganz oder teilweise nicht (mehr) auszuführen, gilt sinngemäß dasselbe, was für die Anordnung des Auftraggebers zur Ausführung zusätzlicher und geänderter Leistungen gilt, zumal angeordnete Leistungsänderungen ohnehin auch zu Vergütungsminderungen führen können. 1319

Die Anordnung, Leistungen nicht (mehr) auszuführen, muss folglich „Befolgung heischend sein", also **eindeutige** Erklärung des Auftraggebers, die Leistung nicht mehr ausführen zu lassen; Erörterungen, Vorschläge oder Anregungen ohne klaren Anordnungsgehalt reichen nicht aus.[1438)

Die Kündigung kann dessenungeachtet nicht nur ausdrücklich, sondern auch **konkludent** oder sogar stillschweigend erklärt werden. Beispiel einer konkludenten („freien") Teilkündigung ist die Ausführung von Teilleistungen durch ein vom Auftraggeber beauftragtes Drittunternehmen oder durch den Auftraggeber selbst ohne weitere Erklärungen.[1439) 1320

Ebenso ist das „**Entfallen" von LV-Positionen** – seien sie von Anfang an überflüssig gewesen, seien sie wegen Entwurfsänderungen überflüssig geworden – konkludente („freie") Teilkündigung.[1440)

Die Kündigung muss vom Auftraggeber selbst oder einem wirksam kraft Gesetzes oder Rechtsgeschäft Bevollmächtigten (dazu oben Rdn. 1099 ff.) erklärt werden.

Die Kündigung muss in der richtigen Form ausgesprochen werden, bei § 8 VOB/B also in Schriftform;[1441) ebenso dann schriftlich, falls vertraglich eine Schriftformklausel vereinbart ist.[1442) 1321

[1437) So BGH BB 1993, 1109. Den Auftragnehmer „trifft in einem solchen Fall die Beweislast dafür, dass das **Teilwerk** als solches frei von Mängeln ist. Dass es für den Auftraggeber von Wert ist, muss er nicht beweisen." Dazu auch unten Rdn. 1337.
[1438) Siehe oben Rdn. 1195 ff.; Staudinger/Peters, BGB § 649 Rdn. 11. Zum **einverständlichen Wegfall von Leistungen** Einzelheiten unten Rdn. 1407 ff.
[1439) Siehe oben Rdn. 1305, Fn. 1411.
[1440) Zutreffend VOB – Stelle Niedersachsen, Stellungnahme vom 30.06.1999, Fall 1185, IBR 2000, 157 („**Blindpositionen**"); OLG Oldenburg BauR 2000, 897.
[1441) Zu den **Folgen fehlender Schriftform** für die Kündigung bei § 8 VOB/B s. oben Rdn. 1311.
[1442) Zur **fehlenden** Schriftform s. oben Rdn. 1311.

5 Umdeutung einer auftraggeberseitigen unwirksamen Kündigung aus wichtigem Grund in eine (wirksame) freie Kündigung des Auftraggebers?

1322 Es ist schwer ersichtlich, was einen denkenden Auftraggeber im Normalfall veranlassen sollte, „frei" zu kündigen mit der Folge, trotz fehlender Ausführung für das Gekündigte eine (i. d. R.) reduzierte Vergütung zahlen zu müssen (außer, er hat jetzt eine auch unter Berücksichtigung dieser „Restvergütung" noch günstigere Bezugsmöglichkeit). Der alltägliche Anwendungsbereich der „freien" Kündigung umfasst denn auch hauptsächlich zwei Fallgruppen, in denen der Auftraggeber die Folgen seines Handelns entweder nicht bedenkt oder nicht bedenken will:

Die erste Fallgruppe betrifft die Umplanung während des Bauens – der Auftraggeber lässt vereinbarte Einzelleistungen oder Leistungsbereiche entfallen und glaubt, damit entfalle auch die entsprechende Teilvergütung.
Die zweite Fallgruppe ist die **unfreiwillig** „freie" Kündigung, nämlich die Kündigung aus (scheinbar) vom Auftragnehmer zu vertretendem wichtigem Grund, bei der es tatsächlich entweder gar keinen wichtigen Grund gibt, dessen Nachweis scheitert oder Formvoraussetzungen – z. B. Nachfristsetzung mit Kündigungs**androhung**, nicht bloße Erwähnung von Kündigungs**möglichkeiten**, § 5 Nr. 4, § 8 Nr. 3 VOB/B – nicht gewahrt sind. Einige Stimmen meinen, solche gewollten Kündigungen aus wichtigem Grund dürften nicht in ungewollte Kündigungen ohne wichtigen Grund („freie Kündigung") umgedeutet werden, dies sei vielmehr nur zulässig, wenn zweifelsfrei (!) feststehe, dass der Kündigende auf **alle Fälle** vom Vertrag unter Hinnahme eben des Risikos, dass seine Kündigung auch als freie Kündigung behandelt werden könne, Abstand nehmen wolle.[1443] Das führt zu dem Rat an den Auftragnehmer, den Auftraggeber nach erfolgter Kündigung aus wichtigem Grund zu fragen, ob er auch wirklich den Vertrag beenden wolle und ob er – der Auftragnehmer – wirklich die Baustelle verlassen solle, denn er, der Auftragnehmer, wolle am Vertrag festhalten.[1444] Diese Überlegungen eröffnen – dies ein Hinweis auf die selbstverständlich unwissenschaftliche Erwähnung der Baurealität – ungeahnte Dialogmöglichkeiten, wobei man die Stellungnahme des Auftraggebers ja wie folgt zusammenfassen könnte: „Ich will kündigen, weil ich Recht habe, aber wenn ich nicht Recht hätte, würde ich auch nicht kündigen; da ich aber Recht habe, kündige ich, und das will ich ganz fest, allerdings nur, wenn ich Recht habe...".
Ernsthaft: Natürlich will der Auftraggeber kündigen, denn sonst würde er es nicht tun, und im Regelfall wird er nicht erklären, dass er seine eigene Kündigung einschließlich ihrer Begründung nicht ernst nehme. Etwas anderes würde nur gelten, wenn der Auftragnehmer sich gegen die Kündigung aus wichtigem Grund wehrt, Erfüllung verlangt und **nicht** kündigungsgemäß abrechnet und der Auftraggeber das (nachträglich) hinnimmt.

Sachgerecht sowie konform **mit dem Text des § 649 BGB** und dem Ausgangspunkt, dass **der Besteller jederzeit kündigen kann**, aber „nach Treu und Glauben" zukünftige Leistungen dann nicht mehr bezahlen muss, wenn sie nicht ausgeführt werden und er der Kündigung ein Fehlverhalten des Auftragnehmers zugrunde legen kann und nicht bloß eigene Willkür[1445], ist: Wer als Auftraggeber kündigt und glaubt, der Folge „volle Vergütung" des § 649 BGB (minus ersparter Aufwendungen) entgehen zu können, sich aber irrt, der hat (nur) Pech: Die Kündigung bleibt, die Ausnahme geht. Oder in besserer For-

---

[1443] Heiermann/Riedl/Rusam, VOB/B, Einführung zu §§ 8, 9 VOB/B, Rdn. 18; Beck'scher VOB-Kommentar/Motzke, VOB/B § 8 Nr. 1, Rdn. 23; Nicklisch/Weick, VOB/B, Vor §§ 8/9 Rdn. 31.
[1444] Schmidt, NJW 1995, 1313, 1316.
[1445] Vgl. dazu Kapellmann, Jahrbuch Baurecht 1998, S. 35 ff., Rdn. 2.

mulierung, **jeweils im vollen Einklang mit der früheren Rechtsprechung des BGH**: „Für die Wirksamkeit der Kündigungserklärung kommt es nicht darauf an, ob der Kündigende die eintretenden Folgen gewollt hat,"[1446] oder: „Wenn der Beklagte nur der irrigen Meinung war, ihm stehe ein (vom Kläger zu vertretender) Kündigungsgrund zu, so macht das weder die ausgesprochene Kündigung unwirksam noch verhindert es den Eintritt der Folgen des § 649 BGB."[1447] Die Begründung ergibt sich daraus, dass das BGB für die auftraggeberseitige Loslösung vom Werkvertrag zwei Spezialregelungen trifft: Verzugsbedingter Rücktritt gemäß § 636 BGB, ansonsten jede Form von Kündigung gemäß § 649 BGB. Da § 649 BGB umfassend alle Kündigungsmöglichkeiten erfasst, fällt „automatisch" jede Kündigung unter § 649 BGB, sofern der Auftragnehmer nicht am Vertrag festhält und deshalb auch nicht „kündigungsgemäß" abrechnet und der Auftraggeber dies doch noch (nachträglich) akzeptiert.[1448] Der Eintritt oder Nichteintritt der **Rechtsfolgen**, die der Auftraggeber mit der Kündigung **erreichen will, berühren** deshalb **nicht die Wirksamkeit** der Kündigungserklärung, ebenso wie die Wirksamkeit einer Änderungsanordnung oder Zusatzanordnung gemäß § 1 Nr. 3, 4, § 2 Nr. 5, 6 VOB/B nicht davon abhängt, ob der Auftraggeber die eintretenden Vergütungsfolgen will oder nicht.[1449]

Das gilt auch, wenn der verzugsbedingte Rücktritt abweichend vom BGB wie in der VOB als gesonderter Kündigungstatbestand (§ 8 Nr. 3 VOB/B) ausgestaltet ist, und zwar schon deshalb, weil nach herrschender Auffassung Kündigungsgründe für eine Kündigung aus wichtigem Grund grundsätzlich nachgeschoben werden können,[1450] was nur möglich ist, wenn die „nackte" Kündigungserklärung schon Wirkung hat: Das Nachschieben kann ja nicht zur **nachträglichen** Umdeutung einer Kündigung führen.

Und endlich: Soll nach mehrjährigem Prozeß festgestellt werden, die ausgesprochene Kündigung habe trotz Baustellenräumung und Tätigkeitseinstellung das Vertragsverhältnis doch nicht beendet?

Im Jahre 2003 hat der **Bundesgerichtshof** zum Thema **neu** entschieden. Die Leitsätze lauten:

„1. Eine Kündigung, die ausschließlich für den Fall erklärt wird, dass ein außerordentlicher Kündigungsgrund nach § 8 Nr. 2 bis 4 VOB/B vorliegt, ist unwirksam, wenn ein solcher Grund nicht gegeben ist.
2. Ob eine außerordentliche Kündigung eines Bauvertrages auch als freie Kündigung nach § 649 Satz 1 BGB oder nach § 8 Nr. 1 Abs. 1 VOB/B verstanden werden kann, regelt sich nach dem Inhalt der Kündigungserklärung.
3. Im Regelfall ist die Kündigung eines Bauvertrages dahin zu verstehen, dass auch eine freie Kündigung gewollt ist. Will der Auftraggeber seine Kündigung nicht so verstanden wissen, muss sich das aus der Erklärung oder den Umständen ergeben."

Die Entscheidung ist zweifelsfrei im Ergebnis richtig und passt im Ergebnis zu den früheren Urteilen, die Leitsätze sind aber sehr missverständlich. Wenn man den Text liest, kommt man zu dem Ergebnis, wenn der Auftraggeber nur klar genug sage, dass er ausschließlich aus wichtigem Grund kündigen wolle und seine Kündigung auf keinen Fall als freie Kündigung verstanden wissen wolle, würde ihm das nützen. Tatsächlich nützt das ihm nichts, denn auch dann stehen dem Auftragnehmer Rechte wie bei der freien Kündi-

---

[1446] BGH NJW-RR 1993, 882.
[1447] BGH NJW 1969, 419, 421; BGH BauR 1987, 689. Zutreffend Quack, Festschrift für von Craushaar, S. 309 ff., 316.
[1448] BGH BauR 1999, 1294 und Kniffka, Jahrbuch Baurecht 2000, S. 1, 9.
[1449] Siehe oben Rdn. 1011 bis 1016, insbesondere 1014, 1015 und Rdn. 1088, 1089.
[1450] Ganz herrschende Meinung, z. B. BGH BauR 1993, 469, 471; Beck'scher VOB/-Kommentar/Motzke, VOB/B § 8 Nr. 1, Rdn. 21.

gung zu, nur nicht nach § 649 Abs. 1 BGB, sondern nach § 324 BGB a.F. oder § 326 Abs. 2 BGB n.F., weil der Auftraggeber nach der Kündigung dem Auftragnehmer die Fortsetzung der Bauleistung unmöglich gemacht hat.[1451]

Für den nicht rechtssystematisch leidenschaftlich interessierten Leser lautet das Ergebnis der Entscheidung: Wenn der Auftraggeber aus wichtigem Grund kündigt, es aber keinen wichtigen Grund gibt, wird die Kündigung als freie Kündigung gemäß § 8 Nr. 1, § 649 BGB behandelt mit der Folge, dass der Auftraggeber die ausgeführten Leistungen bezahlen muss, aber auch die nicht ausgeführten Leistungen, sie jedoch gekürzt um ersparte Aufwendungen bzw. um anderweitigen Erwerb oder böswillig unterlassenen Erwerb. Eine vom Auftraggeber ausgesprochene Kündigung aus wichtigem Grund, für die es entweder keinen wichtigen Grund gibt, oder die aus anderen Gründen scheitert (z.B. weil beim VOB-Vertrag keine Ablehnungsandrohung gemäß § 5 Nr. 4 VOB/B ausgesprochen worden ist), wirkt somit im Ergebnis wie eine freie Kündigung, hat also für den Auftraggeber verheerende Folgen. Die Begründung des BGH ist allerdings (zu) verschlungen. Eine missglückte außerordentliche Kündigung gelte nämlich nicht automatisch als freie Kündigung. Eine Umdeutung der Erklärung in eine freie Kündigung sei nur dann möglich, wenn nach der Sachlage anzunehmen sei, dass diese dem Willen des Erklärenden entspreche und dieser Wille in seiner Erklärung gegenüber dem Empfänger zum Ausdruck gekommen sei. An dieser Stelle hakt es: Der Auftraggeber wird im Regelfall nur außerordentlich kündigen wollen, aber nicht „frei" mit den damit verbundenen negativen Vergütungsfolgen. Der BGH untersucht die Erklärung des Auftraggebers dahin, ob sie so ausgelegt werden könne, dass der Auftraggeber **unabhängig** davon den Bauvertrag beenden wolle, ob der geltend gemachte Kündigungsgrund vorliege. Dies werde die Auslegung **regelmäßig** ergeben (?), wenn aus den Umständen des Einzelfalles nichts anderes erfolge. Wenn man nur als Überlegung unterstellt, ausnahmsweise ergebe die Auslegung wirklich, dass der Auftraggeber bei Unwirksamkeit der Kündigung aus wichtigem Grund den Bauvertrag nicht beenden wolle, so würde jetzt der merkwürdige Zustand eintreten, dass der Auftragnehmer die Baustelle geräumt **hat**, der Auftraggeber den Bauvertrag auch eigentlich nicht fortsetzen will, aber die Wirksamkeit der Vertragsbeendigung unter eine Rechtsbedingung stellt.

Wenn aber der Auftraggeber dem Auftragnehmer durch die Kündigung und die Verweigerung der Möglichkeit der Weiterarbeit die Fortsetzung der Bauarbeiten unmöglich macht, so macht er ihm seine Leistungserstellung unmöglich; in diesem Fall hat der Auftragnehmer nach § 324 BGB a.F., § 326 Abs. 2 BGB n.F. genau denselben Anspruch wie im Fall des § 649 BGB, nämlich den Anspruch auf die Gegenleistung abzüglich Ersparnis des anderweitigen Erwerbs oder des böswillig unterlassenen anderweitigen Erwerbs. Der BGH merkt selbst, dass er dem Auftraggeber nur eine äußerst theoretische Möglichkeit einräumt, seine Kündigung eindeutig nur als außerordentliche Kündigung verstanden wissen zu wollen und nicht als freie Kündigung. Denn der Auftraggeber könnte – so zutreffend der BGH – gar keinen weiteren Unternehmer mit der Fortsetzung der Arbeiten beauftragen, ohne sich selbst dem Risiko auszusetzen, vertragsbrüchig zu sein.

Der 7. Senat des BGH musste zusätzlich noch die Klippe überwinden, dass der 10. Zivilsenat gegenteilig entschieden hatte, eine außerordentliche Kündigung könne bei einem EDV-Installationsvertrag nicht umgedeutet werden.[1452] Der 7. Senat kommt zu dem bemerkenswerten Ergebnis, jedenfalls im Baurecht sei eine solche „Umdeutung" im Regelfall möglich; ob sie bei anderen Materien (im Werkvertragsrecht) in Betracht komme, brauche er nicht zu entscheiden, es bestehe deshalb keine Divergenz, die eine Entscheidung des „großen Senats" erforderlich gemacht hätte. Man darf das wohl eine „elegante" Lösung nennen.

[1451] BGH NZBau 2003, 665 = BauR 2003, 1885.
[1452] NZBau 2001, 621.

In der Sache selbst ist zu wiederholen, dass die Entscheidung im Ergebnis richtig ist. Systematisch einfacher – und nach unserer Meinung richtig, s. Rdn. 1322 – wäre der Weg gewesen, davon auszugehen, dass § 649 BGB der Kündigungsgrundtatbestand ist und dass jede ausgesprochene Kündigung unter § 649 BGB fällt; hat der Kündigende ohne Grund gekündigt, tritt die Folge des § 649 Abs. 2 BGB ein, also Vergütung minus ersparter Aufwendungen. Hat der Kündigende einen wichtigen Grund, ist die vorab genannte Vergütungsregelung nicht sachgemäß; der Auftragnehmer darf aus seinem vertragswidrigen Verhalten keinen Vorteil ziehen, die Vergütung für die nicht erbrachte Leistung entfällt bei Kündigung aus wichtigem Grund gemäß Treu und Glauben.[1453]

So hatte der BGH bisher auch immer entschieden; die jetzige formale Aufgabe der früheren Rechtsprechung war nicht notwendig und ist systematisch nicht überzeugend, aber für die Praxis auch nicht problementscheidend: Der vom BGH jetzt **theoretisch** ins Auge gefasste Fall wird **so gut wie** nie vorkommen. Ein Auftraggeber, der aus wichtigem Grund kündigt, aber gewissermaßen sicherheitshalber erklärt, diese Kündigung solle ausdrücklich und ausschließlich nur für den Fall gelten, dass es auch den wichtigen Grund gäbe und die formalen Voraussetzungen der Kündigung aus wichtigem Grund zu bejahen seien, muss ja die Frage entscheiden, ob der den Auftragnehmer nun weiter arbeiten lässt oder nicht. Lässt er den Auftragnehmer weiter arbeiten, kann er sich nicht mehr auf den wichtigen Grund berufen, denn das wäre selbstwidersprüchliches Verhalten. Lässt er den Auftragnehmer nicht weiter arbeiten, greift § 326 Abs. 2 BGB ein. Abgesehen davon würde der Auftragnehmer, dem aus wichtigem Grund gekündigt worden ist, dem der Auftraggeber aber gleichzeitig erklärt, er solle doch weiter arbeiten, nicht nur am Verstand des Auftraggebers zweifeln, sondern nicht weiter arbeiten, Folge § 326 Abs. 2 BGB – und dies mit Recht, denn das Risiko der Richtigkeit eigener Erklärungen trägt der Auftraggeber selbst. Nach 5 Jahren Rechtsstreit, in dem die Unwirksamkeit der Kündigung aus wichtigem Grund festgestellt würde, könnte dann der Vertrag fortgeführt werden. Natürlich hätte der Auftraggeber das Werk nicht durch einen Dritten vollenden lassen dürfen – eine wahrhaft lebensnahe Szenerie.

Im Ergebnis bleibt es bei der Umdeutung.

6 Die Auswirkungen der unterschiedlichen Kündigungen des Auftraggebers (bzw. der Selbstübernahme des Auftraggebers) auf die Höhe der Vergütung

6.1 Methodische Grundlagen – Unterschiedliche Kündigungsfolgen bei Kündigung des Auftraggebers aus wichtigem, von ihm nicht zu vertretendem Grund einerseits und bei „freier Kündigung" des Auftraggebers andererseits

Wir dürfen zum Verständnis noch einmal wiederholen: Hat der Auftraggeber **aus von ihm nicht zu vertretenden wichtigem Grund** gekündigt, so wird zwar gemäß § 8 Nr. 2, 3 oder 4 VOB/B die ausgeführte Teilleistung vertragsgemäß („voll") vergütet, die kündigungsbedingt nicht mehr auszuführende Leistung jedoch nicht – vgl. oben Rdn. 1318.

Hat der Auftraggeber **ohne Grund „frei"** gekündigt, sei es in Form der Vollkündigung oder Teilkündigung (§ 2 Nr. 8 Abs. 1 VOB/B oder § 649 BGB), sei es in Form der

1324

[1453] Einzelheiten Kapellmann, Jahrbuch Baurecht 1998, 25, 38, 39.

Selbstübernahme (§ 2 Nr. 4 VOB/B), so wird die ausgeführte Leistung voll vergütet, die **kündigungsbedingt nicht mehr auszuführende Leistung jedoch auch,** wobei aber die Vergütung **der nicht ausgeführten Teilleistungen um die ersparten Kosten** (§ 8 Nr. 1 VOB/B) bzw. die ersparten Aufwendungen (so § 649 BGB) und um den böswillig unterlassenen Erwerb zu kürzen ist. Diese Aussage ist völlig korrekt, aber sie suggeriert in Anlehnung an die Situation bei der auftraggeberseitigen Kündigung aus wichtigem Grund, auch bei „freier" Kündigung müsste zunächst für die ausgeführte Teilleistung eine **Teilvergütung** ermittelt werden, die verbleibende Restvergütung sei sodann um die ersparten Kosten zu kürzen und der ersten Teilvergütung hinzuzurechnen. Natürlich könnte man so rechnen („Umweg"), aber richtig und sinnvoll ist das nicht: Gemäß § 649 BGB kann der Auftragnehmer die **volle** Vergütung für die **Gesamtleistung** verlangen, gekürzt um ersparte **Kosten** (bzw. anderweitigen Erwerb). Methodisch genügt es also, lediglich die für die kündigungsbedingt nicht ausgeführten Teilleistungen entfallenden **Kosten** zu ermitteln und diese von der **Gesamtvergütung** abzuziehen („direkter Weg"); der gesonderten Ermittlung einer Teil**vergütung** bedarf es nicht.[1454] Der „direkte Weg" ist aus arbeitsökonomischen Gründen dann ratsam, wenn die gekündigten Teilleistungen einen geringeren Umfang haben als die erstellten; der „Umweg" ist dagegen dann arbeitsökonomisch, wenn zum Zeitpunkt der Kündigung nur wenig Leistung erstellt ist. Das **gilt allerdings nicht,** wenn man – wie der Bundesgerichtshof, s. Rdn. 1356 – der Meinung ist, die Teilvergütung für die ausgeführte Leistung werde mit Mehrwertsteuer beaufschlagt, die Teilvergütung für die nicht ausgeführte Leistung (minus ersparter Kosten) dürfe nicht mit Mehrwertsteuer beaufschlagt werden.[1455] Dann muss man bei freier Kündigung immer beide Teilvergütungen gesondert ermitteln („Umweg") – näher dazu Rdn. 1353 ff.

1325 Ob der Auftraggeber aus wichtigem Grund kündigt oder frei, **immer** ist es **im ersten Schritt** für die richtige Ermittlung der Vergütung zwingend erforderlich, eine Leistungsstandfeststellung durchzuführen, oder anders ausgedrückt: Es ist eine Abgrenzung der ausgeführten zu den nicht ausgeführten Leistungen durchzuführen. Hierdurch ist es möglich, die ausgeführten (Teil-)Leistungen der beauftragten Gesamtleistung wie auch die kündigungsbedingt nicht mehr ausgeführten (Teil-)Leistungen festzustellen.

In einem **zweiten Schritt** müssen dann

Alternative 1
- für Kündigungen des Auftraggebers **aus wichtigem Grund** (nur) die **ausgeführten** Teilleistungen mit der vertragsgemäßen Vergütung bewertet werden

Alternative 2
- für **freie** Kündigungen des Auftraggebers
  - entweder die nicht ausgeführten Teilleistungen mit den insoweit entfallenen Kosten bewertet und diese von der vertraglichen Gesamtvergütung abgezogen werden („direkter Weg", s. Rdn. 1353 ff.)

  - oder die ausgeführten Teilleistungen wie bei der Kündigung aus wichtigem Grund mit der vertragsgemäßen Vergütung bewertet werden und

---

[1454] Einzelheiten Kapellmann, Jahrbuch Baurecht 1998, S. 35 ff; Schiffers, Festschrift für Mantscheff, S. 171 ff.
Wie hier Beck'scher VOB-Kommentar/Motzke, VOB/B § 8 Nr. 1 VOB/B, Rdn. 47 – 49; s. auch Kniffka, Jahrbuch Baurecht 2000, S. 1 ff., 13; unzutreffend Kuhne/Mitschein, Bauwirtschaft 1999, Heft 12, S. 35. .
[1455] Zur Mehrwertsteuerproblematik siehe Rdn. 1356.

sodann für die nicht ausgeführte Leistung die auf sie entfallende Vergütung ermittelt und davon die entfallenden Kosten abgezogen werden („Umweg", s. Rdn. 1353 ff.).

6.2 Erster Schritt: Die Abgrenzung der ausgeführten von den gekündigten Teilleistungen

6.2.1 Regelfall: „Aufmaß" gemäß § 8 Nr. 6 VOB/B

Gemäß § 8 Nr. 6 VOB/B kann der Auftragnehmer alsbald nach der Kündigung „Aufmaß"[1456] der von ihm ausgeführten Leistungen verlangen. 1326

Bedenkt man, dass ein Aufmaß nach DIN 18299 Abschnitt 5 (VOB/C) viel Zeit erfordert und dann, wenn es wie im Regelfall Ausführungspläne gibt, auch unnötigen Dokumentationsaufwand bedingt, so wird klar, dass es im Kündigungsfall zunächst im Interesse beider Parteien liegt, den Leistungsstand zu dokumentieren. Das erfordert weniger Zeit als ein echtes Aufmaß und erlaubt es, umgehend einen Nachfolgeunternehmer einzusetzen.

Die Leistungsstandfeststellung kann sich für komplett erbrachte Leistungen von Bauabschnitten (z. B. Etagen, Teilbauwerke) und/oder Gewerken auf eine kurze textliche Dokumentation beschränken (vgl. das Gewerk Erdarbeiten bzw. die Gründungsarbeiten des Gewerks Betonarbeiten in Band 1, Abb. 57 a, S. 797).

Differenziertere Leistungsgegebenheiten sind entweder (aufwandssparend) textlich zu dokumentieren (vgl. Band 1, Abb. 57 a, Betonarbeiten im Erdgeschoss) oder zusätzlich und präzisierend zum Text (vgl. Band 1, Abb. 57 a, Betonarbeiten im 1. OG) durch Eintragung in Pläne (oder Skizzen, Fotos etc., vgl. Band 1, Abb. 57 b, S. 798) vorzunehmen.

Die Mengenermittlung der ausgeführten und/oder der gekündigten Teilleistungen erfolgt (abgegrenzt durch den Leistungsstand) auf der Basis der Ausführungspläne (vgl. DIN 18299 Abschnitt 5 Satz 1) oder, wenn es sie nicht gibt, gemäß DIN 18299 Abschnitt 5 Satz 2 anhand der Aufmaße als „Ersatzunterlagen" für die Ausführungspläne.

Für **Einheitspreisverträge** ist die „Tiefengliederung" der Mengenermittlung durch die Positionen des Leistungsverzeichnisses vorgegeben.

Für **Pauschalverträge** hängt die Frage, ob die Mengen nur für globale Posten (z. B. Leitpositionen, zum Begriff Rdn. 872) oder tiefgegliederte Posten (ähnlich der Positionen eines herkömmlichen Leistungsverzeichnisses) ermittelt werden, vom Differenzierungswillen der Parteien ab, nicht aber von den Differenzierungsmöglichkeiten.

Begründung: Die Differenzierung der Leistungsabgrenzung und -dokumentation kann so weit wie gewollt getrieben werden, natürlich mit dem entsprechenden Zeitaufwand. Gibt es z. B. bislang in den Vertragsunterlagen oder in der Kostenermittlung (Angebotskalkulation) des Auftragnehmers keine Einzelpositionen, so ist es allein eine Sache des Fleißes, anhand der vertraglichen Unterlagen (u. a. der Baubeschreibung) und der vor Ort vorgefundenen Leistungen entsprechende Einzelposten für die Einzelbestandteile des Erstellten nachträglich festzulegen (also „Positionen nachträglich zu schaffen") und sie nach der in Rdn. 1149 ff. aufgeführten Methodik zu bewerten – dazu näher Rdn. 1337 ff.

Natürlich ist die Leistungsstandfeststellung auf den Differenzierungsgrad der Leistungsbeschreibung abzustimmen bzw. erforderlichenfalls vor Ort zu korrigieren oder zu er-

---

[1456] Zutreffend BGH BauR 1999, 632; Kniffka, Jahrbuch Baurecht 2000, S. 1, 7.
Sind z. B. bestimmte Gewerke erbracht und gibt es dafür in den Vertragsunterlagen „Teilpreise", so können diese zur Abrechnung herangezogen werden; nur die nicht vollständig ausgeführten Gewerke müssen „quantifiziert" (und dann bewertet) werden, BGH NZBau 2002, 507, 508.

gänzen. Letztlich lässt sich mit Hilfe von Aufmaßplänen alles so präzise und differenziert angeben, wie es gewünscht wird. Die Grenzen des Tuns werden von der Opportunität und der Arbeitsökonomie bestimmt.

Während also beim ungekündigten Pauschalvertrag – solange sich die ausgeführten Mengen aus den vorgegebenen Mengenermittlungsparametern des Auftraggebers ergeben und es deshalb nicht auf die wirklich ausgeführten Mengen ankommt[1457] – ein Aufmaß gemäß dem jeweiligen Abschnitt 5 aus VOB/C entbehrlich ist, ist beim **gekündigten** Pauschalvertrag gemäß § 8 Nr. 6 VOB/B ein „Aufmaß", also eine Leistungsabgrenzung und -dokumentation und zumeist auch eine zugehörige Mengenermittlung, im Normalfall notwendig.[1458]

Unter Umständen kann eine Feststellung durch gerichtliches selbständiges Beweisverfahren mit entsprechender sachverständiger Ermittlung sinnvoll sein.

Ist im Einzelfall eine genaue Leistungsstandfeststellung („Aufmaß") nicht mehr möglich, so genügt der Auftragnehmer seiner Darlegungslast, wenn er jedenfalls Tatsachen benennt, die wenigstens die Schätzung eines Mindestaufwands ermöglichen, der für die Erstellung der betreffenden Teilleistung erforderlich war, so im Insolvenzfall eines Auftragnehmers genaue Besprechungsprotokolle der Parteien über den erreichten Leistungsstand.[1459]

6.2.2 Ausnahmefall: Leistungsstandfeststellung ohne „Aufmaß"

1327   Wie oben besprochen sind bei jeder Voll- oder Teilkündigung die erstellten (nicht gekündigten) Teilleistungen von den gekündigten abzugrenzen, damit sie quantifiziert werden können.

Sofern komplette Gewerke insgesamt oder bezogen auf (Teil-) Bauwerke gekündigt worden sind, kann die Leistungsstandfeststellung ausnahmsweise ohne Baustellenbegehung erfolgen.

In einem solchen Fall reicht es, anhand der Leistungsbeschreibung festzuhalten, welcher „Teilbereich" gekündigt bzw. nicht gekündigt worden ist.

Überhaupt kann sich im Einzelfall die Abgrenzung zwischen den ausgeführten und nciht ausgeführten Teilleistungen anhand „der Umstände des Vertragsabschlusses" ergeben.[1460]

[1457] Siehe oben Rdn. 41 ff., 17.
[1458] Zutreffend OLG Nürnberg IBR 1995, 331, Revision nicht angenommen. Deshalb reichen z. B. Nachunternehmer**rechnungen** allein **nicht aus**, so zutreffend das OLG, vgl. **aber Rdn. 1394**.
[1459] BGH NZBau 2004, 503.
[1460] Der Begriff Aufmaß wird in der VOB unterschiedlich umfassend verwendet:
 a) Der Aufmaßbegriff in § 8 Nr. 6 VOB/B beinhaltet
  – die Leistungsabgrenzung,
  – die zeichnerische Dokumentation des Erstellten,
  – die darauf aufbauende Mengenermittlung.
 b) Der Aufmaßbegriff in DIN 18 299 Abschnitt 5 (VOB/C) ist enger gefasst; grundsätzlich gibt es demgemäß kein Aufmaß, weil die Leistungen (genauer: die Mengen der einzelnen Leistungen) aus Zeichnungen ermittelt werden, sofern die ausgeführten Leistungen diesen Zeichnungen entsprechen. Sind solche Zeichnungen nicht vorhanden, so sind „Ersatzzeichnungen" in Gestalt von örtlichen Aufmaßen nachträglich zu erstellen; die Leistung wird dann vor Ort „aufgemessen", genauer: gezeichnet und vermaßt. Auf der Basis dieses „Aufmaßes" werden dann die Mengen der erbrachten Leistungen berechnet.

6.2.3 Anspruch des Auftragnehmers auf gemeinsames „Aufmaß"

Wie gerade festgestellt, ist es im Ausnahmefall auch möglich, die notwendige Leistungsabgrenzung **anhand von Listen ohne Zeichnungen** zu treffen (oben Rdn. 1327). Unabhängig davon, ob ein solches „Aufmaß" zur Herbeiführung der Rechnungsfälligkeit erforderlich ist, hat der Auftrag**nehmer** jedenfalls nach Kündigung des Vertrages, gleich aus welchem Grund, seinerseits einen Anspruch gegen den Auftraggeber auf gemeinsames „Aufmaß" gemäß § 8 Nr. 6 VOB/B. Das hat seinen Hintergrund darin, dass der Auftragnehmer schon aus Gewährleistungsgründen ein von der Fälligkeit seiner Vergütung unabhängiges Interesse daran hat, die von ihm erbrachten und die von Dritten noch zu erbringenden Leistungen (und deren Einwirkungen auf die schon vorhandene Leistung) genau und getrennt zu erfassen.

1328

6.2.4 Die Kosten des „Aufmaßes"

Beim **Einheitspreisvertrag** versteht es sich von selbst, dass nach ausgeführter Menge abgerechnet wird. Der Auftragnehmer erstellt auf seine Kosten die Abrechnung, der Auftraggeber prüft sie.
Entspricht die ausgeführte Leistung nicht den Ausführungsplänen bzw. gibt es gar keine Ausführungspläne, so nimmt der Auftraggeber an einem gemeinschaftlichen Aufmaß (DIN 18299, Abschnitt 5, Satz 2, § 14 Nr. 2 Satz 1 VOB/B) teil. Die Prüfung der auftragnehmerseitigen Abrechnung und die Teilnahme am Aufmaß vor Ort hat der Auftraggeber seinerseits auf seine Kosten zu erbringen. Beide Vertragsparteien können die entsprechenden Kosten einkalkulieren. Beim **Einheitspreisvertrag** entsteht beim gekündigten Vertrag insoweit durch das „Aufmaß" der Teilleistungen den Vertragsparteien nur ein ohnehin einzukalkulierender (Teil-)Aufwand, sieht man von den Kosten der Leistungsabgrenzung ab.

Beim **Pauschalvertrag** kalkuliert dagegen keine Partei die Kosten eines „Aufmaßes" ein; es ist ja bei unveränderter Durchführung des Pauschalvertrages entbehrlich.

Kündigt der Auftraggeber aus wichtigem Grund, so versteht es sich, dass der Auftragnehmer nicht etwa auch Ersatz dieser ihm aus von ihm zu vertretenden Gründen entstehenden Kosten verlangen kann.

Spricht der Auftraggeber dagegen eine **„freie" Kündigung** beim Pauschalvertrag aus oder erklärt er eine Selbstübernahme (§ 8 Nr. 1 VOB/B, § 2 Nr. 4 VOB/B, § 649 BGB), kündigt er also **ohne wichtigen Grund,** so entstehen dem vertragstreuen Auftragnehmer dagegen Kosten für ein „Aufmaß", das er nicht verursacht und nicht kalkuliert hat. Ein Schadensersatzanspruch des Auftragnehmers gegen den Auftraggeber aus positiver Vertragsverletzung deswegen scheidet allerdings aus. Der Auftraggeber verhält sich nicht rechtswidrig, er hat ja beim Werkvertrag das Recht auf beliebige freie Kündigung oder Teilkündigung. Der Auftragnehmer behält entsprechend für den nicht gekündigten Teil seinen Vergütungsanspruch minus ersparter Kosten.

Bei der Frage nach der Vergütung der Kosten von „Aufmaß und Abrechnung" bei „freier" Kündigung geht es jedoch nicht um ersparte, sondern infolge der Kündigung für den Auftragnehmer **zusätzlich** entstehende Kosten. Es ist nicht billig, diese Kosten dem Auftragnehmer grundsätzlich anzulasten. Zwar muss er mit dem Risiko leben, dass der Auftragnehmer „frei" kündigt, aber beide Parteien gehen doch im Gegenteil – zumindest bei Vertragsschluss – davon aus, dass das Werk erstellt und der Leistungserfolg herbeigeführt wird und folglich nicht ohne jeden Grund der Vertrag aufgelöst werden soll. Diese gemeinsame Geschäftsgrundlage entfällt bei freier Kündigung: Hätten die Parteien dies vorausgesehen, so hätten sie beim Pauschalvertrag für diesen Fall geregelt, dass der Auftraggeber die dann entgegen der Vertragswahl „Pauschalvertrag" doch entstehenden Auf-

1329

maßkosten tragen muss. Das entfallende „Aufmaß" (einschließlich Abrechnung) wird ja oft als ein geradezu entscheidender Vorteil des Pauschalvertrages gewertet, der sich auch in einem Kostenvorteil und einen Preisnachlaß niederschlägt. **Im Wege ergänzender Vertragsauslegung** oder durch Vertragsanpassung wegen Störung der Geschäftsgrundlage hat deshalb der Auftragnehmer bei freier Kündigung oder freier Teilkündigung des Auftraggebers einen **Anspruch auf Erstattung der Kosten des „Aufmaßes"**, sofern diese nicht ganz unerheblich sind.[1461]

6.2.5 Sonderfall Global-Pauschalvertrag: Leistungsstandfeststellung bei Planungsleistungen

1330 Zum Wesensmerkmal eines Global-Pauschalvertrages, ganz besonders eines Komplexen Global-Pauschalvertrages (zum Begriff oben Rdn. 409 ff.), Prototyp Schlüsselfertigbau mit auftragnehmerseitiger Ausführungsplanung, gehört es, dass der Auftragnehmer nicht nur Bauleistungen ausführt, sondern auch Planungsleistungen selbst erbringt. Demzufolge muss als Folge einer auftraggeberseitigen Kündigung auch für die Planungsleistungen ermittelt werden, inwieweit sie erbracht sind und inwieweit nicht – ein Thema, das sich bei einem gekündigten Architekten- und Ingenieurvertrag immer in voller Schärfe stellt.[1462]

Den Leistungsstand einer noch nicht abgeschlossenen Planungs-Teilleistung festzustellen, ist schwieriger als bei einer Bauleistung: Bei einer im Kern geistigen Leistung kann man schwerlich Aufmaß nehmen. Das visualisierte Ergebnis des Nachdenkens (also Abrechnungen, Pläne usw.) sagt einiges, aber nicht alles über einen erreichten Leistungsstand – und für manche Phasen (z. B. Objektüberwachung) sagt es fast gar nichts.

Der vom Planer kalkulierte oder sein tatsächlicher Stundenaufwand sagen auch nichts darüber, ob und was in der Ausführungszeit an Ergebnissen erzielt worden ist – also welcher Leistungsstand vorliegt.

Während man also die **Bau**leistung durch Beschreibung und Quantifizierung sichtbarer Elemente eindeutig feststellen kann, ist eine Aufgliederung der **Planungs**leistung in tief gegliederte Teilleistungen (oder Teil-Produktionsvorgänge) und die Quantifizierung zugehöriger Mengen – zumindest auf den ersten Blick – konkret **schwierig**.

Da aber das Problem der Leistungsfeststellung praktisch lösbar bleiben muss, gibt es keine andere Wahl als die, die vertragliche Gesamtleistung (z. B. „Vollarchitektur") wie beim Bau-Pauschalvertrag aufzuteilen. Er bietet sich an, auf die wenn auch nur honorarbezogenen, aber damit indirekt leistungsbezogenen (im Sinne einer in der HOAI angenommenen Sollerstellungszeit) Leistungsbilder und Leistungsphasen der HOAI zurückzugreifen, insbesondere da jede Leistungsphase durch erfolgorientierte Arbeitsziele gekennzeichnet ist, die erreicht werden müssen,[1463] wohlwissend, dass dabei ein Teil „abstrakter" Leistungsfeststellung (führend zu einer entsprechenden „abstrakten" Vergütungsfeststellung) in Kauf genommen wird.

Also wird bei Planungsleistung die ausgeführte **Leistung** danach festgestellt, welche Leistungsphase von welchem Leistungsbild gemäß HOAI abgeschlossen ist, z. B. „Vorplanung". Als Leistungsquantifizierung wird der Prozentsatz entsprechend der HOAI angenommen. Soweit eine Leistungsphase noch nicht fertiggestellt ist, also Teilleistungen in-

---

[1461] So auch Reister, Nachträge beim Bauvertrag, S. 344; Dölle, Festschrift Werner, S. 169; Lederer, in: Kapellmann/Messerschmidt, VOB/B § 8, Rdn. 55; Schulze-Hagen, Kurzanmerkung zu OLG Nürnberg IBR 1995, 331.
[1462] Einzelheiten dazu mit weiteren Nachweisen Kapellmann, Jahrbuch Baurecht 1998, a. a. O., Rdn. 26 ff. sowie auch Schiffers, Festschrift Blecken, S. 273 ff.
[1463] Korbion/Mantscheff/Vygen, HOAI § 2, Rdn. 9.

nerhalb einer Leistungsphase bewertet werden müssen, werden je Leistungsphase entsprechende Teilleistungen – vergleichbar mit „Positionen" – gebildet. Auch hier kann man die Differenzierung zum Exzess treiben, aber im Sinne der sinnvollen Brauchbarkeit empfehlen wir dringend, als „Positionen" innerhalb von Leistungsphasen die weitere Untergliederung zu wählen, die mehr oder weniger identisch von Vygen, Locher/Koeble oder Kniffka vorgeschlagen wird.[1464] Auch für diese „Positionen" kann man dann noch prozentual Teilleistungen annähernd feststellen und umrechnen – und alles führt insgesamt zu dem Ergebnis, dass die Teilleistung nicht in technischen Maßkriterien, sondern in Prozent der Gesamtleistung festgestellt wird.[1465]

Zur zugehörigen Vergütungsermittlung verweisen wir auf Rdn. 1352.

6.3 Zweiter Schritt: Alternative 1: Die vergütungsmäßige Bewertung der ausgeführten Teilleistungen bei Kündigung aus wichtigem Grund (oder bei „freier" Kündigung in Verfolgung des „Umweges")

6.3.1 Einführung

Jedenfalls bei Kündigung seitens des Auftraggebers aus wichtigem Grund müssen – wie ausgeführt – für die ausgeführten Teilleistungen die Mengen ermittelt **und** sodann preislich bewertet werden (= Teilvergütung); der Auftragnehmer erhält nur diese Teilvergütung.

1331

Sofern keine modifizierten Leistungen angeordnet worden sind, lässt sich durch Subtraktion der Teilvergütung von der Pauschalsumme auch die Restvergütung für den nicht ausgeführten Teil der Leistung ermitteln. Bei „freier Kündigung" kann man dann von dieser Teilvergütung die ersparten Kosten abziehen; das ist bei Kündigung im späten Ausführungsstadium zwar ein überflüssiger **Umweg,** weil man bei freier Teilkündigung nur die ersparten Kosten der Teilleistung von der Gesamtvergütung abziehen muss, aber immerhin kann man auch so – insbesondere bei Kündigung im frühen Ausführungsstadium – die nach „freier Kündigung" geschuldete Gesamtvergütung ausrechnen.

Wenn beim **Pauschal**vertrag noch nicht klar ist, ob eine freie Kündigung oder eine solche aus wichtigem Grund vorliegt, bietet sich Alternative 1 an, um das jedenfalls zu Vergütende zunächst ermitteln zu können. Liegt jedoch unstritig eine freie Kündigung vor, so ist dieser Weg zumeist ein unnötiger Zwischenschritt zur endgültigen Ermittlung der Vergütung (dazu Rdn. 1334 ff.).
Bei Einheitspreisverträgen stellt sich dieses Problem nicht (s. Rdn. 1332).

6.3.2 Einheitspreisverträge

Die Ermittlung der anteiligen Vergütung für die **ausgeführten** Teilleistungen ist beim gekündigten Einheitspreisvertrag auf den ersten Blick einfach: Die ausgeführten Teilleistungen werden pro Position nach dem Schema abgerechnet: ausgeführte Menge • Einheitspreis. Besonderheiten ergeben sich bei Einzelleistungen, wenn ihre Herstellung für einen Teilbereich noch nicht abgeschlossen ist. Als Beispiel sei auf eine z.T. eingeschalte Wand hingewiesen, deren geschalte Menge nicht einfach mit dem zugehörigen Einheitspreis bewertet werden kann, da ja dieser auch noch für das nachfolgende Ausschalen gilt. Darü-

1332

[1464] Korbion/Mantscheff/Vygen, HOAI, § 5 Rdn. 32; Locher/Koeble/Frik, HOAI, § 5, Rdn. 22, 21 ff.; Pott/Dalhoff/Kniffka, HOAI, Anhang III, Seite 972 ff.
Zum Gesamtthema BGH NZBau 2005, 158 = BauR 2005, 400; BGH NZBau 2004, 509 = BauR 2004, 1640; Brückl NZBau 2006, 491.

[1465] Vgl. auch oben Rdn. 1214.

ber hinaus ergibt sich ein weiteres Problem daraus, dass in der Regel Einheitspreisverträge auch Positionen mit Teilpauschalen enthalten, z. B. für die Baustelleneinrichtung. Die der Teilpauschale gegenüberstehenden „Einzelleistungen" sind anteilig nach erbrachten und nicht erbrachten aufzuspalten und dann, sofern möglich, mit Hilfe der vorliegenden Angebots- bzw. Auftragskalkulationen zu bewerten. Einzelheiten dazu sind aus der sogleich folgenden allgemeinen Erörterung der Vergütungsermittlung bei Pauschalverträgen sowie aus dem in Band 1 unter Rdn. 1192 besprochenen Beispiel von Abb. 34 zu entnehmen.

Nachträge werden wie die Positionen des Bausolls abgerechnet.

Der ausgeführte Teil der Leistung muss frei von Mängeln sein – näher Rdn. 1337.

6.3.3 Detail-Pauschalvertrag und Einfacher Global-Pauschalvertrag (differenzierte Ermittlung der Pauschalvergütung)

1333   Hat der Auftraggeber auf der Basis einer fertigen Ausführungsplanung und gegliedert nach Positionen – also gemäß dem Muster Einheitspreisvertrag – ausgeschrieben, hat der Auftragnehmer in das Angebot Einheitspreise eingesetzt und haben z. B. die Vertragsparteien erst in der Vertragsverhandlung die Vergütung pauschaliert, dann ist das ein **Detail-Pauschalvertrag** mit prototypisch differenzierter Vergütungsermittlung. Es ist notwendig, aber auch kein Problem, bei Kündigung die ausgeführten **Teilleistungen** durch eine Leistungsstandfeststellung und Zuordnung der ausgeführten Mengen zu ermitteln und ihre **Vergütung** anhand der ursprünglichen „Einheitspreise" **minus** einem eventuellen Pauschalierungsabschlag (oder plus einem eventuellen Pauschalierungszuschlag!) zu errechnen. Zur Vergütung von Teilpauschalen verweisen wir auf die unter Rdn. 1332 besprochene Methodik.

Zum Verständnis: Es kommt im Kündigungsfall beim Detail-Pauschalvertrag **nicht** allein auf die Detaillierung der **Leistungs**seite an – dies ist nur Kennzeichen des Detail-Pauschalvertrages. Es kommt bei der Bewertung der erstellten Leistung im Kündigungsfall auch auf die Detaillierung der Vergütungsermittlung an, auf die **differenzierten „Einheitspreisangaben"** in den Angebotsunterlagen (bzw. den internen Erarbeitungen des Auftragnehmers, z. B. die Angebotskalkulation). Und umgekehrt: Ohne eine Detaillierung der Leistungsseite kann bei Kündigungen keine differenzierte Aufgliederung der Pauschalvergütung stattfinden.

Für Einfache Global-Pauschalverträge gilt Entsprechendes, da sie i.d.R. nach dem Muster von Detail-Pauschalverträgen ausgeschrieben und angeboten werden.

Besonderheiten kann es bei Ihnen nur bei Vorliegen fehlender Posten geben. Ist dies der Fall, ist auf die unter Rdn. 1152 besprochene Methodik zur Bewertung der fehlenden Posten zurückzugreifen.

Der ausgeführte Teil muss frei von Mängeln sein – näher Rdn. 1337.

6.3.4 Komplexer Global-Pauschalvertrag (wenig differenzierte Ermittlung der Pauschalvergütung) – Teilbereich Bauleistungen

6.3.4.1 Scheinlösungen

6.3.4.1.1 „Minderung" des Pauschalpreises im Wege einer Verhältnisrechnung

1334   Ist die Pauschalvergütung wenig oder nicht differenziert und auch relativ grob angebotskalkuliert, ist es prinzipiell schwierig, die passende Teilvergütung für die ausgeführten Teilleistungen zu ermitteln.

Die monetäre Bewertung der ausgeführten Teilleistungen　　　　　　Rdn. 1334

Wie angesprochen, wäre es arbeitssparend, wenn es einfache Lösungen für die Zuordnung der anteiligen Pauschalvergütung auf die quantitativ ermittelte Teilleistung gäbe.

Hierzu bietet sich auf den ersten Blick eine Lösung an, die vom **Verhältnis des nicht gekündigten Leistungsumfangs** zum **beauftragten Leistungsumfang** ausgeht. Also: Die Pauschalvergütung wird auf den Betrag reduziert, der dem Verhältnis der gekündigten Leistungen zur Gesamtleistung entspricht.[1466]

Grimme hat diese Überlegung auf folgende Formel gebracht:[1467]

$$\text{Vergütung nach Kündigung} = \frac{\text{Pauschalvergütung} \bullet \text{geminderte Leistung}}{\text{Gesamtleistung}}$$

Diese Formel besticht scheinbar durch ihre Einfachheit, aber sie enthält keinen Erkenntniswert. Sie setzt nämlich ohne jede nachvollziehbare Begründung geminderte **Leistung** (Teilleistung) mit Teil**vergütung** gleich, nämlich so, als ob eine Art linearer Zusammenhang zwischen Teil-Leistung und Teil-Vergütung bestünde.

Bewerten wir „Leistung" in Geldeinheiten – so wie es in der betrieblichen Praxis und in der Betriebswirtschaftslehre üblich ist –, so ist zu fragen, worin in der Formel der Unterschied zwischen „Gesamtleistung" und „Pauschalvergütung" liegen soll.
Die Pauschalvergütung ist naturgemäß nichts anderes als die Bewertung der Gesamtleistung, und zwar auf der Basis der Marktsituation des Vergabezeitpunktes.
Somit entspricht die Pauschalvergütung der „Gesamtleistung". Das stimmt, nützt aber nichts: Die oben aufgeführte Formel lautet nach gegenseitiger Kürzung der gleichwertigen Beträge dann nämlich nur noch:
Vergütung nach Kündigung = geminderte Leistung
Das ist auch richtig, aber wir sind keinen Schritt weitergekommen! Wie hoch ist denn die Vergütung für die modifizierte Leistung?

Bei Nichtvorliegen einer ausreichend differenzierten Ermittlung des Pauschalpreises ist gemäß der Methodik von **Abb. 25**, S. 410 und Rdn. 1149 ff. zur Ermittlung der Vergütung von modifizierten Leistungen zunächst ein Ermittlungssystem festzulegen und das Vertragspreisniveau zu ermitteln.
Genau dieser Weg ist es auch, der zur Bewertung eines Teils des Bausolls, nämlich des im Kündigungsfall schon Erstellten, bei undifferenzierter Ermittlung des Pauschalpreises einzuschlagen ist.

Bezüglich der oben aufgeführten Formel sind wir damit zwar nicht weitergekommen, wir haben aber durch Anwendung der unter **Rdn. 1155 ff.** besprochenen Methodik Parameter zur Bewertung der erstellten (= ungekündigten) bzw. der nicht zu erstellenden (= gekündigten) **Teile des Bausolls** ermittelt. Nur: Die oben aufgeführte Formel brauchen wir dazu nicht!

Die oben aufgeführte Formel hätte nur dann Sinn, wenn die Gesamtleistung in einer einzigen technischen Einheit gemessen würde, die für **alle** Leistungselemente identisch wäre, genauer, wenn es **nur eine einzige** passende Bezugseinheit (z. B. statt bei Dachabdichtungen: m², bei Erdaushub: m³) für diesen **Gesamtauftrag** gäbe.[1468]
Sofern jedoch – und das ist der Normalfall – **differenzierte** Leistungen zu erstellen sind (z. B. ein schlüsselfertiges Bauobjekt), gibt es eben nicht **eine** einzige und allseits geeignete technische Einheit zur Bewertung des Leistungsstandes (Beispiel: Fertigstellung der

---
[1466] Werner/Pastor, Bauprozess, Rdn. 1205. Die dort zitierten BGH-Belegstellen enthalten eine solche Formulierung nicht.
[1467] MDR 1989, 20, 21.
[1468] Vgl. hierzu die Erörterungen zum Begriff Leitpositionen unter Rdn. 872; die einzelne Leitposition betrifft aber auch nicht den **Gesamt**vertrag.

Dachabdichtung und der Fassade, jedoch Kündigung von Putz und Bodenbelag). Abhilfe schafft **dann** bei Fehlen einer differenzierten Pauschalpreisermittlung nur eine – je nach Bedarf grobe oder differenzierte – Aufteilung der Gesamtleistung in Teilleistungen, die zugehörige Mengenermittlung und die Bewertung pro Einheit der einzelnen Teilleistung – z.B. mit Hilfe eines Ermittlungssystems –, letztlich also z. B. der Ansatz von „Einheitspreisen"; dann sind wir aber wiederum dort, wo wir schon vorab waren, nämlich bei der Methodik von **Abb. 25, S. 410.**

Wir halten fest: **Ohne weitere Maßnahmen** – nämlich **eine Bewertung** der Teilleistung **in Geldeinheiten** – schafft die oben aufgeführte Formel keinen Fortschritt bei der Vergütungsberechnung im Kündigungsfall: Diese Bewertung kann sie aber gerade nicht leisten.

Genau dies hat sehr klar der Bundesgerichtshof herausgestellt:[1469] „**Die Klägerin muss das Verhältnis der erbrachten Leistungen zur vereinbarten Gesamtleistung und des Preisansatzes für die Teilleistung zum Pauschalpreis darstellen.**" Der Bundesgerichtshof hat zutreffend ergänzt, **es gebe keinen Erfahrungssatz für ein über alle Teilleistungen gleichmäßiges Preisniveau.** Diesen exakt und uneingeschränkt richtigen Feststellungen hat der Bundesgerichtshof einen etwas missverständlich formulierten Satz vorangestellt: Die Höhe der Teilvergütung ließe sich nämlich laut Bundesgerichtshof nur nach dem „Wert" der erbrachten Teilleistung zum „Wert" der Gesamtleistung errechnen.

Welchen „Wert" hat die Gesamtleistung, welchen „Wert" die Teilleistung?

Gesamtleistung und Teilleistung haben – und das hat der Bundesgerichtshof im oben zitierten nächsten Satz ja völlig richtig festgestellt – nur den „Wert", den sie **laut Vertrag** ganz oder **anteilig** haben. Der jeweilige „Wert" wird also gebildet durch einerseits die *Gesamtvergütung* und andererseits entsprechend durch die vertraglich richtige anteilige *Teilvergütung*.[1470]

Natürlich gibt es nicht etwa irgendeinen „objektiven Wert".[1471] Wir hatten deshalb schon in den Vorauflagen eine behutsame Korrektur des Leitsatzes der BGH-Entscheidung für künftige Fälle wie folgt angeregt: „**Beim Pauschalvertrag lässt sich die Höhe der Teilvergütung für eine Teilleistung nur ermitteln durch Feststellung der Art und des Umfanges der ausgeführten Teilleistung (z. B. durch „Aufmaß") und die Bewertung dieser Teilleistung entsprechend den anteiligen Preiselementen des Vertrages (z. B. mit Hilfe der Angebotskalkulation) für diese Teilleistung.**"

Liegt kein Nachweis über entsprechende Preiselemente des Vertrags vor, kann ersatzweise auf ein allgemeines zugängliches Ermittlungssystem zurückgegriffen werden, auch ist dann das Vertragspreisniveau zu bestimmen.

Um es noch einmal zu betonen: Inhaltlich war schon diese Entscheidung des Bundesgerichtshofs ohne jeden Zweifel richtig.
Präzise ausgedrückt: Eine ausgeführte Teilleistung wird mit den sie betreffenden Preismittlungsgrundlagen bewertet – dazu sogleich Rdn. 1337 ff.

In neueren Entscheidungen hat der Bundesgerichtshof erfreulicherweise jetzt eine solche präzise Formulierung verwandt: Festzustellen ist die Teilleistung und die **dafür** zu entrichtende Vergütung.[1472]

[1469] BGH BauR 1995, 691; BGH BauR 1980, 356, 357; s. auch OLG Köln BauR 1994, 413; zutreffend mit der im Text erläuterten Klarstellung auch OLG Nürnberg IBR 1995, 331, Revision vom BGH nicht angenommen.
[1470] Näher Kapellmann, Jahrbuch Baurecht 1998, a. a. O., Rdn. 16, 17.
[1471] Unrichtig Niemöller, BauR 1997, 539, 545, also auch seine entsprechenden Schlussfolgerungen.
[1472] BGH BauR 1997, 643, 644; BGH BauR 1998, 121.

6.3.4.1.2 Ausschreibung der Restleistung auf Einheitspreisbasis?

Groß hat ebenfalls ein einfaches Verfahren vorgeschlagen: Nach Kündigung lässt der Auftraggeber die Restleistung (gekündigte Leistung) auf Einheitspreisbasis ausschreiben und ausführen (wozu er aber vorab überhaupt nicht verpflichtet ist!). Die Fertigstellungskosten sollen der Teilvergütung für die gekündigte Leistung entsprechen, sie sollen die „exakte Ermittlung des auf die erbrachte Leistung entfallenden Vergütungsanspruches zulassen".[1473] 1335

Das ist leider **unzutreffend**. Die so ermittelten Fertigstellungskosten würden dann eine Aussage über die Teilvergütung für den gekündigten Teil erlauben, wenn der neue Unternehmer seine Vergütung genau in der Kosten- und Preisniveaukategorie ermittelt hätte wie der (teil-)gekündigte Auftragnehmer, also letztlich mit denselben Kosten und denselben Zuschlägen. Das ist ausgeschlossen.

Die durch neue Angebote für die noch zu erstellende Restleistung ermittelten Fertigstellungskosten sagen nur eines aus: Was die Fertigstellung **jetzt** kostet, wenn der neue Unternehmer sie erbringt. Sie sagen wenig oder gar nichts darüber aus, welche anteilige Pauschalvergütung als Teil der Gesamtvergütung dem gekündigten Auftragnehmer für die Erstellung der Restleistung zusteht. Nur am Rande: Der spätere Zeitpunkt der Ausschreibung des kleineren Leistungsumfangs und der in der Regel vorliegende Zeitdruck sprechen dafür, dass neue Angebote für den gekündigten Leistungsumfang höher liegen als die anteilige Vergütung des Gekündigten gemäß dem gekündigten Vertrag. Es kommt eben nicht darauf an, wie hoch die tatsächlichen Kosten für die Erstellung der Restleistung durch den Auftragnehmer oder wen auch immer sind, sondern auf den anteiligen Pauschal**preis** – vielleicht hätte der Auftragnehmer gerade in der gekündigten (Teil-)Leistung entsprechend seiner Kalkulation den größten Gewinn gemacht.

Tatsächliche Fertigstellungskosten können bestenfalls Hilfsmittel bei einer Schätzung sein, wenn es ausnahmsweise unmöglich ist, ein geeignetes allgemein zugängliches Ermittlungssystem zur Bewertung der Vertragsleistung zu finden.

6.3.4.1.3 Ableitung aus vereinbartem Zahlungsplan?

Eine andere, scheinbar naheliegende und nicht selten vorgetragene Vereinfachung ist, die Ermittlung der Vergütung der kündigungsbetroffenen Teilleistung möglichst an einen vorhandenen, differenzierten Zahlungsplan anzuknüpfen. Indes besagt die Verknüpfung von Teilleistung mit Teilzahlung **nicht** zwingend etwas dazu, wie im Gesamtgefüge des Pauschalpreises die entsprechende Teilleistung vom Auftragnehmer „mit den Grundlagen der Preisermittlung" bewertet worden ist. Der Zahlungsplan ist ein Finanzierungsinstrument, keine Kostenermittlung. Der Bundesgerichtshof sieht das genauso.[1474] 1336

Ohnehin kann der Auftragnehmer **nach erfolgter „Vollkündigung" keine Abschlagszahlungen mehr** aufgrund **des vereinbarten** Zahlungsplans verlangen, der Auftragnehmer muss vielmehr eine prüffähige Schlussrechnung erstellen, in die die Forderung auf Abschlagszahlung einfließt; Ausnahmen können für unstreitige Abschlagsforderungen aus der Zeit vor der Kündigung gelten.[1475]

[1473] BauR 1992, 36, 39, 42.
[1474] BGH BauR 1997, 304; BGH BauR 1998, 125. Vgl. schon oben Rdn. 1180.
[1475] Einzelheiten s. Rdn. 1401.

6.3.4.2 Richtige Lösung – Konkrete Feststellung der erbrachten Bauleistungen

6.3.4.2.1 Der richtige Bewertungsansatz – „Einheitspreise" laut Auftragskalkulation

1337 Der Pauschal**preis** muss nach Kündigung an die tatsächlich ausgeführte **Leistung** „angepasst" werden,[1476)] so die (zu) allgemeine Aussage. Richtig ist:

Zuerst muss – wie ausgeführt – mit Hilfe einer Leistungsstandfeststellung eine Aufspaltung **in ausgeführte und nicht ausgeführte Leistungen** erfolgen. Die ausgeführten Leistungen sind immer **nach den sie betreffenden Preisermittlungsgrundlagen voll zu vergüten.**[1477)] Bei Kündigung aus wichtigem Grund werden noch nicht eingebaute Teile im Regelfall nicht vergütet, es kann davon auch Ausnahmen nach Treu und Glauben geben. Den Auftragnehmer trifft die Beweislast dafür, dass dieser Teil auch **frei von Mängeln** ist;[1478)] dass er für den Auftraggeber „von Wert ist", braucht er nicht zu beweisen.[1479)]

Die Differenz zwischen dem vertraglich vereinbarten Pauschalpreis und der Vergütung für die erbrachten Bausollleistungen nennt den in der Pauschale enthaltenen Vergütungsanteil für die gekündigte Leistung. Logisch geht es auch genau anders herum: Der gekündigte Teil der Bausollleistung wird nach den ihn betreffenden Preisermittlungsgrundlagen bewertet; die Differenz zum Pauschalpreis ergibt den in der Pauschale enthaltenen Anteil für den ungekündigten Leistungsteil der Bausollleistung.[1480)]
Entsprechend ist für die angeordneten Zusatzleistungen zu verfahren.

1338 Das Oberlandesgericht Düsseldorf hat 1956 einmal formuliert, die nicht ausgeführten Leistungen müssten mit dem Betrag von der Pauschalvergütung abgesetzt werden, der dem Betrag innerhalb des „Festpreises" zu den übrigen Leistungen entspreche, den sich die Parteien von Anfang an **vorgestellt** hätten.[1481)] **Wenn** man weiß, was sich die Parteien vorgestellt haben, ist die Formulierung hilfreich und richtig. Im vom OLG entschiedenen Fall war sie richtig: Der „Festpreis" (= Pauschalpreis) beruhte nämlich auf in Positionen ausgefüllten, vom Bieter vorgelegten „Kostenanschlägen", so dass die Bewertung der festgestellten entfallenen Leistung einfach war. Aber die Aussage stimmt genau **nur,** wenn man eben entsprechende Bewertungsansätze hat. Beim unaufgegliederten Pauschalpreis weiß dagegen niemand, was sich die Parteien „gedacht" haben;[1482)] man kann lediglich (vielleicht) klären, was sich der Auftragnehmer (intern) gedacht hat, wie er nämlich seine Kosten bzw. den Pauschalpreis ermittelt hat. Im Ergebnis kommt es genau **darauf** an: Wie hat der Auftragnehmer beim **Vertragsschluss** die entsprechenden Leistungselemente (kostenmäßig und letztlich) preislich bewertet?

[1476)] BGH BauR 1974, 416, 417 = NJW 1974, 1864. Die Entscheidung enthält für Minderleistungen auch die **damals** (vor Einführung von § 2 Nr. 7 Abs. 1 Satz 4 VOB/B in Anknüpfung an den angenommenen Fortfall der Geschäftsgrundlage) verständliche Einschränkung, die Minderleistung müsse „erheblich" sein. Dazu oben Rdn. 1110–1209, 1316.
[1477)] Zutreffend Thode, Seminar Pauschalvertrag und schlüsselfertiges Bauen, S. 42; Ingenstau/Korbion/Keldungs, VOB/B § 2 Nr. 7, Rdn. 12, 19.
Bei „freier Kündigung" ist die **gesonderte Feststellung** einer Teil**vergütung** entbehrlich, vgl. Rdn. 1325 (wenn man die Mehrwertsteuerpflicht für den „gekündigten" Teil der Vergütung bejaht).
[1478)] BGH BauR 1995, 545 = NJW 1995, 1937; BGH BauR 1997, 1060.
[1479)] BGH BB 1993, 109.
[1480)] So exakt und zutreffend, nur etwas abweichend formuliert, BGH BauR 1995, 691; dazu oben Rdn. 1334.
[1481)] OLG Düsseldorf, Schäfer/Finnern, Z 2.301 Bl. 5, 6.
[1482)] Genau zutreffend Ingenstau/Korbion/Keldungs, VOB/B § 2 Nr. 7, Rdn. 20.

Liegt eine hinterlegte und schlüssige Kosten- und Preisermittlung des Auftragnehmers vor, so sind die Bewertungsansätze unstrittig. 1339

Natürlich gibt es im methodisch strengen Sinn – vgl. Rdn. 32 – beim Pauschalvertrag keine Einheitspreise, mit denen die erbrachten Leistungen im Kündigungsfall bewertet werden können. Aber selbstverständlich können die Kosten- und Preisansätze, die zum Pauschalvertrag geführt haben, den Anknüpfungspunkt für die Feststellung der Preisermittlungsgrundlagen bilden. Es sind dann aber noch die Überprüfungen auf „fehlende Posten", falsche Mengen, Nachlässe usw. durchzuführen; hierzu verweisen wir auf die in **Abb. 25,** S. 410 aufgeführte und in Rdn. 1149 ff. besprochene Methodik sowie bezüglich Nachlässe auf Rdn. 1173. Daraus resultieren notwendige Anpassungen der Ansätze der Kosten- und Preisermittlung des Angebotsstadiums an das tatsächliche Vertragspreisniveau.[1483] 1340

Abstrakt-theoretisch mag es zwar richtig sein, dass eine solche „Einheitspreis-Korrespondenz" aus dem Stadium der Vertragsverhandlung nicht zwingend etwas darüber aussagt, was Preisermittlungsgrundlage des Pauschalvertrages ist, aber diese Anmerkung ist eben nur rein theoretisch brauchbar.[1484] Schon 1956 hat das Oberlandesgericht Düsseldorf dazu mit nicht zu überbietender Prägnanz erwähnt: „**Mangels anderer Anhaltspunkte** wird dieser Wert am deutlichsten durch den im Kostenanschlag ausgeworfenen Betrag dargestellt..."[1485]

Aber auch dann, wenn **eine andere Aufgliederung** des Pauschalbetrages vorliegt – oder sogar keine –, können mit Hilfe der Methodik von **Abb. 25,** S. 410 genaue Bewertungsparameter ermittelt werden. 1341

Deshalb ist auch das in der theoretischen Diskussion herausgestellte Problem der völlig fehlenden auftragnehmerseitigen Kostenermittlung (= Kalkulation) zu relativieren.

Vorab: Dass ein Auftragnehmer etwa bei einem Schlüsselfertigprojekt überhaupt keine Kostenermittlungsgrundlagen vorlegen kann, ist **irreal**. Kein Auftragnehmer übernimmt ein Projekt ohne vorausgehende Kostenüberlegungen, mögen sie auch gegebenenfalls wenig differenziert oder falsch sein.

Sollte im Extremfall tatsächlich keine **Kostenermittlung vorab** erstellt worden sein, so kann eben auf die in **Abb. 25** aufgeführte Methodik zur Aufspaltung des Pauschalpreises zurückgegriffen werden. 1342

Zwischenergebnis: Sofern keine differenzierte Kosten- und Preisermittlung für das Bausoll vorliegt, ist ein Pauschalbetrag auf der Basis korrekter Mengen mit Hilfe eines allgemein zugänglichen Ermittlungssystems zu ermitteln und der Vertragspreisniveaufaktor zu berechnen (vgl. **Abb. 25**). Eine nur nach Gewerken gegliederte Auftragskalkulation kann im Einzelfall genügen. Überhaupt lassen sich die Anforderungen an „die Darstellung der Kalkulation des um die ersparten Aufwendungen gekürzten) Vergütungsanspruchs nicht schematisch festlegen".[1486]

[1483] Vgl. BGH BauR 1996, 846, 848; Kniffka, Jahrbuch Baurecht 2000, S. 1, 6; Ingenstau/Korbion/Vygen, VOB/B § 8 Nr. 6, Rdn. 17 ff.; Vygen, BauR 1979, 375, 378 ff.; natürlich dürfen nicht „beziehungslose Einheitspreise" nachträglich eingeführt werden, näher Rdn. 1344 mit Fn. 1489. Unrichtig Kroppen, Pauschalvertrag und Vertragsbruch, S. 15; vgl. hierzu auch Rdn. 1181.
[1484] So aber OLG Köln, Schäfer/Finnern/Hochstein, § 648 BGB Nr. 1, und Werner/Pastor, Bauprozess, Rdn. 1205.
[1485] OLG Düsseldorf, Schäfer/Finnern, Z 2.301 Bl. 5, 6.
[1486] Zutreffend BGH BauR 1997, 304.

Korbion/Keldungs formuliert sinngemäß zu diesem speziellen Thema: Wenn das Leistungsverzeichnis mit seinen Preisangaben keine hinreichenden Einzelpreise, sondern lediglich global die Endpauschale selbst ausweist und man sich kein objektives Bild machen kann, wie diese eingesetzt oder errechnet worden sind, muss man den verbleibenden Leistungsteil „nach Einheitspreisen" abrechnen.[1487] Das ist sehr mißverständlich. Zwar kann man sich, wenn keine aufgegliederte Pauschalsumme (also keine auftragnehmerseitige Kosten- und Preisermittlung aus dem Angebotsstadium) vorliegt, sicherlich kein objektives Bild darüber machen, wie der Auftragnehmer subjektiv den Pauschalpreis ermittelt hat. Ein „objektives" Bild kann man sich dann auch vielleicht deshalb nicht machen, weil eine nachträglich „frisierte" Kalkulation bei fehlender Angebotskalkulation außerdem nie ganz auszuschließen ist, allerdings auch nicht immer ganz einfach zu realisieren. Um eine solche Diskussion zu vermeiden, empfehlen wir gerade, bei Vertragsschluss die Hinterlegung der Kalkulation zu verlangen – vgl. Rdn. 1346.

1343 Liegen ausnahmsweise überhaupt keine auftragnehmerseitigen Kosten- und Preisermittlungsunterlagen vor, anhand derer man sich ein objektives Bild über die Aufgliederung der Pauschale in Einzelbestandteile manchen kann, so gibt es keine ausgewiesene Bewertungsansätze („Einheitspreise"). Dann ist es notwendig, nachträglich auf der Basis der tatsächlichen Mengen und eines allgemein zugänglichen Ermittlungssystems den fiktiven Pauschalpreis zu ermitteln und das Vertragspreisniveau zu berechnen (vgl. **Abb. 25**, S. 410). Letztlich dürfen dann die Einzelpreise gemäß § 287 ZPO sachverständig **geschätzt werden, aber so, dass sich innerhalb der vereinbarten Pauschale ein schlüssiges** Ergebnis ergibt und **das Vertragspreisniveau erhalten bleibt**; der Bundesgerichtshof billigt das ausdrücklich.[1488] Die in **Abb. 25** dargestellte Methodik wird diesen Anforderungen gerecht.

Natürlich stimmen dann die nachträglich ermittelten Bewertungen („Einheitspreise") der jeweiligen Teilleistung nicht mit dem überein, was der Auftragnehmer „im Kopf kalkuliert hat", aber ggf. ein Gutachter darf hier „pauschalierend" schätzen, dabei allerdings an einer möglichsten Untergrenze zu Lasten des Auftragnehmers, weil es dessen Sache ist, die Preisermittlungsgrundlage darzulegen.

Im Falle der Festlegung eines Ermittlungssystems und der Berechnung von Vertragspreisniveaufaktoren kann prinzipiell jede kleinste Teil- und somit auch jede Minderleistung vertragspreisgerecht bewertet werden, im Falle der Schätzung ist das so genau nicht möglich.

Aber da nun einmal eine Minderleistung auch logisch zwingend immer zu geringeren Kosten und damit zu einer Mindervergütung führen muss, so kann – um aus arbeitsökonomischen Gründen eine aufwendige Ermittlung zu vermeiden – der Sachverständige in entsprechend freier Schätzung einen „Minderbetrag" festlegen.

1344 Die Verwendung des Begriffs **„Einheitspreise"** – vgl. Rdn. 1340 – könnte auch dahin **fehlverstanden** werden, als ob **ohne Rücksicht auf das Preisniveau** geschätze übliche Preise **(Marktpreise)** – also in Anwendung des § 632 BGB – anzusetzen seien. Das ist aber **nicht** richtig (vgl. schon oben Rdn. 1147).

Nur „Einheitspreise", die **schlüssig innerhalb** des **konkreten** vertraglichen Vertragspreisniveaus passen, können Ansatzpunkt sein, nicht von der Angebotskalkulation losgelöste und in keiner Beziehung zum Vertragspreisniveau stehende „Einheitspreise".[1489]

[1487] Siehe dazu BGH BauR 1999, 635; s. auch BGH BauR 1999, 642; Ingenstau/Korbion/Keldungs, VOB/B § 2 Nr. 7, Rdn. 20, ihm folgend Heiermann/Riedl/Rusam, VOB/B § 2 Rdn. 156.

[1488] BGH BauR 1998, 121, 122 und BGH BauR 1996, 846; s. auch BGH NZBau 2002, 507, 508 und Fn. 1456; siehe weiter Rdn. 1486.

[1489] Zutreffend BGH BauR 1997, 304; BGH BauR 1995, 691; Kniffka, Jahrbuch Baurecht 2000, S. 1, 6; dazu oben Rdn. 1333, 1337. Zur Parallele bei Nachträgen s. oben Rdn. 1150, Fn. 1155.

1345 Den Sonderfall, dass der Auftragnehmer die Vorlage einer **vorhandenen** Kostenermittlung **verweigert,** ist so zu behandeln wie die Verweigerung der Vorlage einer vorhandenen Kostenermittlung bei geänderter oder zusätzlicher Vergütung,[1490] dieser Auftragnehmer erhält nichts.

1346 Um erst gar nicht ein nachträgliches „objektives Bild" mit Hilfe der Methodik aus **Abb. 25,** S. 410 mit viel Mühe (oder einer freien Schätzung) durchführen zu müssen und um jegliche Diskussion zu vermeiden, **empfehlen** wir, grundsätzlich die **Kosten- und Preisermittlung** des Auftragnehmers bei Vertragsschluss geschlossen zu **hinterlegen.** Auch eine zweifelhafte Kostenermittlung kann gegebenenfalls sachverständig ohne Probleme auf Plausibilität geprüft werden und ist deshalb durchaus ein geeigneter Anknüpfungspunkt für die Ermittlung der Preisgrundlagen. Selbst wenn aber die Kostene- und Preisrmittlung nur Anhaltspunkte für die Vergütung von einzelnen Teilen der Gesamtleistung enthielte, sind immer noch – gegebenenfalls sachverständig – aus dem Vertragspreis heraus Preis- und Kostendifferenzierungen möglich.[1491]

1347 **Fragen der Darlegungs- und Beweislast** behandeln wir gesondert unter Rdn. 1390 ff.

6.3.4.2.2 Die konkrete Ermittlung der Vergütung der erstellten Leistungen

1348 Die Vergütung für den dokumentierten **Leistungsstand** wird, wie erörtert, **mit den Mengen der ausgeführten „Teilleistungen" und** den vorliegenden Kosten- und Preisermittlungsunterlagen entnommenen oder im nachhinein für die vertraglich vereinbarte Pauschale plausibel festgestellten **Bewertungsansätzen** ermittelt.

Auf keinen Fall ist das Heranziehen einer **Stundenlohnabrechnung** angebracht, ganz abgesehen davon, dass solche Unterlagen i.d.R. gar nicht für den Gesamtumfang der erbrachten Teilleistungen vorliegen.[1492]

Im Regelfall bedeutet das: Handelt es sich bei einer ausgeführten (Teil-) Leistung um eine der Art nach mehr oder weniger einheitliche – z. B. eine Dachabdichtung für zwei Flachdächer –, so lässt sich die Fläche (= Menge) der beauftragten Gesamtleistung dieser Art feststellen, dann die dafür in der Kosten- und Preisermittlung angesetzte (Teil-) Pauschalsumme durch die Menge dividieren und so ein „Einheitspreis" ermitteln. Er kann dann mit der bis zur Kündigung ausgeführten Menge multipliziert werden.

Gibt es nicht nur keine differenzierte Kosten- und Preisermittlung, sondern auch für der Art nach gleiche Leistungen keine (Teil-) Pauschale, so gilt entsprechend alles das, was wir schon oben hinsichtlich der Ermittlung der Preisbestandteile der Vertragsleistung erörtert haben (vgl. **Abb. 25,** S. 410 und Rdn. 1155 ff.): Auf der Basis der Preiselemente der Vertragspauschale lässt sich dann – mit mehr oder weniger Aufwand – die Vergütung der erbrachten (Teil-) Leistung ermitteln. Der Ermittlungsaufwand hängt insbesondere davon ab,

a) ob die Kündigung sich auf (mehr oder weniger) abgeschlossene Gewerke und/oder Bauwerke bezieht oder nicht und

b) insoweit zeitabhängige und einmalige Kosten aufzuteilen sind[1493]

[1490] Vgl. oben Rdn. 1185.
[1491] So im Grundsatz auch Ingenstau/Korbion/Keldungs, a. a. O.
[1492] Ebensowenig wie beim Einheitspreisvertrag, vgl. Band 1, Rdn. 1013, oder bei geänderten und zusätzlichen Leistungen beim Pauschalvertrag, s. oben Rdn. 1147; zum Pauschalvertrag ebenso Nicklisch/Weick, VOB/B § 2 Rdn. 78.
[1493] Vgl. jeweils näher Rdn. 1374, 1377. Zur Grundsatzthese s. auch schon oben Rdn. 1333 mit Hinweis auf BGH BauR 1995, 691.

Ganz nebenbei: Hier besteht eine enge Verwandtschaft mit der Vergütungsermittlung bei geänderten Leistungen (vgl. Rdn. 1200 ff.); angeordnete geänderte Leistungen können selbstverständlich auch zur Verringerung einzelner bislang beauftragter Leistungselemente führen. Ob infolge von Planänderungen entfallende Leistungselemente oder durch „Kündigung" verringerte oder entfallende Leistungselemente nach § 2 Nr. 5 VOB/B i. V. m. § 2 Nr. 7 Abs. 1 Satz 4 VOB/B zu bewerten sind oder ob freie Teilkündigungen des Auftraggebers gemäß § 8 Nr. 1 VOB/B vorliegen, lässt sich im Einzelfall kaum oder gar nicht unterscheiden; also dürfen nicht unterschiedliche Rechtsfolgen resultieren.[1494)]

1349 Es ist **weder sinnvoll noch notwendig,** den festgestellten erbrachten Leistungsumfang nunmehr mit einer förmlichen Teil**pauschale** zu bewerten. Das wäre auch reine Willkür: Wenn man nicht ermittelt, aus welchen einzelnen Bewertungsansätzen sich die Gesamtpauschale zusammensetzt, was also wirklich Grundlage der Preisermittlung der zugehörigen Leistungen ist, kann man den richtigen Pauschalanteil für die Vergütung der bis zur Kündigung erstellten Teilleistungen nicht finden; außerdem wäre dann eine genaue Ermittlung des Leistungsstandes überflüssig.

Eine „Pauschalierung" kann sich bei kleinsten Leistungsumfängen im Wege einer Schätzung gemäß § 287 ZPO ökonomisch als zweckmäßig erweisen. Aber auch das ist nicht die Bildung einer neuen Pauschale, sondern ein Schätzergebnis.

Natürlich steht es den Parteien frei, im Wege der **Vereinbarung** die gekürzten Leistungsteile jeweils mit Teilpauschalen abzurechnen, aber ohne eine solche Vereinbarung besteht nach der völlig zutreffenden Meinung des Bundesgerichtshofs **keine Pflicht,** wiederum eine **neue Pauschale** zu bilden.[1495)] Der Bundesgerichtshof hat bei der Beurteilung von Minderleistungen lediglich die gerade angesprochene Selbstverständlichkeit erwähnt, dass die Parteien im **Wege der Vereinbarung** natürlich beliebig auch **neue Pauschalen** oder Teilpauschalen vereinbaren können.

6.3.4.2.3 Sonderfall: Noch nicht eingebaute Teile

1350 Bei der Abgrenzung der ausgeführten Teilleistungen und der Ermittlung der entsprechenden Teilvergütung wird der Begriff „ausgeführt" wörtlich genommen, d. h., die Bauleistung muss existieren. Noch nicht eingebaute Teile werden im Regelfall nicht berücksichtigt und folglich nicht vergütet, wobei es im Einzelfall Ausnahmen nach Treu und Glauben geben kann.[1496)] Dem steht nicht entgegen, dass gemäß § 8 Nr. 3 Abs. 3 VOB/B der Auftraggeber schon angelieferte Stoffe, Bauteile etc. übernehmen kann – im Regelfall das auch tut. Hierfür erhält der Auftragnehmer eine angemessene Vergütung.

6.3.4.2.4 Sonderfall: Einheitspreisliste für „Minderleistungen"

1351 Statt auf hinterlegte Kostenermittlungen zurückzugreifen oder im nachhinein mit der in **Abb. 25,** S. 410 und Rdn. 1149 ff. aufgeführten Methodik Vergütungssätze analog zu ermitteln oder freie gutachterliche Schätzungen vorzunehmen, können sich die Vertragsparteien jedenfalls individuell auch im **vorhinein vertraglich** durch „**Einheitspreislisten**" festlegen, wie sie künftige Minder- oder Mehrleistungen zu bewerten geden-

---

[1494)] Oder anders ausgedrückt: Die Ermittlung der Vergütung geänderter, zusätzlicher, verringerter oder entfallener Leistungen mit oder ohne Anordnung des Auftraggebers **muss** im Prinzip stets nach einer einheitlichen Methodik ermittelt werden; siehe dazu auch Kapellmann, Jahrbuch Baurecht 1998, a. a. O., Rdn. 22, 52, 55.

[1495)] BGH Schäfer/Finnern, Z 2.301 Bl. 42, 44 = BauR 1972, 118 (Einzelheiten zu dieser Entscheidung oben Rdn. 227, 1112).

[1496)] BGH BauR 1995, 545 = EWiR § 8 VOB/B 1/95 mit kritischer Anmerkung Siegburg; Kniffka, Jahrbuch Baurecht 2000, S. 1, 5.

ken.[1497]) Diese problematische Verfahrensweise haben wir für Leistungsmehrungen, also zusätzliche Leistungen, schon unter Rdn. 1224 besprochen. Auch wenn in die Preise laut Einheitspreisliste entsprechend unserer Empfehlung keine Baustellengemeinkosten eingeflossen sind, stellt sich bei ihrer Anwendung auf Leistungsminderungen trotzdem ein Sonderproblem: Sind nämlich laut Vertrag die Preise für Mehrleistungen und die für Minderleistungen identisch, so führt die Kündigung oder Teilkündigung dazu, dass die entfallenden Leistungen mit dem **vollen** „Einheitspreisbetrag" laut Liste bewertet werden. Also entfallen dann nicht nur die im Einheitspreis enthaltenen Direkten Kosten der gekündigten (Teil-) Leistungen, sondern auch anteilig Deckungsanteile für Allgemeine Geschäftskosten und für Gewinn. Das soll aber gerade bei **freier** Kündigung des Auftraggebers ausgeschlossen werden.

Wenn deshalb ein Auftraggeber in seinen **Allgemeinen Geschäftsbedingungen** eine einheitliche Einheitspreisliste sowohl für zusätzliche wie für verringerte Leistungen vorschreibt, letztere auch anzuwenden bei freier Teilkündigung des Auftraggebers, so umgeht er damit die Konzeption des § 649 BGB. Deshalb ist eine entsprechende Bestimmung als Verstoß gegen § 307 BGB insoweit unwirksam (vgl. unten Rdn. 1403).

6.3.5 Komplexer Global-Pauschalvertrag – Teilbereich Planungsleistungen

Wie der ausgeführte Teil einer Planungsleistung ermittelt wird – nämlich in prozentualen Teilleistungen einzeln in Anlehnung an die in der HOAI angenommenen Leistungsphasen und gegebenenfalls noch Teil-Leistungsphasen –, haben wir unter Rdn. 1330 geklärt. Wie sind diese so prozentual ermittelten Leistungsanteile anteilig zu vergüten?

1352

Maßgebend ist der vom Auftragnehmer insgesamt für Planungsleistungen kalkulierte Betrag. Ihm wird in Anlehnung an die Methodik von **Abb. 25**, S. 410 der Betrag gegenübergestellt, der sich für die vertraglichen Planleistungen bei Anwendung der Mindestsätze der HOAI ergäbe. Sodann wird (eventuell unter Heranziehung der Steinforttabelle o. ä., vgl. **Rdn. 1330**) durch Inbezugsetzung von HOAI-Vergütung zur tatsächlichen Vergütung ein Vertragspreisniveaufaktor ermittelt. Sodann kann die Vergütung der erbrachten Planungsleistungen mit Hilfe der HOAI (und erforderlichenfalls der Steinforttabelle o. ä.) ermittelt und mit Hilfe des Vertragspreisniveaufaktors auf das Vertragspreisniveau der Angebots- bzw. Auftragskalkulation gebracht werden. Wegen aller Einzelheiten dürfen wir auf Rdn. 1214–1218, das Beispiel in Rdn. 1216 und die dortige **Abb. 27**, S. 432 verweisen.

[1497]) So der Fall BGH Schäfer/Finnern, Z 2.300 Bl. 11, 12 R: „Vorsorglich vorher festgelegte Einheitspreise..."

6.4 Zweiter Schritt, Alternative 2: Die Ermittlung der ersparten Kosten für die entfallene Leistung bei freier Kündigung durch den Auftraggeber

6.4.1 Methodische Vorüberlegungen – Eine Abrechnung oder zwei Abrechnungen (?) - „direkter Weg" oder „Umweg"

6.4.1.1 Ansatzpunkt § 649 BGB

1353 Wir haben schon einleitend (Rdn. 1324) darauf hingewiesen, dass es zur Vergütungsermittlung bei freier Kündigung zwei unterschiedliche Meinungen zum richtigen Gang der Abrechnung gibt.

Wir haben kurz erläutert, dass in **allen** Fällen einer Kündigung schon wegen des eindeutigen Wortlauts der §§ 8 Nr. 1 VOB/B, 649 BGB richtigerweise nur **eine** Abrechnung erforderlich ist, nämlich eine Rechnung über **die** eine Vergütung, wobei **im Falle freier Kündigung die** (ganze vertraglich vereinbarte) Vergütung u. a. um entfallene Aufwendungen (Kosten) für den nicht ausgeführten Teil der Leistung (= „direkter Weg") gekürzt wird.

Demgegenüber ist der Bundesgerichtshof – und das wird oft ungeprüft übernommen – der Auffassung, in Fällen freier Kündigung müssten bei teilausgeführter Leistung **zwei** getrennte Abrechnungen erfolgen (= „Umweg").

Scheinbar handelt es sich nur um ein akademisches Problem, aber das ist leider nicht richtig: Wir werden sogleich feststellen, dass beim Pauschalvertrag – zumindest bei Kündigungen bei weit fortgeschrittener Leistungserstellung – die BGH-Lösung zu unnötigem Bearbeitungsaufwand führt und insbesondere durch ihre Prämisse, nämlich Mehrwertsteuerfreiheit der Vergütung für den nicht ausgeführten Teil der Leistung, den **frei gekündigten Auftragnehmer finanziell inakzeptabel schädigt**.[1498]

Der Bundesgerichtshof erläutert in einer Entscheidung vom 4.7.1996 expressis verbis, wie nach seiner Meinung im Falle freier Kündigung abgerechnet werden muss und warum:[1499] „Zunächst hat der Unternehmer die erbrachten **Leistungen und** die **dafür anzusetzende** Vergütung darzulegen" – ersteres (Leistungsabgrenzung) ist natürlich richtig, letzteres (Teil**vergütung**) überflüssig. „Dem steht nicht entgegen, dass der Unternehmer (Anmerkung: Wortlaut des § 649 BGB:) Anspruch auf die gesamte vereinbarte Vergütung hat abzüglich dessen, was er infolge der Vertragsbeendigung an Kosten erspart hat oder durch anderweitige Verwendung seiner Arbeitskraft oder zu erwerben böswillig unterlässt."
Das begründet der Bundesgerichtshof doppelt:
a) „Die Abgrenzung nach der vereinbarten Vergütung unter Abzug der Ersparnisse kann sich nämlich nur auf den noch nicht vollendeten Teil seiner Leistung beziehen."[1500]
b) „Diese Abgrenzung ist ferner für die Berechnung der dem Unternehmer zustehenden Mehrwertsteuer **erforderlich**.[1501]

1354 Die erste Begründung, die Abrechnung nach der vereinbarten Vergütung **könne** sich nur auf den noch nicht vollendeten Teil der Leistung beziehen, lediglich **insoweit** könnten nämlich Ersparnisse eintreten, im Umfang der geleisteten Arbeit sei nichts gespart,[1502] ist unzutreffend:

[1498] Ausführlich zum Problem Kapellmann, Jahrbuch Baurecht 1998, a. a. O., Rdn. 35 ff.
[1499] BGH BauR 1996, 846, 848.
[1500] A. a. O. unter Hinweis auf BGH BauR 1994, 655, 656.
[1501] A. a. O. unter Hinweis auf BGHZ 101, 130.
[1502] BGH BauR 1988, 84, 85.

Natürlich bezieht sich die Ermittlung der ersparten Kosten nur auf den nicht ausgeführten Teil der Leistung, deshalb muss eine Leistungsabgrenzung zwischen ausgeführten und nicht ausgeführten Teilen der Gesamtleistung erfolgen und deshalb sind die zugehörigen Kosten für die nicht erbrachten Teile der Leistung zu ermitteln. Aber die Schlussfolgerung daraus ist nicht zutreffend. Wieso **muss** die Teil**vergütung** für die gekündigten Leistungen ermittelt werden? Der Bundesgerichtshof unterliegt unseres Erachtens einem Fehlschluss: Die Teilvergütung 1 (für ausgeführte Leistungen) plus der Teilvergütung 2 (für nicht ausgeführte Leistungen minus ersparter Kosten für diese nicht ausgeführten Leistungen) ist rechnerisch **dasselbe** wie die Gesamtvergütung (nämlich Teilvergütung 1 plus Teilvergütung 2) minus ersparter Kosten für die nicht ausgeführten Leistungen. Diese Rechnung stimmt immer.

Quack[1503]) führt zutreffend aus, dass das gesetzliche Rechenmodell so aussieht, dass „von oben" gerechnet werde und deshalb alle Berechnungen, die statt des Abzugsmodells des Gesetzes (volle Vergütung minus Ersparnisse) mit „positiven" Positionen arbeiteten, meist fehlerhaft von schadensrechtlichen Fehlvorstellungen ausgingen. Man muss dazu allerdings anmerken, dass gerade die Berechnungsmethode des Bundesgerichtshofs aus den angeführten Gründen bei Pauchalverträgen dazu zwingt, auch mit positiven Positionen zu arbeiten, denn wenn man – wie erörtert – den anteiligen Gewinn der Teilleistung nicht kennt, kann man nicht richtig rechnen.
Also: Die doppelte Berechnung ist nicht vom Gesetz her gefordert, sie ist auch sachlich nicht notwendig; sie verursacht jedenfalls beim Pauchalvertrag dann, wenn der Baufortschritt schon weit gediehen ist, zusätzlichen, überflüssigen Aufwand,[1504]) sie ist dann jedenfalls ein „Umweg".

Da allerdings beide Wege – **richtig** beschritten, der des BGH allerdings mit mehr Arbeit – zum richtigen Ergebnis führen, ist die beste Lösung die, pragmatisch vorzugehen und sich dann, wenn es möglich ist, überflüssige Arbeit zu ersparen:

Bei allen **Pauschal**verträgen ist Ausgangspunkt für die Ermittlung der Vergütung bei freier Kündigung **die Gesamtvergütung.**

Bei **Einheitspreis**verträgen ergibt sich ohne nennenswerten Zeitaufwand eine getrennte Vergütungsermittlung für die ausgeführten und nicht ausgeführten Teilleistungen von selbst; die Vergütung des ausgeführten Teils des Bausolls wird wie folgt ermittelt:[1505])

- Pro Position: ausgeführte Menge • Einheitspreis = Gesamtbetrag pro Position
- Insgesamt: Summe aller Gesamtbeträge der Positionen

Die beauftragte Menge wird also nicht berührt.

Der Wert des nicht ausgeführten Teils des Bausolls wird wie folgt ermittelt:

- Pro Position: beauftragte Menge - erbrachte Menge = gekündigte Menge
- Insgesamt: Summe aller Gesamtbeträge der Positionen.

Dadurch wird klar ausgewiesen, wieviel jeweils von den beauftragten Mengen noch nicht erstellt und vergütet ist.

Damit bleiben auch die erstellten zusätzlichen und geänderten – also die nicht zum Bausoll gehörenden – Leistungen bei dieser Methodik zunächst außen vor. Ihre Vergütung

---

[1503]) Festschrift für von Craushaar, S. 315. Zutreffend auch Kniffka, Jahrbuch Baurecht 2000, S. 1, 13.
[1504]) Zutreffend Beck'scher VOB-Kommentar/Motzke, VOB/B 1997, § 8 Nr. 1 VOB/B, Rdn. 47, 48, vgl. aber auch Rdn. 49.
[1505]) BGH BauR 1996, 382, 383; der Bundesgerichtshof führt zutreffend aus, gegen diese Abrechnung würde **im allgemeinen** nichts sprechen. Vgl. dazu Rdn. 1358.

wird gesondert berechnet und hat keinen Einfluss auf die Ermittlung der Vergütung des noch nicht erstellten Teils des Bausolls.

Sollten keine geänderten und zusätzlichen Leistungen ausgeführt worden sein, so kann ausnahmsweise die Vergütung der noch erstellten Leistung aus der Differenz der Auftragssumme und der Abrechnungssumme ermittelt werden.

Sollte dagegen der Ausnahmefall vorliegen, dass zum Kündigungszeitpunkt alle Ausführungspläne vorliegen, also alle auszuführenden Leistungen im Detail „fixiert" sind, so müssen für die noch nicht ausgeführten Vertragsleistungen die noch nicht erstellten Mengen ermittelt und bewertet werden.
Dabei ist nicht auszuschließen, dass sich für einzelne Teilleistungen (Positionen) Mengenabweichungen gegenüber den jeweils ausgeschriebenen Mengen ergeben; für nicht ausgeführte Mengen ist § 8 Nr. 1 VOB/B anzuwenden (näher Rdn. 1458).

6.4.1.2 Mehrwertsteuer

1356 Laut dem zitierten (aber überholten) Urteil des Bundesgerichtshofes vom 4.7.1996[1506] besteht für die Vergütung des ausgeführten Teils Mehrwertsteuerpflicht, für die Vergütung des nicht ausgeführten Teils keine (weil kein Austausch von Leistungen zugrunde liege). Da der Auftragnehmer insoweit keine Mehrwertsteuer zu zahlen brauche, könne er sie natürlich auch nicht vom Auftraggeber als Vergütungsbestandteil fordern.[1507]

In einem früheren Urteil vom 2.6.1987 hatte der Bundesgerichtshof entschieden, wegen der **Besonderheiten** der von der Klägerin zu erbringenden Werkleistung sei diese nach der (freien) Kündigung umsatzsteuerrechtlich so zu behandeln wie die (früheren) Fälle, in denen die Verträge von vornherein aufgehoben oder gekündigt worden waren und deshalb der Unternehmer keine Werkleistung erbracht habe.[1508] Die Besonderheit der Werkleistung hier, nämlich Zerlegung des Schiffswracks, liege darin, dass sie eine (völlig gleichförmige, gewissermaßen pro Tonne abarbeitbare und damit) **teilbare** Leistung sei. Der zu erwartende Schluss in der neueren Entscheidung des Bundesgerichtshofs vom 4.7.1996 lag also eigentlich auf der Hand: In Sonderfällen (nämlich Teilbarkeit der Leistung) wird die Vergütung für den nicht ausgeführten Teil nicht mit Mehrwertsteuer beaufschlagt; in allen **Regelfällen** (und die Abwicklung frei gekündigter Bau-Werkverträge ist Regelfall und führt nicht zur teilbaren Leistung)[1509] wird sie **mit** Mehrwertsteuer beaufschlagt. Der Bundesgerichtshof hat aber irrtümlich umgekehrt entschieden.

Tatsache ist, dass der **Auftragnehmer entgegen der Rechtsprechung** des BGH nach der Praxis der Finanzverwaltung zweifelsfrei **Mehrwertsteuer zahlen muss**: Die Finanzverwaltung hat gar keine Wahl, sie **wird** den Auftragnehmer besteuern. Die Umsatzsteuerrichtlinien 1996 regeln in Abschnitt 28 Nr. 2 eindeutig und ausdrücklich, dass Mehrwertsteuer auf die **ganze** Vergütung zu zahlen ist, „wenn der Werkunternehmer aus anderen Gründen die Arbeit vorzeitig und endgültig einstellt (BFH, Urteil vom 28.2.1980 - BStBl II S. 535)." Die Umsatzsteuerrichtlinien, die für die Finanzverwaltung bindend sind, regeln insoweit auch nicht etwa willkürlich oder steuerfreundlich, das Zitat der einschlägigen Entscheidung des Bundesfinanzhofs trifft vielmehr den Kern der Sache. Der

---

[1506] BGH BauR 1996, 846, 848 (=EWiR § 649 BG 1/96 mit Anm. Kniffka) unter Hinweis auf BGHZ 101, 130.

[1507] Dem folgend, also wie der BGH gegen Mehrwertsteuerpflicht, die überwiegende baurechtliche Lehre, z. B. Heiermann/Riedl/Rusam, VOB/B, § 8 Rdn. 5; Beck'scher VOB-Kommentar/Motzke, VOB/B § 8 Nr. 1, Rdn. 45, Vygen, Bauvertragsrecht, Rdn. 977; abweichend, also für Mehrwertsteuerpflicht, Weiss, Anm. zu BGH ZIP 1987, 1192 = BGHZ 101, 130; vor allem aber der BFH und die umsatzsteuerrechtliche Literatur (s. Fn. 1511, 1512).

[1508] BGHZ 101, 130.

[1509] Ebenso Heidland, BauR 1998, 643, 649, 650.

Bundesfinanzhof hat nämlich ebenso ausdrücklich und wörtlich entschieden: „(Umsatzsteuerrechtlich) ist eine Leistung ausgeführt, wenn die vertraglich geschuldete Leistung erbracht ist ... Wird jedoch ... das Werk nicht fertiggestellt und ist eine Veränderung des Werkes durch den Werkunternehmer nicht mehr vorgesehen, muss sich der **Eintritt** der **Steuerpflicht (§ 1 Abs. 1 Nr.1, § 13 Abs. 1 Nr. 1 UStG (1967))** nach **dem neu bestimmten Leistungsgegenstand** richten. Der **neue** Leistungsgegenstand (= Gesamtvergütung!) bestimmt sich nach Maßgabe des bei Eröffnung des Konkursverfahrens tatsächlich Geleisteten ... **Gleiches gilt im Falle der Kündigung des Werkvertrages gemäß § 649 BGB ...**"[1510]

Oder anders ausgedrückt: Die ganze Vergütung, die der Auftragnehmer nach Kündigung erhält, ist umsatzsteuerrechtlich die neu bestimmte Gegenleistung für die erbrachte Leistung „Teilausführung". Dass damit die ausgeführte Teilleistung wegen der zusätzlichen Vergütung für nicht ausgeführte Leistungsteile (minus ersparter Aufwendungen) zu teuer bezahlt wird, interessiert das Umsatzsteuerrecht nicht: Auf die Angemessenheit der Vergütung kommt es nicht an, es zählen umsatzsteuerrechtlich „nur die Fakten".[1511]

Diese für die konkrete Besteuerung maßgebliche Rechtsprechung des Bundesfinanzhofs wird von der steuerlichen Kommentarliteratur nahezu einhellig gebilligt.[1512]

Ganz am Rande sprechen schließlich noch eine Reihe weiterer Argumente für die Mehrwertsteuerpflicht, vor allem aber auch die Notwendigkeit, gleichartige Sachverhalte gleich zu behandeln: Andernfalls müsste man in Zukunft bei Mengenminderungen gemäß § 2 Nr. 3 oder § 2 Nr. 5 VOB/B die erhalten bleibende Vergütung für die Nichtleistung (nämlich mindestens die erhalten bleibenden Deckungsbeiträge) von der Mehrwertsteuer freistellen, was zu abrechnungstechnisch absolut unlösbaren Problemen führen würde.

Der Bundesgerichtshof hat sich 1999 **außerstande** gesehen, die Umsatzsteuerpflicht zu bejahen. Da es sich bei den entsprechenden Regeln des Umsatzsteuerrechts um eine Umsetzung der 6. Richtlinie des Rates zur Harmonisierung der Rechtsvorschriften der Mitgliederstaaten über die Umsatzsteuer 77/388, EWG handelt, hat er vielmehr entschieden, dass zur Klärung der Rechtsfrage, **ob Mehrwertsteuer zu beaufschlagen ist oder nicht**, ein damit befasstes Gericht eine Entscheidung des Gerichtshofs der Europäischen Gemeinschaft gemäß Art. 234 EGV einholen **muss**.[1513] Das zweitinstanzliche Gericht konnte nach Zurückverweisung den Rechtsstreit nicht vorlegen, weil der Kläger insoweit seinen Anspruch nicht weiter verfolgt hat.[1514] Die Rechtsfrage ist also bis heute ungeklärt. Wir müssen uns schon deshalb nach wie vor nach der Praxis der Finanzverwaltung richten, die in **allen Fällen**, die wir behandelt haben, **Mehrwertsteuer erhoben hat**.

Zurück zu unserem Ausgangspunkt: Da also sowohl die anteilige Vergütung für die ausgeführte Leistung wie die anteilige Vergütung für die nicht ausgeführte Leistung (gekürzt um ersparte Aufwendungen) der Mehrwertsteuer unterliegen, gibt es insoweit **keinen Grund, zwei** Vergütungsberechnungen durchzuführen. Es gibt nur **eine** Vergütungsberechnung, die voll der Mehrwertsteuer unterliegt.

[1510] BFH BStBl 1980 II, S. 535, 537, 538.
[1511] Näher und eindringlich Plückebaum/Malitzky (Bearbeiter: Flückiger/Georgy), Umsatzsteuergesetz 1993, § 1 Rdn. 486.
[1512] Plückebaum/Malitzky, a. a. O.; Leonard, in: Bunjes/Geist, Umsatzsteuergesetz, § 10, Rdn. 37; Weiss, a. a. O. und Umsatzsteuer 1988, 277; im Ergebnis Rau/Dürrwächter, Umsatzsteuer, § 1 Rdn. 506, 508.
[1513] BGH BauR 1999, 1294, 1297. Dazu Klenk, BauR 2000, 638.
[1514] Lederer, in: Kapellmann/Messerschmidt. VOB/B § 8 Rdn. 25 Fn. 59.

6.4.1.3 § 8 Nr. 6 VOB/B

1357 Für BGB-Verträge ist die Entscheidung damit gefallen: Es gibt weder eine sachliche Notwendigkeit noch eine umsatzsteuerrechtliche Notwendigkeit, bei freier Kündigung zwei Vergütungsberechnungen durchzuführen.

Für Bauverträge, die der **VOB/B** unterliegen, ergibt sich scheinbar aus § 8 Nr. 6 VOB/B ein letztes Argument für die Aufteilung in zwei Teilvergütungen. Der Auftragnehmer hat nämlich nach dieser Vorschrift „unverzüglich eine prüfbare Rechnung über die ausgeführten Leistungen vorzulegen". Der BGH hat auch mehrfach entschieden, die Pflicht zur Vorlage einer prüfbaren Rechnung gemäß § 8 Nr. 6 VOB/B sei unabhängig davon, ob es sich um eine freie Kündigung handele oder um eine Kündigung aus vom Auftragnehmer zu vertretendem Grund.[1515] Dem ist zuzustimmen: Selbstverständlich erfordert jeder VOB-Werkvertrag eine ordnungsgemäße, prüfbare Abrechnung, unabhängig davon, ob nun der Vertrag zum vorgesehenen Ende gekommen ist oder ob und wie er gekündigt worden ist. Wie diese prüfbare Regelung im Ansatzpunkt aussieht, haben wir erläutert. Nur der Schluss daraus auf die Notwendigkeit von zwei Abrechnungen stimmt nicht: **Eine** Abrechnung, in der die ausgeführte Teilleistung von der nicht ausgeführten Teilleistung abgegrenzt wird, in der sodann die ersparten Kosten (Aufwendungen) hinsichtlich der nicht ausgeführten Teilleistung nachgewiesen werden, **ist** vollständig, richtig und prüfbar. Was soll jedenfalls bei Pauschalverträgen geprüft werden außer der Leistungsabgrenzung und darauf aufbauend den Mengen der gekündigten Leistungen und daraus abgeleitet den ersparten Kosten? Ist das alles erfolgt, so steht die Vergütung fest. Jedenfalls dann, wenn keine den Bauinhalt modifizierenden Eingriffe vorliegen, bedarf es beim Pauschalvertrag keiner gesonderten prüfbaren Unterlagen (vgl. Rdn. 17).

§ 8 Nr. 6 VOB/B so zu lesen, dass der Auftragnehmer eine prüfbare Rechnung **nur** über die ausgeführten Leistungen vorzulegen hätte, ist weder sinnvoll noch richtig. Dann würde ja der Schluss lauten, dass über die nicht ausgeführten Leistungen keine prüfbare Rechnung vorgelegt werden müsste, was ganz falsch ist: Die Rechnung muss sowohl hinsichtlich des ausgeführten wie des nicht ausgeführten Teils prüfbar sein. Entgegen der überwiegenden Auffassung[1516] zwingt also auch § 8 Nr. 6 VOB/B nicht dazu, zwei unterschiedliche Vergütungsberechnungen aufzustellen. Abgesehen davon hat – wie erläutert – die Aufteilung in zwei Vergütungsberechnungen keinerlei Sinn, so dass es unverständlich wäre, § 8 Nr. 6 VOB/B so zu interpretieren, dass eine zusätzliche, überflüssige Arbeit verlangt wird. Ganz abgesehen davon würde § 8 Nr. 6 dann im Widerspruch zu § 8 Nr. 1 VOB/B, § 649 BGB stehen, denn danach genügt – wie erörtert – **eine** Abrechnung.

Ergebnis: Auch bei Bau-**Pauschal**verträgen gemäß **VOB/B** zwingt § 8 Nr. 6 VOB/B nicht zu zwei getrennten Vergütungsberechnungen. Beim Bau-**Einheitspreisvertrag** ergibt sich dagegen deren Notwendigkeit systembedingt (s. oben Rdn. 1355).

Es gibt eine weitere ganz spezielle, im Zusammenhang dieses Beitrages nur angesprochene Fallgestaltung: Der durchgängig oder unterschiedlich mit Verlust kalkulierte Bauvertrag.[1517]

[1515] BGH BauR 1987, 95; BGH BauR 1988, 82, 85; Lederer, a.a.O. Rdn. 108. Falsch OLG Jena IBR 1997, 228.
[1516] Z. B. Beck'scher Kommentar Motzke, VOB/B, § 8 Nr. 1 Rdn. 49, § 8 Nr. 6, Rdn. 12 ff.; Heiermann/Riedl/Rusam, VOB/B, § 8 Rdn. 49.
[1517] Einzelheiten und Berechnungsbeispiele dazu unter Rdn. 1369 ff.

6.4.2 Feststellung der Leistungen, die für den gekündigten Teil auszuführen gewesen wären

Während bei der vom Auftragnehmer zu vertretenden Kündigung die Leistungen für den **ausgeführten** Teil als Voraussetzung der Vergütungsermittlung festgestellt werden müssen, müssen bei „freier" Kündigung auch **diejenigen** Leistungen festgestellt werden, die **nicht** ausgeführt worden sind, genauer: die gemäß Vertrag auszuführen gewesen wäre, denn nur für diesen Teil der Leistung sind gemäß § 649 BGB, § 8 Nr. 1 VOB/B die ersparten Aufwendungen (Kosten) zu ermitteln. Systematisch ist das natürlich ein entsprechendes Problem wie die Ermittlung der Teilleistung für den ausgeführten Teil: 1358

Wie im Einzelnen schon erläutert, werden beim Bau-**Einheitspreisvertrag** die (nicht ausgeführten) Mengen im Regelfall als Differenz zwischen den beauftragten und den bislang erstellten Mengen – jeweils zur Position – festgestellt. Es liegt in der Natur der Sache, dass kündigungsbedingt bei der Abrechnung der erbrachten Leistungen für mehr oder weniger viele Positionen „Mindermengen" anfallen; trotzdem bleibt es jeweils pro Position bei dem vertraglich vereinbarten Einheitspreis; der Ersatz des durch die Mindermenge verursachten Ausfalls an Deckungsanteilen für Allgemeine Geschäftskosten, Wagnis und Gewinn ergibt sich bei freier Kündigung „automatisch" über die volle Vergütung der Gesamtleistung abzüglich der ersparten Kosten, also über eine Abrechnung nach § 649 S. 2 BGB.[1518]

Beim **Pauschalvertrag** müssen die nicht ausgeführten Leistungen anhand einer Leistungsabgrenzung und einer Mengenermittlung festgestellt werden.[1519]

Beim Planungsteil eines Komplexen Global-Pauschalvertrages müssen ausgeführte Teilphasen, eventuell aufgegliedert nach Teilleistungen innerhalb der Leistungsphasen (vgl. Rdn. 1330) und entsprechend nach nicht ausgeführten Teilphasen, festgestellt werden.[1520]

6.4.3 Feststellung der Vergütung für den nicht ausgeführten Teil der Leistung?

Wie unter Rdn. 1353 ff. erläutert, ist beim Pauschalvertrag eine Feststellung der Vergütung für den nicht ausgeführten Teil der Leistung überflüssig; soll die Teilvergütung – etwa ensprechend dem Postulat des Bundesgerichtshofs – dennoch festgestellt werden, gelten dieselben methodischen Überlegungen wie bei der Ermittlung der Teilvergütung für ausgeführte Leistungen.[1521] 1359

6.4.4 Ermittlung der entfallenen Kosten (Aufwendungen) für den nicht ausgeführten Teil der Leistung – *Bauleistungen*

6.4.4.1 Methodische Grundlagen; gleichartige Berechnungsmethodik für Mengenminderung gem. § 2 Nr. 3, Leistungsminderung gemäß § 2 Nr. 5, § 2 Nr. 8, § 2 Nr. 4, § 8 Nr. 1 VOB/B

Grundsatz ist: Der Auftragnehmer soll durch die „freie" Kündigung des Auftraggebers **keine Nachteile**, allerdings **auch keine Vorteile** haben.[1522] 1360

[1518] Zum Grundsatz BGH BauR 1996, 382, 383, BGH BauR 1999, 1297; s. aber näher oben Rdn. 1355; Kniffka, Jahrbuch Baurecht 2000, S. 1, 5; Dornbusch/Plum, Jahrbuch Baurecht 2000, S. 349, 351.Vgl. auch Fn. 1440.
[1519] Einzelheiten oben Rdn. 1326, 1327.
[1520] Siehe oben Rdn. 1330.
[1521] Siehe oben Rdn. 1337 ff.
[1522] Allgemeine Auffassung, so schon RGZ 74, 197, 199 (Urteil aus dem Jahr 1910), heute BGH BauR 1999, 1294, 1297; BGH BauR 1996, 382; Staudinger/Peters, BGB § 649 Rdn. 21.

Die Fragestellung, welche ersparten Kosten der nicht ausgeführten Leistungen (= Aufwendungen) bei der „freien Kündigung" von der Vergütung abzuziehen sind (§ 649 BGB), stellt sich vorab **methodisch für Einheitspreisverträge** wie für **Pauschalverträge gleichartig**. Sie ist übrigens auch **nicht nur auf Kündigungsfälle** beschränkt: So darf aus zwingenden Gründen eine „durch die Verhältnisse bedingte" Mengenminderung beim Einheitspreisvertrag (§ 2 Nr. 3 VOB/B) **nicht anders bewertet werden** als eine Teilkündigung, deshalb muss ein „durch die Verhältnisse bedingter" vollständiger Wegfall einer Leistung beim Einheitspreisvertrag („Nullmenge") genauso behandelt und bewertet werden wie die teilgekündigte Leistung.[1523] Davon unberührt bleibt, dass bei Mengenminderungen gemäß § 2 Nr. 3 VOB/B ein Ausgleich der ungedeckten Deckungsanteile mit „Überschüssen" aus Mengenmehrungen zu erfolgen hat, nicht aber bei „Mengenminderungen" aus Kündigung. Auch infolge von Planänderung nicht vergrößerte, sondern verringerte, gemäß § 2 Nr. 5 VOB/B zu bewertende Leistungen[1524] wie auch nicht aus den Verhältnissen resultierende, angeordnete Mindermengen sind sowohl beim Pauschalvertrag wie beim Einheitspreisvertrag grundsätzlich **alle nach derselben Methode** zu bewerten.[1525]

1361 Die Beurteilung, **welche Beträge** in welcher Höhe als ersparte Kosten wegen Nichtausführung der gekündigten Leistungen abzuziehen sind, geht jedenfalls beim Einheitspreisvertrag die Klärung der Frage voraus, wie die Mengen der **entfallenen Teilleistungen** ermittelt werden: Ist die restliche Vordersatz-Menge maßgeblich oder sind es – wenn behauptet – die Mengen, die tatsächlich noch auszuführen gewesen wären? Da der Auftragnehmer sich durch die freie Kündigung nicht schlechter stellen darf, ist – immer vorausgesetzt, dass keine Leistungsmodifikation stattgefunden hat – die letztgenannte Menge maßgeblich. Gibt es keine Möglichkeit, die konkreten Mengen des Bausolls zu ermitteln, sind diejenigen Mengen maßgebend, die in der **Kostenermittlung des Auftragsstadiums**, d. h., grundsätzlich der Angebots- bzw. sogar der Auftrags**kalkulation heranzuziehen.**[1526]

Liegt also eine hinterlegte Kostenermittlung vor, so sind deren Ansätze maßgebend; ansonsten sind es die Ansätze, die sich entsprechend der Methodik ergeben, die in **Abb. 25**, **S. 410** und **Rdn. 1149 ff.** behandelt wird.

Maßgebend sind also die in den Angebotsbearbeitungsunterlagen niedergelegten oder analog nachvollzogenen vergleichbaren Bestandteile des Pauschalpreises.

Den Fall, dass in den Angebotsbearbeitungsunterlagen nicht Kosten, sondern „Einheitspreise" – also schon undifferenzierte Kosten zuzüglich Deckungsanteile – aufgeführt sind, behandeln wir unter Rdn. 1366.

Auf keinen Fall darf entgegen der Regel „Gesamtvergütung minus ersparter Kosten" gerechnet werden, also dahin, dass die Vergütung der erbrachten Leistungen berechnet wird, dann ermittelt wird, welche tatsächliche Vergütung für die nicht erbrachten, aber beauftragten Leistungen weiterhin anfällt und daraus die Deckungsbeiträge abgeleitet werden; das ist eine verfehlte, an Schadensersatzgesichtspunkten orientierte Abrechnung.[1527]

[1523] Vgl. den Hinweis BGH BauR 1999, 1294, 1297. Zur Behandlung der „Nullmenge" im Rahmen von § 2 Nr. 3 VOB/B beim Einheitspreisvertrag vgl. Band 1, Rdn. 540–542.
[1524] Dazu Band 1, Rdn. 792, oben Rdn. 1348. Siehe auch BGH a.a.O.
[1525] Zur angeordneten Mindermenge und der gleichartigen Bewertung mit der Mengenminderung des § 2 Nr. 3 VOB/B vgl. Band 1, Rdn. 792, 510.
Zustimmend zur gleichartigen Berechnung Werner/Pastor, Bauprozess, Rdn. 1168, Fn. 165.
[1526] BGH BauR 1996, 382; Kapellman, Jahrbuch Baurecht 1998, a. a. O., Rdn. 52 ff. Siehe dazu **aber Rdn. 1363–1366.**
[1527] Unzutreffend deshalb Beck'scher VOB-Kommentar/Jagenburg, VOB/B § 2 Nr. 7, Rdn. 125.

Die Ermittlung der ersparten Kosten bei freier Kündigung — Rdn. 1362

Bei § 649 BGB, § 8 Nr. 1 VOB/B geht es um **Vergütung (Preis)** und dabei auch um **Vergütungskürzung:** Die ausgeführten und die nicht ausgeführten Leistungen sind nach der vertraglichen Vergütungsvereinbarung, also den Einheitspreisen bzw. dem Pauschalpreis zu bewerten, genauer, nach den einzelnen zu der vereinbarten Vergütung führenden Elementen der Angebots- und Auftragskalkulation.[1528]

Liegt also eine **Angebots- bzw. sogar eine Auftragskalkulation vor,** so sind die in ihr aufgeführten Bewertungsansätze maßgebend. Entfällt also beispielsweise kündigungsbedingt eine Teilleistung, für die genau ein Posten in der Auftragskalkulation aufgeführt ist, so sind die diesem Posten zugeordneten Produktionsfaktoreneinsätze und die zugehörigen Kostenansätze für die Bewertung des „Ersparten" maßgebend.

Auf diese Weise ergibt sich auch eine einfache Lösung des Problems der Kalkulation nur einzelner „Posten" wie folgt: Von oben gerechnet, werden die ersparten Kosten abgezogen, Untergrenze ist der Verlust der gesamten Vergütung des Gekündigten. Ergäbe sich daher – bedingt durch eine Kalkulation ohne Deckungsbeitrag, aber mit ausgewiesenem Verlust – durch diese Rechnungsmethodik ein Minusbetrag, braucht ihn der Auftragnehmer (natürlich) nicht zu erstatten,[1529] ansonsten könnte in solchen Fällen der Auftraggeber erst beauftragen und dann kündigen, um sich den Minusbetrag vom Auftragnehmer ausbezahlen zu lassen.

Liegt keine Angebots- oder Auftragskalkulation vor, so sind die entfallenden Kosten unter Nachholung einer Kostenermittlung auf der Basis eines Ermitlungssystems (vgl. **Abb. 25,** S. 410 und Rdn. 1149 ff.) und der zugehörigen Niveaufaktorbestimmung festzustellen.

Sofern das Ermittlungssystem nicht Kosten, sondern anteilige „Einheitspreise" ausweist, ist noch die unter Rdn. 1366 zu besprechende Problematik zu beachten.

Die oben aufgeführten Grundsätze, die für die **Berechnung der Vergütung geänderter oder zusätzlicher** Leistungen schlechthin selbstverständlich sind, sind für die Ermittlung der Vergütung gekündigter Leistungen ebenso richtig. Indirekt waren sie für die Abrechnung bei freier Kündigung früher ebenfalls selbstverständlich, weil in Rechtsprechung und Literatur immer (zutreffend) darüber diskutiert worden war, dass dem Auftragnehmer der „**kalkulierte** Gewinn" erhalten bleiben oder dass der Auftragnehmer einen „**kalkulierten** Verlust" weiterführen muss.[1530]

Problematisch ist, dass dann, wenn es um ersparte Kosten geht, die Verführung groß ist, zumeist zugunsten des Auftraggebers scheinbar selbstverständlich ersparte **Ist-Kosten** (ersparte Aufwendungen) einzusetzen.[1531] Das ist aber ein **logischer Widerspruch:** Wenn man den Betrag des **kalkulierten** Gewinns erhalten will, geht das nur, wenn man bei der Ermittlung des „Ersparten" entsprechend **kalkulierte,** also Soll-Kosten berücksichtigt. Setzt man Ist-Kosten (Aufwendungen) an, kommt man praktisch nie zu dem kalkulierten Gewinn, denn die tatsächlichen Aufwendungen sind i.d.R. höher oder niedriger als die kalkulierten Kosten, da ja jegliche Kostenprognose – und das ist ja eine Kostenermittlung im Angebotsstadium – nicht die späteren Kosten präzise wiedergeben kann – wer ist schon Prophet?

Sind also z. B. die Ist–Kosten (= Aufwendungen, also **letztlich** Ausgaben) höher als die kalkulierten Kosten, ergibt sich ein niedrigerer als der kalkulierte Gewinn. Also ist es ein

---

[1528] BGH BauR 1996, 382.
[1529] Quack, a. a. O., siehe Rdn. 1368 – 1371.
[1530] Zum Beispiel van Gelder, NJW 1975, 189 ff.; heute Ingenstau/Korbion/Vygen, VOB/B § 8 Nr. 1 Rdn. 49; s. auch Fn. 1519.
[1531] So z. B. OLG Düsseldorf, s. Fn. 1442.

unlösbarer **Widerspruch,** auf der einen Seite von **kalkuliertem** Gewinn (bzw. kalkuliertem Verlust) und auf der anderen Seite von **Ist–Kosten** auszugehen (vgl. auch **Rdn. 1369**).

Zutreffend hat deshalb, wie schon anfangs erwähnt, **der Bundesgerichtshof ursprünglich eindeutig und richtig entschieden,** dass für die Ermittlung der ersparten Kosten diejenigen **gemäß Angebotskalkulation** maßgebend sind.[1532]

1363 Der **Bundesgerichtshof** hat dann aber im Jahr **1999** eine **Kehrtwendung** gemacht; er hat geurteilt, es sei ein Irrtum, dass es für die Darlegung der ersparten Kosten **ausschließlich** auf die Kalkulation des Auftragnehmers ankomme. Aus dem Grundsatz, dass der Auftragnehmer durch die Kündigung nicht besser, aber auch nicht schlechter gestellt werden dürfe als bei Erfüllung des Vertrages, folge, dass der Auftragnehmer „selbstverständlich" zur **konkreten** Kostenentwicklung vortragen **dürfe** und **müsse.** Soweit also Nachunternehmerleistungen bereits **erbracht** seien, müsse der Auftragnehmer deren „Preise" (d.h. die **Ist–Kosten** des Auftragnehmers) vortragen.[1533]

Letzteres ist **offensichtlich falsch:** Wenn der Nachunternehmer seine Leistung bereits ausgeführt **hat,** so muss der der jeweilige Auftraggeber diese Leistung bezahlen. Der resultierende Aufwand ist das Äquivalent für die ausgeführten Leistungen – und die wird bestimmt nach Vertragspreisen, die ihrerseits auf **der Basis kalkulierter** Kosten ermittelt worden sind, bezahlt und **nicht** auf der Basis von Istkosten. Die Kosten für eine **ausgeführte** Nachunternehmerleistung sind nicht ersparbar, da diese Leistungserstellung zu bezahlen ist. Insoweit sind also die Kosten dieser Leistungserstellung schon deshalb nicht zu ermitteln, weil sie nirgendwo abzuziehen sind.

Die Ist-Kosten der **nicht ausgeführten** Leistung könnten – jedenfalls als systematische Möglichkeit – dann eine Rolle spielen, wenn der Auftragnehmer diese Kosten nicht als Soll-Kosten aus einer Kalkulation ersehen kann und die Ist-Kosten kennt, weil er die Produktionsfaktoren schon disponiert **hat,** also Material eingekauft **hat,** Nachunternehmerverträge geschlossen **hat.**

Nur ist es allerdings alles andere als selbstverständlich, dass der Auftragnehmer in derartigen Fällen nach Ist-Kosten abrechnen darf oder sogar **muss.** Systematisch muss man auch hier auf kalkulierte Soll-Kosten zurückgreifen – **so wie es bei der Kalkulation geänderter und zusätzlicher Leistungen auch geschieht.** Nur so lässt sich eine einheitliche VOB-systematische Beurteilung finden. Allerdings wird auch bei § 2 Nr. 5, 6 VOB/B das Prinzip des Rückgriffs auf die Kalkulation in Einzelfällen durchbrochen, aber immer nur **zugunsten** des Auftragnehmers: Der Auftragnehmer **kann** (aber muss nicht) dort abweichend von seiner Angebots- bzw. Auftragskalkulation **erhöhte** Einstandskosten (z. B. Materialpreiserhöhungen, Lohnkostenerhöhungen in verlängerter Bauzeit) unter bestimmten Umständen durchsetzen, dies erst recht, wenn die Änderungswünsche des Auftraggebers auf fehlerhafte Planung zurückgehen.[1534]

Das ist gewissermaßen die Besserstellung des Auftragnehmers für den Fall, dass die ändernden Modifikationen der Leistung auf eigener „Dummheit" des Auftraggebers beruhen.

[1532] BGH BauR 1996, 382; ebenso Palandt/Sprau, § 649, Rdn. 5.

[1533] So BGH BauR 1999, 1292, bestätigt vom BGH NZBau 2005, 683; BGH NZBau 2000, 82; dazu im einzelnen Markus, NZBau 2005, 417. Ob eine Änderungsanordnung als geänderte Leistung nach § 2 Nr. 5 VOB/B oder als teilgekündigte Leistung nach § 8 VOB/B abgerechnet, **muss zum selben Ergebnis** führen. Der Bundesgerichtshof zitiert den Wortlaut von § 649 BGB, der **keine** Aussage enthält. Aber jedenfalls **§ 8 Nr. 1 VOB/B** steht in einem **eindeutigen** systematischem Zusammenhang. Siehe weiter Kniffka, Jahrbuch Baurecht 2000, S. 1, 10 ; Dornbusch/Plum, Jahrbuch Baurecht 2000, 349, 357; dazu Schiffers, Festschrift für Mantscheff, S. 153 ff.

[1534] Zur ersten Konstellation oben Rdn. 1190 ff., zur zweiten Rdn. 1194.

Die Ermittlung der ersparten Kosten bei freier Kündigung

Für die Berechnung der ersparten Kosten der entfallenden Leistung bei freier Kündigung gilt **derselbe** Gedanke: Dass überhaupt ein Auftraggeber „frei" (d.h.: willkürlich) kündigen darf, ist gewissermaßen schon ein gesetzlich eingeräumtes Privileg für „Dummheit" des Auftraggebers. Das rechtfertigt, dass der Auftragnehmer **jedenfalls nicht schlechter** stehen soll als bei Vertragsdurchführung. Er **darf** deshalb dann nach **tatsächlich** ersparten Kosten abrechnen, **wenn** diese feststehen und diese Abrechnungsart für ihn **günstig** ist.

Allerdings ist es zwingend, dann auch dem Auftragnehmer zu erlauben, nicht nur nach schon konkret (z.B. durch vertragliche Bindung an einen Nachunternehmer) feststehenden Ist-Kosten die ersparten Kosten für nicht ausgeführte Leistungen berechnen zu dürfen, sondern auch dann, wenn die Kosten noch nicht durch endgültige Disposition des zugehörigen Produktionsfaktoreneinsatzes schon feststehen, der Auftragnehmer aber beweisen kann, wie sich die Kosten **tatsächlich** entwickelt **hätten.**
Der Auftragnehmer **darf** also auch nach noch nicht durch endgültige Produktionsfaktorendisposition feststehenden, aber **sicher zu ermittelnden hypothetischen** Soll-Kosten abrechnen.

Dass der Auftragnehmer so abrechnen **darf**, heißt aber keineswegs zwingend, dass er so abrechnen **muss**. Ist beispielsweise der Materialpreis mittlerweile stark gestiegen, **darf** der Auftragnehmer jedenfalls bei § 8 Nr. 1 **VOB/B** seine ersparten Kosten nach den kalkulierten Soll-Kosten abrechnen, auch wenn sie niedriger als die Ist-Kosten sind. Hier stehen, wenn die kalkulierten Soll-Kosten den Ist-Kosten nicht entsprechen zwei Prinzipien im Widerstreit: Einmal soll sich der Auftragnehmer durch die Kündigung nicht besser stehen, andererseits soll sein Gewinn erhalten bleiben (vgl. oben Rdn. 1362): **Beides zusammen geht aber bei unterschiedlichen Soll- und Ist-Kosten nicht.** Umgekehrt: **Einer muss** zwingend von der Materialpreisentwicklung profitieren, entweder der Auftraggeber oder der Auftragnehmer. Dann ist es **sachgerechter**, den Auftraggeber, der ohnehin schon durch die Möglichkeit der freien Kündigung privilegiert ist, das negative Zufallsrisiko tragen zu lassen.
Der Auftragnehmer **darf also** seine ersparten Kosten **auch** nach Ist-Kosten für entfallende Leistungen abrechnen, aber **er muss es nicht.** Dem **Bundesgerichtshof** ist also **insoweit nicht** zuzustimmen: Der Wortlaut des § 649 BGB gibt für die Annahme, es **müsse** nach entfallenden Ist-Kosten und nicht nach kalkulierten entfallenden Soll-Kosten abgerechnet werden, nichts her.[1535]

1364

Übrigens wirft die Zulässigkeit einer Abrechnung bei freier Kündigung nach Ist-Kosten oder kalkulierten Soll-Kosten bei entfallenden Leistungen nach Wahl des Auftragnehmers natürlich die Frage auf, warum denn nicht **generell auch** bei **geänderten** oder **zusätzlichen** Leistungen einfach nach Ist-Kosten abgerechnet werden dürfte. Die Antwort ist schlicht, nämlich positivistisch: Die VOB/B legt (zulässigerweise) in § 2 Nr. 5 und Nr. 6

1365

[1535] Zum Ganzen BGH NZBau 2005, 683; Markus, NZBau 2005, 417. Der BGH urteilt: „**Solange** sich aus den sonstigen Umständen keine Anhaltspunkte für eine andere Kostenentwicklung ergeben, bedarf es keiner Darlegung dazu, welche Preise er mit den **noch nicht beauftragten** Subunternehmen vereinbart hätte" (BauR 1999, 1292, 1293). Nach **unserer** Meinung bedarf es aus den erörterten Gründen dieser Darlegungen **nie**, wenn der Auftragnehmer nicht nach Ist-Kosten abrechnen will. Kniffka, in: Kniffka/Koeble, Kompendium, Teil 9, Rdn. 27 stimmt dem BGH zu, er will also die **tatsächlich ersparten Kosten** (also Ist-Kosten berücksichtigen. Aparterweise stellt er dann hinsichtlich der **zu berücksichtigenden**, ersparten Einzelkomponeneten auf die **kalkulatorischen** Grundlagen der Abrechnung ob (Rdn. 28 am Ende). Tatsächlich entstandene Kosten sind nicht kalkulierte Kosten. Dieser **Widerspruch** zeigt symptomatisch den systematischen Bruch in der Rechtsprechung des BGH. Nur nach unserer Methode ist der Grundsatz zu halten, dass der „**kalkulierte** Gewinn" erhalten bleibt, zu letzterem auch Kniffka, Jahrbuch Baurecht 2000, S. 1, 5. Dazu Rdn. 1362.

fest, dass geänderte oder zusätzliche Leistungen „nach den Grundlagen der Preisermittlung", also der Angebots- bzw. Auftrags**kalkulation**, abzurechnen sind. Das ist folglich dort der Regelfall.

1366 Abschließend: Für den Fall, dass die Angebotsbearbeitungsunterlagen oder die gemäß **Abb. 25**, S. 410 nachträglich durchgeführte Preisermittlung **keine Direkten Kosten**, sondern „Einheitspreise", also Direkte Kosten zuzüglich Deckungsanteile beinhalten, ist im Rahmen der Ermittlung der ersparten Kosten ein entsprechender Abschlag von den ausgewiesenen „Preisen" vorzunehmen, damit der „kalkulierte Gewinn" sowie die Deckungsanteile für Wagnis und Allgemeine Geschäftskosten erhalten bleiben.

Sofern offensichtlich auch Deckungsanteile für Baustellengemeinkosten in den „Einheitspreisen" enthalten sind, ist zu prüfen, ob kündigungsbedingt Teile der Baustellengemeinkosten erspart worden sind.

6.4.4.2 Die praktische Durchführung bei hinterlegter Kostenermittlung

6.4.4.2.1 Grundsätzliches

1367 Liegt eine hinterlegte Kostenermittlung für die Bausollleistungen vor, so können ihr die Direkten Kosten der erbrachten bzw. der gekündigten Teilleistungen entnommen werden. Entsprechendes gilt, wenn eine Nachtragskalkulation vorliegt, die konsequent zu den vereinbarten Nachtragspreisen für die beauftragten Nachtragsleistungen führt.

Bei freier Kündigung kommt es darauf an, ob der „direkte Weg" oder der „Umweg" gewählt wird.

Beim Umweg sind zunächst für das Bausoll und für die Nachtragsleistungen die Mengen der erbrachten Teilleistungen zu ermitteln. Ihnen werden ihre Direkten Kosten zugeordnet.

Beim „direkten Weg" wird für die Bausollleistungen vom vertraglich vereinbarten Pauschalbetrag ausgegangen. Die Mengen der gekündigten Bausoll-Teilleistungen werden dann mit den entfallenden Direkten Kosten multipliziert, um vergütungsmindernd angesetzt zu werden. Dadurch sind im Regelfall die kündigungsbedingt entfallenden Kosten berücksichtigt (vgl. **Rdn. 1376**).

Für die Nachtragsleistungen wird entsprechend von ihrem beauftragten Leistungsstand ausgegangen und dann das abgesetzt, was kündigungsbedingt an Direkten Kosten erspart wird.

Im Einzelnen erläutern wir das ab **Rdn. 1419** anhand von Beispielen.

6.4.4.2.2. Kalkulierter Gewinn

1368 Der Deckungsanteil für Gewinn hat nichts mit Kosten zu tun. Da nur Kosten erspart werden können, ist vom kalkulierten Gewinn nichts von der Vergütung abzuziehen. Deshalb spielt es auch keine Rolle, mit welchem Gewinn oder mit welchen unterschiedlichen Gewinnbeaufschlagungen kalkuliert worden ist.

6.4.4.2.3 Exkurs: Kalkulierter Verlust

1369 Die Behandlung eines kalkulierten Verlustes bedarf **entgegen** den gängigen Überlegungen keiner aufwendigen „Zuordnungen". Der Grundsatz ist, dass der Auftragnehmer die Gesamtvergütung erhält minus ersparter kalkulierter Kosten für die kündigungsbedingt nicht ausgeführten Teilleistungen – nicht weniger, aber auch nicht mehr. Der Auftragnehmer soll eben durch die Kündigung keinen Vor- oder Nachteil haben.[1536]

[1536] Siehe Fn. 1518.

Die Ermittlung der ersparten Kosten bei freier Kündigung   Rdn. 1369

Das bedeutet, dass das kündigungsbedingt Ersparte nicht mehr umfassen kann als die vereinbarte Vergütung für den Auftraggeber. Mehr als „alles" kann man nicht ersparen.

Dies gilt entsprechend auch für Teilleistungen. Sollten ihre ersparten Ist-Kosten einen größeren Betrag ausmachen als die zugehörige Teilvergütung, so mag der Auftragnehmer dadurch einen Vorteil haben; da es aber nicht auf ersparte Ist-Kosten, sondern auf ersparte „kalkulierte Soll-Kosten" ankommt (s. oben Rdn. 1363, 1364), spielt das keine Rolle. Die für den nicht ausgeführten Teil verbleibende Teilvergütung kann also maximal auf „Null" reduziert werden. Das ist alles und auch selbstverständlich: Andernfalls müsste der Auftragnehmer im schlimmsten Fall bei Verlustkalkulation nach freier Kündigung des Auftraggebers diesem noch Beträge herausgeben – dazu schon oben Rdn. 1362.

Aus diesem Grund muss man dann, wenn eine Verlustkalkulation vorliegt, den oben schon besprochenen „Umweg" gehen und die Kosten für die gekündigten Teilleistungen ermitteln, nämlich als **Obergrenze** einer möglichen Kürzung der Gesamtvergütung um entfallene Soll-Kosten.

Zu beachten ist, dass der Verlust selbst natürlich nicht zu den „Kosten" gehört; „Verluste" kann man nicht im Sinne von § 649 Satz 2 BGB ersparen.

Wir verdeutlichen das an einem Beispiel (vgl. **Abb. 32**, S. 510).

Gegenstand eines Pauschalvertrages sind 3 Gewerke A, B, und C; die Pauschalvergütung beträgt 900 000,00 €.

In der Angebotskalkulation sind die Direkten Kosten der drei Gewerke A bis C jeweils als Gesamtbetrag ausgewiesen, und zwar 150 000,00 € für A, 250 000,00 € für B, 400 000,00 € für C. Für 6 Monate Bauleitung sind Baustellengemeinkosten in Höhe von 120 000,00 € gesondert aufgeführt. Auf die Gesamtherstellkosten von 920 000,00 € sind zunächst 10 % Zuschlag für Allgemeine Geschäftskosten aufgeschlagen, das führt zu Selbstkosten in Höhe von 1 012 000,00 €.

Da der kalkulierte Betrag für die Selbstkosten als Preis nicht durchsetzbar war, hat der Auftragnehmer 112 000,00 € preislich „nachgelassen", d. h., er hat einen Verlustabschlag von 112 000,00 € einkalkuliert (ca. 11% der Selbstkosten), so hat sich die vereinbarte Pauschalvergütung von 900 000,00 € ergeben.

Der Auftraggeber spricht eine Teilkündigung gemäß § 8 Nr. 1 VOB/B, § 649 BGB für das Gewerk B aus.

Ausgangspunkt für die Berechnung der Vergütung nach Teilkündigung ist die Gesamtvergütung, also 900 000,00 €.

Unterstellt, dass die Kosten für Gewerk B kurzfristig abbaubar sind, dass also tatsächlich keine Aufwendungen für den Nichteinsatz der geplanten Produktionsfaktoren entstehen, ergeben sich gemäß **Angebotskalkulation** folgende ersparte kalkulierte Kosten:

– Direkte Kosten (Gewerk B):	250 000,00 €
– 1 Monat weniger Bauzeit und somit 1 Monat weniger Baustellengemeinkosten, also ⅙ der kalkulierten Kosten :	20 000,00 €
Insgesamt sind damit gemäß den Sätzen der Angebotskalkulation als kalkulierte Herstellkosten erspart:	270 000,00 €

Anteilige Allgemeine Geschäftskosten können nicht erspart werden, bleiben also im Rahmen der Vergütung erhalten (näher Rdn. 1358).

Vertragsleistung		
Angebotskalkulation		
Gewerk A	150.000,00 EUR	
Gewerk B	250.000,00 EUR	
Gewerk C	400.000,00 EUR	
	→	800.000,00 EUR
Baustellengemeinkosten (nur Bauleitungskosten):	15 % der Direkten Kosten	120.000,00 EUR
Herstellkosten:		920.000,00 EUR
Allgemeine Geschäftskosten:	10 % der Herstellkosten	92.000,00 EUR
Selbstkosten:		1.012.000,00 EUR
Verlustabschlag (Nachlass):	11,07 % der Selbstkosten	112.000,00 EUR
Pauschalpreis:		**1.012.000,00 EUR**
Kündigung von Gewerk B		
Berechnung der ersparten Kosten auf Basis der Angebotskalkulation		
Direkte Kosten des Gewerks B (komplett abbaubar):		250.000,00 EUR
Baustellengemeinkosten: 1 Monat Bauleitung (von insg. 6 Monaten):		20.000,00 EUR
Ersparte Herstellkosten:		270.000,00 EUR
Ermittlung des Prozentsatzes der Verlustkorrektur		
Obergrenze des "Herzugebenden" (Pauschalpreis):		900.000,00 EUR
Herstellkosten:		920.000,00 EUR
Verlustkorrektur:	920.000,- EUR - 900.000,- EUR =	20.000,00 EUR
Prozentsatz der Verlustkorrektur:	(20.000,- EUR : 900.000,- EUR) x 100 =	2,174 %
Berechnung der Teilvergütung der gekündigten Leistung		
Ermittlung der Verlustkorrektur für die konkrete Kündigung:	270.000,- EUR x 2,714 % =	5.869,80 EUR
Teilvergütung der gekündigten Leistung:	270.000,- EUR - 5.869,80 EUR =	**264.130,30 EUR**

Abbildung 32   Auswirkungen einer freien Kündigung bei Verlustkalkulation

Von der Vergütung von 900 000,00 € wären daher 270 000,00 € als „kalkulierte ersparte Soll-Kosten" abzuziehen.

1370 Das bedarf jedoch noch einer Gegenkontrolle:
Wie unter Rdn. 1369 erwähnt, muss, wenn ein kalkulierter Verlust zur Debatte steht, die auf die nicht ausgeführte Teilleistung entfallende vertraglich vereinbarte Vergütung ermittelt werden, nämlich als Obergrenze einer möglichen Kürzung der Gesamtvergütung um entfallene kalkulierte Soll-Kosten. Zur Erläuterung: Wäre nicht nur das Gewerk B komplett frei gekündigt worden, sondern wäre unmittelbar nach Vertragsschluss der Auftraggeber auf den Gedanken gekommen, die ganze Leistung, also die Gewerke A, B und C, frei zu kündigen, und würden auch alle Kosten kurzfristig abbaubar sein, so würden gemäß Kalkulation 800 000,00 € Direkte Kosten und 120 000,00 € Baustellengemeinkosten entfallen, es wären also 920 000,00 € erspart. Da die gesamte Vergütung aber nur 900 000,00 € beträgt, erhielte der Auftragnehmer in diesem Fall nichts, aber er brauchte natürlich auch nicht etwa noch 20 000,00 € an den Auftraggeber herauszugeben.

Die Ermittlung der ersparten Kosten bei freier Kündigung Rdn. 1371

Anders ausgedrückt: Die vereinbarte Vergütung bildet die Obergrenze des auftragnehmerseitig „Herzugebenden"; von den ersparten Soll-Kosten in Höhe von 920 000 € werden zur Ermittlung des maximal kündigungsbedingt vom Auftragnehmer „Herzugebenden" 20 000 € abgezogen, nämlich 2,174 % Verlustansatz. Entsprechendes gilt für eine Teilkündigung.

Deshalb ist stets eine Kontrollrechnung zur Feststellung der Obergrenze des vom Auftragnehmer „Herzugebenden" notwendig; sie geht von einer plausiblen Aufteilung der Gesamtvergütung – vgl. Rdn. 1346 – aus. Dabei ist die Frage, ob und inwieweit durch die Teilkündigung (anteilig) Baustellengemeinkosten erspart werden, oft problematisch.

Liegen dagegen Anhaltspunkte für eine präzise Ermittlung der ersparten kalkulierten Baustellengemeinkosten vor (z. B. vorliegender Terminplan und vorhandene Arbeitsvorbereitung), so ist auf sie zurückzugreifen.

Ansonsten ist der Anteil der maximal ersparten Baustellengemeinkosten mit Hilfe des Prozentsatzes der kalkulierten Baustellengemeinkosten bezogen auf die gesamten Direkten Kosten zu ermitteln. Die Frage bleibt jedoch, ob im Einzelfall überhaupt kündigungsbedingt Baustellengemeinkosten erspart worden sind.

In unserem Beispielfall ist eine solche konkrete Aussage zu den Baustellengemeinkosten möglich: Die Bauzeit verkürzt sich durch die Teilkündigung von 6 auf 5 Monate; es entfallen demnach die Baustellengemeinkosten für einen Monat. Dadurch ergibt sich folgende Berechnung (vgl. **Abb. 32**):

Ersparte kalkulierte Direkte Kosten (Gewerk B)	250 000,00 €
Ersparte kalkulierte Baustellengemeinkosten	20 000,00 €
Ersparte kalkulierte Herstellkosten insgesamt	270 000,00 €
Abzüglich 2,174% Verlustkorrektur	5 869,80 €
Teilvergütung der gekündigten Leistungen:	264 130,20 €

Dieser Betrag – die Obergrenze – ist niedriger als der in Rdn. 1369 ermittelte Abzug von 270 000,00 €; somit ist dieser „verlustkorrigierte" Betrag in Höhe von 264 130,20 € für das auftragnehmerseitig „Herzugebende" maßgebend. Die Gesamtvergütung von 300 000,– € wird also nur um 264 130,02 € gekürzt.

Wesentlich ist, um welchen Prozentsatz die vereinbarte Vergütung niedriger ist als die kalkulierten Kosten. Maßgebend ist dann der gesamte, durch die Kündigung betroffene Leistungsumfang und die Gesamtheit der für ihn kalkulierten Kosten. Dabei ist der Ausgangspunkt der Überlegung, dass der Auftragnehmer die Kosten richtig ermittelt, dass er sich also nicht in die Tasche gelogen hat.

Abzuziehen von der Vergütung sind – wie schon in Rdn. 1361 ff. angesprochen – grundsätzlich die ersparten **kalkulierten** Soll-Kosten, nicht die (hypothetischen) „Ist-Kosten" für das „Nicht-zu-Erstellende". Ein Analogieschluss von den für die Erstellung des ungekündigten Teils entstandenen Aufwendungen auf die für den entfallenden Teil hypothetisch auf der Basis der Produktionsfaktorenbindung zu erwartende Aufwendungen wäre aus diesem Grund fehlerhaft und außerdem überflüssig. Es geht eben auch nach Kündigung um eine reine Vergütungsabrechnung, nicht um eine Schadensersatzberechnung. Dennoch darf der Auftragnehmer nach ersparten Ist-Kosten abrechnen, wenn das für ihn günstiger ist (s. oben Rdn. 1364).

Wenn der Auftragnehmer in der Angebotskalkulation für einzelne Teilleistungen unterschiedliche Verlustabschläge angesetzt hat, muss nur korrekt festgestellt werden, wie für die entfallende Teilleistung **insgesamt** sich der entfallende Anteil der Direkten Kosten und evtl. der Baustellengemeinkosten darstellt. Theoretisch könnte es sein, dass für den

1371

nicht ausgeführten Teil der Leistung kein Verlustanteil angesetzt worden ist,[1537] während der ausgeführte Teil allein den Verlust kalkulativ tragen müsste. Aber das ist für die Rechnung genauso gleichgültig wie jede beliebige andere Art von spekulativer Kalkulation. Selbst wenn jede einzelne Teilleistung einen jeweils unterschiedlichen prozentualen Verlustanteil hätte, würde das keine Rolle spielen, denn das „regelt sich alles von selbst":[1538] **Ausgangspunkt** ist eben als Maximum der Zahlungspflicht des Auftraggebers die volle Teil**vergütung** für die nicht ausgeführte Leistung. Davon sind – im Regelfall – abzuziehen die zugehörigen ersparten kalkulierten **Soll-Kosten,** bewertet nach der Angebots- bzw. Auftragskalkulation.[1539] Nur auf die zugehörigen kalkulierten **Soll-Kosten** kommt es an, nur sie muss man kennen. Entfällt der zugehörige Produktionsfaktoreneinsatz, sind also die zugehörigen Aufwendungen (**Kosten**) kurzfristig abbaubar, so ist die Restvergütung um die konkreten, ersparten, auf der Grundlage der Angebotskalkulation bewerteten Soll-Kosten je Teilleistung (je kalkulierten Produktionsfaktoreneinsatz) zu kürzen, falls günstiger für den Auftragnehmer, wahlweise um die ersparten Ist-Kosten.[1540] Sind die kalkulierten (bzw. auf der Basis eines Ermittlungssystems berechneten und auf den Vertragspreisniveaufaktor angepaßten, vgl. **Abb. 25,** S. 410) Kosten höher als die Restvergütung, erhält der Auftragnehmer nichts. Das funktioniert immer, die Höhe des kalkulierten Verlustes spielt im Ergebnis genausowenig eine Rolle wie die Höhe des kalkulierten Gewinns.

6.4.4.2.4 Wagnis

1372 Der Deckungsanteil für Wagnis wird im Sinne des Kalkulationspostens „Wagnis und Gewinn" nicht projektbezogen kalkuliert, sondern als Versuch, das allgemeine Unternehmerrisiko kalkulatorisch einigermaßen zu erfassen. Man kann streiten, ob der Deckungsbeitrag für Wagnis zu den Kosten gehört und entfällt: Eigentlich hat die in der Bauwirtschaft immer noch geübte Aufgliederung in Wagnis und Gewinn nach unserer Meinung keinen Sinn: Gewinn ist die Belohnung für unternehmerisches Wagnis. Wagnis steckt also im Gewinn.[1541]

Die Fragestellung kann aber auf sich beruhen: Jedenfalls ist die kalkulatorische Risikoprämie (Wagnis) kein echtes Kostenelement. Da es aber nur auf entfallende Kosten ankommt, kann das Kalkulationselement „Wagnis" nicht erspart werden. Wir haben in der Vorausgabe früher noch die gegenteilige Meinung vertreten, der auch der Bundesgerichtshof gefolgt ist.[1542] Aber wir müssen unsere Meinung im Lichte besserer Erkenntnis korrigieren.

[1537] Von dieser Problemstellung, die aber – wie nachfolgend zu begründen – unerheblich ist, geht aus RGRK/Glanzmann, BGB § 649 Rdn. 14.
[1538] Deshalb **eindeutig unrichtig** in der **Begründung,** nur zufällig richtig im Ergebnis van Gelder, NJW 1975, 189, 191 und folglich ebenso Ingenstau/Korbion/Vygen, VOB/B § 8 Nr. 1 Rdn. 49.
[1539] Bzw. einer Ermittlung gemäß **Abb. 29** S. 413 und Rdn. 1155 ff., insbesondere Rdn. 1165, 1171 und 1182.
[1540] S. oben Rdn. 1364.
[1541] Vgl. zu diesem Problem bei der „Mindermenge" des § 2 Nr. 3 VOB/B Band 1, Rdn. 537 und die dort Zitierten, weiter Kuhne/Mitschein, Bauwirtschaft 1999, Heft 12, S. 36.
[1542] BGH BauR 1998, 185. Für Gleichbehandlung von Wagnis und Gewinn heute die h. L., z.B. Dornbusch/Plum, Jahrbuch Baurecht 2000, S. 349, 359; Kuhne/Mitschein a.a.O.; s. näher Band 1, Rdn. 537. Kniffka, in: Kniffka/Koeble, Kompendium, Teil 9 Rdn. 29 urteilt salomonisch: „Wagnis ist nach der Rechtsprechung erspart, **sofern** Wagnis ein Risiko beinhaltet, das infolge der Kündigung nicht mehr eintritt." Das ist richtig; das „Wagnis" im Sinne der herkömmlichen Kalkulation deckt aber gerade nicht ein konkretes Risiko, das projektbezogen durch die Kündigung entfallen kann, sondern das allgemeine Unternehmerrisiko, das nicht projektbezogen entfallen kann.

6.4.4.2.5 Allgemeine Geschäftskosten

Der für den betreffenden Auftrag kalkulierte Deckungsbeitrag für **Allgemeine Geschäftskosten** entfällt durch die Kündigung für die nicht mehr auszuführende Teilleistung nicht, denn der Auftragnehmer hatte den Einsatz seiner „Allgemeinen Betriebsmittel" vorab schon endgültig für diesen Zeitraum „zugeordnet";[1543] ihre Kosten sind deshalb nicht erspart.[1544]

1373

6.4.4.2.6 Baustellengemeinkosten

Baustellengemeinkosten sind von der Teilkündigung unterschiedlich berührt.

1374

Zeitabhängige Baustellengemeinkosten werden durch eine Kündigung zumeist reduziert, wenn dadurch die tatsächliche Bauzeit kürzer als die geplante wird. Das gilt allerdings nur, soweit es sich um eine Vollkündigung handelt, d. h., der Auftrag insgesamt nicht mehr fortgeführt wird. Im Regelfall fallen dann zeitabhängige Baustellengemeinkosten nach dem Kündigungsstichtag nicht mehr an.[1545] Auch hier ist allerdings die Einschränkung angebracht, dass die kalkulierten Soll–Kosten kurzfristig abbaubar sein müssen. Hat beispielsweise der Auftragnehmer speziell für diese Baustelle eine Einrichtung zu einem Pauschalpreis angemietet, so wird er wegen frühzeitiger Rückgabe der Einrichtung in der Regel keine Reduzierung des Mietpreises erreichen können, es sind also keine Kosten erspart.

Wie gerade oben[1546] angesprochen, werden einmalig anfallende kalkulierte Kosten, die schon angefallen sind, durch eine **Teilkündigung** bzw. Selbstübernahme nicht reduziert. Hierzu gehören u. a. folgende Baustellengemeinkosten:

1375

- Räumung

- Abfindungen

- Gebühren

6.4.4.2.7 Entfallene Direkte Kosten (Einzelkosten der Teilleistungen)

Zunächst ist festzustellen, ob und welche **Lohnkosten** für die gekündigten Teilleistungen **kalkuliert** worden sind.[1547] Sodann ist zu prüfen, ob und in welchem Umfang diese kalkulierten Lohnkosten kündigungsbedingt eingespart werden. Nicklisch meint, Lohnkosten gehörten zu den Fixkosten; nur dann, wenn der Auftragnehmer voll ausgelastet gewesen sei und den konkreten Auftrag nur durch Einstellung neuer Arbeitskräfte oder durch Überstunden hätte erfüllen können, seien diese erspart.[1548]

1376

[1543] Zum Begriff und zu dieser Zuordnung Band 1, Rdn. 14, 536, 559, 560, insbesondere Rdn. 1426 ff.
[1544] BGH BauR 2000, 430, 432; BGH BauR 2000, 126, 128; BGH BauR 1999, 642, 644; BGH WM 1975, 707, 709; Kniffka, in: Kniffka/Koeble, Kompendium, Teil 9 Rdn. 29; Ingenstau/Korbion/Vygen, VOB/B § 8 Nr. 1 Rdn. 49; Nicklisch/Weick, VOB/B § 8 Rdn. 8; Beck'scher VOB-Kommentar/Motzke, VOB/B § 8 Rdn. 52.
[1545] BGH BauR 1999, 1292; Ingenstau/Korbion, VOB/B § 8 Nr. 1 Rdn. 53; Heiermann/Riedl/Rusam, VOB/B § 8 Rdn. 5.
[1546] Rdn. 1374.
[1547] Vgl. Band 1, Anhang B, Unterlage h 2, Spalte 7, Kostengruppe 1.
[1548] Nicklisch/Weick, VOB/B § 8 Rdn. 8 unter Hinweis auf OLG Düsseldorf Schäfer/Finnern, Z 2.13 Bl. 19.

Ob Lohnkosten tatsächlich Fixkosten[1549] verursachen oder nicht, hängt davon ab, worauf sich der Fixkostencharakter des Kostenanfalls beziehen soll: auf das Bauobjekt oder auf das Unternehmen des Auftragnehmers.

Bezogen auf das Bauobjekt, verursachen Einzelkosten der Teilleistungen **keine Fixkosten**, wenn die **Lohnkosten proportional** zur Leistungserstellung anfallen. Dies ist bei Einzelkosten der Teilleistungen **weitgehendst der Fall**.[1550]

Beziehen wir den Fixkostencharakter dagegen auf das Unternehmen als Ganzes, so ist zu prüfen, ob und in welchem Zeitraum die betroffenen Aufwendungen kurzfristig **abbaubar** sind.[1551]

Sind diese Aufwendungen **nicht** kurzfristig **abbaubar**, so handelt es sich um Fixkosten für den Zeitraum, innerhalb dessen sie noch nicht abbaubar sind. Das heißt aber noch nicht zwingend, dass der Auftraggeber die Personalkosten, die für die gekündigten Leistungen kalkuliert worden sind, nunmehr vollständig zu tragen hat. Vorab ist dazu zu fragen, ob nicht das nunmehr für die Erstellung der gekündigten Teilleistung nicht mehr benötigte Personal nicht abgezogen werden und auf anderen Baustellen eingesetzt werden kann. Dieser Fall ist eher die Regel als die Ausnahme. Gibt es aber keine anderweitige Beschäftigungsmöglichkeit, muss der Auftragnehmer Personal, das er z. B. als Aushilfskräfte für dieses Vorhaben eingestellt hatte, zum nächstmöglichen Zeitpunkt kündigen, er darf insoweit nicht betriebliche Arbeitsmarktpolitik zu Lasten des Auftraggebers treiben. Stammpersonal braucht er dagegen nicht zu kündigen[1552], allein schon unter dem Gesichtspunkt, dass sonst ein „anderweitiger Erwerb" (s. Rdn. 1383 ff) mangels Personal ausscheidet und zumindest eine Frist zur Prüfung bestehen muss, ob solche anderweitigen Aufträge hereingenommen werden. Bei noch lang laufender Dauer des gekündigten Vertrages ist allerdings nach **längerem** Zeitraum gemäß Treu und Glauben eine Anpassung des Personalbestandes ggf. erforderlich.

Soweit der Auftragnehmer Ausfallentschädigungen an Arbeitnehmer wegen entfallenem Leistungslohn (**Akkordausgleich**) zahlen muss, verringern sich insoweit die ersparten Kosten, immer vorausgesetzt, dass Akkordzuschläge bzw. entsprechend hohe Aufwandswerte aus der Angebotskalkulation ersichtlich sind.[1553]

1377   Für **Stoffkosten** gilt Entsprechendes. In der Regel kann davon ausgegangen werden, dass kalkulierte Stoffkosten für gekündigte Leistungen zu den ersparten Kosten gehören; die Frage ist nur, in welchem Umfang. Kalkulierte Stoffkosten für nicht eingebauten Beton werden sicherlich erspart. Für nicht gelieferten Transportbeton kann jedoch die Ersparnis dadurch eingeschränkt sein, dass wegen entfallender Lieferungen Mengenrabatte verlorengehen. Die Einschränkung der Ersparnis für auf der Baustelle gemischten Beton kann in noch „zur Verrechnung" anstehenden Rest-Deckungsanteilen und in Restbeständen (z.B. für Zement) begründet sein. Ob auf der Baustelle lagernde Materialvorablieferungen für gekündigte Teilleistungen voll zu Lasten des Auftraggebers gehen, hängt davon ab, ob es sich um Allerweltsbaustoffe handelt, die anderweitig verwendbar und weiterverkaufbar sind und ob der Abtransport wirtschaftlich vertretbar ist. Gegebenenfalls ist dann der Saldo aus Verkaufswert minus kalkulierten Beschaffungskosten und Abtransportkosten als Ersparnis anzusetzen. In Fällen, bei denen das Material zum Kündigungszeitpunkt schon vollständig angeliefert, zumindest aber schon komplett bereitgestellt worden ist

---

[1549] Zum Begriff Fixkosten vgl. Band 1, Rdn. 20.
[1550] Vgl. die Beispiele unter Rdn. 1419 ff.
[1551] Zum Begriff „kurzfristig abbaubare Kosten" vgl. Band 1, Rdn. 25, 528–531.
[1552] BGH NZBau 2000, 82 für das angestellte Personal eines Architekten unter Hinweis auf von Rinteln, BauR 1998, 603, 604.
[1553] Zu diesem Problem näher Band 1, Rdn. 1454.

und derartig speziell ist, dass es in absehbar zumutbarer Zeit nicht wieder zu verwenden ist, braucht der Auftragnehmer sich die entsprechenden kalkulierten Stoffkosten nicht als erspart anrechnen zu lassen. Er muss aber auf Verlangen das Material an den Auftraggeber herausgeben.[1554] Der Auftragnehmer braucht sich nicht auf die Rücknahme von Material durch seinen Lieferanten im Kulanzweg verweisen zu lassen.[1555]

Sind Fertigteile schon hergestellt worden, reduzieren sich die Ersparnisse zusätzlich um die entsprechenden kalkulierten Kostenanteile.

Sofern die kalkulierten Soll-Kosten für **Geräte** unter den Einzelkosten der Teilleistungen kalkuliert worden sind, ist festzustellen, ob die Kündigung zu geringerem Geräteeinsatz geführt hat.
Die eingesparten kalkulierten Gerätekosten mindern die Vergütung des Auftragnehmers.

Stets ist zu prüfen, ob und in welchem Umfang einmalige Kosten in den Kalkulationsansätzen für Gerätekosten enthalten sind. Einmalige Kosten für den Geräteaufbau und -abbau sowie für An- und Abtransport können in der Regel nämlich bei einem noch so kurzfristigen Geräteeinsatz nie entfallen, d. h., bei Teilkündigung können nur betriebs- und zeitabhängige Kostenanteile der Gerätekosten eingespart werden.

Sofern die Kosten für Schalung, Rüstung und sonstige **Bauhilfsstoffe** als zeitabhängige Kosten kalkuliert worden sind, gilt für sie das, was vorab[1556] schon für Gerätekosten besprochen worden ist.

Sind die Kosten für Schalung, Rüstung und **Bauhilfsstoffe** als Verbrauchsgüter kalkuliert worden, so gilt für sie das, was schon unter Rdn. 1377 zu den Stoffkosten vorab dargelegt worden ist; sind dagegen Schalung, Rüstung und Bauhilfsstoffe als Gebrauchsgüter (zum Begriff: Band 1 Rdn. 23) mit mehrmaliger Einsatzmöglichkeit angesetzt, so entfallen die kalkulierten Kosten bei Teilkündigung nicht, wenn nach der Kündigung keine (oder nur begrenzte) Einsatzmöglichkeiten vorliegen. Entsprechendes gilt für vorab angefallene Vorfertigungskosten und für nicht vermeidbare Demontage- und/oder Entsorgungskosten.

Nachunternehmerkosten – dazu vorab schon oben Rdn. 1363, 1364 – werden dann erspart, wenn der Nachunternehmervertrag „folgenlos" **gekündigt** werden kann, weil z. B. ein großer Schlüsselfertigbauer seinem Nachunternehmer sofort einen anderweitigen Einsatz bieten kann. Ansonsten sind die Nachunternehmerkosten nicht in vollem Umfang erspart, wie wir unten noch besprechen. Der Auftragnehmer **muss** gegenüber seinem Nachunternehmer sofort eine entsprechende „freie" Kündigung bzw. Teilkündigung aussprechen.[1557] Das, was der Nachunternehmer dann gegenüber dem Auftragnehmer (Hauptunternehmer) seinerseits berechtigtermaßen gemäß § 649 Satz 2 BGB als Vergütung minus ersparter Aufwendungen berechnet, kann der Auftragnehmer (Hauptunternehmer) seinerseits dem Auftraggeber auf der Basis der Bewertung in seiner Angebotskalkulation als nicht ersparte Kosten „durchstellen".

Ein Praxisproblem liegt darin, dass Nachunternehmer oft eine Abrechnung nach § 649 BGB entweder nicht erstellen oder nicht richtig erstellen oder einfach nicht erstel-

---

[1554] OLG Frankfurt NJW-RR 1987, 979; Ingenstau/Korbion/Vygen, VOB/B § 8 Nr. 1 Rdn. 49; Nicklisch/Weick, VOB/B § 8 Rdn. 8, vgl. auch Rdn. 1370
[1555] OLG Hamm BauR 1988, 728, 730; Nicklisch/Weick, a.a.O.; Werner/Pastor, Bauprozess, Rdn. 1296.
[1556] Vgl. Rdn. 1378.
[1557] Ebenso Kniffka, in: Kniffka/Koeble, Kompendium, Teil 9 Rdn. 29.

len können. Da der gekündigte Auftragnehmer (Hauptunternehmer) zur alsbaldigen Abrechnung gezwungen ist, muss er auch diesen Fall bewältigen.

Der Bundesgerichtshof hat es hier für zulässig gehalten, dass der Hauptauftraggeber die ganze für Nachunternehmer kalkulierte Vergütung (vorläufig) als erspart ansieht und entsprechend in seiner Schlussrechnung (zu seinem Schaden!) einen Abzug macht, dass er aber gleichzeitig auf Feststellung klagt, dass der Auftraggeber verpflichtet sei, die sich aus der (späteren) Abrechnung des Nachunternehmers ergebende weitere Vergütung zu zahlen.[1558]

Methodisch ist dies ein nachvollziehbarer Weg, allerdings mit dem Insolvenzrisiko beim Hauptauftragnehmer: Er kann ja die **nach** Abrechnung des Nachunternehmers zwangsläufig erhöhte eigene Vergütungsforderung erst der Höhe nach in einem zweiten Verfahren geltend machen und läuft also Gefahr, seinen Anspruch **dann** gegen den kündigenden Auftraggeber nicht mehr realisieren zu können – eine Gefahr, die sich allerdings im Prozeßverlauf häufiger minimiert, weil zwischenzeitlich der Nachunternehmer doch (oft) abgerechnet hat.

Wenn allerdings der Nachunternehmer nicht abrechnet, bekommt er auch keine (Rest-) Vergütung; das ist eine Kompensation für den Hauptauftragnehmer.

Wir halten zusammenfassend den vom BGH beschrittenen Weg für möglich; unabhängig davon ist es dem Hauptauftragnehmer aber **nicht** verwehrt, gegenüber seinem Nachunternehmer eine Schlussrechnung gemäß § 14 Nr. 4 VOB/B selbst aufzustellen. Die Feststellung der Kosten des Nachunternehmers kann der Hauptauftragnehmer dann, wenn wie i.d.R. keine Angebotskalkulation vorliegt, mit Hilfe der Methodik von **Abb. 25,** S. 410 durchführen bzw. schätzen; die Nachunternehmerkosten; sodann kann er die ersparten Kosten nach Plausibilitätsgesichtspunkten ermitteln und die Differenz zwischen vereinbarter Vergütung und ersparter Kosten als Abrechnung in seine eigene Schlussrechnung übernehmen.[1559]

6.4.4.3 „Echte" Nachlässe

1381 Unter Rdn. 1150 haben wir besprochen, dass „echte" Nachlässe bei der Berechnung der Mehrvergütung für modifizierte Leistungen nicht zu berücksichtigen sind. Die Begründung dafür haben wir in Band 1, Rdn. 1042 ff. gegeben.

Sind dagegen Mindervergütungen zu ermitteln, so sind „echte" Nachlässe zu berücksichtigen, da sie ja auch bei der Abrechnung berücksichtigt worden wären.

Somit ist die nach der Methodik von Rdn. 1367 ff. ermittelte Vergütung für den gekündigten Teil des Bausolls als auch die Vergütung für den erstellten Teil des Bausolls jeweils um den anteiligen vereinbarten Nachlass zu reduzieren, also

- entweder mit dem vereinbarten Nachlassprozentsatz

- oder mit dem sich aus der Bezugsetzung des absoluten Nachlassbetrages zu der (zunächst) ausgewiesenen Gesamtvergütung ergebenden Prozentsatz.

6.4.4.4 Die praktische Durchführung in anderen Fällen

1382 Sofern keine herkömmliche Kalkulation hinterlegt worden ist, kann mit Hilfe der Methodik aus **Abb. 25,** S. 410 und Rdn. 1149 ff. der Status einer hinterlegten (differenzierten) Kalkulation erreicht werden.

[1558] BGH BauR 1999, 516= BGHZ 140, 365.
[1559] Kapellmann, Jahrbuch Baurecht 1998, S. 35 ff., Rdn. 63.

Aber auch dann, wenn der Status einer hinterlegten (differenzierten) Kalkulation nicht erreicht wird, gibt es Kostenaufgliederungsstufen, die eine systemgerechte Ermittlung der Ersparnisse ermöglichen. Zu nennen sind:

a) (Angebots-)Kostenermittlungen (z. B. Band 1, Abb. 13, S. 162), aus denen Gewinn und Wagnis, Allgemeine Geschäftskosten, Baustellengemeinkosten und sonstige Direkte Kosten wenigstens erkennbar sind

b) Entsprechende Aufgliederungen der Angebotssumme auf einem Deckblatt (z. B. gemäß **Abb. 14,** S. 278 und **Abb. 15,** S. 298 aus Band 1)

c) Hinterlegte Leistungsverzeichnisse mit Vordersätzen, Einheits- und Gesamtpreisen

Reicht das nicht, will oder muss man also das Kostengefüge noch stärker differenzieren, so kann auf die in **Abb. 25** aufgeführte Methodik nicht verzichtet werden. Beispielsweise sind bei hinterlegten Kalkulationen jedenfalls Mengenüberprüfungen und/oder die Suche nach „fehlenden Posten" durchzuführen; bei alleinigem Vorliegen von Budgetposten bzw. einer einzigen Pauschalsumme kann deren Aufgliederung in Kosten der Teilleistungen (Leitpositionen oder Positionen) stattfinden (vgl. Rdn. 1182 f.).

Wir fassen zusammen: Die zur Ermittlung der möglichen Ersparnisse notwendige Kostendifferenzierung bestimmt, wie weit die schon vorhandene Aufgliederung der Pauschalsumme fortzuentwickeln ist.

6.4.5 Ermittlung der entfallenen Kosten (Aufwendungen) für den nicht ausgeführten Teil der Leistung – *Planungsleistungen* beim Global-Pauschalvertrag

Wir haben unter Rdn. 1326 ff. erörtert, wie der ausgeführte Leistungsumfang und damit gleichzeitig auch der nicht ausgeführte Leistungsumfang im Falle einer Kündigung ermittelt wird. Wir haben weiter unter Rdn. 1337 ff. erläutert, wie die Vergütung für den ausgeführten Leistungsumfang festgestellt wird und unter Rdn. 1360 ff., wie die entfallenden Kosten bei **Bauleistungen** ermittelt werden.

1383

Hier geht es nun noch um die Frage, wie die entfallenen Kosten für die nicht mehr auszuführenden **Planungs**-Leistungen vom Auftragnehmer nach auftraggeberseitiger Kündigung zu ermitteln sind. Das Problem stellt sich bei Global-Pauschalverträgen, bei denen zum Leistungsumfang des Auftragnehmers außer Bauleistungen auch Planungsleistungen gehören.

Die Berechnung der ersparten Kosten wird in den Fällen, wenn der Generalunternehmer solche Planungsleistungen von einem Nachunternehmer erstellen lässt, gemäß den unter Rdn. 1380 allgemein für ersparte Nachunternehmerkosten erörterten Grundsätzen durchgeführt.

Problematisch ist, wie der „frei" vom Generalunternehmer gekündigte Architekt oder Ingenieur seinerseits seine ersparten Kosten ermitteln muss. Hierzu verweisen wir auf Rdn. 1330, 1352. [1560)]

Sofern der Generalunternehmer ausnahmsweise die Planung durch eigene Mitarbeiter erstellt hat, gelten die allgemeinen unter Rdn. 1376 ff. erörterten Grundsätze.

[1560)] Dazu in Einzelheiten Kniffka, Jahrbuch Baurecht 2000, S. 1 ff.; Kapellmann, Jahrbuch Baurecht 1998, a. a. O., Rdn. 64 ff; Schiffers, Festschrift für Blecken, S. 273.

6.4.6 Die Kürzung der Vergütung für den kündigungsbedingt nicht ausgeführten Teil der Leistung bei „freier Kündigung" um anderweitigen Erwerb

1384 Der Auftragnehmer muss sich auf seinen Anspruch aus § 649 BGB auf Zahlung der Teilvergütung bei „freier Kündigung" nicht nur ersparte kalkulierte Kosten anrechnen lassen, sondern auch das, was er durch eine anderweitige Verwendung seiner „Arbeitskraft" (seines Betriebes), also der für diese Baustelle geplanten Kapazitäten, erwirbt.

Da der Vergütungsanspruch für den entfallenden Leistungsumfang ohnehin schon, wie gerade erörtert, um die kurzfristig abbaubaren Kosten reduziert wird, verbleibt für die Kürzung um anderweitigen Erwerb nur noch der Bereich der nicht kurzfristig abbaubaren Kosten, also z. B. die Kosten der nicht sofort kündbaren Arbeitskräfte als Bestandteil der Restvergütung.

Auch diese Restvergütung verliert der Auftragnehmer dann mit Recht, wenn er die Produktionsfaktoren, deren Ersatz durch die Kündigung nun nicht mehr wie kalkuliert notwendig ist, nicht auf einer anderen Baustelle einsetzen würde und dadurch Kosteneinsparung für die gekündigte Leistung sowie anteilige Deckungsbeiträge erwirtschaften würde. In einem solchen Fall würden durch den Einsatz auf der anderen Baustelle bezogen auf das Gesamtunternehmen nicht kurzfristig abbaubare Kosten bezogen auf das gekündigte Bauvorhaben kurzfristig abbaubar. Solche Fälle kann es u. a. dadurch geben, dass kurzfristig echte Ersatzaufträge vorhanden sind, also Aufträge, die der Auftragnehmer **jetzt** und nur **deshalb** kurzfristig hereinnehmen kann, weil **jetzt** Kapazitäten frei geworden sind.

Nicht jeder neue Auftrag ist ein echter Ersatzauftrag. Entscheidend ist vielmehr der zeitliche Zusammenhang: Der Auftraggeber muss **darlegen und beweisen,** dass der Auftragnehmer ausgelastet war und diesen neuen Auftrag **nicht** hereingenommen und sofort ausgeführt hätte, wenn seine Kapazitäten nicht durch die freie Kündigung plötzlich freigeworden wären. Der Auftragnehmer kann – was nahezu immer gelingen wird !– entgegenhalten, dass er zum Zeitpunkt der Kündigung mit seinem Betrieb nicht ausgelastet war oder für den neuen Auftrag auch ohne Freisetzung der Arbeitskräfte durch die Kündigung problemlos **weitere Arbeitskräfte hätte mobilisieren können.**[1561] Das zeitliche Vorziehen eines für später terminierten Auftrages ist ohnehin kein „anderweitiger Erwerb"; es kann jedoch so angesehen werden, wenn ersatzweise für den ursprünglichen Ausführungszeitraum des vorgezogenen Auftrages wieder ein „Ersatzauftrag" beschafft werden kann.

1385 Übrigens stellt sich auch die Frage, ob nicht auch jede Mehrvergütung für eine modifizierte Leistung, z. B. für eine angeordnete **zusätzliche** Leistung, „anderweitiger Erwerb" im Sinne von § 649 BGB ist.

Im Normalfall führen **Vergütungen für zusätzliche Leistungen** gemäß § 2 Nr. 6 VOB/B **nicht** zu anderweitigem Erwerb im Sinne von § 8 Nr. 1 VOB/B, § 649 BGB, also nicht zu anrechnungspflichtigen Vergütungen bei entfallenen Teilleistungen, denn „**normale**" zusätzliche Leistungen sind **nicht gerade dadurch** in Auftrag gegeben worden und möglich geworden, dass der Auftragnehmer infolge einer Kündigung anderer Teil-

---

[1561] „Nicht ausgelastet": BGH BauR 1978, 55; LG Mosbach IBR 1998, 290 mit zutreffender Kurzanmerkung Schulze-Hagen;
„Überstunden oder Personaleinstellung": OLG Frankfurt NJW-RR 1987, 978 = BauR 1988, 599, 605; OLG Düsseldorf Schäfer/Finnern, Z 2.13 Bl. 19; Staudinger/Peters, BGB § 649 Rdn. 30; Ingenstau/Korbion/Vygen, VOB/B § 8 Nr. 1 Rdn. 55.
Der Auftraggeber kann nicht verlangen, dass der Auftragnehmer von vornherein seine gesamte Geschäftsstruktur offenlegt, um dem Auftraggeber ein Urteil darüber zu ermöglichen, welche Aufträge auch ohne Kündigung akquiriert worden wären, zutreffend Kniffka, Online-Kommentar, Stand: 10. 4. 2006, § 649 BGB, Rdn. 86–88.

leistungen jetzt Arbeitskräfte frei hätte. Der Auftragnehmer **muss** vielmehr „normale" zusätzliche Leistungen gemäß § 1 Nr. 4 VOB/B erbringen und erbringt sie auch tatsächlich, ohne dass solche zusätzlichen Leistungen „Ersatzleistungen" infolge frei gewordener Kapazitäten wären.

Wenn aber die zusätzliche Leistung „**Ersatzleistung**" ist, wenn also z. B. ein Steingarten durch einen Parkplatz ersetzt wird (Beispiel aus Band 1, Rdn. 826), dann ist die Anordnung dieser zusätzlichen Leistung überhaupt **nur** deshalb möglich und erfolgt, **weil eine andere** schon beauftragte Leistung entfallen ist. Deshalb ist es für diesen **Sonderfall** eindeutig, dass der Wegfall der alten Leistung „Steingarten" erst die Beauftragung mit der neuen (zusätzlichen) Leistung „Parkplatz" möglich gemacht hat: Also ist **diese** zusätzliche Leistung ursächlich bedingt durch den Wegfall einer ursprünglich beauftragten Leistung. Deshalb – und nur deshalb in diesem Ausnahmefall – ist die Vergütung der neuen, zusätzlichen Leistung auf die nach Abzug ersparter Kosten verbleibende Restvergütung der alten, entfallenen Leistung als **anderweitiger Erwerb gemäß § 649 BGB anzurechnen**. Die Deckungsanteile aus dieser neuen, zusätzlichen Leistung werden auf die an sich zu ersetzenden Deckungsanteile der gekündigten alten Leistung angerechnet, **weil die neue Leistung die alte Leistung ersetzt**. Sind die **Deckungsanteile** der zusätzlichen Leistung gleich den Deckungsanteilen der entfallenen alten Leistung oder sind die Deckungsanteile aus zusätzlichen Leistungen sogar höher, entfällt im Ergebnis durch diese Anrechnung die Vergütungspflicht für die Deckungsbeiträge der gekündigten Leistung und damit insgesamt die Vergütung der gekündigten Leistung „Steingarten". Sind die Deckungsanteile der zusätzlichen Leistung niedriger als die Deckungsaneile der entfallenen, gekündigten Leistung, so bleibt die Deckungsdifferenz zugunsten des Auftragnehmers erhalten. Die Eigenschaft als „Ersatzleistung" muss der Auftraggeber beweisen.

Problematisch ist die Beurteilung eines neuen Auftrages als Ersatzleistung, wenn der Auftragnehmer **auf anderen Baustellen in Leistungsverzug** ist und erst durch infolge der Kündigung freiwerdender Kapazitäten in die Lage versetzt wird, auf diesen anderen Baustellen Schäden von sich abzuwenden. Als Antwort heißt es, nur der durch die freiwerdende Kapazität bedingter zusätzlicher Erwerb müsse angerechnet werden, der Zuerwerb müsse zweifelsfrei durch die Kündigung möglich sein; die Verursachung sei in solchen Fällen zu verneinen.[1562]

Im Ergebnis ist der Ablehnung einer Anrechnung zuzustimmen, was am Beispiel der Allgemeinen Geschäftskosten, des Wagnisses und des Gewinns deutlich wird: Anzurechnen sind nämlich Wagnis und Gewinn[1563] sowie die **Allgemeinen Geschäftskosten,** die der Auftragnehmer **bei** kündigungsbedingt **neuem Auftrag** erzielt bzw. deckt. Wenn er aber nur Leistungsverzug bei einem anderen Auftrag aufholt, erzielt er keine **neue** (zusätzliche) Deckung für Allgemeine Geschäftskosten und keinen zusätzlichen Gewinn; er minimiert lediglich andersgeartete, sogar noch unbestimmte Gegenansprüche dritter Bauherren. Das ist im hier interessierenden Sinne kein „anderweitiger Erwerb".

Anzurechnen ist auch der **böswillig unterlassene anderweitige Erwerb**. Praktisch bedeutet das, dass eine Kürzung der Teilvergütung auch dann begründet ist, wenn der Auftragnehmer eine nachgewiesene Ersatzmöglichkeit unter zumutbaren Konditionen (Art der Arbeit, Rücksicht auf andere festliegende Termine, Bonität des entsprechenden Auftraggebers usw.) treuwidrig vorsätzlich nicht wahrnimmt.[1564] Im Ausnahmefall muss der Auftragnehmer jedenfalls bei umfangreicher Kapazitätsfreisetzung durch freie Kündi-

---

[1562] OLG Düsseldorf, Urteil vom 25. 2. 1993, 5 U 107/92, nicht veröffentlicht; Ingenstau/Korbion/Vygen, a. a. O; Nicklisch/Weick, VOB/B § 8 Rdn. 9.
[1563] Ingenstau/KorbionVygen, a. a. O., Rdn. 52.
[1564] BGH BauR 1992, 379; Staudinger/Peters, BGB, Rdn. 31.

gung auch gezwungen sein, einen mit knappem Ergebnis oder sogar mit Verlust kalkulierten neuen Auftrag hereinzunehmen und auszuführen, sofern der (alte) Auftraggeber sich bereit erklärt, insoweit die Differenz zu tragen.[1565] Sofern der (alte) Auftraggeber diese Erklärung nicht abgibt und – so unsere Meinung – für den Ausfall nicht auch Sicherheit stellt, ist der Unternehmer **nicht** verpflichtet, die „günstigen" Kalkulationsbedingungen auszunutzen, die er durch die – „in der Regel" bei Kündigungen mögliche – geringere notwendige Deckung von Allgemeinen Geschäftskosten und Gewinn am Markt erzielen kann.[1566] Abgesehen davon, dass bei den heutigen Verhältnissen diese Regel schwerlich existiert, wäre das ein problematischer Rat: Der Auftragnehmer soll mit verringertem Deckungsanteil (ein bißchen Deckung muss noch übrigbleiben, sonst ist nichts anzurechnen!) anbieten, also ein betriebswirtschaftliches Risiko eingehen, um den frei kündigenden Auftraggeber „zu schonen", ohne aber zu wissen, ob er seine Forderung gegen den kündigenden Auftraggeber bonitätsmäßig durchsetzen kann. Was geschieht, wenn der zweite Auftraggeber in Konkurs geht? Der dann bei dem „Füllauftrag" zusätzlich verlorene Deckungsanteil lässt sich nie wieder hereinholen.

Wir sind also der Auffassung, dass es **keinen** Anlass für den gekündigten Auftragnehmer gibt, mit verringerten Deckungsanteilen anzubieten; wir würden ihm auch **davon dringend abraten**, und wenn wir Geschäftsleitung wären, würden wir das im Unternehmen unterbinden. **Ein** Risiko reicht.

1388 Bei größeren Verträgen, die „frei" gekündigt werden, wird oft noch eine lange Rest-Vertragsdauer zur Verfügung stehen, in der anderweitiger Erwerb möglich ist; selbst ein kurzfristiges Überschreiten dieses Zeitraums wird noch im Einzelfall in Betracht kommen.[1567]
Auf der anderen Seite soll nach Kündigung sofort abgerechnet werden.
Koeble schließt aus diesem Dilemma, die Geltendmachung der Vergütung für nicht erbrachte Leistungen werde erst dann möglich sein, wenn die voraussichtliche Dauer des gekündigten Projekts abgelaufen sei.[1568]

Wir halten demgegenüber eine Abrechnung alsbald nach der Kündigung im Interesse des Auftragnehmers für unumgänglich. Selbst nach Rechtskraft eines Urteils über die Vergütung verbleibt dem Auftraggeber immer noch die Möglichkeit, nachträglich eingetretenen „anderweitigen Erwerb" geltend zu machen.

6.5 Hinweise zur Berechnung der Vergütung bei freier Kündigung mit doppelter Berechnung („Umweg")

1389 Wie schon unter Rdn. 1353 ff. besprochen, genügt es bei „freier Kündigung", von der **Gesamtvergütung** die ersparten kalkulierten Kosten der nicht ausgeführten Teilleistungen abzuziehen.

Wenn man sich aber die Mühe machen will oder im Einzelfall machen muss, zuerst die „Teilvergütung" für den ausgeführten Teil der Leistung zu ermitteln, so geht das nach der Methode gemäß Rdn. 1337 ff. Kennt man die Teilvergütung für die ausgeführte Teilleistung, findet man durch Subtraktion von der beauftragten Gesamtvergütung die Teilvergütung für die kündigungsbedingt nicht ausgeführten Leistungen. Diese Teilvergütung ist

---
[1565] A. a. O.
[1566] In diesem Sinne aber Quack, a. a. O., S. 315.
[1567] Wie der BGH zutreffend entschieden hat, vgl. Rdn. 1384.
[1568] BauR 1997, 191, 196.

zu kürzen um die entsprechenden ersparten kalkulierten Kosten und um anderweitigen Erwerb, dazu verweisen wir auf Rdn. 1360 ff.

Der Auftragnehmer erhält dann die Teilvergütung für die ausgeführten Teilleistungen plus der Teilvergütung für die nicht ausgeführten Teilleistungen, letztere jedoch gekürzt um ersparte kalkulierte Kosten und anderweitigen Erwerb.

Hierzu verweisen wir auf Beispiele unter **Rdn. 1419 ff.**

7 Darlegungs- und Beweislast

Bei Kündigung des Auftraggebers **aus wichtigem Grund** erhält der Auftragnehmer nur Vergütung für den ausgeführten Teil der Leistung. Der Auftragnehmer muss diese Vergütung (auch) der Höhe nach darlegen und beweisen. 1390

Bei „freier" **Kündigung** oder **Teilkündigung** des Auftraggebers erhält der Auftragnehmer die volle Vergütung minus ersparter Kosten. **Grundsätzlich** muss (eigentlich) der Auftraggeber laut früherer Auffassung des BGH diese „Ersparnisse" darlegen und beweisen.[1569] Der Auftragnehmer brauchte also nach dieser Entscheidung nicht dartun, dass Kosten erspart seien oder anderweitiger Erwerb eingebunden sei. Erkläre er, dass es solche Tatbestände nicht gegeben hat, genüge das; aber auch dann, wenn er nichts sagt, reiche das aus. Allein die Tatsache, dass der Auftragnehmer damit potentiell einen zu hohen Betrag einklagt, berührt danach die **Schlüssigkeit** auf der Basis seines Sachvortrages nicht.[1570]

Der Bundesgerichtshof entscheidet jedoch seit 1995 ständig: Was der Unternehmer sich an Aufwendungen anrechnen lässt, hat **er** vorzutragen und zu beweisen.[1571] Im entschiedenen Fall (BGH BauR 1996, 382) ging die Klägerin „zwar selbst von Ersparnissen aus", doch waren sie von der Klägerin nach den vom BGH gestellten Anforderungen nicht beziffert oder bezifferbar.

Das ist somit nur eine kleine und praktisch unbedeutende Nuance:
Nach unserer Meinung ist die Klage des frei gekündigten Auftragnehmers, der zu den ersparten Aufwendungen **gar nichts** sagt, schlüssig. Ob in dieser Nuance der Bundesgerichtshof anderer Auffassung ist, lässt sich nicht erkennen, das Urteil BauR 1997, 643 spricht dafür.

Ansonsten ist der Rechtsprechung uneingeschränkt zuzustimmen: Jedenfalls sobald der Auftrag**nehmer** überhaupt ersparte Aufwendungen einräumt, muss er sie substantiiert – unter Vorlage der relevanten (gegebenenfalls nachzuholenden) Kalkulation – vortragen.

Soweit der Auftraggeber behauptet, der Auftragnehmer habe (mehr) Kosten erspart, ohne dies zu substantiieren, ergibt sich das Dilemma, dass der Auftraggeber Einzelheiten nicht kennt; deshalb ist er auf keinen Fall zu „eingehendem Vortrag" über die Kalkulationsgrundlagen des Auftragnehmers verpflichtet. Es genügt, wenn er in Grundzügen dartut, „welche Kalkulationsbestandteile" entfallen sind und überlicherweise in solchen Fäl- 1391

[1569] BGH BauR 1992, 379.
[1570] Ebenso Staudinger/Peters, BGB, § 649 Rdn. 25; a. A. möglicherweise Quack, a. a. O., 311, 312, der aber einräumt, dass sich die gegenteilige Ansicht „strikt am Wortlaut des Gesetzes orientiert".
[1571] BGH BauR 1996, 382, 382 = BGHZ 131, 162; BGH BauR 1996, 412, 414; BGH BauR 1996, 846, 848; BGH BauR 1997, 304; BGH BauR 1997, 643, 644. Ebenso OLG Naumburg IBR 1995 mit Anm. Kniffka (Revision nicht angenommen).

len entfallen, und wenn er dies durch Sachverständigengutachten unter Beweis stellt; der Auftragnehmer muss dann dartun, dass entweder die behauptete Üblichkeit gar nicht besteht oder dass im konkreten Fall bei dem Auftrag Ersparnisse doch nicht eingetreten sind.[1572] Dies kann seinerseits der Auftraggeber wieder durch substantiierte, konkrete Darlegungen widerlegen.

1392 In dem Urteil BGH BauR 1997, 643 entscheidet der Bundesgerichtshof erstmals, dass es „nach der neuen Rechtsprechung erforderlich sei, dass der Auftragnehmer schlüssig darlegt, welche Aufwendungen er erspart **und** gegebenenfalls (?), welchen **anderweitigen** Erwerb er sich anrechnen lässt.[1573] Das ist konsequent, aber eine Abkehr von früherer Rechtsprechung: Der Bundesgerichtshof hatte 1977 entschieden: „Mit **Recht** durfte das Berufungsgericht deshalb Darlegungen der Beklagten (Auftrag**geberin**) zur Frage vermissen, ob die Klägerin zusätzliche Arbeitskräfte oder Subunternehmer hätte einsetzen müssen, um die angeblich nicht ausgeführten Leistungen erbringen zu können".[1574] Das OLG Frankfurt hatte 1986 entschieden: „Zwischen der Kündigung und der anderen Gewinn bringenden Beschäftigung muss ein ursächlicher Zusammenhang bestehen; der Auftragnehmer muss „ausschließlich durch die Vertragskündigung" in die Lage versetzt worden sein, einen **anderweitigen** Auftrag auszuführen (und Gewinn aus ihm zu erzielen); konnte der Betrieb des Auftragnehmers neben dem gekündigten Auftrag **weitere** ausführen, so sind diese **nicht** anzurechnen. Da die Klägerin (Auftragnehmer) einen weiteren Auftrag bestritten hat, war es **an der Beklagten** (Auftraggeberin), Tatsachen vorzutragen, aus denen sich die Minderungsvoraussetzungen nach § 8 Nr. 1 Abs. 2 Satz 2 VOB/B (§ 649 BGB) ergeben. Die Beklagte hätte substantiierten müssen, dass die Klägerin nach der Baustellenräumung während der voraussichtlichen Leistungszeit (?) auf ihrer Baustelle den anderen Auftrag angenommen hat und dass dies ihr nur zur Folge der Kündigung möglich war. Dies aber hat sie nicht dargetan."[1575] Es ist reizvoll, sich vorzustellen, wie der Auftraggeber diesen Beweis führen soll, vor allem bei einem Großunternehmen. Tatsächlich wird der Auftraggeber insoweit – so mit Recht Quack – im Ergebnis mit einem nicht erbringbaren Beweis belastet.[1576] Quack meint, in der Regel – das bezweifeln wir sehr, siehe oben Rdn. 1384 – würden jedenfalls partielle Möglichkeiten anderweitigen Erwerbs bestehen, erläutert aber nicht, wer dazu darlegungspflichtig sei.

Im Ergebnis sind wir der Meinung, dass man mit der Rechtsprechung des Bundesgerichtshofs vom Auftragnehmer erwarten muss, dass er hinsichtlich des anderweitigen Erwerbs darlegt, entweder genug Kapazität frei gehabt zu haben für einen hereingenommenen „neuen" Auftrag oder überhaupt keinen weiteren „neuen" Auftrag für den relevanten Zeitraum hereingenommen zu haben. Dagegen braucht der Auftragnehmer nach unserer Meinung nichts zu den ersparten Kosten vorzutragen (s. oben Rdn. 1390, 1392).

1393 Wir halten für zutreffend, was Kniffka im Zusammenhang mit dem geforderten Vortrag des Auftragnehmers zu den ersparten Aufwendungen formuliert: „Die zutreffende Rechtsprechung des BGH muss in der forensischen Praxis **mit Augenmaß** und **einzelfallbezogen** eingesetzt werden."[1577]

[1572] BGH BauR 1996, 382.
[1573] BGH BauR 1997, 643, 644.
[1574] BGH BauR 1978, 55, 56.
[1575] OLG Frankfurt BauR 1988, 599, 605; Ingenstau/Korbion/Vygen, VOB/B § 8 Nr. 1 Rdn. 67; siehe auch Staudinger/Peters, BGB § 649 Rdn. 24 ff.
[1576] Quack, a. a. O., Rdn. 312.
[1577] Anm. zu BGH EWiR § 649 BGB 1/96 = BauR 1996, 846; siehe auch Kniffka, Jahrbuch Baurecht 2000, S. 1, 2.

Das hat der Bundesgerichtshof mittlerweile selbst verdeutlicht:
Dann, wenn eine Klage auf Vergütung nach freier Kündigung gemäß § 8 Nr. 1 VOB/B an **nicht prüffähiger** Abrechnung (der ersparten Kosten) scheitert, behandelt der Bundesgerichtshof diesen Anspruch **nur als nicht fällig** und weist deshalb die Klage nur als derzeit unbegründet ab; die fehlende Substantiierung kann also (ggf.) in einer neuen Klage nachgeholt werden.[1578] Ebenso gehört es in diesen Rahmen, dass der Bundesgerichtshof in derselben Entscheidung zutreffend festhält, dass eine solche Klage auf Vergütung nach freier Kündigung mangels Vorlage einer prüfbaren Rechnung nicht abgewiesen werden kann, wenn der Auftragnehmer bestimmte kalkulatorische Aufwendungen als erspart abgezogen hat und behauptet, weiter Aufwendungen seien nicht erspart worden und wenn dann der Auftraggeber gar keine weiteren ersparten Aufwendungen behauptet, sondern nur die Höhe der behaupteten ersparten Aufwendungen bestreitet.

Der Auftraggeber kann im übrigen verlangen, dass Voraus- und Abschlagszahlungen abgerechnet werden; zu einer solchen Abrechnung ist der Auftragnehmer verpflichtet, ebenso zur Auszahlung eines Überschusses. Rechnet der Auftragnehmer nicht ab, kann der Auftraggeber eine eigene Abrechnung vorlegen, und zwar eine solche, die ihm unter Ausschöpfung seiner Erkenntnisquellen möglich ist.[1579]

8 Prüffähigkeit der Rechnung

Die Rechnung beim **VOB**-Vertrag muss als Fälligkeitsvoraussetzung prüfbar sein. 1394

Auch beim **BGB**-Vertrag ist der Auftragnehmer jedenfalls aus vertraglicher Nebenpflicht zur Aufstellung einer prüfbaren Rechnung verpflichtet,[1580] was die mangelnde praktische Bedeutung der Überlegungen noch mehr verdeutlicht. Im Normalfall erfordert eine **prüfbare Rechnung** die Feststellung des von der Kündigung nicht betroffenen ausgeführten Leistungsteils – und damit auch des kündigungsbetroffenen, entfallenen Leistungsteils – durch „Aufmaß", das dann entsprechend den Grundlagen der Preisermittlung zu „bewerten" ist. Wir haben schon unter Rdn. 1326 dargelegt, dass die Leistungsabgrenzung und somit die Basis der Vergütungs- bzw. Ersparnisberechnung im Einzelfall auch ohne besonderes Aufmaß eindeutig feststellbar sein kann.

Zur Prüffähigkeit einer Rechnung speziell im Anschluss an eine freie Kündigung hat der 1395
Bundesgerichtshof in einer Fülle von Entscheidungen in den letzten Jahren Stellung genommen.[1581] Der zutreffende Tenor der Entscheidung ist: Ein Auftraggeber kann sich auf mangelnde Prüffähigkeit, d.h. fehlende Informationen in der Schlussrechnung, nicht berufen, wenn er diese Informationen – beurteilt auf der Basis der Rechtsprechung – gar nicht benötigt. Die Prüfbarkeit ist nicht Selbstzweck. Ohnehin hat Prüfbarkeit nichts mit Richtigkeit zu tun.

Wegen der Einzelheiten verweisen wir auf die umfassende Darstellung von Kniffka.

[1578] BGH NZBau 2000, 375 = BauR 2000, 1182; BGH BauR 1999, 635; s. auch BGH BauR 1999, 642; dazu Kniffka/Koeble, Kompendium, Teil 9, Rdn. 49, 50.
[1579] BGH, a. a. O.
[1580] Einzelheiten Locher, a. a. O., S. 43 ff; Rdn. 1397.
[1581] Als Beispiel: BGH NZBau 2003, 151: BauR 2003, 377; BGH NZBau 2002, 90 = BauR 2002, 468; BGH NZBau 2002, 58 = BauR 2002, 1406; kritisch Lederer in: Kapellmann/Messerschmidt VOB/B § 8 Rdn. 57, 58. Vollständige Nachweise und zusammenfassende Darstellung bei Kniffka, in: Kniffka/Koeble, Kompendium, Teil 9 Rdn. 39–51.

Der Bundesgerichtshof hat schon oft den Instanzgerichten mit Recht ins Stammbuch schreiben müssen, auf eine mangelnde Prüfbarkeit müsse das Gericht unmissverständlich und im einzelnen hinweisen und sodann sachgerecht genügend Zeit zur Möglichkeit ergänzenden Sachvortrages geben.[1582]

9 Teilklagen, Teilabtretungen bei § 649 Satz 2 BGB

1396 Macht der Auftragnehmer seinen Anspruch auf Vergütung minus ersparter Kosten bei freier Kündigung des Auftraggebers nur zu einem Teilbetrag geltend (z. B. durch eine Teilklage) oder ist z. B. ein Teil dieser Restforderung (erstrangig) abgetreten, fragt es sich, ob die entfallenden, von der Vergütung abzuziehenden Kosten gemäß § 649 Satz 2 BGB anteilig auf die Restforderung zu verteilen sind oder ob sie an den nicht eingeklagten bzw. abgetretenen Teil der Forderung abgesetzt werden können oder dürfen. Letzteres wird unter Hinweis auf eine Entscheidung des Reichsgerichts aus dem Jahre 1910[1583] allgemein bejaht; dem ist unter dem Aspekt der Analogie zu § 366 Abs. 2 BGB zuzustimmen.[1584]

10 Abnahme, Schlussrechnung, Fälligkeit, Abschlagszahlungen

1397 Beim VOB-Vertrag setzt die Fälligkeit der Werklohnforderung – vom Anspruch auf Abschlagszahlung abgesehen – Abnahme, prüfbare Schlussrechnung, Ablauf der 2-Monats-Frist gemäß § 16 Nr. 3 Abs. 1 Satz 1 VOB/B voraus. Ob beim BGB-Vertrag die Schlussrechnung Fälligkeitsvoraussetzung ist, ist umstritten.[1585]

1398 Bei **Voll**kündigung wird der gekündigte Vertrag insgesamt nicht mehr ausgeführt. Auch in diesen Fällen ist die Abnahme des Teilwerks nach der Kehrtwendung des Bundesgerichtshofs Fälligkeitsvoraussetzung.[1586] Der Auftragnehmer hatte schon nach bisheriger Rechtsprechung Anspruch auf Abnahme. § 8 Nr. 6 VOB/B gibt dem Auftragnehmer ausdrücklich das Recht, „Aufmaß" und Abnahme zu verlangen, schon zur Abgrenzung der erstellten von den nicht erstellten Teilleistungen und als Feststellung der Ordnungsgemäßheit der erstellten Teilleistung, wie schon unter Rdn. 1328 erörtert.

1399 Beim **BGB-Vertrag** gilt: Nach Kündigung des Vertrages ist die Abgrenzung der ausgeführten und der entfallenden Teilleistungen nötig, bei auftraggeberseitiger Kündigung aus wichtigem Grund sodann die „preisliche" Bewertung der ausgeführten Leistung, bei auftraggeberseitiger „freier" Kündigung die Berechnung entfallender Kosten für die nicht ausgeführte Teilleistung, die von der Gesamtvergütung abzuziehen sind. Das ist nur im Ausnahmefall einfach und für einen Außenstehenden oft kaum möglich. Im Normalfall

---

[1582] Z.B. BGH BauR 1999, 167; BGH BauR 1999, 635.
[1583] RGZ 74, 197, vgl. Fn. 1409.
[1584] So Staudinger/Peters, BGB § 649 Rdn. 33
[1585] Zutreffend ablehnend BGHZ 79, 176; dazu mit allen Nachweisen Locher, Die Rechnung im Werkvertragsrecht, S. 21 ff., s. auch oben Rdn. 17.
[1586] BGH NZBau 2006, 569; ablehnend bisher BGH BauR 1987, 95 = NJW 1987, 382 und allgemeine Meinung, z. B. Nicklisch/Weick, VOB/B § 8 Rdn. 18, 61; Ingenstau/Korbion/Vygen, VOB/B § 8 Nr. 6 Rdn. 16; Palandt/Sprau, BGB § 641 Rdn. 6; a. A. Vygen/Schubert/Lang, Bauverzögerung, Rdn. 86.

erfordert diese Aufgliederung beim Pauschalvertrag die Offenlegung der auftragnehmerseitigen Angebots- bzw. Auftragskalkulation und deren Auswertung. Dennoch ist hier der Wortlaut des § 641 BGB eindeutig, der gerade **keine Rechnung** als Fälligkeitsvoraussetzung erfordert, so dass selbst in diesem Fall, also beim gekündigten Pauschalvertrag, die Schlussrechnung formal nicht Fälligkeitsvoraussetzung ist,[1587] was theoretisch dazu führen könnte, dass der Auftragnehmer seine Vergütung normal einklagen könnte, ohne eine Schlussrechnung erteilt zu haben. Spätestens in der Klage müsste er allerdings die Substantiierung nach Kündigung, also die Aufteilung in Teilleistung und Zuteilung der Pauschale auf die Teilleistung, nachholen. Bei einem solchen – völlig lebensfremden – Verhalten würde sich der Auftragnehmer der Gefahr eines vorzeitigen Anerkenntnisses des Auftraggebers aussetzen und müsste gemäß § 93 ZPO die Kosten tragen. Ohnehin könnte vor Erteilung der Rechnung möglicherweise der Auftraggeber ein Zurückbehaltungsrecht gemäß § 273 BGB ausüben. Mit einem Wort: Das ist wirklich reine Theorie.

1400 Nach Kündigung wird der Schlussrechnungsbetrag **auch beim Pauschalvertrag** gemäß **VOB** (§ 16 Nr. 3 Abs. 1 Satz 1) erst zwei Monate nach Vorlage der Schlussrechnung fällig,[1588] sofern die Prüfung und Feststellung der Schlussrechnung nicht früher erfolgt (und mitgeteilt) ist. Beim BGB-Vertrag gilt das nicht.

1401 Schon vor der Kündigung gestellte Forderungen auf **Abschlagszahlungen** kann der Auftragnehmer nach Kündigung des Bauvertrages nicht mehr gesondert geltend machen; wenn eine Schlussrechnung erteilt ist, kann und muss eine Klage darauf gestützt werden, auch, wenn sie erst in 2. Instanz überreicht worden ist.[1589]

Unstreitige Beträge stellen sich als unstreitiges Guthaben im Sinne von § 16 VOB/B dar und bewirken, dass es schon vor Abschluss der Prüfung gemäß § 16 Nr. 3 Abs. 1 Satz 3 VOB/B sofort ausgezahlt werden muss; das steht aber nur auf dem Papier.

11 Regelung der Kündigungsvoraussetzungen und -folgen in Allgemeinen Geschäftsbedingungen

11.1 Allgemeine Geschäftsbedingungen des Auftragnehmers

1402 Dass der **Auftragnehmer** Allgemeine Geschäftsbedingungen stellen kann, wird eher der **Ausnahmefall** sein, abgesehen vom Bauträgervertrag.
Wenn der Auftragnehmer Allgemeine Geschäftsbedingungen durchsetzen kann, wird er bestrebt sein, das freie Kündigungsrecht des Auftraggebers auszuschließen. Beim Bauträgervertrag ist ohnehin von einem stillschweigenden vertraglichen Ausschluss des freien Kündigungsrechts des Erwerbers generell auszugehen.[1590] Folglich ist auch eine dies nur wiederholende Regelung in Allgemeinen Geschäftsbedingungen des Bauträgers zulässig. Aber auch allgemein ist es erlaubt, als Auftragnehmer das freie Kündigungsrecht des

---

[1587] Eingehend und zutreffend Locher, Die Rechnung im Werkvertragsrecht, S. 21 ff., 43 ff.
[1588] BGH BauR 1989, 87 = NJW 1989, 836; BGH NJW-RR 1987, 724; OLG Köln, ZfBR 1993, 27; OLG Düsseldorf, BauR 1992, 813; Nicklisch/Weick, VOB/B § 16 Rdn. 36; Ingenstau/Korbion/VygenVOB/B § 8 Nr. 6 Rdn. 17.
[1589] BGH NZBau 2005, 158.
[1590] Siehe oben Rdn. 1317 mit Nachweisen in Fn. 1434.

Auftraggebers in Form der „Vollkündigung" des § 649 BGB auszuschließen.[1591] Ein überwiegendes Interesse des Auftraggebers, sich ohne weiteres von dem einmal geschlossenen Bauvertrag lösen zu können, besteht nicht, zumal der Werkvertragstyp „Bauvertrag" anders als das allgemeine Werkvertragsrecht eine länger dauernde Mitarbeit des Auftraggebers als Nebenpflicht geradezu voraussetzt.[1592]

Beim VOB/B-Vertrag ist für die Kündigung gemäß § 8 Nr. 5 VOB/B immer Schriftform erforderlich. In Allgemeinen Geschäftsbedingungen des Auftragnehmers kann auch für die (freie) Kündigung des Auftraggebers wirksam als Voraussetzung Schriftform vereinbart werden.[1593]

1403 Der **Auftragnehmer** kann auch in Allgemeinen Geschäftsbedingungen wirksam regeln, dass im Falle der an sich zulässigen freien Kündigung dann jedenfalls **pauschalierter Ersatz** für die nicht ausgeführte Teilleistung zu zahlen ist, vorausgesetzt, der Pauschalbetrag bewegt sich in einer üblichen Grenze, und der Gegenbeweis einer geringeren Restvergütung wird nicht abgeschnitten.[1594] Unzulässig ist auf jeden Fall eine Klausel in den Allgemeinen Geschäftsbedingungen des Auftragnehmers, wonach er auch bei zulässiger freier Kündigung des Auftraggebers dennoch vollen Werklohn für die Restleistung ohne Abzug ersparter Aufwendungen erhält.[1595]

11.2 Allgemeine Geschäftsbedingungen des Auftraggebers

1404 Der Auftraggeber kann in Allgemeinen Geschäftsbedingungen schon wegen § 307 BGB die Rechtsfolgen einer von ihm ausgesprochenen freien Vollkündigung nicht vollständig ausschließen;[1596] er darf auch insbesondere nicht sachlich unangemessen niedrige Pauschalentschädigungen dem Auftragnehmer aufzwingen.[1597]

12 Sonderfall: Kündigung des Auftragnehmers (§ 9 VOB/B)

1405 Beim **VOB/B-Vertrag** kann der Auftragnehmer gemäß § 9 VOB/B kündigen, wenn der Auftraggeber trotz Fristsetzung eine Mitwirkungshandlung unterlässt oder wenn der Auftraggeber in Zahlungsverzug gerät. Dann sind die bisher erbrachten Leistungen nach den Vertragspreisen abzurechnen. **Außerdem** hat der Auftragnehmer Anspruch auf ange-

---

[1591] So schon oben Rdn. 1317, weiter Ingenstau/Korbion/Vygen, VOB/B § 8 Nr. 1 Rdn. 20; Werner/Pastor, Bauprozess, Rdn. 1298; a. A. Kleine-Möller/Merl, § 2 Rdn. 627; Glatzel/Hofmann/Frikell, S. 209.

[1592] Einzelheiten s. Band 1, Rdn. 1281, 1343; Ingenstau/Korbion/Vygen, VOB/B § 8 Nr. 1 Rdn. 23 f mit Nachweisen; Nicklisch/Weick, VOB/B, Einl. §§ 4–13 Rdn. 20.

[1593] BGH NJW-RR 1989, 625; Glatzel/Hofmann/Frikell, a. a. O.

[1594] Vgl. z. B. BGH NZBau 2006, 436: 10 % beim Fertighausvertrag zulässig, wenn der Unternehmer daneben nicht noch andere Ansprüche geltend macht; BGH BauR 1999, 1294, 1295 = „10% pauschal" ohne Anrechnung anderweitigen Erwerbs ist unwirksam; BGH BauR 1983, 266 (5 % beim Fertighausvertrag unbedenklich); BGH BauR 1985, 79, 182 (18 % beim Fertighausvertrag „äußerst zweifelhaft"); Einzelheiten bei Werner/Pastor, Bauprozess, Rdn. 1299; Staudinger/Peters, BGB § 649 Rdn. 28 ff. Laut OLG Köln IBR 1993, 282 sind z. B. beim Generalübernehmervertrag **5 %** pauschale Entschädigung unbedenklich, **15 %** dagegen unwirksam.

[1595] BGHZ 54, 106, 113 ff.; BGH NJW 1985, 631, 632 = BGHZ 92, 244, 250.

[1596] BGH BauR 1990, 81, 83; BGH NJW 1985, 632, 633 = BGHZ 92, 244, 250; vollständige Nachweise bei S. Kapellmann, in: Markus/Kaiser/Kapellmann, AGB-Handbuch Bauvertragsklauseln, Rdn. 478 ff.

[1597] Kleine-Möller/Merl, § 2 Rdn. 630; Staudinger/Peters, BGB § 645 Rdn. 29.

Sonderfall: Kündigung des Auftragnehmers   Rdn. 1406

messene Entschädigung nach § 642 BGB; etwaige weitergehende Ansprüche des Auftragnehmers bleiben unberührt.

Für den Teil der Leistung, der schon ausgeführt ist, stellt sich also dasselbe Problem wie bei der auftraggeberseitigen Kündigung aus wichtigem Grund: Die beauftragte Gesamtleistung ist in einen ungekündigten und einen gekündigten Leistungsteil zu zerlegen, der ungekündigte Leistungsteil ist sodann mit dem entsprechenden Teil der Pauschalvergütung zu bewerten.

Hinsichtlich des weitergehenden Anspruches können wir auf die obigen Erläuterungen zu § 649 BGB unter Rdn. 1323 ff.

Beim **BGB-Vertrag** richten sich die Kündigungsvoraussetzungen nach § 643 BGB, die Folgen insgesamt nach § 642 BGB. Zur Berechnung insoweit verweisen wir auf Band 1, Rdn. 1648 ff.   1406

Kapitel 18
Einverständlich entfallene oder verringerte Leistungen

1 Inhalt und Form der Aufhebungsvereinbarung

1407 Es versteht sich von selbst, dass die Parteien nach Vertragsschluss auch einverständlich wieder – durch Abänderungs- oder sogar Aufhebungsvertrag – einzelne oder alle (Rest-)Leistungen aus dem Vertrag „herausnehmen" können, also insoweit dieselben Folgen wie durch freie Teil- oder Vollkündigung des Auftraggebers herbeiführen können. Auch bei Geltung der VOB/B ist die Aufhebungsvereinbarung § 8 Nr. 5 VOB/B nicht anwendbar, die Aufhebungsvereinbarung bedarf also keiner Schriftform,[1598] wiewohl sie selbstverständlich zu empfehlen ist. Das gilt selbst dann, wenn der Vertrag Schriftform vorsieht; die Parteien können auch mündlich das Schriftformerfordernis stillschweigend außer Kraft setzen.[1599]

1408 Die Aufhebungsvereinbarung oder „Leistungskürzungsvereinbarung" muss klar und eindeutig getroffen sein, was konkludente oder stillschweigende Aufhebungsregelungen nicht generell ausschließt, aber doch mit Vorsicht beurteilen lässt. Jedenfalls liegt in einem zeitweisen Ruhen der Baustelle oder gar in einer Auseinandersetzung darüber, welche Leistung geschuldet werde, keine Aufhebungsvereinbarung, auch nicht in bloßer „Funkstille". Dagegen ist es keineswegs erforderlich, dass die Aufhebungsvereinbarung auch die Rechtsfolgen der Aufhebung (nämlich die Vergütungsfolgen) regelt;[1600] die nachfolgend angesprochenen Rechtsfragen stellen sich überhaupt nur, wenn die Parteien die Vergütungsfolgen der einverständlichen Vertragsaufhebung nicht mitgeregelt haben.

1409 Wer sich auf die einverständliche Aufhebung oder Leistungsminderung beruft, muss sie beweisen.[1601]

2 Vergütungsfolgen

1410 Wenn die Vertragsparteien die Vergütungsfolgen im Rahmen individueller Aufhebungsvereinbarung mitregeln, geht diese Regelung selbstverständlich vor.
Regeln sie die Vergütungsfolgen nicht, so gilt:
Der ausgeführte Teil und der nicht ausgeführte Teil werden leistungsmäßig abgegrenzt. Die erstellten Teilleistungen des Bausolls und der beauftragten Nachträge werden mit ihren vertraglich vereinbarten Vergütungen bezahlt. Bei Pauschalverträgen heißt das, dass die Vergütung der erstellten Bausollleistung aus der Angebotskalkulation derartig entwickelt werden muss, dass die Direkten Kosten der ausgeführten Leistungen mit den zugehörigen Deckungsbeiträgen beaufschlagt werden. Problematisch im Sinne der Frage, wel-

---

[1598] Zutreffend Ingenstau/Korbion/Vygen, VOB/B, Vor §§ 8, 9 Rdn. 28; Kleine-Möller/Merl, § 7 Rdn. 65.
[1599] Dazu oben Rdn. 1137 mit Nachweisen.
[1600] So ausdrücklich und zutreffend BGH Schäfer/Finnern Z 2.301 Bl. 42, 44 = BauR 1972, 118 (Einzelheiten zu dieser Entscheidung oben Rdn. 227, 1025). Missverständlich Ingenstau/Korbion/Vygen, VOB/B, Vor §§ 8, 9, Rdn. 28.
[1601] OLG Celle BauR 1973, 49; Ingenstau/Korbion/Vygen, a. a. O.

che Rechtsfolge gelten soll, ist nur die Bewertung des nicht ausgeführten Teils: Soll man bei einverständlicher Aufhebung oder Leistungsminderung analog § 649 BGB (= § 8 Nr. 1 VOB/B) abrechnen, also volle Vergütung für die Restleistung zubilligen minus ersparter Aufwendungen, oder soll man für die Restleistung überhaupt keine Vergütung zubilligen, im Ergebnis also analog § 8 Nr. 2 bis 4 VOB/B (Kündigung aus wichtigem Grund)? Grimme vertritt die letztgenannte Auffassung mit der Begründung, es bestehe kein Anlaß, bei einverständlicher Aufhebung dem Auftragnehmer für den nicht ausgeführten Teil des Werkes den kalkulierten Gewinn zu belassen; der Auftragnehmer sei ja nicht gezwungen, der Aufhebung oder Leistungsminderung zuzustimmen.[1602]

Das ist keine durchgreifende Begründung. Die Überlegung wäre nur richtig, wenn in der Zustimmung des Auftragnehmers zur Aufhebung oder Leistungsminderung gleichzeitig der Verzicht auf die (um ersparte Kosten gekürzte) Vergütung des nicht Erstellten läge. Für einen solchen Verzichtswillen spricht nichts. Im Gegenteil: Der Auftragnehmer weiß oder muss einkalkulieren, dass der Auftraggeber das Ziel, das er mit der einverständlichen Lösung verfolgt – den Vertrag aufzuheben oder Leistungsteile herauszunehmen –, völlig problemlos auch über § 8 Nr. 1 VOB/B, § 649 BGB ohne Zustimmung des Auftragnehmers erzwingen kann. Warum soll er da mit dem Auftraggeber über eine „Befugnis" streiten, die der Auftraggeber zweifelsfrei ohnehin hat? Der totale Vergütungsverlust würde den Auftragnehmer genauso stellen, wie wenn er einen wichtigen Grund zur Kündigung gesetzt hätte, wie wenn er sich also „etwas hätte zu schulden kommen lassen". Dies in die Zustimmungserklärung des Auftragnehmers zur einverständlichen Aufhebung oder Leistungsminderung hineinzuinterpretieren, geht viel zu weit.

Deshalb ist mit dem Bundesgerichtshof und der herrschenden Lehre ein solcher Fall in der Regel nach § 649 BGB zu behandeln: Der Auftragnehmer erhält wie bei „freier" Kündigung des Auftraggebers volle Vergütung minus ersparter Kosten;[1603] die Rechtsfolge bemißt sich nämlich danach, welche Rechte der Auftraggeber im Zeitpunkt der einverständlichen Aufhebung hätte geltend machen können und welchen Vergütungsfolgen er dann ausgesetzt gewesen wäre, oder anders ausgedrückt: Es ist „maßgeblich auf die Umstände abzustellen, die zur Aufhebung geführt haben".[1604] Hatte der Auftraggeber kein Recht zur Kündigung aus wichtigem Grund, so muss er sich bei einverständlicher Aufhebung so behandeln lassen, als ob er „frei" gekündigt hätte. Für Pauschalverträge heißt das bezüglich der Bausolleistungen, dass von der Gesamtvergütung (Pauschalpreis) nur die ersparten Kosten (oder der anderweitige Erwerb) hinsichtlich der nicht ausgeführten Teilleistungen abgezogen werden muss.[1605]

1411

Umgekehrt: Hatte der Auftraggeber einen wichtigen Grund zur Kündigung, waren im Bauverlauf z. B. Mängel vorhanden, hat der Auftraggeber sie gerügt, der Auftragnehmer sie aber nicht beseitigt und hatte sodann der Auftraggeber dem Auftragnehmer schon die Kündigung angedroht, so nimmt eine einverständliche Vertragsaufhebung auch hier nur das voraus, was der Auftraggeber ohnehin rechtlich hätte durchsetzen können. Deshalb erhält der Auftragnehmer in solchen Fällen für die nicht ausgeführte Leistung keinerlei Vergütung mehr.[1606] Der Auftraggeber ist sogar berechtigt, Sachverhalte für eine Kündigung aus wichtigem Grund nachträglich noch einzuführen, also z. B. im Abrechnungsge-

1412

[1602] MDR 1989, 20, 21, 22.
[1603] BGH BauR 1973, 319 = NJW 1973, 1463; OLG Karlsruhe NJW-RR 1993, 1368, 1369; Nicklisch/Weick, VOB/B, Vor §§ 8, 9, Rdn. 41; Staudinger/Peters, BGB § 649 Rdn. 46; Kleine-Möller/Merl, § 7, Rdn. 62.
[1604] BGH NZBau 2000, 467 = BauR 2000, 1754; BGH BauR 1999, 1021.
[1605] Vgl. oben Rdn. 1360 ff., 1324.
[1606] BGH a. a. O.; OLG Karlsruhe a. a. O.; Nicklisch/Weick, a. a. O.; Staudinger/Peters, a. a. O.

spräch noch nachzuschieben, obwohl der Vertrag einverständlich aufgehoben oder gekürzt worden ist.[1607)]

3 Sonderfall: „Eigenleistungen" beim Bauträgervertrag

1413 Unter Rdn. 1233 ff. haben wir „Sonderwünsche" des Erwerbers beim Bauträgervertrag behandelt. Wie insoweit schon erwähnt, wird beim Bauträgervertrag häufiger im Vertrag oder nachträglich einverständlich geregelt, dass der Erwerber Eigenleistungen erbringen darf. Wenn keine Einigung über die Höhe der **Gutschrift** für die entfallene Leistung des Bauträgers getroffen wird, fragt es sich, ob der Bauträger analog § 2 Nr. 4, § 8 Nr. 1 VOB/B, § 649 BGB nur die ersparten Kosten gutschreiben muss und der Anspruch auf Allgemeine Geschäftskosten und auf Gewinn erhalten bleibt oder ob er die Gutschrift analog § 8 Nr. 2 bis 4 zu geben hat, also einschließlich des entsprechenden Deckungsanteils für Allgemeine Geschäftskosten und für Gewinn.

Die Auslegung der Willenserklärungen ist hier abweichend vom Standard des Bauvertrages vorzunehmen: Der Erwerber ist zwar formal Auftraggeber, hat aber doch nur rechtlich und praktisch sehr eingeschränkte Eingriffsrechte; er ist zudem oft „Einmalkäufer". Sein freies Kündigungsrecht ist ohnehin grundsätzlich ausgeschlossen,[1608)] von kleinen, nach Treu und Glauben zulässigen „Korrekturen" abgesehen. Wenn der Auftragnehmer dem Auftraggeber dieses freie Kündigungsrecht ausnahmsweise doch im Vertrag oder nachträglich „zugesteht" und aus der Sicht des Erwerbers mithin erlaubt, die betreffende Leistung **billiger** als durch den Bauträger ausführen zu lassen – dieses Einsparungsmotiv ist für beide Parteien völlig offensichtlich –, so würde der Erwerber überrascht, wenn das Entgegenkommen des Bauträgers statt zu einer Verbilligung in Wirklichkeit zu einer Verteuerung führen könnte, nämlich dann, wenn der Erwerber nach der Teilkündigung für die Erstellung der gekündigten Leistung durch einen anderen Unternehmer einen angemessenen Preis, für die gekündigte Leistung aber zusätzlich auch anteilig zumindest Allgemeine Geschäftskosten und Gewinn zahlen müsste. Nur in diesem speziellen Sonderfall muss man deshalb im Wege der Vertragsauslegung davon ausgehen, dass der Bauträger für die entfallene Leistung eine „volle Gutschrift" einschließlich des entsprechenden Deckungsanteils für Allgemeine Geschäftskosten und für Gewinn schuldet, wenn nichts anderes vereinbart ist.[1609)]

Ob dagegen auch Baustellengemeinkosten anteilig oder anderweitig gutgeschrieben werden, hängt davon ab, was tatsächlich – als Direkte Kosten des Gesamtobjekts – erspart wird. Es versteht sich von selbst, dass der Erwerber nur Anspruch auf Gutschrift entsprechend der Kostenermittlung des Bauträgers hat – insoweit hat der Erwerber auch einen durchsetzbaren Auskunftsanspruch –, nicht aber auf Gutschrift entsprechend Marktpreisen.[1610)]

Eine „**Bearbeitungsgebühr**" entsprechend einem Architektenhonorar darf der Bauträger für die „Ermäßigung" der Eigenleistung – es sei denn, sie sei vereinbart – nicht berechnen.

[1607)] BGH BauR 1976, 139 = BGHZ 65, 391; BGH BauR 1982, 79 = BGHZ 82, 100.
[1608)] Oben Rdn. 1317, vgl. auch Rdn. 1024.
[1609)] Ebenso OLG Düsseldorf, IBR 1992, 181 mit unzutreffender ablehnender Kurzanmerkung Schulze-Hagen; Hansen/Nitschke/Brock, Bauträgerrecht, Teil 3, Rdn. 52.
[1610)] Vgl. oben zu **Sonderwünschen** auch Rdn. 1247 ff.

Kapitel 19
Entfallene Leistungen ohne Anordnung (= Kündigung) des Auftraggebers

1 Grundsatz

Wenn der Auftraggeber den Vertrag ganz oder in bezug auf eine Teilleistung „frei" kündigt, führt der Auftragnehmer die Leistungen aufgrund dieser Kündigungsanordnung nicht mehr aus. Für das freie Kündigungsrecht muss der Auftraggeber gemäß § 2 Nr. 4, § 8 Nr. 1 Abs. 1 VOB/B, § 649 BGB den „Preis" in der Form zahlen, dass die volle Gesamtvergütung zu bezahlen ist, lediglich gekürzt um ersparte Kosten für die nicht ausgeführten Teilleistungen. Bei der einverständlichen Aufhebung gilt dasselbe, wenn der Auftraggeber nicht zur Kündigung aus wichtigem Grund berechtigt war.[1611]

1414

So wie es beim Pauschalvertrag geänderte und zusätzliche Leistungen **mit** Anordnung, vergütungsmäßig zu beurteilen nach § 2 Nr. 7 Abs. 1 Satz 4 VOB/B i. V. m. § 2 Nrn. 5, 6, 9 VOB/B gibt, so gibt es auch geänderte oder zusätzliche Leistungen **ohne** Anordnung, vergütungsmäßig zu beurteilen nach § 2 Nr. 8 VOB/B bzw. §§ 677 ff. BGB.

Genauso gibt es auch entfallende Leistungen **ohne** Anordnung des Auftraggebers, ohne Kündigung: Beispielsweise sieht der Pauschalvertrag eine geschlossene Wasserhaltung vor, aufgrund der vorgefundenen örtlichen Verhältnisse genügt aber eine offene. Oder: Der Auftragnehmer soll vertragsgemäß bis zu einer bestimmten Baulinie (Höhenkote) bauen, nachträglich wird aber nur eine geringere Baulinie per Baugenehmigung erlaubt.

Oder: Der Auftragnehmer lässt einfach eine Teilleistung weg. Welche Vergütungsfolgen haben derartige Fallgestaltungen?

Auf Anhieb bietet sich eine Art umgekehrte Geschäftsführung ohne Auftrag als Gedankenhilfe an.

2 Mindermengen

Das typische Risiko des Pauschalvertrages, das ihn kennzeichnend vom Einheitspreisvertrag unterscheidet, ist das Mengenermittlungsrisiko des Auftragnehmers.[1612] Der Auftragnehmer muss innerhalb der vom Auftraggeber vorgegebenen Mengenermittlungsparameter die voraussichtlich auszuführende Menge – in seinem eigenen Interesse – schon vor Vertragsschluss verantwortlich ermitteln. „Mehrungen" dadurch, dass die im Angebotsstadium ermittelten Mengen nicht die objektiv richtigen Mengen ergeben, berechtigen nicht zu Mehrforderungen, „Minderungen" der Menge dadurch, dass im Angebotsstadium objektiv zu hohe Mengen ermittelt worden sind, berechtigen nicht zu Kürzungen der Pauschalvergütung. Das entsprechende Risiko trifft folglich beide Parteien. Die auszuführenden Mengen als solche sind überhaupt nicht Gegenstand der Vertragsregelung – es entfällt insoweit bei falschen Mengenermittlungen im Angebotsstadium keine Leistung.[1613]

1415

[1611] Vgl. oben Rdn. 1410–1412.
[1612] Vgl. oben Rdn. 47 ff.
[1613] A. a. O.

Erst bei ganz gravierender Abweichung zwischen im Angebotsstadium ermittelten und objektiv richtigen kommen Vergütungsänderungen unter dem Gesichtspunkt der Störung der Geschäftsgrundlage in Betracht – § 2 Nr. 7 Abs. 1 Satz 2, 3 VOB/B.[1614]

Nur als Wiederholung: Verändert dagegen der Auftraggeber die Mengenermittlungsparameter, so ist das bei entsprechender Leistungsverringerung „freie" Teilkündigung gemäß § 8 Nr. 1 Abs. 1 VOB/B (§ 649 BGB) mit den entsprechenden Vergütungsfolgen.[1615]

Ist eine im Vertrag genannte Menge ausnahmsweise unveränderlich als Bausoll definiert und deshalb ausnahmsweise auch diese Menge Bausoll (**„Scheinpauschale"**),[1616] so ist dies ein Problem des Einheitspreisvertrages; fällt diese Menge ohne Anordnung weg oder verringert sie sich, so ist dieser Fall nach § 2 Nr. 3 VOB/B zu behandeln bis hin zur „Null-Menge";[1617] fällt sie auf Anordnung des Auftraggebers aus oder verringert sie sich, ist das freie Teilkündigung gemäß § 8 Nr. 1 VOB/B. Die Folgen sind dieselben.

3 Entfallene Bauleistungen, technische Verfahrensleistungen oder Planungsleistungen

1416 Speziell beim Global-Pauschalvertrag, aber nicht nur dort, ist es sehr oft Sache des Auftragnehmers, selbst eine geeignete Verfahrensart der Ausführung zu wählen.[1618]

Da dann aber vertraglich keine bestimmte Verfahrensart vorgegeben ist, kann auch keine bestimmte entfallen sein. Folglich ist es gleichgültig, welches Verfahren ausgeführt wird, Ansprüche wegen entfallener Leistung resultieren nicht.

Etwas anderes gilt dann, wenn eine konkrete Verfahrensart ausdrücklich vorgesehen ist, auf ihrer Grundlage auch der Pauschalpreis gebildet ist, sich aber insbesondere nachträglich wegen der „vorgefundenen Verhältnisse" – also ohne Eingriff des Auftraggebers – die gewählte Methode als nicht erforderlich erweist, so z. B. im Rahmen bestimmter Baugrundbearbeitung, oder wenn eine vorgesehene Teilleistung infolge modernerer technischer Konzeption obsolet geworden ist.

Ob in einem solchen Fall die Vergütung gekürzt wird oder nicht, kann man am besten anhand der Gegenfrage beantworten, ob im umgekehrten Fall die Vergütung erhöht würde. Das hängt davon ab, ob die (einfachere) Verfahrensart zum Bausoll gehört oder nicht. Tatsächlich ist die konkrete Verfahrensart Gegenstand des Bausolls, weil die „Art der Leistung" (in diesem Fall der Bauumstände) – vgl. § 5 Nr. 1 b VOB/A – hier „**näher beschrieben**" ist und **deshalb** als Detailregelung (Detail-Pauschalvertrag) das Bausoll bestimmt, Veränderungen deshalb also zur Bausoll-Bauist-Abweichung führen[1619] und deshalb zur zusätzlichen Vergütung nach Vorliegen der Voraussetzungen des § 2 Nr. 8 Abs. 1 Satz 2 VOB/B bzw. des § 677 BGB, äußerstenfalls auch aus ungerechtfertigter Bereicherung.[1620] Dann kann umgekehrt nichts anderes gelten. Die tatsächliche Verfahrensart der Erbringung der Leistung in Form eines Entfalls bestimmter „Verfahrensteilleistungen" ist ebenfalls Bausoll-Bauist-Abweichung; die ursprünglich vorgegebene Verfahrensart war einzukalkulieren, jetzt bekäme der Auftragnehmer Teilvergütung ohne zuge-

---

[1614] Dazu im einzelnen unten Rdn. 1500 ff., zur Mengenminderung insbesondere Rdn. 1513 ff.
[1615] Vgl. oben Einzelheiten Rdn. 1360 ff.
[1616] Einzelheiten und Beispiele oben Rdn. 280.
[1617] Einzelheiten Band 1, Rdn. 510, 540–542.
[1618] Einzelheiten dazu oben Rdn. 639 ff.
[1619] Siehe oben Rdn. 485 ff.
[1620] Siehe oben Rdn. 1251 ff.

hörige Pflicht zur Erstellung der vertraglich vorgegebenen Verfahrensteilleistung. Der Auftragnehmer erhält deshalb bei Entfall einer vorgegebenen Verfahrensteilleistung grundsätzlich wie bei § 649 BGB Vergütung minus ersparter Aufwendungen; letztlich lässt sich das auch unter dem Gesichtspunkt der Vermeidung ungerechtfertigter Bereicherung des Auftragnehmers begründen.[1621] **Allerdings** sollte hier ergänzend **danach differenziert** werden, wer die Verfahrensweise **geplant** hat. Hat der Auftraggeber sie geplant, ist es recht und billig, dem Auftragnehmer Vergütung minus ersparter Aufwendungen zuzubilligen. Hat allerdings der Auftragnehmer die Verfahrensweise geplant und angeboten, erscheint es gerechtfertigt, den entsprechenden Vergütungsanspruch zu streichen.

Entsprechend ist eine Vergütungsentscheidung nach Risikozuordnung sinnvoll: Das Baugrundrisiko trägt z. B. im Normalfall und ohne besondere vertragliche Vereinbarung der Auftraggeber, wie unter Rdn. 552 ff. erörtert.

Seltenste Fälle anfänglicher Unmöglichkeit müssten nach allgemeinen Regeln behandelt werden.[1622]

Fehlen vereinbarte Leistungselemente, so handelt es sich schlicht und einfach um teilweise Nichterfüllung durch den Auftragnehmer, vom Fall der technischen Verbesserung abgesehen (siehe oben Rdn. 1416). Sind in allen Büroräumen z. B. motorbetriebene Rolläden zu montieren, fehlen sie aber in einigen Büros, so ist das ein schlichter Sachmangel. Der Auftraggeber hat also entsprechende Gegenrechte (Nachbesserungskostenvorschuss, gegebenenfalls Minderung, Schadensersatz) nach allgemeinem Mängelhaftungsrecht gemäß VOB/B oder BGB.

1417

Fehlen vertraglich geschuldete Planungsleistungen, so ist die Vergütungskürzung klar, wenn eine ganze Leistungsphase fehlt. Fehlen nur Teilleistungen aus einer Leistungsphase, so kommt eine anteilige Kürzung in Betracht, wenn der Auftragnehmer zentrale Leistungen aus den einzelnen Leistungsphasen gemäß HOAI nicht erbringt.[1623]

1418

[1621] Im Ergebnis ebenso Nicklisch/Weick, VOB/B § 2 Rdn. 80; Bühl, ZfBR 1987, 155, 156; vgl. auch Korbion/Hochstein, VOB-Vertrag, Rdn. 586.
Deshalb unzutreffend – nämlich ohne Berücksichtigung des einschlägigen § 2 Nr. 8 Abs. 2, 3 VOB/B – OLG Hamm NJW-RR 1998, 598.

[1622] Dazu Ingenstau/Korbion/Vygen, VOB/B, Vor §§ 8, 9 Rdn. 32.

[1623] „... sofern der Tatbestand einer Regelung des allgemeinen Leistungsstörungsrechts des BGB oder des werkvertraglichen Gewährleistungsrechts erfüllt ist, die den Verlust oder die Minderung der Honorarforderung als Rechtsfolge vorsieht", so BGH NZBau 2005, 163 = BauR 2005, 588; BGH NZBau 2005, 158 = BauR 2005, 400; BGH NZBau 2004, 509 = BauR 2004, 1640. Näher und kritisch Locher/Koeble/Frik, HOAI, § 5, Rdn. 10–26.

Rdn. 1418 Beispiele zur Ermittlung der Vergütung bei Kündigung

Bestandteile der Berechnung	EUR	EUR	EUR	Unterlagen
• Leistungsstandfeststellung (vgl. Unterlage I, B, 4/04) • Ausgeführte Mengen				Bd.1, Abb. 57 a + b
(1) Kosten der ausgeführten Bausollleistungen • Direkte Kosten • Kosten des Baustellenapparats Zwischensumme I	731.551,37 +271.108,65 =	1.002.660,02		Abb. 33 c Abb. 33 d
(2) Bereits angefallene Kosten für Produktionsfaktorendisposition und - einsatz für (noch) nicht abrechenbare Teilleistungen		+ 8.046,57		Bd.1, Abb. 34 e
(3) Beaufschlagung mit den angebotskalkulierten Deckungsbeiträgen • Zwischensumme II (= 1 + 2) • 10 % Zuschlag auf AGK auf Zw.-Summe II • Zwischensumme III (Zw.-Summe II + 10 % Zuschlag) • 6 % Zuschlag für G + W auf Zw.-Summe III Gesamtbetrag (Zw.-Summe III + 6% Zuschlag)	= + 101.070,66 = + 66.706,64 =	1.010.706,59 1.111.777,25	1.178.483,89	vgl. I, B, 9/81
(4) Berücksichtigung des Nachlassprozentsatzes • kalkulierter Gesamtbetrag (PP$_A$) • vereinbarter Pauschalpreis (PP$_V$) • Nachlass (PP$_A$ - PP$_V$) • Nachlassprozentsatz Nachlassbetrag bezogen auf (3)	1.713.229,67 -1.700.000,00 = 13.299,67 0,776		- 9.145,03	vgl. I, B, 9/81
(5) Abrechnung der mit Einheitspreisen beauftragten Leistungen • LB 002, Pos. 05: 310 m³ x 13.41 EUR / m³ • LB 013, Pos. 28: 52.35 t x 1069.22 EUR / t • LB 013, Pos. 29: 23.15 t x 1069.22 EUR / t Gesamtbetrag	4.157,10 +55.973,67 +24.752,44 =	84.883,21	84.883,21	vgl. I, B, 10/10
(6) Ausgeführte Mengen der beauftragten Nachtragsleistungen bewertet mit den zugehörigen Einheitspreisen			81.302,14	Abb. 33e
Gesamtbetrag (netto): (3) + (4) - (5) + (6)			**1.335.524,21**	
Dazu kommen die finanziellen Regelungen der Behinderungsfolgen der Baustellenräumung und der Mängel.				

Abbildung 33 a   Schlussblatt der Vergütungsermittlung bei Kündigung aus wichtigem Grund bei einem Detail-Pauschalvertrag

Kapitel 20
Beispiele zur Ermittlung der Vergütung bei Kündigung

1 Kündigung aus wichtigem Grund

1.1 Detail-Pauschalvertrag

Es geht um das Bauvorhaben Rohbau, Hochschulgebäude, dessen Angebotsbearbeitung wir beim Detail-Pauschalvertrag unter Rdn. 744 ff. in Zusammenhang mit Anhang I B besprochen haben. Nach Erbringung eines Großteils der beauftragten Teilleistungen kündigt der Auftraggeber aus wichtigem Grund.

Das Schlussblatt der Ermittlung der Kündigung aus wichtigem Grund (vgl. **Abb. 33 a**, S. 534) enthält die einzelnen Anspruchsposten unter Angabe der zugehörigen Einzelermittlungsunterlagen und der in ihnen ermittelten Beträge.

Im ersten Spiegelpunkt wird der Leistungsstand dokumentiert. Da es um das gleiche Bauvorhaben geht, das wir schon in Band 1 – damals für den Einheitspreisvertrag – besprochen haben, können die dort aufgeführten

- textlichen Leistungsstandfeststellungen (Band 1, Abb. 57 a, S. 797)
- und die ergänzende Leistungsstandfeststellung in einem Plan (Band 1, Abb. 57 b, S. 798)

in unserem Beispiel für den Detail-Pauschalvertrag herangezogen werden.

Auf der Basis der Leistungsstandfeststellungen werden die ausgeführten Mengen der Bausollleistungen zusammengestellt: Hierzu verweisen wir auf **Abb. 33 b**. Für die

(1)	(2)	(3)	(4)	(5)	(6)	(7)	(8)	(10)	(11)	(12)	(13)	(14)	(15)	(6)	(7)	(8)	(19)	(20)
		Bauwerk B						Bauwerk A									Menge	Einheit
LB	Pos.	EG		1.OG				EG			1.OG			2.OG				
Abschnitt		1/1	2/1	3/1	1/2	2/2	3/2	4/1	5/1	6/1	4/2	5/2	6/2	1/2	2/2	3/2	ausgeführt	
002	1																1,00	Pauschal
	2																5.590,00	m²
	3																1.214,43	m²
	4																834,82	m²
	6a																524,37	m²
	6b																258,00	m²
013	1																453,65	m²
	2																170,72	m²
	3	17,04	17,04	17,04				17,13	16,50	17,69	17,41	16,79	18,88				155,52	m²
	4	4,09	4,09	4,09				12,03	11,84	12,03	-	11,84	12,03				72,04	m²
	5	35,36	52,58	45,36				40,70	48,24	40,70	-	48,24	40,70				361,88	m²
	6		0,82	0,82													1,64	m²
	7																363,68	m²
	8a	176,09	176,09	176,09				177,92	173,29	182,9	181,19	176,16	185,51				1.605,24	m²
	...																...	...

Abbildung 33 b   Zusammenstellung der erbrachten Bauleistungen (Ausschnitt)

LB	Pos.	Kurztext	Menge	Einheit	Direkte Kosten [EUR/Einh.]	Summe [EUR]
(1)	(2)	(3)	(4)	(5)	(6)	(7)
002	1	Baugelände herrichten	1,00	pauschal	7.000,00	7.000,00
	2	Oberboden abtragen	4.590,00	m³	1,20	5.508,00
	3	Baugrube/Planierung	1.214,43	m²	5,91	7.177,28
	4	Fundamentaushub	834,82	m³	26,42	22.055,94
	6a	Verfüllung	524,37	m³	22,22	11.651,50
	6b	Sauberkeitsschicht Kies	258,00	m²	4,89	1.261,62
013	1	Ortbeton Bodenplatte	453,65	m³	114,70	52.033,66
	2	Ortbeton Streifenfundamente	170,72	m³	105,79	18.060,47
	3	Ortbeton Kernwände	155,52	m³	117,67	18.300,04
	4	Ortbeton Kerndecken	72,04	m³	114,70	8.262,99
	5	Aufbeton Filigranplatten	361,88	m³	114,70	41.507,64
	6	Ortbeton Treppenpodeste	1,64	m³	156,28	256,30
	7	Schalung Streifenfundamtent/Bodenplatte	363,68	m²	23,89	8.688,32
	8a	Schalung Kernwände	1.605,24	m²	18,03	28.942,48
	...	...	...	...	...	...
Summe:						731.551,37

Abbildung 33 c Ermittlung der Direkten Kosten der erbrachten Bausollleistungen (Ausschnitt)

komplett erbrachten Erdbauarbeiten (Leistungsbereich 002) wird keine Differenzierung der erbrachten Mengen nach Bauabschnitten vorgenommen, wohl aber für die kündigungsbedingt nur zum Teil erbrachten Leistungen der Betonarbeiten. Dies deshalb, weil für die nicht fertig gestellten Teilleistungen (Positionen) jeweils eine Mengenabgrenzung nach Bauabschnitten erforderlich ist.

Eine entsprechende Aufstellung gibt es für die erbrachten beauftragten Nachtragsleistungen.

1421 Auf der Basis der abrechenbaren Gesamtmenge pro Teilleistung (Position) werden die Kosten der ausgeführten Bausollleistungen ermittelt. Die Direkten Kosten der ausgeführten Bausollleistungen werden ermittelt; dazu werden die Direkten Kosten der Angebots- bzw. Auftragskalkulation herangezogen. Die Ermittlung erfolgt in **Abb. 33 c**, ihr Ergebnis wird in Posten 1 der **Abb. 33 a**, S. 534 übernommen.

1422 Die dem festgestellten Leistungsstand zuzuordnenden Soll-Baustellengemeinkosten werden in **Abb. 33 d**, S. 537 gesondert ermittelt und ebenfalls in Posten 1 der **Abb. 33 c** aufgeführt. Dabei ist zu berücksichtigen, dass nicht die bis zur Kündigung angefallene Bauzeit das „Mengenkriterium" für die Ermittlung der zeitabhängigen Baustellengemeinkosten ist, sondern die dem Leistungsstand entsprechende Sollbauzeit gemäß dem aus dem Vertragsterminplan entwickelten produktionsorientierten Terminplan (vgl. Band 1, Anhang D 1, Unterlage g4, Blatt 6). Da im konkreten Fall der Leistungsstand per Kündigungszeitpunkt dem per 19.11. im produktionsorientierten Terminplan entspricht, wird auch nur der Zeitraum bis dahin zur Ermittlung der zeitabhängigen Soll-Baustellengemeinkosten herangezogen.

I. Zeitabhängige Baustellengemeinkosten		
Der Leistungsstand "8,5 Kerndecken in Schalung" war gemäß dem produktionsorientierten Terminplan für das Bausoll am 19.11. zu erreichen. Das entspricht einer Soll-Dauer von ca. 4,6 Monaten. Bezogen auf 8 Monate Vertragsbauzeit sind das 57,5 % des		
1. Betriebskosten (Unterlage I, B, 9/81)	109.335,64 EUR x 57,5 %	62.867,99 EUR
2. Personalkosten (Unterlage I, B, 9/81)	124.484,21 EUR x 57,5 %	71.578,42 EUR
II. Nicht zeitabhängige Baustellengemeinkosten		
1. Komplette Kosten des Errichtens (Unterlage I, B, 9/81)		94.689,46 EUR
2. Sonstige Baustellengemeinkosten (Unterlage I, B, 9/81)	51.007,00 EUR	
HIPO NR. 350 Versicherungen	4.250,00 EUR	
HIPO NR. 500 Angebotsbearbeitung	25.500,00 EUR	
Insgesamt		29.750,00 EUR
Der Restbetrag wird als prozentualer Anteil der Vertragsbauzeit (51.007,00 - 29.7500,00) x 0,575		12.222,78 EUR
Gesamtkosten		**271.108,65 EUR**

Abbildung 33 d   Die Ermittlung der Soll-Baustellengemeinkosten für den Leistungsstand bei Kündigung

Sollte der Terminrückstand auf auftraggeberseitige Behinderungen zurückzuführen sein, so werden die Kosten der durch Behinderungen verursachten verlängerten Bauzeit über den entsprechenden Behinderungsnachtrag bezahlt. Hierzu verweisen wir auf die Schlussbemerkung in **Abb. 33 a**, S. 534.

Weiterhin sind (vgl. Posten 2 in **Abb. 33 a**, S. 534) die bereits angefallenen Kosten für kündigungsbedingt (noch) nicht abrechenbare (erstellte) Teilleistungen zu ermitteln. Da das Beispielprojekt dasselbe wie das in Band 1 ist und die Ansätze der Direkten Kosten der Teilleistungen in der Angebotskalkulation für den Einheitspreis- und den Detail-Pauschalvertrag identisch sind, ist die Ermittlung aus Band 1, Abb. 34 e, S. 549 auch diejenige für den Detail-Pauschalvertrag. Der Ordnung halber wird darauf verwiesen, dass es sich bei dieser Abbildung um einen Ausschnitt aus einer Gesamtermittlung handelt.

1423

Unter Posten 3 werden die bislang ermittelten Kosten mit den kalkulierten Zuschlägen für Allgemeine Geschäftskosten, Gewinn und Wagnis beaufschlagt. Der sich daraus ergebende Betrag für die erbrachte Bausollleistung wird in der vorletzten Spalte von Position 3 in **Abb. 33 a**, S. 534 ausgewiesen.

1424

Unter Posten 4 wird der vereinbarte (echte) Nachlassbetrag in einen Nachlassprozentsatz umgerechnet, damit bezogen auf die oben ermittelten Beträge für die der erbrachten Bausollleistung der zugehörige Nachlassbetrag festgestellt werden kann.

1425

Als nächstes werden für diejenigen Teilleistungen, für die (außerhalb der vereinbarten Pauschale) eine Abrechnung nach Einheitspreisen vorgesehen war, die erbrachten Men-

1426

gen und die zugehörigen Einheitspreise miteinander multipliziert (vgl. Posten 5 in **Abb. 33 a**). Entsprechendes gilt für Stundenlohnarbeiten, sofern solche angefallen sind.

1427 Letzlich werden noch die Mengen der erbrachten beauftragten Nachtragsleistungen mit ihren zugehörigen Einheitspreisen multipliziert und ergeben den Gesamtbetrag der ausgeführten Nachtragsleistungen (vgl. **Abb. 33 e**). Er wird unter 6 in das Schlussblatt der Vergütungsermittlung (**Abb. 33 a**, S. 534) übernommen.

LB	Pos.	Kurztext	Menge	Einheit	Direkte Kosten [EUR/E]	DB [EUR/E]	Summe [EUR/E]	Gesamt
						0,166x(6)	(6)+(7)	(4)x(8)
(1)	(2)	(3)	(4)	(5)	(6)	(7)	(8)	(9)
013		...						
	9.1	Schalung Balkendecken/ BW A, Zulage	351,25	m²	4,91	0,82	5,73	2.012,66
	9.2	Schalung Kerndecke/ sonstige Konstruktion	1,00	pauschal	17.659,72	2.931,51	20.591,23	20.591,23
	11.1	Deckenfugen inkl. Gleitlager	68,67	m	18,40	3,05	21,45	1.472,97
	12.1	Viertelgewendelte Treppe UG	1,00	Stück	1.617,15	268,45	1.885,60	1.885,60
	15.2	Montage Frostschürzen	116,00	Stück	180,50	29,96	210,46	24.413,36
	17.1	längere Stützen/BW A, EG	47,00	Stück	3,19	0,53	3,72	174,84
	19.1	Konsolbänder für Pos. 19, 20	48,00	Stück	57,83	9,60	67,43	3.236,64
	21.1	Konsolbänder für Pos. 21	6,00	Stück	13,52	2,24	15,76	94,56
	22.1	Konsolbänder für Pos. 22	2,00	Stück	105,68	17,54	123,22	246,44
Summe:								**81.302,14**

Abbildung 33 e Ermittlung der Vergütung der erbrachten beauftragten Nachtragsleistungen

1428 Der Saldo aus

(3) beauftragten Direkten Kosten der (erbrachten) Bausollleistungen und der angefallenen Kosten der noch (nicht) abrechenbaren Teilleistungen,

(4) abzüglich der anteiligen Nachlässe,

(5) zuzüglich der Vergütung der erbrachten, nach Einheitspreisen abzurechnenden Bausollleistungen,

(6) zuzüglich der Vergütung der erbrachten beauftragten Nachtragsleistungen

ergibt den (vorläufigen) Gesamtbetrag der Vergütung nach Kündigung aus einem wichtigen Grund.

Dazu kommen noch je nach Einzelfall:

- die finanziellen Regelungen der Behinderungsfolgen
- die Kosten der Baustellenräumung
- und die Kosten der Mängelregelungen

1.2 Komplexer Global-Pauschalvertrag

Die Ermittlung der Vergütung bei Kündigung aus einem wichtigen Grund beim Komplexen Global-Pauschalvertrag entspricht vom Prinzip her derjenigen beim Detail-Pauschalvertrag. Unterschiede ergeben sich in der Praxis daraus, dass beim Komplexen Global-Pauschalvertrag

- i.d.R. nicht für alle Gewerke eine detaillierte Kalkulation für alle Teilleistungen vorliegt,
- i.d.R. für einen viel größeren Leistungsumfang als beim Detail-Pauschalvertrag eine Leistungsstandfeststellung durchzuführen ist,
- für manche Gewerke nur Budgetposten in der Kalkulation aufgeführt werden

und

- auch Architekten- und Ingenieurleistungen zu bewerten sind.

Greifen wir auf das Beispielprojekt von Anhang III, B zurück und gehen wir von dem gleichen Leistungsstand wie beim Beispiel zum Detail-Pauschalvertrag aus, so ergibt sich das in **Abb. 34**, S. 540 aufgeführte Schlussblatt der Vergütungsermittlung für die Kündigung aus wichtigem Grund beim Komplexen Global-Pauschalvertrag.

Ausgangspunkt ist die schlüsselfertige Erstellung des Bauvorhabens Neubau Abteilung Bauwesen, dessen Angebotsbearbeitung wir unter **Rdn. 883 ff.** besprochen haben.

Die Erd- und Betonbauarbeiten sind (vgl. Unterlage III, B, 9/41) als Eigenleistungen kalkuliert worden – und zwar von der eigenen „Rohbauorganisation". Somit ergibt sich die zugehörige Vergütung für das Erbrachte (wie bei einem eigenständigen Nachunternehmer) wie in Band 1, **Abb. 57 a ff.** aufgeführt. Nur der Ordnung halber: Die Ermittlung der Vergütung bei einer Kündigung aus wichtigem Grund entspricht derjenigen für den Fall von § 6 Nr. 5 VOB/B.

Somit ist der in Band 1 Abb. 57 d aufgeführte Gesamtbetrag der Vergütung in Abb. 34 für Erd- und Betonarbeiten anzusetzen.

Nur am Rande: Wären von der eigenen „Rohbauorganisation" nur die Herstellkosten ermittelt worden und Deckungsbeiträge nur für den Gesamtbauauftrag kalkuliert worden, dürften natürlich hier auch nur die Direkten Rohbaukosten angesetzt werden.

Leistungsstand siehe Band 1 Abb. 57a-d	Angebotskalkulation			Leistungsstand		Gekündigter Leistungsstand des Auftragnehmers		
	[%]	Ansatz [EUR]	Unterlage	[%]	Betrag [EUR]	Betrag [EUR]	[%]	Deckungsbeiträge [EUR]
					(3) x (5)	(3) - (6)		(7) x (8)
(1)	(2)	(3)	(4)	(5)	(6)	(7)	(8)	(9)
Objektplanung total		616.345,55	III,B, 9/22					
Leistungsphase 5	25	154.086,39		60	92.451,83	61.634,56	20	12.326,91
6	9	61.634,56		60	36.980,73	24.653,82	20	4.930,76
7	5	24.653,82		50	12.326,91	12.326,91	20	2.465,38
8	31	191.067,12		10	19.106,71	171.960,41	20	34.392,08
Tragwerksplanung total		168.058,75	III,B, 9/22					
Leistungsphase 5	42	70.584,68		100	70.584,68	0,00	15	0,00
6	3	5.041,76		100	5.041,76	0,00	15	0,00
Technische Ausrüstung total		165.393,68	III,B, 9/22					
Leistungsphase 5	18	29.770,86		70	20.839,60	8.931,26	15	1.339,69
6	6	9.923,62		100	9.923,62	0,00	15	0,00
7	5	8.269,68		100	8.269,68	0,00	15	0,00
8	33	54.579,91		0	0,00	54.579,91	15	8.186,99
Nachunternehmer Dachdeckungs- und Dachabdichtungsarbeiten		393.624,60	III,B, 9/31 DIN 18338	0	0,00	393.624,60	15	59.043,69
Fassadenarbeiten		2.526.886,35	DIN 18351	0	0,00	2.526.886,35	15	379.032,95
Gesamtbetrag					275.525,53			501.718,45

Abbildung 34   Ermittlung der Vergütung bei Kündigung aus wichtigem Grund bei einem Komplexen Global-Pauschalvertrag

1431 Die einzige weitere bei Kündigung schon erbrachte Bauleistung ist die der Abdichtung der Bauwerke. Sie ist gemäß Leistungsstandfeststellung abgeschlossen, also zu 100 % erbracht. Somit ist der in der Angebotskalkulation (Unterlage III, B, 9/41) angesetzte Betrag von 68 674,99 € (vgl. **Abb. 34**, S. 540) anzusetzen.

1432 Für die auftragnehmerseitig übernommenen Architekten- und Ingenieurleistungen wird der jeweilige Leistungsstand festgestellt. Zu ihrer Bewertung wird auf die Einzelermittlungen der Kosten für Architekten- und Ingenieurleistungen aus Unterlage III, B, 9/22 pro Leistungsphase zurückgegriffen.

1433 Die Summe der Kosten der erbrachten Bau- und Architekten- und Ingenieurleistungen wird dann mit den Zuschlagssätzen der Angebotskalkulation für Allgemeine Geschäftskosten, Gewinn und Wagnis beaufschlagt und ergibt den Gesamtbetrag der Vergütung bei Kündigung aus wichtigem Grund biem Komplexen Global-Pauschalvertrag.

Zur Vereinfachung des Beispiels haben wir die finanzielle Regelung für Behinderungsfolgen, Räumung und Mängel außen vor gelassen.

1434 Der Ordnung halber halten wir fest, dass diejenigen Nachunternehmer, die gegenüber den Schlüsselfertigunternehmern die bauherrenseitige Kündigung aus wichtigem Grund nicht zu vertreten haben, einen Anspruch aus freier Kündigung haben.

In unserem Fall, bei dem die „Rohbauorganisation" des Schlüsselfertigunternehmers die Kündigung zu vertreten hat, haben also die schon beauftragten Architekten, Ingenieure und Firmen (Fassadenbauer, Dachdecker) Anspruch auf die volle Vergütung abzüglich des kündigungsbedingt Ersparten, also zumindest auf ihre Deckungsbeiträge.

2 Freie Kündigung

2.1 Berechnung der Vergütung über den „Umweg" beim Detail-Pauschalvertrag

1435 Sofern die unter Rdn. 1419 besprochene Kündigung nicht aus wichtigem Grund, sondern „frei" erfolgt ist, kann deren Vergütung per „Umweg" als Fortschreibung der in **Abb. 33 a**, S. 534 durchgeführten Ermittlung der Vergütung bei Kündigung aus wichtigem Grund erfolgen. Das führt zu dem Schlussblatt in **Abb. 35 a**.

Die Posten 1 bis 3 sind dieselben wie bei der Kündigung aus wichtigem Grund. Ebenso die Posten 6 und 7; sie werden in **Abb. 33 a**, S. 534 als die Posten 5 und 6 aufgeführt.

Als zusätzliche Posten kommen bei freier Kündigung dazu:

- Die Ermittlung der Vergütung der gekündigten Bausollleistung (Posten 4 in **Abb. 35 a**) und
- die Ermittlung der Vergütung der gekündigten beauftragten Nachtragsleistungen (Posten 8 in **Abb. 35 a**, S. 543).

1436 Zur Ermittlung der Vergütung der gekündigten Teilleistung sind die betreffenden Mengen festzustellen. Im Falle, dass die Bausollmengen korrekt ermittelt sind, braucht von ihnen pro Teilleistung nur jeweils die Menge des schon Erbrachten abgezogen werden.

Ist der Umfang der Bausollleistungen (z. T.) falsch ermittelt worden, sind – wie schon unter Rdn. 1160 ff. für die Vergütung modifizierter Leistungen besprochen – die korrekten Mengen und Vertragspreisniveaufaktoren zu ermitteln.

1437 Die Vergütung der gekündigten Bausollleistung wird im Regelfall, wenn die Direkten Kosten wegfallen, auf der Basis der Angebots- bzw. Auftragskalkulation ermittelt, nämlich anhand der dort angesetzten Zuschläge für Allgemeine Geschäftskosten, Gewinn und Wagnis.

Bestandteile der Berechnung	EUR	EUR	EUR	Unterlagen
• Leistungsstandfeststellung (vgl. Unterlage I, B, 4/04) • Ausgeführte Mengen				Bd.1, Abb. 57 a + b
(1) Kosten der ausgeführten Bausollleistungen • Direkte Kosten • Kosten des Baustellenapparats Zwischensumme I	731.551,37 +271.108,65 =	1.002.660,02		Abb. 33 c Abb. 33 d
(2) Bereits angefallene Kosten für Produktionsfaktorendisposition und -einsatz für (noch) nicht abrechenbare Teilleistungen		+ 8.046,57		Bd.1, Abb. 34 e
(3) Beaufschlagung mit den angebotskalkulierten Deckungsbeiträgen • Zwischensumme II (= 1 + 2) • 10 % Zuschlag auf AGK auf Zw.-Summe II • Zwischensumme III (Zw.-Summe II + 10 % Zuschlag) • 6 % Zuschlag für G + W auf Zw.-Summe III Gesamtbetrag (Zw.-Summe III + 6% Zuschlag)	= + 101.070,66 = + 66.706,64 =	1.010.706,59 1.111.777,25	1.178.483,89	Vgl. I, B, 9/81
(4) Berücksichtigung der angebotskalkulierten Deckungsbeiträge für kündigungbedingt nicht erbrachte Leistungen 1 DB für nicht erbrachte Teilleist. des Bausolls 2 DB für nicht erbrachte Baustellengemeinkosten Deckungsbeitrag	48.532,42 + 27.607,74 =		76.140,16	Abb. 33 b Abb. 33 c
(5) Berücksichtigung des Nachlassprozentsatzes • kalkulierter Gesamtbetrag (PP$_A$) • vereinbarter Pauschalpreis (PP$_V$) • Nachlass (PP$_A$ - PP$_V$) • Nachlassprozentsatz Nachlassbetrag bezogen auf (3)	1.713.229,67 -1.700.000,00 = 13.299,67 0,776		- 9.735,88	Vgl. I, B, 10/10
(6) Abrechnung der mit Einheitspreisen beauftragten Leistungen • LB 002, Pos. 05: 310 m³ x 13.41 EUR / m³ • LB 013, Pos. 28: 52.35 t x 1069.22 EUR / t • LB 013, Pos. 29: 23.15 t x 1069.22 EUR / t Gesamtbetrag	4.157,10 +55.973,67 +24.752,44 =	84.883,21	84.883,21	
(7) Ausgeführte Mengen der beauftragten Nachtragsleistungen bewertet mit den zugehörigen Einheitspreisen			81.302,14	Abb. 33 e
(8) Zuzüglich der Deckungsbeiträge für nicht erbrachte Leistungen der beauftragten Nachträge.			1.829,47	Abb. 35 d
Gesamtbetrag (netto): (3) + (4) - (5) + (6) + (7) + (8)			**1.412.902,99**	
Dazu kommen die finanziellen Regelungen der Behinderungsfolgen der Baustellenräumung und der Mängel.				

Abbildung 35 a Schlussblatt der Vergütungsermittlung über den „Umweg" bei freier Kündigung beim Detail-Pauschalvertrag

LB	Pos.	Kurztext	Einheit	Mengen beauftragt	Mengen ausgeführt	Differenz	EKdT	Gesamtbetrag
				[EUR/E]	[EUR/E]	[EUR/E]	[EUR/E]	[EUR]
						(5) - (6)		(7) x (8)
(1)	(2)	(3)	(4)	(5)	(6)	(7)	(8)	(9)
013	3	Ortbeton Kernwände	m³	227,50	155,52	71,98	117,67	8.469,89
013	4	Ortbeton Kerndecken	m³	128,12	72,04	56,08	114,70	6.432,38
013	5	Aufbeton Filigranplatten	m³	651,49	361,88	289,61	114,70	33.218,27
013	6	Ortbeton Treppenpodeste	m³	2,45	1,64	0,81	156,28	126,59
013	8a	Schalung Kernwände	m²	2.846,83	1.605,24	1.241,59	18,03	22.385,87
013	8b	Aussparung FT-Unterzüge	m²	10,90	6,36	4,54	49,55	224,96
013	9	Schalung Kerndecken	m²	766,02	415,51	350,51	18,23	6.389,80
013	12	Schalung Treppenpodestplatten	m²	17,85	11,90	5,95	42,36	252,04
013	14	Köcherfundament Typ 2	Stck.	69,00	68,00	1,00	717,56	717,56
013	16	Stützen Typ 1	Stck.	150,00	48,00	102,00	475,44	48.494,88
013	17	Stützen Typ 2	Stck.	103,00	102,00	1,00	581,18	581,18
013	18	Filigranplatten	m²	5.763,96	3.461,67	2.275,29	36,09	82.115,22
013	19	FT-Unterzüge Typ 1	Stck.	68,00	40,00	28,00	717,18	20.081,04
013	20	FT-Unterzüge Typ 2	Stck.	12,00	8,00	4,00	750,26	3.001,04
013	21	FT-Unterzüge Typ 3	Stck.	12,00	6,00	6,00	332,91	1.997,46
013	22	FT-Unterzüge Typ 4	Stck.	162,00	96,00	66,00	943,91	62.298,06
013	23a	Treppenläufe Typ 1	Stck.	6,00	5,00	1,00	780,43	780,43
013	24a	Treppenläufe Typ 2	Stck.	6,00	5,00	1,00	780,43	780,43
013	25	FT-Treppenpodestplatten	Stck.	6,00	5,00	1,00	268,72	268,72
013	26	Treppenläufe Typ 3	Stck.	3,00	2,00	1,00	601,06	601,06
013	27	Treppenläufe Typ 4	Stck.	3,00	2,00	1,00	601,06	601,06
013	30	Schalung Türöffnungen	m²	38,35	26,39	11,96	49,55	592,62
							Summe:	300.410,53
		Abzüglich der unter Punkt 2 in Abb. 35a schon berücksichtigten und unter Posten 3 beaufschlagten schon angefallenen Kosten für Produktionsfaktorendisposition und -einsatz für (noch) nicht erbrachte Teilleistungen:						8.046,57
							Insgesamt:	292.363,96
							Deckungsbeträge (16%):	48.532,42

Abbildung 35 b   Ermittlung der Vergütung der gekündigten Teilleistungen des Bausolls

Freie Kündigung, D-PV   Rdn. 1437

In **Abb. 35 b** wird die Vergütung der nicht erbrachten Teilleistungen des Bausolls ermittelt. Da im konkreten Fall kündigungsbedingt alle Direkten Kosten erspart werden, sind nur die Deckungsbeiträge per Einheit zu vergüten. Entsprechend werden in **Abb. 35 c** die ersparten Soll-Baustellengemeinkosten auf der Basis der Angebotskalkulation berechnet.

Ersparte Baustellengemeinkosten

Der Leistungsstand "8,5 Kerndecken in Schalung" fiel gemäß dem produktionsorientierten Terminplan Tp2 für das Bausoll am 19.11. Jahr 2 an. Das entspricht einer Soll - Dauer von 4,6 Monaten. Bezogen auf 8 Monate Vertragsbauzeit für das Bausoll sind das 57,5 %. Somit wird durch die Kündigung 42,5 % der Sollbauzeit und ein entsprechender Anteil an Baustellengemeinkosten erspart.

Zeitabhängige BGK's:

Kalkuliert in Bd. 1 Anhang B, Unterlage h 3.1 Bl.2	109.335,64 EUR
Kalkuliert in Bd. 1 Anhang B, Unterlage h 3.1 Bl.3	124.484,21 EUR
	233.819,85 EUR

Nicht zeitabhängige BGK's:

Sonstige Kosten:

Bd. 1 Anhang B, Unterlage i	51.007,00 EUR
Bereits abgerechnet unter sonstigen Baustellengemeinkosten (vgl. Abb.33d, S. 537)	-29.750,00 EUR
	21.257,00 EUR

Multipliziert mit 42,5 % ergibt sich eine Ersparnis von:

0,425 * 233.819,85 EUR =	99.373,44 EUR
0,425 * 21.257,00 EUR =	9.034,23 EUR
	108.407,66 EUR
Komplette Kosten des Räumens:	51.904,01 EUR
	166.311,67 EUR
Berechnung der Deckungsbeträge (Für Fall 1): DB: 16,6 %	**27.607,47 EUR**

Abbildung 35 c   Ermittlung der Vergütung des kündigungsbedingt entfallenden Einsatzes des Baustellenapparats

LB	Pos.	Kurztext	Einheit	Menge beauftragt	Menge ausgeführt	Differenz	EKdT	Direkte Kosten	DB	Gesamtbetrag
				[EUR/E]	[EUR/E]	[EUR/E]	[EUR/E]	[EUR/E]	[EUR/E]	[EUR]
						(4) - (5)			(7) - (8)	(6) x (9)
(1)	(2)		(3)	(4)	(5)	(6)	(7)	(8)	(9)	(10)
013	9.1	Schalung Balkendecken	m²	655,20	351,25	303,95	7,81	4,91	2,90	881,46
013	11.1	Deckenfugen inkl. Gleitlager	m	114,45	61,04	53,41	27,32	18,40	8,92	476,42
013	19.1	Konsolbänder für Pos. 19,20	St.	80,00	48,00	32,00	69,40	57,83	11,57	370,24
013	21.1	Konsolbänder für Pos. 21	St.	12,00	6,00	6,00	16,22	13,52	2,70	16,20
013	22.1	Konsolbänder für Pos. 22	St.	4,00	2,00	2,00	126,82	105,68	21,14	42,28
									Insgesamt:	1.829,47

Abbildung 35 d   Ermittlung der Vergütung der gekündigten beauftragten Nachtragsleistungen bei freier Kündigung

In **Abb. 35 d** wird die Vergütung der nicht erbrachten beauftragten Nachtragsleistungen ermittelt. Auch für sie werden kündigungsbedingt alle Direkten Kosten erspart. Deshalb werden der Nachtragskalkulation die vereinbarten Nachtragspreise entnommen und mit der jeweils gekündigten Menge multipliziert.

Dies erfolgt für die Teilleistungen in **Abb. 35 b**, S. 544 und für den Baustellenapparat in **Abb. 35 c**, S. 545.

Dadurch, dass bei freier Kündigung auch die nicht erbrachten Teilleistungen (abzüglich ersparter Kosten) vergütet werden, erhöht sich der Vergütungsbetrag für Bausollleistungen. Das hat zur Folge, dass sich der anzusetzende Nachlassbetrag erhöht (vgl. Posten 5 in **Abb. 35 a**, S. 543).

1438   Die oben besprochenen Vergütungsermittlungen auf dem Umweg sind bei Pauschalverträgen dann arbeitsökonomisch, wenn

- erst ein geringer Leistungsstand vorliegt oder
- wenn bei Ermittlung der Vergütung noch nicht klar ist, ob es um eine freie Kündigung oder eine aus wichtigem Grund geht.

Im letzteren Fall kann dann zunächst das jedenfalls zu Vergütende für eine Kündigung aus wichtigem Grund ermittelt werden.

Später kann dann, sofern es sich tatsächlich um eine freie Kündigung handelt, die Ermittlung der Vergütung der gekündigten Leistung hinzugefügt werden.

Zur Vereinfachung des Beispiels haben wir die finanzielle Regelung für Behinderungsfolgen, Räumung und Mängel außen vor gelassen.

	Bestandteile der Berechnung	Unterlage	Gesamtbetrag [EUR]
(1)	(2)	(3)	(4)
1	Auftragssumme für das Bausoll einschließlich des gewährten Nachlasses	III,B,9/30	9.350.000,00
2	Abzüglich der erstparten Kosten für nicht erbrachte Leistungen des Bausolls	Abb. 36b	-1.043.494,91
3	Abzüglich der ersparten Baustellengemeinkosten	Abb. 36c	-67.868,48
4	Abzüglich der Ersparnis aus vorab auftraggeberseitig übernommenen bzw. teilgekündigten Leistungen	Abb. 36d	-198.320,52
5	Zuzüglich der Vergütung der erbrachten Leistungen der beauftragten Nachträge	Abb. 36e	50.992,89
6	Zuzüglich der Deckungsbeiträge nicht erbrachter Leistungen der beauftragten Nachträge	Abb. 36f	1.508,86
		Insgesamt:	8.092.817,76

Abbildung 36 a Schlussblatt der Vergütungsermittlung über den „direkten Weg" bei einem Komplexen Global-Pauschalvertrag

2.2 Berechnung der Vergütung über den „direkten Weg" beim Komplexen Global-Pauschalvertrag

Wir greifen wieder auf das schon unter Rdn. 1430 ff. angesprochene Bauvorhaben schlüsselfertiger Neubau Abteilung Bauwesen zurück. Nunmehr soll es, nachdem zwischenzeitlich Zusatzleistungen angeordnet, Teilkündigungen vorgenommen worden und Behinderungen (wegen verspäteter Bemusterung) aufgetreten sind, kurz vor Beginn der Ausbaumaßnahmen frei gekündigt werden.

Ausgangspunkt der Ermittlung der Vergütung bei freier Kündigung ist beim „direkten Weg" die Auftragssumme für das Bausoll (abzüglich des gewährten Nachlasses, vgl. Unterlage III, B, 9/30).

Davon sind die entfallenen Kosten der kündigungsbedingt nicht erbrachten Leistungen abzuziehen (vgl. **Abb. 36 a**, Punkt 2); sie werden wie folgt ermittelt:

- Feststellung des Leistungsstandes (bzw. der noch zu erbringenden Leistungen); im konkreten Fall erfolgt das durch den behinderungsbedingt modifizierten Soll-Ablaufplan TP-Soll' (**Abb. 39**, S. 591) für die restliche Bauausführung.

- Zuordnung der Posten der Angebotskalkulation zu den gemäß Leistungsstandfeststellung noch nicht erbrachten Leistungen. Im konkreten Fall erfolgt das durch Zuordnung der in Unterlage III, B, 9/31 aufgeführten Leitpositionen zum TP-Soll' (**Abb. 39**, S. 591). Für die noch nicht erbrachten Leitpositionen werden, – sofern sie komplett

Beispiele zur Ermittlung der Vergütung bei Kündigung

gemäß VOB/C	Stichwort	Leit-position	Leistungsbereich Inhalt	Ort	Ansatz gemäß eigener Kalkulation Unterl. III,B,9/31 [EUR]	Ersparte Kosten für noch nicht erbrachte Leistungen prozentual [%]	Unterl.	Betrag [EUR]
(1)	(2)	(3)	(4)	(5)	(6)	(7)	(8)	(6) x (7) (9)
18333	Betonwerkstein-arbeiten	1	Bodenbeläge, Dämmschicht unter Mörtel	BW A+BEG TH	1.695,60	100		1.695,60
		1	Bodenbeläge, Dämmschicht unter Mörtel	VG, überall	211,52	100		211,52
		3	Podestbelag aus Betonwerkstein	BW A+B TH	3.816,00	100		3.816,00
		2a	Bodenbeläge, Betonwerksteinplatten	BW A+BEG TH	25.434,00	100		25.434,00
		2a	Bodenbeläge, Betonwerksteinplatten	VG, überall	3.024,03	100	III,B,9/31	3.024,03
		2a	Betonwerksteinplatten	BW A+B OG TH, Archive in BW B	31.063,50	100		31.063,50
		2a	Betonwerksteinplatten	VG, überall	4.637,43	100		4.637,43
		2b	Treppenbelag aus Betonwerkstein	Verbindungsgebäude	148,77	100		148,77
		2b	Treppenbelag aus Betonwerkstein	BW A+B TH	6.264,00	100		6.264,00
		2b	Treppenbelag aus Betonwerkstein	VG, überall	148,77	100		148,77
18351	Außentüren	3a	Außentüren (2,20x2,12m)	BW A+B Eingangstüren	39.000,00	100		39.000,00
		3b	Außentüren (1,20x2,12m)	BW B Notausgangstüren, EG	5.000,00	100	III,B,9/31	5.000,00
		3c	Außentüren	VG Eingangstüren	10.000,00	100		10.000,00
18352	Fliesenarbeiten	1	Bodenbeläge, Keramische Bodenfliesen	BW A+B EG Sanitärbereiche	5.756,34	100		5.756,34
		2	Keramische Bodenfliesen	BW A+B OG Sanitärbereiche	7.641,03	100	III,B,9/31	7.641,03
		3	Innenwandbekleidung, Fliesen auf GK	BW A+B Sanitärbereiche	29.943,30	100		29.943,30
18355	Raumtüren einhängen	1	Innentüren, Raumtüren	BW A+B Räume außerhalb TH	46.575,00	5	III,B,9/31	2.328,75
18360	Metallbauarbeiten	1	Innentüren, T30	BW A+B TH	22.500,00	100		22.500,00
		2	Innentüren, T30, Zargen	BW A+B TH	(in LP 1)	100		
		3	Innentüren, T90	BW A+B Archive	15.000,00	100		15.000,00
		3	Handläufe	Verbindungsgebäude	348,00	100		348,00
		4	Innentüren, T90, Zargen	BW A+B Archive	(in LP 3)	100		
		5	Innentüren, RD T30	BW A+B Flure außerhalb TH	10.500,00	100		10.500,00
		6	Innentüren, RD T30, Zargen	BW A+B Flure außerhalb TH	(in LP 5)	100	III,B,9/31	
		7	Innentüren, Raumtüren, Zargen	BW A+B Räume außerhalb TH	(in DIN 18355 LP 1)	100		
		8	Innentüren, Drehtür als Lichtschleuse	BW A+B Fotolabor	5.000,00	100		5.000,00
		9	Geländer im TH	BW A+B Geländer TH	39.083,14	100		39.083,14
		10	Handläufe	BW B Handläufe TH	1.989,48	100		1.989,48
		11	Innentüren, T90	Verbindungsgebäude	1.250,00	100		1.250,00
		12	Innentüren, T90, Zargen	Verbindungsgebäude	(in LP 11)	100		
18361	Glaserarbeiten	1	Innentüren, RD T30, Oberlichter	BW A+B Flure außerhalb TH	(in DIN 18360 LP 6)	100		
		2	Innentüren, Raumtüren, Oberlichter	BW A+B Räume außerhalb TH	(in DIN 18355 LP 1)	100	III,B,9/31	
18363	Maler- und Lackierarbeiten	1	AW Bekleidung innen, Dispersionsanstrich auf Putz	BW A+B TH innen	5.402,70	100		5.402,70
		1	AW Bekleidung innen, Dispersionsanstrich auf Putz	Verbindungsgebäude	201,83	100		201,83
		2	Innenwandbekleidung, Anstrich auf trag. IW mit Putz	BW A+B TH	11.012,40	100		11.012,40
		2	Innenwandbekleidung, Anstrich auf trag. IW mit Putz	Verbindungsgebäude	707,94	100		707,94
		3	Innenwandbekleidung, Anstrich auf Innenstützen	BW A+B überall	6.360,96	100		6.360,96
		4	Innenwandbekleidung, Anstrich elementierte IW	BW A+B überall, außer Sanitärbereiche	48.669,72	100	III,B,9/31	48.669,72
		5	Innenwandbekleidung, Anstrich, fungizidhemmend	BW A+B Sanitärbereiche	1.209,93	100		1.209,93
		6	Dispersionsanstrich	BW A+B Decken TH+Treppen+Podeste	4.114,35	100		4.114,35
		6	Dispersionsanstrich	VG, überall	482,02	100		482,02
		6	Dispersionsanstrich	BW A+B Decken TH	2.543,40	100		2.543,40
		6	Dispersionsanstrich	VG, überall	313,86	100		313,86
		7	AW Bekleidung innen, Dispersionsanstrich auf Putz	Verbindungsgebäude	608,04	100		608,04
18365	Bodenbelagsarbeiten	1	Bodenbeläge PVC	BW A+B EG außerhalb TH und Sanitär	66.257,45	100		66.257,45
		2	PVC	BW A+B OG Restflächen	86.015,79	100	III,B,9/31	86.015,79
		3	Teppich	BW A+B Professorenbüros	11.950,40	100		11.950,40
18379	Raumlufttechnische Anlagen	1	Be- und Entlüftung	BW A+B Fotolabor	4.650,00	100		4.650,00
		2	Be- und Entlüftung	BW A 1.OG, DA-WC	1.550,00	100	III,B,9/31	1.550,00
		3	Be- und Entlüftung	BW B EG, Beh.-WC	1.550,00	100		1.550,00
18360	Heizungsanlagen, ...	3	Raumheizungen, Plattenheizkörper	BW A+B überall, außerhalb der Flure	190.800,00	100	III,B,9/31	190.800,00
18381	Gas, Wasser, Abwasser, ...	3	Sanitärobjekte, Urinal-Anlagen	BW A+B Sanitärbereiche	15.300,00	100		15.300,00
		4	Sanitärobjekte, WC-Anlagen	BW A+B Sanitärbereiche	28.305,00	100		28.305,00
		5	Sanitärobjekte, Doppel-Waschtischanlagen	BW A+B Sanitärbereiche	13.942,50	100		13.942,50
		6	Sanitärobjekte, Spüle mit Unterbau	BW A+B Teeküche	6.600,00	100		6.600,00
		7	Sanitärobjekte, Kochendwasserbereiter	BW A+B Teeküche	2.600,00	100		2.600,00
		8	Sanitärobjekte, Ausgussbecken	BW A+B Fotolabor	1.995,00	100		1.995,00
		9	Feuerlöschanlagen, Pulverlöscher ABC, 6kg	BW A+B TH, je Etage	12.000,00	100		12.000,00
		9	Feuerlöschanlagen, Pulverlöscher ABC, 6kg	VG Je Etage und Seite	2.000,00	100		2.000,00
		10	Feuerlöschanlagen, Wandhydranten	BW A+B TH	23.250,00	100		23.250,00
18382	Nieder- und Mittel-spannungsanlagen	2	Steckdosen, Schalter, inkl.	BW A+B überall	408.754,90	40		163.501,96
		4	Telekommunikationsanlagen, Telefonanschlussdose	BW A+B alle Räume	69.540,00	40	III,B,9/31	27.816,00
18385	Aufzugsanlagen	1	Aufzugsanlagen	Verbindungsgebäude	30.000,00	100	III,B,9/31	30.000,00
								1.043.494,91

Abbildung 36 b Kündigungsbedingt ersparte Kosten für nicht ausgeführte Leitpositionen

Gemäß VOB/C	Stichwort	Leit- posi- tion	Leistungsbereich		Ansatz gem. eigener Kalkulation Unterl. III, B, 9/31	Ersparte Kosten für noch nicht erbrachte Leistungen		
			Inhalt	Ort		pro- zen- tual	Unter- lage	Betrag
								(6) x (7)
(1)	(2)	(3)	(4)	(5)	(6)	(7)	(8)	(9)
18299	Allgemeines		Baustelleneinrichtung	BW A+B	115.268,88	30%	III, B, 9/31	34.580,66
			Baustelleneinrichtung	Verbindungsgebäude	2.012,72	100%		2.012,72
			Schlussreinigung	BW A+B	30.738,37	100%		30.738,37
			Schlussreinigung	Verbindungsgebäude	536,73	100%		536,73
								67.868,48

Abbildung 36 c   Kündigungsbedingt ersparte Baustellengemeinkosten

noch nicht erbracht worden sind –, die zugehörigen Kosten der Unterlage III, B, 9/31 entnommen, in **Abb. 36 b** zusammengestellt und der Gesamtbetrag ermittelt.

Sofern es Leitpositionen gibt, für die sowohl Leistungen noch erbracht werden müssen, als auch schon Leistungen erbracht worden sind, ist eine interne Abgrenzung erforderlich (vgl. Spalte 7 in **Abb. 36 b**).

Entsprechend sind auch die per Leistungsstand noch nicht angefallenen Soll-Kosten für den Baustellenapparat etc. (vgl. Unterlage III, B, 9/31, DIN 18 299) von der Vergütung abzuziehen. Davon ist auch die Schlussreinigung umfasst. Diese Kosten werden in **Abb. 36 c** ermittelt, ihr Gesamtbetrag wird in den Posten 3 der **Abb. 36 a**, S. 547 übernommen. 1441

Sodann sind noch die Ersparnisse aus vorab erfolgten Teilkündigungen von der Bausoll- vergütung von dem Pauschalbetrag abzusetzen. Im konkreten Fall hat der Auftraggeber aus Gründen der Kostenersparnis einen Großteil der abgehängten Decken gekündigt – und zwar schon vor der Beauftragung an den Nachunternehmer. Das ergibt auf der Basis 1442

Rdn. 1442 Beispiele zur Ermittlung der Vergütung bei Kündigung

| Gemäß VOB/C | Leistungsbereich | | | | Ansatz gem. eigener Kalkulation Unterl. III, B, 9/31 | Ersparte Kosten für teilgekündigte Leistungen | | |
	Stichwort	Leit-position	Inhalt	Ort		pro-zen-tual	Unter-lage	Betrag
								(6) x (7)
(1)	(2)	(3)	(4)	(5)	(6)	(7)	(8)	(9)
18340	Trockenbau	8	Abgehängte Decke aus Mineralfaserplatten	BW A+B außerh. TH	162.667,52	73%	III, B, 9/31	118.747,29
		10	DG, abgehängte Decke aus Mineralfaserplatten	BW A+B außerh. TH	109.004,43	73%		79.573,23
								198.320,52

Abbildung 36 d Ersparte Kosten aus vorab getätigter Teilkündigung

| Gemäß VOB/C | Leistungsbereich | | | | Ansatz gem. eigener Kalkulation Abb. 31 | Erbrachte Leistungen | | |
	Stichwort	Leit-position	Inhalt	Ort		pro-zen-tual	Unter-lage	Betrag
								(6) x (7)
(1)	(2)	(3)	(4)	(5)	(6)	(7)	(8)	(9)
18300	Erdarbeiten	1	Baugrube > 3,50m, Aushub und Verfüllung	Verbindungsgebäude	7.081,52	100%		7.081,52
18330	Mauerarbeiten	1	Abmauerung KS d=20,0cm	Verbindungsgebäude	1.437,00	100%		1.437,00
18331	Betonarbeiten	7	Stahlbetonwände	Verbindungsgebäude	10.610,60	100%	Abb. 31	10.610,60
		11	Kerndecke	Verbindungsgebäude	19.843,20	100%		19.843,20
		11	Ortbetondecke	Verbindungsgebäude	1.075,20	100%		1.075,20
18336	Abdichtungs-arbeiten	1	Wandabdichtung (außen)	Verbindungsgebäude	4.793,38	100%		4.793,38
18350	Putz- und Stuck-arbeiten	2	Wandputz (innen)	Verbindungsgebäude	285,88	100%		285,88
								45.126,78
					Allgemeine Geschäftskosten	9%		4.061,41
					Wagnis und Gewinn	4%		1.805,07
					Gesamtbetrag			**50.992,89**

Abbildung 36 e Vergütung der erbrachten Nachtragsleistung

der in Unterlage III, B, 9/31 kalkulierten Inklusivpreise die in **Abb. 36 d**, S. 550 aufgeführten Kosten. Sie gehen in den Posten 4 der **Abb. 36 a**, S. 547 ein.

Zu vergüten sind naturgemäß die erbrachten Leistungen der beauftragten Nachträge; in unserem Fall handelt es sich um den unter Rdn. 1294 ff. besprochenen und in **Abb. 31**, S. 465 kalkulierten Nachtrag für das zusätzliche Untergeschoss für den Hausanschlussraum. Zum Zeitpunkt der Kündigung sind die in **Abb. 36 e** aufgeführten Teilleistungen des Nachtrags schon erbracht worden; das ergibt, bewertet mit den Ansätzen der Nachtragskalkulation (**Abb. 31**, S. 465), den Gesamtbetrag in **Abb. 36 e**. Er wird in den Posten 5 der **Abb. 36 a**, S. 547 übernommen. 1443

Darüber hinaus sind auch die nicht erstellten Teilleistungen des beauftragten Nachtrags bei freier Kündigung zu vergüten – jedoch abzüglich der ersparten Kosten. 1444

Die zugehörige Ermittlung erfolgt in **Abb. 36 f**; ihr Ergebnis geht in den Posten 6 der **Abb. 36 a** ein.

Zur Vereinfachung des Beispiels haben wir die finanzielle Regelung für Behinderungsfolgen, Räumung und Mängel außen vor gelassen.

Gemäß VOB/C	Leistungsbereich				Ansatz gem. eigener Kalkulation Abb. 31	Deckungsbeitrag für noch nicht erbrachte Leistungen			(6) × (7)
	Stichwort	Leit-position	Inhalt	Ort		pro-zen-tual	Unter-lage	Betrag	
(1)	(2)	(3)	(4)	(5)	(6)	(7)	(8)	(9)	
18333	Betonwerkstein-arbeiten	2a	Betonwerkstein KG (Bodenplatte)	Verbindungsgebäude	714,00	13%		92,82	
		2b	Betonwerkstein auf viertelgew. Treppe	Verbindungsgebäude	872,83	13%		113,47	
18353	Estrich-arbeiten	3	Estrich	Verbindungsgebäude	841,20	13%		109,36	
18360	Metallbau-arbeiten	3	Stahltür T30	Verbindungsgebäude	1.250,00	13%		162,50	
		9	Geländer	Verbindungsgebäude	2.680,00	13%	Abb. 31	348,40	
		10	Handlauf	Verbindungsgebäude	610,00	13%		79,30	
18363	Maler- und Lackierarbeiten	1	Anstrich auf Wandputz	Verbindungsgebäude	171,53	13%		22,30	
		1	Dispersionsanstrich auf Innenputz	Verbindungsgebäude	323,03	13%		41,99	
18382	Nieder- und Mittelspannungs-anlagen	2	Elektroausstattung	Verbindungsgebäude	4.144,00	13%		538,72	
								1.508,86	

Abbildung 36 f   Ermittlung der Vergütung der gekündigten beauftragten Nachtragsleistungen

Teil 7
Störung der Geschäftsgrundlage

Kapitel 21
§ 2 Nr. 7 Abs. 1 Satz 1, 2, 3 VOB/B, § 242 BGB

1 Anpassung der Vergütung wegen „Störung der Geschäftsgrundlage" als allgemein geltender Rechtsgrundsatz

1.1 § 2 Nr. 7 Abs. 1 Satz 1 VOB/B – BGB-Regelung

1500 Vorweg dürfen wir den Wortlaut von § 2 Nr. 7 Abs. 1 VOB/B noch einmal wiederholen:

„Ist als Vergütung der Leistung eine Pauschalsumme vereinbart, so bleibt die Vergütung unverändert. *Weicht jedoch die ausgeführte Leistung von der vertraglich vorgesehenen Leistung so erheblich ab, dass ein Festhalten an der Pauschalsumme nicht zumutbar ist (§ 242 BGB), so ist auf Verlangen ein Ausgleich unter Berücksichtigung der Mehr- oder Minderkosten zu gewähren. Für die Bemessung des Ausgleichs ist von den Grundlagen der Preisermittlung auszugehen.*

Der neue Abs. 2 lautet: „Die Regelungen der Nummern 4, 5 und 6 bleiben unberührt."
Der zwischenzeitlich im ursprünglichen Satz 4 enthaltene sprachlich angepasste Text, jetzt Abs. 2, ist 1973 in die VOB/B eingefügt worden.

§ 2 Nr. 7 Abs. 1 Satz 1 VOB/B enthält im Einleitungssatz eine unglücklich formulierte Feststellung. Auch wenn eine Pauschalsumme vereinbart ist, bleibt die Vergütung keineswegs immer unverändert; Satz 4 derselben Vorschrift verweist ja ausdrücklich darauf, dass es Änderungen der Pauschalvergütung bei vom Auftraggeber angeordneten geänderten oder zusätzlichen Leistungen oder bei infolge von Selbstübernahme des Auftraggebers entfallenden Leistungen gibt. Darüber hinaus gibt es auch Vergütungsänderungen gemäß § 2 Nr. 9 VOB/B sowie ohne Anordnung des Auftraggebers nach § 2 Nr. 8 VOB/B. Auch „freie" Teilkündigungen gemäß § 8 Nr. 1 VOB/B mit Folgen für die Vergütung sind möglich. Sogar ohne Bausoll-Bauist-Abweichung kommen Vergütungsänderungen bei (überflüssigen) Anordnungen des Auftraggebers gemäß § 4 Nr. 1 Abs. 3, 4 VOB/B vor.

§ 2 Nr. 7 Abs. 1 **Satz 1** VOB/B enthält nur eine deklaratorische, ohne Berücksichtigung von Sondertatbeständen unrichtige und deshalb mindestens überflüssige Feststellung dahin, dass sich der Pauschalpreis nicht verändert, wenn sich die Leistung nicht verändert. Wohlwollend kann man die Vorschrift so verstehen, dass gemeint sei, dass sich die Pauschalvergütung auch dann nicht ändert, wenn sich ohne auftraggeberseitigen Eingriff nur die (angenommenen) Mengen als objektiv falsch erweisen – sich also „ändern".[1600] Aber dann braucht man schon erhebliche Auslegungskunststücke, und ohnehin würde dieser Satz in seiner Allgemeinheit auch wieder nicht genau stimmen.[1601]

[1600] Daub/Piel/Soergel/Steffani, VOB/B, Erl. 2.129.
[1601] Siehe oben Rdn. 286 ff., 691 ff.

Würde man die Vorschrift – ohne den Gesamtzusammenhang zu sehen – wörtlich nehmen, müsste man sie tatsächlich so verstehen, dass sich die Pauschalvergütung nicht ändert – das würde einmal dem weiteren Text (Satz 2, 3, 4) des Absatzes schlicht widersprechen und auch schlechthin falsch sein. Die 1973 in die VOB/B „nachgeschobene" Formulierung[1602] lässt sich demgemäß eigentlich nicht „retten". **Mindestens** dann, wenn die VOB/B nicht als Ganzes vereinbart ist, ist deshalb § 2 Nr. 7 Abs. 1 Satz 1 mindestens wegen Unklarheit gemäß AGB-Recht unwirksam.[1603]

1.2 § 2 Nr. 7 Abs. 1 Satz 2 VOB/B, § 313 BGB
– „Unzumutbarkeit" –

Wenn die ausgeführte Leistung von der vertraglich vorgesehenen **Leistung** so erheblich abweicht, dass ein Festhalten an der Pauschalsumme nicht mehr zumutbar ist – § 2 Nr. 7 Abs. 1 Satz 2 VOB/B –, so wäre das Festhalten am Pauschalpreis ein Verstoß gegen Treu und Glauben (§ 242 BGB); deshalb besteht in solchen Fällen ein Preisanpassungsrecht – übrigens natürlich für beide Seiten. Die schwammige Formulierung gibt den Versuch der Verfasser der VOB/B wieder, das, was *in der Rechtsprechung seit je anerkannt* und im Prinzip völlig unbestritten ist, in eine Formulierung zu fassen: **Grundsätzlich** müssen beide Vertragsparteien auch unter erschwerten, besonderen, schwer vorhersehbaren oder zufallsbedingten Umständen und Entwicklungen am Vertrag festgehalten werden. Das ist ein Kerngrundsatz des Privatrechts. Wenn allerdings **ausnahmsweise** die Abweichung der ausgeführten Leistung von der vertraglich geschuldeten – ohne Eingriffe des Auftraggebers – so gravierend ist oder wenn die dabei entstehenden Kosten so unvorhersehbar hoch sind, dass der von den Parteien stillschweigend angenommene „Risikorahmen" gesprengt wird, würde ein Festhalten an der vereinbarten Pauschalvergütung zu einer unzumutbaren, so von beiden Parteien auch nicht entfernt „einkalkulierten" Mehrbelastung des Auftragnehmers oder des Auftraggebers führen. Dann kann der Pauschalpreis erhöht oder verringert werden. Zusammenfassend nennt man diese Regelung für Extremfälle Anpassung wegen „Störung der Geschäftsgrundlage". 1501

Diese **Grundsätze** gelten bei jedem Vertrag und bei jedem Vertragstyp; sie können als äußerstes rechtliches Regulativ auch nicht vertraglich ausgeschlossen werden. **Die Rechtslage war also beim BGB-Vertrag und beim VOB/B-Vertrag insoweit schon immer identisch.** Für die VOB/B würde diese Rechtslage auch dann gelten, wenn der Text des § 2 Nr. 7 Abs. 1, insbesondere der Satz 2, nicht 1973 in die VOB/B eingefügt worden wäre.
Ganz genau stimmt das nicht, denn § 2 Nr. 7 Abs. 1 Satz 2 **VOB/B** als **vertragliche** Regelung des Gedankens der Störung der Geschäftsgrundlage stellt graduell **andere** Anforderungen als das gesetzliche Institut der Störung der Geschäftsgrundlage (näher Rdn. 1503).
Seit dem 1. 1. 2002 ist das Institut der Störung der Geschäftsgrundlage gesetzlich geregelt. § 313 BGB lautet:
„(1) Haben sich Umstände, die zur Grundlage des Vertrags geworden sind, nach Vertragsschluss schwerwiegend verändert und hätten die Parteien den Vertrag nicht oder mit anderem Inhalt geschlossen, wenn sie diese Veränderung vorausgesehen hätten, so kann Anpassung des Vertrags verlangt werden, soweit einem Teil unter Be- 1502

[1602] Zur Entstehungsgeschichte und zum unglücklichen Aufbau des § 2 Nr. 7 Abs. 1 VOB/B Einzelheiten oben Rdn. 1002, 1001.
[1603] Vgl. auch Nicklisch/Weick, VOB/B § 2 Rdn. 74 und ähnlich zur Unwirksamkeit von § 2 Nr. 8 Abs. 1 Satz 1 VOB/B BGH BauR 1991, 331.

rücksichtigung aller Umstände des Einzelfalls, insbesondere der vertraglichen oder gesetzlichen Risikoverteilung, das Festhalten am unveränderten Vertrag nicht zugemutet werden kann. (2) Einer Veränderung der Umstände steht es gleich, wenn wesentliche Vorstellungen, die zur Grundlage des Vertrags geworden sind, sich als falsch herausstellen. (3) Ist eine Anpassung des Vertrags nicht möglich oder einem Teil nicht zumutbar, so kann der benachteiligte Teil vom Vertrag zurücktreten. An die Stelle des Rücktrittsrechts tritt für Dauerschuldverhältnisse das Recht zur Kündigung."

Mit dem in die VOB/B 1973 eingefügten Text war ein „bemerkenswerter Fortschritt noch nicht eingetreten", weil sich keine Möglichkeit hat finden lassen, „wenigstens in etwa näher zu bestimmen, wann und unter welchen Voraussetzungen die Aufrechterhaltung der Vergütungsvereinbarung nicht mehr zumutbar ist".[1604] Das mag stimmen, aber es war keineswegs vor der entsprechenden gesetzlichen Regelung in § 313 BGB zu missbilligen, in die VOB/B jedenfalls den Grundsatz der Anpassung der Vergütung bei Störung der Geschäftsgrundlage ausdrücklich aufzunehmen –, wobei allerdings eine bessere Platzierung erforderlich wäre. Diese bessere Platzierung wäre deshalb dringend wünschenswert, weil derselbe Grundsatz nicht nur beim Pauschalvertrag, sondern uneingeschränkt genauso beim Einheitspreisvertrag gilt. Die Kritik an der Formulierung selbst ist unberechtigt: Generalklauseln lassen sich naturgemäß immer nur allgemein formulieren.

1503 Eines sollte man aus dem Wortlaut der VOB/B allerdings betonen, und das ist durchaus schon eine gewisse Konkretisierung: § 2 Nr. 7 Abs. 1 Satz 2 VOB/B verlangt nur eine **so erhebliche Leistungsabweichung**, dass ein Festhalten an der Pauschalsumme nicht **zumutbar** ist. Das ist mit Recht ein strenges Maß – aber man darf es in Rechtsprechung und Kommentierung nicht dramatisierend noch strenger machen, als es der Text selbst formuliert: Für die **Anpassung genügt** jedenfalls im Rahmen des § 2 Nr. 7 Abs. 1 Satz 2 VOB/B eine **erhebliche** Abweichung mit **unzumutbaren** Folgen, keineswegs sind etwa ganz außerordentliche, völlig unvorhersehbare, einmalige Abweichungen erforderlich, keineswegs kommt es auf geradezu existenzbedrohende Folgen an. Auch § 313 Abs. 1 BGB spricht „nur" von schwerwiegenden Folgen, was ebenfalls nicht ganz außerordentliche Abweichungen verlangt.

Die Störung der Geschäftsgrundlage ist ein Unterfall der unzulässigen Rechtsausübung (§ 242 BGB). Dazu hat der Bundesgerichtshof zutreffend und unmissverständlich entschieden:[1605]

„Auch die Berufung auf das Fehlen der Geschäftsgrundlage ist unter dem Oberbegriff der unzulässigen Rechtsausübung einzuordnen, die im Einzelfall auch dann angenommen werden kann, wenn das Festhalten am Vertrag wegen der besonderen Umstände des Falles, **auch *ohne dass ein grobes Missverhältnis* vorzuliegen** braucht, mit **Treu und Glauben** nicht mehr vereinbar ist." Genau das spiegelt sich heute im Wortlaut des § 313 BGB wieder.

[1604] So Daub/Piel/Soergel/Steffani, VOB/B, Erl. 2.129.
[1605] BGH VersR 1965, 803, 804. Zu diesem Urteil schon oben Rdn. 1112 und näher unten Rdn. 1458 ff.; ebenso BGH LM Nr. 8 zu § 119 BGB.
Vogel/Vogel, BauR 1997, 556 betonen mit Recht ebenfalls, dass die Anforderungen bei § 2 Nr. 7 Abs. 1 Satz 2 VOB/B **geringer** sind.

1.3 Allgemeine Maßstäbe zur Bestimmung des Risikorahmens dem Grunde nach

1.3.1 Der vertraglich zum Ausdruck gekommene Wille, unter allen Umständen am Vertrag festzuhalten

Die Störung der Geschäftsgrundlage" ist immer jeweils für den konkreten Fall und deshalb auch immer bezogen auf den jeweiligen Vertrag zu beurteilen. Die Berufung auf die „Störung der Geschäftsgrundlage" kann auch nicht vertraglich ausgeschlossen werden. Dennoch muss immer geprüft werden, ob sich aus dem Vertrag Anhaltspunkte dafür ergeben, dass die Parteien das eingetretene Risiko gerade vorausgesehen oder als möglich erachtet und dass sie dennoch vertraglich geregelt haben, auch in diesem Fall und somit **unter allen Umständen** am Pauschalvertrag festhalten zu wollen – so heute auch § 313 Abs. 1 BGB.[1606)]

1504

Wenn sich beispielsweise genau das Risiko realisiert, das die Parteien expressis verbis gerade preislich einschließen und deshalb als Grundlage von Preisveränderungen ausschließen wollten, muss der Rahmen für eine „Störung der Geschäftsgrundlage" schon sehr weit gespannt werden. Das kann allerdings nur hinsichtlich einer wie auch immer **angesprochenen** Risikovereinbarung gelten, selbstverständlich insbesondere für „Besondere Risikoübernahme". Aus der bloßen Tatsache, dass der Preis pauschaliert worden ist, lässt sich ein besonderer Risikorahmen überhaupt nicht herleiten. Das wäre eine Petitio principii. Deshalb enthält auch die Vereinbarung eines „Festpreises" **insoweit** keine **Besondere Risikozuweisung**.[1607)]

Wenn aber beispielsweise unklar ist, wieviel l/s bei einer Wasserhaltung abgepumpt werden sollen, dieses Risiko nicht quantifiziert, das Problem aber individuell als pauschaliertes Sonderproblem behandelt worden ist, dann muss schon sehr viel Wasser fließen, ehe „das Fass überläuft".

Umgekehrt kann ein Auftraggeber auch in Allgemeinen Geschäftsbedingungen wirksam regeln, dass eine Störung der Geschäftsgrundlage bei einem Detail-Pauschalvertrag schon bei einer Veränderung einer Positionsmenge um 5 % anzunehmen ist.[1608]

Insgesamt wird man allerdings eher selten finden, dass die Parteien in voller Kenntnis eines speziellen unbestimmbaren Risikos vereinbart haben, unter **allen** Umständen am Preis festzuhalten, die Risikoverwirklichung auch in den ungewöhnlichsten Fällen also ausschließlich einer Partei zuzuweisen. Dabei ist auch noch eine Unterscheidung angebracht: Bei bloßen **Mengenänderungen** infolge von Ungewissheit vorgegebener Daten werden die Parteien normalerweise nur die „**erfahrungsgemäß üblichen und unvermeidbaren Abweichungen** der wirklichen Leistungen von den im Leistungsverzeichnis vorgesehenen Leistungen im Auge haben".[1609)] Enthält dagegen der Vertrag überhaupt keine vorgegebenen Anhaltspunkte für Art und Menge der Leistung, haben die Parteien aber im Wege ausdrücklicher und individueller **Besonderer Risikoübernahme** dieses Risiko zum Pauschalpreis nur dem Auftragnehmer zugeordnet, so ist entsprechend die Bandbreite sehr groß, ehe eine Störung der Geschäftsgrundlage in Betracht kommen kann – dazu näher Rdn. 1510 ff.

[1606)] BGH WM 1961, 1188, 1189 = Betrieb 1961, 1612; BGH WM 1964, 1253, 1254 = BB 1964, 1397; BGH WM 1965, 843, 865 = BB 1965, 968, 969; BGH WM 1969, 64, 65.
[1607)] Einzelheiten oben Rdn. 78, Fn. 83.
[1608)] BGH NZBau 2004, 150.
[1609)] BGH VersR 1965, 803, 804.

1.3.2 Die Erkennbarkeit des ungewöhnlichen Risikos

1505 Der Rahmen des übernommenen Risikos wird weiter davon bestimmt, welche Risikoausprägung **erkennbar (vorhersehbar)** war.[1610] Gänzlich außerhalb des berechtigten Erwartungshorizonts speziell des Auftragnehmers liegende Vorkommnisse sind auch bei Besonderer Risikoübernahme nicht mehr gedeckt. Die Erkennbarkeit übernommener Risiken ist speziell beim Global-Pauschalvertrag, aber auch ganz allgemein beim Bauvertrag, das zentrale Abgrenzungskriterium. Wir haben das z. B. schon im Zusammenhang mit der Auslegung des Bausolls eines Detail-Pauschalvertrages auf die Erkennbarkeit in bezug auf vereinbarte oder nicht vereinbarte **Allgemeine Leistungsziele** geprüft;[1611] wir haben sie geprüft im Zusammenhang mit der Bestimmung des Umfanges globaler Leistungselemente beim Global-Pauschalvertrag,[1612] wir haben schließlich generell die Auslegung unvollständiger Leistungsbeschreibungen sowohl beim Einheitspreisvertrag wie beim Pauschalvertrag an diesem Kriterium orientiert.[1613]

Zusammenfassend halten wir fest: **Es kommt auch für die Erkennbarkeit des Risikoumfanges auf die Sorgfalt eines durchschnittlichen Baubeteiligten an,**[1614] wobei allerdings fahrlässig falsche Risikobewertung nicht zur Annahme der Störung der Geschäftsgrundlage führen kann.

Dabei ist noch einmal auf die Rechtsprechung des Bundesgerichtshofs hinzuweisen. Was „erfahrungsgemäß üblich und unvermeidbar" ist, das muss als Abweichung (insbesondere hinsichtlich der Menge) hingenommen werden;[1615] keineswegs muss aber jede Abweichung hingenommen werden, und keineswegs muss die Abweichung exorbitant sein. Sie muss sich lediglich **außerhalb des gewöhnlichen Risikos** bewegen. Der **öffentliche** Auftraggeber **darf** z. B. selbst bei globaler Leistungsbeschreibung im Rahmen der „funktionalen" Ausschreibung mit Leistungsprogramm dem Bieter nur gewöhnliche, aber nicht ungewöhnliche Risiken auferlegen – so **zwingend** § 9 Nr. 2 VOB/A; § 9 Nr. 17 VOB/A 2006 (früher: Nr. 12b) eröffnet sogar dem Bieter **ausdrücklich** die Möglichkeit, z. B. hinsichtlich Aushub oder Wasserhaltung besondere Annahmen in sein Angebot einfließen zu lassen; das ist die zutreffende Überlegung der Entscheidung des Bundesgerichtshofs „Wasserhaltung II".[1616]

Dabei spielt ein kalkulatorisches Argument eine sehr wichtige Rolle: Speziell im Verzicht auf das „Aufmaß" darf – soweit es um die bloßen Mengen geht – kein Wagnis liegen, welches „vernünftigerweise zu nennenswerten Zuschlägen (Anmerkung: zu welchen?) in der Kalkulation führen muss. Es darf nicht sein, dass Wagnisse verbleiben, die bei angemessener Berücksichtigung zu einer Verteuerung führen, die den Pauschalvertrag ... schon im voraus ungünstiger als einen Einheitspreisvertrag erscheinen lassen."[1617]

Gewöhnliche Risiken können deshalb nicht zur Störung der Geschäftsgrundlage führen, **ungewöhnliche** sehr wohl – es kann sich aber durch Auslegung bei öffentlichen Aufträgen ergeben, dass solche ungewöhnlichen Risiken gar nicht Bausoll sind: Dann sind die das Erschwernis überwindenden Leistungen schlicht geänderte oder zusätzliche Leistungen, die gemäß § 2 Nr. 5, Nr. 6 VOB/B zu vergüten sind.[1618]

[1610] BGH, a.a.O. (Fn. 1606); Daub/Piel/Soergel/Steffani, VOB/B, Erl. 2.150; Heiermann/Riedl/Rusam, VOB/B § 2 Rdn. 150.
[1611] Siehe oben Rdn. 253 ff.
[1612] Siehe oben Rdn. 506 ff.
[1613] Siehe oben Rdn. 244 ff. und Band 1, Rdn. 175–279.
[1614] Einzelheiten oben Rdn. 254.
[1615] Vgl. Fn. 1608.
[1616] Einzelheiten oben Rdn. 663, 646 ff.
[1617] Daub/Piel/Soergel/Steffani, VOB/B, Erl. 2.131.
[1618] Näher Rdn. 663, 646 ff.

Für die Erkennbarkeit des Umfangs möglicher Risiken spielt es eine Rolle, ob sie **offen**, um nicht zu sagen unübersehbar, „präsentiert" werden oder ob sie in den Vertragsunterlagen **„versteckt"** enthalten sind. **„Besondere Risikoübernahmen"** werden in versteckter Form kaum wirksam begründet werden können.[1619] Typisch ist insoweit, dass „bedeutende Risiken in unbedeutenden Unterlagen" buchstäblich am Rande erwähnt werden. 1506

So begründen z. B. ergänzende Planunterlagen, die nach Angebotsabgabe, aber kurz vor der Auftragsverhandlung „schnell noch überreicht werden", jedenfalls dann keine „Besondere Risikoübernahme" oder Risikoerweiterung, wenn sie unerwähnt neue wesentliche Fakten enthalten[1620] – dieses Risiko wird also gar nicht erst Bausoll.

1.3.3 Gesetzliche oder ausdrückliche vertragliche Risikozuweisung beachtlich

Eine Rolle bei der Bestimmung des Risikorahmens spielt weiter, ob das die Grenzen des gewöhnlichen Risikos sprengende Risiko sich in einem Bereich abspielt, der kraft werkvertraglicher Risikozuweisung besonderer Risikobereich gerade einer Partei ist.[1621] 1507

Wenn der Auftraggeber beispielsweise grundsätzlich das Risiko der Beschaffenheit der Vorgewerke trägt,[1622] so braucht der Auftragnehmer eines Detail-Pauschalvertrages keine ungewöhnliche Beschaffenheit des „Vorleistungen" einzukalkulieren.

Wenn das Risiko der Preisermittlung ohne besondere Vertragslegung kraft Gesetzes allein Sache des Auftragnehmers ist, müssen schon extreme Entwicklungen auftreten, um die „Störung der Geschäftsgrundlage" insoweit überhaupt diskutieren zu können.[1623]

Wenn das „Baugrundrisiko" – das Risiko der mangelfreien Beschaffenheit des Baugrunds – Sache des Auftraggebers ist, ist der Risikorahmen für den Auftragnehmer klein und nicht groß.[1624]

Wenn der Anlagenbauer das Risiko der technischen Realisierbarkeit trägt – und das trägt er ohne entgegenstehende Vereinbarung immer –, so kann er sich praktisch nie auf Störung der Geschäftsgrundlage berufen, auch wenn sich die ingenieurtechnischen Probleme als noch so kostenträchtig erweisen.[1625]

1.3.4 Spezialkenntnisse in Sonderfällen bei der Ermittlung des Risikorahmens beachtlich

Bei der vorerwähnten, das Bausoll bestimmenden Erkennbarkeit der **Risikogrenzen** spielt je nach Fall die besondere Fachkunde entweder des Auftraggebers oder des Auftragnehmers durchaus eine Rolle. 1508

Wenn von Anfang an wegen besonderer Gründungsschwierigkeiten ausdrücklich und nur eine Spezialtiefbaufirma eingeschaltet ist, kann man von ihr eine umfassendere Risikobeurteilung erwarten als von einem Standardunternehmen. Deshalb müssen die Grenzen der Erkennbarkeit und der Risikozuordnung hier folglich anders gezogen werden.[1626] Nur der Ordnung halber: Es kommt darauf an, dass ein echter Sonderfall vorliegt – wir meinen nicht die Standardausrede von Auftraggebern.

[1619] Einzelheiten oben Rdn. 637, 638.
[1620] Zutreffend OLG Stuttgart BauR 1992, 639, Einzelheiten dazu Rdn. 678, weiter zu dieser Entscheidung Rdn. 1106 mit Fn. 1092, Rdn. 638, 288, 1075.
[1621] BGH BauR 1993, 458, 463; BGH NJW 1992, 2690, 2691; BGHZ 74, 370, 373.
[1622] Näher Rdn. 1609.
[1623] Dazu sogleich unten Rdn. 1512.
[1624] Zum Baugrundrisiko oben Rdn. 512 ff.
[1625] Einzelheiten oben Rdn. 576 mit Fn. 615 – 621
[1626] So vom Grundsatz her **insoweit** – aber nicht allgemein gültig – völlig zutreffend BGH BauR 1987, 683 (684) „Universitätsbibliothek", Einzelheiten s. Band 1, Rdn. 220.

1.3.5 Verursachung durch eine Vertragspartei als Kriterium

1509 Sicher ist der Rahmen eines übernommenen Risikos für die eine Vertragspartei dann enger zu ziehen, wenn sie sich auf Angaben der anderen Vertragspartei verlassen durfte oder verlassen hat und/oder die grenzüberschreitende Risikoentwicklung ihre Ursache im Verhalten der anderen Partei hat.[1627]

Bei eigenen irrtümlichen Angaben gibt es für die Vertragspartei, insbesondere also auch den Bieter, beim Pauschalvertrag ein Anfechtungsrecht, allerdings nicht in Fällen des Kalkulationsirrtums.[1628]

Wenn aber eine Partei nicht über eigene Erklärungen irrt, sondern Opfer des Irrtums der Gegenseite wird, ist eine Anfechtung zumindest problematisch. Im Ergebnis führen solche Fälle zum **beiderseitigen Irrtum**, gewissermaßen zur doppelten Fehleinschätzung. Das sind die eindeutigen und einfachsten Fälle der **Störung der Geschäftsgrundlage**,[1629] bei denen die Verursachung durch die andere Seite dazu führen muss, eher auch schon bei geringeren Abweichungen von „unzumutbarer Abweichung" zu sprechen.

Auch bei beiderseitigem Irrtum ist erforderlich,[1630] dass bezogen auf die Kosten- und Preisermittlung

- sich entweder der andere Teil die unrichtige Kalkulation soweit zu eigen gemacht hat, dass eine Verweigerung der Anpassung gegen das Verbot des venire contra factum proprium verstoßen würde,

- die andere Seite den Irrtum bemerkt und treuwidrig für sich ausgenutzt hat,

- beide Parteien einen bestimmten (falschen) Berechnungsmaßstab zugrunde gelegt haben.

Letzteres gilt z. B., wenn der Auftraggeber dem Auftragnehmer **falsche** Mengen – für diesen unerkennbar – vorgegeben hat.[1631]

1510 Thode[1632] erwähnt in diesem Zusammenhang billigend eine Nichtannahme-Entscheidung des Bundesgerichtshofs:

Ein Auftragnehmer verpflichtet sich, eine **Schwimmhalle** zu einem Pauschalpreis von ca. 480 000,– DM zu errichten. Grundlage der Preisermittlung war ein ausführliches Leistungsverzeichnis nebst vollständigen Ausführungsplänen. Nach diesen Plänen sollte das Schwimmbecken tiefer gegründet werden als die Wände der Schwimmhalle. Für die Wände waren Streifenfundamente vorgesehen. Wegen der schlechten Bodenverhältnisse ordnete der Statiker nachträglich eine durchgehende Bodenplatte unter der gesamten Schwimmhalle an, also die gleiche Gründungstiefe für das Becken und die Seitenwände der Schwimmhalle. Dadurch wurde zusätzliche Bewehrung für die durch Erddruck beanspruchten Seitenwände der Halle erforderlich. Es entstanden zusätzliche Kosten für die erforderlichen Zusatzleistungen in Höhe von ca. 50 % des ursprünglichen Pauschalpreises.

[1627] Ebenso z. B. Nicklisch/Weick, VOB/B § 2 Rdn. 81; Daub/Piel/Soergel/Steffani, VOB/B, Erl. 2.149, 2.150.
[1628] Einzelheiten oben Rdn. 305; BGH BauR 1995, 538 = NJW-RR 1995, 1360.
[1629] BGH NZBau 2004, 150; BGH VersR 1965, 803, 804; Quack, Beilage 20, BB 1991, S. 9, 10.
[1630] Dazu jeweils mit weiteren, einschlägigen Nachweisen der BGH-Rechtsprechung instruktiv BGH BauR 1995, 538 = NJW-RR 1995, 1360. Zu einem Grenzfall bei der „Unterkalkulation" eines **Jahresvertrages** OLG Düsseldorf NJW-RR 1996, 1419.
[1631] So z. B. OLG Düsseldorf OLG Report 1995, 52, 54; in **anderem** Zusammenhang vom BGH aufgehoben (dazu Fn. 1656); **zum Thema selbst s. besonders Rdn. 1518.**
[1632] Seminar Pauschalvertrag, S. 33 ff., 47, 48.

Das Oberlandesgericht hat der Klage des Auftragnehmers mit der Begründung stattgegeben, die erheblichen Mehrleistungen würden auf einem beiderseitigen Irrtum über die preisbildenden Grundlagen beruhen. Der Bundesgerichtshof hat die Revision des Auftraggebers nicht angenommen.
Der Bundesgerichtshof hat ohne Zweifel zu Recht die Revision nicht angenommen, denn das Ergebnis des Oberlandesgerichts war richtig. Aber die Begründung ist falsch, denn das war kein Beispiel des beiderseitigen Irrtums mit der Folge der Störung der Geschäftsgrundlage, das war der schlichte Fall der nachträglichen Anordnung einer geänderten oder zusätzlichen Leistung. Die auftraggeberseitige Planung war anfangs „falsch", nachher wurde sie korrigiert; das begründet Ansprüche auf zusätzliche Vergütung wegen geänderter oder zusätzlicher Leistungen. Denn – wie nach dem angegebenen, sehr kurzen Sachverhalt anzunehmen – die Planung einschließlich der Ausführungsplanung war vom Auftraggeber gestellt; dem Auftragnehmer oblag keine **besondere** Prüfpflicht, die sowohl beim Detail-Pauschalvertrag wie beim Einfachen Global-Pauschalvertrag dieser Prägung – mit **auftraggeberseitiger** vollständiger Planung – zu verneinen ist.[1633] Dann war die vom Auftragnehmer ausgeführte Anordnung der Änderung der Bodenplatte Anspruchsgrundlage auch für die Teilleistungen („Positionen"), die nicht unmittelbar von der Änderungsanordnung betroffen waren. Es ist unbestritten, dass Änderungsanordnungen **nicht nur positionsbezogen** zu betrachten sind, sondern in ihrer Auswirkung auf die Gesamtleistung, und dass folglich **für jede ihrer Auswirkung**en die Kostenauswirkungen zu erfassen sind und über § 2 Nr. 7 Abs. 1 Satz 4 i. V. m. § 2 Nr. 5, Nr. 6 VOB/B zum Anspruch auf zusätzliche Vergütung führen.[1634] Diese speziellere Vorschrift geht dem Auftragstatbestand „Störung der Geschäftsgrundlage" immer vor.[1635]

1.3.6 Bedeutung der Prüfzeit und der Prüfmöglichkeiten des Auftragnehmers

Wie allgemein bei der Beurteilung der Erkennbarkeit von Risiken spielen **Prüfzeit** und **Prüfmöglichkeiten** des Auftragnehmers eine gewichtige Rolle.[1636]

1511

Wenn der Auftragnehmer sein Angebot abgegeben hat und der Auftraggeber wenige Tage vor der abschließenden Auftragsverhandlung ergänzende Pläne vorlegt, die versteckt ein neues Risiko enthalten, wird allein schon wegen des Zeitfaktors dieses Risiko nicht mehr Bausoll.[1637] Wenn überhaupt der Auftraggeber dem Auftragnehmer so spät Unterlagen zur Verfügung stellt, dass der Auftragnehmer sie zeitlich nicht mehr ordnungsgemäß prüfen kann, so kann bestenfalls der auch bei knappster Prüfung schon erkennbare Risikorahmen in das übernommene Risiko einfließen. Oder lebensnah und plastisch formuliert: Es spielt tatsächlich eine Rolle, ob der Auftraggeber den Auftragnehmer „gedrängt" hat.[1638]

2 Unzumutbare Änderung der Kosten ohne gleichzeitige Leistungsänderung als typischer Anwendungsbereich?

Die „Störung der Geschäftsgrundlage" erfasst auch die Fälle, in denen sich unvorhersehbar die Einstandskosten des Auftragnehmers verändern. § 2 Nr. 7 Abs. 1 Satz 2 VOB/B verlangt allerdings, dass sich **„die Leistung ändert"**; das tut sie aber gerade nicht, wenn

1512

[1633] Einzelheiten oben Rdn. 256.
[1634] Zur **Auswirkung** auch auf „fremde Positionen" Band 1, Rdn. 1088, ebenso Daub/Piel/Soergel/Steffani, VOB/B, Erl. 2.102; Marbach, ZfBR 1989, 2, 3.
[1635] Vgl. Einzelheiten Rdn. 1525 ff.
[1636] Ebenso BGH BauR 1987, 683, 684 „Universitätsbibliothek", Einzelheiten s. Band 1, Rdn. 214, 215.
[1637] So zutreffend OLG Stuttgart, vgl. Fn. 1620.
[1638] So zutreffend Daub/Piel/Soergel/Steffani, VOB/B, Erl. 2.149.

ohne Leistungsänderung nur Materialpreise, Lohnkosten oder dergleichen unzumutbar und unvorhersehbar ansteigen. Man kann daher mit Fug und Recht durchaus konstatieren, dass diese Fallgestaltung der „Störung der Geschäftsgrundlage" von § 2 Nr. 7 Abs. 1 Satz 2 VOB/B überhaupt nicht erfasst wird.[1639]

Diese Frage kann aber letztlich unentschieden bleiben, denn ob die „Störung der Geschäftsgrundlage" bei derartigen Konstellationen kraft § 2 Nr. 7 Abs. 1 Satz 2 VOB/B gilt oder kraft § 313 BGB bei jeder Art von Vertrag, spielt nicht einmal theoretisch eine Rolle – unbestritten gehören auch diese Konstellationen unter den Begriff „Störung der Geschäftsgrundlage".

In der Sache selbst gilt allerdings: Der Auftragnehmer trägt schlicht und einfach dieses Kostenrisiko allein.[1640] Wenn er dieses Risiko abwälzen will, muss er Lohn-, Material- oder Index-Gleitklauseln vereinbaren. Diese Risikozuweisung an den Auftragnehmer ist schlechthin fundamental, und zwar ganz allgemein für Verträge, also auch für Werkverträge – genauso fundamental wie die Risikozuweisung, dass der Auftraggeber seinerseits das Finanzierungsrisiko tragen muss, und auch, dass er die Entwicklung des Kapitalmarktzinses auf den Auftragnehmer nicht abwälzen darf.

Wenn hier also eine Ausnahme zugunsten des Auftragnehmers greifen soll, wenn also „die Geschäftsgrundlage" insofern gestört sein soll, muss die Preis-Kosten-Entwicklung schon annähernd katastrophal sein. Als Hinweis mag in diesem Zusammenhang genügen, dass die Lehre zur Störung der Geschäftsgrundlage insbesondere auf dem Hintergrund der galoppierenden Inflation nach dem Ersten Weltkrieg entwickelt worden ist, als Geldwerte gegenüber Sachwerten plötzlich untragbar „ins Ungleichgewicht" gerieten. Als Beispiel aus der heutigen Zeit wird immer die Entwicklung der ölabhängigen Materialpreise in der ersten Ölkrise 1973 genannt, aber der Bundesgerichtshof hat gerade zu diesem Thema – allerdings in einem Belieferungsfall – auch für die damalige Situation die „Störung der Geschäftsgrundlage" mit vollem Recht verneint.[1641] Wenn es in Zukunft solche Fälle überhaupt geben sollte – in normalen Zeitläufen schwer vorstellbar –, so wäre hier sicherlich die Zumutbarkeitsgrenze an der Gesamtvergütung zu orientieren, ebenso sicher wäre hier eine Grenze von 20 % zu gering – 25 % oder 30 % kämen eher in Betracht.

In der Praxis spielt dieses Problem schlechthin keine Rolle.

3 Unzumutbare Leistungsänderung mit unzumutbaren Auswirkungen auf die Pauschalvergütung als typischen Anwendungsbereich

3.1 „Mengenänderungen"

3.1.1 Mengenermittlungsrisiko des Auftragnehmers als Kennzeichen des Pauschalvertrages

1513 Es ist für jede Art von Pauschalvertrag kennzeichnend, dass vor der Ausführung nicht durch Zahlenangaben im Vertrag (wohl aber über Mengenermittlungsparameter) feststeht, wieviel gebaut wird, dass aber dennoch eine feste Pauschalvergütung vor Ausfüh-

---

[1639] So Nicklisch/Weick, VOB/B § 2 Rdn. 83.
[1640] Dazu schon oben Rdn. 78 beim „Festpreisvertrag".
[1641] Vgl. dazu auch BGH „Kammerschleuse" BauR 1997, 126 = IBR 1996, 487 (sowie 488 und 489); siehe weiter Ingenstau/Korbion/Keldungs, VOB/B, § 2 Nr. 7 Rdn. 5; Zielemann, Vergütung, Rdn. 328.

rung vereinbart wird. Eine zahlungsmäßig benannte Menge gehört dann, wenn Mengenermittlungsparameter vorliegen – **in** den Zumutbarkeitsgrenzen – gar nicht zum Bausoll, oder anders ausgedrückt: Der Auftragnehmer trägt zwingend das **Mengenermittlungsrisiko,** deshalb ist mit dem Abschluss des Pauschalvertrages „stets ein gewisses Risiko" verbunden.[1642]

Erst wenn es bei der Ausführung zu Mengen kommt, deren Ermittlung das zumutbare Risiko des Auftragnehmers bei der Mengenermittlung überschreitet, sowohl wenn es bei globalen Vorgaben somit doch noch im Sinne der Vorhersehbarkeit der einzelnen Bauinhalte bei einer Bausolländerung vergleichbaren Situation auftritt, ist diese auf unzumutbare Pauschalpreisauswirkungen zu untersuchen. Derartige nicht vom Auftraggeber angeordnete, sondern aus den „vorgefundenen Verhältnissen" resultierende Abweichungen zwischen im Angebotsstadium ermittelten und tatsächlich anfallenden Mengen sind das praktisch **wesentliche Anwendungsgebiet** der „Störung der Geschäftsgrundlage" beim Pauschalvertrag.[1643] Hier ist ganz besonders jeweils zu untersuchen, ob eine solche Mengenabweichung (z. B. Bodenverhältnisse) nicht nach vorrangigen Spezialregelungen – vgl. unten Rdn. 1525, 1526 – zu beurteilen ist.

3.1.2 Unzumutbarkeit beim Total-Unternehmer?

In allen Fällen, in denen der Auftragnehmer das Grundstück selbst beibringt, die komplette Planung liefert und sodann danach baut, wird es praktisch keine Fälle geben, in denen dieser Total-Unternehmer nicht auch das Risiko der eigenen Mengenermittlung trägt – nur er kann es überhaupt einschätzen und prüfen.[1644] Allerdings sind auch hier nur die Maßstäbe anzulegen, die an die Arbeit eines Architekten angelegt werden dürfen;[1645] ein unentdeckbares Risiko, ein Zufallsrisiko hinsichtlich der Mengen, übernimmt auch dieser Auftraggeber nicht. Solange dieses Risiko aber nicht mit der wiederum unentdeckbaren Beschaffenheit, insbesondere des Baugrundes, zusammenhängt – was im konkreten Fall ohnehin sehr selten zu bejahen sein wird –, gibt es beim Total-Unternehmer für die „Störung der Geschäftsgrundlage" bei Abweichungen zwischen im Angebotsstadium ermittelten und tatsächlich anfallenden Menge keine praktischen Anwendungsfälle.

1514

3.1.3 „Störung der Geschäftsgrundlage" bei „Schein-Mengenpauschalen"?

Wenn die Menge im Pauschalvertrag nicht unbestimmt ist, also auch nach Mengenermittlungskriterien vom Bieter nicht festzustellen ist, wenn sie vielmehr als auftraggeberseitig vorgegebene Menge Bausoll ist, so ist dieser Vertrag bzw. dieser Vertragsteil in Wirklichkeit ein verkappter Einheitspreisvertrag.[1646] Hier kann es zwar Mengenänderungen geben, die aber ausnahmslos als Bausollveränderungen immer zu Ansprüchen des Auftragnehmers aus § 2 Nr. 5, Nr. 6, evtl. auch aus § 2 Nr. 8 oder § 2 Nr. 4 VOB/B führen,[1647] so dass sich das Problem der Störung der Geschäftsgrundlage gar nicht stellt.

1515

[1642] Siehe grundsätzlich oben Rdn. 47 sowie BGH VersR 1965, 803, 804; BGH Schäfer/Finnern Z 2.304 Bl. 42 ff. – BauR 1972, 118 (Einzelheiten ansonsten zu dieser Entscheidung oben Rdn. 227, 228).
[1643] Heute ganz einhellige Meinung, z. B. BGH NZBau 2004, 150; Nicklisch/Weick, VOB/B § 2 Rdn. 80.
[1644] Dazu vgl. oben näher Rdn. 697.
[1645] Vgl. oben Rdn. 555 ff.
[1646] Einzelheiten oben Rdn. 288.
[1647] Vgl. oben Rdn. 1075 ff.

3.1.4 Ungewöhnliche Mengenentwicklung bei Mengenvorgabe durch auftraggeberseitige „Vordersätze" und Mengenermittlungsparameter

1516 Wenn ein **Auftragnehmer** selbst an der Erarbeitung eines Leistungsverzeichnisses mitwirkt und selbst konkrete Mengen ermittelt und einsetzt, so ist vorab zu beachten, dass die Mengenangabe selbst, der „Vordersatz", beim Pauschalvertrag gar nicht Vertragsinhalt wird.[1648] Wenn der vom Auftragnehmer falsch ermittelte Vordersatz in die Ermittlung des Pauschalpreises eingeflossen ist, kann der Auftragnehmer bei echten, nachweisbaren Schreib- und Rechenfehlern anfechten,[1649] einen bloßen Kalkulationsirrtum kann er allerdings gerade nicht anfechten,[1650] wobei allerdings ein Auftraggeber einen positiv erkannten Kalkulationsirrtum des Auftragnehmers im Grundsatz nicht treuwidrig für sich ausnutzen darf.[1651] Von diesen Ausnahmen abgesehen, bleibt es aber dabei, dass dann, wenn der Auftragnehmer selbst die Mengenermittlungsparameter stellt – z. B. beim Total-Unternehmervertrag –, er sein eigenes Mengenermittlungsrisiko auch in vollem Umfang tragen muss. Dasselbe gilt, wenn der Auftragnehmer aus **richtigen** unveränderten Mengenermittlungsparameter falsche Mengen ermittelt.

Typisch dafür ist etwa, dass der Auftragnehmer den **Betonstahlverbrauch** schlicht falsch einschätzt.[1652]

1517 Gibt dagegen der **Auftraggeber** Mengen**ermittlungs**parameter vor und sind diese **falsch** – der Bieter erstellt also aus ihm vorgelegten Plänen einen in sich richtigen Mengenauszug, die Pläne sind aber falsch –, so benötigt man das Instrumentarium der Störung der Geschäftsgrundlage nicht. Wenn der Auftraggeber Unterlagen beibringt, müssen sie richtig sein – § 3 Nr. 1 VOB/B. Darauf darf sich der Auftragnehmer verlassen. Folglich bemißt sich das Bausoll des Auftragnehmers nach den vorgelegten (falschen) Mengenermittlungsparametern. Abweichungen im Sinne von Richtigstellungen führen als Änderungsanordnung des Auftraggebers zu Ansprüchen des Auftragnehmers aus § 2 Nr. 5 oder § 2 Nr. 6 VOB/B.[1653] Etwas anderes kann nur gelten, wenn der Auftragnehmer im Rahmen seiner **Prüfpflicht** den Fehler hätte erkennen können, auch dann trägt er das Risiko nicht allein.[1654] In solchen Fällen ist es angebracht, „positionsbezogen" (einzelleistungsbezogen) bzw. „Vergütungs-Zäsur-bezogen" zu überprüfen und für die Störung der Geschäftsgrundlage eine Gesamtgrenze von etwa 10 % anzusetzen (Näheres dazu in Rdn. 1518).

1518 Gibt der **Auftraggeber** seinerseits nur „**Vordersätze**" **falsch** ohne Mengenermittlungsparameter vor, so gilt:
Wenn es überhaupt Kriterien gibt, anhand derer der Auftragnehmer die Richtigkeit der auftraggeberseitigen Mengenvorgaben prüfen kann, so muss er darauf hinweisen.[1655] Hat er eine solche Nachfrage unterlassen, so ist das grundsätzlich sein Problem: Die falsche Mengenvorgabe des Auftraggebers berechtigt **zunächst** einmal nicht zu Ansprüchen. Allerdings darf die „Haftung" für die bieterseitige Prüfung nicht überspannt werden, denn

---

[1648] Vgl. oben Rdn. 51.
[1649] Einzelheiten oben Rdn. 298–303, insbesondere auch Rdn. 1509.
[1650] Einzelheiten oben Rdn. 305, insbesondere auch Rdn. 1509.
[1651] Einzelheiten oben Rdn. 306.
[1652] Zutreffend Thode, Seminar Pauschalvergütung, S. 33, 48 unter Hinweis auf eine Nicht-Annahmeentscheidung des Bundesgerichtshofs.
[1653] Einzelheiten Rdn. 311–320.
[1654] Oben Rdn. 319, 320 zum Detail-Pauschalvertrag, Rdn. 497 ff. zum Global-Pauschalvertrag.
[1655] Das Thema „falsche Vordersätze" haben wir unter Rdn. 322–325 im einzelnen behandelt. Wir erörtern hier nur noch den **ergänzenden** Aspekt der Störung der Geschäftsgrundlage. Gibt es im seltenen Ausnahmefall für die Vordersätze keinerlei Prüfkriterien, handelt es sich nur um eine Scheinpauschale, dann führt ohnehin jede Mengenänderung zur Vergütungsänderung, Einzelheiten oben Rdn. 66 ff., 288, 322.

immerhin hat der Auftraggeber den Bieter in die „Falle gelockt". In diesen Fällen **beiderseitigen Fehlverhaltens** muss man deshalb davon ausgehen, dass die Parteien das Risiko in solchen Fällen nicht uneingeschränkt nur einer von ihnen aufbürden wollen oder dürfen. Im Regelfall bestehen Ansprüche des Auftragnehmers.[1656)]
Eindeutig gilt das, wenn **beide Parteien** die Mengen **im einzelnen gemeinsam ermittelt** und sich gemeinsam dabei geirrt haben. Wird dabei nach oben oder unten die Zumutbarkeitsgrenze überschritten, so sind das Fälle der Störung der Geschäftsgrundlage.

Es erscheint angebracht, in den Fällen falscher auftraggeberseitiger Mengenvorgaben „positionsbezogen" (teilleistungsbezogen) bzw. „Vergütungs-Zäsur-bezogen" zu argumentieren und eine Gesamtpauschale lediglich als Korrekturobergrenze zu wählen.

Ein Ausgangspunkt könnte sein, dass der Auftragnehmer durch beiderseitigen Irrtum nicht den vollen kalkulierten Gewinn verlieren soll. Sehr verallgemeinernd würde bei unveränderter Vergütung in der Mehrzahl aller Fälle einer durchschnittlichen Steigerung des „Zu-Erbringenden" (der Mengen) um 3 %, bezogen auf die Gesamtvergütung, der Gewinn schon verloren sein, denn höhere Gewinne als 3 % werden im Durchschnitt aller Fälle nicht kalkuliert und am Markt nicht durchgesetzt. Deshalb könnte sich folgende Richtschnur empfehlen:
Wenn die tatsächlich auszuführende Menge einer „Position" (Teilleistung) oder eines von den Parteien gebildeten Pauschalvergütungsabschnittes um mehr als 100 % von der kalkulierten Menge abweicht und gleichzeitig die Abweichung des „Zu-Erbringenden" 2 % der Gesamtpauschale erreicht, muss hinsichtlich des darüber hinausgehenden **Mehr-** oder Minderbetrages angepaßt werden – was darunterliegt, ist Selbstbehalt.[1657)] Weicht die tatsächlich auszuführende Menge einer **Vielzahl** von Positionen mehrheitlich über 50 %, aber unter 100 % von der kalkulierten Menge ab, so spricht das für sehr schlampige Prüfung des Auftragnehmers. Hier sollte eine Korrektur erst bei mehr als 10 % Abweichung, bezogen auf die Gesamtpauschalsumme, in Betracht kommen.

Ein Grenzwert von 20 % der Gesamtsumme ohne Berücksichtigung der Veränderung in „Einzelpositionen"[1658)] erscheint uns in solchen Fällen als unangemessen, wobei ja nach unserem Vorschlag die Korrektur über den Selbstbehalt ohnehin zu einem – nach unserer Meinung – gerechteren Ergebnis führt.

Selbstverständlich ist immer die Bewertung jedes Einzelfalles geboten, aber unter Heranziehung **aller** Faktoren. „Es gibt keine starre, der Beurteilung zugrunde zu legende Risikogrenze in Gestalt eines bestimmten Prozentsatzes des vereinbarten Pauschalpreises" – so zutreffend der Bundesgerichtshof.[1659)]

Ändert der Auftraggeber die Mengenermittlungsparameter, so handelt es sich in allen Fällen um Anordnungen, die gemäß § 2 Nr. 5, Nr. 6 oder § 2 Nr. 4, § 8 Nr. 1 VOB/B zu behandeln sind und die Störung der Geschäftsgrundlage ausschließen.

[1656)] OLG Düsseldorf OLG Report 1995, 52, 54; s. auch oben Rdn. 1509. Der Bundesgerichtshof (BauR 1996, 250 = IBR 1996, 48) hat entschieden, diese Beurteilung des OLG könne offenbleiben, hat dann aber das Urteil mit der zutreffenden Begründung aufgehoben, im konkreten Fall habe das OLG die Risikogrenze falsch ermittelt, es habe nämlich dann um einen Nachlass verringerten Pauschalpreis verglichen mit dem nicht in gleicher Weise reduzierten, sondern ungekürzten Preis der Mengenmehrung. Siehe auch Fn. 1659.
Zum Thema auch oben Rdn. 1504 ff.
[1657)] Siehe unten Rdn. 1535.
[1658)] Siehe unten Rdn. 1533.
[1659)] BGH BauR 1996, 250, Revisionsurteil zu OLG Düsseldorf OLG Report 1995, 52, s. Fn. 1656.

3.1.5 Ungewöhnliche Mengenentwicklung bei Verträgen ohne Mengenangabe oder ohne auftraggeberseitige Mengenermittlungsparameter – „Besondere Risikoübernahme" des Auftragnehmers

1520 Solange es im Vertrag Anhaltspunkte für die nach beiderseitigem Verständnis erwarteten Mengen gibt, lassen sich unzumutbare Abweichungen jedenfalls im Prinzip noch annähernd erfassen. Wenn aber der Vertrag über die zu erwartenden Mengen schlicht nichts sagt – wie soll da ein Ausgangspunkt für Unzumutbares gefunden werden?

Eine solche Konstellation gibt es praktisch in allen Fällen „Besonderer Risikoübernahme", also ganz besonders beim Global-Pauschalvertrag. Solche **offenen** „Besonderen Risikoübernahmen" sind in vom Vertragsgegner gestellten Allgemeinen Geschäftsbedingungen immer noch möglicherweise unwirksam, als **versteckte** Risikoübernahme sind sie es ohnehin.[1660] Soweit sie zulässig sind, also immer z. B. bei individueller Besonderer Risikoübernahme oder als klare Formulierung im Leistungsbeschreibungstext, regeln sie, dass der Auftragnehmer im Prinzip **jede vorkommende Menge** ohne Sondervergütung erbringen muss. Wenn „Wasserhaltung" und sonst nichts ausgeschrieben ist, wenn „Ausschachtung bis zu tragfähigem Boden" ausgeschrieben ist, wenn „das gesamte, möglicherweise kontaminierte Erdreich" auszuheben ist, sind eben **alle** Maßnahmen, die zur Erreichung des Leistungsziels erforderlich sind, ohne Pauschalpreiskorrektur zu leisten. Hier muss folglich der Auftragnehmer jedes **gewöhnliche Risiko** einkalkulieren, und wegen der offensichtlichen Risikobreite ist das gewöhnliche **Schwankungsrisiko sehr hoch**. Auch hier gilt aber, dass trotz der Besonderen Risikoübernahme **ungewöhnliche Risiken** nicht erfasst sind. Das sind solche Risiken, die auch bei sorgfältigster Risikoabwägung niemand hätte voraussehen können – „Ausreißer". Wer bei einer Wasserhaltung auf die einzige in diesem Gebiet vorkommende, in keiner geologischen Karte enthaltene und von keinem Gutachter entdeckte Wasserader trifft, trifft **Ungewöhnliches,** das ist schon je nach Fall gar nicht mehr Bausoll.[1661]

Die Zumutbarkeitsgrenze muss man allerdings differenziert betrachten. Gibt es überhaupt keine auftraggeberseitigen Anhaltspunkte, keine Unterlagen, ist aber das Risiko klar und offen ausgewiesen, dann allerdings ist die Schwelle **sehr hoch**.[1662] Die Schwankungsbreite muss hier, da der Vertrag keinerlei Mengenanhaltspunkte enthält, normalerweise durch nachvertragliche (sachverständige) Prognose ermittelt werden.[1663] 20 % Abweichung – **hier bezogen auf die Gesamtpauschalsumme,** ohne Rücksicht auf Einzelpositionen – sind für diesen risikofreudigen Auftragnehmer durchaus die angemessene Grenze, wobei ja durch den von uns vorgeschlagenen „Selbstbehalt" das Risiko dieses Auftragnehmers **noch erhöht wird.**

Jenseits dieser Grenzen allerdings hört auch das Risiko dieses Auftragnehmers auf – er trägt nicht jedes Risiko ohne die geringste Einschränkung.

1521 In die Betrachtung darf allerdings gerade hier einbezogen werden, was der Auftragnehmer an „Beschreibung erwarten darf". Wenn er z. B. weiß, dass der **öffentliche Auftraggeber** in einer Ausschreibung gemäß VOB/A die Wasser- und Bodenverhältnisse genau beschreiben muss und dass das zwingende Pflicht des Auftraggebers ist,[1664] so lässt die fehlende Aussage in der Leistungsbeschreibung zwar hinsichtlich der Boden- und Wasserverhältnisse nicht „Standardverhältnisse" erwarten, aber jedenfalls die Annahme, dass sich

---

[1660] Vgl. oben zum Detail-Pauschalvertrag Rdn. 295, 294, zum Global-Pauschalvertrag Rdn. 512 ff., 549, 667 ff.
[1661] Vgl. BGH „Wasserhaltung II" BauR 1994, 236 und näher Rdn. 646 ff.
[1662] Ebenso Englert/Grauvogl/Maurer, Handbuch Baugrund, Rdn. 272.
[1663] Vgl. BGH „Wasserhaltung I" BauR 1992, 759 und oben Rdn. 632 ff.
[1664] Ebenso Ingenstau/Korbion/Kratzenberg, VOB/A § 9, Rdn. 28 ff., s. auch Band 1, Rdn. 193, 196 und in diesem Band oben Rdn. 642 ff.

die Bodenverhältnisse innerhalb des gewöhnlichen Risikos, also des regional und geologisch Üblichen, bewegen, also nicht „Bausoll" sind, dann bedarf es keiner Störung der Geschäftsgrundlage im Regelfall.[1665]

Fügt der Auftraggeber Unterlagen seiner Leistungsbeschreibung – z. B. Bodengutachten – bei, so gilt als Grundsatz, dass der **Auftragnehmer sich auf diese Unterlagen verlassen darf**. Abweichungen von ihnen führen zu Bausollabweichungen und damit zu Ansprüchen aus § 2 Nr. 5, § 2 Nr. 6 bzw. § 2 Nr. 8 VOB/B,[1666] Ansprüche aus „Störung der Geschäftsgrundlage" scheiden deshalb aus. Ist ein Bodengutachten **mehrdeutig** oder enthält es „**versteckte Einschränkungen**", so muss der Auftragnehmer selbstverständlich solchen erkennbaren Zweifeln nachgehen und kann sich nicht einfach auf die für ihn günstige Annahme beschränken. Er kann, sofern das Gutachten „alles offenlegt", in seinem Angebot angeben, was er zum Pauschalpreis zu leisten bereit ist. Wird er allerdings durch weitere auftraggeberseitige Angaben geradezu eingelullt – der Auftraggeber überreicht Unterlagen über die Situation benachbarter Grundstücke, die auf völlige Normalität hinweisen! –, so wird man zwar immer noch eine ernsthafte Risikoverantwortlichkeit des Auftragnehmers bejahen müssen, die Grenze zur Unzumutbarkeit aber mit Rücksicht auf die kräftige Mitverursachung des Auftraggebers weit niedriger ansetzen müssen.[1667] Über die Quote kann man in solchen Fällen streiten, aber dem **Verführten** allein die Schuld zu geben und den **Verführer** ungeschoren davonkommen zu lassen, ist auch ohne große Begründung mit dem Gerechtigkeitsempfinden schwer vereinbar. 1522

3.2 Verfahrensänderungen

Grundsätzlich ist es Sache des Auftragnehmers, die Verfahren zu bestimmen, mit denen er seinen werkvertraglichen Erfolg herbeizuführen gedenkt. Auch und gerade für von ihm selbst vorgeschlagene Verfahren muss er allein einstehen, allerdings auch nur wirklich für das von ihm gewählte Verfahren, für seinen Sondervorschlag, selbst. Angaben des Vertragspartners, z. B. zur Bodenbeschaffenheit ein Bodengutachten, bleiben uneingeschränkt maßgeblich.[1668] 1523
Es kann allerdings Fälle geben, in denen beide Parteien in Kenntnis eines gewöhnlichen Risikos sich auf eine Verfahrensart geeinigt haben, die bei Anwendung oder Anwendbarkeit zu einer spürbaren, in den Pauschalpreis eingeflossenen und damit feststehenden Kostenreduzierung führt. Erweist sich in einem solchen Fall diese beiderseitige Annahme als falsch, also als beiderseitiger Irrtum, und hat der Auftragnehmer nicht eine „unbedingte Funktionsgarantie" individuell und eindeutig abgegeben, kommt insoweit eine Störung der Geschäftsgrundlage in Betracht, wobei die Messlatte relativ hoch zu legen ist, weil der Auftragnehmer in voller Kenntnis des Verfahrensrisikos sich durch einen günstigeren Preis in den Vertrag „eingekauft" hat. Hier erscheinen uns 20 % Mehrkosten, bezogen auf die Gesamtvergütung, als Grenze durchaus angemessen.

Etwas Ähnliches gilt, wenn der **Auftraggeber bestimmte Berechnungen dem Auftragnehmer übertragen hat** und beiden Parteien klar ist, dass in der Zeit bis zum Vertragsabschluss die entsprechende Berechnung nicht mehr durchgeführt werden kann. Wenn die 1524

1665) Vgl. oben Rdn. 633 ff. mit BGH „Wasserhaltung II", a. a. O.; oben Rdn. 1065.
1666) Siehe oben Rdn. 480, 616.
1667) Für alleiniges Risiko des Auftragnehmers in solchen Fällen unter Hinweis auf eine Nicht-Annahmeentscheidung des BGH dann, wenn vor Vertragsschluss vorliegende Bodenproben Anlaß für eine Untersuchung geboten hätten, unrichtig Thode, Seminar Pauschalvertrag und schlüsselfertiges Bauen, S. 33 ff., 48.
1668) Vgl. Fn. 1666.

nachträgliche Berechnung unerkennbare, neue und ungewöhnliche Risiken ergibt, kann je nach Fall ebenfalls eine Anpassung wegen Störung der Geschäftsgrundlage notwendig werden.

Wenn aber der Vertrag beispielsweise ohne besondere auftraggeberseitige Hinweise schlicht eine bestimmte **Stahlkonstruktion** vom Auftragnehmer verlangt und der Auftraggeber auch nicht den Auftragnehmer zum Vertragsschluss ohne Prüfmöglichkeit „gezwungen" hat, kann der Auftragnehmer nicht nachträglich erklären, die Statik habe **jetzt** erst besondere Mengenerkenntnisse gebracht.[1669]

4 Alle Spezialregelungen sind vorrangig – Praktische Bedeutung der Störung der Geschäftsgrundlage beim Pauschalvertrag

1525   Die praktische Bedeutung der Störung der Geschäftsgrundlage beim **Einheitspreisvertrag** ist nahezu „Null". Wir haben sie deshalb in Band 1 buchstäblich nur gestreift.

Beim **Pauschalvertrag** ist die **Bedeutung** entgegen aller **landläufigen Meinungen** und entgegen dem Volumen an Diskussion in Rechtsprechung und Literatur **bei weitem nicht so**, wie es den Anschein hat. Das „Volumen" der Diskussion hängt leider nur damit zusammen, dass zwar praktisch alle Baubetroffenen, insbesondere auch die Techniker, die „20 %-Grenze" kennen, aber – wenn man das übertreibend so formulieren darf – vom Pauschalvertrag sonst wenig. Das gilt in eingeschränktem Maße leider auch von gelegentlicher Instanzrechtsprechung. Viele Fälle, in denen die Instanzrechtsprechung diese 20 % diskutiert hat, haben mit der Störung der Geschäftsgrundlage nichts zu tun und hätten anders gelöst werden müssen und können.[1670] Das hängt vor allem damit zusammen, dass die gegenüber § 2 Nr. 7 Abs. 1 Satz 1, 2 und 3 VOB/B sowie gegenüber § 313 BGB (früher: § 242 BGB) **vorrangigen Sonderregelungen** entweder unbekannt sind oder in ihren Voraussetzungen falsch eingeschätzt werden; das hängt weiter damit zusammen, dass § 2 Nr. 7 Abs. 1 **Satz 4** infolge seiner versteckten und merkwürdigen Formulierung („Nummern 4, 5 und 6 bleiben unberührt") ein Schattendasein führt und dass diese Verweisungsregelung für viele Techniker aus sich heraus ungewöhnlich und nicht verständlich und noch schwerer zu finden ist.

Dass der Spezialcharakter dieser Vorschriften auch in der Rechtsprechung relativ „unbekannt" ist, wird auch besonders daran deutlich, dass die Instanzrechtsprechung in die Beurteilung der Voraussetzungen von § 2 Nr. 4, 5, 6 VOB/B beim Pauschalvertrag auch oft noch dahin gar nicht gehörende „Zumutbarkeitserwägungen" einbezogen hat.[1671]

Mit Entschiedenheit müssen wir deshalb noch einmal darauf hinweisen, dass dem äußersten Korrektiv „Störung der Geschäftsgrundlage" alle **Spezialregelungen** vorgehen, nämlich:

1526   Für **geänderte** Leistungen oder **zusätzliche** Leistungen **mit** *Anordnung* des Auftraggebers sind gemäß § 2 Nr. 7 Abs. 1 Satz 4 VOB/B vorrangig zur Störung der Geschäftsgrundlage

- § 2 Nr. 5, Nr. 6, Nr. 9 VOB/B – auch bei angeordneten Mehrmengen –
  Dasselbe gilt beim BGB-Vertrag.

[1669] So im Grundsatz BGH „Kammerschleuse" BauR 1997, 126 = IBR 1996, 487 (sowie 488 und 489); dazu aber kritisch beim **öffentlichen** Auftraggeber Kapellmann/Ziegler, NZBau 2005, 65, 67 und Leinemann, VOB/B § 2, Rdn. 270; siehe weiter Ingenstau/Korbion/Keldungs, VOB/B, § 2 Nr. 7, Rdn. 5; Zielemann, Vergütung, Rdn. 328.

[1670] Vgl. im Einzelnen Rdn. 1111 ff.

[1671] Nachweise a. a. O.

Für **geänderte** Leistungen oder **zusätzliche** Leistungen
ohne Anordnung des Auftraggebers
sind vorrangig
- § 2 Nr. 8 VOB/B
  bzw. §§ 677 ff. BGB.

Für **entfallende Leistungen**
auf Anordnung des Auftraggebers (Kündigung)
sind vorrangig
- § 2 Nr. 4, § 8 Nr. 1, Nr. 2–4 VOB/B und
  § 649 BGB sowie die Vorschriften des BGB über die Kündigung aus wichtigem Grund.

Für **entfallene Leistungen**
ohne Anordnung des Auftraggebers
ist vorrangig
- entweder § 8 Nr. 1 VOB/B analog oder
  § 8 Nr. 2–4 VOB/B analog.

Für **angeordnete** (überflüssige) Leistungen **innerhalb des Bausolls** ist vorrangig
- § 4 Nr. 1 Abs. 3, 4 VOB/B.

Darüber hinaus sind alle sonstigen speziellen Anspruchsgrundlagen vorrangig, also
- Ansprüche aus Verschulden bei Vertragsschluss (c. i. c.), § 313 BGB
- Ansprüche aus Behinderung (§ 6 Nr. 2, 6 VOB/B, § 642 BGB)
- Ungerechtfertigte Bereicherung (§ 812 BGB)
- Anfechtung bzw. Anfechtbarkeit (§§ 119, 123 BGB)
- Gesetzliche oder vertragliche ausdrückliche Risikozuteilung mit entsprechender Kostenzuteilung – Gefahrtragungsregeln; z. B. gibt es keinen Schadensersatz des Auftragnehmers bei Verzögerung wegen Streik,[1672] eine Diskussion eines Anpassungsanspruchs aus „Störung der Geschäftsgrundlage" kommt hier gar nicht in Betracht.

1527

Der Anwendungsbereich der Störung der Geschäftsgrundlage ist also eher klein, auch beim Pauschalvertrag. In der Tagespraxis kommen derartige Fälle nicht häufig vor.

5 Allgemeine Maßstäbe – Größenordnung der Kostenüberschreitung oder -unterschreitung

5.1 Abweichung, bezogen auf Gesamtvergütung oder bezogen auf „Positionen"?

Der Bundesgerichtshof hat folgenden, schon häufiger erwähnten Fall entschieden:[1673]
Der Auftraggeber legt ein LV mit Mengen vor; infolge eines Schreibfehlers seines Architekten sind in drei Positionen die „Vordersätze" falsch, nämlich:
Position 13   185 m² statt richtig 18,5 m²
Position 18 1980 m² statt ca. richtig 990 m²
Position 19   280 m² statt ca. richtig 140 m²

1528

In Position 13 ist also das Zehnfache dessen ausgeschrieben, was ausgeführt werden soll, in den Positionen 18 und 19 jeweils das Doppelte.

[1672] Vgl. Band 1, Rdn. 1407; Nicklisch/Weick, VOB/B § 7 Rdn. 14.
[1673] BGH VersR 1965, 803, 804.

Die Parteien haben einen „Festpreis" (gemeint ist hier ein Pauschalpreis) vereinbart. Würde nach ausgeführten Mengen abgerechnet, ergäbe sich gegenüber dem Pauschalpreis eine Verringerung der Vergütung **um etwa 10 %**. Der BGH stellt nicht auf die Relation der „Veränderung" zur Gesamtvergütung ab, also darauf, ob der **beiderseitige Irrtum (deshalb** Ausnahme vom Mengenermittlungsrisiko des Auftragnehmerss s. oben Rdn. 325, 1518) in einer nicht mehr hinzunehmenden Relation zum ursprünglich vereinbarten Gesamtpauschalpreis steht, er **prüft vielmehr positionsweise**, ob nicht schon die Diskrepanz in der einzelnen Position gegen Treu und Glauben verstößt. Das bejaht er und verurteilt deshalb den Auftragnehmer zur anteiligen Kürzung der Pauschale.

Das Urteil ist lebhaft umstritten. Die Zustimmung[1674] überwiegt mit Recht die Ablehnung.[1675]

1529 Als **erstes Beurteilungskriterium** für die Bemessung der „Opfergrenze" an der Gesamtvergütung oder an „Einzelpositionen" ist nach unserer Meinung die Ausgestaltung des konkreten Vertrages heranzuziehen: „**Teilvergütungen**" sind dann als selbständiges Kriterium in die Zumutbarkeitsbetrachtung einzubeziehen, wenn die Parteien selbst Teilvergütungen gebildet haben, also den Pauschalvertrag beispielsweise positionsweise, gewerkeweise und/oder anderweitig abschnittsweise nicht nur in Abschlagsraten, sondern in einzelne Abrechnungseinheiten aufgeteilt haben. Beim **Detail-Pauschalvertrag** erscheint es deshalb als **gerechtfertigt, auch** eine „positionsbezogene" Betrachtung immer einzubeziehen. Beim **Global-Pauschalvertrag**, speziell beim Schlüsselfertigbau, sollte eine Vertrags-**Zäsur**, die die Parteien selbst durch „**Teilvergütungsaussagen**" gebildet haben, für die Zumutbarkeitsbetrachtung **auch** einbezogen werden.

Dabei muss aber jeweils zusätzlich auch eine Relation zur Gesamtvergütung geprüft werden.

1530 Bei der Beurteilung des jeweiligen Einzelfalles und der „Ermittlung" des Prozentsatzes der **Orientierung an „Positionen" oder an der Gesamtvergütung** ist es weiterhin von wesentlicher Bedeutung – **zweites Beurteilungskriterium** –, inwieweit das eingetretene Risiko **vorhersehbar** war, was eng mit der Frage zusammenhängt, ob der Auftragnehmer oder der Auftraggeber objektiv die fehlerhafte Risikobeurteilung stärker verursacht hat.[1676]

1531 Endlich spielt natürlich – **drittes Beurteilungskriterium** – eine Rolle, wessen genereller, grundsätzlicher Risikobereich stärker berührt ist.

1532 Insgesamt ist es unumgänglich, **alle** Beurteilungsfaktoren auch in die „Bemessung der Opfergrenze" und in die Orientierung an „Einzelpositionen" oder Gesamtvergütung einzubeziehen und sie alle als Maßstab der „Unzumutbarkeit" zu verwerten.

Das sind im Einzelnen

- Ursache der Kostenabweichung (Rdn. 1509)
- Vorhersehbarkeit der Kostenabweichung (Rdn. 1505)

[1674] OLG Schleswig BauR 2005, 153 (nur Leitsatz), Nichtzulassungsbeschwerde vom BGH zurückgewiesen: Eine Position infolge Rechenfehler 35fach überhöht, Differenz 3 % des Pauschalpreises; OLG Zweibrücken BauR 1989, 746 (wobei die Entscheidung allerdings fälschlich überhaupt § 2 Nr. 7 Abs. 1 Satz 2 anwendet, vgl. oben Rdn. 1111 und Fn. 1100); Daub/Piel/Soergel/Steffani, VOB/B, Erl. 2.148; Jagenburg, NJW 1986, 3179; Zielemann, Vergütung, Rdn. 328 und Festschrift Soergel, 301, 312, 313, wohl auch Nicklisch/Weick, VOB/B § 2 Rdn. 81.

[1675] OLG Stuttgart IBR 2000, 593 mit zutreffender ablehnender Kurzanm. Schulze-Hagen; Vygen, BauR 1979, 375, 385; Kroppen, Pauschalpreis und Vertragsbruch, S. 16, 20 ff.; Kleine-Möller/Merl, § 10 Rdn. 436; Heiermann/Riedl/Rusam, VOB/B § 2 Rdn. 151 ohne jede Erörterung der überwiegend gegenteiligen Meinung; Schaub, Konsortialvertrag, S. 159.

[1676] Vgl. oben Rdn. 1509.

- Grundsätzliches Auftraggeberrisiko oder grundsätzliches Auftragnehmerrisiko berührt (Rdn. 1513–1524)
- Grad der Kalkulierbarkeit einer Abweichung unter besonderer Berücksichtigung fachlicher Spezialqualitäten
- Vertragliche Besondere Risikozuweisung
- Prozentsatz der Mehrkosten, bezogen auf „Position" und auf Vergütungs-„Zäsur"
- Prozentsatz der Mehrkosten, bezogen auf die Gesamtkosten des Auftragnehmers und auf seine Gesamtvergütung
- absolute Höhe der Mehrkosten; 30 Mio. € sind z. B. **immer** unzumutbar, auch bei einem Großauftrag von 400 Mio. € (vgl. Rdn. 1533).

Grundsätzlich verdient das Urteil des Bundesgerichtshofs zur vorsichtigen positionsweisen Betrachtung Zustimmung.

5.2 20 %-Grenze?

Wenn auf die Gesamtpauschale abgestellt wird, so wird zwar eine einzelfallorientierte Betrachtung verlangt, als Richtschnur aber allgemein akzeptiert, dass die **Opfergrenze** erst bei etwa **20 %** Mehr- oder Minderkosten liege.[1677]

1533

Man wird sich vorab verständigen können, dass jedenfalls **jenseits** einer Abweichung von 20 % der Gesamtpauschalvergütung die Unzumutbarkeit offensichtlich ist, reine Veränderungen der „Beschaffungspreise" (= Beschaffungskosten) ausgenommen (Ölkrise!). Ansonsten erscheint es uns schon generell problematisch, die Obergrenze, bezogen auf eine Gesamtvergütung, so hoch anzusetzen. Ein Verlust von 30 Mio. € auf beispielsweise 400 Mio. € Pauschalvergütung beim Schlüsselfertigbau würde leicht ein Unternehmen ruinieren. Ein solcher Verlust würde beispielsweise das Eigenkapital einer großen mittelständischen Bauunternehmung mit einem Schlag mehrfach übersteigen.
Eine schematisierende, allein auf die Gesamtvergütung abgestellte Betrachtung kann deshalb der Besonderheit einmal der grundsätzlichen Fallgestaltungen und dann auch der des Einzelfalls nicht gerecht werden. **Es gibt, wie schon erwähnt, keine „starre Risikogrenze in Gestalt eines bestimmten Prozentsatzes".**[1678]

Als Argument wird oft angeführt, jedenfalls **müsse die Grenze,** orientiert an einer Gesamtvergütung, speziell hinsichtlich des Mengenrisikos **über 10 %** liegen, da schon der Einheitspreisvertrag in **§ 2 Nr. 3 VOB/B** erst bei 10 % Abweichung eine Anpassung nach oben oder unten erlaube und diese Vorschrift gemäß ausdrücklicher Regelung in § 2 Nr. 7 Abs. 1 Satz 4 nicht anzuwenden sei.[1679]
Diesem Argument kann man gleich aus mehreren Gründen **nicht** folgen: Vorab regelt § 2 Nr. 3 VOB/B ja **nicht,** dass der Auftragnehmer für 10 % mehr Menge keine Vergütung erhielte und erst für diejenigen Mengen, die diese 10 % überschreiten, Anspruch auf weitere Vergütung hätte. Selbstverständlich wird – kennzeichnend für den Einheitspreisvertrag – auch die Menge bis 110 % bezahlt, lediglich mit dem alten Einheitspreis; die einzige Auswirkung ab 110 % ist, dass sich jetzt der Einheitspreis verändern kann. Wenn man also § 2 Nr. 3 VOB/B beim Pauschalvertrag nicht für anwendbar hält, müsste man den Analogieschluss ziehen, dass es beim Pauschalvertrag auch bei Abweichung von +/– 10 % keine Änderung der Preisermittlungsgrundlagen gebe, was aber nichts über die Preisanpassung überhaupt auf unveränderter Preisermittlungsgrundlage hinsichtlich der

1534

[1677] So z. B. BGH Schäfer/Finnern, Z 2.311 Bl. 5; OLG Hamburg BB 1970, 688; Nicklisch/Weick, VOB/B § 2 Rdn. 80 ff.
[1678] Zutreffend BGH BauR 1996, 250; s. dazu oben Fn. 1656, 1659.
[1679] Nicklisch/Weick, VOB/B § 2 Rdn. 77, 80; Kleine-Möller/Merl, § 10 Rdn. 436.

Mehr- oder Mindermenge aussagen würde. Das kann nicht ernsthaft gemeint sein, und folglich passt das Argument aus § 2 Nr. 3 VOB/B insoweit gar nicht, und zwar deshalb nicht, weil es beim Pauschalvertrag keine Einheitspreise gibt und keine Anknüpfung an die ausgeführten Mengen. Das Korrektiv, das § 2 Nr. 3 VOB/B deshalb schafft, weil der Vordersatz nicht endgültig ist, ist beim Pauschalvertrag kraft Rechtsnatur entbehrlich, aber auch argumentativ würde es sich nur auf eine Korrektur der Preisermittlungsgrundlagen beziehen.

Außerdem: Der Einheitspreisvertrag ist naturgemäß positionsbezogen, auch § 2 Nr. 3 VOB/B gilt nur streng positionsbezogen. Die Menge einer Position kann sich also verändern, dies kann geringen, großen oder riesigen Einfluss auf die Gesamtvergütung haben. Was aber soll man mit dem Pauschalvertrag hier vergleichen? Beim Pauschalvertrag gibt es diese allein positionsbezogene Betrachtung nicht, im übrigen würde das Argument aus § 2 Nr. 3 VOB/B ja gerade gegen die Anknüpfung an die Gesamtvergütung sprechen.

Dass schließlich § 2 Nr. 3 VOB/B in § 2 Nr. 7 Abs. 1 Satz 4 VOB/B nicht erwähnt ist, ist zwar sachlich richtig, als Argument aber belanglos: § 2 Nr. 8 und § 2 Nr. 9 VOB/B sind auch nicht erwähnt und gelten doch (vgl. oben Rdn. 1244, 1251).

Zusammengefasst: § 2 Nr. 3 VOB/B enthält für den Einheitspreisvertrag lediglich die systemnotwendige Ergänzung, dass der Preis kalkulatorisch möglichst genau zur ausgeführten Menge passen soll. Das ist aber kein Maßstab dafür, welche Risikogrenzen zur Vergütungskorrektur überhaupt bei Störung der Geschäftsgrundlage im Pauschalvertrag gelten.[1680]

5.3 Selbstbehalt des Anspruchsberechtigten

1535 Wenn eine Opfergrenze – z. B. 20 % – gefunden ist, ist es allerdings nach unserer Auffassung **entgegen der bisherigen Rechtsprechung** nicht gerecht, genau bis zur Erreichung der Opfergrenze dem Auftragnehmer nichts und ab Überschreitung der Opfergrenze alles an Mehrvergütung zuzubilligen. Würde man etwa, bezogen auf den gesamten Vertrag, eine Opfergrenze ab 20 % für unzumutbar halten, bekäme beispielsweise bei zu berücksichtigenden Mehrmengen der Auftragnehmer bis zu 19,9 % nichts und bei 20,1 % die vollen Mehrkosten vergütet. Damit würde die abgewogene Risikobeurteilung im Ergebnis wieder ins Gegenteil umgekehrt: Ab 20 % Opfergrenze trüge beispielsweise der Auftraggeber jetzt allein das volle Risiko, obwohl doch der Auftragnehmer bis zu 20 % das Risiko tragen müsste. Dann bliebe also die Risikomarge des Auftragnehmers völlig unberücksichtigt.

Wir sind deshalb der Auffassung, **den Grenzwert im Prinzip in vielen Fällen niedriger anzusetzen als beispielsweise 20 %**, aber **umgekehrt** den Auftragnehmer oder den Auftraggeber als seinen jeweiligen Beitrag zum Risiko **bis zum Grenzwert einen Selbstbehalt** tragen zu lassen,[1681] also beispielsweise so: Im Einzelfall liege etwa die Unzumutbarkeitsgrenze bei 10 %, bezogen auf die Gesamtvergütung; dann sollte der Auftragnehmer bis zu 10 % das Risiko auch finanziell überwiegend tragen, bei über 10 % der Auftraggeber das Risiko überwiegend – und umgekehrt. Man könnte beispielsweise bis zu 10 % dem Auftragnehmer etwa ¾ aufbürden, ab 10 % etwa ¾ dem Auftraggeber bis 15 %, dann alles dem Auftraggeber. Wir wollen hier keine festen Zahlen nennen, aber **ohne Selbstbehalt** fügt man der alten Unzumutbarkeit eine neue Ungerechtigkeit hinzu.

[1680] Zustimmend Vogel/Vogel, BauR 1997, 556, 559.
[1681] So Zielemann, Festschrift Soergel, a. a. O.; Vogel/Vogel a. a. O., 562. Vgl. auch OLG Düsseldorf OLG Report 1995, 52, 54.
Für Ausgleichung erst ab Überschreitung der Opfergrenze Werner/Pastor, Bauprozess, Rdn. 2490.

6 Methodische Ermittlung des Anpassungsbetrages – neue Pauschale?

§ 313 BGB n. F. sieht als Regelfolge der Störung der Geschäftsgrundlage die Vertragsanpassung vor, was jedenfalls beim Bauvertrag Anpassung der Vergütung bedeutet; im Ausnahmefall kommt allerdings nach der Gesetzeslage auch eine vorzeitige Lösung vom Vertrag in Betracht, was die VOB/B gerade nicht vorsieht.[1682] § 2 Nr. 7 Abs. 1 Satz 2 und 3 VOB/B sehen die „Gewährung eines Ausgleichs" unter Berücksichtigung der Mehr- und Minderkosten vor. Allerdings sei für die Bemessung des Ausgleichs „von den Grundlagen der Preisermittlung" auszugehen. Das war schon vor Inkrafttreten des § 313 BGB n. F. äußerst problematisch: Die Anpassung des Vertrages wegen Störung der Geschäftsgrundlage als Ausschluss von § 242 BGB hätte auch vor Inkrafttreten als Ausfluss einer zwingenden gesetzlichen Gerechtigkeitsentscheidung nicht abbedungen werden können.[1683] Demzufolge konnten auch schon damals ein Vertrag oder auch Allgemeine Geschäftsbedingungen wie die VOB/B nicht vorschreiben, dass bei dieser Anpassung unter Gerechtigkeitsgesichtspunkten bestimmte Faktoren berücksichtigt werden, andere nicht. Es war also schon bisher nicht zulässig, durch Verweisung auf die Preisermittlungsgrundlagen z. B. die Fortschreibung eines Verlustes vorzuschreiben.[1684] Welche Anpassung geboten ist, war und ist vielmehr unter wertender Betrachtung aller Einzelheiten zu entscheiden. Ein Verlust von 10 %, der bei einer Auftragssumme von 500.000,– € geschäftspolitisch akzeptabel sein kann, muss nicht bei „unzumutbarer Leistungs- und Kostenexplosion" ins Existenzbedrohende fortgeführt werden, wenn es sich um viel größere Summen handelt.[1685] Jedenfalls jetzt nach der gesetzlichen Regelung in § 313 BGB steht fest, dass ganz allgemein eine **„Anpassung"** des Vertrages unter Zumutbarkeitsgesichtspunkten verlangt werden kann und generelle Einschränkungen dieses Gebots gegen den Kernbereich der gesetzlichen Regelung verstoßen und somit wegen Verstoßes gegen § 307 BGB n. F. unwirksam sind. Sofern die VOB nicht als Ganzes vereinbart ist, bedarf es keiner weiteren Ausführung. Aber auch die angebliche Privilegierung der „VOB als Ganzes" vor einer AGB-Kontrolle einzelner Vorschriften kann unmöglich dazu führen, dass eine einzelne VOB-Regelung gegen eine Quasi-Verbotsnorm des Gesetzes verstoßen dürfte. Selbst bei Vereinbarung der VOB als Ganzes ist der Verstoß in § 2 Nr. 7 Abs. 1 Satz 3 so gravierend, dass die **Vorschrift unwirksam** ist.

1536

Selbstverständlich ist, dass es nur um eine Grobanpassung gehen kann, bei der zuviel „Feinaussage" eine Scheingenauigkeit vortäuschen kann; wohl aber muss die „Zumutbarkeitsermittlung" auf den konkreten Grundlagen der Preisermittlung aufbauen. In der Regel liegt bei auftraggeberseitiger Vorgabe von Positionen und Mengen sowieso zumeist eine Kalkulation oder ein Einheitspreisverzeichnis vor. Weil eine gewisse Schätzungsbandbreite hier völlig unproblematisch ist, mag es auch akzeptabel sein, dass als neuer Preis oder für die Zu- oder Abschläge wieder eine Pauschale gebildet wird, aber im for-

1537

[1682] Was zur Unwirksamkeit der Vorschrift des § 2 Nr. 7 Sätze 2 und 3 mindestens wegen Verstoßes gegen § 307 BGB n. F. führt, zutreffend Tempel NZBau 2002, 465, 472.

[1683] Das Problem wird überhaupt nicht behandelt; vgl. beispielhaft Ingenstau/Korbion/Keldungs, VOB/B § 2, Rdn. 304; Heiermann/Riedl/Rusam, VOB/B § 2, Rdn. 153a; Leinemann/Schirmer, VOB/B § 2, Rdn. 315.

[1684] So aber – unrichtig – Heiermann/Riedl/Rusam, VOB/B § 2, Rdn. 153a; Beck'scher VOB-Kommentar/Jagenburg, VOB/B § 2 Nr. 7, Rdn. 77.

[1685] Selbt bei geänderten oder zusätzlichen Leistungen gibt es übrigens keine „Bindung an den alten Preis" unter **allen** Umständen, vgl. oben Rdn. 1188 ff.

malen Sinne zwingend ist das nicht, und die Pauschale selbst muss letzten Endes aus den vorgenannten Gründen doch relativ genau substantiiert werden.[1686]

1538 In die „Angemessenheitsbewertung" für den neuen Preis soll auch einzubeziehen sein, ob der Auftragnehmer etwa bei anderen **Bauvorhaben** desselben Auftraggebers einen **Ausgleich** erhält, jedenfalls dann, wenn ein enger örtlicher und zeitlicher Zusammenhang besteht,[1687] was in ganz ungewöhnlichen Einzelfällen vielleicht zutreffen könnte. Auf keinen Fall kann es eine Rolle spielen, ob der Auftragnehmer „bereits früher Bauleistungen für den Auftraggeber ausgeführt und dabei den veranschlagten Unternehmensgewinn realisiert hat".

1539 Voraussetzung für jede Preisanpassung ist **das Verlangen der anderen Vertragspartei** unter substantiierter Darlegung von Grund und Höhe.[1688] Das stimmt mit § 313 BGB überein, wonach eine Partei eine Anpassung „verlangen" kann. Der Berechtigte kann unmittelbar auf Zahlung klagen, nicht etwa auf richterliche Anpassung.[1689]

7 „Verlangen" der Anpassung, Beweislast

1540 Die Beweislast trifft den, der unter Berufung auf die Störung der Geschäftsgrundlage die Preisanpassung **verlangt**; die Anpassung erfolgt also nicht „automatisch". Wer also die Unzumutbarkeit und den neuen Preis verlangt, muss sie dartun und beweisen.[1690]

Das hat nichts mit der Frage zu tun, wer das Bausoll beweisen muss, wer also beweisen muss, was an Leistung „unter die Pauschale fällt".[1691]

8 Kündigungsmöglichkeit bei zu Unrecht verweigerter Preisanpassung wegen Störung der Geschäftsgrundlage

1541 Wenn ein Vertragspartner zu Unrecht eine Anpassung des Pauschalpreises wegen Störung der Geschäftsgrundlage verweigert, kann der andere Vertragspartner aus wichtigem Grund den „Rest"-Vertrag kündigen.[1692] Das ist allerdings ein **äußerst riskantes** Unterfangen; wer kann „zur Störung der Geschäftsgrundlage" im Vorfeld schon Verbindliches sagen?

[1686] Deshalb unrichtig Ingenstau/Korbion/Keldungs, VOB/B § 2 Nr. 7, Rdn. 31; Leinemann/Schirmer, VOB/B § 2, Rdn. 316.
[1687] BGH WM 1964, 1253; Ingenstau/Korbion/Keldungs, VOB/B § 2 Nr. 7, Rdn. 24.
[1688] Siehe Rdn. 1539.
[1689] Einzelheiten Wieser, JZ 2004, 654.
[1690] Zutreffend Nicklisch/Weick, VOB/B § 2 Rdn. 85.
[1691] Dazu im einzelnen oben Rdn. 255–264 beim Detail-Pauschalvertrag und Rdn. 689 ff. beim Global-Pauschalvertrag.
[1692] BGH NJW 1969, 233, 234 = WM 1969, 65, 67; a. A. Vogel/Vogel, BauR 1997, 556, 562.

Teil 8
Behinderungen des Auftragnehmers

Kapitel 22
Behinderung und zeitliche wie geldliche Behinderungsfolgen

1 Grundsatz: Keine wesentlichen rechtlichen Besonderheiten gegenüber dem Einheitspreisvertrag

Der Auftragnehmer kann in der Ausführung seiner Arbeiten grundsätzlich gestört werden. Haben diese Störungen zeitliche oder finanzielle Folgen für den Auftragnehmer, nennt man sie Behinderung.[1700] Behinderungen können unterschiedliche Ursachen haben, nämlich

- **auftraggeberseitige,**   z. B. vom Auftraggeber geschuldete, jedoch nicht fristgerecht getroffene Auswahlentscheidungen

- **von keiner Partei zu vertretende,**   z. B. höhere Gewalt

- **auftragnehmerseitige,**   z. B. schlechte Baustellenorganisation

1600

Höhere Gewalt führt nicht zu finanziellen Ansprüchen des Auftragnehmers. Auftragnehmerseitige Eigenbehinderungen interessieren uns hier auch nicht; sie können höchstens zu Ansprüchen des Auftraggebers gegen den Auftragnehmer führen, z. B. wegen Leistungsverzug.

Behinderungen können **zeitliche Folgen** haben, also insbesondere Fristverlängerungen bewirken.

Sie können auch **finanzielle Folgen** haben, beim VOB-Vertrag in Form des Schadensersatzanspruches gemäß § 6 Nr. 6 Satz 1 VOB/B, beim BGB-Vertrag als „Ausgleichsanspruch" gemäß § 642 BGB, letzteres laut BGH auch trotz VOB-Vertrages – so auch jetzt § 6 Nr. 6 Satz 2 VOB/B.

Da es beim Pauschalvertrag, speziell beim Global-Pauschalvertrag, z. B. dem Schlüsselfertigbau, häufig BGB-Verträge gibt, werden wir auf die bei Behinderungen gegenüber der VOB/B unterschiedliche Rechtslage nach BGB jeweils kurz gesondert eingehen.

Da die behinderungsbedingten Geldansprüche **nicht auf der Basis der vereinbarten Vergütung ermittelt werden,** sondern auf der Basis des dem Auftragnehmer behinderungsbedingt tatsächlich entstandenen **Mehraufwands,**[1701] ist es für einen Behinderungs-Schadensersatzanspruch völlig gleichgültig, ob Einheitspreise oder Pauschalvergütung vereinbart sind.

[1700] Zur Systematik Band 1, Rdn. 1202 ff.
[1701] Einzelheiten Band 1, Rdn. 1419, 1499. Zur Konkurrenz mit Vergütungsansprüchen aus § 2 Nr. 5 VOB/B s. unten Rdn. 1612.

Wir werden deshalb nachfolgend nur Stichwörter aufgreifen und einige praktische Schwerpunkte im Schlüsselfertigbau hervorheben. Im übrigen können wir auf unsere ausführlichen Darlegungen zu den Behinderungsfolgen in Band 1 verweisen.

2 VOB-Vertrag

2.1 Wortlaut § 6 VOB/B

1601 **§ 6 VOB/B** lautet insgesamt:
Behinderung und Unterbrechung der Ausführung

1.
Glaubt sich der Auftragnehmer in der ordnungsgemäßen Ausführung der Leistung behindert, so hat er es dem Auftraggeber unverzüglich schriftlich anzuzeigen. Unterlässt er die Anzeige, so hat er nur dann Anspruch auf Berücksichtigung der hindernden Umstände, wenn dem Auftraggeber offenkundig die Tatsache und deren hindernde Wirkung bekannt waren.

2.
(1) Ausführungsfristen werden verlängert, soweit die Behinderung verursacht ist:

a) durch einen Umstand aus dem Risikobereich des Auftraggebers,

b) durch Streik oder eine von der Berufsvertretung der Arbeitgeber angeordnete Aussperrung im Betrieb des Auftragnehmers oder in einem unmittelbar für ihn arbeitenden Betrieb,

c) durch höhere Gewalt oder andere für den Auftragnehmer unabwendbare Umstände.

(2) Witterungseinflüsse während der Ausführungszeit, mit denen bei Abgabe des Angebots normalerweise gerechnet werden musste, gelten nicht als Behinderung.

3.
Der Auftragnehmer hat alles zu tun, was ihm billigerweise zugemutet werden kann, um die Weiterführung der Arbeiten zu ermöglichen. Sobald die hindernden Umstände wegfallen, hat er ohne weiteres und unverzüglich die Arbeiten wiederaufzunehmen und den Auftraggeber davon zu benachrichtigen.

4.
Die Fristverlängerung wird berechnet nach der Dauer der Behinderung mit einem Zuschlag für die Wiederaufnahme der Arbeiten und die etwaige Verschiebung in eine ungünstigere Jahreszeit.

5.
Wird die Ausführung für voraussichtlich längere Dauer unterbrochen, ohne dass die Leistung dauernd unmöglich wird, so sind die ausgeführten Leistungen nach den Vertragspreisen abzurechnen und außerdem die Kosten zu vergüten, die dem Auftragnehmer bereits entstanden und in den Vertragspreisen des nicht ausgeführten Teiles der Leistung enthalten sind.

6.
Sind die hindernden Umstände von einem Vertragsteil zu vertreten, so hat der andere Teil Anspruch auf Ersatz des nachweislich entstandenen Schadens, des entgangenen Gewinns aber nur bei Vorsatz oder grober Fahrlässigkeit. Im Übrigen bleibt der An-

spruch des Auftragnehmers auf angemessene Entschädigung nach § 642 BGB unberührt, sofern die Anzeige nach Nr. 1 Satz 1 erfolgt oder wenn Offenkundigkeit nach Nr. 1 Satz 2 gegeben ist.

7.
Dauert eine Unterbrechung länger als 3 Monate, so kann jeder Teil nach Ablauf dieser Zeit den Vertrag schriftlich kündigen. Die Abrechnung regelt sich nach Nrn. 5 und 6; wenn der Auftragnehmer die Unterbrechung nicht zu vertreten hat, sind auch die Kosten der Baustellenräumung zu vergüten, soweit sie nicht in der Vergütung für die bereits ausgeführten Leistungen enthalten sind.

Für unser Thema sind ganz besonders wichtig § 6 Nr. 1, Nr. 2, Nr. 3 und Nr. 6 Satz 1 VOB/B, nach der Rechtsprechung des Bundesgerichtshofs und dem heutigen § 6 Nr. 6 Satz 2 VOB/B auch § 642 BGB.

2.2 Mitwirkungspflichten des Auftraggebers

Der Auftraggeber hat **Mitwirkungspflichten** – Nebenpflichten, deren Verletzung zur Behinderung des Auftragnehmers führen kann. Typisches Beispiel beim Einheitspreisvertrag: Der Auftraggeber liefert die Ausführungspläne nicht rechtzeitig. 1602

Es gibt auch Mitwirkungs-Hauptpflichten (s. Rdn. 1609, Fn. 1716).

Beim **Pauschalvertrag** und speziell beim Schlüsselfertigbau ist **jeweils anhand des Vertrages** herauszuarbeiten, welche **Mitwirkungspflichten** – Nebenpflichten – der Auftraggeber überhaupt hat. Je mehr Pflichten der Auftragnehmer selbst übernimmt (Funktionsverlagerung bis hin zum Total-SF-Bau-Unternehmervertrag), um so weniger Mitwirkungspflichten kann der Auftraggeber haben und somit verletzen: Wenn der Auftragnehmer selbst die Planung erstellt, kann der Auftraggeber nicht durch fehlende Pläne behindern.

Nur als einige grobe Hinweise zu Mitwirkungspflichten: 1603

- Beim **Detail-Pauschalvertrag** und beim **Einfachen Global-Pauschalvertrag** ergeben sich im Regelfall überhaupt keine Unterschiede zum Einheitspreisvertrag.
- Beim **Komplexen Global-Pauschalvertrag** ist das anders: 1604
  Beim Schlüsselfertigbau mit auftraggeberseitiger Ausführungsplanung gilt in Bezug auf die Planlieferung das, was auch für den Einheitspreisvertrag gilt. Anders ausgedrückt: Bei auftraggeberseitiger Ausführungsplanung kann sich aus dem Abschluss eines Pauschalvertrages die gleiche Behinderungsproblematik wie beim Einheitspreisvertrag ergeben.
  Daran ändert nichts, dass der Auftragnehmer jedenfalls als Generalunternehmer oder Generalübernehmer tätig wird und die in seiner Hand vereinten Gewerke selbst koordinieren muss. Er kann dieser Pflicht aber nur dann nachkommen, wenn er vorab rechtzeitig die Ausführungsangaben vom Auftraggeber erhalten hat.

- Beim Schlüsselfertigbau mit auftragnehmerseitiger Ausführungsplanung entfällt natürlich, soweit die Planungspflicht des Auftragnehmers reicht, die Pflicht des Auftraggebers gemäß § 3 Nr. 1 VOB/B, die für die Ausführung nötigen Unterlagen dem Auftragnehmer unentgeltlich und rechtzeitig zu übergeben.

- Beim Schlüsselfertigbau mit vollständiger auftragnehmerseitiger Planungsleistung (Total-Vertrag), insbesondere auch in der Form der **Projektentwicklung,** kann je nach Fallgestaltung die Pflicht des Auftraggebers entfallen, die notwendigen öffentlich-rechtlichen Genehmigungen, insbesondere Baugenehmigungen, selbst gemäß § 4 Nr. 1 Abs. 1 Satz 2 VOB/B beizubringen.[1702] Das gilt auch für den Bauträger.

- Soweit der Auftraggeber eine **Auswahl** zu treffen oder Freigaben zu tätigen hat, z. B. Musterentscheidungen,[1703] kann in der verzögerten Auswahl eine Behinderung des Auftragnehmers liegen.
- Die Pflicht des Auftraggebers, das Grundstück bereitzustellen,[1704] kann beim Projektentwickler entfallen und entfällt immer beim Bauträger.
- Die Pflicht des Auftraggebers, bauliche Vorleistungen bereitzustellen, entfällt dann, soweit deren Erstellung gerade Pflicht, z. B. des Schlüsselfertigbauers, ist.
- Nachbareinwirkungen fernzuhalten, kann je nach Vertrag Pflicht des Auftragnehmers oder des Auftraggebers sein.[1705]

Überhaupt müssen jeweils die übernommenen oder bestehenden Risiken geprüft werden, insbesondere darin auch die global übernommenen Risiken, um Mitwirkungspflichten des Auftraggebers feststellen zu können.

1605 Bei jeder Form des Schlüsselfertigbaus und organisatorisch somit folglich im Normalfall im Bereich des Generalübernehmers oder Generalunternehmers gilt für den Auftragnehmer: Der Schlüsselfertig-Auftragnehmer ist im Verhältnis zum Auftraggeber als Generalunter- oder übernehmer Hauptunternehmer; er beschäftigt Nachunternehmer, denen er gegenüber als Auftraggeber auftritt. Diese **Doppelfunktion ist typisch.** Ganz wesentlich ist dabei, dass sich die Pflicht des Auftraggebers (Bauherrn) gegenüber seinem Auftragnehmer (GU bzw. GÜ) völlig unabhängig davon beurteilt, was letzterer seinerseits mit seinem Nachunternehmer vereinbart hat, was er diesem schuldet oder von diesem erwarten darf.

2.3 Anzeige oder Offenkundigkeit

1606 Beim VOB-Vertrag wird eine Behinderung nur berücksichtigt, wenn der Auftragnehmer sie angezeigt hat oder wenn die Behinderung offenkundig ist. Laut BGH ist aber auch dann, wenn Behinderungsansprüche auf § 642 BGB gestützt werden, eine Behinderungsanzeige unentbehrlich, das ist beim VOB-Vertrag jetzt in § 6 Nr. 6 Satz 2 VOB/B geregelt.[1706]

2.4 Zeitliche Folgen

1607 Die **zeitlichen** Folgen einer Behinderung bestimmen sich nach § 6 Nr. 2 VOB/B. Dabei ging das „Vertretenmüssen" des Auftraggebers hier trotz des identischen Wortlauts in der VOB/B a.F. weiter als bei § 6 Nr. 6 Satz 1 VOB/B; durch die Neufassung in der VOB Ausgabe 2000 „aus dem Risikobereich des Auftraggebers" ist das Thema geklärt: Für den Eintritt **zeitlicher** Folgen genügt es, wenn die Behinderung aus dem „Risikobereich des Auftraggebers" stammt.[1707]

[1702] Siehe oben Rdn. 569.
[1703] Siehe dazu oben Rdn. 652.
[1704] Einzelheiten Band 1, Rdn. 1290.
[1705] Siehe oben Rdn. 575.
[1706] Einzelheiten Band 1, Rdn. 1396, 1648 ff.
[1707] Zur früheren Rechtslage BGH BauR 1990, 210, 211, s. auch oben Rdn. 1056 ff., 1025.

Zu beachten ist, dass bei Rohbauarbeiten sowie Ingenieur- und Verkehrsbauwerken zumeist durch die Natur des Herstellungsprozesses eine wenig veränderbare Ablaufreihenfolge vorgegeben ist; bei Ausbauarbeiten besteht dagegen durch die Vielzahl der Einsatzorte eine größere Variationsmöglichkeit der Ablaufsteuerung – natürlich mit entsprechend größerem Koordinations- und Überwachungsaufwand.

2.5 Speziell: Zeitliche und finanzielle Folgen geänderter und zusätzlicher Leistungen

Geänderte oder zusätzliche Leistungen – Bausollabweichungen – können **auch** zur Fristverlängerung führen. Im Regelfall ist hier die „**Behinderungsanzeige**" zur Herbeiführung der Fristverlängerung gerade beim Schlüsselfertigbau unentbehrlich.[1708]

1608

Derartige geänderte oder zusätzliche Leistungen begründen aber nicht finanzielle Ansprüche als Schadensersatz aus Behinderung, es bestehen bei **bauinhaltlicher** Soll-Ist-Abweichung immer nur zusätzliche Vergütungsansprüche; in die Zusatzvergütung sind auch die Kosten der zeitlichen Folgen einzukalkulieren.[1709]

Im Klartext: Im formalen Sinne können geänderte oder zusätzliche Leistungen „behindernd wirken", aber nur zeitlich. Sie begründen allerdings **nie** finanzielle Ansprüche aus Behinderung; die evtl. durch sie bedingten zusätzlichen zeitabhängigen und sonstigen „behinderungsbedingten" Kosten sind vielmehr ausschließlich in die entsprechende **Zusatzvergütung** einzubeziehen.[1710]

Bei Anordnungen des Auftraggebers betreffend die Bauumstände (z. B. betreffend die zeitliche Abfolge) ergeben sich die Fristverlängerungsfolgen aus § 6 Nr. 2 VOB/B. Finanziell hat der Auftragnehmer aber in diesem Sonderfall **wahlweise** Ansprüche aus § 2 Nr. 5 oder aus § 6 Nr. 6 Satz 1 VOB/B.[1711]

2.6 Finanzielle Folgen

2.6.1 Verschulden des Auftraggebers bei Verletzung der Mitwirkungspflicht
– Haftung für Erfüllungsgehilfen (Vorunternehmerhaftung) –

Schadensersatzansprüche aus § 6 Nr. 6 Satz 1 VOB/B wegen Behinderung setzen voraus, dass die Behinderung vom Auftraggeber zu vertreten ist, d. h., dass der Auftraggeber sie verschuldet hat. Dieser Verschuldensnachweis ist deshalb kein Problem, weil der Auftragnehmer dazu gar nicht vortragen, der Auftraggeber sich vielmehr entlasten muss.[1712]

1609

Ganz kritisch wird es allerdings, wenn der Auftraggeber für **Fehler Dritter** eintreten soll. Im planungsrechtlichen Bereich besteht insoweit kein Streit; der Auftraggeber muss für seinen Objektplaner und seine Sonderfachleute als seine Erfüllungsgehilfen einstehen. Werden also Pläne spät vorgelegt, weil der Planer geschludert hat, so wirkt das sich gegenüber dem Auftragnehmer kraft der Erfüllungsgehilfenhaftung als Verschulden des Auftraggebers behindernd aus.

[1708] Einzelheiten Band 1, Rdn. 1224–1227.
[1709] Einzelheiten Band 1, Rdn. 1324–1331 für bauinhaltliche Soll-Ist-Abweichung, anders aber für die Bauumstände betreffende nicht zwingende Anordnungen des Auftraggebers, s. Band 1, Rdn. 1332–1338. Siehe auch in diesem Band Rdn. 1614.
Wie hier Putzier, Pauschalpreisvertrag, Rdn. 519.
[1710] Einzelheiten Band 1, Rdn. 1324–1331.
[1711] Einzelheiten Band 1, Rdn. 1332–1338.
[1712] Siehe Band 1, Rdn. 1359.

Äußerst umstritten ist dagegen, ob der Auftraggeber auch für Drittmitwirkende im Nicht-Planungsbereich in dieser Form einstehen muss, ob er insbesondere auch für Vorunternehmer des entstehenden Bauwerks dem jetzt ausführenden Auftragnehmer gegenüber eintreten muss. Ein Beispiel aus dem Schlüsselfertigbau; es bezieht sich auf die Vertragsverhältnisse des Schlüsselfertigbauers mit seinen Nachunternehmern:
Der Nachunternehmer Estrichleger kann nicht vertragsgemäß beginnen, weil der Nachunternehmer Fassadenbauer die Fassade noch nicht an den entsprechenden Stellen geschlossen hat.

Der Bundesgerichtshof verneint in solchen **Fällen** die **Haftung des Auftraggebers** (GU bzw. GÜ) aus § 6 Nr. 6 Satz 1 VOB/B, weil der Vorunternehmer (hier: Fassadenbauer) nicht Erfüllungsgehilfe des Auftraggebers (hier: Schlüsselfertigbauer) gegenüber dem anderen Auftragnehmer (hier: Estrichleger) sei und weil folglich der Auftraggeber die Verzögerung oder Schlechtleistung gegenüber nachfolgenden dem Auftragnehmer nicht zu vertreten habe.[1713]

Wir halten diese Auffassung mit der ganz überwiegenden Meinung in der Literatur für unzutreffend.[1714]

Der Bundesgerichtshof bejaht aber seit der Entscheidung „**Vorunternehmer II**" vom 21.10.1999 parallel zu § 6 Nr. 6 VOB/B auch **Ansprüche auf der Basis von § 642 BGB**.[1715] Damit war und ist das Problem für die Praxis entschärft: § 642 BGB erfordert kein Verschulden des Auftraggebers; da die „Vorunternehmerhaftung" sich im Bereich des Verschuldens abspielt, stellt sich dieses Problem bei § 642 BGB nicht: Der Auftraggeber muss für seine Vorunternehmer einstehen. Heute ist das in § 6 Nr. 6 Satz 2 VOB/B geregelt.

Ohnehin haftet der Auftraggeber auch gemäß § 6 Nr. 6 Satz 1 VOB/B **immer** für seinen Vorunternehmer bei der Verletzung von auftraggeberseitigen Hauptpflichten. Dazu gehört insbesondere eine eigene „**Erstellungspflicht**" des Auftraggebers.[1716]

Nur zur Vermeidung von Mißverständnissen: Nach unserer Auffassung haftet der Auftraggeber für seinen Vorunternehmer **immer auch nach § 6 Nr. 6 Satz 1 VOB/B**, nicht nur bei vereinbarten Mitwirkungs-Hauptpflichten.

2.6.2 Ursachennachweis

1610 Der Auftragnehmer muss die Verknüpfung zwischen auftraggeberseitiger Störung und behauptetem Schaden, also die Ursächlichkeit der Störung für den Schadenseintritt (haftungsausfüllende Kausalität), beweisen. Es stehen jedoch dafür erhebliche Beweiserleichterungen oder so genannte „Vermutungen" und darüber hinaus die Schätzungsmöglichkeit aus § 287 ZPO zur Verfügung.[1717]

Bei „Entschädigung" gemäß § 642 BGB kommt es auf einen Schadenseintritt nicht an (s. Rdn. 1611).

[1713] So BGH „Vorunternehmer I" BauR 1985, 561.
[1714] Einzelheiten mit vielen Nachweisen in Band 1, Rdn. 1360 ff., insbesondere Rdn. 1368, Fn. 1595, 1596.
[1715] BGH NZBau 2000, 187. Näher Band 1, Rdn. 1393 ff.
[1716] Zur Erstellungspflicht als Hauptpflicht des Auftraggebers Einzelheiten Band 1, Rdn. 1361, 1285, 1286 unter Erörterung der Behelfsbrücken-Entscheidung des OLG Celle BauR 1994, 629.
[1717] Dazu in Einzelheiten Band 1, Rdn. 1552 ff., 1612 ff.

2.6.3 Schadensnachweis (Einheitspreisliste, abstrakte oder konkrete Schadensberechnung), Schadenshöhe, Mehrwertsteuer

Der Schadensersatz gemäß § 6 Nr. 6 Satz 1 VOB/B ist der Ausgleich der durch die Behinderung entstehenden **Mehraufwendungen,** also im Prinzip unabhängig von der im Angebot ermittelten Vergütung. Die Unzulässigkeit einer „abstrakten Schadensberechnung", die Voraussetzungen und Realisierungsmöglichkeit einer „konkreteren Schadensberechnung" und die Einbeziehung von Vermutungen und Schätzungsmöglichkeiten gemäß § 287 ZPO haben wir in aller Ausführlichkeit in Band 1 erörtert. Da systematisch zum Einheitspreisvertrag insoweit keine Unterschiede bestehen, dürfen wir darauf verweisen. 1611

Der Entschädigungsanspruch gemäß § 642 BGB, der parallel laut Bundesgerichtshof bestand und heute in § 6 Nr. 6 Satz 2 VOB/B geregelt ist, erfordert keinen Schaden.[1718]

Gerade auch beim Komplexen Global-Pauschalvertrag versuchen Auftraggeber oft, das mißliche Problem der Schadensersatzberechnung zu regeln durch „**Einheitspreislisten für Behinderungsfälle**". Wir haben dieses Thema in Band 1 Rdn. 587, 1500 schon im einzelnen erörtert, fassen hier aber des Sachzusammenhangs willen noch einmal zusammen: 1612

Es ist rechtstheoretisch denkbar und **individuell** möglich, künftige Behinderungsfälle schon jetzt über Eventualpositionen, nämlich „Einheitspreislisten", in der Ausschreibung zu erfassen. Der Auftraggeber kann also versuchen, eine Eventualposition dafür vorzugeben, dass die aus objektiven Hindernissen in zeitlicher Hinsicht entstehende Behinderungssituation und ihre Folgen textlich wiedergegeben wird, so dass ihre Vergütung von den Bietern ermittelt werden kann. Darüber hinaus kann der Auftraggeber aber auch ganz abstrakt Behinderungstatbestände in „Behinderungspositionen" vorsorglich ausschreiben, die dann als Eventualposition zu qualifizieren sind. In der Praxis wird demgemäß oft versucht, unbekannte Behinderungsfolgen im voraus kostenmäßig vom Auftragnehmer „bewerten zu lassen". Das Ergebnis ist problematisch, wie eine differenzierte Betrachtung sofort zeigt:

Je nach Stadium der Bauausführung und je nach der Einzelsituation können Stillstandkosten pro Zeiteinheit (je Tag, je Woche, je Monat) unterschiedlich hoch sein. Ebenso können die Kosten bei Bauzeitverlängerungen, ganz abgesehen davon, dass es auch Teilstillstände geben kann,[1719] unterschiedlich hoch sein. Anders ausgedrückt: **Behinderungsauswirkungen** lassen sich in der Regel **nicht abstrakt vorausahnen** und folglich auch **nicht** verursachungsgerecht per Eventualposition vorausformulieren und nicht vorauskalkulieren. Versucht der Auftraggeber das trotzdem, so ist es der Regelfall, dass die vom Bieter angesetzten Geldbeträge **nicht** passen, den tatsächlichen Gegebenheiten nicht entsprechen und dass zwingend eine der beiden Vertragsparteien zu gut oder schlecht wegkommt, in der Regel der Auftragnehmer (wegen seiner Wettbewerbssituation im Angebotsstadium) zu schlecht.

Solche Behinderungs-Eventualpositionen in **Allgemeinen Geschäftsbedingungen** des Auftraggebers laufen auf den potenziellen (Teil-)Ausschluss von Ansprüchen aus § 6 Nr. 6 VOB/B hinaus. Sie sind deshalb schon wegen Verstoßes gegen § 307 BGB **unwirksam,**[1720] ungeachtet der Tatsache, dass sie Teil der Leistungsbeschreibung sind (zu letzterem siehe Band 1 Rdn. 230); außerdem verstoßen sie bei Auftraggebern, die die VOB/A Abschnitt 1–3 anwenden, auch gegen § 19 VOB/A (Band 1, Rdn. 582 ff.).

[1718] Näher Band 1, Rdn. 1649.
[1719] Vgl. Band 1, Rdn. 1259, 1441, 1482.
[1720] Ebenso Putzier, Pauschalpreisvertrag, Rdn. 544.

1613 Die speziell beim Schlüsselfertigbau interessierende Frage, wie der Schadensersatz aus Behinderung beim Einsatz von Nachunternehmern zu behandeln ist, haben wir für den Einheitspreisvertrag schon ausführlich behandelt.[1721] Das dort Vorgetragene gilt uneingeschränkt für Detail-Pauschalverträge und Einfache Global-Pauschalverträge. Für Komplexe Global-Pauschalverträge sind Unterschiede in den Ursachen und dem Umfang des Mehrkostenanfalls zu beachten. Dazu verweisen wir auf unsere Beispiele unter Rdn. 1623 ff.

Ob **Mehrwertsteuer** auf den Schadensersatzanspruch zu berechnen ist, ist strittig, wir verweisen auf Band 1, Rdn. 1497.

2.7 Konkurrenz zwischen § 6 Nr. 6 Satz 1 VOB/B, § 2 Nr. 5 VOB/B, § 6 Nr. 6 Satz 2 VOB/B mit § 642 BGB

1614 Nur wiederholend halten wir fest:

Bei Ansprüchen bauinhaltlicher Art, also aus geänderter oder zusätzlicher Leistung, gibt es Geldausgleich – auch für damit verbundene geänderte Bauumstände – in Form der Vergütung gemäß § 2 Nr. 5, § 2 Nr. 6, § 2 Nr. 8 VOB/B. Daneben kommen keine Schadensersatzansprüche aus Behinderung in Betracht.

Darüber hinaus können solche geänderten oder zusätzlichen Leistungen sich zeitverlängernd, also behindernd hinsichtlich der Zeitfolgen auswirken.

Anordnungen des Auftraggebers hinsichtlich der Bauumstände, **insbesondere hinsichtlich der Bauzeit,** begründen ebenfalls Ansprüche auf Fristverlängerung als Behinderung. Die **finanziellen Folgen werden hier** aber wahlweise entweder nach § 2 Nr. 5 VOB/B oder nach § 6 Nr. 6 Satz 1 VOB/B beurteilt, der Auftragnehmer kann sich bei dieser Konkurrenz die günstigere Darlegungsmethode und Berechnung aussuchen.[1722]

Bei der Anordnung von Bauinhaltsmodifikationen kommen keine Ansprüche aus § 642 BGB in Frage.

2.8 Checkliste

1615 Wir wollen zusammenfassend wegen der praktischen Brauchbarkeit hier noch einmal wiederholend erwähnen, was ein Auftragnehmer bei Behinderungen vortragen und beweisen muss, wenn er auf § 6 Nr. 6 Satz 1 **VOB/B** gestützte Ansprüche durchsetzen will. Wir wiederholen die Checkliste aus Band 1 Rdn. 1642:

1. Der Auftragnehmer muss
   - leistungsbereit und leistungsfähig sein. Dazu braucht er nichts vorzutragen, der Auftraggeber müsste das Gegenteil beweisen.[1723]
2. Der Auftragnehmer muss substantiiert darlegen und **voll beweisen:**
   - den Tatbestand der (Störung) Behinderung und in diesem Zusammenhang die insoweit verletzte Pflicht des Auftraggebers (haftungsbegründende Kausalität).

[1721] Siehe Band 1, Rdn. 1598, 1559.
[1722] Oben Rdn. 1608; Einzelheiten Band 1, Rdn. 1324–1331, 1332–1338.
[1723] Wir haben noch in Band 1, Rdn. 1613, 1642 irrtümlich die Auffasung vertreten, der Auftragnehmer müsse seine Leistungsbereitschaft beweisen. Das ist mit Rücksicht auf § 297 BGB unrichtig.

Jede Darstellung sollte mit dem Bausoll beginnen. Der Auftragnehmer sollte insbesondere also vortragen, welche Vertragsgrundlagen bestehen, welche Fristen und Termine vereinbart sind und ob und wie die Mitwirkung des Auftraggebers sachlich und zeitlich vertraglich geregelt und/oder notwendig war.

Sodann sollte der Auftragnehmer die einzelne Behinderung genau benennen, also vortragen, welche behindernde Handlung der Auftraggeber begangen oder welche (geschuldete) Mitwirkung der Auftraggeber unterlassen hat und wann diese Behinderung erfolgt ist.

3. Der Auftragnehmer braucht nicht darzulegen:

- zur Rechtswidrigkeit.

Die Rechtswidrigkeit wird durch die „objektive Pflichtverletzung" indiziert.

4. Der Auftragnehmer muss substantiiert darlegen und **voll beweisen**:

- dass, wann und gegenüber wem er die Behinderung angezeigt hat oder
- warum die Behinderung selbst und die behindernde Auswirkung offenkundig waren oder
- warum im ganz besonderen Ausnahmefall Anzeige und/oder Offenkundigkeit nicht erforderlich waren.

5. Der Auftragnehmer braucht nicht darzulegen und/oder zu beweisen:

- dass der Auftraggeber die Behinderung „zu vertreten hat", also verschuldet hat. Hierfür muss sich vielmehr umgekehrt der Auftraggeber entlasten.

6. Der Auftraggeber braucht nicht in allen präzisen Einzelheiten darzulegen und zu beweisen

- die Folgen der Behinderung.

Er muss insoweit aber **prüfbare Anhaltspunkte** für

- Eintritt eines Schadens
- **Verursachung** dieses Schadens durch die Behinderung
- Schadenshöhe

dartun und beweisen (haftungsbegründende Kausalität).

Hier darf gemäß § 287 ZPO geschätzt werden.

Insoweit genügt selbst der Vortrag und Nachweis von relativ wenigen und einfachen Anhaltspunkten. Diese können dann wenigstens als Grundlage für Minimalschätzungen dienen, wie in Band 1 unter Rdn. 1614 ff. genauer erläutert; insbesondere die Verursachung braucht lediglich „wahrscheinlich" zu sein. Der fehlende Nachweis einzelner Behinderungsfolgen bzw. der für einzelne behauptete Behinderungsfolgen fehlende Nachweis auch nur prüfbarer Anhaltspunkte für eine Schätzung führt nicht dazu, dass die verbleibenden Behinderungsfolgen nicht bewiesen wären bzw. geschätzt werden könnten.

Es empfiehlt sich dringend, dass der Auftragnehmer insoweit im Sinne von „Grobsortierung" oder „Plausibilitätsbehauptung", die einzelnen Störungen und behaupteten Folgen einander zuordnet; er kann z. B. auf die einzelnen Vermutungen hinweisen. Eine besondere Rolle spielt die Vermutung, dass alle Schäden von den bewiesenen Behinderungen verursacht sind (siehe oben Band 1 Rdn. 1619). Aber auch ohne diesen Vortrag ist die Klage schlüssig, sofern überhaupt nur „greifbare Anhaltspunkte" dargetan und bewiesen sind; dann kann aber nur ein „Minimalschaden" geschätzt werden, muss es aber auch.

Selbstverständlich ist dem Auftragnehmer eine (möglichst) genaue Darlegung zur Ursächlichkeit der einzelnen Behinderung und zu dem aus ihr resultierenden Schaden dringend anzuraten.

Selbst wenn durch eine entsprechende Dokumentation nicht zwingende Nachweise geführt werden könnten, ermöglicht eine Dokumentation jedenfalls eine wesentlich plausiblere Schadensschätzung im normalen Rahmen des überhaupt möglichen Schadens.

Parallele Ansprüche aus § 2 Nr. 5 sind bei Anordnungen des Auftraggebers betreffend die Bauumstände (insbesondere die Bauzeit) immer zu prüfen.

3 BGB-Vertrag

3.1 Wortlaut des § 642 BGB

1616 § 642 BGB lautet:

„Mitwirkung des Bestellers.
Ist bei der Herstellung des Werkes eine Handlung des Bestellers erforderlich, so kann der Unternehmer, wenn der Besteller durch das Unterlassen der Handlung in Verzug der Annahme kommt, eine angemessene Entschädigung verlangen.

Die Höhe der Entschädigung bestimmt sich einerseits nach der Dauer des Verzugs und der Höhe der vereinbarten Vergütung, andererseits nach demjenigen, was der Unternehmer infolge des Verzugs an Aufwendungen erspart oder durch anderweitige Verwendung seiner Arbeitskraft erwerben kann."

§ 6 Nr. 6 Satz 2 VOB/B lautet: „Im Übrigen bleibt der Anspruch des Auftragnehmers auf angemessene Entschädigung nach § 642 BGB unberührt, sofern die Anzeige nach Nr. 1 Satz 1 erfolgt oder wenn Offenkundigkeit nach Nr. 1 Satz 2 gegeben ist."

3.2 Mitwirkungshandlungen des Auftraggebers

1617 Die Mitwirkungshandlungen des Auftraggebers sind nicht anders als beim VOB-Vertrag zu beurteilen.

3.3 Anzeige der Behinderung nicht erforderlich

1618 Im Gegensatz zu § 6 Nr. 1 Satz 1 VOB/B regelt § 642 BGB nicht, dass die Behinderung durch den Auftraggeber berücksichtigt wird, wenn der Auftragnehmer die Behinderung anzeigt. Eine Behinderung mit zeitlichen oder geldlichen Folgen ist also beim **BGB-Vertrag** auch ohne Anzeige zu berücksichtigen. Beim **VOB**-Vertrag setzt die Anwendung des § 642 BGB **wegen** § 6 Nr. 6 Satz 2 eine Behinderungsanzeige oder Offenkundigkeit voraus.

3.4 Kein Verschulden des Auftraggebers erforderlich

1619 § 642 BGB setzt nur den Annahmeverzug des Auftraggebers voraus. Der Auftraggeber muss dazu lediglich seine Leistung faktisch anbieten, „andienen", § 299 ff. BGB. Verschulden des Auftraggebers ist im Gegensatz zu § 6 Nr. 6 Satz 1 VOB/B nicht erforderlich. Deshalb gibt es hier auch keine Probleme mit der Vorunternehmerhaftung. Der Bundesgerichtshof hat das jedenfalls bestätigt.[1724]

3.5 Entschädigung, Mehrwertsteuer

§ 642 BGB billigt dem Auftragnehmer einen Anspruch auf angemessene Entschädigung zu. Während bei § 6 Nr. 6 Satz 1 VOB/B fraglich ist, inwieweit insoweit Gewinnzuschläge möglich sind, ist bei § 642 BGB Gewinn zu berücksichtigen.[1725] 1620

Wegen der Einzelheiten der Berechnung verweisen wir auf Band 1, Rdn. 1648 ff.

Auf die Entschädigung ist Mehrwertsteuer zuzuschlagen.[1726]

4 Ausschluss der Ansprüche durch Allgemeine Geschäftsbedingungen

Weder beim Detail-Pauschalvertrag noch beim Einfachen Global-Pauschalvertrag, noch beim Komplexen Global-Pauschalvertrag ist es zulässig, in Allgemeinen Geschäftsbedingungen des Auftraggebers mögliche Ansprüche des Auftragnehmers aus Behinderung auszuschließen; **das verstößt ausnahmslos gegen das AGB-Recht;**[1727] das gilt sowohl für den Ausschluss von Schadensersatzansprüchen wie für den Ausschluss verlängerter Bauzeit. 1621

[1724] BGH „Vorunternehmer II", NZBau 2000, 187; näher Band 1, Rdn. 1393 ff.
[1725] Zum Gewinn bei § 6 Nr. 6 VOB/B Einzelheiten Band 1, Rdn. 1491–1495. Bei § 642 BGB soll laut BGH „Vorunternehmer II" a.a.O. Gewinn nicht ersetzt werden. Dem ist nicht zuzustimmen, näher Band 1, Rdn. 1650.
[1726] Band 1, Rdn. 1650.
[1727] Einzelheiten Band 1, Rdn. 1645–1649.

Kapitel 23
Die Unterbrechung der Leistung

1622 Die Sonderregelungen bei Unterbrechungen (§ 6 Nr. 5, § 6 Nr. 7 VOB/B) haben wir in Band 1 Rdn. 1650 ff. ausführlich erörtert, wir verweisen darauf.

Kapitel 24
Fallbeispiele

1 Detail-Pauschalvertrag

1.1 Behinderung

Das in Band 1, Rdn. 1673 ff. besprochene Beispiel gilt auch für den Fall, dass ein Detail-Pauschalvertrag geschlossen worden ist.
Zur Schadensermittlung verweisen wir auf Rdn. 1697 ff., zur Entschädigungsermittlung auf Rdn. 1706 ff.

1623

1.2 Abrechnung nach § 6 Nr. 5 VOB/B

Für die Abrechnung nach § 6 Nr. 5 VOB/B gilt auch bei Abschluss eines Detail-Pauschalvertrages mit vorliegender Angebotskalkulation das in Band 1, Rdn. 1712 ff. besprochene Beispiel.

1624

2 Einfacher Global-Pauschalvertrag

Das oben für Detail-Pauschalverträge Besprochene gilt auch für den Fall, dass ein Einfacher Global-Pauschalvertrag geschlossen ist.

1625

3 Komplexer Global-Pauschalvertrag

3.1 Behinderung

3.1.1 Sachverhalt

Die Ausführung des Schlüsselfertig-Bauvorhabens Neubau Abteilung Bauwesen erfolgte bis auf die Tatsache, dass der Bauherr die Bemusterung der Bodenbeläge und Wandbekleidungen bis Anfang Oktober hinausschob, wie geplant (vgl. Unterlage III, B, 8/31). Durch die späte Bemusterung musste die Ausführung der betroffenen Gewerke, aber auch die Erbringung der ihnen nachfolgenden Leistungen anderer Gewerke zurückgestellt werden.

1626

3.1.2 Dokumentation der Behinderung und Bauzeitverlängerung

Der vom Schlüsselfertigbauunternehmen erarbeitete Steuerungsterminplan (Unterlage III, B, 8/31) gibt produktionsorientiert die Dauer der Leistungserbringung der einzelnen Gewerke, gegliedert in räumliche und z. T. in sachliche Teilabschnitte, an.

1627

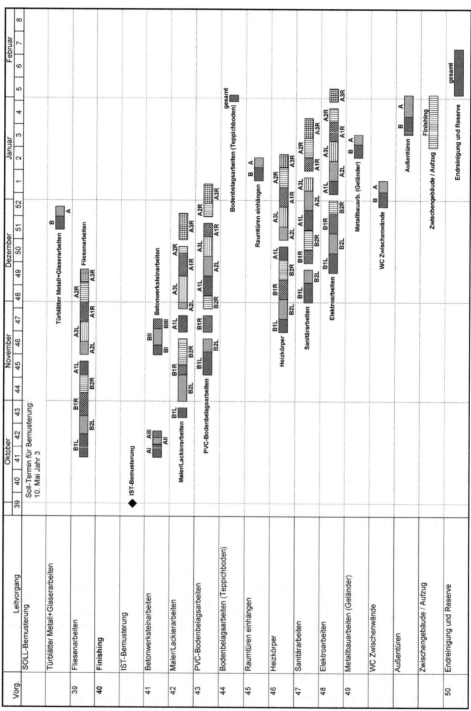

Abbildung 37   Behinderungsbedingt modifizierter Soll-Ablaufplan (TP-Soll')

Die während der Bauausführung aufgetretenen Bauinhaltsmodifikationen (Hausanschlussraum) im Untergeschoss und Teilkündigungen eines Teils der abgehängten Decken) wirkten sich nicht relevant auf den Soll-Ablauf aus.

Dagegen führte die späte bauherrenseitige Bemusterung der Bodenbeläge und Wandbekleidungen dazu, dass die dann unmittelbar und mittelbar betroffenen Leistungen zurückgestellt werden mussten.

Für sie wurde nach erfolgter Bemusterung der behinderungsbedingt modifizierte Soll-Ablaufplan (Terminplan-Soll') erstellt (vgl. **Abb. 37**).

3.1.3 Nachweis der Behinderungsfolgen

3.1.3.1 Zeitliche Folgen

Die aus der Behinderung resultierende Bauzeitverlängerung ist aus dem behinderungsbedingt modifizierten Soll-Ablauf TP-Soll' (**Abb. 37**) ersichtlich. 1628

Da es nur noch um Arbeiten innerhalb der Gebäude geht, fallen keine witterungsbedingten Verlängerungen der Auftragsdauern an. Es kann also pro Teilabschnitt die Dauer des ursprünglichen Steuerungsterminplans (Unterlage III, B, 8/31) beibehalten werden. 1629

Da der Schlüsselfertigbauunternehmer mit seinen Nachunternehmern jeweils vereinbart hatte, dass die einzelnen Leistungsabschnitte 12 Werktage vor Beginn abgerufen werden (vgl. § 5 Nr. 2 VOB/B), kann nunmehr der verbleibende Bauablauf so gestaltet werden und der Abruf der einzelnen Nachunternehmer so erfolgen, wie es unter dem gegebenen Umstand opportun ist. 1630

Das Ergebnis, der behinderungsbedingt modifizierte Soll-Ablaufplan TP-Soll'(**Abb. 37**), führt zu einer Bauzeitverlängerung von 1,5 Monaten.

3.1.3.2 Finanzielle Folgen

Wir untersuchen die finanziellen Folgen anhand der in Band 1, Abb. 40 (Seite 664) aufgeführten Checkliste. 1631

1 Verlangsamter Bauablauf

Die in **Abb. 37** aufgeführten Leistungen waren zur bauherrenseitigen Bemusterung Anfang Oktober nicht ausführbar. Das ergab keine Verlangsamung der gemäß Terminplan-Soll' (Unterlage III, B, 8/31) vorgesehenen Leistungserstellungen, sondern „nur" eine Verschiebung der behinderungsbedingt noch nicht erstellbaren Leistungen und somit eine Bauzeitverlängerung.
Wegen der oben schon unter Rdn. 1630 angesprochenen Vertragsregelung bezüglich des Leistungsabrufs der Nachunternehmer haben diese, sofern sie behinderungsbedingt wegen fehlender Bemusterung ihre Leistungen erst später erbringen können, keine finanziellen Ansprüche an ihren Auftraggeber (den Schlüsselfertigbauer).

2 Stillstand

Stillstand ist bei den abgerufenen Leistungen nicht aufgetreten; für die nicht abgerufenen Leistungen gab es naturgemäß keinen Stillstand.

> **Zusätzliche Kosten der Bauleitung**
>
> 1. Zusätzliche zeitabhängige Kosten
>
> **a) Bauleitung (ohne Technische Ausrüstung)**
> In der Angebotskalkulation (Unterlage III,B,9/22, Nr.2.1) wurden Honorarkosten für den Objektplaner bei voller Beauftragung in Höhe von 616.345,55 EUR angesetzt. Daraus ergibt sich bei Beauftragung der Leistungsphasen 5 bis 8 ein Honoraranspruch in Höhe von 70% des Gesamthonorars, also 431.441,89 EUR.
>
> Gemäß HOAI entfallen 31% des Gesamthonorars auf die Bauüberwachung, also hier:
> (31 : 70) x 431.441,89 EUR = 191.067,12 EUR
>
> Bei einer vertraglich vereinbarten Bauzeit von 18 Monaten (davon 12 Monate Ausbau) ist das Verhältnis zwischen Rohbau- und Ausbauleistung mit 1:2 anzusetzen. Es ergeben sich für die ersten 6 Monate der Bauausführung folgende Bauleitungskosten:
> 191.067,12 EUR : (6 Mon. + 2 x 12 Mon.) =   6.368,90 EUR/Monat
> Für die letzten 12 Monate werden folglich   12.737,81 EUR/Monat
> angesetzt.
>
> Bei einer von 1,5 Monaten behinderungsbedingten Bauzeitverlängerung gemäß Unterlage III,B,8/31 entstehen folgende zeitabhängige Mehrkosten:
> 1,5 Monate x 12.737,81 EUR / Monat =   **19.106,72 EUR**
>
> **b) Bauleitung Technische Ausrüstung**
> In der Angebotskalkulation (Unterlage III,B,9/22, Nr.2.3) wurden Honorarkosten für Technische Ausrüstung bei voller Beauftragung in Höhe von 165.393,68 EUR angesetzt. Daraus ergibt sich bei Beauftragung der Leistungsphasen 5 bis 8 ein Honoraranspruch in Höhe von 62% des Gesamthonorars, also 102.544,08 EUR.
>
> Gemäß HOAI entfallen 33% des Gesamthonorars auf die Bauüberwachung, also hier
> (33 : 62) x 102.544,08 EUR = 54.579,91 EUR
>
> Bei einer Bauzeit der Leistung der Technischen Ausrüstung von 11 Monaten (vgl. Unterlage III,B,8/31) ergeben sich folgende Bauleitungskosten:
> 54.579,91 EUR : 11 Monate = 4.961,81 EUR/Monat
>
> Die 1,5-monatige Bauzeitenverlängerung führten somit zu Mehrkosten
> in Höhe von: 1,5 Monate x   4.961,81 EUR / Monat =   **7.442,72 EUR**

Abbildung 38   Ermittlung der Entschädigung für Behinderung und Bauzeitverlängerung (Teil 1)

3 Bauzeitverlängerungen

1632 Gemäß **Abb. 37**, S. 586 führte die Behinderung aus verspäteter Bemusterung zu einer Bauzeitverlängerung von 1,5 Monaten. Durch die Bauzeitverlängerung werden die in **Abb. 38** aufgeführten Mehrkosten verursacht.

Komplexer Global-Pauschalvertrag Rdn. 1632

---

c) Nebenkosten
In der Angebotskalkulation wurden in Unterlage III,B,9/30 unter KG 730 125.000,00 EUR Nebenkosten (für Container etc.) angesetzt. Setzt man das Verhältnis zwischen Nebenkosten der Planung zu der für Bauleitung mit 1:2 an, so ergeben sich für 18 Monate Bauzeit folgende monatliche Nebenkosten:
(125.000,00 EUR : 18 Mon.) x 2/3 = 4.629,63 EUR/Mon.
Die 1,5-monatige Bauzeitenverlängerung führten somit zu Mehrkosten
in Höhe von:
1,5 Monate x 4.629,63 EUR / Monat =   **6.944,44 EUR**

d) Finanzierung und allgemeine Baunebenkosten
In der Angebotskalkulation (Unterlage III,B,9/30) wurden in den Kostengruppen 760 und 770 angesetzt:
    Finanzierung   25.000,00 EUR
    Allg. Baunebenkosten   145.000,00 EUR
                              170.000,00 EUR
Diese Kosten sind weitestgehend zeitabhängig und ergeben für 18 Monate Bauzeit einen monatlichen Anteil in Höhe von 9.444,44 EUR/Monat.
Somit ergeben sich für 1,5 Monate zusätzliche Bauzeit Mehrkosten
in Höhe von: 1,5 Monate x 9.444,44 EUR / Monat =   **14.166,67 EUR**

2. Zusätzliche Kosten für Arbeitsvorbereitung , Koordination und Dokumentation
Bedingt durch eine intensive Arbeitsvorbereitung und Baustellenkoordination sind trotz der um fast ein halbes Jahr verspäteten Bemusterung nur 1,5 Monate verlängerte Bauzeit angefallen. Dafür werden angesetzt:
- Arbeitsvorbereitung   **5.000,00 EUR**
- Koordination 2 x 8.500,00 EUR =   **17.000,00 EUR**
- Darüber hinaus erforderte die Nachtragsdokumentation
    Mehrkosten von   **8.000,00 EUR**

3. Sonstige Kosten
Bedingt dadurch, dass die Bauzeitverlängerung die Wintermonate betrifft, fallen höhere Strom- und Heizungskosten an. Sie werden nachträglich entsprechend ihres Ist-Anfalls in Rechnung gestellt.

Summe: 77.660,55 EUR
Zuschlag für AGK + W+G 13 %   10.095,87 EUR
Total (ohne MwSt)   **87.756,42 EUR**

Abbildung 38   Ermittlung der Entschädigung für Behinderung und Bauzeitverlängerung (Teil 2)

Die zeitabhängigen Kosten ergeben sich aus

- dem längeren Einsatz der Bauleitung
- dem längeren Anfall von Nebenkosten
- dem längeren Anfall von Finanzierungs- und allgemeinen Baunebenkosten.

Da es um den Fall verspäteter Mitwirkung des Auftraggebers geht, ermitteln wir den Betrag der Entschädigung nach § 642 BGB und lehnen uns an die Angebotskalkulation an.

Für die Ermittlung der Mehrkosten der Bauleitung greifen wir auf Unterlage III, B, 9/22 Nr. 2.1 bzw. 2.3 zurück, beziehen sie auf die aus der vertraglichen Bauzeit ableitbare Einsatzzeit der Bauleitung, ermitteln also einen Monatssatz für die Bauleitung und multiplizieren diesen mit 1,5 Monaten behinderungsbedingter Bauzeitverlängerung.

1633 Zur Ermittlung der zusätzlichen Nebenkosten greifen wir auf die Unterlage III, B, 9/30 KG 730 zurück, berechnen die monatliche Rate für Nebenkosten und multiplizieren sie mit der zusätzlichen Bauzeit von 1,5 Monaten.

Für die Ermittlung der zusätzlichen Kosten der Finanzierung und der allgemeinen Baunebenkosten greifen wir auf die Unterlagen III, B, 9/30 KG 760 bzw. 770 zurück und führen eine entsprechende Berechnung durch.

1634 Darüber hinaus fallen behinderungsbedingte Kosten (vgl. **Abb. 38, Nr. 2**, S. 589) für

– die Arbeitsvorbereitung für den Ablauf nach den Behinderungen,

– die Koordination dieses Ablaufs,

– die Nachtragsdokumentation

an. Diese Kosten sind nicht aus der Angebotskalkulation ableitbar, da die oben aufgeführten Tätigkeiten für das Bausoll nicht erforderlich waren. Deshalb werden sie plausibel abgeschätzt.

1635 Die Bauzeitverlängerung in der Winterzeit führt zu zusätzlichen Kosten für Beleuchtung und Heizung. Sie sollen auf Nachweis in Rechnung gestellt werden (vgl. **Abb. 38, Nr. 3**, S. 589).

Lohnerhöhungskosten aus verlängerter Bauausführung fallen dagegen nicht an, da die verlängerte Arbeitsdurchführung innerhalb der Phase des Lohntarifs verbleibt.

1636 Die ermittelten Kosten werden mit den angebotskalkulierten Zuschlägen für Allgemeine Geschäftskosten sowie Gewinn und Wagnis beaufschlagt.

3.2 Beschleunigung

1637 Bei dem unter Rdn. 1626 besprochenen Sachverhalt bat der Auftraggeber den Schlüsselfertigbauunternehmer um Prüfung, ob und unter welchen Bedingungen es möglich sei, den ursprünglich vereinbarten Endtermin per 31.12. einzuhalten.

1638 Daraufhin erörterte der Schlüsselfertigbauunternehmer mit den betroffenen Nachunternehmern, ob sie die Leistungserbringung schneller als vereinbart (vgl. Unterlage III, B, 8/31) erbringen können und zu welchen Konditionen.

Die Ergebnisse führen nach einer eingehenden Arbeitsvorbereitung zum beschleunigten Soll-Ablaufplan (**Abb. 39**, S. 591).

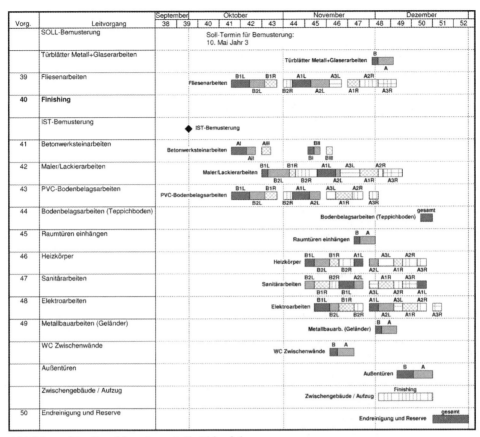

Abbildung 39   Beschleunigter Soll-Ablaufplan

Für ihre Beschleunigungsmaßnahme fordern die einzelnen Nachunternehmer die in **Abb. 40**, S. 592 unter Nr. 3 aufgeführten Mehrkosten.

1639

Darüber hinaus ergeben sich durch die Beschleunigung

1640

- zusätzliche Bauleitungskosten (Nr. 1),
- zusätzliche Kosten der Arbeitsvorbereitung und Koordination (Nr. 2) sowie
- sonstige zusätzliche Kosten (Nr. 4) für
  - zusätzliche Beleuchtung und
  - Entsorgung.

```
Beschleunigung
1. Zusätzliche Bauleitungskosten
   a) zusätzlicher Bauleiter        3 Mon. x 8.500,00 EUR/Mon. =   25.500,00 EUR
   b) Prämie für Überstunden, Wochenend- und
      Feiertagsarbeit und für Termineinhaltung:                    15.000,00 EUR

2. Kosten für Arbeitsvorbereitung und Koordination
   a) Arbeits- und Terminplanung zusätzlich
      (einschl. Überstunden und Wochenendarbeit)                    7.000,00 EUR
   b) Durchgehender Schlüsseldienst
      und Bote                      2,5 Mon. x 4.000,00 EUR/Mon. = 10.000,00 EUR
   c) Einsatz eines Koordinators    2,0 Mon. x 8.500,00 EUR/Mon. = 17.000,00 EUR

3. Kosten der Nachunternehmer
   Leistungszulage für Überstunden,
   zusätzlichem Personaleinsatz und
   Prämien für die Nachunternehmer.
   - Betonwerksteinarbeiten (DIN 18333)                       =   10.000,00 EUR
   - Fliesenarbeiten (DIN 18352)                              =    3.000,00 EUR
   - Metallbauarbeiten (DIN 18360)                            =   10.000,00 EUR
   - Maler- und Lackierarbeiten (DIN 18363)                   =    6.000,00 EUR
   - Bodenbelagsarbeiten (DIN 18365)                          =   10.000,00 EUR
   - Heizungsanlagen (DIN 18380)                              =   28.000,00 EUR
   - Gas, Wasser, Abwasser (DIN 18381)                        =   14.000,00 EUR
   - Nieder- und Mittelspannungsarbeiten (DIN 18382)          =   25.000,00 EUR

4. Sonstige Kosten
   a) Zusätzliche Beleuchtungs-, Telefon-
      und sonstige Betriebskostenzulage
      Wegen längerer Arbeitszeiten:                                 7.500,00 EUR
   b) zusätzlicher beschleunigungsbedingt
      zu erwartender Mehranfall für Schutt-
      und Abfallentsorgung etc. :                                  12.500,00 EUR

Insgesamt:                                                        200.500,00 EUR
Zuschlag für AGK + W u. G                  13 %            =       26.065,00 EUR
Total:                                                            226.565,00 EUR
```

Abbildung 40   Ermittlung der Beschleunigungskosten

1641 Der Schlüsselfertigbauer beaufschlagt den Gesamtbetrag der Kosten mit den angebotskalkulierten Zulagen für Allgemeine Geschäftskosten sowie Gewinn und Wagnis.

3.3 Abrechnung nach § 6 Nr. 5 VOB/B

1642 Da bei der Abrechnung nach § 6 Nr. 5 VOB/B die gleiche Berechnungsmethode zur Anwendung kommt wie bei der Kündigung aus wichtigem Grund, wird hierzu auf die unter Rdn. 1435 ff. besprochenen Beispiele verwiesen.

PROJEKTANHANG

PROJEKTANHANG

UNTERLAGEN NACH

I	**DETAIL-PAUSCHALVERTRAGSMUSTER**	grüne Blätter
II	**EINFACH GLOBAL-PAUSCHALVERTRAGSMUSTER**	gelbe Blätter
III	**KOMPLEXEN GLOBAL-PAUSCHALVERTRAGSMUSTER** (einschließlich NU-Anfrage und -Angebote)	orangefarbene Blätter

jeweils gegliedert nach

A Ausschreibungsunterlagen des Auftraggebers

B Unterlagen zur Angebotsbearbeitung

| I | | UNTERLAGEN NACH DETAIL-PAUSCHALVERTRAGSMUSTER |

INHALTSVERZEICHNIS

Teil	Bezeichnung	Anhang	Unterlage		Seite
A	- Ausschreibungsunterlagen des Auftraggebers	I	A		599
B	- Unterlagen zur Angebotsbearbeitung	I	B		
	- Auflistung aller auftraggeberseitig das Bausoll vorgebenden Unterlagen	I	B	1/00	613
	- Listen der noch bis zur Angebotsabgabe gegebenenfalls notwendigen Unterlagen	I	B	2/00	613
	- Leistungsbeschreibungen	I	B	3/00	615
	- Dokumentation der zu klärenden Punkte	I	B	4/00	619
	- Auflistung der Vorschläge für das Angebotsschreiben	I	B	5/00	629
	- Mengenermittlungen (bzw. -überprüfungen)	I	B	6/00	631
	- Nachunternehmeranfrage und -angebot	I	B	7/00	645
	- Unterlagen zur Terminplanung und Arbeitsvorbereitung	I	B	8/00	649
	- Unterlagen zur Kostenermittlung und Preisfestlegung	I	B	9/00	653
	- Angebot	I	B	10/00	659

A	AUSSCHREIBUNGSUNTERLAGEN DES AUFTRAGGEBERS (Ausschnitte)

INHALTSVERZEICHNIS

Unterlage	Bezeichnung	Seite
	Erd- und Betonbauarbeiten (DIN 18300 u. DIN 18331)	
I,A, 1/01	Lageplan	601
I,A, 1/02	Bodengutachten (Ausschnitt)	602
I,A, 1/03	Baubeschreibung Beton- und Stahlbetonarbeiten	602
I,A, 1/04	Schnitt 1-1	603
I,A, 1/05	Decke über EG	604
	Je nach Fallkonstellation a-d (vgl. Abb. 11, S. 268)	
I,A, 3/10	Globale Leistungsbeschreibung mit LV (ohne Vordersätze)	606
I,A, 3/11	Globale Leistungsbeschreibung mit LV (mit Vordersätzen)	606
I,A, 3/60	Detaillierte Leistungsbeschreibung mit LV für Erdarbeiten (ohne Vordersätze)	606
I,A, 3/70	Detaillierte Leistungsbeschreibung mit LV für Betonarbeiten (ohne Vordersätze)	607
Bd. 1, Anhang A, Unterl. a.1.1	Detaillierte Leistungsbeschreibung mit falschen Vordersätzen für Erd- und Betonarbeiten	(805)
	Dachabdichtungsarbeiten DIN 18338	
I,A, 3/07	Systemskizze für Dachabdichtung mit Bitumenbahnen	605
I,A, 7/89	Aufforderung zur Abgabe eines Angebotes	608
	Je nach Fallkonstellation a-d (vgl. Abb. 11, S. 268)	
I,A, 7/90	Leistungsverzeichnis (ohne Vordersätze)	609
I,A, 7/91	Leistungsverzeichnis (mit Vordersätzen)	609
Abb. 2	Globale Leistungsbeschreibung für Dachabdichtungsarbeiten	4

Anhang I A Unterlage 1/01

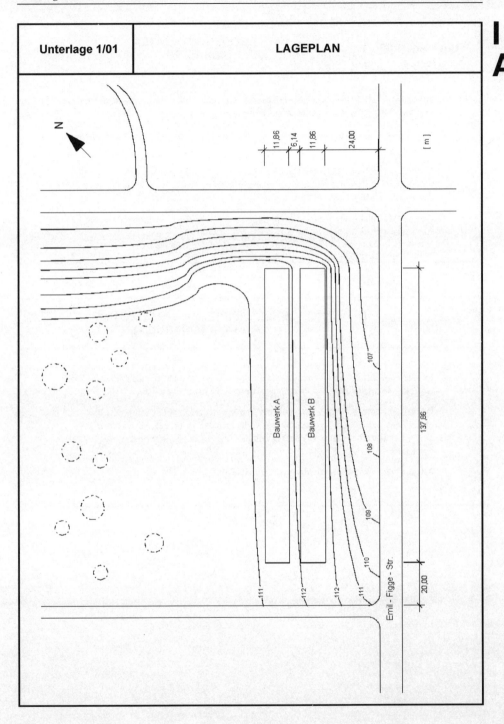

Unterlage 1/02	**BODENGUTACHTEN (AUSSCHNITT)**

Die oberste Schicht besteht aus organischem Oberboden; die Untergrenze dieser Schicht liegt etwa bei 0,30 m unter Geländeoberfläche.

Die darunterliegende Schicht besteht aus schluffigen Tonen; sie hat eine Stärke von mehr als 4 m.

Nach der Charakteristik der Erddruckwiderstandslinien aus den Sondierungen mit der mittelschweren Rammsonde kann von einer vorwiegend steifen bis teilweise halbsteifen Konsistenz ausgegangen werden.

Gemäß DIN 18 300 handelt es sich um Boden der Klasse 4 und im geringen Umfang um Boden der Klasse 5.

Unterlage 1/03	**BAUBESCHREIBUNG BETON- UND STAHLBETONARBEITEN**

Es sind zwei Stahlbetonskelettbauwerke aus C20/25, eines mit zwei, das andere mit drei Geschossen und jeweils drei Kernen ohne Untergeschoss zu erstellen.

Die Stützen, Balken und alle Treppenläufe sind ebenso wie die Fundamente für die Stützen aus Fertigteilen herzustellen. Die Kerne erhalten 15 cm dicke Ortbetondecken; ansonsten werden die Decken aus 6 cm dicken Filigranplatten mit 9 cm Aufbeton hergestellt.

Alle sonstigen Bauteile sind Ortbetonkonstruktionen.

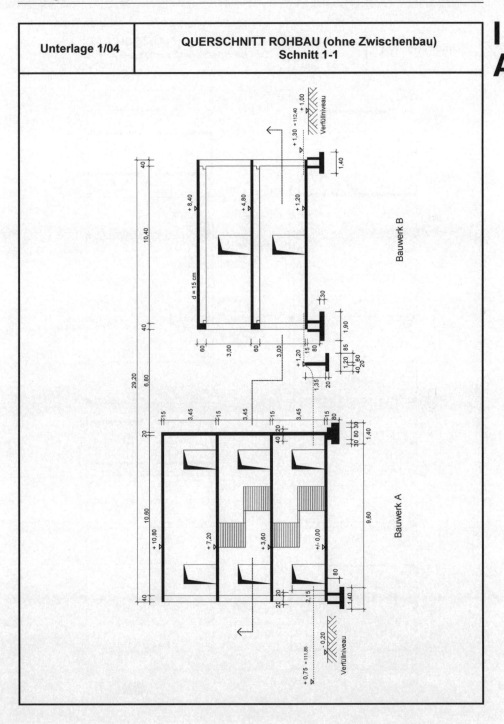

Unterlage 1/05   Anhang I A

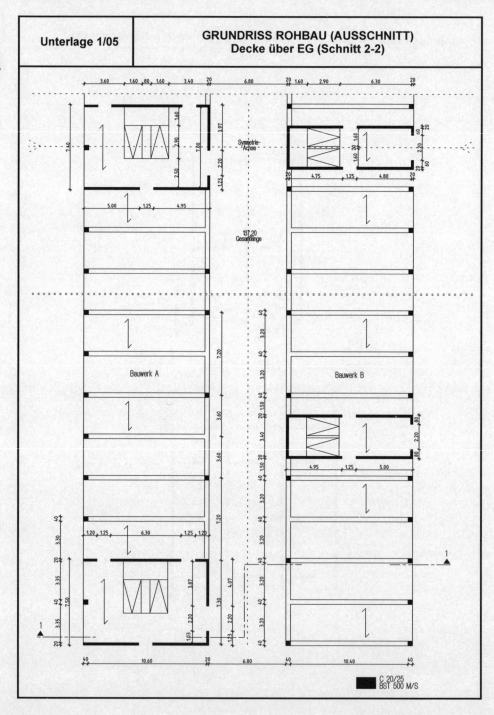

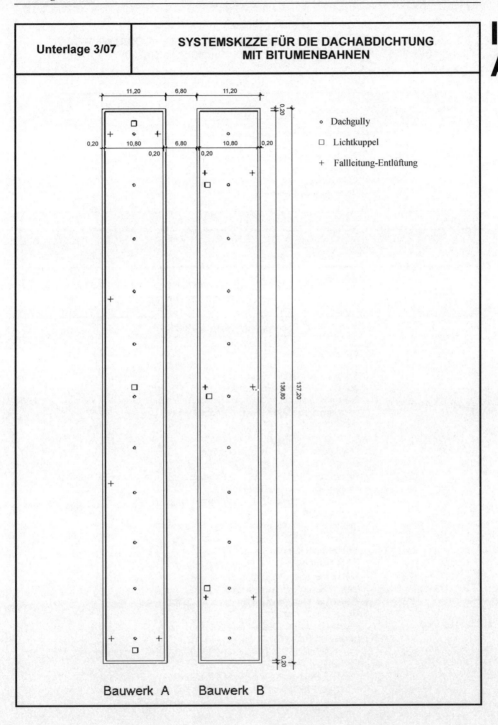

Unterlage 3/10, 3/11 und 3/60　　　　　　　　　　　　　　　　　　　　Anhang I A

Unterlagen 3/10 u. 3/11	GLOBALE LEISTUNGSBESCHREIBUNG MIT LV Erdarbeiten (DIN 18 300)		
Unterl. 3/10	Ohne Vorgabe eines Vordersatzes		
Pos.	Menge	Beschrieb	E-Preis	G-Preis
	6646 m³	Oberbodenabtrag (einschl. seitlicher Lagerung), Aushub der Baugrube und der Fundamente sowie Verfüllung der Arbeitsräume bzw. Einplanieren des Restmaterials (Bodenklasse 4, in geringem Umfang Bodenklasse 5)		
Unterl. 3/11	Mit Vorgabe eines Vordersatzes		

Unterlage 3/60	DETAILLIERTE LEISTUNGSBESCHREIBUNG MIT LV Erdarbeiten (DIN 18 300)
	Ohne Vorgabe eines Vordersatzes
Pos.	Beschrieb
1	Baugelände abräumen auf der Grundfläche des Bauwerks, des Arbeitsraumes, der Baustelleneinrichtung und der Baustellenverkehrswege; anfallendes Material wird Eigentum des Auftragnehmers und ist zu beseitigen.
2	Oberboden abtragen und seitlich lagern.
3	Boden der Bodenklasse 4 und in geringem Umfang der Bodenklasse 5 für Baugrube profilgerecht lösen und im Bereich des Baugeländes planieren. Aushub nach Abtrag des Oberbodens.
4	Boden der Bodenklasse 4 und in geringem Umfang der Bodenklasse 5 für Fundamente profilgerecht lösen und im Bereich des Baugeländes planieren.
5	Abfuhr von überschüssigem Boden auf Geheiß des AG auf eine unternehmerseitige Kippe o. ä. fachgerecht entsorgen; als Zulage zu den Positionen 3 und 4.
6	Herstellung der Sauberkeitsschicht unter bewehrten Betonfertigteilen gemäß DIN 1045 sowie Verfüllung des Baukörpers mit geeignetem Boden.
7	Handaushub bei archäologischen Funden, sonst wie Pos. 3 und 4.

Unterlage 3/70	DETAILLIERTE LEISTUNGSBESCHREIBUNG MIT LV Betonarbeiten (DIN 18 331)

Ohne Vorgabe eines Vordersatzes

Pos.	Beschrieb
1	Ortbeton der Bodenplatte, Untergrund waagerecht, obere Betonfläche waagerecht aus Stahlbeton als Normalbeton nach DIN 1045, EC2, C20/25, Dicke 15 cm.
2	Ortbeton der Streifenfundamente, obere Betonfläche waagerecht aus Stahlbeton als Normalbeton, DIN 1045, EC2, C20/25.
3	Ortbeton der Kernwände aus Stahlbeton als Normalbeton, DIN 1045, EC2, C20/25.
4	Ortbeton der Kerndecken, Unterseite waagerecht aus Stahlbeton als Normalbeton, DIN 1045, EC2, C20/25.
5	Aufbeton der Filigranplatten, Unterseite waagerecht, obere Betonfläche waagerecht aus Stahlbeton als Normalbeton, DIN 1045, EC2, C20/25.
6	Ortbeton der Treppenpodeste aus Stahlbeton als Normalbeton, DIN 1045, EC2, C20/25.
7	Schalung der Streifenfundamente und der Bodenplatte.
8	Schalung der Wandflächen in den Treppenhäusern als glatte Schalung, Betonfläche möglichst absatzfrei
9	Schalung der Treppenhausdecken. Höhe der Betonoberkante 3,45 m über OK Rohdecke.
10	Randschalung der Kerndecken
11	Randschalung im Bereich der Filigrandecken
12	Schalung der Treppenpodestplatten als glatte Schalung, Betonfläche möglichst absatzfrei, sichtbar bleibend, einschließlich zusätzlicher Maßnahmen beim Herstellen und Verarbeiten des Betons.
13	Köcherfundament als Fertigteil liefern und einbauen, Form Typ A.
14	Köcherfundament wie Pos. 13, jedoch Form Typ B.
15	Stützmauer als Fertigteil liefern und einbauen.
16	Stütze mit Konsolen als Fertigteil liefern und einbauen, Formen Typ 1, OG.
17	Stütze wie Pos. 16, jedoch Formen Typ 2, EG.
18	Geschoss- und Dachdeckenunterseite - jedoch nicht in Treppenhäusern - aus Filigranplatten o. ä., 6 cm dick, einschl. Bewehrung liefern und einbauen.
19	Balken als Fertigteile liefern und einbauen, Form Typ 1.
20	Balken wie Pos. 19, jedoch Form Typ 2.
21	Balken wie Pos. 19, jedoch Form Typ 3.
22	Balken wie Pos. 19, jedoch Form Typ 4.
23	Treppenlauf einschl. Stufen als Fertigteil liefern und einbauen, Form Typ 1, einschl. Anfertigung der Auflageraussparungen in der Betonwand.
24	Treppenlauf wie Pos. 23, jedoch Typ 2.
25	Fertigteil-Podestplatten Typ P liefern und einbauen.
26	Treppenlauf einschl. Stufen als Fertigteil liefern und einbauen, Form Typ 3.
27	Treppenlauf wie Pos. 26, jedoch Typ 4.
28	Betonstahlmatten, BSt 500 M, als Lagermatten liefern, schneiden, biegen und im Ortbeton verlegen.
29	Betonstabstahl, BSt 500 S, alle Durchmesser und Längen, liefern, schneiden, biegen und im Ortbeton verlegen.

Unterlage 7/89	**AUFFORDERUNG ZUR ABGABE EINES ANGEBOTES DACHABDICHTUNGSARBEITEN (DIN 18 338)**

1. Termine: a) Arbeitsbeginn   2. Januar   (Jahr 2)
              b) Freigabe für Innenausbauarbeiten   8. Februar   (Jahr 2)
                 (Fertigstellung der provisorischen
                 Dachabdichtung)
              c) Komplette Fertigstellung   30. Juni   (Jahr 2)

Es wird der ausführenden Firma freigestellt, eine ausreichende Abdichtung für den Innenausbau durch Dachabdichtungsprovisorien zu erreichen. Hierdurch anfallende Mengen sind durch die vereinbarte Vergütung abgegolten.

2. Unterlagen:

   I, A, 3/07   Dachabdichtungsanforderungen
   I, A, 7/90 (bzw. 7/91)   Leistungsverzeichnis

3. Bindungsfrist: bis zum 6. Juli (Jahr 1)

4. Es wird freigestellt, gleichwertige, jedoch kostengünstigere, zeitsparendere und den Belangen des Ausführungszeitraumes besser gerecht werdende Ausführungsmöglichkeiten anzubieten.

5. Tagesunterkünfte werden bauseits gestellt.

6. Für Positionen ohne Mengenangabe ermittelt der Bieter die Mengen eigenverantwortlich.

7. Der Angebotspreis ist pro Position in Lohn- und Restanteil aufzuspalten.

Anhang I A   Unterlage 7/90, 7/91

Unterlagen 7/90 u. 7/91			LEISTUNGSVERZEICHNIS DACHABDICHTUNGSARBEITEN (DIN 18338)		
Unterl. 7/90			Ohne Vorgabe von Vordersätzen		
Pos.	Menge	Einh.	Beschrieb	E-Preis	G-Preis
1	2.954,88	m²	Bitumenvoranstrich nach Abfegen und Säubern der Dachfläche vollflächig aufbringen. Lohn: Sonstiges:		
2	2.954,88	m²	Dampfsperrschicht aus Bitumenschweißbahn G 200 S4 punkt- oder streifenweise mit Nahtüberdeckung fachgerecht aufschweißen. Lohn: Sonstiges:		
3	2.954,88	m²	Wärmedämmschicht als Gefälledämmung aus trittfestem Polystyrol-Hartschaum DIN 18 164, Typ PS20 SE; Dicke i. M.16 cm, in Platten mit Stufenfalz einseitig kaschiert, Wärmeleitfähigkeitsgruppe 60, im Gefälle zwischen den Dachabläufen auf die vorhandene Dampfsperre mit zugelassenem Adhäsiv- oder PU-Kleber verkleben. Lohn: Sonstiges:		
4	2.954,88	m²	Fläche abdichten mit 1. Lage Bitumenschweißbahn G 200 S4, vollflächig verschweißt, Naht- und Stoßüberdeckung 8-10 cm in fachgerechter Ausführung. Lohn: Sonstiges:		
5	2.954,88	m²	Fläche abdichten mit 2. Lage Bitumenschweißbahn PYE PV 200 S5, beschiefert, vollflächig verschweißt, Naht- und Stoßüberdeckung 8-10 cm in fachgerechter Ausführung. Lohn: Sonstiges:		
6	6,00	St.	Lichtkuppeln, zweischalig opal, starr mit Aufsatzkranz h = 30 cm und Anschluss für die Dachbahn liefern, montieren und mit der Dachabdichtung fachgerecht verbinden, Größe: 1000 x 1000 mm, einschl. Bohlenkranz aus Nadelholz DIN 68 365 Schnittklasse A, imprägniert in Höhe der Gefälledämmung montieren (einschließlich Öffnungssteuerung) Lohn: Sonstiges:		
7	22,00	St.	Abläufe d_i= 96 mm, zweietagig, wärmegedämmt, senkrecht, mit Anschluss für die ausgeschriebene Dachbahn an die Fallleitung anschließen. Lohn: Sonstiges:		
8	10,00	St.	Dunstrohrentlüfter d_i= 96 mm, zweietagig, für die Dachabdichtung geeignet, an die Rohrleitung anschließen. Lohn: Sonstiges:		
9	590,40	m	Attikaanschluss, Höhe ca. 35 cm, bestehend aus Wärmedämmkeil PS 20 SE 50 mm, kaschiert, Bitumenschweißbahn G 200 S4 und PYE PV 250 S5, beschiefert, in Lagenrückversatz hochführen, oberes Abschlussprofil gemäß Detail in fachgerechter Ausführung. Lohn: Sonstiges:		
10	100,00	Std.	Einsatz eines Facharbeiters für Stundenlohnarbeiten; nur auf Anordnung der Bauleitung gegen Nachweis. **Gesamtbetrag:**		
Unterl. 7/91			Mit Vorgabe von Vordersätzen		

B	ANGEBOTSBEARBEITUNG

I B

INHALTSVERZEICHNIS

Unterlage	Bezeichnung	Seite
I,B, 1/00	Auflistung von auftraggeberseitigen Unterlagen	613
I,B, 2/00	Liste der noch bis zur Angebotsabgabe erforderlichenfalls benötigten Unterlagen	613
I,B, 3/00	Leistungsbeschreibungen	615
I,B, 4/00	Dokumentation der zu klärenden Punkte	619
I,B, 5/00	Auflistung der Vorschläge für das Angebotsschreiben	629
I,B, 6/00	Mengenermittlung (bzw. - überprüfungen)	631
I,B, 7/00	Auflistung der Nachunternehmeranfragen und -angebote	645
I,B, 8/00	Unterlagen zur Terminplanung und Arbeitsvorbereitung	649
I,B, 9/00	Unterlagen zur Kostenermittlung und Preisfestlegung	653
I,B, 10/00	Auflistung von Angebotsbestandteilen	659

Unterlage 1/00	AUFLISTUNG ALLER AUFTRAGGEBERSEITIG DAS BAUSOLL VORGEBENDEN UNTERLAGEN

Erd- und Betonbauarbeiten (DIN 18300 u. DIN 18331)

I,A, 1/01	Lageplan
I,A, 1/02	Bodengutachten (Ausschnitt)
I,A, 1/03	Baubeschreibung Beton- und Stahlbetonarbeiten
I,A, 1/04	Schnitt 1-1
I,A, 1/05	Decke über EG
	Je nach Fallkonstellation a-d (vgl. Abb.11, S. 268)
I,A, 3/10	Globale Leistungsbeschreibung mit LV (ohne Vordersätze)
I,A, 3/11	Globale Leistungsbeschreibung mit LV (mit Vordersätzen)
I,A, 3/60	Detaillierte Leistungsbeschreibung mit LV für Erdarbeiten (ohne VS)
I,A, 3/70	Detaillierte Leistungsbeschreibung mit LV für Betonarbeiten (ohne VS)
Bd.1 Anhang A Unterlage a.1.1	Detaillierte Leistungsbeschreibung mit falschen Vordersätzen für Erd- und Betonarbeiten

Unterlage 2/00	LISTE DER NOCH BIS ZUR ANGEBOTSABGABE ERFORDERLICHENFALLS BENÖTIGTEN UNTERLAGEN

Je nach Fallkonstellation a-d (vgl. Abb.11, S. 268)

I,B, 3/00	Leistungsbeschreibungen
I,B, 4/00	Dokumentation der zu klärenden Punkte
I,B, 5/00	Auflistung der Vorschläge für das Angebotsschreiben
I,B, 6/00	Mengenermittlung (bzw. -überprüfungen)
I,B, 7/00	Auflistung der Nachunternehmeranfragen und -angebote
I,B, 8/00	Liste der Unterlagen zur Terminplanung und Arbeitsvorbereitung
I,B, 9/00	Unterlagen zur Kostenermittlung und Preisfestlegung
I,B,10/00	Angebot inkl. Auflistung von Angebotsbestandteilen

Unterlage 3/00	AUFLISTUNG DER LEISTUNGSBESCHREIBUNGEN		
Beschrieb		**Fall c**	**Fall a/b**
Text	Leistungsbereich Position(en)	Unterlagen <u>ohne</u> Vordersätze	Unterlagen <u>mit</u> Vordersätzen
Globale Leistungsbeschreibung mit LV			
Erdarbeiten	DIN 18 300	I,A 3/10	I,A 3/11
Dachabdichtungsarbeiten	DIN 18 338	Abb.2, S. 4	-
Detaillierte Leistungsbeschreibung mit LV			
Erdarbeiten	DIN 18 300	I, A, 3/60	I,B, 3/61
Betonarbeiten	DIN 18 331	I, A, 3/70	I,B, 3/71
Dachabdichtungsarbeiten	DIN 18 338	I, A, 7/90	I,A, 7/91
Erd- und Betonarbeiten insgesamt			Bd. 1 Anhang A, Unterlage a.1.1

Die hier aufgeführten Unterlagen sind je nach Fallkonstellation auftraggeberseitig erbrachte Leistungen. Im Fall d werden diese Unterlagen vom Auftragnehmer erstellt.

Unterlage 3/61	DETAILLIERTE LEISTUNGSBESCHREIBUNG MIT LV ERDARBEITEN (DIN 18 300) (Korrigierte Vordersätze und weitere Differenzierungen)		
Pos.	Menge	Beschrieb	E-Preis G-Preis

Pos.	Menge	Beschrieb	E-Preis	G-Preis
1	pausch.	Baugelände abräumen auf der Grundfläche des Bauwerks, des Arbeitsraumes, der Baustelleneinrichtung und der Baustellenverkehrswege; anfallendes Material wird Eigentum des Auftragnehmers und ist zu beseitigen.		
2	4590 m³	Oberboden abtragen und seitlich lagern.		
3	1214 m³	Boden der Bodenklasse 4 und in geringem Umfang der Bodenklasse 5 für Baugrube profilgerecht lösen und im Bereich des Baugeländes planieren. Aushub nach Abtrag des Oberbodens.		
4	835 m³	Boden der Bodenklasse 4 und in geringem Umfang der Bodenklasse 5 für Fundamente profilgerecht lösen und im Bereich des Baugeländes planieren.		
5	EP	Abfuhr von überschüssigem Boden auf Geheiß des AG auf eine unternehmerseitige Kippe o. ä. fachgerecht entsorgen; als Zulage zu den Positionen 3 und 4.		
6 a	524,37 m³	Verfüllung des Baukörpers mit zuvor ausgehobenem geeignetem Boden.		
6 b	258,00 m³	Herstellen der Sauberkeitsschicht aus Kies unter bewehrten Betonfertigteilen		
7	EP	Handaushub bei archäologischen Funden, sonst wie Pos. 3 und 4.		

Unterlage 3/71

Anhang I B

I B

Unterlage 3/71	DETAILLIERTE LEISTUNGSBESCHREIBUNG MIT LV BETONARBEITEN (DIN 18 331) (Korrigierte Vordersätze und weitere Differenzierungen)		
Pos.	Menge	Beschrieb	E-Preis G-Preis
1	453,65 m³	Ortbeton der Bodenplatte, Untergrund waagerecht, obere Betonfläche waagerecht aus Stahlbeton als Normalbeton nach DIN 1045, EC2, C20/25, Dicke 15 cm.	
2	170,72 m³	Ortbeton der Streifenfundamente, obere Betonfläche waagerecht aus Stahlbeton als Normalbeton, DIN 1045, EC2, C20/25.	
3	227,50 m³	Ortbeton der Kernwände aus Stahlbeton als Normalbeton, DIN 1045, EC2, C20/25.	
4	128,12 m³	Ortbeton der Kerndecken, Unterseite waagerecht aus Stahlbeton als Normalbeton, DIN 1045, EC2, C20/25.	
5	651,49 m³	Aufbeton der Filigranplatten, Unterseite waagerecht, obere Betonfläche waagerecht aus Stahlbeton als Normalbeton, DIN 1045, EC2, C20/25.	
6	2,45 m³	Ortbeton der Treppenpodeste aus Stahlbeton als Normalbeton, DIN 1045, EC2, C20/25.	
7	363,68 m²	Schalung der Streifenfundamente und der Bodenplatte.	
8a	2846,83 m²	Schalung der Wandflächen in den Treppenhäusern als glatte Schalung, Betonfläche möglichst absatzfrei.	
8b	10,90 m²	Aussparungen für Auflager der FT Unterzüge	
9	766,02	Schalung der Treppenhausdecken. Höhe der Betonoberkante 3,45 m über OK Rohdecke.	
10	0 m²	Randschalung der Kerndecken	
11	0 m²	Randschalung im Bereich der Filigrandecken	
12	17,85 m²	Schalung der Treppenpodestplatten als glatte Schalung, Betonfläche möglichst absatzfrei, sichtbar bleibend, einschließlich zusätzlicher Maßnahmen beim Herstellen und Verarbeiten des Betons.	
13	34 St.	Köcherfundament als Fertigteil liefern und einbauen, Form Typ A.	
14	69 St.	Köcherfundament wie Pos. 13, jedoch Form Typ B.	
15	38 St.	Stützmauer als Fertigteil liefern und einbauen.	
16	150 St.	Stütze mit Konsolen als Fertigteil liefern und einbauen, Formen Typ 1, OG.	
17	103 St	Stütze wie Pos. 16, jedoch Formen Typ 2, EG.	
18	5736,96 m²	Geschoss- und Dachdeckenunterseite - jedoch nicht in Treppenhäusern - aus Filigranplatten o. ä., 6 cm dick, einschl. Bewehrung liefern und einbauen.	
19	68 St.	Balken als Fertigteile liefern und einbauen, Form Typ 1.	
20	12 St.	Balken wie Pos. 19, jedoch Form Typ 2.	
21	12 St.	Balken wie Pos. 19, jedoch Form Typ 3.	
22	162 St.	Balken wie Pos. 19, jedoch Form Typ 4.	
23a	6 St.	Treppenlauf einschl. Stufen als Fertigteil liefern und einbauen, Form Typ 1	
23b	4,61 m²	Aussparungen für Auflager für die Treppenläufe Typ 1 in der Betonwand	
24a	6 St.	Treppenlauf wie Pos. 23, jedoch Typ 2.	
24b	4,61 m²	Aussparungen für Auflager für die Treppenläufe Typ 1 in der Betonwand	
25	6 St.	Fertigteil-Podestplatten Typ P liefern und einbauen.	
26	3 St.	Treppenlauf einschl. Stufen als Fertigteil liefern und einbauen, Form Typ 3.	
27	3 St.	Treppenlauf wie Pos. 26, jedoch Typ 4.	
28	EP	Betonstahlmatten, BSt 500 M, als Lagermatten liefern, schneiden, biegen und im Ortbeton verlegen.	
29	EP	Betonstabstahl, BSt 500 S, alle Durchmesser und Längen, liefern, schneiden, biegen und im Ortbeton verlegen.	
30	38,35 m²	Schalung Türöffnungen	
31	2901 m²	Sauberkeitsschicht Magerbeton unter Bodenplatte	

Anhang I B · Unterlage 4/00

Unterlage 4/00	DOKUMENTATION DER ZU KLÄRENDEN PUNKTE*	
Unterlagen	Bezeichnung	Auftraggeberseitige Unterlage bei Fallgruppe
I,B, 4/01	Sauberkeitsschichten	a
I,B, 4/02	Türaussparungen	a
I,B, 4/04	Gebäudeaufgliederungsschema	—
I,B, 4/05	Zusammenstellung der Terminvorgaben des Auftraggebers	a, b, c
I,B, 4/11	Fertigteiltypenplan (hier Köcherfundamente)	a, b, c
I,B, 4/21	Aussparungen für Treppenauflager in Ortbetonkernen	—
I,B, 4/51 f.	Mögliche Alternativen mit modifizierten Filigranplatten und Fertigteilen	—
I,B, 4/121	Detaillierte Klärung des Bausolls durch Ausführungspläne: Aussparungen für Fertigteilunterzüge in Ortbetonkernen	a, b, c

*Sofern in der letzten Spalte die Buchstaben a, b und/ oder c aufgeführt werden, gehört die entsprechende Unterlage im Fall einer ordnungsgemäßen Ausschreibung zu den auftraggeberseitig zur Verfügung zu stellenden Unterlagen, wenn sie zu einem Beispiel des jeweiligen Falles a, b oder c gemäß Abbildung 11 (S. 268) gehört.

Unterlage 4/01	SAUBERKEITSSCHICHT

Die zu erstellende Sauberkeitsschicht gemäß Pos. 6 erstreckt sich unterhalb des gesamten Gebäudes, also gemäß Unterlage I, A, 1/01 unter dem Rohbau zuzüglich der über die Außenseiten hinausstehenden Fundamente.

Hierzu ist zu bedenken, dass es zwei Arten von bewehrten Betonteilen gibt. Zum einen die Fertigteilfundamente in ihren verschiedenen Ausführungen und die Ortbetonflächen der Bodenplatte.

Daraus ergibt sich zum einen eine Sauberkeitsschicht aus Kies unter den Fertigteilen und zum anderen eine Sauberkeitsschicht aus Magerbeton unter der Bodenplatte.

Mengenermittlung: detailliert hier nicht aufgeführt

Sauberkeitsschicht unter Fertigteilen aus Kies (LB 002 Pos.6b): 258,00 m²
Sauberkeitsschicht unter Ortbeton aus Magerbeton (LB 013 Pos.31): 2901,00 m²

Die Positionen gehen in die Leistungsverzeichnisse ein.

Unterlage 4/02	TÜRAUSSPARUNGEN

Aus den bei den Planern eingesehenen Unterlagen ergeben sich gemäß den Objektplänen (Architektenplänen) in Ergänzung der Unterlagen I, A, 1/04 und 1/05 folgende Türaussparungen in den Stahlbetonkonstruktionen:

Bereich	Unterlage	Plan	Anzahl	
EG	III, A, 1/02	Entwurfsplan EG		
Bauwerk A			3 + 5 + 4 =	12
Bauwerk B			3 x 3 =	9
1. OG	III, A, 1/03	Entwurfsplan 1. OG		
Bauwerk A			1 + 3 + 2 =	6
Bauwerk B			3 x 2 =	6
2. OG	III, A, 1/04	Entwurfsplan 2. OG		
Bauwerk A			2 + 3 + 1 =	6
Insgesamt				**39**

Die benötigte Schalung wird als Position 30 in das Leistungsverzeichnis von der LB 013 eingefügt.

Unterlage 4/04   Anhang I B

I B | **Unterlage 4/04** | **GEBÄUDEAUFGLIEDERUNGSSCHEMA**

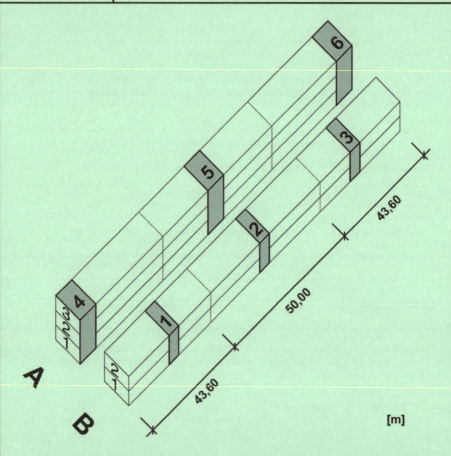

Das Gesamtbauvorhaben besteht aus den Bauwerken A und B, die wiederum in je 3 Abschnitte unterteilt sind. Zur eindeutigen Definition des Arbeitsortes besteht ein Schlüssel, der aus einer zweistelligen Zahl zusammengesetzt ist. Die erste Zahl bezeichnet das Bauwerk, die zweite das Geschoss.
Zum Beispiel: Decke 5/2 = Abschnitt 5, Decke über dem ersten Geschoss.

Die angegebenen Maße sind Rohbaumaße.

Hinweis: Die hier gewählten Abschnittsgrenzen sind herstellungsorientiert gewählt, nicht achsenorientiert. Dadurch liegen sie jeweils am inneren Stützenrand der Achsen 7 und 14 und nicht in der Stützenmitte.

Unterlage 4/05	ZUSAMMENSTELLUNG DER TERMINVORGABEN DES AUFTRAGGEBERS

I B

Bauseitige Vorleistungen:

    Kanalisation: Juli bis Ende August

Baubeginn: 1. Juli   Jahr 1

Baufertigstellung: 31. Dezember   Jahr 2

Zwischentermine:

    Fertigstellung Stahlbetonbau:

        Bauwerk B   30. November   Jahr 1

        Bauwerk A   28. Februar   Jahr 2

    Beginn Gebäudeeinhüllung (Dach/Fassade):

        Gebäude B   1. Januar   Jahr 2

        Gebäude A   1. Januar   Jahr 2

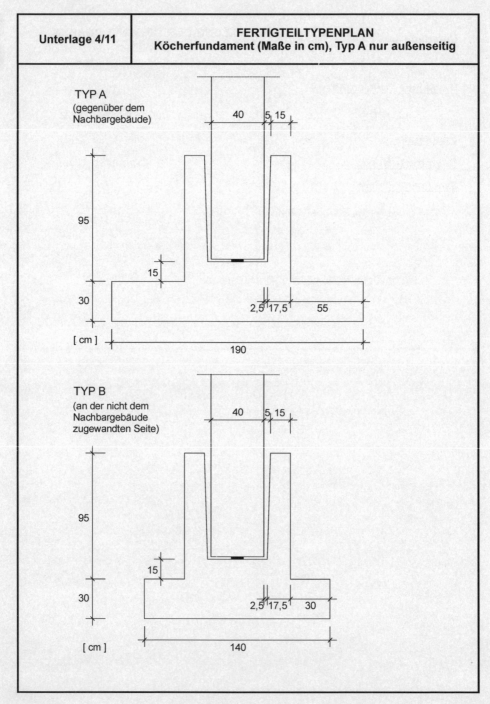

| Unterlage 4/21 | AUSSPARUNGEN FÜR TREPPENAUFLAGER IN ORTBETON
Treppenauflager in Bauwerk A (Maße in m, Steigung in cm) |

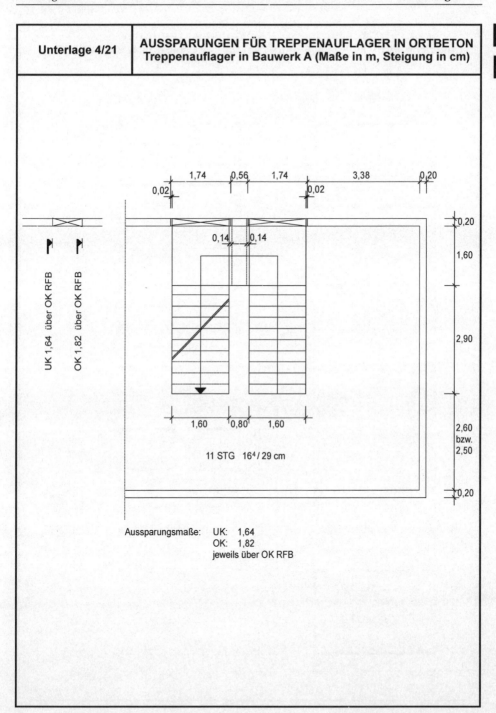

Aussparungsmaße: UK: 1,64
                  OK: 1,82
                  jeweils über OK RFB

Unterlage 4/51　　　　　　　　　　　　　　　　　　　　　　Anhang I B

| Unterlage 4/51 | MÖGLICHE ALTERNATIVE FILIGRANPLATTEN IN KERNEN VON BAUWERK B (Maße in cm) |

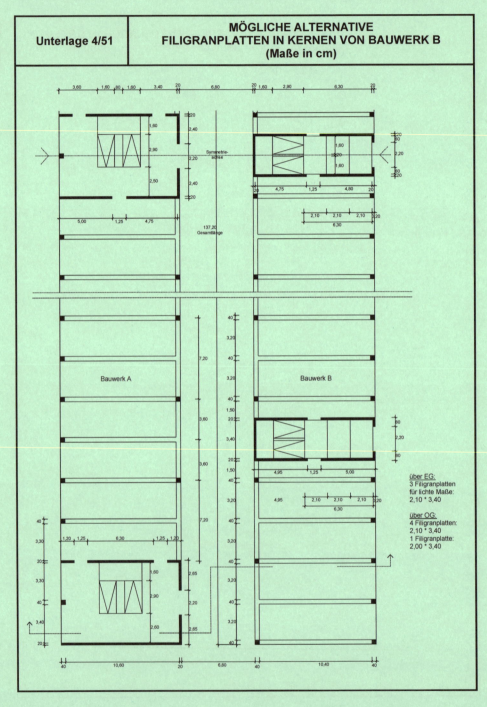

Anhang I B Unterlage 4/52

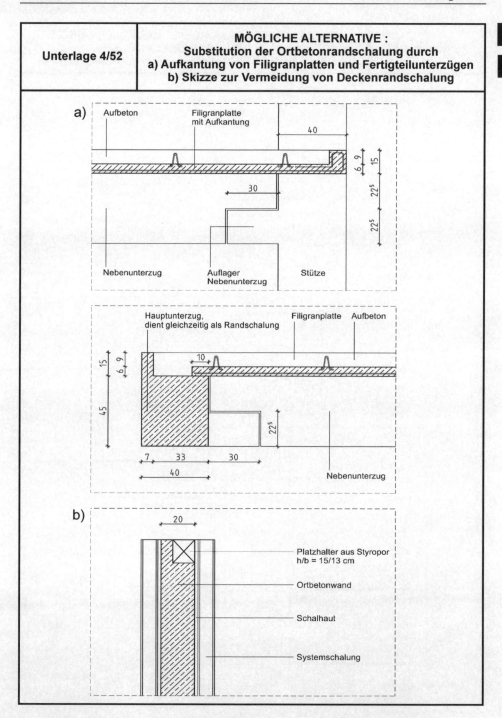

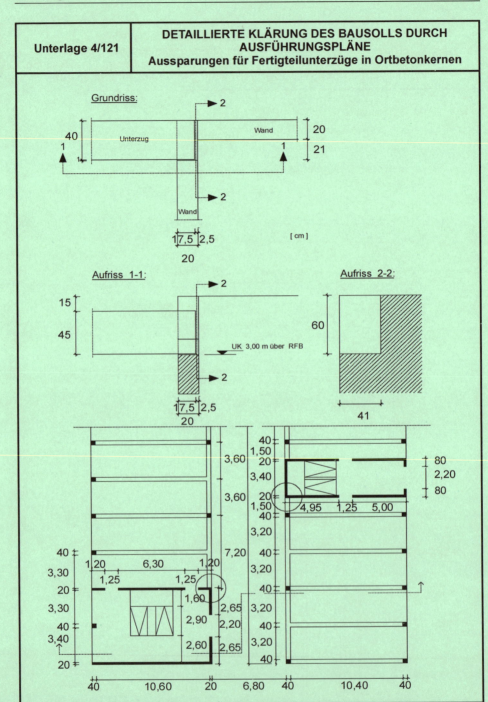

Unterlage 5/00	**AUFLISTUNG DER VORSCHLÄGE FÜR DAS ANGEBOTSSCHREIBEN**

/01 Der Auftraggeber erstellt keine (Objekt-)Ausführungsplanung.

/02 Die Türen in den Ortbetonkernen werden gemäß den in Unterlage I, B, 4/02 aufgeführten Unterlagen hergestellt.

/03 Das Angebot gilt unter der Voraussetzung, dass auftraggeberseitig eine Fläche für die Einplanierung des Aushubs zur Verfügung gestelt wird und ausreicht.

/04 Die Verfüllung wird bis -5 cm unter die Unterkante der EG-Bodenplatten durchgeführt.

/05 Pos. 05 der Erdarbeiten geht nicht in die Pauschale ein; hierfür wird nur ein Einheitspreis angeboten.

/06 Das Tragwerk ist keinerlei Plausibilitätsüberprüfung unterworfen worden.

/07 Pos. 28 und 29 der Betonbauarbeiten geht nicht in die Pauschale ein; hierfür wird nur ein Einheitspreis angeboten.

/11 Die Fertigteile werden gemäß den Unterlagen I, B, 4/11 ff. eingebaut.

/21 Für die Auflagerung der Fertigteiltreppen von Bauwerk A sind entsprechende Aussparungen (LB 013 Pos. 23b und 24b) in den Ortbetonwänden vorgesehen und einkalkuliert.

/21 Für die Auflagerung der Fertigteilunterzüge sind entsprechende Aussparungen (Pos.8b LB 013) in den Ortbetonwänden vorgesehen und einkalkuliert.

/60 Der Vordersatz folgender Position weist im auftraggeberseitigen Leistungsverzeichnis (Band 1, Anhang A, Unterlage a1.1) erhebliche Abweichungen von der voraussichtlich anfallenden Menge auf:

Beton- und Stahlbetonarbeiten (DIN 18 331)
      Pos. 18   ca.   1400 m²   zu geringe Mengen

Unterlage 6/00	MENGENERMITTLUNGEN (BZW. -ÜBERPRÜFUNGEN)
Unterlagen	Bezeichnung
I,B, 6/12	Höhenkotenübersicht
I,B, 6/41	Detaillierte Mengenermittlung für den Baugrubenaushub
I,B, 6/42	Unterlage für die detaillierte Mengenermittlung (Skizze zum Baugrubenaushub: Abschnitt 6, Bauwerk A)
I,B, 6/51	Unterlage für die detaillierte Mengenermittlung (Skizze zum Fundamentenaushub, Abschnitt 6, Bauwerk A)
I,B, 6/53	Unterlage für die detaillierte Mengenermittlung (Skizze zum Fundamentenaushub, Schnitt A-B, Bauwerk A)
I,B, 6/54	Unterlage für die detaillierte Mengenermittlung (Skizze zum Fundamentenaushub, Schnitt B-C, Bauwerk A)
I,B, 6/61	Ergebnisse der detaillierten Mengenermittlung Erdarbeiten (DIN 18300)
I,B, 6/64	Detaillierte Mengenermittlung, Verfüllarbeiten (DIN 18300)
I,B, 6/72	Detaillierte Mengenermittlung, Betonbauarbeiten (DIN 18331)
I,B, 6/73	Unterlage für detaillierte Mengenermittlung Betonbauarbeiten DIN 18331 (Skizze zu der Aufteilung der Filigranplattentypen)
I,B, 6/74	Detaillierte Mengenermittlung Filigranplatten
I,B, 6/75	Detaillierte Mengenermittlung Stahlbetonarbeiten DIN 18331 (Pos. 23 und 24, Unterposition Treppenauflager in Ortbeton)
I,B, 6/121	Detaillierte Mengenermittlung bei Vorlage von Ausführungsplänen (Aussparungen für Fertigteilunterzüge in den Kernwänden)

Anhang I B

Unterlage 6/12

Unterlage 6/12	HÖHENKOTENÜBERSICHT

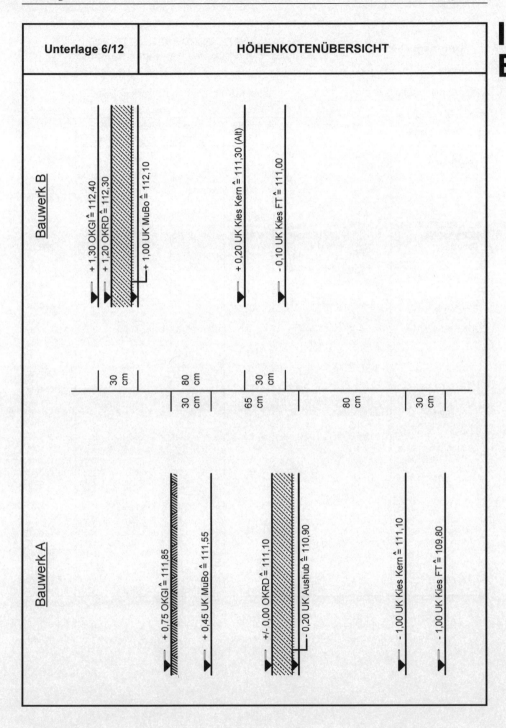

I B

Unterlage 6/41   Anhang I B

I B

Unterlage 6/41	DETAILLIERTE MENGENERMITTLUNG Baugrubenaushub inkl. Fundamentaushub

HOCHSCHULGEBÄUDE   POS. KURZTEXT: Baugrubenaushub
                                            (Bauwerk A)

Gegenstand	Bemerkung/ Rechnung	Anzahl [St.]	Länge [m]	Breite [m]	Höhe [m]	Inhalt [m³]
Oberboden						
		1	60,00	170,00	0,30	3.060,00
		0,5	60,00	170,00	0,30	1.530,00
					Summe:	4.590,00
Aushub Baugrube	I,B Unterlage 6/42					
Bauwerk A		1	34,80			
Bauabschnitt 4	12,85 + 2 x 0,4 /2			13,25	0,65	299,72
	10,10 + 0,4 /2	1	10,30			
	13,20 + 2 x 0,4/2			13,60	0,65	91,05
	Summe:					390,77
Bauabschnitt 6	wie Bauabschnitt 4					390,77
Bauabschnitt 5		2	20,00			
	12,85 + 2 x 0,4 /2			13,25	0,65	344,50
	13,20 + 2 x 0,4 /2	1	10,00	13,60	0,65	88,40
						432,90
					Summe:	1.214,43
Fundamente	I,B Unterlage 6/51 ff.					
Einzelfundament	Typ A	34	2,30	2,30	1,10	197,85
	Typ B	69	1,80	1,80	1,10	245,92
Streifenfundamente						
Bauwerk A	quer	6	13,20	2,80	0,80	177,41
	längs	2	2,80	4,50	0,80	20,16
		1	2,80	4,40	0,80	9,86
Bauwerk B	quer	6	2,80	13,80	0,80	185,47
	längs	6	0,80	2,80	0,80	10,75
	Abzüge	-6	0,75	2,30	0,80	-8,28
	Überschneidungen	-6	0,50	1,80	0,80	-4,32
					Summe:	834,82
Gesamtsumme:						**6.639,25**

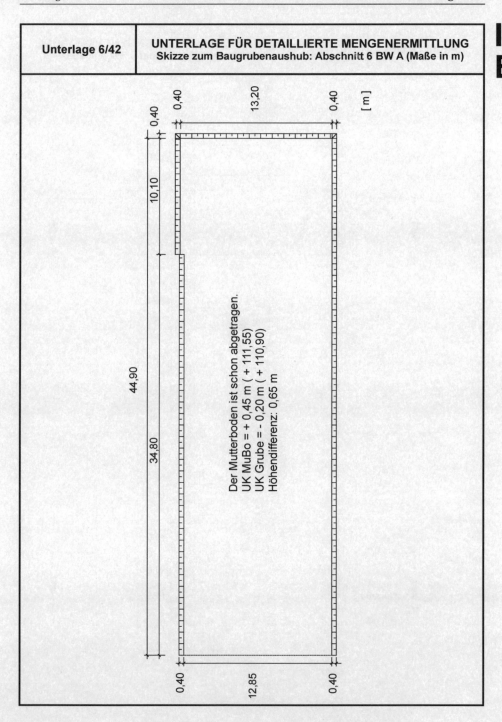

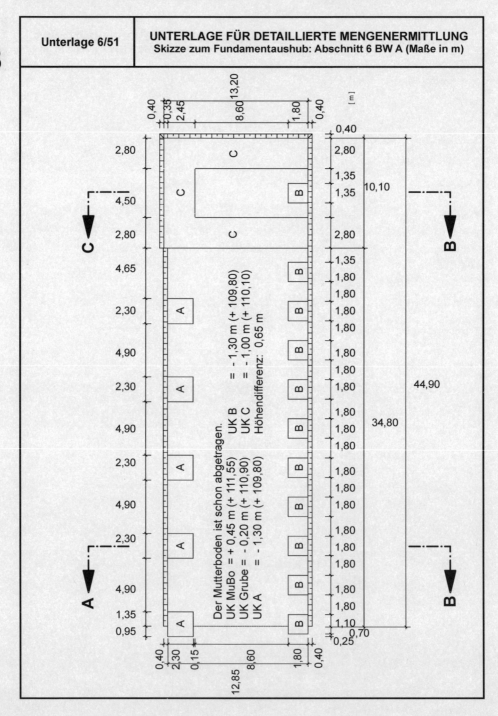

Anhang I B Unterlage 6/53

Unterlage 6/53 — **UNTERLAGE FÜR DETAILLIERTE MENGENERMITTLUNG**
Skizze zum Fundamentaushub: Schnitt A-B BW A (Maße in m)

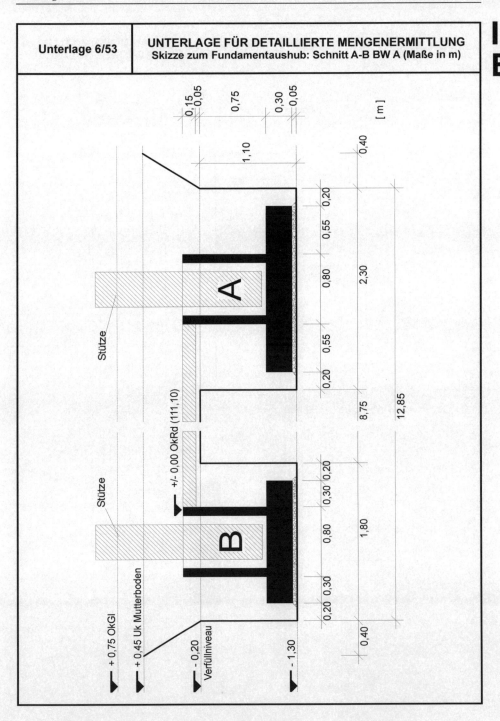

Unterlage 6/54

Anhang I B

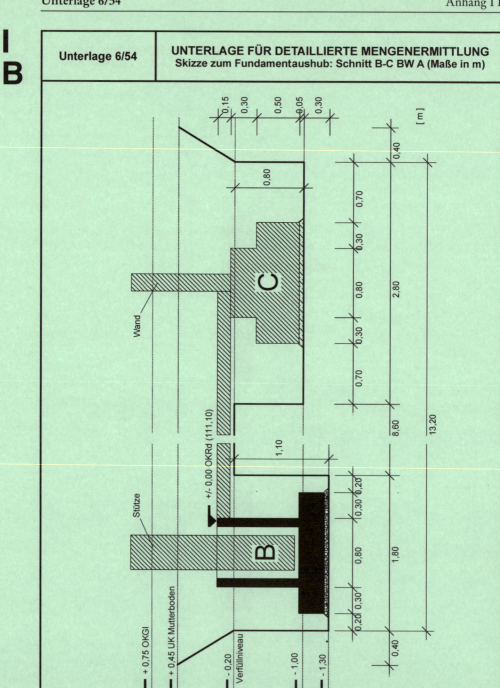

UNTERLAGE FÜR DETAILLIERTE MENGENERMITTLUNG
Skizze zum Fundamentaushub: Schnitt B-C BW A (Maße in m)

Anhang I B　　　　　　　　　　　　　　　　　　　　　　　Unterlage 6/61, 6/64

Unterlage 6/61	ERGEBNISSE DER DETAILLIERTEN MENGENERMITTLUNG Erdarbeiten (DIN 18 300)		
Pos.	Erläuterung	Menge genau	LV
2	Mutterboden 0,3 x (60,00 x 170,00) x 1,5	4590,00 m³	4590 m³
3	Baugrubenaushub siehe Unterlage I, B, 6/41	1214,43 m³	1215 m³
4	Fundamentaushub siehe Unterlage I, B, 6/41	834,82 m³	835 m³
5	Abtransport (Pos. 4 ./. Pos. 6)	310 m³	je nach Bedarf
6	Verfüllung siehe Unterlage I, B, 6/64	524,37 m³	pauschal

Unterlage 6/64	DETAILLIERTE MENGENERMITTLUNG Verfüllarbeiten (DIN 18 300)					

HOCHSCHULGEBÄUDE　　　　　　　POS. KURZTEXT: Unterposition 6
　　　　　　　　　　　　　　　　　　　　　　　　　　Verfüllung

MENGENBERECHNUNG

Gegenstand	Bemerkung/ Rechnung	Anzahl [St.]	Länge [m]	Breite [m]	Höhe [m]	Inhalt [m³]
Einzelfundamente Einzelfund. Typ A: (I,B, Unterlage 6/53)	Köcher:	34	0,80	0,80	0,75	16,32
	Sockel: 0,55 + 0,80 + 0,55 0,30 + 0,05	34	1,90	1,90	0,35	42,96
Einzelfund. Typ B: (I,B, Unterlage 6/53)	Köcher: Sockel:	34	0,80	0,80	0,75	16,32
	0,30 + 0,80 + 0,30 0,30 + 0,05	34	1,90	1,90	0,35	42,96
Summe:						139,73
Streifenfundamente	I,B, Unterlage 6/72					170,72
Fundamente gesamt:						__310,45__
Fundamentaushub: abzüglich Fundamente	I,B, Unterlage 6/41 siehe oben					834,82 -310,45
Gesamtkubatur Verfüllung:						524,37

Unterlage 6/72 Blatt 1	DETAILLIERTE MENGENERMITTLUNG BETONARBEITEN (DIN 18 331) Berechnung				
HOCHSCHULGEBÄUDE MENGENBERECHNUNG	POS. KURZTEXT: Pos. 2, Ortbeton-streifenfundamente				

Gegenstand	Bemerkung/ Rechnung	Anzahl [St.]	Länge [m]	Breite [m]	Höhe [m]	Inhalt [m³]
Streifenfundamente						
Bauwerk B:						
Abschnitte 1-3	oben	2,00	11,80	0,80	0,25	4,72
		2,00	2,80	0,80	0,25	1,12
	unten	2,00	12,40	1,40	0,55	19,10
		2,00	2,20	1,40	0,55	3,39
						28,32
	Summe gesamt:					**84,97**
Bauwerk A:						
Abschnitte 4 und 6	oben	2,00	11,50	0,80	0,25	4,60
		1,00	6,50	0,80	0,25	1,30
	unten	2,00	11,80	1,40	0,55	18,17
		1,00	5,90	1,40	0,55	4,54
						28,62
	Summe gesamt:					**57,23**
Abschnitte 5	oben	2,00	11,50	0,80	0,25	4,60
		1,00	6,40	0,80	0,25	1,28
	unten	2,00	11,80	1,40	0,55	18,17
		1,00	5,80	1,40	0,55	4,47
						28,52
	Summe gesamt:					**28,52**
Summe Ortbeton der Fundamente						**170,72**

Anhang I B Unterlage 6/72 Blatt 2

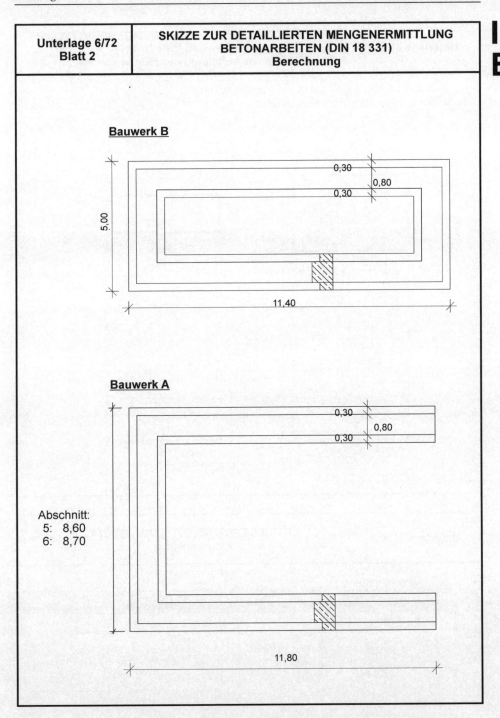

Unterlage 6/73, 6/74 Anhang I B

Unterlage 6/73	UNTERLAGE FÜR DETAILLIERTE MENGENERMITTLUNG Betonarbeiten (DIN 18 331) Skizze zur Aufteilung der Filigranplatten

Siehe Anhang I,A, Unterlage 1/05: für die Plattenlänge gilt:
Eingetragene lichte Weite + 2 x Auflagertiefe

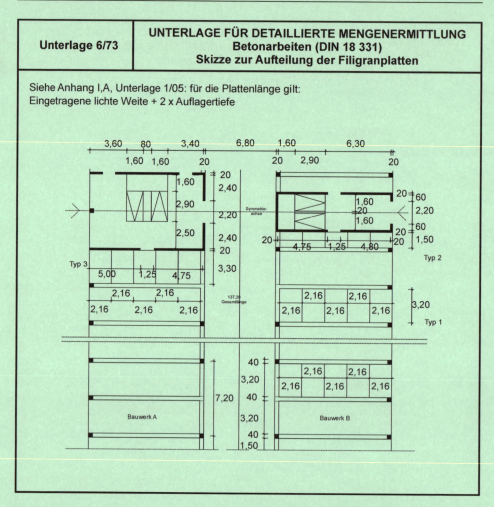

Unterlage 6/74	DETAILLIERTE MENGENERMITTLUNG Filigranplatten

Hochschulgebäude
Mengenberechnung

Pos. Kurztext: Filigranplatten

Pos.	Typ	Beschreibung	Bauwerk A			Bauwerk B		Insgesamt	
			EG	1. OG	2. OG	EG	1. OG	[St.]	[m²]
18 a b c	1 2 3	Filigranplatten b = 2,16 m lichte Weite: l = 3,20 m l = 3,30 m l = 1,50 m	140 20 -	140 20 -	140 20 -	160 - 30	160 - 30	740 60 60	5.114,88 427,68 194,40
								860	5.736,96

Anhang I B   Unterlage 6/75

| Unterlage 6/75 | DETAILLIERTE MENGENERMITTLUNG
Stahlbetonarbeiten (DIN 18 331)
Pos.23 a und 24 a, Treppenauflager in Ortbeton* | I B |

Aussparungen für die Auflager der Fertigteiltreppenläufe in Bauwerk A
(vgl. Unterlage I, B, 4/21)

Maße:

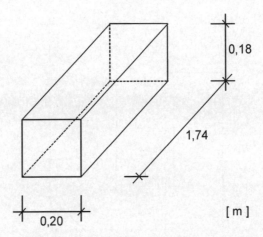

[m]

Schalfläche:

Stirnseiten (0,18 m x 1,74 m) sind schon durch Wandschalelement „geschalt".

    2 x 0,20 m x 1,74 m =   +   0,6960 m²
    2 x 0,20 m x 0,18 m =   +   0,0720 m²
                                  =   0,7680 m²

2 Aussparungen pro Ebene und Treppenhaus

bei 2 Ebenen
und 3 Treppenhäusern

total: 6   Aussparungen   6 X 0,7680 m²/St. =   4,61 m²

Betonmindermenge: 6 x 0,20 m x 0,18 m x 1,74 m =   0,376 m³

* Sofern keine entsprechende LV-Angabe bzw. keine Detail-Angabe gem. Unterlage I, B, 4/21 auftraggeberseitig vorliegt, liegt der Sachverhalt eines Einfachen Global-Pauschalvertrags vor.

Unterlage 6/121	DETAILLIERTE MENGENERMITTLUNG BEI VORLAGE VON AUSFÜHRUNGSPLÄNEN Aussparungen für Fertigteilunterzüge in den Kernwänden

Aussparungen für die Auflager der Fertigteilbalken
(vgl. Unterlage I, B, 4/121)

Maße:

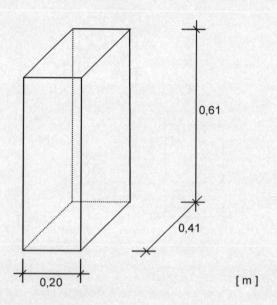

[m]

Schalfläche:

Aussparungsschalung als Schalkasten

	2 x 0,41 m x 0,61 m =	0,164 m²
	2 x 0,41 m x 0,20 m =	0,500 m²
	2 x 0,20 m x 0,61 m =	0,244 m²
		0,908 m²

Anzahl der Aussparungen:
total: 24 Aussparungen (bei zweimaliger Verwendung pro Kasten)

          12 x 0,908 m²/St. =   10,90 m²

Betonmindermenge: 24 x 0,20 m x 0,41 m x 0,61 m =   1,20 m³

Unterlage 7/00	NACHUNTERNEHMERANFRAGEN UND -ANGEBOTE*	
Unterlagen	Bezeichnung	Auftraggeber-seitige Unterlage bei Fallgruppe
I,B, 7/60	Aufforderung zur Abgabe eines Angebots	c (a, b)
I,B, 7/70	Pauschales Angebot für Fertigteile	—
I,B, 7/71	Leistungsverzeichnis für Fertigteile mit Preisen	—

* Sofern in der letzten Spalte die Buchstaben a, b und/oder c aufgeführt werden, gehört die entsprechende Unterlage im Fall einer ordnungsgemäßen Ausschreibung zu den auftraggeberseitig zur Verfügung zu stellenden Unterlagen, wenn sie zu einem Beispiel des jeweiligen Falles a, b oder c gemäß Abbildung 11, S. 268 gehört.

Unterlage 7/60	**AUFFORDERUNG ZUR ABGABE EINES ANGEBOTES MIT LEISTUNGSVERZEICHNIS** **Leistungsbereich: Betonarbeiten (DIN 18 331), Fertigteile**
1. Termine:	Ausführungsfristen gemäß Terminplan 1 (Band 1, Abb. 5a, S. 31)
2. Unterlagen:	Angebotsgrundlagen: Band 1, Anhang A, Unterlage a1.1 Pos.13 bis 27 Unterlage I,B, 4/11 Unterlage I,B, 4/21 Unterlage I,B, 4/52 a Unterlage I,B, 6/73 f.
3. Bindungsfrist:	bis zum 6. Juli (Jahr 1)
4. Menge:	Für Positionen ohne Mengenangaben ermittelt der Bieter die Mengen eigenverantwortlich.
5.Tagesunterkünfte:	werden bauseits gestellt
6. Alternativen:	Dem Bieter wird freigestellt, gleichwertige, jedoch kostengünstigere, zeitsparende und den Belangen des Ausführungszeitraums besser gerecht werdende Ausführungsmöglichkeiten anzubieten.

I B

Unterlage 7/70	**PAUSCHALES ANGEBOT** **Fertigteile**

1. Angebotsgrundlagen:
    - Unterlage Band 1, Anhang A, Unterlage a1.1 Pos. 13 bis 27
    - Unterlagen I, B, 4/11
    - Unterlagen I, B, 6/73 f.
2. Ausführungsfristen gemäß Band 1, TP 1 (Abb.5a, S.31)
3. Alle Auflager für Fertigteile in Ortbeton werden bauseits montagegerecht bereitgestellt.
4. Es wird gemeinsam ein Zahlungsplan erarbeitet, der eine Zahlung gemäß Montagestand beinhaltet.
5. Der Pauschalpreis beträgt: 692.000 EUR zuzüglich Mehrwertsteuer.

Unterlage 7/71	LEISTUNGSVERZEICHNIS MIT ANGEBOTSPREISEN Leistungsbereich: Betonarbeiten (DIN 18 331), Fertigteile		
Pos. Menge	Beschrieb	E-Preis	G-Preis
13 34 St.	Köcherfundament als Fertigteil liefern und einbauen, Form Typ A.	987,43 €	33.572,62 €
14 69 St.	Köcherfundament wie Pos. 13, jedoch Form Typ B.	717,56 €	49.511,64 €
15 38 St.	Stützmauer als Fertigteil liefern und einbauen.	1.091,01 €	41.458,38 €
16 150 St.	Stütze mit Konsolen als Fertigteil liefern und einbauen, Form Typ 1, OG.	475,44 €	71.316,00 €
17 103 St.	Stütze wie Pos. 16, jedoch Form Typ 2, EG	581,18 €	59.861,54 €
18 5736,96 m²	Geschoss - und Dachdeckenunterseite jedoch nicht in Treppenhäusern aus Filigranplatten o. ä., 6 cm dick, einschl. Bewehrung liefern und einbauen.	36,09 €	207.046,89 €
19 68 St.	Balken als Fertigteile liefern und einbauen, Form Typ 1.	717,18 €	48.768,24 €
20 12 St.	Balken wie Pos. 19, jedoch Form Typ 2.	750,26 €	9.003,12 €
21 12 St.	Balken wie Pos. 19, jedoch Form Typ3.	332,91 €	3.994,92 €
22 162 St.	Balken wie Pos. 19, jedoch Form Typ 4.	943,91 €	152.913,42 €
23 6 St.	Treppenlauf einschl. Stufen als Fertigteil liefern und einbauen, Form Typ 1.	780,43 €	4.682,58 €
24 6 St.	Treppenlauf wie Pos. 23, jedoch Typ 2.	780,43 €	4.682,58 €
25 6 St.	Fertigteil-Podestplatten Typ P liefern und einbauen.	268,72 €	1.612,32 €
26 3 St.	Treppenlauf einschl. Stufen als Fertigteil liefern und einbauen, Form Typ 3.	601,06 €	1.803,18 €
27 3 St.	Treppenlauf wie Pos. 26, jedoch Typ 4.	601,06 €	1.803,18 €
	Gesamtpreis:		**692.030,61 €**

Unterlage 8/00	LISTE DER UNTERLAGEN ZUR TERMINPLANUNG UND ARBEITSVORBEREITUNG
Unterlage	**Bezeichnung**
I,B, 8/31	Baustelleneinrichtungsplan
I,B, 4/04	Gebäudeaufgliederung
Aus Band 1, Abbildungen, Anhang	
Abb 5a (S. 31)	Terminplan
B, g1.1	Geräteliste inkl. Kostenermittlung
B, g3 (Bl. 1 + 2)	Schalungskosten u. Schalungsplan Kerndecken, Bauwerk A, LB 013, Pos. 9
D1, g2, Bi. 1	Arbeitsvorgänge, BAS-Nummern und Aufwandswerte
D1, g3	Schalungspläne Kernwände
D1, g4, Bl. 1 bis 3	Zeitbedarfsermittlung Gründung und aufgehende Konstruktion
D1, g4, Bl. 4	Zeitbedarfsermittlung, Berücksichtigung des Einarbeitungsaufwandes
D1, g4, (Bl. 5 + 6)	Produktionsorientierte Sollablauf- und Kapazitätspläne

Anhang I B Unterlage 8/31

BAUSTELLENEINRICHTUNGSPLAN

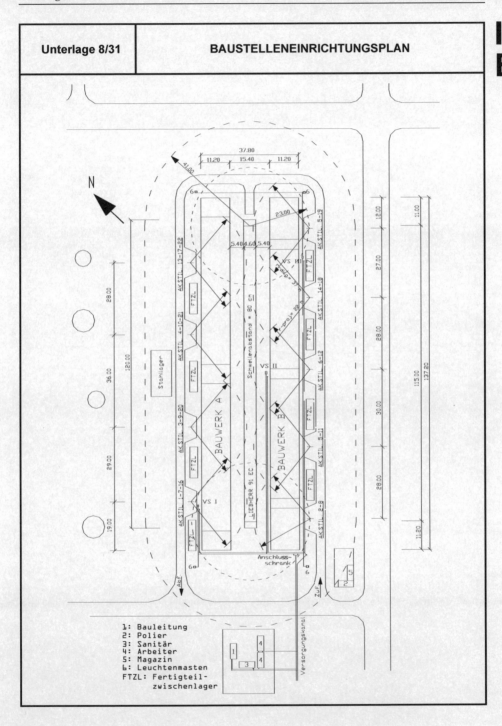

Unterlage 9/00	UNTERLAGEN ZUR KOSTENERMITTLUNG UND PREISFESTLEGUNG
Unterlagen	**Bezeichnung**
I, B, 9/61 I, B, 9/71 I, B, 9/81	Kostenermittlung auf der Basis eines LV (Leistungsbereich Erdarbeiten (DIN 18 300)) Kostenermittlung auf der Basis eines LV (Leistungsbereich Betonarbeiten (DIN 18 331)) Pauschalpreisermittlung
aus Band 1, Anhang	
B, h 3.1, Bl. 1 und 2 B, h 3.1, Bl. 3 B, h 3.2	Zeitabhängige Baustellengemeinkosten (außer Personal) Zeitabhängige Baustellengemeinkosten (Personal) Nicht zeitabhängige Baustellengemeinkosten (Einrichtung und Räumung)

Unterlage 9/61			KOSTENERMITTLUNG AUF BASIS EINES LV MIT DIFFERENZIERTEN POSITIONEN Leistungsbereich 002: Erdarbeiten (DIN 18 300)									
(1) Pos. Nr.	(2) U. Pos.	(3) Mengen	(4) Leistungs- beschreibung	(5) BAS- Nr.	(6) Personenstunden 29,70 = ML Kost.Gr.:	(7) Lohn- kosten 1	(8) Schalung Rüstung 2	(9) Geräte- kosten 3	(10) Stoff- kosten 4	(11) NU- Kosten 5	(12) Sonst. Kosten 6	(13) Summe EKdT 1-6
Leistungsbereich 002 Erdarbeiten												
1		pausch.	Baugelände herrichten							7.000,00 7.000,00		7.000,00 7.000,00
2		4.590,00 m²	Oberboden abtragen		0,017 Ph/m²	0,50 € 2.295,00 €		0,70 € 3.213,00 €				1,20 € 5.508,00 €
3		1.214,43 m³	Baugrube und Einplanierung		0,16 Ph/m³	4,75 € 5.768,54 €		1,16 € 1.408,74 €				5,91 € 7.177,28 €
4		834,82 m³	Fundamentaushub		0,80 Ph/m³	23,76 € 19.835,32 €		2,66 € 2.220,62 €				26,42 € 22.055,94 €
5		EP	Abfuhr überschüs- sigen Bodens							11,50 €		11,50 € 0,00 €
6	a	524,37 m³	Verfüllen am Baukörper		0,69 Ph/m³	20,49 € 10.744,34 €		1,73 € 907,16 €				22,22 € 11.651,50 €
6	b	258,00 m²	Sauberkeitsschicht Kies		0,12 Ph/m²	3,56 € 918,48 €		0,56 € 144,48 €	0,77 € 198,66 €			4,89 € 1.261,62 €
		LB 002	Zwischensumme:			39.561,69	0,00	7.894,00	198,66	7.000,00	0,00	54.654,35

Unterlage 9/71   Anhang I B

I B

Unterlage 9/71

KOSTENERMITTLUNG AUF DER BASIS EINES LV MIT DIFFERENZIERTEN POSITIONEN
Leistungsbereich 013: Beton- und Stahlbauarbeiten (DIN 18 331)

(1) Pos. Nr.	(2) U. Pos.	(3) Mengen	(4) Leistungs-beschreibung	(5) BAS Nr.	(6) Personenstunden 29,70 = ML	(7) Lohn-kosten	(8) Schalung Rüstung	(9) Geräte-kosten	(10) Stoff-kosten	(11) NU-Kosten	(12) Sonst. Kosten	(13) Summe EKdT
					Kost.Gr.:	1	2	3	4	5	6	1-6
Leistungsbereich 013 Beton- und Stahlbetonarbeiten												
1		453,65	Bodenplatte	8	1,00 Ph/m³	29,70 € 13.473,41 €			85,00 € 38.560,25 €			114,70 € 52.033,66 €
2		170,72	Streifenfundament	11	0,70 Ph/m³	20,79 € 3.549,27 €			85,00 € 14.511,20 €			105,79 € 18.060,47 €
3		227,50	Kernwände	10	1,10 Ph/m³	32,67 € 7.432,43 €			85,00 € 19.337,50 €			117,67 € 26.769,93 €
4		128,12	Kerndecken		1,00 Ph/m³	29,70 € 3.805,16 €			85,00 € 10.890,20 €			114,70 € 14.695,36 €
5		651,49	Aufbeton Filigran		1,00 Ph/m³	29,70 € 19.349,25 €			85,00 € 55.376,65 €			114,70 € 74.725,90 €
6		2,45	Treppenpodeste	12	2,40 Ph/m³	71,28 € 174,64 €			85,00 € 208,25 €			156,28 € 382,89 €
7		363,68	Schalung Streifenfund. inkl. Bodenplatte	4	0,70 Ph/m²	20,79 € 7.560,91 €	3,10 € 1.127,41 €					23,89 € 8.688,32 €
8	a	2.846,83	Schalung Kernwände	2	0,40 Ph/m²	11,88 € 33.820,34 €	6,15 € 17.508,00 €					18,03 € 51.328,34 €
8	b	10,90	Aussparungen FT UZ	2	1,45 Ph/m²	43,07 € 469,46 €	6,48 € 70,63 €					49,55 € 540,10 €
9		766,02	Schalung Kerndecken	1	0,50 Ph/m²	14,85 € 11.375,40 €	3,38 € 2.589,15 €					18,23 € 13.964,54 €
10		0,00	Randschalung Kern	5	1,35 Ph/m²	40,10 € 0,00 €	4,60 € 0,00 €					44,70 € 0,00 €
11		0,00	Randschalung Filigran	5	1,35 Ph/m²	40,10 € 0,00 €	4,60 € 0,00 €					44,70 € 0,00 €
12		17,85	Schalung Podeste	3	1,15 Ph/m²	34,16 € 609,76 €	8,20 € 146,37 €					42,36 € 756,13 €
13		34,00	Köcherfund. Typ 1						987,43 € 33.572,62 €			987,43 € 33.572,62 €
14		69,00	Köcherfund. Typ 2						717,56 € 49.511,64 €			717,56 € 49.511,64 €
15		38,00	Stützmauer						1.091,01 € 41.458,38 €			1.091,01 € 41.458,38 €
16		150,00	Stützen Typ 1						475,44 € 71.316,00 €			475,44 € 71.316,00 €
17		103,00	Stützen Typ 2						581,18 € 59.861,54 €			581,18 € 59.861,54 €
18		5.736,96	Filigranplatten						36,09 € 207.046,89 €			36,09 € 207.046,89 €
19		68,00	Unterzüge Typ 1						717,18 € 48.768,24 €			717,18 € 48.768,24 €
20		12,00	Unterzüge Typ 2						750,26 € 9.003,12 €			750,26 € 9.003,12 €
21		12,00	Unterzüge Typ 3						332,91 € 3.994,92 €			332,91 € 3.994,92 €
22		162,00	Unterzüge Typ 4						943,91 € 152.913,42 €			943,91 € 152.913,42 €
23	a	6,00	Treppenlauf Typ 1						780,43 € 4.682,58 €			780,43 € 4.682,58 €
23	b	4,61	Aussparungen TL Typ 1		1,45 Ph/m²	43,07 € 198,55 €	6,48 € 29,87 €					49,55 € 228,43 €
24	a	6,00	Treppenlauf Typ 2						780,43 € 4.682,58 €			780,43 € 4.682,58 €
24	b	4,61	Aussparungen TL Typ 2		1,45 Ph/m²	43,07 € 198,55 €	6,48 € 29,87 €					49,55 € 228,43 €
25		6,00	Podestplatte						268,72 € 1.612,32 €			268,72 € 1.612,32 €
26		3,00	Treppenlauf Typ 3						601,06 € 1.803,18 €			601,06 € 1.803,18 €
27		3,00	Treppenlauf Typ 4						601,06 € 1.803,18 €			601,06 € 1.803,18 €
28		EP	Mattenstahl	7	20,00 Ph/t	594,00 €			323,00 €			917,00 € 0,00 €
29		EP	Stabstahl	6	20,00 Ph/t	594,00 €			323,00 €			917,00 € 0,00 €
30		38,35	Schalung Türöffnungen		1,45 Ph/m²	43,07 € 1.651,73 €	6,48 € 248,51 €					49,55 € 1.900,24 €
31		2.901,00	Sauberkeitsschicht Magerbeton		0,13 Ph/m²	3,86 € 11.197,86 €			3,37 € 9.776,37 €			7,23 € 20.974,23 €
	LB 013	Zwischensumme:				114.866,72 €	21.749,82 €	0,00 €	148.660,42 €	692.030,61 €	0,00 €	977.307,56 €
	LB 002	Zwischensumme:				39.561,69 €	0,00 €	7.894,00 €	198,66 €	7.000,00 €		54.654,35 €
		Summe:				154.428,40 €	21.749,82 €	7.894,00 €	148.859,08 €	699.030,61 €	0,00 €	1.031.961,90 €

SCHLUSSBLATT PAUSCHALPREISERMITTLUNG MIT RICHTIGEN MENGEN

Unterlage 9/81 — I B

Kostenart bzw. Preisbestandteile	Zeile ( )	Berechnung Zeilen ( )	EkdT	BGK	Zuschlags-berechnung
Lohn	1		154.428,40		
Schalung und Rüstung	2		21.749,82		
Gerätekosten	3		7.894,00		
Stoffkosten	4		148.859,08		
NU-Kosten	5		699.030,61		
Sonst. Kosten	6		0,00		
Herstellk. der Teilleistung	7	Summe (1)-(6)	1.031.961,90		
Einrichten NZAK I (Bd. 1 Unterlage h3.2 Bl.2)	11			94.689,46	
Räumen NZAK II (Bd. 1 Unterlage h3.2 Bl.4)	12			57.904,01	
Sonstiges NZAK III (Bd. 1 Unterlage i)	13			51.007,00	
Betrieb ZAK I (Bd. 1 Unterlage h3.1 Bl.2)	14			109.335,64	
Personal ZAK II (Bd. 1 Unterlage h3.1 Bl.3)	15			124.484,21	
Baust.gem.kosten BGK	16	Summe (11)-(15)		437.420,32	
Herstellungskosten des Bauobjektes	21	(7)+(16)			1.469.382,22
Allgemeine Geschäftskosten	22	10% von (21)			146.938,22
Selbstkosten SK	23	(21)+(22)			1.616.320,44
Gewinn und Wagnis	24	6% von (23)			96.979,23
Gesamtbetrag	25	(23)+(24)			1.713.299,67
Pauschalpreis	26				**1.700.000,00**

Einheitspreise für Positionen, die nicht in der Pauschale enthalten sind:

LB 002 Pos.5	Bodenabfuhr	11,50 EUR/m³	x	(1+0,10)	x	(1+0,06)	= 13,41 EUR/m³
LB 013 Pos.28	Betonstahlmatten	917,00 EUR/t	x	(1+0,10)	x	(1+0,06)	= 1.069,22 EUR/t
LB 013 Pos.29	Betonstabstahl	917,00 EUR/t	x	(1+0,10)	x	(1+0,06)	= 1.069,22 EUR/t

Unterlage 10/00	ANGEBOTE
Unterlagen	Bezeichnung
I, B, 10/10	Angebot für Erd- und Betonarbeiten
I, B, 10/92, Bl.1u.2	Angebot für Dachabdichtungsarbeiten inkl. Leistungsverzeichnis
I, B, 10/93, Bl.1u.2	Alternatives Angebot für Dachabdichtungsarbeiten inkl. Leistungsverzeichnis

Unterlage 10/10	**ANGEBOT FÜR EINEN DETAIL-PAUSCHALVERTRAG (ERD- UND BETONARBEITEN)**

Auf der Basis folgender Unterlagen bieten wir die Erd- und Betonarbeiten für das Bauvorhaben Neubau Fakultät Bauwesen pauschal mit 1.700.000,00 EUR an.

- Lageplan (Anhang I,A, Unterlage 1/01)
- Bodengutachten (Anhang I,A, Unterlage 1/02)
- Planunterlagen zum Rohbau (Anhang I,A, Unterlage 1/03 ff.)
- Leistungsverzeichnis (Band 1, Anhang 1, Unterlage a1.1)
- Fertigteilpläne (Anhang I,B, Unterlage 4/11 ff.)
- Alternative Ausführung (Anhang I,B, Unterlage 4/52)

Nicht im Pauschalpreis eingeschlossen sind die nachfolgend aufgeführten Teilleistungen, die geordnet nach erbrachten Mengen mit den unten benannten Einheitspreisen abgerechnet werden:

LB 002	Pos. 5	Bodenabfuhr	13,41 EUR/m^3
LB 013	Pos. 28	Mattenstahl	1069,22 EUR/t
LB 013	Pos. 29	Stabstahl	1069,22 EUR/t

Unser Angebot beruht auf:
a) Dem beigelegten Angebotsterminplan TP1 (Band 1, Abb. 5a, S.31)
b) Planvorläufe: 1 Monat für Vorabzüge der Schalpläne, 10 AT vor Baubeginn für die Ausführungspläne der Gründung, 7 Wochen für die Fertigteilpläne vor der ersten Montage. Die restlichen Planlieferungen haben spätestens am 17.8. zu erfolgen.
c) Auftraggeberseitig zu erbringende Abdichtungsarbeiten, die sich in unseren Ablauf einfügen.
d) Fertigstellung der auftraggeberseitigen Kanalisationsarbeiten jeweils mindestens 5 Arbeitstage vor Beginn unserer Aushubarbeiten im betreffenden Abschnitt.
e) Nichterfordernis von Frostschürzen oder Ähnlichem.
f) Nichterfordernis der Erstellung von haustechnischen Aussparungen

Unterlage 10/92 Blatt 1	**ANGEBOT (VORBEMERKUNGEN) LEISTUNGSBEREICH DACHABDICHTUNGSARBEITEN (DIN 18 338)**

<u>Vorbemerkungen</u>:

1. Abgerechnet werden die tatsächlichen Leistungen und Mengen.

2. Es wird darauf hingewiesen, daß wir einen eigenen Sondervorschlag (vgl. Unterlage I, B, 10/93 f.) anbieten; hierzu gilt Folgendes:

3. Die Leistung aus Pos. 1 besitzt keine abdichtende Funktion; sie kann deshalb nicht als Notabdichtung dienen.

Anhang I B

Unterlage 10/92 Blatt 2

ANGEBOT
LEISTUNGSBEREICH DACHABDICHTUNGSARBEITEN
(DIN 18 338)

Unterlage 10/92 Blatt 2

I B

Pos.	Menge	Einh.	Beschrieb	E-Preis	G-Preis
1	2.954,88	m²	Bitumenvoranstrich nach Abfegen und Säubern der Dachfläche vollflächig aufbringen. Lohn: 1,40 Sonstiges: 1,33	2,73	8.066,82
2	2.954,88	m²	Dampfsperrschicht aus Bitumenschweißbahn G 200 S4 punkt- oder streifenweise mit Nahtüberdeckung fachgerecht aufschweißen. Lohn: 7,95 Sonstiges: 14,85	22,80	67.371,26
3	2.954,88	m²	Wärmedämmschicht als Gefälledämmung aus trittfestem Polystyrol-Hartschaum DIN 18 164, Typ PS20 SE; Dicke i. M.16 cm, in Platten mit Stufenfalz einseitig kaschiert, Wärmeleitfähigkeitsgruppe 60, im Gefälle zwischen den Dachabläufen auf die vorhandene Dampfsperre mit zugelassenem Adhäsiv- oder PU-Kleber verkleben. Lohn: 14,70 Sonstiges: 22,72	37,42	110.571,61
4	2.954,88	m²	Fläche abdichten mit 1. Lage Bitumenschweißbahn G 200 S4, vollflächig verschweißt, Naht- und Stoßüberdeckung 8-10 cm in fachgerechter Ausführung. Lohn: 7,95 Sonstiges: 4,52	12,47	36.847,35
5	2.954,88	m²	Fläche abdichten mit 2. Lage Bitumenschweißbahn PYE PV 200 S5, beschiefert, vollflächig verschweißt, Naht- und Stoßüberdeckung 8-10 cm in fachgerechter Ausführung. Lohn: 7,95 Sonstiges: 5,82	13,77	40.688,70
6	6,00	St.	Lichtkuppeln, zweischalig opal, starr mit Aufsatzkranz h = 30 cm und Anschluss für die Dachbahn liefern, montieren und mit der Dachabdichtung fachgerecht verbinden, Größe: 1000 x 1000 mm, einschl. Bohlenkranz aus Nadelholz DIN 68 365 Schnittklasse A, imprägniert in Höhe der Gefälledämmung montieren (einschließlich Öffnungssteuerung) Lohn: 124,09 Sonstiges: 1.200,00	1.324,09	7.944,54
7	22,00	St.	Abläufe d_i= 96 mm, zweietagig, wärmegedämmt, senkrecht, mit Anschluss für die ausgeschriebene Dachbahn an die Fallleitung anschließen. Lohn: 22,40 Sonstiges: 83,20	105,60	2.323,20
8	10,00	St.	Dunstrohrentlüfter d_i= 96mm, zweietagig, für die Dachabdichtung geeignet, an die Rohrleitung anschließen. Lohn: 22,40 Sonstiges: 30,45	52,85	528,50
9	590,40	m	Attikaanschluss, Höhe ca. 35 cm, bestehend aus Wärmedämmkeil PS 20 SE 50 mm, kaschiert, Bitumenschweißbahn G 200 S4 und PYE PV 250 S5, beschiefert, in Lagenrückversatz hochführen, oberes Abschlussprofil gemäß Detail in fachgerechter Ausführung. Lohn: 48,14 Sonstiges: 32,40	80,54	47.550,82
10	100,00	Std.	Einsatz eines Facharbeiters für Stundenlohnarbeiten; nur auf Anordnung der Bauleitung gegen Nachweis.	42,00	4.200,00
			Gesamtbetrag:		**326.092,80**

Unterlage 10/93 Blatt 1 Anhang I B

Unterlage 10/93 Blatt1	**ALTERNATIVES ANGEBOT (VORBEMERKUNGEN)** **LEISTUNGSBEREICH DACHABDICHTUNGSARBEITEN** **(DIN 18 338)**

Bezug: Anfrage gemäß Anhang I,A,Unterlage 7/89 f.

1. Hinweis:
   Eine Kunststoffabdichtung beseitigt alle Winterbauprobleme.

2. Leistungsinhalt:
   a) Es wird eine Dachabdichtung mit Kunststoffbahnen angeboten, da Kunststoffbahnen mit Bitumen im Winter problematisch sind.
   b) Die angebotenen Leistungen ergeben sich aus Unterlage I, B, 10/94

3. Vergütung:
   Es werden die tatsächlich ausgeführten Mengen vergütet.

Unterlage 10/93 Blatt 2	ALTERNATIVES ANGEBOT LEISTUNGSBEREICH DACHABDICHTUNGSARBEITEN (DIN 18 338)

Pos.	Menge	Einh.	Beschrieb	E-Preis	G-Preis
1	2.954,88	m²	Dampfsperrfolie DS-PE 0,40 mm dick, lose verlegen, die Nähte mit Dichtband schließen. Lohn: 1,40 Sonstiges: 1,53	2,93	8.657,80
2	2.954,88	m²	Wärmedämmschicht als Gefälledämmung (2°) aus trittfestem Polystyrol-Hartschaum Wärmeleitfähigkeitsgruppe 060 DIN 18 164, Typ PS 20 SE; Dicke im Mittel ca. 16 cm; in Platten mit Stufenfalz einseitig kaschiert, Wärmeleitfähigkeitsgruppe 60 im Gefälle zwischen den Dacheinläufen auf die vorhandene Dampfsperre einbauen. Lohn: 7,95 Sonstiges: 14,85	22,80	67.371,26
3	2.954,88	m²	Trennlage aus Rohglasvlies 120 g/m² als Trenn- und Brandschutzlage ganzflächig mit Naht- und Seitenüberdeckung. Lohn: 1,50 Sonstiges: 0,55	2,05	6.057,50
4	2.954,88	m²	Dachabdichtung aus Kunststoffbahn (PVC-P mit Verstärkung aus synthetischen Fasern) einlagig, Dicke 1,5 mm, lose verlegen, Nähte gemäß Herstellervorschrift schließen, mechanische Befestigung mit zugelassenen Befestigern, Anzahl der Befestigungen gemäß Windlastberechnung. Lohn: 12,00 Sonstiges: 14,14	26,14	77.240,56
5	6,00	St.	Lichtkuppeln, zweischalig opal, starr mit Aufsatzkranz h = 30 cm und Anschluss für die Dachbahn liefern, montieren und mit der Dachabdichtung fachgerecht verbinden, Größe: 1000 x 1000 mm, einschl. Bohlenkranz aus Nadelholz DIN 68 365 Schnittklasse A, imprägniert, in Höhe der Gefälledämmung montieren (einschließlich Öffnungssteuerung). Lohn: 124,09 Sonstiges: 1.200,00	1.324,09	7.944,54
6	22,00	St.	Abläufe d_i = 96 mm, zweietagig, wärmegedämmt, senkrecht, mit Anschluss für die ausgeschriebene Dachbahn an die Fallleitung anschließen. Lohn: 22,40 Sonstiges: 83,20	105,60	2.323,20
7	10,00	St.	Dunstrohrentlüfter d_i = 96 mm, zweietagig, für die Dachabdichtung geeignet, an die Rohrleitung anschließen. Lohn: 22,40 Sonstiges: 30,45	52,85	528,50
8	590,40	m	Attikaanschluss Höhe ca. 70 cm, bestehend aus Wärmedämmung PS 20 SE 50 mm und Abdichtung mit o. a. Dachbahn UV-stabil einschl. mechanischer Befestigung auf dem Untergrund, oberes Abschlussprofil gemäß Detail in fachgerechter Ausführung. Lohn: 44,45 Sonstiges: 32,40	76,85	45.372,24
9	100,00	Std.	Einsatz eines Facharbeiters für Stundenlohnarbeiten; nur auf Anordnung der Bauleitung gegen Nachweis.	42,00	4.200,00
			Gesamtbetrag:		**219.695,61**

II — UNTERLAGEN NACH EINFACHEM GLOBAL-PAUSCHALVERTRAGSMUSTER

INHALTSVERZEICHNIS

Teil	Bezeichnung	Anhang	Unterlage		Seite
A	- Ausschreibungsunterlagen des Auftraggebers	I	A		599
B	- Unterlagen zur Angebotsbearbeitung	I	B		
	- Auflistung aller auftraggeberseitig das Bausoll vorgebenden Unterlagen	I	B	1/00	613
	- Listen der noch bis zur Angebotsabgabe gegebenenfalls notwendigen Unterlagen	I	B	2/00	613
	- Leistungsbeschreibungen	I	B	3/00	615
	- Dokumentation der zu klärenden Punkte	I	B	4/00	619
	- Auflistung der Vorschläge für das Angebotsschreiben	I	B	5/00	629
	- Mengenermittlungen (bzw. -überprüfungen)	I	B	6/00	631
	- Nachunternehmeranfrage und -angebot	I	B	7/00	645
	- Unterlagen zur Terminplanung und Arbeitsvorbereitung	I	B	8/00	649
	- Unterlagen zur Kostenermittlung und Preisfestlegung	I	B	9/00	653
	- Angebot	I	B	10/00	659

Unterl. 1/00	AUSSCHREIBUNGSUNTERLAGEN DES AUFTRAGGEBERS	
	INHALTSVERZEICHNIS	
Unterlage	Bezeichnung	Seite
	Erd- und Betonbauarbeiten (DIN 18300 u. DIN 18331)	
I, A, 1/01	Lageplan	601
I, A, 1/02	Bodengutachten (Ausschnitt)	602
I, A, 1/03	Baubeschreibung Beton- und Stahlbetonarbeiten	602
I, A, 1/04	Schnitt 1-1	603
I, A, 1/05	Decke über EG	604
	Je nach Fallkonstellation a-d (vgl. Abb.11, S.268)	
I, A, 3/10	Globale Leistungsbeschreibung mit LV (ohne Vordersätze)	606
I, A, 3/11	Globale Leistungsbeschreibung mit LV (mit Vordersätzen)	606
I, A, 3/60	Detaillierte Leistungsbeschreibung mit LV für Erdarbeiten Ohne Vordersätze	606
I, A, 3/70	Detaillierte Leistungsbeschreibung mit LV für Betonarbeiten Ohne Vordersätze	607
Bd.1 Anhang A Unterlage a.1.1	Detaillierte Leistungsbeschreibung mit LV für Betonarbeiten Ohne Vordersätze	(805)
	Dachabdichtungsarbeiten DIN 18338	
I, A, 3/07	Systemskizze für Dachabdichtung mit Bitumenbahnen	605
I, A, 7/89	Aufforderung zur Abgabe eines Angebotes	608
II, A, 3/200	Leistungsvorgabe durch (fehlerhaftes) Leistungsverzeichnis für Dachabdichtungsarbeiten	671
	Je nach Fallkonstellation a-d (vgl. Abb.11, S.268)	
I, A, 7/90	Leistungsverzeichnis ohne Vordersätze	609
I, A, 7/91	Leistungsverzeichnis mit Vordersätzen	609
Abb. 2	Globale Leistungsbeschreibung für Dachabdichtungsarbeiten ohne Vordersätze	4

Anhang II A   Unterlage 3/200

Unterl. 3/200			LEISTUNGSVORGABE DURCH (FEHLERHAFTES) LEISTUNGSVERZEICHNIS Leistungsbereich 021: Dachabdichtungsarbeiten (DIN 18338)		
Pos.	Menge	Einh.	Beschrieb	E-Preis	G-Preis
1	2.984,42	m²	Ausbildung von Gefälle von ca. 2% zu der Dachentwässerung aufbringen.		
2	2.984,42	m²	Bitumenvoranstrich nach Abfegen und Säubern der Dachfläche vollflächig aufbringen.		
3	2.984,42	m²	Dampfsperre aus AL 0,1 Bitumen-Dampfsperrbahn mit mind. 8cm Naht- und Stoßüberdeckung aufbringen und im Gießverfahren aufkleben. Die Dampfsperre ist an den aufgehenden Bauteilen mind. bis Oberkante Keil oder Wärmedämmung hochzuführen.		
4	2.984,42	m²	Wärmedämmschicht aus Polystyrol-Hartschaum DIN 18164, Typ PS 20 SE; Dicke 160 mm, Wärmeleitfähigkeitsgruppe: 040, nicht trittfest liefern und mit Heißbitumen vollflächig einkleben.		
5	2.984,42	m²	Abdichtung aus G 200 DD Glasgewebe - Dachabdichtungsbahn nach DIN 52130, 3 mm, beidseitig fein besandet, Trägereinlage aus Glasgewebe 200g/cm², mit mind. 8 cm Überdeckung aufbringen. Die Verklebung erfolgt vollflächig und lufteinschlussfrei im Gießverfahren, die Bahnen sind anzulegen und auf einen stabilen Wickelkern aufzurollen, damit beim Verkleben der erforderlichen Anpressdruck erzielt wird.		
6	2.984,42	m²	Abdichtung aus PV 250 DD Chemiefaser-Bitumen-Dichtungsbahn, 3 mm dick, beidseitig fein besandet, Trägereinlage aus Chemiefasermatte PES 250g/m², mit mind. 8 cm Überdeckung aufbringen. Die Verklebung erfolgt vollflächig und lufteinschlussfrei im Gießverfahren, die Bahnen sind anzulegen und auf einen stablien Wickelkern aufzurollen, damit beim Verkleben der erforderliche Anpressdruck erzielt wird.		
			Gesamtbetrag:		

Unterlage 1/00	**AUFLISTUNG ALLER AUFTRAGGEBERSEITIG DAS BAUSOLL VORGEBENDEN UNTERLAGEN**

Erd- und Betonbauarbeiten (DIN 18300 u. DIN 18331)

I,A, 1/01	Lageplan
I,A, 1/02	Bodengutachten (Ausschnitt)
I,A, 1/03	Baubeschreibung Beton- und Stahlbetonarbeiten
I,A, 1/04	Schnitt 1-1
I,A, 1/05	Decke über EG
	Je nach Fallkonstellation a-d (vgl. Abb.11, S. 268)
I,A, 3/10	Globale Leistungsbeschreibung mit LV (ohne Vordersätze)
I,A, 3/11	Globale Leistungsbeschreibung mit LV (mit Vordersätzen)
I,A, 3/60	Detaillierte Leistungsbeschreibung mit LV für Erdarbeiten (ohne VS)
I,A, 3/70	Detaillierte Leistungsbeschreibung mit LV für Betonarbeiten (ohne VS)
Bd.1 Anhang A Unterlage a.1.1	Detaillierte Leistungsbeschreibung mit falschen Vordersätzen für Erd- und Betonarbeiten

Unterlage 2/00	**LISTE DER NOCH BIS ZUR ANGEBOTSABGABE ERFORDERLICHENFALLS BENÖTIGTEN UNTERLAGEN**

Je nach Fallkonstellation a-d (vgl. Abb.11, S. 268)

I,B, 3/00	Leistungsbeschreibungen
I,B, 4/00	Dokumentation der zu klärenden Punkte
I,B, 5/00	Auflistung der Vorschläge für das Angebotsschreiben
I,B, 6/00	Mengenermittlung (bzw. -überprüfungen)
I,B, 7/00	Auflistung der Nachunternehmeranfragen und -angebote
I,B 8/00	Liste der Unterlagen zur Terminplanung und Arbeitsvorbereitung
I,B, 9/00	Unterlagen zur Kostenermittlung und Preisfestlegung
I,B,10/00	Angebot inkl. Auflistung von Angebotsbestandteilen

Unterl. 3/00		LEISTUNGSBESCHREIBUNG		
Beschrieb			Fall c	Fall a/b
Text		Leistungsbereich / Position(en)	Unterlagen <u>ohne</u> Vordersätze	Unterlagen <u>mit</u> Vordersätzen
Globale Leistungsbeschreibung mit LV				
Erdarbeiten		DIN 18300	I, A 3/10	I, A 3/11
Dachabdichtungsarbeiten		DIN 18338	Abb. 2 (S. 4)	-
Detaillierte Leistungsbeschreibung mit LV				
Erdarbeiten		DIN 18300	I, A 3/60	I, A 3/61
Beton- und Stahlbetonarbeiten		DIN 18331	I, A 3/70	I, A 3/71
Dachabdichtungsarbeiten		DIN 18338	I, A 7/90	I, A 7/91
Leistungsbeschreibungen alle Gewerke als LV aus Band 1				Band 1, Anhang A, Unterlage a 1.1
Die hier aufgeführten Unterlagen sind je nach Fallkonstellation auftraggeberseitig erbrachte Leistungen. In Fall d sind die Unterlagen vom Auftragnehmer zu erbringen.				

Anhang II B — Unterlage 4/00

Unterlage 4/00	DOKUMENTATION DER ZU KLÄRENDEN PUNKTE*	
Unterlagen	Bezeichnung	auftraggeberseitige Unterlage bei Fallgruppe
	Erd- und Betonbauarbeiten (DIN 18300 u. 18331)	
I, B 4/01	Sauberkeitsschicht	a
I, B 4/02	Türaussparungen	a
I, B 4/04	Sauberkeitsschicht	-
I, B 4/05	Zusammenstellung der Terminvorgaben des Auftraggebers	a, b, c
I, B 4/11	Fertigteiltypenpläne (Köcherfundamente)	a, b, c
I, B 4/21	Aussparungen für Treppenauflager in Ortbetonkernen	-
I, B 4/51 f.	Mögliche Alternativen mit modifizierten Filigranplatten und Fertigteilen	-
I, B 4/121	Aussparungen für Fertigteilunterzüge in Ortbetonkernen	a, b, c
II, B, 4/31 ff.	Frostschürzen in Zusammenhang mit Fundamenten	-
	Dachabdichtungsarbeiten (DIN 18338)	
II, B, 4/71	Abklärungen zur Dachentwässerung	-
II, B, 4/72	Abklärungen zum Dachrandabschluss (Systemskizze)	-

* Sofern in der letzten Spalte die Buchstaben a, b und/oder c aufgeführt werden, gehört die entsprechende Unterlage im Fall einer ordnungsgemäßen Ausschreibung zu den auftraggeberseitig zur Verfügung zu stellenden Unterlagen, wenn sie zu einem Beispiel des jeweiligen Falles a, b oder c gemäß Abbildung 11, S. 268 gehört.

Anhang II B · Unterlage 4/31

FROSTSCHÜRZEN IM ZUSAMMENHANG MIT DEN FUNDAMENTEN

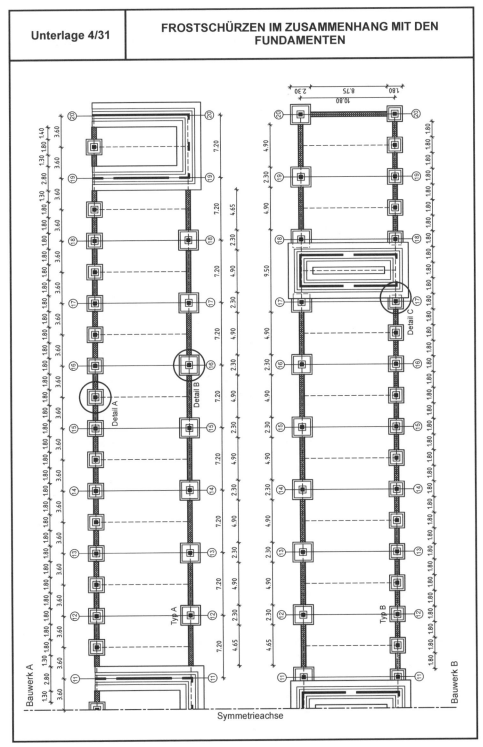

Unterlage 4/32 Blatt 1 — Anhang II B

Unterlage 4/32 Blatt 1 — ANSCHLÜSSE DER FROSTSCHÜRZEN AN DIE KÖCHERFUNDAMENTE (AUSSENSEITE) - DETAIL A

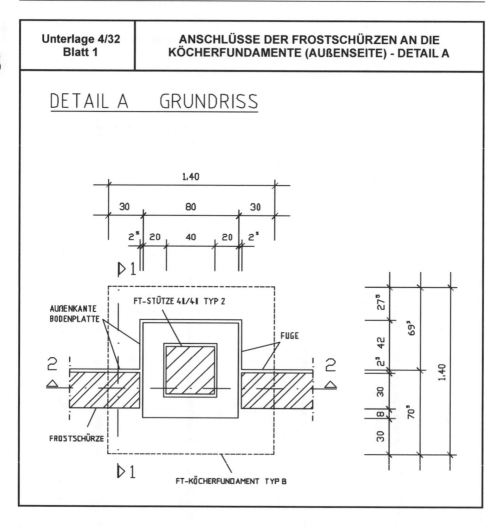

Anhang II B Unterlage 4/32 Blatt 1

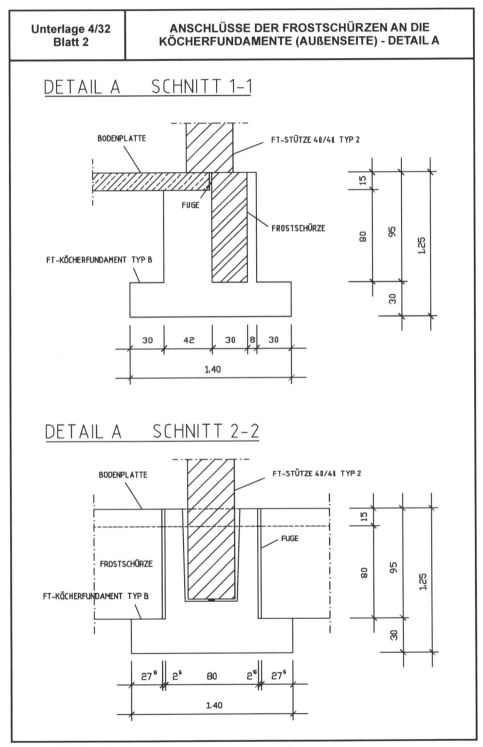

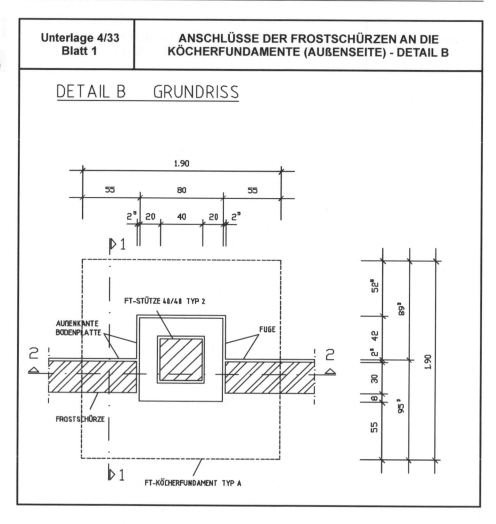

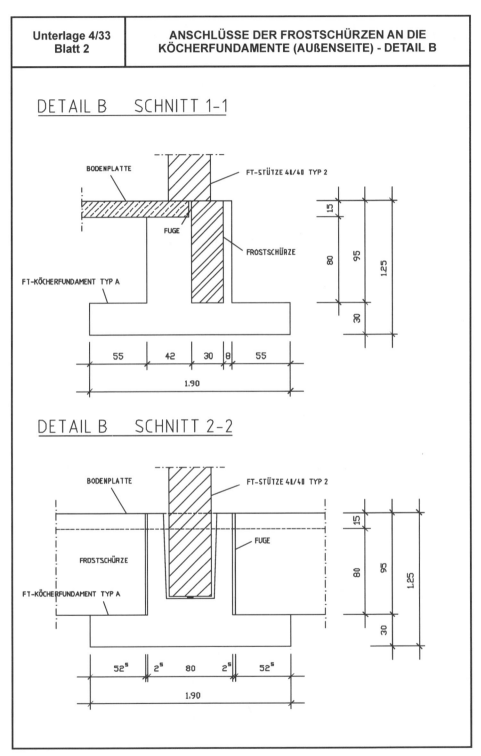

Unterlage 4/34 Blatt 1 — Anhang II B

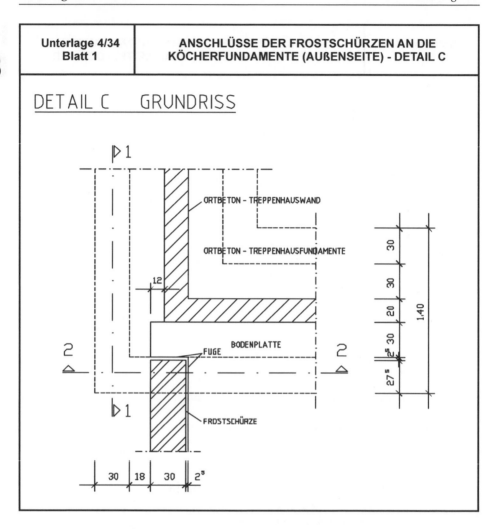

Anhang II B Unterlage 4/34 Blatt 2

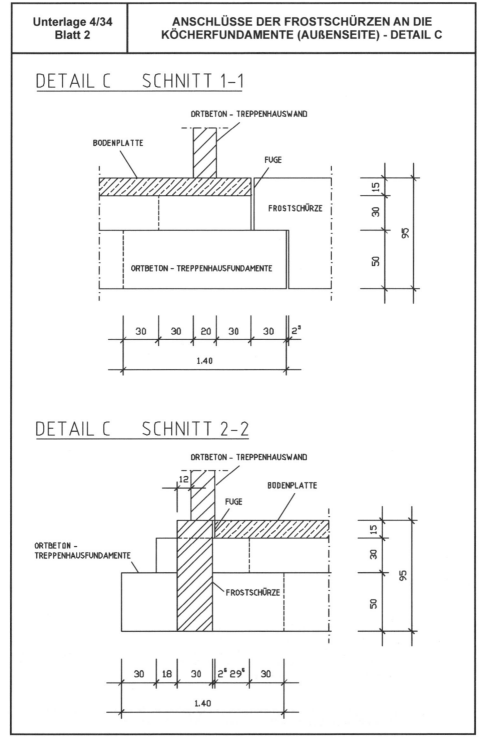

Unterlage 4/71 Anhang II B

II B

Unterl. 4/71	ABKLÄRUNGEN ZUR DACHENTWÄSSERUNG

Grundlagen:

- DIN EN 12056 Schwerkraftentwässerungsanlagen innerhalb von Gebäuden
  Teil 3: Dachentwässerung, Planung und Bemessung (Januar 2001)

- DIN 1986 Entwässerungsanlagen für Gebäude und Grundstücke
  Teil 100: Zusätzliche Bestimmungen zu DIN EN 752 und DIN EN 12056
  (März 2002)
  Berichtigung 1: Berichtigungen zu DIN 1986-100:2002-03 (Dezember 2002)

- DIN EN 752 Entwässerungssysteme außerhalb von Gebäuden (Oktober 2005)

- Flachdachrichtlinien

Entwässerungssystem:
Bei den vorliegenden Gegebenheiten handelt es sich um eine Flachdachentwässerung mit innenliegender Entwässerung. Für die Ausführung sollen elektrisch beheizte Flachdachabläufe und wärmegedämmte Fallrohre zur Vermeidung der Bildung von Kondenswasser vorgesehen werden.

Die Ermittlung von Anzahl und Nennweiten der Regenwasserfall- und -anschlussleitungen erfolgt für innenliegende Fallleitungen nach DIN EN 12056 Teil 3 bzw. DIN 1986 Teil 100.

Nachstehend die Bemessung der Regenwasserfallleitungen für die Bauwerke A und B nach anzurechnender, wirksamer Dachfläche unter Berücksichtigung des Anschlussbeiwertes C=1,0 für Dachflächen ohne rückhaltende Wirkung und einer statistischen Regenspende von
r 5,2= 277 l/(s * ha) für die Stadt Dortmund.

Nachweis:

Wirksame Dachfläche:
Gemäß Unterlage III, B, 6/22, 1.2 ist je Bauwerk eine wirksame Dachfläche von 1536,64 m² zu berücksichtigen.

Anfallende Regenwassermenge Q:

Q= r5,2 * C * A * 1/1000

Q= 277 l/(s * ha) * 1,0 * 1536,64 m² * 1/1000

Q=42,46 l/s

Aufgeteilt auf 11 gleichmäßig verteilte Dacheinläufe ergibt sich eine anfallende Regenwassermenge pro Dachablauf von 3,87 l/s.

Dimensionierung:
Gemäß DIN EN 12056 Teil 3, Tab. 8 „Abflussvermögen / Regenwasserabfluss von senkrechten Regenwasserfallleitungen" wird ein Fallrohr mit dem Innendurchmesser di = 70mm bei einem Füllungsgrad f = 0,33 gemäß DIN 1986 Teil 100 gewählt. Das maximale Abflussvermögen dieser Fallleitung beträgt 4,1 l/s. Somit ist das Abflussvermögen der Fallleitung größer als die anfallende Regenwassermenge; der Nachweis ist erbracht.

Hinweis:
Bei außenliegenden Regenfallrohren kann die Bemessung nach DIN 18 460 erfolgen, die zu entsprechenden Werten im Vergleich zur Berechnung nach DIN 1986 führt.

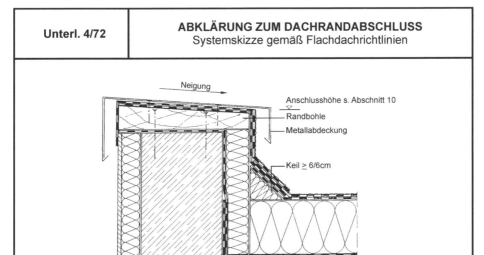

Anhang II B Unterlage 5/00

Unterl. 5/00	AUFLISTUNG DER VORSCHLÄGE FÜR DAS ANGEBOTSSCHREIBEN
/01	Der Auftraggeber erstellt keine (Objekt-)Ausführungsplanung:
/02	Die Türen in den Ortbetonkernen werden gemäß den in Unterlage I, B, 4/02 aufgeführten Unterlagen hergestellt.
/03	Das Angebot gilt unter der Voraussetzung, dass der in Unterlage I, B, 4/03 angegebene Bereich für die Einplanierung des Aushubs zur Verfügung gestellt wird und ausreicht.
/04	Die Verfüllung wird bis -5cm unter Unterkante der EG-Bodenplatten durchgeführt.
/05	Pos. 05 der Erdarbeiten geht nicht in die Pauschale ein; hierfür wird nur ein Einheitspreis angeboten.
06	Das Tragwerk ist keinerlei Plausibilitätsüberprüfung unterworfen worden.
/07	Wegen 06 ist die Betonstahlmenge im Angebot mit der vom Auftraggeber angegebenen Menge in die Pauschale eingeflossen. Mengenänderungen beim Betonstahl führen zu entsprechenden Vergütungsanpassungen.
/11	Die Fertigteile werden gemäß den Unterlagen I, B, 4/11 ff. eingebaut.
/21	Für die Auflagerung der Fertigteiltreppen von Bauwerk A sind entsprechende Aussparungen in den Ortbetonwänden vorgesehen und einkalkuliert.
/31	Das Angebot beinhaltet Frostschürzen gemäß Unterlagen II, B, 4/31 ff.
/60	Der Vordersatz folgender Position weist im auftraggeberseitigen Leistungsverzeichnis (Band 1, Anhang A, Unterlage a1.1) erhebliche Abweichungen von der voraussichtlich anfallenden Menge auf: Beton- und Stahlbetonarbeiten (DIN 18 331) Pos. 18 ca. 1400 m² zu wenig Menge

II B

Unterl. 6/00	MENGENERMITTLUNG (BZW. -ÜBERPRÜFUNGEN)* Erd- und Betonbauarbeiten
Unterlage	**Bezeichnung**
I, B, 6/12	Höhenkotenübersicht
I, B, 6/41	Detaillierte Mengenermittlung für den Baugrubenaushub
I, B, 6/42	Unterlage für die detaillierte Mengenermittlung (Skizze zum Baugrubenaushub: Abschnitt 6, Bauwerk A)
I, B, 6/51	Unterlage für die detaillierte Mengenermittlung (Skizze zum Fundamentaushub: Abschnitt 6, Bauwerk A)
I, B, 6/53	Unterlage für die detaillierte Mengenermittlung (Skizze zum Fundamentaushub: Schnitt A-B, Bauwerk A)
I, B, 6/54	Unterlage für die detaillierte Mengenermittlung (Skizze zum Fundamentaushub: Schnitt B-C, Bauwerk A)
I, B, 6/61	Ergebnisse der detaillierten Mengenermittlung Erdarbeiten (DIN 18300)
I, B, 6/64	Detaillierte Mengenermittlung, Erdarbeiten (DIN 18300) - Verfüllung
I, B, 6/72	Detaillierte Mengenermittlung, Betonbauarbeiten (DIN 18331)
I, B, 6/73	Unterlage für detaillierte Mengenermittlung Betonbauarbeiten DIN 18331 (Skizze zur Aufteilung der Filigranplattentypen
I, B, 6/74	Detaillierte Mengenermittlung Filigranplatten
I, B, 6/75	Detaillierte Mengenermittlung Stahlbetonarbeiten DIN 18331 (Pos. 23 und 24, Unterposition Treppenauflager in Ortbeton)
I, B, 6/121	Detaillierte Mengenermittlung bei Vorlage von Ausführungsplänen (Aussparungen für Fertigteilunterzüge in den Kernwänden)
II, B, 6/111 ff.	Mengenermittlung für die Frostschürzen (inkl. Skizzen)

* Sofern in der letzten Spalte die Buchstaben a, b und/ oder c aufgeführt werden, gehört die entsprechende Unterlage im Fall einer ordnungsgemäßen Ausschreibung zu den auftraggeberseitig zur Verfügung zu stellenden Unterlagen, wenn sie zu einem Beispiel des jeweiligen Falles a, b oder c gemäß Abbildung 11, S. 268 gehört.

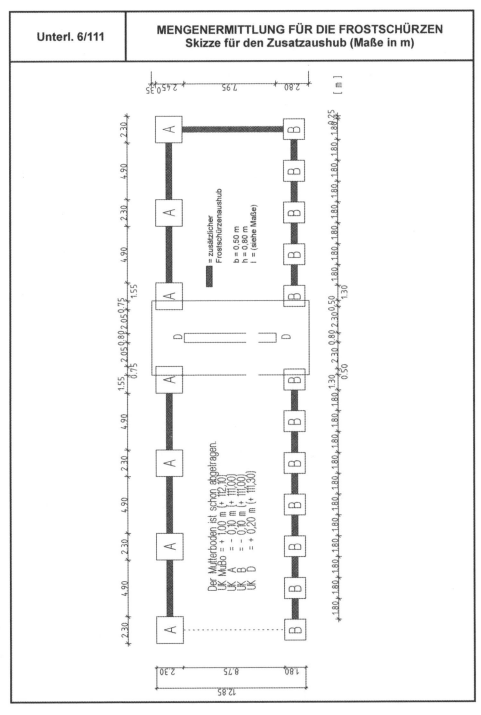

Unterlage 6/112 Anhang II B

II B — MENGENERMITTLUNG FÜR DEN ZUSÄTZLICHEN AUSHUB UND DIE ZUSÄTZLICHE VERFÜLLUNG DER FROSTSCHÜRZEN

Unterl. 6/112

Pos.	Bauwerk	Abschnitt / Rechnung	Anz. [Stck.]	Länge [m] pro Stck.	Länge [m] gesamt	Breite [m]	Höhe [m]	Inhalt [m]	Kommentar
4.1	Bauwerk A	Bauabschnitt 4	9	1,80	16,20	0,50	0,80	6,48	Nordseite, zw. Fundamenttyp B
		3,60-(1,40/2+0,70++0,90) =1,30	1	1,30	1,30	0,50	0,80	0,52	Nordseite, zw. Fundamenttyp B + TH
		(7,10-1,80-2x1,30) /2 =1,35	2	1,35	2,70	0,50	0,80	1,08	Nordseite, "Ausfachung" TH
			4	4,90	19,60	0,50	0,80	7,84	Südseite, zw. Fundamenttyp A
		2x3,60-(1,40/2+0,70+1,15) =4,65	1	4,65	4,65	0,50	0,80	1,86	Südseite, zw. Fundamenttyp A + TH
					44,45			**17,78**	
		Bauabschnitt 5	10	1,80	18,00	0,50	0,80	7,20	Nordseite, zw. Fundamenttyp B
			2	1,30	2,60	0,50	0,80	1,04	Nordseite, zw. Fundamenttyp B + TH
		(7,00-1,80-2x1,30) /2 =1,30	2	1,30	2,60	0,50	0,80	1,04	Nordseite, "Ausfachung" TH
			4	4,90	19,60	0,50	0,80	7,84	Südseite, zw. Fundamenttyp A
			2	4,65	9,30	0,50	0,80	3,72	Südseite, zw. Fundamenttyp A + TH
					52,10			**20,84**	
		Bauabschnitt 6 wie Bauabschnitt 4			**64,85**			**17,78**	
	SUMME:				**141,00**			**56,40**	
	Bauwerk B	Bauabschnitt 1	5	4,90	24,50	0,50	0,80	9,80	Nordseite, zw. Fundamenttyp A
			10	1,80	18,00	0,50	0,80	7,20	Südseite, zw. Fundamenttyp B
			1	8,75	8,75	0,50	0,80	3,50	Kopfseite
					51,25			**20,50**	
		Bauabschnitt 2	6	4,90	29,40	0,50	0,80	11,76	Nordseite, zw. Fundamenttyp A
			12	1,80	21,60	0,50	0,80	8,64	Südseite, zw. Fundamenttyp B
					51,00			**20,40**	
		Bauabschnitt 3 wie Bauabschnitt 1			**51,25**			**20,50**	
	SUMME:				**153,50**			**61,40**	
		Bauwerk A+B gesamt			**294,50**			**117,80**	
6.1		Verfüllung der Frostschürzen			294,50	0,50	0,80	47,12	

MENGENERMITTLUNG FÜR DIE MONTAGE DER FROST-SCHÜRZEN - POS. 15.1
Auflistung der Typen (in m) (vgl. Unterlagen II, B, 4/31 ff.)

Unterl. 6/113

Pos.	Bauwerk	Abschnitt / Rechnung	Anz. [Stck.]	Länge [m] pro Stck.	Länge [m] gesamt	Kommentar
15.1	Bauwerk A	Bauabschnitt 4				
		3,60-0,80/2-0,20/2-0,30-2x0,025= 2,75	9	2,75	24,75	Nordseite, zw. Fundamenttyp B
			1	2,75	2,75	Nordseite, zw. Fundamenttyp B und TH
		7,10/2-0,80/2-0,30-2x0,025= 2,80	2	2,80	5,60	Nordseite, "Ausfachung"
			4	6,35	25,40	Südseite, zw. Fundamenttyp A
		7,10-0,80/2-0,20/2-0,30-2x0,025= 6,35	1	6,35	6,35	Südseite, zw. Fundamenttyp A und TH
					64,85	
		Bauabschnitt 5				
			10	2,75	27,50	Nordseite, zw. Fundamenttyp B
			2	2,75	5,50	Nordseite, zw. Fundamenttyp B und TH
			2	2,75	5,50	Nordseite, "Ausfachung"
			4	6,35	25,40	Südseite, zw. Fundamenttyp A
			2	6,35	12,70	Südseite, zw. Fundamenttyp A und TH
					76,60	
		Bauabschnitt 6 wie Bauabschnitt 4			64,85	
	SUMME:				206,30	
	Bauwerk B	Bauabschnitt 1				
			5	6,35	31,75	Nordseite, zw. Fundamenttyp A
			10	2,75	27,50	Südseite, zw. Fundamenttyp B
			1	9,95	9,95	Kopfseite
			4	0,95	3,80	beide Seiten, zw. Fundamenttyp B und TH
					73,00	
			6	6,35	38,10	Nordseite, zw. Fundamenttyp A
			12	2,75	33,00	Südseite, zw. Fundamenttyp B
			14	0,95	3,80	beide Seiten, zw. Fundamentyp B und TH
					74,90	
		Bauabschnitt 3 wie Bauabschnitt 1			73,00	
	SUMME:				220,90	
	TOTAL:				427,20	

Anmerkung zur Berechnung:
Achsmaß (3,60m bzw. 7,20m)
abzgl. 2 x 0,80/2m (halbe Köcherfundamentbreite, bei allen Anschlüssen an Stützenfundamente)
abzgl. 2 x 0,025m (Breite der Fuge)

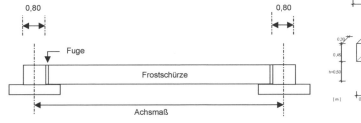

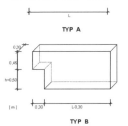

TYP A

TYP B

Anhang II B   Unterlage 7/00

Unterl. 7/00	AUFLISTUNG DER VORSCHLÄGE FÜR DAS ANGEBOTSSCHREIBEN	
Unterlagen	Bezeichnung	auftraggeberseitige Unterlage bei Fallgruppe
I, B, 7/60	Aufforderung zur Abgabe eines Angebots mit LV (Erdarbeiten)	c (a, b)
I, B, 7/70	Pauschales Angebot für Fertigteile	-----
I, B, 7/71	Leistungsverzeichnis für Fertigteile mit Preisen	-----

II B

Sofern in der letzten Spalte die Buchstaben a, b und/oder c aufgeführt werden, gehört die entsprechende Unterlage im Fall einer ordnungsgemäßen Ausschreibung zu den auftraggeberseitig zur Verfügung zu stellenden Unterlagen, wenn sie zu einem Beispiel des jeweiligen Falles a, b oder c gemäß Abbildung 11, S. 268 gehört.

Unterl. 8/00	LISTE DER UNTERLAGEN ZUR TERMINPLANUNG UND ARBEITSVORBEREITUNG
Unterlage	**Bezeichnung**
I, B, 8/31	Baustelleneinrichtungsplan
I, B, 4/04	Gebäudeaufgliederung
Aus Band 1, Anhang	
B, g1.1	Geräteliste inkl. Kostenermittlung
B, g3 (Bl. 1+2)	Schalungskosten u. Schalungsplan Kerndecken, Bauwerk A, LB 013, Pos. 9
B, g4 TP 1	Terminplan
D1, g2, Bl. 1	Arbeitsvorgänge
D1, g3	Schalungsplan Kernwände
D1, g4, Bl. 1 bis 3	Zeitbedarfsermittlung
D1, g4, Bl. 4	Zeitbedarfsermittlung, Berücksichtigung des Einarbeitungsaufwandes
D1, g4, Bl. 5	Produktionsorientierte Steuerungs- und Kapazitätspläne

Unterl. 9/00	UNTERLAGEN ZUR KOSTENERMITTLUNG UND PREISFESTLEGUNG
Unterlage	**Bezeichnung**
I, B, 9/61	Kostenermittlung auf der Basis des LV: Leistungsbereich Erdarbeiten (DIN 18300)
I, B, 9/71	Kostenermittlung auf der Basis des LV: Leistungsbereich Betonarbeiten (DIN 18331)
II, B, 9/73	Kosten der sich aus der Komplettierungsklausel ergebenden Leistung
II, B, 9/81	Schlussblatt für die Pauschalpreisermittlung
aus Band 1, Anhang	
B, h3.1, Bl. 1+2	Zeitabhängige Baustellengemeinkosten (Betrieb)
B, h3.1, Blatt 3	Zeitabhängige Baustellengemeinkosten (Persona)
B, h3.2	Nicht zeitabhängige Baustellengemeinkosten (Einrichtung und Räumung)

Unterl. 9/73	KOSTEN DER KOMPLETTIERUNGSKLAUSEL - FROSTSCHÜRZEN -

Leistungsbereich 002 Erdarbeiten

(1) Pos. Nr.	(2) U. Nr.	(3) Menge	(4) Leistungs-beschreibung	(5) Personalstunden ML = 29,70	(6) Lohn-kosten	(7) Schalung Rüstung	(8) Geräte-kosten	(9) Stoff-kosten	(10) NU-kosten	(11) Sonstige Kosten	(12) Summe EKdT
				[EUR/Ph]	[EUR/E]	[EUR/E]	[EUR/E]	[EUR/E]	[EUR/E]	[EUR/E]	[EUR/E]
				Kost.art:	1	2	3	4	5	6	1-6
4	1	117,80 m³	Zus. Aushub der Frostschürzen	0,80 Ph/m³ Σ	23,76 2.798,93		2,66 313,35				26,42 3.112,28
6	1	47,12 m³	Zus. Verfüllung d. Frostschürzen	0,690 Ph/m³ Σ	20,49 965,49		1,73 81,52				22,22 1.047,01
		LB 002	Zwischensumme	Σ	3.764,42	0,00	394,87	0,00	0,00	0,00	4.159,29

Leistungsbereich 013 Stahlbetonarbeiten

(1) Pos. Nr.	(2) U. Nr.	(3) Menge	(4) Leistungs-beschreibung	(5) Personalstunden ML = 29,70	(6) Lohn-kosten	(7) Schalung Rüstung	(8) Geräte-kosten	(9) Stoff-kosten	(10) NU-kosten	(11) Sonstige Kosten	(12) Summe EKdT
				[EUR/Ph]	[EUR/E]	[EUR/E]	[EUR/E]	[EUR/E]	[EUR/E]	[EUR/E]	[EUR/E]
				Kost.art:	1	2	3	4	5	6	1-6
15	2	427,20 m	Montage Frost-schürzen	0,40 Ph/m Σ	11,88 5.075,14		1,28 546,82		145,72 62.251,58		158,88 67.873,54
		LB 013	Zwischensumme	Σ	5.075,14	0,00	546,82	0,00	62.251,81	0,00	67.873,54
		LB 002	Übertrag		3.764,42	0,00	394,87	0,00	0,00	0,00	4.159,29
			Summe:		8.839,56	0,00	941,69	0,00	62.251,81	0,00	72.032,83

Unterlage 9/81 Anhang II B

Unterl. 9/81	SCHLUSSBLATT FÜR DIE PAUSCHALPREISERMITTLUNG (EINFACHER GLOBAL-PAUSCHALVERTRAG)				
Schlussblatt Angebotskalkulation (Einfacher Global-Pauschalvertrag)					
(1)		(2)	(3)	(4)	(5)	(6)
Kostenart / Preisbestandteile		Zeile	Berechnung / Zeilenangabe	EkdT [EUR]	BGK [EUR]	Zuschlagsberechnug [EUR]
Erdarbeiten (Unter.I,B,9/61)		1		54.654,35		
Betonarbeiten (Unter.I,B,9/71)		2		977.307,56		
Frostschürzen wegen Komplettierungsklausel (Unter.II,B,9/73)		3		72.032,83		
Herstellungskosten der Teilleistung		4	∑ (1) - (3)	1.103.994,74		
(BGK aus Bd.1, Anh. B, Unterl. h3) Einrichten (NZAK I)		5			94.689,46	
Räumen (NZAK II)		6			57.904,01	
Sonstiges (NZAK III)		7			51.007,00	
Betreib (NZAK I)		8			109.355,64	
Personal (NZAK II)		9			124.484,21	
Baustellengemeinkosten (BGK)		10	∑ (5) - (9)		437.440,32	
Objektherstellungskosten		11	(4) + (10)			1.541.435,06
Allgemeine Geschäftskosten		12	10 % (von 11)			154.143,51
Selbstkosten SK		13	(11) + (12)			1.695.578,56
Gewinn und Wagnis		14	6 % (von 13)			101.734,71
kalkulierter Pauschalbetrag		15	(13) + (14)			1.797.313,28
angebotener Pauschalbetrag		16				1.790.000,00
Einheitspreiserstattung für Positionen mit nicht ermittelbaren Mengen: LB 002 Pos. 5 Bodenabfuhr 11,50 EUR/m³ * (1+0,10) * (1+0,06) = 13,41 EUR /m³ LB 013 Pos.28 Betonstahlmatten 917,00 EUR/m³ * (1+0,10) * (1+0,06) = 1.069,22 EUR / t LB 013 Pos.29 Betonstabstahl 917,00 EUR/m³ * (1+0,10) * (1+0,06) = 1.069,22 EUR / t						

Unterlage 10/00	**ANGEBOT FÜR EINEN EINFACHEN GLOBAL-PAUSCHALVERTRAG (ERD- UND BETONARBEITEN)**

Auf der Basis folgender Unterlagen bieten wir die Erd- und Betonarbeiten für das Bauvorhaben Neubau Fakultät Bauwesen pauschal mit 1.790.000,00 EUR an.

- Lageplan (Anhang I,A, Unterlage 1/01)
- Bodengutachten (Anhang I,A, Unterlage 1/02)
- Planunterlagen zum Rohbau (Anhang I,A, Unterlage 1/03 ff.)
- Leistungsverzeichnis (Band 1, Anhang 1, Unterlage a1.1)
- Fertigteilpläne (Anhang I,B, Unterlage 4/11 ff.)
- Alternative Ausführung (Anhang I,B, Unterlage 4/52)

Nicht im Pauschalpreis eingeschlossen sind die nachfolgend aufgeführten Teilleistungen, die geordnet nach erbrachten Mengen mit den unten benannten Einheitspreisen abgerechnet werden:

LB 002	Pos. 5	Bodenabfuhr	13,41 EUR/m³
LB 013	Pos. 28	Mattenstahl	1069,22 EUR/t
LB 013	Pos. 29	Stabstahl	1069,22 EUR/t

Unser Angebot beruht auf:
a) Dem beigelegten Angebotsterminplan TP1 (Band 1, Abb. 5a, S.31).
b) Planvorläufe: 1 Monat für Vorabzüge der Schalpläne, 10 AT vor Baubeginn für die Ausführungspläne der Gründung, 7 Wochen für die Fertigteilpläne vor der ersten Montage. Die restlichen Planlieferungen haben spätestens am 17.8. zu erfolgen.
c) Auftraggeberseitig zu erbringende Abdichtungsarbeiten, die sich in unseren Ablauf einfügen.
d) Fertigstellung der auftraggeberseitigen Kanalisationsarbeiten jeweils mindestens 5 Arbeitstage vor Beginn unserer Aushubarbeiten im betreffenden Abschnitt.
e) Erfordernis von Frostschürzen
f) Nichterfordernis der Erstellung von haustechnischen Aussparungen
g) Frostschürzen gemäß Anhang II,B, Unterlagen 4/31 ff.

III	UNTERLAGEN NACH KOMPLEXEM GLOBAL-PAUSCHALVERTRAGSMUSTER

INHALTSVERZEICHNIS

Teil	Bezeichnung	Anhang	Unterlage		Seite
A	- Ausschreibungsunterlagen des Auftraggebers	III	A		709
B	- Unterlagen zur Angebotsbearbeitung	III	B		723
	- Auflistung der auftraggeberseitig übergebenen Unterlagen zum Bausoll	III	B	1/00	723
	- Liste der noch bis zur Angebotsabgabe gegebenenfalls notwendigen Unterlagen	III	B	2/00	725
	- Auflistung der Beschreibungen und Strukturierungen der Bauaufgabe	III	B	3/00	725
	- Auflistung der zu klärenden Punkte	III	B	4/00	741
	- Auflistung der Vorschläge für das Angebotsschreiben	III	B	5/00	755
	- Mengenermittlungen	III	B	6/00	757
	- Nachunternehmeranfragen und -angebote	III	B	7/00	765
	- Liste der Unterlagen zur Terminplanung und Arbeitsvorbereitung	III	B	8/00	773
	- Unterlagen zur Kostenermittlung und Preisfestlegung	III	B	9/00	785
	- Auflistung der Angebotsunterlagen	III	B	10/00	801

III A	AUSSCHREIBUNGSUNTERLAGEN DES AUFTRAGGEBERS

	INHALTSVERZEICHNIS

Unterlage	Bezeichnung	Seite
I, A, 1/04	Querschnitt Rohbau	603
III, A, 1/01	Baubeschreibung	711
III, A, 1/02	Grundriss Erdgeschoss	712
III, A, 1/03	Grundriss 1. Obergeschoss	713
III, A, 1/04	Grundriss 2. Obergeschoss	714
III, A, 1/05	Fassade (Raster)	715
III, A, 1/08	Decken (Grundsatzdetail)	716
III, A, 1/09	Besondere Vertragsbedingungen	717
III, A, 1/10	Leistungsbeschreibung und Leistungsprogramm	718
	Auftraggeberseitig nachgereicht:	
III, A, 1/12	Überarbeitete Grundrisse Erdgeschoss	719
III, A, 1/13	Überarbeitete Grundrisse 1. Obergeschoss	720
III, A, 1/14	Überarbeitete Grundrisse 2. Obergeschoss	721

Unterlage 1/01	BAUBESCHREIBUNG

Die Bauaufgabe beinhaltet zwei Stahlbetonskelettbauwerke aus Fertigteilen, Filigrandecken mit Aufbeton und Ortbeton-Treppenhauskernen. Die Bauwerke sind höhenmäßig versetzt, eines ist zweigeschossig, das andere ist dreigeschossig. Zwischen ihnen liegt ein Verbindungsbau mit Aufzug.

Die Fundamente sind bewehrt und werden geerdet; die Stahlbetonstützen werden in anstrichfähiger Qualität ausgeführt. Die Treppenhausaußenwände des Bauwerks A werden mit KSV ausgefacht. Alle Wände, Kerndecken, Treppen und Podeste aus Ortbeton werden verputzt.

In allen Geschossen wird Verbundestrich eingebaut. Beläge: Professorenräume Velours-Teppichböden, Sanitärräume Bodenfliesen 10/10 cm, sonstige Räume PVC-Belag 60/60 cm. In den Treppenhäusern wird ein Betonwerkstein 30/30 im Mörtelbett verlegt. Der Treppenbelag besteht aus Winkelstufen d = 4 cm mit eingelassenem Hartgummiprofil 4/1 cm.

Nichttragende Innenwände aus Gipskarton (beidseitig beplankt, d = 12,5 mm; Kerndämmung aus Mineralfaserwolle, d = 60 mm) werden in allen Räumen bis unter die Rohdecke geführt. Bekleidung der Wände: Sanitärräume bis 2,00 m aus keramischen Fliesen, Format 10/10 cm; ansonsten zweifacher weißer Anstrich; der Ortbeton wird vorab verputzt.

Die Innentüren haben raumhohe Zargen (mit Oberlicht), zweifache Zapfenbänder, Oberflächen PVC-beschichtet. Türgriffe: Fabrikat "Hewi" oder gleichwertig. Generell reicht die Türzarge bis zur Unterkante Stahlbetondecke, die Türblatthöhe beträgt 2,20 m. Eingangstüren als Doppeltür in T 30, Breite 2,0 m.

Die Treppenhäuser erhalten ein Geländer, bestehend aus feuerverzinkten Stahlrahmen mit weißem Deckanstrich. Die Felder sind mit getöntem Acrylglas gefüllt. Die Befestigung befindet sich seitlich am Treppenlauf.

Vorhangfassaden aus Sandwichelementen inkl. isolierverglasten Dreh-Kipp-Fenstern.

Die Flachdachabdichtung ist gemäß den einschlägigen technischen Richtlinien des Dachdeckerhandwerkes mit Bitumenbahnen zu erstellen. Die Dachoberfläche hat ein Gefälle von 2°. Über jedem Treppenhaus befindet sich eine zweischalige Acryllichtkuppel 1,0/1,0 m.

Alle Räume erhalten eine abgehängte Mineralfaserkassettendecke mit integrierten Neonleuchten bei einer lichten Höhe von 2,60 m.

Sanitärausstattung gemäß den Entwurfsplänen einschließlich eines Bodenablaufs pro WC-Bereich; Kupferrohre sind zu verwenden.

Elektroausstattung für die erforderlichen Leuchten und Stecker, Telefone, Anschlüsse und Haussprechanlagen.

Ansonsten ist ein durchschnittlicher Standard maßgebend.

Unterlage 1/02 Anhang III A

| Unterlage 1/02 | Grundriss Erdgeschoss |

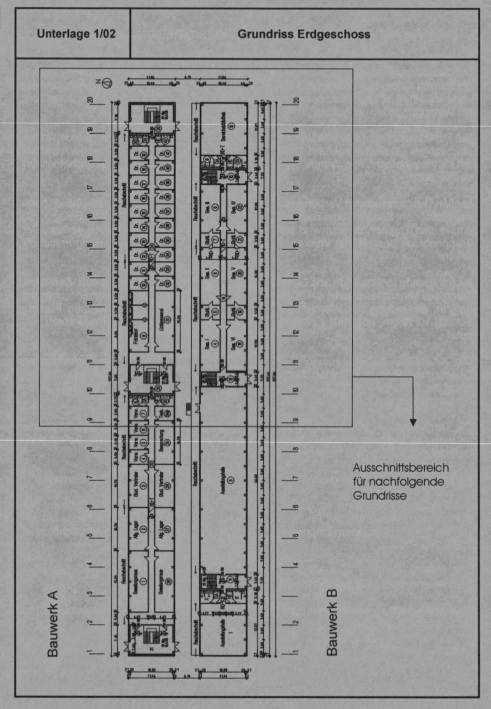

Ausschnittsbereich
für nachfolgende
Grundrisse

Anhang III A　　　　　　　　　　　　　　　　　　　　　　　　　Unterlage 1/03

| Unterlage 1/03 | Grundriss 1. Obergeschoss |

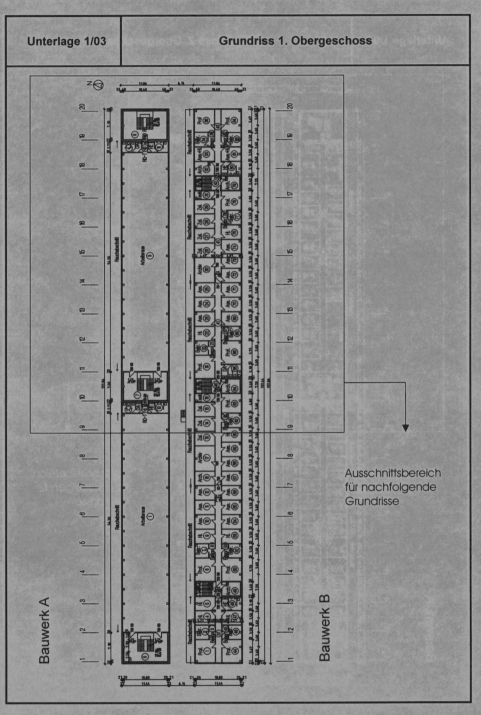

Ausschnittsbereich für nachfolgende Grundrisse

Unterlage 1/04

Anhang III A

| Unterlage 1/04 | Grundriss 2. Obergeschoss |

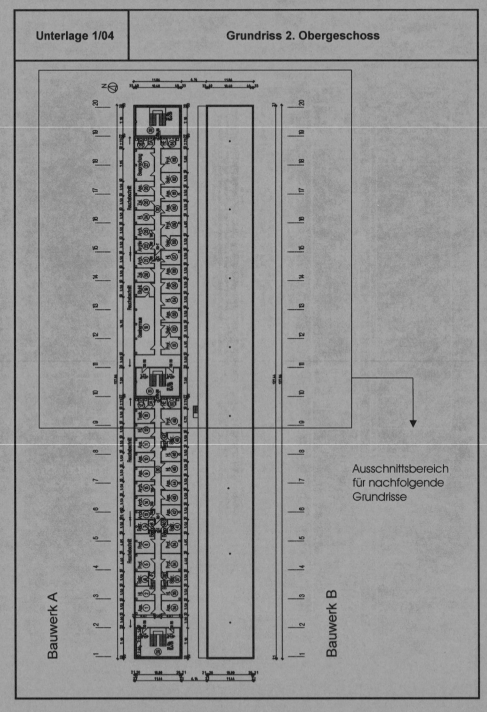

Ausschnittsbereich für nachfolgende Grundrisse

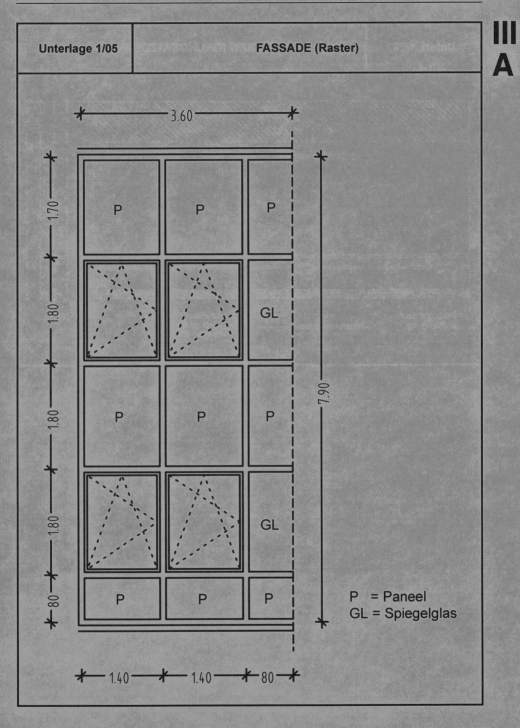

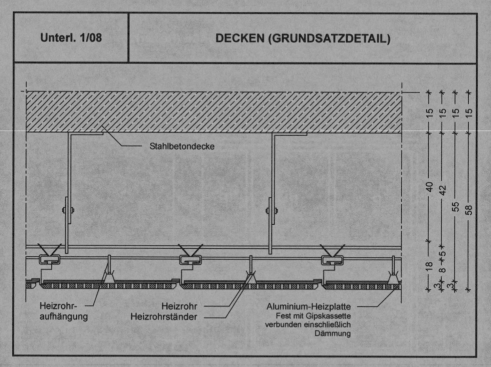

Unterlage 1/09	BESONDERE VERTRAGSBEDINGUNGEN

Für die Fakultät Bauwesen ist ein Gebäudekomplex gemäß beiliegenden Unterlagen unter Beachtung der nachfolgenden Bedingungen schlüsselfertig zu erstellen:

Die Erschließung und Entsorgung werden bauseits parallel zur schlüsselfertigen Bauerstellung durchgeführt.

Über die beiliegenden Unterlagen hinaus können weitere Unterlagen beim Auftraggeber bzw. bei seinen Planern eingesehen werden.

Alle Auflagen der Baugenehmigung werden Vertragsbestandteil.

Die Außenanlagen sind nicht Vertragsbestandteil.

Baubeginn: 01.07. Jahr 1
Bauende: 31.12. Jahr 2

Zwischentermine ergeben sich aus den Vereinbarungen des Auftraggebers mit den Planern.

Unterlage 1/10	LEISTUNGSBESCHREIBUNG MIT LEISTUNGSPROGRAMM
Es ist ein Neubau für eine Fakultät für Bauwesen schlüsselfertig auf der Basis folgender Vorgaben zu planen und zu erstellen:	
Baubeschreibung:	Unterlage III, A, 1/01
Leistungsverzeichnisse:	Dachdeckerarbeiten, II, A, 3/200 Erd- und Betonbauarbeiten, Band 1, Anlage A, Unterlage A.1.1
Entwurfsplanung:	u.a. Unterlage III, A, 1/02 ff (Objektplanung)
Erschließung:	Die öffentliche Erschließung liegt vor. Eine Fernwärmeleitung verläuft unmittelbar am Grundstück.
Erdarbeiten:	Das ausgehobene Bodenmaterial kann in beträchtlichem Umfang auf dem Grundstück einplaniert werden.
Ausstattung:	Sofern in der Baubeschreibung nichts Konkretes steht, ist eine durchschnittliche Ausstattung gefordert.
Außenanlagen:	Nicht im Leistungsumfang.
Planung:	Bauherrenseitig werden keine weiteren Planungsleistungen erbracht; die Baugenehmigung wird bauherrenseitig beschafft. Alle Planungsleistungen für die Ausführung sind Sache des Auftragnehmers. Die auftragnehmerseitigen Pläne sind dem Bauherrn zur Freigabe vorzulegen.
Detailskizzen:	Fassadenraster　　　　　　　Unterlage III, A, 1/05 Decke, Grundsatzdetail　　　　Unterlage III, A, 1/08
weitere Unterlagen:	Bodengutachten, Tragwerkspläne etc. können beim Bauherrn eingesehen werden.

Anhang III A Unterlage 1/12

| Unterlage 1/12 | ÜBERARBEITETE GRUNDRISSE ERDGESCHOSS |

III A

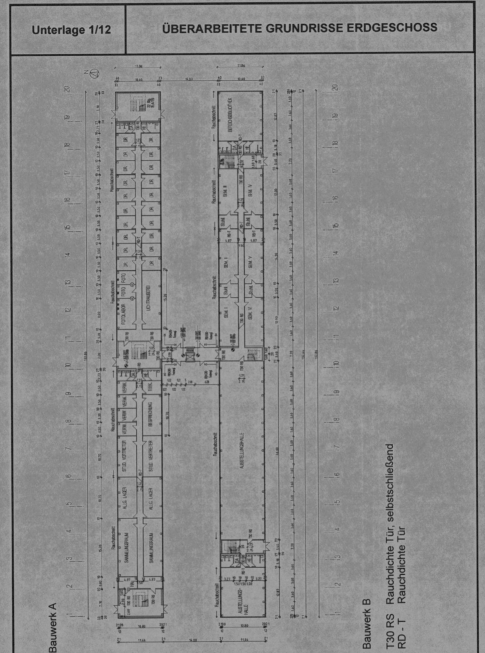

Bauwerk A

Bauwerk B

T30 RS   Rauchdichte Tür, selbstschließend
RD - T   Rauchdichte Tür

Unterlage 1/13 — Anhang III A

| Unterlage 1/13 | ÜBERARBEITETE GRUNDRISSE 1. OBERGESCHOSS |

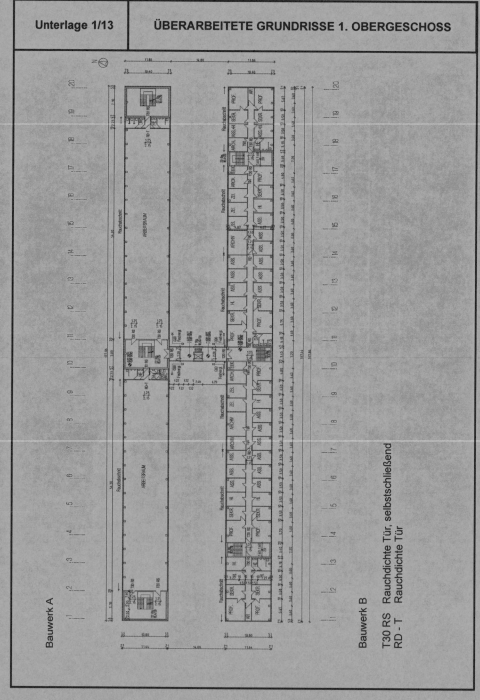

Bauwerk A

Bauwerk B

T30 RS Rauchdichte Tür, selbstschließend
RD - T Rauchdichte Tür

Anhang III A Unterlage 1/14

| Unterlage 1/14 | ÜBERARBEITETE GRUNDRISSE 2. OBERGESCHOSS |

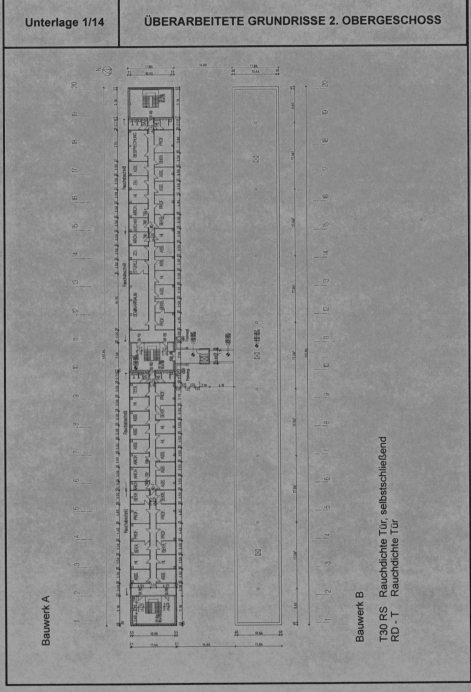

III B	ANGEBOTSBEARBEITUNG

	AUFLISTUNG AUFTRAGGEBERSEITIGER UNTERLAGEN

Unterl. 1/100	AUSSCHNITT DER AUFTRAGGEBERSEITIG ÜBERGEBENEN UNTERLAGEN ZUM BAUSOLL
Unterlage	**Bezeichnung**
III, A, 1/01	Baubeschreibung
III, A, 1/02	Grundriss Erdgeschoss
III, A, 1/03	Grundriss 1. Obergeschoss
III, A, 1/04	Grundriss 2. Obergeschoss
III, A, 1/05	Fassade (Raster)
III, A, 1/08	Decken (Grundsatzdetail)
III, A, 1/09	Besondere Vertragsbedingungen
III, A, 1/10	Leistungsbeschreibung und Leistungsprogramm
	Auftraggeberseitig nachgereicht:
III, A, 1/12	Überarbeitete Grundrisse Erdgeschoss
III, A, 1/13	Überarbeitete Grundrisse 1. Obergeschoss
III, A, 1/14	Überarbeitete Grundrisse 2. Obergeschoss

Unterl. 1/200	AUSSCHNITT DER ZUSÄTZLICH EINGESEHENEN UNTERLAGEN ZUM BAUSOLL
Unterlage	**Bezeichnung**
I, A, 1/01	Lageplan
I, A, 1/02	Bodengutachten (Ausschnitt)
I, A, 1/04	Schnitte (Schalplan)
I, A, 1/05	Decke über EG (Schalplan), Mischbauweise
I, A, 3/07	Systemskizze für die komplette Dachabdichtung
I, B, 4/11 ff.	Fertigteiltypenpläne

Anhang III B   Unterlage 2/00

Unterl. 2/00	LISTE DER NOCH BIS ZUR ANGEBOTSABGABE ERFORDERLICHENFALLS NOTWENDIGEN AKTIVITÄTEN
Unterlage	**Bezeichnung**
III, B, 3/00	Auflistung der Beschreibungen und Strukturierungen der Bauaufgabe
III, B, 4/00	Auflistung der zu klärenden Punkte
III, B, 5/00	Auflistung der Vorschläge für das Angebotsschreiben
III, B, 6/00	Mengenermittlungen
III, B, 7/00	Nachunternehmeranfragen und -angebote
III, B, 8/00	Liste der Unterlagen zur Terminplanung und Arbeitsvorbereitung
III, B, 9/00	Auflistung der Angebotsunterlagen
III, B, 10/00	Leistungsbeschreibung und Leistungsprogramm

Unterl. 3/00	AUFLISTUNG DER BIETERSEITIGEN BAUBESCHREIBUNGEN UND DER MÖGLICHEN STRUKTURIERUNGEN DER BAUAUFGABE
Unterlage	**Bezeichnung**
III, B, 4/04	Gebäudeaufgliederung
III, B, 3/01	Bieterseitige Ergänzungen zur auftraggeberseitigen Baubeschreibung
III, B, 3/10	(Freie) Baubeschreibung (Beispiel für eine überarbeitete Baubeschreibung statt der auftraggeberseitigen Baubeschreibung)
III, B, 3/20	Gebäudeorientiert kategorisierte Baubeschreibung nach Bauelementen (DIN 276)
III, B, 3/30	Ausführungsorientiert kategorisierte Baubeschreibung nach Leistungsbereichen (Gewerken) gemäß VOB/C

| Unterlage 3/01 Blatt 1 | ERGÄNZUNGEN ZUR AUFTRAGGEBERSEITIGEN BAUBESCHREIBUNG (UNTERL. III, A, 1/01) |

zu Abs. 1:
Die Außenanlagen werden bauseits erbracht; ebenso alle Entwässerungs-, Kanalisations- und Dränagearbeiten unterhalb und außerhalb des Bauwerks; Aushub und Verfüllung bis zu den aufgeführten Höhenkoten.

zu Abs. 2:
Streifenfundamente aus Ortbeton C 20/25 unter den Treppenhäusern und Bodenplatten (d = 15 cm) aus Ortbeton C 20/25; Einzelfundamente als Köcherfundamente laut FT-Plänen, vertikale Abdichtung gegen nichtdrückendes Wasser, Fertigteilstützen aus glattem Sichtbeton in anstrichfähiger Qualität laut FT-Plänen. Treppenläufe als Fertigteile lt. FT-Plänen, Untersichten und Seitenwangen glatt (dito Podeste) in EG auf Dämmung in anstrichfähiger Qualität laut FT-Plänen. Ansonsten Ortbetonpodeste, B 25 (d = 15 cm), Untersicht in anstrichfähiger Qualität laut FT-Plänen; Treppenhausdecken (d = 15 cm) in Ortbeton C 20/25.
Fertigteilbalken und Filigranplatten mit Aufbeton (Ortbeton, C 20/25); Gesamtdicke der Decken d = 15 cm.
Gipsputz (d = 15 cm) innenseitig auf KS-XL DE 200 und Ortbetonwänden (nicht auf der Seite zu den WC) sowie unter den Treppenhausdecken.

zu Abs. 3:
EG: Bitumenvoranstrich und einlagige Bitumenschweißbahnen zwischen Bodenplatten und weiterem Belag; Dämmschicht d = 60 mm als Wärme- und Trittschallschutz.
Treppenhäuser: Betonwerkstein, Format 300/300/28 mm auf Mörteldickbett; Sockelbereich als Riemchen 500/75/9 mm wie Bodenbelag, jedoch im Dünnbett. Fuge zwischen Sockel und Bodenbelag dauerelastisch versiegelt (Dito Podeste).
Treppenbelag aus Betonwerksteinwinkelstufen wie Bodenbelag im Mörtelbett mit eingelassenem Hartgummiprofil 41/10 mm.
Sanitärbereiche: Keramische Bodenfliesen (100/100/6 mm) aus Feinsteinzeug in einem wasserdichten Dünnbett, ohne Verlegeplan und ohne Gefälle.
Außerhalb Treppenhäuser: Estrich (im Mittel 60 mm), im OG als Verbundestrich. In Professorenräumen: Teppichböden, vollflächig verklebt, Sockelleisten aus PVC mit Teppichbodeneinlage. PVC-Fliesen vollflächig verklebt und mit Weich-PVC verschweißt, Sockelleisten in PVC.

zu Abs. 4:
Sanitärbereiche, Schottenwände: Gipskartonständerwände bis UK Rohdecke, d = 10 cm, beidseitig beplankt, mit einer Kerndämmung aus Mineralfaserwolle, d = 60 mm nach DIN 18165 T1.
Keramische Wandfliesen (100/100/6 mm) geklebt bis zu einer Höhe von 2,12 m. Ansonsten zweifacher Anstrich aller sichtbar bleibenden Putz- und Betonoberflächen mit weißer Dispersionsfarbe (im Sanitärbereich Zugabe von fungizidhemmenden Stoffen).
Flurwände und Archivwände wie oben, jedoch beidseitig doppelt beplankt.
Alle übrigen Wände: wie oben einfach beplankt, jedoch bis UK abgehängte Decke.

zu Abs. 5:
Raumtüren: Größe 1,00/2,12 m mit Stahl-U-Zargen bis UK abgehängter Decke mit Haltevorrichtung für Oberlichter G-30, Türblätter mit Kunststoffbeschichtung, schwarze Drückergarnitur mit Profilzylinder und mit zweifachen Zargenbändern; alle Stahlteile erhalten eine Lackierung.
Archive: Feuerbeständige einflügelige Stahltüren T-90, Stahlzargen, schwarze Dreifachfallenschlösser mit PZ-Einsteckschlössern, Wechsel- und Profilzylinder, Flachformtürschließer in Feuerschutztür F90.
Treppenhäuser: Feuerschutztüren T-30, Größe 1,25/2,12 m, Zargen aus Stahlrohrrahmen, für T-30 Tür mit Brandschutzverglasung aus Klarglas; Türblätter mit Zulassung für T-30-Türen; schwarze Panik-Dreifachfallenschlösser; Obertürschließer nach DIN 18263; Drückergarnitur.
Flure außerhalb Treppenhäuser: Rauchdichte Türen, Größe 1,25/2,12m, Türblätter mit Glasfüllung und 20 cm hohem Querriegel in Drückerhöhe (T-30), Stahl-U-Zarge mit Haltevorrichtung für Oberlichter G-30, schwarze Panik-Dreifachfallenschlösser nach DIN 18263 und Drückergarnitur.
Eingangstüren: Größe 2,00/2,12 m aus Aluminiumprofilrahmen, Türflügel mit Drahtspiegelglas und Querriegel, h = 20 cm, in Höhe der Drückergarnitur. Rohrrahmenzylinderschloss, beidseitige Stoßgriffe mit Rosetten, verdeckt montiert; Panikriegelbeschläge, Obertürschließer. Drehtüren als Lichtschleuse für Dunkelkammer in Fotolabor.

zu Abs. 7:
Fassade als Leichtmetall-Pfosten-Riegelkonstruktion, Dreh-Kipp-Fenster (ISO-Verglasung), Füllelemente (Glas-Alu- bzw. Alu-Paneele), thermisch getrennte Vorsatzkonstruktion; konstruktive Befestigung mit dem Baukörper über Beschläge an den Kopfseiten der Betondecken. Sonnenschutz nur auf den Südseiten als innenliegende Lamellenstores mit Antrieben.

Unterlage 3/01 Blatt 2   Anhang III B

III B

Unterlage 3/01 Blatt 2	ERGÄNZUNGEN ZUR AUFTRAGGEBERSEITIGEN BAUBESCHREIBUNG (UNTERL. III, A, 1/01)

zu Abs. 8:
Gefälledämmung; Lichtkuppeln mit Aufsatzkranz.

zu Abs. 9:
Abgehängte Decken, bestehend aus Mineralfaserplatten. Die lichte Höhe ab OKFF beträgt i.d.R. 2,60 m, jedoch in der Ausstellungshalle und in der Bibliothek 2,75 m. Innerhalb der Decken werden nach bauseitigen Angaben jedoch Anpassungen zum Einbau von Deckenleuchten angelegt und bauseits gestellte Leuchten eingebaut, aber nicht angeschlossen.

zu Abs. 10:
Die Dachentwässerung erfolgt über mittig in den Dachflächen liegenden Dachabläufen mit innenliegenden Regenfallleitungen, die zu den Installationswänden verzogen werden (im Bauwerk A auch offen vor der StB-Innenwand).
Die Fallleitungen werden zwischen den Fundamenten durch nach außen geführt und an eine Grundleitung angeschlossen, die sich zwischen den beiden Gebäuden auf dem eigenen Grundstück befindet. Am Fuß jeder Fallleitung ist eine Reinigungsöffnung angebracht. Sanitärbereiche: Urinal-Anlagen, weiß, mittlerer Standard, wandhängend, mit Selbstschlussarmaturen; WC-Anlagen, weiß, mittlerer Standard, wandhängend, mit Selbstschlussarmaturen; Doppel-Waschtischanlagen, weiß, mittlerer Standard, wandhängend, mit Selbstschlussarmaturen.
Teeküchen: Spüle mit Unterbau (1 Becken), Kochendwasserzubereiter als betriebsfertige Einheit einschl. Verrohrung, 5 kW Dauerleistung.
Fotolabor: Ausgussbecken, Sanitärporzellan, weiß.
TH, je Etage: Wandhydranten einschl. Leitungen.

zu Abs. 11:
Neben TH: Licht, Verbrauchsstrom und EDV sind jeweils an getrennte Stromkreisen angeschlossen. Die Leitungen für die Beleuchtungsanlage werden über den abgehängten Decken und in den leichten Trennwänden verlegt. Die anderen Leitungen verlaufen in einem Fensterbankkanal.
Büros (Professor, Doktor, Hiwi, Sekretärin, Assistent, Verwaltung): 2 Doppelsteckdosen (1x EDV); 1 Steckdose neben der Tür, 1 Schalteranlage Deckenbeleuchtung, Schalter neben jeder Tür.
Studenten: 1 Doppelsteckdose je 3,60 m Achsraster, 1 EDV- Doppelsteckdose, 1 Steckdose neben der Tür,
1 Schaltanlage Deckenbeleuchtung, Schalter neben jeder Tür.
Bibliothek/Ausstattung: 1 Doppelsteckdose je 3,60 m Achsraster, 1 EDV- Doppelsteckdose, 1 Steckdose neben der Tür, 1 Schaltanlage Deckenbeleuchtung, Schalter neben jeder Tür.
Arbeitsräume: 1 Doppelsteckdose je 3,60 m Achsraster, 2 EDV- Doppelsteckdosen, 1 Steckdose neben der Tür, 1 Schaltanlage Deckenbeleuchtung, Schalter neben jeder Tür.
Lager, Archive: 1 Doppelsteckdose je 3,60 m Achsraster, 1 Steckdose neben der Tür, 1 Schaltanlage Deckenbeleuchtung, Schalter neben jeder Tür.
Teeküchen: 3 Doppelsteckdosen, 1 Steckdose neben der Tür, 1 Schaltanlage Deckenbeleuchtung, Schalter neben der Tür.
WC: 1 Schaltanlage Deckenbeleuchtung, Schalter neben jeder Tür für Vorraum und Toilette
Fotolabor: 8 Doppelsteckdosen, 4 EDV- Doppelsteckdosen, 1 Steckdose neben der Tür, 1 Schaltanlage Deckenbeleuchtung.
Dunkelkammer: 4 Doppelsteckdosen, 1 Schaltanlage Deckenbeleuchtung, 1 Schaltanlage Deckenbeleuchtung (Schwarzlicht).
Kopier- und Plotterraum: 8 Doppelsteckdosen, 1 Steckdose neben der Tür, 1 Schaltanlage Deckenbeleuchtung.
Flure: 1 Doppelsteckdose je 4 m Flurlänge, 1 Schaltanlage Deckenbeleuchtung, Schalter neben jedem Zugang aus dem TH.
Treppenhäuser: Zentrale Treppenbeleuchtungsanlage der TH, Schalter neben jedem Zugang, Aufputzleuchten.
Überall, außer TH: Je nach erforderlicher Beleuchtungsstärke werden ausreichend Trilux Einzelleuchten der Baureihe 3601 RPH/...W in die abgehängte Decke eingebaut.
Blitzschutz- und Erdungsanlagen: Die beiden Gebäude sind von je einem Fundamenterder umgeben, an denen die Ableitungen angeschlossen sind. Auf den Dachflächen ist ein maschenförmiges Fangnetz errichtet. Zusätzlich gehen von dem Fundamenterder noch Anschlüsse zu den Potenzialausgleichsschienen.
Alle anzuschließenden Objekte werden bauseits gestellt und angeschlossen.
Plattenheizkörper mit glatten Oberflächen; Heizrohrleitungen; zentrale Wärmeerzeugungsanlage mit Plattenwärmetauscher.
Be- und Entlüftung des Fotolabors.
Behindertengerechter Personenaufzug, Kabinengröße 1,80m x 1,10m

Unterl. 3/10 Blatt 1	(FREIE BAUBESCHREIBUNG) Beispiel für eine überarbeitete Baubeschreibung statt der Anfrage-Baubeschreibung

Die Bauaufgabe beinhaltet zwei Stahlbetonskelettbauwerke aus Fertigteilen und Filigrandecken mit Aufbeton; die Aussteifung der Bauwerke erfolgt über Ortbeton-Treppenhauskerne. Die Bauwerke sind höhenmäßig versetzt, eines ist zweigeschossig, das andere ist dreigeschossig.
Die Außenanlagen werden bauseits erbracht; ebenso alle Entwässerungs-, Kanalisations- und Dränagearbeiten unterhalb und außerhalb des Bauwerks; Aushub und Verfüllung bis zu den in Unterlage I, B, 6/12 aufgeführten Höhenkoten.

Die Fundamente sind bewehrt und werden geerdet; die Stahlbetonstützen werden in anstrichfähiger Qualität ausgeführt. Die Treppenhausaußenwände des Bauwerks A werden mit KSV ausgefacht. Alle Wände, Kerndecken, Treppen und Podeste aus Ortbeton werden geputzt.
Streifenfundamente aus Ortbeton B25 unter den Treppenhäusern und Bodenplatten (d = 15cm) aus Ortbeton B25; Köcherfundamente laut FT-Plänen, vertikale Abdichtung gegen nichtdrückendes Wasser, Fertigteilstützen aus glattem Sichtbeton in anstrichfähiger Qualität laut FT-Plänen.
Treppenläufe als Fertigteile lt. FT-Plänen, Untersichten und Seitenwangen glatt (dito Podeste) in EG auf Dämmung in anstrichfähiger Qualität laut FT-Plänen. Ansonsten Ortbetonpodeste, B 25 (d = 15cm), Untersicht in anstrichfähiger Qualität laut FT-Plänen, Treppenhausdecken (d = 15 cm) in Ortbeton B25.
Fertigteilbalken und Filigranplatten mit Aufbeton (Ortbeton, B 25); Gesamtdicke der Decken d = 15 cm.
Gipsputz (d = 15mm) innenseitig auf KS-XL DE 200 und Ortbetonwänden (nicht auf der Seite zu den WC) sowie unter den Treppenhausdecken.

In allen Geschossen wird Verbundestrich eingebaut. Beläge: Professorenräume Velours-Teppichböden, Sanitärräume Bodenfliesen 10/10, sonstige Räume PVC-Belag 60/60. In den Treppenhäusern wird ein Betonwerkstein 30/30 im Mörtelbett verlegt. Der Treppenbelag besteht aus Winkelstufen d = 4 cm mit eingelassenem Hartgummiprofil 4/1 cm.
EG: Bitumenvoranstrich und einlagige Bitumenschweißbahnen zwischen Bodenplatten und weiterem Belag, Dämmschicht d = 60 mm als Wärme- und Trittschallschutz.
Treppenhäuser: Betonwerkstein, Format 300/300/28 mm auf Mörteldickbett; Sockelbereich als Riemchen 500/75/9 mm wie Bodenbelag, jedoch im Dünnbett. Fuge zwischen Sockel und Bodenbelag dauerelastisch versiegelt (dito Podeste).
Treppenbelag aus Betonwerksteinwinkelstufen wie Bodenbelag mit eingelassenem Hartgummiprofil 41/10 mm im Mörtelbett.
Sanitärbereiche: Keramische Bodenfliesen (100/100/6 mm) aus Feinststeinzeug in einem wasserdichten Dünnbett, ohne Verlegeplan und ohne Gefälle.
Außerhalb Treppenhäuser: Estrich (im Mittel d = 60 mm), in OG als Verbundestrich. In Professorenräumen: Teppichböden, vollflächig verklebt, Sockelleisten aus PVC mit Teppichbodeneinlage. PVC-Fliesen vollflächig verklebt und mit Weich-PVC verschweißt, Sockelleisten in PVC.

Nichttragende Innenwände aus Gipskarton (beidseitig beplankt, d = 12,5 mm; Kerndämmung aus Mineralfaserwolle, d = 60 mm) in allen Räumen bis unter die Rohdecke. Bekleidung der Wände: Sanitärräume bis 2,00 m aus keramischen Fliesen, Format 10/10; ansonsten zweifacher weißer Anstrich; der Ortbeton vorab geputzt.
Sanitärbereiche, Schottenwände: Gipskartonständerwände bis UK Rohdecke, d = 10 cm, beidseitig beplankt, mit einer Kerndämmung aus Mineralfaserwolle, d= 60mm nach DIN 18165 T1.
Keramische Wandfliesen (100/100/6 mm) geklebt bis zu einer Höhe von 2,12 m. Ansonsten zweifacher Anstrich aller sichtbar bleibenden Putz- und Betonflächen mit weißer Dispersionsfarbe (im Sanitärbereich Zugabe von fungizidhemmenden Stoffen; Stützen waschbeständig).
Flurwände und Archivwände wie oben, jedoch beidseitig doppelt beplankt.
Alle übrigen Wände: wie oben einfach beplankt, jedoch bis UK abgehängter Decke.

Die Innentüren haben raumhohe Zargen (mit Oberlicht), 2fache Zapfenbänder, Oberflächen PVC-beschichtet. Türgriffe: Fabrikat "Hewi" oder gleichwertig. Generell geht die Türzarge bis zur Unterkante Stahlbetondecke, die Türblatthöhe beträgt 2,20 m. Eingangstüren als Doppeltür in T 30, Breite 2,0 m.
Raumtüren: Größe 1,00/2,12 m mit Stahl-U-Zargen bis UK abgehängter Decke mit Haltevorrichtung für Oberlichter G-30, Türblätter mit Kunststoffbeschichtung, schwarze Drückergarnitur mit Profilzylinder und mit zweifachen Zargenbändern; alle Stahlteile erhalten eine Lackierung.
Archive: Feuerbeständige einflügelige Stahltüren T-90, Stahlzargen, schwarze Dreifachfallenschlösser mit PZ-Einsteckschlössern, Wechsel- und Profilzylinder, Flachformtürschließer in Feuerschutztür F90.
Treppenhäuser: Feuerschutztüren T-30, Größe 1,25/2,12 m, Zargen aus Stahlrohrrahmen, für T-30 Tür mit Brandschutzverglasung aus Klarglas; Türbänder mit Zulassung für T-30-Türen; schwarze Panik-Dreifachfallenschlösser; Obertürenschließer nach DIN 18263; Drückergarnitur.

Unterlage 3/10 Blatt 2   Anhang III B

Unterl. 3/10 Blatt 2	(FREIE BAUBESCHREIBUNG) Beispiel für eine überarbeitete Baubeschreibung statt der Anfrage-Baubeschreibung

Flure außerhalb Treppenhäuser: Rauchdichte Türen, Größe 1,25/2,12 m, Türblätter mit Glasfüllung und 20 cm hohem Querriegel in Drückerhöhe (T-30), Stahl-U-Zarge mit Haltevorrichtung für Oberlichter G-30, schwarze Panik-Dreifachfallenschlösser nach DIN 18263 und Drückergarnituren.
Eingangstüren: Größe 2,00/2,12 m aus Aluminiumprofilrahmen, Türflügel mit Drahtspiegelglas und Querriegel, h = 20 cm, in Höhe der Drückergarnitur. Rohrrahmenzylinderschloß, beidseitige Stoßgriffe mit Rosetten, verdeckt montiert; Panikriegelbeschläge, Obertürschließer.
Drehtüren als Lichtschleuse für Dunkelkammer in Fotolabor.

Die Treppenhäuser erhalten ein Geländer, bestehend aus feuerverzinkten Stahlrahmen mit weißem Deckanstrich. Die Felder sind mit getöntem Acrylglas gefüllt. Befestigung seitlich am Treppenlauf.

Vorhangfassaden aus Sandwichelementen einschließlich isolierverglaster Dreh-Kippfenster.
Fassade als Leichtmetall-Pfosten-Riegelkonstruktion, Dreh-Kipp-Fenster (ISO-Verglasung), Füllelemente (Glas-Alu- bzw. Alu-Paneele), thermisch getrennte Vorsatzkonstruktion; konstruktive Befestigung mit dem Baukörper über Beschläge an den Kopfseiten der Betondecken.
Sonnenschutz nur auf den Südseiten als außenliegende Lamellenstores, drehbar und hinterlüftet mit Antrieben.

Die Flachdachabdichtung ist gemäß den einschlägigen technischen Richtlinien des Dachdeckerhandwerkes mit Bitumenbahnen zu erstellen. Die Dachoberfläche hat ein Gefälle von 2°. Über jedem Treppenhaus befindet sich eine zweischalige Acryllichtkuppel 1,0/1,0 m.
Gefälledämmung; Lichtkuppeln mit Aufsatzkranz.

Alle Räume erhalten eine abgehängte Mineralfaserkassettendecke mit integrierten Neonleuchten bei einer lichten Höhe von 2,60 m.
Abgehängte Decken, bestehend aus Mineralfaserplatten.
Die lichte Höhe ab OKFF beträgt i.d.R. 2,60 m, jedoch in der Ausstellungshalle und in der Bibliothek 2,75 m. Innerhalb der Decken werden nach bauseitigen Angaben jedoch Anpassungen zum Einbau von Deckenleuchten angelegt und bauseits gestellte Leuchten eingebaut, aber nicht angeschlossen.
Personenaufzug, Kabinengröße 1,80m x 1,10 m.
Sanitärausstattung gemäß den Entwurfsplänen einschließlich eines Bodenablaufs pro WC-Bereich; Kupferrohre sind zu verwenden.
Die Dachentwässerung erfolgt über mittig in den Dachflächen liegenden Dachabläufen mit innenliegenden Regenfallleitungen, die zu den Installationswänden verzogen werden (im Bauwerk A auch offen vor der StB-Innenwand).
Die Fallleitungen werden zwischen den Fundamenten durch nach außen geführt und an eine Grundleitung angeschlossen, die sich zwischen den beiden Gebäuden auf dem eigenen Grundstück befindet. Am Fuß jeder Fallleitung ist eine Reinigungsöffnung angebracht.
Sanitärbereiche: Urinal-Anlagen, weiß, mittlerer Standard, wandhängend, mit Selbstschlussarmaturen; WC-Anlagen, weiß, mittlerer Standard, wandhängend, mit Selbstschlussarmaturen; Doppel-Waschtischanlagen, weiß, mittlerer Standard, wandhängend, mit Selbstschlussarmaturen
Teeküchen: Spüle mit Unterbau (1 Becken), Kochendwasserzubereiter als betriebsfertige Einheit einschl. Verrohrung, 5 kW Dauerleistung.
Fotolabor: Ausgussbecken, Sanitärporzellan, weiß.
TH, je Etage: Wandhydranten einschl. Leitungen.

Elektroausstattung für die erforderlichen Leuchten und Stecker, Telefone, Antennenanschlüsse und Haussprechanlagen.
Neben TH: Licht, Verbrauchsstrom und EDV sind jeweils an getrennten Stromkreisen angeschlossen. Die Leitungen für die Beleuchtungsanlage werden über den abgehängten Decken und in den leichten Trennwänden verlegt. Die anderen Leitungen verlaufen in einem Fensterbankkanal.
Büros (Professor, Doktor, Hiwi, Sekretärin, Assistent, Verwaltung): 2 Doppelsteckdosen (1x EDV); 1 Steckdose neben der Tür, 1 Schalteranlage Deckenbeleuchtung, Schalter neben jeder Tür.
Studenten: 1 Doppelsteckdose je 3,60 m Achsraster, 1 EDV-Doppelsteckdose, 1 Steckdose neben der Tür, 1 Schalteranlage Deckenbeleuchtung, Schalter neben jeder Tür.
Bibliothek/Ausstattung: 1 Doppelsteckdose je 3,60 m Achsraster, 1 EDV- Doppelsteckdose, 1 Steckdose neben der Tür, 1 Schalteranlage Deckenbeleuchtung, Schalter neben jeder Tür.
Arbeitsräume: 1 Doppelsteckdose je 3,60 m Achsraster, 2 EDV- Doppelsteckdosen, 1 Steckdose neben der Tür, 1 Schalteranlage Deckenbeleuchtung, Schalter neben jeder Tür.
Lager, Archive: 1 Doppelsteckdose je 3,60 m Achsraster, 1 Steckdose neben der Tür, 1 Schaltanlage Deckenbeleuchtung, Schalter neben jeder Tür.

Anhang III B   Unterlage 3/10 Blatt 3

Unterl. 3/10 Blatt 3	(FREIE BAUBESCHREIBUNG) Beispiel für eine überarbeitete Baubeschreibung statt der Anfrage-Baubeschreibung

III B

Teeküchen: 3 Doppelsteckdosen, 1 Steckdose neben der Tür, 1 Schaltanlage Deckenbeleuchtung, Schalter neben der Tür.
WC: 1 Schaltanlage Deckenbeleuchtung, Schalter neben jeder Tür für Vorraum und Toilette
Fotolabor: 8 Doppelsteckdosen, 4 EDV- Doppelsteckdosen, 1 Steckdose neben der Tür, 1 Schaltanlage Deckenbeleuchtung.
Dunkelkammer: 4 Doppelsteckdosen, 1 Schaltanlage Deckenbeleuchtung, 1 Schaltanlage Deckenbeleuchtung (Schwarzlicht).
Kopier- und Plotterraum: 8 Doppelsteckdosen, 1 Steckdose neben der Tür, 1 Schaltanlage Deckenbeleuchtung.
Flure: 1 Doppelsteckdose je 4 m Flurlänge, 1 Schaltanlage Deckenbeleuchtung, Schalter neben jedem Zugang aus dem TH.
Treppenhäuser: Zentrale Treppenbeleuchtungsanlage der TH, Schalter neben jedem Zugang, Aufputzleuchten.
Überall, außer TH: Je nach erforderlicher Beleuchtungsstärke werden ausreichend Trilux Einzelleuchten der Baureihe 3601 RPH/...W in die abgehängte Decke eingebaut.
Blitzschutz- und Erdungsanlagen: Die beiden Gebäude sind von je einem Fundamenterder umgeben, an denen die Ableitungen angeschlossen sind. Auf den Dachflächen ist ein maschenförmiges Fangnetz errichtet. Zusätzlich gehen von dem Fundamenterder noch Anschlüsse zu den Potenzialausgleichsschienen.

Alle anzuschließenden Objekte werden bauseits gestellt und angeschlossen.
Plattenheizkörper mit glatten Oberflächen; Heizrohrleitungen; zentrale Wärmeerzeugungsanlage mit Plattenwärmetauscher.
Be- und Entlüftung des Fotolabors.

Unterlage 3/20 Blatt 1 — Anhang III B

GEBÄUDEORIENTIERTE KATEGORISIERTE BAUBESCHREIBUNG

Kosten-gruppe (1)	Qualitäts-gruppe (2)	Beschreibung der Qualitäten / Ausgestaltung der Bauelemente (3)	DIN 18... (4)	Ortsangabe (5)
300		**Bauwerk - Baukonstruktion**		
310		**Baugrube**		
311		Baugrubenherstellung Aushub und Verfüllung bis zu den in den Schnitten aufgeführten Höhenkoten; inkl. Sauberkeitsschicht Kies (FT) und Magerbeton (Ortbeton)	300	Bauwerk (BW) A+B und Verbindungsgebäude (VG) überall
320		**Gründung**		
322		**Flachgründungen**		
	a	Einzelfundamente als Fertigteilköcherfundamente lt. FT-Plänen	331	unter den Stützen
	b	Streifenfundamente aus Ortbeton C 20/25	331	BW A+B + VG Treppenhäuser (TH)
	c	Frostschürzen lt. FT-Plänen	331	zw. Fundamenten
	d	Ortbetonfundament unter Aufzugsschacht	331	Verbindungsgebäude unter Aufzugsschacht
324		**Bodenplatten** Bodenplatten (d= 15 cm) aus Ortbeton C 20/25	331	BW A+B und VG überall
325		**Bodenbeläge**		
	a	Dämmschicht d= 60 mm als Wärme- und Trittschallschutz unter dem Mörtel für die Betonwerksteine	333	BW A+B EG TH + VG
	b	Dämmschicht wie a, jedoch unter Estrich	353	BW A+B EG außerhalb TH
	c	Betonwerksteinplatten, Format 300/300/28 mm auf Mörteldickbett; Sockelbereich als Riemchen 500/75/9 mm wie Bodenbelag, jedoch im Dünnbett; Fuge zwischen Sockel und Bodenbelag dauerelastisch versiegelt.	333	BW A+B EG TH + VG
	d	Estrich (im Mittel d= 60 mm) auf Dämmung	353	BW A+B EG außerhalb TH
	e	Keramische Bodenfliesen (100/100/6) aus Feinsteinzeug in einem wasserdichten Dünnbett, ohne Verlegeplan und ohne Gefälle	352	BW A+B EG Sanitärbereiche
	f	Vollflächig verklebte und mit Weich-PVC verschweißte PVC-Fliesen 60/60 cm; Sockelleisten in PVC	365	BW A+B EG außerhalb der TH und der Sanitärbereiche
326		**Bauwerksabdichtung**		
	a	Vertikale Abdichtung gegen nichtdrückendes Wasser: Bitumenvoranstrich und einlagige Bitumenschweißbahn	336	BW A+B und VG Außenseiten umlaufend
	b	Horizontal: Bitumenvoranstrich und einlagige Bitumenschweißbahn zwischen Bodenplatten und weiterem Belag	336	BW A+B und VG überall
330		**Außenwände**		
331		**Tragende Außenwand** Ortbeton C 20/25, d= 20 cm	331	TH, Verbindungsgebäude
332		**Nicht tragende Außenwand** Ausfachung der Außenwände mit KS-XL DE 200, Verankerung an den Betondecken	330	TH Bauwerk A
334		**Außentüren und Fenster**		
	a1	Eingangstüren: Größe 2,00/2,12 m aus Aluminiumprofilrahmen, Türflügel mit Drahtspiegelglas und Querriegel, h= 20 cm, in Höhe der Drückergarnitur; Rohrrahmenzylinderschloss, beidseitige Stoßgriffe mit Rosetten, verdeckt montiert, Panikriegelbeschläge, Obertürschließer	351	Eingangstüren
	a2	Notausgangstüren: Größe 1,20/2,12 m aus Aluminiumprofilrahmen, Türflügel mit Drahtspiegelglas und Querriegel, h= 20 cm, in Höhe der Drückergarnitur; Rohrrahmenzylinderschloss, beidseitige Stoßgriffe mit Rosetten, verdeckt montiert, Panikriegelbeschläge, Obertürschließer	352	BW B, EG
	a3	Eingangstüren: Größe 1,20/2,12 m aus Aluminiumprofilrahmen, Türflügel mit Drahtspiegelglas und Querriegel, h= 20 cm, in Höhe der Drückergarnitur; Rohrrahmenzylinderschloss, beidseitige Stoßgriffe mit Rosetten, verdeckt montiert, Panikriegelbeschläge, Obertürschließer	352	Eingangstüren, Verbindungsgebäude
	b	Fenster siehe KG 337	351	Fassade
335		**Außenwandbekleidungen (außen)**		
	a	Wärmedämm-Verbundsystem, d=10 cm	345	Verbindungsgebäude
	b	Zweimaliger Anstrich aus weißer Dispersionsfarbe	363	Verbindungsgebäude
336		**Außenwandbekleidungen (innen)**		
	a	Gipsputz, d=15 mm	350	TH innen, Verbindungsgebäude
	b	Zweimaliger Anstrich aus weißer Dispersionsfarbe	363	TH innen, Verbindungsgebäude
	c	siehe KG 337	351	außerhalb TH
337		**Elementierte Außenwand** Fassade als Leichtmetall-Pfosten- Riegelkonstruktion, Dreh-Kipp-Fenster (ISO-Verglasung), Füllelemente (Glas-Alu bzw. Alu-Paneele), thermisch getrennte Vorsatzkonstruktion; konstruktive Befestigung mit dem Baukörper über Beschläge an den Kopfseiten der Betondecken	351	BW A+B und VG (ohne trag. Außenwand) überall
338		**Sonnenschutz** außenliegende Sonnenschutzanlage drehbar und hinterlüftet mit Antrieben	358	Südseiten
340		**Innenwände**		
341		**Tragende Innenwand** Ortbeton C 20/25, d= 20 cm	331	TH, Verbindungsgebäude
343		**Innenstützen** Fertigteile aus glattem Sichtbeton in anstrichfähiger Qualität, lt. FT-Plänen	331	BW A+B, überall

Anhang III B   Unterlage 3/20 Blatt 2

Unterl. 3/20 Blatt 2		GEBÄUDEORIENTIERTE KATEGORISIERTE BAUBESCHREIBUNG		
Kosten-gruppe (1)	Qualitäts-gruppe (2)	Beschreibung der Qualitäten Ausgestaltung der Bauelemente (3)	DIN 18... (4)	Ortsangabe (5)
344		Innentüren		
	a1	Feuerschutztüren T-30, Größe 1,25/2,12 m; Türblatt mit Zulassung für T-30, mit Brandschutzverglasung aus Klarglas für T-30 Tür	360	TH
	a2	Stahlrohrrahmen für T-30 Tür	360	TH
	a3	Schwarze Panik-Dreifachfallenschlösser; Obertürschließer nach DIN 18263 und Drückergarnitur	357	TH
	b1	Feuerbeständige, einflügelige Stahltüren T-90, Größe 1,25/2,12 m	360	Archive
	b2	Stahlzargen für T-90 Tür	360	Archive
	b3	Schwarze Dreifachschlösser mit PZ-Einsteckschlössern, Wechsel- und Profilzylinder, Flachformtürschließer in Feuerschutztür T-90	357	Archive
	c1	Rauchdichte Türen, Größe 1,25/2,12 m, Türblätter mit Glasfüllung und 20 cm hohem Querriegel in Drückerhöhe (T-30)	360	Flure außerhalb TH
	c2	Stahl-U-Zargen mit Haltevorrichtungen für Oberlichter	360	Flure außerhalb TH
	c3	Oberlichter in G-30	361	Flure außerhalb TH
	c4	Schwarze Panik-Dreifachfallenschlösser; Obertürschließer nach DIN 18263 und Drückergarnitur	357	Flure außerhalb TH
	d1	Raumtüren, Größe 1,00/2,12 m, Türblätter Kunststoffbeschichtung	355	Räume außerhalb TH
	d2	Stahl-U-Zarge bis UK abgehängter Decke mit Haltevorrichtung für Oberlichter und mit zweifachen Zapfenbändern	360	Räume außerhalb TH
	d3	Oberlichter in G-30	361	Räume außerhalb TH
	d4	Schwarze Drückergarnitur mit Profilzylinder, alle Stahlteile erhalten eine Lackierung	357	Räume außerhalb TH
	e	Drehtüren als Lichtschleuse für Dunkelkammer im Fotolabor	360	Fotolabor
	f1	Feuerbeständige, einflügelige Stahltüren T-90	360	VG 2.OG Technikraum
	f2	Stahlzargen für T-90 Tür	360	VG 2.OG Technikraum
	f3	Schwarze Dreifachfallenschlösser mit PZ-Einsteckschlössern, Wechsel- und Profilzylinder, Flachformtürschließer in Feuerschutztür T-90	357	VG 2.OG Technikraum
345		Innenwandbekleidungen		
		Auf tragenden Innenwänden		
	a1	Gipsputz, d=15 mm (nicht auf den Seiten zu den WC`s)	350	TH innen, Verbindungsgebäude
	a2	Zweimaliger Anstrich aus weißer Dispersionsfarbe (nicht auf den Seiten zu den WC`s)	363	TH innen, Verbindungsgebäude
	b	Innenstützen Waschbeständiger zweifacher Anstrich aus weißer Dispersionsfarbe bis UK abgehängter Decke	363	BW A+B, überall
		auf zweiteiligen Innenwänden		
	c1	Zweifacher Anstrich aus weißer Dispersionsfarbe bis UK abgehängter Decke	363	überall außer Sanitärbereiche
	c2	Zweifacher Anstrich aus weißer Dispersionsfarbe, fungizidhemmend, von Höhe 2,12 m bis UK abgehängter Decke	363	Sanitärbereiche
	c3	Keramische Wandfliesen (100/100/6 mm) geklebt bis zu einer Höhe von 2,12 m (Außenwand nicht gefliest)	352	Sanitärbereiche
346		Elementierte Innenwände		
	a1	Gipskartonständerwände bis UK Rohdecke; d= 10 cm, beidseitig doppelt beplankt nach DIN 4102 (Brandschutz) und einer Kerndämmung aus Mineralfaserwolle, d= 60 mm nach DIN 18165 T1	340	Flurwände außerhalb TH, Archive
	a2	Gipskartonständerwände bis UK Rohdecke; d= 10 cm, beidseitig beplankt, mit einer Kerndämmung aus Mineralfaserwolle, d= 60 mm nach DIN 18165 T1	340	Sanitärbereiche, Schottenwände im Bereich der RD-Türen
	a3	wie a2, jedoch nur bis UK-abgehängter Decke	340	außerhalb TH alle übrigen Innenwände außer Flurwände, Schottenwände im Bereich der RD-Türen, Sanitärbereiche
	b	Installationswände Gipskartonständerwände bis UK abgehängter Decke, d=27 cm, einseitig beplankt	340	Wände in Sanitärbereich vor tragender Innenwand
349		Innenwände, Sonstiges		
	a	Geländer aus Stahlrohrrahmen	360	BW A+B TH
	b	Handläufe für Treppenlauf	360	Bauwerk B, TH B, VG an tragender Innenwand
350		Decken		
351		Deckenkonstruktionen und Treppen		
	a	Treppenläufe als Fertigteile lt. FT-Plänen, Untersichten und Seitenwangen glatt in anstrichfähiger Qualität	331	TH, Verbindungsgebäude
	b	Podeste als Fertigteile lt. FT-Plänen, Untersichten und Seitenwangen glatt in anstrichfähiger Qualität	331	Bauwerk A, TH
	c	Ortbetonpodeste, C 20/25, d=15 cm, Untersichten glatt in anstrichfähiger Qualität	331	Bauwerk B, TH
	d	Treppenhausdecken (d=15 cm) in Ortbeton C 20/25	331	TH, Verbindungsgebäude
	e	Fertigteilbalken (h=45 cm) und Filigranplatten mit Aufbeton (Ortbeton, C 20/25); Gesamtdicke der Decken = 15 cm	331	außerhalb TH
352		Decken- und Treppenbeläge		
	a	Betonwerksteinplatten, Format 300/300/28 mm auf Mörteldickbett; Sockelbereich als Riemchen 500/75/9 mm wie Bodenbelag, jedoch im Dünnbett; Fuge zwischen Sockel und Bodenbelag dauerelastisch versiegelt (wie KG 325 c)	333	Obergeschosse TH sowie Archive in BW B, TH + VG
	b	Treppenbelag aus Betonwerksteinwinkelstufen d = 40 mm mit eingelassenem Hartgummiprofil 41/10 mm im Mörtelbett, sonst wie a	333	TH + VG
	c	Podestbelag wie a	333	TH
	d	Verbundestrich (im Mittel d= 60 mm)	353	Obergeschosse außerhalb TH
	e	Keramische Bodenfliesen (100/100/6) aus Feinsteinzeug in einem wasserdichten Dünnbett, ohne Verlegeplan und ohne Gefälle (wie KG 325 e)	352	OG Sanitärbereiche
	f	Teppichböden, vollflächig verklebt; Sockelleisten aus PVC mit Teppichbodeneinlage	365	Professorenbüros
	g	Vollflächig verklebte und mit Weich-PVC verschweißte PVC-Fliesen 60/60 cm; Sockelleisten in PVC, (wie KG 325 f)	365	Obergeschosse Restflächen

Unterl. 3/20 Blatt 3		GEBÄUDEORIENTIERTE KATEGORISIERTE BAUBESCHREIBUNG		
Kostengruppe (1)	Qualitätsgruppe (2)	Beschreibung der Qualitäten Ausgestaltung der Bauelemente (3)	DIN 18... (4)	Ortsangabe (5)
353		Decken- und Treppenbekleidungen		
	a	Gipsputz, d=15 mm	350	Decken TH + VG
	b	Zweifacher Anstrich mit weißer Dispersionsfarbe	363	Decken TH + Treppen + Podeste + VG
	c	Abgehängte Decken, aus Mineralfaserplatten in verschiedenen Abhängungshöhen Die lichte Höhe ab OKFF beträgt i.d.R. 2,60 m, jedoch in der Ausstellungshalle und in der Bibliothek 2,75 m. Innerhalb der Decken werden nach bauseitigen Angaben jeweils Aussparungen zum Einbau von Deckenleuchten angelegt und bauseits gestellte Leuchten eingebaut, aber nicht angeschlossen	340	außerhalb TH
360		Dächer		
361	a	Dachkonstruktionen Treppenhausdecken, C 20/25, d=15 cm (wie KG 351 d)	331	TH + VG
	b	Fertigteilbalken (h=45 cm) und Filigranplatten mit Aufbeton (Ortbeton, C 20/25); Gesamtdicke der Decken d= 15 cm (wie KG 351 e)	331	außerhalb TH
362		Dachfenster, Dachöffnungen Eine zweischalige Acryllichtkuppel (1,00 m x 1,00 m) mit Aufsatzkranz pro TH	338	BW A+B über TH
363		Dachbeläge Dachabdichtung mit Bitumenbahnen auf Gefälledämmung;	338	BW A+B UndVG überall
		Dachrandausbildung gem. Flachdachrichtlinien		
364		Dachbekleidung		
	a	Gipsputz, d=15 mm, (wie KG 353 a)	350	Decken TH + VG
	b	Zweifacher Anstrich mit weißer Dispersionsfarbe (wie KG 353 b)	363	Decken TH + VG
	c	Abgehängte Decken, bestehend aus Mineralfaserplatten, lichte Höhe ab OKFF beträgt 2,60 m; innerhalb der Decken werden nach bauseitigen Angaben jeweils Aussparungen zum Einbau von Deckenleuchten angelegt und bauseits gestellte Leuchten eingebaut, aber nicht angeschlossen (wie KG 353 c)	340	außerhalb TH
400		Bauwerk - Technische Anlagen		
410		Abwasser-, Wasser- und Gasanlagen		
411		Abwasseranlagen		
	a1	Die Dachentwässerung erfolgt über mittig in den Dachflächen liegenden Dachabläufe, die zu den außenliegenden Fallrohren verzogen werden.	381	Dach BW A+B
	a2	Die Dachentwässerung erfolgt über am Dachrand liegende Dachabläufe, die durch die Außenkernwand zur außenliegenden Regenfallleitung im Bereich des Aufzugkerns verzogen werden. Die Fallleitungen werden an eine Grundleitung angeschlossen, die sich zwischen den beiden Gebäuden auf dem eigenen Grundstück befindet. Am Fuß jeder Fallleitung ist eine Reinigungsöffnung.	381	Dach VG
	b	Entwässerungsrohre	381	BW A+B, überall
412		Wasseranlagen		
	a	Kaltwasserleitung	381	BW A+B, überall
	b	Bodenabläufe, mit Anschlüssen an Fallleitungen; 1 Bodenablauf pro WC-Bereich	381	Sanitärbereiche
		Sanitärobjekte aller Arten, einschl. Auslauf-Absperrarmaturen, Ablauf-Garnituren, Anschlüsse, Befestigungen und Leitungen. Kaltwasserleitungen aus Kupfer, Abwasserleitungen mit Anschluss an Fallleitungen		
	c1	Urinal-Anlagen, weiß, mittlerer Standard, wandhängend, mit Selbstschlussarmaturen; 2 Stück pro Herren-WC	381	Sanitärbereiche, Herren-WC
	c2	WC-Anlagen, weiß, mittlerer Standard, wandhängend, mit Selbstschlussarmaturen; 3 Stück pro Damen-WC und 1 Stück pro Herren-WC	381	Sanitärbereiche
	c3	Doppel-Waschtischanlagen, weiß, mittlerer Standard, wandhängend, mit Selbstschlussarmaturen; 1 Stück pro WC	381	Sanitärbereiche
	c4	Spüle mit Unterbau (1 Becken)	381	Teeküchen
	c5	Kochendwasserbereiter als betriebsfertige Einheit einschl. Verrohrung, 5 kW Dauerleistung; 1 Stück pro Teeküche	381	Teeküchen
	c6	Ausgussbecken, Sanitärporzellan, weiß (4 Becken)	381	Fotolabor
414		Feuerlöschanlagen		
	a	Pulverfeuerlöscher ABC, 6 kg	381	TH, je Etage + VG
	b	Wandhydranten einschl. Leitungen		TH
420		Wärmeversorgungsanlagen		
421		Wärmeerzeugungsanlagen Fernwärme-Übergabestation, indirekter Anschluss als betriebsfertige Einheit mit Plattenwärmetauscher, Druckabsicherung, Hauptpumpen, Armaturen, Verrohrung, Wärmedämmung, Anschlussleistung 400kW	380	Hausanschlussraum
422		Wärmeverteilernetz Rohrleitung einschl. Streckenarmaturen, Zubehör, Wärmedämmung/ Kältedämmung für Raumheizung	380	überall
423		Raumheizungen Plattenheizkörper mit glatter Oberfläche	380	überall, außer in den Fluren
430		Lufttechnische Anlagen		
431		Be- und Entlüftung	379	Fotolabor, BW A 1.OG DA-WC BW B EG Beh.-WC

734

GEBÄUDEORIENTIERTE KATEGORISIERTE BAUBESCHREIBUNG

Unterl. 3/20 Blatt 4

III B

Kostengruppe (1)	Qualitätsgruppe (2)	Beschreibung der Qualitäten Ausgestaltung der Bauelemente (3)	DIN 18... (4)	Ortsangabe (5)
440		**Starkstromanlage**		
443		**Niederspannungsanlagen** Niederspannungs-Schaltgerätekombination als Hauptverteiler	382	
444		**Niederspannungsinstallationsanlagen**	382	
	a	Wand-Aufbau-Verteilungen als Unterverteiler incl. sämtlicher Einbauten. Licht, Verbrauchsstrom und EDV sind jeweils an getrennten Stromkreisen angeschlossen. Die Leitungen für die Beleuchtungsanlage werden über die abgehängten Decken und in den leichten Trennwänden verlegt. Die anderen Leitungen verlaufen in einem Fensterbankkanal.		Neben TH, Verbindungsgebäude
		Elektroausstattung der einzelnen Raumtypen		
	b1	(Professor, Doktor, Hiwi, Sekretärin, Assistent, Verwaltung) 2 Doppelsteckdosen (1x EDV) 1 Steckdose neben der Tür 1 Schaltanlage Deckenbeleuchtung, Schalter neben jeder Tür	382	Büros
	b2	1 Doppelsteckdose je 3,60 m Achsraster 1 EDV- Doppelsteckdose 1 Steckdose neben der Tür 1 Schaltanlage Deckenbeleuchtung, Schalter neben jeder Tür	382	Studenten
	b3	1 Doppelsteckdose je 3,60 m Achsraster 1 EDV- Doppelsteckdose 1 Steckdose neben der Tür 1 Schaltanlage Deckenbeleuchtung, Schalter neben jeder Tür	382	Bibliothek/ Ausstellung
	b4	1 Doppelsteckdose je 3,60 m Achsraster 2 EDV- Doppelsteckdosen 1 Steckdose neben der Tür 1 Schaltanlage Deckenbeleuchtung, Schalter neben jeder Tür	382	Arbeitsräume
	b5	1 Doppelsteckdose je 3,60 m Achsraster 1 Steckdose neben der Tür 1 Schaltanlage Deckenbeleuchtung, Schalter neben jeder Tür	382	Lager, Archive
	b6	3 Doppelsteckdosen 1 Steckdose neben der Tür 1 Schaltanlage Deckenbeleuchtung, Schalter neben der Tür	382	Teeküchen
	b7	1 Schaltanlage Deckenbeleuchtung, Schalter neben jeder Tür für Vorraum und Toilette	382	WC
	b8	8 Doppelsteckdosen 4 EDV- Doppelsteckdose 1 Steckdose neben der Tür 1 Schaltanlage Deckenbeleuchtung	382	Fotolabor
	b9	4 Doppelsteckdosen 1 Schaltanlage Deckenbeleuchtung 1 Schaltanlage Deckenbeleuchtung (Schwarzlicht)	382	Dunkelkammer
	b10	8 Doppelsteckdosen 1 Steckdose neben der Tür 1 Schaltanlage Deckenbeleuchtung	382	Kopier- und Plotterraum
	b11	1 Doppelsteckdose je 4 m Flurlänge 1 Schaltanlage Deckenbeleuchtung, Schalter neben jedem Zugang aus dem TH	382	Flure
	b12	Zentrale Treppenbeleuchtungsanlage der TH, Schalter neben jedem Zugang	382	Treppenhäuser
445		**Beleuchtungsanlagen**		
	a	Je nach erforderlicher Beleuchtungsstärke werden ausreichend Trilux Einzelleuchten der Baureihe 3601 RPH/...W in die abgehängte Decke eingebaut	382	Überall, außer TH
	b	Aufputzleuchten	382	Treppenhäuser
446		**Blitzschutz- und Erdungsanlagen**		
	a	Die Gebäude sind von einem Fundamenterder umgeben, an denen die Ableitungen angeschlossen sind. Zusätzlich gehen von dem Fundamenterder noch Anschlüsse zu der Potentialausgleichsschienen ab.	384	Fundament
450		**Fernmelde- und informationstechnische Anlagen**		
451		**Telekommunikationsanlagen** Telefonanschlussdose; alle Objekte werden bauseits angeschlossen	382	Alle Räume
456		**Gefahrenmelde- und Alarmanlage** RWA-Anlage, auslösbar durch Rauchabzugstaster und optischen Brandmelder.	382	Treppenhäuser
457		**Übertragungsnetz** LWL- Kabelnetz incl. Verteiler und Dosen	382	Alle Räume
460		**Förderanlagen** Personenaufzug; Kabinengröße 1,80 m x 1,10 m; Schachtgröße 2,00 m x 2,00m	385	Verbindungsgebäude
480		**Gebäudeautomation** Schaltschränke	386	BW A+B
490		**Sonstige Maßnahmen für Technische Anlagen** Leitungen in Versorgungskanal verlegen, in KG 420 und 440 enthalten	382	zwischen den Bauwerken

Unterlage 3/30 Blatt 1 — Anhang III B

Unterl. 3/30 Blatt 1	AUSFÜHRUNGSORIENTIERTE KATEGORISIERTE BAUBESCHREIBUNG		

DIN 18...	LB	Leitpos.	Beschreibung der Qualitäten / Ausgestaltung der Bauelemente	Kostengruppe	Ortsangabe
(1)	(2)	(3)	(4)	(5)	(6)
300			**Erdarbeiten**	310	
			Baugrube		
		1	Aushub und Verfüllung bis zu den in den Schnitten aufgeführten Höhenkoten; Inkl. Sauberkeitsschicht Kies (FT) und Magerbeton (Ortbeton)	311	Bauwerk (BW) A+B und Verbindungsgebäude (VG) überall
330			**Mauerarbeiten**		
			Nicht tragende Außenwand		
		1	Ausfachung der Außenwände mit KS-XL DE 200, Verankerung an den Betondecken	332	TH Bauwerk A
331			**Betonarbeiten**		
			Flachgründungen		
		1	Einzelfundamente als Fertigteilköcherfundamente lt. FT-Plänen	322	unter den Stützen
		2	Streifenfundamente aus Ortbeton C 20/25	322	BW A+B + VG Treppenhäuser (TH)
		3	Frostschürzen lt. FT-Plänen	322	zw. Fundamenten
		4	Ortbetonfundament unter Aufzugsschacht	322	Verbindungsgebäude unter Aufzugsschacht
			Bodenplatten		
		5	Bodenplatten (d= 15 cm) aus Ortbeton C 20/25	324	BW A+B und VG überall
			Tragende Außenwand		
		6	Ortbeton C 20/25, d = 20 cm	331	TH, Verbindungsgebäude
			Tragende Innenwand		
		7	Ortbeton C 20/25, d = 20 cm	341	TH, Verbindungsgebäude
			Innenstützen		
		8	Fertigteile aus glattem Sichtbeton in anstrichfähiger Qualität, lt. FT-Plänen	343	BW A+B, überall
			Deckenkonstruktionen und Treppen		
		9	Treppenläufe als Fertigteile lt. FT-Plänen, Untersichten und Seitenwangen glatt in anstrichfähiger Qualität	351	TH, Verbindungsgebäude
		10	Podeste als Fertigteile lt. FT-Plänen, Untersichten und Seitenwangen glatt in anstrichfähiger Qualität	351	Bauwerk A, TH
		11	Ortbetonpodeste, C 20/25, d=15 cm, Untersichten glatt in anstrichfähiger Qualität	351	Bauwerk B, TH
		12	Treppenhausdecken (d=15 cm) in Ortbeton C 20/25	351	TH, Verbindungsgebäude
		13	Fertigteilbalken (h=45 cm) und Filigranplatten mit Aufbeton (Ortbeton, C 20/25); Gesamtdicke der Decken d = 15 cm	351	außerhalb TH
			Dachkonstruktionen		
		14	Treppenhausdecken, C 20/25, d=15 cm (wie KG 351 d)	361	TH + VG
		15	Fertigteilbalken (h=45 cm) und Filigranplatten mit Aufbeton (Ortbeton, C 20/25); Gesamtdicke der Decken d = 15 cm (wie KG 351 e)	361	außerhalb TH
333			**Betonwerksteinarbeiten**		
			Bodenbeläge		
		1	Dämmschicht d= 60 mm als Wärme- und Trittschallschutz unter dem Mörtel für die Betonwerksteine	325	BW A+B EG TH + VG
		2	Betonwerksteinplatten, Format 300/300/28 mm auf Mörteldickbett; Sockelbereich als Riemchen 500/75/9 mm wie Bodenbelag, jedoch im Dünnbett; Fuge zwischen Sockel und Bodenbelag dauerelastisch versiegelt.	325	BW A+B EG TH + VG
			Decken- und Treppenbeläge		
		3	Betonwerksteinplatten, Format 300/300/28 mm auf Mörteldickbett; Sockelbereich als Riemchen 500/75/9 mm wie Bodenbelag, jedoch im Dünnbett; Fuge zwischen Sockel und Bodenbelag dauerelastisch versiegelt (wie KG 325 c)	352	Obergeschosse TH sowie Archive in BW B, TH + VG
		4	Treppenbelag aus Betonwerksteinwinkelstufen d = 40 mm mit eingelassenem Hartgummiprofil 41/10 mm im Mörtelbett, sonst wie a	352	TH + VG
		5	Podestbelag wie a	352	TH
336			**Abdichtungsarbeiten**		
			Bauwerksabdichtungen		
		1	Vertikale Abdichtung gegen nichtdrückendes Wasser: Bitumenvoranstrich und einlagige Bitumenschweißbahn	326	BW A+B und VG Außenseiten umlaufend
		2	Horizontal: Bitumenvoranstrich und einlagige Bitumenschweißbahn zwischen Bodenplatten und weiterem Belag	326	BW A+B und VG überall
338			**Dachdeckungs- und Dachabdichtungsarbeiten**		
			Dachfenster, Dachöffnungen		
		1	Eine zweischalige Acryllichtkuppel (1,00 m x 1,00 m) mit Aufsatzkranz pro TH	362	BW A+B über TH
			Dachbeläge		
		2	Dachabdichtung mit Bitumenbahnen auf Gefälledämmung; Dachrandausbildung gem. Flachdachrichtlinien	363	BW A+B und VG überall
340			**Trockenbauarbeiten**		
			Elementierte Innenwände		
		4	Gipskartonständerwände bis UK Rohdecke; d= 10 cm, beidseitig doppelt beplankt nach DIN 4102 (Brandschutz) und einer Kerndämmung aus Mineralfaserwolle, d= 60 mm nach DIN 18165 T1	346	Flurwände außerhalb TH, Archive
		5	Gipskartonständerwände bis UK Rohdecke; d= 10 cm, beidseitig beplankt, mit einer Kerndämmung aus Mineralfaserwolle, d=60mm nach DIN 18165 T1	346	Sanitärbereiche, Schottenwände im Bereich der RD-Türen
		6	wie a2, jedoch nur bis UK-abgehängter Decke	346	außerhalb TH alle übrigen Innenwände außer Flurwände, Schottenwände im Bereich der RD-Türen, Sanitärbereiche
			Installationswände		
		7	Gipskartonständerwände bis UK abgehängter Decke, d=27 cm, einseitig beplankt	346	Wände in Sanitärbereich vor tragender Innenwand
			Decken- und Treppenbekleidungen		
		9	Abgehängte Decken, aus Mineralfaserplatten in verschiedenen Abhängungshöhen. Die lichte Höhe ab OKFF beträgt i.d.R. 2,60 m, jedoch in der Ausstellungshalle und in der Bibliothek 2,75 m. Innerhalb der Decken werden nach bauseitigen Angaben jeweils Aussparungen zum Einbau von Deckenleuchten angelegt und bauseits gestellte Leuchten eingebaut, aber nicht angeschlossen	353 / 353	außerhalb TH
			Dachbekleidungen		
		11	Abgehängte Decken, bestehend aus Mineralfaserplatten, lichte Höhe ab OKFF beträgt 2,60 m; innerhalb der Decken werden nach bauseitigen Angaben jeweils Aussparungen zum Einbau von Deckenleuchten angelegt und bauseits gestellte Leuchten eingebaut, aber nicht angeschlossen (wie KG 353 c)	364	außerhalb TH

Anhang III B　　　　　　　　　　　　　　　　　　　　　　　Unterlage 3/30 Blatt 2

III B

Unterl. 3/30 Blatt 2	AUSFÜHRUNGSORIENTIERTE KATEGORISIERTE BAUBESCHREIBUNG

KG	Pos.	Beschreibung	KG-Ref	Zuordnung
345		**Wärmedämm-Verbundsystem** *Außenwandbekleidungen (außen)*		
	1	Wärmedämm-Verbundsystem, d=10 cm	335	Verbindungsgebäude
350		**Putz- und Stuckarbeiten** *Außenwandbekleidungen (innen)*		
	2	Gipsputz, d=15 mm	336	TH innen, Verbindungsgebäude
		Innenwandbekleidungen *Auf tragenden Innenwänden*		
	3	Gipsputz, d=15 mm (nicht auf den Seiten zu den WC`s)	345	TH innen, Verbindungsgebäude
		Decken- und Treppenbekleidungen		
	8	Gipsputz, d=15 mm	353	Decken TH + VG
		Dachbekleidungen		
	10	Gipsputz, d=15 mm, (wie KG 353 a)	364	Decken TH + VG
351		**Fassadenarbeiten** *Außentüren und Fenster*		
	1	Eingangstüren: Größe 2,00/2,12 m aus Aluminiumprofilrahmen, Türflügel mit Drahtspiegelglas und Querriegel, h= 20 cm, in Höhe der Drückergarnitur; Rohrrahmenzylinderschloss, beidseitige Stoßgriffe mit Rosetten, verdeckt montiert, Panikriegelbeschläge, Obertürschließer	334	Eingangstüren
	2	Fenster siehe KG 337	334	Fassade
		Elementierte Außenwände		
	3	Fassade als Leichtmetall-Pfosten- Riegelkonstruktion, Dreh-Kipp-Fenster (ISO-Verglasung), Füllelemente (Glas-Alu bzw. Alu-Paneele), thermisch getrennte Vorsatzkonstruktion; konstruktive Befestigung mit dem Baukörper über Beschläge an den Kopfseiten der Betondecken	337	BW A+B und VG (ohne trag. Außenwand) überall
352		**Fliesen- und Plattenarbeiten** *Bodenbeläge*		
	1	Keramische Bodenfliesen (100/100/6) aus Feinsteinzeug in einem wasserdichten Dünnbett, ohne Verlegeplan und ohne Gefälle	325	BW A+B EG Sanitärbereiche
		Außentüren und Fenster		
	2	Notausgangstüren: Größe 1,20/2,12 m aus Aluminiumprofilrahmen, Türflügel mit Drahtspiegelglas und Querriegel, h= 20 cm, in Höhe der Drückergarnitur; Rohrrahmenzylinderschloss, beidseitige Stoßgriffe mit Rosetten, verdeckt montiert, Panikriegelbeschläge, Obertürschließer	334	BW B, EG
	3	Eingangstüren: Größe 1,20/2,12 m aus Aluminiumprofilrahmen, Türflügel mit Drahtspiegelglas und Querriegel, h= 20 cm, in Höhe der Drückergarnitur; Rohrrahmenzylinderschloss, beidseitige Stoßgriffe mit Rosetten, verdeckt montiert, Panikriegelbeschläge, Obertürschließer	334	Eingangstüren Verbindungsgebäude
		Innenwandbekleidungen		
	4	Keramische Wandfliesen (100/100/6 mm) geklebt bis zu einer Höhe von 2,12 m (Außenwand nicht gefliest)	345	Sanitärbereiche
		Decken- und Treppenbeläge		
	5	Keramische Bodenfliesen (100/100/6) aus Feinsteinzeug in einem wasserdichten Dünnbett, ohne Verlegeplan und ohne Gefälle (wie KG 325 a)	352	OG Sanitärbereiche
353		**Estricharbeiten** *Bodenbeläge*		
	1	Dämmschicht wie KG 325a, jedoch unter Estrich	325	BW A+B EG außerhalb TH
	2	Estrich (im Mittel d= 60 mm) auf Dämmung	325	BW A+B EG außerhalb TH
		Decken- und Treppenbeläge		
	3	Verbundestrich (im Mittel d= 60 mm)	352	Obergeschosse außerhalb TH
355		**Tischlerarbeiten**		
	1	Raumtüren, Größe 1,00/2,12 m, Türblätter Kunststoffbeschichtung	344	Räume außerhalb TH
357		**Beschlagarbeiten**		
	1	Schwarze Panik-Dreifachfallenschlösser; Obertürschließer nach DIN 18263 und Drückergarnitur	344	TH
	2	Schwarze Dreifachfallenschlösser mit PZ-Einsteckschlössern, Wechsel- und Profilzylinder, Flachformtürschließer in Feuerschutztür T-90	344	Archive
	3	Schwarze Panik-Dreifachfallenschlösser; Obertürschließer nach DIN 18263 und Drückergarnitur	344	Flure außerhalb TH
	4	Schwarze Drückergarnitur mit Profilzylinder, alle Stahlteile erhalten eine Lackierung	344	Räume außerhalb TH
	5	Schwarze Dreifachfallenschlösser mit PZ-Einsteckschlössern, Wechsel- und Profilzylinder, Flachformtürschließer in Feuerschutztür T-90	344	VG 2.OG Technikraum
358		**Rolladenarbeiten** *Sonnenschutz*		
	1	außenliegende Sonnenschutzanlage drehbar und hinterlüftet mit Antrieben.	338	Südseiten
360		**Metallbauarbeiten** *Innentüren*		
	1	Feuerschutztüren T-30, Größe 1,25/2,12 m; Türblatt mit Zulassung für T-30, mit Brandschutzverglasung aus Klarglas für T-30 Tür	344	TH
	2	Stahlrohrrahmen für T-30 Tür	344	TH
	3	Feuerbeständige, einflügelige Stahltüren T-90, Größe 1,25/2,12 m	344	Archive
	4	Stahlzargen für T-90 Tür	344	Archive
	5	Rauchdichte Türen, Größe 1,25/2,12 m, Türblätter mit Glasfüllung und 20 cm hohem Querriegel in Drückerhöhe (T-30)	344	Flure außerhalb TH
	6	Stahl-U-Zargen mit Haltevorrichtungen für Oberlichter	344	Flure außerhalb TH
	7	Stahl-U-Zarge bis UK abgehängter Decke mit Haltevorrichtungen für Oberlichter und mit zweifachem Zapfenbändern	344	Räume außerhalb TH
	8	Drehtüren als Lichtschleuse für Dunkelkammer im Fotolabor	344	Fotolabor
	9	Feuerbeständige, einflügelige Stahltüren T-90	344	VG 2.OG Technikraum
	10	Stahlzargen für T-90 Tür	344	VG 2.OG Technikraum
		Innenwände, Sonstiges		
	11	Geländer aus Stahlrohrrahmen	349	BW A+B TH
	12	Handläufe für Treppenlauf	349	Bauwerk B, TH B, VG an tragender Innenwand

Unterlage 3/30 Blatt 3   Anhang III B

Unterl. 3/30 Blatt 3		AUSFÜHRUNGSORIENTIERTE KATEGORISIERTE BAUBESCHREIBUNG		
361		Verglasungsarbeiten		
	1	Oberlichter in G-30	344	Flure außerhalb TH
	2	Oberlichter in G-30	344	Räume außerhalb TH
363		Maler- und Lackierarbeiten		
		Außenwandbekleidung (außen)		
	1	Zweimaliger Anstrich aus weißer Dispersionsfarbe	335	Verbindungsgebäude
		Außenwandbekleidung (innen)		
	2	Zweimaliger Anstrich aus weißer Dispersionsfarbe	336	TH innen, Verbindungsgebäude
		Innenwandbekleidungen		
	3	Zweimaliger Anstrich aus weißer Dispersionsfarbe (nicht auf den Seiten zu den WC's)	345	TH innen, Verbindungsgebäude
	4	Waschbeständiger zweifacher Anstrich aus weißer Dispersionsfarbe bis UK abgehängter Decke auf Innenstützen und auf elementierten Innenwänden	345	BW A+B, überall
	5	Zweifacher Anstrich aus weißer Dispersionsfarbe bis UK abgehängter Decke	345	überall außer Sanitärbereiche
	6	Zweifacher Anstrich aus weißer Dispersionsfarbe, fungizidhemmend, von Höhe 2,12 m bis UK abgehängte Decke	345	Sanitärbereiche
		Decken- und Treppenbekleidungen		
	7	Zweifacher Anstrich mit weißer Dispersionsfarbe	353	Decken TH + Treppen + Podeste + VG
		Dachbekleidungen		
	8	Zweifacher Anstrich mit weißer Dispersionsfarbe (wie KG 353 b)	364	Decken TH + VG
365		Bodenbelagarbeiten		
		Bodenbeläge		
	1	Vollflächig verklebte und mit Weich-PVC verschweißte PVC-Fliesen 60/60 cm; Sockelleisten in PVC	325	BW A+B EG außerhalb der TH und der Sanitärbereiche
		Decken- und Treppenbeläge		
	2	Teppichböden, vollflächig verklebt; Sockelleisten aus PVC mit Teppichbodeneinlage	352	Professorenbüros
	3	Vollflächig verklebte und mit Weich-PVC verschweißte PVC-Fliesen 60/60 cm; Sockelleisten in PVC, (wie KG 325 f)	352	Obergeschosse Restflächen
379		Raumlufttechnische Anlagen		
	1	Be- und Entlüftung	431	Fotolabor, BW A 1.OG DA-WC BW B EG Beh.-WC
380		Heizanlagen ...		
		Wärmeerzeugungsanlagen		
	1	Fernwärme-Übergabestation, indirekter Anschluss als betriebsfertige Einheit mit Plattenwärmetauscher, Druckabsicherung, Hauptpumpen, Armaturen, Verrohrung, Wärmedämmung, Anschlussleistung 400kW	421	Hausanschlussraum
		Wärmeverteilernetz		
	2	Rohrleitung einschl. Streckenarmaturen, Zubehör, Wärmedämmung/ Kältedämmung für Raumheizung	422	überall
		Raumheizungen		
	3	Plattenheizkörper mit glatter Oberfläche	423	überall, außer in den Fluren
381		Gas-, Wasser-, Abwasser- Installationsarbeiten		
		Abwasseranlagen		
	1	Die Dachentwässerung erfolgt über mittig in den Dachflächen liegenden Dachabläufe, die zu den außenliegenden Fallrohren verzogen werden.	411	Dach BW A+B
	2	Die Dachentwässerung erfolgt über am Dachrand liegende Dachabläufe, die durch die Außenkernwand zur außenliegenden Regenfallleitung im Bereich des Aufzugkerns verzogen werden. Die Fallleitungen werden an eine Grundleitung angeschlossen, die sich zwischen den beiden Gebäuden auf dem eigenen Grundstück befindet. Am Fuß jeder Fallleitung ist eine Reinigungsöffnung.	411	Dach VG
	3	Entwässerungsrohre	411	BW A+B, überall
		Wasseranlagen		
	4	Kaltwasserleitung	412	BW A+B, überall
	5	Bodenabläufe, mit Anschlüssen an Fallleitungen; 1 Bodenablauf pro WC-Bereich	412	Sanitärbereiche
	6	Sanitärobjekte aller Arten, einschl. Auslauf-Absperrarmaturen, Ablauf-Garnituren, Anschlüsse, Befestigungen und Leitungen. Kaltwasserleitungen aus Kupfer, Abwasserleitungen mit Anschluss an Fallleitungen Urinal-Anlagen, weiß, mittlerer Standard, wandhängend, mit Selbstschlussarmaturen; 2 Stück pro Herren-WC	412	Sanitärbereiche, Herren-WC
	7	WC-Anlagen, weiß, mittlerer Standard, wandhängend, mit Selbstschlussarmaturen; 3 Stück pro Damen-WC und 1 Stück pro Herren-WC	412	Sanitärbereiche
	8	Doppel-Waschtischanlagen, weiß, mittlerer Standard, wandhängend, mit Selbstschlussarmaturen; 1 Stück pro WC	412	Sanitärbereiche
	9	Spüle mit Unterbau (1 Becken)	412	Teeküchen
	10	Kochendwasserbereiter als betriebsfertige Einheit einschl. Verrohrung, 5 kW Dauerleistung; 1 Stück pro Teeküche	412	Teeküchen
	11	Ausgussbecken, Sanitärporzellan, weiß (4 Becken)	412	Fotolabor
		Feuerlöschanlagen		
	12	Pulverfeuerlöscher ABC, 6 kg	414	TH, je Etage + VG
	13	Wandhydranten einschl. Leitungen	414	TH

738

Anhang III B   Unterlage 3/30 Blatt 4

Unterl. 3/30 Blatt 4		AUSFÜHRUNGSORIENTIERTE KATEGORISIERTE BAUBESCHREIBUNG		
382		**Elektrische Kabel- und Leitungsanlagen in Gebäuden**		
		Niederspannungsanlagen		
	1	Niederspannungs-Schaltgerätekombination als Hauptverteiler	443	
		Niederspannungsinstallationsanlagen		
	2	Wand-Aufbau-Verteilungen als Unterverteiler incl. sämtlicher Einbauten. Licht, Verbrauchsstrom und EDV sind jeweils an getrennten Stromkreisen angeschlossen. Die Leitungen für die Beleuchtungsanlage werden über die abgehängten Decken und in den leichten Trennwänden verlegt. Die anderen Leitungen verlaufen in einem Fensterbankkanal.	444	Neben TH, Verbindungsgebäude
	3	Elektroausstattung der einzelnen Raumtypen.		
	3a	(Professor, Doktor, Hiwi, Sekretärin, Assistent, Verwaltung)	444	Büros
		2 Doppelsteckdosen (1x EDV)	444	
		1 Steckdose neben der Tür	444	
		1 Schaltanlage Deckenbeleuchtung, Schalter neben jeder Tür	444	
	3b	1 Doppelsteckdose je 3,60 m Achsraster	444	Studenten
		1 EDV- Doppelsteckdose	444	
		1 Steckdose neben der Tür	444	
		1 Schaltanlage Deckenbeleuchtung, Schalter neben jeder Tür	444	
	3c	1 Doppelsteckdose je 3,60 m Achsraster	444	Bibliothek/ Ausstellung
		1 EDV- Doppelsteckdose	444	
		1 Steckdose neben der Tür	444	
		1 Schaltanlage Deckenbeleuchtung, Schalter neben jeder Tür	444	
	3d	1 Doppelsteckdose je 3,60 m Achsraster	444	Arbeitsräume
		2 EDV- Doppelsteckdosen	444	
		1 Steckdose neben der Tür	444	
		1 Schaltanlage Deckenbeleuchtung, Schalter neben jeder Tür	444	
	3e	1 Doppelsteckdose je 3,60 m Achsraster	444	Lager, Archive
		1 Steckdose neben der Tür	444	
		1 Schaltanlage Deckenbeleuchtung, Schalter neben jeder Tür	444	
	3f	3 Doppelsteckdosen	444	Teeküchen
		1 Steckdose neben der Tür	444	
		1 Schaltanlage Deckenbeleuchtung, Schalter neben der Tür	444	
	3g	1 Schaltanlage Deckenbeleuchtung, Schalter neben jeder Tür für Vorraum und Toilette	444	WC
	3h	8 Doppelsteckdosenn	444	Fotolabor
		4 EDV- Doppelsteckdose	444	
		1 Steckdose neben der Tür	444	
		1 Schaltanlage Deckenbeleuchtung	444	
	3i	4 Doppelsteckdosen	444	Dunkelkammer
		1 Schaltanlage Deckenbeleuchtung	444	
		1 Schaltanlage Deckenbeleuchtung (Schwarzlicht)	444	
	3j	8 Doppelsteckdosen	444	Kopier- und Plotterraum
		1 Steckdose neben der Tür	444	
		1 Schaltanlage Deckenbeleuchtung	444	
	3k	1 Doppelsteckdose je 4 m Flurlänge	444	Flure
		1 Schaltanlage Deckenbeleuchtung, Schalter neben jedem Zugang aus dem TH	444	
	3l	Zentrale Treppenbeleuchtungsanlage der TH, Schalter neben jedem Zugang	444	Treppenhäuser
		Beleuchtungsanlagen		
	4a	Je nach erforderlicher Beleuchtungsstärke werden ausreichend Trilux Einzelleuchten der Baureihe 3601 RPH/...W in die abgehängte Decke eingebaut	445	Überall, außer TH
	4b	Aufputzleuchten	445	Treppenhäuser
		Telekommunikationsanlagen		
	5	Telefonanschlussdose; alle Objekte werden bauseits angeschlossen	451	Alle Räume
		Gefahrenmelde- und Alarmanlage	456	
	6	RWA-Anlage, auslösbar durch Rauchabzugstaster und optischen Brandmelder.	456	Treppenhäuser
		Übertragungsnetz		
	7	LWL- Kabelnetz incl. Verteiler und Dosen	457	Alle Räume
		Sonstige Maßnahmen für Technische Anlagen		
	8	Leitungen in Versorgungskanal verlegen, in KG 420 und 440 enthalten	490	zwischen den Bauwerken
384		**Blitzschutzanlagen**		
		Blitzschutz- und Erdungsanlagen	446	
	1	Die Gebäude sind von einem Fundamenterder umgeben, an denen die Ableitungen angeschlossen sind. Zusätzlich gehen von dem Fundamenterder noch Anschlüsse zu den Potenzialausgleichsschienen ab	446	Fundament
385		**Förderanlagen**		
	1	Personenaufzug; Kabinengröße 1,80 m x 1,10 m; Schachtgröße 2,00 m x 2,00 m	460	Verbindungsgebäude
386		**Gebäudeautomation**		
	1	Schaltschränke	480	BW A+B

III B

Unterl. 4/00	AUFLISTUNG DER ZU KLÄRENDEN PUNKTE
Unterlage	**Bezeichnung**
II, B, 4/71	Dachentwässerung
II, B, 4/72	Abklärung zum Dachrandabschluss (Systemzeichnung gemäß Flachdachrichtlinien)
III, B, 4/01	Sonnenschutz
III, B, 4/21	Korrigierter Fassadenaufbau im Grundriss (Prinzipskizze im Bereich der Kerne und WC)
III, B, 4/22	Ansichten Nord und Süd
III, B, 4/23	Ansichten West und Ost
III, B, 4/31	Brandschutz
III, B, 4/41	Schallschutz
III, B, 4/73	Abklärung zur Dachabdichtung
III, B, 4/81	Deckenabhängung, Heizung und Leuchten
III, B, 4/111	Checkliste
III, B, 4/121	Nicht angebotene Alternativen

III B

Unterl.: 4/21	KORRIGIERTER FASSADENAUFBAU IM GRUNDRISS Prinzipskizze im Bereich der Kerne und WC

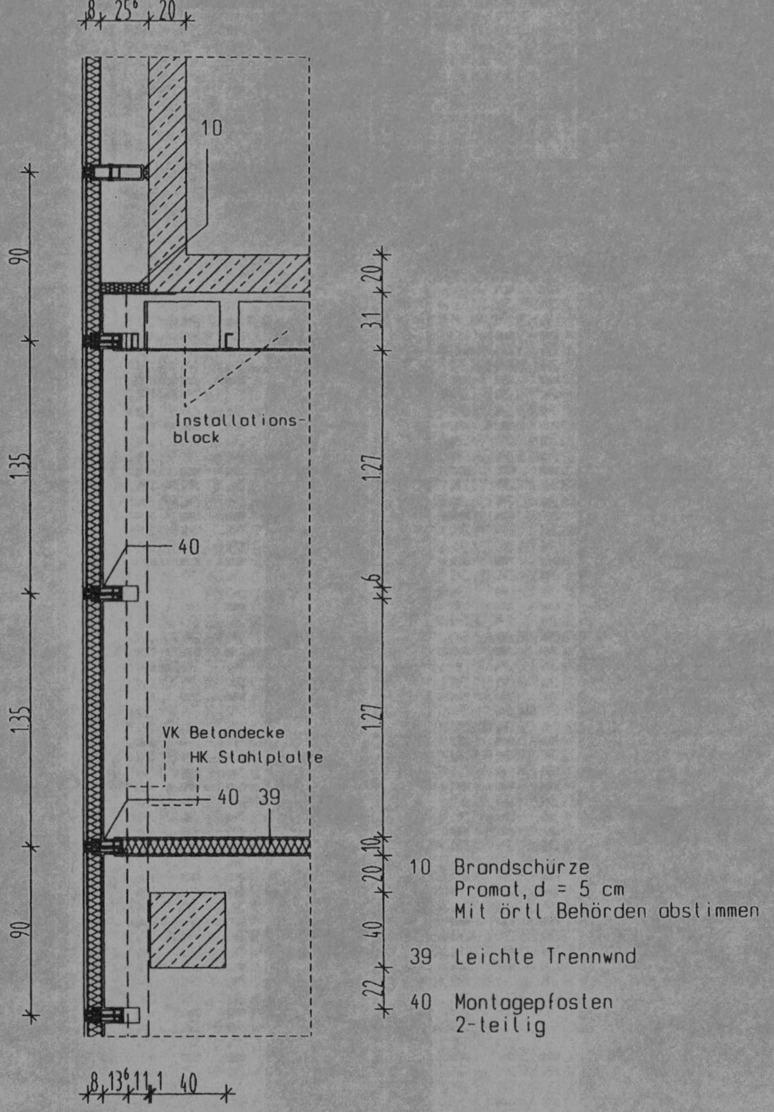

8 25⁶ 20
10
90
135
135
90
20
31
127
6
127
10
20
40
22
Installations-
block
40
VK Betondecke
HK Stahlplatte
40 39
8 13⁶ 11 1 40
10 Brandschürze
Promat, d = 5 cm
Mit örtl. Behörden abstimmen
39 Leichte Trennwnd
40 Montagepfosten
2-teilig

Unterlage 4/22 Anhang III B

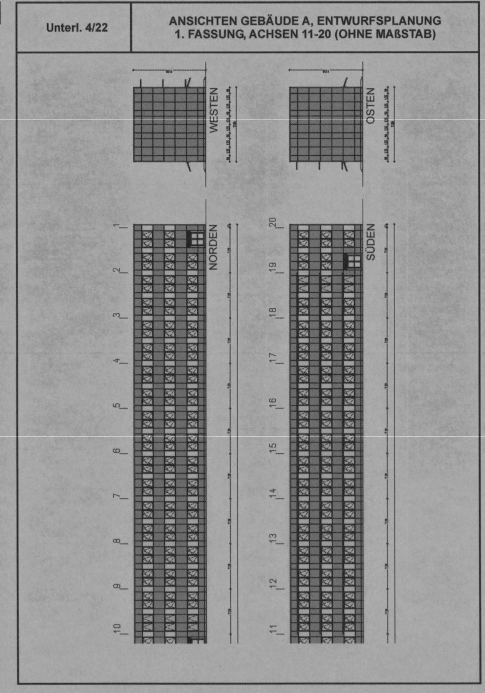

Anhang III B Unterlage 4/29

| Unterl. 4/23 | ANSICHTEN GEBÄUDE A, ENTWURFSPLANUNG
1. FASSUNG, ACHSEN 11-20 (OHNE MAßSTAB) |

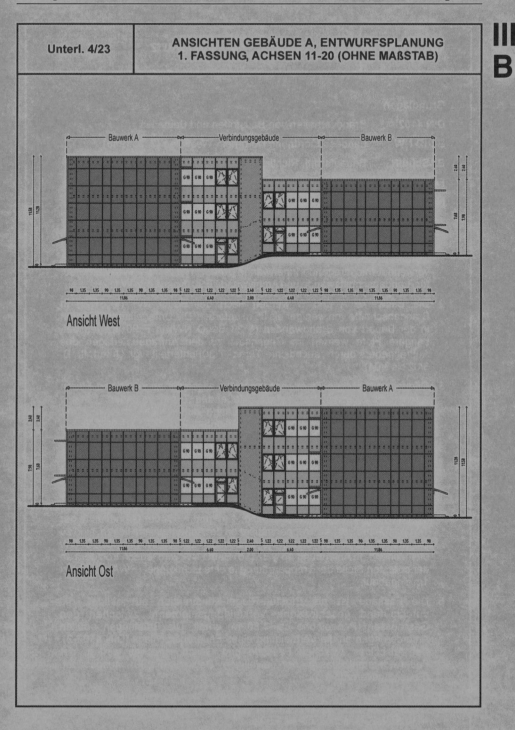

Unterl. 4/31	BRANDSCHUTZ

Grundlagen

DIN 4102	Brandverhalten von Baustoffen und Bauteilen
BauO NW	Landesbauordnung Nordrhein-Westfalen (7. 3. 1995)
BASchulR	Bauaufsichtl. Richtlinien f. Schulen (23. 11. 1976)
FeuVO	Feuerungsverordnung

Nachweis:

1. Die Tragwerke der Bauwerke A und B erfüllen die Anforderungen für Gebäude mit mehr als zwei Vollgeschossen; tragende Wände und Stützen sind aus Stahlbeton und erreichen eine Feuerwiderstandsklasse von F 90-A. Es werden zudem nur klassifizierte Baustoffe und Bauteile nach DIN 4102-4 verwendet (nichttragende Innenwände [Knauf, Typ W 111] erreichen F 30; für Brandabschnittswände und Archivwände F 90 [Knauf, Typ W 112]).

2. Die Bauwerke A und B werden nach der BauO NW (§ 37[2]) in Brandabschnitte von weniger als 35 m unterteilt. Die Unterteilungen werden in der Bauart von Brandwänden (§ 33 BauO NW) in F 90 ausgebildet. Längere Flure werden im Gegensatz zu den Anfrageunterlagen des Auftraggebers durch rauchdichte Türen (T 30) unterteilt (vgl. Unterl. III, B, 3/02 bis 3/04).

3. Öffnungen zwischen Treppenräumen und allgemein zugänglichen Fluren werden mit rauchdichten, selbstschließenden Türen versehen. Ebenso werden Flure von mehr als 30 m Länge durch nicht abschließbare, rauchdichte und selbstschließende Türen unterteilt (§ 38[2] BauO NW). Die abgehängten Decken der Flure, die als Rettungswege dienen, sind aus nichtbrennbaren Baustoffen.

4. Sämtliche Treppenräume sind durchgängig vom Erdgeschoss bis zum obersten Geschoss und liegen an der Außenfassade. Die Treppenräume beider Bauwerke würden nur bei innenliegender Anordnung Rauchabzugsöffnungen von 3,9 m² (BWA) und 1,9 m² (BW B) nach § 37 (10) BauO NW erforderlich machen (mind. 1 m² und > 5% der Grundfläche der Treppenräume); da die Treppenhäuser an der Außenfassade liegen, sind zu öffnende Fenster von 0,5 m² je Geschoss nach § 37 (10) BauO NW ausreichend. In Anlehnung an § 37 (10) BauO NW wird jedoch trotzdem an der obersten Stelle der Treppenräume je eine Lichtkuppel (RWA) von 1m x 1m eingebaut.

5. Die Fassade ist als Pfosten-Riegel-Konstruktion ausgebildet, die durchlaufend geschlossene Verkleidungselemente zwischen den Geschossen (Paneelhöhe ca. 1,80 m) erhält. Die Brüstungen erfüllen Anforderungen an die Vermeidung eines Feuerüberschlags (DIN 4102-2). Der Anschluss zwischen Fassade und Geschossdecken wird in der Feuerwiderstandsklasse der jeweiligen Decken (F 90) ausgebildet. (Feuerungsverordnung).

6. Leitungsdurchführungen durch Brandabschnitte und zwischen einzelnen Geschossen erfüllen die Anforderungen, die an das jeweilige Bauteil gestellt werden (z. B. Geschossdecke F 90).

7. Es gibt keine Heizräume oder Feuerungsanlagen, d.h., es gelten nicht die weitergehenden Bestimmungen der BauO NW und der FeuVO

Anhang III B   Unterlage 4/41 Blatt 1

Unterl. 4/41 Blatt 1	SCHALLSCHUTZ

Grundlagen
DIN 4109   **Schallschutz im Hochbau**
                        Anforderungen und Nachweise (Nov. 1989)
- Beibl. 1   Ausführungsbeispiele und Rechenverfahren (Nov. 1989)
- Beibl. 2   Hinweise f. Planung u. Ausführung; ... Erhöhter Schallschutz (Nov. 1989)
- Teil 2:   Luft- und Trittschalldämmung in Gebäuden, Anforderungen
- Teil 3:   Luft- und Trittschalldämmung in Gebäuden, Ausführungsbeispiele
                        ...
- Teil 7:   Luft- und Trittschalldämmung in Gebäuden, Rechenverf. ... in Skelett-
                        bauten (E. Okt. 1984)

BauO NW   **Landesbauordnung Nordrhein-Westfalen**

Nachweis:
Beide Bauwerke A und B haben Stahlbetondecken mit Verbundestrich; die Treppenhauskerne werden in Stahlbeton ausgeführt, während die übrigen Innenwände als leichte Trennwände, z.B. Fa."Knauf" Typ W 111 (bzw. W 112), ausgebildet werden. Sämtliche Decken außerhalb der Treppenhäuser werden abgehängt.

Nachweis nach DIN 4109 Teil 2, Tab. 1, Abs. 4:

Tab. 1:

Spalte	a	b	c	d	e
Zeile	Bauteile	Mindest-anforderung		Vorschläge für einen erhöhten Schallschutz	
		R'_w dB	TSM dB	R'_w dB	TSM dB
4	**Schulen und vergleichbare Unterrichtsstätten**				
26	Decken zwischen Unterrichtsräumen oder ähnlichen Räumen	55	10	--	--
27	Treppen und Treppenpodeste	--	--	--	≥17
28	Decken und Flure	--	10		
29	Wände zwischen Unterrichtsräumen oder ähnlichen Räumen	47	--	--	
30	Wände zwischen Unterrichtsräumen oder ähnlichen Räumen und Fluren	47			
31	Wände zwischen Unterrichtsräumen oder ähnlichen Räumen und Treppenräumen	55	--	--	
32	Wände zwischen Unterrichtsräumen oder ähnlichen Räumen und "lauten Räumen" (z.B. Sporthallen, Musikräumen, Werkräumen)	55	--	--	
33	Türen zwischen Fluren und Unterrichtsräumen oder ähnlichen Räumen	27	--	--	

zu Zeile 26:   Deckenaufbau außerhalb der Treppenhäuser

                    Mineralfaserplatten mit aufliegender Mineralfaserdämmung d = 50 mm
                    Stahlbetondecken (B 25) d = 15 cm
                    Verbundestrich d = 60 mm
                    Oberbodenbelag

Nachweis über die flächenbezogene Masse:
Stahlbetondecke   0,15 m × 1,0 m² × 2.500kg/m² = 375 kg
Estrich   0,06 m × 1,0 m² × 2.200kg/m² = <u>132 kg</u>
insgesamt: 507 kg

Bei einer flächenbezogenen Masse von mind. 400 kg wird nach DIN 4109 T 3, Tab. 7, Zeile 3 ein R'w-Wert von 57 dB erreicht. Da die vorhandene Masse mit 507 kg größer als 400 kg ist, werden in jedem Fall die Anforderungen erfüllt, ohne dass der Oberbodenbelag oder die abgehängte Decke berücksichtigt wird, die zu einer Verbesserung des Schalldämmwertes beitragen.

Unterl. 4/41 Blatt 2	SCHALLSCHUTZ

Zu Zeile 27: Treppen und Treppenpodeste:
Sämtliche Treppen liegen in abgeschlossenen Treppenräumen; besondere Anforderungen an die Bauelemente der Treppenhäuser bestehen daher nicht. Verbesserungen nach DIN 4109 Teil 3, um einen erhöhten Schallschutz zu erreichen, sind auf Grund der Verwendung von Fertigteilen mit dämmenden Zwischenlagen möglich.

zu Zeile 28: Decken unter Fluren:
Eine Verbesserung des Trittschallschutzes um mindestens 10 dB ist auf Grund der gewählten Konstruktion der abgehängten Decken erreicht, so dass kein besonderer Nachweis erforderlich ist.

zu Zeile 29: Wände zwischen Unterrichtsräumen usw.:
Nach Herstellerangaben beträgt das bewertete Schalldämmmaß der leichten Trennwände (Fabrikat "Knauf", W 111) mind. 48 dB (> als erf. 47 dB).
Die gewählte Konstruktion ist zudem vergleichbar mit DIN 4109 Teil 3, S. 9, Tab. 6, Zeile 2.4:
Ein Schalenabstand von 75 mm und eine Dämmstoffdicke von 60 mm führen zu einem Wert von 48 dB.

zu Zeile 30: Wände zwischen den Unterrichtsräumen (u.ä.) und Fluren:
Konstruktion wie zu Zeile 29.

zu Zeile 31: Wände zwischen den Unterrichtsräumen (u.ä.) und Treppenräumen:
Wandaufbau: Stahlbeton (B 25), d = 20 cm mit vorgesetzter Installationswand aus einseitig beplanktem Gipskarton, Zwischenlage aus Mineralfaserdämmung d = 60 mm.
Der Nachweis wird über die flächenbezogene Masse geführt:
Stahlbetonwand $0{,}20\ m \times 1{,}0\ m^2 \times 2.500\ kg/m^3 =$ 500 kg

Bei einer flächenbezogenen Masse von mind. 400 kg wird nach DIN 4109 Teil 3, Tab. 7, Zeile 3 ein R'w-Wert von 57 dB erreicht. Da die vorhandene Masse mit 500 kg größer ist als 400 kg, wird in jedem Fall die Anforderung von 55 dB erfüllt, ohne dass der Innenputz, die Vorsatzschale aus Gipskarton oder die Mineralfaserdämmung berücksichtigt wird, die zu einer Verbesserung des Schalldämmwertes beitragen.

zu Zeile 32: kommt nicht zum Tragen:

zu Zeile 33: Türen zwischen Fluren und Unterrichtsräumen:
Die zur Ausführung kommenden Türen haben ein bewertetes Schalldämmmaß von mind. 27 dB, da die Mindestanforderung R'w = 27 dB beträgt.

Zusammenfassung zum Schallschutz:
Die Bauteile erfüllen die Mindestanforderungen gemäß DIN 4109 Teil 2, Tab. 1, Abs. 4. Nach DIN 4109 Teil 2, Abs. 4.1.1 gelten diese Bauteile auch ohne bauakustische Messungen als geeignet, da sie in ihrer Ausführung überwiegend den Beispielen aus DIN 4109 Teil 3 und Teil 7 entsprechen.

Anhang III B

Unterl. 4/73	ABKLÄRUNG ZUR DACHABDICHTUNG Erläuterungen

III B

1. Dachabdichtungen mit Heißbitumen (vgl. Unterlage II, B, 3/200) werden nicht mehr gerne ausgeführt, da es Schwierigkeiten in Verbindung mit Polystyrol gegeben hat.
   Als Ausweichmöglichkeiten sind deshalb einschließlich eventueller Mehrkosten in Betracht zu ziehen:
   a) Mineralfaserdämmung,
   b) Kies als Auflast, um auf das Kleben mit Heißbitumen verzichten zu können,
   c) Dachabdichtungen mit Heißbitumenschweißbahnen.

2. Maßgebend für die weitere Bearbeitung soll Lösung c sein; sie wird zum Bestandteil des für die Anfrage an Nachunternehmer maßgebenden Leistungsverzeichnisses in Unterlage I, A, 7/90 bzw. 7/91.

3. Aus den Anfrageunterlagen des Auftraggebers sind keinerlei Angaben zum Dachrandanschluss ersichtlich. Deshalb wird auf Vorschläge der Flachdachrichtlinien zur Dachrandausbildung (Unterlage II, B, 4/72) hingewiesen. Die zugehörigen Kosten der Dachrandausbildung sind anzufragen, dagegen wird keine Betonattika angeboten, da von einer mit der Fassadenausbildung integrierten Lösung ausgegangen wird.

4. Bitumendächer einzubauen ist im Winter problematisch; letztlich darf dies nur an trockenen Tagen erfolgen, d. h., solche Abdichtungsarbeiten sollten in das Frühjahr verlegt werden.
   Sofern jedoch eine frühzeitige Abdichtung wegen des Fortschritts der Innenausbauarbeiten unerlässlich ist, sind
   a) entweder Abdichtungsprovisorien vorzunehmen (Mehrkosten), oder
   b) Alternativen zu erwägen, z. B. eine Kunststoffdachabdichtung bei Einsatz eines Spezialschweißgerätes und loser Verlegung der Dämmung.
   c) Jedenfalls sind Anfragen an die potenziellen Nachunternehmer wegen Alternativangebote zu richten.

5. Der Einbau von Gefälleestrich ist im Winter nur zeitlich beschränkt möglich. Deshalb ist eine entsprechende Alternative sinnvoll.

Unterl. 4/81	DECKENABHÄNGUNG, HEIZUNG UND LEUCHTEN

Gemäß Unterlage III, A, 1/08 wird auftraggeberseitig eine in die abgehängten Gipskassetten integrierte Heizplattendecke angefragt; in der auftraggeberseitigen Baubeschreibung (Unterlage III, A, 1/01) wird die Heizung nicht, dagegen eine Mineralfaserkassettendecke in einer lichten Höhe von 2,60 m oberhalb OKFF mit integrierten Neonleuchten angesprochen.

Zur Klärung des tatsächlich angebotenen Bauwerks werden folgende Beschreibungen zu den Bauelementen Heizung, abgehängte Decken und Leuchten formuliert:

1. Heizung
Flachheizkörper mit Thermostatventilen; zentrale Wärmeerzeugungsanlage mit Plattenwärmetauscher, Heizrohrleitungen aus Kupfer.

2. Abgehängte Decken
System OWA 18, bestehend aus Mineralfaserplatten und kunststoffbeschichteten Bandrasterprofilen. Die lichte Höhe ab OKFF beträgt in der Regel 2,60 m; in den Ausstellungsbereichen und in der Bibliothek jedoch 2,75 m (vgl. § 23 Abs. 3 ArbStättV: Bei leichter oder stehender Tätigkeit oder nur kurzzeitigem Aufenthalt von Besuchern kann die Raumhöhe von 3,00 m auf 2,75 m reduziert werden). Innerhalb der Decken werden nach bauseitigen Angaben jeweils Aussparungen zum Einbau von Deckenleuchten angelegt.

3. Leuchten
Bauseitig

Anhang III B — Unterlage 4/111 Blatt 1

Unterl. 4/111 Blatt 1 — CHECKLISTE

KG bis zur 3. Ebene der Kostengliederung	Ort(e)	Qualität gem. Baubeschreibung und sonstiger Leistungsbeschreibung	Quelle	Zu klärende Punkte	Lösung / erforderliche Aktivität
300 Bauwerk / Baukonstruktion					
310 Baugrube					
311 Aushub und Verfüllung	überall	-	Unterl. I, A. 1/04	Bodenklasse? Sauberkeitsschutz?	Bodengutachten einsehen; in Erdarbeiten enthalten
320 Gründung					
322 Fundamente	unter Stützen	FT - Köcherfundamente 140x140x110	Unterl. I, A. 1/04	Abmessungen der FT-Köcher an der dem Nachbargebäude zugewandten Seite?	FT-Köcherfundamente 190x190x110
	alle Fundamente	Ortbeton, 140x80 bewehrt, geerdet	Unterl. I, A. 1/04 Baubeschreibung	Betongüte? Frostschürzen?	Streifenfundamente aus Ortbeton C 20/25 FT-Frostschürzen
323 Bodenplatte	überall	Ortbeton, d = 15 cm	Unterl. I, A. 1/04	Betongüte?	Bodenplatten aus Ortbeton B 25
325 Bodenbeläge	EG, TH	Betonwerkstein in Mörtel Verbundestrich u. PVC-Belag	Baubeschreibung	Werden Schall- und Wärmeschutz-bestimmungen eingehalten?	Dämmschicht als Wärme- und Trittschallschutz gem. DIN 4108 und 4109
	TH und San.bereiche	Verbundestrich u. Keram. Bodenfliesen	Baubeschreibung	Gefälleausbildung im Sanitärbereich?	nein
	EG, San.bereiche				
326 Bauwerksabdichtung	Außenseiten umlaufend überall	-	-	Drückendes oder nicht drückendes Wasser?	Bodengutachten einsehen; vertikale und horizontale Abdichtung gem. DIN 18336
330 Außenwände					
331 Tragende Außenwand	TH	Ortbeton, d = 20 cm	Baubeschreibung, Pläne	Betongüte?	C 20/25
332 Nicht tragende Außenwand	TH Bauwerk A, Nordseite	Mauerwerk KSV als Ausfachung	Baubeschreibung	Verankerung?	an den Betondecken
334 Außentüren	Eingangstüren	Doppeltür, Breite 2,00 m	Baubeschreibung	Personenkapazität des Bauwerks? Genaue Qualitäten?	Überprüfung anhand der zulässigen Personenzahl gem. Arb.stätt.richtlinien und BauO NW, Qualitäten wählen
334 Fenster (in 337 enthalten)		Wärmedämm-Verbundsystem Putz und Dispersionsanstrich	ergänzende Baubeschreibung		
335 AW Bekleidung außen	Aufzugskern Verbindungsgebäude	Putz und zweifacher Anstrich	Baubeschreibung	Dicke Putz?	Gipsputz d = 15 mm
336 AW Bekleidung innen	TH		Baubeschreibung	Dicke Putz?	Gipsputz d = 15 mm
337 Elementierte AW	außerhalb TH (in 337 enthalten) überall	Vorhangfassade aus Sandwichelementen einschl. isolierverglaster Dreh-Kippfenster	Baubeschreibung	Art der Befestigung?	Beschläge an den Kopfseiten der Betondecken
338 Sonnenschutz	EG	außenliegender Sonnenschutz, 1250 mmbreit	Baubeschreibung	Sichtschutz im WC-Bereich?	Spiegelglas, ggf. Rücksprache mit AG
	Südseiten		Pläne, Ansichten	genaue Ausführung?	Sonnenschutzmaßnahme gem. Arb.Stätt.V und DIN 4108 Teil 2
340 Innenwände					
341 Tragende IW	TH	Ortbeton, d = 20 cm	Baubeschreibung	Betongüte?	C 20/25
343 Innenstützen	überall	Fertigteile 40x40 cm, anstrichfähige Qualität	Baubeschreibung, Pläne	Betongüte? Oberfläche glatt oder strukturiert?	C 20/25 Rücksprache mit AG
344 Innentüren	TH	Feuerschutztüren T30, 1,25 m breit Stahltüren T90	Pläne	Höhe? Genaue Ausführung? Größe? Genaue Ausführung?	h = 2,12 m; Qualitäten wählen 1,25/2,12 m; Qualitäten wählen
	Archive		Pläne		
	Flure außerhalb TH	Rauchabschnitte < 35 m durch Türen T30	Baubeschreibung	Größe? Weitere Eigenschaften?	1,25/2,12 m rauchdicht, selbstschließend
	Räume außerhalb TH	s.u.		Größe?	Größe 1,00/2,12 m
	Fotolabor	Drehtüren als Lichtschleuse	Pläne		
	alle	raumhohe Zargen (mit Oberlicht), zweifache Zapfenbänder, Oberfläche PVC beschichtet, Türgriffe Fabrikat HEWI oder gleichwertig, Türblatthöhe 2,20 m	Baubeschreibung	PVC - Beschichtung	nur für Raumtüren außerhalb TH

Unterlage 4/111 Blatt 2 — Anhang III B

III B — Unterl. 4/111 Blatt 2 — **CHECKLISTE**

KG bis zur 3. Ebene der Kostengliederung	Ort(e)	Qualität gem. Baubeschreibung und sonstiger Leistungsbeschreibung	Quelle	Zu klärende Punkte	Lösung / erforderliche Aktivität
345 IW Bekleidung	TH, tragende IW Stützen	Putz und zweifacher Anstrich		Bekleidung überall?	Kein Putz und Anstrich auf den Seiten zu den WC's
	San. bereiche	Fliesen bis 2,00 m, darüber zweifacher Anstrich	Baubeschreibung	Sinnvolleres Fliesenmaß? Feuchtraumeignung?	2,12 m; Anstrich fungizidhemmend
346 Elementierte IW	Elementierte IW	Bekleidung zweifacher Anstrich		Bekleidung überall?	Überall außer San. bereiche bis UK abgeh. Decke
	Flurwände außerhalb TH, Archive	IW aus Gipskarton beidseitig beplankt, d = 12,5 mm, Kerndämmung d = 60 mm, bis unter Rohdecke in allen Räumen	Baubeschreibung	Brandabschnitte und Archivwände gem. DIN 4102 wählen.	IW beidseitig doppelt beplankt
	San. bereiche, Schottenwände im Bereich der RD-Türen				
	alle übrigen IW			Mobiliar?	Höhe nur bis abgehängte Decke (mit AG absprechen)
349 IW, Sonstiges	Installationswände	vor tragender IW im San. bereich, d = 27 cm	Pläne	Beplankung?	einseitig beplankt
	TH	Geländer aus feuerverzinktem Stahlrahmen mit weißem Deckanstrich, Acrylglas als Feldfüllung, Befestigung seitlich am Treppenlauf	Baubeschreibung	Brandschutzbestimmungen gem. DIN 4102 beachten!	Keine Ausfachung mit Acrylglas
	TH, Bauwerk B	-	-	Handläufe?	Handläufe für Treppenläufe, Befestigung an tragender IW
350 Decken					
351 Deckenkonstruktionen und Treppen		Treppenläufe aus Ortbeton	Baubeschreibung	Betongüte?	FT - Treppenläufe, Untersichten und Seitenwangen glatt in anstrichfähiger Qualität
	TH	Podeste aus Ortbeton	Baubeschreibung	Ausführungsart ggf. ändern? Beschaffenheit der Untersichten und Seitenwangen?	Bauwerk A: Fertigteile, Bauwerk B: Ortbeton; Untersichten und Seitenwangen glatt in anstrichfähiger Qualität
	außerhalb TH	Decken aus Ortbeton, d = 15 cm Fertigteilbalken (h=45 cm) und mit Aufbeton, Gesamtdicke 15 cm Filigrandecken	Baubeschreibung, Pläne		C 20/25
	Außentreppe	-	Grundriss EG	Abmessungen?	wird nicht ausgeführt
352 Decken- und Treppenbeläge	OG TH, Archive, Bauwerk B	Betonwerkstein	Baubeschreibung	Sockelbereich? Treppenbelag?	Betonwerkstein 30/30/28 mm auf Mörteldickbett Sockelbereich als Riemchen 50/0/75/9 im Dünnbett Winkelstufen d = 40 mm
	OG San. bereiche	Verbundestrich und keramische Bodenfliesen	Baubeschreibung	Abmessungen? Dicke Estrich?	100/100/6 Feinsteinzeug in wasserdichtem Dünnbett Estrich im Mittel d = 60 mm
	Professorenräume	Verbundestrich und Velours-teppichboden	Baubeschreibung	Sockelbereich? Dicke Estrich?	Estrich im Mittel d = 60 mm Sockelleisten aus PVC mit Teppichbodeneinlage
	OG, Restflächen	Verbundestrich und PVC - Belag	Baubeschreibung	Sockelbereich? Dicke Estrich?	Sockelleisten in PVC
353 Decken- und Treppenbekleidung	TH Decken, Treppen, Podeste	Putz	Baubeschreibung	Dicke Putz? Anstrich?	Gipsputz d = 15 mm zweifacher Anstrich
	außerhalb TH	abgehängte Decke aus Mineralfaserplatten mit integrierten Neonleuchten, lichte Höhe 2,60 m	Baubeschreibung	Werden Leuchten bauseits gestellt? Lichte Höhe in den Ausstellungsräumen und der Bibliothek i.O.?	Leuchten werden bauseits gestellt und eingebaut 2,75 m lichte Höhe in Ausstellungsräumen und Bibliothek, sonst 2,60 m
360 Dächer					
361 Dachkonstruktionen	TH	Decken aus Ortbeton, d = 15 cm Fertigbalken (h=45 cm) und mit Aufbeton, Gesamtdicke 15 cm	Baubeschreibung, Pläne		C 20/25
	außerhalb TH	Acrylichtkuppel 1,0/1,0 m	Baubeschreibung, Pläne		
362 Dachfenster, Dachöffnungen					
363 Dachbeläge / Dachabdichtung	überall	Dachabdichtung gem. Technischen Richtlinien des Dachdeckerhandwerks mit Bitumenbahnen, Gefälle 2%	Baubeschreibung	Gefälleausbildung? Dachrandausbildung?	Einbau von Gefälledämmung; Dachrandausbildung gem. Flachdachrichtlinien
364 Dachbekleidung	Decken TH	Putz	Baubeschreibung	Dicke Putz? Anstrich?	Gipsputz d = 15 mm zweifacher Anstrich
	außerhalb TH	abgehängte Decke aus Mineralfaserplatten mit integrierten Neonleuchten, lichte Höhe 2,60 m	Baubeschreibung	Werden Leuchten bauseits gestellt?	Leuchten werden bauseits gestellt und eingebaut

Anhang III B   Unterlage 4/111 Blatt 3

Unterl. 4/111 Blatt 3 — **CHECKLISTE**   III B

KG bis zur 3. Ebene der Kostengliederung	Ort(e)	Qualität gem. Baubeschreibung und sonstiger Leistungsbeschreibung	Quelle	Zu klärende Punkte	Lösung / erforderliche Aktivität
400 Bauwerk / Technische Anlagen					
410 Abwasser-, Wasser- und Gasanlagen					
411/412 Abwasseranlagen / Wasseranlagen	Dach			Dachentwässerung?	Lösung für Dachentwässerung gem. DIN 1986, DIN 18460 und Flachdachrichtlinien anbieten
	San. bereiche	San. ausstattung gem. Entwurfsplänen einschl. eines Bodenablaufs pro WC-Bereich, Kupferrohre	Baubeschreibung, Pläne		
	Teekuchen	San. ausstattung gem. Entwurfsplänen	Baubeschreibung, Pläne	Anzahl der Spülen, Kochendwasserbereiter?	Anzahl sinnvoll festlegen
	Fotolabor	San. ausstattung gem. Entwurfsplänen	Baubeschreibung		
414 Feuerlöschanlagen	TH			Feuerlöschanlagen?	Pulverlöscher und Wandhydranten gem. DIN 18381 anordnen
420 Wärmeversorgungsanlagen					
421 Wärmeerzeugungsanlagen	Hausanschlussraum				Hausanschlussraum wird angeordnet in Bauwerk A, Erdgeschoss, für die Fernwärmeübergabestation
422 Wärmeverteilernetz	überall			Wärmeverteilernetz?	Rohrleitung einschl. Streckenarmaturen, Zubehör, Dämmung für Raumheizung
423 Raumheizung	überall außerhalb der Flure			Raumheizungen?	Plattenheizkörper mit glatter Oberfläche
430 Lufttechnische Anlagen					
431 Be- und Entlüftung	Fotolabor, WC			Be- und Entlüftung?	Be- und Entlüftung gem. DIN 18379
440 Starkstromanlage					
443 Niederspannungsanlagen (in 444 enthalten)					
444 Niederspannungsinstallationsanlagen	neben TH	Elektroausstattung f. d. erforderlichen Leuchten, Stecker, Telefone, Antennenanschlüsse und Haussprechanlagen	Baubeschreibung	Hauptverteiler? Unterverteiler?	Niederspannungs-Schaltgerätekombination als Hauptverteiler, Wand-Aufbau-Verteilungen als Unterverteiler inkl. sämtl. Einbauten gem. DIN 18382 wählen
	überall	s.o.	Baubeschreibung	Anzahl der Steckdosen, Schaltanlagen?	gem. DIN 18382 für die einzelnen Raumtypen wählen
445 Beleuchtungsanlagen	überall	s.o.	Baubeschreibung	Anzahl der Leuchten?	Je nach erforderlicher Beleuchtungsstärke wählen (DIN 18382)
446 Fundamenterder	Fundamente	s.o.	Baubeschreibung	Ausführung Fundamenterder?	Blitzschutz- und Erdungsanlagen gem. DIN 18384 festlegen
446 Fangeinrichtung	Dach		Baubeschreibung	Ausführung Fangeinrichtung?	Blitzschutz- und Erdungsanlagen gem. DIN 18384 festlegen
450 Fernmelde- und Informationstechnische Anlagen					
451 Telekommunikationsanlagen	alle Räume		Baubeschreibung	Anzahl Anschlussdose? Werden Objekte bauseits angeschlossen?	ausreichende Anzahl festlegen Rücksprache mit AG: ja
456 Gefahrenmelde- und Alarmanlage	TH	s.o.		Wie auslösbar?	RWA-Anlage, auslösbar durch Rauchabzugtaster und optischen Brandmelder
457 Übertragungsnetz	alle Räume	s.o.		Menge?	LWL-Kabelnetz inkl. Verteiler und Dosen anhand der vorhandenen Räumlichkeiten festlegen
460 Förderanlagen	Verbindungsgebäude	behindertengerecht	Baubeschreibung	Gebäude können nicht behindertengerecht erschlossen werden, nötige Abstandsfläche nicht eingehalten	Schaffung eines Verbindungsgebäudes mit Aufzug, Vergrößerung des Gebäudeabstandes auf 14,80 m
480 Gebäudeautomation					
482 Schaltschränke	BW A+B				
490 Sonstige Maßnahmen für Technische Anlagen	zwischen den Bauwerken		Baubeschreibung	Wird Versorgungskanal bauseits erstellt?	Rücksprache mit AG: ja, zugehörige Leitungen werden vom AN verlegt

753

Unterl 4/121	NICHT ANGEBOTENE ALTERNATIVEN

Folgende alternative Lösungen sind überlegenswert, aber nicht in das Angebot aufgenommen worden:

1. Alternative Eingangssituation
2. Hausanschlussraum unter einem Treppenhaus in Bauwerk A
3. Einbau von Normtüren
4. Weniger unterschiedliche Bodenbeläge
5. Pultdach

Unterl. 5/00	**AUFLISTUNG DER VORSCHLÄGE FÜR DAS ANGEBOTSSCHREIBEN**

/01 Der Auftragnehmer übernimmt die vorhandene Entwurfsplanung des Auftraggebers; die Beschaffung der Baugenehmigung ist Sache des Auftraggebers.
Dem Auftragnehmer steht es frei, alternative Realisierungskonzepte den Genehmigungsstellen mit der Bitte um Einschluss in die Baugenehmigung vorzulegen.

/02 Bauseits werden außerhalb der Bauwerke die Versorgungsleitungen verlegt. Ausgenommen sind davon diejenigen Versorgungsleitungen, die zwischen den beiden Bauwerken in bauseits erstellten Versorgungskanälen zu verlegen sind.

/03 Die komplette Tragwerksplanung erfolgt bauseits. Der Auftragnehmer erhält deren geprüfte und freigegebene Unterlagen zu den in Unterlage II, B, 8/20 aufgeführten Terminen.

/04 Das Angebot des Bieters beinhaltet Modifikationen gegenüber der auftraggeberseitigen Baubeschreibung (siehe bieterseitige Modifikationen zur Baubeschreibung und zu den auftraggeberseitigen Plänen). Die nicht durch bieterseitige Änderungen betroffenen Detailpunkte der auftraggeberseitigen Baubeschreibung bleiben allein maßgebend.

/05 Außenanlagen sind nicht Bestandteile des Angebots.

/11 In die Obergeschosse wird Verbundestrich eingebaut (bezüglich des Schallschutzes siehe Unterlage II, B, 4/41).

/13 Sonnenschutz wird gemäß Unterlage II, B, 4/01 durchgeführt.

/14 Eine Heizplattendecke wird nicht geliefert und montiert
(vgl. Unterlage II, B, 4/81).

/15 Es werden keinerlei Lüftungsleistungen angeboten

Unterl. 6/00	MENGENERMITTLUNGEN
Unterlage	Bezeichnung
	GENERELL
	GEBÄUDEORIENTIERT
III, B, 6/20	Mengentableau als Zwischenschritt für die Darstellung der Mengen der Bauelemente
III, B, 6/22	Mengenermittlung für das Mengentableau
III, B, 6/23	Mengenermittlungsplan
	AUSFÜHRUNGSORIENTIERT
I, B, 6/12	Höhenkotenübersicht
I, B, 6/61 ff	Detaillierte Mengenermittlung (Erdarbeiten)
I, B, 6/73 ff	Detaillierte Mengenermittlung (Stahlbetonarbeiten)
III, B, 6/91	Überschlägige Mengenermittlung für Dachabdichtungsarbeiten

Anhang III B Unterlage 6/20 Blatt 1

Unterl. 6/20 Blatt 1	MENGENÜBERSICHTSTABLEAU BAUWERKE A+B						

	Gegenstand der Mengenermittlung	Bauwerk A			Bauwerk B		Summe
		EG	1.OG	2.OG	EG	1.OG	
(1)	(2)	(3)	(4)	(5)	(6)	(7)	(8)
1	**Bruttogrundfläche (BGF) [m²]**						
1.1	BGF	1.635,02	1.635,02	1.635,02	1.635,02	1.635,02	8.175,10
1.2	Dachfläche (inkl.Rand)	-	-	1.635,02	-	1.635,02	3.270,04
2	**Konstruktionsgrundfläche (KGF) [m²]**						
2.1	Außenwandgrundfläche						
2.1.1	Stahlbeton	8,72	8,72	8,72	4,08	4,08	34,32
2.1.2	Mauerwerk	4,24	4,24	4,24	-	-	12,72
2.2	Innenwandgrundfläche						
2.2.1	Stahlbeton	8,96	8,96	8,96	13,44	13,44	53,76
2.2.2	Leichte Trennwände (bis 2,60m)	14,73	1,09	18,62	4,19	20,92	59,56
	Leichte Trennwände (bis UK RD, einfach beplankt)	3,90	1,95	2,92	2,92	2,14	14,12
	Leichte Trennwände (bis UK RD, doppelt beplankt)	24,04	1,24	27,60	11,87	30,38	95,13
2.2.3	Installationswände	6,04	6,04	6,04	7,55	4,53	30,19
2.3	Stützen	7,52	7,52	7,52	8,96	8,96	40,48
2.4	Fassade						
2.4.1	Fassadenkonstruktion	62,71	62,71	62,71	62,71	62,71	313,53
2.4.2	Zwischenraum Kern-Fassade	8,12	8,12	8,12	2,74	2,74	29,84
3	**Nettogrundfläche (BGF-KGF) [m²]**						
3.1	Treppenhäuser (TRH)						
3.1.1	Nettogrundrissfläche (NGF)	228,96	228,96	228,96	110,16	110,16	907,20
3.1.2	Beläge						
3.1.2.1	Grundfläche (NGF-Aussparung)	228,96	174,96	174,96	110,16	64,26	753,30
3.1.2.2	Podeste (zu oberem Geschoss)	-	17,28	17,28	-	16,32	50,88
3.1.2.3	Treppenläufe (zu oberem Geschoss)	-	27,84	27,84	-	27,84	83,52
3.1.3	Bekleidungen (Putz, Anstrich)						
3.1.3.1	Deckenflächen (NGF - Aussparung)	174,96	174,96	228,96	64,26	110,16	753,30
3.1.3.2	Podeste (zu unterem Geschoss)	17,28	17,28	-	16,32	-	50,88
3.1.3.3	Treppenläufe (zu unterem Geschoss)	27,84	27,84	-	27,84	-	83,52
3.2	Restflächen						
3.2.1	Nettogrundfläche (NGF)	1.257,09	1.295,47	1.250,60	1.406,40	1.374,67	6.584,24
3.2.2	Beläge						
3.2.2.1	Estrich (NGF + KGF LTW)	1.305,79	1.305,79	1.305,79	1.431,43	1.432,94	6.781,74
3.2.2.2	Fliesen (WC)	53,18	53,18	53,18	61,95	46,46	267,95
3.2.2.3	Teppichboden	-	-	191,15	-	268,48	459,63
3.2.2.4	PVC (NGF-Fliesen-Teppich)	1.203,91	1.242,29	1.006,28	1.344,45	1.059,73	5.856,66
3.2.2.5	Versiegelung Estrich						-
3.2.3	Bekleidungen (abgehängte Decken)	1.299,24	1.323,99	1.296,65	1.443,46	1.428,46	6.791,80

Unterlage 6/20 Blatt 2　　　　　　　　　　　　　　　　　　　　　　　　　　　Anhang III B

Unterl. 6/20 Blatt 2	MENGENÜBERSICHTSTABLEAU BAUWERKE A+B					
	Gegenstand der Mengenermittlung	Bauwerk A			Bauwerk B		Summe
		EG	1.OG	2.OG	EG	1.OG	
(1)	(2)	(3)	(4)	(5)	(6)	(7)	(8)
4	**Wandflächen [m²]**						
4.1	Konstruktion						
4.1.1	Außenwandflächen (AWF)						
	(lfd.m x lichte Höhe)						
4.1.1.1	Stahlbeton	112,47	150,42	150,42	40,02	70,38	523,71
4.1.1.2	Mauerwerk	50,37	73,14	73,14	-	-	196,65
4.1.2	Innenwandflächen						
	(lfd.m x lichte Höhe)						
4.1.2.1	Stahlbeton	154,56	154,56	154,56	231,84	231,84	927,36
4.1.2.2.1	Leichte Trennwände (LTW) h=2,60m	382,93	28,39	484,22	109,04	543,95	1.548,53
4.1.2.2.2	Leichte Trennwände (bis UK RD,einfach beplankt)	132,07	66,04	99,06	99,06	82,55	478,77
4.1.2.2.3	Leichte Trennwände (bis UK RD,doppelt beplankt)	814,89	42,04	935,78	402,53	1.029,81	3.225,04
4.1.2.3	Installationswände	50,65	50,65	50,65	63,31	37,99	253,24
4.1.3	Stützen (Stückzahl)	47,00	47,00	47,00	56,00	56,00	253,00
4.2	Bekleidungen						
4.2.1	Außenwandflächen (AWF)						
	(lfd.m x lichte Höhe)						
4.2.1.1	Stahlbeton mit Putz+Anstrich	112,47	150,42	150,42	40,02	70,38	523,71
4.2.1.2	Mauerwerk mit Putz+Anstrich	50,37	73,14	73,14	-	-	196,65
4.2.2	Innenwandflächen (IWF)						
	(lfd.m x lichte Höhe)						
4.2.2.1	Stahlbeton zu TH + Restfl.	231,84	231,84	231,84	367,08	405,72	1.468,32
4.2.2.2.1	LTW mit Fliesen	152,05	142,67	152,05	179,20	122,62	748,58
4.2.2.2.2	LTW mit Anstrich (0.2.2.)	2.082,60	86,74	2.419,98	840,54	2.681,77	8.111,62
4.2.2.3	LTW mit fung.hemmendem Anstrich	35,86	33,65	35,86	38,56	28,92	172,85
4.2.3	Stützen						
	Anstrich (U=0,40x4=1,60m)	195,52	195,52	195,52	240,64	232,96	1.060,16
4.2.4	Fassade						
4.2.4.1	Außenflächen	1.119,75	1.074,96	1.194,40	1.119,75	1.194,40	5.703,26
4.2.4.2	Sonnenschutz (nur Südseite)	115,36	115,36	115,36	126,46	126,46	599,00
5	**Türen [Stück]**						
5.1	Feuerschutztüren T30	6,00	6,00	6,00	6,00	6,00	30,00
5.2	T90-Türen (Archive)	-	-	6,00	-	6,00	12,00
5.3	RD-Türen (Flur)	2,00	2,00	2,00	6,00	2,00	14,00
5.4	Raumtüren	44,00	8,00	61,00	21,00	73,00	207,00
	Drehtüren	2,00					2,00
	Außentüren	6,00	1,00	1,00	5,00	1,00	14,00
6	**Geländer [m]**						
6.1	Geländer	52,96	82,36	34,20	20,49	5,40	195,42
6.2	Handläufe	-	-	-	19,89	-	19,89

Anhang III B Unterlage 6/22

Unterl. 6/22	ABSCHNITTSWEISE MENGENERMITTLUNG BAUWERKE A+B (AUSSCHNITT)

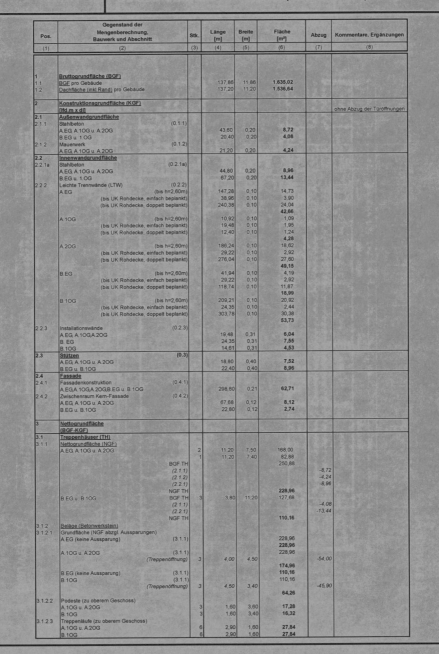

Pos.	Gegenstand der Mengenberechnung, Bauwerk und Abschnitt	Stk.	Länge [m]	Breite [m]	Fläche [m²]	Abzug	Kommentare, Ergänzungen
(1)	(2)	(3)	(4)	(5)	(6)	(7)	(8)
1	**Bruttogrundfläche (BGF)**						
1.1	BGF pro Gebäude		137,86	11,86	1.635,02		
1.2	Dachfläche (inkl. Rand) pro Gebäude		137,20	11,20	1.536,64		
2	**Konstruktionsgrundfläche (KGF)** [lfd.m x d)]						ohne Abzug der Türöffnungen
2.1	Außenwandgrundfläche						
2.1.1	Stahlbeton (0.1.1)						
	A.EG, A.1OG u. A.2OG		43,60	0,20	8,72		
	B.EG u. 1.OG		20,40	0,20	4,08		
2.1.2	Mauerwerk (0.1.2)						
	A.EG, A.1OG u. A.2OG		21,20	0,20	4,24		
2.2	Innenwandgrundfläche						
2.2.1a	Stahlbeton (0.2.1a)						
	A.EG, A.1OG u. A.2OG		44,80	0,20	8,96		
	B.EG u. 1.OG		67,20	0,20	13,44		
2.2.2	Leichte Trennwände (LTW) (0.2.2)						
	A.EG (bis h=2,60m)		147,28	0,10	14,73		
	(bis UK Rohdecke, einfach beplankt)		38,96	0,10	3,90		
	(bis UK Rohdecke, doppelt beplankt)		240,38	0,10	24,04		
					42,66		
	A.1OG (bis h=2,60m)		10,92	0,10	1,09		
	(bis UK Rohdecke, einfach beplankt)		19,48	0,10	1,95		
	(bis UK Rohdecke, doppelt beplankt)		12,40	0,10	1,24		
					4,28		
	A.2OG (bis h=2,60m)		186,24	0,10	18,62		
	(bis UK Rohdecke, einfach beplankt)		29,22	0,10	2,92		
	(bis UK Rohdecke, doppelt beplankt)		276,04	0,10	27,60		
					49,15		
	B.EG (bis h=2,60m)		41,94	0,10	4,19		
	(bis UK Rohdecke, einfach beplankt)		29,22	0,10	2,92		
	(bis UK Rohdecke, doppelt beplankt)		118,74	0,10	11,87		
					18,99		
	B.1OG (bis h=2,60m)		209,21	0,10	20,92		
	(bis UK Rohdecke, einfach beplankt)		24,35	0,10	2,44		
	(bis UK Rohdecke, doppelt beplankt)		303,78	0,10	30,38		
					53,73		
2.2.3	Installationswände (0.2.3)						
	A.EG, A.1OG, A.2OG		19,48	0,31	6,04		
	B.EG		24,35	0,31	7,55		
	B.1OG		14,61	0,31	4,53		
2.3	**Stützen** (0.3)						
	A.EG, A.1OG u. A.2OG		18,80	0,40	7,52		
	B.EG u. B.1OG		22,40	0,40	8,96		
2.4	**Fassade**						
2.4.1	Fassadenkonstruktion (0.4.1)						
	A.EG, A.1OG, A.2OG, B.EG u. B.1OG		298,60	0,21	62,71		
2.4.2	Zwischenraum Kern-Fassade (0.4.2)						
	A.EG, A.1OG u. A.2OG		67,68	0,12	8,12		
	B.EG u. B.1OG		22,80	0,12	2,74		
3	**Nettogrundfläche (BGF-KGF)**						
3.1	Treppenhäuser (TH)						
3.1.1	Nettogrundfläche (NGF)						
	A.EG, A.1OG u. A.2OG	2	11,20	7,50	168,00		
		1	11,20	7,40	82,88		
	BGF TH				250,88		
	(2.1.1)					-8,72	
	(2.1.2)					-4,24	
	(2.2.1)					-8,96	
	NGF TH				228,96		
	B.EG u. B.1OG BGF TH	3	3,80	11,20	127,68		
	(2.1.1)					-4,08	
	(2.2.1)					-13,44	
	NGF TH				110,16		
3.1.2	Beläge (Betonwerkstein)						
3.1.2.1	Grundfläche (NGF abzgl. Aussparungen)						
	A.EG (keine Aussparung) (3.1.1)				228,96		
					228,96		
	A.1OG u. A.2OG (3.1.1)				228,96		
	(Treppenöffnung)	3	4,00	4,50		-54,00	
					174,96		
	B.EG (keine Aussparung) (3.1.1)				110,16		
	B.1OG (3.1.1)				110,16		
	(Treppenöffnung)	3	4,50	3,40		-45,90	
					64,26		
3.1.2.2	Podeste (zu oberem Geschoss)						
	A.1OG u. A.2OG	3	1,60	3,60	17,28		
	B.1OG	3	1,60	3,40	16,32		
3.1.2.3	Treppenläufe (zu oberem Geschoss)						
	A.1OG u. A.2OG	6	2,90	1,60	27,84		
	B.1OG	6	2,90	1,60	27,84		

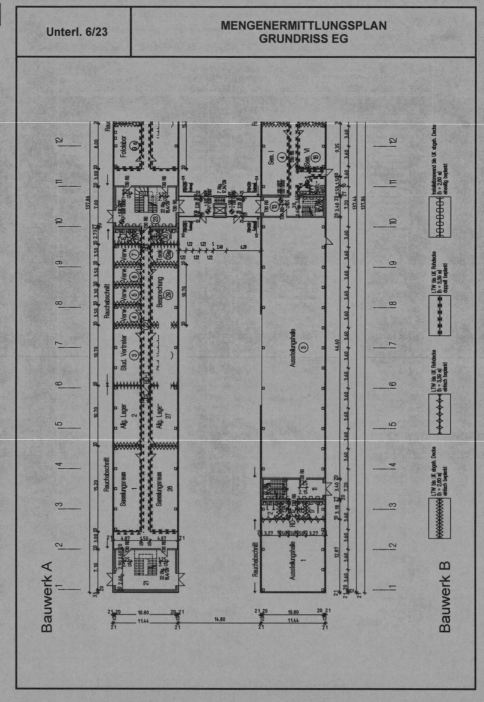

Anhang III B   Unterlage 6/91

Unterl. 6/91	ÜBERSCHLÄGIGE MENGENERMITTLUNG FÜR DACHABDICHTUNGSARBEITEN (Maße in m)

III B

BAUWERK A

Schnitt:

Grundriss: Attika

Maße: 45, 20, 136,80, 20, 20, 10,80, 11,20

Vgl. Unterlage I, A, 3/07

Dachabdichtungsfläche:

Pro Bauwerk: 10,80 m x 136,80 m = 1.477,44 m²
Insgesamt 2 x 1.477,44 m² =   2.954,88 m²

Randanschlüsse:

Bauwerk A:
(136,80 m + 10,80 m) x 2 =   295,20 m

Bauwerk B:
2 x 295,20 m   590,40 m

Unterl. 7/00	NACHUNTERNEHMERANFRAGEN UND -ANGEBOTE
Unterlage	Inhalt
I, A, 7/89	Aufforderung zur Abgabe eines Angebotes für Dachabdichtungsarbeiten
I, A, 7/90 u. 91	Leistungsverzeichnis für Dachabdichtungsarbeiten
I, B, 10/92	Angebot für Dachabdichtungsarbeiten
I, B, 10/93	Alternatives Angebot für Dachabdichtungsarbeiten
III, B, 7/60	Aufforderung zur Abgabe eines Angebotes für Erdarbeiten
III, B 7/61	Angebot (Erdarbeiten)
III, B, 7/62	Angebot II (Erdarbeiten)
III, B, 7/63	Wertung der Angebote für Erdarbeiten
III, B, 7/100	Notizen zu anstehenden NU-Anfragen und -Aufträgen
Abb. 1, S. 2	Pauschales Angebot für Abgehängte Decken
Abb. 2, S. 4	Pauschales Angebot über Dachabdichtungsarbeiten

Anhang III B Unterlage 7/30

Unterl. 7/30	AUFFORDERUNG ZUR ABGABE EINES ANGEBOTS MIT LEISTUNGSPROGRAMM Leistungsbereich: Dachabdichtungsarbeiten (DIN 18338)

III B

Vorbemerkungen:

1. <u>Termine:</u> a) Arbeitsbeginn — 2. Januar (Jahr 2)

   b) Freigabe für Innenausbauarbeiten — 6. Februar (Jahr 2)
   (Fertigstellung der provisorischen Abdichtung)

   c) Komplette Fertigstellung — 30. Juni (Jahr 2)

   Es wird aus der ausführenden Firma freigestellt, eine ausreichende Abdichtung für den Innenausbau durch Dachabdichtungsprovisorien zu erreichen. Hierdurch anfallende Mehrkosten sind durch die vereinbarte Vergütung abgegolten

2. <u>Unterlagen:</u>

   I, A, 1/01   Lageplan

   I, A, 1/04   Schnitte

   I, A, 1/05   Grundriss

   I, A, 3/07   Dachabdichtungsanforderungen

   Abb. 2   Leistungsbeschreibung

3. <u>Bindungsfrist:</u>   bis zum 6. Juli (Jahr 1)

4. <u>Alternativen:</u>

   Es wird freigestellt, kostengünstigere, zeitsparende und den Belangen des Ausführungszeitraums besser gerecht werdende Ausführungsmöglichkeiten anzubieten.

Unterlage 7/60 Anhang III B

Unterl. 7/60	**AUFFORDERUNG ZUR ABGABE EINES ANGEBOTS MIT LEISTUNGSVERZEICHNIS** Leistungsbereich: Erdarbeiten (DIN 18300)
1. <u>Termine:</u>	a) <u>Aushubarbeiten:</u> 　- Arbeitsbeginn　　　　　　　　　　　1. Juli 　- Ende Fundamentaushub　　　　　12. September 　- Ende Verfüllung　　　　　　　　　30. September b) <u>Kanalisation:</u> 　- Fertigstellung Abschnitt 4　　　　2. Juli 　- Fertigstellung Abschnitt 1　　　　14. Juli 　- Fertigstellung Abschnitt 5　　　　22. Juli 　- Fertigstellung Abschnitt 2　　　　4. August 　- Fertigstellung Abschnitt 6　　　　12. August 　- Fertigstellung Abschnitt 3　　　　20. August Der Erdbauer hat seine Leistungserstellung mit dem Kanalisationsbauer abzustimmen.
2. <u>Unterlagen:</u>	I, A, 1/01 Lageplan I, A, 1/02 Bodengutachten I, A, 1/04 Schnitte I, A, 1/05 Grundriss I, B, 3/61 Leistungsverzeichnis
3. <u>Bindungsfrist:</u>	bis zum 6. Juli
4. <u>Menge:</u>	Für Positionen ohne Mengenangabe ermittelt der Bieter die Mengen eigenverantwortlich.
5. <u>Tagesunterkünfte:</u>	werden bauseits gestellt

Anhang III B   Unterlage 7/61

Unterl. 7/61	ANGEBOT I (FA. FÜLLE) Leistungsbereich: Erdarbeiten (DIN 18300)		
Pos.	Menge	Beschrieb	E-Preis EUR	G-Preis EUR

Pos.	Menge	Beschrieb	E-Preis EUR	G-Preis EUR
1.	pauschal	Baugelände abräumen auf der Grundfläche des Bauwerks, des Arbeitsraumes, der Baustelleneinrichtung und der Baustellenverkehrswege; anfallendes Material wird Eigentum des AN und ist zu beseitigen.	9.000,00 EUR	9.000,00 EUR
2.	4.590,90 m³	Oberboden DIN 18300 abtragen und seitlich lagern	3,00 EUR	13.770,00 EUR
3.	1.214,43 m³	Boden der Bodenklasse 4 und im geringen Umfang der Bodenklasse 5 für Baugrube profilgerecht lösen und im Bereich des Baugeländes planieren. Aushub nach Abtrag des Oberbodens.	5,00 EUR	6.072,15 EUR
4.	834,82 m³	Boden der Bodenklasse 4 und im geringen Umfang der Bodenklasse 5 für Fundamente profilgerecht lösen und im Bereich des Geländes planieren.	7,00 EUR	5.843,74 EUR
5.	nur EP m³	Abfuhr von überschüssigem Boden auf Geheiß des AG auf eine unternehmerseitige Kippe o.Ä.; als Zulage zu den Positionen 3 und 4.	12,50 EUR	------
6.	pauschal m³	Verfüllung des Baukörpers mit geeignetem Boden	7.600,00 EUR	7.600,00 EUR
7.	10 h	Stundenlohnarbeiten für Handaushub	42,00 EUR	------
		Gesamtbetrag:		**42.285,89 EUR**

Unterlage 7/62 Anhang III B

Unterl. 7/62		ANGEBOT II MIT LV (FA. GROßMANN) Leistungsbereich: Erdarbeiten (DIN 18300)		
Pos.	Menge	Beschrieb	E-Preis EUR	G-Preis EUR
1.	pauschal	Baugelände abräumen auf der Grundfläche des Bauwerks, des Arbeitsraumes, der Baustelleneinrichtung und der Baustellenverkehrswege; anfallendes Material wird Eigentum des AN und ist zu beseitigen.	7.000,00 EUR	7.000,00 EUR
2.	4.590,90 m³	Oberboden DIN 18300 abtragen und seitlich lagern	2,10 EUR	9.639,00 EUR
3.	1.214,43 m³	Boden der Bodenklasse 4 und im geringen Umfang der Bodenklasse 5 für Baugrube profilgerecht lösen und im Bereich des Baugeländes planieren. Aushub nach Abtrag des Oberbodens.	3,50 EUR	4.250,51 EUR
4.	834,82 m³	Boden der Bodenklasse 4 und im geringen Umfang der Bodenklasse 5 für Fundamente profilgerecht lösen und im Bereich des Geländes planieren.	7,50 EUR	6292,50 EUR
5.	nur EP m³	Abfuhr von überschüssigem Boden auf Geheiß des AG auf eine unternehmerseitige Kippe o.Ä.; Als Zulage zu den Positionen 3 und 4.	9,00 EUR	EP
6.	nur EP m²	Sauberkeitsschicht unter Betonfertigteilen nach DIN 1045, EC 2 aus Kies	4,30 EUR	EP
7.	10 h	Stundenlohnarbeiten für Handaushub	40,00 EUR	------
		Gesamtbetrag:		**27.182,01 EUR**

Unterl. 7/63	WERTUNG DER ANGEBOTE (INKL. PREISSPIEGEL) Leistungsbereich: Erdarbeiten (DIN 18300)

SUBMISSIONSSPIEGEL

für Bauobjekt: Rohbau Hochschulgebäude

Pos. Nr.	Mengen	Beschreibung	Firma					
			Großmann		Fülle		Hiller	
			EP	GP	EP	GP	EP	GP
1	1	Gelände abräumen	GP	**7.000,00**	GP	9.000,00	GP	10.000,00
2	4590 m²	Oberboden abtragen	2,10	**9.639,00**	3,00	13.770,00	2,50	11.475,00
3	1214 m²	Baugrube	3,50	**4.250,51**	5,00	6.072,15	6,00	7.286,58
4	835 m²	Fundament	7,50	6.292,50	7,00	8.845,00	6,00	**5.010,00**
5	EP m²	Abfuhr	9,00	**nur EP**	12,50	nur EP	12,00	nur EP
6a		Verfüllung	-----	----------	paus.	7.600,00	-------	--------
6b		Sauberkeitsschicht	4,30	**nur EP**	----	--------	-------	--------
7	10 h	Stundenlohnarbeiten	40,00	**400,00**	42,00	420,00	41,00	410,00

Bemerkung: Günstige Angebotsbeträge hervorgehoben

Es soll pauschalisiert werden. Tagesunterkünfte werden bauseits gestellt. Baubeginn spätestens am 6. Juli.
Da Fa. Großmann für Aushub die gunstigste ist, soll sie den Auftrag erhalten.

Unterl. 8/00	LISTE DER UNTERLAGEN ZUR TERMINPLANUNG UND ARBEITSVORBEREITUNG
UNTERLAGE	**BEZEICHNUNG**
III, B, 8/02	Rechentableau
III, B, 8/10	Bauablaufplan nach Leitvorgängen
III, B, 8/11	Aufwandswerte für die Terminplanung (Dachabdichtungsarbeiten)
III, B, 8/12	Zeitbedarfsberechnung für die Dachabdichtungsarbeiten mit Bitumenschweißbahnen
III, B, 8/13	Zeitbedarfsberechnung für die Dachabdichtung mit Kunststoffbahnen
III, B, 8/30	Steuerungsterminplan SF-Bau, Rechentableau mit Angabe der Produktionsstunden
III, B, 8/31	Steuerungsterminplan SF-Bau, Display
Bd. 1, Anh. B Unterlage g4, Blatt 4 u.5	Soll-Ablaufplan Rohbauarbeiten

Anhang III B   Unterlage 8/02

Unterl. 8/02	RECHENTABLEAU				
Vorg. Nr.	Leitvorgang	Menge	Einheit	AW	Gesamtstunden
					(3) x (5)
(1)	(2)	(3)	(4)	(5)	(6)
10	**Einhüllung**				
11	Mauerarbeiten	197	m²	1,00	197
12	Dachprovisorium	3.128	m²	0,05	156
13	Abdichtungsarbeiten horizontal	3.270	m²	0,30	981
14	Fassadenbefestigung	5.995	m²	0,20	1.199
15	Fassade	5.995	m²	0,75	4.496
16	Sonnenschutz	599	m²	0,28	168
17	Gefälledämmung und Dachabdichtung	3.270	m²	0,90	2.943
18	Gerüstabbau	6.059	m²	0,06	364
20	**Grobmontage**				
21	E-Zentrale/Notbeleuchtung	30.738	m³	0,01	307
22	Sanitärrohre/Lüftung	30.738	m³	0,05	1.537
23	Heizzentrale	30.738	m³	0,02	615
24	Heizungsrohre	30.738	m³	0,06	1.844
25	Geländer (Rohlinge)	219	m	1,1	241
30	**Innenausbau**				
31	Putzarbeiten	3.059	m²	0,43	1.315
32	Aufhängung für abgehängte Decken	6.792	m²	0,50	3.396
33	Estricharbeiten	6.782	m²	0,26	1.763
34	Trennwände (LTW) 1. Seite und Türzargen	5.506	m²	0,31	1.759
35	E-Stränge (LTW)	30.738	m³	0,075	2.305
36	Trennwände (LTW) 2. Seite	5.649	m²	0,30	1.695
37	E-Stränge (Decke)	30.738	m³	0,075	2.305
38	Deckenplatten	6.792	m²	0,16	1.087
39	Fliesenarbeiten	1.017	m²	1,00	1.017
40	**Finishing**				
41	Betonwerksteinarbeiten	612	m²	0,50	306
42	Maler- und Lackierarbeiten	12.712	m²	0,30	3.814
43	PVC-Bodenbelag	5.857	m²	0,50	2.928
44	Teppichboden	460	m²	0,07	32
45	Raumtüren einhängen	207	Stk.	0,31	64
46	Heizkörper (Feinmontage)	30.738	m²	0,03	922
47	Sanitärarbeiten (Feinmontage)	30.738	m²	0,04	1.230
48	Elektroarbeiten (Feinmontage)	30.738	m²	0,04	1.230
49	Metallbauarbeiten (Geländer)	219	m	1,00	219
50	**Endreinigung**	pauschal 10 AT			

III B

Unterlage 8/10 Anhang III B

III B Unterl. 8/10 — BAUABLAUFPLAN NACH LEITVORGÄNGEN

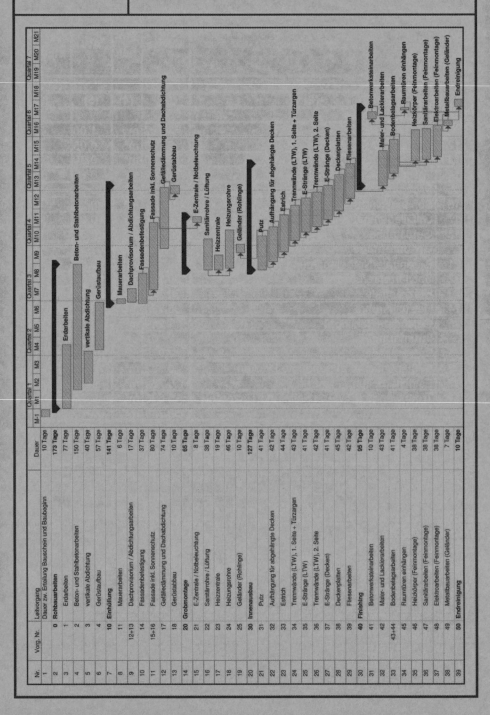

Anhang III B   Unterlage 8/11

Unterl. 8/11	AUFWANDSWERTE FÜR DIE TERMINPLANUNG LEISTUNGSBEREICH: DACHABDICHTUNGSARBEITEN (DIN 18 338)

III B

Ermittlung von Aufwandswerten aus gesplitteten Angebotspreisen von Nachunternehmern

a) Vergütung für Stundenlohnarbeiten

– gemäß Unterlage I, B, 10/92, Pos. 10
– gemäß Unterlage I, B, 7/93, Pos. 9

jeweils 42,00 Eur/Std.

b) Aufwandswert (Ph/Einheit) = $\dfrac{\text{Lohnanteil (EUR / Einheit)}}{42,00 \text{ (EUR / Ph)}}$

Pos. Nr.	Lohnanteil in Unterlage		Aufwandswert in Unterlage	
	10/92	10/93	10/92	10/93
	(Eur/Einheit)		(Ph/Einheit)	
1	1,40	1,40	0,033	0,033
2	7,95	7,95	0,19	0,19
3	14,70	1,50	0,35	0,036
4	7,95	12,00	0,19	0,29
5	7,95	124,09	0,19	2,95
6	124,09	22,40	2,95	0,53
7	22,40	22,40	0,53	0,53
8	22,40	44,45	0,53	1,06
9	48,14	–	1,15	–

Die Zeitbedarfsrechnung der einzelnen Ausführungsvarianten zeigt, dass

– das Bitumendach den größeren Arbeitszeitbedarf hat (vgl. Unterlage III, B, 8/12) und sich allein deshalb wenig für die Ausführung in der Winterzeit eignet,
– die Ausführung mit Kunststoffbahnen das zeitgünstigere Verfahren ist (vgl. Unterlage III, B, 8/13).

Unterlage 8/12, 8/13 — Anhang III B

Unterl. 8/12 — ZEITBEDARFSRECHNUNG FÜR DIE DACHABDICHTUNGSARBEITEN MIT BITUMENSCHWEISSBAHNEN

Pos.	Menge [E]		Beschrieb	Aufwandswerte [Ph / E]	Mannstunden [Ph]
1	2.954,88	m²	Voranstrich mit Abkehren	0,033	97,51
2	2.954,88	m²	Dampfsperrschicht	0,190	561,43
3	2.954,88	m²	Wärmedämmschicht	0,350	1034,21
4	2.954,88	m²	Abdichtung (1. Lage)	0,190	561,43
5	2.954,88	m²	Abdichtung (2. Lage)	0,190	561,43
6	6	St.	Lichtkuppeln	2,950	17,70
7	22	St.	Dachgullys einbauen u. eindichten	0,530	11,66
8	10	St.	Dachdurchdringungen	0,530	5,30
9	591,20	m	Attikaanschlüsse	1,150	679,88
			Gesamtbetrag:		**3.530,55**
			Aufwandswert:	3.530,55 Ph : 2954,88 m² = 1,20 Ph / m²	

Unterl. 8/13 — ZEITBEDARFSRECHNUNG FÜR DIE DACHABDICHTUNGSARBEITEN MIT KUNSTSTOFFBAHNEN

Pos.	Menge [E]		Beschrieb	Aufwandswerte [Ph / E]	Mannstunden [Ph]
1	2.954,88	m²	Rohglasvlies als Trennlage	0,033	97,51
2	2.954,88	m²	Dampfsperrschicht	0,190	561,43
3	2.954,88	m²	Gefälledämmung aus Hartschaum	0,036	106,38
4	2.954,88	m²	Rohglasvlies auf Trennlage	0,290	856,92
5	6	St.	Lichtkuppeln	2,950	17,70
6	22	St.	Dachgullys einbauen u. eindichten	0,530	11,66
7	10	St.	Dachdurchdringungen	0,530	5,30
8	591,20	m	Attikaanschlüsse	1,060	626,67
			Gesamtbetrag:		**2283,57**
			Aufwandswert:	2283,57 Ph : 2954,88 m² = 0,77 Ph / m²	

Anhang III B — Unterlage 8/30 Blatt 1

STEUERUNGSTERMINPLAN SF-BAU RECHENTABLEAU MIT ANGABE DER PRODUKTIONSSTUNDEN

Vorg.	Leitvorgang	Soll-Dauer	Anfang	Ende	Menge	Eh	AW	AK	B1L bzw. B I	B1R bzw. B II	B2L bzw. B III	B2R bzw. A I	A1L bzw. A II	A1R bzw. A III	A2L	A2R	A3L	A3R
	Bauschein	0 Tage	17.06.98	17.06.98														
	Rohbau	173 Tage	01.07.98	26.02.99														
4	Gerüstaufbau Zwischengebäude	2 Tage	15.03.99	16.03.99														
5	Zwischengebäude	30 Tage	01.02.99	12.03.99														
10	Einhüllung																	
11	Mauerwerk	5 Tage	01.02.99	05.02.99	197	m²	1,00	5					52	92	52			
12	Dachabdichtung	21 Tage	04.01.99	01.02.99	3.128	m²	0,05	8	26	26	26		26	26	26			
	(Prov.) Türen in Kernen	24 Tage	06.01.99	08.02.99	40	Stck	7,50	4	30	60	30		53	75	53			
13	Abdichtung (horizontal)	53 Tage	19.02.99	05.05.99	3.325	m²	0,30	8	166	166	166		166	166	166			
14	Fassadenbefestigung	42 Tage	05.01.99	03.03.99	5.995	m²	0,20	4	175	138	175		255	200	255			
15	Fassade	70 Tage	15.01.99	23.04.99	5.995	m²	0,75	8	647	500	647		974	754	974			
16	Sonnenschutz	28 Tage	22.03.99	29.04.99	599	m	0,50	4	50	50	50		50	50	50			
17a	Dach Gefälledämmung	47,5 Tage	26.03.99	01.06.99	3.128	m²	0,30	5	156	156	156		156	156	156			
17b	Dachabdichtung	59 Tage	13.04.99	05.07.99	3.128	m²	0,60	5	313	313	313		313	313	313			
18	Gerüstarbeiten (Abbau)	41,5 Tage	17.05.99	13.07.99	5.995	m²	0,06	4	52	41	52		77	60	77			

III B

Unterl. 8/30 Blatt 2

STEUERUNGSTERMINPLAN SF-BAU RECHENTABLEAU MIT ANGABE DER PRODUKTIONSSTUNDEN

Vorg.	Leitvorgang	Soll-Dauer	Anfang	Ende	Menge	Eh	AW	AK	B1L bzw. B I	B1R bzw. B II	B2L bzw. B III	B2R bzw. A I	A1L bzw. A II	A1R bzw. A III	A2L	A2R	A3L	A3R
20	**Grobmontage**																	
21	E-Zentrale / Notbeleuchtung	8 Tage	07.04.99	16.04.99	31.275	m²	0,01	5					313					
22	Sanitärrohre+Lüftung	39 Tage	05.02.99	01.04.99	31.275	m²	0,05	5	212	212	212		310	310	310			168
23	Heizzentrale	20 Tage	27.04.99	24.05.99	31.275	m²	0,02	4					626				326	326
24	Heizungsrohre	47 Tage	17.02.99	23.04.99	31.275	m²	0,06	5	254	254	254		372	372	372	326	167	167
25	Geländer Rohlinge	8 Tage	20.05.99	31.05.99	219	m	1,10	4	48				192				78	78
26	Zwischengebäude/Aufzug	23 Tage	23.04.99	26.05.99														
30	**Innenausbau**																	
31	Putzarbeiten nass	43 Tage	15.03.99	13.05.99	3.169	m²	0,43	4	157	157	157		284	324	284			
32	Deckenaufhängung	44 Tage	24.03.99	24.05.99	6.792	m²	0,26	5	189	189	186	186	168	168	172	172	168	168
33	Estrich	42 Tage	06.04.99	01.06.99	6.782	m²	0,50	10	358	358	358	358	326	326	326	326	326	326
34a	LTW hoch 1. Seite + Zargen	36 Tage	26.04.99	14.06.99	3.704	m²	0,31	4	72	72	184	184	144	144	7	7	167	167
34b	LTW niedrig 1. Seite + Zargen	34 Tage	06.06.99	26.07.99	1.802	m²	0,31	2	33	33	81	81	69	69	18	18	78	78
35a,37E-Stränge in LTW und Decke		45 Tage	05.05.99	02.07.99	31.275	m²	0,08	7	250	250	250	250	250	250	250	250	250	250
35b	E-Stränge in LTW niedrig	40 Tage	17.06.99	11.08.99	31.275	m²	0,06	6	188	188	188	188	188	188	188	188	188	188
36a	LTW hoch 2. Seite	36 Tage	26.05.99	14.07.99	3.704	m²	0,30	4	70	70	178	178	139	139	7	7	162	162
36b	LTW niedrig 2. Seite	34 Tage	07.07.99	23.08.99	1.802	m²	0,30	2	32	32	79	79	67	67	17	17	75	75
38	Deckenplatten	35 Tage	14.07.99	31.08.99	6.792	m²	0,16	4	116	116	114	114	104	104	106	106	104	104
	Bemusterung	0 Tage	10.05.99	10.05.99														
	Türblätter Metall+Glasarbeiten	5 Tage	30.11.99	06.12.99	57	Stck	2,33	4	14	14	16	16	12	9	9	9	16	16
39	Fliesenarbeiten	41 Tage	23.07.99	17.09.99	1.017	m²	1,00	3	114	114	85	85	103	103	103	103	103	103

Anhang III B   Unterlage 8/30 Blatt 3

STEUERUNGSTERMINPLAN SF-BAU
RECHENTABLEAU MIT ANGABE DER PRODUKTIONSSTUNDEN

Unterl. 8/30 Blatt 3

Vorg.	Leihvorgang	Soll-Dauer	Anfang	Ende	Menge	Eh.	AW	AK	B1L bzw B I	B1R bzw B II	B2L bzw B III	B2R bzw A I	A1L bzw A II	A1R bzw A III	A2L	A2R	A3L	A3R
40	**Finishing**																	
41	Betonwerksteinarbeiten	15 Tage	18.08.99	07.09.99	994	m²	0,50	4	64	64	64		97	111	97			
42	Maler/Lackierarbeiten	44 Tage	11.08.99	11.10.99	12.708	m²	0,30	11	233	233	567	567	440	440	142	142	517	517
43	PVC-Bodenbelagsarbeiten	42 Tage	24.08.99	20.10.99	5.857	m²	0,50	9	334	334	265	265	302	302	311	311	252	252
44	Bodenbelagsarbeiten (Teppichboden)	2 Tage	16.12.99	20.12.99	460	m²	0,07	3			9	9				7	7	
45	Raumtüren einhängen	5 Tage	24.11.99	01.12.99	207	Stck	0,31	2	2	2	11	11	9	9	0,5	0,5	9	9
46	Heizkörper	40 Tage	08.09.99	02.11.99	31.275	m³	0,03	3	94	94	94	94	94	94	94	94	94	94
47	Sanitärarbeiten	40 Tage	21.09.99	15.11.99	31.275	m³	0,04	4	125	125	125	125	125	125	125	125	125	125
48	Elektroarbeiten	40 Tage	04.10.99	26.11.99	31.275	m³	0,04	4	125	125	125	125	125	125	125	125	125	125
49	Metallbauarbeiten (Geländer)	5 Tage	01.12.99	08.12.99	219	m	1,00	6	41	41			45	45	45			
	WC-Zwischenwände	6 Tage	16.11.99	24.11.99	30	Stck	3,00	2	9	9	9	9	9	9	9	9	9	9
	Außentüren	8 Tage	08.12.99	20.12.99	18	Stck	13,00	4	18	54	18		36	72	36	36		
	Zwischengebäude / Aufzug	12 Tage	02.12.99	20.12.99														
50	Endreinigung	10 Tage	20.12.99	31.12.99														

Unterlage 8/31 Blatt 1

Anhang III B

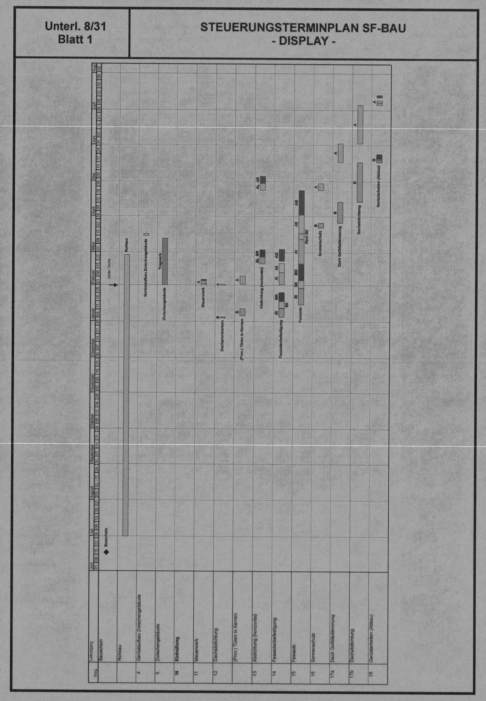

Anhang III B Unterlage 8/31 Blatt 2

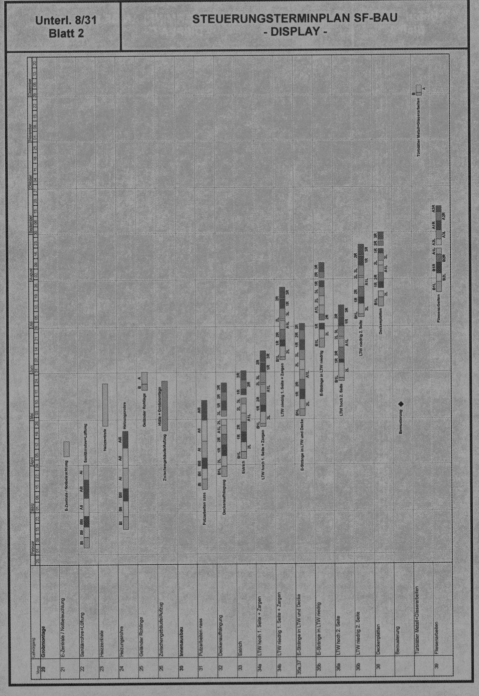

Unterlage 8/31 Blatt 3

Anhang III B

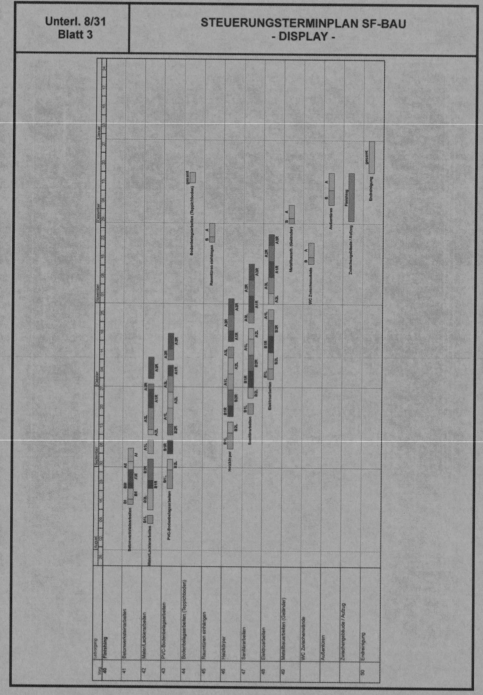

Unterl. 9/00	UNTERLAGEN ZUR KOSTENERMITTLUNG UND PREISFESTLEGUNG
Unterlage	**Bezeichnung**
III, B, 9/20	Schlussblatt der gebäudeorientierten Kostenermittlung (Bauelemente gemäß DIN 276)
III, B, 9/21	Gebäudeorientierte Kostenermittlung
III, B, 9/22	Einzelermittlung der Kosten der Architekten- und Ingenieurleistungen
III, B, 9/30	Schlussblatt der ausführungsorientierten Kostenermittlung (Leistungsbereiche nach VOB/C)
III, B, 9/31	Ausführungsorientierte Kostenermittlung
III, B, 9/40	Schlussblatt einer z.T. auf Angeboten von Nachunternehmern basierenden Kostenermittlung
III, B, 9/41	Budget der Leistungsbereiche
III, B, 10/00	Auflistung der Angebotsunterlagen

SCHLUSSBLATT DER GEBÄUDEORIENTIERTEN KOSTENERMITTLUNG
(Bauelemente gemäß DIN 276)

Unterl. 9/20

Kostengruppe		Inhalt	Ansatz	Betrag [EUR]
300		**Bauwerk-Baukonstruktion**		
	310	Baugrube		108.934,24
	320	Gründung		558.972,63
	330	Außenwände		2.747.622,62
	340	Innenwände	siehe Unterl. III.B 9/21	825.929,95
	350	Decken		828.062,68
	360	Dächer		794.825,72
	390	Sonstige Maßnahmen		187.939,43
		SUMME KG 300:		**6.052.287,26**
400		**Bauwerk-Technische Anlagen**		
	410	Abwasser, Wasser, Gasanlagen		224.005,50
	420	Wärmeversorgungsanlagen		315.810,00
	430	Lufttechnische Anlagen	siehe Unterl. III.B 9/21	7.750,00
	440	Starkstromanlagen		592.370,46
	450	Fernmelde- und informationstechnische Anlagen		135.765,69
	460	Förderanlagen		30.000,00
	480	Gebäudeautomation		25.000,00
		SUMME KG 400:		**1.330.701,65**
		SUMME BAULEISTUNGEN INSGESAMT:		**7.382.988,90**
700		**Baunebenkosten**		
	730	Architekten- und Ingenieurleistungen		
		Objektplanung (731), Phasen 5-8	siehe Unterl. III.B 9/22	431.441,89
		Tragwerksplanung (735), Phasen 5-6	siehe Unterl. III.B 9/22	75.626,44
		Technische Ausrüstung (736), Phasen 5-8	siehe Unterl. III.B 9/22	102.544,08
		Schnittstellenkosten-Nebenkosten der Planer und BL; inkl. Container und sonstige Kosten der BL	geschätzt	125.000,00
	740	Gutachten und Beratung		
		Vermessung (744)	geschätzt	10.000,00
	760	Finanzierung		
		Finanzierungskosten (761), Zinsen	geschätzt	25.000,00
	770	Allgemeine Baunebenkosten		
		Bewirtschaftungs- und Betriebskosten	geschätzt	145.000,00
		SUMME BAUNEBENKOSTEN INSGESAMT:		**914.612,41**
		SUMME DIREKTE PROJEKTKOSTEN:		**8.297.601,31**
		Allgemeine Geschäftskosten	9 % der Direkten Projektkosten	746.784,12
		Wagnis und Gewinn	4 % der Direkten Projektkosten	331.904,05
		GESAMTSUMME:		**9.376.289,48**
		PAUSCHALPREIS:		**9.350.000,00**

III B

| Unterl. 9/21 Blatt 1 | GEBÄUDEORIENTIERTE KOSTENERMITTLUNG |

Kosten-gruppe	Quali-täts-gruppe	Inhalt	DIN 18...	Leistungs-bereich	Leit-position	Ort	Quelle der Mengenermittlung*	BAUWERK A EG	BAUWERK A 1.OG	BAUWERK A 2.OG	BAUWERK B EG	BAUWERK B 1.OG	Summe	E	IP [EUR/E]	GP [EUR]
(1)	(2)	(3)	(4)	(5)	(6)	(7)	(8)	(9)	(10)	(11)	(12)	(13)	(14)	(15)	(16)	(17)=(14)x(16)
300		Bauwerk/Baukonstruktion														5.927.165,66
310		Baugrube														108.934,24
311		Aushub und Verfüllung	300	Erdarbeiten	1	BW A+B	MB Aushub	6.758,39					6.758,39	m³	16,00	108.134,24
311		Aushub und Verfüllung	300	Erdarbeiten	1	Verbindungsgebäude	gersch.	50,00					50,00	m³	16,00	800,00
320		Gründung														668.972,63
322	a	Köcherfundamente	331	Betonarbeiten	1	BW A+B unter Stützen	MB Fundamente	47,00			56,00		103,00	Stk	1.000,00	103.000,00
322	b	Streifenfundamente	331	Betonarbeiten	2	BW A+B TH	MB Fundamente	83,10			82,34		165,44	m³	160,00	26.470,40
322	c	Frostschürzen	331	Betonarbeiten	3	Zwischen den Fundamenten	MB Frostschürzen	219,36			233,96		453,32	m	155,00	70.264,60
322	d	Aufzugsfundamentplatte	331	Betonarbeiten	4	unter Aufzugsschacht	Plan	6,48					6,48	m³	40,00	259,20
324	a	Bodenplatte	331	Betonarbeiten	5	BW A+B, überall	MB VG 1.1-2.2-3.2.2	1.635,02			1.635,02		3.270,04	m	40,00	130.801,57
324	a	Bodenplatte	331	Betonarbeiten	5	VG, überall	MB VG 1.1-2.2-3.2.2	25,84			22,94		48,78	m²	40,00	1.951,06
324	b	Fertigteiltreppenläufe	331	Betonarbeiten	6	BW A+BEG TH	MB VG 3.2.2	1,98					1,98	m²	140,00	277,70
325	a	Bodenbeläge, Dämmschicht unter Mörtel	333	Betonwerksteinarbeiten	1	VG, überall	MB 3.1.2.1	226,95			110,16		339,12	m²	5,00	1.695,60
325	b	Bodenbeläge, Dämmschicht unter Mörtel	333	Betonwerksteinarbeiten	1	BW A+BEG TH	MB VG 3.2.1+3.2.2	21,97			20,34		42,30	m²	5,00	211,52
325	c1	Bodenbeläge, Dämmschicht unter Estrich	353	Estricharbeiten	2a	BW A+B EG außerhalb TH	MB 3.2.2.1	1.305,79			1.431,43		2.737,22	m²	5,00	13.686,10
325	c1	Bodenbeläge, Betonwerksteinplatten	333	Betonwerksteinarbeiten	2a	BW A+BEG TH	MB 3.1.2.1	228,95			110,16		339,12	m²	75,00	25.434,00
325	c1	Bodenbeläge, Betonwerksteinplatten	333	Betonwerksteinarbeiten	2a	VG, überall	MB VG 3.2.1	19,98			20,34		40,32	m²	75,00	3.024,03
325	c2	Treppenbelag aus Betonwerkstein	333	Betonwerksteinarbeiten	2b	Verbindungsgebäude	MB VG 3.2.2	1,98					1,98	m²	75,00	148,77
325	d	Bodenbeläge, Estrich auf Dämmung	353	Estricharbeiten	2	BW A+B EG außerhalb TH	MB 3.2.2.1	1.305,79			1.431,43		2.737,22	m²	15,00	41.058,30
325	e	Bodenbeläge, Keramische Bodenfliesen	352	Fliesen- und Plattenarbeiten	1	BW A+B EG Sanitärbereiche		53,18			61,95		115,13	m²	50,00	5.756,34
325	f	Bodenbeläge, PVC	365	Bodenbelagarbeiten		BW A+B EG außerh. TH und Sanitärbr.		1.203,91			1.344,45		2.548,36	m²	26,00	66.257,45
325	g	Bauwerksabdichtung, verfl. Abdichtung	338	Abdichtungsarbeiten		BW A+B Außenseiten umlaufend		298,60			298,60		597,20	m	30,00	17.916,00
325	g	Bauwerksabdichtung, verfl. Abdichtung	338	Abdichtungsarbeiten	2a	VG Außenseiten umlaufend	Pläne	16,80			12,80		29,60	m	30,00	868,00
326	a	Bauwerksabdichtung, horiz. Bitumenabdichtung	338	Abdichtungsarbeiten	2	BW A+B überall	MB 1.1	1.635,02			1.635,02		3.270,04	m²	15,00	49.050,59
326	b	Bauwerksabdichtung, horiz. Bitumenabdichtung	338	Abdichtungsarbeiten	2	VG, überall		31,82			22,94		54,76	m²	15,00	821,40
330		Außenwände														2.747.622,62
331		tragende AW	331	Betonarbeiten	7	BW A+B TH	MB 4.1.1.1	112,47	150,42	150,42	40,02	70,38	523,71	m²	110,00	57.608,10
331		tragende AW	331	Betonarbeiten	8	Verbindungsgebäude	MB VG 4.1.1.1	17,28	17,28	34,96			69,52	m²	110,00	7.647,20
332		nicht tragende AW	330	Maurerarbeiten	8	BW A+B TH Bauwerk A	MB 4.1.1.2	50,37	73,14	73,14			196,65	m²	75,00	14.748,75
334	a1	Außentüren (2.20x 2.12m)	351	Fassadenarbeiten	3a	BW A+B Eingangstüren	Pläne	6,00	1,00	1,00	3,00	1,00	12,00	Stk	3.250,00	39.000,00
334	a2	Außentüren (1.20x 2.12m)	351	Fassadenarbeiten	3b	BW B Notausgangstüren, EG, Südfassade	Pläne				2,00	2,00	2,00	Stk	2.500,00	10.000,00
334	a3	Außentüren	351	Fassadenarbeiten	3c	VG Eingangstüren	Pläne	2,00			2,00		4,00	Stk		
334		Fenster (n 337 enthalten)	351	Fassadenarbeiten	4	Fassade										
335		AW Bekleidung außen, Wärmedämm-Verbundsystem	350	Putz- und Stuckarbeiten	9	Verbindungsgebäude	Plan	17,28	17,28	29,44			64,00	m²	70,00	4.480,26
335		AW Bekleidung außen, Dispersionsanstrich auf Putz	363	Maler- und Lackierarbeiten	9	Verbindungsgebäude	Plan	17,28	17,28	29,44			64,00	m²	9,50	608,04
336	a	AW Bekleidung innen, Gipsputz auf der AW	350	Putz- und Stuckarbeiten	10	BW A+B TH Innen	MB 4.2.1.1 +4.2.1.2	162,84	223,56	223,56	40,02	70,38	720,36	m²	12,50	9.004,50
336	a	AW Bekleidung innen, Dispersionsanstrich auf Putz	363	Maler- und Lackierarbeiten	10	BW A+B TH Innen	MB 4.2.1.1 +4.2.1.2	162,84	223,56	223,56	40,02	70,38	720,36	m²	7,50	5.402,70
336	b	AW Bekleidung innen, AW außerhalb TH (in 337 enthalten)	351	Fassadenarbeiten	2	BW A+B außerhalb TH										
336	a	AW Bekleidung innen, Gipsputz auf der AW	350	Putz- und Stuckarbeiten	10	Verbindungsgebäude	Plan	6,90	6,90	13,11			28,91	m²	12,50	338,38
336	a	AW Bekleidung innen, Dispersionsanstrich auf Putz	363	Maler- und Lackierarbeiten	10	Verbindungsgebäude	Plan	6,90	6,90	13,11			28,91	m²	7,50	201,83
337		Elementierte Außenwand	351	Fassadenarbeiten	1	BW A+B Innen		1.119,75	1.074,96	1.194,96	1.119,75	1.194,00	5.703,26	m²	412,50	2.352.594,75
337		Elementierte Außenwand	351	Fassadenarbeiten	1	VG, überall	MB 4.2.4.1	64,50	61,92	68,97	46,50	49,72	291,62	m²	412,50	120.291,60
338		Sonnenschutz	358	Rollladenarbeiten	1	BW A+B Südseiten	MB 4.2.4.2	115,36	115,36	115,36	126,46	126,46	599,00	m	201,50	120.698,50

Anhang III B Unterlage 9/21 Blatt 2

III B

| Unterl. 9/21 Blatt 2 | GEBÄUDEORIENTIERTE KOSTENERMITTLUNG |

Kosten-gruppe	Quali-täts-gruppe	Inhalt	DIN 18...	Leistungs-bereich	Leit-position	Ort	Quelle der Mengenermittlung*	BAUWERK A EG	BAUWERK A 1.OG	BAUWERK A 2.OG	BAUWERK B EG	BAUWERK B 1.OG	Summe	E	IP [EUR/E]	GP [EUR]
(1)	(2)	(3)	(4)	(5)	(6)	(7)	(8)	(9)	(10)	(11)	(12)	(13)	(14)	(15)	(16)	(17)=(14)x(16)
340		Innenwände														825.929,96
341		Tragende IW	331	Betonarbeiten	8	BWA+B TH	MB 4.1.2.1	154,56	154,56	154,56	231,84	231,84	927,36	m²	110,00	102.009,60
341		Tragende IW	331	Betonarbeiten	8	Verbindungsgebäude	MB VG 4.1.2.1	30,36	30,36	29,81			90,53	m²	110,00	9.958,08
342		Innenstützen	331	Betonarbeiten	6	BWA+B überall	MB 4.1.3	47,00	47,00	47,00	56,00	56,00	253,00	Stk	600,00	151.800,00
343		Innentüren, T30	360	Metallbauarbeiten	1	BWA+B TH	Pläne	6,00	6,00	6,00	6,00	6,00	30,00	Stk	750,00	22.500,00
344	a1	Innentüren, T30, Zargen	360	Metallbauarbeiten		BWA+B TH	Pläne									
344	a2	Innentüren, T30, Beschläge	357	Beschlagarbeiten	1	BWA+B TH	Pläne									
344	a3	Innentüren, T30, Beschläge	360	Metallbauarbeiten	4	BWA+B Archive	Pläne			6,00	6,00		12,00	Stk	1.250,00	15.000,00
344	b1	Innentüren, T90	360	Metallbauarbeiten		BWA+B Archive	Pläne									
344	b2	Innentüren, T90, Zargen	357	Beschlagarbeiten	2	BWA+B Archive	Pläne									
344	b3	Innentüren, T90, Beschläge	360	Metallbauarbeiten	5	BWA+B Flure außerhalb TH	Pläne	2,00	2,00	2,00	6,00	2,00	14,00	Stk	750,00	10.500,00
344	c1	Innentüren, RD T30	360	Metallbauarbeiten	6	BWA+B Flure außerhalb TH	Pläne									
344	c2	Innentüren, RD T30, Zargen	381	Verglasungsarbeiten	2	BWA+B Flure außerhalb TH	Pläne									
344	c3	Innentüren, RD T30, Oberlichter	357	Beschlagarbeiten	3	BWA+B Flure außerhalb TH	Pläne									
344	c4	Innentüren, RD T30, Beschläge	355	Tischlerarbeiten		BWA+B Räume außerhalb TH	Pläne	44,00	8,00	61,00	21,00	73,00	207,00	Stk	225,00	46.575,00
344	d1	Innentüren, Raumtüren	360	Metallbauarbeiten	7	BWA+B Räume außerhalb TH	Pläne									
344	d2	Innentüren, Raumtüren, Zargen	361	Verglasungsarbeiten	2	BWA+B Räume außerhalb TH	Pläne									
344	d3	Innentüren, Raumtüren, Oberlichter	357	Beschlagarbeiten	1	BWA+B Räume außerhalb TH	Pläne									
344	d4	Innentüren, Raumtüren, Beschläge	360	Metallbauarbeiten	8	BWA+B Fotolabor	Pläne	2,00					2,00	Stk	2.500,00	5.000,00
344	e	Innentüren, Drehtür als Lichtschleuse	360	Metallbauarbeiten	11	Verbindungsgebäude	Plan		1,00				1,00	Stk	1.250,00	1.250,00
344	f1	Innentüren, T90	360	Metallbauarbeiten		Verbindungsgebäude	Plan									
344	f2	Innentüren, T90, Beschläge	357	Beschlagarbeiten	5	BWA+B TH Innen	MB 4.2.2.1	231,84	231,84	231,84	367,08	405,72	1.468,32	m²	12,50	18.354,00
345	a1	Innenwandbekleidung, Gipsputz auf trag. IW	350	Putz- und Stuckarbeiten	2	Verbindungsgebäude	MB VG 4.2.2.1	32,29	32,29	29,81			94,39	m²	12,50	1.179,90
345	a1	Innenwandbekleidung, Anstrich auf trag. IW mit Putz	363	Maler- und Lackierarbeiten	5	BWA+B TH	MB 4.2.2.1	231,84	231,84	231,84	367,08	405,72	1.468,32	m²	7,50	11.012,40
345	a2	Innenwandbekleidung, Anstrich auf trag. IW mit Putz	363	Maler- und Lackierarbeiten	2	Verbindungsgebäude	MB VG 4.2.2.1	32,29	32,29	29,81			94,39	m²	7,50	707,94
345	b	Innenwandbekleidung, Anstrich auf Innenstützen	363	Maler- und Lackierarbeiten	3	BWA+B überall	MB 4.2.3	195,52	195,52	195,52	240,64	232,96	1.060,16	m²	6,00	6.360,96
345	c1	Innenwandbekleidung, Anstrich Elementiertre IW	363	Maler- und Lackierarbeiten	4	BWA+B überall, außer Sanitärbereiche	MB 4.2.2.2	2.062,60	86,74	2.419,98	840,54	2.681,77	8.111,62	m²	6,00	48.669,72
345	c1	Innenwandbekleidung, Anstrich, funkt.bed.element auf GK	363	Maler- und Lackierarbeiten		BWA+B Sanitärbereiche	MB 4.2.2.2.3	35,86	33,85	35,86	38,56	28,92	172,85	m²	7,00	1.209,93
345	c2	Innenwandbekleidung, Fliesen auf GK	352	Fliesen- und Plattenarbeiten	3	BWA+B Sanitärbereiche	MB 4.2.2.2.1	152,05	142,67	152,05	179,20	122,62	748,59	m²	40,00	29.943,20
346	a1	Innenwandbekleidung, bis UKRD, doppelt beplankt	350	Putz- und Stuckarbeiten	3	BWA+B Flure außerhalb TH und Archive	MB 4.1.2.2.3	814,69	42,04	935,78	402,53	1.029,81	3.225,04	m²	70,00	225.752,96
346	a2	Gipskartondärnwände, bis UKRD, einfach beplankt	350	Putz- und Stuckarbeiten	5	BWA+B Sanitärbereiche, Schottwände in Bereich der RD Tüen	MB 4.1.2.2.1	132,07	69,04	99,06	99,06	82,55	478,77	m²	50,00	23.938,49
346	a3	Gipskartondärnwände, bis UK abgeh. Decke beplankt	350	Putz- und Stuckarbeiten	5	BWA+B außerhalb TH, alle übrigen Innenwände	MB 4.1.2.2.1	362,93	28,39	484,22	109,04	543,95	1.548,53	m²	30,00	46.456,02
346	b	Innenwandbekleidung, bis UK abgeh. Decke	350	Putz- und Stuckarbeiten	6	BWA+B Sanitärbereiche vor trag. IW	MB 4.1.2.3	50,65	50,65	50,65	63,31	37,99	253,24	m²	25,00	6.331,00
346	c	Installationswände	360	Metallbauarbeiten	9	BWA+B Geländer TH	MB 6.1	52,95	62,36	34,20	20,49	5,40	195,42	m	200,00	39.083,14
349	a	Geländer im TH	360	Metallbauarbeiten	10	BWA BHandläufe TH	MB 6.2			19,69	19,69		19,69	m	100,00	1.969,48
349	b	Handläufe	360	Metallbauarbeiten	3	Verbindungsgebäude	MB VG 6.1	1,74	1,74				3,48	m	100,00	348,00
350		Decken														828.062,66
351	a	Fertigtreppengebäude	331	Betonarbeiten	6	BWA+B TH	MB 3.1.2.3	27,84	27,84	27,84		27,84	83,52	m²	140,00	11.682,80
351	b	Fertigtreppenläufe	331	Betonarbeiten		Verbindungsgebäude	MB VG 3.2.2	1,98					1,98	m²	140,00	277,70
351	c	Fertigtreppenpodeste	331	Betonarbeiten	9	Bauwerk A, TH	MB 3.1.2.2	17,28	17,28				34,56	m²	100,00	3.456,00
351	d	Ortbetontreppen	331	Betonarbeiten	10	Bauwerk B, TH	MB 3.1.2.2				16,32		16,32	m²	100,00	1.632,00
351	d	Ortbetontreppenhausdecken	331	Betonarbeiten	11	BWA+B TH	MB 3.1.1	226,96	226,96		110,16		568,08	m²	90,00	51.127,20
351	d	Ortbetontreppenhausdecken	331	Betonarbeiten	11	VG, überall	MB VG 3.1	21,97	21,97		20,34		64,27	m²	90,00	5.784,46
351	e	Fertigbalken und Fliegerplatten mit Aufbeton	331	Betonarbeiten	12	BWA außerhalb TH	MB 1.1 - 3.1.1	1.406,06	1.406,06	1.406,06	1.524,86		4.336,98	m²	85,00	368.643,20

789

Unterlage 9/21 Blatt 3 — Anhang III B

III B — Unterl. 9/21 Blatt 3 — GEBÄUDEORIENTIERTE KOSTENERMITTLUNG

Kosten-gruppe	Quali-täts-gruppe	Inhalt	DIN 18...	Leistungs-bereich	Leit-position	Ort	Quelle der Mengenermittlung	BAUWERK A EG	1.OG	2.OG	BAUWERK B EG	1.OG	Summe	E	IP [EUR/E]	GP [EUR]
(1)	(2)	(3)	(4)	(5)	(6)	(7)	(8)	(9)	(10)	(11)	(12)	(13)	(14)	(15)	(16)	(17)=(14)x(16)
352	a	Betonwerksteinarbeiten	333	Betonwerksteinarbeiten	1a	BW A+B OG TH, sowie Archive in BW B	MB 3.1.2.1		174,96	174,96		64,26	414,18	m²	75,00	31.063,50
352	a	Betonwerksteinplatten	333	Betonwerksteinarbeiten	2a	VG. überall	MB VG 3.2.1		19,98	21,51		20,34	61,83	m²	75,00	4.637,43
352	a	Treppenbelag aus Betonwerkstein	333	Betonwerksteinarbeiten	2b	BW A+B TH	MB 3.1.2.3		27,84	27,84		27,84	83,52	m²	75,00	6.264,00
352	a	Treppenbelag aus Betonwerkstein	333	Betonwerksteinarbeiten	3	VG, überall	MB VG 3.2.2			1,98			1,98	m²	75,00	148,77
352	c	Podestbelag aus Betonwerkstein	333	Betonwerksteinarbeiten	4	BW A+B TH	MB 3.1.2.2		17,28	17,28		16,32	50,88	m²	75,00	3.816,00
352	c	Verbundestrich	363	Estricharbeiten	5	BW A+B OG außerhalb TH	MB 3.2.2.1		1.305,79	1.305,79		1.432,94	4.044,52	m²	15,00	60.667,82
352	e	Keramische Bodenfliesen	352	Fliesen- und Plattenarbeiten	6	BW A+B OG Sanitärbereiche	MB 3.2.2.2		53,18	53,18		46,46	152,82	m²	75,00	7.641,03
352	f	Teppich	365	Bodenbelagarbeiten	7	BW A+B OG Professorenbüros	MB 3.2.2.3			191,15		268,48	459,63	m²	26,00	11.950,40
352	g	PVC	365	Bodenbelagarbeiten	8	BW A+B OG Restflächen	MB 3.2.2.4		1.242,29	1.006,28		1.059,73	3.308,30	m²	26,00	86.015,79
353	a	Gipsputz	350	Putz- und Stuckarbeiten	1	BW A+B Decken TH	MB 3.1.3.1	174,96	174,96	64,26			414,18	m²	12,50	5.177,25
353	a	Gipsputz	350	Putz- und Stuckarbeiten	2	VG, überall	MB VG 3.3.1+3.3.2	21,97	21,97	20,34			64,27	m²	12,50	803,42
353	b	Dispersionsanstrich	363	Maler- und Lackiererarbeiten	3	BW A+B Decken TH + Treppen + Podeste	MB 3.1.3.1 bis 3.1.3.3	220,08	220,08	108,42			548,58	m²	7,50	4.114,35
353	b	Dispersionsanstrich	363	Maler- und Lackiererarbeiten	4	VG. überall	MB VG 3.3.1+3.3.2	21,97	21,97	20,34			64,27	m²	7,50	482,04
353	c	abgehängte Decke aus Mineralfaserplatten	350	Putz- und Stuckarbeiten	5	BW A+B außerhalb TH	MB 3.2.3	1.299,24	1.323,99	1.443,46			4.066,69	m²	40,00	162.667,52
360		Dächer															669.704,12
361	a	Ortbetontreppenhausdecken	331	Betonarbeiten	I	BW A+B TH	MB 3.1.1		228,96	228,96		110,16	339,12	m²	90,00	30.520,80
361	a	Ortbetontreppenhausdecken	331	Betonarbeiten	II	VG, überall	MB VG 1.1		31,82			22,94	54,76	m²	90,00	4.928,40
361	b	Fertigteilbalken und Filigranplatten mit Aufbeton	331	Betonarbeiten	43	BW A+B außerhalb TH	MB 1.1 – 3.1.1		1.406,06	1.406,06		1.524,86	2.930,92	m²	85,00	249.128,13
362	a	Acryldachkappel	338	Dachdeckungs- und Dachabdichtungsarbeiten			MB 3.2.2.4		3,00	3,00		3,00	6,00	Stk	5.650,00	33.900,00
363	a	Dachabdeckung	338	Dachdeckungs- und Dachabdichtungsarbeiten	72	BW A+B überall	MB 1.2		1.536,64			1.536,64	3.073,28	m²	75,00	230.496,00
363	a	Dachabdichtung	338	Dachdeckungs- und Dachabdichtungsarbeiten	71	VG, überall	MB VG 1.2		32,19			22,57	54,76	m²	75,00	4.107,00
364	a	Gipsputz	350	Putz- und Stuckarbeiten	9	BW A+B Decken TH	MB 3.1.3.1		228,96	228,96		110,16	339,12	m²	12,50	4.239,00
364	a	Gipsputz	350	Putz- und Stuckarbeiten	7	VG, überall	MB VG 3.3.1+3.3.2		21,51	21,51		20,34	41,85	m²	12,50	523,10
364	b	Dispersionsanstrich	363	Maler- und Lackiererarbeiten	46	BW A+B Decken TH	MB 3.1.3.1		228,96	228,96		110,16	339,12	m²	7,50	2.543,40
364	b	Dispersionsanstrich	363	Maler- und Lackiererarbeiten	6	VG, überall	MB VG 3.3.1		21,51	21,51		20,34	41,85	m²	7,50	313,86
364	c	Dachbekleidung, abgehängte Decke aus Mineralfaserplatten	350	Putz- und Stuckarbeiten	10	BW A+B außerhalb TH	MB 3.2.3		1.296,65	1.296,65		1.428,46	2.725,11	m²	40,00	109.004,43
380		Sonstige Maßnahmen															187.939,43
391		Baustelleneinrichtung	299	Allgemeines			MB 1.b	5.886,07	5.886,07	5.886,07		6.540,08	30.738,37	m²	3,75	115.268,88
391		Baustelleneinrichtung	299	Allgemeines			MB VG 1.b						536,73	m²	3,75	2.012,73
392	a	Gerüste	451	Gerüstarbeiten			MB 4.2.4.1	1.119,75	1.074,40	1.194,40		1.194,40	5.703,28	m²	6,50	37.071,19
392	b	Gerüste	451	Gerüstarbeiten			MB VG 4.2.1.1+4.2.3.1	81,76	79,20	98,42		49,72	355,62	m	6,50	2.311,53
396		Schlussreinigung	299	Allgemeines			MB 1.b	5.886,07	5.886,07	5.886,07		6.540,08	30.738,37	m²	1,00	30.738,37
396		Schlussreinigung	299	Allgemeines			MB VG 1.b						506,73	m²	1,00	536,73
400		Bauwerk/Technische Anlagen															1.330.701,66
410		Abwasser, Wasser- und Gasanlagen															224.006,50
411	a1	Allgemeines, Dachentwässerung innenliegend	381	Gas, Wasser, Abwasser		Systemsätze Dach						16,00	16,00	Stk	920,00	29.440,00
411	a2	Dachentwässerung außenliegend	381	Gas, Wasser, Abwasser	1b	VG Dach	Pläne					2,00	4,00	Stk	920,00	3.680,00
411	b	Entwässerungsgrobrohre	381	Gas, Wasser, Abwasser			Pläne						440,00	m	109,00	47.960,00
411	c	Entwässerungsgrobrohre	381	Gas, Wasser, Abwasser			Pläne						12,00	m	109,00	1.308,00
412	a	Kaltwasserverteilung	381	Gas, Wasser, Abwasser			Pläne						375,00	m	81,00	30.375,00
412	b	Allgemeines, Bodenabläufe mit Anschlüssen an Fallstränge	381	Gas, Wasser, Abwasser	2a	Pläne		4,00	4,00	5,00	5,00	3,00	21,00	Stk	250,00	5.250,00
412	c1	Sanitärobjekte, Urinal-Anlagen	381	Gas, Wasser, Abwasser	3		Pläne	4,00	4,00	4,00	4,00	4,00	20,00	Stk	765,00	15.300,00
412	c2	Sanitärobjekte, WC-Anlagen	381	Gas, Wasser, Abwasser	4	BW A+B Sanitärbereiche	Pläne	8,00	7,00	8,00	9,00	5,00	37,00	Stk	765,00	28.305,00
412	c3	Sanitärobjekte, Doppel-Waschtischanlagen	381	Gas, Wasser, Abwasser	5	BW A+B Sanitärbereiche	Pläne	4,00	4,00	4,00	4,00	4,50	19,50	Stk	715,00	13.942,50
412	c4	Sanitärobjekte, Spüle mit Unterbau	381	Gas, Wasser, Abwasser	6	BW A+B Teeküchen	Pläne						4,00	Stk	1.650,00	6.600,00
412	c5	Sanitärobjekte, Küchenbasisbewerter	381	Gas, Wasser, Abwasser	7	BW A+B Teeküchen	Pläne	1,00	1,00	1,00	2,00		4,00	Stk	650,00	2.600,00
412	c6	Sanitärobjekte, Ausgussbecken	381	Gas, Wasser, Abwasser	3	BW A+B Fotolabor	Pläne	1,00			1,00		3,00	Stk	665,00	1.995,00

Anhang III B   Unterlage 9/21 Blatt 4

| Unterl. 9/21 Blatt 4 | GEBÄUDEORIENTIERTE KOSTENERMITTLUNG |

Kosten-gruppe	Quali-täts-gruppe	Inhalt	DIN 18...	Leistungs-bereich	Leit-position	Ort	Quelle der Mengenermittlung	BAUWERK A EG	BAUWERK A 1.OG	BAUWERK A 2.OG	BAUWERK B EG	BAUWERK B 1.OG	Summe	E	IP [EUR/E]	GP [EUR]
(1)	(2)	(3)	(4)	(5)	(6)	(7)	(8)	(9)	(10)	(11)	(12)	(13)	(14)	(15)	(16)	(17)=(14)x(16)
414	a	Feuerlöschanlagen, Pulverlöscher ABC, 6kg	381	Gas, Wasser, Abwasser	9	BW A+B TH, je Etage	Pläne	6,00	6,00	6,00	6,00	6,00	30,00	Stk	400,00	12.000,00
414	a	Feuerlöschanlagen, Pulverlöscher ABC, 6kg	381	Gas, Wasser, Abwasser	9	VG je Etage und Seite	Pläne	1,00	1,00	1,00	1,00	1,00	5,00	Stk	400,00	2.000,00
414	b	Feuerlöschanlagen, Wandhydranten	381	Gas, Wasser, Abwasser	10	BW A+B TH	Pläne	3,00	3,00	3,00	3,00	3,00	15,00	Stk	1.550,00	23.250,00
420		Wärmeversorgungsanlagen														315.810,00
421		Fernwärmeübergabestation	380	Heizanlagen	1	BW A Hausanschlussraum		1,00					1,00	Stk	20.500,00	20.500,00
422		Wärmeverteilernetz, Rohrleitung	380	Heizanlagen	2	BW A+B überall	Vorermittlungen zur MB	597,20	597,20	597,20	597,20	597,20	2.986,00	m	35,00	104.510,00
423		Raumheizungen, Plattenheizkörper	380	Heizanlagen	3	BW A+B überall, außerhalb der Flure	Pläne	72,00	72,00	72,00	72,00	72,00	360,00	Stk	530,00	190.800,00
430		Lufttechnische Anlagen														7.750,00
431	a	Be- und Entlüftung	379	Raumlufttechnische Anlagen	1	BW A+B Fotolabor	Pläne	3,00					3,00	Stk	1.550,00	4.650,00
431	b	Be- und Entlüftung	379	Raumlufttechnische Anlagen	2	BW 1.OG DA-WC	Pläne		1,00				1,00	Stk	1.550,00	1.550,00
431	c	Be- und Entlüftung	379	Raumlufttechnische Anlagen	3	BW B EG, Beh.-WC	Pläne				1,00		1,00	Stk	1.550,00	1.550,00
440		Starkstromanlagen														692.370,46
443		Niederspannungsanlagen (in 444 enthalten)	382	Nieder- und Mittelspannungsanlagen													
444		Niederspannungs-installationsanlagen, Steckdosen, Schalter, inkl. Kabel und Verteiler	382	Nieder- und Mittelspannungsanlagen	2	BW A+B überall	MB 1.1	1.635,02	1.635,02	1.635,02	1.635,02	1.635,02	8.175,10	m²	50,00	408.754,90
444		Niederspannungsinstallations-anlagen, Schalter, inkl. Kabel und Verteiler	382	Nieder- und Mittelspannungsanlagen	2	VG überall	MB VG 1.1	31,82	31,82	31,82	22,94	22,94	141,34	m²	20,00	2.826,80
445		Beleuchtungsanlagen	382	Nieder- und Mittelspannungsanlagen	3	BW A+B überall	MB 1.1	1.635,02	1.635,02	1.635,02	1.635,02	1.635,02	8.175,10	m²	20,00	153.501,98
445		Beleuchtungsanlagen	382	Nieder- und Mittelspannungsanlagen	3	VG überall	MB VG 1.1	31,82	31,82	31,82	22,94	22,94	141,34	m²	20,00	2.826,80
446	a	Fundamenterder	384	Blitzschutzanlagen	1	BW A+B Fundament	MB 0.4.1	298,60			298,60		597,20	m	20,00	11.944,00
446	b	Fundamenterder	384	Blitzschutzanlagen	1	VG Fundament	Pläne	16,80			12,80		29,60	m	85,00	2.516,00
450		Fernmelde- und Informationstechnische Anlagen														135.765,69
451		Telekommunikationsanlagen, Telefonanschlüsse	382	Nieder- und Mittelspannungsanlagen	4	BW A+B alle Räume	MB VG 1.1	35,00	20,00	49,00	20,00	59,00	183,00	Stk	380,00	69.540,00
456		Gefahrenmelde- und Alarmanlage, RWA-Anlage	382	Nieder- und Mittelspannungsanlagen	5	BW A+B TH	MB VG 1.1	3,00	3,00	3,00	3,00	3,00	15,00	Stk	600,00	9.000,00
457		Übertragungsnetz, Netzverlaufanschlüsse	382	Nieder- und Mittelspannungsanlagen	6	BW A+B alle Räume	MB 1.1	1.635,02	1.635,02	1.635,02	1.635,02	1.635,02	8.175,10	m²	7,00	57.225,69
460		Förderanlagen														30.000,00
461		Aufzugsanlagen	385	Aufzugsanlagen	1	Verbindungsgebäude	Pläne						1,00	Stk	30.000,00	30.000,00
480		Gebäudeautomation														25.000,00
482		Schaltschränke	386	Gebäudeautomation												25.000,00
490		Sonstige Maßnahmen für Technische Anlagen	382	Leitungen in Versorgungskanal (enthalten in KG 420 und 440)		zwischen den Bauwerken							1,00	pach	25.000,00	25.000,00
							insgesamt:									7.257.867,30

*Legende
MB Aushub = Unterlage III.B 2.6.2.2.6b
MB Fundamente = Unterlage III.B 2.6.2.2.6c
MB Frostschürzen = Unterlage III.B 2.6.2.6d

MB = Unterlage III.B 2.6.2.3.7
MB VG = Unterlage III.B 2.6.2.1.5b

Unterlage 9/22   Anhang III B

III B — Unterl. 9/22: EINZELERMITTLUNG DER KOSTEN DER ARCHITEKTEN- UND INGENIEURLEISTUNGEN

Nr.	Inhalt	netto EUR	Kommentar / Berechnung
1	**Berechnung der anrechenbaren Kosten lt. Kostenberechnung**		
1.1	Objektplanung für Gebäude		
	KG 300 Bauwerk - Baukonstruktion	6.052.287,26	Nach § 10 HOAI voll anrechenbar.
	KG 400 Bauwerk - Technische Anlagen	1.330.701,65	Nach HOAI § 10 Abs. 4: Anrechenbar sind die Kosten der KG 400 vollständig bis zu 25 % der sonstigen anrechenbaren Kosten, und zur Hälfte mit dem über 25 % der sonstigen anrechenbaren Kosten übersteigenden Betrag.
	SUMME KG 300 und KG 400	**7.382.988,90**	
1.2	Tragwerksplanung		
	KG 300 Bauwerk - Baukonstruktion	3.328.757,99	Nach HOAI § 62 Abs. 4: Anrechenbare Kosten sind 55 v. H. der Kosten der Baukonstruktion und 20 v. H. der Kosten der Installation.
	KG 400 Bauwerk - Technische Anlagen	266.140,33	
	SUMME KG 300 und KG 400	**3.594.898,32**	
1.3	Technische Ausrüstung		
	KG 400 Bauwerk - Technische Anlagen	1.330.701,65	Nach HOAI § 69 Abs. 3 voll anrechenbar.
		1.330.701,65	
2	**Ermittlung des Gesamthonorars**		$x = H_u + \dfrac{(K - K_u) \cdot (H_o - H_u)}{K_o - K_u}$
2.1	Objektplanung für Gebäude		
	anrechenbare Kosten	7.382.988,90	
	obere Grenze: 10.000.000,00	425.135,00	Nach HOAI, Honorartafel zu § 16 Abs.1
		826.334,00	Honorarzone: IV, Mindestsatz
	Mittelwert	616.345,55	$= 425.135 + \dfrac{(7.382.988 - 5.000.000) \cdot (826.334 - 425.135)}{10.000.000 - 5.000.000}$
	anteiliges Honorar 70% (LP 5-8)	**431.441,89**	= 616.435,55 × 0,70
2.2	Tragwerksplanung		
	anrechenbare Kosten	3.594.898,32	
	untere Grenze: 3.500.000,00	164.557,00	Nach HOAI, Honorartafel zu § 65 Abs.1
	obere Grenze: 4.000.000,00	183.007,00	Honorarzone: III, Mindestsatz
	Mittelwert	168.058,75	$= 164.557 + \dfrac{(3.594.898 - 3.500.000) \cdot (183.007 - 164.557)}{4.000.000 - 3.500.000}$
	anteiliges Honorar 45% (LP 5-6)	**75.626,44**	= 168.058,75 × 0,45
2.3	Technische Ausrüstung		
	anrechenbare Kosten	1.330.701,65	
	untere Grenze: 1.000.000,00	131.760,00	Nach HOAI, Honorartafel zu § 74 Abs.1
	obere Grenze: 1.500.000,00	182.612,00	Honorarzone: II, Mindestsatz
	Mittelwert	165.393,68	$= 131.760 + \dfrac{(1.330.701 - 1.000.000) \cdot (182.612 - 131.760)}{1.500.000 - 1.000.000}$
	anteiliges Honorar 62% (LP 5-8)	**102.544,08**	= 165.393,68 × 0,62

Die Indizes "u" bzw. "o" stehen für unterer bzw. oberer Wert der jeweils maßgebenden Honorartafel, "H" für Honorar und "K" für anrechenbare Kosten.

Unterl. 9/30	SCHLUSSBLATT DER AUSFÜHRUNGSORIENTIERTEN KOSTENERMITTLUNG (Leistungsbereiche nach VOB/C)		
Kostengruppe	Inhalt	Ansatz	Betrag [EUR]
300/400	Bauwerk		
		siehe Unterl. III.B 9/31	7382988,904
	SUMME BAULEISTUNGEN INSGESAMT:		**7.382.988,90**
700	Baunebenkosten		
730	Architekten- und Ingenieurleistungen		
	Objektplanung (731), Phasen 4-8	siehe Unterl. III.B 9/22	431.441,89
	Tragwerksplanung (735), Phasen 4-6	siehe Unterl. III.B 9/22	75.626,44
	Technische Ausrüstung (736), Phasen 4-8	siehe Unterl. III.B 9/22	102.544,08
	Schnittstellenkosten-Nebenkosten der Planer und BL; inkl. Container und sonstige Kosten der BL	geschätzt	125.000,00
740	Gutachten und Beratung		
	Vermessung (744)	geschätzt	10.000,00
760	Finanzierung		
	Finanzierungskosten (761), Zinsen	geschätzt	25.000,00
770	Allgemeine Baunebenkosten		
	Bewirtschaftungs- und Betriebskosten	geschätzt	145.000,00
	SUMME BAUNEBENKOSTEN INSGESAMT:		**914.612,41**
	SUMME DIREKTE PROJEKTKOSTEN:		**8.297.601,31**
	Allgemeine Geschäftskosten	9 % der Direkten Projektkosten	746.784,12
	Wagnis und Gewinn	4 % der Direkten Projektkosten	331.904,05
	GESAMTSUMME:		**9.376.289,48**
	PAUSCHALPREIS:		**9.350.000,00**

Unterlage 9/31 Blatt 1 — Anhang III B

AUSFÜHRUNGSORIENTIERTE KOSTENERMITTLUNG

Unterl. 9/31 Blatt 1

DIN 18... (4)	Leit-position (5)	Leistungs-bereich (6)	Inhalt (3)	Ort (7)	Quelle der Mengenermittlung (8)	BAUWERK A EG (9)	1.OG (10)	2.OG (11)	BAUWERK B EG (12)	1.OG (13)	Summe (14)	E (15)	IP [EUR/E] (16)	GP [EUR] (17)=(14)x(16)	Kosten-gruppe (1)	Quali-täts-gruppe (2)
299		Allgemeines												146,556.71		
299		Allgemeines	Baustelleneinrichtung		MB 1.b	5,886.07	5,886.07	6,540.08	5,886.07	6,540.08	30,738.37	m²	3.75	115,268.88	391	a
299		Allgemeines	Baustelleneinrichtung		MB VG 1.b						536.73	m²	3.75	2,012.73	391	a
299		Allgemeines	Schluasreinigung		MB 1.b	5,886.07	5,886.07	6,540.08	5,886.07	6,540.08	30,738.37	m²	1.00	30,738.37	369	a
299		Allgemeines	Schluasreinigung		MB VG 1.b						536.73	m²	1.00	536.73	369	a
300		Erdarbeiten												105,954.24		
300	1	Erdarbeiten	Aushub und Verfüllung	BW A+B	MB Aushub gesch.				6,759.39		6,759.39	m³	16.00	108,154.24	311	a
300	1	Erdarbeiten	Aushub und Verfüllung	Verbindungsgebäude					50.00		50.00	m³	16.00	800.00	311	a
330		Mauerarbeiten												14,748.75		
330		Mauerarbeiten	nicht tragende AW	BW A+B TH Bauwerk A	MB 4.l.1.2	50.37	73.14	73.14			196.65	m²	75.00	14,748.75	332	a
331		Betonarbeiten												1,389,258.22		
331	1	Betonarbeiten	Köcherfundamente	BW A+B unter Stützen	MB Fundamente	47.00			56.00		103.00	Stk	1,000.00	103,000.00	322	a
331	2	Betonarbeiten	Streifenfundamente	BW A+B TH	MB Fundamente	83.10			82.34		165.44	m³	160.00	26,470.40	322	b
331	3	Betonarbeiten	Aufzugfundamentgrube	unter Aufzugsschacht	Plan	6.48					6.48	m³	40.00	259.20	322	b
331	4	Betonarbeiten	Bodenplatte		MB 1.1	1,635.02			1,635.02		3,270.04	m²	40.00	130,801.57	324	a
331	5	Betonarbeiten	Bodenplatte	VG überall	MB VG 1-1-2.2.3-3.2	25.84			22.94		48.78	m²	40.00	1,951.06	324	a
331	6	Betonarbeiten	Fertigteilstreppenläufe	BW A+B	MB VG 3.2.2	1.98					1.98	m²	140.00	277.70	304	b
331	6	Betonarbeiten	Innenstützen	BW A+B überall	MB 4.l.3	47.00	47.00	47.00	56.00	56.00	253.00	Stk	600.00	151,800.00	343	a
331	6	Betonarbeiten	Fertigteilspindeltreppe	BW A+B TH	MB 3.1.2.3	27.84	27.84	27.84			83.52	m²	140.00	11,692.80	351	a
331	6	Betonarbeiten	Fertigteilspindeltreppe	Verbindungsgebäude	MB VG 3.2.2	1.98					1.98	m²	140.00	277.70	351	b
331	7	Betonarbeiten	tragende AW	BW A+B TH	MB 4.l.1.1	112.47	150.42	150.42	40.02	70.38	523.71	m²	110.00	57,608.10	331	a
331	7	Betonarbeiten	tragende AW	Verbindungsgebäude	MB 4.l.2.1	17.28	17.28	34.96		16.32	69.52	m²	110.00	7,647.20	331	b
331	8	Betonarbeiten	tragende IW	BW A+B TH	MB 4.l.2.1	154.56	154.56	154.56	231.84	231.84	927.36	m²	110.00	102,009.60	341	d
331	8	Betonarbeiten	tragende IW	Verbindungsgebäude	MB 4.l.2.1	30.36	30.36	29.81			90.53	m²	110.00	9,958.06	341	d
331	9	Betonarbeiten	Fertigteilpodeste	Bauwerk A, TH	MB 3.1.2.3	17.28	17.28				34.56	m²	100.00	3,456.00	351	c
331	10	Betonarbeiten	Ortbetonpodeste	Bauwerk B, TH	MB 3.1.2.2					16.32	16.32	m²	100.00	1,632.00	351	c
331	11	Betonarbeiten	Ortbetontreppenhausdecken	BW A+B TH	MB 3.1.1	228.96	228.96	34.96	110.16		568.08	m²	90.00	51,127.20	361	d
331	11	Betonarbeiten	Ortbetontreppenhausdecken	VG überall	MB VG 3.1	21.97	21.97		20.34		64.27	m²	90.00	5,784.48	361	d
331	11	Betonarbeiten	Ortbetontreppenhausdecken	BW A+B TH	MB 3.1.1	228.96	228.96	228.96	110.16		339.12	m²	90.00	30,520.80	361	c
331	11	Betonarbeiten	Ortbetontreppenhausdecken	VG überall	MB VG 3.2.1	19.98			20.34	22.94	54.76	m²	90.00	4,928.40	361	c
331	12	Betonarbeiten	Fertigteilbalken und Fligranplatten mit Aufbeton	BW A+B außerhalb TH	MB 1.1	1,406.00	1,406.00		1,524.86		4,336.98	m²	85.00	368,643.20	351	e
331	13	Betonarbeiten	Fertigteilbalken und Fligranplatten mit Aufbeton	BW A+B außerhalb TH	MB 1.1 - 3.1.1						2,930.92	m²	85.00	249,128.13	361	b
331		Betonarbeiten	Frostschürzen	Zwischen den Fundamenten	MB 1.1 Frostschürzen	216.36			233.96		453.32	m	155.00	70,264.60	322	c
333		Betonwerksteinarbeiten												78,443.42		
333	1	Betonwerksteinarbeiten	Bodenbeläge, Dämmschicht unter Mörtel	BW A+BEG TH	MB 3.1.2.1	228.96			110.16		339.12	m²	5.00	1,695.60	325	a
333	1	Betonwerksteinarbeiten	Bodenbeläge, Dämmschicht unter Mörtel	VG überall	MB VG 3.2.1+3.2.2	21.97			20.34		42.30	m²	5.00	211.52	325	a
333	2	Betonwerksteinarbeiten	Podestbeläge aus Betonwerkstein	BW A+B TH	MB 3.1.2.1	228.96	17.28	17.28	110.16	16.32	50.88	m²	75.00	3,816.00	325	c
333	2a	Betonwerksteinarbeiten	Bodenbeläge, Betonwerksteinplatten	BW A+B TH	MB 3.1.2.1	228.96	228.96		110.16		339.12	m²	75.00	25,434.00	325	c1
333	2a	Betonwerksteinarbeiten	Bodenbeläge, Betonwerksteinplatten	VG überall	MB VG 3.2.1	19.98			20.34		40.32	m²	75.00	3,024.03	325	c1
333	2a	Betonwerksteinarbeiten	Betonwerksteinplatten	BW A+B OG TH, sowie Archive in BW B	MB 3.1.2.1		174.96	174.96	64.26		414.18	m²	75.00	31,063.50	352	c1
333	2b	Betonwerksteinarbeiten	Betonwerksteinplatten	VG überall	MB 3.1.2.1		19.98	21.51	20.34		61.83	m²	75.00	4,637.40	352	c
333	2b	Betonwerksteinarbeiten	Treppenbeläge aus Betonwerkstein	Verbindungsgebäude	MB VG 3.2.2	1.98					1.98	m²	75.00	148.77	352	c2
333	2b	Betonwerksteinarbeiten	Treppenbeläge aus Betonwerkstein	BW A+B TH	MB 3.1.2.3	27.84	27.84	27.84			83.52	m²	75.00	6,264.00	352	b
333	2b	Betonwerksteinarbeiten	Treppenbeläge aus Betonwerkstein	VG überall	MB VG 3.2.2	1.98					1.98	m²	75.00	148.77	352	b
336		Abdichtungsarbeiten												68,675.99		
336	1	Abdichtungsarbeiten	Bauwerksabdichtung, vertikale Abdichtung	BW A+B Außenseiten unbauend	MB 0.4.1	298.60			298.60		597.20	m	30.00	17,916.00	326	a
336	1	Abdichtungsarbeiten	Abdichtungsarbeiten	VG Außenseiten unbauend	Pläne	16.80			12.80		29.60	m	30.00	888.00	326	a
336	2	Abdichtungsarbeiten	Bauwerksabdichtung, horz. Baumenbrechung	MB 1.1			1,635.02			1,635.02		3,270.04	m²	15.00	49,050.59	326	b
336	2	Abdichtungsarbeiten	Bauwerksabdichtung, horz. Bauwerksabdichtung	VG überall	MB VG 1.1	31.82			22.94		54.76	m²	15.00	821.40	326	b

794

Anhang III B

Unterl. 9/31 Blatt 2

AUSFÜHRUNGSORIENTIERTE KOSTENERMITTLUNG

III B

DIN 18..	Leit-position	Leistungs-bereich	Inhalt	Ort	Quelle der Mengenermittlung	BAUWERK A			BAUWERK B			Summe	E	IP [EUR]	GP [EUR]	Kosten-gruppe	Quali-täts-gruppe
						EG	1.OG	2.OG	EG	1.OG							
(4)	(5)	(6)	(7)	(7)	(8)	(9)	(10)	(11)	(12)	(13)		(14)	(15)	(16)	(17)=(14)*(16)	(1)	(2)
338		**Dachdeckungs- und Dachabdichtungsarbeiten**													**200.624,60**		
338	1	Dachdeckungs- und Dachabdichtungsarbeiten	Acrylichtkuppel	BW A+B über TH	MB 3.2.2.4					3,00		6,00	Stk	5.650,00	33.900,00	362	a1
338	2	Dachdeckungs- und Dachabdichtungsarbeiten	Dachabdichtung	BW A+B überall	MB 1.2					1.936,64		3.073,28	m²	115,00	353.427,20	363	a2
338	2	Dachdeckungs- und Dachabdichtungsarbeiten	Dachabdichtung	VG. überall	MB VG 1.2			32,19		22,57		54,76	m²	115,00	6.297,40	363	a3
340		**Trockenbauarbeiten**													**674.180,43**		
340	3	Trockenbauarbeiten	Gipskartonständerwände, bis UKRD, doppelt beplankt	BW A+B Flure außerhalb TH und Archive	MB 4.1.2.2.3	814,89	42,04	935,78	422,53	1.026,81		3.225,04	m²	70,00	225.752,98	346	a1
340	4	Trockenbauarbeiten	Gipskartonständerwände, bis UKRD, einfach beplankt	BW A+B Sanitärbereiche, Stoniflurwände im Bereich der RD Türen	MB 4.1.2.2.2	132,07	66,04	99,06	99,06	82,55		478,77	m²	70,00	23.938,49	346	a2
340	5	Trockenbauarbeiten	Gipskartonständerwände, bis UK abgeh. Innenwände	BW A+B außerhalb TH, alle dazugeh. Innenwände	MB 4.1.2.2.1	362,93	28,39	464,22	109,04	543,95		1.548,53	m²	30,00	46.456,02	346	a3
340	6	Trockenbauarbeiten	Installationswand	BW A+B außerhalb TH	MB 4.1.2.3	50,65	50,65	50,65	63,31	37,99		253,24	m²	25,00	6.331,00	346	b
340	8	Trockenbauarbeiten	abgehängte Decke aus Mineralfaserplatten	BW A+B außerhalb TH	MB 3.2.3	1.299,24	1.323,99		1.443,46			4.066,69	m²	40,00	162.667,52	353	b
340	10	Trockenbauarbeiten	Deckenbekleidung, abgehängte Decke aus Mineralfaserplatten	BW A+B außerhalb TH	MB 3.2.3			1.296,65		1.428,46		2.725,11	m²	40,00	109.004,43	364	c
345		**Wärmedämm-Verbundsysteme**													**4.480,28**		
345	9	Wärmedämm-Verbundsysteme	AW außen, Wärmedämm-Verbundsystem	Verbindungsgebäude	MB VG 4.2.1.1	17,26	17,26	29,44				64,00	m²	70,00	4.480,28	335	a
350		**Putz- und Stuckarbeiten**													**39.617,63**		
350	1	Putz- und Stuckarbeiten	AW Bekleidung Innen, Gipsputz auf der AW	BW A+B TH innen	MB 4.2.1.1 +4.2.1.2	162,84	223,56	223,56	40,02	70,38		720,36	m²	12,50	9.004,50	336	a
350	1	Putz- und Stuckarbeiten	AW Bekleidung Innen, Gipsputz auf der AW	Verbindungsgebäude	Plan	6,90	6,90	13,11				26,91	m²	12,50	336,38	336	a
350	2	Putz- und Stuckarbeiten	Innenwandbekleidung, Gipsputz auf trag. IW	BW 4.2.2.1	MB 4.2.2.1	231,84	231,84	231,84	367,98	405,72		1.468,32	m²	12,50	18.354,00	345	a1
350	2	Putz- und Stuckarbeiten	Innenwandbekleidung, Gipsputz auf trag. IW	Verbindungsgebäude	MB VG 4.2.2.1	32,29	32,29	29,81				94,39	m²	12,50	1.179,90	345	a1
350	7	Putz- und Stuckarbeiten	Gipsputz	BW A+B Decken TH	MB 3.1.3.1	-174,98	174,96		64,26			414,18	m²	12,50	5.177,25	353	a
350	7	Putz- und Stuckarbeiten	Gipsputz	VG, überall	MB VG 3.3.1 +3.3.2	21,97	21,97		20,34			64,27	m²	12,50	803,40	353	a
350	7	Putz- und Stuckarbeiten	Gipsputz	BW A+B Decken TH	MB 3.1.3.1			228,96	110,16			339,12	m²	12,50	4.239,00	364	a
350	7	Putz- und Stuckarbeiten	Gipsputz	VG, überall	MB VG 3.3.1 +3.3.2			21,51	20,34			41,85	m²	12,50	523,10	364	a
351		**Fassadenarbeiten**													**2.626.686,36**		
351	1	Fassadenarbeiten	Elementfassade Außenwand	BW A+B überall	MB 4.2.4.1	1.119,75	1.074,96	1.194,40	1.119,75	1.194,40		5.703,26	m²	412,50	2.352.594,75	337	
351	1	Fassadenarbeiten	Elementfassade Außenwand	VG, überall	MB VG 4.2.3.1	64,50	61,92	68,97	48,50	46,72		291,62	m²	412,50	120.291,60	337	
351	2	Fassadenarbeiten	AW Bekleidung Innen, AW außerhalb TH (in GE enthalten)	Verbindungsgebäude	Plan								m²			336	c
351	4	Fassadenarbeiten	Fenster (in 337 enthalten)	Fassade									m²			334	b
351	3	Fassadenarbeiten	Außentüren (2,20x 2,12m)	BW A+B Eingangstüren	Pläne	6,00		1,00	3,00	1,00		12,00	Stk	3.250,00	39.000,00	334	a1
351	3b	Fassadenarbeiten	Außentüren (1,20x 2,12m)	BW B Nebeneingangstüren, EG Südfassade	Pläne				2,00			2,00	Stk	2.500,00	5.000,00	334	a2
351	3c	Fassadenarbeiten	Außentüren	VG Eingangstüren	Pläne	2,00			2,00			4,00	Stk	2.500,00	10.000,00	334	a3
352		**Fliesen- und Plattenarbeiten**													**43.340,67**		
352	1	Fliesen- und Plattenarbeiten	Bodenbeläge, Keramische Bodenfliesen	BW A+B EG Sanitärbereiche	MB 3.2.2.2	53,18	53,18	53,18	61,95	46,46		115,13	m²	50,00	5.756,34	325	e
352	2	Fliesen- und Plattenarbeiten	Keramische Bodenfliesen	BW A+B OG Sanitärbereiche	MB 3.2.2.2		53,18	53,18		46,46		152,82	m²	50,00	7.641,09	352	e
352	3	Fliesen- und Plattenarbeiten	Innenwandbekleidung, Fliesen auf GK	BW A+B Sanitärbereiche	MB 4.2.2.1	152,05	142,67	152,06	179,20	122,82		748,58	m²	40,00	29.943,30	345	c3
353		**Estricharbeiten**													**115.412,22**		
353	1	Estricharbeiten	Bodenbeläge, Dämmschicht, unter Estrich	BW A+B EG außerhalb TH	MB 3.2.2.1	1.305,79			1.431,43			2.737,22	m²	5,00	13.686,10	325	b
353	2	Estricharbeiten	Bodenbeläge, Estrich auf Dämmung	BW A+B EG außerhalb TH	MB 3.2.2.1	1.305,79			1.431,43			2.737,22	m²	15,00	41.058,30	325	c
353	3	Estricharbeiten	Estrichpaneelen	BW A+B OG außerhalb TH	MB 3.2.2.1		1.305,79	1.305,79		1.432,94		4.044,52	m²	15,00	60.667,82	352	d
355		**Tischlerarbeiten**													**48.575,00**		
355	1	Tischlerarbeiten	Inventaren, Raumtüren	BW A+B Räume außerhalb TH	Pläne	44,00		8,00	21,00			207,00	Stk	225,00	46.575,00	344	d1
357		**Beschlagsarbeiten**															
357	1	Beschlagsarbeiten	Inventaren, T30, Beschläge	BW A+B TH	Pläne											344	a3
357	2	Beschlagsarbeiten	Inventaren, T30, Beschläge	BW A+B Archive	Pläne											344	b3
357	3	Beschlagsarbeiten	Inventaren, RD T30, Beschläge	BW A+B Flure außerhalb TH	Pläne											344	c4
357	4	Beschlagsarbeiten	Inventaren, Raumtüren, Beschläge	BW A+B Räume außerhalb TH	Pläne											344	d4
357	5	Beschlagsarbeiten	Inventaren, T90, Beschläge	Verbindungsgebäude	Plan											344	f3
358		**Rolladenarbeiten**													**120.898,50**		

795

Unterlage 9/31 Blatt 3 Anhang III B

| Unterl. 9/31 Blatt 3 | AUSFÜHRUNGSORIENTIERTE KOSTENERMITTLUNG |

Anhang III B   Unterlage 9/31 Blatt 4

Unterl. 9/31 Blatt 4	AUSFÜHRUNGSORIENTIERTE KOSTENERMITTLUNG

DIN 276	Leit-position	Leistungs-bereich	Inhalt	Ort	Quelle der Mengenermittlung	BAUWERK A			BAUWERK B			Summe	E	IP [EUR]	GP [EUR]	Kosten-gruppe	Quali-täts-gruppe
						EG	1.OG	2.OG	EG	1.OG							
(4)	(6)	(5)	(3)	(7)	(8)	(9)	(10)	(11)	(12)	(13)	(14)	(15)	(16)	(17)=(14)x(16)	(1)	(2)
381	7	Gas, Wasser, Abwasser	Sanitärobjekte, Küchenschwimmbecken	BW A+B Teeküchen	Pläne	1,00		1,00		2,00	4,00	Stk	650,00	2.600,00	412	c5
381	8	Gas, Wasser, Abwasser	Sanitärobjekte, Ausguss etc.	BW A+B Feldlabor	Pläne	3,00					3,00	Stk	665,00	1.995,00	412	c5
381	9	Gas, Wasser, Abwasser	Feuerlöschanlagen, Pulverlöscher ABC, 6kg	BW A+B TH, je Etage	Pläne	6,00	6,00	6,00	6,00	6,00	30,00	Stk	400,00	12.000,00	414	a
381	10	Gas, Wasser, Abwasser	Feuerlöschanlagen, Pulverlöscher ABC, 6kg	VG je Etage und Seite	Pläne	1,00	1,00	1,00	1,00	1,00	5,00	Stk	400,00	2.000,00	414	a
381	10	Gas, Wasser, Abwasser	Feuerlöschanlagen, Wandhydranten	BW A+B TH	Pläne	3,00	3,00	3,00	3,00	3,00	15,00	Stk	1.550,00	23.250,00	414	b
381	1a	Gas, Wasser, Abwasser	Allgemeines, Dachentwässerung innenliegend	BW A+B Dach	Bauteilansätze Dach			16,00		16,00	32,00	Stk	920,00	29.440,00	411	a1
381	1a	Gas, Wasser, Abwasser	Dachentwässerung außenliegend	VG Dach	Pläne			2,00		2,00	4,00	Stk	920,00	3.680,00	411	a2
381	1b	Gas, Wasser, Abwasser	Entwässerungsrohre		Pläne						440,00	m	108,00	47.960,00	411	b
381	1b	Gas, Wasser, Abwasser	Entwässerungsrohre		Pläne						12,00	m	109,00	1.308,00	411	b
381	2a	Gas, Wasser, Abwasser	Kaltwasserleitung		Pläne						375,00	m	81,00	30.375,00	412	a
381	2b	Gas, Wasser, Abwasser	Allgemeines, Bodenabläufe mit Anschlüssen an Fettfängen	BW A+B Sanitärbereiche	Pläne	4,00	4,00		5,00	3,00	21,00	Stk	250,00	5.250,00	412	b
382		Nieder- und Mittelspannungsanlagen													713.676,15		
		Leitungen in Verrechnungsblatt enthalten (KG 420 und 440)	Sonstige Maßnahmen für Technische Anlagen (zwischen den Bauwerken)													443	
382	1	Nieder- und Mittelspannungsanlagen	Niederspannungsanlagen		MB 1.1.	1.635,02	1.635,02	1.635,02	1.635,02	1.635,02	8.175,10	m²	50,00	408.754,90	444	
382	2	Nieder- und Mittelspannungsanlagen	Niederspannungs-installationsanlagen, Steckdosen, Schalter, incl. Anlagen, Schalter	BW A+B überall	MB VG 1.1	31,82	31,82	31,82	22,94	22,94	141,34	m²	20,00	2.826,80	444	
382	2	Nieder- und Mittelspannungsanlagen	Niederspannungsinstallations-anlagen, Schalter	VG überall	MB VG 1.1	1.635,02	1.635,02	1.635,02	1.635,02	1.635,02	8.175,10	m²	20,00	163.501,96	445	
382	3	Nieder- und Mittelspannungsanlagen	Beleuchtungsanlagen	BW A+B überall	MB VG 1.1	31,82	31,82	31,82	22,94	22,94	141,34	m²	20,00	2.826,80	445	
382	3	Nieder- und Mittelspannungsanlagen	Beleuchtungsanlagen	VG überall		25,00	20,00	20,00	49,00	59,00	163,00	Stk	380,00	69.540,00	451	
382	4	Nieder- und Mittelspannungsanlagen	Telefonanschlüsse, Telefonzentrale	BW A+B alle Räume	MB VG 1.1	3,00	3,00	3,00	3,00	3,00	15,00	Stk	600,00	9.000,00	456	
382	5	Nieder- und Mittelspannungsanlagen	Gefahrenmelde- und Alarmanlagen, RWA-Anlage	BW A+B TH	MB 1.1*											457	
382	6	Nieder- und Mittelspannungsanlagen	Übertragungsnetz, Netzwerkanschlüsse	BW A+B alle Räume	MB VG 1.1	1.635,02	1.635,02	1.635,02	1.635,02	1.635,02	8.175,10	m²	7,00	57.225,69	457	
384		Blitzschutzanlagen													14.460,00		
384	1	Blitzschutzanlagen	Fundamenterder	BW A+B Fundament	MB 0.41	298,60			298,60		597,20	m	20,00	11.944,00	446	a
384	1	Blitzschutzanlagen	Fundamenterder	VG Fundament	Pläne	16,80			12,80		29,60	m	85,00	2.516,00	446	a
385		Aufzugsanlagen													30.000,00		
385	1	Aufzugsanlagen	Aufzugsanlagen	Verbindungsgebäude	Pläne						1,00	Stk	30.000,00	30.000,00	461	
386		Gebäudeautomation													25.000,00		
386		Gebäudeautomation										1,00	(psch)	25.000,00	25.000,00	482	
451		Gerüstbauarbeiten													39.382,72		
451		Gerüstbauarbeiten	Gerüste		MB 4.2.4.1	1.119,75	1.074,96	1.194,40	1.119,75	1.194,40	5.703,26	m²	6,50	37.071,19	392	
451		Gerüstbauarbeiten	Geräte		MB VG 4.2.1.1+4.2.3.1	81,78	78,20	98,42	46,50	49,72	355,62	m²	6,50	2.311,53	392	
												Insgesamt		7.382.868,90		

*Legende   MB Ausbruch = Unterlage III.B.2.6.2.2.6b   MB = Unterlage III.B.2.6.2.3.7
         MB Fundamente = Unterlage III.B.2.6.2.2.6c   MB VG = Unterlage III.B.2.6.2.1.5c
         MB Friedhofsumpf = Unterlage III.B.2.6.2.6.6d

Unterlage 9/40   Anhang III B

Unterl. 9/40	SCHLUSSBLATT EINER Z.T. AUF ANGEBOTEN VON NACHUNTERNEHMERN BASIERENDEN KOSTENERMITTLUNG		
Kostengruppe	**Inhalt**	**Ansatz**	**Betrag [EUR]**
300/400	Bauwerk		
		siehe Unterl. III.B 9/41	7.303.144,61
	SUMME BAULEISTUNGEN INSGESAMT:		**7.303.144,61**
700	Baunebenkosten		
730	Architekten- und Ingenieurleistungen		
	Objektplanung (731), Phasen 4-8	siehe Unterl. III.B 9/22	431.441,89
	Tragwerksplanung (735), Phasen 4-6	siehe Unterl. III.B 9/22	75.626,44
	Technische Ausrüstung (736), Phasen 4-8	siehe Unterl. III.B 9/22	102.544,08
	Schnittstellenkosten-Nebenkosten der Planer und BL; inkl. Container und sonstige Kosten der BL	geschätzt	125.000,00
740	Gutachten und Beratung		
	Vermessung (744)	geschätzt	10.000,00
760	Finanzierung		
	Finanzierungskosten (761), Zinsen	geschätzt	25.000,00
770	Allgemeine Baunebenkosten		
	Bewirtschaftungs- und Betriebskosten	geschätzt	145.000,00
	SUMME BAUNEBENKOSTEN INSGESAMT:		**914.612,41**
	SUMME DIREKTE PROJEKTKOSTEN:		**8.217.757,02**
	Allgemeine Geschäftskosten	9 % der Direkten Projektkosten	739.598,13
	Wagnis und Gewinn	4 % der Direkten Projektkosten	328.710,28
	GESAMTSUMME:		**9.286.065,43**
	PAUSCHALPREIS:		**9.250.000,00**

Anhang III B   Unterlage 9/41

Unterl. 9/41	BUDGET DER LEISTUNGSBEREICHE

DIN 18...	Leistungsbereich	Ausführungsorientierte Kostenermittlung [EUR]		Eigenkalkulation und FU Werte [EUR]		Unterlage	Fortgeschriebene Kostenermittlung [EUR]
(1)	(2)	(3)	(4)	(5)	(6)	(7)	(8)
299	Allgemeines	KB	148.556,71				148.556,71
300	Erdarbeiten	KB	108.934,24	E			
330	Maurerarbeiten	KB	14.748,75				14.748,75
331	Betonarbeiten	KB	1.389.238,22	E	1.793.626,13	Bd 1, Anh. B, Unterl. I	1.793.626,13
333	Betonwerksteinarbeiten	KB	76.443,62				76.443,62
336	Abdichtungsarbeiten	KB	68.675,99				68.675,99
338	Dachdeckungs- und Dachabdichtungsarbeiten	KB	393.624,60	FU	326.092,00	I,B,10/92	326.092,00
340	Trockenbauarbeiten	KB	574.150,43	FU	300.000,00	Abb.1	300.000,00
				FU	272.045,00		272.045,00
345	Wärmedämm-Verbundsysteme	KB	4.480,28	FU	4.210,13		4.210,13
350	Putz- und Stuckarbeiten	KB	39.617,53	FU	37.228,69		37.228,69
351	Fassadenarbeiten	KB	2.526.886,35	FU	2.519.836,99		2.519.836,99
352	Fliesen- und Plattenarbeiten	KB	43.340,67				43.340,67
353	Estricharbeiten	KB	115.412,22				115.412,22
355	Tischlerarbeiten	KB	46.575,00				46.575,00
357	Beschlagsarbeiten		(in Tischlerarbeiten)				
358	Rolladenarbeiten/Sonnenschutz	KB	120.698,50	FU	126.733,43		120.698,50
360	Metallbauarbeiten	KB	95.670,62				95.670,62
361	Verglasungsarbeiten		(in Fassadenarbeiten)				
363	Maler- und Lackierarbeiten	KB	81.627,17				81.627,17
365	Bodenbelagsarbeiten	KB	164.223,64				164.223,64
379	Raumlufttechnische Anlagen	KB	7.750,00				7.750,00
380	Heizanlagen	KB	315.810,00	FU	288.829,30		288.829,30
381	Gas, Wasser, Abwasser	KB	224.005,50	FU	138.068,69		138.068,69
382	Nieder- und Mittelspannungsanlagen	KB	713.676,15	FU	530.642,07		530.642,07
384	Blitzschutzanlagen	KB	14.460,00				14.460,00
385	Aufzugsanlagen	KB	30.000,00				30.000,00
386	Gebäudeautomation	KB	25.000,00				25.000,00
451	Gerüstbauarbeiten	KB	39.382,72				39.382,72
	SUMME GESAMT		7.382.988,90				7.303.144,61

FU - Angebot Fachunternehmer
E - Eigenkalkulation aus ...

Ausführungsorientierte KB z.T. mit NU- Angeboten

Anhang III B Unterlage 10/00

Unterl. 10/00	AUFLISTUNG DER ANGEBOTSUNTERLAGEN

III B

Auf der Basis der bauherrnseitigen Anfrageunterlagen (vgl. Unterlage III, A, 1/10) und folgenden, diese Unterlagen ergänzenden bieterseits erstellten Unterlagen

- III, B, 3/01 Ergänzung zur auftraggeberseitigen Baubeschreibung
- III, B, 4/21 Korrigierter Fassadenaufbau im Grundriss
- III, B, 4/22 Ansichten Nord und Süd
- III, B, 4/23 Ansichten West und Ost
- III, B, 4/31 Brandschutz
- III, B, 5/00 Auflistung der Vorschläge für das Angebotsschreiben
- III, B, 8/10 Grobterminplan

wird als Pauschalpreis angeboten: 9.250.000,00 EUR.

Übersicht über die Änderungen der Randnummern

Alt	Neu	Alt	Neu	Alt	Neu
1–84	unverändert	1055	1056	1394	1393
85	84	1056	1057	–	1394,
86	85	1057	1058		1395 neu
–	86 neu	1058	1059	1395	1396
87–235	unverändert	1059	1060	1396	1397
236	236 neu	1060	1061	1397	1398
237	unverändert	1061	1062	1398, 1399	1399
–	238 neu	1062	1063	1400–1418	1418
238, 239	239 |	1063	1064	–	1419–1444
		1064	1065		neu
240–	unverändert	1065	1066	1500–1622	unverändert
269		1066	1066	1500–1622	unverändert
270	270 neu	1067–1112	1067–1113		1623–1642
271	unverändert	1113	1114		neu
293, 294	293	1114	entfällt	1700–1775	entfällt
		1115–1192	unverändert		
295	294	1193	1192		
296	295	1194	1193		
–	296 neu	–	1194 neu		
297–419	unverändert	1195–1236	unverändert		
|	|	1237	entfällt		
		1237	entfällt		
420	entfällt	1238	1237		
421	420	1239	1238		
422	421	1240	1239		
423	422	1241	1240		
424	423	1242	1241 neu		
–	424 neu	1243	1242		
425–471	unverändert |	1244	1243		
		1245	1244		
472	472 neu	1246	1245		
473–532	unverändert	–	1246		
		1247–1259	unverändert		
533	533 neu	1260	1259		
534–1019	unverändert	1261	1260		
		1262	1261		
1020	1020 neu	1263	1262		
1021–1023	1021–1023 neu	1064	1263		
		1265	1264		
1024–1046	unverändert	–	1265–1298		
1047–1049	1047–1049 neu		neu		
		1300–1322	unverändert		
1050, 1051	unverändert	1323	1323 neu		
–	1052	1324–1389	unverändert		
1052	1053	1390, 1391	1390		
1053	1054	1392	1391		
1054	1055	1393	1392		

803

Stichwortverzeichnis

Das Register ist alphabetisch geordnet; die angeführten Zahlen bezeichnen die Randnote, unter der die Erörterung zu dem betreffenden Stichwort zu finden ist.

Abkürzungen: AG – Auftraggeber
AN – Auftragnehmer
D-PV – Detail-Pauschalvertrag
EP-Vertrag – Einheitspreisvertrag
G-PV – Global-Pauschalvertrag
SF-Bau – Schlüsselfertigbau

Abbrucharbeiten
- als Teilpauschale 16
-, Detailregelung innerhalb G-PV 481
Abdichtung
- als Teilpauschale 16
- gegen drückendes Wasser 491
abgerundeter Preis s. Preisnachlaß
Abgrenzung
-, Allgemein: EP-Vertrag zu D-PV 54 ff.
-, Beispielsfälle: EP-Vertrag zu D-PV 41–53
-, „Preislistenpauschale", Scheinpauschale, fixierte Mengen 66 ff., 87, 287, 1075
-, der Teilleistungen bei Kündigung 1326 ff.
Ablösebeiträge 591
Abnahme – als Fälligkeitsvoraussetzung 17, 1224, 1397
Abnahmebescheinigungen 585
Abrechnung
-, Abrechnungsart 116 ff.
- allgemein 41 f., 54, 93, 97, 792
- „as built" 62
- nach Aufmaß 61
- nach EP, dann kein Pauschalvertrag 62, 105, 115 ff.
- nach Rauminhalt (m³) 88
- spezifizierte, Indiz gegen Pauschalvertrag 61
Abrechnungsmenge – beim EP-Vertrag 31, 115 ff.
Abrechnungssumme – verknüpft mit Menge, dann EP-Vertrag 61 ff.
„Abrundung" s. Preisnachlaß
Abschlagszahlungen
- auf Nachtragsvergütung 1235
- nach Kündigung 1336, 1401

abschnittsweise Erstellung bei Straßenbauarbeiten als zeitliche Anordnung 1057
Abstecken der Hauptachsen und der Gebäudegrenzen G-PV 551
Abtragmassen einer Autobahn (BGH-Fall) 1065
Abwasseranlagen 583
AGB-Recht
-, Allgemeines Leistungsziel (D-PV) 272
-, Ankündigungspflicht
  - bei § 2 Nr. 5 VOB/B 1108
  - bei § 2 Nr. 6 VOB/B 1101
-, Anordnung geänderter oder zusätzlicher Leistungen (§ 1 Nr. 3, 4 VOB) 1000
-, Anschlußkosten, Abwälzung auf Käufer 580
-, Auslegungszweifel zu Lasten AG 252
-, Ausschluß der Ansprüche
  - aus Behinderung durch AG 1609
  - aus ungerechtfertigter Bereicherung 1260
  - aus zusätzlichen oder geänderten Leistungen 1239
  - des „freien" Kündigungsrechts des AG 1317
  - nicht vorbehaltener Vergütungsansprüche gemäß § 16 Nr. 3 VOB/B 17
  - wegen Irrtumsanfechtung 326
-, Besondere Leistungen
  - D-PV 280 f.
  - G-PV 549
-, Besondere Risikoübernahme
  - D-PV 294
  - G-PV 513, 672
  - SF-Bau 520

Ausgleichsberechnung

- auftragnehmerseitig 519, 532, 536, 541, 554
  - beim D-PV allgemein 31, 42, 44, 66, 116, 243, 256, 264, 273, 323, 783, 788, 830 ff., 835
  - beim G-PV allgemein 409, 428, 441, 443 f., 461 f., 506, 645, 658, 880, 912, 939, 1046 ff., 1070
  - beim SF-Bau 520 ff.
  - Fortschreibung 1048, 1049
  - Konkretisierung der 1070 ff.
Ausgleichsberechnung 1234
Aushub
- der Baugrube (Angebotsbearbeitung D-PV) 773
- der Fundamente (Angebotsbearbeitung D-PV) 774
Auslegung
-, D-PV
  - Allgemeines Leistungsziel vereinbart 242 ff.
  - Allgemeine Vertragsauslegung 284
  - Sachverständiger, Rolle des 599
  - Schritte der A.
    - 1. Schritt
      - Empfängerhorizont des Bieters 247
      s. auch 2. Schritt Erkennbarkeit
      - „Objektive Auslegung" 244 ff.
      - wörtliche A. 246
        - speziell vor allgemein 244
        - Zweifel zu Lasten AG 252
    - 2. Schritt
      - Durchschnittsbieter maßgebend 254
      - Erkennbarkeit für Bieter 253
      - Prüf- und Hinweispflicht des Bieters 253 ff.
    - 3. Schritt 242, 265 ff.
      - Widerspruch Text/Plan 248 ff.
  - Wortlaut maßgebend 246
-, G-PV
  - Allgemeine Vertragsauslegung 654
  - Erkennbarkeit Besonderer Risikoübernahmen (versteckte Risikozuweisung) 619
  - Gleiches ist ungleich geregelt 483 ff.
  - Komplettheitsklausel 496 ff.
  - Regelungsumfang der Detaillierung 485 ff.
  - Sachverständiger, Rolle des 599

- „Was geregelt ist, bleibt geregelt" 476 ff.
- „Was innerhalb des Regelungsumfangs der Detaillierung nicht geregelt ist, ist damit auch geregelt" 482 ff.
- Widerspruch Text/Plan 493 f.
- Wortlaut maßgebend 246
Ausschachtung – bis auf kiesführende Schicht 291, 670, 1079, 1520
Ausschachtungstiefe
- als „nähere Bestimmung der Leistung"
  - D-PV 231, 235, 256 f.
  - G-PV 480
- geändert wegen wasserhaltigem Boden 1065
- in „Position" geregelt 1063
-, Rohrgräben 1065
Ausschluß nicht vorbehaltener Vergütungsansprüche gemäß § 16 Nr. 3 VOB/B 17
Ausschreibung, Ansprüche wegen fehlerhafter A. des öffentlichen AG 618 ff., 1521
Ausschreibung gemäß Leistungsphase 6 218
Ausschreibungs-Leistungsverzeichnis 62
Ausschreibungsunterlagen s. auch funktionale Ausschreibung
-, Fachberater (Bedeutung für Auslegung) 254
-, funktionale Ausschreibung (Ausschreibung nach Leistungsprogramm) 403, 416 ff., 454, 557
-, innere Schlüssigkeit 257
-, Vermutung für Richtigkeit und Vollständigkeit (D-PV) 254 ff.
Außenanlagen (G-PV) 493, 583
Aussparungen 78 f., 788
Auswahl
- unter mehreren Ausführungsmöglichkeiten (Globalelement G-PV) 652, 922
-, verzögerte A. als Behinderung 1604
-, Schuldverhältnis 610, 1072, 1094

Bandrasterdecke (Fallbeispiel) 3, 28, 30 f., 33 ff., 54, 63, 72, 206 ff., 280
Bauablauf – Anordnungen des AG zum 1057
Baubehelfe – als „Stoff" 282, 552
Baubeschreibung 106 f., 918, 935

—, Einheitspreisliste bei verringerten Leistungen 1351
—, Erschließungskosten 590
—, Festpreis 82
—, fix und fertige Leistung 85
—, Komplettheitsklausel
  – in bezug auf „Allgemeines Leistungsziel" bei D-PV 272 ff.
  – Einfacher G-PV 512 ff.
  – Komplexer G-PV 520 ff.
—, Kündigungsfolgen
  – AG-Kündigung 1404
  – AN-Kündigung 1402 f.
—, Prozentklausel bei zusätzlichen und geänderten Leistungen 1240
—, Schriftformklauseln bei zusätzlichen und geänderten Leistungen 1136 ff.
—, Überwälzung unberechenbarer Mengenermittlungskriterien 672 f.
—, unklarer Leistungsbeschrieb (D-PV) 284
—, Vergütung geänderter oder zusätzlicher Leistungen (§ 2 Nr. 5, 6 VOB/B) 1000
  – „AGB–Vielzahl", BGH Entscheidung 432, 523
—, VOB/B als AGB 20
—, Zusätzliche Technische Vertragsbedingungen
  – D-PV 278
  – G-PV 548
—, Zusätzliche Vertragsbedingungen
  – D-PV 277
  – G-PV 548
Akkordausgleich 1376
Alarmanlage 641
Allgemeine Geschäftskosten bei Kündigung 1365, 1373
Allgemeines Leistungsziel (D-PV)
—, Auslegung 240 ff.
—, keine Vervollständigung durch Allgemeines Leistungsziel bei D-PV 237 ff.
—, unwirksame Vereinbarung in AGB 272
—, „verkapptes" 242
—, „Alternative" s. Sondervorschlag
Alternativen beim Vorentwurf 1033 ff.
Alternative Wärmegewinnung (BGH-Fall) 576
Alu-Paneele (Fallbeispiel) 584

analoge Kostenermittlung, – Vergütungsermittlung 1063, 1084, 1187, 1200 ff., 1230 ff., 1342, 1371, 1382
„andere, nicht erforderliche" Leistungen 1021 ff.
Änderungen s. geänderte Leistungen
anderweitiger Erwerb nach Kündigung 1367 ff., 1384 ff.
anerkannte Regeln der Technik
—, Änderungen während des Bauverlaufs 570 ff.
—, Ausfüllung globaler Leistungselemente 612 ff.
—, D-PV 212, 216
—, Leistung unter dem Stand der Technik und Belehrungspflicht des AN (G-PV) 456
Anerkenntnis
—, bei A. Ankündigungspflicht für zusätzliche Leistungen entbehrlich 1107
—, nachträgliches A. bei Leistungen ohne Anordnung des AG 1252, 1254
Anfechtung von Irrtümern s. Irrtum
Angebotsbearbeitung
—, allgemein
  – D-PV 212, 716 ff.
  – D-PV Beispiel 760 ff.
  – EP-Vertrag, Unterschied zum Pauschalvertrag 90 ff., 700 ff.
  – G-PV
    – Einfacher G-PV 842 ff.
    – Komplexer G-PV 860 ff.
    – Komplexer G-PV Beispiel 898 ff.
    – Kostenermittlung 1207
    – Kalkulationsaufbau 700 ff.
    – Methodik 700 ff.
Angebotsblankett 247, 250, 253 f.
Angebotsschreiben 714, 728, 780, 789, 885, 912, 934
angeordnete entfallende Leistungen 1304 ff.
angeordnete Mehr- oder Mindermengen s. Mengen
angeordnete zusätzliche oder geänderte Leistungen
  – bei § 4 Nr. 1 Abs. 4 VOB/B 1262
—, Planungsebene 1029 ff.
—, Realisierungsebene 1054 ff.
—, Zeichnungen und Berechnungen 1242 ff.
Ankündigungspflicht
  – bei § 4 Nr. 1 Abs. 4 Satz 1 VOB/B 1263

  – bei zusätzlichen Leistungen (VOB/B)
—, Regeln 1101 ff.
—, Ausnahmen 1103 ff.
—, keine bei zusätzlichen Leistungen (BGB) 1009, 1109
Anlagenbau 424, 532, 576
Anliegerbeiträge 588 f.
Anmeldung von Bedenken gegen die Art der Ausführung 509, 527
Anordnung des AG
—, „andere" Anordnungen i. S. v. § 2 Nr. 5 VOB/B 1057
—, ausdrückliche 1091
—, aus „Risikobereich des AG" 1025, 1059, 1090
—, Befugnis des AG zu
  – BGB-Vertrag 1003–1009, 1029 ff.
  – Grenzen der Befugnis 1021 ff.
  – VOB-Vertrag 1000–1002
—, bloße A. entscheidet, nicht Rechtsfolgewillen des AG 1011 ff., 1088 f., 1144.
—, Definition 1085 ff.
—, Einigung der Parteien als 1091, 1245
—, Erweiterung der Leistungspflicht 1014 ff.
—, fehlende Vertretungsmacht, Ansprüche 1098
—, im „Rahmen des Vertrages" 1014 ff., 1248 ff.
—, konkludente 1092 ff.
—, Leistungen ohne A. 1031, 1251 ff.
—, Leistungsverweigerungsrecht bei unwirksamer A. 1100, 1132, 1141
—, mündliche A. des AG bei vereinbarter Schriftform 1137
—, nicht angeordnete Leistungen 1031, 1251 ff.
—, ohne Abweichung vom Bausoll 1262 ff.
—, stillschweigende 1095
—, überflüssige 1262
—, versteckte s. versteckte Anordnung (Hinweise)
—, wegen Notwendigkeit der Leistung 1096 ff.
—, wirksam
  – Schriftform 1099, 1136 ff., 1147 ff.
  – Vertretungsmacht 1098.
—, zeitliche 1028 ff., 1056 ff.
Anpassungsfaktor, pauschalpreisbedingt (Kostenniveaufaktor) 1150 ff., 1182 ff., 1186, 1190, 1203

anrechenbare Kosten s. HOAI
Anscheinsbeweis bei Abgrenzung EP-Vertrag/D-PV 108
Anschlußaufträge 1021 ff.
Anschlußgebühren (G-PV) 587
Anschlüsse Gas, Wasser usw. (G-PV) 577
Antrag auf neuen Preis bei geänderten oder zusätzlichen Leistungen 1128
Anzeige der Behinderung 1606, 1618
Arbeitsgerät (G-PV) 584
archäologischer Fund 1083 ff.
Arbeitsgemeinschaft (ARGE) 410
Architektenleistungen s. Planungsleistungen
Asbestentsorgung – als geregeltes Detail beim G-PV 481
„as built", Abrechnung 62
Aufhebungsvereinbarung 1386 ff.
"Auflockerungsfaktor" (BGH-Urteil) 269, 565, 609, 622, 1064
Aufmaß
  – „as built" 62
—, Definition 1327
—, entbehrlich beim unveränderten Pauschalvertrag 17
—, Kosten des A. bei „freier" AG-Kündigung 1329
—, Mengenermittlung 42, 54
—, Mengenermittlungskriterien zwingend als Voraussetzung eines Pauschalvertrages 68 f.
—, notwendig bei entfallenen Leistungen 1327 ff., 1399
—, notwendig bei Nachträgen 1237
—, Vereinbarung eines A. als Kennzeichen gegen Pauschalvertrag 42, 61 ff.
—, Wegfall des A. als Kriterium des Pauschalvertrages 42
Auftrag, Leistungen ohne A. 1251 ff.
Auftragskalkulation – Verweigerung der Vorlage einer vorhandenen A. 1126, 1167, 1185, 1345
Auftragsleistungsverzeichnis 62
Aufwendungsersatz bei § 2 Nr. 8 VOB/B und GoA 1258
Ausführungsart (§ 5 Nr. 1 b VOB/A) 36, 201
Ausführungsplanung, Ausführungspläne
—, allgemein 217, 401
—, Änderungen 1046 ff.
—, Bestandteil der Leistung 461
  – auftraggeberseitig 520

Stichwortverzeichnis

Das Register ist alphabetisch geordnet; die angeführten Zahlen bezeichnen die Randnote, unter der die Erörterung zu dem betreffenden Stichwort zu finden ist.

Abkürzungen: AG   – Auftraggeber
              AN   – Auftragnehmer
              D-PV   – Detail-Pauschalvertrag
              EP-Vertrag – Einheitspreisvertrag
              G-PV   – Global-Pauschalvertrag
              SF-Bau   – Schlüsselfertigbau

Abbrucharbeiten
– als Teilpauschale 16
–, Detailregelung innerhalb G-PV 481
Abdichtung
– als Teilpauschale 16
– gegen drückendes Wasser 491
abgerundeter Preis s. Preisnachlaß
Abgrenzung
–, Allgemein: EP-Vertrag zu D-PV 54 ff.
–, Beispielsfälle: EP-Vertrag zu D-PV 41–53
–, „Preislistenpauschale", Scheinpauschale, fixierte Mengen 66 ff., 87, 287, 1075
–, der Teilleistungen bei Kündigung 1326 ff.
Ablösebeiträge 591
Abnahme – als Fälligkeitsvoraussetzung 17, 1224, 1397
Abnahmebescheinigungen 585
Abrechnung
–, Abrechnungsart 116 ff.
– allgemein 41 f., 54, 93, 97, 792
– „as built" 62
– nach Aufmaß 61
– nach EP, dann kein Pauschalvertrag 62, 105, 115 ff.
– nach Rauminhalt (m³) 88
– spezifizierte, Indiz gegen Pauschalvertrag 61
Abrechnungsmenge – beim EP-Vertrag 31, 115 ff.
Abrechnungssumme – verknüpft mit Menge, dann EP-Vertrag 61 ff.
„Abrundung" s. Preisnachlaß
Abschlagszahlungen
– auf Nachtragsvergütung 1235
– nach Kündigung 1336, 1401

abschnittsweise Erstellung bei Straßenbauarbeiten als zeitliche Anordnung 1057
Abstecken der Hauptachsen und der Gebäudegrenzen G-PV 551
Abtragmassen einer Autobahn (BGH-Fall) 1065
Abwasseranlagen 583
AGB-Recht
–, Allgemeines Leistungsziel (D-PV) 272
–, Ankündigungspflicht
  – bei § 2 Nr. 5 VOB/B 1108
  – bei § 2 Nr. 6 VOB/B 1101
–, Anordnung geänderter oder zusätzlicher Leistungen (§ 1 Nr. 3, 4 VOB) 1000
–, Anschlußkosten, Abwälzung auf Käufer 580
–, Auslegungszweifel zu Lasten AG 252
–, Ausschluß der Ansprüche
  – aus Behinderung durch AG 1609
  – aus ungerechtfertigter Bereicherung 1260
  – aus zusätzlichen oder geänderten Leistungen 1239
  – des „freien" Kündigungsrechts des AG 1317
  – nicht vorbehaltener Vergütungsansprüche gemäß § 16 Nr. 3 VOB/B 17
  – wegen Irrtumsanfechtung 326
–, Besondere Leistungen
  – D-PV 280 f.
  – G-PV 549
–, Besondere Risikoübernahme
  – D-PV 294
  – G-PV 513, 672
  – SF-Bau 520

805

–, Einheitspreisliste bei verringerten Leistungen 1351
–, Erschließungskosten 590
–, Festpreis 82
–, fix und fertige Leistung 85
–, Komplettheitsklausel
  – in bezug auf „Allgemeines Leistungsziel" bei D-PV 272 ff.
  – Einfacher G-PV 512 ff.
  – Komplexer G-PV 520 ff.
–, Kündigungsfolgen
  – AG-Kündigung 1404
  – AN-Kündigung 1402 f.
–, Prozentklausel bei zusätzlichen und geänderten Leistungen 1240
–, Schriftformklauseln bei zusätzlichen und geänderten Leistungen 1136 ff.
–, Überwälzung unberechenbarer Mengenermittlungskriterien 672 f.
–, unklarer Leistungsbeschrieb (D-PV) 284
–, Vergütung geänderter oder zusätzlicher Leistungen (§ 2 Nr. 5, 6 VOB/B) 1000
  – „AGB–Vielzahl", BGH Entscheidung 432, 523
–, VOB/B als AGB 20
–, Zusätzliche Technische Vertragsbedingungen
  – D-PV 278
  – G-PV 548
–, Zusätzliche Vertragsbedingungen
  – D-PV 277
  – G-PV 548
Akkordausgleich 1376
Alarmanlage 641
Allgemeine Geschäftskosten bei Kündigung 1365, 1373
Allgemeines Leistungsziel (D-PV)
–, Auslegung 240 ff.
–, keine Vervollständigung durch Allgemeines Leistungsziel bei D-PV 237 ff.
–, unwirksame Vereinbarung in AGB 272
–, „verkapptes" 242
–, „Alternative" s. Sondervorschlag
Alternativen beim Vorentwurf 1033 ff.
Alternative Wärmegewinnung (BGH-Fall) 576
Alu-Paneele (Fallbeispiel) 584

analoge Kostenermittlung, – Vergütungsermittlung 1063, 1084, 1187, 1200 ff., 1230 ff., 1342, 1371, 1382
„andere, nicht erforderliche" Leistungen 1021 ff.
Änderungen s. geänderte Leistungen
anderweitiger Erwerb nach Kündigung 1367 ff., 1384 ff.
anerkannte Regeln der Technik
–, Änderungen während des Bauverlaufs 570 ff.
–, Ausfüllung globaler Leistungselemente 612 ff.
–, D-PV 212, 216
–, Leistung unter dem Stand der Technik und Belehrungspflicht des AN (G-PV) 456
Anerkenntnis
–, bei A. Ankündigungspflicht für zusätzliche Leistungen entbehrlich 1107
–, nachträgliches A. bei Leistungen ohne Anordnung des AG 1252, 1254
Anfechtung von Irrtümern s. Irrtum
Angebotsbearbeitung
–, allgemein
  – D-PV 212, 716 ff.
  – D-PV Beispiel 760 ff.
  – EP-Vertrag, Unterschied zum Pauschalvertrag 90 ff., 700 ff.
  – G-PV
    – Einfacher G-PV 842 ff.
    – Komplexer G-PV 860 ff.
    – Komplexer G-PV Beispiel 898 ff.
    – Kostenermittlung 1207
    – Kalkulationsaufbau 700 ff.
    – Methodik 700 ff.
Angebotsblankett 247, 250, 253 f.
Angebotsschreiben 714, 728, 780, 789, 885, 912, 934
angeordnete entfallende Leistungen 1304 ff.
angeordnete Mehr- oder Mindermengen s. Mengen
angeordnete zusätzliche oder geänderte Leistungen
–, bei § 4 Nr. 1 Abs. 4 VOB/B 1262
–, Planungsebene 1029 ff.
–, Realisierungsebene 1054 ff.
–, Zeichnungen und Berechnungen 1242 ff.
Ankündigungspflicht
  – bei § 4 Nr. 1 Abs. 4 Satz 1 VOB/B 1263

– bei zusätzlichen Leistungen (VOB/B)
 –, Regeln   1101 ff.
 –, Ausnahmen   1103 ff.
–, keine bei zusätzlichen Leistungen (BGB)   1009, 1109
Anlagenbau   424, 532, 576
Anliegerbeiträge   588 f.
Anmeldung von Bedenken gegen die Art der Ausführung   509, 527
Anordnung des AG
–, „andere" Anordnungen i. S. v. § 2 Nr. 5 VOB/B   1057
–, ausdrückliche   1091
–, aus „Risikobereich des AG"   1025, 1059, 1090
–, Befugnis des AG zu
  – BGB-Vertrag   1003–1009, 1029 ff.
  – Grenzen der Befugnis   1021 ff.
  – VOB-Vertrag   1000–1002
–, bloße A. entscheidet, nicht Rechtsfolgewillen des AG   1011 ff., 1088 f., 1144.
–, Definition   1085 ff.
–, Einigung der Parteien als   1091, 1245
–, Erweiterung der Leistungspflicht   1014 ff.
–, fehlende Vertretungsmacht, Ansprüche   1098
–, im „Rahmen des Vertrages"   1014 ff., 1248 ff.
–, konkludente   1092 ff.
–, Leistungen ohne A.   1031, 1251 ff.
–, Leistungsverweigerungsrecht bei unwirksamer A.   1100, 1132, 1141
–, mündliche A. des AG bei vereinbarter Schriftform   1137
–, nicht angeordnete Leistungen   1031, 1251 ff.
–, ohne Abweichung vom Bausoll   1262 ff.
–, stillschweigende   1095
–, überflüssige   1262
–, versteckte   s. versteckte Anordnung (Hinweise)
–, wegen Notwendigkeit der Leistung   1096 ff.
–, wirksam
  – Schriftform   1099, 1136 ff., 1147 ff.
  – Vertretungsmacht   1098.
–, zeitliche   1028 ff., 1056 ff.
Anpassungsfaktor, pauschalpreisbedingt (Kostenniveaufaktor)   1150 ff., 1182 ff., 1186, 1190, 1203

anrechenbare Kosten   s. HOAI
Anscheinsbeweis bei Abgrenzung EP-Vertrag/D-PV   108
Anschlußaufträge   1021 ff.
Anschlußgebühren (G-PV)   587
Anschlüsse Gas, Wasser usw. (G-PV)   577
Antrag auf neuen Preis bei geänderten oder zusätzlichen Leistungen   1128
Anzeige der Behinderung   1606, 1618
Arbeitsgerät (G-PV)   584
archäologischer Fund   1083 ff.
Arbeitsgemeinschaft (ARGE)   410
Architektenleistungen   s. Planungsleistungen
Asbestentsorgung – als geregeltes Detail beim G-PV   481
„as built", Abrechnung   62
Aufhebungsvereinbarung   1386 ff.
"Auflockerungsfaktor" (BGH-Urteil)   269, 565, 609, 622, 1064
Aufmaß
– „as built"   62
–, Definition   1327
–, entbehrlich beim unveränderten Pauschalvertrag   17
–, Kosten des A. bei „freier" AG-Kündigung   1329
–, Mengenermittlung   42, 54
–, Mengenermittlungskriterien zwingend als Voraussetzung eines Pauschalvertrages   68 f.
–, notwendig bei entfallenen Leistungen   1327 ff., 1399
–, notwendig bei Nachträgen   1237
–, Vereinbarung eines A. als Kennzeichen gegen Pauschalvertrag   42, 61 ff.
–, Wegfall des A. als Kriterium des Pauschalvertrages   42
Auftrag, Leistungen ohne A.   1251 ff.
Auftragskalkulation – Verweigerung der Vorlage einer vorhandenen A.   1126, 1167, 1185, 1345
Auftragsleistungsverzeichnis   62
Aufwendungsersatz bei § 2 Nr. 8 VOB/B und GoA   1258
Ausführungsart (§ 5 Nr. 1 b VOB/A)   36, 201
Ausführungsplanung, Ausführungspläne
–, allgemein   217, 401
–, Änderungen   1046 ff.
–, Bestandteil der Leistung   461
– auftraggeberseitig   520

- auftragnehmerseitig 519, 532, 536, 541, 554
  - beim D-PV allgemein 31, 42, 44, 66, 116, 243, 256, 264, 273, 323, 783, 788, 830 ff., 835
  - beim G-PV allgemein 409, 428, 441, 443 f., 461 f., 506, 645, 658, 880, 912, 939, 1046 ff., 1070
  - beim SF-Bau 520 ff.
  - Fortschreibung 1048, 1049
  - Konkretisierung der 1070 ff.

Ausgleichsberechnung 1234

Aushub
- der Baugrube (Angebotsbearbeitung D-PV) 773
- der Fundamente (Angebotsbearbeitung D-PV) 774

Auslegung
-, D-PV
  - Allgemeines Leistungsziel vereinbart 242 ff.
  - Allgemeine Vertragsauslegung 284
  - Sachverständiger, Rolle des 599
  - Schritte der A.
    - 1. Schritt
      - Empfängerhorizont des Bieters 247
      s. auch 2. Schritt Erkennbarkeit
    - „Objektive Auslegung" 244 ff.
    - wörtliche A. 246
      - speziell vor allgemein 244
      - Zweifel zu Lasten AG 252
    - 2. Schritt
      - Durchschnittsbieter maßgebend 254
      - Erkennbarkeit für Bieter 253
      - Prüf- und Hinweispflicht des Bieters 253 ff.
    - 3. Schritt 242, 265 ff.
      - Widerspruch Text/Plan 248 ff.
  - Wortlaut maßgebend 246
-, G-PV
  - Allgemeine Vertragsauslegung 654
  - Erkennbarkeit Besonderer Risikoübernahmen (versteckte Risikozuweisung) 619
  - Gleiches ist ungleich geregelt 483 ff.
  - Komplettheitsklausel 496 ff.
  - Regelungsumfang der Detaillierung 485 ff.
  - Sachverständiger, Rolle des 599
  - „Was geregelt ist, bleibt geregelt" 476 ff.
  - „Was innerhalb des Regelungsumfangs der Detaillierung nicht geregelt ist, ist damit auch geregelt" 482 ff.
  - Widerspruch Text/Plan 493 f.
- Wortlaut maßgebend 246

Ausschachtung – bis auf kiesführende Schicht 291, 670, 1079, 1520

Ausschachtungstiefe
- als „nähere Bestimmung der Leistung"
  - D-PV 231, 235, 256 f.
  - G-PV 480
- geändert wegen wasserhaltigem Boden 1065
- in „Position" geregelt 1063
-, Rohrgräben 1065

Ausschluß nicht vorbehaltener Vergütungsansprüche gemäß § 16 Nr. 3 VOB/B 17

Ausschreibung, Ansprüche wegen fehlerhafter A. des öffentlichen AG 618 ff., 1521

Ausschreibung gemäß Leistungsphase 6 218

Ausschreibungs-Leistungsverzeichnis 62

Ausschreibungsunterlagen s. auch funktionale Ausschreibung
-, Fachberater (Bedeutung für Auslegung) 254
-, funktionale Ausschreibung (Ausschreibung nach Leistungsprogramm) 403, 416 ff., 454, 557
-, innere Schlüssigkeit 257
-, Vermutung für Richtigkeit und Vollständigkeit (D-PV) 254 ff.

Außenanlagen (G-PV) 493, 583

Aussparungen 78 f., 788

Auswahl
- unter mehreren Ausführungsmöglichkeiten (Globalelement G-PV) 652, 922
-, verzögerte A. als Behinderung 1604
-, Schuldverhältnis 610, 1072, 1094

Bandrasterdecke (Fallbeispiel) 3, 28, 30 f., 33 ff., 54, 63, 72, 206 ff., 280

Bauablauf – Anordnungen des AG zum 1057

Baubehelfe – als „Stoff" 282, 552

Baubeschreibung 106 f., 918, 935

Baubeschreibung/Raumbuch (Widerspruch) 495
Bauelement s. Gebäudeelement
Bauentwurf s. Entwurf
Baugenehmigung
–, bei Vertragsschluß noch nicht erteilt
 – D-PV 275
 – G-PV 627 ff.
–, bei Vertragsschluß schon erteilt (G-PV), Änderungen 634 ff.
–, Gebühren 586
Baugrund s. auch Bodengutachten
–, D-PV 282
–, „Erschwernis" 1065
–, G-PV 552 ff.
–, individuelle Risikoübernahme durch AN
 – D-PV 275
 – G-PV 558 ff.
–, Pflicht des AG zu Untersuchungen 617, 618 ff.
–, Pflicht des AN zu Untersuchungen
 – D-PV 319
 – G-PV 556 ff., 618 ff.
Bauhilfsstoffe – als entfallende Kosten bei Kündigung 1379
Bauinhalt
–, geänderte oder zusätzliche Leistungen s. dort
–, qualitativer, beim Pauschalvertrag allgemein 33 ff.
–, quantitativer, beim Pauschalvertrag allgemein 41 ff.
Bauinhaltsmodifikation 31, 34 f.
Bauinhalts-Soll-Ist-Vergleich 1225 ff.
Baukostenschätzung s. Kostenschätzung
Baulast 581
Bauleitung – als Vertragsgegenstand 472
Baunebenkosten 599
BaunutzungsVO 604
Bausoll
–, allgemein 16
–, Anordnungen des AG innerhalb des 1262 ff.
–, Bestimmung des B. als Voraussetzung
 – entfallener Leistungen 1302 f.
 – geänderter oder zusätzlicher Leistungen 1010 ff., 1017 ff.
–, D-PV 201
–, EP-Vertrag 31
–, falsche Angaben des AG zum 1011

–, „fixierte Mengen" (Scheinpauschalen, Preislistenpauschalen) 66 ff., 87, 288, 1075
–, gebäudeorientiert (bauelement-) formuliert 1197
–, gewerbliche Verkehrssitte
 – D-PV 283
 – G-PV 598 ff.
–, gewerkebezogen formuliert 1197
–, G-PV 441 ff., 474 ff.
–, mangelhaft definiertes Bausoll s. dort
–, qualitatives allgemein 33 ff.
–, quantitatives (Mengen) allgemein 41 ff.
–, „Standardverhältnisse" 617, 1066
–, strittig, Kündigungsmöglichkeit 1019
Baustelleneinrichtung – als Teilpauschale 16
Baustellengemeinkosten
–, Einheitspreisliste 1224
–, ersparte, bei Kündigung 1374 ff.
–, gesonderter Ausweis 15
–, GU-Zuschlag s. dort
–, Kalkulationsaufbau
 – D-PV 756, 758, 1155 ff.
 – G-PV 895, 1174 ff., 1176 ff., 1231 ff.
–, Teilpauschale 15
„Bauträger", BGH Entscheidung 262, 605
Bauteile – als Kostenverzeichnis 869 ff.
Bautiefe s. Ausschachtungstiefe
Bauträger
–, Abstecken der Hauptachsen 551
–, Änderungsrecht des Käufers 1024
–, Ausführungsplanung 461
–, Ausschluß des freien Kündigungsrechts des Käufers 1317
–, Definition 420
–, Dokumentation 464
–, Eigenleistungen 1413 ff.
–, Entwurf 451
–, Erschließungsbeiträge 588 f.
–, Erwerber 239
–, Genehmigungsplanung 459
–, Grundstücksverschaffung 59
–, Mitwirkung bei der Vergabe? 463
–, Objektbetreuung 464
–, sonderfachmännische Leistungen 466 ff.
–, Sonderwünsche 1247 ff.
–, Tragwerksplanung 466 ff.
–, Unterlagen, Herausgabe von 451

–, Verjährung 17, 1238
–, Vertrag 421
Bauumfang s. Mengen
Bauumstände
–, allgemein 33, 201, 241, 275
–, geänderte oder zusätzliche Leistungen 1057 ff., 1231
–, Bauumstandsmodifikation 31
Bauvoranfrage 459
Bebaubarkeit, Risiko der 569
Bedenken gegen die Art der Ausführung s. auch Prüfpflicht 509, 527
Bedienungsanleitungen 465, 596
Behelfsbrückenentscheidung, OLG Celle 1609
Behinderung
–, allgemein 650, 1600 ff.
–, Anzeige, Offenkundigkeit 1606, 1618
–, Ausschluß von Ansprüchen durch AGB 1621
–, Checkliste 1615
–, durch Anordnungen des AG 1060
–, durch archäologischen Fund 1083
–, Konkurrenz von § 6 Nr. 6 VOB/B mit § 2 Nr. 5, Nr. 6 VOB/B 1608, 1614
–, Mitwirkungspflichten des AG 1602 ff., 1617
–, MwSt. 1611, 1620
–, Schadensersatz 1600, 1620
–, Schadenshöhe 1611
–, Schadensnachweis 1611
–, Ursachennachweis 1610
–, Vorunternehmerhaftung 1609
–, zeitliche Folgen 1607 f.
beiderseitiger Irrtum
–, über Mengen 1518
–, über Verfahren 1524
Beleuchtung 578, 639, 641, 1082
Bemusterung 652
Bepflanzung 599
Beratungspflicht des AN über Wirtschaftlichkeit? 503
Berechnungen
–, des AN als Besondere Risikoübernahme 293 ff.
–, zusätzliche, auf Anordnung des AG 1242 ff.
–, Methode für neuen Preis 1201 ff.
BerechnungsVO, Zweite 603
Berstlining-Verfahren 576
Beschaffenheitssoll 552
Beschriftung 584

Besondere Leistungen
–, allgemein 34, 279
–, als zusätzliche Leistung 1068 f.
–, Einbeziehung durch AGB
 – D-PV 280 f.
 – G-PV 549
–, gemäß HOAI 1043
Besondere Risikoübernahme
–, AGB des AG
 – D-PV 295
 – G-PV 512 ff., 519, 520 ff.
–, Baugenehmigung nicht erteilt 632
–, durch Globalelement 613 f.
–, individuell G-PV 546
–, Mengenermittlung 287, 291 ff., 670, 1079
–, Störung der Geschäftsgrundlage 1505 f., 1520
Besondere Vertragsbedingungen
–, D-PV 276
–, G-PV 548
Bestandspläne 464
Bestimmungsrecht
–, „Billigkeit" der Leistungsbestimmung
 – durch AG bei Konkretisierung der Ausführungsplanung 1070 f.
 – durch AN bei Ausführungsplanung 462
 – durch AN bei Entwurfsplanung 454 ff.
 – durch AN bei Globalelementen 462, 646
–, Globalelemente 643 ff.
–, Planung 454 ff.
Betonstahl
–, Änderung der Bewehrungsdichte 1066
–, laut Stahlliste 62
–, Pauschalierung 824 ff.
Betriebsanleitungen 465, 596
Betriebskosten 593 ff., 599
Betriebskosten-Nutzen-Analyse geschuldet beim G-PV? 449, 502, 593, 595
Bewehrungsdichte 617, 1076
Bewehrungspläne 468
Beweislast
–, Abgrenzung EP-Vertrag/D-PV
 – allgemein 98 ff.
 – Beweislastumkehr? 111 ff.
 – BGB-Vertrag 100
 – Handelsbrauch 104
 – nachträgliche Änderung eines Vertrages 124

– Negativbeweis 100, 123
– „übliche" Vergütung 102
– VOB-Vertrag 111 ff.
–, „Allgemeines Leistungsziel" D-PV
– auftraggeberseitige Planung 262 f.
– auftragnehmerseitige Planung 264
–, Aufhebungsvereinbarung 1409
–, Billigkeitsentscheidung des AN 648
–, Definition 99
–, D-PV 255 ff., 262
–, ersparte Kosten bei „freier" Kündigung 1390 ff.
–, geänderte oder zusätzliche Leistungen 1228 f.
–, G-PV
– Regelungsumfang von Details 474
– Sonderfachmannswissen 527
– „Was fällt unter die Pauschale?" 655 ff.
–, Störung der Geschäftsgrundlage 1540
Bezugskosten, erhöhte 1190 ff.
Bezugspreisniveau 1150 ff.
„billige" Bestimmung s. Bestimmungsrecht
Blindpositionen 1320
Blockheiz-Kraftwerk (BGH-Entscheidung) 503, 576
Bodenaushub – Tiefe in Pos. geregelt 1063
Bodengutachten s. auch Baugrund
–, als geregeltes Detail (G-PV) 480
–, als individuelle Besondere Risikoübernahme (D-PV) 275
–, Angaben im B. unrichtig 313
–, Entwicklungsrisiken 576
–, Mengenermittlung 670
–, Verfahrensrisiken 576
–, Wegfall der Geschäftsgrundlage 1533
Bodenklassen 617
Bodenrisiko s. Baugrund
Bodenuntersuchungen s. Baugrund
Bohren von Pfählen 1084
BO, BOT Projekte 421
Brücke – Deckenüberbau (Fallbeispiel) 324
Brutto-Geschoßfläche 887
Budgetposten 1198
Budgetvertrag 424

Checkliste
–, Bausoll SF-Bau 875 ff.
–, Behinderungsansprüche 1615

–, geänderte oder zusätzliche Leistungen
– Anspruchsvoraussetzungen 1110
– Vergütungsermittlung 1231
–, Mengenermittlung 874
–, Strukturierung von Projektunterlagen 876
Controller – Vollmacht des 1098
Cost target 425

Dachabdichtung – Angebotsbearbeitung
–, D-PV 777, 835
–, Fallbeispiel 4
–, G-PV 849 ff.
Darlegungslast – Vergütung für geänderte oder zusätzliche Leistungen 1228
s. auch Beweislast
Datennetz-Anschluß 577
Deckungsbeitrag 896
Detail-Pauschalvertrag
–, Abgrenzung zum EP-Vertrag 19 ff., 54 ff.
–, allgemein 2 ff., 11
–, Beweislast 98 ff.
–, Definition allgemein 2 ff.
–, Definition, Einzelheiten 200 ff., 285
–, Globalisierungen 741 f.
–, Leistungen im einzelnen bestimmt 38, 202 ff.
–, Menge 286 ff.
–, Mitwirkungspflichten des AG 1603
Detailpläne für Fassadenarbeiten durch AN (D-PV) 1244
Detailregelung s. differenzierte Regelung
Developer s. Projektentwickler
Differenzieren des Leistungsinhalts, verschiedene Stufen 216, 219, 762
differenzierte Regelung, differenzierte Leistungsbeschreibung
–, auftragnehmerseitige Planung
– G-PV 477
–, Bestimmung der Differenzierung durch AN bei Planung oder Globalelement 454, 649
–, „Geregelt bleibt geregelt"
– D-PV 238 ff.
– G-PV 476 ff.
–, „Gleiches ist ungleich geregelt" 483
–, Komfortcharakter 484
–, konkludente Detaillierung 485 ff.

–, leistungsbestimmend, nicht leistungsinterpretierend 239
–, „näher bestimmt"
 – D-PV 206 ff., 221 ff., 233 ff., 237 ff.
 – G-PV 474 ff.
–, Negativregelung G-PV 482 ff.
–, „Nur was erkennbar ist, ist Bausoll" (speziell D-PV) 225 f., 245 ff.
–, Rechtsprechung zur Maßgeblichkeit der Detaillierung 221 ff.
–, Vollständigkeit kraft Sachnotwendigkeit (D-PV) 241
–, „Was nicht geregelt ist, ist nicht Bausoll"
 – D-PV 240
 – G-PV 482 ff.
DIN 276 283, 428, 466, 491, 493, 583 f., 593, 599 ff., 861 ff., 874, 889, 941
DIN 277 600 ff.
DIN 283 600 ff.
DIN 4124 773
DIN 18 299 279, 282, 557, 617 f., 1066, 1326
DIN 18 300 456, 615, 1064
DIN 18 305 617
DIN 18 331 782, 1066
„DIN 18 332", BGH Entscheidung 599
DIN 18 336 491, 910
DIN 18 338 770, 777, 849, 914, 1066
DIN 18 350 280
DIN 18 379 585, 596
DIN 18 380 585, 596
DIN 18 381 585, 596
DIN 18 385 585
DIN 18 960 428, 593
DIN V 8418 596
DIN-Normen (Abschnitt 0)
–, Bedeutung für Bieterverständnis 279 ff., 617, 1066
Direkte Kosten – ersparte nach Kündigung 1376
Diskrepanz Text/Pläne s. Widerspruch
Dokumentation s. auch Angebotsbearbeitung
– als Leistung bei G-PV 464 f.
–, D-PV (Beispiel) 778 ff.
–, G-PV (Beispiel) 882 ff., 908
–, G-PV Unterlagen 596
–, Herausgabepflicht 451, 461, 464 f.
–, Problempunkte innerhalb der Angebotsbearbeitung 705
Durchschnittsbieter – als Maß für Prüf- und Hinweispflichten 254

Durchschnittsverhältnisse zu erwarten („Standards") 617, 1066
Durchstützung – Angebotsbearbeitung, Beispiel G-PV 858 f.

„ECE Bedingungen", BGH Entscheidung 294, 512, 537, 1048, 1239
Eigenleistungen beim Bauträgervertrag 1329 ff.
Einbeziehung eines (Allgemeinen) Leistungsziels in den Pauschalvertrag 35, 237 ff.
Einfacher Global-Pauschalvertrag s. Global-Pauschalvertrag
Einfriedigungen 583
Einheitspreis, Einheitspreisvertrag
–, Abgrenzung zu D-PV 19 ff., 54 ff., 98 ff.
–, allgemein 2, 12, 15, 27 ff., 38 f., 42, 53, 68, 242 f., 408, 439 f
– als Regelfall? 105 ff., 111 ff.
–, Angebot 2, 12
–, Angebotsbearbeitung, Unterschied zum Pauschalvertrag 90 ff., 700 ff.
–, Ausschreibung 3, 12
–, Definition, Strukturen 30 f.
–, Einheitspreis als Anknüpfungspunkt beim Pauschalvertrag methodisch möglich? 32
–, Einheitspreis als Basis der Ermittlung der Vergütung bei geänderten oder zusätzlichen Leistungen? 1151 ff.
–, Einheitspreis-Position mit pauschaler Leistungsbeschreibung 12, 87 ff., 208
–, Einheitspreis pro Abrechnungseinheit (Leitpositionen) 212 ff., 737
–, fiktiver 1151 ff., 1209
–, „Global"-EP-Vertrag 12, 87 ff., 208
–, Leistungsbeschrieb nach EP-Vertragsmuster 31, 253, 256
–, Mengenangabe (Vordersatz) beim EP-Vertrag 31
–, Pauschalteile innerhalb von EP-Verträgen 15 f.
–, realistischer 1219
–, SF-Bau auf EP-Basis? 439 f.
–, Teil-Einheitspreisverträge 15 f.
–, „verkappter", Scheinpauschalen (Preislistenpauschale) 66 ff., 87, 288, 721, 1075
Einheitspreisliste 1224, 1346, 1612

einverständlich entfallene Leistungen 1407 ff.
einverständlich geänderte oder zusätzliche Leistungen 1246 ff.
„Eisenbahnbrücke", BGH Entscheidung 622
Elemente s. Gebäudeelemente
Empfängerhorizont
- der AN (Bieter) maßgeblich
    - für die Annahme von Standardverhältnissen 617
    - für Auslegung 247
    - für Auslegung einer Negativlösung (G-PV) 483
    - für Prüfpflicht 253, 258, 718
- des AG maßgeblich
    - bei AN-Planung 264
Entschädigung gemäß § 642 BGB 1620
entfallene Leistungen
-, Methoden der Neuberechnung s. dort
-, mit Anordnungen (Kündigung) 1304 ff.
-, ohne Anordnung 1414
Entwicklungsrisiken 576, 1065
Entwurf
-, Änderungen 1038 ff., 1057 ff.
-, Leistung beim G-PV 451 ff.
Entwurfsplanung, Leistungsphase 3 89, 216, 218, 409, 537, 554, 631, 632, 643, 798, 825, 880, 1038 ff., 1070, 1194
Erdarbeiten – Angebotsbearbeitung, Beispiel 775
Erdaushub s. Aushub
Erfahrungswerte 211 f., 868 f., 938, 1179
Erfolg als „Gesamtleistung" Charakteristikum des Pauschalvertrages? 35 f.
Erfolgsrisiko beim Werkvertrag 259
erforderliche Leistungen s. auch notwendige Leistungen 498
Erfüllungsgehilfen, Haftung für 1609
erhebliche Veränderung des Leistungsumfangs
-, erforderlich für Nachträge aus geänderter oder zusätzlicher Leistung? 1110 ff.
-, erforderlich für Vergütungsänderung bei entfallenen Leistungen? 1316
Erkennbarkeit s. auch erkennbar unvollständige Leistungsbeschreibung
- als Maßstab der Prüfpflicht 253 ff.
- bei Standardangaben des AG 617

-, Durchschnittsmaßstab eines AN 254
- von Risiken 571, 575, 613 ff., 1505 f.
erkennbar unvollständige Leistungsbeschreibung
-, D-PV
    - Folgen bei Erkennbarkeit 266 ff.
    - Folgen bei Nichterkennbarkeit 265, 270 ff.
    - Grundsätze 257 ff.
-, G-PV 527
Errichtungskosten 428, 593 ff.
Ersatzleistung bei freier Kündigung 1385, 1386
Erschließungsbeiträge 588 f.
erschöpfende Leistungsbeschreibung 506
Erschwernisse 613, 1019, 1064
Eventualpositionen
- bei Einheitspreisliste 1224
-, Ausnahme vom Ankündigungserfordernis des § 2 Nr. 6 VOB/B 1105

Fachausdrücke 599 ff.
Fachberater – bei Ausschreibung, Bedeutung für Auslegung 254
Facility Management 464
fahrlässige Verletzung der Prüfpflicht des AN 270
Fälligkeit der Pauschalvergütung
-, Nachträge 1235 ff.
-, Pauschalvertrag bei unveränderter Leistung 17
-, Vergütung nach Kündigung 1399
Fahrradständer 583
„Farbton nach Wahl" (BGH „Sonderfarben") I, II 229, 247, 1072
Fassadenpläne (D-PV) 1244
fast trecking 553
Fehlberechnungen – Risiko von F. bei Mengenermittlung (allgemein) 47
fehlende Leistungen s. Nicht-Leistungen
fehlende Positionen 1152, 1165 f., 1166 f., 1182 f., 1186, 1201, 1210, 1212, 1219, 1230, 1340
fehlerhafte Planung 505, 508 ff., 537 ff.
Fernwärmeanschluß 577
Fertigstellung der Leistung – als Kriterium für Mengenermittlungsparameter 44 ff., 67
Fertigstellungskriterien 44 f., 288
Fertigstellungspflege 599
Festpreis 28, 76 ff.

Feuerlöscher 584
Feuerwehr 593
„Finanzierungsmodelle" 421
fixierte
- Leistungsbeschreibung 33 ff., 40
- Mengen 288 ff.
- Mengenermittlungskriterien 43 ff.
- NU-Preise 1209
- Vergütung
  - EP-Vertrag? 31
  - Pauschalvertrag 53
fix und fertige Leistung 83 ff.
Flächenberechnungen 600 ff.
Fordern – einer im Vertrag nicht vorgesehenen Leistung 1085
Fortschreibung der Ausführungsplanung 1048, 1049
Freigaben – des AG zum zeitlichen Ablauf 1028
Fremdkosten (NU-Kosten) 859, 894
Frist für Auswahlentscheidungen des AG 650 f.
„frivoler" Auftraggeber (erkennbar unvollständige Leistungsbeschreibung) 269, 512, 625, 1302
-, fehlerhafte Planung 506, 512
-, Verstoß gegen Vergabevorschriften des öffentlichen AG 618 ff.
„frivoler" Bieter (erkennbare Unvollständigkeit der Leistungsbeschreibung, BGH Entscheidung)
-, allgemein 269, 509, 623
-, erkannte Planungsfehler 507, 509
Fundamente, Aushub (Angebotsbearbeitung) 774
funktional notwendige Leistungen 487, 638 ff., s. auch notwendige Leistungen
funktionale Ausschreibung (Leistungsbeschreibung) 403, 416 ff., 454, 557
Funktionsebenen Planung, Realisierung, Bauherr (G-PV) 409 ff.
Funktionsverschiebung von AG auf AN (G-PV)
-, als allgemeines Kennzeichen des Komplexen G-PV 409 ff., 443 ff.
-, als Kriterium zur Konkretisierung einer Komplettheitsklausel 512 ff., 522
-, bei SF-Bau 432
- Fußbodenaufbau gebrauchsfähig (G-PV) 641

Garantie (-Preis) 79
Garantierter Maximum Preis (Vertrag) 97, 86, 425
Gasanschluß 577
geänderte Leistungen, zusätzliche Leistungen
-, Ankündigungspflicht
  - BGB-Vertrag 1009
  - VOB-Vertrag 1101 ff.
-, Anordnung, Befugnis des AG
  s. auch Anordnung
  - BGB-Vertrag 1003 ff.
  - Grenzen der Anordnungsbefugnis 1020 ff.
  - „Risikobereich" des AG 1025 ff., 1058
  - VOB-Vertrag 1000 ff.
  - wegen Vorunternehmerleistung 1027
  - zeitliche 1028, 1057 ff.
-, Antrag als Voraussetzung für neuen Preis 1128
- als anderweitiger Erwerb nach freier Kündigung 1385
-, Bausollbestimmung 1010 ff.
-, Baustellengemeinkosten 1234
-, Bauträgervertrag 1024
-, Berechnungsmethoden s. näher Methoden der Neuberechnung
  - Planungsebene 1048 ff., 1214 ff.
  - Realisierungsebene 1146 ff.
-, Beweisführung 1228
-, Checkliste 1110
-, Einheitspreisliste 1224
-, einverständlich geänderte oder zusätzliche Leistungen 1245 ff.
-, erhebliche Veränderung des Leistungsinhalts? 1110 ff.
-, GU-Zuschlag s. dort
-, im Vertrag nicht vorgegebene Leistung 316
-, „in wesentlichem Umfang anders" 1110 ff.
-, Konkurrenz mit Behinderungstatbeständen? 1608
-, Leistungsverweigerungsrecht bei verweigerter Preisvereinbarung 462 ff.
-, Leistungsverzeichnis- und Einheitspreise 1155 ff.
-, Mengenmehrungen s. Mehrungen
-, ohne Anordnung des AG 1016, 1031, 1122 ff.

–, Planungsebene 1029 ff.
–, Produktionsverfahren geändert, dann zusätzliche Leistung 1084
–, „Regeln" über Unterschied geänderte Leistung/zusätzliche Leistung (VOB-Vertrag) 1062 ff.
–, Sicherheitsleistung des AG 1131, 1142 ff.
–, Skonti 1223
–, Spezialität von § 2 Nr. 6 zu § 2 Nr. 5 VOB/B 1063, 1084
–, Unterscheidung geänderte/zusätzliche Leistungen überflüssig bei BGB-Vertrag 1058
–, „völlig neue" Leistung 1084
–, „Wasserhaltung" (BGH-Entscheidungen) s. dort
–, Zeichnungen und Berechnungen 1243 ff.
–, zeitliche Anordnungen 1028, 1056 ff.
Gebäudebearbeitung 583
Gebäudeelemente (Kostenermittlung) 861, 864, 869 ff., 870, 889, 906, 920, 935, 941, 1179, 1200
Gebühren 585
Genehmigungen s. auch Baugenehmigung
–, nachbarrechtliche, Beibringung G-PV 574
–, öffentlich-rechtliche, Beibringung G-PV 569, 581
Genehmigungsplanung
– als Leistung G-PV 459 f., 631, 632
–, Änderungen der 1043 f.
– gemäß HOAI 1043 f.
Generalübernehmer 431 ff., 814, 860 ff., 894, 1197, 1207
Generalunternehmer 409, 431 ff., 860 ff., 1198, 1207
Geräte G-PV 584
Gerätekosten, entfallende – bei „freier" Kündigung des AG 1377
„Geregelt bleibt geregelt" G-PV 476 ff.
geringfügige Leistungsänderungen 1110 ff., 1316
Gesamtleistung s. Leistungsziel
Geschäftsführung ohne Auftrag 1251 ff., 1257
Geschoßfläche 604
Gesetzesänderung während der Bauausführung 571

Gewährleistungsausschluß (Mängelhaftungsausschluß) – Bodenrisiko 566
Gewerbliche Verkehrssitte
–, D-PV 283
–, Gewerk 1 ff., 71, 516, 739, 821 f., 848, 872, 874, 904, 935, 941, 1179, 1186
–, G-PV 598 ff.
Gewinn – bei entfallenen Leistungen 1367
„Gleiches ist ungleich geregelt" 483
Gleitklausel 77
„Global-Einheitspreisvertrag" 87 ff., 208, 1110 ff.
Globalelement s. Global-Pauschalvertrag
Global-Pauschalvertrag (G-PV)
–, allgemeines 11 ff.
–, anerkannte Regeln der Technik 570 ff., 615
–, Ausführungsplanung 461 f.
–, Auswahl (Bemusterung) 652
–, Baugenehmigung als Leistungsinhalt 627 ff.
–, Baugrundrisiko 552
–, Bausoll 400 ff.
–, Baustelleneinrichtung als 16
–, Bestimmungsrecht des AN 454 f., 462, 643
–, BGB-Verträge 472
–, Definition 6 ff., 400 ff., 444
–, Detailelemente 222, 666
–, Details, Bedeutung geregelter 400, 474 ff., 631
–, Einfacher G-PV 11, 406 ff.
–, Entwurf 451 ff.
–, Erschwernisse 613, 1064
–, Fehlplanungen 505, 508 ff.
–, Funktionsverschiebung s. dort
–, Genehmigungsplanung 459
–, Globalelemente
 – allgemein 206, 401 ff., 1070
 – auch in differenzierten Leistungsbeschreibungen 208 ff.
 – Bestimmung des qualitativen Bausolls auch durch 608 ff.
–, Grundlagenermittlung 447, 1033
–, HOAI anwendbar? 473
–, Komplettheitsklausel
 – Einfacher G-PV 512 ff.
 – Einfacher G-PV mit auftraggeberseitiger Planung 512 ff.
 – Komplexer G-PV 520 ff.
–, Komplexer G-PV 409 ff., 520 ff.

815

–, Konkretisierung der Ausführungsplanung 1070 ff.
–, lückenhafte Leistungsbeschreibung s. dort
–, Mengen 670 ff.
–, Mitwirkung bei der Vergabe? 463
–, Mitwirkungspflichten des AG 1603 ff.
–, notwendige Leistungen 498 ff. s. näher dort
–, Objektüberwachung? 463
–, Planungsleistungen allgemein 441 ff.
–, Preisgrenzen für Auswahl des AG 652
–, qualitatives Bausoll 400 ff.
–, quantitatives Bausoll 400 ff.
–, sonderfachmännische Leistungen 466 ff.
–, Statik 466 ff.
–, Systemwahl des AG als Auslegungskriterium 403
–, Vergabeverstöße des öffentlichen AG 618 ff.
–, VOB/B – anwendbar? 472
–, VOB/C
  – allgemein 549
  – „0"-Abschnitte als „Standard" 617, 1066
–, Vorbereitung der Vergabe? 463
–, Vorentwurf 448 ff.
GMP Vertrag 425
Grobelement 869 ff., 884, 941, 1170 ff.
Grundlagen der Preisermittlung s. Methoden der Neuberechnung
Grundlagenermittlung – als Leistung beim G-PV 447, 1033
Grundlagenermittlung gemäß HOAI 1033 ff.
Grundstücksbeschaffenheitsrisiko 282
Grundstücksgrenze – als Leistungsabgrenzung G-PV 581 ff.
Grundwasser – Schutz vor 572 s. auch Baugrund
Grünflächen 583
Gutschrift – für scheinbar entfallene Leistung 1302
GU-Zuschlag
–, allgemein 860, 896, 1051, 1213 ff.
–, auf geänderte Planungsleistungen 1215
–, Baustellengemeinkosten 1234
–, Darlegung, Beweisführung 1234

GWB (Gesetz gegen Wettbewerbsbeschränkungen) 625

Haftung des AN – bei fehlerhaften Vorgaben des AG 508, 520 ff.
Hauptleistung 241
Hauptposition 91
Hebebühne 493, 583, 638 ff.
Heizölverteuerung – als Störung der Geschäftsgrundlage? 78
Heizung 103, 121, 1097
Herstellungspflicht 1215
hinterlegte Kostenermittlung (Kalkulation) 1183, 1339, 1343
Hinweise zur Leistungsbeschreibung
– „0"-Abschnitte der VOB/C 279 ff., 617 ff., 1065
Hinweispflichten des Bieters s. Prüfpflichten
HOAI
–, allgemein 217, 256, 709
–, anrechenbare Kosten 1215
–, anwendbar auf G-PV? 473
–, Ermittlung der Preise für geänderte oder zusätzliche Leistungen 1214 ff.
–, Kostenermittlung gemäß 861 ff.
–, Leistungsphasen 218, 440, 443 ff., 447 ff., 709, 866, 878, 1033 ff., 1194, 1215
Hochbauten – Kostenermittlung bei 860 ff.
Höchstpreisvertrag 86, 425
Höhenfestpunkte G-PV 551

im einzeln bestimmte Leistung s. differenzierte Regelung
Individualvertrag, Komplettheitsklausel in (D-PV) 515 ff., 531
Ingenieurbauwerke 471
Ingenieurleistungen
–, Änderungen 1029 ff.
–, anwendbares Recht 472 f.
–, Bausoll (G-PV) 466 ff.
–, GU, GÜ (G-PV) 415
–, Preisermittlung nach Änderungen 1214 ff.
Informationen – AG gibt vorhandene I. nicht weiter 625
Inklusivpreis 872, 1186
„innere Mengen" der Teilleistungen 91

innere Schlüssigkeit der auftraggeberseitigen Vertragsunterlagen 257
Installationspläne 465, 596
Irrtum
–, Ausschließung der Anfechtungsmöglichkeit durch AGB? 326
–, beiderseitiger Irrtum und Störung der Geschäftsgrundlage 1263, 1535
–, keine Bindung an den alten Preis bei geänderten oder zusätzlichen Leistungen 1189
–, Mengen:
  Irrtum des AG:
  – falsche Ausführungsunterlagen 311 ff.
  – falsche Mengenermittlungskriterien 311 ff.
  – falsche Vordersätze 322 ff.
  Irrtum des AN:
  – beiderseitiger Irrtum 1263, 1518
  – Kalkulationsirrtum 305 f.
  – Schreib- und Rechenfehler 298 ff.

Kabelfernsehanschluß 577
Kalkulation – Prüfung technischer Ausführungsdetails 37
Kalkulationsirrtum des AN 305 f.
Kalkulation s. Kostenermittlung
„Kammerschleuse" (BGH, Urteil) 293, 401, 403, 416, 515, 537, 608, 625, 672, 1048, 1512, 1524
„Karrengefängnis", BGH Entscheidung 416, 515
Kartellrechtliche Ansprüche bei globaler Ausschreibung 625
Kategorisierung des Bausolls 762 f., 776, 853, 868, 886, 935
Kellerisolierung 232
Kiesschicht, Ausschachtung bis 615
Klage
–, schlüssig bei Behinderungsschadensersatz 1615
–, schlüssig bei „freier Kündigung" durch AG ohne Berücksichtigung ersparter Kosten? 1390 ff.
Komfortcharakter als Kriterium bei der Leistungsbeschreibung durch AN 646
Komplettheitsklausel s. auch Allgemeines Leistungsziel

–, Abgrenzung D-PV/Einfacher G-PV 285
–, AGB-Recht – D-PV 272 ff.
  – Einfacher G-PV 512 ff.
  – Komplexer G-PV 520 ff.
–, allgemein 219, 232, 482 ff., 496 ff., 512 ff.
–, Angebotsbearbeitung – D-PV 834 ff.
–, G-PV 843 ff.
–, Anlagenbau 495
–, „Besondere Leistungen" D-PV 280 f., G-PV 549
–, Einfacher G-PV
  – auftraggeberseitige Ausführungsplanung 512 ff.
  – auftragnehmerseitige Ausführungsplanung 519
–, EP-Vertrag 408
–, individuelle Vereinbarung 515 ff.
–, „komplette Heizungsanlage" 1097 (Notwendigkeit)
–, Komplexer G-PV
  – auftraggeberseitige Planung 520 ff.
  – auftragnehmerseitige Planung 536
–, Vorrang des Textes bei Widerspruch (G-PV) 493
Komplexer G-PV s. Global-Pauschalvertrag
Konkludente Anordnung s. Anordnung
Konkretisierung der Ausführungsplanung durch AG 833, 879, 1070 ff., 1094
Konkretisierung der Entwurfsplanung 1070
Konkurrenz Behinderungsansprüche und § 2 Nr. 5, Nr. 6 VOB/B 1146, 1608, 1614
„Konsolttraggerüste", BGH Entscheidung 109 b
„Konsortium" 410
Kontaminationsrisiko
–, „Besondere Risikoübernahme" 1079
–, G-PV allgemein 552 ff.
–, individuelle Regelung 275, 282, 293
Kontrollverantwortlichkeit des AN
–, bei individuell vereinbarter Komplettheitsklausel 515
–, bei SF-Bau 526 ff.
„Kooperation", BGH Entscheidung 1019
Koordinierungspflicht (G-PV) 568
Kosten s. auch Kostenermittlung,

Kostenanschlag

–, allgemeine Geschäftskosten 896, 1183, 1224
–, anrechenbare s. HOAI
–, Baunebenkosten (DIN 276), SF-Bau 428
–, Dateien 215
–, entfallende K. bei „freier Kündigung" des AG 1353 ff.
–, Erfahrungswerte 740, 869
–, fiktive 1166 f., 1215
–, Fixkosten 1376
–, Gemeinkosten 91, 1183
–, Hochbauten (DIN 276) 860 ff.
–, kurzfristig abbaubare 1376
–, Nutzungskosten (DIN 18 960) 428, 502
Kostenanschlag 864, 889, 935
Kostenberechnung 862, 864, 889, 1178
Kostenbezugssysteme 1149 ff.
Kostendateien, externe 867
Kostenermittlung (Kalkulation)
–, Angebotsbearbeitung (und allgemein)
  – allgemein 711 f., 1341 f.
  – D-PV 92, 756 ff., 812 ff.
  – G-PV 860 ff., 893 ff.
–, ausführungsorientierte Verfahren 758, 861, 871 f.
–, detailliert 703, 864, 1183, 1337 ff., 1341
–, eindimensionale Verfahren 866 ff.
–, entfallene Leistungen s. Methoden der Neuberechnung
–, fehlende 1176 ff., 1341
–, geänderte Leistungen s. Methoden der Neuberechnung
–, gebäudeorientierte Verfahren 869 ff.
–, gewerkegegliedert 728, 861, 874
–, hinterlegte 757, 1184, 1339, 1346, 1361
–, mehrstufig 941
–, nachgereichte 1184, 1341
–, nach Kündigung s. Methoden der Neuberechnung
–, qualitative Angaben 871 ff.
–, undifferenziert 1341
–, Vorlage einer vorhandenen K. verweigert 1126, 1167, 1185, 1345
–, zusätzliche Leistungen s. Methoden der Neuberechnung
Kostenfeststellung 865
Kostenfortschreibung (Nachtragskalkulation) 1149 ff.

Kostengruppe 861, 864 f.
Kostenkennwerte 872, 889, 1179
Kostenschätzung 862 f., 889, 935, 1178
Kostensicherheit – als Kriterium beim SF-Bau 426 ff., 644
Kostensteigerung 77 f.
Kumulativ-Leistungsträger (GU-GÜ) 431
Kündigung
– durch AG:
  – aus wichtigem Grund 1300 f.
  – eindeutige Erklärung 1319 ff.
  – Entwurfsplanung 453
  – Folgen s. Methoden der Neuberechnung bei entfallenen Leistungen
  – – „freie" Kündigung 1300 f.
  – konkludente 1320
  – Schriftform 1307 ff.
  – stillschweigende 1320
  – Teilkündigung 1304 ff.
  – Teilleistungen 1312
  – Teilmengen 1315
  – vertraglicher Ausschluß der „freien" Teilkündigung 1317
  – „Voll-"Kündigung 1318
– durch AN:
  – allgemein 1405 f.
  – bei strittigem Bausoll 1019
  – wegen verweigerter Preisanpassung bei Wegfall der Geschäftsgrundlage 1541

Landschaftsschutzgebiet 617, 1066
„Lehrter Bahnhof", KG Entscheidung 256, 1048
Leistungen
–, Besondere Leistungen s. dort
–, entfallene s. entfallene Leistungen
–, geänderte s. geänderte Leistungen
–, „mittlerer Art und Güte" 653
 s. auch Leistungsbeschreibung
–, Nebenleistungen s. dort
–, notwendige s. notwendige Leistungen
–, ohne Auftrag 1251 ff.
–, zusätzliche s. geänderte Leistungen
Leistungsabgrenzung – nach Kündigung 1324, 1326 ff.
Leistungsänderung s. geänderte Leistungen
–, ohne L. Erfolg nicht erreichbar, dann kein § 2 Nr. 5 VOB/B? 1012 ff.

Leistungsbeschreibung, Leistungsbeschrieb
–, allgemein 24, 34 f.
–, „Allgemeines Leistungsziel" D-PV s. dort
–, als „Ganzes" in § 2 Nr. 7 Abs. 1 Satz 1 VOB/B? 36
– Auftragsleistungsverzeichnis 62
–, Bausoll definiert durch 5, 202, 204 ff.
–, detailliert, differenziert 3, 44, 203 ff., 208, 221 ff.
–, Detaillierung und Vollständigkeitsvermutung D-PV 255 ff., 725
–, erforderliche 39, 241 ff.
 s. auch notwendige Leistungen
–, erschöpfende G-PV 506
–, „fixiertes" Element 31, 33 ff., 40
– funktionale 403, 414, 416 ff., 454, 557
–, globale, Globalelemente im G-PV 608 ff.
–, Hauptleistung 241
–, hybride 435
–, Leistungsverzeichnis (LV)
 – Bausoll 5, 35, 202 ff., 224, 231, 400, 758, 771 ff., 795 ff., 837, 852, 854, 935, 1155 f., 1182
 – Grundlage für Nachtragsermittlung 1149 ff., 1182 ff.
 – unvollständiges 37, 257, 284, 404, 516
–, Leistungsziel
 – „Allgemeines Leistungsziel" D-PV s. dort
 – Auslegungskriterium? 35 ff.
–, lückenhafte
 – allgemein 237, 257
 – G-PV 404 ff., 506, 516, 618
 s. auch „Allgemeines Leistungsziel" D-PV, „Erkennbarkeit", „mangelhaft definiertes Bausoll"
–, nicht detailliert 6 ff., 208
–, Nicht-Leistungen 491 ff.
–, nur Kalkulationsgrundlage? 205
–, unbestimmte L. als Kriterium für Pauschalvertrag? 48, 53
–, Unterteilung in wenige Ordnungszahlen 87
–, Vollständigkeitsvermutung D-PV 255 ff.
–, widersprüchliche s. Widerspruch
Leistungsbereich 864, 874, 920

Leistungsbestimmungsrecht – des AN gemäß § 315 BGB 454, 462, 643 ff.
Leistungsbild s. HOAI
Leistungskategorisierung 737 ff.
Leistungsmodifikation 22
Leistungspauschalierung
 s. Pauschalvertrag
Leistungsphase s. HOAI
Leistungssoll s. Bausoll
Leistungsstand, Leistungsabgrenzung 1326 ff.
Leistungsumfang s. Menge
Leistungsverringerung, vereinbarte 492
Leistungsvertrag 19, 27 f.
Leistungsverweigerungsrecht des AN
–, bei fehlender oder unklarer Anordnung 1100
–, bei fehlender Preisvereinbarung in bezug auf geänderte oder zusätzliche Leistungen 1130 ff.
–, bei fehlender Schriftform 1141
Leistungsverzeichnis s. Leistungsbeschreibung
Leistungsziel
–, „Allgemeines Leistungsziel" D-PV s. dort
–, Auslegungskriterium? 35 ff.
Leitpositionen 210, 212 ff., 737, 740 f., 745, 783, 792, 811, 872, 1166, 1176, 1183, 1186, 1327
Lieferung durch AG – Selbstübernahme 1308 ff.
Lohngleitklausel 77
Lohnkosten
–, entfallende, nach „freier" Kündigung 1376
–, geänderte, Berücksichtigung bei Nachtragsvergütung 1190 ff.
Lücke s. Leistungsbeschreibung, lückenhafte
Luxusstandard – als Leistungskriterium 646

mangelhaft definiertes Bausoll
–, allgemein
 – D-PV 284
 – G-PV 608, 654
–, Makler- und Bauträgerverordnung 420
marktbeherrschende Nachfrager 625
Massen s. Mengen

819

Materialgleitklausel 77
Materialkosten („Stoffkosten")
–, entfallende, nach „freier" Kündigung 1377
–, geänderte, Berücksichtigung bei Nachtragsvergütung 1190 ff.
Maximaltiefe, Maximalmenge (Angebotseinschränkung als Risikobegrenzung) 292, 671
–, Maximumpreis 425
Mehrkostenfaktor (Bezugskosten) 1190 ff.
Mehrmengen
–, allgemein 23, 47, 66, 68
–, angeordnete 288, 307 ff., 654, 667 ff., 1074 ff.
–, keine Ankündigungspflicht bei § 2 Nr. 6 VOB/B 1113
–, nicht angeordnete 1415
–, „Preislistenpauschale, Scheinpauschale" 66 ff., 288, 1075
Mehrwertsteuer
–, für Behinderungsschadensersatz 1613, 1620
–, für „Teilvergütung" bei Kündigung 1356
Mengen s. auch Mehrmengen
–, allgemein 41 ff., 286 ff., 667 ff., 1074 ff.
–, Änderung
 – allgemein 1234
 – D-PV 307 ff.
 – G-PV 1076
–, Angebotsbearbeitung
 – allgemein 91 ff.
 – D-PV 729 ff., 790 ff.
 – G-PV 883, 886 ff., 935 ff.
–, Aufmaß s. dort
–, Definitionsanknüpfung bei Pauschalvertrag 41 ff.
–, EP-Verträge 31, 42, 91
–, „falsche" 1160 ff., 1182, 1191, 1340
–, Fertigstellungskriterien als Mengenermittlungskriterien 47 ff., 67, 288
–, „innere Mengen" EP-Vertrag 91
–, Mengenermittlung s. dort
–, „mengenrealistische EP" 1160 ff.
–, Minderung s. entfallende Leistungen
–, richtige 1207, 1230
–, „tatsächliche" 1160, 1210
–, unveränderliche, bei Pauschalvertrag? 41 f.

–, Veränderungen – Grundsatz 42, 69, 286 ff., 667 ff., 1074 ff.
–, Verrechnungen von Mehr- und Mindermengen? 309
–, Vorgaben, falsche 311 ff., 322 ff., 797, 801 ff., 1160
–, vorläufige, EP-Vertrag 31
Mengenermittlung
–, allgemein 312
–, Aufmaß s. dort
–, detailliert 708
–, D-PV 724
–, Mengenermittlungskriterien, Änderung durch AG 66, 296, 307 ff., 668, 1076
–, Mengenermittlungskriterien, Mengenermittlungsparameter 41 ff., 52 ff., 67, 287 ff., 295, 720, 729 ff., 790 ff., 805, 935 f.
– unter Vorbehalt 64
–, Zeitaufwand 90 f., 887
Mengenermittlungskriterien, unrichtig 311 ff.
Mengenermittlungsrisiko s. auch Mengenrisiko
–, Angebotsbearbeitung 707 ff., 729 ff., 761, 790 ff.
–, Charakteristikum des Pauschalvertrages 45 ff.
–, D-PV 287 ff., 735 ff., 790 ff.
–, G-PV 669 f.
–, Störung der Geschäftsgrundlage 1513 ff.
Mengenermittlungsskizzen, -plan 734 ff., 791 ff., 873
Mengengarantie 50, 86
Mengengerüst – Kostenermittlung über 863
Mengenrisiko s. auch Mengenermittlungsrisiko
–, allgemein 49, 51 f., 287 ff., 804 ff.
–, unbeschränktes („Besondere Risikoübernahme") 291 ff.
Mengentoleranz
–, D-PV 292
–, EP-Vertrag 51
Mengenverringerung als Teilkündigung 309
Methoden der Neuberechnung für entfallene Leistungen
–, allgemein 1324 ff.
–, anderweitiger Erwerb 1384, 1385

–, „freie" Vollkündigung oder Teilkündigung 1353 ff.
–, Kündigung aus wichtigem Grund 1337 ff.
–, Leistungsabgrenzung, ausgeführte/nicht ausgeführte Leistung
  – Aufmaß 1327 ff.
  – Kosten des Aufmaßes 1329
  – Leistungsabgrenzung allgemein 1324, 1326 ff.
–, vergütungsmäßige Bewertung
  – Allgemeine Geschäftskosten 1373
  – Ausschreibung auf EP-Basis 1335
  – Baustellengemeinkosten 1374 ff.
  – differenzierte Kostenermittlung fehlt 1341 ff.
  – Direkte Kosten (Einzelkosten der Teilleistung)
    – Akkordausgleich 1376
    – als Anhaltspunkt 1340
    – Bauhilfsstoffe 1379
    – „direkter Weg" 1324 f, 1353
    – Einheitspreisliste 1346
    – Gerätekosten 1378
    – kurzfristig abbaubare 1376
    – Lohnkosten 1376
    – Materialkosten („Stoffkosten") 1377
    – Nachunternehmer 1380
  – Gewinn 1367
  – hinterlegte Kostenermittlung 1338
  – „kalkulierte" Kosten maßgebend 1353 ff., 1371
  – konkrete Ermittlung im Einzelfall 1348
  – Marktpreise 1344
  – Mehrwertsteuer 1356
  – Nachunternehmer 1380
  – Schätzung 1343
  – Stundenlohnbasis 1348
  – Teilpauschale 1349
  – „Umweg" 1324 f., 1353
  – „Verhältnisrechnung" als fehlerhafte Methode 1331 ff.
  – Verlust, kalkulierter 1364, 1368 ff.
–, Zahlungsplan als Anknüpfung 1335
Methoden der Neuberechnung für geänderte oder zusätzliche Leistungen
–, analoge Kostenermittlung (Ermittlung des Vertragspreisniveaus) 1149 ff.
  – (analoge) Kostenfortschreibung 1200 ff., 1230 ff.
–, Architekten- und Ingenieurleistungen 1214 ff.
–, bisheriger „Preis" als Basis
  – Ausnahmen allgemein 1189
  – Grundsatz 1149 ff.
  – Irrtumsanfechtung 1189
  – Lohn- oder Materialpreiserhöhung 1190 ff.
  – unsorgfältige Planung AG 1194
–, Ermittlung der neuen Vergütung 1200 ff., 1230 ff.
–, „fiktive" Nachunternehmerpreise 1209
–, Grundlagen der Preisermittlung 1149 ff.
–, hinterlegte Kostenermittlung 1184
–, Leistungsverzeichnis (LV)
  – fehlt (unaufgegliederte Pauschale) 1150 ff., 1159, 1182
  – für Teilbereiche 1177
  – mit „EP" und Mengen 1150, 1176
–, Marktpreise 1147, 1178
–, „mengenrealistische Einheitspreise" 1160 ff.
–, nachgereichte Kostenermittlung 1184
–, Nachunternehmerkosten 1207 ff.
–, Verlustkalkulation 1148
–, „vertragsspezifische Nachunternehmerpreise" 1209
–, verweigerte Vorlage vorhandener Kostenermittlung 1185
–, Wägungsanteile 1179
–, Zahlungsplan als Anknüpfung? 1180
–, Zeitpunkt der Vereinbarung des neuen Preises 1222
Methodenrisiko des AN (G-PV) 615
Methodenwahl des AN (G-PV) 615
Mindermengen
–, allgemein 23, 47, 66
–, angeordnete s. Kündigung
–, ohne Anordnung 1415
„Minderqualität", vereinbarte 455
Mindeststandard 653
Mischpositionen 739, 1073
„mittlere Art und Güte" der Leistung 653
Mitwirkung bei der Vergabe G-PV 463
Mitwirkungspflichten des AG 1056, 1602 ff.
Möbel 584
modifizierte Leistungen s. geänderte und zusätzliche Leistungen

Monopolstellung (öffentlicher) AG 625
Müllbehälter 583
mutmaßlicher Wille des AG bei § 2 Nr. 8 VOB/B 1255

Nachbarrisiken 575, 1604
nachgereichte Kostenermittlung 1184
Nachlaß 3, 165, 1150, 1154, 1173, 1223, 1340, 1381
„Nachtragsschriftform", BGH Entscheidung 1136, 1130
Nachunternehmer 412, 453, 573, 809, 893, 1197 f., 1203, 1207 ff., 1227
Nachunternehmeranfrage 709, 745 ff., 765, 806 ff., 811, 889 ff., 895 f., 904, 929, 937, 941, 1207 ff.
Nachunternehmer-Angebotsbearbeitung
–, generell 709, 715, 740, 756 f., 1208
–, D-PV 745 ff., 806 ff., 814
–, G-PV 894 ff.
Nachunternehmer – Kostenermittlung
–, entfallene Leistungen 1380
–, fiktiver Nachunternehmer-EP 1209
–, geänderte oder zusätzliche Leistungen 1187 f., 1207 ff.
–, generell 1208
–, realistischer Nachunternehmer-EP 1209
„näher bestimmte Leistung" s. differenzierte Leistungsbeschreibung
Nebenangebote 818 ff., 856 ff., 943 ff.
Nebenleistungen 513
Nebenräume 601
Negativaussage G-PV 482
Negativbeweis des AG bei Abgrenzung EP-Vertrag/D-PV 123
Negativregelung G-PV 483, 487, 491 ff., 619
„NEP Positionen" BGH Entscheidung 1048
Netto-Geschoßfläche 608, 887
Netzzuschuß 577
„neue, selbständige" Leistungen 1023
„neue" Techniken 576, 1064
Neuplanung 1020
Nicht-Leistungen, vereinbarte G-PV 491 ff.
nominated subcontractor 411, 453
Normausstattung 653
notwendige Leistungen (GoA, § 2 Nr. 8 VOB/B) 1255

notwendige Leistungen (Leistungsumfang) 39, 255, 264, 500 ff., 513, 526, 612 ff., 638 ff., 1096 ff.
Notwendigkeit der Leistung
– als „Anordnung" für eine zusätzliche Leistung 1096 ff.
– als Vervollständigungskriterium (G-PV) 610
Null-Vorschriften der DIN s. DIN Normen (Abschnitt 0)
Nutzerkosten 428
Nutzfläche 579
nutzungsspezifische Anlagen 584

Objektbegehung G-PV 464 f.
Objektplanungsleistungen G-PV 447 ff., 527, 631
Objektüberwachung G-PV 463, 1051
Offene Risikozuweisung 552, 611
Offenkundigkeit der Behinderung 1606
öffentlicher AG – Vergabeverhalten 12, 618 ff.
öffentlich-rechtliche Genehmigungen, Beibringungspflicht G-PV 569
„Olympiastadion", KG Entscheidung 564
Opfergrenze bei Störung der Geschäftsgrundlage 1533 ff.
ordnungsgemäße, zur Herstellung erforderliche L. 39
s. auch notwendige Leistungen
OWAcoustic (Fallbeispiel) s. Bandrasterdecken

Pantry Küche (Fallbeispiel) 12, 87
Parkplätze 583, 641
Pauschale
–, innerhalb anderer Pauschalen 16
–, unaufgegliederte, Nachtragsvergütung 1182 ff.
pauschalierter Schadensersatz nach Kündigung in AGB 1403
Pauschalierung der Leistung
–, als Charakteristikum des Pauschalvertrages? 35 ff.
–, eines EP-Vertrages bei Vertragsschluß 827
–, eines EP-Vertrages nach Vertragsschluß 829 ff., 857 ff.
Pauschalpreis s. Pauschalvertrag

Pauschalpreisbedingte Anpassung
  s. Anpassungsfaktor
Pauschalsumme   19 ff., 32, 36, 55
Pauschalvertrag
–, Abrundung des Preises als P.   54 ff.
–, Definition
  – BGB?   20
  – strukturelle Definition   32 ff.
  – VOB   21 ff., 202 ff.
–, Detail-Pauschalvertrag   s. dort
–, Festpreis   s. dort
–, Leistungspauschalierung, allgemein   12 f.
–, „Preislistenpauschale" (Menge)   s. dort
–, Preisnachlaß führt zum P.?   54 ff.
–, qualitativer Bauinhalt   31 ff.
–, quantitativer Bauinhalt   41 ff.
–, Scheinpauschale   s. „Preislistenpauschale"
–, Teilpauschalen   15 ff.
–, Vergütung   34 ff.
–, vorläufiger Pauschalpreis   64 f.
„Peek u. Cloppenburg", Entscheidung OLG Düsseldorf   533
Pfähle – Rammen, Bohren   1084
pflanzfertige Vorbereitung   583
Pipe-eating-Verfahren   576
Pläne, Planung
–, an „richtiger Stelle und in richtiger Weise" im Text erwähnt   254
–, anwendbares Recht auf Planungsleistung   472 f.
–, auftraggeberseitige   249, 262 f., 497 ff., 512 ff.
–, auftragnehmerseitige   250, 264, 519, 536
–, Bedeutung der Planungsleistung für Beweislast   660 ff.
–, Besprechungsmethodik bei geänderten oder zusätzlichen   1214 ff.
–, fehlende (nicht beigefügte)   247
–, fehlerhafte (des AG)   314 ff., 525 ff., 537 ff., 552 ff.
–, fehlerhafte (des AN)   264
–, Leistungspflichten des AG G-PV   441 f., 447 ff.
–, nach Vertragsschluß eingehende P. des AG (konkludente Anordnung)   1093
–, unsorgfältige Planung des AG, Folge für Nachtragsvergütung   1194
  s. auch unvollständige P.

–, unvollständige   s. auch fehlerhafte P.
  – des (AG)   314 ff., 525 ff., 537 ff., 552 ff.
  – des (AN)   264
–, versteckte Hinweise (Planübergaben durch AG nach Zuleitung der Angebotsunterlagen)
  – D-PV   654
  – G-PV   493, 916
–, Widerspruch Text/Plan   248 ff.
Planverantwortlichkeit des AN bei eigener Planung   250, 264, 519, 536
Plausibilitätskontrolle   734, 736, 886, 1221
Positionen
–, Bedeutung als Abrechnungseinheit?   211
–, Blindpositionen   1320
–, „fehlende"   s. dort
–, global beschriebene   593
–, Leitpositionen   615
–, mit Maßangabe im Leistungsbeschrieb (Aushub bis auf 3 m Tiefe)   1062
Positionsgesamtpreis   31
Preis   s. auch Pauschalvertrag
–, bisheriger P. als Basis der Neuberechnung   1149 ff.
–, mengenrealistisch   1215
Preisbezugssysteme   1149 ff.
Preisermittlung, Grundlagen der   1146 ff.
Preisfortschreibung   1149 ff.
Preisgefahr   282, 574
„Preislistenpauschale" („Scheinpauschale")   66 ff., 72, 87, 288, 1075
Preisnachlaß   54 ff., 94, 1173, 1223
Preisniveaufaktor   1150
Preisobergrenze, Wahl des AG innerhalb von   562
Preisvereinbarung vor Ausführung der geänderten oder zusätzlichen Leistung   1129 ff., 1222
Prima-facie-Beweis   s. Anscheinsbeweis
Produktionsverfahren – als Abgrenzungskriterium § 2 Nr. 5/Nr. 6 VOB/B   1084
Projektentwicklung
–, Abstecken der Hauptachsen   551
–, Ausführungsplanung   461
–, Baugrundrisiko   552
–, Definition   419
–, Dokumentation   464 f.
–, Entwurf   451 ff.

Prozentklausel

–, Genehmigungsplanung   459
–, Grundstücksverschaffung   566
–, Mitwirkung bei der Vergabe   463
–, Objektüberwachung   463
–, sonderfachmännische Leistungen   466 ff.
–, Statik   466 ff.
–, Unterlagen, Aushändigung von   452
–, Verjährung   17
–, Vertrag   419
–, Vorbereitung der Vergabe?   463
–, Vorentwurf   448
Prozentklausel (x % Abweichung vom Pauschalpreis unbeachtlich)   1241
prozentualer Nachlaß   s. Preisnachlässe
Prüfbarkeit der Schlußrechnung   s. Schlußrechnung
Prüfpflichten des AN (Bieters)
–, allgemein   219, 253 ff., 284, 709
–, Angebotsbearbeitung
  – D-PV   219, 247, 253 ff., 716 ff., 750 ff., 767 ff., 776 ff., 830 ff.
  – Einfacher G-PV   842, 845 ff., 849 ff.
  – Komplexer G-PV   860 ff., 882, 889, 897, 901, 909 ff.
–, Bodenverhältnisse   552 ff.
–, Erkennbarkeit
  – Allgemeines Leistungsziel
    – D-PV   253 ff., 724, 728
    – G-PV   516
–, Fehlplanung AG   508 ff., 537 ff.
–, Folgen des unterlassenen Hinweises   265 ff.
–, gemäß § 4 Nr. 3 VOB/B   509
–, Globalelemente   617 ff.
–, Kontamination   552 ff.
–, notwendige Leistungen   255 ff.
–, SF-Bau   520 ff.
–, versteckte Risikozuweisungen   613 f.
–, Vollständigkeitsvermutung D-PV   255 ff.
–, Wasserverhältnisse   552 ff.
  s. auch „Wasserhaltung"

Qualität
–, anerkannte Regeln der Technik   s. dort
–, bei Ausführung von Globalelementen   653
–, „Minderqualität" vereinbart   456
–, „mittlere Art und Güte"   653

qualitatives Bausoll   s. Leistungsbeschreibung
quantitatives Bausoll   s. Mengen

Raumbuch/Baubeschreibung (Widerspruch)   495
Rauminhalt – Vergütung nach m³   88
Rammen – von Pfählen   1091
Rampen   487, 583
Rauchgasabzugsanlage   631
Rechenfehler
  – des AG   311 ff., 322 ff.
  – des AN
    – und Ansprüche des AG   304
    – und Irrtumsanfechtung   304
Regeln der Technik   s. anerkannte Regeln der Technik
Regelungsumfang der Detaillierung
–, D-PV   237 ff.
–, G-PV   476 ff., 482 ff., 662 ff.
Reihenfolge einzelner Vertragsbestandteile   547
Richtigkeit und Vollständigkeit der Ausschreibungsunterlagen   254
Richtlinien der Sachversicherer   594
Risiko
–, Baugrund
  – D-PV   282
  – G-PV   552 ff.
–, „Besondere Risikoübernahme"   s. dort
–, Entwicklungsrisiken   576
–, gewöhnliches und ungewöhnliches   622
–, „Globalelement"   608 ff.
–, Mengenermittlungsrisiko   s. dort
–, Planungsrisiko AG   256
–, Störung der Geschäftsgrundlage   1505
–, Übernahme von
  – allgemein   16, 246, 274 f., 282, 550, 571, 575, 576
  – individuelle   25, 274
  – offene   16, 246, 613, 1063
  – Verfahrensrisiken   576
  – versteckte   16, 614, 654, 672, 1063, 1080, 1506, 1520
–, „Überwälzung"   15
–, „Wasserhaltung"   s. dort
–, Zuschlag, R. Zuschlag   1181, 1186
Risikobegrenzung bei „Besonderer Risikoübernahme"   292

Rohrgräben 235, 1064
Rolläden (Fallbeispiel) 484
Rückstausicherung 578, 594

Sachnotwendigkeit einer nicht geregelten Leistung 241 ff. s. auch notwendige Leistungen
Sachverständiger, Auslegungshilfe durch 599
Sanitärobjekte 578
Schadensersatz wegen VOB-A-widriger Ausschreibung 624
Schadensersatz als Behinderungsfolge 1600 ff.
Schallschutz 1056
Schalpläne 468
Schatzfund 1083 ff.
Schätzungen des neuen Preises 1220 f., 1343
Schein-Globalvertrag 512
Schein-Pauschale s. „Preislistenpauschale"
Scherengitterbühne 493
Schilder (Beschilderung) 584
Schließanlage 641
Schlüsselfertigbau (SF-Bau)
–, allgemein 10, 44, 71, 106, 109, 209, 219, 264, 426 ff.
–, Ausführungsplanung 461 f.
–, Bestimmungsrecht („billiges") des AN
 – Globalelemente 643 ff.
 – Planung 454, 462
–, BGH „Schlüsselfertigbau" (Urteil) 232 ff., 258, 308, 432, 509, 514, 518, 523, 528, 539, 561, 631, 634, 639, 668
–, Bodenrisiko 552 ff.
–, Definition 426 ff.
–, Detailregelungen maßgeblich 474 ff.
–, Doppelfunktion, Mitwirkungspflichten 1605
–, Dokumentation 464 f.
–, „Endkontrolle" 526
–, Entwurf 451 ff., 455
–, EP-Basis, SF-Bau auf 439 f.
–, erforderliche Leistungen 498 ff.
–, Erschließungsbeiträge s. dort
–, Fehlplanung 505 ff.
–, funktionelle Vollständigkeit 487, 638 ff.
–, Funktionsverlagerung als Auslegungskriterium 429 ff.

–, Genehmigungsplanung 459
–, global beschriebene Leistungselemente 407, 608 ff.
–, Grundlagenermittlung 447
–, GU, GÜ 431 ff.
–, Haftungsabgrenzung bei fehlenden (fehlerhaften) auftraggeberseitig zu planenden Leistungen 527
–, Komplettheitsklauseln mit auftraggeberseitiger Ausführungsplanung 512 ff., 520 ff.
–, Kostensicherheit als Kriterium 427 f.
–, Kumulativleistungsträger 431
–, Mitwirkung bei der Vergabe? 463
–, Objektbegehung 464 f.
–, Objektüberwachung 463
–, sonderfachmännische Leistungen 466 ff.
–, Statik 466 ff.
–, Systemwahl des AG als Auslegungskriterium 430 ff.
–, Totalunternehmer, Totalübernehmer 431 ff., 627 ff., 635, 643
–, Unterlagen, Aushändigung von 451
–, vergessene Leistungen 500 ff.
–, Vergleichsobjekt als Maßstab 488
–, Verjährung 17
–, Vollständigkeitskontrolle 526 ff., 536
–, Vorbereitung der Vergabe 463
–, Vorentwurf 448 ff.
–, Vorunternehmerhaftung 1609
Schlüssigkeit, innere
– der Ausschreibung 257
– einer Klage s. dort
Schlußrechnung
–, allgemein 17, 41, 54
–, entfallende Leistungen 1398 ff.
–, geänderte oder zusätzliche Leistungen 1236 ff.
–, Prüfbarkeit 17, 1236 ff.
Schnittstellen (Fallbeispiel) G-PV 918 ff.
Schranke für Tiefgarage 641
Schreibfehler (Irrtumsanfechtung) 298 ff., 304
Schriftform
–, allgemein 1136 ff.
–, als Wirksamkeitsvoraussetzung einer Kündigung 1307
–, Folge fehlender 1136 ff.
–, „gewillkürte" (vereinbarte) 1136 ff.

–, Leistungsverweigerungsrecht bei fehlender 1141
–, mündliche Anordnung
  – des AG 1137
  – eines Bevollmächtigten 1138
–, Wirksamkeit (AGB) 1136
Schutz der Leistung vor Winterschäden und Grundwasser 572
Schutzgesetz, Schadensersatzanspruch 624
Schwimmhalle (BGH-Urteil) 1510
Selbstkostenerstattungsvertrag 19, 27, 111
Selbstübernahme durch AG 1304 ff.
Sicherheitsleistung (§ 648 a BGB) 18, 1131, 1142 ff., 1250
Skonti 1223
Soll-Ist-Abweichung als Voraussetzung modifizierter Leistungen 1010 ff., 1302 f.
Sonderfachleute 249, 250, 253, 466, 503, 523, 627, 656
„Sonderfarben I, II" (BGH-Urteil) 229, 246, 1072
Sondervorschläge 728, 764, 818 ff., 853, 856 ff., 929, 937, 943 ff.
Sowiesokosten 264, 270, 455, 519, 532, 540, 541, 631
Spezialität von § 2 Nr. 6 zu § 2 Nr. 5 VOB/B 1062, 1084
Sprinkleranlage 594
Stahldurchmesser, Veränderung 1066
s. auch Betonstahl
Stahlkonstruktion, Änderung und Störung der Geschäftsgrundlage 1524
Stahlliste 62
Stahlverbrauch
–, Abrechnung nach kg als Teil-EP-Vertrag 16
–, Pauschalierung 62, 824 ff.
Standardleistungsbuch 864, 872, 1067
Standardverhältnisse („0"-Abschnitte VOB/C) 617, 1065 ff., 1073, 1532
Statik
–, Änderung und Störung der Geschäftsgrundlage 1524
–, Angebotsbearbeitung 776, 827, 837 ff., 858
–, auftraggeberseitige falsch (D-PV) 314, 319
–, Leistung G-PV 466 ff., 470, 493, 1194, 1214

Stellplatzverpflichtungen 581, 584, 591
Stichstraße 591
„Stoff" (Baubehelf, Baugrund, Teilobjekt, Werkzeug) 282, 552 ff.
Stoffkosten, entfallende, bei „freier" Kündigung 1377
Störung der Geschäftsgrundlage
–, allgemein 1500 ff.
–, allgemeine Maßstäbe 1504 ff.
–, Anwendungsbasis
  – Kostenänderung 1512
  – Leistungsänderung 1513 ff.
–, Ausschreibungsfehler des öffentlichen AG 1520 f.
–, beiderseitiger Irrtum 1518, 1524
–, Beweislast 1540
–, erhebliche Änderungen bei entfallenen, geänderten oder zusätzlichen Leistungen erforderlich? 1110 ff., 1316
–, Erkundbarkeit als Kriterium 1505 ff.
–, gesetzliche Risikozuweisung 1507
–, Maß der „Kostenüberschreitung" 1528 ff.
–, neue Pauschale erforderlich? 1536 ff.
–, Prüfmöglichkeit als Kriterium 1511
–, Selbstbehalt des AN 1535
–, Spezialkenntnisse als Kriterium 1508
–, Spezialregeln vorrangig 1525 ff.
–, Verursachung als Kriterium 1509 ff.
strittiges Bausoll, Verhaltensempfehlungen 1019
Stromanschluß 577
Struktur
–, D-PV 33 ff., 200 ff.
–, EP-Vertrag 30 f.
–, G-PV 400 ff.
–, Pauschalvertrag allgemein 33 ff.
stufenweise Beauftragung (Planung) 450
Stundenlohnbasis, Abrechnung modifizierter Leistungen 1147, 1348
Stundenlohnpositionen im D-PV 86, 327 ff.
Stundenlohnvertrag 19, 27, 86, 111
Systemwahl des AG
– als Grund für die Ausschließlichkeit der Details D-PV 242 ff., 253 ff.
–, Bedeutung G-PV allgemein 403 ff.
–, Bedeutung SF-Bau 430 ff.
–, Globalelemente
  – Auslegung 608 ff.
  – Bestimmungsrecht des AG 644
–, Planung 454, 462

–, Vollständigkeitsvermutung D-PV 255 ff.

Teilabrechnung – nach Kündigung 1395
Teil-EP-Verträge 15 f., 62, 288
Teilklage nach Kündigung 1395
Teilkündigung
– allgemein 1304 ff.
– infolge Mengenverringerung 309
Teilleistungen
–, allgemein 16
–, Behandlung bei Kündigung 1300 ff.
–, Bewertung 1333
–, fehlende (SF-Bau) 526
–, Teilpauschale s. dort
Teilpauschalen 1, 15 ff., 324, 440, 823 ff., 944, 1177, 1349
Teilvergütung nach Kündigung (D-PV) 1333
Telefonanschluß 577
Terminplanung
–, „andere" Anordnungen 1056
–, Angebotsstadium
– D-PV 753 ff., 809 ff.
– G-PV 892 ff., 931
–, geänderte Leistungen 1056
Terminverschiebung – Befugnis des AG 1057
Text – und Plan, Widerspruch
–, D-PV 248 ff.
–, G-PV 493
„Text vor Plänen", BGH Entscheidung 493
Textilien 584
Toleranzgrenze – für Änderungen oder Zusatzaufträge durch AG? 1121 ff.
Totalitätsprinzip 481
Totalübernehmer, Totalunternehmer, Totalvertrag 1, 17, 414 f., 627 ff., 1239
Tragwerksplanung s. Statik
Tunnelbau 576, 1064

U-Bahn-Schacht – falsche Windlastenberechnung 314
überragende Marktstellung des AG 625
Umfang der Leistung s. Menge
Umlage – Baustellengemeinkosten 16
unaufgegliederte Pauschalen 1157
ungerechtfertigte Bereicherung 1259
ungewöhnliche Risiken 622

unklare Ausschreibung allgemein
–, D-PV 284
–, G-PV 654
s. ansonsten „Auslegung"
Unklarheitenregel (AGB) 284
Unterbewertung (Verlustkalkulation) 1148
Unterbrechung der Leistung 1622
Unterfangungsarbeiten 481
Unterlagen s. auch Leistungsbeschreibung, Planung
–, Aushändigung von 451, 596
s. ansonsten Prüfpflichten
–, Prüfpflichten s. dort
–, unvollständige s. Planung
–, zur Ausführung nötige 507
Unternehmereinsatzformen 410 ff.
Unzumutbarkeit im Rahmen der Störung der Geschäftsgrundlage 1501 ff.
Ursache s. Verursachung

Varianten – beim Vorentwurf 448, 1033 f.
Verbau – Rohrgräben mit Verbau als zusätzliche Leistung 234
Verdachtsmomente – Bodenrisiko 560
Vereinfachungscharakter des Pauschalvertrages? 57
Verfahrensrisiken 576
Vergabebestimmungen 24, 45, 411
Vergabeverstöße – des öffentlichen AG 625, 1505
vergessene Leistungen G-PV 500 ff., 526 ff.
Vergleichsobjekt als Bausoll 216, 488
Vergütung s. Pauschalvertrag, s. Methoden der Neuberechnung
Vergütungssoll 31 ff., 35
–, auf Einheitswertbasis 103
–, Planungsvergütung 17
–, übliche 104
Verjährung 17, 41, 1239
Verkaufsfläche 606
Verkehrsanlagen 471, 538
Verkehrsflächen 600
Verkehrssitte 283, 598 ff.
Verlegepläne, Ausführung durch AN 1245
Verlust, kalkulativer 1148, 1364, 1368 ff.
Vermessungsleistungen 469

Vermutung   s. Vollständigkeitsvermutung
verringerte Leistungen   s. entfallende Leistungen
Verschulden bei Vertragsschluß – AG gibt vorhandene Information nicht weiter   625
versteckte Anordnung (Hinweise)   1093
–, Einschränkung der Komplettheitsklausel durch AN   519
–, Hinweise des AG   619, 654
–, Hinweise des AN   654
–, Risikozuweisung   16, 512, 614, 619, 654, 672, 1064, 1080, 1506, 1520
Vertragsmenge   s. Menge, Vordersatz
Vertragspreisniveau   1149 ff.
„vertragsrealistische" Nachunternehmerpreise   1209
Vertreter ohne Vertretungsmacht   1098
Vertretungsmacht – Definition   1098
Vervollständigung durch Notwendigkeit der Leistung?   654
Verweigerung der
–, Vereinbarung einer Nachtragsvergütung   1130 ff.
–, Vorlage einer vorhandenen Preisermittlung   1126, 1167, 1185, 1345
Verursachung
–, bei Störung der Geschäftsgrundlage   1509
–, der Behinderung   1610
–, der geänderten oder zusätzlichen Leistung   1225 ff.
verzögerte Vorlage einer vorhandenen Kostenermittlung   1126, 1185
VOB/B
–, Änderungsrecht des AG?   1003 ff.
–, auf Planungsleistungen anwendbar?   472
–, bei Komplexem G-PV   550
VOB/C
–, Abschnitte „0"   617, 784, 848, 1065
–, D-PV   279 ff.
–, G-PV   549, 617
Vollmacht   s. Vertretungsmacht
Vollständigkeitsklausel   s. Komplettierungsklausel
Vollständigkeitskontrolle SF-Bau   526 ff.
Vollständigkeit und Richtigkeit der Ausschreibungsunterlagen D-PV   254
Vollständigkeitsvermutung
–, „Allgemeines Leistungsziel"?

– D-PV   239, 253 ff., 262 ff., 768
–, Auslegungskriterien D-PV   260
–, Individualvertrag   515 ff.
–, Risiko   15
Vollwärmeschutz   307
Vorbehalt gemäß § 16 VOB/B   17
Vorbehalt der noch erfolgenden Mengenprüfungen   64
Vorbereitung der Vergabe   443, 463
Vordersatz   3 f., 30 f., 48, 67 f., 220, 322 ff., 734 ff., 796 ff., 799, 802, 812 f., 872
Vorentwurf G-PV   448 ff., 1030, 1033 ff.
vorläufiger Pauschalpreis   64 f.
Vorunternehmer
–, Behinderung   1610
–, geänderte oder zusätzliche Leistungen   1027

Wägungsanteile   1179
Wagnis
–, gewöhnliches und ungewöhnliches   622
–, nach Kündigung   1387
–, Wagniszuschlag   440
Wahlerklärung des
– AG   652
– AN   649
Wärmebedarfsberechnung   1096 ff.
Wärmedämmarbeiten Kraftwerk (Fallbeispiel)   66 ff.
Wärmegewinnung, Alternative (BGH-Urteil)   576
Wärmepumpe   576
Wärmerückgewinnungsanlage   502
Wasseranschluß   577
Wasserhaltung I und II, (BGH-Urteile)   24, 247, 269, 270, 404, 552, 565, 609–618, 620, 1001, 1064, 1072, 1148, 1520
–, als Teilpauschale (Grundsatz)   16
–, Ansprüche aus § 4 Nr. 1 Abs. 4 Satz 2 VOB/B   1262
–, Bausollbestimmung   1010 ff.
–, „Besondere Risikoübernahme"   613
–, Empfehlung der Obersten Baubehörde Bayern   24
–, „Erschwernisse"   1063, 1079
–, Globalelement   608 ff.
–, offene Risikozuweisung   552, 613

–, Sachverhalt der Entscheidungen 609 ff.
–, Störung der Geschäftsgrundlage 1520
–, „Unterbewertung" (Verlustkalkulation) 1210
–, Vergabeverstoß des öffentlichen AG 625, 1520 f.
Wasserverhältnisse s. auch Baugrund
–, „Erschwernisse" 1063 f.
–, falsche Angaben des AG D-PV 314 ff.
–, Leistungspflicht bei Globalelement 618 ff.
–, Pflicht des AN zur Prüfung
  – D-PV 319
  – G-PV 554 ff.
–, „Standards"? 1066
–, Wasserhaltung s. dort
Werkzeuge – als „Stoff" 282, 552
„Wesen" des Pauschalvertrages 69
wesentliche Änderung bei entfallenen, geänderten oder zusätzlichen Leistungen erforderlich? 1110 ff., 1316
Wettbewerbsbeschränkungen, Gesetz gegen (GWB) 625
Widerspruch Text/Pläne
–, D-PV 248 ff.
–, G-PV 493, 916
Windlastenberechnung 314
Wirtschaftlichkeit, Beratungspflicht des AN? 503, 576
Wirtschaftsgegenstände 583
Wohnfläche 600 ff.
Wortlaut bei Auslegung 246

Zahlungsplan
–, Abschlagszahlungen nach Kündigung? 1336

–, Anknüpfung für Berechnung
  – entfallener Leistungen? 1335
  – geänderter oder zusätzlicher Leistungen? 1180
Zeichnungen s. Pläne
–, zusätzliche 1243
zeitliche Anordnungen des AG 1028, 1056 ff.
Zeitpunkt
–, für Berücksichtigung erhöhter Lohn- oder Materialkosten 1192
–, für Vereinbarung des neuen Preises 1222
Zulage
–, Baustellengemeinkosten 16
–, Risikozulage 1181, 1183, 1201
zurückgehaltene Informationen (vom AG) 569
zusätzliche Leistungen s. geänderte Leistungen
zusätzliche Leistungen als „anderweitiger Erwerb" nach freier Kündigung 1385
Zusätzliche Technische Vertragsbedingungen
–, D-PV 278
–, G-PV 548
Zusätzliche Vertragsbedingungen
–, D-PV 277
–, G-PV 548
Zuschläge, Risiko- 1181, 1183, 1201